il Tantucci *plus*

Laboratorio 2

© 2015 by Mondadori Education S.p.A., Milano
Tutti i diritti riservati

www.mondadorieducation.it

Prima edizione: febbraio 2015

Edizioni
10   9   8
2019

| Il Sistema Qualità di Mondadori Education S.p.A. è certificato da Bureau Veritas Italia S.p.A. secondo la Norma UNI EN ISO 9001:2008 per le attività di: progettazione, realizzazione di testi scolastici e universitari, strumenti didattici multimediali e dizionari. |

Le fotocopie per uso personale del lettore possono essere effettuate nei limiti del 15% di ciascun volume/fascicolo di periodico dietro pagamento alla SIAE del compenso previsto dall'art. 68, commi 4 e 5, della legge 22 aprile 1941 n. 633.
Le fotocopie effettuate per finalità di carattere professionale, economico o commerciale o comunque per uso diverso da quello personale possono essere effettuate a seguito di specifica autorizzazione rilasciata da CLEARedi, Centro Licenze e Autorizzazioni per le Riproduzioni Editoriali, Corso di Porta Romana 108, 20122 Milano, e-mail autorizzazioni@clearedi.org e sito web www.clearedi.org.

Questo volume è stampato da:
Centro Poligrafico Milano S.p.A. - Casarile (MI)
Stampato in Italia - Printed in Italy

Redazione	Cristina Gualandri
Progetto grafico	Angela Garignani
Impaginazione	Fotocomposizione Finotello, Borgo San Dalmazzo (Cuneo)
Progetto grafico della copertina	46xy studio
Ricerca iconografica	Imagoteca di Luciana De Riccardis
Referenze iconografiche	Archivio Mondadori Education

Contenuti digitali

Progettazione	Fabio Ferri, Simona Ravalico
Scrittura testi	Idalgo Baldi, Alessandro Ristori
Realizzazione	Eicon s.r.l., Torino; Groove Factory, Bologna

L'editore fornisce - per il tramite dei testi scolastici da esso pubblicati e attraverso i relativi supporti - link a siti di terze parti esclusivamente per fini didattici o perché indicati e consigliati da altri siti istituzionali. Pertanto l'editore non è responsabile, neppure indirettamente, del contenuto e delle immagini riprodotte su tali siti in data successiva a quella della pubblicazione, distribuzione e/o ristampa del presente testo scolastico.

Per eventuali e comunque non volute omissioni e per gli aventi diritto tutelati dalla legge, l'editore dichiara la piena disponibilità.

Per informazioni e segnalazioni:
Servizio Clienti Mondadori Education
e-mail *servizioclienti.edu@mondadorieducation.it*
numero verde **800 123 931**

VITTORIO TANTUCCI   ANGELO RONCORONI
PIETRO CAPPELLETTO   GABRIELE GALEOTTO   ELENA SADA

il Tantucci *plus*
laboratorio 2

POSEIDONIA SCUOLA

LIBRO+WEB

Libro+Web è la piattaforma digitale Mondadori Education adatta a tutte le esigenze didattiche, che raccoglie e organizza i libri di testo in formato digitale, i **MEbook**; i **Contenuti Digitali Integrativi**; gli **Strumenti per la creazione di risorse**; la formazione **LinkYou**.

Il **centro dell'ecosistema digitale Mondadori Education** è il **MEbook**: la versione digitale del libro di testo. È fruibile **online** direttamente dalla homepage di Libro+Web e **offline** attraverso l'apposita app di lettura. Lo puoi consultare da qualsiasi dispositivo e se hai problemi di spazio puoi scaricare anche solo le parti del libro che ti interessano.

Il **MEbook** è personalizzabile: puoi ritagliare parti di pagina e inserire appunti, digitare del testo o aggiungere note. E da quest'anno il vocabolario integrato direttamente nel testo.

È sempre con te: ritrovi qualsiasi modifica nella versione online e su tutti i tuoi dispositivi.

In Libro+Web trovi tutti i **Contenuti Digitali Integrativi** dei libri di testo, organizzati in un elenco per aiutarti nella consultazione.

All'interno della piattaforma di apprendimento sono inseriti anche gli Strumenti digitali per la personalizzazione, la condivisione e l'approfondimento: **Edutools**, **Editor di Test e Flashcard**, **Google Drive**, **Classe Virtuale**.

Da Libro+Web puoi accedere ai **Campus**, i portali disciplinari ricchi di news, info, approfondimenti e Contenuti Digitali Integrativi organizzati per argomento, tipologia o parola chiave.

Per costruire lezioni più efficaci e coinvolgenti il docente ha a disposizione il programma **LinkYou**, che prevede seminari per la didattica digitale, corsi, eventi e webinar.

Come ATTIVARLO e SCARICARLO

COME ATTIVARE IL MEbook

PER LO STUDENTE

- Collegati al sito mondadorieducation.it e, se non lo hai già fatto, registrati: è facile, veloce e gratuito.
- Effettua il login inserendo Username e Password.
- Accedi alla sezione Libro+Web e fai clic su "Attiva MEbook".
- Compila il modulo "Attiva MEbook" inserendo negli appositi campi tutte le cifre tranne l'ultima dell'ISBN, stampato sul retro del tuo libro, il codice contrassegno e quello seriale, che trovi sul bollino argentato SIAE nella prima pagina dei nostri libri.
- Fai clic sul pulsante "Attiva MEbook".

PER IL DOCENTE

- Richiedi al tuo agente di zona la copia saggio del libro che ti interessa.

COME SCARICARE IL MEbook

È possibile accedere online al **MEbook** direttamente dal sito mondadorieducation.it oppure scaricarlo per intero o in singoli capitoli sul tuo dispositivo, seguendo questa semplice procedura:

- Scarica la nostra applicazione gratuita che trovi sul sito mondadorieducation.it o sui principali store di app.
- Lancia l'applicazione.
- Effettua il login con Username e Password scelte all'atto della registrazione sul nostro sito.
- Nella libreria è possibile ritrovare i libri attivati: clicca su "Scarica" per renderli disponibili sul tuo dispositivo.
- Per leggere i libri scaricati fai clic su "leggi".

Accedi al MEbook anche senza connessione ad Internet.
Vai su www.mondadorieducation.it e scopri come attivare, scaricare e usare il tuo MEbook.

www.mondadorieducation.it

UNA DIDATTICA DIGITALE INTEGRATA

Studente e docente trovano un elenco dei **Contenuti Digitali Integrativi** nell'INDICE, che aiuta a pianificare lo studio e le lezioni in classe.

MEBOOK

LABORATORIO DI TRADUZIONE E VIDEOTUTORIAL

- Laboratorio interattivo per apprendere il METODO di traduzione, con attività autocorrettive per verificare le conoscenze grammaticali e lessicali.
- Videotutorial per imparare il METODO con cui eseguire correttamente l'analisi sintattica di una versione, con l'aiuto di un insegnante che spiega la costruzione della frase periodo per periodo.

 MONDADORI EDUCATION

LEZIONE MULTIMEDIALE

45 lezioni sugli argomenti fondamentali della morfologia, della morfosintassi e della sintassi latina. Ogni lezione è così strutturata:

In italiano: • Il ripasso preliminare nella grammatica italiana

In latino: • La spiegazione grammaticale per punti e schemi

Verifica immediata: • Esercizi autocorrettivi di prima applicazione

Verifica: • Test adattivo di verifica sommativa

ESERCIZIARIO INTERATTIVO

Gli esercizi di livello più facile anche in versione interattiva e autocorrettiva, per verificare le conoscenze linguistiche e monitorare il livello di apprendimento.

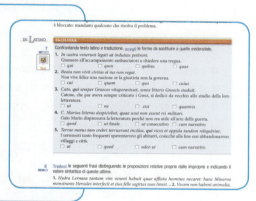

STRUMENTI PER UNA DIDATTICA INCLUSIVA

La lettura ad alta voce delle versioni, per facilitare la comprensione della struttura sintattica del testo.

E tanti altri Contenuti Digitali Integrativi:

 Lezioni LIM per il docente

 Verifiche per la classe virtuale

www.mondadorieducation.it

INDICE

CONTENUTI DIGITALI INTEGRATIVI

SEZIONE 4

unità 28 I VERBI DEPONENTI — 2

- I verbi deponenti — 2
- **PAROLE DA IMPARARE** Verbi deponenti — 3
- **I SEGRETI DELLA TRADUZIONE** Il participio perfetto con i verbi deponenti — 6
  L'ablativo assoluto con i verbi deponenti — 7
- **PAROLE DA SCOPRIRE** *Orior* e i punti cardinali – *Utor*: non solo "usare" — 8
- Significato e uso dei participi dei verbi deponenti — 9
- **VERIFICA DELLE COMPETENZE** — 11
- **CONOSCERE LA STORIA** I Romani e la Britannia — 15

Lezione
Test

Test
Laboratorio

unità 29 I VERBI SEMIDEPONENTI – I NUMERALI — 17

- I verbi semideponenti — 17
- I numerali — 19
- **I SEGRETI DELLA TRADUZIONE** Le cifre romane — 25
- **PAROLE DA SCOPRIRE** Da dieci a cento a mille — 27
- I complementi di estensione, di distanza e di età — 28
- **VERIFICA DELLE COMPETENZE** — 30
- **CONOSCERE LA CULTURA** La misura del tempo — 34

Lezione
Test   Laboratorio
Test

Laboratorio

unità 30 I PRONOMI E GLI AGGETTIVI INDEFINITI (I) I VERBI ANOMALI: *FIO* — 36

- Pronomi e aggettivi indefiniti — 36
- Gli indefiniti che significano "qualcuno", "qualcosa" — 37
- **I SEGRETI DELLA TRADUZIONE** Valori e usi di *quidam* — 42
- Gli indefiniti che significano "altro" — 43
- **I SEGRETI DELLA TRADUZIONE** Usi particolari di *alius* e *alter* — 45
- I verbi anomali: *fio* — 47
- **I SEGRETI DELLA TRADUZIONE** I significati di *fio* — 50
- **PAROLE DA SCOPRIRE** Il passivo dei composti di *facio* — 51
- **VERIFICA DELLE COMPETENZE** — 53
- **CONOSCERE LA STORIA** Dalla repubblica al principato — 57

Lezione

Test

Test

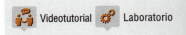
Videotutorial   Laboratorio

unità 31 I PRONOMI E GLI AGGETTIVI INDEFINITI (II) *EDO* E I VERBI DIFETTIVI — 58

- Gli indefiniti che significano "ciascuno", "entrambi", "qualsiasi" — 58
- Gli indefiniti che significano "nessuno", "niente" — 61
- **I SEGRETI DELLA TRADUZIONE** L'uso delle negazioni con i pronomi indefiniti — 63
- Gli indefiniti correlativi — 65
- I verbi anomali: *edo* — 68
- I verbi difettivi — 70

Lezione
Test
Test

■ **I SEGRETI DELLA TRADUZIONE** La costruzione passiva di *coepi*	72	
■ **PAROLE DA SCOPRIRE** I verbi atmosferici	72	
■ **UN METODO PER TRADURRE** Traduzione letterale o traduzione libera?	73	
VERIFICA DELLE COMPETENZE	75	Laboratorio
CONOSCERE LA CULTURA I Romani e le scienze	79	

RIPASSO E RECUPERO — 81
LABORATORIO DELLE COMPETENZE L'uso dei pronomi — 83

Videotutorial
Audio

unità 32 IL GERUNDIO, IL GERUNDIVO E IL SUPINO — 85

Lezione

- Il gerundio — 85
- Il gerundivo – La coniugazione perifrastica passiva — 88

Test

- **PAROLE DA SCOPRIRE** Espressioni di dovere e di necessità — 91
- Il gerundivo attributivo al posto del gerundio — 91

Test

- **I SEGRETI DELLA TRADUZIONE** Come rendere il gerundivo attributivo — 94
- Il gerundivo predicativo — 96
- Il supino — 97

Laboratorio

- **I SEGRETI DELLA TRADUZIONE** La proposizione finale — 99

VERIFICA DELLE COMPETENZE — 100

Laboratorio

CONOSCERE LA STORIA Stringere la pace nell'antica Roma — 103

unità 33 LE PROPOSIZIONI COMPLETIVE — 105

Lezione

- Le proposizioni completive – La proposizione dichiarativa — 105
- Le proposizioni completive con *quod* dichiarativo — 106
- **I SEGRETI DELLA TRADUZIONE** Valori e usi di *quod* — 108
- Le proposizioni completive introdotte da verbi di timore — 108
- **PAROLE DA SCOPRIRE** *Timeo, metuo, vereor*: il lessico della paura — 110
- Le proposizioni completive introdotte da verbi di dubbio, impedimento e rifiuto — 111

Test

VERIFICA DELLE COMPETENZE — 114

Videotutorial   Laboratorio

CONOSCERE LA STORIA Un *imperium* senza confini e senza pace — 118

RIPASSO E RECUPERO — 120
LABORATORIO DELLE COMPETENZE La subordinazione: le completive — 122

Videotutorial
Audio

unità 34 IL PERIODO IPOTETICO INDIPENDENTE — 124

Lezione

- Il periodo ipotetico indipendente — 124
- Il periodo ipotetico indipendente di primo tipo (o dell'oggettività) — 125

Test

- Il periodo ipotetico indipendente di secondo tipo (o della possibilità) — 128
- Il periodo ipotetico indipendente di terzo tipo (o dell'irrealtà) — 129

Test

- **PAROLE DA SCOPRIRE** Verbi simili: *partior, potior, patior* — 132

VERIFICA DELLE COMPETENZE — 133

Videotutorial   Laboratorio

CONOSCERE LA CULTURA Giustizia e politica nell'antica Roma — 136

LABORATORIO DI CULTURA
■ **MITOLOGIA** Memorie del mito nel Lazio e in Sicilia — 138

Audio

CONTENUTI DIGITALI INTEGRATIVI

SEZIONE 5

■ unità 35 LA SINTASSI DEL NOMINATIVO — 142

- *Videor*: costruzione personale e impersonale — 142
- **I SEGRETI DELLA TRADUZIONE** Il doppio nominativo — 145
- Altri verbi con costruzione personale — 147
- **PAROLE DA SCOPRIRE** "Apparire", "obbedire" e "comandare" — 150
- **VERIFICA DELLE COMPETENZE** — 151
- **CONOSCERE LA CULTURA** Roma in scena — 155

■ unità 36 LA SINTASSI DELL'ACCUSATIVO — 157

- I verbi assolutamente e relativamente impersonali — 157
- I verbi che reggono l'accusativo — 160
- I verbi che reggono il doppio accusativo — 163
- **I SEGRETI DELLA TRADUZIONE** Il passivo di *celo* e di *doceo* — 166
- **PAROLE DA SCOPRIRE** I significati di *deficio*, *peto*, *quaero* — 168
- **UN METODO PER TRADURRE** Stile latino e stile italiano: le costruzioni dissimili — 169
- **VERIFICA DELLE COMPETENZE** — 171
- **CONOSCERE LA CULTURA** L'educazione a Roma — 175

RIPASSO E RECUPERO — 177
LABORATORIO DELLE COMPETENZE La reggenza verbale (I): costruzione personale e impersonale — 179

■ unità 37 LA SINTASSI DEL GENITIVO — 181

- *Interest* e *refert* — 181
- **PAROLE DA SCOPRIRE** *Intersum* e *refĕro* — 184
- I verbi estimativi e giudiziari con il genitivo — 185
- **I SEGRETI DELLA TRADUZIONE** Genitivo soggettivo e oggettivo e genitivo partitivo — 188
- **PAROLE DA SCOPRIRE** I verbi di memoria — 190
- Aggettivi con il genitivo — 191
- **VERIFICA DELLE COMPETENZE** — 194
- **CONOSCERE LA CULTURA** Libri e biblioteche — 199

■ unità 38 LA SINTASSI DEL DATIVO — 200

- Il dativo retto da verbi transitivi e intransitivi — 200
- **I SEGRETI DELLA TRADUZIONE** Il passivo dei verbi che reggono il dativo — 202
- I verbi con doppia costruzione — 203
- **PAROLE DA SCOPRIRE** Verbi con costruzioni e significati diversi — 206
- Aggettivi con il dativo — 208
- **VERIFICA DELLE COMPETENZE** — 210
- **CONOSCERE LA CULTURA** La *clementia*: una virtù politica — 215

CONTENUTI DIGITALI INTEGRATIVI

 Lezione
 Test
 Test
 Laboratorio
 Lezione
 Test
Test
Laboratorio
 Laboratorio
 Videotutorial
 Audio
 Lezione
 Test
 Test
 Test
Laboratorio Videotutorial
 Lezione
 Test
 Test
 Test Laboratorio
Laboratorio

RIPASSO E RECUPERO — 216
LABORATORIO DELLE COMPETENZE La reggenza verbale (II):
più costruzioni, più significati — 218

unità 39 LA SINTASSI DELL'ABLATIVO — 220

- I complementi di allontanamento o separazione, di origine o provenienza — 220
- **PAROLE DA SCOPRIRE** Verbi e locuzioni con l'ablativo strumentale — 222
- Le costruzioni di *dignus* e di *opus est* — 223
- **PAROLE DA SCOPRIRE** *Ops*, *opus*, *opĕra* — 225
- Particolarità dei complementi di tempo — 226
- **UN METODO PER TRADURRE** Tradurre la poesia — 230
- **VERIFICA DELLE COMPETENZE** — 232
- **CONOSCERE LA CULTURA** Liberi, liberti e schiavi — 235

LABORATORIO DI CULTURA
- **CIVILTÀ** Tempo libero a Roma — 237

SEZIONE 6

unità 40 IL MODO INDICATIVO: VALORI E USI L'INFINITO INDIPENDENTE — 242

- I valori del predicato: tempo e aspetto dell'azione — 242
- **I SEGRETI DELLA TRADUZIONE** Lo stile epistolare — 246
- Le proposizioni indipendenti — 249
- **I SEGRETI DELLA TRADUZIONE** Indicativo latino e condizionale italiano — 251
- **PAROLE DA SCOPRIRE** È possibile, lecito, permesso — 253
- Particolarità nella concordanza del predicato — 254
- L'infinito nelle proposizioni indipendenti — 256
- **VERIFICA DELLE COMPETENZE** — 257
- **CONOSCERE LA CULTURA** Lettere e corrispondenza nel mondo antico (I) — 262

unità 41 L'IMPERATIVO I CONGIUNTIVI INDIPENDENTI DELLA VOLONTÀ — 264

- L'imperativo — 264
- Il congiuntivo indipendente esortativo — 265
- **PAROLE DA SCOPRIRE** Espressioni di volontà e di divieto — 267
- Il congiuntivo indipendente concessivo — 269
- Il congiuntivo indipendente desiderativo (o ottativo) — 270
- **VERIFICA DELLE COMPETENZE** — 272
- **CONOSCERE LA CULTURA** Lettere e corrispondenza nel mondo antico (II) — 276

CONTENUTI DIGITALI INTEGRATIVI
- Videotutorial
- Audio
- Lezione
- Test
- Laboratorio
- Audio
- Lezione
- Test
- Test
- Videotutorial
- Lezione
- Test
- Laboratorio

unità 42 I CONGIUNTIVI INDIPENDENTI DELL'EVENTUALITÀ 278

- Il congiuntivo indipendente dubitativo 278
- Il congiuntivo indipendente potenziale 279
- **PAROLE DA SCOPRIRE** "Dubitare", "esitare", "essere incerti" 282
- I congiuntivi indipendenti irreale e suppositivo 283

VERIFICA DELLE COMPETENZE 286

CONOSCERE LA STORIA Nerone fra storia e mito 289

unità 43 IL CONGIUNTIVO NELLE PROPOSIZIONI SUBORDINATE 291

- Il congiuntivo al posto dell'indicativo (obliquo, eventuale, caratterizzante, per attrazione modale) 291
- **I SEGRETI DELLA TRADUZIONE** Come rendere il congiuntivo latino 295
  Classificazione e gradi delle subordinate 297
- **PAROLE DA SCOPRIRE** I vari modi di "pensare" 299
- Le proposizioni subordinate al congiuntivo: uso dei tempi (*consecutio temporum*) 300

VERIFICA DELLE COMPETENZE 305

CONOSCERE LA CULTURA Roma e il cinema: il successo di Nerone 308

RIPASSO E RECUPERO 310
LABORATORIO DELLE COMPETENZE I valori del congiuntivo 312

unità 44 LE PROPOSIZIONI CONDIZIONALI, CONCESSIVE, COMPARATIVE E AVVERSATIVE 314

- Le proposizioni condizionali con valore restrittivo 314
- **PAROLE DA SCOPRIRE** I vari modi di "vedere" 316
- Le proposizioni concessive soggettive 317
- Le proposizioni comparative reali e ipotetiche 320
- Le proposizioni avversative 324

VERIFICA DELLE COMPETENZE 326

CONOSCERE LA CULTURA Roma e il cinema: da *Spartacus* a *Il gladiatore* 331

unità 45 IL PERIODO IPOTETICO DIPENDENTE IL DISCORSO INDIRETTO 333

- Il periodo ipotetico dipendente con apodosi all'infinito 333
- Il periodo ipotetico dipendente con apodosi al congiuntivo 337
- **I SEGRETI DELLA TRADUZIONE** Come rendere il periodo ipotetico 340
- Il discorso indiretto 342
- **I SEGRETI DELLA TRADUZIONE** Pronomi e avverbi nel discorso indiretto 345

VERIFICA DELLE COMPETENZE 350

CONOSCERE LA STORIA Il sogno di Alessandro fra storia e mito 353

RIPASSO E RECUPERO 355
LABORATORIO DELLE COMPETENZE L'analisi del periodo complesso 357

unità 46 RIEPILOGO DELLE PROPOSIZIONI SUBORDINATE — 359

- Le proposizioni complementari dirette — 359
- Le proposizioni circostanziali — 364
- Le proposizioni attributive o aggettive — 370

VERIFICA DELLE COMPETENZE — 373
CONOSCERE LA CULTURA Il latino dal Medioevo a oggi — 374

LABORATORIO DI CULTURA
- **GEOGRAFIA** Itinerari di viaggio e curiosità esotiche — 376

CONTENUTI DIGITALI INTEGRATIVI

 Lezione
 Test
 Videotutorial
 Audio

LABORATORIO DI LETTURA

- **IL TESTO NARRATIVO** Apuleio e il romanzo — 380
    - **T1** Psiche come Venere
      (Apuleio, *Metamorfosi* IV, 28) — 381
    - **T2** Psiche nel palazzo di Amore
      (Apuleio, *Metamorfosi* V, 1-2) — 382
    - **T3** Psiche cede alle sorelle
      (Apuleio, *Metamorfosi* V, 19) — 383
    - **T4** Una prova "impossibile"
      (Apuleio, *Metamorfosi* VI, 10) — 383
    - **T5** Il verdetto di Giove
      (Apuleio, *Metamorfosi* VI, 23) — 384

- **IL TESTO DESCRITTIVO** Cesare, Sallustio e la narrazione storica — 385
    - **T6** Le fazioni e le divinità dei Galli
      (Cesare, *De bello Gallico* VI, 11 e 17) — 386
    - **T7** Descrizione della Britannia e dei suoi abitanti
      (Cesare, *De bello Gallico* V, 12-14 *passim*) — 387
    - **T8** Ritratto di Mario
      (Sallustio, *Bellum Iugurthinum* 63) — 388
    - **T9** Ritratto di Silla
      (Sallustio, *Bellum Iugurthinum* 95-96) — 389

- **IL TESTO ARGOMENTATIVO** Cicerone e l'oratoria — 391
    - **T10** È davvero possibile che Sesto Roscio abbia ucciso il padre?
      (Cicerone, *Pro Roscio Amerino* 37-40) — 392
    - **T11** Verre ha rubato "tutto", e non è un modo di dire...
      (Cicerone, *Verrine* II, 4, 1-2) — 393
    - **T12** "E fino a quando, Catilina, abuserai della nostra pazienza?"
      (Cicerone, *Catilinarie* I, 1, 1-3) — 394
    - **T13** Ad accusare Clodia si presenta... un fantasma!
      (Cicerone, *Pro Caelio* 33-34) — 396

- **IL TESTO POETICO** Catullo e i *carmina* — 398
  - **T14** Invito all'amore — 399
    (Catullo, carme V)
  - **T15** Un impegno solenne — 400
    (Catullo, carme CIX)
  - **T16** Amare ancora, non voler più bene — 400
    (Catullo, carme LXXII)
  - **T17** Invito a cena con sorpresa — 401
    (Catullo, carme XIII)
  - **T18** A Marco Tullio Cicerone — 402
    (Catullo, carme IL)

LIBRO+WEB

Lezione
Lezioni sui principali argomenti di morfologia nominale, morfologia verbale, morfosintassi e sintassi, con esercizi integrati e test di verifica per livelli differenziati di apprendimento.

Laboratorio
Versioni guidate per imparare il metodo di traduzione, applicandolo frase per frase e verificando le proprie conoscenze grammaticali.

Videotutorial
Versioni guidate per imparare l'analisi sintattica, guardando un video in cui un insegnante analizza frase per frase la struttura dei periodi.

Audio
La lettura ad alta voce della versione, per comprenderne la struttura sintattica.

Test
Esercizi di grammatica presenti nel testo proposti anche in versione interattiva, per verificarne immediatamente il corretto svolgimento.

SEZIONE 4

- **unità 28** I verbi deponenti
- **unità 29** I verbi semideponenti ▪ I numerali
- **unità 30** I pronomi e gli aggettivi indefiniti (I) ▪ I verbi anomali: *fio*
- **unità 31** I pronomi e gli aggettivi indefiniti (II) ▪ *Edo* e i verbi difettivi

RIPASSO E RECUPERO
LABORATORIO DELLE COMPETENZE L'uso dei pronomi

- **unità 32** Il gerundio, il gerundivo e il supino
- **unità 33** Le proposizioni completive

RIPASSO E RECUPERO
LABORATORIO DELLE COMPETENZE La subordinazione: le completive

- **unità 34** Il periodo ipotetico indipendente

LABORATORIO DI CULTURA MITOLOGIA Memorie del mito nel Lazio e in Sicilia

unità 28 — I verbi deponenti

Lezione
Studia
i **verbi deponenti**
e **semideponenti**
ed **esercitati**
a memorizzarli;
quindi **verifica**
le tue conoscenze.

LINGUA
Morfologia
I verbi deponenti
Sintassi
Significato e uso
dei participi dei verbi
deponenti

LESSICO
Parole da imparare
Verbi deponenti
Parole da scoprire
Orior e i punti cardinali
Utor: non solo "usare"

TRADUZIONE
I segreti della traduzione
Il participio perfetto
e l'ablativo assoluto
con i verbi deponenti
Conoscere la storia
I Romani e la Britannia

MORFOLOGIA

I verbi deponenti

Forma passiva
Significato attivo

Secondo i grammatici antichi, i verbi deponenti derivavano il loro nome dal fatto di aver "deposto" il significato passivo per assumerne uno attivo. La diatesi deponente è del tutto scomparsa nella lingua italiana.
I verbi deponenti hanno **forma passiva** ma **significato attivo**.
Come i verbi attivi, si distinguono in quattro coniugazioni (più quella mista dei verbi in *-ĭor*), sulla base della terminazione dell'infinito presente, secondo il seguente schema.

coniugazione	terminazione dell'infinito presente	esempio	
1ª coniugazione	-āri	hortāri	esortare
2ª coniugazione	-ēri	verēri	temere
3ª coniugazione	-i	sequi	seguire
4ª coniugazione	-īri	largīri	donare
verbi in *-ĭor*	-i	mori	morire

La **flessione dei verbi deponenti**, tranne poche eccezioni legate ai modi non finiti, è in tutto **conforme a quella dei verbi passivi**. A differenza di questi però, i verbi deponenti hanno l'**imperativo presente**, con relativa coniugazione.

Cinque modi presentano, oltre al significato attivo, anche **forma attiva**:
- il **participio presente**: *hortans, hortantis* "che esorta";
- il **participio futuro**: *hortaturus, -a, -um* "che esorterà";
- l'**infinito futuro**: *hortaturum, -am, -um esse* (e non *hortatum iri*) "stare per esortare";
- il **gerundio** e il **supino attivo** (vedi Unità 32, pp. 85 e 97).

Due modi, invece, per i deponenti transitivi presentano **forma e significato passivi**: il **gerundivo** e il **supino passivo** (vedi Unità 32, pp. 88 e 97).

PAROLE DA IMPARARE
Verbi deponenti

1ª coniugazione

arbitror, -āris, arbitrātus sum, -āri	pensare
comĭtor, -āris, comitātus sum, -āri	accompagnare
conor, -āris, conātus sum, -āri	tentare
hortor, -āris, hortātus sum, -āri	esortare
imĭtor, -āris, imitātus sum, -āri	imitare
moror, -āris, morātus sum, -āri	aspettare

2ª coniugazione

intueor, -ēris, intuĭtus sum, -ēri	guardare
polliceor, -ēris, pollicĭtus sum, -ēri	promettere
profiteor, -ēris, professus sum, -ēri	dichiarare, confessare
tueor, -ēris, tuĭtus (tutus) sum, -ēri	proteggere
vereor, -ēris, verĭtus sum, -ēri	temere

3ª coniugazione

fruor, -ĕris, fruĭtus (fructus) sum, frui	usufruire
fungor, -ĕris, functus sum, fungi	compiere
labor, -ĕris, lapsus sum, labi	vacillare, scivolare
loquor, -ĕris, locūtus sum, loqui	parlare
nascor, -ĕris, natus sum, nasci	nascere
proficiscor, -ĕris, profectus sum, proficisci	partire
queror, -ĕris, questus sum, queri	lamentarsi
sequor, -ĕris, secūtus sum, sequi	seguire
utor, -ĕris, usus sum, uti	servirsi di
vescor, -ĕris, vesci	nutrirsi di

4ª coniugazione

experior, -īris, expertus sum, -īri	sperimentare
largior, -īris, largītus sum, -īri	donare
orior, -ĕris (orīris), ortus sum, -īri	nascere
potior, -īris, potītus sum, -īri	impadronirsi di

verbi in -ĭor

ingredior, -ĕris, ingressus sum, ingrĕdi	camminare, entrare
morior, -ĕris, mortuus sum, mori	morire
patior, -ĕris, passus sum, pati	soffrire

RICORDA CHE...

I verbi **utor, fruor, fungor, potior** e **vescor** reggono il caso **ablativo**. *Potior* regge talvolta anche il genitivo, specialmente nell'espressione *potīri rerum* "impadronirsi del sommo potere".

ESERCIZI

Completa le tabelle con i modi e i tempi richiesti.

indicativo presente	traduzione	congiuntivo presente	traduzione
moror	io aspetto	tuear	che io protegga
moraris	tu aspetti	tuearis	che tu protegga
moratur	egli aspetta	tueatur	che egli protegga
morāmur	noi aspettiamo	tueamur	che noi proteggiamo
moramini	voi aspettate	tueamini	che voi proteggiate
morantur	essi aspettano	tueantur	che essi proteggano
indicativo imperfetto	**traduzione**	**congiuntivo perfetto**	**traduzione**
labēbar	io scivolavo	largitus sim	che io abbia donato
labebaris	tu scivolavi	largitus sis	che tu " "
labebatur	egli scivolava	largitus sit	che egli abbia donato
labebamur	noi scivolavamo	largiti simus	che noi abbiamo "
labebamini	voi scivolavate	largiti sitis	che voi abbiate "
labebantur	essi scivolavano	largiti sint	che essi abbiano "
infinito perfetto	**traduzione**	**infinito futuro**	**traduzione**
locutum, -am, -um esse	avere seguito	locuturum, -am, -um esse	stare per seguire

FACILIORA

Scegli la traduzione corretta delle seguenti forme verbali deponenti.

1. *ingressi sunt*
   - ☐ entrarono
   - ☐ siano entrati
   - ☐ saranno entrati
   - ☐ erano entrati

2. *imitemur*
   - ☐ imitiamo
   - ☐ che noi imitiamo
   - ☐ imitammo
   - ☐ imiteremo

3. *conatus sim*
   - ☐ che io abbia tentato
   - ☐ che io avessi tentato
   - ☐ che io sia stato tentato
   - ☐ tentai

4. *sequens*
   - ☐ colui che è seguito
   - ☐ colui che segue
   - ☐ a colui che segue
   - ☐ colui che seguirà

5. *utĭtur*
   - ☐ è usato
   - ☐ userà
   - ☐ che egli usi
   - ☐ usa

6. *locutae erant*
   - ☐ avevano parlato
   - ☐ avranno parlato
   - ☐ hanno parlato
   - ☐ che esse parlino

7. *veritūri*
   - ☐ quelli che temeranno
   - ☐ quelli che temono
   - ☐ quelli che saranno temuti
   - ☐ quelli che hanno temuto

8. *tueantur*
   - ☐ che essi proteggano
   - ☐ proteggono
   - ☐ proteggeranno
   - ☐ che essi siano protetti

3 **Analizza** e **traduci** le seguenti forme verbali deponenti.

queretur • hortarentur • nata est • orientis • experietur • sequi • functus sim • uti • pollicebamini • pollicĭtum esse • moramini • profecturum esse • fruamur • professi essent • verēre • verēri • comitatūrus • potiebantur • arbitraturum esse

4 **Analizza** e **traduci** in latino le seguenti forme verbali.

soffrivi • che noi camminiamo • aver guardato • esortavate • stare per esortare • che tu pensassi • che essi muoiano • che essi siano morti • che noi tentassimo • sperimentate! • scivolare • a colui che scivola • partì • che egli si nutra • accompagniamo • confesseremo • colui che si lamenterà • essere nato • guarda!

5 **Traduci** le seguenti frasi d'autore.

1. *O di immortales, avertite et deprecamini hoc omen.* (Cic.) • 2. *Postridie eius diei, (Caesar) mane tripartito* (avv.) *milites equitesque in expeditionem misit, ut eos, qui fugerant, persequerentur.* (Ces.) • 3. *Comitabatur exercitum praeter alia sueta bello magna vis camelorum onusta frumenti, ut simul hostem famemque depelleret.* (Tac.) • 4. *Urbe a defensoribus vacua facile potiti sunt hostes.* (Liv.) • 5. *Ad decus et ad libertatem nati sumus; aut haec teneamus aut cum dignitate moriamur.* (Cic.) • 6. *Ancilla quaedam* ("una", nom. f. sing.) *ad Q. Fabium Maximum aedilem indicaturam* (esse) *se causam publicae pestis professa est.* (Liv.) • 7. *Hostes tutius esse arbitrabantur, obsessis viis commeatuque intercluso, sine ullo vulnere victoriā potīri.* (Ces.) • 8. *Iason, tyrannus Thessaliae, cum in patria sine satellitibus se tutum non arbitraretur, Athenas venit.* (Nep.)

6 **Completa** le seguenti frasi coniugando opportunamente i verbi deponenti tra parentesi, quindi **traduci**.

1. *Caesar omnem equitatum praemisit, ut novissimum hostium agmen* .... *(moror).* • 2. *Mihi* .... *(proficiscor) parentes haec dixerunt.* • 3. *Romani Catonem* .... *(admiror) atque* .... *(vereor) ob eius severitatem.* • 4. *Cum domum* .... *(regredior), statim a tabellario epistulam a te missam accēpi.* • 5. .... *(Tueor), Iuppĭter, cives et urbem!* • 6. *Obsĭdes consulem orabant ut cum legatis* .... *(colloquor).* • 7. *Cum diu contra hostes* .... *(proelior) nostri laborantes vulneratique in castra se receperunt.* • 8. *Reus omnia scelĕra* .... *(confiteor) et in vincula coniectus est.*

DIFFICILIORA

7 Nelle seguenti frasi d'autore **sostituisci** i verbi evidenziati coniugando opportunamente i verbi deponenti elencati in ordine alfabetico, poi **traduci**.

arbitror • egredior • molior • partior • tueor • vereor

1. *Catilinam exitium rei publicae* **parantem** (....................) *ex urbe expuli.* (Cic.) • 2. *Consules inter se provincias* **diviserunt** (....................). (Liv.) • 3. *Sulpicium Rufum legatum cum eo praesidio, quod satis esse* **putabat** (....................), *portum tenēre iussit.* (Ces.) • 4. *Equĭdem de te nihil tale* ("nulla di simile", acc. n.) **timebam** (....................). (Virg.) • 5. *Quae cum ita sint, Catilina,* **exi** (....................) *aliquando ex urbe; patent portae.* (Cic.) • 6. *Qui rei publicae profuturi sunt, utilitatem civium* **defendant** (....................).

---

8 **Traduci** in latino le seguenti frasi utilizzando i verbi deponenti tra parentesi.

1. Usa (*utor*) da vecchio quello che hai conseguito (*consĕquor*) da giovane. • 2. Il sapiente parla (*loquor*) molto con se stesso, poco con gli altri. • 3. Il centurione aveva promesso ai soldati un ingente bottino per esortarli (*hortor*) a combattere valorosamente. • 4. Gli storici narrano che Spartaco aveva tentato (*conor*) di spingere gli schiavi alla ribellione.

9 Traduci il seguente brano d'autore.

Dolore per la morte di un amico

Con toni accorati, Plinio il Giovane rievoca la figura dell'amico Giunio Avìto, morto prematuramente. Di lui ricorda in particolare la disponibilità ad apprendere, a differenza di molti suoi coetanei che vivono nella presunzione di sapere già tutto.

Omnia mihi studia, omnes curas, omnia avocamenta exemit, excussit, eripuit dolor, quem ex morte Iuni Avīti gravissimum accēpi. Ille ita me diligebat, ita verebatur, ut me formatore morum, me quasi magistro uteretur. Rarum hoc in adulescentibus nostris est. Plerique enim statim sapiunt, statim sciunt omnia, neminem ("nessuno", acc.) verentur, neminem imitantur, atque ipsi sibi exemplo sunt. Sed non Avītus, qui alios prudentiores arbitrabatur atque ab iis semper nova discĕre volebat. Semper ille aut de studiis aliquid ("qualcosa", acc. n.) aut de officiis vitae quaerebat, semperque melior factus ("reso") recedebat. Afficior dolore adulescentiā ipsius, afficior necessitudĭnum casu. Erat illi grandis natu parens, erat uxor quam nuper virgĭnem accepĕrat, erat filia quam paulo ante sustulĕrat ("aveva riconosciuto"). Tot spes, tot gaudia dies unus in diversa convertit. Modo designatus aedīlis, recens maritus, recens pater intactum honorem, orbam matrem, viduam uxorem, filiam pupillam ignaram patris reliquit. In tantis tormentis eram cum scriberem haec ut haec scriberem sola; neque enim nunc aliud aut cogitare aut loqui possum. Vale.

(da Plinio il Giovane)

I SEGRETI DELLA TRADUZIONE
Il participio perfetto con i verbi deponenti

Il participio perfetto dei verbi deponenti, transitivi o intransitivi, ha **significato attivo** ed esprime di norma un'**azione anteriore** rispetto a quella della reggente. In italiano si può tradurre con:

- un **participio passato di valore attivo** (solo per i **verbi intransitivi**);
- un **gerundio composto attivo** (solo se riferito al soggetto);
- una **subordinata relativa, temporale o causale di senso attivo**, che indichi anteriorità rispetto alla reggente:

Caesar, media nocte profectus (deponente intransitivo), ad hostium castra mane pervēnit. (Ces.)

Cesare, **partito** (**essendo partito, dopo esser partito**) a notte fonda, giunse di mattina vicino al campo nemico.

Iugurtha, milites hortatus (deponente transitivo), aciem in planum deducit. (Sall.)

Giugurta, **dopo aver esortato** i soldati, porta l'esercito in pianura.

Il participio perfetto dei verbi intransitivi attivi non esiste (la forma italiana "venuto" non ha corrispondenza in latino), mentre il participio perfetto dei verbi transitivi attivi ha significato passivo.

Ecco in sintesi lo schema dei valori dei participi perfetti:

verbi attivi (valore passivo)		verbi deponenti (valore attivo)	
transitivi	intransitivi	transitivi	intransitivi
amatus, -a, -um amato, essendo stato amato, che (quando/poiché) è stato amato	–	*hortatus, -a, -um* avendo esortato, che (quando/poiché) ha esortato	*profectus, -a, -um* essendo partito, che (quando/poiché) è partito

L'ablativo assoluto con i verbi deponenti

- I verbi deponenti possono presentare **sempre** il costrutto dell'ablativo assoluto con il **participio presente**, con lo stesso valore dei verbi attivi:

  *Rettuli me, **hortante te**, ad ea studia.* (Cic.)   Sono tornato, **su tua esortazione** (poiché tu mi esorti), a quegli studi.

- L'ablativo assoluto con il **participio perfetto** si ha solo con i **verbi deponenti intransitivi o usati intransitivamente** e ha **valore attivo**. Si può tradurre:
  – in forma implicita con un **participio passato** di valore **attivo** o con un **gerundio composto** di valore **attivo**:

  ***Defuncto Traiano**, Aelius Hadrianus creatus est princeps.* (Eutr.)   **Morto (Essendo morto, Alla morte di) Traiano**, fu eletto imperatore Elio Adriano.

  – in forma esplicita con una **subordinata temporale o causale attiva** anteriore alla reggente:

  ***Orta tempestate**, nautae territi sunt.*   **Poiché era scoppiata (Dopo che fu scoppiata) la tempesta**, i marinai si spaventarono.

In sintesi, l'ablativo assoluto con:

- il **participio presente** è possibile con **tutti i verbi**, attivi e deponenti, transitivi e intransitivi; esprime **contemporaneità** rispetto all'azione della reggente e ha sempre valore **attivo**;
- il **participio perfetto** si incontra soltanto con **verbi attivi transitivi** e con **verbi deponenti intransitivi**; esprime sempre **anteriorità** rispetto all'azione della reggente, ma ha **valore passivo** con i verbi **attivi transitivi** e **valore attivo** con i verbi **deponenti intransitivi**.

10 **Indica** da quale verbo derivano i seguenti participi perfetti (deponenti e non), poi **traducili**.

spectatus • imitati • praebĭtus • aggressus • nata • terrĭti • hortatus • perfecta • pollicitae • amissae • potītus • profecti • pulsae • moratus • secuti

11 Nelle seguenti frasi d'autore **indica** se i participi derivano da verbi deponenti transitivi o intransitivi, poi **traduci**.

1. *Hostes, paulisper apud oppidum morati agrosque Romanorum depopulati, ad castra Caesaris omnibus copiis contenderunt.* (Ces.) • 2. *Tanta invidia sunt consules propter suspicionem pactorum a candidatis praemiorum.* (Cic.) • 3. *Patres conscripti, oblīti salutis meae, de vobis ac de vestris libĕris cogitate.* (Cic.) • 4. *Mortuo Tullo, res ("il potere") ad patres rediĕrat hique interrēgem nominaverunt.* (Liv.) • 5. *Attĭcus elatus est in lecticŭla, sine ulla pompa funĕris, comitantibus omnibus bonis, maxima vulgi frequentia.* (Nep.) • 6. *Hannĭbal, agmine quadrato amnem ingressus, fugam ex ripa fecit vastatisque agris intra paucos dies Carpetānos quoque in deditionem accepit.* (Liv.) • 7. *Caesar Remos cohortatus liberalĭterque oratione prosecutus omnem senatum ad se convenire principumque liberos obsides ad se addūci iussit.* (Ces.) • 8. *Hannĭbal, cum paucis equitibus inter tumultum elapsus, Hadrumētum perfūgit.* (Liv.)

12 Nelle seguenti frasi d'autore **riconosci** l'ablativo assoluto costruito con verbi deponenti, poi **traduci**.

1. *Romani vetĕres regnari ("avere un re") omnes volebant, libertatis dulcedine nondum experta.* (Liv.) • 2. *Postero die (Galli) consilium ceperunt ex oppido profugĕre, hortante et iubente Vercingetorīge.* (Ces.) • 3. *Circa Capuam, transgresso Vulturnum Fabio, ambo ("entrambi", nom. m.) consules rem gerebant.* (Liv.) • 4. *Sole orto, Gracchus in aciem copias educit.* (Liv.) • 5. *Postquam, dilapso tempore, comitiorum dies adventabat, Albinus, Aulo fratre propraetore relicto, Romam decessit.* (Sall.) • 6. *Darīus autem, cum ex Europa in Asiam redisset, hortantibus amicis ut Graeciam redigĕret in suam potestatem, classem quingentarum ("cinquecento", gen. f.) navium paravit.* (Nep.)

PAROLE DA SCOPRIRE

Orior e i punti cardinali

- Il verbo **orior**, *orĕris, ortus sum, orīri*, oltre ad assumere il significato di "**alzarsi**", "**levarsi**" in espressioni come *orto clamore* "levatisi alti clamori", indica il punto in cui ha origine un fiume: *Rhenus orītur ex Lepontiis* "Il Reno nasce nel territorio dei Leponzi". In espressioni relative alla stirpe di appartenenza è usato nel significato di "**discendere**", "**avere origine**", "**derivare**": *pueri claris patribus orti* "figli nati da illustri genitori".

- I termini "**oriente**" e "**orientamento**" derivano da *oriens*, participio presente di *orior*, che designa l'est come il luogo da cui il sole "nasce", cioè spunta all'orizzonte. Per analogia "**occidente**" viene da *occĭdo* ("cado"; nello specifico, "tramonto"). Invece il "**meridione**" è la "metà del giorno" (*medius dies*), mentre il "**settentrione**" prende il nome dall'Orsa Maggiore, suggestivamente definita come "i sette tori da traino" (*septem triones*).

Utor: non solo "usare"

Utor cambia il suo significato a seconda del **contesto**. Normalmente si traduce "usare", "far uso di", ma la sua resa può essere condizionata dal **sostantivo** che lo accompagna:

- *Latinā linguā uti* "parlare il latino";
- *fidibus aut tibiis uti* "suonare la cetra o il flauto";
- *honore uti* "ricoprire una carica".

Nota inoltre il suo **impiego specifico** nei seguenti casi:

- "comportarsi", "dar prova di", "esibire" (*severitate uti* "mostrare severità");
- "relazionarsi con", "essere amico di", in unione con un **avverbio di modo** (*aliquo familiarĭter uti* "essere in buoni rapporti con qualcuno");
- "avere qualcuno come", con **due ablativi**, uno dei quali in funzione predicativa (*aliquo magistro uti* "avere uno come maestro").

13 Traduci le seguenti frasi d'autore, cercando di rendere *utor* nel modo più opportuno.
1. *Philosophi, in senatum introducti, interprete usi sunt C. Acilio senatore.* (Gell.) • 2. *Animi imperio, corporis servitio magis utĭmur.* (Sall.) • 3. *Utebar familiarissime Caesare.* (Cic.) • 4. *Iumentis, quibus maxime Germani delectantur, Germani importatis non utuntur.* (Ces.) • 5. *Epaminondas erat modestus, prudens, gravis, temporibus sapienter utens.* (Nep.) • 6. *Eodem anno Caesar consularia insignia Asconio Labeōni, quo tutore usus erat, petivit a senatu.* (Tac.) • 7. *Patre usus est diligente, indulgente et, ut tum erant tempora, diti in primisque studioso litterarum.* (Nep.) • 8. *At barbari, consilio Romanorum cognito, praemisso equitatu et essedariis, quo plerumque genere in proeliis uti consuerunt, reliquis copiis subsecuti nostros navibus egredi prohibebant.* (Ces.)

14 Traduci in latino le seguenti frasi utilizzando il verbo *utor* dove possibile.
1. I beni di cui ci serviamo sono inconsistenti. • 2. Frequento Cesare ormai da molti anni. • 3. Cicerone ricoprì importanti cariche nel governo dello stato. • 4. Ascolta gli uomini onesti con i quali hai familiarità.

SINTASSI

Significato e uso dei participi dei verbi deponenti

- Il participio perfetto di alcuni verbi deponenti è usato anche con valore di **participio presente**. Tra i principali verbi si segnalano:

arbitratus	da *arbitror*	credendo, che crede, che ha creduto
ratus	da *reor*	pensando, che pensa, che ha pensato
secutus	da *sequor*	seguendo, che segue, che ha seguito
usus	da *utor*	usando, che usa, che ha usato
veritus	da *vereor*	temendo, che teme, che ha temuto

  Curio, hostes fugĕre **arbitratus**, *copias ex locis superioribus in campum ducit.* (Ces.)
  Curione, **pensando** che i nemici fuggissero, condusse in campo le truppe dai luoghi più alti.

- Alcuni participi perfetti di verbi deponenti, accanto al regolare valore attivo, assumono eccezionalmente **anche** quello **passivo**. Sono:

adeptus	da *adipiscor*	che ha ottenuto, ottenuto, che è stato ottenuto
comitatus	da *comĭtor*	che ha accompagnato, accompagnato, che è stato accompagnato
confessus	da *confiteor*	che ha confessato, confessato, che è stato confessato
dimensus	da *dimetior*	che ha misurato, misurato, che è stato misurato
expertus	da *experior*	che ha provato, provato, che è stato provato
meditatus	da *meditor*	che ha meditato, meditato, che è stato meditato
pactus	da *paciscor*	che ha pattuito, pattuito, che è stato pattuito
partitus	da *partior*	che ha suddiviso, suddiviso, che è stato suddiviso
populatus	da *populor*	che ha saccheggiato, saccheggiato, che è stato saccheggiato

  De praesidio regionis **depopulatae** *agitari coeptum est.* (Liv.)
  Si cominciò a discutere sulla difesa della regione **devastata**.

> **RICORDA CHE...**
> Esistono anche alcuni **participi perfetti** di verbi **non deponenti** che hanno **valore attivo** anziché passivo:
>
> | | | | | | |
> |---|---|---|---|---|---|
> | *cenatus* | da *ceno* | che ha pranzato | *potus* | da *poto* | che ha bevuto |
> | *iuratus* | da *iuro* | che ha giurato | *pransus* | da *prandeo* | che ha mangiato |
>
> *Domum bene* **potus** *seroque redieram.* (Cic.)
> Ero tornato a casa tardi e **dopo** aver ben **bevuto**.

ESERCIZI

FACILIORA

15 **Scegli** la traduzione corretta dei seguenti participi (attenzione: è possibile più di una soluzione).

1. *hortatus*
   - ☐ esortato
   - ☐ esortando
   - ☐ avendo esortato
   - ☐ che esorterà

2. *meditatus*
   - ☐ meditato
   - ☐ che ha meditato
   - ☐ meditando
   - ☐ che è stato meditato

3. *secuti*
   - ☐ che seguono
   - ☐ che hanno seguito
   - ☐ seguiti
   - ☐ che seguiranno

4. *natus*
   - ☐ nascendo
   - ☐ che è nato
   - ☐ nato
   - ☐ essendo nato

5. *questus*	☐ lamentato ☐ che si è lamentato	☐ essendosi lamentato ☐ lamentandosi	
6. *pactus*	☐ che è stato pattuito ☐ pattuito	☐ che ha pattuito ☐ pattuendo	
7. *pollicĭtus*	☐ promesso ☐ che ha promesso	☐ avendo promesso ☐ che promette	
8. *usus*	☐ usando ☐ che ha usato	☐ avendo usato ☐ che usa	
9. *largītae*	☐ che hanno donato ☐ essendo state donate	☐ donate ☐ donando	
10. *tuĭtus*	☐ che protegge ☐ avendo protetto	☐ protetto ☐ che ha protetto	

16 **Analizza** e **traduci** i seguenti participi.

ratus • populatus • arbitratae • pransus • meditatae • adepti • secuta • veritae • dimensi • comitatus • iuratus • partita • pacta • confessus • cenati • experta

17 Nelle seguenti frasi d'autore **sottolinea** i participi perfetti deponenti e **completa** una tabella come quella proposta; quindi **traduci**.

1. Me populus Romanus, a porta in Capitolium atque inde domum celebritate laetitiaque comitatum, honestavit. (Cic.) • 2. Alexander, secūtus consilii auctorem, castra movit. (Curz.) • 3. Anthiocus urbi abstinuit, depopulatus agros. (Liv.) • 4. Cato exercitum suum pransum et paratum eduxit foras et instruxit. (Gell.) • 5. Ligŭres, solūti metu, per transversos limites superatis montibus in campum degressi, agrum Mutinensem populati, repentino impetu coloniam ipsam ceperunt. (Liv.) • 6. Dicunt T. Caelium, cum cenatus cubĭtum ("per dormire", sup. att.) in idem conclāve cum duobus ("due", abl. m.) adulescentibus filiis isset, inventum esse mane iugulatum. (Cic.) • 7. Alcibiădes, in Italiam pervectus, multa secum repŭtans de immoderata civium suorum licentia, utilissimum ratus impendentem evitare tempestatem, clam se ab custodibus subduxit. (Nep.) • 8. Caesar, inopiam frumenti verĭtus, constituit non progrĕdi longius. (Ces.)

participio perfetto	valore di presente	valore attivo	valore passivo
comitatum			✓

DIFFICILIORA

18 Nelle seguenti frasi d'autore **sostituisci** il costrutto del *cum* narrativo coniugando opportunamente il participio perfetto del verbo deponente indicato fra parentesi, poi **traduci**. L'esercizio è avviato.

1. Caesar, **cum existimavisset** (arbitror → **arbitratus**) id bellum celerĭter confĭci posset, eo exercĭtum adduxit. (Ces.)
2. Alcibiădes, **cum** multitudinis impetum **timeret** (vereor → ....), in voluntarium exsilium proficiscĭtur. (Giust.)
3. Equites nostri, **cum** flumen **transiissent** (transgredior → ....), cum hostium equitatu proelium commiserunt. (Ces.)
4. Hostes, **cum** hanc victoriam **obtinuissent** (adipiscor → ....), in perpetuum se fore victores confidebant. (Ces.)
5. Vercingetorīx, **cum** ex arce Alesiae suos **vidĕrit** (conspicor → ....), ex oppido egredĭtur. (Ces.)
6. Antiochus urbe abstinuit, **cum** agros **vastavisset** (depopulor → ....). (Liv.)

19 Traduci il seguente brano d'autore.

La rotta dei pompeiani a Farsàlo

Sopraffatti dalla superiorità strategica dell'esercito di Cesare, i pompeiani, allo sbando, si danno alla fuga. Privi ormai di comandanti da cui ricevere ordini, si affidano alla guida degli ufficiali.

Caesar Pompeianis ex fuga intra vallum compulsis nullum spatium perterritis dari oportēre existimans, milites cohortatus est, ut beneficio fortunae uterentur castraque oppugnarent. Qui, etsi magno aestu fatigati (nam ad meridiem res erat perducta), tamen ad omnem laborem animo parati imperio paruerunt. Castra a cohortibus, quae ibi praesidio relictae erant, industrie defendebantur, multo etiam acrius a Thracibus barbarisque auxiliis. Nam milites qui acie refugĕrant, et animo perterriti et lassitudine confecti, missis armis signisque militaribus, magis de reliqua fuga quam de castrorum defensione cogitabant. Neque vero diutius, qui in vallo constitĕrant, multitudinem telorum sustinēre potuerunt, sed confecti vulneribus locum reliquerunt, protinusque omnes ducibus usi centurionibus tribunisque militum in altissimos montes, qui ad castra pertinebant, confugerunt.

(Cesare)

VERIFICA DELLE COMPETENZE

COMPETENZE LINGUISTICHE

20 Indica la risposta corretta per ciascuna delle seguenti affermazioni.
1. *Polliceor* è un verbo deponente perché si distingue da un passivo:
   ☐ per forma
   ☐ per significato
   ☐ per forma e significato
   ☐ è del tutto identico
2. L'ablativo assoluto *nullo insequente* è costruito con un participio:
   ☐ perfetto di un verbo deponente transitivo
   ☐ perfetto di un verbo deponente intransitivo
   ☐ presente di un verbo deponente usato intransitivamente
   ☐ presente di un verbo attivo
3. Nella frase *Dux, suam peritiam usus, militum vitam servat* il participio perfetto *usus*:
   ☐ è di forma passiva
   ☐ ha valore di participio presente
   ☐ ha valore di participio perfetto
   ☐ ha valore di participio futuro
4. Nell'espressione *legati pacti pacem* il participio perfetto *pacti*:
   ☐ ha valore attivo
   ☐ ha valore passivo
   ☐ può essere usato come participio presente
   ☐ è usato sia come participio presente sia come participio perfetto

L'esercizio insegna a:
- saper riconoscere i verbi deponenti e i loro usi

21 Nelle seguenti frasi d'autore sostituisci le forme verbali evidenziate con quelle corrispondenti dei deponenti indicati fra parentesi, poi traduci. L'esercizio è avviato.

1. *Pater meus semper me admonuit ne **promitterem** (polliceor → **pollicerer**) quae servare non poteram.*
2. *Cum omnes eum **spectarent** (intueor → ....), consul dextĕra concilium salutavit.*
3. *Cum Hannĭbal apud lacum Avernum **expectaret** (moror → ....), quinque ("cinque", indecl.) nobiles iuvenes ab urbe Tarento ad eum venerunt.*
4. *Iam Cicero **putabat** (arbitror → ....) Catilīnam Romam cum omnibus suis relicturum esse.*
5. *Haedui hostium castra ceperunt eorumque agros ferro ignique **vastaverunt** (populor → ....).*
6. *Postquam Cicero suam orationem in senatu dixerat, statim coniurati Roma **discesserunt** (proficiscor → ....).*
7. *Sine ullo periculo legionis cum equitatu proelium fore dux **videbat** (conspĭcor → ....).*
8. *Dux suos milites ut strenue pugnarent **monuerat** (hortor → ....).*

L'esercizio insegna a:
- saper sostituire voci verbali attive con sinonimi deponenti

22 Nelle seguenti frasi d'autore sottolinea una volta i verbi deponenti e due volte quelli passivi, poi traduci.

1. Hoc effĭcit philosophia: medetur (+ dat.) animis. (Cic.) • *2. In eam spem civitas venerat, in Africa eo anno bellatum iri.* (Liv.) • *3. Boni viri non trahuntur a fortuna, sequuntur illam et aequant gradum.* (Sen.) • *4. Cum Phalerico portu neque magno neque bono Athenienses uterentur, Themistoclis consilio Piraei portus constitutus est.* (Nep.) • *5. Vir bonus, si caedi patrem suum viderit, si rapi matrem, non irascetur, sed vindicabit et tuebitur.* (Sen.) • *6. Cicero Allobrŏges, pollicĭtos operam suam, domum dimisit.* (Sall.) • *7. In corpore conspicuum est, vel exstincto animo vel elapso, nullum residēre sensum.* (Cic.) • *8. His vocibus irritatus miles in diem postěrum castra redŭcit, longam venire noctem ratus, quae moram certamĭni faceret.* (Liv.)

L'esercizio insegna a:
- saper distinguere le forme deponenti da quelle attive e passive e tradurle correttamente

23 Indica se nelle seguenti frasi i *cum* narrativi o i participi congiunti possono essere sostituiti da ablativi assoluti, motivando la risposta; poi traduci.

1. Cum summa pericula experti essent, milites in patriam reversi sunt. • *2. Scipio, cum exercitu profectus, non agros modo populatus, sed urbis etiam expugnatis, in castra rediit.* • *3. Cum sol ortus esset, proelium renovatum est.* • *4. Cum oppidum adorti essent, Romani in patriam reverterunt.* • *5. Dux, suos adlocutus, in hostes impetum fecit.* • *6. Cum Caesar hortatus esset milites ut castra moverent, hostes fugae se dederunt.* • *7. Cum nostri milites cunctarentur, maxime propter maris altitudinem, decimae legionis aquilĭfer ex nave in mare desiluit.* • *8. Labienus cum equitatu hostes consectatus esset, magno numero interfecto, compluribus captis, paucis post diebus civitatem recepit.*

L'esercizio insegna a:
- saper scegliere tra ablativo assoluto e costrutti alternativi

COMPETENZE LESSICALI

 Indica i verbi latini deponenti da cui derivano i seguenti vocaboli italiani e annotane il significato.

vocabolo	verbo latino	significato
inseguimento		
ripartizione		
mora		
intuire		
comitiva		
tutela		
patto		
imitazione		
dimensione		
esordio		
arbitrato		
eloquente		
verecondia		
elargizione		
passionalità		
querela		
fruizione		

L'esercizio insegna a:
- saper ricostruire l'etimologia di alcuni termini italiani

 Abbina ciascuna frase al corretto significato di *utor*, quindi traduci.

1. *Eo die pace sunt usi.* (Ces.)
2. *(Catilina) utebatur hominibus improbis multis: et quidem optimis se viris deditum esse simulabat.* (Cic.)
3. *Qui utuntur vetere vino, eos sapientes puto.*
4. *Homines clarissimi, civitatis amplissimis usi honoribus, neque in iudicio adsunt, neque in decreto nominantur.*
5. *Marcus adfirmabat se optime lingua Latina uti.*
6. *Solutis tunicis utuntur qui sine cura vivant.*
7. *Qui se ad eorum amicitiam adgregaverant, meliore condicione se uti videbant.* (Ces.)
8. *Plane non habeo quid scribam, silentio puto me usurum (esse).* (Cic.)

frase	significato di *utor*	frase	significato di *utor*
	ricoprire una carica		godere
	parlare		frequentare
	sfruttare		dar prova di
	consumare		indossare

L'esercizio insegna a:
- saper riconoscere i diversi significati di *utor*

COMPETENZE DI TRADUZIONE

VERSIONE GUIDATA

26 Traduci il brano d'autore e svolgi le attività che seguono.

L'esempio del centurione Petronio

Durante la campagna di Cesare in Gallia, Marco Petronio, centurione dell'VIII legione, sacrifica la propria vita davanti alla porta della città di Gergovia, pur di evitare la rovina dei suoi che aveva guidato all'assalto.

Marcus Petronius, eiusdem legionis centurio, cum portam excidĕre conatus esset, a multitudine oppressus ac sibi desperans, multis iam vulneribus acceptis manipularibus suis, qui illum secuti erant, «Quoniam» inquit ("disse") «me unā vobiscum servare non possum, vestrae quidem certe vitae prospiciam, quos cupiditate gloriae adductus in periculum deduxi. Vos data facultate vobis consulĭte». Simul in medios hostes irrupit duobusque (duobus "due", abl. m.) interfectis reliquos a porta paulum summovit. Conantibus auxiliari suis «Frustra» inquit «meae vitae subvenire conamini, quem iam sanguis viresque deficiunt. Proinde abite, dum est facultas, vosque ad legionem recipĭte». Ita pugnans post paulum concĭdit ac suis saluti fuit. (Cesare)

LABORATORIO

Morfologia

1. Sottolinea le forme verbali deponenti e analizzale.
2. Evidenzia i participi presenti e perfetti e analizzali, specificando se si tratta di verbi attivi o deponenti, transitivi o intransitivi.
3. Cerchia gli imperativi e trascrivi il paradigma dei verbi da cui derivano.
4. A quale categoria morfologica appartiene *unā*?

Sintassi

5. Rintraccia la costruzione del *cum* narrativo: qual è il rapporto temporale con la reggente? Ha valore causale o temporale?
6. Individua gli ablativi assoluti e indica quali valori assumono.
7. Riconosci la costruzione del doppio dativo.

Lessico

8. *manipularibus*: da .... (nominativo, genitivo), è usato per indicare i ....

9. *secuti erant*: è il .... (modo e tempo) del verbo deponente .... (paradigma), il cui participio perfetto .... può essere usato anche come .... Da *sequor* e dai suoi composti derivano alcune parole italiane come ....

10. *consulĭte*: il verbo *consŭlo* assume significati diversi. Con il dativo significa .... , con *de* + ablativo .... , con *ad* + accusativo .... , con *ut* o *ne* + congiuntivo ....

VERSIONE D'AUTORE

27 Traduci il seguente brano.

Il riscatto di Pelopida

Laboratorio
Applica il metodo svolgendo l'analisi sintattica della versione, quindi scrivi la traduzione.

Catturato durante una missione diplomatica in Tessaglia dal tiranno Alessandro di Fere, il condottiero tebano Pelopida viene liberato da Epaminonda. Nel conflitto contro Alessandro vendicherà il torto subìto e, morto, otterrà gli onori dei Tessali liberati.

Pelopĭdas cum adversa fortuna conflictatus est. Nam et initio exul patriā caruit, et cum Thessaliam in potestatem Thebanorum cuperet redigĕre legationisque iure satis tectum se arbitraretur, quod apud omnes gentes sanctum erat, a tyranno Alexandro Pheraeo simul comprehensus in vincula coniectus est. Hunc Epaminondas recuperavit, bello persĕquens Alexandrum. Postquam id evēnit numquam animo placari potuit in eum, a quo violatus erat.

Itaque persuasit (+ dat.) *Thebanis, ut subsidio Thessaliae proficiscerentur tyrannosque eius expellĕrent. Cuius belli cum ei summum imperium datum esset eoque cum exercitu profectus esset, non dubitavit, simul ac conspexit hostem, confligĕre. In quo proelio Alexandrum ut animadvertit, incensus irā equum in eum concitavit, proculque digressus a suis, coniectu telorum confossus concĭdit. Atque hoc secunda victoria accĭdit: nam iam inclinatae erant tyrannorum copiae. Quo facto omnes Thessaliae civitates interfectum Pelopĭdam coronis aureis et statuis aeneis liberosque eius multo agro donaverunt ("premiarono").*

(da Cornelio Nepote)

STORIA

28 Traduci il seguente brano d'autore.

La Britannia

Rievocando le imprese del suocero Giulio Agricola in Britannia nell'83-84 d.C., lo storico Tacito fornisce informazioni geografiche sull'isola, che le due spedizioni militari di Cesare avevano reso parzialmente nota ai Romani.

Britannia, maxima insularum quas Romana notitia complectĭtur, spatio ac caelo in orientem Germaniae, in occidentem Hispaniae obtendĭtur, a Gallis in meridiem etiam inspicĭtur; septentrionalis pars eius, nullis contra (avv.) *terris, vasto atque aperto mari pulsatur. Formam totius Britanniae Livius*[1] *inter veteres auctores, Fabius Rusticus*[2] *inter recentiores oblongae scutŭlae vel bipenni adsimulavēre. Ea facies vero citra Caledoniam est, sed transgressis* ("per quelli che si spingono oltre") *inmensum et enorme spatium terrarum procurrentium extremo iam litŏre velut in cuneum tenuatur. Hanc oram novissimi maris tunc primum Romana classis circumvecta insulam esse Britanniam adfirmavit, ac simul incognitas ad id tempus insulas, quas Orcadas vocant, invēnit domuitque. Dispecta est etiam Thule*[3]*, quia hactĕnus navigare iussum erat, sed hiems adpetebat. Dicunt illud mare pigrum et grave remigantibus ne ventis quidem perinde attolli, quod rariores terrae montesque, causa ac materia tempestatum, et profunda moles continui maris tardius impellĭtur.*

(da Tacito)

1. *Livius*: Tito Livio (59 a.C.-17 d.C.) è autore dell'opera monumentale *Ab Urbe condĭta libri*.
2. *Fabius Rusticus*: storico vissuto sotto i Flavi, fornì una descrizione erronea della forma della Britannia, che la spedizione di Agricola servì a correggere.
3. *Thule*: da alcuni identificata con l'Islanda, da altri con Mainland, la più grande tra le isole dell'arcipelago delle Shetland.

CONOSCERE la storia

I Romani e la Britannia

Le spedizioni di Cesare in Britannia Situata nell'estremo Nord, la Britannia, quando Cesare la raggiunse nel 55 a.C., era considerata un luogo remoto e inospitale, abitato da genti barbare (di stirpe celtica) e bellicose. Le sue terre erano però ricche di piombo, stagno e altri minerali e i Britanni – soprattutto quelli stanziati nelle zone costiere della Manica – erano legati da rapporti commerciali con i Galli del continente.
Durante la campagna in Gallia, Cesare compì due spedizioni in Britannia, adducendo come pretesto il fatto che i Britanni avrebbero inviato truppe in aiuto dei Galli. Spinto in realtà dal desiderio di ampliare le proprie conquiste, approdò una prima volta sulle coste dell'attuale Kent nel 55 a.C. Tuttavia le difficoltà legate all'agguerrita resistenza delle popolazioni autoctone lo indussero a tornare rapidamente in Gallia. Questa prima campagna ebbe quindi più che altro una funzione esplorativa. Più aggressiva fu invece la seconda spedizione, effettuata l'anno seguente e che, anche se non culminò in una vera e propria conquista militare, servì a stabilire nell'isola un sistema di clientele che portò la Britannia meridionale nella sfera d'influenza romana. Cesare stesso racconta queste vicende nei libri IV e V dei *Commentarii de bello Gallico*, in cui sono riportate anche alcune notizie sulla geografia e sugli usi e costumi dei Britanni.

La conquista romana Una vera e propria provincia romana (la *Britannia*, appunto) fu fondata solo nel 43 d.C., sotto l'imperatore Claudio, quando l'area sud-orientale dell'isola fu conquistata militarmente. La sua capitale era *Camulodūnum* (odierna Colchester) e solo in seguito fu spostata a Londra (*Londinium*). La prima fase della conquista romana fu violenta e brutale e determinò l'insorgere di sanguinose rivolte da parte delle tribù locali, tra cui quella capeggiata dalla regina degli Iceni Boudicca, stroncata nel sangue nel 61 d.C. In età flavia il generale Gneo Giulio Agricola si spinse verso nord fino alla Caledonia (attuale Scozia): le sue campagne tra il 78 e l'83 d.C. sono narrate nel *De vita et moribus Iulii Agricolae* dal genero, lo storico Tacito, che fornisce anche informazioni sulla geografia dei luoghi, sulle popolazioni locali e sui loro usi e costumi.

Il Vallo di Adriano e il tardo impero Nella prima metà del II secolo d.C. l'imperatore Adriano fece costruire una muraglia di fortificazione – il cosiddetto *Vallum Hadriani*, di cui rimangono ancora alcuni resti – lunga 117 km, che si estendeva nella Scozia meridionale e segnava il confine tra la Britannia romana e la Caledonia. La fortificazione, che marcava l'estremo confine settentrionale dell'impero romano, aveva funzione soprattutto difensiva, per arginare eventuali attacchi da nord. Nel 142 d.C. Antonino Pio spostò a nord il confine di altri 160 km, costruendo un altro vallo, meno imponente. In seguito, tra IV e V secolo, le invasioni di Angli e Sassoni cancellarono quasi ogni traccia della romanizzazione della Britannia, che era stata del resto tardiva e poco profonda, tranne che nelle zone costiere del Sud.

Resti del Vallo di Adriano nei pressi di Steel Rigg (Inghilterra).

Comprendere

1 Quali regioni della Britannia furono conquistate da Cesare?

2 Chi fu Giulio Agricola e per ordine di quale imperatore combatté in Britannia?

3 Che cos'è il *Vallum Hadriani* e a quale scopo fu costruito?

Approfondire

4 Nel *De vita et moribus Iulii Agricolae* Tacito rievoca la conquista romana dell'isola: riassumi il contenuto dell'opera.

5 La romanizzazione della Britannia fu piuttosto superficiale, tuttavia di essa restano alcune tracce anche nella lingua. Con l'aiuto dell'insegnante di inglese, fa' una ricerca lessicale, individuando alcuni termini di derivazione latina ancora oggi presenti nella lingua inglese.

6 Individua sull'atlante storico la cartina della Britannia in epoca romana e confrontala con una moderna, cercando di notare le eventuali corrispondenze fra i toponimi.

7 I resti del *Vallum Hadriani* sono ancora visibili. Con l'aiuto di internet, prova a stendere un itinerario turistico che guidi alla visita di questi e di altri luoghi archeologici britannici risalenti all'età romana.

unità 29
I verbi semideponenti
I numerali

Lezione
Studia
i **verbi deponenti e semideponenti**
ed **esercitati** a memorizzarli; quindi **verifica** le tue conoscenze.

LINGUA
Morfologia
I verbi semideponenti
I numerali
Sintassi
I complementi di estensione, di distanza e di età

LESSICO
Parole da scoprire
Da dieci a cento a mille

TRADUZIONE
I segreti della traduzione
Le cifre romane
Conoscere la cultura
La misura del tempo

MORFOLOGIA *Forma metà passive e metà attive*

I verbi semideponenti

I verbi semideponenti, pur conservando sempre **significato attivo**, hanno **forma attiva** nei tempi derivati dal **tema del presente** e **forma passiva** nei tempi derivati dal **tema del perfetto**.
Tali verbi sono:

audeo, -es, ausus sum, audēre	osare
gaudeo, -es, gavīsus sum, gaudēre	godere, rallegrarsi
soleo, -es, solĭtus sum, solēre	essere solito
fido, -is, fisus sum, fidĕre	fidarsi

A questi si aggiungono i due **composti di** *fido*:

confĭdo, -is, confisus sum, confidĕre	confidare
diffĭdo, -is, diffisus sum, diffidĕre	diffidare

Possunt quidem omnia audēre, qui hoc ausi sunt; non tamen audebunt negare. (Liv.) | Certo possono **osare** tutto, coloro che **hanno osato** questo; tuttavia non **oseranno** negare.

RICORDA CHE...

- Il **participio perfetto** dei verbi semideponenti ha spesso **valore di participio presente**: *ausus* "osando", "avendo osato"; *solĭtus* "che è solito", "che è stato solito" ecc.

- Diversamente dai semideponenti, il verbo **revertor**, *-ĕris, reverti* (part. fut. *reversurus*), *reverti* "ritornare" è **deponente nel presente** e nei tempi da questo derivati, e non nel perfetto e nei tempi da esso derivati. Sono comunque attestate anche le forme regolari *reverto* e *reversus sum*.

- I verbi **fido**, **confĭdo** e **diffĭdo** reggono in genere il **dativo della persona** e l'**ablativo della cosa**:

  Ingenio suo fidĕre. (Plin.) | Confidare nel proprio ingegno.

ESERCIZI

1 **Completa** le tabelle con i modi e i tempi richiesti.

indicativo presente	traduzione	congiuntivo presente	traduzione
diffido	io diffido		
		soleat	che egli sia solito

indicativo perfetto	traduzione	congiuntivo perfetto	traduzione
		confīsi simus	che noi abbiamo confidato
ausi sunt	essi hanno osato, osarono		

FACILIORA

2 **Distingui** tra le seguenti forme verbali semideponenti quelle che hanno forma attiva A o passiva P.

1. diffiderent   A P
2. fisi sumus   A P
3. solebatis   A P
4. audet   A P
5. gavisae erant   A P
6. diffidentes   A P
7. confisum esse   A P
8. ausa esset   A P
9. solebit   A P
10. solita es   A P

3 **Analizza** e **traduci** le seguenti forme verbali semideponenti.

audebant • gaudebunt • fisi erunt • diffideremus • gavisae sint • gaudens • audet • ausus ero • soleatis • confisi • fidentium • ausurum esse • solĭtus esset • solĭtae erant • gavīsa est • gaudēte

4 **Analizza** e **traduci** in latino le seguenti forme verbali.

ti rallegravi • aver osato • diffidare • confideranno • che io abbia osato • essersi fidati • osate! • che essi confidassero • eravate stati soliti • stare per osare • che egli fosse stato solito • colui che osa

5 **Traduci** le seguenti frasi d'autore.

1. *Soles nonnumquam hac de re a me in disputationibus nostris dissentire.* (Cic.) • **2.** *(Multa) non quia difficilia sunt, non audemus, sed quia non audemus, sunt difficilia.* (Sen.) • **3.** *Iugurtha, ubi ex nuntiis accepit quae Metellus agebat, diffidebat suis rebus ac tum demum deditionem facĕre conatus est.* (Sall.) • **4.** *Massilienses, et celeritate navium et scientia gubernatorum confisi, nostros eludebant impetusque eorum excipiebant.* (Ces.) • **5.** *Rex, tot hominum salute magnopĕre gavīsus, confestim cum epistula Artabāzum ad Pausaniam mittit.* (Nep.) • **6.** *Pompeius, ut equitatum suum pulsum vidit atque eam exercitus partem, cui maxime confidebat, perterrĭtam animadvertit, aliis quoque diffīsus, acie excessit.* (Ces.)

6 **Completa** le seguenti frasi coniugando opportunamente i verbi semideponenti tra parentesi, quindi **traduci**.

1. Constat illum ita gravĭter aegrum fuisse, ut omnes medici de salute eius .... (*diffido*, cong. impf.). • **2.** Cum suis amicis sociisque .... (*confido*, cong. impf.), Catilina evertĕre rem publicam conatus est. • **3.** Zeno philosŏphus dicĕre .... (*soleo*, indic. ppf.) *eum esse beatum qui praesentibus voluptatibus frueretur.* • **4.** Scio solum amicos .... (*gaudeo*, inf. fut.) *meo gaudio.* • **5.** M. Varro, cognitis iis rebus, quae in Italia gestae sunt, ... (*diffido*, part. pres.) *Pompeianis rebus, amicissime de Caesare loquebatur.* • **6.** Valde .... (*gaudeo*, indic. perf.), *cum compĕri te Romam venturum esse.* • **7.** Hannĭbal tantum terrorem iniecit exercitui Romanorum, ut egrĕdi extra vallum nemo* ("nessuno", nom.) .... (*audeo*, cong. perf.). • **8.** .... (*audeo*, part. pres.) *fortuna iuvat.*

7 **Traduci** in latino le seguenti frasi utilizzando verbi semideponenti.

1. I soldati si rallegrarono dell'esito della battaglia. • **2.** Gli esuli avevano confidato nel perdono del console, ma non l'ottennero. • **3.** Gli esploratori riferirono che i cavalieri degli Edui, giunti al fiume, si fermarono lì pochi giorni, ma non osarono oltrepassarlo e ritornarono nelle loro cittadelle. • **4.** La cavalleria dei nemici, poiché confidava nel gran numero (usa *multitudo, -ĭnis*) dei suoi, aveva osato attaccare le esigue truppe dei Romani.

8 **Traduci** il seguente brano d'autore.

Laboratorio
Applica il metodo svolgendo l'analisi sintattica della versione, quindi scrivi la traduzione.

La morte di Alcibiade

Alcibiade non si perde d'animo neppure di fronte alla morte imminente, ma fornisce una prova egregia di coraggio e determinazione. Tuttavia ogni sforzo si rivela vano, perché ormai la sua sorte è segnata.

Alcibiădes, victis Atheniensibus, nullum locum sibi tutum fore propter potentiam Lacedaemoniorum arbitrātus, ad Pharnabāzum in Asiam transiit, ubi vero autem res novas contra Lacedaemonios molīri non desiit. Ergo satrăpes Pharnabāzus, cum autem contra Lacedaemonios coniuravisset, duos ("due", acc. m.) familiares misit qui eum interficerent. Illi, cum ferro eum aggrĕdi non audērent, noctu ligna contulerunt circa casam in qua quiescebat, eamque succenderunt; conabantur incendio conficĕre quem manu superari posse diffidebant. Ille autem, ut sonitu flammae excitatus est, paucis vestimentis arreptis, his in ignem coniectis, flammae vim transiit. Quem ut barbari incendium effugisse viderunt, telis emĭnus missis interfecerunt caputque eius ad Pharnabāzum rettulerunt. Sic Alcibiades diem obiit supremum.

(da Cornelio Nepote)

MORFOLOGIA

I numerali

IN ITALIANO In italiano è possibile distinguere fra **aggettivi numerali** e **simboli numerici**.

Gli **aggettivi numerali** più frequenti sono:

- **cardinali** (*uno, due, tre* ecc.), così detti perché da essi si originano le altre tipologie; sono **tutti invariabili**, tranne *uno/a* e *mille* (nel suffisso del plurale *-mila*):
  *Alla mia festa sono venuti solo **un** bambino e **una** bambina.*
  *Ho **mille** idee e **diecimila** iniziative.*

- **ordinali** (*primo, secondo, terzo* ecc.), che indicano il punto preciso di una serie; quando sono usati in funzione di aggettivo sono **declinabili** e concordano per genere e numero con il nome.
  *A settembre festeggeremo il **primo** compleanno del nostro bambino.*

Altri aggettivi numerali sono:
- **distributivi**, che servono a indicare la distribuzione delle quantità (*uno per volta, due alla volta, tre a tre* ecc.);
- **moltiplicativi**, che moltiplicano il valore del nome (*doppio, triplo, quadruplo* ecc.);
- **frazionari**, che esprimono una frazione di numero (*metà, mezzo* ecc.);
- **collettivi**, che indicano delle quantità prese nel loro insieme (*ambo, entrambi* ecc.).

Ricorda che...
Sia i **cardinali** sia gli **ordinali** possono essere usati come **sostantivi**:

*I **Mille** sbarcarono a Marsala.*   *Partiremo per le vacanze ai **primi** di agosto.*

I **simboli numerici** sono detti **numeri** o **cifre arabe** dalla civiltà a cui si deve la loro invenzione. È bene precisare che non è corretto usare in un testo scritto simboli numerici o simboli matematici in sostituzione di parole. Al contrario, il loro impiego è opportuno nel caso di date, percentuali e cifre consistenti:

*Quest'anno ho letto **dieci** libri (e non 10 libri).*
*La prima guerra mondiale durò fino al **1918**.*

IN LATINO I numerali sono **aggettivi** (talvolta sostantivati) o **avverbi** che indicano una **determinata quantità numerica**.

I numerali cardinali

Fra i numerali cardinali sono **declinabili** soltanto:
- *unus, -a, -um* "uno";
- *duo, duae, duo* "due";
- *tres, tres, tria* "tre";
- i numeri delle **centinaia** (escluso *centum*, indeclinabile), che si declinano come aggettivi plurali della prima classe (*ducenti, -ae, -a* "duecento");
- il neutro plurale *milia* "migliaia".

Ecco la declinazione dei numerali cardinali *unus, duo, tres* e *milia*.

unus, una, unum "uno"

	maschile	femminile	neutro
nom.	unus	una	unum
gen.	unīus	unīus	unīus
dat.	uni	uni	uni
acc.	unum	unam	unum
voc.	(une)	(una)	(unum)
abl.	uno	una	uno

duo, duae, duo "due"

	maschile	femminile	neutro
nom.	duo	duae	duo
gen.	duōrum	duārum	duōrum
dat.	duōbus	duābus	duōbus
acc.	duos (duo)	duas	duo
voc.	duo	duae	duo
abl.	duōbus	duābus	duōbus

| | *tres, tres, tria* "tre" | | | *milia* "migliaia" |
	maschile	femminile	neutro	neutro
nom.	*tres*	*tres*	*tria*	*milia*
gen.	*trium*	*trium*	*trium*	*milium*
dat.	*tribus*	*tribus*	*tribus*	*milĭbus*
acc.	*tres*	*tres*	*tria*	*milia*
voc.	*tres*	*tres*	*tria*	*milia*
abl.	*tribus*	*tribus*	*tribus*	*milĭbus*

Vediamo come funziona il **sistema della numerazione**.

- Le **decine** sono **indeclinabili**. I numeri come 21, 22, 23 si esprimono ponendo prima l'unità e poi la decina, congiunte con *et* (*quinque et viginti* "venticinque"), oppure prima la decina e poi l'unità senza *et* (*viginti quinque*). Gli ultimi due numeri di ogni decina (18, 19, 28, 29 ecc.) si formano sottraendo rispettivamente 2 o 1 alla decina successiva:

Duodequadraginta annos tyrannus Syracusarum fuit Dionysius. (Cic.)	Per **trentotto** anni Dionigi fu tiranno di Siracusa.

- Le **centinaia**, da 200 in poi, **si declinano**. Nei numeri oltre il 100, la cifra maggiore precede la minore, spesso senza *et*:

*Aegyptii vetustissimi hominum **trecentos** et **triginta** reges ante Amasim referunt.*	Gli Egizi, i più antichi fra gli uomini, contano **trecentotrenta** re prima di Amasi.

- Le **migliaia** (tranne *mille*, indeclinabile) sono indicate da *milia*, declinabile, seguito dal **genitivo partitivo** del nome che lo determina:

*In arcu caelesti nitent **mille** diversi colores.*	Nell'arcobaleno risplendono **mille** diversi colori.
*Hannibal **quinquaginta milia militum** habebat in armis.*	Annibale aveva **cinquantamila soldati** in armi.

Se alle migliaia seguono centinaia, decine o unità, la cifra maggiore precede la minore. Il sostantivo va posto in **genitivo partitivo** subito dopo *milia* oppure in fondo all'espressione numerale nello **stesso caso** di *milia*:

Cum duōbus milĭbus militum et trecentis.
Cum duōbus milĭbus et trecentis militibus. } Con **duemilatrecento soldati**.

- I **multipli di centomila** (un milione, due milioni ecc.) si indicano premettendo un **avverbio numerale** (vedi p. 23) a *centena milia* o a *centum milia*:

*Decies centena (**milia** sestertium) dedissem!* (Or.)	Avessi dato **un milione** di sesterzi!

Ricorda che…

- *Unus*, *-a*, *-um* segue la declinazione pronominale (gen. sing. in *-īus* e dat. sing. in *-ī*). Come numero significa "uno", ma come aggettivo può rendersi anche come "un solo", "unico" oppure "l'uno" in contrapposizione ad *alter* "l'altro". Inoltre può essere usato **anche al plurale** in unione con i nomi che hanno solo il plurale: *una castra* "un solo accampamento".

- Come *duo*, *duae*, *duo* si declina anche *ambo*, *ambae*, *ambo*, che significa "ambedue" (gen. *ambōrum*, *ambārum*, *ambōrum*; dat. *ambōbus*, *ambābus*, *ambōbus* ecc.).

- L'espressione "**mille passi**" equivale a "**un miglio**" (cioè 1478,70 m). Quindi un'espressione come *duo milia passuum* (lett. "duemila passi") andrà tradotta con "due miglia".

I numerali ordinali

I numerali ordinali si declinano come gli **aggettivi della prima classe** e sono utilizzati come in italiano.
I **numeri complessi** sono così composti:

- da "tredicesimo" a "diciassettesimo" l'unità precede la decina senza congiunzione: *tertius decĭmus* "tredicesimo";
- per numeri più elevati precede il più alto, poi seguono gli altri senza *et*: *vicesimus unus* (oppure *unus et vicesimus*) "ventunesimo":

*Cato **sescentesimo quinto** anno urbis nostrae obiit **octogesimo quinto** suo.* (Plin.) — Catone morì nel **seicentocinquesimo** anno della nostra città e nel suo **ottantacinquesimo** (anno).

Per l'indicazione della **data** e dell'**ora** il latino, a differenza dell'italiano che ricorre ai numerali cardinali, impiega gli **ordinali** (vedi *Conoscere la cultura*, p. 35), che, in caso di impiego nella traduzione del corrispondente cardinale, vanno ridotti di una unità:

*Anno **sescentesimo et altero** ab U. c. Romani bellum contra Carthaginienses susceperunt.* — Dopo **601** anni dalla fondazione di Roma i Romani intrapresero la guerra contro i Cartaginesi.

*A **sexta** hora tenebrae factae sunt super universam terram usque ad horam **nonam**.* (Mt.) — Dall'ora **sesta** fino all'ora **nona** si fece buio su tutta la Terra.

Ricorda che...

L'aggettivo **primus** si usa per indicare il "primo" di molti elementi; per indicare il "primo" fra due elementi si usa invece il comparativo **prior**. Analogamente, **secundus** indica il "secondo" di una serie; se gli elementi sono soltanto due, si troverà invece l'aggettivo pronominale **alter**:

*Me cum quaestorem in primis, aedilem **priorem**, praetorem **primum** cunctis suffragiis populus Romanus faciebat, homini ille honorem deferebat.* (Cic.) — Quando il popolo romano mi eleggeva alla questura tra i primi, all'edilità **primo** (rispetto al mio concorrente) e alla pretura **per primo** all'unanimità, attribuiva la carica alla persona.

I numerali distributivi

I numerali distributivi indicano **quanti elementi alla volta** vengono considerati e rispondono alla domanda *quotēni?* "quanti per ciascuno?", "quanti per volta?". Si declinano come **aggettivi plurali della prima classe**, anche se il genitivo plurale per lo più esce in *-um* invece che in *-ōrum* (*singuli* però ha *singulorum*):

*Coloni ab urbe missi **bina** iugĕra acceperunt.* (Liv.) — I coloni mandati dalla città ricevettero **due** iugeri **ciascuno**.

Sono usati:

- al posto dei **numerali cardinali** con i nomi che in latino mancano del singolare e con quelli che nel plurale hanno significato diverso dal singolare (in questi casi si usa però *uni* invece di *singŭli* e *trini* invece di *terni*):

Binas accepi litteras. (Cic.) — Ho ricevuto **due** lettere.

- nelle moltiplicazioni, in unione con un **avverbio numerale** (vedi sotto) indicano il **moltiplicando**:

***Bis** quaterna sunt octo, **quater** quina sunt viginti.* — **Due per quattro** fa otto, **quattro per cinque** venti.

Gli avverbi numerali

Gli avverbi numerali sono **indeclinabili** e, a parte i primi quattro, si formano tutti con il suffisso **-ies** (o **-iens**):

*Senatus **quinquies** sestertium exercitibus assignavit, **quater** sestertium operibus publicis.*

Il senato assegnò **cinquecentomila** sesterzi agli eserciti, **quattrocentomila** sesterzi alle opere pubbliche.

Sono usati:

- per indicare **quante volte si ripete** una determinata azione o situazione:

  *Ab aedilĭbus curulĭbus ludi Romani **ter** instaurati sunt.* (Liv.)

  Dagli edili curuli i giochi romani furono indetti **tre volte**.

- nelle moltiplicazioni, in unione con un **numerale distributivo** indicano il **moltiplicatore**:

  ***Ter** terna sunt novem.* (Macr.)

  Tre per tre fa nove.

ESERCIZI

IN ITALIANO

9 Nelle seguenti frasi **sottolinea** i numerali e **specifica** se si tratta di cardinali, ordinali, distributivi, moltiplicativi, collettivi.

1. Ci siamo conosciuti d'estate, quattro anni fa. (................) • 2. Nel XIV secolo l'Europa fu sconvolta da una terribile epidemia. (................) • 3. Vi ricordo che ce n'è uno per ciascuno. (................) • 4. Hai meritato entrambi i premi che hai ricevuto. (................) • 5. Ho impiegato un tempo doppio rispetto alla volta precedente. (................) • 6. A settembre festeggeremo il suo secondo compleanno. (................) • 7. Non riuscirai a raggiungere la stazione in dieci minuti. (................) • 8. Per venerdì dobbiamo scrivere almeno due pagine di quaderno. (................)

10 **Indica** se nelle seguenti frasi il numerale è usato come aggettivo A o sostantivo S.

1. Il secondo quesito era davvero impossibile! A S • 2. L'Ottocento è il secolo del Romanticismo. A S • 3. Ti ho restituito i venti euro che mi hai dato. A S • 4. Come primo ho preparato un nuovo tipo di pasta. A S • 5. A causa dell'incidente Giorgio ha subìto una duplice frattura. A S • 6. Il nuovo divano mi è costato mille euro. A S

IN LATINO

FACILIORA

11 **Sottolinea** una volta i numerali cardinali e due volte gli ordinali.

tredĕcim • anno tricesimo tertio • duodeviginti • quattuor milia hominum • horā tertiā • quingenti cives • unus et vicesimus • mille passuum • tribus • die undevicesimo

12 **Declina** le seguenti espressioni che contengono numerali cardinali e ordinali.

alter consul "il secondo console" • *una spes* "l'unica speranza" • *duo duces* "due comandanti" • *tres equi* "tre cavalli" • *prior consul* "il primo console" • *tricesimus annus* "il trentesimo anno" • *tria milia* "tremila" • *quartus consulatus* "il quarto consolato"

13 **Declina** le seguenti espressioni che contengono numerali distributivi.

unae nuptiae "un solo matrimonio" • *binae aedes* "due case" • *trecēni milites* "trecento soldati a testa" • *singuli discipuli* "gli alunni a uno a uno" • *deni frumenti modii* "dieci moggi di frumento ciascuno" • *duo legiones quaternum milium militum* "due legioni di quattromila soldati ciascuna"

14 **Analizza** e **traduci** le seguenti espressioni che contengono numerali cardinali e ordinali.

anno uno et tricesimo • *duōbus consulibus* • *cum tribus exercitibus* • *cum vicesĭma parte copiarum* • *prima classis* • *priore consule* • *horā nonā* • *tribus milibus arbŏrum* • *viginti quattuor* • *quingenti triginta quattuor milites* • *cum septingentis peditibus et duobus milibus equitum* • *tertio decimo die* • *unīus regis* • *prior filius et alter* • *ambōbus populis*

15 **Sottolinea** una volta i numerali distributivi e due volte gli avverbi numerali, poi **traduci**.

quinarum litterarum • *octōna iugĕra* • *senum legiōnum* • *vicies centena milia* • *trecēnos sestertios* • *semel in anno* • *cum trecēnis equitibus* • *octogiens* • *semel iterumque* • *duae legiones* • *vicies* • *in trinis castris* • *duodecies* • *unis nuptiis* • *centena milia sestertia* • *vicenum discipulorum* • *nonagies talentum* • *singulis militibus*

16 Nelle seguenti frasi d'autore **sottolinea** i numerali e **specifica** se si tratta di cardinali C, ordinali O, distributivi D o avverbi A, poi **traduci**.

1. *Primo adventu exercitus nostri crebras ex oppido excursiones faciebant parvulisque proeliis cum nostris contendebant.* (Ces.)   C O D A

2. *M. Marcellus, qui ter consul fuit, summa virtute, pietate, gloria militari, periit in mari.* (Cic.)   C O D A

3. *Erat Hortensius in bello primo anno miles, altĕro tribunus milĭtum.* (Cic.)   C O D A

4. *Caesar populo frumenti denos modios ac totĭdem olei libras virītim divisit.* (Svet.)   C O D A

5. *Statim sumptum est Punĭcum tertium bellum, quo Carthago delēta est.* (Plin.)   C O D A

6. *Iussu populi consules ambo, cum duōbus exercitibus ab urbe profecti, Valerius in Campaniam, Cornelius in Samnium castra ponunt.* (Liv.)   C O D A

7. *In tria tempora vita dividĭtur: quod fuit, quod est, quod futurum est.* (Sen.)   C O D A

8. *Tyrus septimo mense capta est, urbs et vetustate originis et crebra fortunae varietate ad memoriam posteritatis insignis.* (Curz.)   C O D A

DIFFICILIORA

17 **Completa** le seguenti frasi d'autore declinando correttamente i numerali indicati tra parentesi, poi **traduci**.

1. *Ab his castris oppidum Remorum nomine Bibrax abĕrat* .... ("ottomila") *passuum.* (Ces.)

2. .... ("due") *a te accepi epistulas, respondebo igĭtur* .... ("alla prima") *prius.* (Cic.)

3. .... ("Nel trentaseiesimo") *anno a primis* (tribunis), *tribuni plebis* .... ("dieci") *creati sunt,* .... ("due per ciascuna") *ex singulis classibus.* (Liv.)

4. *Caesar Corneliam, Cinnae consulis filiam,* .... ("quattro volte") *consul duxit uxorem.* (Svet.)

5. *Caesa sunt hostium* .... ("diecimila"), *nostrorum* .... ("trecentosessanta") *ceciderunt, in quibus Aulus Attĭcus, praefectus cohortis.* (Tac.)

6. *Thrasybŭlus et Theramĕnes victi erant* .... ("cinque") *proeliis terrestribus,* .... ("tre") *navalibus, in quibus* .... ("duecento") *naves triremes amiserant, quae captae in hostium venerant potestatem.* (Nep.)

7. *Romae regnatum est per* .... ("sette") *reges annis* .... ("duecentoquarantatré"), *cum adhuc Roma vix ad* .... ("quindicesimo") *miliarium possidēret.* (Eutr.)

8. *Magni dictatores cum magistris equitum,* .... ("due alla volta") *consules cum* .... ("due alla volta") *consularibus exercitibus ingrediebantur fines nostros.* (Liv.)

18 Traduci in latino le seguenti frasi.

1. Per ordine del generale, attaccò battaglia l'ottava legione che era composta da duemila fanti e cento cavalieri. • **2.** Dopo la vittoria Lentulo distribuì ai soldati centoventi assi ciascuno. • **3.** Presso il lago Trasimeno Annibale uccise quindicimila soldati romani, ne mise in fuga diecimila e si impadronì di 6023 insegne militari. • **4.** Durante la prima guerra punica i Romani sconfissero quattro volte i Cartaginesi: una volta in una battaglia equestre, tre volte in battaglie navali.

I SEGRETI DELLA TRADUZIONE

Le cifre romane

Per la numerazione il latino utilizza come simboli le seguenti **lettere**:

I = 1   *C* = 100
V = 5   *D* = 500
X = 10   *M* = 1000
L = 50

- I **multipli** di 1, 10, 100 e 1000 vengono espressi ripetendo i segni corrispondenti, ma solo fino a un massimo di tre (in alcuni casi quattro) volte (*XXX* equivale a 30, *CCCC* a 400 ecc.):

Summa omnium fuerunt ad milia CCCLXVIII. (Ces.)	Il totale generale fu di **368.000**.

- Le **cifre intermedie** sono ricavate per **somma** o **sottrazione**: le lettere poste a destra di una lettera indicante un numero maggiore devono essere sommate; quelle poste a sinistra devono essere sottratte (*LX* = 60, cioè 50 + 10; *IV* = 4, cioè 5 − 1):

Claudius vixit annos IV et LX, imperavit XIV. (Eutr.)	Claudio visse **64** anni, comandò per **14**.

- Una linea orizzontale posta sopra il numero indica che esso è **moltiplicato per 1000** ($\overline{XL}$ = 40.000, cioè 40 per 1000):

*Periit in secundo bello Punico consul Aemilius Paulus, consulares aut praetorii **XX**, senatores capti aut occisi **XXX**, militum $\overline{XL}$, equitum **MMMD**.* (Eutr.)

Nella seconda guerra punica morì il console Emilio Paolo, **20** ex consoli o ex pretori, (furono) catturati o uccisi **30** senatori, **40.000** soldati, **3500** cavalieri.

19 **Indica** la corrispondente cifra romana dei seguenti numeri arabi, poi **traduci** in latino come nell'esempio.

Es. 9 = *IX, novem*

14 • 16 • 1100 • 99 • 325 • 43 • 575 • 66 • 54 • 880 • 10.121

20 **Trascrivi** le seguenti cifre romane in numeri arabi. L'esercizio è avviato.

cifra romana	numero arabo	cifra romana	numero arabo
LXXII	72	MCM	
XXIX		XIX	
DXXXIV		XLIV	
D		MCLX	
MDCX		CDXLI	
XLI		VII	
XXXIV		XCVII	
CXXXIV		MXI	

21 **Trascrivi** i seguenti numeri arabi in cifre romane. L'esercizio è avviato.

numero arabo	cifra romana	numero arabo	cifra romana
19	XIX	981	
72		677	
95		1789	
137		1841	
250		1971	
286		18.659	
444		500.000	
567		2001	

22 **Traduci** il seguente brano d'autore.

Roma riconquista le città della Sicilia

Durante la seconda guerra punica, tra alterne vicende, i Romani riconquistano Siracusa e Agrigento, mentre Annibale, avanzato fino a quattro miglia da Roma, uccide in battaglia il console Gneo Fulvio.

Decimo anno postquam in Italiam venerat, P. Sulpicio Cn. Fulvio consulibus, Hannibal usque ad quartum miliarium urbis accessit, equites eius usque ad portam. Mox consulum cum exercitu venientium metu Hannibal ad Campaniam se recepit. In Hispania a fratre eius Hasdrubale ambo Scipiones, qui per multos annos victores fuerant, interficiuntur, exercitus tamen integer mansit; casu enim magis quam virtute decepti erant. Quo tempore etiam a consule Marcello Siciliae magna pars capta est, quam tenēre Afri coeperant ("avevano iniziato"), *et nobilissima urbs Syracusana; praeda ingens Romam perlata est. Laevinus in Macedonia cum Philippo et multis Graeciae populis et rege Asiae Attalo amicitiam fecit, et ad Siciliam profectus Hannōnem, Afrorum ducem, apud Agrigentum civitatem cum ipso oppido cepit eumque Romam cum captivis nobilibus misit. XL civitates in deditionem accepit, XXVI expugnavit. Ita omnis Sicilia recepta et Macedonia fracta (est); ingenti gloria Romam regressus est. Hannĭbal in Italia Cn. Fulvium consulem subito adgressus cum octo milibus hominum interfecit.*

(da Eutropio)

PAROLE DA SCOPRIRE

Da dieci a cento a mille

- Il numerale *decem* ricorre in molte parole latine:
  - *decimānus* (o *decumānus*), *-a, -um*, che significa letteralmente "pertinente al decimo", è un aggettivo usato con riferimento alla decima legione o alla decima coorte dell'esercito e, nel sintagma *porta decumāna*, indica la porta principale dell'accampamento romano, detta così perché presidiata dalla decima coorte della legione;
  - *December, -bris* (sott. *mensis*) è il mese di dicembre, il decimo nel calendario di Romolo;
  - *decemvĭri* indica una magistratura, il "decemvirato", composta da dieci uomini.

  Dal numerale distributivo *deni, -ae*, a "dieci a dieci" deriva *denarius, -ii* (sott. *nummus*) "denario", cioè la moneta che valeva dieci assi.

  Il *decurio, -ōnis* era dapprima il capo di una *decuria*, cioè del contingente militare di dieci soldati delle curie, in cui la popolazione romana era originariamente ripartita, poi il comandante di un reparto di dieci cavalieri.

- Il numerale indeclinabile *centum* è usato non solo nel suo significato di "cento", ma anche per indicare una quantità abbondante, sebbene imprecisata: *centum artes* "innumerevoli abilità". Tra i suoi derivati il sostantivo *cento, -ōnis* denota non solo una coperta realizzata con tanti pezzi di lana che, imbevuta d'acqua, veniva usata contro gli incendi, ma anche, per traslato, un componimento poetico ottenuto ricucendo tra loro versi appartenenti a poeti diversi.

  Centuria era l'unità di base dell'esercito romano composta da 100 uomini, poi una delle 193 classi in cui i cittadini romani furono ripartiti, in base al censo, da Servio Tullio.

- *Mille*, oltre a essere usato come *centum* nel significato di "innumerevoli", "infiniti", corrisponde all'unità numerica di "mille passi", cioè un "miglio" (= 1478,70 m). Da questo significato deriva il sostantivo *miliarium, -ii* indicante la pietra o "cippo miliare" che, lungo le strade, segnalava la distanza percorsa a partire dal *miliarium aureum*, la colonna dorata collocata da Augusto nel foro per segnalare il punto di partenza del sistema delle strade romane.

23 Traduci le seguenti frasi d'autore.

1. *Legio Pompeiana, celeris spe subsidii confirmata, ab decumāna porta resistĕre conabatur atque ultro in nostros impetum faciebat.* (Ces.) • 2. *Anno trecentesimo altero ab Urbe condĭta imperium consulare cessavit et pro duobus consulibus decem facti sunt, decemvĭri nominati.* (Eutr.) • 3. *Ea res per fugitivos L. Aemilii, decurionis equitum Gallorum, hostibus nuntiatur.* (Ces.) • 4. *Naevius in magistratuum libris est tribunus plebis P. Claudio L. Porcio consulibus, sed iniit tribunatum Ap. Claudio M. Sempronio consulibus ante diem quartum Idus Decembres* ("10 dicembre"). (Liv.) • 5. *Paucos post dies decem legati ab Roma venerunt, quorum ex consilio pax data Philippo est.* (Liv.) • 6. *Nactus ego occasionem persuadeo hospitem nostrum, ut mecum ad quintum miliarium veniat.* (Petr.) • 7. *Equitatus cum rege fugit intĕger, Romanorum centum milites amissi sunt.* (Eutr.)

SINTASSI

I complementi di estensione, di distanza e di età

IN ITALIANO

- Il **complemento di estensione** indica le dimensioni spaziali di qualcosa. Quando dipende da verbi come *estendersi, innalzarsi, elevarsi* è introdotto dalla preposizione *per*, ma si trova anche senza preposizione, specie in dipendenza da aggettivi come *alto, largo, lungo, profondo*:

    *Il tratto di mare si allunga **per venti chilometri**.*
    *Nella sabbia c'era una fossa profonda **un metro**.*

- Il **complemento di distanza** indica quanto qualcuno o qualcosa dista da un determinato punto di riferimento. In dipendenza da espressioni come *distare* o *essere lontano* è senza preposizione; in altri casi è introdotto dalle preposizioni *a* e *tra*:

    *La stazione è lontana **un chilometro** da casa.*
    *La mia casa si trova **a pochi chilometri** dalla scuola.*

- Il **complemento di età** indica l'età di qualcuno o di qualcosa oppure precisa a quale età qualcuno si è trovato in una determinata situazione. Nel primo caso dipende da un nome ed è introdotto dalla preposizione *di*; nel secondo precisa un verbo ed è introdotto dalla preposizione *a* o da locuzioni come *all'età di*:

    *Un fossile **di un milione** di anni.*
    *Ormai i bambini sanno già leggere **a quattro anni**.*

IN LATINO

- Nel **complemento di estensione** il numerale si trova in caso:
    - **accusativo**, se è introdotto dagli aggettivi *longus* "lungo", *latus* "largo", *altus* "alto", "profondo" o da espressioni quali *patēre/extendi in longitudinem, in latitudinem* "estendersi in lunghezza, in larghezza":

        | *Caesar duas fossas **quindĕcim pedes latas** perduxit.* (Ces.) | Cesare tracciò due fosse **larghe quindici piedi**. |

    - **genitivo** (di qualità), se il numerale che esprime la misura è retto dal semplice sostantivo:

        | *Caesar aggěrem et vallum **duodĕcim pedum** exstruxit.* (Ces.) | Cesare costruì un terrapieno e una trincea **di dodici piedi**. |

- Il **complemento di distanza** si trova in unione con i verbi *absum* "sono lontano" e *disto* "sono distante" e presenta la seguente costruzione:
    - il **numerale** che determina la **distanza** è espresso indifferentemente con: **accusativo** o **ablativo**; **genitivo** in dipendenza dagli ablativi *spatio, intervallo*; *iter* (accusativo) + *dierum* (genitivo) accompagnato da un **numerale cardinale**;
    - il **luogo** rispetto al quale si computa la distanza è espresso in **ablativo**, sempre preceduto da *a/ab*, anche se si tratta di nomi di città:

        | *Hannĭbal Hadrumētum pervēnit, quod abest **a Zama** circiter milia passum trecenta.* (Nep.) | Annibale giunse ad Adrumeto, che dista **da Zama** circa **trecento miglia**. |
        | *Pagus **a Roma** aberat spatio duodetriginta milium passum.* | Il villaggio era distante **ventotto miglia da Roma**. |
        | *Pagus **a Roma** aberat iter quinque dierum.* | Il villaggio distava **da Roma cinque giorni di cammino**. |

- Il **complemento di età** – che di fatto è un complemento di estensione nel tempo – indica l'età di qualcuno oppure precisa a quale età è stata compiuta una determinata azione. Può essere espresso con:
  - l'**accusativo** del numerale **cardinale** in dipendenza dal participio *natus* concordato con il termine cui si riferisce:

    *Alcibiădes **annos** circĭter **quadraginta natus** diem obiit supremum.* (Nep.)   Alcibiade morì **all'età di** circa **quarant'anni**.

  - l'**accusativo** del numerale **ordinale**, **aumentato di un'unità** rispetto all'italiano, in unione con l'espressione *annum agens* concordata con il termine cui si riferisce:

    ***Annum agens sextum decĭmum** patrem amisit.* (Svet.)   Perse il padre **all'età di quindici anni**.

  - il **genitivo** di qualità, dipendente da un sostantivo indicante la fascia di età, come *puer* "ragazzo" e *puella* "ragazza" (fino a 17 anni), *adulescens* "adolescente" (fino a 20 anni), *iuvenis* "giovane" (fino a 45 anni), *vir* "uomo" (fino a 60 anni), *senex* "vecchio":

    *Hamilcar in Hispaniam secum duxit filium Hannibalem **puerum annorum novem**.*   Amilcare condusse con sé in Spagna il figlio Annibale **di nove anni**.

ESERCIZI

IN ITALIANO

24 Nelle seguenti frasi **evidenzia** con colori diversi i complementi di estensione, di distanza e di età.

1. La mia casa dista cento metri dalla piazza principale della città. • **2.** Alessandro Magno morì a trentatré anni. • **3.** La madre di Luca è una signora elegante di quarant'anni. • **4.** Il monte Bianco è alto 4810 metri. • **5.** Mio figlio ha iniziato a camminare a diciotto mesi. • **6.** Bergamo si trova a cinquanta chilometri circa da Milano. • **7.** Il mio cane ha scavato una buca profonda mezzo metro. • **8.** Laura si è sposata all'età di vent'anni. • **9.** Abbiamo affittato un appartamento a due passi dalla spiaggia. • **10.** Ha sessant'anni, ma non li dimostra.

IN LATINO

25 **Traduci** le seguenti frasi d'autore, distinguendo i complementi di estensione, di distanza e di età.

1. *Helvetiorum fines in longitudinem milia ducenta sexaginta, in latitudinem centum octoginta patebant.* (Ces.) • **2.** *Vespasianus exstinctus est annum agens aetatis sexagesimum et nonum.* (Svet.) • **3.** *Id oppidum Colophonium, mari imminens, abest a vetĕre Colophōne duo ferme milia passuum.* (Liv.) • **4.** *M. Cato primum stipendium meruit annorum decem septemque; excessit e vita quinque et octoginta annos natus.* (Nep.) • **5.** *Annos undeviginti natus exercitum privato consilio et privata impensa comparavi, per quem rem publicam a dominatione factionis oppressam in libertatem vindicavi.* (Aug.) • **6.** *Atticus sepultus est iuxta viam Appiam ad quintum lapidem in monumento Q. Caecilii, avunculi sui.* (Nep.) • **7.** *C. Cornelio Q. Minucio consulibus quadraginta annos natus Ennius erat.* (Cic.) • **8.** *Paulisper apud oppidum morati agrosque Remorum depopulati, Belgae ad castra Caesaris omnibus copiis contenderunt et a militibus passuum minus duobus castra posuerunt, quae castra, ut fumo atque ignibus significabatur, amplius milibus passuum octo in latitudinem patebat.* (Ces.)

26 **Traduci** in latino le seguenti frasi.

1. Il campo era difeso da un fossato lungo 800 piedi, profondo 15 e largo 28. • **2.** Dione morì all'età di cinquantacinque anni, nel quarto anno dopo che dal Peloponneso era ritornato in Sicilia. • **3.** Il poeta Ennio fu condotto dalla Sardegna a Roma da Catone il Censore quando aveva già trentacinque anni. • **4.** Ostia, che era il principale porto dei Romani nel mare Tirreno, distava da Roma circa 16 miglia.

27 **Traduci** il seguente brano d'autore.

Esempi di vecchiaia operosa

L'età avanzata non comporta necessariamente solo svantaggi: se ci si mantiene in esercizio, infatti, si conserva un grado accettabile di salute e lucidità mentale, come dimostrano alcuni celebri esempi del passato.

Non omnium misera est senectus. Ego Q. Fabium Maximum Cunctatōrem, eum qui Tarentum recēpit, senem adulescens ita dilexi ut aequalem. Erat enim in illo viro comitāte condita gravitas, nec senectus mores mutaverat. Eum colĕre coepi ("ho iniziato") *non senem, sed tamen iam aetate provectum: ille enim primum consul fuerat anno post quam ego natus sum et cum eo quartum* (avv.) *consule ego adulescentulus miles ad Capuam profectus sum. Hic et bella gerebat ut adulescens, cum plane grandis esset, et post pugnam Cannensem Hannibalem iuveniliter exsultantem patientia suā molliverat. At non omnes in bellis ac in triumphis totam vitam degerunt; multi quiete et pure placidam senectutem vixerunt. Plato, maximus inter omnes philosophus, uno et octogesimo anno scribens mortuus est; Isocrătes, eximius Atheniensis orator, quarto et nonagesimo anno libros scripsit vixitque quinquennium postea. Cuius magister, Leontīnus Gorgĭas, centum et septem complevit annos neque umquam in suo studio atque opere cessavit. Manent ingenia senibus, si permǎnet industria.*

(da Cicerone)

VERIFICA DELLE COMPETENZE

COMPETENZE LINGUISTICHE

28 Indica la risposta corretta per ciascuna delle seguenti affermazioni (è possibile più di una soluzione).

1. La voce verbale *ausi* ha:
☐ forma attiva, ma significato passivo
☐ significato sia attivo sia passivo
☐ forma attiva perché è il participio perfetto di un verbo deponente
☐ significato attivo

2. È vero che:
☐ *revertor* è un semideponente "alla rovescia"
☐ *confido* può reggere il genitivo
☐ il participio *audens* deriva da *audio*
☐ il participio perfetto dei semideponenti può avere valore di participio presente

3. *Vicies bis* è un:
- ☐ numerale cardinale
- ☐ numerale ordinale
- ☐ numerale distributivo
- ☐ avverbio numerale

4. *Hortensius quartum et sexagesimum annum agens* significa che:
- ☐ Ortensio ha 64 anni
- ☐ Ortensio ha 63 anni
- ☐ Ortensio ha 65 anni
- ☐ Ortensio ha più di 64 anni

L'esercizio insegna a:
- saper riconoscere alcune delle strutture apprese nell'Unità

29 Anche con l'aiuto del dizionario, classifica le seguenti voci verbali in attive, passive, deponenti e semideponenti; quindi, dopo averle analizzate, traduci.

profecti eramus • ausae essent • videat • scriptus erat • audēre • comitabantur • solēret • diffīsum esse • servatum esse • fidamus • putaverit • tueamur • diffīsi sint • fidentes • conspicatus • auditus erit • diffīdent • mitti • arbitrati sunt • solĭti simus • solebat • obliviscamur • scripturi sunt

L'esercizio insegna a:
- saper distinguere una forma verbale semideponente da una deponente, passiva, attiva

30 Determina da quale anno a quale anno si estendono i seguenti secoli, come nell'esempio.

Es. XX sec. d.C. = dal 1901 al 2000

II sec. a.C. • XI sec. d.C. • V sec. a.C. • XXI sec. d.C. • XVII sec. a.C. • II sec. d.C. • IV sec. a.C. • V sec. d.C. • IX sec. a.C. • XIX sec. d.C.

L'esercizio insegna a:
- saper decifrare le indicazioni espresse in cifre romane

31 Nelle seguenti frasi d'autore sottolinea i numerali e specificane la funzione (tempo, datazione, ora, quantità, distribuzione, moltiplicazione, estensione, distanza, età); poi traduci.

1. *Apud Trasumenum lacum Hannĭbal quindecim milia Romanorum cecīdit, sex milia cepit cum tribus et viginti militaribus signis, decem milia fugavit.* (Liv.) • **2.** *Contubernio patris ibĭdem militabat, annos natus circĭter viginti.* (Sall.) • **3.** *Eodem tempore Attălus rex aeger a Thebis Pergămum advectus morĭtur altĕro et septuagesĭmo anno, cum quattuor et quadraginta annos regnavisset.* (Liv.) • **4.** *Apud Numĭdas et Mauros nobiles denas uxores vel plures habent.* • **5.** *Deus ipse dicebat Marcellum eum, qui ter consul fuit, in mari periturum esse.* (Cic.) • **6.** *Quinque milium intervallo castra distantia Romani habebant.* (Liv.) • **7.** *Caesar Fabium cum sua legione remittit in hiberna, ipse cum tribus legionibus circum Samarobrĭvam trinis hibernis hiemare constituit.* (Ces.) • **8.** *Quarta vigilia circĭter Lentulus de muro cum vigiliis custodibusque nostris conloquitur.* (Ces.)

L'esercizio insegna a:
- saper individuare le diverse funzioni assolte dai numerali

32 Nelle seguenti frasi d'autore individua i complementi di età, di estensione e di distanza, esplicitando il tipo di costruzione impiegata, come nell'esempio; poi traduci.

   Es. *quinque milia passuum* = compl. estensione; accusativo

1. *Flaminius quinque milia passuum a Thebis, quod caput est Boeotiae, posuit castra.* (Liv.) •
2. *Non facile erat nonagesimum iam (Hieroni) agenti annum, circumsesso dies noctesque muliebribus blanditiis, liberare animum et convertĕre ad publicam a privata curam.* (Liv.) •
3. *Milites aggĕrem latum pedes trecentos triginta, altum pedes octaginta extruxerunt.* (Ces.) •
4. *Crassus defendit Liciniam virginem, cum annos viginti septem natus esset.* (Cic.) • **5.** *Hannĭbal minor quinque et viginti annis natus, imperator factus, proximo triennio omnes gentes Hispaniae bello subēgit.* (Nep.) • **6.** *Castra silvam quandam contingebant neque longius a mari passibus CCC aberant.* (Ces.) • **7.** *Iamque nocturno itinĕre fessis omnibus Sulla parĭter cum ortu solis castra metabatur, cum equites Mauri nuntiant Iugurtham circĭter duum milium intervallo ante consedisse.* (Sall.) • **8.** *Ratis ducentos longa pedes, quinquaginta lata erat.* (Liv.)

L'esercizio insegna a:
- saper riconoscere e tradurre i complementi di età, di estensione e di distanza

33 Traduci il complemento di età nei tre modi possibili.
1. All'età di cinquantotto anno Cicerone fu mandato in esilio.
2. Cesare perse il padre a quindici anni.
3. Tiberio fu nominato imperatore a 56 anni.

L'esercizio insegna a:
- saper tradurre il complemento di età nei tre modi possibili

COMPETENZE LESSICALI

34 Indica il significato delle seguenti parole italiane derivate dal numerale *decem*.
decimare • decimale • decima (*sost.*) • decigrammo • decuplicare • decade

L'esercizio insegna a:
- saper indicare il significato di alcune parole italiane derivate da *decem*

35 Nelle seguenti frasi d'autore riconosci i numerali *decem*, *centum*, *mille* e i loro derivati, poi traduci.
1. *Pompeius, cum iam intra vallum nostri versarentur, equum nactus, detractis insignibus imperatoris, decumāna porta se ex castris eiēcit protinusque equo citato Larīsam contendit.* (Ces.) • **2.** *Indicibus dena milia gravis aeris, ex aerario numerata et libertas praemium fuit.* (Liv.) •
3. *Duas legiones Romanas et decem milia sociorum peditum, mille equites socios, sescentos Romanos Gallia provincia eodem versa in Punicum bellum habuit.* (Liv.) • **4.** *Priusquam signa ab urbe novae legiones moverent, decemviri libros Sibyllinos adierunt atque inspexerunt.* (Liv.) •
5. *Caesar, necessariis rebus imperatis, decucurrit et ad legionem decimam devenit.* (Ces.) •
6. *Itaque primi singularum decuriarum decuriones dicti (sunt), qui ab eo in singulis turmis sunt etiam nunc terni.* (Varr.) • **7.** *Ne ignis hostium nocēre posset, centones insuper (parietes) iniecerunt.* (Ces.) • **8.** *Excītus Romulus, neque enim dilationem pati tam vicinum bellum poterat, exercitum educit, castra a Fidenis mille passuum locat.* (Liv.)

L'esercizio insegna a:
- saper conoscere e tradurre i numerali *decem*, *centum*, *mille* e i loro derivati

COMPETENZE DI TRADUZIONE

VERSIONE GUIDATA

36 Traduci il brano d'autore e svolgi le attività che seguono.

Bilancio della sconfitta di Canne

Livio riporta i numeri dei caduti dopo la rovinosa battaglia di Canne (216 a.C.), avvenuta durante la seconda guerra punica. Nel confronto con la sconfitta subita a opera dei Galli Sènoni presso il fiume Allia nel 390 a.C., il bilancio appare più grave.

Septem milia hominum in minora castra, decem in maiora, duo ferme in vicum ipsum Cannas perfugerunt et illi extemplo a Carthalone, Carthaginiensium duce, atque equitibus, nullo munimento tegente vicum, circumventi sunt. Consul alter[1], seu forte seu consilio fugientium nulli agmini insertus, cum quinquaginta fere equitibus Venusiam perfugit. Constat quadraginta quinque milia quingentos pedites, duos milia septingentos equites, et prope eandem civium sociorumque partem caesos esse; in his fuerunt etiam ambo consulum quaestores, L. Atilius et L. Furius Bibaculus, et undetriginta tribuni militum, consulares quidam ("alcuni", nom. m. plur.) praetoriique. Dicunt eo proelio tria milia peditum et equites mille et quingenti capta esse. Haec est pugna Cannensis, Alliensi cladi fama par, ceterum (avv.) illis rebus quae post pugnam accidēre levior, quia ab hoste cessatum est, sic strage exercitus gravior foediorque cladis fuit. Fuga namque ad flumen Alliam urbem prodidit, sed exercitum servavit: ad Cannas fugientem consulem vix quinquaginta milites secuti sunt, alterius morientis prope totus exercitus fuit.

(da Livio)

1. *Consul alter*: Gaio Terenzio Varrone.

LABORATORIO

Morfologia

1 Sottolinea i numerali e specificane il tipo.

2 Evidenzia i comparativi di maggioranza e indica da quali aggettivi di grado positivo derivano.

3 La forma *accidēre* è antica per .... e non va confusa con ...., che è un .... (modo e tempo).

Sintassi

4 Analizza le subordinate infinitive soggettive.

5 Individua i participi presenti: si tratta di participi congiunti?

6 Quali complementi esprimono rispettivamente gli ablativi *famā* e *strage*?

Lessico

7 *tegente*: è il .... (modo e tempo) del verbo .... (paradigma), da cui derivano parole latine come .... e italiane come ....

8 Con l'aiuto del dizionario chiarisci i significati dei termini *quaestores*, *tribuni militum*, *consulares*, *praetorii*.

VERSIONE D'AUTORE

37 Traduci il seguente brano.

Siracusa, una città complessa

Nella seconda orazione contro il corrotto governatore Verre, Cicerone si sofferma a descrivere la complessità della struttura di Siracusa, città che è il risultato dell'aggregazione di vari nuclei urbani.

Notum est Syracusas tantam urbem esse ut ex quattuor urbibus maximis constet; quarum una est Insula, quae duobus portibus cincta in utriusque ("di entrambi") portus ostium aditumque proiecta est. Ibi domus est quae Hierōnis regis fuit, quā praetores uti solent. In ea sunt aedes sacrae complures, sed duae quae longe ceteris antecellant, Dianae, et altĕra, quae fuit ante

Laboratorio
Applica il metodo svolgendo l'analisi sintattica della versione, quindi scrivi la traduzione.

istīus adventum ornatissima, Minervae. In hac insula extrema est fons aquae dulcis, cui nomen Arethūsa est, incredibili magnitudine, plenissimus piscium. Altera autem est urbs Syracusis, cui nomen Achradīna est; in qua forum maximum, pulcherrimae porticus, ornatissimum prytanīum, amplissima curia templumque egregium Iovis Olympii est ceteraeque urbis partes, quae una via lata perpetua multisque transversis divisae privatis aedificiis continentur. Tertia est urbs quae, quod in ea parte Fortunae fanum antiquum fuit, Tycha nominata est; in qua gymnasium amplissimum est et complures aedes sacrae, coliturque ea pars et habitatur frequentissime. Quarta autem est quae, quia postrema coaedificata est, Neapŏlis nominatur; ibi ad summam theatrum maximum, praeterea duo templa sunt egregia, Cereris unum, alterum Liberae, signumque Apollĭnis pulcherrimum et maximum.

(da Cicerone)

CULTURA

38 Traduci il seguente brano d'autore.

La generosità di Caligola

Svetonio ripercorre i consolati di Caligola e ne descrive la liberalità nel donare, lasciando intendere come i suoi provvedimenti, per la loro natura demagogica, fossero utili a guadagnargli un facile consenso.

Caligula consulatus quattuor gessit, primum ex Kalendis Iuliis per duos menses, secundum ex Kalendis Ianuariis per XXX dies, tertium usque in Idus Ianuarias, quartum usque septimum Idus easdem. Ex omnibus duos novissimos coniunxit. Tertium autem Lug(u)duni iniit solus, non ut quidam ("alcuni", nom. m. plur.) opinantur superbia neglegentiave, sed quod absens defunctum sub Kalendarum diem [1] collegam rescisse non potuĕrat. Congiarium populo bis dedit trecenos sestertios, totiens abundantissimum epulum senatui equestrique ordini, etiam coniugibus ac liberis utrorumque ("di entrambi"); posteriore epulo forensia ("abiti da cerimonia") insuper viris, feminis ac pueris fascias purpurae ac conchylii distribuit. Et ut laetitiam publicam in perpetuum quoque augeret, adiecit diem Saturnalibus [2] appellavitque Iuvenalem ("della gioventù"). Munĕra gladiatoria partim in amphitheatro Tauri partim in saeptis aliquot edidit, quibus inseruit catervas Afrorum Campanorumque pugilum ex utraque ("provenienti dall'una e dall'altra", abl. f. sing.) regione electissimorum.

(da Svetonio)

1. *sub Kalendarum diem*: il giorno di Capodanno.
2. *Saturnalibus*: i Saturnali erano feste celebrate a Roma a partire dal 17 dicembre in onore del dio Saturno. Vi trionfavano la licenza e il divertimento, come nel nostro Carnevale.

Conoscere la cultura

La misura del tempo

L'indicazione dell'anno e del mese In latino l'indicazione dell'anno veniva espressa in genere attraverso l'ablativo dei nomi dei consoli in carica, che erano appunto "epònimi", ossia davano nome all'anno. Talvolta nelle opere degli storici l'anno è indicato con il numerale ordinale accompagnato dalla precisazione *ab Urbe condĭta* (*a. U. c.*), ossia "dalla fondazione di Roma". Solo dopo la diffusione del cristianesimo (a partire dal VI sec.) compaiono le indicazioni *ante Christum natum* (*a. Ch. n.*) e *post Christum natum* (*p. Ch. n.*), ossia "avanti Cristo" e "dopo Cristo".

I nomi dei mesi sono aggettivi e concordano con i nomi dei giorni (vedi sotto). Originariamente l'anno iniziava a marzo (*Martius*, in onore del dio Marte), ma in seguito furono inseriti *Ianuarius* (in onore del dio Giano, protettore dei passaggi e degli inizi) e *Februarius* (il mese delle febbri). Il quinto (*Quintilis*) e il sesto (*Sextilis*) mese (contando da marzo) furono in seguito dedicati a Giulio Cesare (*Iulius*) e ad Augusto (*Augustus*).

I giorni del mese L'indicazione del giorno era più complessa. Anticamente i mesi erano lunari, per un totale annuo di 355 giorni; solo nel 45 a.C. Giulio Cesare introdusse l'anno solare di 365 giorni. Il mese aveva tre scadenze fisse, corrispondenti a tre fasi della luna (nuova, mezza e piena), che però potevano cadere in giorni diversi del mese:

- *Kalendae, -arum*, f. plur., "Calende", il 1° del mese;
- *Nonae, -arum*, f. plur., "None", ovvero il nono giorno prima delle Idi, il 5 del mese; il 7 nei mesi di marzo, maggio, luglio, ottobre;
- *Idus, -uum*, f. plur., "Idi", il 13 del mese; il 15 nei mesi di marzo, maggio, luglio, ottobre.

Per indicare il giorno si procedeva in relazione a questi tre riferimenti basilari:

- i giorni fissi si esprimevano in ablativo aggiungendo a *Kalendae, Nonae* e *Idus* il nome del mese concordato come aggettivo: *Kalendis Ianuariis* (*Kal. Ian.*) "1° gennaio"; *Nonis Aprilibus* (*Non. Apr.*) "5 aprile"; *Idibus Martiis* (*Id. Mar.*) "15 marzo";
- il giorno immediatamente precedente una delle tre date fisse era indicato con *pridie* seguito dal nome del giorno fisso in accusativo, quello seguente con *postridie* (di uso meno frequente): *pridie / postridie Kalendas Ianuarias* "il 31 dicembre / il 2 gennaio";
- qualsiasi altro giorno del mese si indicava contando i giorni che mancavano per arrivare alla data fissa successiva, incluso il giorno di partenza e quello di arrivo. Il numero risultante, espresso con l'ordinale in ablativo (concordato con *die*), era seguito da *ante* e l'accusativo della data fissa. Per esempio *die quarto decimo ante Kalendas Decembres* significa "il quattordicesimo giorno prima delle calende di dicembre", ossia "il 18 novembre". Più frequentemente si premetteva *ante* a tutta l'espressione posta in accusativo: *ante diem XIV Kalendas Decembres* (abbr.: *a. d. XIV Kal. Dec.*).

Calendario dal Campo Marzio, II secolo d.C., Roma, Museo della Civiltà Romana.

Le ore del giorno Il dì era suddiviso in dodici *horae*, a partire circa dalle 6 del mattino. La notte era invece divisa in quattro parti, dette *vigiliae* "turni di guardia": la prima dalle 18 alle 21, la quarta dalle 3 di notte alle 6 del mattino. Per confrontare le ore latine con quelle italiane è sufficiente aggiungere alla cifra latina 6 unità (*hora quinta* + 6 = le 11 italiane).

Comprendere

1 In quali due modi a Roma si indicava l'anno?

2 Come avveniva il conteggio dei giorni del mese?

3 Quanti erano in origine i mesi e quali furono introdotti in seguito?

4 Quali furono i cambiamenti apportati da Giulio Cesare al calendario?

Approfondire

5 Ricerca i nomi latini dei giorni della settimana. In quale epoca e con quale significato il sabato e la domenica cambiarono nome?

6 Scrivi la tua data di nascita e quella di due tuoi amici secondo il sistema di computo dei giorni usato nell'antica Roma.

unità 30
I pronomi e gli aggettivi indefiniti (I)
I verbi anomali: *fio*

Lezione
Studia
i **pronomi indefiniti** e i **verbi irregolari** ed **esercitati** a memorizzarli; quindi **verifica** le tue conoscenze.

LINGUA
Morfologia
Gli indefiniti che significano "qualcuno", "qualcosa" e "altro"
I verbi anomali: *fio*

LESSICO
Parole da scoprire
Il passivo dei composti di *facio*

TRADUZIONE
I segreti della traduzione
Valori e usi di *quidam*
Usi particolari di *alius* e *alter*
I significati di *fio*
Conoscere la storia
Dalla repubblica al principato

MORFOLOGIA
Pronomi e aggettivi indefiniti

Gli indefiniti indicano in modo generico e indeterminato l'identità o la quantità della persona o della cosa a cui si riferiscono. Alcuni possono essere sia aggettivi sia pronomi, altri hanno solo valore aggettivale o pronominale.

A parte l'estrema varietà dei significati e delle funzioni, gli indefiniti hanno in comune la **genericità** dell'indicazione fornita e si possono suddividere in **quattro categorie fondamentali** che esprimono:

- **quantità generica**: *alcuno, quanto, alquanto, poco, molto, tanto, troppo, parecchio* (aggettivi e pronomi); *qualche* (solo aggettivo); *qualcuno, qualcosa, alcunché* (solo pronomi);
- **qualità generica**: *altro* (aggettivo e pronome); *qualsiasi, qualunque, qualsivoglia* (solo aggettivi); *altri* (singolare), *checché* (raro), *chiunque* (solo pronomi);
- **totalità indeterminata**: *tutto, nessuno* (aggettivi e pronomi); *niente, nulla* (solo pronomi);
- **unità indeterminata**: *ciascuno, tale, taluno, certuni* (aggettivi e pronomi); *certo* (solo aggettivo); *ognuno, ogni* (solo pronomi).

Alcuni indefiniti hanno **usi particolari**:

- *alcuno* al plurale indica quantità limitata (*alcuni soldati*, aggettivo; *alcuni di voi*, pronome); al singolare e in frasi negative, invece, equivale a *nessuno* (*non c'è alcun problema*);
- *nessuno* se usato davanti al verbo rifiuta la negazione (*nessuno verrà*); se dopo, la ammette e rafforza (*non verrà nessuno*: cioè *proprio nessuno*);
- *tale* può avere valore sia dimostrativo sia indefinito: nel primo caso normalmente anticipa proposizioni consecutive (*la sua forza è tale che...*); nel secondo caso si usa, analogamente a *un certo*, per esprimere persona o cosa ignota di cui non si vuole precisare l'identità (*un tale disse*);

- ***poco*** e ***molto*** dispongono di gradi di paragone (comparativo: *meno*, *più*; superlativo: *pochissimo*, *moltissimo*);
- ***qualsiasi***, ***qualunque*** e ***qualsivoglia*** presentano due particolarità: sono usati (indifferentemente) solo al singolare e sono gli unici aggettivi indefiniti che possono seguire il nome cui si riferiscono (*qualunque*, in particolare, assume anche un senso spregiativo: *un uomo qualunque*).

Gli indefiniti che significano "qualcuno", "qualcosa"

IN LATINO In latino esistono numerosi pronomi e aggettivi indefiniti con il significato di "qualcuno", "qualcosa"; presentano sfumature diverse e hanno quindi un utilizzo specifico.

Pronomi e aggettivi con valore eventuale-ipotetico

- ***Quis***, ***quid*** (pron.) e ***qui***, ***quae*** (***quă***), ***quod*** (agg.) significano rispettivamente "qualcuno", "qualcosa" e "alcuno", "qualche".

quis, *quid* "qualcuno", "qualcosa"

	singolare		plurale	
	maschile/femminile	neutro	maschile/femminile	neutro
nom.	*quis*	*quid*	*qui*	*quae (quă)*
gen.	*cuius*	*cuius rei*	*quōrum*	*quōrum*
dat.	*cui*	*cui rei*	*quĭbus*	*quĭbus rebus*
acc.	*quem*	*quid*	*quos*	*quae (quă)*
abl.	*quō*	*quā re*	*quĭbus*	*quĭbus rebus*

Sono usati in espressioni di carattere puramente ipotetico, quando cioè non si può affermare l'esistenza di una persona o di una cosa, soprattutto in frasi introdotte da *si* "se", *nisi* "se non", *ne* "affinché non", *num* "forse che", *seu* "sia".
Quis è un **enclitico** e si appoggia sempre a particelle di senso ipotetico o eventuale che lo precedono:

Corrige, in me si quid reprehendis. (Macr.)   Correggimi, **se** in me trovi **qualcosa** da rimproverare.

RICORDA CHE...
Quis, *quid* e il suo aggettivo *qui*, *quae*, *quod* sono graficamente identici al pronome/aggettivo interrogativo e al pronome relativo: attenzione a non confonderli.

- ***Quispiam***, ***quidpiam*** (pron.) e ***quispiam***, ***quaepiam***, ***quodpiam*** (agg.), composti dal pronome *quis*, *quid*, declinato regolarmente, e dal suffisso indeclinabile *-piam*, ricorrono raramente. Si traducono rispettivamente con "qualcuno", "qualcosa" e "alcuno", "qualche":

Hoc videbitur fortasse cuipiam durum. (Cic.)   Forse ciò potrà sembrare difficile **a qualcuno**.

Pronomi e aggettivi con valore positivo

- ***Aliquis***, ***alĭquid*** (pron.) e ***alĭqui***, ***alĭqua***, ***alĭquod*** (agg.) sono composti dal prefisso *ali-* (da *alius*) e dal pronome *quis*, *quid*, declinato regolarmente.

alĭquis, *alĭquid* "qualcuno", "qualcosa"

	singolare		plurale	
	maschile/femminile	neutro	maschile/femminile	neutro
nom.	alĭquis	alĭquid	alĭqui	alĭquă
gen.	alicuius	alicuius rei	aliquōrum	aliquārum rerum
dat.	alĭcui	alĭcui rei	aliquĭbus	aliquĭbus rebus
acc.	alĭquem	alĭquid	alĭquos	alĭquă
abl.	alĭquō	alĭquā re	aliquĭbus	aliquĭbus rebus

alĭqui, *alĭqua*, *alĭquod* "alcuno", "qualche"

	singolare			plurale		
	maschile	femminile	neutro	maschile	femminile	neutro
nom.	alĭqui	alĭqua	alĭquod	alĭqui	alĭquae	alĭquă
gen.	alicuius	alicuius	alicuius	aliquōrum	aliquārum	aliquōrum
dat.	alĭcui	alĭcui	alĭcui	aliquĭbus	aliquĭbus	aliquĭbus
acc.	alĭquem	alĭquam	alĭquod	alĭquos	alĭquas	alĭquă
abl.	alĭquō	alĭquā	alĭquō	aliquĭbus	aliquĭbus	aliquĭbus

Indicano persona o cosa che esiste, ma che non è possibile individuare con precisione. Si traducono rispettivamente con "qualcuno", "qualcosa" e "alcuno", "qualche":

Aliquam in tuis litteris gratulationem expectabam. (Cic.)

Nella tua lettera mi aspettavo **una qualche** dimostrazione di riconoscenza.

Ricorda che...

Il pronome *aliquis* è usato nei **dizionari** per indicare la **costruzione dei verbi**. Presta attenzione quando c'è un costrutto sintattico diverso dall'italiano: nel dizionario troviamo, per esempio, *celare aliquem* "nascondere a qualcuno" perché il verbo, transitivo in latino, è divenuto intransitivo in italiano.

- *Quidam*, *quaedam*, *quiddam* (pron.) e *quidam*, *quaedam*, *quoddam* (agg.) sono composti dal pronome *quis*, *quid*, declinato regolarmente, e dal suffisso indeclinabile *-dam*.

quidam, *quaedam*, *quiddam* (*quoddam*) "un certo", "un tale"

	singolare			plurale		
	maschile	femminile	neutro	maschile	femminile	neutro
nom.	quidam	quaedam	quiddam (quoddam)	quidam	quaedam	quaedam
gen.	cuiusdam	cuiusdam	cuiusdam	quorundam	quarundam	quorundam
dat.	cuidam	cuidam	cuidam	quibusdam	quibusdam	quibusdam
acc.	quendam	quandam	quiddam (quoddam)	quosdam	quasdam	quaedam
abl.	quodam	quadam	quodam	quibusdam	quibusdam	quibusdam

Quidam significa "un certo", "un tale", "uno", "per così dire" (vedi p. 42):

Occiso Sex. Roscio primus Ameriam nuntiat Mallius **quidam**. (Cic.)

Morto Sesto Roscio, ne porta la notizia per primo ad Ameria **un certo** Manlio.

- *Alĭquot* (agg.), indeclinabile, composto dal prefisso *ali-* e dall'aggettivo indeclinabile *quot*. Indica quantità numerica indeterminata e si traduce con "alcuni", "un certo numero":

| *Sunt **aliquot** res quarum unam dicere causam non satis est.* (Lucr.) | Vi sono **alcune** cose delle quali non basta dire una sola causa. |

- ***Nonnulli**, -ae, -a* (pron. e agg.), essendo composto dalla negazione *non* e dal pronome indefinito *nullus* "nessuno", significa letteralmente "non nessuno" ovvero "alcuni", "diversi", "parecchi":

| *Vide **nonnullorum** insolentiam philosophorum.* (Sen.) | Guarda l'insolenza di **alcuni** filosofi. |

- ***Plerīque**, **pleraeque**, **plerăque*** (pron. e agg.), composto con il suffisso indeclinabile *-que*, significa "i più", "la maggior parte":

| *Antonius **plerasque** naves in Italiam remittit.* (Ces.) | Antonio mandò indietro **la maggior parte** delle navi in Italia. |

Pronomi e aggettivi con valore negativo

- ***Quisquam**, **quidquam** (**quicquam**)* (pron.), composto dal pronome *quis*, *quid*, declinato regolarmente, e dal suffisso indeclinabile *-quam*, e *ullus, ullă, ullum* (agg.) indicano una persona o una cosa la cui esistenza è improbabile o negata e corrispondono all'italiano "alcuno", "alcuna cosa". Mentre *ullus* segue la declinazione pronominale, *quisquam* manca dei casi obliqui del neutro, per i quali ricorre a *ullus*, e di tutto il plurale.

***quisquam*, *quidquam* (*quicquam*)** "alcuno"

	singolare	
	maschile/femminile	neutro
nom.	*quisquam*	*quidquam (quicquam)*
gen.	*cuiusquam*	(*ullīus rei*)
dat.	*cuiquam*	(*ulli rei*)
acc.	*quemquam*	*quidquam (quicquam)*
abl.	*quoquam*	(*ullā re*)

Quisquam e *ullus* si usano solo in espressioni negative o di senso negativo in sostituzione rispettivamente di *aliquis* e *aliqui* e sono resi in italiano facendo passare la negazione dalla congiunzione al pronome/aggettivo:

| *Neque **cuiquam** nostrum licuit.* (Sall.) | **E a nessuno** (lett. "Né a qualcuno") di noi fu lecito. |

In sintesi:
- *quis* indica persona di cui si ipotizza l'esistenza;
- *aliquis* indica persona reale, ma di cui non si conosce l'identità;
- *quidam* indica persona reale e nota, che viene individuata ma non specificata;
- *quisquam* indica persona che non esiste.

Ricorda che...

- Tranne alcune eccezioni (*nonnulli*, *plerique*, *quidam*), i **pronomi** hanno solo **due terminazioni**, mentre gli **aggettivi** presentano una flessione autonoma anche per il **femminile**.
- Nei **casi obliqui del neutro** i pronomi non hanno solitamente forme autonome, ma sono sostituiti dal sostantivo *res* "cosa" accompagnato dall'aggettivo femminile.
- Spesso il latino utilizza il **pronome indefinito** seguito da un **partitivo**:

| ***Aliquid auxilii** cotidie adversus mortem compăra.* (Sen.) | Prepara ogni giorno **un qualche aiuto** (lett. "**qualcosa di aiuto**") contro la morte. |

ESERCIZI

IN ITALIANO

1 **Completa** le seguenti frasi scegliendo l'indefinito corretto tra quelli proposti.

chiunque • altro • nulla • alcuni • tale • qualsiasi • ciascuno • qualcuno

1. .... pensano di potersela cavare con poco. • 2. .... venga andrà bene! • 3. A .... spetta il proprio giusto compenso. • 4. .... cosa tu dica, non hai scusanti • 5. .... da dichiarare? • 6. Un .... mi ha detto di averlo visto fuggire verso destra. • 7. .... mi vuole dire come faremo ora? • 8. Senza di te non possiamo fare ....

2 Nelle seguenti frasi **sottolinea** una volta gli indefiniti usati come pronomi, due volte come aggettivi.

1. Nessuno era venuto a salutarmi alla stazione, quando avevo lasciato il mio paese. • 2. Puoi prendere una strada qualsiasi: portano tutte a casa. • 3. Prestando una certa attenzione potrete svolgere tutti l'esercizio senza errori. • 4. Ieri ho visto alcuni compagni di scuola nuovi; oggi ne vedrò altri. • 5. Ho preparato molti panini: alcuni sono per noi, altri per voi. • 6. Ciascun partecipante deve compilare questi moduli. • 7. Non avevo mai visto tanti soldi in vita mia! • 8. Tutti avevano capito che era successo qualcosa di grave.

IN LATINO

3 **Completa** la tabella declinando i pronomi/aggettivi indefiniti nei casi, generi e numeri richiesti (attenzione: non tutti possiedono entrambi i numeri). L'esercizio è avviato.

pronome/aggettivo	gen. f. sing.	acc. n. sing.	dat./abl. plur.	acc. m. plur.
aliquis, aliquid	alicuius			
ullus, ulla, ullum				ullos
quis, quid				
qui, quae, quod		quod		
nonnulli, -ae, -a			nonnullis	
quisquam, quidquam				–
quidam, quaedam, quiddam				

4 **Declina** le seguenti espressioni nei casi richiesti. L'esercizio è avviato.

1. *ullus vir*   gen. sing. = **ullius viri**   dat. sing. = ...   nom. plur. = ...
2. *virtus quaedam*   gen. sing. = ...   acc. sing. = ...   abl. plur. = ...
3. *aliquot milites*   gen. plur. = ...   dat. plur. = ...   acc. plur. = ...
4. *quae res*   gen. sing. = ...   dat. sing. = ...   abl. sing. = ...
5. *quoddam proelium*   dat. sing. = ...   acc. sing. = ...   nom. plur. = ...
6. *aliquod genus*   dat. sing. = ...   acc. plur. = ...   abl. plur. = ...

FACILIORA

5 **Indica** se le seguenti affermazioni sono vere V o false F.

1. *aliquot viri* significa "quanti uomini"   V F
2. *cuiusdam ingenii* significa "di una certa natura"   V F
3. *ulli filio* significa "ad alcun figlio"   V F

Test

4. *nonnullis mulieribus* significa "a parecchie donne" V F
5. *plerique milites* significa "moltissimi soldati" V F
6. *ne quis* significa "né alcuno" V F
7. *neque quisquam* significa "e nessuno" V F
8. *quibusdam* significa "a taluni" V F
9. *aliquod munus* significa "alcun dono" V F
10. *virtus quaedam* significa "quella virtù" V F

6 **Analizza** e **traduci** le seguenti espressioni come nell'esempio.

> **Es.** *oratione quadam* = abl. f. sing. "per mezzo di un certo discorso"

ullīus amici • quodam modo • alĭqui miles • alĭqui • alĭcui • cuiusdam temporis • aliquod consilium • alĭqua • si cui viro • neque quicquam • cuidam puellae • ne quid • neque ulla dubitatione • plerisque • nonnullos • quispiam

7 Nelle seguenti frasi **distingui** i pronomi PR dagli aggettivi A indefiniti e **specifica** se hanno valore eventuale-ipotetico EI, positivo P o negativo N; quindi **traduci**.

1. *Si quis minorem gloriae fructum putat ex Graecis versibus percĭpi quam ex Latinis, vehementer errat.* (Cic.) PR A EI P N
2. *Quid est, quaeret aliquis, bonum?* (Cic.) PR A EI P N
3. *P. Valerius Publicŏla legem etiam comitiis centuriatis tulit, ne quis magistratus civem Romanum adversus provocationem verberare aut necare vellet.* (Val. Mass.) PR A EI P N
4. *Nec vero est quicquam turpius vanitate.* (Cic.) PR A EI P N
5. *Negat Democritus philosophus quemquam sine furore poëtam magnum esse posse.* (Cic.) PR A EI P N
6. *Alexander adfirmat Dandonem quendam ad quingentesimum usque annum nulla ex parte senescentem processisse.* (Val. Mass.) PR A EI P N
7. *Hostium nonnulli inter carros rotasque matăras ac tragŭlas subiciebant nostrosque vulnerabant.* (Ces.) PR A EI P N
8. *Nolite enim id putare accidĕre posse quod in fabulis saepe videtis, ut deus aliqui delapsus de caelo coetus hominum adeat.* (Cic.) PR A EI P N

DIFFICILIORA

8 Nelle seguenti frasi **individua** l'errore nell'uso degli indefiniti evidenziati e correggilo, poi **traduci**. L'esercizio è avviato.

1. *Accepi a te **aliquas** (aliquot) epistulas uno tempore, quas tu diversis temporibus dederas.* (Cic.) • 2. *Tum demum necessario Germani suas copias castris eduxerunt omnemque aciem suam raedis et carris circumdederunt, ne **aliqua** (..................) spes in fuga relinqueretur.* (Ces.) • 3. *Reges Parthorum non potest **aliquis** (..................) salutare sine munere ("senza offrire un dono").* (Sen.) • 4. *Nec senatus nec populus vim habet **quamquam** (..................) nec leges **quaequam** (..................) sunt civitatis.* (Cic.) • 5. *Num **aliquis** (..................) vitium laudat, virtutem vituperat?* (Cic.) • 6. *Si **quaedam** (..................) reliqua spes est, ea tota in hac lege est.* (Cic.) • 7. *Quod (..................) auxilium cotidie adversus paupertatem, **quod** (..................) adversus mortem compăra.* (Sen.) • 8. *Sex. Roscius pretio, gratia, spe, promissis induxit **quemquam** (..................) ad patris caedem.* (Cic.)

9 Traduci in latino le seguenti frasi.

1. Ho atteso alcune ore e non ho ancora visto nessuno. • **2.** Vi sono alcuni allievi che si comportano male, ma la maggior parte è diligente. • **3.** Certi rimedi sono più dannosi che utili. • **4.** Se ti accadrà qualcosa di male, mi riterrò responsabile.

10 Traduci il seguente brano d'autore.

Fallito attentato a Dàtame

Il re persiano Artaserse, intenzionato a punire il satrapo Dàtame per la sua eccessiva indipendenza, gli tende un agguato, a cui però l'astuto condottiero riesce a sottrarsi.

Rex, quod implacabile odium in Datămen susceperat, postquam bello eum opprimi non posse animadvertit, insidiis interficĕre studuit; quas ille plerasque vitavit. Cum enim ei nuntiatum esset quosdam sibi insidiari, qui in amicorum erant numero, experiri voluit, verum falsumne sibi esset relatum. Itaque eo profectus est, in quo itinere delatores insidias futuras esse dixerant. Sed elegit quendam corpore ac statura simillimum sui eique vestitum suum dedit atque eo loco ire, quo ipse consueverat, iussit. Ipse autem ornatu vestituque militari inter corporis custodes iter faciebat. At insidiatores, postquam in eum locum agmen pervēnit, decepti ordine atque vestitu impetum in eum faciunt, quem Datămen credebant esse. Datămes autem iis, cum quibus iter faciebat, praedixerat ut parati essent facĕre, quod ipsum facĕre vidissent. Ipse, ut aliquot insidiatores concurrentes animadvertit, tela in eos coniecit. Hoc idem cum universi fecissent, priusquam pervenirent ad eum, quem aggredi volebant, confixi conciderunt.

(Cornelio Nepote)

I SEGRETI DELLA TRADUZIONE

Valori e usi di *quidam*

Il pronome/aggettivo *quidam* indica sempre una persona o una cosa **reale**, ma che **non si vuole specificare**; nella traduzione occorre tener conto dei seguenti casi.

- Come **pronome** può indicare una **persona** di cui si conosce l'identità, ma che **non si vuole specificare**. In questo caso si traduce con "uno", "un tale" o, al plurale, "certuni", "certe persone":

    Accurrit quidam notus mihi nomine tantum. (Or.)   Arriva di corsa **un tale** a me noto solo di nome.

- Come **aggettivo** può servire a **sfumare il significato** del termine che accompagna e a renderlo più indeterminato: in questo caso, in italiano si possono usare le locuzioni indefinite attenuative "una specie di", "come", "per così dire", "in un certo senso":

    Vercingetŏrix dixit non virtute, neque in acie vicisse Romanos, sed artificio quodam et scientia oppugnationis. (Ces.)   Vercingetorige disse che i Romani avevano vinto non per il loro coraggio né sul campo, ma con **una specie di inganno** e per mezzo dell'arte dell'assedio.

- Se è usato come **aggettivo** in unione con un altro **attributo**, il suo valore indefinito **rende eccezionale** la qualità espressa dall'attributo. Nella traduzione italiana questo valore è reso da avverbi come "davvero" o "veramente":

    Non possum disposĭte istum accusare: opus est non solum ingenio, verum etiam artificio quodam singulari. (Cic.)   Non sono in grado di esporre con ordine la mia accusa contro costui: c'è bisogno infatti non solo di ingegno, ma anche di **un'abilità davvero straordinaria**.

11 **Indica** se nelle seguenti frasi d'autore *quidam* è usato come pronome ⃞P, aggettivo attenuativo ⃞AA o aggettivo intensivo ⃞AI; quindi **traduci**.

1. *Quaedam nos magis torquent quam debent, quaedam ante torquent quam debent; quaedam torquent cum omnino non debeant.* (Sen.) ⃞P ⃞AA ⃞AI • 2. *Est amplificatio vehemens quaedam argumentatio.* (Cic.) ⃞P ⃞AA ⃞AI • 3. *Aiunt ("dicono") mortem esse quandam quasi migrationem commutationemque vitae.* (Cic.) ⃞P ⃞AA ⃞AI • 4. *Amat mulier quaedam quendam.* (Plaut.) ⃞P ⃞AA ⃞AI • 5. *Curio ex perfŭgis quibusdam oppidanis audit Iubam, revocatum finitimo bello et controversiis Leptitanorum, restitisse in regno.* (Ces.) ⃞P ⃞AA ⃞AI • 6. *His laboriosis exercitationibus et dolor intercurrit nonnumquam et ipse labor quasi callum quoddam obducit dolori.* (Cic.) ⃞P ⃞AA ⃞AI • 7. *Verrem reperiebam mira quaedam excogitare genera furti.* (Cic.) ⃞P ⃞AA ⃞AI • 8. *Tiberius non sine molli quadam gesticulatione incedebat.* (Svet.) ⃞P ⃞AA ⃞AI

12 **Traduci** in latino le seguenti frasi.

1. Credo che senza una certa fortuna non vinceremo la battaglia. • 2. Con un coraggio davvero ammirevole il console Lucio Emilio Paolo guidò l'esercito romano contro i Cartaginesi a Canne: i più vennero trucidati, diversi furono fatti prigionieri, solo pochi si salvarono. • 3. Alcuni possiedono (usa il dat. di possesso) una sorta di premonizione (usa *praevidentia*) degli eventi futuri. • 4. Un'astuzia eccezionale rendeva Ulisse un soldato speciale.

13 **Traduci** il seguente brano d'autore.

Morte di Dàtame

Dàtame, valoroso satrapo della Cappadocia, trova la morte a causa di un'insidia orditagli da Mitridate, che si è guadagnato la sua fiducia ostentando la medesima ostilità verso il re di Persia.

Datămes, vir consilii plenus, Persarum regis adversarius, olim captus est Mithridātis dolo. Is, qui pollicitus erat regi se eum interfecturum, amicitiam cum Datăme fecit, ne qua suspicio insidiarum illi esset. Tandem legatum ei misit, ut in locum quendam secum in colloquium de bello contra regem veniret. Huc ("in questo luogo") Mithridātes ante aliquot dies venit compluribusque locis separatim gladios obruit eaque loca diligenter notat. Ipso autem colloquii die, cum aliquamdiu locuti essent et diverse discessissent et iam procul Datămes abesset, Mithridātes, ne quam suspicionem parĕret, in eundem locum revertitur atque ibi, ubi telum erat infossum, resēdit, ut si ("come se") lassitudine quadam cupĕret acquiescĕre. Deinde Datămen revocavit, simulans se quiddam in colloquio esse oblītum. Interim telum, quod latebat, protŭlit nudatumque vaginā veste texit. Datămi venienti ait se vidisse locum quendam castris idoneum. Quem cum digito demonstraret et ille respiceret, aversum ferro transfixit et, priusquam quisquam posset succurrĕre, interfecit.

(da Cornelio Nepote)

MORFOLOGIA

Gli indefiniti che significano "altro"

Il latino ha **due** differenti **modi** per indicare il **singolare** "altro".

- Il pronome / aggettivo **alĭus, alĭa, alĭud** con il significato generico di "**un altro**" tra molti, ossia persona o cosa diversa da quella di cui si parla; presenta la declinazione tipica dei pronomi (gen. *alīus*; dat. *aliī* o *alī*):

Alias (legiones) *exauctoravit.* (Svet.)   Sciolse **altre** (legioni).

È usato anche nel senso di "**diverso**", "**differente**" (confronta l'italiano "alieno") in unione con espressioni di senso comparativo come *ac, atque, quam* che introducono il secondo termine di paragone:

Quid aliud dicĕre possit non reperio. (Cic.)	Non trovo che cosa possa dire **di diverso** (oppure "che cos'**altro** possa dire").
Res longe alia ac ratus erat evēnit. (Sall.)	La cosa riuscì molto **diversa da quanto** aveva creduto.

- Il pronome/aggettivo *alter, altĕra, altĕrum* che indica "il primo" ("l'uno") o "il secondo" ("l'altro") **di due**, persone o cose oppure gruppi. Anche *alter* segue la declinazione pronominale (gen. *alterīus*; dat. *altĕri*):

Necesse sit altĕrum de duobus. (Cic.)	È necessario che sia **una** delle due cose.

Per il **plurale** "altri", oltre alla forma *alii* il latino dispone di due alternative:

- *relĭqui, reliquae, reliqua*, che indica "gli altri", "le altre", "le altre cose" nel senso di "i rimanenti", come mostra la derivazione dalla radice del verbo *relinquĕre* "lasciare", "abbandonare":

Non queo relĭqua scribĕre, tanta vis lacrimarum est. (Cic.)	Non posso scrivere **le altre cose** (oppure "il resto"), tanto grande è la forza delle lacrime.

- *cetĕri, cetĕrae, cetĕra*, nel senso di "tutti gli altri". La presenza del suffisso *-ter* (come in *alter*) implica l'idea del confronto:

Ubii paulo sunt cetĕris humaniores. (Ces.)	Gli Ubii sono un poco più civili **degli altri** (cioè "**di tutti gli altri** Galli").

ESERCIZI

14 **Completa** la tabella declinando i pronomi indefiniti nei casi, generi e numeri richiesti (attenzione: non tutti possiedono entrambi i numeri).

pronome	gen. m. sing.	dat. f. sing.	abl. n. sing.	gen. f. plur.	acc. n. plur.	dat./abl. m. plur.
alter, altera, alterum						
alius, alia, aliud						
ceteri, ceterae, cetera						
reliqui, reliquae, reliqua						

15 **Declina** le seguenti espressioni.

alter frater "uno dei due fratelli" • *alia vita* "una vita diversa" • *aliud proelium* "un'altra battaglia" • *cetĕri hostes* "tutti gli altri nemici" • *relĭqua spes* "la speranza rimanente"

FACILIORA

Test

16 **Indica** se le seguenti affermazioni sono vere V o false F.

1. "di un'altra ragazza" si traduce *aliae puellae* V F
2. "con l'altro piede" si traduce *alio pede* V F
3. "le armi restanti" si traduce *reliqua arma* V F
4. "a tutti gli altri amici" si traduce *ceteris amicis* V F

5. "con una diversa strategia" si traduce *alio consilio* V F
6. "dell'altra sorella" si traduce *alterīus sororis* V F
7. "a una diversa patria" si traduce *alii patriae* V F
8. "altre cose" si traduce *altĕra* V F

17 Analizza e traduci le seguenti espressioni.

alīus amicae • reliquă • altero die • ceterorum amicorum • alteri filiae • reliqua spe • alīus viri • altera manu • ceterā • aliā viā • alteri fratri • aliis rebus • reliquos exercitus • aliae naves • alia vitia • alii viri • altera castra • aliā

18 Analizza e traduci in latino le seguenti espressioni.

altri amici (ogg.) • delle altre ragazze • a uno dei due figli • tutti gli altri soldati • a un altro marinaio • della speranza rimanente • tutte le cose che restano • dell'altro dei due fratelli • con una mano • agli altri alleati • con l'altro piede • con tutti gli altri amici • tutto il resto

19 Nelle seguenti frasi d'autore scegli la forma di indefinito corretta, quindi traduci.

1. *Medicina apud Graecos aliquanto magis quam in **ceteris** / **aliis** nationibus exculta est.* (Cels.) • 2. *Commius **reliquique** / **alterique** duces ad Alesiam perveniunt.* (Ces.) • 3. *Morini Menapiique longe **altera** / **alia** ratione ac reliqui Galli bellum gerĕre instituerunt.* (Ces.) • 4. *Augustus classem Miseni et **alteram** / **aliam** Ravennae collocavit.* (Svet.) • 5. *Caesar duas legiones ad fines Trevirorum, sex **ceteras** / **reliquas** in Senŏnum finibus collocavit.* (Ces.) • 6. *Publius me sicut **alium** / **alterum** parentem et observat et diligit.* (Cic.) • 7. *Neque **alterum** / **aliud** quicquam egit Hannibal apud Prusiam quam regem armavit et exercuit adversus Romanos.* (Nep.) • 8. *Quae sunt patriae commoda, nisi **alterius** / **alterae** civitatis aut gentis incommoda?* (Cic.)

20 Traduci le seguenti frasi d'autore.

1. *Cum se vir utilem ceteris efficit, commune agit negotium.* (Sen.) • 2. *Nonne alio incredibili scelere hoc scelus cumulasti?* (Cic.) • 3. *Ex vitio alīus sapiens emendat suum.* (Publ. Sir.) • 4. *Illa erat vita, illa secunda fortuna: libertate esse parem ceteris, principem dignitate.* (Cic.) • 5. *Mamertina civitas Verrem publice communi consilio sola laudat. Omnibus iste ceteris Siculis odio est, ab his solis amatur.* (Cic.) • 6. *Camillus nostrum negotium curabit; nos, cum salvi venerimus, reliqua per nos agemus.* (Cic.) • 7. *Quae apud alios iracundia dicitur, ea in imperio superbia atque crudelitas appellatur.* (Sall.) • 8. *Catilina cum exercitu faucibus urget; alii intra moenia atque in sinu urbis sunt hostes.* (Sall.)

I SEGRETI DELLA TRADUZIONE

Usi particolari di *alius* e *alter*

- **Funzione correlativa.** Nelle enumerazioni e in frasi diverse e correlate *alius* e *alter* ripetuti assumono i seguenti valori:

alius... alius... alius...	uno... un altro... un altro...	enumerazione di più persone o cose
alii... alii... alii...	alcuni... altri... altri...	enumerazione di gruppi di più persone o cose
alter... alter...	l'uno... l'altro...	distinzione di due persone o cose
alteri... alteri...	gli uni... gli altri...	distinzione di due gruppi di persone o cose

*Divitias **alii** praepōnunt, **alii** bonam valetudinem, **alii** potentiam, **alii** honores.* (Cic.)

Alcuni preferiscono la ricchezza, **altri** la salute, **altri** il potere, **altri** gli onori.

***Alteri** se populares, **alteri** optimates et habēri et esse voluerunt.* (Cic.)

Gli uni vollero essere ritenuti ed essere popolari, **gli altri** ottimati.

- **Funzione distributiva.** I pronomi *alius* e *alter* ripetuti, ma **in casi diversi**, sono spesso usati in una **costruzione sintetica** con valore distributivo. Per esempio, la frase *alius alio more vivebat* (lett. "un altro viveva in altro modo") in realtà andrebbe scomposta in *alius alio more, alius alio (more) vivebat* "uno viveva in un modo, uno in un altro"; l'uso linguistico latino ha finito per sottintendere uno dei due sintagmi identici, che tuttavia è opportuno esplicitare nella traduzione italiana:

*Uterque numerus plenus **alter altera** de causa habetur.* (Cic.)

Ambedue i numeri sono ritenuti perfetti, **l'uno per una** ragione, **l'altro per un'altra**.

- **Funzione reciproca.** Quando l'azione coinvolge **ambedue i termini** indicati da *alius*, il pronome può assumere valore reciproco; si rende in italiano con un predicato plurale e con l'espressione "a vicenda":

***Alius alium** timet.* (Cic.)

Uno teme **l'altro** (cioè "si temono **a vicenda**").

21 Nelle seguenti frasi **individua** la funzione dei pronomi indefiniti evidenziati e **indicane** il corrispettivo latino. L'esercizio è avviato.

1. La fortuna **ad alcuni** dà gloria e ricchezze, **ad altri** dolori e miserie. • 2. I soldati si uccisero **l'un l'altro**. • 3. **Alcuni** sono attratti dalla ricchezza, **altri** dalla potenza, **altri** dall'onore. • 4. I senatori discutevano animatamente: **chi** diceva **una cosa**, **chi un'altra**. • 5. **Alcuni** credono ottima **una cosa**, **altri un'altra**. • 6. Amiamoci **l'un l'altro**. • 7. **Uno dei due** fratelli ha ottenuto il consolato, **l'altro** è comandante della flotta. • 8. Cesare inviò due legioni a Labieno e schierò **tutte le altre** contro Vercingetorìge.

frase	funzione correlativa	funzione distributiva	funzione reciproca	funzione comparativa	pronome latino
1.	ad alcuni... ad altri...				aliis... aliis...
2.					
3.					
4.					
5.					
6.					
7.					
8.					

22 **Traduci** le seguenti frasi d'autore prestando attenzione agli usi particolari di *alius* e *alter*.

1. *Alii fossas complebant, alii multis telis defensores vallo munitionibusque depellebant.* (Ces.) • 2. *Biduum consul et rex, alter alterīus conatus expectantes, continuēre suos intra vallum.* (Liv.) • 3. *Alteri se in montem receperunt, alteri se ad impedimenta contulerunt.* (Ces.) • 4. *Sardi venales sunt, alius alio nequior.* (Cic.) • 5. *Alius libidini servit, alius avaritiae, alius ambitioni, omnes spei, omnes timori.* (Sen.) • 6. *Coniuratorum alius alio casu interfectus est.* (Ces.) • 7. *Decedens quidam duas reliquit filias: alteram formosam, alteram devotam vino et turpissimam.* (Fedr.) • 8. *Alius in alia est re magis utilis.* (Cic.)

23 Traduci in latino le seguenti frasi.

1. I due fratelli si amavano l'un l'altro. • 2. I superstiti correvano chi da una parte, chi dall'altra dell'accampamento. • 3. Cesare trattenne alcuni prigionieri, rimandò a casa gli altri. • 4. Omero celebra l'eloquenza di Ulisse e di Nestore, dei quali l'uno aveva vigore, l'altro dolcezza.

24 Nelle seguenti frasi d'autore scegli la forma di indefinito corretta, quindi traduci.

1. *Decemviri perturbati alius / alter in aliam / alteram partem castrorum discurrunt.* (Liv.) • 2. *Num aliquid / quid nam de gnato meo audivisti, Chreme?* (Ter.) • 3. *Accepi ullas / aliquot epistulas tuas, ex quibus intellexi quam suspenso animo et sollicito scire velles quid esset novi.* (Cic.) • 4. *Quot res utiles hoc argumentum contineat non alius / alter explicabit quam qui repperit.* (Fedr.) • 5. *Quidam / Quis, cum Mutium, hominem imprimis malevolum, vidisset solito tristiorem: «Aut Mutio» inquit* ("disse"), *«nescio quid incommodi accessit, aut nescio cui* ("non so a chi") *quicquam / aliquid boni».* (Macr.) • 6. *Neque mercatoribus ipsis aliquid / quicquam praeter oram maritimam atque eas regiones quae sunt contra Galliam notum est.* (Ces.)

25 Traduci il seguente brano d'autore.

Le Idi di marzo

Nonostante i numerosi presagi sfavorevoli, Cesare si reca ugualmente in senato. Mentre è seduto, viene circondato dai congiurati e aggredito alle spalle e di fronte. Vistosi ormai senza speranza, il dittatore decide di morire con dignità e compostezza (44 a.C.).

Ob haec diu cunctatus an ("se") *quae apud senatum proposuerat agĕre differret, tandem Decimo Bruto adhortante quinta fere hora progressus est libellumque insidiarum indicem ab obvio quodam porrectum libellis ceteris, quos sinistra manu tenebat, commiscuit. Dein pluribus hostiis caesis, cum litare non posset, introiit curiam. Assidentem conspirati specie officii circumsteterunt, ilicoque Cimber Tillius, qui primas partes susceperat, quasi* ("come se") *aliquid rogaturus, propius accessit eique renuenti et gestu in aliud tempus differenti ab utroque umero togam adprehendit: deinde eum clamantem «Ista quidem vis est!» alter e Cascis aversum vulnerat paulum infra iugulum. Caesar Cascae brachium arreptum graphio traiecit conatusque prosilire alio vulnere tardatus est; utque animadvertit undique se strictis pugionibus peti, toga caput obvolvit, simul sinistra manu sinum ad ima crura deduxit, quo honestius caderet etiam inferiore corporis parte velata. Atque ita tribus et viginti plagis confossus est uno modo ad primum ictum gemitu sine voce edito.*

(da Svetonio)

MORFOLOGIA

I verbi anomali: *fio*

Il verbo **fio, fis, factus sum, fiĕri**, che costituisce il passivo di *facio*, è politematico e semideponente.
Le voci derivate dal **presente**, di forma **attiva** (a eccezione dell'infinito presente *fiĕri*), sono ricavate dalla **radice *fī-*** e coniugate sul modello della **4ª coniugazione** (ma in realtà tutto il presente indicativo, a eccezione della 3ª persona plurale, e l'imperativo sono **atematici**).
Le voci derivate dal **perfetto**, tutte di forma passiva, sono formate dal **participio perfetto di *facio*** unito alle voci del verbo *sum*.
Per l'**infinito futuro** e il **participio futuro** suppliscono le corrispondenti forme di *sum*: *futurum esse* e *futurus, -a, -um*, con valore attivo intransitivo ("diventare").

fio, fis, factus sum, fiĕri

	indicativo		congiuntivo		imperativo		
presente	*fi-o*	io sono fatto;	*fi-am*	che io sia fatto;	presente		
	fi-s	io divengo	*fi-as*	che io divenga	2ª sing.	*fi*	sii fatto; divieni
	fi-t		*fi-at*		2ª plur.	*fi-te*	siate fatti; divenite
	fi-mus		*fi-āmus*		futuro		
	fi-tis		*fi-ātis*		2ª sing.	*fi-to*	diverrai
	fi-unt		*fi-ant*		3ª sing.	*fi-to*	diverrà
imperfetto	*fi-ēbam*	io ero fatto;	*fi-ěrem*	che io fossi fatto;	2ª plur.	*fi-tōte*	diverrete
	fi-ēbas	io divenivo	*fi-ěres*	io sarei fatto;	3ª plur.	–	
	fi-ēbat		*fi-ěret*	che io divenissi;	**infinito**		
	fi-ebāmus		*fi-erēmus*	io diverrei	presente		
	fi-ebātis		*fi-erētis*		*fi-ěri*	essere fatto; divenire	
	fi-ebant		*fi-erent*		perfetto		
futuro semplice	*fi-am*	io sarò fatto;			*fact-um, -am, -um* / *fact-os, -as, -a* } *esse*	essere fatto; essere divenuto	
	fi-es	io diverrò					
	fi-et						
	fi-ēmus				futuro intransitivo		
	fi-ētis				*fut-ūrum, -am, -um* } *esse*	stare per divenire;	
	fi-ent				*fut-ūros, -as, -a* } *esse* (*o fore*)	stare per accadere	
perfetto	*fact-us, -a, -um* { sum / es / est		*fact-us, -a, -um* { sim / sis / sit		perfetto		
	fact-i, -ae, -a { sumus / estis / sunt		*fact-i, -ae, -a* { simus / sitis / sint		*fact-um iri*	stare per essere fatto	
	io fui fatto, sono stato fatto; io divenni, fui divenuto		che io sia stato fatto; che io sia diventato		**participio**		
					presente		
					–		
piuccheperfetto	*fact-us, -a, -um* { eram / eras / erat		*fact-us, -a, -um* { essem / esses / esset		perfetto		
					fact-us, -a, -um	fatto; divenuto	
	fact-i, -ae, -a { erāmus / erātis / erant		*fact-i, -ae, -a* { essēmus / essētis / essent		futuro		
					fut-ūrus, -a, -um	che diverrà	
	io ero stato fatto; io ero divenuto		che io fossi stato fatto, io sarei stato fatto; che io fossi divenuto; io sarei divenuto		**gerundio**		
					–		
					gerundivo		
					fac-iendus, -a, -um	che deve essere fatto, da farsi	
futuro anteriore	*fact-us, -a, -um* { ero / eris / erit				**supino**		
	fact-i, -ae, -a { erĭmus / erĭtis / erunt				*fact-u*	a essere fatto, a farsi	
	io sarò stato fatto; io sarò divenuto						

▨ Forme desunte da *facio*.

I significati fondamentali di *fio* sono "essere fatto", "divenire" e "accadere" (vedi *I segreti della traduzione*, p. 50):

Ab eodem rege porticus tabernaeque factae sunt. (Liv.) — A opera del medesimo re **furono fatti** portici e botteghe.

Quintus pater quartum fit consul. (Enn.) — Il padre Quinto **diviene** console per la quarta volta.

ESERCIZI

26 **Completa** le tabelle con le forme mancanti del verbo *fio* e la relativa traduzione.

indicativo presente	traduzione	congiuntivo presente	traduzione
fio	io divengo, sono fatto		
		fiamus	che noi diventiamo, siamo fatti

indicativo perfetto	traduzione	cong. piuccheperfetto	traduzione
		factus essem	che io fossi divenuto, fossi stato fatto
factus est	egli è diventato, è stato fatto		

27 **Volgi** le seguenti voci verbali dal singolare al plurale e viceversa, poi **traducile**, come nell'esempio.

1. *fiĕret* — fierent — che fossero fatti
2. *fit* — .... — ....
3. *fiam* — .... — ....
4. *fiātis* — .... — ....
5. *facta erant* — .... — ....
6. *fi* — .... — ....
7. *factum sit* — .... — ....
8. *facti eritis* — .... — ....
9. *fiēmus* — .... — ....
10. *factus es* — .... — ....

28 **Analizza** e **traduci** in latino le seguenti forme verbali.

sia fatto! • diventavate • diverranno • sono state fatte • divenni • accade • eri divenuto • accadranno • saranno stati fatti • divengono • essere per essere fatto • accadere • accadde • diverrai • essere stato fatto • che essi facciano • essere per accadere • che ciò accadesse • che essi siano divenuti • era accaduto • che tu avessi fatto

I SEGRETI DELLA TRADUZIONE

I significati di *fio*

Per il verbo *fio* valgono i tre significati di base sopra elencati. Tuttavia, per scegliere quello più adatto al singolo contesto occorre seguire alcuni accorgimenti.

- *Fio*, sia quando presenta il tema *fi-* con le desinenze attive sia quando utilizza le forme passive di *facio*, conserva il significato generico e passivo di "**essere fatto**" e, quindi, degli affini "**essere prodotto, fabbricato, preparato, creato ecc.**". Spesso in questo caso si può notare la presenza di **complementi predicativi**, di **materia** o **d'agente**:

    *Ulcus potest sanare id emplastrum, quod ex ladăno **fit**.* (Cels.)
    Può guarire una ferita quell'impiastro che **si fa** (= "si prepara") dal làudano.

    *Themistŏcles praetor a populo **factus est**.* (Nep.)
    Temistocle **fu fatto** (= "fu eletto") stratego dal popolo.

- Un valore connesso al precedente, ma di fatto autonomo, è quello **intransitivo** di "**divenire**", con **valore copulativo** (reso evidente dalla presenza di **complementi predicativi**):

    ***Fit** temeritatis alienae comes Spurinna.* (Tac.)
    Spurinna **diviene** complice della temerarietà altrui.

- Spesso *fio* è usato alla 3ª persona singolare con **valore impersonale** e significa "**accadere**", "succedere" o simili; in questo caso è generalmente seguito da una **completiva** con **ut** (*ut non*) + **congiuntivo**:

    ***Factum est** ut omnes fere civitates Graeciae ad Atheniensium societatem se adplicarent.* (Nep.)
    Accadde che quasi tutte le città della Grecia stringessero alleanza con gli Ateniesi.

- *Fio* può spesso essere tradotto liberamente, per esempio nei casi in cui vale come "**crescere**", "**svilupparsi**", "**essere**", "**esserci**", oppure con espressioni equivalenti più tecniche o specifiche:

    *Non illa (est) ubi tus gignitur, sed ubi apsinthium **fit**.* (Plaut.)
    Non (è la terra) dove si genera l'incenso, ma dove **nasce** l'assenzio.

Va segnalata l'espressione particolare *aliquem certiorem de aliqua re facĕre*, lett. "rendere qualcuno più certo di qualcosa" ovvero "informare qualcuno su qualcosa", che al passivo ricorre nella struttura *de aliqua re certior fiĕri* "venire informato su qualcosa".

29 **Completa** la traduzione delle seguenti frasi d'autore con il corretto significato di *fio*.

1. *Fit protinus ex castris Gallorum fuga.* (Ces.)
   .... la fuga dei Galli dall'accampamento.
2. *Leve fit, quod bene fertur, onus.* (Ov.)
   Un peso che viene portato bene .... leggero.
3. *Consules fiunt quotannis novi.* (Flor.)
   Ogni anno .... nuovi consoli.
4. *In Romanos impetus repente ab equitibus Hispanis factus erat.* (Liv.)
   Improvvisamente un assalto contro i Romani .... dai cavalieri Ispani.
5. *Munus est consulis non solum vidēre quid agatur, sed etiam providēre quid futurum sit.* (Cic.)
   È compito del console non solo vedere che cosa accade, ma anche prevedere che cosa ....

6. *Tribuni plebis, aediles, quaestores nulli erant: institutum est ut fierent.* (Cic.)
I tribuni della plebe, gli edili, i questori non esistevano: fu stabilito che ....

7. *Fiat quod vultis.* (Sen. il V.)
.... quello che volete.

8. *Nemo ignavia immortalis factus est.* (Sen.)
Nessuno .... immortale per mezzo della pigrizia.

30 Indica se nelle seguenti frasi d'autore *fio* ha valore passivo P, copulativo C o impersonale I; poi traduci.

1. *Consul, convocato senatu, refert quid de iis fiĕri placeat, qui in custodiam traditi erant.* (Sall.) [P] C I • **2.** *Nolite id velle quod fiĕri non potest.* (Cic.) P C [I] • **3.** *Ex vultu cuiusdam ephŏri insidias sibi fiĕri Pausanias intellexit.* (Nep.) [P] C I • **4.** *Hora circĭter tertia ab antecursoribus de Crassi adventu certior factus, Caesar procedit.* (Ces.) P [C] I • **5.** *Fortasse casu fit ut Mallius id quod Romae audiverat primus nuntiaret.* (da Cic.) P C [I] • **6.** *Nihil fiĕri sine causa potest; nec quicquam fit, quod fiĕri non potest; nec si id factum est, quod potuit fiĕri, portentum debet vidēri* ("sembrare"). (Cic.) P C [I] • **7.** *Hoc dico et magna voce dico: ubicumque hoc factum est, improbe factum est.* (Cic.) [P] C I • **8.** *Quī (= Quomŏdo) fit, Maecēnas, ut nemo* ("nessuno", nom.)*, quam sibi sortem fors obiecerit, illa contentus vivat?* (Or.) P C [I]

31 Traduci in latino le seguenti frasi utilizzando, dove possibile, il verbo *fio*.

1. Sconfitto Annibale, i due Scipioni divennero signori di Roma. • **2.** Ho detto che lo scambio dei prigionieri sarà fatto a queste condizioni. • **3.** Mentre Latini e Romani erano sul punto di combattere, accadde che il re Latino si fece incontro a Enea e gli offrì sua figlia Lavinia in sposa. • **4.** Spesso accadeva che Demostene, essendo invitato a parlare all'assemblea senza preavviso, si rifiutasse.

32 Traduci il seguente brano d'autore.

Cesare muove contro i Belgi

Mentre si trova a svernare nella Gallia Cisalpina (odierna pianura Padana), Cesare viene avvisato di nuovi sommovimenti e alleanze fra tribù galliche del Nord, ed è costretto pertanto a prendere provvedimenti.

Cum esset Caesar in citeriore Gallia, crebri ad eum rumores afferebantur, litterisque item Labieni certior fiebat omnes Belgas, quam tertiam esse Galliae partem dixeramus, contra populum Romanum coniurare obsidesque inter se dare. His nuntiis litterisque commotus, Caesar duas legiones in citeriore Gallia novas conscripsit et, inita aestate, in interiorem Galliam qui deduceret Quintum Paedium legatum misit. Ipse, cum primum pabuli copia esse inciperet, ad exercitum venit. Dat negotium Senonibus reliquisque Gallis, qui finitimi Belgis erant, ut ea, quae apud eos gerantur, cognoscant seque de his rebus certiorem faciant. Re frumentaria comparata, castra movet diebusque circĭter quindecim ad fines Belgarum pervenit. (Cesare)

PAROLE DA SCOPRIRE

Il passivo dei composti di *facio*

Esistono due tipi di passivo per i composti di *facio*:

- composti con **preverbi** bisillabici o trisillabici (radicali verbali o avverbi), che mantengono all'attivo *-facio* e hanno il passivo in *-fio*:

preverbio	paradigma	significato	presente passivo
ad-sue-	adsue-făcio, -is, -feci, -factum, -ĕre	assuefare	adsue-fio
bene-	bene-făcio, -is, -feci, -factum, -ĕre	beneficare	bene-fio
cale-	cale-făcio, -is, -feci, -factum, -ĕre	scaldare	cale-fio
labe-	labe-făcio, -is, -feci, -factum, -ĕre	far crollare	labe-fio
lique-	lique-făcio, -is, -feci, -factum, -ĕre	liquefare	lique-fio
male-	male-făcio, -is, -feci, -factum, -ĕre	nuocere	male-fio
mansue-	mansue-făcio, -is, -feci, -factum, -ĕre	ammansire	mansue-fio
ole-	ole-făcio (ol-făcio), -is, -feci, -factum, -ĕre	annusare	ole-fio
pate-	pate-făcio, -is, -feci, -factum, -ĕre	aprire	pate-fio
rare-	rare-făcio, -is, -feci, -factum, -ĕre	rarefare	rare-fio
satis-	satis-făcio, -is, -feci, -factum, -ĕre	soddisfare	satis-fio

- composti con **preposizioni semplici** e con la particella *re-*, che escono in *-ficio* e hanno il passivo in *-ficior*:

preverbio	paradigma	significato	presente passivo
ad-	ad-fĭcio (o af-fĭcio), -is, af-fēci, af-fectum, -ĕre	collegare	ad-ficior, -ĕris
cum-	con-fĭcio, -is, con-fēci, con-fectum, -ĕre	compiere	con-ficior, -ĕris
de-	de-fĭcio, -is, de-fēci, de-fectum, -ĕre	mancare	de-ficior, -ĕris
ex-	ef-fĭcio, -is, ef-fēci, ef-fectum, -ĕre	produrre	ef-ficior, -ĕris
in-	in-fĭcio, -is, in-fēci, in-fectum, -ĕre	mescolare	in-ficior, -ĕris
inter-	inter-fĭcio, -is, inter-fēci, inter-fectum, -ĕre	uccidere	inter-ficior, -ĕris
ob-	of-fĭcio, -is, of-fēci, of-fectum, -ĕre	opporre	ob-ficior, -ĕris
per-	per-fĭcio, -is, per-fēci, per-fectum, -ĕre	completare	per-ficior, -ĕris
prae-	prae-fĭcio, -is, prae-fēci, prae-fectum, -ĕre	comandare	prae-ficior, -ĕris
pro-	pro-fĭcio, -is, pro-fēci, pro-fectum, -ĕre	beneficare	pro-ficior, -ĕris
re-	re-fĭcio, -is, re-fēci, re-fectum, -ĕre	rifare	re-ficior, -ĕris
sub-	suf-fĭcio, -is, suf-fēci, suf-fectum, -ĕre	bastare	suf-ficior, -ĕris

33 Nelle seguenti frasi d'autore **sottolinea** i composti di *facio* e **riportane** la 1ª persona singolare attiva e passiva; quindi **traduci**.

1. *Imperatum est ut omnium templorum ianuae patefierent.* (Liv.) ....
2. *Balineum calefiĕri iubebo.* (Cic.) ....
3. *Suebi a pueris nullo officio aut disciplina adsuefacti nihil omnino contra voluntatem faciunt.* (Ces.) ....
4. *Iniuria ab te afficior indigna, pater.* (Enn.) ....
5. *Caesar commonefăcit quae ipso praesente in concilio Gallorum de Dumnorīge sint dicta.* (Ces.) ....
6. *Conficior maerore, mea Terentia, nec meae me miseriae magis excruciant quam tuae.* (Cic.) ....
7. *Sp. Postumio Albo legato datur media acies; legatum alterum P. Sulpicium equitibus praeficiunt.* (Liv.) ....
8. *Interdum scopulos avulsaque viscera montis erĭgit eructans (Aetna), liquefactaque saxa sub auras cum gemitu glomerat fundoque exaestuat imo.* (Virg.) ....

34 Traduci le seguenti frasi d'autore, quindi volgile dall'attivo al passivo o viceversa e ritraducile.

1. Uri ne a parvulis quidem mansuefiĕri possunt. (Ces.) • 2. Ut cupiditatibus principum et vitiis infici solet tota civitas, sic emendari et corrigi continentia. (Cic.) • 3. Caesar magna difficultate afficiebatur, quōmodo ad exercitum pervenire posset. (Ces.) • 4. Videbam Italici belli et civilis historiam a te, L. Luccei amice mi, paene perfectam esse. (Cic.) • 5. Cum (unguentum) olfacies, deos rogabis totum ut te faciant, Fabulle, nasum. (Catull.) • 6. Paulatim mansuefecerant plebem tribuni. (Liv.) • 7. T. Livius Pompeium tantis laudibus tulit ut Pompeianum eum Augustus appellaret; neque id amicitiae eorum offecit. (Tac.) • 8. Noctu ea materia quam munitionis causā comportaverant, turres incredibili celeritate perficiuntur. (Ces.)

35 Traduci il seguente brano d'autore.

Le ostriche e la luna

Una lieta occasione conviviale fornisce al poeta Anniano l'opportunità di illustrare ai propri commensali l'incidenza delle fasi lunari su alcuni fenomeni della natura apparentemente del tutto svincolati tra di loro.

Annianus poëta in fundo suo, quem in agro Falisco possidebat, agitare erat solitus vindemiam hilăre atque amoenĭter. Ad eos dies me et quosdam item alios familiares vocavit. Ibi tum cenantibus nobis magnus ostrearum numerus Roma missus est. Quae cum adpositae fuissent et multae quidem, sed inubĕres macriusculaeque ("secche e magre") essent, «Luna – inquit ("disse") Annianus – nunc videlĭcet senescit; ea re ostrea quoque, sicŭti quaedam alia, tenuis exuctaque est». Cum quaereremus, quae alia item senescente luna tabescerent, «Nonne Lucilium – inquit – nostrum meministis ("ricordate") dicĕre: "Luna alit ostrea et implet echinos, muribus fibras et iecur addit"? Eădem autem ipsa, quae crescente luna gliscunt, deficiente contra defiunt. Aelurorum quoque oculi ad easdem vices lunae aut ampliores fiunt aut minores».

(da Aulo Gellio)

VERIFICA DELLE COMPETENZE

COMPETENZE LINGUISTICHE

36 Cerca nel dizionario la costruzione sintattica dei seguenti verbi segnalata mediante l'uso del pronome indefinito *aliquis*, quindi riportala nella tabella; infine traduci l'espressione. L'esercizio è avviato.

espressione latina	costruzione	traduzione
de te quaerĕre	*de aliquo / de aliqua re quaerĕre*	fare ricerche su qualcuno / qualcosa
a viribus defĭci		
sibi cavēre		
hostes petĕre		
subiectis parcĕre		
curis affĭci		
bestiis antecellĕre		
eos litteras docēre		
hostem in deditionem accipĕre		

L'esercizio insegna a:

- saper consultare correttamente il dizionario per cercare la costruzione sintattica dei verbi espressa mediante l'uso di pronomi indefiniti

37 Nelle seguenti frasi distingui gli indefiniti [IND], i relativi [R] e gli interrogativi [INT]; poi traduci.

1. Consules cognoscĕre cupiebant **quid** [IND] [R] [INT] exploratores invenissent. • 2. Tibi scribam **quid** [IND] [R] [INT] egerim ut mea servarem. • 3. Num **quis** [IND] [R] [INT] invenīri potest **qui** [IND] [R] [INT] officium tale libenter perficiat? • 4. Stoici autem negant **quemquam** [IND] [R] [INT] nisi sapientem divinum esse posse. (Cic.) • 5. Datămis opera hostes, **qui** [IND] [R] [INT] iam in castra intraverant, profligati sunt exercitusque **reliquus** [IND] [R] [INT] conservatus est. (Nep.) • 6. Ex tanta multitudine coniuratorum neque **quisquam** [IND] [R] [INT] coniurationem patefecerat neque ex castris Catilinae **quisquam** [IND] [R] [INT] omnium discesserat. (Cic.) • 7. **Quanta** [IND] [R] [INT] gravitas, **quanta** [IND] [R] [INT] constantia, magnitudo animi, probitas, fides fuit, ut sit cum maioribus nostris comparanda ("paragonabile")? (Cic.) • 8. Putat **aliquis** [IND] [R] [INT] esse voluptatem bonum, **alius** [IND] [R] [INT] autem pecuniam. (Cic.)

L'esercizio insegna a:
- saper distinguere gli indefiniti dai relativi e dagli interrogativi

38 Nelle seguenti frasi d'autore riconosci i diversi valori di *alter* e *alius* (comparativo, correlativo, distributivo, reciproco); quindi traduci.

1. Alteram ille amat sororem, ego alteram. (Plaut.) (..................) • 2. Duo deinceps reges, alius alia via, ille bello hic pace, civitatem auxerunt. (Liv.) (..................) • 3. Quod in adversis rebus solet fieri, alius in alium culpam referebant. (Curz.) (..................) • 4. De Africanis rebus longe alia nobis ac tu scripseras nuntiantur. (Cic.) (..................) • 5. Alii adnutat, alii adnictat, alium amat, alium tenet. (Nev.) (..................) • 6. Vulcanus Iovis iussu ex luto muliĕris effigiem fecit, cui Minerva animam dedit, ceterique dii alius aliud donum dederunt; ob id Pandōram nominaverunt. (Ig.) (..................)

L'esercizio insegna a:
- saper distinguere i diversi valori e usi di *alter* e *alius*

39 Traduci le seguenti frasi d'autore riconoscendo il valore di *fio* e le costruzioni che lo accompagnano.

1. Fit ut magis in aliis cernamus quam in nobismet ipsis si quid delinquitur. (Cic.) • 2. Fiat lux: et lux facta est. (Vulg.) • 3. Tu fies non solum consul, sed etiam magnus consul. (Cic.) • 4. Fiet ut tua ista ratio existimetur astuta. (Cic.) • 5. De fratre quid fiet? (Ter.) • 6. Proteus fit aper, modo avis, modo saxum et, cum volet, arbor. (Or.) • 7. Si vincĭmus, omnia nobis tuta erunt; si metu cesserimus, eădem adversa fient. (Sall.) • 8. Fac ergo, mi Lucili, quod facere te scribis, omnes horas complectĕre; sic fiet ut minus ex crastino pendeas, si hodierno manum ieceris. (Sen.)

L'esercizio insegna a:
- saper distinguere i diversi significati di *fio* e le sue costruzioni sintattiche

COMPETENZE LESSICALI

40 Con l'aiuto del dizionario cerca il significato delle seguenti espressioni latine divenute proverbiali in italiano. Distingui se derivano da un indefinito, un relativo o un interrogativo, poi spiegale con parole tue.

cui prodest? • *alter ego* • *quorum* • *alibi* • *quid* • *terminus ante quem / post quem* • *cumquibus* • *qui pro quo* • *status quo* • *eccetera* (= *et cetera*)

L'esercizio insegna a:
- saper riconoscere il significato di espressioni proverbiali derivate dal latino e costruite con pronomi indefiniti, relativi, interrogativi

41 Indica i composti di *facio* da cui derivano le seguenti parole italiane e specificane la 1ª persona singolare del passivo.

malfattore • assuefatto • deficiente • beneficio • efficienza • prefetto • soddisfatto • sufficiente

L'esercizio insegna a:
- saper riconoscere l'origine di parole italiane da verbi latini composti di *facio*

42 Con l'aiuto del dizionario ricostruisci la formazione dei seguenti verbi.

adsuefacio • *calefacio* • *patefacio* • *interficio* • *efficio* • *satisfacio* • *conficio* • *officio*

L'esercizio insegna a:
- saper riconoscere le parti costitutive dei composti di *facio*

COMPETENZE DI TRADUZIONE

VERSIONE GUIDATA

43 Traduci il brano d'autore e svolgi le attività che seguono.

Galba viene attaccato a sopresa

Il luogotenente di Cesare, Servilio Galba, dopo alcuni successi militari, colloca l'accampamento invernale in una parte del distretto dei Galli Veragri, ma i Galli, per diverse ragioni, decidono di riprendere le ostilità.

Ser. Galbam cum legione XII et parte equitatus in Nantuates, Veragros Sedunosque misit, qui a lacu Lemanno et flumine Rhodano ad summas Alpes pertinent. Caesar enim iter per Alpes, quo magno cum periculo magnisque cum portoriis mercatores ire consuerant, patefiĕri volebat. Galba secundis aliquot proeliis factis castellisque compluribus eorum expugnatis, missis ad eum undique legatis obsidibusque datis et pace facta, constituit cohortes duas in Nantuatibus conlocare et ipse cum reliquis eius legionis cohortibus in vico Veragrorum, qui appellatur Octodurus, hiemare; qui vicus cum in duas partes flumine divideretur, alteram partem eius vici Gallis concessit, alteram vacuam ab his relictam cohortibus attribuit. Eum locum vallo fossaque munivit. Cum dies hibernorum nonnullos transissent frumentumque eo comportari iussisset, subito per exploratores certior factus est ex ea parte vici, quam Gallis concesserat, omnes noctu discessisse montesque qui impenderent a maxima multitudine Sedunorum et Veragrorum tenēri. Aliquot de causis factum erat, ut subito Galli belli renovandi ("di ricominciare la guerra") consilium caperent.

(da Cesare)

LABORATORIO

Morfologia

1. In che caso è *aliquot* e che cosa indica? Rintraccia nel brano altri esempi analoghi.
2. *Alteram... alteram* è un pronome ...., usato qui con valore ....; traduciamo quindi ....

Quali altri tipi di costruzione ammettono *alius* e *alter*?

3. La forma *patefiĕri* deriva da ...., il cui paradigma è .... Come si forma il suo passivo? Fa' qualche altro esempio analogo.

Sintassi

4 Sottolinea i pronomi, gli aggettivi e gli avverbi relativi e analizzane il valore sintattico, precisando quando introducono una subordinata relativa e quando hanno invece funzione di nesso relativo.

5 Analizza gli ablativi assoluti, proponendo per ciascuno la traduzione sia implicita sia esplicita.

Lessico

6 *factis*: qual è qui il significato di *fio*? Rintraccia nel brano le altre voci di *fio* e chiarisci quale valore il verbo assume in ciascun caso.

7 *nonnullos*: è un pronome indefinito che significa letteralmente .... e dunque .... o anche ....

VERSIONE D'AUTORE

44 Traduci il seguente brano.

Augusto, Varo e la disciplina militare

Alla notizia della terribile sconfitta subita dalle legioni di Varo nella selva di Teutoburgo (9 d.C.), Augusto perde il controllo di sé. Ulteriori suoi provvedimenti che irrigidiscono la disciplina militare sono forse dovuti a questo grave insuccesso.

Variana clade nuntiata excubias per urbem indixit, ne quis tumultus existeret, et praesidibus provinciarum propagavit imperium, ut a peritis et assuetis socii continerentur. Adeo denique consternatum eum fuisse ferunt, ut per continuos menses barba capilloque summisso caput interdum foribus illideret vociferans: «Quintili Vare, legiones redde!». In re militari et commutavit multa et instituit atque etiam ad antiquum morem nonnulla revocavit. Disciplinam severissime rexit. Ne legatorum quidem cuiquam, nisi gravate hibernisque demum mensibus, permisit uxorem intervisěre. Cohortes, si quae cessissent loco, decimatas hordeo pavit. Neque post bella civilia aut in contione aut per edictum ullos milites commilitones appellabat, sed milites, ac ne a filiis quidem aut privignis suis imperio praeditis alĭter appellari passus est, quia ambitiosius id existimabat quam aut ratio militaris aut temporum quies aut sua domusque suae maiestas postularet.

(da Svetonio)

Videotutorial
Guarda il video e impara a fare l'analisi sintattica della versione.

STORIA

45 Traduci il seguente brano d'autore.

I funerali di Cesare

Le esequie di Cesare si svolgono in un clima di cordoglio generale: cresce l'odio verso gli assassini e numerose manifestazioni di dolore collettivo sottolineano la gravità della circostanza.

Funere indicto rogus extructus est in Martio campo iuxta Iuliae tumulum et pro rostris aurata aedes ad simulacrum templi Venĕris Genetrīcis collocata; intraque lectus eburneus auro ac purpura stratus et ad caput tropaeum cum veste, in qua fuerat occisus. Inter ludos cantata sunt quaedam ad miserationem et invidiam caedis eius accommodata. Lectum pro rostris in forum magistratus et honoribus functi detulerunt. Quem cum pars in Capitolini Iovis cella cremare vellet pars in curia Pompei destinaret, repente duo quidam gladiis succincti ac bina iacula gestantes ardentibus cereis succenderunt confestimque circumstantium turba virgulta arida et tribunalium subsellia, quicquid praeterea ad donum ("come dono") aderat, congessit. Deinde tibicĭnes et scaenici artifĭces vestem, quam ex triumphorum instrumento ad praesentem usum induerant, detractam sibi atque discissam iniecēre flammae et veteranorum militum legionarii arma sua, quibus exculti funus celebrabant.

(da Svetonio)

Laboratorio
Applica il metodo svolgendo l'analisi sintattica della versione, quindi scrivi la traduzione.

Conoscere la storia

Dalla repubblica al principato

La morte di Cesare Alle Idi di marzo del 44 a.C. una congiura di nobili senatori mise fine alla vita di Giulio Cesare, che aveva instaurato un regime autocratico forzando la costituzione attraverso l'attribuzione della dittatura a vita. È probabile che la preoccupazione di una larga parte dell'aristocrazia romana fosse quella di evitare la fondazione di una vera e propria monarchia.

In un primo momento l'uomo che tentò di approfittare della situazione fu il braccio destro di Cesare, Marco Antonio, che fece leggere in pubblico il testamento del dittatore, nel quale si indicavano

V. Camuccini, *La morte di Cesare*, 1805-06, Napoli, Museo di Capodimonte.

abbondanti donativi destinati al popolo di Roma. I cesaricidi furono infine costretti a fuggire dalla città e a Cesare furono accordati i massimi onori funebri. Successivamente una spedizione guidata da Marco Antonio porterà a termine la vendetta sconfiggendo i congiurati a Filippi (42 a.C.).

Il giovane Ottaviano Nel frattempo il giovane figlio adottivo di Cesare, proveniente dalla *gens Octavia*, appena diciannovenne in quell'anno, arruolò un esercito a proprie spese e giunse a sua volta a Roma. L'aristocrazia senatoria, fra cui in primo luogo Cicerone, sperò a lungo che Ottaviano potesse difendere la costituzione repubblicana dalla minaccia di Antonio, che sembrava intenzionato a sostituire Cesare come capo supremo dello stato. Tuttavia i due contendenti trovarono più vantaggioso accordarsi per spartirsi il potere: con la cooptazione di M. Emilio Lepido nacque così il secondo triumvirato, che, a differenza del primo risalente al 60 a.C. (fra Cesare, Pompeo e Crasso), non era un accordo privato, bensì una vera e propria magistratura quinquennale. A farne le spese fu, fra gli altri, Cicerone, acerrimo nemico di Antonio, che venne fatto uccidere per suo ordine.

Il principato I due contendenti si spartirono l'impero: a Ottaviano rimase l'Occidente, ad Antonio l'Oriente. Dieci anni dopo i due vennero allo scontro decisivo: in seguito al ripudio di Ottavia, sorella di Ottaviano, da parte di Antonio, che si era unito alla regina d'Egitto Cleopatra, il figlio di Cesare ebbe il pretesto per muovere guerra all'Egitto, dove Antonio stava instaurando una monarchia di stampo orientale. La battaglia di Azio (31 a.C.) vide la sconfitta di Antonio e Cleopatra, che si uccisero pochi mesi dopo. Ottaviano era ora l'unico signore di Roma. Ottaviano si era posto come il difensore della *res publica* contro la monarchia orientale, e pertanto perseguì una politica volta a dare l'idea di una sostanziale restaurazione della costituzione repubblicana. Rinunciò al consolato, che ricopriva ininterrottamente da diversi anni, ma si fece attribuire due importantissime prerogative: la *tribunicia potestas*, che comportava il diritto di veto sulle decisioni dei magistrati e l'inviolabilità, e l'*imperium maius et infinitum*, che consisteva nel comando supremo di tutte le legioni dell'impero. Inoltre Ottaviano ebbe i titoli onorifici di *pater patriae* e soprattutto di *Augustus*, che, dalla radice del verbo *augeo*, significa "colui che accresce" lo stato e ha un particolare valore sacrale. Il titolo di *princeps* gli deriva dalla sua nomina a *princeps senatus*, ovvero una sorta di presidente dell'assemblea, che aveva il diritto di prendere la parola per primo, esprimendo un parere destinato a influenzare l'esito della discussione.

Comprendere

1 Quali furono le cause della morte di Cesare? Perché i cesaricidi, invece di essere acclamati come liberatori da un tiranno, furono cacciati e infine combattuti e uccisi?

2 Quali furono i rapporti fra Ottaviano e Antonio? Come si svilupparono e con quali conseguenze?

3 Quale struttura diede allo stato e ai propri poteri Ottaviano, dopo la vittoria di Azio?

Approfondire

4 Sulla morte di Cesare puoi leggere la tragedia di William Shakespeare *Giulio Cesare*: quali aspetti vengono messi in evidenza, con particolare riguardo alle figure di Bruto e di Marco Antonio?

5 Riflettendo su alcune prerogative di Augusto (la *tribunicia potestas*, i titoli di *Augustus* e di *pater patriae*), prova a riassumere quali furono i capisaldi del suo potere politico.

unità 31
I pronomi e gli aggettivi indefiniti (II)
Edo e i verbi difettivi

Lezione
Studia i **pronomi indefiniti** e i **verbi irregolari** ed **esercitati** a memorizzarli; quindi **verifica** le tue conoscenze.

LINGUA
Morfologia
Gli indefiniti che significano "ciascuno", "entrambi", "qualsiasi" e "nessuno", "niente"
Gli indefiniti correlativi
Edo e i verbi difettivi

LESSICO
Parole da scoprire
I verbi atmosferici

TRADUZIONE
I segreti della traduzione
L'uso delle negazioni con i pronomi indefiniti
La costruzione passiva di *coepi*
Un metodo per tradurre
Traduzione letterale o traduzione libera?
Conoscere la cultura
I Romani e le scienze

MORFOLOGIA

Gli indefiniti che significano "ciascuno", "entrambi", "qualsiasi"

Alcuni indefiniti sono usati con il significato distributivo di "ciascuno", sia come **pronomi** sia come **aggettivi**.

- *Quisque*, *quidque* (pron.) "ognuno", "ciascuno" e *quisque*, *quaeque*, *quodque* (agg.) "ogni", composti da *quis*, declinato regolarmente, e dalla particella invariabile *-que*.

- *Unusquisque*, *unumquidque* (pron.) "ognuno", "ciascuno" e *unusquisque*, *unaquaeque*, *unumquodque* (agg.) "ogni", composti da *unus* e *quis*, entrambi declinati regolarmente, e dalla particella invariabile *-que*.

I pronomi *quisque*, *quidque* e *unusquisque*, *unumquidque* hanno solo la declinazione del singolare.

quisque, quidque "ognuno"			*unusquisque, unumquidque* "ciascuno"	
singolare			**singolare**	
	maschile/femminile	neutro	maschile/femminile	neutro
nom.	quisque	quidque (quicque)	unusquisque	unumquidque
gen.	cuiusque	cuiusque rei	uniuscuiusque	uniuscuiusque rei
dat.	cuique	cuique rei	unicuique	unicuique rei
acc.	quemque	quidque (quicque)	unumquemque	unumquidque
abl.	quōque	quāque re	unoquōque	unaquāque re

Quisque non si trova mai in principio di frase, ma sempre dopo un pronome riflessivo, relativo o interrogativo, un aggettivo possessivo riflessivo, un superlativo o un numerale ordinale:

*Faber est suae **quisque** fortunae.*   **Ciascuno** è artefice della propria sorte.

Unusquisque, al contrario di *quisque*, occupa generalmente il primo posto nella frase:

Unusquisque *facĕre se beatum potest.* (Sen.)   **Ciascuno** può rendere se stesso felice.

- ***Uterque*, *utrăque*, *utrumque*** (pron. e agg.), composto da *uter*, declinato regolarmente, e dalla particella invariabile *-que*, indica ciascuna di due persone o cose e corrisponde in italiano a "entrambi", "l'uno e l'altro dei due":

Flebat **uterque** *non de suo supplicio, sed pater de filii morte, de patris filius.* (Cic.)   **Entrambi** piangevano non per il proprio supplizio, ma il padre per la morte del figlio, il figlio per quella del padre.

uterque, *utrăque*, *utrumque* "entrambi"

	singolare			plurale		
	maschile	femminile	neutro	maschile	femminile	neutro
nom.	uterque	utrăque	utrumque	utrīque	utraeque	utrăque
gen.	utrīusque	utrīusque	utrīusque	utrōrumque	utrārumque	utrōrumque
dat.	utrīque	utrīque	utrīque	utrīsque	utrīsque	utrīsque
acc.	utrumque	utrămque	utrumque	utrōsque	utrāsque	utrăque
abl.	utrōque	utrăque	utrōque	utrīsque	utrīsque	utrīsque

Altri due pronomi hanno il significato di "**qualsiasi**", "qualsiasi cosa":

- ***quivis*, *quaevis*, *quidvis*** (pron.) "chiunque", "qualsiasi cosa" (lett. "chi vuoi", "qualsivoglia") e ***quivis*, *quaevis*, *quodvis*** (agg.) "qualsiasi", formati da *quis*, declinato regolarmente, e da *vis* "vuoi" (2ª pers. sing. del verbo *volo*) invariabile (gen. *cuiusvis*, dat. *cuivis*, acc. *quemvis* ecc.):

Quovis *sermone.* (Or.)   Con un discorso **qualsiasi**.

- ***quilĭbet*, *quaelĭbet*, *quidlĭbet*** (pron.) "chiunque", "qualsiasi cosa" (lett. "chi piace", "qualsivoglia") e ***quilĭbet*, *quaelĭbet*, *quodlĭbet*** "qualsiasi" (agg.), formati da *quis*, declinato regolarmente, e da *libet* "piace" (verbo impersonale) invariabile (gen. *cuiuslĭbet*, dat. *cuilĭbet*, acc. *quemlĭbet* ecc.):

Quibuslĭbet *temporibus.* (Liv.)   In **qualsiasi** momento.

Ricorda che...

- Il pronome ***quisque*** è usato al singolare, ma talvolta deve essere reso in italiano con un plurale, specialmente se preceduto da **superlativo**:

  Doctissimus quisque. (Cic.)   **Tutti i più dotti** (lett. "Ciascun dottissimo").

- ***Uterque*** è usato quasi esclusivamente al singolare (al contrario dell'italiano "entrambi"), tranne che nel caso di *pluralia tantum* o di due gruppi di persone o cose:

  Utrique *victoriam crudeliter exercebant.* (Sall.)   **Gli uni e gli altri** approfittavano con crudeltà della vittoria.

- Da *uter* si formano anche i pronomi/aggettivi ***utervis*, *utrăvis*, *utrumvis*** e ***uterlĭbet*, *utralĭbet*, *utrumlĭbet***, che significano "qualsivoglia", "qualsiasi dei due". Da ricordare, infine, il pronome/aggettivo ***alterŭter*, *alterŭtra*, *alterŭtrum***, composto di *alter* (generalmente indeclinabile) e di *uter*, equivalente a "l'uno o l'altro dei due".

- Sia *uterque* sia gli altri composti, quando sono determinati da **pronomi**, si costruiscono con il **genitivo partitivo**: *uterque* **vestrum** "l'uno e l'altro **di voi**".

ESERCIZI

1 **Declina** i seguenti pronomi/aggettivi nei casi e numeri richiesti. L'esercizio è avviato.

1. *quisque*   dat. sing. = ***cuique***   acc. sing. = ...   abl. sing. = ...
2. *quivis*   gen. sing. = ...   dat. sing. = ...   nom. plur. = ...
3. *unusquisque*   gen. sing. = ...   acc. sing. = ...   abl. sing. = ...
4. *alterŭter*   gen. sing. = ...   dat. sing. = ...   acc. plur. = ...
5. *uterque*   gen. sing. = ...   dat. sing. = ...   nom. plur. = ...
6. *quilĭbet*   dat. sing. = ...   acc. sing. = ...   abl. sing. = ...

2 **Declina** le seguenti espressioni.

unusquisque vestrum "ciascuno di voi" • *optimus quisque* "ciascuno migliore / tutti i migliori" • *quaelibet mulier* "qualsiasi donna" • *quivis miles* "qualsiasi soldato" • *utraque manus* "entrambe le mani" • *utervis pes* "il piede che preferisci"

FACILIORA

3 **Abbina** ciascun pronome composto di *quis* alla traduzione corretta (solo casi nominativi).

1. *quisquam*	a.	alcuna cosa
2. *quidque*	b.	chi vuoi
3. *quiddam*	c.	qualcuno
4. *quidam*	d.	ciascuna cosa
5. *quis*	e.	qualcuno
6. *quicquam*	f.	alcuno
7. *quisque*	g.	chi mai?
8. *quisnam*	h.	ciascuno
9. *quispiam*	i.	una tal cosa
10. *quivis*	l.	un tale

4 **Analizza** e **traduci** le seguenti espressioni.

utrique consuli • *quaelibet fortuna* • *alterutra manu* • *sua cuiusque consilia* • *uniuscuiusque* • *unicuique suum* • *quoquo modo* • *cuiuslibet amici* • *doctissimo cuique poëtae* • *quodlibet vitium* • *quamvis mulierem* • *dulcissimum quodque* • *cuivis amico*

5 **Traduci** le seguenti frasi d'autore contenenti l'indefinito "ciascuno" o "qualsiasi".

1. *In rebus asperis et tenui spe fortissima quaeque consilia tutissima putantur.* (Liv.) • 2. *Tantum quisque habebat quantum reliquerat Antonius.* (Cic.) • 3. *Cuiusvis hominis est errare.* (Cic.) • 4. *Iam res Romana adeo valida erat ut cuilibet finitimarum civitatum bello par esse posset.* (Liv.) • 5. *Quas quisque meritus est poenas, pendat.* (Liv.) • 6. *Licet quod cuique libet loquatur, credĕre non est necesse.* (Cic.)

6 **Traduci** le seguenti frasi d'autore contenenti l'indefinito "entrambi" o "qualsiasi dei due".

1. *Gratum est utrique nostrum quod cupis.* (Plaut.) • 2. *Postridie eius diei Caesar praesidium utrisque castris reliquit.* (Ces.) • 3. *Brevis morbus ac praeceps alterutrum faciet: aut extinguetur aut extinguet.* (Sen.) • 4. *Obviam Hannibali venerunt duo consules, C. Terentius et L. Aemilius: utriusque exercitus uno proelio fugavit.* (Nep.) • 5. *Uterque utrique erat exercitui in conspectu.* (Ces.) • 6. *Utrumlibet elĭge: altĕrum incredibile est, altĕrum nefarium, et ante hoc tempus utrumque inauditum.* (Cic.)

DIFFICILIORA

7 **Completa** le seguenti frasi d'autore scegliendo il pronome/aggettivo corretto fra quelli proposti, quindi **traduci**.

quisque (2 volte) • *alterŭter* • *unumquemque* • *quidvis* • *uterque* • *quemque* • *utramque* • *quoque* • *utrăque*

1. *Caesar omnem exercitum ad .... partem munitionum disponit ut, si usus veniat, suum .... locum teneat.* (Ces.) • 2. *Nero a pessimo .... semper desiderabitur.* (Tac.) • 3. *Catilina in senatum venit, notat et designat ad caedem .... nostrum.* (Cic.) • 4. *Scio .... homini accidĕre posse.* (Cic.) • 5. *Praeceptum Apollinis monet ut se .... noscat.* (Cic.) • 6. *Suae .... artis et auctorem et disputatorem optimum esse non dubitamus.* (Val. Mass.) • 7. *Primo impetu simul .... cornua, et Numĭdae et Carthaginienses, pulsi sunt.* (Liv.) • 8. *Si .... eorum* (= Cesare e Pompeo) *ad Parthĭcum bellum non eat, video magnas impendĕre discordias, quas ferrum iudicabit: .... et animo et copiis est paratus.* (Cic.)

8 **Traduci** in latino le seguenti frasi.

1. Sopportate qualsiasi fatica per ottenere quello che desiderate. • 2. Ciascuno riconosca i propri difetti. • 3. Ciascun console consegnò a ciascun soldato il suo salario. • 4. I Greci contavano il tempo dalle Olimpiadi, che si celebravano ogni quattro anni (= ogni quinto anno).

9 **Traduci** il seguente brano d'autore.

Come dobbiamo comportarci nel condurre la guerra

Ciò che è utile per l'avversario è dannoso per noi e viceversa: con questo convincimento si deve affrontare la guerra.

In omnibus proeliis et expeditionibus ea condicio est, ut, quod tibi prodest, adversario noceat, quod contra illum iuvat, tibi semper officiat. Numquam igitur ad adversarii arbitrium quicquam facĕre aut dissimulare debemus, sed id solum agĕre quod nobis utile iudicamus. Contra se quisque incipit facĕre, si imitetur quod facit hostis pro se; et rursus quidquid pro se quisque fecerit, contra adversarium erit, si ille imitari voluerit. Aut inopiā aut nova re aut terrore melius est hostem domare quam proelio, in quo solet fortuna potestatem habēre ampliorem quam virtus. Neque ulla consilia meliora sunt quam quae ignoraverit adversarius antequam facias ("prima che tu li metta in pratica"). *Melius est post aciem in suis quemque praesidiis militem servare quam latius copias spargĕre. Difficile vincitur qui vere potest de suis et de adversarii copiis iudicare.*

(da Vegezio)

MORFOLOGIA

Gli indefiniti che significano "nessuno", "niente"

I **pronomi** e gli **aggettivi** indefiniti di senso negativo sono:

- ***nemo*** (pron.) "nessuno" e ***nihil*** (pron.) "niente"; ***nullus, -a, -um*** (agg.) "nessuno", "alcuno", "alcuna cosa";

- ***neuter, neutra, neutrum*** (pron. e agg.) "nessuno dei due", "né l'uno né l'altro".

Nullus, -a, -um e *neuter, neutra, neutrum* (composto di *uter*) si declinano come aggettivi pronominali della prima classe, con genitivo singolare in *-īus* e dativo singolare in *-ī*, mentre *nemo* e *nihil* hanno una flessione particolare, anche plurale.

nemo "nessuno", *nihil* "niente"

	singolare		plurale	
	maschile/femminile	neutro	maschile/femminile	neutro
nom.	nemo	nihil	nulli	nullă
gen.	nullīus	nullīus rei	nullōrum	nullārum rerum
dat.	nemĭni	nulli rei	nullis	nullis rebus
acc.	nemĭnem	nihil	nullos	nullă
abl.	nullo	nullā re	nullis	nullis rebus

Ricorda che...

- **Nihil** è talvolta seguito da un **aggettivo**: con gli aggettivi della **prima classe** di norma si preferisce il **genitivo partitivo** (*nihil novi* "nulla di nuovo"), mentre gli aggettivi della **seconda classe concordano** con il pronome (*nihil turpe* "niente di vergognoso").
- *Nihil* si trova spesso nella forma contratta *nīl*. Talora, inoltre, ha il valore di **avverbio negativo**:
  Nīl ad me attĭnet. (Ter.)   (Questo) **non** mi riguarda **affatto**.
- **Neuter** in funzione di **pronome** si costruisce con il **genitivo partitivo**, soprattutto se accompagnato da pronomi (*neuter vestrum* "nessuno di voi due"), mentre come **aggettivo** va **concordato** (*neuter puer* "nessuno dei due ragazzi", *neutra puella* "nessuna delle due ragazze"). Al **plurale** è usato quasi esclusivamente con i *pluralia tantum*: *neutra castra* "nessuno dei due accampamenti".
- *Nemo, nihil, nullus* e *neuter* **non** sono accompagnati da **altre negazioni**, anche se nella traduzione italiana è talora opportuno inserirle:
  Nihil habeo quod ad te scribam. (Cic.)   **Non** ho **niente** da scriverti.

ESERCIZI

10 Declina i seguenti pronomi ed espressioni.
neuter consul "nessuno dei due consoli" • *nemo* "nessuno" • *nulla puella* "nessuna ragazza" • *nihil* "niente" • *nullum verbum* "nessuna parola"

FACILIORA

11 Abbina ciascun pronome negativo alla traduzione corretta.

1. neminem
2. nihil
3. nulla re
4. nemini
5. neutri
6. nulli rei
7. nullius
8. nemo
9. nullo
10. neutra

a. di nessuno
b. a nessuno
c. nessuno (*sogg.*)
d. nessuno (*c. ogg.*)
e. nessuna delle due
f. a nessuno dei due
g. a niente
h. niente
i. con nessuno
l. con niente

12 Analizza e traduci i seguenti pronomi ed espressioni.

nihil mali • nihil grave • in neutra urbe • nulli animali • nulla re • nullīus rei • neuter • nullo • nulla spes • neutrīus manus • neutri nostrum • in nulla pugna

13 Analizza e traduci in latino i seguenti pronomi ed espressioni.

nessun console (*sogg.*) • di nessuna legione • nessuno (*c. ogg.*) • niente di difficile • per niente • a nessuna cosa • per nessuno • di nessuno di loro due • in nessuna città • niente di bello

14 Nelle seguenti frasi scegli la forma corretta fra quelle proposte, poi traduci.

1. *Nullius rei / Neminis amor magis quam vitae valet.* • 2. *Nemini / Neutri consulum senatus summum imperium concessit, sed dictatori.* • 3. *Mea bona nulli / nullo umquam tradam.* • 4. *Homo probus nullum / neminem laedit, nullum / neminem facĭnus perpĕtrat.* • 5. *Quidquam / Nihil turpe umquam feci!* • 6. *Romae nemo / nullus orator fuit umquam eloquentior Cicerone.* • 7. *Nulli / Nemĭni dicam quae mihi confessus es.* • 8. *Sine nulla / ulla mora impetum equitatus facit.*

15 Traduci le seguenti frasi d'autore.

1. *Nemo mortalium omnibus horis sapit.* (Plin.) • 2. *Fortuna multis dat nimis, satis nulli.* (Marz.) • 3. *Nihil invītus facit sapiens.* (Sen.) • 4. *Licet nemĭni contra patriam ducĕre exercitum.* (Cic.) • 5. *Contemnĕre aliquis omnia potest, omnia habēre nemo potest.* (Sen.) • 6. *Sapiens nihil facit quod non debet, nihil praetermittit quod debet.* (Sen.) • 7. *Castra enim cum essent inter flumĭna duo, neutrum horum transīri poterat necessarioque omnes his angustiis continebantur.* (Ces.) • 8. *Id oppidum, in campo situm, magis opere quam natura munitum erat, nullius rei egens, armis virisque opulentum.* (Sall.)

16 Traduci in latino le seguenti frasi.

1. Nessuno osò fermare l'avanzata di Alessandro verso est. • 2. Nessuna pena era prevista per chi giustiziava uno schiavo. • 3. Nessuno dei due eserciti avanzava né assaltava l'altro. • 4. È noto che Socrate visse ad Atene, che morì innocente e che non scrisse mai nulla sulla sua dottrina.

I SEGRETI DELLA TRADUZIONE

L'uso delle negazioni con i pronomi indefiniti

Come già osservato, mentre il latino esprime una sola negazione, la resa in italiano richiede una doppia negazione con valore rafforzativo:

*Tibi **nulla** lex fuit.* (Cic.)   **Non** hai avuto **nessuna** legge.

In latino invece **due negazioni affermano** e la frase assume senso positivo. Occorre inoltre prestare attenzione alla posizione della negazione:

Nemo non miser est. (Cic.)   **Tutti** sono infelici (lett. "**Nessuno non** è infelice").

La negazione **segue** il pronome indefinito negativo e si riferisce al predicato, per cui l'espressione si traduce con "**tutti**".

Non nemo miser est.   Qualcuno (lett. "**Non nessuno**") è infelice.

La negazione **precede** il pronome indefinito negativo e si riferisce al pronome stesso, quindi l'espressione si traduce con "**qualcuno**".

- La negazione **si rafforza** in unione con le congiunzioni correlative *nec… nec…* o *neque… neque…* "né… né…" o con *ne… quidem* "neppure":

  *Prae lacrimis **non** possum relĭqua **nec** cogitare **nec** scribĕre.* (Cic.)   A causa delle lacrime **non** posso **né** pensare **né** scrivere il resto.

- Quando un pronome, un aggettivo o un avverbio indefinito negativo sono **preceduti** dalla congiunzione *et* o da *ut* **finale o volitivo**, in latino la negazione viene spostata sulla congiunzione e il pronome, l'aggettivo o l'avverbio assumono la corrispondente forma affermativa:

nec quisquam	e nessuno (lett. "né alcuno")	*nec umquam*	e mai
nec ullus	e nessuno (lett. "né alcuno", agg.)	*nec usquam*	e in nessun luogo
nec quidquam	e niente (lett. "né alcuna cosa")		
ne quis	affinché nessuno	*ne umquam*	affinché mai
ne quid	affinché niente	*ne usquam*	affinché in nessun luogo

  Se *ut* introduce una **consecutiva o completiva di fatto**, la negazione cade sul pronome, facendogli assumere la forma negativa:

  *Epaminondas fuit tam disertus **ut nemo** ei Thebanus par esset eloquentiā.* (Nep.)   Epaminonda fu tanto facondo **che nessun** Tebano gli era pari per eloquenza.

- Anche la preposizione *sine* "senza" ha in sé senso negativo ed è quindi seguita dal pronome o aggettivo di forma affermativa: *sine ulla spe* "senza nessuna speranza".

17 Nelle seguenti frasi **scegli** la forma corretta fra quelle proposte, poi **traduci**.

1. *Vēni Athenas neque me **quisquam** / **nemo** ibi agnōvit.* • 2. *Taceo ne **nemĭnem** / **quem** offendam.* • 3. *Non reicit **quemquam** / **neminem** philosophia nec elĭgit: omnibus lucet.* (Sen.) • 4. *In ipsa curia non **nemo** / **quisquam** hostis est.* (Cic.) • 5. *Nostri tanta vi in Pompei equites impetum fecerunt, ut eorum **nemo** / **quis** consisteret omnesque loco excederent.* • 6. *Officia etiam ferae sentiunt, nec **ullum** / **nihil** tam immansuetum anĭmal est, quod non cura mitĭget.* • 7. ***Nullius** / **Cuiusquam** apud me auctoritas maior est quam M. Lepidi.* (Cic.) • 8. ***Nemo** / **Quisquam** non benignus est sui iudex.* (Sen.)

18 Nelle seguenti frasi d'autore **individua** l'errore nell'uso degli indefiniti negativi evidenziati e correggilo, poi **traduci**. L'esercizio è avviato.

1. *Ut praeceptorum officium est docēre, sic discipulorum praebēre se dociles; alioquin **nullum** (neutrum) sine altĕro suffĭcit.* (Quint.) • 2. *Tum Romani milites, **nemine** (…………………) repugnante, captas naves Messānam in portum deduxerunt.* (Liv.) • 3. ***Nihil** (…………………) lex satis commŏda omnibus est.* (Liv.) • 4. *Postquam satis tutam Siciliam censebat consul, ad insulas Vulcani traiēcit; et **nemo** (…………………) hostium circa eas insulas inventus est.* (Liv.) • 5. *Diviriăcus multis cum lacrimis Caesarem obsecrare coepit ("iniziò") ut **nihil** (…………………) gravius in fratrem statueret.* (Ces.) • 6. *Ante noctem castra sunt circumsessa et noctu custodita ut **nemo** (…………………) elābi posset.* (Liv.) • 7. *Difficile est de discessu ("esilio") voluntario sine **nulla** (…………………) spe redĭtus cogitare.* (Cic.) • 8. *Tiberius adulationes adeo aversatus est ne **quemquam** (…………………) senatorum aut officii aut negotii causā ad conspectum suum admiserit.* (Svet.)

19 Traduci il seguente brano d'autore.

L'insegnamento di Epicuro sugli dèi

Epicuro insegna che gli dèi non si occupano delle questioni umane e tuttavia dichiara che bisogna venerarli, sebbene non ci si possa attendere nulla in cambio. Ma ciò che va perseguito senza secondi fini è anzitutto un comportamento onesto.

Deos nemo sanus timet; furor est enim metuĕre salutaria, nec quisquam amat, quos timet. Tu denĭque, Epicure, deum inermem facis ("consideri"), omnia illi tela, omnem detraxisti potentiam et, ne quis eum metuat, proiecisti illum extra metum. Nam eum ingenti quodam et inexplicabili muro circumdedisti neque habes quare eum verearis, cum divisus a contactu et a conspectu mortalium sit; nulla illi facultas est: nec quicquam hominibus tribuĕre, neque ullo modo illis nocēre potest; in medio intervallo huius et alterīus caeli desertus sine animali, sine homine, sine re ruinas mundorum supra se circaque se cadentium evĭtat, neque exaudit vota neque est nostri curiosus. Atqui hunc vis grato animo colĕre non alĭter quam parentem; sed, si nullum habes illius beneficium, cur colis? «Propter maiestatem» inquis ("dici") «eius eximiam ac singularem naturam». Ut concedam tibi, nempe hoc facis nullo pretio inductus, nulla spe; est ergo aliquid, quod per se expĕti debet, cuius te ipsa dignitas ducit, id est honestum.

(Seneca)

MORFOLOGIA

Gli indefiniti correlativi

Si definiscono correlativi i pronomi, gli aggettivi o gli avverbi che vengono di norma usati **a coppie** per esprimere relazioni di vario tipo.

- I principali **pronomi** e **aggettivi** correlativi sono:
  - *tot... quot...* (agg. indeclinabili) "tanti... quanti..." in senso di numero;
  - *tam multi... quam multi...* (pron.) "tanti... quanti..." in senso di numero;
  - *tantus, -a, -um... quantus, -a, -um...* (pron. e agg.) "tanto grande... quanto (grande)..." in senso di grandezza;
  - *talis, -e... qualis, -e...* (pron. e agg.) "tale... quale..." in senso di qualità.

- I principali **avverbi** correlativi sono:
  - *tam... quam...* "tanto... quanto..." specificano aggettivi o avverbi;
  - *tantum... quantum...* "tanto... quanto..." specificano verbi; con espressioni di stima troviamo *tanti... quanti...*;
  - *tanto... quanto..., eo... quo...* "tanto... quanto..." con i comparativi;
  - *ibi... ubi...* "lì... dove...";
  - *tum... cum...* "non solo... ma anche...", "sia... sia...", "come... così...";
  - *ita... ut...* "così... come...".

RICORDA CHE...

Gli avverbi *tantum* e *quantum* sono spesso accompagnati dal genitivo partitivo:

*His rebus Caesar **tantum tempŏris** tribuit, **quantum** properanti erat necesse.* (Ces.)

Cesare dedicò a queste operazioni **tanto tempo quanto** era necessario per uno che aveva fretta.

ESERCIZI

20 Nelle seguenti frasi **scegli** la forma corretta fra quelle proposte, poi **traduci**.

1. Te existimo **tanti** / **tam quanti** / **quam** vales. • 2. In illo proelio nostri milites **tantos** / **tam multos** hostes necaverunt **quanti** / **quam multi** urbem adorti erant. • 3. Horatius poëta vixit fere **tantos** / **tot** annos **quantos** / **quot** Maecēnas. • 4. In vita sua quisque habet **tam** / **tantum** curarum **quam** / **quantum** pati potest. • 5. **Ubi** / **Quo** pars virium, **ibi** / **eo** et imperii pars esto. (Liv.) • 6. **Tale** / **Tot** illi beneficium, **quale** / **quot** accepisti, non potes reddĕre. (Sen.)

21 Nelle seguenti frasi d'autore **evidenzia** in modo diverso i pronomi, gli aggettivi e gli avverbi correlativi, poi **traduci**.

1. Neque Boii neque Hispani, cum quibus eo anno bellatum erat, tam inimici et infesti erant Romanis quam Aetolorum gens. (Liv.) • 2. Quot hominum linguae, tot nomina deorum sunt. (Cic.) • 3. Tantum me tibi debēre existimo quantum persolvĕre difficile est. (Cic.) • 4. Princeps, qui nulla clementia utitur, tam multis periculis petitur quam multis ipse periculum est. (Sen.) • 5. Themistŏclem cum prudentia tum etiam eloquentia praestitisse constat. (Nep.) • 6. Cum Xerxes et mari et terra bellum universae inferret Europae, cum tantis copiis eam invasit, quantas neque ante nec postea habuit quisquam. (Nep.) • 7. Iphicrătes Atheniensis non tam magnitudine rerum gestarum quam disciplina militari nobilitatus est. (Nep.) • 8. Promitto, patres conscripti, C. Caesarem talem semper fore civem qualis hodie sit (trad. con l'indic.) qualemque eum esse optare debemus. (Cic.)

22 **Traduci** in latino le seguenti frasi.

1. Nessuna ricchezza è tanto grande quanto la sapienza. • 2. Abbiamo ricevuto tanti doni quanti (ne) aspettavamo. • 3. In cielo ci sono stelle tanto grandi quanto mai abbiamo sospettato che ci fossero. • 4. Speriamo che Valerio sia sempre tale quale si è dimostrato in queste difficili circostanze.

Schema riassuntivo dei pronomi/aggettivi indefiniti

qualcuno (pronomi e aggettivi)	
con valore eventuale-ipotetico	
quis, quid	qualcuno, qualcosa, alcuno (pron.)
qui, quae (qua), quod	alcuno, qualche (agg.)
quispiam, quidpiam	qualcuno, qualcosa (pron.)
quispiam, quaepiam, quodpiam	qualche (agg.)
con valore positivo	
alĭquis, alĭquid	qualcuno, qualche cosa (pron.)
alĭqui, alĭqua, alĭquod	qualche, alcuno (agg.)
quidam, quaedam, quiddam	un certo, un tale, uno (pron.)
quidam, quaedam, quoddam	un certo, un tale, uno (agg.)
alĭquot	alcuni, un certo numero (agg.)
plerīque, pleraeque, plerăque	la maggior parte, i più (pron. e agg.)
nonnulli, nonnullae, nonnulla	alcuni, parecchi (pron. e agg.)
con valore negativo	
quisquam, quidquam (quicquam)	alcuno, alcuna cosa, nessuno, nulla (pron.)
ullus, ulla, ullum	alcuno, nessuno (agg.)

altro (pronomi e aggettivi)	
alĭus, alĭa, alĭud	altro (tra molti; pron. e agg.)
alter, altĕra, altĕrum	l'uno, l'altro (tra due; pron. e agg.)
cetĕri, cetĕrae, cetĕra	gli altri (nel senso di "tutti gli altri"; pron. e agg.)
relĭqui, relĭquae, relĭqua	gli altri, i rimanenti (pron. e agg.)
ciascuno, qualsiasi (pronomi e aggettivi)	
quisque, quidque	ognuno (pron.)
quisque, quaeque, quodque	ogni (agg.)
unusquisque, unumquidque	ognuno, ciascuno (pron.)
unusquisque, unaquaeque, unumquodque	ogni (agg.)
quivis, quaevis, quidvis	chiunque, qualsiasi cosa (pron.)
quivis, quaevis, quodvis	qualsiasi (agg.)
quilĭbet, quaelĭbet, quidlĭbet	chiunque, qualsiasi cosa (pron.)
quilĭbet, quaelĭbet, quodlĭbet	qualsiasi (agg.)
entrambi (pronomi e aggettivi)	
uterque, utrăque, utrumque	entrambi (pron. e agg.)
utervis, utrăvis, utrumvis	qualsiasi dei due (pron. e agg.)
alterŭter, alterŭtra, alterŭtrum	l'uno o l'altro dei due (pron. e agg.)
nessuno (pronomi e aggettivi)	
nemo	nessuno (pron.)
nihil	niente, nulla (pron. n.)
nullus, nulla, nullum	nessuno, alcuno (agg.)
neuter, neutra, neutrum	né l'uno né l'altro, nessuno dei due (pron. e agg.)
tutto (aggettivi)	
omnis, omne	tutto, ogni
totus, tota, totum	tutto, tutto intero
cunctus, cuncta, cunctum	tutto, tutto quanto
universus, universa, universum	tutto, tutto insieme
con valore correlativo (pronomi e aggettivi)	
tantus, -a, -um... quantus, -a, -um...	tanto grande... quanto (grande)... (pron. e agg.)
talis, -e... qualis, -e...	tale... quale... (pron. e agg.)
tot... quot...	tanti... quanti... (agg.)
tam multi... quam multi...	tanti... quanti... (pron.)

23 **Traduci** le seguenti frasi di riepilogo su tutti gli indefiniti.

1. *Nullus sonus umquam acidior percussit aures meas.* (Petr.) • **2.** *Minus virium habeo quam vestrum utervis.* (Cic.) • **3.** *Deus est in utroque parente.* (Ov.) • **4.** *Quo quisque honestior genere, fama patrimonio est, hoc fortius se gerat.* (Sen.) • **5.** *Hostes, concilio convocato, constituerunt optimum esse domum suam quemque reverti.* (Ces.) • **6.** *Nec melior vir fuit Africano quisquam nec clarior.* (Cic.) • **7.** *Catilinae fuit corpus patiens inediae, algōris, vigiliae supra quam cuiquam credibile est; animus audax, subdolus, varius, cuiuslĭbet rei simulator ac dissimulator.* (Sall.) • **8.** *Nihil in aedibus cuiusquam, ne in hospitis quidem, nihil in locis communibus, ne in fanis quidem, nihil neque privati neque publici neque profani neque sacri totā in Sicilia Verres iste reliquit.* (Cic.) • **9.** *Animal hoc, quem vocamus hominem, praeclaram quadam condicione generatum est a supremo deo.* (Cic.) • **10.** *Decrevistis ne quis ulla ratione rem impediret.* (Cic.)

24 **Traduci** il seguente brano d'autore.

Pareri discordi tra gli ufficiali di Curione

Fra le truppe di Curione, impegnate nell'assedio di un accampamento di pompeiani sulle coste dell'Africa settentrionale, serpeggiano malumori e paure. Convocato il consiglio degli ufficiali, emergono due pareri opposti: il comandante decide per una tattica attendista.

In castris Curionis magnus omnium incessit timor animis; is variis hominum sermonibus celerĭter augetur. Unusquisque enim opiniones fingebat et ad id, quod ab alio audiverat, aliquid timoris addebat. Hoc uno auctore ad plures permanabat atque alius alii tradebat. Quibus de causis Curio, consilio convocato, cum legatis tribunisque militum disputare incipit. Sententiae erant duae: quidam malle dicebant per virtutem in pugna belli fortunam experiri quam desertos et circumventos ab hostibus gravissimum supplicium perpĕti; alteri autem de tertia vigilia in castra Cornelia recedĕre volebant, ut maiore spatio temporis interiecto militum mentes sanarentur, simul, si quid gravius accidisset, magna multitudo navium facilius in Siciliam receptum daret. Curio utrumque impròbans consilium, quantum animi alteri sententiae deesset, tantum alteri superesse, dixit et addidit: «Neque tanti sum animi, ut sine spe castra oppugnem, neque tanti timoris, ut spe deficiam». Contione habita paucis verbis militibus persuasit ut rem magna fortitudine ferrent. Sic exercitus neque dimisit oppugnationem neque hostes petivit, sed, fugato metu nimiaque audacia reposita, locum firmĭter tenuit.

(da Cesare)

MORFOLOGIA

I verbi anomali: *edo*

Il verbo **ĕdo, -is, ēdi, ēsum, -ĕre** "mangiare", pur appartenendo alla **3ª coniugazione**, presenta tracce di una **coniugazione atematica** in alcune voci derivate dal **tema del presente**. In esse la **-d** del tema, a contatto con le desinenze, si trasforma in **-s**. In particolare, accanto alle forme tematiche, ricorrono forme atematiche per: la 2ª e la 3ª persona singolare e la 2ª plurale attive e la 3ª singolare passiva dell'indicativo presente: **ēs, ēst, ēstis; ēstur**; il congiuntivo imperfetto: **ēssem, ēsses, ēsset** ecc.; passivo: **ēsētur**; l'imperativo presente e futuro: **ēs, ēste; ēsto, ēsto, (ēstōte)**; l'infinito presente: **ēsse**.

Le voci derivate dal **perfetto** sono invece regolarmente formate sul tema **ed-**.

indicativo					
presente		imperfetto		futuro semplice	
ĕd-o	io mangio	ed-ēbam	io mangiavo	ed-am	io mangerò
ed-is / ēs		ed-ēbas		ed-es	
ed-it / ēst		ed-ēbat		ed-et	
ed-ĭmus		ed-ebāmus		ed-ēmus	
ed-ĭtis / ēstis		ed-ebātis		ed-ētis	
ed-unt		ed-ēbant		ed-ent	
congiuntivo					
presente		imperfetto			
ed-am (ed-im)	che io mangi	ed-ĕrem / ēssem	che io mangiassi, io mangerei		
ed-as		ed-ĕres / ēsses			
ed-at		ed-ĕret / ēsset			
ed-āmus		ed-erēmus / essēmus			
ed-ātis		ed-erētis / (essētis)			
ed-ant		ed-ĕrent / essent			

imperativo			infinito	
presente			presente	
2ª sing.	ed-e / ēs	mangia	ed-ĕre / ēsse	mangiare
2ª plur.	ed-ĭte / ēste	mangiate	perfetto	
futuro			ed-isse	aver mangiato
2ª sing.	ed-ĭto / ēsto	mangerai	futuro	
3ª sing.	ed-ĭto / ēsto	mangerà	es-ūrum, -a, -um esse	stare per mangiare
2ª plur.	ed-itōte / ēstōte	mangerete	es-ūros, -as, -a esse	
3ª plur.	ed-unto	mangeranno		

Ricorda che...

- Le **forme atematiche** (evidenziate in neretto nella tabella) sono **omografe** con quelle corrispondenti di **sum**, ma presentano una diversa quantità delle vocali radicali. Mentre la *e-* di *sum* è quasi sempre breve (*ĕs* "tu sei"), la *e-* di *ĕdo*, originariamente breve, si allunga nelle forme atematiche: *ēs* "tu mangi".
- Le forme passive **estur** ed **essetur** ricorrono prevalentemente come voci impersonali: "si mangia", "che si mangiasse".
- Si coniugano come *edo* i suoi tre **composti**: **ad-ĕdo**, *-is, adēdi, adēsum, -ĕre* "divorare"; **com-ĕdo**, *-is, comēdi, comēsum, -ĕre* "mangiare"; **ex-ĕdo**, *-is, exēdi, exēsum, -ĕre* "divorare interamente".
- Il **participio perfetto** di *ĕdo* è usato quasi esclusivamente nei composti, soprattutto **exēsus** "divorato", "corroso".
- Attenzione a non confondere *ĕdo* con **ēdo, -is, edĭdi, edĭtum, -ĕre** "pubblicare".

ESERCIZI

25 **Coniuga** in parallelo *edo* e *sum* all'indicativo presente e al congiuntivo imperfetto. Per *edo* **riporta** anche le forme atematiche omografe di *sum*. L'esercizio è avviato.

	indicativo presente		congiuntivo imperfetto	
	edo	sum	edo	sum
1ª sing.			ederem / essem	
2ª sing.		ĕs		
3ª sing.	edit /			
1ª plur.				
2ª plur.	/ ēstis			
3ª plur.				

26 **Analizza** e **traduci** le seguenti forme verbali (*ĕdo, -is, ēdi, esum, -ĕre* e composti; *ēdo, -is, edĭdi, edĭtum, -ĕre*; *sum* e composti; *eo* e composti), distinguendo eventuali casi di omografia.

edĕras • edas • edes • edĕris • essetur • adesuros • adisse • edĭtum esset • edĭtum • estote • editote • exitote • edam • est • peresset • perisset • estur • abesse • edidĕram • comedĕrim • edidisse • edisse • exĕdunt

27 **Analizza** e **traduci** in latino le seguenti forme verbali, utilizzando: *ĕdo, -is, ēdi, ēsum, -ĕre* (forme tematiche e atematiche); *ēdo, -is, edĭdi, edĭtum, -ĕre*; *sum* e composti.

che tu mangiassi • sarò divorato • che essi producano • mangiate voi! • è • siete • mangiate • che noi mangiassimo • siate voi! • mangino essi! • essere stato mangiato • essere stato edito • è pubblicato • è mangiato

28 **Traduci** le seguenti frasi d'autore, dopo aver analizzato le forme verbali.

1. *Quas herbas pecūdes non edunt, homines edunt.* (Plaut.) • 2. *Gallinae circumlatae sunt et ova anserina, quae ut comessemus Trimalchio dixit exossatas esse gallinas.* (Petr.) • 3. *Est ille plus quam capit, et ingenti aviditate onĕrat distentum ventrem ac desuetum iam ventris officio, ut maiore opera omnia egerat quam ingessit.* (Sen.) • 4. *Vergilius Vario ac Tuccae amicis scripta sua sub ea condicione legavit* ("lasciò per testamento"), *ne quid ederent, quod non a se edĭtum esset.* (Donat.) • 5. *Philēmon poëta, paratas ei ficos et in conspectu positas asello consumente, puerum ut illum abigĕret clamavit: qui cum iam comestis omnibus supervenisset, «Quoniam – inquit* ("disse") *– tam tardus fuisti, da* ("da' da bere") *nunc merum asello».* (Val. Mass.)

> **DIFFICILIORA**

29 **Completa** le seguenti frasi d'autore scegliendo la forma verbale corretta fra quelle proposte, quindi **traduci**.

est • comesse • edĕre • peredit • edidit • estur

1. *Est inter genĕra Aegypti planta scillae proximum, quae .... et cruda.* (Plin.) • 2. *.................... mollis flamma medullas, et tacitum vivit sub pectore amoris vulnus.* (Virg.) • 3. *Postea quod scelus, quod facĭnus parricida non ....?* (Cic.) • 4. *Multos durus amor crudeli tabe ....* (Virg.) • 5. *Furi sunt pater et noverca tali fame coacti quorum dentes silĭcem .... possint.* (Catull.) • 6. *Has condiciones legati iussi sunt domum referre et in contione ....* (Liv.)

MORFOLOGIA

I verbi difettivi

Sono detti difettivi i verbi che non hanno una coniugazione completa.

- I verbi **memĭni**, **odi** e **novi** sono attestati solo nella forma del **perfetto logico**: indicano, cioè, un'azione avvenuta nel passato i cui effetti perdurano nel presente. Pertanto, *memĭni* significa "ho richiamato alla memoria" quindi "**ricordo**", *novi* "ho conosciuto", quindi "**so**", *odi* "ho concepito avversione", dunque "**odio**". In modo analogo il piuccheperfetto corrisponde all'imperfetto e il futuro anteriore al futuro semplice.

memini

	indicativo		congiuntivo		imperativo		
perfetto	memĭni	io ricordo	meminĕrim	che io ricordi	futuro		
	meministi		meminĕris		2ª sing.	memento	ricordati
	memĭnit ecc.		meminĕrit ecc.		2ª plur.	mementōte	ricordatevi
piucchepf.	meminĕram	io ricordavo	meminissem	che io	infinito		
	meminĕras		meminisses	ricordassi,	perfetto		
	meminĕrat ecc.		meminisset ecc.	io ricorderei	meminisse		ricordare
fut ant.	meminĕro	io ricorderò					
	meminĕris						
	meminĕrit ecc.						

- Il verbo *coepi* "incominciai", "ho incominciato" è il perfetto di un presente disusato e ha **valore di passato**. Ha il supino, ma manca del presente e dei tempi da esso derivati, ai quali supplisce *incipio, -is, incēpi, inceptum, -ĕre*.

- Tre **verbi di "dire"** anomali presentano solo alcune forme.
  - *Aio* "dico", "affermo" è usato nel corpo del discorso, soprattutto in modo parentetico; il suo contrario è *nego* "dico di no". Le sue forme sono: **indicativo presente** (*aio, ais, ait, aiunt*), **imperfetto** (*aiēbam, aiēbas, aiēbat, aiēbāmus, aiēbātis, aiēbant*), **perfetto** (*ait*); **congiuntivo presente** (*aiat*); **participio presente** (*aĭens, aientis*).
  - *Inquam* "dico" è usato quando si riporta un discorso diretto, collocato dopo una o più parole del discorso stesso e di solito seguito anziché preceduto dal suo soggetto. Le sue forme sono: **indicativo presente** (*inquam, inquis, inquit, inquĭmus, inquiunt*), **imperfetto** (*inquiēbat*), **perfetto** (*inquisti, inquit*), **futuro** (*inquies, inquiet*).
  - *Fari*, di uso prevalentemente sacrale e poetico, è un antico verbo deponente e significa "parlare con solennità". Non è attestata la prima persona dell'indicativo presente. Le sue forme sono: **indicativo presente** (*fatur, famur, fantur*), **futuro** (*fabor, fabĭtur, fabĭmur*), **perfetto** (*fatus est, fati sunt*); **congiuntivo imperfetto** (*farer, farentur*); **participio presente** (*fans, fantis*), **perfetto** (*fatus, -a, -um*); **imperativo presente** (2ª sing. *fare*); **infinito presente** (*fari*); **gerundio** (*fandi, fando*); **gerundivo** (*fandus, -a, -um*); **supino** (*fatu*).

> **Ricorda che...**
> - Di *novi* ricorrono spesso anche le **forme sincopate** *norunt* per *novērunt*, *norim* per *novĕrim* ecc.
> - *Memĭni*, *novi* e *odi* **non** hanno il **supino**, ma sono attestati il participio futuro *osurus*, da *odi*, e i rari participi perfetti con valore attivo *exōsus*, *perōsus*, rispettivamente dai composti *exōdi* e *perōdi*. Per il supino, le forme passive e i tempi ricavati dal tema del presente si ricorre ad altri verbi sinonimi o a locuzioni equivalenti, come *odium in aliquem habēre* "odiare".

ESERCIZI

30 **Analizza** e **traduci** le seguenti forme verbali.

aiunt • *meminĕras* • *meminerĭmus* • *meminĕro* • *inquiet* • *meminisset* • *coepisse* • *coepta erant* • *coepistis* • *coepissent* • *odisse* • *fabĭtur* • *aiēbas* • *odĕrant* • *odĕre* • *oderĭtis* • *novistis* • *noverĭtis* • *novĭmus* • *noram* • *inquĭmus* • *fatus est*

31 **Analizza** e **traduci** in latino le seguenti forme verbali.

a dirsi • ricordavo • ricorda! • che tu ricordassi • dirai • cominceremo • egli comincia • dire • aver cominciato • odia! • odieranno • odiano • sapevi • dicendo

32 **Traduci** le seguenti frasi d'autore, prestando attenzione al valore dei perfetti logici e di *coepi*.

1. *Consul iubebat suos meminisse illo die primum liberos pro libera urbe Romana pugnare et sibīmet esse victuros.* (Liv.) • 2. *Romae nemo est, extra istam coniurationem perditorum hominum, qui te non metuat, nemo, qui non oderit, Catilina.* (Cic.) • 3. *Metus ac terror sunt infirma vincla caritatis; quae ubi removeris, qui timēre desierint, odisse incipient.* (Tac.) • 4. *Umbrenus, quod in Gallia negotiatus erat, plerisque principibus civitatium notus erat atque eos noverat.* (Sall.) • 5. *Cum biduum cibo Atticus se abstinuisset, subito febris decessit leviorque morbus esse coepit.* (Nep.) • 6. *Aristoteles, vir summo ingenio, scientia, copia, cum motus esset Isocrătis rhetoris gloria, docēre etiam coepit adulescentes* ("ai giovani") *et prudentiam cum eloquentia iungĕre.* (Cic.)

I SEGRETI DELLA TRADUZIONE

La costruzione passiva di *coepi*

Il verbo difettivo **coepi, coepisse** può avere i seguenti valori.

- **Verbo servile** se regge un **infinito**:

  *Cenabenses flumen **transire** coeperunt.* (Ces.)

  I Cenabensi **cominciarono ad attraversare** il fiume.

  Se come verbo servile regge un **infinito passivo** riferito al soggetto, solitamente assume a sua volta forma passiva. È consigliabile, in entrambi i casi, tradurre con un'espressione impersonale mediante il "**si**":

  *Pons **institui coeptus est**.* (Ces.)

  Si iniziò a costruire un ponte (lett. "Il ponte fu cominciato a essere costruito").

  Una costruzione simile si utilizza anche per il verbo **desĭno, -is, desii** (*desīvi*), *desĭtum, -ĕre* "smettere".

- **Verbo transitivo** se seguito da complemento oggetto:

  *Caesar huiusce modi **orationem coepit**.* (Tac.)

  Cesare **cominciò un discorso** di questo tipo.

- **Valore assoluto** di "iniziare":

  *Ubi dies **coepit**, Numĭdae multi oppido egressi (sunt).* (Sall.)

  Non appena il giorno **cominciò**, i Numidi uscirono in molti dalla città.

Traduci le seguenti frasi d'autore, prestando attenzione ai diversi valori di *coepi*.

1. *Galli magnum hostium numerum pauci sustinuēre, sed, ubi signa legionum adpropinquare coeperunt, paucis amissis, sese in proximos montes conferunt.* (Ces.) • **2.** *Si iure me despiciunt, faciant idem maioribus suis, quibus, ut mihi, ex virtute nobilitas coepit.* (Sall.) • **3.** *Sabinus obsidium coepit per praesidia, quae opportune iam muniebat.* (Tac.) • **4.** *Postquam divitiae honori esse coepēre et eas gloria, imperium, potentia sequebatur, innocentia pro malevolentia duci coepit.* (Sall.) • **5.** *Post vero Sullae victoriam, desĭtum est enim vidēri quicquam in socios iniquum, cum exstitisset in cives tanta crudelitas.* (Cic.) • **6.** *Helvetii audacius subsistĕre nonnumquam et novissimo agmine proelio nostros lacessĕre coeperunt.* (Ces.)

PAROLE DA SCOPRIRE

I verbi atmosferici

In latino, come in italiano, i verbi che indicano fenomeni atmosferici sono **impersonali**, ovvero privi di complementi e usati solo alla 3ª persona singolare o al modo infinito.

fulget	lampeggia	*ningit, nivit*	nevica
fulmĭnat	fulmina	*pluit*	piove
gelat	gela	*rorat*	cade la rugiada
grandĭnat	grandina	*tonat*	tuona
lucescit	si fa giorno	*(ad-)vesperascit*	si fa sera

Poiché i verbi atmosferici prevedevano in origine un **soggetto**, per esempio una **divinità** o una **personificazione di elementi naturali** (*Iuppiter, dies, caelum, sol* ecc.), si conservano **espressioni idiomatiche** quali *Iove tonante / fulgurante* "quando Giove tuona / lampeggia", *vesperascente caelo* "quando il cielo comincia a farsi buio" ecc.

Quando l'azione atmosferica è espressa **in senso metaforico**, può avere un **soggetto**:

Caesar fulminat ad Euphratem bello. (Virg.)   **Cesare va come fulmine** in guerra fino all'Eufrate.

La modalità del fenomeno può essere espressa in **ablativo**, che nella traduzione può diventare un **soggetto**:

Lapidibus pluisse dicitur. (Liv.)   Si dice che piovvero **pietre**.

34 Nelle seguenti frasi d'autore **sottolinea** i verbi atmosferici e **indica** se sono costruiti personalmente o impersonalmente; quindi **traduci**.

1. *Flaccus et Pomptinus praetores, qui omnia de re publica praeclara atque egregia sentirent, cum advesperasceret, occulte ad pontem Mulvium pervenerunt.* (Cic.) • **2.** *Si cacumĭna pura fient, disserenabit. Nube gravida candicante, quod vocant tempestatem albam, grando imminebit.* (Plin.) • **3.** *Quaeritur autem quare aliquando non fulgŭret, et tonet: quia spiritus* ("la forza della folgore") *infirmior non valuit in flammam, in sonum valuit.* (Sen.) • **4.** *Cum aestate vehementius tonuit quam fulsit, ventos ex ea parte denuntiat, contra si minus tonuit, imbrem.* (Plin.) • **5.** *Kalendis Aprilibus Aries* ("la costellazione dell'Ariete") *incipit exorīri: pluvius est dies, interdum ningit.* (Colum.) • **6.** *Cur me tenes? Tempus est: exire ex urbe prius quam lucescat volo.* (Plaut.)

UN METODO PER TRADURRE
Traduzione letterale o traduzione libera?

Come abbiamo già visto, utilizzando opportunamente le fasi della **traduzione di servizio**, che serve più a capire il testo latino che a produrne la versione in italiano, e della **traduzione definitiva**, nella quale l'attenzione si sposta sull'italiano, si può arrivare a una resa il più possibile fedele al testo latino e in buon italiano.

La traduzione può rivelarsi complessa quando si incontrano particolari espressioni lessicali o costruzioni latine (per esempio il *cum* narrativo e l'ablativo assoluto) che trovano difficile corrispondenza in italiano: in questo caso, una traduzione letterale, che rendesse "parola per parola" (*verbum pro verbo*, come scrive Cicerone nel *De optimo genere oratorum*) il testo originale, sarebbe del tutto inadeguata. Occorre ricordare, a questo riguardo, che una **traduzione letterale** e in "buon italiano" è, a livello di produzione scolastica, quasi sempre possibile; tuttavia è necessario che, anche in una **traduzione libera**, tutti gli elementi del testo latino trovino una corrispondenza negli elementi della frase italiana.

A titolo di esempio, esaminiamo un passo dello storico Livio diviso in periodi, partendo da una traduzione di servizio o letterale, elaborata sulle fasi di approccio al testo già apprese (individuazione dei verbi principali e secondari, delle congiunzioni coordinanti e subordinanti).

1. *Bellum ab Aequis reparari coeptum est; et novos hostes Labicanos consilia cum veteribus iungĕre, haud incertis auctoribus Romam est allatum.*

Una guerra si cominciò a **ripreparare/riprendere** dagli Equi: **e** che i Labicani, nuovi nemici (da nuovi nemici?), stringevano patti con i vecchi (nemici?) [con/da testimoni/fonti non incerte = affidabili] fu riferito.

- **a.** La costruzione passiva di *coepi*, complicata da *reparari*, può efficacemente essere volta all'attivo, mentre *bellum reparare* "riprendere una guerra" può trovare una resa meno letterale: "Gli Equi cominciarono a fare preparativi per una nuova guerra".

- **b.** L'espressione *haud incertis* è una litote, ovvero una doppia negazione ("per nulla incerti") impiegata per rafforzare il significato opposto. Si può pertanto rendere con un'espressione positiva, come "assolutamente affidabili". Inoltre l'assenza di *a / ab* fa pensare all'intero costrutto come a un ablativo assoluto nominale, dunque da rendersi liberamente "sulla base di fonti assolutamente affidabili".

- **c.** Particolare cura richiede l'espressione *iungĕre consilia (cum veteribus)*: benché *consilium, -ii* possa in qualche caso valere come "piano tattico", *iungĕre* "stringere" sembra piuttosto suggerire il significato di "patto / alleanza". In *cum veteribus* l'aggettivo, più che essere sostantivato, sembra sottintendere *hostibus*, ricavabile come antitesi della precedente espressione *novos hostes*: "e che i Labicani, nuovi nemici, stringevano alleanze militari con i vecchi (nemici)".

- **2.** *Labicos legati missi cum responsa inde rettulissent dubia, quibus nec tum bellum parari nec diuturnam pacem fore appareret, Tusculanis negotium datum est ut adverterent animos ne quid novi tumultus Labicis oreretur.*
  Avendo gli ambasciatori mandati a Labico da lì riportato dubbi responsi/risposte, per i quali (secondo i quali/ai quali) non appariva né che allora si preparasse una guerra né che la pace sarebbe stata duratura, fu dato incarico ai Tuscolani di stare in guardia che non scoppiasse qualcosa di nuova/improvvisa (?) rivolta a Labico.

  Oltre alla necessità di esplicitare il *cum* con un valore causale ("poiché gli ambasciatori...") e di interpretare *quibus* come riferito a *legati* per la presenza di *appareret*, è opportuno riadattare alla lingua italiana la costruzione *quid* + genitivo partitivo (*novi tumultus*), tipica della lingua latina con i pronomi indefiniti neutri: "che non scoppiasse a Labico qualche nuova rivolta".

- **3.** *Inito magistratu, legati ab Tusculo venerunt, nuntiantes Labicanos arma cepisse et cum Aequorum exercitu depopulatos agrum Tusculanum castra in Algĭdo posuisse.*
  L'espressione *Inito magistratu* ha valore fraseologico e per renderla è necessario passare dal singolare al plurale: "Una volta entrate in carica le nuove autorità".

35 **Riesamina** il passo di Livio proposto: per il periodo 2. **passa** dalla traduzione di servizio a una resa più libera, indicandone le ragioni; **traduci** il periodo 3., utilizzando prima una versione letterale, poi una resa più congeniale ai modi espressivi della lingua italiana, ma comunque rispettosa dei significati.

36 Forniamo il seguito del passo di Livio: per il periodo 4. **passa** dalla traduzione di servizio proposta a una resa più libera, indicandone le ragioni; **traduci** il periodo 5., utilizzando prima una versione letterale, poi una resa più congeniale ai modi espressivi della lingua italiana, ma comunque rispettosa dei significati.

- **4.** *Tum Labicanis bellum indictum; factoque senatus consulto ut duo ex tribunis ad bellum proficiscerentur, unus res Romae curaret, certamen subito inter tribunos exortum; se quisque belli ducem potiorem ferebat, curam urbis ut ingratam ignobilemque aspernabatur.*
  Allora fu indetta guerra ai Labicani; e fatto il senato consulto che due tra i tribuni partissero per la guerra, uno curasse le cose di Roma, subito tra i tribuni sorse una contesa: ciascuno portava se stesso come miglior comandante di guerra, rifiutava come ingrata e ignobile la cura della città.

- **5.** *Cum parum decorum inter collegas certamen mirabundi patres conspicerent, Q. Servilius «Quando nec ordinis huius ulla – inquit ("disse") – nec rei publicae est verecundia, patria maiestas altercationem istam dirĭmet. Filius meus extra sortem urbi praeerit. Bellum, qui adpĕtunt, consideratius concordiusque quam cupiunt gerant».*

37 **Spiega** come la traduzione proposta abbia modificato il testo latino di Cesare, a livello di struttura sintattica e lessicale e di integrazioni (l'esercizio è avviato); poi **passa** dalla traduzione letterale a una resa più libera dell'ultimo periodo.

Difficoltà di Cesare durante la campagna in Iberia

Interim Oscenses et Calagurritani, qui erant cum Oscensibus contributi, mittunt ad Caesarem legatos, se sequi imperata facturos pollicentur. Hos Tarraconenses et Iacetani et Ausetani et paucis post diebus Illurgavonenses, qui flumen Hiberum attingunt, inseguuntur. Petit ab his omnibus, ut se frumento iuvent. Pollicentur atque omnibus undique conquisitis iumentis in castra deportant. Transit etiam cohors Illurgavonensis ad eum cognito civitatis consilio et signa ex statione transfert.

Gli abitanti di Osca e di Calagurri, tributari dei primi, inviano intanto a Cesare degli ambasciatori: promettono di eseguire gli ordini e di seguirlo. Tarraconensi, Iacetani, Ausetani e, pochi giorni dopo, gli abitanti di Illurga, che arrivano fino al fiume Ibero, seguono il loro esempio. Cesare ordina a tutti di rifornirlo di provviste di grano. Quelli promettono di farlo e, dopo aver raccolto da ogni parte tutti i giumenti per il trasporto, portano le provviste all'accampamento. Passa dalla sua parte anche una coorte degli abitanti di Illurga, informata della deliberazione della loro tribù, e allontana le insegne dal posto di guardia.

38 Ecco come prosegue il passo precedente di Cesare. **Traduci** il testo secondo le seguenti indicazioni: a) **rendi** il senso del periodo iniziale (in cui il verbo è sottinteso) attraverso le strutture che ti sembrano più adeguate nella lingua italiana; b) **osserva** la sequenza di ablativi assoluti nel periodo finale e trova per ciascuno l'espressione italiana più adatta a livello di valore sintattico e di significato, valutando per alcuni di essi una resa nominale.

Magna celeriter commutatio rerum. Perfecto ponte, magnis quinque civitatibus ad amicitiam adiunctis, expedita re frumentaria, exstinctis rumoribus de auxiliis legionum, quae cum Pompeio per Mauretaniam veniebant, multae longinquiores civitates ab Afranio desciscunt et Caesaris amicitiam sequuntur.

VERIFICA DELLE COMPETENZE

COMPETENZE LINGUISTICHE

39 Nelle seguenti frasi d'autore individua e analizza gli indefiniti (pronomi e aggettivi) e i correlativi (pronomi, aggettivi e avverbi) completando la tabella a p. 76; quindi traduci.

1. *Quem quisque in Caesaris castris notum aut municipem habebat, conquirit atque evocat.* (Ces.) • 2. *Nemo umquam tam impudens fuit qui a dis immortalibus tot et tantas res auderet optare quot et quantas di immortales ad Cn. Pompeium detulerunt.* (Cic.) • 3. *Iustitia numquam nocet cuiquam.* (Cic.) • 4. *Nec enim tantum mali est principes peccare, quantum illud, permultos imitatores principum existere.* (Cic.) • 5. *Reliquis diebus Caesar silvas caedere instituit et, ne quis inermibus militibus impetus fieri posset, omnem eam materiam pro vallo ad utrumque latus exstruebat.* (Ces.) • 6. *Drusus intraverat penitus Germaniam et ibi signa Romana fixerat ubi vix ullos esse Romanos notum erat.* (Sen.) • 7. *Quanto maturior baca oleae est, tanto pinguior sucus minusque gratus.* (Plin.) • 8. *Catilina C. Manlium in Etruriam, Septimium quendam in agrum Picenum, C. Iulium in Apuliam dimisit, praeterea alium alio, quem ubique opportunum sibi fore credebat.* (Sall.)

	indefiniti		correlativi		
	pronomi	aggettivi	pronomi	aggettivi	avverbi
1.					
2.					
3.					
4.					
5.					
6.					
7.					
8.					

L'esercizio insegna a:
- saper riconoscere e tradurre gli indefiniti e i correlativi

40 Completa le seguenti frasi declinando opportunamente il pronome/aggettivo indefinito di senso negativo indicato; quindi traduci.

1. .... (Nemo) nostrum relinquĭte! • 2. .... (Nullus, -a, -um) erat spes salutis relĭqua. • 3. .... (Nihil) iucunda est possessio sine socio. • 4. .... (Nemo) fas erit rei publicae leges violare. • 5. .... (Neuter, neutra, neutrum) consul ea nocte in Urbe erat. • 6. .... (Nullus, -a, -um) die hostes cessabant nostros lacessĕre. • 7. In curia multi senatores .... (neuter, neutra, neutrum) partis erant. • 8. Quidam .... (nemo) parent, ... (nemo) praecepta audiunt.

L'esercizio insegna a:
- saper declinare e tradurre pronomi indefiniti di senso negativo

41 Nelle seguenti frasi scegli la forma corretta fra quelle proposte motivando la scelta, quindi traduci.

1. *Nemo / Quisquam / Quis* umquam Parthos vicit praeter Augustus. • 2. *Sine sapientia vitium corrigĕre possumus* **nullum / ullum / quicquam**. • 3. *Nec mortem neque amorem* **quis / nemo / quisquam** *effugĕre potest*. • 4. *Consul obsĭdes liberavit ne* **quisquam / quis / nemo** *eorum inediā mortem occumberet*. • 5. *Diu locuti sumus nec ille* **quidquam / nihil / neminem** *mihi dixit de hac re*. • 6. *Nego me* **ullum / nullum / quid** *mendacium umquam tibi dixisse*. • 7. *Dux victoriam adeptus est* **nullo / ullo / nemini** *damno suorum militum*. • 8. *Caium Terentiumque scio Romae esse, tamen* **nullus / neuter / ullus** *eorum ad me vēnit*.

L'esercizio insegna a:
- saper riconoscere significati e usi dei pronomi indefiniti di senso negativo

42 Nelle seguenti frasi d'autore sottolinea in rosso le voci del verbo *ĕdo*, in nero quelle del verbo *sum* e in blu quelle del verbo *ēdo, -is, edĭdi, edĭtum, -ĕre*; quindi traduci.

1. *Socratis virilitatis robore vallatus animus aliquanto praefractius perseverantiae exemplum edĭdit.* (Val. Mass.) • 2. *Iuppiter admisit Prometheo aquilam quae assidue noctu renascentia*

iecinera exesset; hanc autem aquilam nonnulli ex Typhōne et Echidna natam esse dicunt. (Ig.) • **3.** Ede mihi scriptum quid argenti in provincia Sicilia paraveris, unde quidque aut quanti ("a che prezzo") emeris. (Cic.) • **4.** In minime pertinaci genere pugnae sic fortuna exercuit opes ut insignes utrimque clades et clara ipsorum ducum ederet funĕra. (Liv.) • **5.** Ille miserrimus est qui, cum esse cupit, quod edit non habet. (Plaut.) • **6.** Vestalis, cum geminum partum edidisset, quia deus auctor culpae honestior erat, Martem incertae stirpis patrem nuncŭpat. (Liv.)

L'esercizio insegna a:
- saper distinguere le forme di *edo* "mangio" da quelle omografe

COMPETENZE LESSICALI

43 Nelle seguenti frasi italiane individua il valore di "ciascuno", "ogni", "ognuno" e precisa se in latino va reso con *quisque* (distributivo) o con *omnis* (non distributivo).

frase	valore	pronome
1. **Ognuno** dei soldati meritava un elogio.		
2. **Ognuno** ha i propri difetti.		
3. A **ciascun** giorno basta la sua pena.		
4. **Ogni** soldato acclamava Cesare a gran voce.		
5. Di **ciascuno** di voi conservo un bel ricordo.		
6. **Ognuno** confermò la propria scelta.		

L'esercizio insegna a:
- saper distinguere i diversi modi per esprimere "ciascuno" in latino

44 Nelle seguenti frasi d'autore scegli la forma corretta fra quelle proposte, quindi traduci.

1. *Unicuique / Omni / Cuique* sua domus nota est. (Cic.) • **2.** Qui *omnes / unasquasque / universas* insidias timet, in nullas incidit. (Publ. Sir.) • **3.** Optimum *quidque / omne / unumquidque* rarissimum est. (Cic.) • **4.** Galli Germanique qui restiterant, ex superiore loco et post tergum circumventi fortiterque resistentes conciduntur *omnes / uniquique / universi*. (Ces.) • **5.** Bello Helvetiorum confecto *omnis / totīus / cuiusque* fere Galliae legati principes civitatum ad Caesarem convenerunt. (Ces.) • **6.** Liberos *cuique / omni / universo* ac propinquos suos natura carissimos esse voluit. (Sen.) • **7.** Alexander decem delegerat in *unaquaque / quaque / tota* civitate quibus summum imperium committeret. (Nep.) • **8.** *Quaeque / Cuncta / Omnis* plebs novarum rerum studio Catilinae incepta ("le azioni") probabat. (Sall.)

L'esercizio insegna a:
- saper distinguere i diversi modi per esprimere "ciascuno" in latino e renderli adeguatamente

45 Nelle seguenti frasi d'autore sottolinea i verbi atmosferici e indica se sono costruiti personalmente P o impersonalmente I; quindi traduci.

1. Oratio magnifica tonat, fulgŭrat. (Plin. il G.) P I • **2.** Ningit in pugna sagittis, plumbo et saxis grandĭnat. (Pac.) P I • **3.** Mare arsit eo anno; signa Lanuvii apud templum Iunonis Sospĭtae cruore manavēre, lapidibusque circa id templum pluit. (Liv.) P I • **4.** Eamus, Amphitruo: lucescit hoc iam. (Plaut.) P I

L'esercizio insegna a:
- saper riconoscere le costruzioni (personale o impersonale) dei verbi atmosferici

COMPETENZE DI TRADUZIONE

VERSIONE GUIDATA

46 Traduci il brano d'autore e svolgi le attività che seguono.

Timoteo e Ificrate accusati di tradimento per colpa del giovane Carète

Timoteo e Ificrate accettano di collaborare alla campagna militare di Atene, guidata da Carète. Questi per imprudenza segue le loro mosse, ma un'improvvisa tempesta fa sì che si trovi da solo contro il nemico con esiti disastrosi: accusa per questo di tradimento i due anziani generali.

Cum Timothĕus magistratus gerĕre desiisset, bello Athenienses undĭque premi sunt coepti. Defecerant Samus et Hellespontus, Philippus iam tum valebat. Cui opposĭtus Chares cum esset, non satis in eo praesidii putabatur; huic in consilium dantur Iphicrătes et Timothĕus, quod in his tanta erat auctoritas, ut magna spes esset per eos amissa posse recuperari. Hi cum Samum profecti essent et eodem Chares, illorum adventu cognito, cum suis copiis proficisceretur, ne quid absente se gestum iudicaretur, accĭdit, cum ad insulam appropinquarent, ut magna tempestas oriretur. Quam ut evitarent duo veteres imperatores suam classem suppresserunt. At ille non cessit maiorum natu auctoritati. Quo contenderat, pervenit, eodemque ut sequerentur, ad Timothĕum et Iphicrătem nuntium misit. Hinc male re gesta, compluribus amissis navibus eo, unde erat profectus, se recepit litterasque Athenas publice misit: proclive fore sibi Samum capĕre, sed a Timothĕo et Iphicrăte desertum esse. Populus acer domum revocat utrumque et accusat proditionis ("di tradimento").

(da Cornelio Nepote)

LABORATORIO

Morfologia

1. Da che verbo deriva *oriretur*? Quale particolarità presenta il suo paradigma?
2. Che tipo di pronome è *utrumque*? Quale voce sinonimica potresti individuare?

Sintassi

3. Da quali verbi derivano rispettivamente *desiisset* e *sunt coepti*? Con quali particolari costruzioni?
4. Che valore ha il genitivo *praesidii*? In quali casi è ricorrente questa costruzione?

5. Che tipo di pronome è (*ne*) *quid*? Spiegane la ragione dell'uso.
6. Da che cosa è retta l'infinitiva *proclive fore... desertum esse*? Non è un verbo di dire, ma ....

Lessico

7. *valebat*: quali sono i significati-base del verbo? Indica almeno altri due termini (aggettivi o sostantivi) che derivano dalla stessa radice.
8. *proclive*: da dove deriva etimologicamente? Che valore ha l'italiano "proclive"? Fa' opportuni esempi.

VERSIONE D'AUTORE

47 Traduci il seguente brano.

Gli dèi mandano misteriosi segni sul futuro

Prima della guerra contro Perseo, Lucio Emilio Paolo colse con prontezza un auspicio favorevole dalla morte di un gattino della figlia. La matrona Cecilia, mentre traeva auspici per le nozze della nipote, la lasciò sedere per un attimo sul suo seggio: poco dopo morì e la ragazza, da sposata, adottò lo stesso nome della zia, proprio come ne aveva preso posto sul seggio.

L. Paulus consul iterum, cum ei bellum ut cum rege Perse gereret obtigisset, ut ea ipsa die domum ad vesperum rediit, filiŏlam suam Tertiam, quae tum erat admŏdum parva, osculans animum advertit (= animadvertit) tristicŭlam. «Quid est – inquit – mea Tertia? Dic mihi quid tristis sis». «Mi pater – inquit – Persa periit». Erat autem mortuus catellus eo nomine. Tum ille, artius puellam complexus, exclamavit: «Accipio, mea filia, omen».

Laboratorio
Applica il metodo svolgendo l'analisi sintattica della versione, quindi scrivi la traduzione.

L. Flaccus, flamen Martialis, narravit Caeciliam filiam, cum vellet sororis suae filiam in matrimonium conlocare, exisse in quoddam sacellum ut omen caperet, quod fieri more vetĕrum solebat. Cum virgo staret et Caecilia in sella sederet neque diu ulla vox exstitisset, puella defatigata petit a matertĕra, ut sibi concederet ut paulisper in eius sella requiesceret. Cum illa autem dixisset: «Vero, mea puella, tibi concedo meas sedes», hoc omen res consecuta est: factum est ut ipsa enim brevi moriretur, virgo autem nuberet; cui nuptae nomen Caecilia fuit. Haec posse contemni vel etiam ridēri praeclare intellĕgo, sed id ipsum est deos non putare et quae ab iis significantur contemnĕre.

(da Cicerone)

CULTURA

48 Traduci il seguente brano d'autore.

La paura dell'eclissi

Scipione Emiliano ricorda come, durante la campagna contro il regno di Macedonia, il padre spiegò ai soldati, spaventati da un'eclissi di luna, che si trattava di un fenomeno naturale e ricorrente. Un fatto simile era accaduto durante la guerra del Peloponneso, quando il grande Pericle riuscì a tranquillizzare gli Ateniesi, atterriti da un'eclissi di sole.

Memini, me admodum adulescentulo, cum pater in Macedonia consul esset et essemus in castris, perturbari exercitum nostrum religione et metu, quod serena nocte subito candens et plena luna defecisset. Tum ille postridie palam in castris docuit nullum esse prodigium, idemque ("lo stesso fenomeno") *et tum factum esse et certis temporibus esse semper futurum, cum sol ita locatus fuisset, ut lunam suo lumine non posset attingĕre. Rem enim magnam adsecutus est, quod hominibus perturbatis inanem religionem timoremque deiecerat. Bello quoque illo maximo, quod Athenienses et Lacedaemonii summa inter se contentione gesserunt, Perĭcles ille, et auctoritate et eloquentia et consilio princeps civitatis suae, cum, obscurato sole, tenebrae factae essent repente Atheniensiumque animos summus timor occupavisset, declaravit civibus suis id quod ipse ab Anaxagŏra, cuius audītor fuerat, acceperat: illud certo tempore fiebat et necessario, cum tota se luna sub orbem solis subiecisset. Quod cum argumentis rationibusque docuisset, populum liberavit metu.*

(da Cicerone)

Conoscere la cultura

I Romani e le scienze

La scienza, questa sconosciuta L'innegabile pragmatismo che distingueva i Romani nel loro approccio alla cultura in generale favorì, in un campo che potremmo definire, con un'accezione molto vasta, "scientifico", un crescente interesse non tanto per la "teoria" quanto per le applicazioni tecniche o tecnologiche che i princìpi scientifici potevano garantire. Ai Romani bastava l'eredità dei grandi scienziati greci di epoca ellenistica e post-ellenistica – come Erone di Alessandria, Euclide o Archimede di Siracusa, che morì durante la presa della città da parte di Fabio Massimo (212 a.C.) –, accontentandosi della lettura, per cultura personale, delle raccolte dossografiche. I "dossografi" erano nell'antichità coloro che raccoglievano notizie su particolari fenomeni naturali, come le eclissi, i casi di magnetismo, le esalazioni di gas dalla terra, il principio dei "vasi comunicanti".

Tra *curiositas* ed erudizione Straordinario esempio di *curiositas*, ma anche dei limiti di questa idea di "scienza", fu Gaio Plinio Secondo (detto il Vecchio), che, durante il principato di Vespasiano e Tito, ricoprì l'incarico di *praefectus* della flotta imperiale di stanza a Capo Miseno (in Campania), ma si dedicò anche alla compilazione della vastissima *Naturalis Historia,* in ben 37 libri. Non si tratta di un'opera propriamente scientifica, come farebbe pensare il titolo: in essa trovano spazio, in forma diaristica o di appunti non rielaborati, notizie, dati e fenomeni tratti dall'osservazione diretta o dalla lettura di opere precedenti, senza che di essi sia fornita una spiegazione d'insieme.

Anche la fine dell'opera fu determinata dalla *curiositas* del suo autore: per il desiderio di osservare il più possibile da vicino l'eruzione del Vesuvio del 79 d.C., Plinio si spinse fin sulle pendici del vulcano, dove morì soffocato dalle esalazioni. Alcuni anni prima, Seneca, ben più famoso come precettore di Nerone e filosofo, aveva posto mano a delle *Naturales quaestiones*, in cui concentrava la propria attenzione su molti fenomeni meteorologici, come la grandine e la neve, e astronomici, come la natura e le orbite delle comete.

J. Martin, *La distruzione di Pompei ed Ercolano*, 1821, Londra, Tate Britain.

La "scienza" del tempo L'osservazione del cielo e la spiegazione dei suoi fenomeni è un esempio efficace di come a Roma fosse assai più pressante l'interesse per la misurazione del tempo e la strutturazione di un calendario che eliminasse problemi già noti dall'epoca egizia: la durata dell'anno solare, che è di 365 giorni, 6 ore, 4 minuti, 26 secondi, fa sì che esso sia più lungo rispetto all'anno "civile", misurato in soli "giorni", così da creare uno sfasamento continuo e crescente. Per eliminarlo era necessario, sulla base di osservazioni astronomiche, aggiungere o sottrarre al calendario civile dell'anno in corso alcuni giorni (a volte anche mesi interi). Fu Cesare a chiamare a consulto l'astronomo Sosibio di Alessandria e a far introdurre un anno bisestile ogni quattro anni (vedi Unità 29, p. 35). Il 46 a.C. fu così l'*ultimus annus confusionis*, e durò ben 445 giorni, per far sì che il calendario solare e quello civile si riallineassero.

Comprendere

1 Che cos'è la "dossografia"? Su quali interessi si concentrava?

2 Perché l'opera di Plinio il Vecchio non può essere propriamente giudicata "scientifica"?

3 Quali ragioni determinarono la necessità di una riforma del calendario in epoca cesariana? In che modo fu momentaneamente risolta la questione?

Approfondire

4 La morte di Plinio il Vecchio è raccontata dal nipote Plinio il Giovane in *Epistulae* VI, 16. Leggi il testo per intero e riassumi le vicende raccontate.

5 La precisione delle misure fu sempre un precipuo interesse di Roma: cerca notizie sulle sue unità di misura lineare e sul funzionamento della *groma* e dell'*odometro*, strumenti utilizzati rispettivamente per delimitare terreni e per misurare l'esatta distanza fra due punti lontani. Puoi utilizzare le risorse di internet oppure le fonti indicate in bibliografia dai tuoi libri di testo.

6 Sull'opera di Seneca e Plinio come "scienziati" puoi consultare www.rivistazetesis.it, dove sono riportati alcuni passi relativi alle comete (*Naturales quaestiones* VII). Quali sono le teorie di Seneca su questo fenomeno?

Ripasso e recupero
unità 28-31

CONOSCERE

1 Analizza e traduci le seguenti voci verbali deponenti e semideponenti.

loquemur • conantur • vereamini • profectus es • diffisi sunt • ingrĕdi • sequeretur • ausi sunt • tuĭtus sit • pati • experientur • hortamini • patĕris • questae essemus • imitemur • profitentur

2 Volgi al perfetto le seguenti voci verbali deponenti, poi traduci, come nell'esempio.

Es. moraris → **moratus est** "hai aspettato"

egredĕris • hortatur • utĭmur • queruntur • nascimĭni • comitamur • morior • pollicentur

3 Analizza e traduci le seguenti voci verbali distinguendo fra passivi, deponenti e semideponenti.

mittentur • mortuus est • loqueremur • victus sis • verĭtus esset • servantur • conamĭni • moniti sumus • ausi erant • vinci • sequi

4 Trascrivi in numero arabo le cifre romane e in cifre romane i numeri arabi.

a. V • IX • XL • VI • CCC • LXVI • MCMXCIX • DCC • MDCCC • MMXVII • XXXIV • XLIX

b. 8 • 13 • 19 • 34 • 46 • 54 • 68 • 99 • 124 • 256 • 572 • 1354 • 1969 • 2018 • 10.000

5 Abbina ciascun pronome/aggettivo indefinito al significato corretto, quindi declina nel caso richiesto.

1. quisque	a. un tale	gen. m. sing.	acc. sing. m. ....
2. quisquam	b. nessuno	nom. n. sing.	dat. m. sing. ....
3. quisquis	c. alcuno	acc. n. sing.	abl. m. sing. ....
4. quis	d. entrambi	nom. n. sing.	acc. f. sing. ....
5. quidam	e. altro	acc. m. sing.	nom. n. plur. ....
6. nemo	f. ciascuno	acc. f. sing.	abl. m. sing. ....
7. uterque	g. chiunque	gen. m. sing.	abl. f. sing. ....
8. alius	h. qualcuno	nom. n. sing.	gen. f. sing. ....

SAPER FARE

6 Traduci le seguenti frasi d'autore contenenti verbi deponenti (presta attenzione ai significati di *utor*).

1. Magnum est quod conor, difficile est quod polliceor. (Cic.) • 2. Perpetuo vincit qui utitur clementia. (Publ. Sir.) • 3. Hortatur Curionem Cn. Domitius, praefectus equitum, ut fuga salutem petat atque in castra contendat, et se ab eo non discessurum esse pollicetur. (Ces.) • 4. In contione de virtute loquĕris, in proelio prae ignavia tubae sonitum perferre non potes. (Cic.) • 5. A. Trebonio, qui in tua provincia magna negotia et ampla et expedita habet, multos annos utor valde familiarĭter. (Cic.) • 6. Saepe de luxuria atque avaritia nostrorum civium questus sum. (Sall.) • 7. Qui naturalem modum excedet, eum in summis quoque opibus paupertas sequetur. (Sen.) • 8. Sulpicius consul Antipatrĕam urbem vi atque armis adortus est atque expugnavit. (Liv.)

7 Traduci le seguenti frasi contenenti participi di verbi deponenti e semideponenti, precisando se hanno valore logico o storico, attivo o passivo.

1. *Adeptus consulatum, Caesar leges pro plebe tulit.* • 2. *Hannĭbal ex Italia cum exercitu regressus apud Zamam a Scipione victus est.* • 3. *Samnites, diffisi duobus exercitibus resisti posse, recesserunt.* (Liv.) • 4. *Fabius, insidias esse ratus, suos munimentis tenuit.* (Liv.) • 5. *Scipio, firmo praesidio oppido imposito, ipse cum cetero exercitu profectus agris populatis incedebat.* (Liv.) • 6. *Consules inter se partitis copiis succedunt hostium munimentis et simul undique adorti castra invasēre.* (Liv.) • 7. *Hostes, paulisper apud oppidum morati agrosque Remorum depopulati, omnibus vicis aedificiisque incensis, ad castra Caesaris omnibus copiis contenderunt.* (Ces.) • 8. *Caesar virtute militum confisus cognitis hostium copiis contenderunt.* (Ces.)

8 Traduci le seguenti frasi d'autore contenenti complementi di estensione, di distanza e di età.

1. *Ipse milia passuum circiter XII hostium copias conspicatus est.* (Ces.) • 2. *Huc accedebant XVIII onerariae naves, quae ab milibus passuum VIII vento tenebantur.* (Ces.) • 3. *Plus triginta annis natus sum.* (Plaut.) • 4. *Quinto quoque anno Sicilia tota censetur.* (Cic.) • 5. *Erat inter oppidum Ilerdam et proximum collem, ubi castra Petreius atque Afranius habebant, planities circiter passuum CCC.* (Ces.) • 6. *Filios meos, quos iuvenes mihi eripuit fortuna, senatus populusque Romanus annum quintum et decimum agentes consules designavit.* (Aug.)

9 Traduci le seguenti frasi d'autore che contengono pronomi indefiniti che significano "qualcuno", "altro", "ciascuno".

1. *Quicquam bonum est quod non eum, qui possĭdet, meliorem facit?* (Cic.) • 2. *Post Sullae tempora, quicumque rem publicam agitaverunt, pro sua quisque potentia certabant.* (Sall.) • 3. *In hoc crimine non solum est culpa levitatis, verum etiam quaedam contagio sceleris.* (Cic.) • 4. *Habuit divinam quandam memoriam Hortensius.* (Cic.) • 5. *Turpis excusatio est, si quis contra rem publicam amici causa aliquid fecisse fatetur.* • 6. *Ipse labor quasi callum quoddam obducit dolori.* (Cic.) • 7. *Quod in adversis rebus solet fieri, alius in alium culpam referebant.* (Curz.) • 8. *Quaedam virtus quibusdam personis aptior est.* (Sen.) • 9. *Consumitur vigiliis reliqua pars noctis, cum sua quisque miles circumspiceret.* (Ces.) • 10. *Animus alius ad alia vitia propensus est.* (Cic.)

COMPRENDERE E TRADURRE

10 Traduci il seguente brano d'autore.

Generosità di Cimone ateniese

I diversi aneddoti narrati dimostrano l'incredibile generosità di Cimone, che offre spontaneamente il proprio sostegno a chi ne ha bisogno.

Videotutorial
Guarda il video e impara a fare l'analisi sintattica della versione.

Cimōnem, Miltiădis filium, Athenienses non solum in bello, sed etiam in pace diu desideraverunt. Ille fuit enim tanta liberalitate ut, cum compluribus locis praedia hortosque haberet, numquam in eis custodem posuerit qui fructus servaret, ne quis carpĕre fructus quos vellet impediretur. Semper eum pedisĕqui cum nummis sequebantur ut, si quis opis eius indigeret, ille haberet quod statim daret. Saepe, cum aliquem videret non bene vestitum, suum amicŭlum dedit. Cotidie tam magna cena ei coquebatur ut, quos invocatos ("non invitati") viderat in foro, omnes ad se advocare posset; quod facĕre nullo die praetermittebat. Nemĭni fides eius, nemĭni opera, nemĭni res familiaris defuit; multos locupletavit, omnibusque civibus suum auxilium in rebus adversis praebuit. Itaque vita eius secura fuit et mors omnibus acerba.

(da Cornelio Nepote)

7 LABORATORIO delle competenze

L'uso dei pronomi

unità 28-31

Prerequisiti
- I verbi deponenti e semideponenti
- I numerali
- I verbi anomali: *fio*
- I verbi anomali: *edo*
- I verbi difettivi
- I pronomi/aggettivi indefiniti

ANALISI LINGUISTICA

1 Dopo aver letto con attenzione il testo, svolgi le seguenti operazioni:
- individua le congiunzioni coordinanti e subordinanti;
- sottolinea i pronomi;
- riconosci le diverse subordinate introdotte da congiunzioni o pronomi;
- completa le note;
- traduci.

Servi fedeli

Nel *De beneficiis* Seneca ricorda l'esempio di due servi che dimostrarono fedeltà e obbedienza nei confronti della loro padrona.

*Nunc multa servorum beneficiorum exempla refĕram et dissimilia et **quaedam** inter se contraria. Dedit aliquis domino suo vitam, dedit mortem, servavit dominum **periturum**; **alius** mortem domini adiuvit, **alius** decepit. Claudius Quadrigarius, antiquus rerum scriptor, insignem exemplum tradit. Cum obsideretur Grumentum ("Grumento", città della Lucania) et iam ad summam desperationem **ventum esset**, **duo** servi ad hostem transfugerunt. Deinde, urbe capta, passim discurrente victore, illi per nota itinĕra ad domum, in qua servierant, praecucurrerunt et dominam suam ante egerunt; quaerentibus, **quaenam** esset, **professi sunt** dominam suam crudelissimam ad supplicium ab ipsis duci. Illam eductam deinde extra muros summa cura celaverunt, donec hostilis ira consideret; deinde, ut satiatus miles cito ad Romanos mores rediit, illi quoque ad suos redierunt et dominam sibi ipsi dederunt. **Manumisit** utrumque e vestigio illa nec **indignata est** ab his se vitam accepisse, in quos vitae necisque potestatem habuisset.*

(da Seneca)

LABORATORIO di lingua

1. *quaedam*: pronome .... concordato con .... e composto dal pronome .... + il suffisso ....
2. *periturum*: .... (modo e tempo) del verbo .... (paradigma) e, come tale, deve essere reso con la perifrasi ....
3. *alius... alius*: pronomi ...., che vanno tradotti ....
4. *ventum esset*: 3ª persona del perfetto di .... (paradigma), che è un verbo ...., qui usato alla diàtesi ...., che si rende con la forma italiana ....
5. *duo*: ...., qui in caso .... e declinabile come ....
6. *quaenam*: pronome .... concordato con .... e composto dal pronome .... + il suffisso ....

7 *professi sunt, indignata est*: verbi .... , cioè hanno forma .... , ma significato ....

8 *Manumisit*: perfetto di .... composto da .... , usato nel linguaggio giuridico con il significato di ....

> **L'esercizio insegna a:**
> - saper individuare i connettivi coordinanti e subordinanti
> - saper riconoscere i pronomi
> - saper riconoscere i tipi delle subordinate

ANALISI LESSICALE

2 Dopo aver letto con attenzione il testo, svolgi le seguenti operazioni:
- se possibile, prima di ricorrere al dizionario, cerca di risalire al significato dei termini sulla base del lessico italiano;
- completa le note;
- traduci.

La città di Crotone

La città di Crotone, nota per l'ampia area occupata, vantava nelle sue immediate vicinanze un tempio dedicato a Giunone intorno a cui le greggi pascolavano libere. Tale tempio era famoso anche per le ricchezze di cui disponeva.

Urbs Croto **murum** in circuitu patentem duodĕcim milia passuum habuit ante Pyrrhi in Italiam adventum; post vastitatem eo bello factam vix pars dimidia habitabatur; flumen, quod medio oppido fluxerat, extra **frequentia** tectis loca **praeterfluebat**, erat et arx procul eis quae habitabantur. Sex milia aberat ab urbe nobili templum, ipsa urbe nobilius, Laciniae Iunonis, sanctum omnibus circa populis. **Lucus** ibi frequenti silva et procēris abietis arboribus **saeptus** laeta in medio pascua habuit, ubi omnis generis sacrum deae pecus pascebatur sine ullo pastore; separatimque greges sui cuiusque generis nocte remeabant ad stabula, nunquam insidiis ferarum, non fraude violati hominum. Magni igitur fructus ex eo pecore capti sunt columnaque inde aurea solida facta et sacrata est; inclĭtum templum divitiis etiam non tantum sanctitate fuit.

(da Livio)

LABORATORIO di lessico

1 *murum*: il sostantivo *murus, -i* indica il muro sia di una città sia di un edificio; nel primo significato si usa anche ....

2 *frequentia*: qui l'aggettivo *frequens, -entis* non significa "frequente", ma ....

3 *praeterfluebat*: è un composto di *fluo*, che significa .... , + l'avverbio *praeter*.

4 *Lucus*: si distingue da *silva* in quanto non indica genericamente un "bosco", bensì ....

5 *saeptus*: è il .... (modo e tempo) del verbo .... (paradigma), che significa "chiudere", "cingere".

> **L'esercizio insegna a:**
> - avere consapevolezza, nel confronto, delle continuità e discontinuità tra lessico italiano e latino al fine di una corretta traduzione

unità 32
Il gerundio, il gerundivo e il supino

Lezione
Studia
il **gerundio**,
il **gerundivo**
e il **supino**
ed **esercitati**
a memorizzarli;
quindi **verifica**
le tue conoscenze.

LINGUA
Morfologia
Il gerundio e il gerundivo
Il supino
Sintassi
La coniugazione
perifrastica passiva
Il gerundivo attributivo
e predicativo

LESSICO
Parole da scoprire
Espressioni di dovere
e di necessità

TRADUZIONE
I segreti della traduzione
Come rendere il gerundivo
attributivo
La proposizione finale
Conoscere la storia
Stringere la pace
nell'antica Roma

MORFOLOGIA

Il gerundio

 Il gerundio è un modo **indefinito** e **invariabile** con il quale il verbo esprime un'azione o una condizione che lo lega alla proposizione da cui dipende. Ha due tempi:

- **presente** (o semplice), se l'azione è **contemporanea** rispetto a quella della reggente: *amando* (attivo), *essendo amato* (passivo);
- **passato** (o composto), se l'azione è **anteriore** rispetto a quella della reggente: *avendo amato* (attivo), *essendo stato amato* (passivo).

Il gerundio ha per lo più valore **modale** e **strumentale**, ma spesso fornisce anche indicazioni sul tempo, sulla causa e sulle ipotesi:

È andato a scuola lamentandosi.
Lamentandosi è un gerundio presente ed equivale a "in modo lamentoso" (**valore modale**).

Esercitandomi ho imparato.
Esercitandomi è un gerundio presente ed equivale a "con l'esercizio" (**valore strumentale**).

Passeggiando per la via ho parlato con Marco.
Passeggiando è un gerundio presente ed equivale a "mentre passeggiavo" (**valore temporale**).

Avendo rotto l'ombrello ho dovuto ricomprarlo.
Avendo rotto è un gerundio passato ed equivale a "poiché ho rotto" (**valore causale**).

Pensando in quel modo mi daresti un dispiacere.
Pensando è un gerundio presente ed equivale a "se pensassi" (**valore ipotetico**).

IN LATINO Il gerundio latino è un **sostantivo verbale** che costituisce la **declinazione dell'infinito presente** nei casi obliqui. Tutti i verbi, attivi e deponenti, con valore attivo hanno il gerundio, che si forma aggiungendo al **tema verbale** (completo di vocale tematica) il suffisso *-nd-* e le desinenze della 2ª declinazione. I verbi in *-io* seguono la 4ª coniugazione e mantengono la *-i-* del tema.

	1ª coniugazione	2ª coniugazione	3ª coniugazione	4ª coniugazione
gen.	lauda-**ndi** di lodare	mone-**ndi** di ammonire	leg-e-**ndi** di leggere	audi-e-**ndi** di sentire
dat.	lauda-**ndo** a lodare	mone-**ndo** ad ammonire	leg-e-**ndo** a leggere	audi-e-**ndo** a sentire
acc.	(ad) lauda-**ndum** a/per lodare	(ad) mone-**ndum** a/per ammonire	(ad) leg-e-**ndum** a/per leggere	(ad) audi-e-**ndum** a/per sentire
abl.	lauda-**ndo** con il lodare	mone-**ndo** con l'ammonire	leg-e-**ndo** con il leggere	audi-e-**ndo** con il sentire

Per quanto riguarda l'uso dei **casi**, il gerundio:

- se il verbo è **transitivo**, al genitivo e all'ablativo semplice può essere completato da un **accusativo** in funzione di **complemento oggetto**;
- al **genitivo** e al **dativo** (quest'ultimo piuttosto raro) si trova solitamente in dipendenza da **aggettivi** (*cupidus, aptus* ecc.) o da **sostantivi**, con valore rispettivamente di **specificazione** e di **fine**; se il genitivo è seguito da *causā* o *gratiā* ha valore **finale**:

*Homines **bellandi** cupidi.* (Ces.)	Uomini **desiderosi di combattere**.
*Cimon numquam in hortis custodes imposuit fructus **servandi** gratiā.* (Nep.)	Cimone non pose mai delle guardie nei suoi giardini **per difenderne** i frutti.

- ***ad*** + accusativo ha **valore finale**:

*Ad **loquendum** vir natus.*	Un uomo nato **per parlare**.

- l'**ablativo semplice** ha **valore strumentale**, mentre se è introdotto da **preposizioni** assume lo stesso valore dei complementi che queste esprimono (stato in luogo, moto a luogo, tempo ecc.):

*Themistŏcles primum Corcyraeos fregit, deinde maritimos praedones **consectando** mare tutum reddidit.* (Nep.)	Temistocle prima sconfisse gli abitanti di Corcira, poi **inseguendo** i pirati rese il mare sicuro.
*... ut potius in **nocendo** aliquid praetermitteretur.* (Ces.)	... al punto che si trascurava qualche occasione **nel colpire**.

Ricorda che...

- Accanto alle terminazioni *-endi* e *-iendi* si possono trovare quelle arca che in **-undi** e **-iundi**: *legundi* in luogo di *legendi*; *audiundi* in luogo di *audiendi*.
- Il gerundio manca dei **casi diretti** che sono rappresentati dall'**infinito sostantivato**:

***Vivĕre** est **cogitare**.* (Cic.)	**Vivere** è **pensare**.
***Facĕre** docet philosophia, non **dicĕre**.* (Sen.)	La filosofia insegna **l'agire**, non **il parlare**.

- Il gerundio latino è un modo verbale diverso per forma e significato rispetto al gerundio italiano. In generale quindi è bene tradurlo utilizzando sempre l'infinito sostantivato o un sostantivo corrispondente, **mai** (salvo in qualche caso particolare di ablativo strumentale) **con il gerundio italiano**.

ESERCIZI

1 Nelle seguenti frasi **sottolinea** i gerundi e **indicane** il valore (anche più di uno, dove possibile).

1. Avendo eseguito un'ottima prova, sarai sicuramente premiato. • **2.** Strada facendo, i progressi risultano sempre più evidenti. • **3.** Spuntando il sole, le nuvole si dileguano. • **4.** Ci siamo accorti subito del danno guardando le tegole del tetto rotte. • **5.** Avendo poco denaro con noi, dovemmo ritirarlo allo sportello automatico. • **6.** Sbagliando s'impara. • **7.** Essendo stato calato il sipario, lo spettacolo ebbe inizio. • **8.** Pur faticando molto, gli alpinisti portarono a termine con successo la scalata.

IN LATINO

FACILIORA

2 **Indica** se le seguenti affermazioni sono vere V o false F.

1. *Mittendi* significa "mettendo". — V F
2. *Colendum* è complemento oggetto e significa "venerare". — V F
3. Il nominativo del gerundio coincide con l'infinito attivo. — V F
4. Come in italiano, in latino il gerundio esprime una subordinata temporale o causale. — V F
5. *Pugnando* significa "con il combattere" o "di combattere". — V F
6. Il gerundio latino non si traduce mai con il gerundio italiano, eccetto talvolta quando è in caso ablativo. — V F
7. *Videndi* significa "di vedere". — V F
8. *Ad pugnandum* significa "combattendo". — V F

3 **Coniuga** e **traduci** il gerundio dei seguenti verbi.

	moveo	*traduzione*	*colo*	*traduzione*	*proficiscor*	*traduzione*
gen.						
dat.						
acc.						
abl.						

4 Nelle seguenti frasi d'autore **sottolinea** i gerundi e **specifica** il caso in cui sono declinati, poi **traduci**. Attenzione: alcune frasi possono contenere più gerundi.

1. *Hoc est discendi tempus.* (Sen.) • **2.** *Beate vivendi cupiditate omnes incensi sumus.* (Cic.) • **3.** *Hominis mens discendo alĭtur et cogitando.* (Cic.) • **4.** *Maximum vivendi impedimentum est exspectatio, quae pendit ex crastino, perdit hodiernum.* (Sen.) • **5.** *Socrates percontando atque interrogando elicĕre solebat opiniones eorum, quibuscum disserebat.* (Cic.) • **6.** *Ut ad cursum equus, ad arandum bos, ad indagandum canis, sic homo ad duas res, ad intellegendum et ad agendum, natus est.* (Cic.) • **7.** *Nulla causa iusta cuiquam esse potest contra patriam arma capiendi.* (Cic.) • **8.** *Metellus exercitum in provinciam quae proxima est Numidiae hiemandi gratia conlocat.* (Sall.)

5 **Completa** le seguenti frasi d'autore utilizzando opportunamente i gerundi, quindi **traduci**.

1. *Nihil est virtute amabilius, nihil quod magis alliciat* .... ("ad amare", *diligo*). (Cic.) • **2.** *Q. Aelius Tubero fuit mediocris* .... ("nel pronunciare un discorso", *dico*), *amabilius* .... ("nel discutere", *disputo*) • **3.** *Convĕnit* .... ("nel dare", *do*) *munificum esse,* .... ("nel pretendere", *exigo*) *non acerbum esse.* (Cic.) • **4.** *Lacedaemoniorum exercitus tibiae sono* .... ("a combattere", *dimico*) *descendebant.* (Val. Mass.) • **5.** *Multi patrimonia effuderunt inconsulte* .... ("con l'elargire", *largior*). (Cic.) • **6.** *Consules* .... *causā* ("per esplorare", *speculor*) *e castris progressi sunt.* (Liv.) • **7.** *Studio* .... ("di leggere", *lego*) *et* .... ("di scrivere", *scribo*) *studium incitatur.* (Cic.) • **8.** *Philosophus non minus* .... ("con il tacere", *taceo*) *pro tempore quam* .... ("con il parlare", *loquor*) *philosophatur.* (Macr.)

6 Traduci in latino le seguenti frasi rendendo le espressioni evidenziate con un gerundio.

1. Si narra che Roscio fosse così arguto **nel raccontare** che era per tutti un piacere ascoltarlo. • 2. È tempo **di parlare** liberamente. • 3. Clelia e le sue compagne attraversarono **a nuoto** (= **nuotando**) il fiume Tevere **per ritornare** a Roma. • 4. Un uomo così bugiardo non è adatto **a comandare**.

7 Traduci il seguente brano d'autore.

Gli animali e il cibo

Gli animali utilizzano ciascuno diversi strumenti per procurarsi il cibo, in base alla loro conformazione corporea.

Pastum autem animantibus large et copiose natura eum qui cuique aptus erat comparavit. Enumerare etiam possum quae membra in animalibus vescendo apta sint. Dedit enim eadem natura beluis aliis aliam cibum capiendi viam. Iam vero alia animalia gradiendo, alia serpendo ad pastum accedunt, alia volando, alia nando, cibumque partim oris hiatu et dentibus ipsis capessunt, partim unguium tenacitate arripiunt, partim aduncitate rostrorum, alia sugunt, alia carpunt, alia vorant, alia mandunt. Atque etiam aliorum ea est humilitas ut cibum terrestrem rostris facile contingant; quae autem altiora sunt, ut anseres, ut cygni, ut grues, ut camelli, adiuvantur proceritate collorum; manus etiam data est elephanto, quia propter magnitudinem corporis difficiles aditus habebat ad pastum.

(Cicerone)

MORFOLOGIA E SINTASSI

Il gerundivo

Il gerundivo è un **aggettivo verbale** con **valore passivo**, proprio di tutti i verbi transitivi, attivi e deponenti. Si forma aggiungendo al **tema verbale** (completo di vocale tematica) il suffisso **-nd-** e le desinenze degli **aggettivi della 1ª classe**.

1ª coniug.	2ª coniug.	3ª coniug.	4ª coniug.	coniug. mista
lauda-**ndus**, -a, -um	mone-**ndus**, -a, -um	leg-e-**ndus**, -a, -um	audi-e-**ndus**, -a, -um	capi-e-**ndus**, -a, -um
che deve essere lodato	che deve essere ammonito	che deve essere letto	che deve essere sentito	che deve essere preso

Il gerundivo concorda in **caso**, **genere** e **numero** con un nome, senza il quale non ne è possibile l'uso, ed esprime un **valore di necessità** e di **dovere**:

horrendum monstrum (Virg.) un prodigio che deve essere temuto / da temere / tremendo

La coniugazione perifrastica passiva

Il **gerundivo** in unione con il verbo *sum* dà origine alla **coniugazione perifrastica passiva**, che esprime l'idea del **dovere**. Tale costruzione può trovarsi in forma personale o impersonale.

- Nella **costruzione personale concordano con il soggetto** della frase sia il **gerundivo**, come un aggettivo, al quale è affidato il concetto di dovere, sia il verbo *sum*, che esprime il tempo:

Dimittendae plures manus diducendique erant milites. **Dovevano essere spediti** numerosi piccoli reparti e **dovevano essere suddivisi** i soldati.

L'eventuale **complemento d'agente** è espresso solitamente in **dativo**; in questo caso è più opportuno tradurre volgendo la frase **dal passivo all'attivo**: il dativo d'agente diviene il soggetto italiano e nella perifrastica passiva personale il nominativo latino è reso con un complemento oggetto:

Tibi virtus est amanda.   (Tu) **devi amare** la virtù (lett. "Si deve amare la virtù da parte tua").

- Nella costruzione **impersonale**, cioè senza soggetto, perché il verbo latino è intransitivo o transitivo usato intransitivamente, il **gerundivo** va al **neutro**, il verbo *sum* alla **3ª persona singolare**, la **persona** che compie l'azione, se c'è, in **dativo**:

Saepius hoc exemplo mihi utendum est. (Sen.)   Troppo spesso **devo** (lett. "si deve da parte mia") **usare** questo esempio.

Ricorda che...

- Con i verbi che reggono il dativo, per evitare confusione, il **complemento d'agente** è espresso generalmente con ***a / ab* + ablativo**:

A me oboediendum est tibi.   **Io** devo ubbidire a te.

- Se **non c'è il dativo d'agente** si usano il "si" passivante, l'infinito passivo o i verbi impersonali "bisogna", "occorre":

Expugnanda urbs est.
- **Si deve espugnare** la città.
- La città **deve essere espugnata**.
- **Occorre / È necessario espugnare** la città.

Acriter pugnandum est.
- **Si deve combattere** con coraggio.
- **Occorre / È necessario combattere** con coraggio.

ESERCIZI

8 Forma il gerundivo dei seguenti verbi e **traducilo**, come nell'esempio.

    Es. *lego* → *legendus, legenda, legendum* "da leggere", "che deve essere letto"

mitto • paro • consequor • peto • doceo • partior • relinquo • largior • punio • adipiscor • utor • vinco • tueor • duco • conor • video

FACILIORA

9 Completa la trasformazione delle seguenti frasi in perifrastiche passive. L'esercizio è avviato.

1. *Tu laudari debes.*	*Tu* **laudandus es.**
2. *Exercitus patriam defendĕre debet.*	*Exercitui* ....
3. *Dux milites hortari debet.*	*Duci milites* ....
4. *Caesar putavit milites hostes insĕqui debēre.*	*Caesar putavit hostes militibus* ....
5. *Populi saepe pro libertate pugnare debent.*	*Populis saepe pro libertate* ....
6. *Multis civibus consulĕre debetis.*	*Multis civibus* ....
7. *Medicus diligens cunctam naturam corporis cognoscĕre debet.*	*Cuncta natura corporis* ....
8. *Curare debemus non ut diu vivamus, sed ut satis.*	.... *non ut diu vivamus, sed ut satis.*

10 In ciascuna delle seguenti frasi d'autore **distingui** le componenti della perifrastica passiva e **specifica** se la costruzione è personale o impersonale; quindi **traduci**. L'esercizio è avviato.

1. *Ira vitanda est non moderationis causā, sed sanitatis.* (Sen.) • **2.** *Fortes et magnanimi sunt habendi non qui faciunt, sed qui propulsant iniuriam.* (Cic.) • **3.** *Diu apparandum est bellum, ut vincas celerius.* (Publ. Sir.) • **4.** *(In amore) audendum est: fortes adiuvat ipsa Venus.* (Tib.) • **5.** *Quid tibi dicendum sit, oblītus es.* (Cic.) • **6.** *Eloquentiae studendum est, etsi eā quidam et privatim et publice perverse abutuntur.* (Cic.) • **7.** *Hortandi iudices sunt, ut veterem famam hominis nihil ad rem putent pertinēre.* (Cic.) • **8.** *De confessis more maiorum supplicium sumundum est.* (Sall.) • **9.** *Aliorum iudicio permulta nobis et facienda et non facienda, et mutanda et corrigenda sunt.* (Cic.) • **10.** *Historia sic est legenda ut sciamus plerasque eius virtutes oratori esse vitandas.* (Quint.)

frase	gerundivo	verbo *sum*	soggetto	dativo d'agente	costruzione
1.	vitanda	est	ira	–	personale
2.					
3.					
4.					
5.					
6.					
7.					
8.					
9.					
10.					

11 **Completa** le seguenti frasi d'autore declinando correttamente il gerundivo del verbo indicato fra parentesi; quindi **traduci**.

1. .... (*exerceo*) *corpus est ut oboedire consilio rationique possit.* (Cic.) • **2.** *Caesar non* .... (*expecto*) *esse sibi statuit.* (Ces.) • **3.** *Ratione, non vi* .... (*vinco*) *adulescentia est.* (Publ. Sir.) • **4.** *Pacta sunt* .... (*servo*). (Cic.) • **5.** *Pro libertate* .... (*decerto*) *est.* (Cic.) • **6.** *Tuis verbis, Cicero,* .... (*utor*) *est: «O tempora, o mores!».* (Cic.) • **7.** *Aliquis vir bonus nobis* .... (*diligo*) *est ac semper ante oculos* .... (*habeo*), *ut omnia tamquam illo vidente faciamus.* (Sen.) • **8.** *Consul victis condiciones* .... (*accipio*), *non* .... (*fero*) *esse respondit.* (Liv.)

12 **Traduci** in latino le seguenti frasi, dopo aver stabilito se la traduzione può essere resa con una perifrastica passiva personale o impersonale.

1. Dovrete ammirare e imitare il maestro che vi sarà concesso dalla fortuna. • **2.** Dobbiamo usare ogni cautela, perché è necessario sorprendere il nemico. • **3.** Dovete non solo esortare gli amici, ma anche aiutarli nelle difficoltà. • **4.** Bisogna ascoltare non solo le parole degli accusatori, ma anche quelle dei difensori.

13 **Traduci** il seguente brano d'autore.

Quando una guerra è giusta

Vi sono alcuni doveri e alcune regole che devono essere rispettate anche in guerra. Dopo la vittoria, inoltre, chi si arrende deve essere risparmiato. La guerra è giusta solo se viene dichiarata attraverso i riti prescritti.

Sunt autem quaedam officia etiam adversus eos servanda, a quibus iniuriam acceperis. Est enim ulciscendi et puniendi modus. Atque in re publica maxime conservanda sunt iura belli. Nam cum sint duo genera decertandi, unum per disceptationem, alterum per vim, cumque illud proprium sit hominis, hoc beluarum, confugiendum est ad posterius, si uti non licet superiore. Quare suscipienda quidem bella sunt ob eam causam, ut sine iniuria in pace vivatur, parta autem victoria conservandi ii, qui non crudeles in bello, non inmanes fuerunt, ut maiores nostri Tusculanos, Aequos, Volscos, Sabinos, Hernicos in civitatem etiam acceperunt, at Karthaginem et Numantiam fundĭtus sustulerunt. Ii autem, qui armis positis ad imperatorum fidem confugient, quamvis murum aries percusserit, in fidem recipiendi sunt. Ac belli quidem aequitas sanctissime fetiali populi Romani iure perscripta est. Ex quo intellegi potest nullum bellum esse iustum, nisi quod aut rebus repetitis geratur aut denuntiatum ante sit et indictum.

(Cicerone)

PAROLE DA SCOPRIRE
Espressioni di dovere e di necessità

Oltre alla perifrastica passiva, in latino altre espressioni rendono l'idea di dovere e di necessità. Eccone alcune.

- *Necesse est* è una costruzione impersonale, seguita generalmente da una proposizione infinitiva, ma talvolta anche da un congiuntivo senza *ut*, che indica una necessità senza alternative, un obbligo, un destino. Si può rendere con espressioni come "**si deve**", "**è inevitabile**" o con avverbi come "**necessariamente**", "**di necessità**", "**inevitabilmente**". La persona, se espressa, va in dativo e in questo caso la traduzione può assumere costruzione personale: *mihi necesse est...* "(io) devo...".

- *Opus est* è una costruzione che può essere completata da un sostantivo in ablativo o nominativo (vedi p. 224), oppure può introdurre un infinito o una proposizione infinitiva nel senso di "**bisogna**", "**è necessario**".

- *Oportet, oportuit, oportēre* è un verbo utilizzato impersonalmente alla 3ª persona singolare nel significato di "**conviene**", "**è opportuno**" e dunque "**bisogna**", "**occorre**". È generalmente seguito da un infinito, da una proposizione infinitiva o da un congiuntivo senza *ut*.

Analizza e **traduci** le seguenti frasi d'autore contenenti espressioni di dovere e di necessità.
1. *Opus fuit exemplis uti.* (Cic.) • **2.** *Quid me adesse opus est?* (Plaut.) • **3.** *Respersas manus sanguine paterno iudices videant oportet, si tam immane facinus credituri sunt.* (Cic.) • **4.** *Accidit, quod fieri necesse erat, ut milites a signis discederent.* (Ces.) • **5.** *Verum et tum id feci quod oportuit, et nunc faciam quod necesse est.* (Cic.) • **6.** *Necesse est, antequam de tribunatu P. Sestii dicĕre incipiam, me totum superioris anni rei publicae naufragium exponĕre.* (Cic.) • **7.** *His de causis C. Iunius condemnatus est, iudices, levissimis et infirmissimis, quas omnino in iudicium adferri non oportuit.* (Cic.) • **8.** *Aliquot somnia vera (sunt), sed omnia non necesse est.* (Enn.)

SINTASSI
Il gerundivo attributivo al posto del gerundio

Il gerundivo in funzione attributiva, cioè usato come attributo di un nome, è spesso impiegato per sostituire il costrutto del **gerundio** quando questo è **accompagnato da complemento oggetto**. Il **sostantivo** prende il **caso del gerundio**, mentre il **gerundivo concorda** in caso, genere e numero **con il sostantivo** stesso.

- In particolare, il gerundivo sostituisce il gerundio + complemento oggetto **sempre**:
  - nel **dativo**, dove ha **valore finale** ed è spesso usato per determinare sostantivi che indicano cariche pubbliche (*decemviri legibus scribendis* "decemviri per la redazione delle leggi", *triumviri agris dividendis* "triumviri preposti alla divisione dei campi" ecc.) o aggettivi come *idoneus*, *aptus*, *opportunus* o verbi e locuzioni come *adsum* "sono presente a", *operam do* "mi dedico a", *comitia habeo* "indìco le votazioni per":

*Ti. Gracchus triumviros **agris dividendis coloniisque deducendis** creavit.* (Vell.)	Tiberio Gracco nominò triumviri **per dividere i campi** e **per fondare colonie**.

  - con **ad + accusativo**, sempre con **valore finale**:

Ad bella suscipienda *alacer animus est.* (Ces.)	L'animo è pronto **a intraprendere la guerra**.

  - con **preposizione + ablativo**:

Temperantia est quae, ***in rebus aut expetendis aut fugiendis****, ut rationem sequamur monet.* (Cic.)	La temperanza è quella (virtù) che ci esorta a seguire la ragione **nel ricercare** e **nel fuggire le cose**.

- Il gerundivo è usato **di preferenza**, ovvero in alternanza al **gerundio + complemento oggetto**:
  - nel **genitivo**:

Tempus est relinquendae urbis.	È tempo **di lasciare la città**.
Tempus est relinquendi urbem.	

  - nell'**ablativo semplice**:

Legendis libris utilibus disco.	Imparo **con il leggere libri utili**.
Legendo libros utiles disco.	

- È invece **obbligatorio** l'uso del **gerundio** al **genitivo** e all'**ablativo semplice** quando il complemento oggetto è costituito da un **pronome neutro**:

Desiderium videndi aliquid habeo.	Ho desiderio **di vedere qualcosa**.

> **Ricorda che...**
> - Il **gerundivo** in funzione attributiva si trova usato **al posto del gerundio** anche con i verbi intransitivi *utor*, *fruor*, *fungor*, *vescor*, *potior*, sebbene essi reggano solitamente l'ablativo.
> - Con il pronome riflessivo *sui*, che ha valore sia singolare sia plurale, la concordanza del gerundivo avviene sempre al **singolare**, anche se il riferimento è a un soggetto plurale.

Schema riassuntivo del gerundio e del gerundivo + complemento oggetto

casi	uso del gerundio	uso del gerundivo
gen.	genitivo del gerundio + accusativo del nome, aggettivo o pronome neutro	nome e gerundivo in genitivo
dat.	–	nome e gerundivo in dativo
acc. (con *ad*)	–	nome e gerundivo in accusativo
abl.	**semplice**: ablativo del gerundio + accusativo del nome, aggettivo o pronome neutro	**semplice**: nome e gerundivo in ablativo **con preposizione**: nome e gerundivo in ablativo

ESERCIZI

FACILIORA

15 Trasforma, quando possibile, i gerundivi in gerundi o viceversa, quindi traducili, come nell'esempio.

costrutto	possibile trasformazione	traduzione
librum legendi	*libri legendi*	di leggere il libro
oppidi tuendi causā		
ad proelium committendum		
decemvir legibus scribendis		
agris populandis		
in litteris discendis		
locus castris ponendis aptus		
amicos amando		

16 Nelle seguenti frasi d'autore inserisci il costrutto del gerundio e/o del gerundivo adatto, quindi completa la traduzione. L'esercizio è avviato.

1. *Haec res magnam Caesari difficultatem ad* **consilium capiendum** (*consilium capĕre*) *afferebat.* (Ces.)
   Questa situazione poneva a Cesare una grande difficoltà ....

2. *Graeci, audita regis fuga, consilium ineunt* .... (*pontem interrumpĕre*). (Giust.)
   I Greci, appresa la fuga del re, decidono ....

3. *Apud maiores nostros reges constituti sunt* .... (*iustitiā frui*) *causā.* (Cic.)
   Presso i nostri antenati furono istituiti i re ....

4. .... (*agros vastare*) *consul hostem ad* .... (*dimicare*) *excivit.* (Liv.)
   .... il console provocò il nemico ....

5. .... (*ludos facĕre*) *praeerit praetor.* (Liv.)
   Il pretore sarà addetto ....

6. *Est initum a Sulla consilium* .... (*civitatem delēre*). (Cic.)
   Silla prese la decisione ....

7. *A Xenophonte agricultura laudatur in eo libro qui est de* .... (*rem familiarem tuēri*). (Cic.)
   L'agricoltura è lodata da Cicerone nel libro che è ....

8. *Comitia* .... (*decemviros creare*) *indicta sunt.* (Liv.)
   Furono indetti i comizi ....

17 Traduci le seguenti frasi d'autore.

1. *Condendae in radicibus montis urbi sedes electa est.* (Curz.) • 2. *Nuntiatum est Caesari Ariovistum cum suis copiis ad occupandum Vesontionem contendĕre.* (Ces.) • 3. *Statim me perculso ad meum sanguinem hauriendum advolaverunt omnes.* (Cic.) • 4. *Ap. Claudius decemvir legibus scribendis fuerat.* (Liv.) • 5. *Id aliquot de causis acciderat, ut subĭto Galli belli renovandi legionisque opprimendae consilium caperent.* (Ces.) • 6. *Eodem anno Galli Transalpini transgressi in Venetiam haud procul inde, ubi nunc Aquileia est, locum oppido condendo ceperunt.* (Liv.)

unità 32 — 93 — Il gerundio, il gerundivo e il supino

I SEGRETI DELLA TRADUZIONE
Come rendere il gerundivo attributivo

In latino il gerundivo accompagna come **attributo** un sostantivo che esprime un **complemento indiretto**. Per tradurre è necessario adattare il costrutto latino all'uso italiano. Ciò è possibile trasformando:

- il **gerundivo** in **infinito sostantivato** nella funzione svolta dal sostantivo latino;
- il **complemento indiretto** in un **complemento oggetto**:

Ira est cupiditas **ulciscendae iniuriae**. (Sen.)	L'ira è la brama **di vendicare l'offesa**.
De recuperanda communi libertate *consilium initum est.* (Ces.)	Fu presa la decisione **riguardo al recuperare la libertà comune**.
Omnes evŏcat Caesar **ad diripiendos Eburōnes**. (Ces.)	Cesare incita tutti **a depredare gli Eburoni**.

Per tradurre secondo l'uso italiano occorre effettuare i seguenti passaggi:

gerundivo	traduzione letterale	infinito sostantivato	complemento oggetto
ulciscendae iniuriae	dell'offesa da vendicare	di vendicare	l'offesa
de recuperanda communi libertate	sulla libertà comune da recuperare	riguardo al recuperare	la libertà comune
ad diripiendos Eburōnes	verso gli Eburoni da depredare	a depredare	gli Eburoni

Spesso, inoltre, il costrutto del gerundivo attributivo viene reso in italiano con un **sostantivo** che esprime l'azione del verbo latino, accompagnato da un **genitivo oggettivo**:

ulciscendae iniuriae	di vendetta dell'offesa
de recuperanda libertate	riguardo al recupero della libertà

18 **Traduci** le seguenti espressioni utilizzando l'infinito sostantivato o i sostantivi corrispondenti ai verbi impiegati, come nell'esempio.

> **Es.** *ad proditores puniendos* = **per la punizione dei traditori**

ad pueros educandos • *in oppugnanda urbe* • *de hostibus insequendis* • *cupiditas rei publicae renovandae* • *militum conservandorum causā* • *patriae tuendae causā* • *triumviri coloniis deducendis* • *ad hostes insequendos* • *agris vastandis* • *locus castris condendis aptus* • *ad reos iudicandos* • *in ducendo exercitu*

19 **Traduci** le seguenti frasi d'autore utilizzando preferibilmente, per gerundi e gerundivi, la costruzione sostantivo + genitivo oggettivo.

1. *Catilina opprimendae rei publicae consilium cepit.* (Sall.) • **2.** *Ira est incitatio animi ad nocendum ei qui aut nocuit aut nocēre voluit.* (Sen.) • **3.** *Auxiliorum adventu et Remis studium propugnandi accessit et hostibus eadem causa spes potiundi oppidi discessit.* (Ces.) • **4.** *Eos qui*

in spem potiendorum castrorum venerant, undique circumventos Romani interficiunt. (Ces.) •
5. *Nec ii, quibus discĕre ipsi non contigit, minorem curam docendi liberos habeant.* (Quint.) •
6. *Natura ingenuit homini cupiditatem veri videndi.* (Cic.) • **7.** *Antonius ad evertendam rem publicam praesidia quaerebat, Brutus ad conservandam.* (Cic.) • **8.** *Miltiades hortatus est pontis custodes ne a fortuna datam occasionem liberandae Graeciae dimitterent.* (Nep.)

20 Nelle seguenti frasi d'autore **riconosci** se la forma evidenziata è un gerundio ⎕GDIO⎕ o un gerundivo ⎕GDIVO⎕, quindi **traduci**.

1. *Non solum ad* **discendum** ⎕GDIO⎕ ⎕GDIVO⎕ *propensi sumus, verum etiam ad* **docendum** ⎕GDIO⎕ ⎕GDIVO⎕. (Cic.) • **2.** *Inita sunt consilia urbis* **delendae** ⎕GDIO⎕ ⎕GDIVO⎕, *civium* **trucidandorum** ⎕GDIO⎕ ⎕GDIVO⎕, *nominis Romani* **exstinguendi** ⎕GDIO⎕ ⎕GDIVO⎕. (Cic.) • **3.** *Desine fata deum flecti sperare* **precando** ⎕GDIO⎕ ⎕GDIVO⎕. (Virg.) • **4.** *Ancus secutus morem regum priorum, qui rem Romanam auxerant hostibus in civitatem* **accipiendis** ⎕GDIO⎕ ⎕GDIVO⎕, *multitudinem hostium Romam traduxit.* (Liv.) • **5.** *Nihil* **agendo** ⎕GDIO⎕ ⎕GDIVO⎕ *homines male agĕre discunt.* (Colum.) • **6.** *Numa multa sacrificia locaque sacris* **faciendis** ⎕GDIO⎕ ⎕GDIVO⎕ *dedicavit.* (Liv.) • **7.** *Ambiŏrix in Nervios pervēnit hortaturque ne sui* **liberandi** ⎕GDIO⎕ ⎕GDIVO⎕ *atque* **ulciscendi** ⎕GDIO⎕ ⎕GDIVO⎕ *Romanos occasionem dimittant.* (Ces.) • **8.** *Parsimonia est scientia* **vitandi** ⎕GDIO⎕ ⎕GDIVO⎕ *sumptus supervacuos et ars re familiari moderate* **utendi** ⎕GDIO⎕ ⎕GDIVO⎕. (Sen.)

DIFFICILIORA

21 Nelle seguenti frasi d'autore **trasforma** il costrutto del gerundio in quello del gerundivo o, quando possibile, viceversa, ripristinando così il testo originale; quindi **traduci**. L'esercizio è avviato.

1. *Nec mihi* **cunctarum rerum complectendarum** (*cuncta complectendi*) *cupīdo incessit.* (Val. Mass.) • **2.** *Quod iussi sunt, faciunt ac subĭto omnibus portis eruptione facta neque cognoscendi quid fieret neque* **se colligendi** (..) *hostibus facultatem relinquunt.* (Ces.) • **3.** *L. Sulla diu nullam cogitationem* **petendi consulatus** (..) *habuit.* (Vell.) • **4.** *Temporis tanta fuit exiguitas hostiumque tam paratus ad dimicandum animus, ut non modo* **ad insignia accommodandum** (..), *sed etiam* **ad galeas induendum** (..) *scutisque* **tegimenta detrahendum** (..) *tempus defuerit.* (Ces.) • **5.** *Nulla spes erat* **potiendorum castrorum** (..). (Liv.) • **6.** *Caesar ea quae sunt usui* **ad armandas naves** (..) *ex Hispania apportari iubet.* (Ces.) • **7.** *Nostri acrĭter in hostes signo dato impetum fecerunt, itaque hostes repente celerĭterque procurrerunt, ut spatium* **pilorum** *in hostes* **coniciendorum** (..) *non daretur.* (Ces.) • **8.** *M. Antonius, triumvir* **rem publicam constituendo** (..), *tantum afuit a cupiditate pecuniae ut nulla in re usus sit ea nisi* **in deprecando** *amicorum* **pericula et incommoda** (..). (Nep.)

22 **Traduci** in latino le seguenti frasi rendendo le espressioni evidenziate con un gerundio o un gerundivo oppure, dove possibile, con entrambi.

1. Il tuo desiderio **di apprendere le imprese** dei Greci a Maratona sarà soddisfatto **con la lettura delle storie** di Erodoto. • **2.** Alcuni filosofi promettono di insegnare l'arte **di ben ragionare e di distinguere le cose vere** dalle false. • **3.** Si narra che Cesare schierò tutte le legioni **nell'assedio di Alesia**. • **4.** I tribuni della plebe furono istituiti **per limitare l'autorità** dei consoli e **per difendere gli interessi** del popolo.

23 **Traduci** il seguente brano d'autore, distinguendo gerundi e gerundivi e i loro usi.

Cesare ritarda l'attacco

Cesare adotta inizialmente una tattica attendista, cercando di stancare l'esercito di Pompeo con frequenti spostamenti, ma, quando si presenta l'occasione per attaccare, esorta i soldati alla battaglia.

Pompeius, qui castra in colle habebat, ad infimas radices montis aciem instruebat, optans ut iniquis locis Caesar se subiceret. Caesar, nulla ratione ad pugnam elici posse Pompeium existimans, hanc sibi commodissimam belli rationem iudicavit, ut castra ex eo loco moveret semperque esset in itineribus. Hoc fecit ut movendis castris pluribusque adeundis locis commodiore re frumentaria uteretur, simulque ut in itinere aliquam occasionem dimicandi nancisceretur et insolitum ad laborem Pompei exercitum cotidianis itineribus defatigaret. His constitutis rebus, signo iam profectionis dato tabernaculisque detensis, animadversum est paulo ante extra cotidianam consuetudinem longius a vallo esse aciem Pompei progressam, ut non iniquo loco posset dimicari. Tum Caesar apud suos, cum iam esset agmen in portis, «Differendum est» inquit, «iter in praesentia nobis et de proelio cogitandum, sicut semper depoposcimus; animo simus ad dimicandum parati: non facile occasionem postea reperiemus»; confestimque expeditas copias educit.

(Cesare)

SINTASSI

Il gerundivo predicativo

Il gerundivo **senza preposizione** può svolgere anche una **funzione predicativa**, in dipendenza da verbi come *do* "do", "affido", *mitto* "invio", *trado* "consegno", "lascio", *relinquo* "lascio", *curo* "faccio" + infinito. Il gerundivo svolge funzione di **predicativo dell'oggetto** (verbo **attivo**) o di **predicativo del soggetto** (verbo **passivo**). In entrambi i casi serve a indicare lo scopo dell'azione e viene reso per lo più in italiano con la locuzione "**da**" + **infinito**, talvolta con l'**infinito semplice**, in base al verbo:

Epistulas ad me perferendas tradidisti, ut scribis, amico tuo. (Sen.)	Mi hai affidato **delle lettere da portare** al tuo amico, come scrivi.
Cuncta Sicilia mihi defendenda tradĭta est. (Cic.)	Mi è stata affidata **l'intera Sicilia da difendere**.

ESERCIZI

24 Nelle seguenti frasi **sottolinea** il gerundivo predicativo e **cerchia** il verbo che lo regge, quindi **traduci**.

1. Caesar milites aliquot ob neglegentiam ignominiae causā dimittendos ab exercitu gravissimumque in eos edictum proponendum curavit. (Ces.) • **2.** Scipio, qui hoc dignum populo Romano arbitraretur, bello confecto Siculis omnibus Carthagine capta quae potuit restituenda curavit. (Cic.) • **3.** Antigonus autem Eumenem mortuum propinquis eius sepeliundum tradidit. (Nep.) • **4.** Conon muros dirŭtos a Lysandro utrosque, et Piraei et Athenarum reficiendos curat. (Nep.) • **5.** Tibi se tota Asia spoliandam ac vexandam praebuit. (Cic.) • **6.** Quattuor legiones in Senŏnes Parisiosque Labieno ducendas dedit Caesar. (Ces.) • **7.** Hanc (puellam) mihi servandam dedit. (Plaut.) • **8.** Caepas coctas dysentericis vescendas medici dedēre. (Plin.)

> **DIFFICILIORA**

25 **Completa** le seguenti frasi d'autore con il gerundivo predicativo del soggetto o dell'oggetto mancante, quindi **traduci**.

1. *Timoleon Corinthius tyrannum* .... (*interficio*) *curavit.* (Nep.) • 2. *Caesar, obsidibus imperatis centum, hos Haeduis* .... (*custodio*) *tradit.* (Ces.) • 3. *Hernici per Latinos populos* .... (*custodio*) *dantur.* (Liv.) • 4. *Asclepiades ait acetum acerrimum esse* .... (*sorbeo*). (Cels.) • 5. *Bona regia* .... (*diripio*) *plebi sunt data.* (Liv.) • 6. *Discedens ab hibernis Caesar in Italiam, ut quotannis facĕre consueverat, legatis imperat uti quam plurimas possent hieme naves* .... (*aedifico*) *veteresque* .... (*reficio*) *curarent.* (Ces.) • 7. *Verres Delum venit. Ibi ex fano Apollĭnis religiosissimo noctu clam sustulit signa pulcherrima atque antiquissima, eaque in onerariam navem suam* .... (*conicio*) *curavit.* (Cic.) • 8. *S. Roscius ipse patrem percussit an aliis* .... (*occīdo*) *dedit?* (Cic.)

26 **Traduci** in latino le seguenti frasi.

1. Ci sono stati assegnati molti libri da leggere. • 2. La ricostruzione (usa *restituo*) del tempio fu affidata dagli edili a due cavalieri. • 3. Cesare si adoperò per costruire (usa *curo* + gerundivo) il ponte sopra il fiume e far passare le truppe. • 4. Il senato affidò i fanciulli al filosofo perché li istruisse (= da istruire) nelle lettere greche e latine.

MORFOLOGIA

Il supino

Il supino è un **sostantivo verbale** del quale sopravvivono solo due casi:

- l'**accusativo**, con terminazione *-um* (supino **attivo**), costituisce la quarta voce del paradigma verbale. Ha valore di moto a luogo ed esprime una **proposizione finale** in dipendenza da **verbi di moto** come *eo, mitto, venio* ecc.:

    Rus habitatum abii. (Ter.)   Sono andato **ad abitare** in campagna.

- l'**ablativo**, con terminazione *-u* (supino **passivo**), esprime la **funzione di limitazione**; dipende da sostantivi o aggettivi come *facilis, difficilis* (spesso al neutro) e viene reso con locuzioni costituite da "**a**" + **infinito** ("a farsi", "a vedersi" ecc.). Solo pochi verbi presentano questo supino, come *dictu, factu, audītu, visu, intellectu, cognĭtu, memoratu*:

    Non facile est inventu. (Cic.)   Non è facile **a trovarsi** (oppure "**da trovare**").

> **R**ICORDA CHE...
>
> Anche i verbi **deponenti** hanno il supino in *-um* e in *-u*, che ricavano dal participio perfetto: *locutum* e *locutu* da *loquor*.

ESERCIZI

27 **Coniuga** i seguenti verbi al supino in *-um* e in *-u*.

salio • oro • colo • hortor • duco • conficio • fruor • facio • cognosco • utor • video • audio • sequor • sustineo

FACILIORA

28 **Completa** le seguenti frasi con il supino in *-um* o in *-u*.

1. Venit me ...*videtum*... (video). • 2. Res difficilis ...*solvetu*... (solveo). • 3. Legati missi sunt pacem ...*ad rogatum*... (rogo). • 4. Scelus horribile non solum ...*videtu*... (video), sed etiam ...*auditu*... (audio). • 5. Proelium dignum ...*memoratu*... (memoror). • 6. Delphos venīmus oraculum ...*consulatum*... (consŭlo). • 7. Exploratores missi sunt ...*speculatum*... (speculor). • 8. Hoc est facile ...*dicatu*... (dico), difficile ...*factu*... (facio).

29 Nelle seguenti frasi d'autore **sottolinea** una volta il supino in *-um* e due volte quello in *-u*, quindi **traduci**.

1. Rus habitatum abii. (Ter.) • 2. Pabulatum frumentatumque longius erat proficiscendum. (Ces.) • 3. O rem cum auditu crudelem tum visu nefariam! (Cic.) • 4. Rhodii gratulatum de victoria Romam venerunt. (Liv.) • 5. Quidam Ligus, ex cohortibus auxiliariis miles gregarius, castris aquatum egressus, animadvertit inter saxa repentes cocleas. (Sall.) • 6. Virtus difficilis inventu est, rectorem ducemque desiderat. (Sen.) • 7. Hannĭbal invictus patriam defensum revocatus bellum gessit adversus P. Scipionem. (Nep.) • 8. Sex. Digitius praetor in Hispania citeriore cum civitatibus iis quae post profectionem M. Catonis permultae rebellaverant crebra magis quam digna dictu proelia fecit et pleraque adversa. (Liv.)

30 Nelle seguenti frasi d'autore **scegli** la forma corretta di supino, poi **traduci**.

1. Legati venerunt **questum** / **questu** iniurias et ex foedere res **repetitum** / **repetitu**. (Liv.) • 2. Per Dionysia mater pompam me **spectatum** / **spectatu** duxit. (Plaut.) • 3. Quo brevior, dilucidior et **cognitum** / **cognitu** facilior narratio fiet. (Cic.) • 4. Ubi primum in hostium finibus castra posuit, legati ad eum **speculatum** / **speculatu** venerunt. (Liv.) • 5. Haedui, cum se suaque ab Helvetiis defendĕre non possent, legatos ad Caesarem mittunt **rogatum** / **rogatu** auxilium. (Ces.) • 6. Videtis nefas esse **dictum** / **dictu** miseram fuisse talem senectutem. (Cic.)

31 **Traduci** in latino le seguenti frasi usando il supino.

1. Epicuro riteneva che, allontanandosi dalle passioni, la felicità fosse più facile a raggiungersi. • 2. Diviziaco venne a Roma in senato a chiedere aiuto. • 3. I Galli andarono a Roma a lamentarsi dei Germani. • 4. È raro a vedersi un giovane che muore in prima fila per difendere la patria.

32 **Traduci** il seguente brano d'autore.

La prefazione delle *Noctes Atticae*

Aulo Gellio si giustifica per il disordine con cui ha raccolto il materiale per la sua opera e spiega il motivo per cui ha scelto il curioso titolo "Notti attiche".

Usi autem sumus ordine rerum fortuĭto, quem antea in excerpendo feceramus. Nam cum librum quemque in manus ceperam, seu Graecum seu Latinum, vel cum aliquid memoratu dignum audieram, ita quaelibet, cuiuscumque generis erant, indistincte atque promiscue annotabam atque ea mihi ad subsidium memoriae recondebam; id hoc consilio faciebam, ut, cum usus venisset aut rei aut verbi et libri, ex quibus ea sumpseram, non adessent, facile inde nobis inventu atque depromptu esset. Inest igitur in his quoque commentariis eadem rerum disparilitas, quae fuit in illis adnotationibus pristinis, quas breviter et indigeste et incondite ex auditionibus lectionibusque variis feceramus. Sed, quoniam longinquis hiemalibus noctibus in agro terrae Atticae has commentationes facĕre exorsi sumus, idcirco eas inscripsimus Noctium esse Atticarum.

(da Aulo Gellio)

33 Traduci il seguente brano d'autore.

Laboratorio
Applica il metodo svolgendo l'analisi sintattica della versione, quindi scrivi la traduzione.

I Britanni cercano di approfittare delle difficoltà iniziali di Cesare

L'alta marea danneggia le navi romane e provoca scompiglio nell'esercito di Cesare. I Britanni si consultano e ritengono sia il momento adatto per passare a un'offensiva destinata a diventare memorabile.

Eadem nocte accĭdit ut esset luna plena, qui dies ("periodo") maritimos aestus maximos in Oceano efficĕre consuevit, nostrisque id erat incognitum. Ita uno tempore et longas naves, quibus Caesar exercitum transportandum curaverat quasque in aridum subduxerat, aestus complebat, et onerarias, quae ad ancoras erant deligatae, tempestas adflictabat, neque ulla nostris facultas aut administrandi aut auxiliandi dabatur. Compluribus navibus fractis, cum essent reliquae, funibus, ancoris reliquisque armamentis amissis, ad navigandum inutiles, magna totīus exercitus perturbatio facta est. Quibus rebus cognitis principes Britanniae, inter se conlocuti, cum et equites et naves et frumentum Romanis deesse intellegerent et paucitatem militum ex castrorum exiguitate cognoscerent, optimum factu esse duxerunt rebellione facta frumento commeatuque nostros prohibēre et rem in hiemem producĕre, quod his superatis aut reditu interclusis neminem postea belli inferendi causā in Britanniam transiturum confidebant.

(da Cesare)

I SEGRETI DELLA TRADUZIONE

La proposizione finale

- Finali **esplicite**:

  – *ut* (*quo* davanti a comparativi, negazione *ne*) + **congiuntivo**:

  | *Romani ab aratro abduxerunt Cincinnatum, **ut dictator esset**.* (Cic.) | I Romani tolsero dall'aratro Cincinnato **perché fosse** dittatore. |

  – *qui, quae, quod* + **congiuntivo** (relativa impropria con valore finale):

  | *Caesar centuriones praemittit, **qui** locum idoneum castris **delĭgant**.* (Ces.) | Cesare manda avanti i centurioni, **affinché** (lett. "i quali") **scelgano** un luogo adatto per l'accampamento. |

- Finali **implicite**:

  – **genitivo del gerundio o del gerundivo** + *causā* o *gratiā*:

  | *Adulteri cum bestiis **depugnandi causā** in harenam intromissi sunt.* (Giust.) | Gli adulteri furono gettati nell'arena **per combattere** con le bestie. |

  – ***ad*** + accusativo del gerundio o del gerundivo:

  | *Omnia deerant, quae **ad reficiendas naves** erant usui.* (Ces.) | Mancava tutto ciò che serviva **per riparare le navi**. |

  – **supino in -*um*** in dipendenza da verbi di moto:

  | *Rex legatos misit Athenas **questum**.* (Nep.) | Il re inviò ambasciatori ad Atene **per lamentarsi**. |

  – **participio futuro** congiunto (raramente participio presente):

  | *Egreditur castris Romanus vallum **invasurus**.* (Liv.) | (L'esercito) romano esce dall'accampamento **per assalire** la fortificazione. |

34 Nelle seguenti frasi d'autore **trasforma** le proposizioni finali evidenziate da implicite in esplicite e viceversa, scegliendo a piacere fra i costrutti studiati, quindi **traduci**.

1. Prope cotidie cum omni equitatu Indutiomārus sub castris Labieni vagabatur, alias **ut situm castrorum cognosceret** (..), alias **colloquendi aut territandi causā** (..).
2. Legati tres ab Ilergētum regŭlo Bilistăge venerunt, **querentes** (..) castella sua oppugnari nec spem ullam resistendi esse. (Liv.)
3. Aeneas, **ut animos Aborigĕnum sibi conciliaret** (..) Latinos utramque gentem appellavit. (Liv.)
4. Lentulus **ad evertenda fundamenta rei publicae** (..) Gallos arcessit. (Cic.)
5. Verres urbem Messānam sibi delegerat, **quam haberet adiutricem scelĕrum, furtorum receptricem, flagitiorum omnium sociam** (..). (Cic.)
6. Biturīges ad Haeduos legatos mittunt **subsidium rogatum** (..) **quo facilius hostium copias sustinēre possint** (..). (Ces.)

VERIFICA DELLE COMPETENZE

COMPETENZE LINGUISTICHE

35 Trasforma la perifrastica passiva impersonale in personale utilizzando le espressioni fra parentesi, come nell'esempio; poi traduci.

> **Es.** Medico diligenti cognoscendum est (natura corporis).
> → Medico diligenti natura corporis cognoscenda est.

1. Militibus vincendum est (pugna). • 2. Hostibus fugiendum erat (nostrorum copiae). • 3. Philosopho exercendum est (virtus). • 4. Liberis amandum est (parentes). • 5. Iudicibus puniendum est (impia scelĕra). • 6. Senatui decernendum est (iustae leges). • 7. Agricolis arandum est (arva). • 8. Pueris legendum est (Ciceronis orationes).

L'esercizio insegna a:
- saper distinguere la coniugazione perifrastica passiva personale e impersonale

36 Nelle seguenti frasi d'autore sottolinea una volta i gerundi e due volte i gerundivi, quindi traduci.

1. Comitia creandis consulibus habuit L. Veturius. (Liv.) • 2. Signo dato iuventus Romana ad rapiendas virgines discurrit. (Liv.) • 3. Pompeiani magnam fiduciam prohibendi hostem habebant. (Ces.) • 4. Ferunt Roscium tam argutum in narrando fuisse ut omnes sermone suo delectaret. • 5. Pueri ne verberibus quidem a rebus contemplandis et requirendis deterrentur. (Cic.) • 6. Romani magis dandis quam accipiendis beneficiis amicitias parabant. (Sall.) • 7. Nimium altercando veritas amittitur. (Publ. Sir.) • 8. Hac oratione habita mirum in modum conversae sunt omnium mentes summaque alacritas et cupiditas belli gerendi iniecta est. (Ces.)

L'esercizio insegna a:
- saper distinguere forma e usi di gerundio e gerundivo

37 Nelle seguenti frasi d'autore indica se i gerundivi sono attributivi [A], predicativi [P] o utilizzati in perifrastiche passive [PP], motivando la tua scelta; quindi traduci.

1. *Naturā inest in mentibus nostris insatiabilis quaedam cupiditas veri videndi* [A] [P] [PP]. (Cic.) • 2. *Et quiescenti agendum* [A] [P] [PP] *et agenti quiescendum* [A] [P] [PP] *est.* (Sen.) • 3. *Hic vincendum* [A] [P] [PP] *aut moriendum* [A] [P] [PP] *est, milites, ubi primum hostes occurristis.* (Liv.) • 4. *Caesar neque sibi legatos audiendos* [A] [P] [PP] *neque condiciones accipiendas* [A] [P] [PP] *esse arbitrabatur.* (Ces.) • 5. *Multi mortales venerunt studio etiam videndae* [A] [P] [PP] *novae urbis.* (Liv.) • 6. *Scipio bello confecto Siculis omnibus Carthagine capta bona omnia restituenda* [A] [P] [PP] *curavit.* (Cic.) • 7. *Romani tempus terunt legationibus mittendis* [A] [P] [PP]. (Liv.) • 8. *Diligentia in omnibus rebus plurimum valet; haec praecipue colenda* [A] [P] [PP] *est nobis, haec semper adhibenda* [A] [P] [PP]. (Cic.)

> **L'esercizio insegna a:**
> ■ saper distinguere le diverse funzioni del gerundivo

38 Nelle seguenti frasi d'autore trasforma le proposizioni finali evidenziate, seguendo le indicazioni fra parentesi; quindi traduci.

1. *Menapii legatos **pacis petendae causā*** (supino: ....) *ad Caesarem miserunt.* (Ces.) • 2. *Ager non semel aratur, **quo meliores fetus et grandiores possit edĕre*** (gerundivo gen. + *causā* o *gratiā*: ....). (Cic.) • 3. *Decemviri L. Siccium **prospeculatum*** (*ut* + congiuntivo: ....) *ad locum castris **capiendum*** (gerundivo gen. + *causā* o *gratiā*: ....) *mittunt.* (Liv.) • 4. *Caesar legiones tres Narbone **hiemandi causā*** (*ut* + congiuntivo: ....) *disposuerat.* (Ces.) • 5. *Patres et classes ad suffragia vocantur **creandorum magistratuum vel sacerdotum causā*** (*qui, quae, quod* + congiuntivo: ....). • 6. *Lucullus necesse putavit esse poenam graviorem constituĕre, **ut metu comprimeretur*** (*ad* + acc. gerundio: ....) *audacia.* (Cic.) • 7. *Maxima voce, **ut omnes audire possint*** (*qui, quae, quod* + congiuntivo: ....), *dico semperque dicam.* (Cic.) • 8. *Carthaginienses legatos alios ad Scipionem, **ut indutias facĕrent*** (supino in *-um*: ....), *alios Romam **ad pacem petendam*** (participio futuro: ....) *mittunt.* (Liv.)

> **L'esercizio insegna a:**
> ■ saper riconoscere e tradurre i diversi costrutti che esprimono la proposizione finale

COMPETENZE LESSICALI

39 Abbina l'espressione latina alla traduzione italiana corretta.

1. *tacendum est*
2. *tacendum est nobis*
3. *tacēre oportebat*
4. *tacēre oportet*
5. *necesse est tacēre*
6. *tacēre oportuit*

a. occorreva tacere
b. conviene tacere
c. è inevitabile tacere
d. fu opportuno tacere
e. si deve tacere
f. dobbiamo tacere

> **L'esercizio insegna a:**
> ■ saper distinguere le sfumature di significato delle espressioni di dovere e necessità

COMPETENZE DI TRADUZIONE

VERSIONE GUIDATA

40 Traduci il brano d'autore e svolgi le attività che seguono.

Cesare cerca in ogni modo la pace con Pompeo

Cesare sembra non perdere la speranza di poter avviare una trattativa di pace con Pompeo, ma nel frattempo prepara comunque l'esercito per lo scontro, che sarà infine inevitabile.

Haec Caesar ita administrabat, ut condiciones ("trattative") pacis dimittendas esse non existimaret; ac, etsi magnopĕre admirabatur legatum, quem ad Pompeium cum mandatis miserat, ad se non remitti, atque etsi ea res saepe temptata impĕtus eius (cioè "di Pompeo") consiliaque tardabat, tamen omnibus rebus in pace persequenda perseverandum esse putabat. Ităque Caninium Rebĭlum legatum, familiarem necessariumque Scribōni Libōnis, mittit ad ipsum Libōnem conloquendi causā: mandat enim ut Libōnem de concilianda pace hortetur; in primis postulat ut ipse cum Pompeio conloqueretur; magnopere sese confidĕre demonstrat aequis condicionibus bellum compōni posse. Cuius rei magnam partem laudis ad Libōnem ipsum perventuram esse dixit, si illo auctore atque agente ab armis sit discessum ("si fossero abbandonate le armi"). Libo a colloquio Canīni digressus ad Pompeium proficiscitur. Paulo post renuntiat, quod consules absint, sine illis non posse agi de compositione. Ita saepius rem frustra temptatam Caesar aliquando dimittendam esse sibi iudicat et de bello agendum.

(da Cesare)

LABORATORIO

Morfologia

1 Sottolinea e analizza i verbi di forma passiva, distinguendo fra deponenti e passivi. Trascrivi il paradigma sul quaderno e studialo con il significato.

2 Cerchia le forme di passivo impersonale e analizzale con attenzione, quindi scegli la modalità traduttiva più adatta al contesto.

3 Individua e analizza gli infiniti, precisando quale tipo di rapporto temporale indicano rispetto alla reggente.

Sintassi

4 Evidenzia e analizza tutte le forme di gerundio e gerundivo, specificandone caso e funzione.

5 Evidenzia tutti gli *ut*, distinguendone le diverse funzioni.

Lessico

6 *in pace*: il termine *pax* indica non solo l'assenza di conflitto, ma anche la stabilità e la sicurezza durature nel tempo. Quale termine è impiegato in latino per indicare invece una pausa provvisoria nel conflitto, una tregua? Quale termine indica infine la resa di uno dei contendenti?

7 *bellum compōni*: *bellum componĕre* significa letteralmente .... e dunque .... Come si dovrà tradurre pertanto il termine *compositio* che ricorre poco dopo?

VERSIONE D'AUTORE

41 Traduci il seguente brano.

Il prestigio di Temistocle

Ritratto del generale ateniese Temistocle, che fin da giovane esibì quelle doti che lo avrebbero reso uno dei più fervidi difensori dell'Ellade. Notevole, in particolare, il suo precoce interesse per la flotta militare.

Themistŏcles, Neŏcli filius, Atheniensis. Huius vitia ineuntis adulescentiae magnis sunt emendata virtutibus, adeo ut anteferatur huic nemo, pauci pares putentur. Sed ab initio est ordiendum. Pater eius Neŏcles generosus fuit. Is uxorem Acarnanam civem duxit, ex qua natus est Themistŏcles, qui totum se dedidit rei publicae, diligentius amicis famaeque

Laboratorio
Applica il metodo svolgendo l'analisi sintattica della versione, quindi scrivi la traduzione.

serviens. Multum in iudiciis privatis versabatur, saepe in contionem populi prodībat; nulla res maior sine eo gerebatur, neque minus in rebus gerendis promptus quam excogitandis erat, quod et de instantibus, ut ait Thucydĭdes, verissime iudicabat et de futuris callidissime coniciebat. Primus autem gradus fuit capessendae rei publicae bello Corcyraeo; ad quod gerendum praetor a populo creatus est et non solum praesenti bello, sed etiam reliquo tempore ferociorem reddidit civitatem. Nam cum pecunia publica, quae ex metallis redībat, largitione magistratuum quotannis interiret, ille persuasit populo ut ea pecunia classis centum navium aedificaretur. Qua celeriter effecta primum Corcyraeos fregit, deinde maritĭmos praedones consectando mare tutum reddidit.

(da Cornelio Nepote)

STORIA

42 Traduci il seguente brano d'autore.

La pace con la città di Priverno

Anche dopo la sconfitta, l'indomito coraggio dei Privernati induce il senato, su consiglio del console Plauzio, a non mettere in atto la pena più severa, ma addirittura a concedere la cittadinanza agli antichi nemici.

Priverno capto interfectisque qui id oppidum ad rebellandum incitaverant, senatus, indignatione accensus, consilium agitabat quidnam sibi de reliquis quoque Privernatibus esset faciendum. Tunc Privernates, cum auxilium unicum in precibus restare animadverterent, tamen ingenui et Italici sanguinis oblivisci non potuerunt: princeps enim eorum in curia interrogatus quam poenam mererentur, respondit: «Poenam quam merentur qui se dignos libertate iudicant». His verbis arma sumpserat exasperatosque patrum conscriptorum animos inflammaverat. Iam gravissimam poenam decreturi erant patres, cum Plautius consul favens Privernatium causae quaesivit qualem pacem cum iis Romani habituri essent, si inpunitatem iis donavissent. At is constantissimo vultu «Si bonam pacem dederitis», inquit «perpetua erit, si malam, non diuturna». Qua voce perfectum est ut victis non solum venia, sed etiam ius et beneficium nostrae civitatis daretur.

(Valerio Massimo)

Conoscere la storia

Stringere la pace nell'antica Roma

Straniero o nemico? Il "nemico" era originariamente detto *perduellis*, da *duellum*, forma arcaica di *bellum*. Come spiega fra gli altri anche Cicerone (*De officiis* I, 37), il termine *hostis* significava originariamente "straniero", ovvero non appartenente alla *civitas*, alla comunità strutturata del popolo romano. Festo informa, infatti, che «dagli antichi erano chiamati *hostes* perché erano equiparati nel diritto (*pari iure*) con il popolo romano». Dunque gli *hostes* erano popolazioni straniere che intrattenevano rapporti paritari con Roma. Il passaggio semantico di *hostis* da "straniero" a "nemico" avvenne solo in seguito, quando gli scontri con le altre popolazioni si fecero più frequenti.

Imporre la pace Per i Romani la guerra si poneva nella sfera di ciò che è *nefas*, mentre la condizione ritenuta normale e l'obiettivo del loro *imperium* sugli altri popoli era la pace, come risulta dai celebri versi di Virgilio (*Eneide* VI, 851-853): *Tu regere imperio populos, Romane, memento / (hae tibi erunt artes) pacique imponere morem, / parcere subiectis et debellare superbos*. "Tu, o Romano, ricorda di governare i popoli con il tuo dominio / (queste saranno le tue arti) e di imporre una consolidata tradizione alla pace, / risparmiare i sottomessi e sconfiggere in guerra i superbi". Di qui uno dei fiori all'occhiello della politica propagandistica augustea: «Quando fui principe, il senato stabilì di chiudere per la terza volta il tempio di Giano Quirino, che i nostri antenati vollero che fosse chiuso quando veniva ottenuta la pace con le vittorie per terra e per mare su tutto il territorio del popolo romano, mentre prima della mia nascita dalla fondazione di Roma rimase chiuso solo due volte» (*Res gestae divi Augusti* 13).

I rapporti con i popoli vinti Se è vero che la pace fu per lo più imposta agli altri popoli con le armi, tuttavia i Romani, soprattutto all'inizio della loro storia, evitarono qualsiasi approccio eccessivamente autoritario nei confronti dei popoli vinti. Generalmente a una vittoria, conseguita anche dopo molti anni e perdite ingenti, seguiva sempre un patto (*foedus*, dalla radice di *fides*, "lealtà", "parola data"), che implicava almeno un'alleanza (*societas*) con Roma, comprensiva dell'obbligo di schierare contingenti di soldati (*socii*) al fianco delle legioni nelle guerre successive. Per mantenere la fedeltà delle popolazioni italiche alleate, i Romani concedevano alcuni benefici, che costituivano diversi gradi di integrazione nella *res publica*. Le città più antiche, di fondazione preromana, potevano ricevere una cittadinanza (*civitas*) comprensiva del diritto di voto nei comizi (*cum suffragio*) oppure priva di esso (*sine suffragio*). Entrambe queste città erano dette generalmente *municipia*, perché avevano ricevuto (*capio*) un privilegio (*munus*) dai conquistatori. Nei territori conquistati spesso i Romani fondavano anche altre città, dette *coloniae*, a loro volta dotate di *civitas cum* oppure *sine suffragio* a seconda dei casi. Nel corso del tempo questi privilegi garantirono ai Romani la fedeltà degli Italici, fino a quando le troppe differenze di condizione portarono alla richiesta di estendere la cittadinanza romana (*cum suffragio*), che fu concessa nell'88 a.C. dopo la sanguinosa guerra sociale (ovvero dei *socii*).

P.P. Rubens, *Il tempio di Giano Quirino*, 1635, San Pietroburgo, Hermitage Museum.

Le province Al di fuori della penisola italica, a partire dalla conquista della Sicilia (241 a.C.) i Romani si comportarono diversamente: fondarono vere e proprie *provinciae*, in cui imposero il proprio dominio (*imperium*, che significa anzitutto "comando militare"), tributi da versare, un controllo capillare del territorio mediante appositi reparti dell'esercito comandati da un governatore (*proconsul*, *procurator* o *praefectus*) che amministrava per conto (*pro*) del popolo romano, garantendo risorse in denaro e materie prime. Spesso tuttavia si verificavano ruberie e malversazioni da parte di magistrati corrotti, che inducevano le popolazioni sottomesse a inviare ambascerie di protesta a Roma. Queste erano spesso ascoltate, perché era interesse del senato prima e del *princeps* poi mantenere la pace in ogni angolo dell'impero. Perciò i costumi sociali e religiosi delle popolazioni sottomesse venivano il più possibile rispettati: questo approccio aperto e tollerante, che rispondeva a una precisa strategia politica di pacificazione e che portò infine all'estensione della cittadinanza a tutti gli abitanti delle *provinciae* (212 d.C., editto di Caracalla), garantì al dominio di Roma sul Mediterraneo una durata plurisecolare.

Comprendere

1 Qual era il significato originario del termine *hostis*? Come si diceva invece "nemico"? Perché?

2 Quali diverse condizioni poteva prevedere il patto di alleanza con i popoli italici vinti? Qual era il loro *status* rispetto a Roma? Perché Roma si comportò così?

3 Qual era il trattamento riservato alle popolazioni sottomesse al di fuori dell'Italia? Quali furono le conseguenze di questo approccio?

Approfondire

4 Il termine *pax* è connesso con il vocabolo *pactum* e con la radice *pak-*, che ha il significato concreto di "rendere saldo" (confronta il verbo *pango* "conficco"): quale collegamento puoi riconoscere fra questa etimologia e la concezione della pace come stato e condizione ideale, obiettivo supremo da perseguire?

5 Fa' una ricerca sui diritti e i doveri di un *municipium cum suffragio* e di uno *sine suffragio*.

unità 33 — Le proposizioni completive

Lezione
Studia le **proposizioni completive** ed **esercitati** a memorizzarle; quindi **verifica** le tue conoscenze.

LINGUA
Sintassi
Le proposizioni completive con *quod* dichiarativo, con i verbi di timore e di dubbio, impedimento e rifiuto

LESSICO
Parole da scoprire
Timeo, metuo, vereor: il lessico della paura

TRADUZIONE
I segreti della traduzione
Valori e usi di *quod*
Conoscere la storia
Un *imperium* senza confini e senza pace

SINTASSI

Le proposizioni completive

Sia in italiano sia in latino le proposizioni subordinate **completive** (o **complementari dirette** o **sostantive**) svolgono nel periodo la stessa funzione che nella frase semplice è svolta da un **sostantivo** in caso diretto, cioè quella di **soggetto** o di **complemento oggetto**.
In italiano appartengono a questo gruppo le **soggettive**, le **oggettive**, le **dichiarative** e le **interrogative indirette**; in latino le **infinitive**, le **completive volitive**, le **completive di fatto**, le **completive** con *quod* dichiarativo, le **completive** introdotte da **verbi di timore e di dubbio, impedimento e rifiuto**, le **interrogative indirette**.

La proposizione dichiarativa

La subordinata dichiarativa è un particolare tipo di completiva che **specifica** (cioè "dichiara": di qui il nome) un **elemento nominale o pronominale** contenuto nella reggente; si esprime con la congiunzione *che* seguita dal modo:

- **indicativo**, se indica una **certezza**: *Sono sicuro che è una bugia*;
- **congiuntivo**, se indica **giudizio soggettivo** di chi parla o scrive: *Ho il sospetto che sia una bugia*;
- **condizionale**, se indica **eventualità** o **possibilità**: *Ero certo di questo, che mai mi avrebbe tradito*.

Poiché la costruzione delle dichiarative è analoga a quella delle soggettive e delle oggettive, le tre subordinate si distinguono solo in relazione al **verbo della reggente**:

- l'**oggettiva** è retta da **verbi personali**, cioè con soggetto esplicito, che significano "pensare", "credere", "stimare" ecc.; la subordinata costituisce di fatto il complemento oggetto del verbo reggente: *Penso che tu sia buono*.

- la **soggettiva** è retta da **verbi impersonali** (*sembra, pare, capita, accade* ecc.), da verbi **personali usati impersonalmente** (*si pensa, si crede, dicono* ecc.) o da **espressioni impersonali** (*è giusto, è lecito* ecc.); la subordinata costituisce di fatto il soggetto del verbo reggente: *Si pensa che tu sia buono.*

Le proposizioni completive con *quod* dichiarativo

IN LATINO

La congiunzione *quod* può introdurre proposizioni **completive** con funzione **soggettiva, oggettiva** o **epesegetica**, quando cioè esplicitano un **termine della reggente**, in genere costituito da un dimostrativo come *id, hoc, illud*.

Queste completive generalmente sono costruite con il modo:

- **indicativo**, per enunciare un dato di fatto;
- **congiuntivo**, per esprimere il giudizio soggettivo di chi parla o scrive (è il cosiddetto congiuntivo obliquo, che corrisponde all'italiano "penso che tu **sia**").

Sono rette da:

- verbi, locuzioni o espressioni di **giudizio** su un fatto o un avvenimento, come *bene / male / commode accĭdit / fit / evĕnit quod* "capita opportunamente / malamente / vantaggiosamente che", oppure *gratum est quod* "è gradito che", *molestum est quod* "è sgradevole che";
- verbi che esprimono **sentimenti** dell'animo (*verba affectuum*), come *gaudeo / laetor quod* "mi rallegro per il fatto che", *doleo quod* "mi dolgo, mi dispiaccio che", *moleste fero quod* "sopporto a malincuore che", per i quali la funzione completiva si sovrappone a quella causale del *quod*;
- verbi o espressioni di **lode, biasimo, accusa, condanna, perdono** ecc., come *laudo quod* "lodo il fatto che", *vitio tribuo quod* "valuto una colpa il fatto di", spesso con il congiuntivo obliquo;
- verbi che significano "**aggiungere**", "**tralasciare**" ecc., come *(huc) accēdit quod* "(a questo) si aggiunge che", *adde quod* "aggiungi che", *praetereo / praetermitto / omitto quod* "tralascio / lascio da parte il fatto che".

La dichiarativa si traduce in forma esplicita con "che", "il fatto che" o anche "riguardo al fatto che" e locuzioni simili, oppure, qualora ci sia identità di soggetto tra subordinata e reggente, in forma implicita con "di", "il fatto di" o "a" e l'infinito:

*Ad occupationes meas **accedit quod** nullam a me **volo** epistulam ad te sine aliquo argumento ac sententia pervenire.* (Cic.)	Alle mie elucubrazioni **si aggiunge il non volere** che alcuna lettera ti pervenga da parte mia senza un ragionamento o un parere.
*Onerabit **hoc** modestiam nostram, **quod cogimur** de munificentia nostra disputare.* (Plin. il G.)	Farà torto alla mia modestia **questo**, **cioè il fatto di essere costretti** a dissertare della mia generosità.

RICORDA CHE...

***Quod* a inizio di periodo**, con l'**indicativo**, ha generalmente valore di "quanto al fatto che", "riguardo a quello che":

***Quod** scire **vis** qua quisque in te fide sit et voluntate, difficile est dictu.* (Cic.)	**Quanto al fatto** che tu **vuoi** sapere quale fiducia e benevolenza ognuno abbia nei tuoi riguardi, è difficile dirlo.

ESERCIZI

IN ITALIANO

1 Nei seguenti periodi **distingui** le proposizioni oggettive O, soggettive S e dichiarative D.

1. Nessuno credeva che saresti partito davvero per Londra. O S D • 2. Ho questo sospetto, che tu della faccenda non sappia ancora nulla! O S D • 3. Mi sembrava che Luca fosse arrabbiato con me. O S D • 4. Mi piacciono di lui queste qualità, che è sincero e parla poco. O S D • 5. È giusto che si rispetti la legge. O S D • 6. Pareva che stesse per piovere. O S D • 7. È leggenda che la casa di Tullo Ostilio fu colpita da un fulmine. O S D • 8. Non molti sanno che la casa di Tullo Ostilio fu colpita da un fulmine. O S D

IN LATINO

2 Nelle seguenti frasi d'autore **specifica** che tipo di verbo regge la completiva con *quod* dichiarativo, quindi **traduci**.

1. *Illud quoque nobis accedit incommŏdum, quod M. Iunius, homo et in aliis causis exercitatus et in hac multum ac saepe versatus, hoc tempore abest, nova legatione impeditus.* (Cic.) • 2. *Duces Rhodum non tam victoria laeti quam alius alium accusantes, quod, cum potuisset, non omnis submersa aut capta classis hostium esset, redierunt.* (Liv.) • 3. *Adde huc quod perferri litterae nullo modo potuerunt.* (Cic.) • 4. *Huc accedebat, quod Alexandro Magno Delphĭca oracula insidias in Macedonia praedixerant.* (Giust.) • 5. *Tali victoria contra Pharnăcem victor, Caesar incredibili est laetitia affectus, quod maximum bellum tanta celeritate confecerat.* (Ces.) • 6. *Haec ferme Hannibalis oratio fuit: nihil factum est, nisi quod ad classem copiasque accersendas ex Asia Polyxenīdam misit.* (Liv.) • 7. *Illud plane moleste tuli, quod certissimum et iustissimum triumphum hoc invidorum consilio esse tibi ereptum videbam.* (Cic.) • 8. *Illa nimis antiqua praetereo, quod C. Servilius Ahāla Sp. Maelium, novis rebus studentem, manu sua occidit.* (Cic.)

3 **Traduci** in latino le seguenti frasi.

1. Mi addolora il fatto che anch'egli sia stato accusato, benché innocente. • 2. Plaudo al fatto che tu, che sei così giovane, sia pronto ad affrontare una difficile competizione elettorale. • 3. Mi ha davvero rallegrato aver ricevuto da te il trattato di Cicerone "Sui doveri" (usa *officium, -ii*) in un tempo tanto breve. • 4. Capitò in modo opportuno che una tempesta interrompesse la battaglia.

4 **Traduci** il seguente brano d'autore.

Vercingetorìge si difende dalle accuse… con testimoni romani!

La condotta di Vercingetorìge non è stata chiara: forse, dice qualcuno, si è già accordato con Cesare. Il capo gallico si difende, quindi lascia la parola a due prigionieri: l'esercito romano è alla fame e pensa già a rinunciare all'assedio di Avàrico.

Vercingetŏrix, cum ad suos redisset, proditionis ("di tradimento") est insimulatus, quod castra propius Romanos movisset, quod cum omni equitatu discessisset, quod sine imperio tantas copias reliquisset, quod eius discessu Romani tanta opportunitate et celeritate venissent. Non haec omnia fortuĭto aut sine consilio accidĕre potuisse dicebant, regnum illum Galliae malle Caesaris concessu quam ipsorum habēre beneficio. Multis vero pro se dictis, producit servos, quos in pabulatione paucis ante diebus exceperat et fame vinculisque excruciaverat. Hi, iam ante edocti quae interrogati pronuntiarent, milites se esse legionarios dicunt; declarant fame atque inopia adductos clam ex castris exisse, ut quid frumenti aut pecoris in agris reperire possent, et simili omnem exercitum inopia premi nec iam vires sufficĕre cuiusquam nec ferre opĕris laborem posse. Quapropter statuerat Caesar, nulla re infecta in oppidi oppugnatione, triduo exercitum deducĕre. «Haec» inquit «a me beneficia habetis, quem proditionis insimulatis».

(da Cesare)

I SEGRETI DELLA TRADUZIONE
Valori e usi di *quod*

Riepiloghiamo in una tabella i valori di *quod*.

quod pronome relativo			
subordinata	modo	da che cosa si riconosce	traduzione
relativa propria o impropria	indicativo o congiuntivo	è spesso preceduto da un antecedente (nome o pronome)	"che", "ciò che"
quod congiunzione			
subordinata	modo	da che cosa si riconosce	traduzione
causale oggettiva o soggettiva	indicativo o congiuntivo	dall'esame del contesto	"poiché", "perché", "dato che"
completiva dichiarativa, oggettiva o soggettiva	indicativo o congiuntivo	è introdotta da alcune categorie di verbi (verbi di giudizio, *verba affectuum* ecc.)	"per il fatto che", "che", "il fatto che"

5 Nelle seguenti frasi d'autore **distingui** i valori di *quod* motivando la tua scelta; quindi **traduci**.

1. Bis improbus fuisti, Verres, cum et remisisti quod non oportebat, et accepisti quod non licebat. (Cic.) • **2.** Accedit his, quod oratio, de qua loquor, pugnax et quasi contentiosa est. (Plin. il G.) • **3.** Necata est anus Vitia, Fufii Gemini mater, quod filii necem flevisset. (Tac.) • **4.** Phocion, ab Agnōne accusatus, quod Piraeum Nicanŏri prodidisset, Athenas deductus est. (Nep.) • **5.** Nihil est mali, quod non et sustineam et exspectem. (Cic.) • **6.** Ab hoc Gallorum concilio Remi, Lingŏnes, Trevĕri afuerunt, illi, quod amicitiam Romanorum sequebantur, Treveri, quod aberant longius et a Germanis premebantur. (Ces.) • **7.** Nihil est tam sanctum quod non violari, nihil tam munītum quod non expugnari pecunia possit. (Cic.) • **8.** Gaudes, quod me venturum esse polliceor ad paucos dies. (Plin. il G.)

SINTASSI
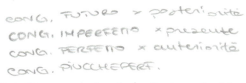

Le proposizioni completive introdotte da **verbi di timore**

I **verbi di timore**, come *timeo, metuo, vereor* "temo", e le **espressioni** equivalenti, quali *timor est, metus est* "c'è paura", *in magno timore sum* "ho molta paura", *periculum est* "c'è pericolo", reggono una **completiva volitiva** al **congiuntivo** secondo la *consecutio temporum* introdotta da:

- *ne* ("**che**"), quando si teme che avvenga una cosa;
- *ne non* o *ut* ("**che non**"), quando si teme che **non** avvenga una cosa:

Timeo ne malefacta antiqua mea sint inventa omnia. (Plaut.)	Temo che tutte le mie antiche malefatte **siano state scoperte**.
Mihi cum Cratia certamen erit, quam timeo ut superare possim. (Front.)	Avrò una gara con Crazia, che **temo di non poter** vincere.
Vereor ne praesenti fortunae tuae sufficĕre non possis. (Curz. Ruf.)	Temo che tu **non sia in grado** di sostenere la tua attuale situazione.

RICORDA CHE...

- Se il verbo o l'espressione di timore sono **preceduti da una negazione**, la completiva è introdotta da **ne** o da **ne non**, rispettivamente con questi valori: *non timeo ne* "non temo che", quindi "sono sicuro che non"; *non timeo ne non* "non temo che non", quindi "sono sicuro che":

    Non vereor **ne** quis me haec vestri adhortandi causā loqui existimet. (Liv.)

    Non temo **che** qualcuno (quindi "Sono certo che nessuno") pensi che io dica queste cose per esortarvi.

    Non vereor **ne non** scribendo te expleam. (Cic.)

    Non temo **di non** (quindi "Sono sicuro di") soddisfarti con lo scrivere.

- *Vereor* e *timeo* seguiti dall'**infinito** invece che dal congiuntivo hanno il valore di "**dubitare**", "**esitare**":

    Cur **timet** Tiberim **tangĕre**? (Or.)

    Perché **esita a immergersi** nel Tevere?

ESERCIZI

6 In ciascuna delle seguenti frasi d'autore **sottolinea** il verbo o l'espressione di timore che regge la completiva, poi **traduci**.

1. *Aristander vates, cui maxima fides habebatur, ait ceterum periculum esse, ne Alexander rex vulnus acciperet.* (Curz. Ruf.) • 2. *Posteāquam nonnulli principes ex ea civitate ad Caesarem venerunt, Indutiomărus, veritus ne ab omnibus desereretur, legatos ad Caesarem mittit.* (Ces.) • 3. *Senatores timebant ne plebs pacem acciperet.* (Liv.) • 4. *Periculum est ne opprimamur.* (Cic.) • 5. *Non vereor ne quis audeat dicĕre ullīus in Sicilia quaesturam clariorem fuisse meā.* (Cic.) • 6. *Inimicitias per annos multos vobis ipsis graves et atroces geritis; quae periculum est ne ex hac die nobis et rei publicae quam vobis graviores fiant.* (Liv.) • 7. *Cum timerent ne aversi ab hoste circumvenirentur, fortius pugnare coeperunt nostri.* (Ces.) • 8. *Libentissime legi tuas litteras, in quibus iucundissimum mihi fuit quod cognovi tibi meas reddĭtas ("consegnate") esse: nam verebar ut redderentur.* (Cic.)

7 **Traduci** le seguenti frasi d'autore.

1. *Non metuo ne is, qui suis amplissimis fortunis frui non potest nisi bonis salvis, prodat salutem suam.* (Cic.) • 2. *Quod ("per quanto") ad me attĭnet, non timeo ne quis inveniatur cui minus placeam.* (Petr.) • 3. *Iste metus me macĕrat, ne oculi eius sententiam mutent, ubi viderit me.* (Plaut.) • 4. *Qui fugiunt reformidantque, dum timent ne aliquando cadant, semper iacent.* (Quint.) • 5. *Romanis signum receptui est datum, quod Cn. Scipionis femur tragulā confixum erat pavorque circa eum ceperat milites, ne mortifĕrum esset vulnus.* (Liv.) • 6. *Germani ab dextro latĕre summum iugum nacti hostes loco depellunt: qua re animadversa reliqui, ne circumvenirentur veriti, se fugae mandant.* (Ces.) • 7. *Tyndareus cum ab Agamemnone ne repudiaretur filia sua Clytaemnestra vereretur timeretque ne quid ex ea re discordiae nasceretur, arbitrio Helenae posuit ut cui vellet nubĕre coronam imponeret.* (Ig.) • 8. *Ex Veientium multi refugientes in urbem ante portas caesi sunt, obiectis foribus prae metu, ne Romanus inrumperet.* (Liv.)

8 **Traduci** in latino le seguenti frasi.

1. Lentulo rinunciò a candidarsi al consolato, perché, data la giovane età, temeva di essere giudicato troppo ambizioso. • 2. Nell'animo di tutti c'era la paura che l'oscurità e la pioggia nascondessero i movimenti del nemico. • 3. Tutti noi vediamo tra i cittadini la paura che Catilina possa ancora nuocere allo stato. • 4. Per molti anni Annibale, costretto all'esilio dai suoi concittadini, fuggì continuamente, temendo di essere catturato dai Romani.

9 Traduci il seguente brano d'autore.

Un bacio alla terra per adempiere a un oracolo

Per sfuggire alle insidie dello zio Tarquinio, Giunio Bruto finge di essere uno sciocco. Ma a Delfi, dove si è recato insieme ai cugini, è l'unico a comprendere il vaticinio sul destino di Roma.

Quo in genere acumĭnis in primis Iunius Brutus referendus est: nam, cum animadverteret a rege Tarquinio, avuncŭlo suo, omnem nobilitatis indolem excerpi et etiam fratrem suum, quod vegetioris ingenii erat, interfectum esse, obtunsi se cordis esse simulavit eāque fallacĭā maximas virtutes suas texit. Profectus etiam Delphos cum Tarquinii filiis, quos is ad Apollinem Pythium muneribus et sacrificiis honorandum miserat, nomine ("a titolo") doni aurum, clam inclusum cavato bacŭlo, deo tulit, quia timebat ne ei caeleste numen aperta liberalitate venerari tutum non esset. Peractis deinde mandatis patris, Apollinem iuvenes consuluerunt quisnam ex ipsis Romae regnaturus esset. At is summam urbis nostrae potestatem futuram respondit apud eum, qui ante omnes matri oscŭlum dedisset. Tum Brutus prolapsus de industria se abiecit terramque, communem omnium matrem existimans, osculatus est.

(da Valerio Massimo)

PAROLE DA SCOPRIRE

Timeo, metuo, vereor: il lessico della paura

I verbi *timĕo, -es, timui, -ēre, metuo, -is, metui, -ĕre* e *verĕor, -ēris, verĭtus sum, -ēri* sono solo apparentemente sinonimi.

- *Timeo*, che è di gran lunga il più frequente nell'uso (e che progressivamente più si allontana dal significato della sua radice), è la paura che nasce da un senso di viltà o di debolezza: si tratta di una reazione emotiva, da opporsi, per esempio, a *fiducia, -ae* o ad *animus, -i*. Mentre *timor, -oris* indica uno stato momentaneo, *timĭditas, -atis* e l'aggettivo *timĭdus, -a, -um* denotano uno stato permanente. *Formido, -ĭnis* e *horror, -ōris* indicano la paura che, improvvisa, impedisce qualsiasi altra riflessione o consapevolezza. Dal poco usato *pavor, -ōris*, "ansietà", "agitazione", "paura", deriva l'italiano "paura".

- *Metuo* e il sostantivo *metus, -us* denotano la paura di un male o di una disgrazia che si pensano incombenti, oppure l'apprensione che nasce dalla previdenza o dalla prudenza, analogamente ad alcuni valori del verbo *cavĕo, -es, cautum, -ēre* e dell'aggettivo *caŭtus, -a, -um*. Si tratta così di una paura dettata dalla ragione, che, per esempio, si oppone alla *spes*, l'aspettativa positiva di quanto avverrà.

- *Vereor* è originariamente connesso all'idea di ciò che è sacro o degno di venerazione, verso cui si prova soggezione: per questo indica anche il sentimento di chi percepisce un senso di impotenza, di ritegno o di timore. *Reverentia, -ae* è la percezione che qualcosa o qualcuno è degno di rispetto o particolare venerazione.

10 Analizza e traduci le seguenti frasi d'autore riducendo al minimo l'uso del dizionario e ricorrendo, se necessario per rendere meglio il contesto, anche a perifrasi.

1. *Veremur quidem vos Romani et etiam timemus.* (Gell.) • **2.** *Metuebant Appium servi, verebantur liberi, carum omnes habebant.* (Cic.) • **3.** *Quid? Veteranos non veremur? Nam timēri ne ipsi quidem volunt.* (Sen.) • **4.** *Multi malunt metui quam verēri se ab suis.* (Sen.) • **5.** *Quibusdam timeamus irasci, quibusdam vereamur.* (Sen.) • **6.** *Iam de te spem habeo, nondum fiduciam.* (Tac.) • **7.** *Epicurus ignavum prohĭbet* ("sconsiglia a" + acc.) *accedĕre ad rem publicam, pigrum exercēre* ("darsi alla ginnastica"), *timĭdum militare.* (Sen.) • **8.** *Quare, iudices, eicĭte istum hominem de civitate, liberate omnes formidine; vobis denique ipsis consulĭte.* (Sen. il V.)

SINTASSI

Le proposizioni completive introdotte da verbi di dubbio, impedimento e rifiuto

- **I verbi** e le **espressioni di dubbio in forma negativa** (*non dubito, mihi dubium non est* ecc.) reggono **completive** introdotte da *quin* (negazione *quin non*) con il modo **congiuntivo**, secondo le regole della *consecutio temporum*, che può esprimere, rispetto alla reggente:
  - **contemporaneità** (congiuntivo presente o imperfetto);
  - **anteriorità** (congiuntivo perfetto o piuccheperfetto);
  - **posteriorità** (participio futuro + *sim* o *essem*).

> **RICORDA CHE...**
>
> I verbi e le espressioni di dubbio in **forma positiva** (*mihi dubium est, nescio, haud scio, incertum est* ecc.) reggono proposizioni **interrogative indirette** al **congiuntivo**, secondo la *consecutio temporum*, introdotte da:
>
> - ***an*** ("**se non**"), se nel dubbio si propende per il sì:
>
>   *Dubito **an** Venusiam **tendam**.* (Cic.)   Sono incerto **se non debba dirigermi** a Venosa (ma penso di sì).
>
> - ***an non*** ("**se**"), se nel dubbio si propende per il no:
>
>   *Haud scio **an non possis**.* (Cic.)   Non so **se tu possa** (= Credo che tu non possa).
>
> - ***-ne*** o ***num*** ("**se**"), se il dubbio è assoluto:
>
>   *Dubito **num** tibi idem suadēre **debeam**.* (Plin. il G.)   Sono incerto **se io debba** consigliarti la stessa cosa (sono nell'incertezza assoluta).
>
> Nei primi due casi l'interrogativa diviene una sorta di affermazione per litote: espressioni come *haud scio an, haud scio an non*, propriamente corrispondenti a "non so se non", "non so se", equivalgono di fatto a "penso che", "penso che non".
> Non confondere la congiunzione *an* con la particella che introduce il secondo membro di un'interrogativa diretta o indiretta disgiuntiva o un'interrogativa diretta retorica.

- **I verbi di impedimento e rifiuto**, come *impedio* "impedisco", *deterreo, retineo, detineo* "trattengo", *obsto, obsisto, resisto, officio* "mi oppongo", *recuso* "rifiuto", *prohibeo, interdīco* "vieto" ecc., reggono **completive** con il modo **congiuntivo**, prevalentemente in rapporto di **contemporaneità** con la reggente (congiuntivo presente o imperfetto), e sono introdotte da *ne* o *quomĭnus* se la reggente è **affermativa**, da *quin* o *quomĭnus* se la reggente è **negativa**:

  Plura ne scribam dolore impedior. (Cic.)   Sono frenato dal dolore **a scriverti** di più.

  Non possumus quin alii a nobis dissentiant recusare. (Cic.)   Non possiamo rifiutare **che** altri **dissentano** da noi.

> **RICORDA CHE...**
>
> - Numerose locuzioni fraseologiche latine reggono solo ***quin***: per esempio *me non fallit quin* "non mi sfugge che", *fiĕri non potest quin* "non si può fare a meno di", *facĕre non possum quin* "non posso fare a meno di", *non multum / paulum / nihil abest quin* "non molto / poco / nulla manca che", *non moror / nullam interpono moram quin* "non frappongo alcun indugio a", *praeterire non possum quin* "non posso mancare, fare a meno di":
>
>   ***Praeterire non potui quin** scriberem ad te.* (Cic.)   **Non ho potuto fare a meno di** scriverti.
>
> - ***Quin***, in presenza di una **reggente negativa**, può introdurre una subordinata **consecutiva**:
>
>   *Numquam tam male est Sicŭlis **quin** (= **ut non** o **qui non**) aliquid facēte dicant.* (Cic.)   Per i Siciliani non c'è mai situazione così brutta **che non dicano** qualche facezia.

ESERCIZI

FACILIORA

11 Nelle seguenti frasi **scegli** la forma corretta e **rispondi** alle domande.

1. *Numquam dubitaveram* **quin / an** *in summo quoque periculo nos auxilio futurus* **sis / esses**.
   La reggente è di forma: ☐ affermativa ☐ negativa
   Il contenuto della subordinata è cronologicamente: ☐ anteriore ☐ posteriore

2. *In incerto habeo* **quin / quin non / an** *Canusium statim proficiscendum* **sit / esset**.
   La reggente è di forma: ☐ affermativa ☐ negativa
   Il contenuto della subordinata è cronologicamente: ☐ contemporaneo ☐ posteriore

3. *Dubitabam* **quin / -ne** *plus laudis an vituperationis tibi tribuendum* **esset / fuisset**.
   La reggente è di forma: ☐ affermativa ☐ negativa
   Il contenuto della subordinata è cronologicamente: ☐ contemporaneo ☐ anteriore

4. *Nihil nunc obstat* **ne / quin** *beatus tandem sis*.
   La reggente è di forma: ☐ affermativa ☐ negativa
   La congiunzione non utilizzabile è ...., perché ....

5. *Ne nocturnae tenebrae quidem officiunt* **quin / ne / quomĭnus** *ferae praedam inveniant*.
   La reggente è di forma: ☐ affermativa ☐ negativa
   La congiunzione non utilizzabile è ...., perché ....

6. *Lacrimas* **quomĭnus / quin / entrambe** *ipse continēre possem, tuae me lacrimae impedierunt*.
   La reggente è di forma: ☐ affermativa ☐ negativa
   La risposta "entrambe" **non è / è** ammissibile perché ....

12 **Traduci** le seguenti frasi d'autore contenenti verbi ed espressioni di dubbio di forma negativa.

1. *Non dubito quin habuerit vim magnam semper oratio.* (Cic.) • 2. *Non est dubium quin omnia, quae mala putentur, sint improvisa graviora.* (Cic.) • 3. *Qui potest dubitari quin ad consulatum adipiscendum multo plus dignitatis adfĕrat gloria rei militaris?* (Cic.) • 4. *Certe nemĭni dubium est quin Pompeius plurĭmum possit.* (Cic.) • 5. *Id ut intellegatis, recuperatores, quaeso ut diligenter attendatis; profecto quin ita sit non dubitabĭtis.* (Cic.) • 6. *Nemo dubitabat quin aliquid de pace esset scriptum.* (Nep.)

13 Nelle seguenti frasi d'autore **distingui** se ai verbi e alle espressioni di dubbio segue una completiva C o un'interrogativa indiretta II, motivando di volta in volta la tua scelta; quindi **traduci**.

1. *Si per se virtus sine fortuna ponderanda est, dubito an Thrasybūlum Atheniensem primum omnium imperatorum ponam.* (Nep.) C II • 2. *Etsi mihi numquam dubium fuit quin tibi essem carissimus, tamen cotidie magis id perspicio exstat.* (Cic.) C II • 3. *Haud scio an hoc sim probaturus.* (Cic.) C II • 4. *Sillae, felicissimo omnium ante civilem victoriam, numquam super industriam fortună fuit: multique dubitavēre, fortior an felicior esset.* (Sall.) C II • 5. *Ut audivimus quae Corfini acta erant, nec mihi nec fratri meo dubium fuit quin Brundisium contenderemus.* (Cic.) C II • 6. *Dubitabam tu has ipsas litteras essesne accepturus.* (Cic.) C II

14 **Traduci** le seguenti frasi d'autore contenenti verbi ed espressioni di impedimento e rifiuto.

1. *Quamdiu Athenas adfuit, ne qua honori suo statua poneretur, restĭtit Atticus, absens prohibēre non potuit.* (Nep.) • 2. *Non recusamus quin omnia, propter quae ad bellum itum est, vestra sint, Sicilia, Sardinia, Hispania, quidquid insularum toto inter Africam Italiamque continetur*

mari. (Liv.) • **3.** *M. Atilius Regulus in senatum venit, mandata exposuit, sententiam ne diceret recusavit.* (Cic.) • **4.** *Milites aegre sunt retenti, quin oppidum irrumpĕrent, graviterque eam rem tulerunt, quod stetisse per Trebonium, quomĭnus oppido potirentur, videbatur* ("sembrava"). (Ces.) • **5.** *Caesar poteritne se tenēre quin D. Bruti sanguine poenas patrias persequatur?* (Cic.) • **6.** *Videntes milites Romani hostes vagantes per agros et congregato agmĭne praedam prae se agentes, vix temperavēre animis, quin extemplo impetum facerent; compressi a Q. Caedicio centurione rem in noctem sustinuēre.* (Liv.)

DIFFICILIORA

15 **Abbina** la principale alla subordinata, precisando di che tipo si tratta, poi **traduci**.

1. *Facĕre non possum*
   a. *ne agri culturae nos senes studeamus*
   ☐ completiva verbo di dubbio
   ☐ completiva verbo di impedimento
   ☐ interrogativa indiretta

2. *Orgetorīgis exitus dubium non abstŭlit*
   b. *quomĭnus cotidie ad te litteras mittam.*
   ☐ completiva verbo di dubbio
   ☐ completiva verbo di impedimento
   ☐ interrogativa indiretta

3. *Nec modestia mea recusabit*
   c. *quin vulpes insidiis comprehendatur.*
   ☐ completiva verbo di dubbio
   ☐ completiva verbo di impedimento
   ☐ interrogativa indiretta

4. *Mihi dubium non est*
   d. *quomĭnus omnes opera mea legant.*
   ☐ completiva verbo di dubbio
   ☐ completiva verbo di impedimento
   ☐ interrogativa indiretta

5. *Aetas obstat*
   e. *num fraude aliena perisset an ipse mortem oppetisset.*
   ☐ completiva verbo di dubbio
   ☐ completiva verbo di impedimento
   ☐ interrogativa indiretta

6. *A Tiberio interdictum est*
   f. *ne capite damnatos propinqui lugērent.*
   ☐ completiva verbo di dubbio
   ☐ completiva verbo di impedimento
   ☐ interrogativa indiretta

16 **Traduci** le seguenti frasi d'autore, quindi **modifica** il tempo della reggente come indicato e, se necessario, quello della completiva. L'esercizio è avviato.

1. *Neque exercitus neque moenia **obstant** quomĭnus avaritia vi sua cunctos mortales **spoliet**.* (Sall.)
   (indicativo perfetto → **obstiterunt**; tempo della completiva → **spoliaret**)

2. *Dubium non **est** quin disciplina et ars augŭrum **evanuerit** iam et vetustate et neglegentia.* (Cic.)
   (indicativo perfetto → ....; tempo della completiva → ....)

3. *Caesar, ubi cognovit Afranium **stare** quomĭnus proelio **dimicaretur**, castra facĕre constituit.*
   (infinito perfetto → ....; tempo della completiva → ....)

4. *Non **dubitabant** patres quin prima luce in concilium coniuratorum manus armata **ventura esset**.* (Liv.)
   (indicativo presente → ....; tempo della completiva → ....)

5. ***Dubitatis** igitur, iudices, quin vos M. Laterensis ad suam spem aliquam de civitate **delegerit**?* (Cic.)
   (indicativo perfetto → ....; tempo della completiva → ....)

6. *Quid igitur? Veniam daturus es huic crimini quod et **potuisti** prohibēre ne **fieret**?*
   (indicativo presente → ....; tempo della completiva → ....)

17 Nelle seguenti frasi d'autore **distingui** i diversi tipi di proposizione completiva, poi **traduci**.

1. *Servilius et recusare et deprecari coepit ne iniquis iudicibus iudicium capitis in se constitueretur.* (Cic.) • 2. *C. Gracchus eloquentia quidem nescio an haberet parem neminem.* (Cic.) • 3. *Spectaculo ludorum minimum afuit quin (Augustus) periret concursu et indignatione turbae militaris.* (Svet.) • 4. *Studia Numidarum in Iugurtham adcensa (erant), ex quibus ne qua seditio aut bellum oriretur anxius erat Micipsa.* (Sall.) • 5. *Apud Romanos non maestitia tantum ex male gesta re, sed pavor etiam erat ne exemplo castra hostis adgrederetur.* (Liv.) • 6. *Tantus est igitur innatus in nobis cognitionis amor et scientiae, ut nemo dubitare possit quin ad eas res hominum natura nullo emolumento rapiatur.* (Cic.)

18 **Traduci** in latino le seguenti frasi.

1. Temendo che qualcuno si sdegni alle mie parole, mi tratterrò dal muovere accuse infondate. • 2. Se qualche contrattempo ti impedisce di raggiungerci a Roma, non temere: ti terremo informato di qualsiasi cosa. • 3. Non c'era nei soldati alcun dubbio che, dopo tanti mesi di assedio, la città fosse vicina alla resa. • 4. Quando seppi della morte di Atilio, non potei trattenermi dallo scriverti subito: sapevo quanto ne apprezzassi la saggezza e l'onestà.

19 **Traduci** il seguente brano d'autore.

Marsiglia si arrende a Cesare

Mentre l'assedio infuria, i Marsigliesi inaspettatamente si arrendono ai Romani, ma è necessario l'arrivo di Cesare perché la resa sia ratificata. I soldati sono trattenuti a stento dai *legati*, ma nessuno rompe la provvisoria tregua.

Hostes, ne urbs diriperetur perterrĭti, inermes cum infŭlis se porta foras universi proripiunt, supplices manus tendunt. Qua nova re oblata, omnis administratio belli consistit, militesque aversi a proelio ad studium audiendi et cognoscendi feruntur. Ubi hostes ad legatos exercitumque pervenerunt, universi se ad pedes proiciunt; orant ut adventus Caesaris expectetur. Captam suam urbem videbant; ităque ab defensione desistĕre constiterant. Intellegebant nullam exorīri moram posse quomĭnus, si imperata non facerent ad nutum, e vestigio diriperentur. Haec atque eiusdem generis complura magna cum misericordia fletuque pronuntiantur. Quibus rebus commoti, legati milites ex opĕre deducunt, oppugnatione desistunt; operibus custodias relinquunt, indutiarum quodam genere misericordia facto adventus Caesaris expectatur. Nullum ex muro, nullum a nostris mittitur telum: Caesar enim per litteras Trebonio magnopĕre mandaverat, ne per vim oppidum expugnari pateretur. Nostri aegre tunc sunt retenti quin oppidum spe praedae inrumpĕrent, graviterque eam rem tulerunt.

(da Cesare)

VERIFICA DELLE COMPETENZE

COMPETENZE LINGUISTICHE

20 Indica se nelle seguenti frasi d'autore *quod* introduce una subordinata dichiarativa D, causale C o relativa R.

1. *Quid laetaris, **quod** laudatus es ab hominibus, quos non potes ipse laudare?* (Sen.) D C R •
2. *Natura autem hoc, **quod** vides, mutationibus temperat: nubĭlo serena succedunt; noctem dies sequitur.* (Sen.) D C R • 3. *Melissus philosophus hoc **quod** esset infinitum et inmutabile et fuisse semper et fore iudicat deum.* (Cic.) D C R • 4. *Hoc uno praestamus maxime feris, **quod** colloquĭmur inter nos.* (Cic.) D C R • 5. *Miltĭades, hanc pecuniam **quod** solvĕre in*

praesentia non potĕrat, in vincula publica coniectus est ibique diem obiit supremum. (Nep.) D C R • **6.** *Hic tibi templum Statōri Iovi,* **quod** *monumentum sit posteris, voveo.* (Liv.) D C R • **7.** *Servi quinque et viginti in crucem acti sunt,* **quod** *coniuravissent.* (Liv.) D C R • **8.** *Rhodum redierunt imperatores non tam victoria laeti quam alius alium accusantes,* **quod***, cum potuisset, non omnis submersa aut capta classis hostium esset.* (Liv.) D C R

L'esercizio insegna a:
- saper distinguere la funzione dichiarativa, causale e relativa di *quod*

21 Traduci le seguenti frasi d'autore rendendo i diversi valori di *quod* e riducendo al minimo l'uso del dizionario.

1. *In exercitu Romano duo consules erant potestate pari, quod saluberrimum in administratione magnarum rerum est.* (Liv.) • **2.** *Quod semper rogasti, hoc, Lucane, tibi contĭgit.* (Marz.) • **3.** *Ulixes a Telegŏno filio est interfectus, quod ei responsum erat filium mortem daturum esse.* (Ig.) • **4.** *Sive casu accidit sive consilio, percommŏde factum est quod de iis rebus quae maxime metuuntur, de morte et de dolore, primo die disputatum est.* (Cic.) • **5.** *Quod bonum amicitia carius hominibus praebetur?* (Cic.) • **6.** *Caesar cum omnibus copiis in Morĭnos proficiscitur, quod inde erat brevissimus in Britanniam traiectus.* (Ces.) • **7.** *Ut qui mortem in malis ponit non potest eam non timēre, sic nemo potest id, quod malum esse decrevĕrit, non curare idque contemnĕre.* (Cic.) • **8.** *Antonius, quod proelio adesse nequibat, Petreio legato exercitum permittit.* (Sall.)

L'esercizio insegna a:
- saper analizzare e tradurre i diversi valori di *quod*, valorizzando l'esame del contesto

22 Inserisci la congiunzione mancante (*ne / ut / ne non*; *quin / quominus / ne*) e specifica il tipo di completiva; quindi traduci.

1. *Marcellus posuit castra timens, ... continēri ab discursu in Syracusas miles avidus praedae non posset.* (Liv.) • **2.** *Impedior religione .... exponam quam multa P. Sextius ad me detulerit.* (Cic.) • **3.** *Quod enim tu afuisti, vereor .... satis diligenter actum in senatu sit de litteris meis.* (Cic.) • **4.** *Ut silentium vastum in urbe nec arma nec viros in turribus ac muris vidit, avidum invadendi deserta moenia militem detinet (consul) .... in quam occultam fraudem incautus rueret.* (Liv.) • **5.** *Haec si enuntiata Ariovisto sint, non dubitat Caesar .... de omnibus obsidibus, qui apud eum sint, gravissimum supplicium sumat.* (Ces.) • **6.** *Neque enim est periculum .... te de re publica disserentem deficiat oratio.* (Cic.)

L'esercizio insegna a:
- saper riconoscere le subordinate completive, specificandone la natura

23 Nelle seguenti frasi d'autore distingui i diversi valori di *ne*, quindi traduci.

1. *Ad hoc consilium contra Persas cum plerique accederent, Histiaeus Milesius, ne res conficeretur, obstitit.* (Nep.) • **2.** *Illyrii, timentes ne quae Molossorum erant ab Aetolis occuparentur, neglectis ordinibus adcelerare coeperunt; quos dissipatos, Harrybas ex insidiis fudit fugavitque.* (Front.) • **3.** *Caesar, verĭtus ne militum introitu et nocturni temporis licentia oppidum diriperetur, eos qui venerant in oppidum dimittit, portas murosque adservari iubet.* (Ces.) • **4.** *Litteris perlectis, Domitius in consilio pronuntiat Pompeium celerĭter subsidio venturum hortaturque omnes ne animo deficiant quaeque usui ad defendendum oppidum sint parent.* (Ces.) • **5.** *Ariovistus postulavit ne quem peditem ad conloquium Caesar adduceret: dixit enim verēri se ne per insidias ab eo circumveniretur.* (Ces.) • **6.** *Fit ut aliquis alieno malo gaudeat; quod quoniam non cadit ("càpita") in sapientem, ne ut irascatur quidem cadit.* (Cic.)

L'esercizio insegna a:
- saper analizzare e tradurre i diversi valori di *ne*

COMPETENZE LESSICALI

24 Rispondi alle seguenti domande.
1. In che cosa si differenziano lessicalmente *vereor* e *timeo*?
2. Spiega la differenza tra gli apparenti sinonimi latini *metus, -us* e *formido, -ĭnis*.
3. Da dove deriva il termine italiano "paura"?

L'esercizio insegna a:
- saper riconoscere le peculiarità lessicali dei verbi di timore

25 Traduci e spiega le seguenti *sententiae* latine.
1. *Timeo Danaos et dona ferentes.*
2. *Odĕrint dum metuant.*
3. *Metuĕre in tranquillitate naufragium.*

L'esercizio insegna a:
- saper riconoscere e tradurre le peculiarità lessicali dei verbi di timore

26 Individua l'origine etimologica dei seguenti termini italiani.
tema • timorato • riverenza • verecondia • cautela • meticoloso • pavidità • formidabile

L'esercizio insegna a:
- saper individuare l'etimologia di termini italiani

COMPETENZE DI TRADUZIONE

VERSIONE GUIDATA

27 Traduci il brano d'autore e svolgi le attività che seguono.

Identikit di un ottimo partito matrimoniale (I)

Giunio Màurico ha avanzato a Plinio una richiesta particolare: conosce un giovane di belle speranze e di ottima famiglia che sposi sua nipote? Plinio ha un candidato quasi ideale, l'amico Minicio Aciliano.

Petis ut fratris tui filiae prospiciam maritum; quod merito mihi potissimum iniungis. Scis enim quanto opere summum illum virum suspexerim dilexerimque, quibus ille adulescentiam meam exhortationibus foverit. Nihil est quod a te mandari mihi possit aut maius aut gratius, nihil honestius a me suscĭpi, quam ut optimum elĭgam iuvenem ac domo tua dignum (+ abl.). Ad hoc paratus et quasi provisus est Minicius Acilianus, qui me familiarissime diligit, ut iuvenis iuvenem – est enim minor paucŭlis annis – sed reveretur ut senem. Nam ita formari a me et institui cupit, ut ego a vobis solebam. Patria est ei Brixia, ex illa nostra Italia quae multum adhuc verecundiae, frugalitatis, atque etiam rusticitatis antiquae, retĭnet ac servat. Pater ei est Minicius Macrinus, equestris ordinis princeps, quod ne quid altius vellet se tenuit; adlectus enim a divo Vespasiano inter praetorios, honestam quietem huic nostrae ambitioni – an dignitatem dicam dubĭto – constantissime praetŭlit.

(da Plinio il Giovane)

Laboratorio

Morfologia

1. Cerchia tutti i *quod*, precisandone la natura morfologica di pronome relativo, nesso relativo o congiunzione subordinante (in quest'ultimo caso, di che tipo).
2. Sottolinea una volta i comparativi e due volte i superlativi, quindi analizzali indicando la natura del comparativo (maggioranza, minoranza ecc.) o del superlativo (assoluto o relativo).

Sintassi

3. Distingui le completive introdotte da verbi di timore e di dubbio, impedimento e rifiuto.
4. Evidenzia tutti gli *ut*, distinguendone le diverse funzioni.
5. Che subordinate sono introdotte da *quanto opere* e *quibus exhortationibus*?

Lessico

6. *frugalitatis... rusticitatis*: mentre *frugalĭtas, -ātis* ha un'accezione sostanzialmente solo positiva, *rusticĭtas, -ātis* può assumere in qualche contesto valori negativi: quali? Indica per ciascuno dei due termini almeno altri due lemmi (aggettivi o sostantivi) derivati dalla stessa radice.
7. *dilexerimque... adlectus*: *dilĭgo* e *adlĕgo* derivano dallo stesso verbo-base. Quale? Con quali sostanziali differenze nel paradigma? Quali sono i principali valori traduttivi di *dilĭgo*?
8. *ambitioni*: da quale radice deriva *ambitio, -ōnis*? Qual è il suo significato originale? E quale quello che, progressivamente, ha assunto in latino e nell'italiano "ambizione"? Perché Plinio contrappone a essa la *dignitas*? Pensa all'etimologia di quest'ultimo termine.

VERSIONE D'AUTORE

28

Videotutorial
Guarda il video e impara a fare l'analisi sintattica della versione.

Traduci il seguente brano.

Identikit di un ottimo partito matrimoniale (II)

Minicio Aciliano può vantare antenati illustri, ha ottime qualità e ha già ricoperto alcune cariche. Il suo portamento è distinto e le condizioni economiche della famiglia sono buone: visti i tempi, è una considerazione di importanza non secondaria.

Minucius habet aviam maternam Serenam Procŭlam e municipio Patavio: contĭgit et avuncŭlus ei P. Acilius, gravitate, prudentia et fide prope singulari. Nihil erit in domo tota, quod non tibi tamquam in tua placeat. Aciliano vero ipsi est plurĭmum vigoris et industriae, quamquam in maxima verecundia. Quaesturam, tribunatum, praeturam honestissime percucurrit, ac iam pro se tibi necessitatem ambiendi remisit. Est illi facies liberalis, multo sanguine et rubore suffusa, est ingenua totius corporis pulchritudo et quidam senatorius decor. Quae ego nequāquam arbitror neglegenda; debet enim hoc castitati puellarum quasi praemium dari. Nescio an adiciam esse patri eius amplas facultates. Nam cum imagĭnor vos, quibus quaerimus generum, silendum de facultatibus puto; cum autem publicos mores atque etiam leges civitatis intueor, quae in primis census hominum spectandos arbitrantur, ne id quidem praetereundum est. Tu fortasse times ne indulsĕrim amori meo, sed ego dilĭgo eum sicut meretur.

(da Plinio il Giovane)

STORIA

29

Laboratorio
Applica il metodo svolgendo l'analisi sintattica della versione, quindi scrivi la traduzione.

Traduci il seguente brano d'autore.

Fiere parole di Caràtaco

Sconfitto e tradito, il bretone Caràtaco sfila come prigioniero durante il trionfo dell'imperatore Claudio. Mentre tutti gli altri implorano la pietà di Roma, egli parla con fierezza. Avrebbe forse accettato l'amicizia di Roma, ma mai una sottomissione senza combattere: non sarebbe stata gloriosa né per sé né, in fondo, per il nemico.

Ad triumphum vocatus est ut ad insigne spectaculum populus. Stantibus in armis praetoriis cohortibus, incedebant primum regii clientŭli, deinde traditae sunt phalĕrae, torques quaeque bellis externis quaesiverat, mox ostentati sunt fratres et coniunx et filia, postremo Caratăcus ipse. Ceterorum preces degenĕres fuēre ex metu ne supplicio afficerentur: at rex, nec vultu demisso nec verbis misericordiam requirens, in hunc modum locutus est: «Cum nobilitas et fortuna mihi fuit, tum rerum prosperarum moderatio non habui. Amicus potius in hanc urbem quam captus venissem ("sarei giunto"), neque recusavissem ("avrei rifiutato") quomĭnus, claris maioribus ortus, plurimis gentibus imperitans, foedere pacem acciperem. Si vos omnibus imperitare vultis, sequitur ut omnes servitutem accipiant, ut omnes statim dedĭti se tradant? Hoc indignum nec meae fortunae nec tuae gloriae tribuendum iudicavi. Et supplicium mei oblivio sequetur: at si incolumem servaveris, aeternum exemplar clementiae ero». Ad ea Caesar veniam ipsique et coniŭgi et fratribus tribuit.

(da Tacito)

CONOSCERE la storia

Un *imperium* senza confini e senza pace

Dal Lazio allo Sri Lanka Nel libro I dell'*Eneide* di Virgilio, Venere, madre di Enea, fondatore della stirpe dei Romani, profetizza alla futura *gens* un dominio sul mondo senza precedenti: «A esso io non pongo limiti di spazio né di tempo. Ho concesso loro un potere senza fine» (*Eneide* I, 279). La profezia *post eventum* della dea ricalca perfettamente la realtà storica, ancora in evoluzione, del principato di Augusto: la volontà dell'espansione, senza soluzione di continuità, ha condotto Roma dalla conquista dell'antico *Latium*, con la battaglia del Lago Regillo (499 a.C.), ai confini del Reno e dell'impero partico. Nonostante gli ammonimenti dello stesso Ottaviano, i suoi successori non si trattennero nei medesimi confini, fino ad arrivare, con la seconda campagna dacica (105-106 d.C.) alla conquista di parte dell'odierna Romania, sottratta al re Decèbalo, e della capitale Sarmizegetusa. La fortezza di Masada, posta nel deserto della Giudea sud-orientale, e l'*oppidum* fortificato di Sigiriya, nell'odierno Sri Lanka, riedificato nel V secolo d.C., ma su rovine romane di almeno quattro secoli prima, come proverebbero alcune monete ritrovate *in loco*, dimostrano quanto davvero nessun angolo del mondo fosse al sicuro dalla forza delle legioni.

Marco Aurelio e le tribù germaniche vinte, particolare del bassorilievo dall'arco di Marco Aurelio, II secolo d.C., Roma, Musei Capitolini.

Gli artefici della *pax Romana*... Ancora il poeta Virgilio, per bocca di Anchise, aveva spiegato con chiarezza il *modus operandi* necessario a fondare l'*imperium*: «Tu, o Romano, ricorda di governare (*regĕre*) i popoli con il tuo dominio / (queste saranno le tue arti) e di imporre una legge alla pace, / di risparmiare i sottomessi e di annientare i superbi» (*Eneide* VI, 851-853). L'idea del *regĕre*, cioè di svolgere una funzione anche civilizzatrice sui popoli sottomessi, non poté prescindere da una loro progressiva assimilazione allo stile di vita romano: essa fu prima militare (nel III secolo d.C. il 44% dei *milites* stanziati in Gallia era di origine gallica), poi politica e sociale. Tale assimilazione fu segnata, per esempio, da un progressivo allargamento della cittadinanza: Cesare fece dono di tale *privilegium* e del titolo di *amicus populi Romani* a molti dei Galli suoi alleati, mentre con Claudio diventarono senatori esponenti di famiglie aristocratiche galliche e ispaniche. Ma fu soprattutto la diffusione dello stile di vita romano a esercitare sui barbari un fascino sottile e potente, tanto da far loro abbracciare i *mores* dei conquistatori. Tacito spiega con maestria il progressivo, surrettizio "romanizzarsi" dei Britanni: «Fu ritenuto un onore il vestire alla romana, indossare spesso la toga. Allontanandosi dalle loro antiche abitudini, finirono per apprezzare i portici, i bagni, l'eleganza dei banchetti. Ingenui: parlavano di "civilizzazione", e non era che una prova della loro schiavitù» (*De vita et moribus Iulii Agricolae* 21).

... e i suoi nemici In realtà né assimilazione né sottomissione potevano salvare dalla brutalità di un dominio: la guerra lasciava il posto a un'occupazione fatta di soprusi e di saccheggi, quindi a un governo spesso tirannico e predatorio. Calgàco, capo dei *Pitii*, in un discorso a lui attribuito da Tacito prima della sconfitta al *Mons Graupius*, denuncia la loro voracità: «Smaniano per possedere con pari fame ricchezze e miseria. Rubano, massacrano, rapinano e, con menzogna, parlano di impero. Dove creano la desolazione, la chiamano pace» (*De vita et moribus Iulii Agricolae* 30). Per queste ragioni in molte zone dell'impero i più consapevoli, i più fieri o i più bellicosi non accettarono mai la resa né durante la conquista né durante il governo di Roma o dei *regŭli*, piccoli monarchi locali, di cui l'impero si serviva lungo i confini più lontani o pericolosi. Prima *Gallia* e *Hispania*, poi la Germania, la Giudea e, soprattutto, i Britanni, *toto orbe divisi*, furono vere spine nel fianco per le armate di Roma.

Comprendere

1 Virgilio, per bocca del personaggio di Anchise, spiega quale condotta Roma dovrà seguire verso i popoli sottomessi al suo *imperium*: in che cosa consiste? E che cosa si intende con romanizzazione?

2 Quale fu la prima, storica conquista di Roma? E fino a dove spinse i suoi confini?

3 Quali furono le raccomandazioni di Augusto per il suo successore a riguardo delle dimensioni dell'*imperium*?

4 Quali furono, storicamente, i luoghi dove la resistenza alla conquista romana fu più forte?

Approfondire

5 Il re dei Belgi Ambiorìge, il germanico Arminio e Boudicca, regina celtica degli Icèni, sono alcune delle figure più rappresentative dei nemici più irriducibili del popolo romano. Svolgi una breve ricerca su uno di questi personaggi, individuando i dati storici più significativi.

6 Le testimonianze del punto di vista dei vinti sono numerose. Di particolare interesse sono: Sallustio, *Lettera di Mitridate*; Cesare, *De bello Gallico* VII, 77, 3-16; Livio, *Ab urbe condita* XXI, 44, 4-5. Scegli uno di questi testi, forma un gruppo di lavoro con alcuni tuoi compagni, quindi individua gli elementi di critica verso la politica di Roma. Presenta alla classe la tua analisi e confronta i tuoi risultati con quelli emersi dagli altri testi.

7 Le *Memorie di Adriano*, della scrittrice francese Marguerite Yourcenar, rappresentano un tentativo di descrivere l'*orbis terrarum* dalla prospettiva dell'imperatore Adriano (117-138 d.C.). Cerca il libro in biblioteca, quindi, nel capitolo *Disciplina Augusta*, parte III, leggi con attenzione la descrizione della rivolta di Bar Kochkbà, il "Figlio della stella". Quali sentimenti emergono, da parte del *princeps*, verso gli "affari ebraici" e questa ennesima occasione di rivolta?

8 Nel 1996 furono scoperti i resti di un avamposto militare nelle vicinanze di Dublino, nella località di Drumanagh, in Irlanda. Tali avamposti sono descritti al link: www.britarch.ac.uk/ba/ba14/BA14FEAT.HTML. Metti alla prova il tuo inglese, leggendo con attenzione il primo degli articoli ed elaborandone un breve riassunto in italiano.

Ripasso e recupero
unità 32-33

CONOSCERE

1. Indica se le seguenti affermazioni sono vere o false.

1. Il gerundio latino corrisponde al gerundio italiano. V F
2. Il gerundivo attributivo può sostituire il gerundio in tutti i casi. V F
3. Il costrutto del gerundio + complemento oggetto non è mai possibile nel caso accusativo. V F
4. Nella perifrastica passiva il complemento d'agente non può mai essere espresso in ablativo. V F
5. Nella perifrastica passiva impersonale il gerundivo è posto al genere neutro. V F
6. Il gerundivo predicativo può trovarsi con qualsiasi genere di verbi. V F
7. Il supino in -*um* in dipendenza da verbi di moto indica il fine dell'azione. V F
8. Il supino in -*u* ha valore di limitazione. V F

SAPER FARE

2. Nelle seguenti frasi d'autore scegli la perifrastica passiva corretta tra le due proposte, quindi traduci.

1. *Apud Pythagoram discipulis quinque annis* **tacendum** / **tacendi** *erat.* (Sen.) • 2. *Nullum externum periculum est, non rex, non gens ulla, non natio* **pertimescenda** / **pertimescendae** *est.* (Cic.) • 3. **Resistendus** / **Resistendum** *senectuti est eiusque vitia diligentia compensanda sunt.* • 4. *Hortatio non est necessaria, gratulatione magis* **utendum** / **utenda** *est.* (Cic.) • 5. *Caesar* **partiendus** / **partiendum** *sibi ac latius* **distribuendus** / **distribuendum** *esse exercitum putavit.* (Ces.) • 6. *Diu* **adparandum** / **adparandus** *est bellum ut vincas celerius.* (Publ. Sir.)

3. Nelle seguenti frasi d'autore distingui tra gerundio G, gerundivo attributivo GA e gerundivo predicativo GP, quindi traduci.

1. *Deliberando saepe perit occasio.* (Publ. Sir.) G GA GP • 2. *Demus igitur nos philosophiae excolendos.* (Cic.) G GA GP • 3. *Hominis mens discendo alitur et cogitando.* (Cic.) G GA GP • 4. *Sex. Roscius filio suo praedia pulchra et fructuosa colenda ac tuenda tradiderat.* (Cic.) G GA GP • 5. *Bona regia diripienda plebi sunt data.* (Liv.) G GA GP • 6. *Quieta Gallia Caesar, ut constituerat, in Italiam ad conventus agendos proficiscitur.* (Ces.) G GA GP • 7. *Consul placandis dis dat operam.* (Liv.) G GA GP • 8. *His amicis sociisque confisus Catilina opprimundae rei publicae consilium cepit.* (Sall.) G GA GP

4. Nelle seguenti frasi d'autore scegli la forma corretta di supino, poi traduci.

1. *Legati ab Roma venerunt* **questum** / **questu** *iniurias.* (Liv.) • 2. *Virtus difficilis* **inventu** / **inventum** *est, rectorem ducemque desiderat.* (Sen.) • 3. *Segni Condrusique, ex gente et numero Germanorum, legatos ad Caesarem miserunt* **oratu** / **oratum** *ne se in hostium numero duceret.* (Ces.) • 4. *Vos, patres conscripti – grave* **dictu** / **dictum** *est, sed dicendum tamen – vos Serv. Sulpicium vita privastis.* (Cic.) • 5. **Lusum** / **Lusu** *it Maecēnas,* **dormītum** / **dormītu** *ego Vergiliusque.* (Or.) • 6. *Uva primum est peracerba* **gustatu** / **gustatum**, *deinde maturata dulcescit.* (Cic.)

5 Nelle seguenti frasi d'autore riconosci i diversi costrutti finali, quindi traduci.

1. *Caesar ad lacessendum hostem et ad committendum proelium alienum esse tempus arbitratur.* (Ces.) • **2.** *Caesar arbitros dat qui litem aestiment poenamque constituant.* (Ces.) • **3.** *Quo facilius barbaros repelleret, delectus est Aristides.* (Nep.) • **4.** *Ad Transtigritanos reges et satrăpas legati cum muneribus missi sunt monituri cunctos et hortaturi ut nihil fallax temptarent vel fraudolentum.* (Amm.) • **5.** *Hannĭbal litteras regi scribĕre non est ausus, ne quo casu intercepta re palam facerent consilia sua.* (Liv.) • **6.** *Galli ad Caesarem legatos miserunt oratum ne se in hostium numero duceret.* (Ces.) • **7.** *Pacis exposcendae causā lectisternium fuit.* (Liv.) • **8.** *Illi oppugnatum venturi erant. Quem? Fabium. Quo consilio? Ut occiderent.* (Cic.)

6 Nelle seguenti frasi d'autore trasforma le proposizioni finali evidenziate da implicite in esplicite o viceversa, scegliendo a piacere fra i costrutti studiati, quindi traduci.

1. *Ad Philippum missi sunt legati* **qui ducenta argenti talenta pollicerentur ut in Italiam traiceret.** (Liv.) • **2.** *Hannibal* **sepeliendi causā** *conferri in unum locum corpora suorum iussit.* (Liv.) • **3.** *Praefecti regis legatos miserunt Athenas* **questum** *quod Chabrias adversum regem bellum gereret cum Aegyptiis.* (Nep.) • **4.** *Ea res in primis studia hominum accendit* **ad consulatum mandandum** *M. Tullio Ciceroni.* (Sall.)

7 Nelle seguenti frasi d'autore distingui i diversi tipi di proposizione completiva, poi traduci.

1. *Tibi ago gratias quod me omni molestia liberas.* (Cic.) • **2.** *Si diem proferimus et hesternae eruptionis fama contemni desierimus, periculum est ne omnes copiae conveniant.* (Liv.) • **3.** *Nihil impedit quomĭnus id quod maxime placeat facĕre possimus.* (Cic.) • **4.** *Milites aegre tunc sunt retenti quin oppidum irrumperent.* (Ces.) • **5.** *Fieri nullo modo poterat quin Cleomĕni parceretur.* (Cic.) • **6.** *Non dubito quin periculum hoc vitare aut effugĕre non possim.* (Cic.) • **7.** *Caesar, quod oppidum Cenābum pons fluminis Ligĕris contingebat, veritus ne noctu ex oppido profugerent, duas legiones in armis excubare iubet.* (Ces.) • **8.** *Non recusantibus censoribus quomĭnus primo quoque tempore iudicium de se populus faceret, comitiis perduellionis dicta dies est.* (Liv.) • **9.** *Ex his litteris non erat dubium quin Lamia ante eam diem venturus esset.* (Cic.) • **10.** *Neque me Iuppĭter neque di omnes id prohibebunt quin sic faciam ut constitui.* (Plaut.)

COMPRENDERE E TRADURRE

8 Traduci il seguente brano d'autore.

La presa di Avarico

Videotutorial
Guarda il video e impara a fare l'analisi sintattica della versione.

I Galli, persa ogni speranza di difendere la città, abbandonano la posizione e si rifugiano da Vercingetorìge.

Hostes re nova perterriti, muro turribusque deiecti in foro ac locis patentioribus cuneatim constiterunt hoc animo, ut acie instructa depugnarent. Ubi neminem in aequum locum sese demittĕre, sed toto undique muro circumfundi viderunt, verĭti ne omnīno spes fugae tolleretur, abiectis armis ultimas oppidi partes continenti impetu petiverunt, parsque ibi, cum angusto exitu portarum se ipsi premerent, a militibus, pars iam egressa portis ab equitibus est interfecta. nec fuit quisquam qui praedae studeret. Sic et Cenabensi caede et labore opĕris incitati non aetate confectis, non mulieribus, non infantibus pepercerunt. Denique ex omni eo numero, qui fuit circiter milium XL, vix DCCC, qui primo clamore audito se ex oppido eiecerant, incolumes ad Vercingetorīgem pervenerunt. Quos ille multa iam nocte silentio sic ex fuga excepit, verĭtus ne qua in castris ex eorum concursu et misericordia vulgi seditio oriretur.

(Cesare)

8 LABORATORIO delle competenze

La subordinazione: le completive

unità 32-33

Prerequisiti
- Il gerundio
- Il gerundivo
- Il gerundivo attributivo
- La coniugazione perifrastica passiva
- Il supino
- Le completive al congiuntivo

ANALISI LINGUISTICA

1 Dopo aver letto con attenzione il testo, svolgi le seguenti operazioni:
- fa' l'analisi del periodo;
- individua le congiunzioni coordinanti e subordinanti;
- sottolinea le proposizioni subordinate al congiuntivo e indicane la tipologia;
- completa le note;
- traduci.

Nepi è sottratta all'occupazione degli Etruschi

Mentre Sutri è stata riconquistata all'influenza di Roma, Nepi, complice una defezione concertata da alcuni, è passata in mano etrusca. I tribuni decidono allora di muovere le legioni e riescono facilmente a riprendere il controllo della città.

Sutrio recepto restitutoque sociis, Nepĕte (acc.) exercitus ductus est, quod, per deditionem acceptum, iam totum Etrusci habebant. Videbatur ("sembrava") plus **in ea urbe recipienda** labŏris fore, non eo solum quod tota hostium erat, sed etiam quod parte Nepesinorum prodente civitatem facta erat deditio; mitti tamen ad principes eorum placuit **ut secernerent** se ab Etruscis fidemque quam **implorassent** ab Romanis ipsi **praestarent**. Unde cum responsum allatum esset nihil **suae potestatis** esse, Etruscos moenia custodiasque portarum tenēre, primo populationibus agri terror est oppidanis admotus; deinde, postquam deditionis **quam societatis** fides sanctior erat, fascibus sarmentorum ex agro conlatis, ductus est ad moenia exercitus completisque fossis scalae admotae sunt et clamore primo impetuque oppidum capitur. Nepesinis inde edictum est ut arma ponant **parci**que iussum est **inermi**: Etrusci pariter armati atque inermes caesi sunt. Nepesinorum quoque auctores deditionis secŭri percussi: innoxiae multitudini redditae sunt res oppidumque cum praesidio relictum. Ita duabus sociis urbibus ex hoste receptis victorem exercitum tribuni cum magna gloria Romam reduxerunt.

(da Livio)

LABORATORIO di lingua

1. *Sutrio recepto restitutoque*: di che tipo di subordinata si tratta? Ne sapresti individuare altri esempi nel brano?
2. *in ea urbe recipienda*: è una costruzione al gerundio o gerundivo? È possibile passare dall'una all'altra costruzione?
3. *ut secernerent... praestarent*: di che tipo di subordinata si tratta? Da quale voce verbale dipende?
4. *implorassent*: .... (modo, tempo e persona). Da che cosa è retto?
5. *suae potestatis*: genitivo di qualità o genitivo partitivo? Motiva la tua risposta.
6. *quam societatis*: quale particolare regola della comparazione è utilizzata?
7. *parci... inermi*: *parcĕre* regge il dativo. Di che costruzione si tratta, dato che il verbo non è transitivo?

L'esercizio insegna a:
- saper analizzare il periodo
- saper riconoscere i diversi tipi di subordinate al congiuntivo
- saper distinguere e rendere in italiano le varie strutture morfosintattiche studiate

ANALISI LESSICALE

2 Dopo aver letto con attenzione il testo, svolgi le seguenti operazioni:
- se possibile, prima di ricorrere al dizionario, cerca di risalire al significato dei termini sulla base del lessico italiano;
- completa le note;
- traduci.

Un improvviso attacco dei Britanni

Mentre l'accampamento romano è occupato nelle sue varie mansioni, la vista di una nuvola di polvere annuncia a Cesare che i nemici, rotti gli indugi, hanno assalito la legione che sta provvedendo ai rifornimenti di grano.

*Dum ea ("tali operazioni") geruntur, legione ex consuetudine una frumentatum missa, quae appellabatur septima, neque ulla ad id tempus **belli suspicione interposita**, cum pars hominum in agris remaneret, pars etiam in castra **ventitaret**, ii qui pro portis castrorum in statione erant, Caesari nuntiaverunt pulverem maiorem, quam consuetudo ferret ("comportava"), in ea parte videri quam in partem legio iter fecisset. Caesar, id quod erat suspicatus, aliquid novi **consilii** a barbaris initum (esse), cohortes, quae in stationibus erant, secum in eam partem proficisci, ex reliquis duas in stationem succedere, reliquas armari et confestim se subsequi iussit. Cum paulo longius a castris processisset, suos ab hostibus premi atque aegre sustinere et **conferta legione** ex omnibus partibus tela conici animadvertit. Nam quod omni ex reliquis partibus **demesso frumento** una pars erat reliqua, hostes, suspicati huc nostros esse venturos, noctu in silvis **delituerant**. Tum dispersos depositis armis in metendo occupatos subito **adorti** paucis interfectis reliquos incertis ordinibus perturbaverant, simul equitatu atque **essedis** circumdederant.*

(Cesare)

LABORATORIO di lessico

1. *belli suspicione interposita*: *suspicio, -onis* è affine all'italiano "sospetto", "timore"; *belli suspicionem interponere* significa "nutrire ....". Confronta il significato del verbo *suspicor*.
2. *ventitaret*: il verbo *ventito* è frequentativo dalla radice di *venio*, di cui esprime il valore intensivo e ripetuto, quindi significa ....
3. *consilii*: *consilium* può significare "decisione", "piano", "azione": qual è l'accezione più adatta al contesto?
4. *conferta legione*: "a ranghi serrati".
5. *demesso frumento*: la parola "messe" ci orienta sul significato del verbo *demeto, -is, demessui, demessum, -ere*, che significa ....
6. *delituerant*: è un composto di *latesco*, derivato dalla radice di *lateo*: per il suo significato pensa a "latenza", "latente".
7. *adorti*: da *adorior, -iris, adortus sum, adoriri* "assalire".
8. *essedis*: da *essedum, -i* "carro da guerra".

L'esercizio insegna a:
- avere consapevolezza, nel confronto, delle continuità e discontinuità tra lessico italiano e latino al fine di una corretta traduzione

unità 34 — Il periodo ipotetico indipendente

Lezione
Studia il **periodo ipotetico** ed **esercitati** a memorizzarlo; quindi **verifica** le tue conoscenze.

LINGUA
Sintassi
Il periodo ipotetico indipendente di 1° tipo (oggettività)
Il periodo ipotetico indipendente di 2° tipo (possibilità)
Il periodo ipotetico indipendente di 3° tipo (irrealtà)

LESSICO
Parole da scoprire
Verbi simili: *partior, potior, patior*

TRADUZIONE
Conoscere la cultura
Giustizia e politica nell'antica Roma

SINTASSI

Il periodo ipotetico indipendente

Il periodo ipotetico è composto da almeno due proposizioni: la **pròtasi** (che dal greco significa "premessa") è una subordinata che esprime la condizione necessaria perché si realizzi quanto espresso nella reggente, detta **apòdosi** (che dal greco significa "conseguenza").
La **protasi** è una **subordinata** introdotta, nella **forma esplicita**, dalla congiunzione *se* (negativa *se non*), o, meno spesso, da *qualora*, *quando* o dalle locuzioni *purché*, *posto che*, *ammesso che* ecc. Nel periodo ipotetico **indipendente** l'**apodosi** costituisce la **principale**, mentre in quello **dipendente** (vedi Unità 45, p. 333) è una **subordinata**:

Se dici questo (protasi), *sbagli* (apodosi).
Penso che, se dici questo (protasi), *sbagli* (apodosi).

Nella **forma implicita** la protasi presenta il verbo al **gerundio**, al **participio passato** o all'**infinito** preceduto dalla preposizione *a*, solo se c'è identità di soggetto con la reggente:

Vedendolo / Visto / A vederlo (= *Se lo vedi*), *ti spaventi*.

Esistono tre tipi di periodo ipotetico:

- **1° tipo** (dell'**oggettività** o della **realtà**), quando l'ipotesi è un fatto reale e la conseguenza è affermata come sicura. Nella **protasi** troviamo il modo **indicativo**, nell'**apodosi** invece tutti i **modi delle proposizioni indipendenti** (indicativo, imperativo, congiuntivo esortativo ecc.):

  Se parli, ti ascolto.

- **2° tipo** (della **possibilità**), in cui la protasi esprime una condizione che può verificarsi o è presentata quale semplice supposizione e l'apodosi ne costituisce la possibile conseguenza. Nella **protasi** troviamo il **congiuntivo imperfetto**, nell'**apodosi** il **condizionale presente**:

  Se parlassi, ti ascolterei.

- **3° tipo** (dell'**irrealtà** o dell'**impossibilità**), in cui si ammette, per pura supposizione, un fatto irreale. Nella **protasi** troviamo il **congiuntivo trapassato**, nell'**apodosi** il **condizionale passato**:

Se avessi parlato, ti avrei ascoltato. (ma non l'hai fatto!)

Appartengono al 3° tipo anche alcuni periodi ipotetici che, pur presentando **congiuntivo imperfetto** nella **protasi** e **condizionale presente** nell'**apodosi**, sono concettualmente **impossibili**:

Se non fossi Alessandro, vorrei essere Diogene. (condizione impossibile)

IN LATINO

La costruzione è analoga all'italiano: a una frase **reggente** (**apodosi**) si affianca una **subordinata** (**protasi**), che può essere:
- **esplicita**, introdotta dalla congiunzione affermativa *si* o da quelle negative *nisi* o *si non*;
- **implicita**, espressa da un **participio congiunto** o da un **participio assoluto** (**ablativo assoluto**).

Come in italiano, dal punto di vista del significato il periodo ipotetico può essere:
- del 1° tipo (o dell'oggettività o della realtà);
- del 2° tipo (o della possibilità);
- del 3° tipo (o dell'irrealtà).

RICORDA CHE...

- La congiunzione *nisi* è solitamente riferita all'intera frase, mentre il nesso *si non* è usato quando si vuol negare un termine preciso della protasi:

  Tu tamen velim orationem legas, nisi forte iam legisti. (Cic.)
  Vorrei tuttavia che leggessi il discorso, **a meno che** per caso tu **non** l'abbia già letto.

  Hic magnus orator est, si non maximus. (Cic.)
  Costui è un grande oratore, **se non** il più grande.

- *Nisi* (anche nella forma sincopata *ni*) viene usato spesso in espressioni ellittiche del predicato:

  Fores occlusae omnibus sint nisi tibi. (Plaut.)
  La porta sia chiusa a tutti **fuorché** a te.

- Altre **congiunzioni condizionali** che introducono la protasi possono essere: *si forte* "se per caso", "sem-mai", "caso mai"; *si modo* "se solo", "se pure", "se almeno"; *quod si* "e se" (coordina una protasi con un periodo che precede); *sin, si autem, sin autem* "ma se", "se al contrario", "se invece"; *si minus* "se no" si usa quando nella seconda di due protasi contrapposte il verbo è sottinteso.

- In italiano la congiunzione "**se**" può introdurre sia una subordinata condizionale sia un'interrogativa indiretta:

  Se piove (condizionale), *resto a casa.*
  Ti chiedo se (interrogativa indiretta) *vieni alla festa.*

  In latino, invece, esistono congiunzioni distinte per i due valori: *si* è quella **condizionale**, mentre nelle **interrogative indirette** "se" si esprime con *-ne* (enclitico) o *num*, "se non" con *nonne*; nelle indirette disgiuntive "se... o" possono essere espressi da: *utrum... an, -ne* (enclitico) *... an*, il solo *an*. Con i verbi di dubbio in forma positiva *an* equivale a "se non", *an non* e *num* corrispondono invece a "se".

Il periodo ipotetico indipendente di primo tipo (o dell'oggettività)

Come in italiano, il periodo ipotetico di 1° tipo (o dell'oggettività) è costituito da una **protasi** che esprime una condizione oggettiva, su cui chi scrive o parla non esprime alcun giudizio, e da una **apodosi** che ne rappresenta la conseguenza necessaria.
In esatta corrispondenza con l'italiano, sono usati:

- nella **protasi** i tempi dell'**indicativo**;
- nell'**apodosi** tutti i **modi delle proposizioni indipendenti** (indicativo, imperativo, congiuntivo esortativo ecc.):

Si spiritum ducit, vivit. (Cic.)   Se respira, è vivo.
Si curris, advŏla. (Cic.)   Se corri, vola!
Decernatur, si placet. (Cic.)   Si deliberi pure, se (così) si è deciso.

La **protasi** può essere espressa anche **in forma implicita**, con un participio congiunto o un ablativo assoluto.

Ricorda che...

- Nella **protasi**, in presenza di un **soggetto indeterminato** (frase impersonale, "tu" generico), si può trovare il **congiuntivo**, che conferisce all'espressione un valore eventuale:

  *Memoria minuitur, **nisi** eam **exerceas**.* (Cic.)   La memoria si indebolisce, **se non** la si **esercita** (lett. "**a meno che non** la **eserciti**").

- Nel caso di un **futuro semplice** nell'**apodosi**, la **protasi**, che precede concettualmente l'apodosi essendone propriamente la premessa, viene di norma espressa con il **futuro anteriore**:

  *Si id **non fecĕris**, mirabor.* (Cic.)   Se non farai (lett. "avrai fatto") questo, **sarò sorpreso**.

ESERCIZI

IN ITALIANO

1 Nei seguenti periodi ipotetici **sottolinea** in rosso la protasi e in nero l'apodosi; quindi **individua** il tipo di periodo ipotetico.

1. Se passate da Nicola, ricordatevi di salutarmelo! 1° 2° 3° • **2.** Cristina potrebbe godersi molto di più la vita, se lavorasse meno. 1° 2° 3° • **3.** Se ora fossimo tutti insieme, sarebbe ancora più bello. 1° 2° 3° • **4.** Se deciderai di compiere questo difficile passo, non ti lascerò certo da solo. 1° 2° 3° • **5.** Se Alessandro Magno vivesse ancora, conquisterebbe lo spazio. 1° 2° 3° • **6.** Se trovassi un portafoglio per strada, lo restituirei subito al proprietario. 1° 2° 3° • **7.** Non avresti dimenticato il casco, se fossi stato più attento. 1° 2° 3° • **8.** Se considerassi la situazione con maggiore distacco, non staresti così male. 1° 2° 3°

IN LATINO

FACILIORA

2 **Abbina** le congiunzioni ipotetiche al significato corretto.

1. *si modo*	**a.** se no
2. *sin*	**b.** a meno che
3. *si non*	**c.** se invece
4. *nisi*	**d.** se per caso
5. *si forte*	**e.** altrimenti
6. *quod si*	**f.** se solo
7. *si minus*	**g.** se non
8. *sin autem*	**h.** e se

3 Traduci le seguenti frasi d'autore, prestando particolare attenzione ai periodi in cui la protasi è espressa in forma implicita.

1. *Si maritum tam formosum tenet, ut affirmat, nulla mulier nunc in orbe toto felicior vivit.* (Apul.) • 2. *Mulier multatur, si vinum bibit.* (Cato.) • 3. *Mors plane neglegenda est, si exstinguit animus; at etiam optanda est, si aliquō eum deducit, ubi futurus sit aeternus.* (Cic.) • 4. *Cito rumpes arcum, si semper tensum habueris.* (Fedr.) • 5. *Temeritate remota, gratissima est liberalitas.* (Cic.) • 6. *Si tyrannidem occupare, si patriam prodĕre conabitur pater, silebitne filius?* (Cic.) • 7. *Si volŭmus aequi rerum omnium iudices esse, hoc primum nobis persuadeamus* (+ dat.), *neminem nostrum esse sine culpa.* (Sen.) • 8. *Quodvis exsilium his est optatius quam patria, quam domus, quam di penates, illo uno exsulante.* (Cic.)

DIFFICILIORA

4 Completa i seguenti periodi ipotetici di 1° tipo coniugando correttamente il verbo della protasi e facendo attenzione ai casi in cui è opportuno usare il congiuntivo o il futuro anteriore; quindi **traduci**.

1. *Si vox libera non .... (sum), quid liberum est?* (Liv.)
2. *Si abundare .... (coepi), meam villam Caietam ornabo.* (Cic.)
3. *Nulla erit excusatio peccati, si amici causa .... (pecco).* (Cic.)
4. *Turpis excusatio est et minime accipienda, si quis contra rem publicam se amici causa fecisse .... (fateor).* (Cic.)
5. *Plura scribam, si plus otii .... (habeo).* (Cic.)
6. *Si liberari metu mortis .... (possum), id agamus.* (Cic.)
7. *Vita, si (tu) .... (scio) uti, longa est.* (Sen.)
8. *Nemo saltat sobrius, nisi forte .... (insanio).* (Cic.)

5 Traduci in latino le seguenti frasi.

1. Se verrai a trovarmi, ti mostrerò le meraviglie della nostra città. • 2. Andromaca, condotta in servitù, alla vista di Elena si rallegrava molto. • 3. Non so che cosa sia successo: se abbiamo vinto, la città è nostra, ma se abbiamo perso, dobbiamo fuggire. • 4. Se vuoi godere lo spettacolo bellissimo della natura, svegliati prima del canto del gallo.

6 Traduci il seguente brano d'autore.

L'amicizia come bene supremo

Cicerone ritiene che l'amicizia sia il dono più bello che gli dèi abbiano fatto agli umani: non ha senso rifiutarla per paura di soffrire, perché la sofferenza è connaturata nell'essere umano e, anzi, costituisce una forma di virtù.

Neque enim est consentaneum ullam honestam rem actionemve, ne sollicitus sis, aut non suscipĕre aut susceptam deponĕre. Quod si curam fugimus, virtus fugienda est, quae necesse est res sibi contrarias aspernetur atque oderit, ut bonitas malitiam, temperantia libidinem, ignaviam fortitudo; itaque videas ("si può vedere") *rebus iniustis iustos maxime dolēre, imbellibus* (rebus) *fortes, flagitiosis* (rebus) *modestos. Ergo hoc proprium est animi bene constituti, et laetari bonis rebus et dolēre contrariis. Quam ob rem, si cadit in sapientem animi dolor, qui profecto cadit, nisi ex eius animo extirpatam humanitatem arbitramur, quae causa est, cur amicitiam funditus tollamus e vita, ne aliquas propter eam suscipiamus molestias? Quid enim interest* ("che differenza c'è"), *motu animi sublato, non dico inter pecudem et hominem, sed inter hominem et truncum aut saxum aut quidvis generis eiusdem?*

(Cicerone)

SINTASSI

Il periodo ipotetico indipendente di secondo tipo (o della possibilità)

Il periodo ipotetico di 2° tipo (o della possibilità) presenta una condizione che, per chi scrive o parla, può verificarsi o è presentata come una semplice supposizione.
Contrariamente all'italiano, in latino troviamo sia nella **protasi** sia nell'**apodosi**:

- il **congiuntivo presente** per una possibilità riferita al **presente** o al **futuro**;
- il **congiuntivo perfetto** (raro nell'apodosi) per una possibilità riferita al **passato**:

Imitari orationes Thucydĭdis neque possim, si velim, nec velim fortasse, si possim. (Cic.)	Né **potrei** imitare i discorsi di Tucidide, **se** (lo) **volessi**, né forse lo **vorrei**, **se potessi**.
Sapiens si quaesitum ex eo sit stellarum numerus par an impar sit, nescire se dicat. (Cic.)	Il sapiente, qualora gli **fosse stato domandato** se il numero delle stelle sia pari o dispari, **risponderebbe** che non lo sa.

RICORDA CHE...

- Il periodo ipotetico di 2° tipo è usato anche per gli *exempla ficta*, cioè per quegli esempi immaginari a cui si ricorre per convalidare un'affermazione, la cui natura è però speculativa e retorica:

Si existat hodie ab inferis Lycurgus, nunc se patriam et Spartam antiquam agnoscĕre dicat. (Liv.)	Se Licurgo **risalisse** dagli inferi oggi, ora **direbbe** di riconoscere la sua patria e l'antica Sparta.

ESERCIZI

FACILIORA

7

Completa la traduzione dei seguenti periodi ipotetici di 2° tipo coniugando opportunamente il verbo al congiuntivo o al condizionale.

1. *Si quis vos **interroget**, quid **respondeatis**?* (Liv.)
   Se uno vi ...., che cosa .... ?

2. *Sim impudens, si plus postulem.* (Cic.)
   .... sfacciato, se .... di più.

3. *Non **negem**, si (te) **noverim**.* (Plaut.)
   Non (lo) ...., se (ti) ....

4. *Ego, si Scipionis desiderio me movēri **negem**, certe **mentiar**.* (Cic.)
   Io, se .... di essere turbato dal rimpianto di Scipione, certo ....

5. *Si contentio quaedam **fiat** quibus plurimum adiuvandum sit, principes **sint** patria et parentes.* (Cic.)
   Se .... una sorta di gara su chi debba essere aiutato di più, i primi .... la patria e i genitori.

6. *Si ego **memorem** multa quae erga me bene fecisti, nox diem **adimat**.* (Plaut.)
   Se io .... i molti benefici che hai compiuto nei miei confronti, la notte .... il giorno.

8 Traduci le seguenti frasi d'autore, individuando in particolare gli *exempla ficta*.

1. *Haec si tecum patria loquatur, nonne impetrare debeat?* (Cic.) • 2. *Dies me deficiat, si reges imperatoresque temĕre in hostium terras transgressos cum maximis cladibus suis enumerare velim.* (Liv.) • 3. *Nonne igitur sapiens, si fame ipse conficiatur, abstulerit cibum alteri homini?* (Cic.) • 4. *Qui mercantur nihil proficiant, nisi mentiantur.* (Cic.) • 5. *Si unusquisque nostrum ad se rapiat commoda aliorum, societas hominum et communitas evertatur.* (Cic.) • 6. *Si qui deus mihi largiatur ut ex hac aetate repuerascam et in cunis vagiam, valde recūsem.* (Cic.) • 7. *Sim enim impŭdens si plus postulem quam homini a rerum natura tribui potest.* (Cic.) • 8. *Iniussu tuo, imperator, extra ordinem numquam pugnaverim, non si certam victoriam videam.* (Liv.)

9 Traduci in latino le seguenti frasi.

1. Se mi accusaste di tradimento, saprei come difendermi. • 2. Se qui in tribunale ora sedesse Socrate, certamente si stupirebbe di quanto siamo clementi con costui. • 3. Se Cicerone tornasse oggi in vita, probabilmente ripeterebbe il suo famoso detto: «O tempi, o costumi!» • 4. Saresti in grave errore se credessi di poter imparare una lingua senza fatica.

10 Traduci il seguente brano d'autore.

La vera ricchezza

Due aneddoti insegnano che la ricchezza interiore è l'unica che non può esserci tolta, mentre quello che appare come un grande potere è fonte di preoccupazione e infelicità.

Bias sapiens, cum patriam eius Prienen hostes invasissent, omnibus pretiosarum rerum pondere onustis fugientibus, interrogatus quid ita nihil ex bonis suis secum ferret «Ego vero» inquit «bona omnia mea mecum porto»: pectore enim illa gestabat, non humeris, nec oculis visenda, sed aestimanda animo. Nam si bona tua domicilio mentis inclusa habes, quae nec mortalium nec deorum manibus labefactari queunt, ea ut tibi manenti praestō sunt, ita fugienti non deserunt.

Rex etiam ille subtilis iudicii fuit, quem ferunt, prius quam capiti inponeret ("prima di mettersi in testa") diadema sibi tradĭtum, diu considerasse ac dixisse: «Hoc diadema magis nobile quam felix est: nam si quis penitus cognoscat quam multis sollicitudinibus et periculis et miseriis sit refertus, ne humi quidem iacentem tollĕre velit».

(Valerio Massimo)

SINTASSI

Il periodo ipotetico indipendente di terzo tipo (o dell'irrealtà)

Il periodo ipotetico di 3° tipo (o dell'irrealtà) è quello in cui chi scrive o parla presenta la condizione espressa nella protasi come irreale o irrealizzabile, cioè contraria alla realtà: pertanto anche la conseguenza espressa dall'apodosi è irrealizzabile.
In latino troviamo sia nella **protasi** sia nell'**apodosi**:

- il **congiuntivo imperfetto** per l'irrealtà riferita al **presente**;
- il **congiuntivo piuccheperfetto** per l'irrealtà riferita al **passato**:

| *Nisi Alexander essem, ego vero vellem esse Diogĕnes.* (Cic.) | **Se non fossi** Alessandro, **vorrei** essere Diogene. |
| *Si Catilina in urbe remansisset, dimicandum nobis cum illo fuisset.* (Cic.) | Se Catilina **fosse rimasto** in città, **avremmo dovuto combattere** contro di lui. |

Ricorda che...

- Nell'**apodosi** si trova usato l'**indicativo imperfetto**, **perfetto** o **piuccheperfetto** invece del congiuntivo piuccheperfetto:
  - con i verbi **possum** "posso", **debeo** "devo" e con espressioni indicanti **opportunità** e **convenienza** come *oportuit* "bisognò", *necesse erat* "era necessario", *iustum erat* "era giusto", che si rendono tutti in italiano con il cosiddetto "falso condizionale" (vedi Unità 40, p. 251):

    *Democritus non **potuit** fieri sapiens, nisi natus esset.* (Cic.)   Democrito non **sarebbe potuto** diventare sapiente, se non fosse nato.

  - con le **coniugazioni perifrastiche attiva e passiva**:

    *Relicturi agros **erant** nisi Metellus litteras misisset.* (Cic.)   **Avrebbero lasciato** i campi, se Metello non avesse inviato una lettera.

    *Si unum diem morati essemus, omnibus **moriendum fuit**.* (Liv.)   Se ci fossimo attardati un solo giorno, **saremmo dovuti morire** tutti.

  - nel caso in cui si voglia indicare un **fatto che era sul punto di accadere**, ma che poi non accadde per il sopraggiungere di un avvenimento inaspettato (la protasi, negativa, è regolarmente espressa al congiuntivo piuccheperfetto); l'indicativo è spesso accompagnato da **paene** "quasi", "per poco non" (sempre con il perfetto):

    *Praeclare **viceramus**, nisi Lepĭdus recepisset Antonium.* (Cic.)   **Avremmo** splendidamente **vinto** (lett. "Avevamo splendidamente vinto"), se Lepido non avesse accolto Antonio.

    ***Paene** in foveam **decĭdi**, nisi tu hic adesses.* (Plaut.)   **Per poco non sarei caduto** nella fossa, se non ci fossi stato tu.

- A volte la protasi di un determinato tipo si lega all'apodosi di un altro tipo. In questo caso il **periodo ipotetico** è detto misto:

    *Satis longa vita **est**, **si** tota bene **collocaretur**.* (Sen.)   La vita **è** abbastanza lunga, **se fosse** tutta **impiegata** bene.

Schema riassuntivo del periodo ipotetico indipendente

1° tipo (oggettività o realtà)		protasi	apodosi
nel futuro	esplicita: implicita:	*si* + indicativo futuro anteriore participio futuro congiunto	indicativo futuro, imperativo, congiuntivo esortativo
nel presente	esplicita: implicita:	*si* + indicativo presente participio presente congiunto o ablativo assoluto	indicativo presente, imperativo, congiuntivo esortativo
nel passato	esplicita: implicita:	*si* + indicativo perfetto o imperfetto participio perfetto congiunto o ablativo assoluto	indicativo perfetto o imperfetto
2° tipo (possibilità)		protasi	apodosi
nel presente	esplicita: implicita:	*si* + congiuntivo presente participio presente congiunto o ablativo assoluto	congiuntivo presente, indicativo presente (con i verbi *possum*, *debeo*, con altre espressioni di possibilità e dovere e con le perifrastiche)
nel passato	esplicita: implicita:	*si* + congiuntivo perfetto participio perfetto congiunto o ablativo assoluto	congiuntivo perfetto (raro)

3° tipo (impossibilità o irrealtà)		
	protasi	apodosi
nel presente	esplicita: *si* + congiuntivo imperfetto	congiuntivo imperfetto
nel passato	esplicita: *si* + congiuntivo piuccheperfetto implicita: participio perfetto congiunto o ablativo assoluto	congiuntivo piuccheperfetto, tempi storici dell'indicativo (con i verbi *possum*, *debeo*, con le perifrastiche, con *paene* e l'indicativo perfetto)

ESERCIZI

11 **Traduci** i seguenti periodi ipotetici di 3° tipo.

1. *Precarer deos, nisi meas preces audire desissent.* (Cic.) • 2. *Si quid esset novi, scripsissem.* (Cic.) • 3. *Pluribus verbis tecum agerem, nisi pro me apud te res ipsa loqueretur.* (Cic.) • 4. *Divitias nego bonum esse: nam si essent, bonos facerent.* (Sen.) • 5. *Sunt qui se ultro morti offerre velint: ego hanc sententiam probarem, si nullam praeterquam vitae nostrae iacturam fieri viderem.* (Ces.) • 6. *Socrates amicis audientibus «Emissem – inquit – pallium, si nummos haberem».* (Sen.)

12 Nelle seguenti frasi d'autore **distingui** il tipo di periodo ipotetico, quindi **traduci**.

1. *Quid prodest foris esse strenuum, si domi male vivitur?* (Val. Mass.) 1° 2° 3° • 2. *Quod est timendum, decipit, si neglegas.* (Publ. Sir.) 1° 2° 3° • 3. *Minus saepe pecces, si scias quod nescias.* (Publ. Sir.) 1° 2° 3° • 4. *Si Romae Cn. Pompeius privatus esset hoc tempore, tamen ad tantum bellum is erat deligendus.* (Cic.) 1° 2° 3° • 5. *Si causae ipsae pro se loqui possent, nemo adhiberet oratorem.* (Cic.) 1° 2° 3° • 6. *Immensum est* (trad. con il condizionale), *si velim singula referre.* (Sen.) 1° 2° 3° • 7. *Caesar paene usque ad Aethiopiam Aegyptum penetravit, nisi exercitus sequi recusavisset.* (Svet.) 1° 2° 3° • 8. *Avaritiam si tollĕre vultis, mater eius est tollenda, luxuries.* (Cic.) 1° 2° 3°

DIFFICILIORA

13 **Abbina** le protasi alle apodosi rispettando le norme sintattiche e il senso; quindi **traduci** i periodi ipotetici così ottenuti.

1. *Si id liceret,*
2. *Si agri cultionem ei sustuleris,*
3. *Nisi Lepidus perdĕre omnia et perire ipse cum suis concupisset,*
4. *Si dormis,*
5. *Si erit causa,*
6. *Si te non amarem,*
7. *Sublatis amicitiis,*
8. *Si filiae suae funus secutus esset,*

a. *ferreus essem.*
b. *pulcherrime viceramus.*
c. *me ad te conferam.*
d. *quae potest esse vitae iucunditas?*
e. *M. Cicero felix mori potuit.*
f. *quid est Sicilia?*
g. *expergiscere.*
h. *tamen non debebas facĕre.*

14 **Traduci** in latino le seguenti frasi.

1. Se avessimo prestato maggiore attenzione a quanto accadeva allora, oggi lo stato sarebbe più saldo. • 2. Chi avesse rivelato quanto appreso questa notte, avrebbe pagato con la vita. • 3. Per poco non saremmo stati sterminati, se non fossero improvvisamente giunti i rinforzi. • 4. Se tu avessi compreso la ragione del mio dolore, non mi tratteresti così.

15 Traduci il seguente brano d'autore.

Cicerone scrive alla moglie dall'esilio

Cicerone riconosce gli errori politici che ne hanno causato la condanna all'esilio (58 a.C.) e manifesta alla moglie le proprie speranze nell'appoggio dei tribuni e dei due uomini più potenti di Roma, Pompeo e Cesare.

TULLIUS TERENTIAE SUAE

Et litteris multorum et sermone omnium perfertur ad me incredibilem tuam virtutem et fortitudinem esse teque nec animi neque corporis laboribus defatigari. Si, ut tu scribis, omnia fato facta putarem, ferrem paulo facilius; sed omnia sunt mea culpa commissa, qui ab iis me amari putabam, qui invidebant, eos non sequebar, qui petebant. Quod si nostris consiliis usi essemus neque apud nos tantum valuisset sermo aut stultorum amicorum aut improborum, beatissimi viveremus. Nunc, quoniam sperare nos amici iubent, dabo operam ne mea valetudo tuo labori desit. Res quanta sit intellego quantoque fuerit facilius manēre domi quam redire. Sed tamen, si omnes tribunos plebis habemus (sott. "dalla nostra parte"), *si vero etiam Pompeium et Caesarem, non est desperandum. Plancius, homo officiosissimus, me cupit esse secum et adhuc retinet. Sperat posse fieri ut mecum in Italiam decedat. Quem ego diem si videro et si in vestrum complexum venero, satis magnum fructum percipiam et vestrae pietatis et meae.*

(da Cicerone)

PAROLE DA SCOPRIRE
Verbi simili: *partior, potior, patior*

Tre verbi deponenti molto simili non vanno confusi tra loro. Si tratta di:

- *partior, -īris, partītus sum, partīri*, che significa "**spartire**", "**fare le parti**", e quindi anche "**dividere**", "**separare**". Il tema è infatti quello di *pars, partis* "parte", "partito". Frequente è anche il suo composto *impertior* "distribuire le parti", "fare dono di", "rendere partecipe";

- *potior, -īris, potītus sum, potīri*: il tema verbale è quello dell'aggettivo *potis, -e* "potente", "capace di", da cui si forma anche il verbo *possum*. *Potior* regge l'ablativo o anche il genitivo nel senso di "**impadronirsi**". Frequente è la locuzione *potīri rerum* "impadronirsi del potere";

- *patior, -ĕris, passus sum, pati* ha a che fare con la radice indoeuropea **path- / penth- / ponth-* presente nel greco *pathos* "sofferenza". Il significato concreto di base è dunque quello di "**sopportare**", "**tollerare**", e quindi di "**subire**", "**soffrire**", ma spesso ricorre anche quello figurato di "**lasciare**", "**permettere**", seguito da una completiva introdotta da *ut* o da un'infinitiva.

16 Traduci le seguenti frasi d'autore, scegliendo il significato più adatto per *partior, potior* e *patior* e prestando attenzione anche al valore dei composti e delle parole che ne condividono la radice.

1. *Omnia patior iure, infelix!* (Plaut.) • **2.** *Cn. Magius heredem fecit adulescentulum Oppianicum, sororis suae filium, eumque hereditatem partiri cum Dinaea matre iussit.* (Cic.) • **3.** *M. Marcellus urbem pulcherrimam Syracusas, cum vi consilioque cepisset, incolumem esse passus est.* (Cic.) • **4.** *Consules inter se partiti* (sunt) *provincias, Papirius in Apuliam ad Luceriam pergit, Publilius in Samnio substĭtit.* (Liv.) • **5.** *Illi tutius esse arbitrabantur obsessis viis commeatu intercluso sine ullo vulnere victoria potiri.* (Ces.) • **6.** *Silentio noctis Caesar ex castris egressus, deiecto praesidio potitus loco duas ibi legiones conlocavit.* (Ces.) • **7.** *Ad haec tempora quibus nec vitia nostra nec remedia pati possumus perventum est.* (Liv.) • **8.** *Pompeius paucis post diebus in Thessaliam pervēnit contionatusque apud cunctum exercitum Scipionis milites cohortatur ut parta iam victoria praedae ac praemiorum velint esse participes receptisque omnibus in una castra legionibus suum cum Scipione honorem partītur.* (Ces.)

VERIFICA DELLE COMPETENZE

COMPETENZE LINGUISTICHE

17 Completa la traduzione dei seguenti periodi ipotetici, dopo averne individuato il tipo.

1. *Dolores, **si** tolerabiles **sunt**, **feramus**; sin minus aequo animo e vita tamquam e theatro **exeamus**.* (Sen.) 1° 2° 3°
   .... le sofferenze, ... tollerabili; altrimenti .... con animo sereno dalla vita come da un teatro.

2. *Si mei servi me **metuerent** ut te metuunt omnes cives tui, Catilina, domum meam mihi relinquendam esse **putarem**.* (Cic.) 1° 2° 3°
   .... i miei schiavi mi .... come temono te, Catilina, tutti i tuoi concittadini, ... di dover abbandonare la mia casa.

3. *Germanicus ferrum iam **deferebat** in pectum, **nisi** proximi prensam dextram vi **attinuissent**.* (Tac.) 1° 2° 3°
   Germanico già .... l'arma contro il petto, ... quelli a lui più vicini, afferratagli la mano destra, ... la .... con la forza.

4. *Commodius **possem scribĕre**, si M. Tullius, scriba meus, **adesset**.* (Cic.) 1° 2° 3°
   .... più facilmente, se Marco Tullio, il mio scriba, fosse qui.

5. *Periculum nunc quidem, **nisi fallor**, nullum est.* (Cic.) 1° 2° 3°
   Ora, ..., non c'è di certo alcun pericolo.

6. *Si amicus tuus moriens **rogaverit** ut hereditatem reddas suae filiae, nec usquam id **scripserit** nec cuiquam **dixerit**, quid **facias**?* (Cic.) 1° 2° 3°
   .... un tuo amico morendo ti .... di consegnare l'eredità a sua figlia, e non .... ciò da nessuna parte né lo .... ad alcuno, che cosa ....?

7. *Si **videatis** catenas, squalorem, deformitatem civium vestrorum, profecto vos ea species **moveat**!* (Liv.) 1° 2° 3°
   .... le catene, lo squallore, il terribile aspetto dei vostri concittadini, sicuramente questo spettacolo vi ....!

8. *Pater tuus, **si viveret**, pro patria arma **cepisset**.* (Quint.) 1° 2° 3°
   Tuo padre, ..., avrebbe preso le armi per la patria.

> **L'esercizio insegna a:**
> - saper distinguere i diversi tipi di periodo ipotetico e applicarne correttamente l'uso dei tempi

18 Nei seguenti periodi ipotetici scegli la forma corretta fra le due proposte, poi traduci.

1. *Si quis minorem gloriae fructum **putat** / **putaret** e Graecis versibus percĭpi quam ex Latinis, vehementer errat.* (Cic.) • 2. *Si te parentes tui **timerent** / **timuerint** atque **odissent** / **oderint** neque eos ulla ratione placare **posses** / **potueris**, ut opinor, ab eorum oculis aliquō concederes.* (Cic.) • 3. *Res publica stare non **posset** / **potuit**, si ego non fuissem.* (Cic.) • 4. *Si honesta **sint** / **sunt**, quae facis, omnes sciant.* (Sen.) • 5. *Amici vitia si **fers** / **feras**, facias / **fac** tua.* (Publ. Sir.) • 6. *Alexandro si vita data longior **sit** / **esset**, trans Oceănum **transvŏlet** / **transvolasset**.* (Cic.) • 7. *Delēri totus exercitus **potuisset** / **potuit**, si fugientes persecŭti victores essent.* (Liv.) • 8. *Si quid **habeam** / **haberem** quod ad te scriberem, facerem id et pluribus verbis et saepius.* (Cic.)

> **L'esercizio insegna a:**
> - saper scegliere i tempi corretti nei diversi tipi di periodo ipotetico

19 Dopo aver individuato il tipo di periodo ipotetico in base alla protasi, completa l'apodosi con la forma corretta del verbo fra parentesi (attenzione alle particolarità nell'uso dell'indicativo al posto del condizionale italiano); quindi traduci.

1. *Si spes nulla est, quae* .... (*sum*) *mihi vita?* (Cic.) 1° 2° 3°
2. *Nisi Latini sua sponte arma sumpsissent, nos* .... (*capio et deleo*). (Liv.) 1° 2° 3°
3. *Omnes absolventur, nec posthac quisquam* .... (*damno*), *nisi hominem occiderit.* (Cic.) 1° 2° 3°
4. *Omnino supervacua* .... (*sum*) *doctrina, si natura sufficeret.* (Quint.) 1° 2° 3°
5. *Pons Sublicius iter paene hostibus* .... (*do*), *nisi unus vir fuisset, Horatius Cocles.* (Liv.) 1° 2° 3°
6. *Plura* .... (*scribo*), *si ipse possem.* (Cic.) 1° 2° 3°
7. *Haec ego nunc non* .... (*fero*), *nisi me in philosophiae portum contulissem.* (Cic.) 1° 2° 3°
8. *Antonius aliter salvus esse non* .... (*possum*), *nisi confugisset ad Cleopătram.* (Flor.) 1° 2° 3°

L'esercizio insegna a:
- saper applicare correttamente l'uso dei tempi nei diversi tipi di periodo ipotetico

COMPETENZE LESSICALI

20 Traduci le seguenti frasi d'autore prestando attenzione allo specifico significato di *partior, potior, patior.*

1. *Caesar enim per litteras Trebonio magnopēre mandaverat, ne per vim oppidum expugnari pateretur.* (Ces.) • **2.** *Partito exercitu, T. Labienum cum legionibus tribus ad Oceanum versus in eas partes, quae Menapios attingunt, proficisci iubet.* (Ces.) • **3.** *Caesar cohortatus milites ad oppugnationem docuit quantum usum haberet ad sublevandam omnium rerum inopiam potiri oppido pleno atque opulento.* (Ces.) • **4.** *Omnia quae captae urbes patiuntur passi sumus.* (Liv.) • **5.** *Quibuscum vivi bona nostra partimur, iis praetor adimĕre nobis mortuis bona fortunasque poterit?* (Cic.) • **6.** *Apud veteres qui rerum potiebantur, iidem auguria tenebant; ut enim sapĕre, sic divinare regale ducebant* ("consideravano"). (Cic.) • **7.** *Si istuc crederem sincere dici, quidvis possem perpĕti.* (Ter.) • **8.** *Suos enim quisque ex Gallorum principibus opprĭmi et circumveniri non patĭtur neque, si aliter faciat, ullam inter suos habet auctoritatem.* (Ces.)

L'esercizio insegna a:
- saper distinguere *partior, potior, patior* e individuarne i diversi valori in relazione ai contesti

21 Indica a quale verbo latino sono connessi etimologicamente i seguenti termini italiani.

1. spartire ☐ *partior* ☐ *potior* ☐ *patior*
2. patito ☐ *partior* ☐ *potior* ☐ *patior*
3. potere ☐ *partior* ☐ *potior* ☐ *patior*
4. passione ☐ *partior* ☐ *potior* ☐ *patior*
5. ripartizione ☐ *partior* ☐ *potior* ☐ *patior*
6. potente ☐ *partior* ☐ *potior* ☐ *patior*

L'esercizio insegna a:
- saper riconoscere l'origine etimologica di termini italiani di uso comune

22 Indica a quale verbo latino sono connessi etimologicamente i seguenti termini italiani e cerca di spiegarne l'evoluzione (attenzione: non tutti derivano dai verbi studiati nelle *Parole da scoprire* a p. 132).

partire • possessione • patema • partecipazione • partito • spartito • sparito • impartire • pozione • potabile • patimento • pazienza • partenza

L'esercizio insegna a:
- saper riconoscere l'origine etimologica di termini italiani di uso comune

COMPETENZE DI TRADUZIONE

VERSIONE GUIDATA

23 Traduci il brano d'autore e svolgi le attività che seguono.

Tattiche di battaglia dei Greci

Nella seconda guerra persiana i Greci, inferiori di numero, costringono i Persiani a combattere in spazi ristretti. Solo un tradimento fa fallire questa tattica alle Termopili, mentre Temistocle attira con l'astuzia i Persiani in uno stretto e li sconfigge.

Lacedaemonii CCC contra innumerabilem multitudinem Persarum Thermopylas occupaverunt, quarum angustiae non amplius quam parem numerum poterant admittĕre, qui commĭnus pugnaret: eaque ratione, quantum ad congressus facultatem aequati numero barbarorum, virtute autem praestantes, magnam eorum partem ceciderunt nec superati essent, nisi per proditorem Ephialten circumductus hostis a tergo eos oppressisset. Themistocles, dux Atheniensium, cum videret utilissimum Graeciae adversus multitudinem Xerxis navium in angustiis Salaminis decernĕre idque persuadēre civibus non posset, effecit ut a barbaris ad utilitates suas Graeci compellerentur. Simulata enim proditione, haec per litteras Xerxi significavit: «Cives mei de fuga cogitant: ergo multo difficilior res erit tibi, si singulas civitates obsidione aggrederis». Quo consilio effecit ut exercitus barbarorum primum inquietaretur, dum tota nocte in statione custodiae est, deinde ut Athenienses mane integris viribus cum barbaris vigilia marcentibus confligerent, loco ut voluerat arto, in quo Xerxes multitudine, qua praestabat, uti non posset.

(Frontino)

LABORATORIO

Morfologia

1. Individua e analizza i pronomi relativi.
2. Sottolinea una volta i comparativi e due volte i superlativi, quindi analizzali indicando la natura del comparativo (maggioranza, minoranza ecc.) o del superlativo (assoluto o relativo).

Sintassi

3. Individua il periodo ipotetico di 1° tipo, analizzalo e traducilo; poi trasformalo in un periodo ipotetico di 2° tipo e traducilo nuovamente.
4. Individua il periodo ipotetico di 3° tipo, analizzalo e traducilo. Perché la frase esprime effettivamente una condizione irreale?

5. *dum... est*: come è usata qui la congiunzione *dum*? Perché il verbo è al presente?
6. Nella parte finale del brano la congiunzione *ut* ricorre tre volte: con quali funzioni?

Lessico

7. *ceciderunt*: è .... (modo e tempo) di *cado* o di *caedo*? Da che cosa lo deduci? Come puoi tradurre?
8. *decernĕre*: il significato di base del verbo è .... ; qui ha un significato metaforico legato al contesto militare e significa pertanto ....
9. *vigilia*: come cambia il significato al plurale?

VERSIONE D'AUTORE

24 Traduci il seguente brano.

Cicerone spiega al senato il significato del suo esilio

Cicerone, rientrato dall'esilio, afferma, con linguaggio iperbolico, di essere rientrato in città insieme con il ripristino della *res publica*, tant'è che la sua assenza è coincisa con l'allontanamento di tutti i valori più importanti dello stato.

Nolui, cum consul communem salutem sine ferro defendissem, meam privatus armis defendĕre, bonosque viros lugēre malui meas fortunas quam suis desperare; ac, si solus essem interfectus, mihi turpe, si cum multis, rei publicae funestum fore videbatur ("sembrava"). Quod si mihi aeternam esse aerumnam propositam arbitrarer, morte me ipse potius quam sempiterno dolore multassem. Sed cum viderem me non diutius quam ipsam rem publicam ex hac urbe afuturum, neque ego illa exterminata mihi remanendum putavi, et illa, simul atque revocata est, me secum pariter reportavit. Mecum leges, mecum quaestiones, mecum iura magistratuum, mecum senatus auctoritas, mecum libertas, mecum etiam frugum ubertas, mecum deorum et hominum sanctitates omnes et religiones afuerunt. Quae si semper abessent, magis vestras fortunas lugērem quam desiderarem meas; sin aliquando revocarentur, intellegebam mihi cum illis una esse redeundum.

(Cicerone)

CULTURA

25 Traduci il seguente brano d'autore.

Cicerone è stato scelto come avvocato difensore dai Siciliani stessi

Cicerone spiega perché il patrocinio della causa intentata contro Verre dai Siciliani deve essere affidato a lui e non a Quinto Cecilio.

Sicilia tota si una voce loqueretur, hoc diceret: «Quod auri, quod argenti, quod ornamentorum in meis urbibus, sedibus, delubris fuit, quod in una quaque re beneficio senatus populique Romani iuris habui, id mihi tu, C. Verres, eripuisti atque abstulisti; quo nomine abs te sestertium miliens ex lege repeto». Si universa, ut dixi, provincia loqui posset, hac voce uteretur: quoniam id non poterat, harum rerum actorem quem idoneum esse arbitrata est ipsa delegit. In eius modi re quisquam tam impudens reperietur qui ad alienam causam, invitis iis quorum negotium est, accedĕre aut adspirare audeat? Si tibi, Q. Caecili, hoc Siculi dicerent: «Te non novimus, nescimus qui sis, numquam te antea vidimus; sine nos per eum nostras fortunas defendĕre cuius fides est nobis cognita», nonne id dicerent quod cuivis probare deberent? Nunc hoc dicunt, utrumque se nosse; alterum se cupĕre defensorem esse fortunarum suarum, alterum plane nolle.

(Cicerone)

Conoscere la cultura

Giustizia e politica nell'antica Roma

Delitti e tribunali A Roma il reato più grave era il crimine *de maiestate* (un atto contro l'integrità dello stato), che veniva giudicato direttamente dal senato. Erano emanazioni del senato anche i tribunali permanenti (*quaestiones perpetuae*) che giudicavano reati di rilevanza pubblica, come i casi di concussione (*de pecuniis repetundis*) e di brogli elettorali (*de ambitu*). Il controllo di questi tribunali fu a lungo conteso nella tarda repubblica fra la classe senatoria e quella dei cavalieri, poiché soprattutto i processi *de repetundis* (abuso di potere avente come fine l'arricchimento illecito) e quelli *de peculatu* (appropriazione indebita di beni dello stato) coinvolgevano l'operato illegale dei governatori delle province ed erano spesso intentati con fini politici. I processi penali per assassinio (*de sicariis* o *de veneficio*, a seconda del mezzo prescelto), furto o violenza privata (*de vi*) erano affidati a tribunali presieduti da un *praetor*, ma anticamente anche da un tribuno (da cui il nome), che sceglieva una giuria di notabili, emetteva la sentenza sulla base del loro voto e decideva la pena.

Dalle leggi delle *XII Tavole* al *Corpus iuris civilis* La prima raccolta scritta di leggi fu quella delle *XII Tavole*, elaborata e pubblicata nel 451-450 a.C. da decemviri appositamente destinati e poi conservata su lastre di piombo. Nella storia repubblicana le fonti del diritto (*ius*, connesso con il verbo *iuro* "giuro") furono essenzialmente due: le *leges*, discusse su proposta (*rogatio*) dei magistrati e approvate dai *comitia*, e i *plebiscita*, ossia le decisioni dei *comitia plebis*, che riunivano la plebe di Roma e che, a partire dal 287 a.C., con la *Lex Hortensia*, ebbero valore di legge per tutta la popolazione. Nella tarda repubblica acquisirono valore riconosciuto anche i pareri espressi dal senato (*senatus consulta*) e gli *edicta* dei pretori, che ogni anno si esprimevano per iscritto in base alla loro pratica di giudici, consentendo così di mantenere aggiornato ai tempi il sistema giudiziario. In età imperiale alle *leges* ordinarie si affiancarono gli *edicta principis* e, per le province, i suoi *rescripta*, ovvero le risposte inviate ai governatori che lo interpellavano su questioni specifiche. Solo molto tardi si cercò di mettere ordine nell'enorme quantità di provvedimenti accumulatisi nel tempo. Nacque così quello che successivamente fu chiamato *Corpus iuris civilis*: la raccolta, suddivisa in quattro parti, di leggi e provvedimenti di più di 400 anni di storia del diritto romano fatta realizzare dall'imperatore Giustiniano nel 534 d.C.

Pagina miniata di un'edizione bolognese (XIV secolo) del *Corpus iuris civilis*.

Il sistema carcerario romano Le pene erano le più varie, ma escludevano la reclusione in carcere. A Roma di fatto esisteva una sola prigione, il cosiddetto *Tullianum* (probabilmente da *tullius* "sorgente d'acqua"), solo molto tardi ribattezzato "Mamertino". Si trattava di un luogo di detenzione temporanea, in attesa dell'esecuzione della sentenza. Qui furono giustiziati per strangolamento i capi della congiura di Catilina, il capo dei Galli Vercingetorìge e, secondo una notizia non confermata ma plausibile, vi attesero l'esecuzione i santi Pietro e Paolo. La pena di morte (*supplicium capitis*) poteva essere comminata solo con l'approvazione dell'assemblea popolare, i *comitia*, che aveva facoltà di trasformarla nell'esilio accompagnato dalla perdita dei diritti civili. Quanto alle modalità di esecuzione della pena capitale, si andava dalla decapitazione per i nobili patrizi allo strangolamento per i cittadini comuni, fino alla pira e alla croce per gli schiavi.

Comprendere

1 Quali erano i principali reati perseguiti a Roma? A quali reati corrispondono nel nostro ordinamento giuridico?

2 Quali magistrati amministravano la giustizia?

3 Quali furono, in ordine cronologico, le principali raccolte legislative della storia del diritto romano?

4 Quali erano le pene più frequenti? Quale pena, oggi prevalente, era sostanzialmente esclusa dal diritto romano antico? Quale condizione si doveva rispettare per infliggere la pena di morte?

Approfondire

5 Che cosa significa letteralmente l'espressione *de pecuniis repetundis*? Perché, a tuo avviso, il reato di concussione riceveva questa denominazione? Che cosa significa "concussione"? Con l'aiuto di un dizionario di italiano e facendo una ricerca su internet, spiega qual è la natura di questo reato nel sistema giuridico italiano contemporaneo (art. 317 del Codice penale).

6 Che differenza sussiste rispetto al reato di "abuso d'ufficio" (*de peculatu*, art. 323 Codice penale)? Quali pene sono previste nell'uno e nell'altro caso?

4 LABORATORIO di cultura

P.P. Rubens, *Il ratto di Proserpina*, 1636 ca, Madrid, Museo del Prado.

MITOLOGIA

Memorie del mito nel Lazio e in Sicilia

Competenze coinvolte
- saper analizzare il periodo
- saper individuare i connettivi sintattici
- saper riconoscere la funzione delle subordinate
- saper memorizzare il lessico tematico

METODO DI TRADUZIONE

1 Analizza la struttura sintattica della versione evidenziando i verbi e i connettivi secondo l'esempio, quindi traduci.
Individua nell'ordine:
- verbi principali
- verbi secondari
- connettivi coordinanti
- connettivi subordinanti

Ercole uccide Caco

Nelle sue peregrinazioni Ercole passò nell'antico Lazio, dove, vicino all'*Insula Tiberina*, punì l'affronto di un malvagio pastore di nome Caco, che tentò di rubargli alcuni capi di bestiame. Il brigante li fece addirittura camminare all'indietro verso la sua grotta, perché le loro tracce svanissero nel nulla. Ma l'eroe le sentì muggire da dentro la spelonca, le recuperò e uccise il ladro.

Memorant Herculem in ea loca, Geryone interempto, boves mira specie abegisse, ac prope Tiberim fluvium, qua prae se armentum agens nando traiecĕrat, loco herbĭdo procubuisse, ut quiete et pabŭlo laeto reficeret boves et ipsum fessum via. Ibi, cum eum cibo vinoque gravatum sopor oppressisset, pastor accŏla eius loci, nomine Cacus, ferox viribus, captus pulchritudine boum cum avertĕre eam praedam vellet, quia, si agendo armentum in speluncam compulisset, ipsa vestigia eō ("in quella direzione") deductura erant quaerentem dominum, bovem eximium quemque pulchritudine aversos ("facendoli camminare al contrario") caudis in speluncam traxit. Hercules, ad primam auroram somno excĭtus, cum gregem perlustrasset oculis et partem abesse numero *sensisset, pergit ad proximam speluncam, si forte eo vestigia ferrent. Quae ubi omnia foras versa vidit nec in partem aliam ferre, confusus atque incertus animi ex loco infesto agĕre porro armentum occepit. Inde cum actae boves quaedam mugissent, reddĭta ("ottenuta in risposta") inclusarum ex spelunca boum vox Herculem convertit. Quem cum vadentem ad speluncam Cacus vi prohibēre conatus esset, ictus clava fidem pastorum nequīquam invocans morte occubuit.*

(da Livio)

testo	analisi della forma verbale	analisi sintattica
Memorant	indicativo presente att. 3ª pers. plur.	principale
Geryone **interempto**	participio perfetto abl. m. sing.	ablativo assoluto
abegisse	infinito perfetto att.	subordinata infinitiva
ac... procubuisse	infinito perfetto att.	coordinata alla subordinata infinitiva
qua... traiecĕrat	indicativo piuccheperfetto att. 3ª pers. sing.	subordinata relativa
agens	participio presente nom. m. sing.	participio congiunto
nando	gerundio abl.	subordinata modale
ut... reficeret	congiuntivo imperfetto att. 3ª pers. sing.	subordinata finale

ANALISI SINTATTICA

2 Analizza la struttura sintattica della versione, costruendo lo schema ad albero secondo l'esempio, quindi traduci.

Antenore ed Enea giungono in Italia

Riguardo alla fondazione di Roma lo storico Tito Livio narra anche antiche leggende sulla distruzione di Troia. Dalla città in fiamme trovarono scampo Enea che giunse nel Lazio, dove fondò a Laurento una nuova città, e Antenore, che, unitosi a un gruppo di esuli Èneti, si stanziò sui colli Euganei, dopo averne cacciato gli antichi abitanti.

Iam primum omnium satis **constat**, *Troia* **capta**, *in ceteros* **saevītum esse** *Troianos, duobus, Aeneae Antenorique, et vetusti iure hospitii et* **quia** *pacis reddendaeque Helenae semper auctores* **fuerant**, *omne ius belli Achivos* **abstinuisse**. *Casibus deinde variis (constat) Antenŏrem cum multitudine Enĕtum, qui seditione ex Paphlagonia pulsi et sedes et ducem, rege Pylaemĕne ad Troiam amisso, quaerebant, venisse in intimum maris Hadriatici sinum, Euganeisque qui inter mare Alpesque incolebant pulsis Enetos Troianosque eas tenuisse terras. Et in quem primo egressi sunt locum Troĭa vocatur pagoque inde Troiano nomen est: gens universa Veneti appellati. Aeneam ab simili clade domo profugum, sed, ad maiora rerum initia ducentibus fatis, primo in Macedoniam venisse, inde in Siciliam quaerentem sedes delatum, ab Sicilia classe ad Laurentem agrum tenuisse. Troia et huic loco nomen est.*

(Livio)

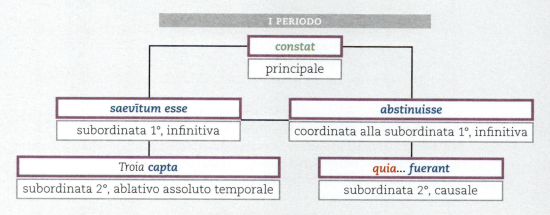

LESSICO TEMATICO

3 Traduci la seguente versione, prestando attenzione al lessico tematico: per memorizzarlo, completa la tabella inserendo le traduzioni.

Il ratto di Proserpina (I)

Nel pieno della requisitoria contro Verre, corrottissimo propretore della Sicilia, Cicerone inserisce un'ampia digressione sul culto di Cerere e della figlia Libera (o Proserpina) radicato nell'isola. La tradizione vuole infatti che sia stato proprio vicino a Enna che il dio degli inferi Ade rapì la fanciulla.

Vetus est haec opinio, iudices, quae constat ex antiquissimis Graecorum litteris ac monumentis, insulam Siciliam totam esse Cerĕri et Libĕrae consecratam. Hoc cum ceterae gentes sic arbitrantur, tum ipsis Siculis ita persuasum est ut in animis eorum insĭtum atque innatum esse videatur (vidēri "sembrare"). Nam et natas esse has in his locis deas et fruges in ea terra primum repertas esse arbitrantur, et raptam esse Libĕram, quam eandem Proserpĭnam vocant, ex Hennensium nemŏre, qui locus, quod in media est insula situs, umbilīcus Siciliae nominatur. Quam cum investigare et conquirĕre Ceres vellet, inflammavit taedas iis ignibus qui ex Aetnae vertice erumpunt; quas sibi cum ipsa praeferret, orbem omnem peragrasse terrarum. Henna autem, ubi ea quae dico gesta esse memorantur, est loco perexcelso atque edĭto, quo in summo est aequata agri planities et aquae perennes, tota vero ab omni aditu circumcisa atque directa est; quam circa lacus lucique sunt plurĭmi atque laetissimi flores omni tempore anni, locus talis ut ipse raptum illum virginis, quem iam a pueris accepimus, declarare videatur (vidēri "sembrare").

(da Cicerone)

parole	
consecratus, -a, -um	
nemus	
umbilīcus	
taeda	
lucus	

TRADUZIONE

4 Traduci la seguente versione, applicando il metodo messo a punto nei brani 1 e 2.

Il ratto di Proserpina (II)

Alcuni particolari dei luoghi, come una misteriosa e profondissima grotta vicino a Siracusa, hanno contribuito a consolidare nei Siciliani il culto dell'antico mito, così la *Ceres Hennensis* è venerata ovunque.

Etenim prope est spelunca quaedam conversa ad aquilonem infinita altitudine, qua Ditem patrem ferunt repente cum curru exstitisse abreptamque ex eo loco virginem secum asportasse et subito non longe a Syracusis penetrasse sub terras: lacus in eo loco repente exstĭtit, ubi usque ad hoc tempus Syracusani festos dies anniversarios agunt celeberrimo virorum mulierumque conventu. Propter huius opinionis vetustatem, quod horum in his locis vestigia ac prope incunabula reperiuntur deorum, mira quaedam tota Sicilia privatim ac publice religio est Cerĕris Hennensis. Etenim multa saepe prodigia vim eius numenque declarant; multis saepe in difficillimis rebus praesens auxilium eius oblatum est, ut haec insula ab ea non solum diligatur, sed etiam incolatur et custodiatur. Nec solum Sicŭli, verum etiam ceterae gentes nationesque Hennensem Cerĕrem maxime colunt. Etenim si Atheniensium sacra summa cupiditate expetuntur, ad quos Ceres in illo errore venit frugesque attŭlit, quantam esse religionem convenit eorum apud quos eam natam esse et fruges invenisse constat?

(da Cicerone)

SEZIONE 5

- **unità 35** La sintassi del nominativo

- **unità 36** La sintassi dell'accusativo

- **RIPASSO E RECUPERO**
- **LABORATORIO DELLE COMPETENZE** — La reggenza verbale (I): costruzione personale e impersonale

- **unità 37** La sintassi del genitivo

- **unità 38** La sintassi del dativo

- **RIPASSO E RECUPERO**
- **LABORATORIO DELLE COMPETENZE** — La reggenza verbale (II): più costruzioni, più significati

- **unità 39** La sintassi dell'ablativo

- **LABORATORIO DI CULTURA CIVILTÀ** — Tempo libero a Roma

unità 35 — La sintassi del nominativo

Lezione
Studia
il **nominativo**
ed **esercitati**
a memorizzarlo;
quindi **verifica**
le tue conoscenze.

LINGUA
Sintassi
Videor: costruzione personale e impersonale
Altri verbi con costruzione personale

LESSICO
Parole da scoprire
"Apparire", "obbedire" e "comandare"

TRADUZIONE
I segreti della traduzione
Il doppio nominativo
Conoscere la cultura
Roma in scena

SINTASSI

Videor: costruzione personale e impersonale

Il verbo *videor* in latino è raramente usato come passivo di *video* ("sono visto"), mentre si trova più spesso con il significato di "sembro": in questo caso, se seguito da infinito, può avere costruzione personale o impersonale.

- La **costruzione personale** è caratterizzata dalla presenza di **nominativo + infinito**. L'eventuale nome del predicato e le forme declinabili dell'infinito (futuro attivo e perfetto passivo) sono in caso nominativo; la **persona** a cui la cosa sembra va in **dativo**:

Pompeius visus est mihi vehementer esse perturbatus. (Cic.)	**Mi sembrò** che **Pompeo fosse** gravemente **turbato** (lett. "Pompeo sembrò a me essere gravemente turbato").

In italiano il verbo "sembrare" è preferibilmente costruito in forma impersonale e regge una subordinata soggettiva il cui soggetto coincide con il soggetto di *videor* nella frase latina.

Vediamo con un esempio come è opportuno procedere nella **traduzione** della costruzione personale di *videor*:

Tu videris mihi esse bonus.	Mi sembra che tu sia buono (lett. "Tu sembri a me essere buono").

- Il verbo *videor* passa alla 3ª persona singolare ("sembra").
- Il soggetto di *videor* diventa il soggetto della subordinata ("che tu").
- Il costrutto di nominativo + infinito è reso con una subordinata soggettiva introdotta da "che" ("che tu sia buono").
- La persona a cui sembra (*mihi*) rimane espressa con un complemento di termine, posto in genere all'inizio della frase ("Mi").

Se il soggetto di *videor* e la persona a cui sembra coincidono, il dativo è espresso dal riflessivo *sibi* e in italiano è meglio rendere il nominativo + infinito in forma implicita, con "**di**" + infinito:

Beatus sibi videtur esse moriens. (Cic.)	**Gli sembra di essere fortunato** morendo.

- Nella **costruzione impersonale** *videor* non differisce dall'uso italiano. È infatti usato alla 3ª persona singolare ed è accompagnato da una subordinata soggettiva costruita regolarmente con **accusativo + infinito**. Questo avviene quando *videor*:
  - è unito a un **aggettivo neutro** come *utile*, *aequum*, *turpe*:

    | *Turpe mihi videbatur in urbem me audēre reverti.* (Cic.) | Mi **sembrava vergognoso** osare ritornare in città. |

  - ha il **senso deliberativo** di "sembrare bene", "sembrare opportuno":

    | *Mihi visum est de senectute aliquid ad te conscribĕre.* (Cic.) | Mi **è sembrato opportuno** scriverti qualcosa sulla vecchiaia. |

  - è accompagnato da un **verbo impersonale**:

    | *Ducis referre videtur ut miles sit felicissimus.* (Cic.) | **Sembra** che al comandante **importi** che il soldato sia molto soddisfatto. |

Ricorda che...

- Nelle espressioni **incidentali** *videor* è costruito in modo **impersonale** quando ha il senso deliberativo di "sembrare bene", "sembrare opportuno", mentre è costruito in modo **personale** quando ha il senso opinativo di "sembrare", "parere":

  | *Responde, si tibi videtur.* (Cic.) | Rispondi, **se** ti **sembra opportuno**. (impersonale) |
  | *Ea verba non, ut videntur, easdem res significant.* (Cic.) | Queste parole non indicano, **come sembra** (lett. "come sembrano"), le medesime cose. (personale) |

- Spesso nella costruzione **personale** il **soggetto** di *videor*, essendo un pronome, è **sottinteso**, ma può essere facilmente dedotto dalla persona del verbo:

  | *In hac causa multo pluris partis mihi defensionis quam accusationis suscepisse videor.* (Cic.) | In questa causa **mi sembra che** (**io**) abbia sostenuto molto più la parte della difesa che dell'accusa. |

- L'impiego della **3ª persona singolare** di *videor* non implica necessariamente che si tratti di una costruzione impersonale, quindi occorre analizzare bene tutti gli indizi contenuti nella frase:

  | *Tibi videtur Marcum hoc facĕre.* | A te **sembra opportuno che Marco** faccia ciò. (impersonale) |
  | *Tibi Marcus videtur hoc facĕre.* | A te **sembra che Marco** faccia ciò. (personale) |

ESERCIZI

FACILIORA

1

Indica se nelle seguenti frasi *videor* ha costruzione personale P o impersonale I.

1. *Semper verum dixi; tu autem mendax saepe videris.* P I
2. *Milites acri pugna fessi videbantur.* P I
3. *Omnibus turpe videbatur te hoc scelus fecisse.* P I
4. *Nobis visum est utile pro patria pugnare.* P I
5. *Si tibi videtur, Romam redibo.* P I
6. *Discipuli videntur diligenter omnia magistri praecepta secūti esse.* P I

2 Traduci le seguenti frasi d'autore, contenenti la costruzione personale di *videor*, prima letteralmente, poi adeguandole a una forma italiana più idonea, come nell'esempio.

> **Es.** *Tibi visi sumus esse beati* = A te (noi) siamo sembrati essere felici.
> → A te è sembrato che noi fossimo felici.

1. *Illi mihi videntur fortunate beateque vixisse.* (Cic.) • 2. *Videor mihi hanc urbem vidēre subito uno incendio concidentem.* (Cic.) • 3. *Non minorem laudem exercitus quam ipse imperator meritus esse videbatur.* (Ces.) • 4. *Ipse per somnium iugulari visus sum mihi.* (Apul.) • 5. *Haec mihi vox pecudum videtur esse, non hominum.* (Cic.) • 6. *Aedis Minervae a Verre sic spoliata est ut non ab hoste aliquo, sed ut a barbaris praedonibus vexata esse videatur.* (Cic.) • 7. *Magistratus et imperia, postrēmo omnis cura rerum publicarum minime mihi hac tempestate cupienda videntur, quoniam virtuti honos non datur.* (Sall.) • 8. *Tyrus facilius societatem Alexandri acceptura esse videbatur, quam imperium.* (Curz.)

3 Nelle seguenti frasi d'autore sottolinea in rosso la costruzione personale e in nero quella impersonale di *videor*; quindi traduci.

1. *Modo frugi tibi videbĭmur et graves, modo prodĭgi et vani.* (Sen.) • 2. *Adhuc nullum cognovi poëtam, qui sibi non optimus videretur.* (Cic.) • 3. *Marium consulem fĭeri valde utile videbatur.* (Cic.) • 4. *Romulo cum visum esset utilius solum quam cum altĕro regnare, fratrem interēmit.* (Cic.) • 5. *Cum delēti exercitus amissaeque Hispaniae viderentur, vir unus res perdĭtas restituit.* (Liv.) • 6. *Interim alii suos in castra invitandi causā adducunt, alii ab suis abducuntur, adeo ut una castra iam facta (esse) ex binis viderentur.* (Ces.) • 7. *Idoneum visum est de natura Sullae paucis (verbis) dicĕre.* (Sall.) • 8. *In somnis ante oculos maestissimus Hector visus (est) adesse mihi largosque effundĕre fletus.* (Virg.)

4 Completa le seguenti frasi utilizzando la costruzione personale di *videor* all'indicativo nel tempo indicato fra parentesi; quindi traduci.

1. *Pueri* .... (perfetto) *Latinas litteras diligenter didicisse.* • 2. *Augustus omnibus* .... (imperfetto) *sollicitus esse de rei publicae utilitate.* • 3. *Tibi* .... (presente) *reus esse, sed alii me innocentem esse putant.* • 4. *Dux* .... (imperfetto) *fortuna relictus esse.* • 5. *Mihi* .... (presente) *tu erga tuos cives liberalis esse.* • 6. *Consulibus hostes fugituri esse* .... (imperfetto).

5 Completa le seguenti frasi utilizzando la costruzione impersonale di *videor* all'indicativo nel tempo indicato fra parentesi; quindi traduci.

1. *Turpe mihi* .... (imperfetto) *hostium condiciones pro pace accipĕre.* • 2. *Senatui* .... (perfetto) *coniuratos ab urbe pelli.* • 3. *Cesari commodissimum* .... (perfetto) *legatos ad Ariovistum mittĕre.* • 4. *Nullo responso dato, nostri, ubi* .... (perfetto), *collem relinquunt.* • 5. *Eum servum, si tibi* .... (futuro), *ad me mittes.* (Cic.) • 6. *Nobis non alienum* .... (perfetto), *quoniam de adventu Caesaris pro certo habebamus, pueros tuos ad te remittĕre, ut id tu quam primum scires.*

DIFFICILIORA

6 Completa le seguenti frasi d'autore scegliendo la costruzione personale o impersonale di *videor* e motivando ogni volta la scelta; quindi traduci.

1. *Mox, si* .... (indicativo futuro), *cum fure, cum sacrilego, cum sicario disputabo.* (Cic.)
2. *Re cognita, tantus luctus Massilienses excepit, ut urbs ab hostibus capta esse* .... (congiuntivo imperfetto). (Ces.)

3. *Sic enim iam tecum loquar, non ut odio permotus esse* .... (congiuntivo presente), *quo debeo, sed ut misericordia, quae tibi nulla debetur.* (Cic.)
4. *A natura mihi* .... (indicativo presente) *orta esse amicitia.* (Cic.)
5. *Ad ea, quae* .... (indicativo perfetto) *Caesar respondit.* (Ces.)
6. *(Nos) liberati esse regio dominatu* .... (indicativo imperfetto). (Cic.)
7. *In primis arduum* .... (indicativo presente) *res gestas scribĕre.* (Sall.)
8. *Miltiădes non* .... (indicativo imperfetto) *posse esse privatus, praesertim cum consuetudine ad imperii cupiditatem trahi* .... (congiuntivo imperfetto). (Nep.)

7 **Traduci** in latino le seguenti frasi applicando opportunamente la costruzione personale o impersonale di *videor*.

1. Mi sembra di conoscerti abbastanza bene. • **2.** Ti sembra di essere spiritoso, ma non lo sei. • **3.** Al senato cartaginese sembrò opportuno che Annibale tornasse in Africa. • **4.** In sogno mi era sembrato di vedere una donna bellissima che mi parlava dolcemente.

8 **Traduci** il seguente brano d'autore.

La spada di Dàmocle

Con un aneddoto Dionigi di Siracusa dimostra a un suddito la precarietà della condizione del potente, sempre sottoposta al rischio. Da qui l'espressione proverbiale "essere sotto la spada di Dàmocle", cioè vivere in apparenza liberi da preoccupazioni, in realtà costantemente minacciati.

Dionysius, Syracusanorum tyrannus, omnibus suis civibus beatus esse videbatur, sed ipse iudicare potuit quanta esset fortuna sua. Cum enim quidam ex eius adsentatoribus, Damŏcles, commemoraret in sermone opes eius negaretque umquam beatiorem quemquam fuisse: «Visne igitur – inquit – Damŏcle, quoniam te haec vita delectat, ipse eam degustare et fortunam experiri meam?». Cum se ille cupĕre dixisset, collocari iussit hominem in aureo lecto, strato pulcherrimo textĭli stragulo. Tum ad mensam pueros delectos iussit consistĕre eosque, nutum illīus intuentes, diligenter ministrare. Adĕrant unguenta et coronae, incendebantur odores: fortunatus sibi Damŏcles videbatur. In hoc medio apparatu fulgentem gladium e lacunāri saeta equina aptum demitti iussit ut impendēret illīus beati cervicibus. Itaque Damŏcles nec pulchros illos ministratores aspiciebat, nec manum porrigebat in mensam. Denĭque exoravit tyrannum ut abire licēret, quod iam beatus nollet esse.

(da Cicerone)

I SEGRETI DELLA TRADUZIONE

Il doppio nominativo

Alcuni verbi presentano la costruzione del **doppio nominativo**, cioè reggono due nominativi: del **soggetto** e del complemento **predicativo del soggetto**. Questo costrutto si ha con:

- i **verbi copulativi**, così detti perché svolgono una funzione affine a quella della copula nel predicato nominale; oltre a *videor*, sono copulativi alcuni verbi intransitivi che indicano un modo di essere, come *appareo* "appaio", *existo*, *evādo* "riesco", *fio* "divento", *maneo* "rimango", *vivo* "vivo", *nascor* "nasco", *morior* "muoio":

Nemo nascitur dives. (Sen.)   **Nessuno** nasce **ricco**.

Questi verbi mantengono la costruzione del doppio nominativo anche quando si trovano all'**infinito**, in dipendenza da verbi servili come *possum, debeo, soleo, incipio*:

Dici beatus ante obĭtum nemo debet. (Ov.)   **Nessuno** deve **essere detto felice** prima della morte.

Quando dipendono da **verbi servili di volontà** (come *volo, nolo, malo, cupio*) possono essere costruiti sia con il nominativo e l'infinito sia con il regolare accusativo e l'infinito. Quest'ultimo costrutto è usato sempre quando il verbo servile e il verbo copulativo hanno soggetti diversi (*cupio esse bonus* oppure *cupio me esse bonum*, ma *cupio te beatum esse*).

- i **verbi appellativi** (come *vocor, dicor, appellor, nominor* "sono chiamato", "sono detto"), **estimativi** (come *iudĭcor, putor, habeor, existĭmor* "sono giudicato", "sono creduto", "sono stimato") ed **elettivi** (come *creor* "sono creato", *elĭgor* "sono eletto") usati alla **forma passiva**:

M. Cato basilicam fecit, quae Porcia appellata est. (Liv.)   M. Catone costruì la basilica **che è stata chiamata Porzia**.

Considius rei militaris peritissimus habebatur. (Ces.)   **Considio era considerato espertissimo** nell'arte della guerra.

Servius tanto consensu, quanto haud quisquam alius ante, rex est declaratus. (Liv.)   **Servio fu nominato re** con tanto consenso, quanto nessun altro prima.

Questi verbi alla **forma attiva** possono reggere il **doppio accusativo**, del complemento oggetto e del complemento predicativo dell'oggetto (vedi Unità 36, p. 163).

9 **Traduci** le seguenti frasi d'autore, dopo aver specificato nella tabella da quale categoria di verbi è retto il complemento predicativo del soggetto. Attenzione: in alcune frasi i verbi potrebbero essere più di uno. L'esercizio è avviato.

1. *Caesar beneficiis ac munificentia magnus habebatur, integritate vitae Cato.* (Sall.) • **2.** *Post profectionem a Sicilia Pyrrhi, magistratus Hiero creatur, cuius tanta moderatio fuit, ut dux adversus Carthaginienses primum, mox rex crearetur.* (Giust.) • **3.** *Homo nec doctior nec sanctior Dionysio fieri potest.* (Cic.) • **4.** *M. Aemilius Lepidus, qui est Porcina dictus, et summus orator est habitus et fuit, ut apparet ex orationibus, scriptor sane bonus.* (Cic.) • **5.** *Omnes et dicuntur et habentur tyranni qui potestate sunt perpetua in ea civitate quae libertate usa est.* (Nep.) • **6.** *Homines facilius in timore benigni quam in victoria grati reperiuntur.* (Cic.) • **7.** *Sulla, postquam in castra Marii cum equitatu venit, rudis antea et ignarus belli, sollertissimus omnium mox factus est.* (Sall.) • **8.** *Scientia, quae est remota ab iustitia, callĭditas potius quam sapientia est appellanda.* (Cic.)

frase	verbo				soggetto	predicato del soggetto
	copulativo	appellativo	estimativo	elettivo		
1.			habebatur		Caesar / Cato	magnus
2.						
3.						
4.						
5.						
6.						
7.						
8.						

SINTASSI

Altri verbi con costruzione personale

Oltre a *videor*, hanno costruzione personale, cioè con **nominativo + infinito**, anche i seguenti verbi usati alla **forma passiva**:

- i **verba dicendi**, ossia verbi che significano "dire", come *dicor* "si dice che io", *feror* e *trador* "si tramanda che io":

    Epulae instructae dicuntur fuisse ante omnium domos. (Liv.) — Si dice che furono imbanditi banchetti (lett. "Banchetti sono detti essere stati imbanditi") davanti alle case di tutti.

- i **verba iudicandi**, cioè verbi che significano "ritenere", come *putor*, *credor* "si crede che io", *existĭmor* "si stima che io", *perhibeor* "si tramanda che io", *invenior* "si trova che io":

    Eandem artem Aegyptii longinquitate temporum consecuti putantur. (Cic.) — Si crede che gli Egizi abbiano conseguito la medesima arte in un lungo arco di tempo.

- i **verba iubendi**, ossia verbi che significano "comandare", come *iubeor* "mi è comandato di", *sinor* "mi è permesso di", e i **verba vetandi**, ossia verbi che significano "vietare", come *vetor* e *prohibeor*, "mi è vietato di":

    Consules iubentur subitarium scribĕre exercitum. (Liv.) — Ai consoli viene ordinato (lett. "I consoli sono ordinati") **di arruolare** un esercito improvvisato.

    Prohibĭti estis in provinciam vestram pedem ponĕre. (Cic.) — Vi è stato proibito (lett. "Siete stati impediti") **di mettere** piede nella vostra provincia.

I **verba dicendi** e **iudicandi** hanno preferibilmente la costruzione **impersonale** nelle **forme composte** e nella coniugazione **perifrastica passiva**:

Athenas et Lacedaemonem Atheniensium Lacedaemoniorumque causā putandum est conditas esse. (Cic.) — **Si deve ritenere** che Atene e Sparta siano state fondate per gli Ateniesi e gli Spartani.

Ricorda che...

In alternativa alla costruzione passiva dei *verba dicendi* si trovano talora usate anche le **terze persone plurali attive** *dicunt, tradunt, ferunt* ecc., accompagnate dall'**accusativo** e l'**infinito**:

Dicunt litteras a Phoenicibus repertas esse. — Dicono che le lettere dell'alfabeto **furono scoperte** dai Fenici.

ESERCIZI

FACILIORA

10

Indica in quali delle seguenti frasi ricorre la costruzione personale dei *verba dicendi, iudicandi, iubendi*.
1. Lycurgi temporibus Homerus vixisse traditur. [P] • 2. Credo vos numquam haec fecisse. [P] • 3. Omnes putant lunam solis lumine collustrari. [P] • 4. Romulus ab Amulio rege ad Tiberim expōni iussus est. [P] • 5. Athenienses iniusti fuisse erga Socratem narrantur. [P] • 6. Caesar milites statim acie excedĕre iussit. [P]

11 Traduci le seguenti frasi d'autore, contenenti la costruzione personale dei *verba dicendi*, *iudicandi*, *iubendi*, *vetandi*, prima letteralmente, poi adeguandole a una forma italiana più idonea, come nell'esempio.

> **Es.** *Legati petĕre pacem iussi sunt.* = Gli ambasciatori furono ordinati di chiedere la pace.
> → Si ordinò agli ambasciatori di chiedere la pace.

1. *Extinctis rumoribus de auxiliis legionum quae cum Pompeio venire dicebantur, multae civitates Caesaris amicitiam sequuntur.* (Ces.) • **2.** *Milo accusare Clodium, a quo ipse nefarie accusatur, a senatus non est situs.* (Cic.) • **3.** *Magnus repente terror animos invasit; Caesar enim adventare iam iamque milites adesse falso nuntiabantur.* (Ces.) • **4.** *Hoc ego fingĕre credor.* (Ov.) • **5.** *Caesar venturus esse dicitur.* (Cic.) • **6.** *Nemo nascitur dives: quisquis exit in lucem, iussus est lacte et panno esse contentus.* (Sen.) • **7.** *Nolani muros portasque adire vetĭti sunt.* (Liv.) • **8.** *Fratribus atque omnibus meis propinquis interfectis dolore prohibeor quae gesta sunt pronuntiare.* (Cic.)

12 Nelle seguenti frasi d'autore **scegli** la forma corretta fra quelle proposte, poi **traduci**.

1. *Legati* **iussum est** / **iussi sunt** *leges Solonis describĕre et aliarum Graeciae civitatum instituta moresque noscĕre.* (Liv.) • **2.** *Dionysius tyrannus* / *Dionysium tyrannum, cum Syracusis pulsus esset, Corinthi dicitur ludum aperuisse.* (Cic.) • **3.** *Captivae* **iubebatur** / **iubebantur** *suo ritu canĕre inconditum et abhorrens peregrinis auribus carmen.* (Curz.) • **4.** *Acilius* **prudentem** / **prudens** *esse in iure civili putabatur.* (Cic.) • **5.** *Ceres* / *Cerĕrem fertur fruges mortalibus instituisse.* (Lucr.) • **6.** *Qui honeste faciunt, boni; qui turpĭter, mali* **iudicatur** / **iudicantur**. (Quint.)

DIFFICILIORA

13 **Completa** le seguenti frasi d'autore con la costruzione dei *verba dicendi*, *iudicandi*, *iubendi*, *vetandi*, quindi traduci.

1. .... ("Si dice che Platone") *post mortem Socratis, magistri sui, quem singularĭter dilexerat, a Pythagoreis etiam multa didicisse.* (Agost.) • **2.** .... ("Ai genitori si proibisce") *adire ad filios,* .... ("si proibisce") *liberis suis cibum vestitumque ferre.* (Cic.) • **3.** *Disciplina Druidarum in Britannia reperta atque inde in Galliam translata esse* .... ("si ritiene che"). (Ces.) • **4.** ("Ad Annibale") *a Carthaginiensibus redire in Africam* .... ("si comanda"). (Eutr.) • **5.** *Pronuntiasse* .... ("si dice che Cesare") *voce acuta, ardenti motu gestuque.* (Svet.) • **6.** .... ("Si annunciò che") *Caesari Ariovistum cum suis copiis ad occupandum Vesontionem contendĕre.* (Ces.) • **7.** *Ad hoc detrimentum accessit, ut, equitibus per oram maritimam ab Antonio dispositis,* .... ("ai nemici") *aquari* .... ("si proibiva"). (Ces.) • **8.** .... ("Si deve ritenere che") *nullam in amicitiis pestem esse maiorem quam adulationem.* (Cic.)

---

14 **Traduci** le seguenti frasi d'autore (costruzione personale di *videor* e di altri verbi).

1. *Divitior mihi et adfluentior videtur esse vera amicitia.* (Cic.) • **2.** *In civitate tanto discrimine belli sollicita multa prodigia nuntiabantur.* (Liv.) • **3.** *Immortalitatem quandam per vos esse adepti videmur.* (Cic.) • **4.** *Fit in hostes impetus, sagittariis fugientes persĕqui nostri prohibebantur.* (Ces.) • **5.** *Qui in rerum contemplatione studia ponebant, sapientes et habebantur et nominabantur.* (Cic.) • **6.** *Non qui iussus aliquid facit miser est, sed qui invītus facit.* (Sen.) • **7.** *Consules iubentur scribĕre exercitum atque in Algĭdum ducĕre.* (Liv.) • **8.** *Superbe ab Samnitibus, qui Capuam habebant Cumasque, legati prohibiti commercio sunt.* (Liv.)

15 **Traduci** in latino le seguenti frasi applicando opportunamente la costruzione personale o impersonale dei *verba dicendi, iudicandi, iubendi, vetandi*.

1. È noto che per molti secoli a Roma alle donne fu proibito di bere il vino. • **2.** Ai consoli fu ordinato di arruolare un grande esercito per preparare la battaglia. • **3.** Si credeva che Cesare si sarebbe arreso a Pompeo. • **4.** Giunsi a Roma il giorno dopo, come mi era stato comandato.

16 **Traduci** il seguente brano d'autore.

Panico nell'esercito di Pompeo

Poiché si teme l'arrivo delle truppe di Cesare, la paura si diffonde tra i pompeiani al punto che in molti si danno alla fuga. Cesare, tuttavia, decide di rinviare lo scontro in campo aperto e di svernare con il suo esercito presso il fiume Apso, in prossimità della città epirota di Apollonia.

At Pompeius cognitis his rebus, quae erant Orĭci atque Apolloniae gestae, Dyrrachio timens diurnis eo nocturnisque itineribus contendit. Simul Caesar appropinquare dicebatur, tantusque terror incidit eius exercitui, quod properans noctem diei coniunxerat neque iter intermiserat, ut paene omnes ex Epiro finitimisque regionibus signa relinquĕrent, complures arma proicerent ac fugae simile iter videretur. Sed cum prope Dyrrachium Pompeius constituisset castraque metari iussisset, perterrito etiam tum exercitu princeps Labienus procedit iuratque se eum non deserturum eundemque casum subiturum (esse), quemcumque ei fortuna tribuisset. Hoc idem reliqui iurant legati; tribuni militum centurionesque sequuntur, atque idem omnis exercitus iurat. Caesar praeoccupato itinere ad Dyrrachium finem properandi facit castraque ad flumen Apsum ponit in finibus Apolloniatium, ut bene meritae civitates tutae essent praesidio, ibique reliquarum ex Italia legionum adventum exspectare et sub pellibus ("tende") hiemare constituit. Hoc idem Pompeius fecit et trans flumen Apsum positis castris eo copias omnes auxiliaque conduxit.

(Cesare)

Schema riassuntivo del nominativo

morfologia		
soggetto	*Exercitum* **consul** *ducit.*	Il **console** comanda l'esercito.
predicato nominale	*Cicero* **consul** *fuit.*	Cicerone fu **console**.
complemento predicativo del soggetto	*Cicero* **consul** *factus est.*	Cicerone fu eletto **console**.
sintassi		
nominativo		
videor "sembro" con costruzione personale (nominativo + infinito)	*Cicero consul fore videtur.*	Sembra che Cicerone diventerà **console**.
verba dicendi e *iudicandi* (al passivo) con costruzione personale (forme semplici)	*Cicero consul fore putatur.*	Si ritiene che Cicerone diventerà **console**.
verba iubendi e *vetandi* (al passivo) con costruzione personale	*Cicero Romam reverti vetitus est.*	A Cicerone fu vietato di ritornare a Roma.
doppio nominativo (soggetto e predicativo del soggetto)		
verbi indicanti un **modo di essere**	*Cicero homo novus natus est.*	Cicerone nacque "uomo nuovo".
verbi **appellativi, estimativi, elettivi** (al passivo)	*Cicero Siciliae quaestor creatur.*	Cicerone viene nominato **questore** della Sicilia.

PAROLE DA SCOPRIRE
"Apparire", "obbedire" e "comandare"

- Il verbo *videor*, pur significando per lo più "**sembrare**", "**apparire**", può avere anche altre sfumature di senso:
  - raramente vuol dire "**essere visto**";
  - con **ut** + **congiuntivo** è usato nel senso di "**fare attenzione a**", "**badare a**";
  - talvolta, costruito in modo personale, significa "**immaginarsi**", "**pensare**" (con o senza il dativo della persona):

*Tantum fiduciae ac spiritus Pompeianis accessit, ut vicisse iam **sibi viderentur**.* (Ces.)	Tanta fiducia e tracotanza si insinuò nei pompeiani, che **immaginavano** di aver già vinto.

- Anche il verbo *pareo, -es, parui, parĭtum, -ēre* significa in primo luogo, come il suo composto *appareo*, "**apparire**"; la forma impersonale *paret* equivale a *videtur*, ossia "è evidente", "è chiaro". Il verbo ha però anche il senso di "**obbedire**" (+ dativo), come nell'espressione *imperio parēre* "obbedire a un ordine":

*Nihil **apparet** in Antonio ingenuum, nihil moderatum, nihil pudens, nihil pudicum.* (Cic.)	In Antonio non **appare** niente di nobile, niente di moderato, niente di rispettoso, niente di onesto.
*Ego voluntati vestrum omnium **parui**.* (Cic.)	**Ho obbedito** al volere di tutti voi.

  Occorre fare molta attenzione a non confondere questo verbo con altri due verbi di forma simile, ma significato diverso:
  - *pario, -is, pepĕri, partum (paritūrus), -ĕre*, che vuol dire "**partorire**", "**generare**", "**produrre**" (in senso reale e traslato) e quindi anche "**procurarsi**", "**acquistare**", "**ottenere**":

*Tu matri meae male dicas quae me **peperit**?* (Cic.)	Potresti tu parlare male di mia madre che **mi ha partorito**?

  - *paro, -as, -avi, -atum, -āre*, che può significare "**preparare**", "allestire" (*copias parare* "allestire le truppe"), "**meditare**" (*vim parare* "meditare atti di violenza"), "**prepararsi a**" (con acc. + infinito, *ut* + cong. o *ad/in* + acc. o dat.), "**procurarsi**", "ottenere", "acquistare" (*servi aere parati* "schiavi comperati con il denaro"):

*Caelius quaesivit venenum, potionem **paravit**, clam attulit.* (Cic.)	Celio ha cercato il veleno, **ha preparato** la pozione, l'ha portata di nascosto.
*Non votis neque suppliciis muliebribus auxilia deorum **parantur**.* (Sall.)	L'aiuto degli dèi non **si ottiene** né con i voti né con le preghiere muliebri.

- Altri verbi latini che hanno il significato di "**obbedire**", pur con sfumature semantiche differenti sono *oboedio* (da *ob* + *audio* "prestare orecchio"), *obtempero* ("obbedire a ragion veduta"), *obsequor* ("assecondare per compiacenza"), tutti costruiti con il **dativo**:

*M. Castricius summo Carbonis consulis imperio non **obtemperavit**.* (Val. Mass.)	Marco Castricio non **obbedì** al sommo comando del console Carbone.

- Al contrario, i verbi *impero* e *iubeo* sono usati per esprimere l'idea del "**comandare**":
  - *impero* si costruisce con il **dativo** della persona a cui si comanda, mentre ciò che si comanda è espresso da una **completiva** con *ut* + **congiuntivo**:

*Caesar Allobrogibus **imperavit ut** Tuligis Latobrigisque frumenti copiam **facerent**.* (Ces.)	Cesare **ordinò agli Allobrogi di accumulare** una gran quantità di frumento per i Tuligi e i Latobrigi.

– *iubeo* all'attivo si trova con l'**accusativo** della persona a cui si comanda e l'**infinito**; se manca la persona, si utilizza l'**infinito passivo**:

Caesar **T. Labienum legatum** cum legionibus tribus **subsequi iussit**. (Ces.)

Cesare **ordinò al legato Tito Labieno di seguir**lo con tre legioni.

17 **Traduci** le seguenti frasi d'autore, attribuendo il significato corretto ai verbi evidenziati.

1. Omnes aequo animo **parent** ubi digni **imperant**. (Publ. Sir.) • 2. Verres hominem quendam cum domi nobilem tum summo magistratu praedĭtum deligari **iubet**. (Cic.) • 3. Tum vero barbari commoti, quod oppidum expugnatum cognoverant, legatos quoque versum dimittĕre, coniurare, obsides inter se dare, copias **parare** coeperunt. (Ces.) • 4. Verres ignem ex lignis viridibus atque umidis in loco angusto fieri **iussit**. (Cic.) • 5. A compluribus insulae civitatibus legati veniunt, qui polliceantur obsides dare atque imperio populi Romani **obtemperare**. (Ces.) • 6. Non dissimulat, patres conscripti: **apparet** (Antonium) esse commotum; sudat, pallet. (Cic.) • 7. Homo timidus aut etiam permodestus vocem consulis ferre non potuit; simul atque ire in exilium **iussus est**, **paruit**, ivit. (Cic.) • 8. Provinciae toti quam maximum potest militum numerum **imperat** (erat omnino in Gallia ulteriore legio una), pontem, qui erat ad Genāvam, **iubet** rescindi. (Ces.)

VERIFICA DELLE COMPETENZE

COMPETENZE LINGUISTICHE

18 Nelle seguenti frasi d'autore individua gli elementi che permettono di identificare la costruzione personale di *videor*; quindi traduci.

1. Neque enim ita generati a natura sumus, ut ad ludum et iocum facti esse videamur, ad severitatem potius et ad quaedam studia graviora atque maiora. (Cic.) • 2. Scripsi satis, ut mihi visus sum, diligenter. (Cic.) • 3. Audire vocem visa sum modo militis. (Ter.) • 4. Rem haud sane difficilem, Scipio et Laeli, admirari videmĭni. (Cic.) • 5. Solem e mundo tollĕre videntur qui amicitiam e vita tollunt, qua nihil a dīs immortalibus melius habemus. (Cic.) • 6. Draconis leges, quoniam videbantur impendio acerbiores, non decreto, sed tacito Atheniensium consensu oblitteratae sunt. (Gell.) • 7. Dii immortales, quantum me beneficio dedisse videmĭni, quod hoc anno P. Lentulus consul est! (Cic.) • 8. Si Romā excedēmus, non reliquisse victores, sed amisisse victi patriam videbĭmur. (Liv.)

L'esercizio insegna a:
- saper individuare gli elementi caratteristici della costruzione personale di *videor*

19 Traduci le seguenti frasi d'autore, specificando per quale motivo viene usata la costruzione impersonale di *videor*: per la presenza di un aggettivo neutro A, per il valore deliberativo di *videor* D, per un'incidentale impersonale I.

1. Carthaginiensibus petentibus deinde, ut, si iam videretur senatui, obsides sibi redderentur, centum reddĭti sunt obsides. (Liv.) A D I • 2. Mihi rectius videtur ingenii quam virium opibus gloriam quaerĕre. (Sall.) A D I • 3. Postridie eius diei Caesar praesidium utrisque castris, quod satis visum est, reliquit. (Ces.) A D I • 4. Imitamur eos, quos cuique visum est imitari. (Cic.) A D I • 5. Ipsum consulem Romae manēre ad conscribendos omnes qui arma ferre possent optimum visum est. (Liv.) A D I • 6. Tutius visum est defendi inermes Latinos

quam pati retractare arma. (Liv.) [A] [D] [I] • **7.** *Si tibi videbitur, villis iis utĕre, quae longissime abĕrunt a militibus.* (Cic.) [A] [D] [I] • **8.** *Supervacuum visum est in arcem murosque saevire, cum in mari esset debellata Carthago.* (Flor.) [A] [D] [I]

> **L'esercizio insegna a:**
> ■ saper motivare la costruzione impersonale di *videor*

20 Nelle seguenti frasi d'autore scegli la forma corretta fra quelle proposte, quindi traduci.

1. *Bibliothecas omnium philosophorum unus mihi* **videor / videtur** *duodecim tabularum libellus* ("la raccolta delle XII tavole") *superare.* (Cic.) • **2.** *Magistratus et imperia, postremo omnis cura rerum publicarum minime mihi hac tempestate cupienda* **videntur / videtur**, *quoniam virtuti honos non datur.* (Sall.) • **3.** *Optimum* **visi sunt / visum est** *captivos comitesque eorum Romam ad senatum deportare.* (Liv.) • **4.** *Cunctae itinere toto urbes Italiae festos dies agĕre adventus mei* **videbantur / videbatur**. (Cic.) • **5.** *Quirītes, regem create: ita patribus* **visum est / videmĭni**. (Liv.) • **6.** *C. Fannius* **visum est / visus est** *sibi per nocturnam quietem iacēre in lectulo suo compositus in habitu studentis.* (Plin.) • **7.** *Mihi* **videtur / videor** *M. Tullius Cicero, cum se totum ad imitationem Graecorum contulisset, effinxisse vim Demosthenis, copiam Platonis, iucunditatem Isocrătis.* (Cic.) • **8.** *Nihil mihi* **videris / videtur** *turpius quam optare mortem.* (Sen.)

> **L'esercizio insegna a:**
> ■ saper individuare e motivare le costruzioni di *videor*

21 Nelle seguenti frasi d'autore modifica i *verba dicendi* e *iudicandi* da tempi semplici a composti o viceversa, trasformando di conseguenza la costruzione.

1. *Cleopătra periisse morsu aspĭdis putabatur.* (Giust.) • **2.** *Imperatori Vitellio frater cenam exhibuit, in qua, super ceteros sumptus, duo milia piscium, septem avium adposĭta (esse) traduntur.* (Eutr.) • **3.** *Xanthippe, Socrătis philosophi uxor, morōsa admŏdum fuisse fertur et iurgiosa.* (Gell.) • **4.** *Aram in eo loco fuisse memoriae prodĭtum est.* (Cic.) • **5.** *Servio Tullio, in cunis posito, caput arsisse traditum erat.* (Liv.) • **6.** *In Graecia primum humanitas, litterae, etiam fruges inventae esse creduntur.* (Cic.) • **7.** *Sicinius Dentatus pugnasse in hostem dicĭtur centum et viginti proeliis, cicatricem aversam nullam tulisse.* (Gell.) • **8.** *Quingenti ferme Numidae repente ex equis desiliunt parmisque et iaculis ante pedes hostium proiectis in mediam aciem accepti ductique ad ultimos considĕre ab tergo iubentur.* (Liv.)

> **L'esercizio insegna a:**
> ■ saper usare le forme semplici e composte dei *verba dicendi* e *iudicandi*, trasformandone la costruzione da impersonale a personale o viceversa

22 Traduci le seguenti frasi d'autore, specificando di volta in volta se i *verba dicendi, iudicandi, iubendi, vetandi* sono costruiti personalmente [P] o impersonalmente [I].

1. *Ab Aristophane poëta Graeciam permiscēre dictus est Pericles.* (Cic.) [P] [I] • **2.** *Scipioni nuntiatum est nobiles quosdam iuvenes Italiam deserĕre statuisse.* (Liv.) [P] [I] • **3.** *Flaminius consul auspiciis pugnare prohibebatur.* (Cic.) [P] [I] • **4.** *Summa cum gloria dicebar esse rediturus.* (Cic.) [P] [I] • **5.** *Cum increbrescĕret rumor bellum in Sicilia esse, T. Octacilius eo* (avv.) *cum classe proficisci iussus est.* (Liv.) [P] [I] • **6.** *Raro alias* (avv.) *tantus clamor dicĭtur in principio pugnae exortus esse.* (Liv.) [P] [I] • **7.** *Servius Tullius primus iniussu populi regnavisse tradĭtur, quem ferunt ex serva natum esse.* (Cic.) [P] [I] • **8.** *Legati iussi sunt inclĭtas leges Solonis describĕre et aliarum civitatum instituta, mores iuraque noscĕre.* (Liv.) [P] [I]

> **L'esercizio insegna a:**
> ■ saper riconoscere la costruzione personale o impersonale dei *verba dicendi, iudicandi, iubendi, vetandi*

23 Trasforma le seguenti frasi d'autore dall'attivo al passivo, come nell'esempio; quindi traduci.

> **Es.** *Aristaeum inventorem olivae dicunt.* → *Aristaeus inventor olivae dicĭtur.*

1. *Ancum Marcium regem populus creavit.* (Liv.) • **2.** *Athenienses adversus tantam tempestatem belli duos duces delĭgunt.* (Giust.) • **3.** *Subito sunt Haedui visi nostris ab latere aperto, quos Caesar ab dextra parte manus distinendae causā miserat.* (Ces.) • **5.** *Fabius omnem forensem turbam tribus urbanas appellavit.* (Liv.) • **6.** *Iucundiorem faciet libertatem servitutis recordatio.* (Cic.) • **7.** *Ego, quo facilius vos apud me tenerem, vestrae potius obsecutus sum voluntati quam aut consuetudini aut naturae meae.* (Cic.) • **8.** *Non me singulae voces praeconum sed universus populus Romanus consulem declaravit.* (Cic.)

L'esercizio insegna a:
- saper individuare il complemento predicativo del soggetto riconoscendo le categorie verbali da cui è introdotto

COMPETENZE LESSICALI

24 Traduci le seguenti frasi d'autore, attribuendo il significato corretto ai verbi evidenziati.

1. *A nullo **videbatur**, ipse autem omnia **videbat**.* (Cic.) • **2.** *Proelio vici in terra Africa pacemque et victoriam vobis **peperi** spectabilem.* (Gell.) • **3.** *Subito **sunt** Haedui **visi** ab latere nostris aperto, quos Caesar ab dextra parte manus distinendae causā miserat.* (Ces.) • **4.** *Catilina Cethēgo atque Lentulo ceterisque mandat (ut) insidias consuli maturent, caedem, incendia aliaque belli facinŏra **parent**.* (Sall.) • **5.** *Sed tamen in his vel asperitatibus rerum vel angustiis temporis **obsequar** studiis nostris.* (Cic.) • **6.** *Ut Latine loquamur, non solum id **videndum est**, ut et verba efferamus ea quae nemo iure reprehendat, sed etiam lingua et spiritus et vocis sonus est ipse moderandus.* (Cic.) • **7.** *Ego, quo facilius vos apud me tenerem, vestrae potius **obsecutus sum** voluntati quam aut consuetudini aut naturae meae.* (Cic.) • **8.** *Tullia mea **peperit** XIV Kalendis Iuniis puerum.* (Cic.)

L'esercizio insegna a:
- saper tradurre correttamente i verbi latini che significano "apparire", "comandare", "obbedire"

25 Con l'aiuto del dizionario individua i verbi latini da cui derivano i seguenti vocaboli italiani e spiega il significato delle parole.

visione • apparenza • sembianza • parvenza • obbedienza • partoriente • ottemperare • iussivo

L'esercizio insegna a:
- saper ricostruire l'etimologia di termini italiani a partire dai verbi latini

COMPETENZE DI TRADUZIONE

VERSIONE GUIDATA

26 Traduci il brano d'autore e svolgi le attività che seguono.

Eccezionalità di Alcibiade

Personalità contraddittoria per pregi e difetti, l'ateniese Alcibiade ottiene il comando della flotta inviata contro Siracusa nella seconda guerra del Peloponneso.

Alcibiades, Cliniae filius, Atheniensis. In hoc, quid natura efficĕre possit, videtur experta esse. Constat enim inter omnes, qui de eo memoriae prodiderunt, nihil illo fuisse excellentius vel in

vitiis vel in virtutibus. Natus est in amplissima civitate, omnium aetatis suae multo formosissimus, ad omnes res aptus consiliique plenus, divesque fuit; cum tempus posceret, laboriosus, patiens; liberalis, splendidus non minus in vita quam victu; affabilis, blandus, temporibus callidissime serviens. Idem, simul ac se remiserat neque causa suberat, quare animi laborem perferret, luxuriosus, dissolutus, libidinosus, ita intemperans reperiebatur, ut omnes admirarentur in uno homine tantam esse dissimilitudinem tamque diversam naturam. Educatus est in domo Pericli (privignus enim eius fuisse dicitur), eruditus a Socrate. Bello Peloponnesio huius consilio atque auctoritate Athenienses bellum Syracusanis indixerunt; ad quod gerendum ipse dux delectus est, duo praeterea collegae dati, Nicia et Lamachus.

(da Cornelio Nepote)

LABORATORIO

Morfologia

1 Sottolinea i connettivi coordinanti e subordinanti.
2 Rintraccia tutti gli aggettivi, indicandone la classe e il grado.
3 La costruzione *ad quod gerendum* presenta il gerundio o il gerundivo? Da che cosa lo deduci?

Sintassi

4 Individua le subordinate infinitive: da quali verbi sono introdotte? Si tratta di verbi con costruzione personale o impersonale? In entrambi i casi rintraccia gli elementi che la compongono.
5 Con quale subordinata è opportuno rendere il participio congiunto *serviens*?
6 Spiega la presenza del doppio nominativo in *ipse dux delectus est*.

Lessico

7 *patiens*: l'aggettivo .... (nominativo e genitivo) in quanto derivato dal verbo .... (paradigma), quando è riferito a persona non significa "paziente", bensì ....
8 *simul ac se remiserat*: in questa proposizione subordinata ...., in rapporto temporale di .... con la reggente, il verbo *remitto* usato in forma .... significa ....
9 *privignus*: da *privus* + *genus*, significa .... e indica la condizione di .... Con l'aiuto del dizionario stila un elenco di parole latine che indicano i rapporti di parentela.

VERSIONE D'AUTORE

27

Traduci il seguente brano.

Un filosofo non smette mai di imparare

Laboratorio
Applica il metodo svolgendo l'analisi sintattica della versione, quindi scrivi la traduzione.

All'apice della sua fama, quando tutti ad Atene desideravano ricevere i suoi insegnamenti, Platone si reca in Egitto desideroso di approfondire le proprie conoscenze. Il filosofo conserverà questa disposizione ad apprendere fino alla fine dei suoi giorni.

Platon autem patriam Athenas, praeceptorem Socratem sortitus, et locum et hominem doctrinae fertilissimum, ingenii quoque divina instructus abundantia, omnium iam mortalium sapientissimus habebatur, eo quidem usque, ut, si ipse Iuppiter caelo descendisset, nec elegantiore nec beatiore facundia usurus (esse) videretur. Ille Aegyptum peragravit atque a sacerdotibus eius gentis geometriae multiplices numeros et caelestium observationum rationem percĭpit. Illo tempore studiosi iuvenes certatim Platonem doctorem quaerentes Athenas petebant, sed ipse Nili fluminis inexplicabiles ripas vastissimosque campos, Aegyptiorum senum discipulus lustrabat. Tradĭtur postea in Italiam transgressum esse, ut ab Archyta Tarenti, a Timaeo et Arione et Echecrate Locris Pythagorae praecepta et instituta acciperet: tanta enim vis, tanta copia litterarum undique colligenda erat, ut invĭcem per totum terrarum orbem dispergi et dilatari posset. Altero etiam et octogesimo anno decedens sub capite Sophronis carmina habuisse fertur. Sic ne extrema quidem eius hora agitatione studii vacua fuit.

(da Valerio Massimo)

28 CULTURA
Traduci il seguente brano d'autore.

Sofocle recita l'*Edipo a Colono*

Accusato dai figli di trascurare il patrimonio familiare, l'anziano tragediografo Sofocle recita davanti ai giudici la sua ultima fatica, *Edipo a Colono*, e si dimostra ancora dotato di fine ingegno.

Manent ingenia senibus, modo ("purché") permaneat studium et industria, neque ea solum in claris et honoratis viris, sed in vita etiam privata et quieta. Sophocles ad summam senectutem tragoedias fecit; quod propter studium cum rem neglegĕre familiarem videretur, a filiis in iudicium vocatus est, ut, quemadmodum nostro more male rem gerentibus patribus bonis interdici solet, sic illum quasi desipientem a re familiari removerent iudices. Tum senex dicĭtur eam fabulam, quam in manibus habebat et proxime scripserat, "Oedipum Coloneum", recitasse iudicibus quaesisseque, num illud carmen desipientis videretur. Quo recitato sententiis iudicum est liberatus. (Cicerone)

29 CULTURA
Traduci il seguente brano d'autore.

Gente di teatro

Un attore, che ha perduto l'amato figlio, ne porta in scena i miseri resti per rendere più verosimile la propria rappresentazione.

Histrio in terra Graecia fuit fama celebri, qui gestus et vocis claritudine et venustate ceteris antistabat: nomen fuisse aiunt Polum, qui tragoedias poëtarum nobilium scite (avv.) atque asseverate actitavit. Is Polus unice amatum filium morte amisit. Eum luctum quoniam satis visus est eluxisse, rediit ad quaestum ("professione") artis. In eo tempore Athenis "Electram" Sophoclis acturus gestare urnam quasi cum Oresti ossibus debebat[1]*. Ita compositum fabulae argumentum est, ut veluti fratris reliquias ferens Electra comploret commisereaturque interitum eius existimatum ("presunta"). Igĭtur Polus lugubri habitu Electrae indūtus ossa atque urnam e sepulcro tulit filii et quasi Oresti amplexus opplevit omnia non simulacris neque imitamentis, sed luctu atque lamentis veris et spirantibus. Itaque cum agi fabula videretur, dolor actus est.*

(Aulo Gellio)

1. *"Electram"... debebat*: nella tragedia *Elettra* di Sofocle Oreste, tornato a Micene per vendicare la morte del padre Agamennone, diffonde la falsa notizia della sua morte. Sua sorella Elettra ci crede e se ne dispera.

Conoscere la cultura

Roma in scena

Gli attori I Romani derivarono dai Greci e dai vicini Etruschi il gusto per le rappresentazioni teatrali (*ludi scaenici*) che allestivano, a spese pubbliche, in occasione di celebrazioni religiose o di vittorie militari. Di derivazione etrusca è il sostantivo *histrio*, che indica la professione dell'attore, generalmente uno schiavo o un liberto, in considerazione della scarsa importanza sociale riservata a questo mestiere. Organizzati in compagnie (*greges* o *catervae*), gli attori dipendevano da un impresario (*dominus gregis*) ed erano tutti maschi poiché a Roma la condizione della donna attrice era assimilata a quella della prostituta. Sulla scena gli attori recitavano con parrucche e maschere (*personae*), che consentivano loro di interpretare varie parti e servivano per amplificare le voci, mentre l'azione scenica era accompagnata dal suono di flautisti (*tibicĭnes*) e dalla voce dei *cantores*, chiamati a sostituire l'attore recitante nelle parti cantate. La carriera di un attore dipendeva dalla popolarità ottenuta presso il pubblico, che ne decretava così il passaggio a una compagnia impegnata in teatri rinomati in città importanti.

I generi e gli autori Indicate con il termine generico di *fabulae* – per distinguerle dai *mimi*, un genere popolare in cui la gestualità e la battuta oscena miravano al puro intrattenimento del pubblico popolare –, tragedie e commedie risentivano dell'influenza greca di età sia classica sia ellenistica e si distinguevano in:

- *fabulae cothurnatae* e *praetextae*: tragedie rispettivamente di ambientazione greca e romana, così dette perché gli attori in scena calzavano i *cothurni* o la *praetexta*, ossia le calzature (greche) e la toga (romana) orlata di porpora tipiche dell'elevata condizione dei personaggi rappresentati;

- *fabulae palliatae* e *togatae*: commedie rispettivamente di ambientazione greca e romana, così dette dal mantello corto alla greca (*pallium*) e dall'abito tipico (*toga*) del *civis Romanus*.

Antiche forme di teatro popolare come le *fabulae Atellanae* sono attestate prima del III secolo a.C., ma tradizionalmente si fa risalire l'origine del teatro scritto romano a Livio Andronìco e alla sua rappresentazione pubblica del 240 a.C. di una commedia o di una tragedia di argomento greco. Il genere della commedia annovererà poi, nell'età delle guerre di conquista, le opere di Plauto e Terenzio, quello della tragedia i capolavori di Nevio, Accio, Pacuvio e, in età imperiale, di Seneca.

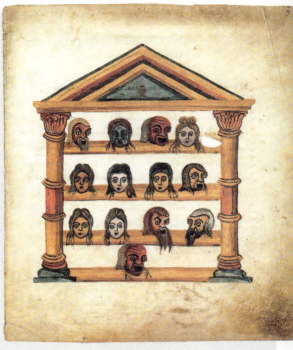

Maschere di commedia, miniatura da un codice delle *Commedie* di Terenzio, IX secolo, Città del Vaticano, Biblioteca Apostolica Vaticana.

Le strutture Diffusi in ogni parte dell'impero e ancora oggi ben conservati, i teatri romani non nacquero subito come edifici stabili. I primi spettacoli erano allestiti su un palcoscenico (*pulpitum*) in legno smontabile, niente più che una piattaforma sopraelevata che ospitava l'azione scenica. Nella sua *Naturalis historia* Plinio il Vecchio fa risalire al 58 a.C. la costruzione di un primo teatro stabile in legno, modellato sull'esempio greco: una *cavea* di due ordini di gradinate sovrapposti e una *scaena* dove recitavano gli attori. Tre anni dopo il primo teatro in pietra, quello donato a Roma da Pompeo, introdusse la variazione che distingue l'edificio romano da quello greco, e cioè la costruzione della *cavea* come un perfetto semicerchio addossato a una struttura perimetrale ellittica ad archi che sostiene l'intera struttura. A completare la *scaena* era l'orchestra, in origine destinata a ospitare il coro, poi evolutasi nella zona riservata ai sedili degli spettatori più in vista. A questi ultimi era riservato un accesso preferenziale (*aditus*) attraverso lunghi corridoi. Oltre al Colosseo, in grado di ospitare fino a 45.000 spettatori, per le proporzioni e il buono stato di conservazione sono noti gli anfiteatri di Nîmes (in Provenza), l'Arena di Verona, i teatri siciliani di Siracusa e Taormina, il teatro di Sabratha (in Libia) e quello di Thugga (in Tunisia).

Comprendere

1 Qual era la condizione sociale degli attori a Roma?

2 Perché sulla scena indossavano una maschera?

3 Qual è la struttura tipica del teatro romano?

Approfondire

4 In che cosa la professione e la condizione dell'attore di teatro romano è differente da quella dell'attore dei nostri giorni?

5 Ricerca notizie intorno all'opera di uno degli autori di teatro citati e descrivine le caratteristiche: quale opera sceglieresti da presentare alla classe?

6 Sai indicare altre località, oltre a quelle elencate, dove sorgono teatri romani in buono stato di conservazione? Quali tra queste o tra le località indicate ospitano ancora oggi una stagione teatrale?

unità 36 — La sintassi dell'accusativo

Lezione
Studia l'**accusativo** ed **esercitati** a memorizzarlo; quindi **verifica** le tue conoscenze.

LINGUA
Sintassi
I verbi assolutamente e relativamente impersonali
I verbi che reggono l'accusativo
I verbi che reggono il doppio accusativo

LESSICO
Parole da scoprire
I significati di *deficio*, *peto*, *quaero*

TRADUZIONE
I segreti della traduzione
Il passivo di *celo* e di *doceo*
Un metodo per tradurre
Stile latino e stile italiano: le costruzioni dissimili
Conoscere la cultura
L'educazione a Roma

SINTASSI

I verbi assolutamente e relativamente impersonali

I **verbi assolutamente impersonali** sono sempre usati alla **3ª persona singolare** e sono:

miseret, miseruit o *miseritum est*, *miserere*	aver compassione
paenitet, paenituit, paenitere	pentirsi
piget, piguit o *pigitum est*, *pigere*	provare rincrescimento
pudet, puduit o *puditum est*, *pudere*	vergognarsi
taedet, pertaesum est, taedere	annoiarsi

Questi verbi hanno la seguente costruzione:

- la **persona** che prova il sentimento, sempre espressa, è in caso **accusativo**;
- la **cosa** che determina il sentimento si rende con:
  - il **genitivo**, se si tratta di un sostantivo;
  - il **nominativo**, se si tratta di un pronome neutro;
  - l'**infinito semplice**, l'**accusativo** + **infinito** o una subordinata dichiarativa con *quod* e l'**indicativo** o il **congiuntivo**, se si tratta di una frase:

Voluntatis meae me numquam paenitebit. (Cic.)	Non **mi pentirò** mai **della mia scelta**.
Id me pudet. (Plaut.)	Mi vergogno di ciò.
Pudet me sic tecum loqui. (Sen.)	Mi vergogno di parlare così con te.
An paenitet vos quod salvum atque incolumem exercitum traduxerim? (Ces.)	Vi pentite forse che io abbia trasferito l'esercito sano e salvo?

Quando un verbo impersonale è retto da un **verbo servile** (come *possum*, *debeo*, *soleo*, *incipio* ecc.), la costruzione rimane invariata per la persona e la cosa, mentre il verbo servile assume **forma impersonale** (alla 3ª persona singolare) e il verbo impersonale va all'**infinito**:

Solet eum paenitēre.   Egli è **solito pentirsi**.

Se però il verbo impersonale è retto da un **verbo servile di volontà** (come *volo*, *nolo*, *malo*, *cupio* ecc.), quest'ultimo mantiene **forma personale** e il verbo impersonale va all'**infinito** o al **congiuntivo senza *ut***:

Malo me meae fortunae paeniteat quam victoriae pudeat. (Curz.)   Preferisco **dispiacermi** della mia buona sorte piuttosto che **vergognarmi** della vittoria.

RICORDA CHE...

- Se la persona che prova il sentimento è costituita da un pronome di 3ª persona, si esprime con ***eum***, ***eam***, ***eos***, ***eas***; con il riflessivo ***se*** solo se si trova all'interno di un'infinitiva che ha lo stesso soggetto del verbo della reggente:

  Eos taedet vitae. (Cic.)   **Essi** hanno a noia la vita.
  Quintus ait se paenitēre. (Cic.)   Quinto dice che **si** pente.

- Nella **perifrastica passiva** la persona che prova il sentimento è al **dativo** anziché all'accusativo:

  *Consilii nostri **nobis** paenitendum (esse) putarem.* (Cic.)   Penserei che **noi** dovremmo pentirci del nostro piano.

- I verbi impersonali non hanno l'imperativo, che è sostituito dal **congiuntivo esortativo**.
  Te paeniteat!   **Pentiti**!

Alcuni verbi presentano un costrutto analogo a quello dei verbi impersonali ma, a differenza di essi, ammettono un **soggetto** espresso in **nominativo** e si possono trovare anche alla 3ª persona plurale.

Tali verbi, detti **relativamente impersonali**, sono:

*me (te, eum ecc.) **fallit***	m'inganno
me fugit / latet	mi sfugge
me praeterit	non so
me decet	a me conviene / si addice
me dedecet	a me non conviene / non si addice
me iuvat / delectat	a me piace

I verbi relativamente impersonali presentano la seguente costruzione:

- sono usati alla **3ª persona singolare** o **plurale**;
- reggono l'**accusativo della persona** che prova il sentimento;
- ammettono come **soggetto** un nome di cosa o un pronome neutro in caso **nominativo**, un verbo all'**infinito**, oppure un'**infinitiva soggettiva** o un'**interrogativa indiretta**:

  Non decet regem saeva nec inexorabĭlis ira. (Sen.)   Non **si addice a un re un'ira** crudele né implacabile.

  Non fefellit Achaeos quo spectasset tam benigna pollicitatio. (Liv.)   Non **sfuggì agli Achei dove mirasse** una così benevola promessa.

RICORDA CHE...

Risultano simili a questi verbi anche ***spectat*** "spetta", ***attĭnet / pertĭnet*** "riguarda", con i quali la persona o la cosa a cui spetta o riguarda ciò di cui si parla è espressa con ***ad*** + **accusativo**:

*Haec **ad custodiam** religionis **attĭnent**.* (Val. Mass.)   Queste cose **riguardano la difesa** della religione.

ESERCIZI

FACILIORA

1

Abbina opportunamente ciascun verbo assolutamente impersonale alla cosa per cui si prova il sentimento.

1. vos miseret
2. eos taedet
3. te paenituit
4. me piget
5. aliquem pudet
6. eum non miserebat

a. tui consilii
b. amici sui infelicitatis
c. Roma proficisci
d. suae iniuriae
e. otii
f. nostrarum lacrimarum

2 Nelle seguenti frasi d'autore, che contengono verbi assolutamente impersonali, **cerchia** la persona che prova il sentimento e **sottolinea** ciò che lo determina (in qualunque modo sia espresso); quindi **traduci**.

1. Numquam suscepti negotii Attĭcum pertaesum est. (Cic.) • 2. Non video quid mihi sit in ea re pudendum. (Apul.) • 3. Quamquam mihi inimicus subĭto exstitisti, tamen me tui misĕret. (Cic.) • 4. Si talium civium vos, iudices, taedet, ostendĭte: mutabunt sententiam qui potĕrunt. (Cic.) • 5. Eorum nos magis miseret qui nostram misericordiam non requirunt quam qui illam efflagĭtant. (Cic.) • 6. Nec vos fidei nostrae nec nos imperii vestri paenitebit. (Liv.) • 7. Data merces est erroris mei magna (ita) ut me non solum pigeat stultitiae meae, sed etiam pudeat. (Cic.) • 8. Dixisse me aliquando paenituit, tacuisse numquam. (Val. Mass.)

3 Nelle seguenti frasi d'autore, che contengono verbi relativamente impersonali, **cerchia** la persona che prova il sentimento e **sottolinea** ciò che lo determina (in qualunque modo sia espresso); quindi **traduci**.

1. Iuvit me tibi tuas litteras profuisse. (Cic.) • 2. Haud dubie ad vim spectare res coepit. (Liv.) • 3. Oratorem irasci minime decet, simulare non dedĕcet. (Cic.) • 4. Neminem vestrum praetĕrit omnem utilitatem Siciliae consistĕre in re frumentaria. (Cic.) • 5. Pertinet hoc ad existimationem ordinis nostri salutemque sociorum. (Cic.) • 6. Itaque, ut decet certae spei plenos et cum imparibus manus conserturos, pilis ante pedes posĭtis, dextras armemus. (Liv.) • 7. Neminem clementia ex omnibus magis quam regem aut principem decet. (Sen.) • 8. Haec ipsa, ut spero, vobiscum unā consul agam, nisi forte me animus fallit et vos servire magis quam imperare parati estis. (Sall.)

DIFFICILIORA

4 Nelle seguenti frasi d'autore **individua** gli errori relativi alla costruzione dei verbi assolutamente e relativamente impersonali e **correggili**, poi **traduci**. L'esercizio è avviato.

1. Non ego vixisse paenitet, quoniam ita vixi, ut non frustra me natum existĭmem. (Cic.)
   errore: **ego**   correzione: **me**

2. Omnes homines, patres conscripti, qui de rebus dubiis consultant, ab odio, amicitia, ira atque misericordia vacui esse decet. (Sall.)
   errore: ....   correzione: ....

3. Ego fateor me his studiis esse dedĭtum; ceteros pudeant, si nihil possunt ex his in lucem proferre. (Cic.)
   errore: ....   correzione: ....

4. *Vidi eum miserum et me eum miserĭtum est.* (Plaut.)
errore: .... correzione: ....

5. *Nec clarissimorum virorum exempla neque doctissimorum praecepta te fugit.* (Cic.)
errore: .... correzione: ....

6. *Huius rei unum me pudendum est.* (Cic.)
errore: .... correzione: ....

7. *Qui, quaeso, nostrum fefellit ita vos esse facturos?* (Cic.)
errore: .... correzione: ....

8. *Pigēre Alexander facti coepit.* (Giust.)
errore: .... correzione: ....

5 Traduci in latino le seguenti frasi.

1. Non mi rincresce di aver detto la verità, anche se è scomoda. • **2.** Prova compassione per gli ammalati e per gli sventurati, ma non per i disonesti e per coloro che hanno tradito la patria! • **3.** Preferisco pentirmi dell'indulgenza che vergognarmi dell'ingiustizia. • **4.** Marco dice di essersi pentito di aver offeso i propri genitori.

6 Traduci il seguente brano d'autore.

Due tragediografi a colloquio

Accio replica alle osservazioni dell'anziano collega Pacuvio, a cui sottopone la lettura della sua ultima fatica, l'*Atreo*, difendendosi dalla critica di aver prodotto un'opera dai toni un po' troppo duri e aspri.

Cum Pacuvius, grandi iam aetate et morbo corporis diutĭno adfectus, Tarentum ex urbe Roma concessisset, Accius tunc multo iunior proficiscens in Asiam, cum in oppidum venisset, devertit ad Pacuvium comiterque invitatus plusculisque ab eo diebus retentus tragoediam suam, cui "Atreus" nomen est, desideranti legit. Tum Pacuvium dixisse aiunt sonora quidem esse, quae scripsisset, et grandia, sed vidēri tamen ea sibi duriora paulum et acerbiora. «Ita est,» inquit Accius «ut dicis; neque id me sane paenitet; meliora enim fore spero, quae deinceps scribam. Nam quod in pomis est, itĭdem esse aiunt in ingeniis; quae dura et acerba nascuntur, post fiunt mitia et iucunda; sed quae gignuntur statim vieta et mollia atque in principio sunt uvĭda, non matura mox fiunt, sed putria. Relinquendum igitur visum est in ingenio, quod dies atque aetas mitifĭcet».

(da Aulo Gellio)

SINTASSI

I verbi che reggono l'accusativo

Si dicono **transitivi** (dal latino *trans-eo* "passo", "vado oltre") i verbi in cui l'azione verbale "transita" su un **oggetto diretto** (**complemento oggetto**), **intransitivi** invece quelli esprimenti un'azione o uno stato assoluto, che non necessita di oggetto diretto.
Solo i transitivi possono essere volti al **passivo**; in questo caso l'oggetto diviene soggetto, mentre il soggetto diviene complemento di agente o di causa efficiente:

*Maria **mangia** una mela.* verbo transitivo attivo
*Una mela **è mangiata** da Maria.* verbo transitivo passivo
*Maria **cammina** per strada.* verbo intransitivo

Tendenzialmente i **transitivi** hanno come **ausiliare** dei tempi del passato il verbo *avere*, gli **intransitivi** spesso il verbo *essere*; al passivo i transitivi hanno *essere* in tutti i modi:

Tu **hai risolto** il problema.	verbo transitivo attivo
Il problema **è stato risolto** da te.	verbo transitivo passivo
Ieri **siamo andati** in centro.	verbo intransitivo

Così si configura la situazione in termini generali. In realtà, l'uso linguistico registra sensibili oscillazioni rispetto all'impianto teorico.
Per esempio si distinguono **verbi**:

- aventi solo e sempre funzione **transitiva** (*faccio, prendo, getto* ecc.);
- aventi solo e sempre funzione **intransitiva** (*vado, giungo, scivolo* ecc.);
- **intransitivi** usati talvolta in funzione **intransitiva** e talaltra in funzione **transitiva**:

Viveva a Roma.	funzione intransitiva
Viveva un sogno.	funzione transitiva

- con **doppia funzione**, ciascuna con un significato diverso:

*La nonna **ripiegava** la coperta.*	funzione transitiva
*L'armata **ripiegava** sulle sue posizioni.*	funzione intransitiva

IN LATINO

Oltre ai verbi transitivi (in latino come in italiano), reggono l'**accusativo** anche altri tipi di verbi, che convenzionalmente si classificano nelle seguenti categorie:

- **verbi transitivi in latino ma intransitivi in italiano:**

abdĭco	abdico a	*fugio, effugio*	sfuggo a, fuggo
deficio	manco a, abbandono	*iuvo, adiŭvo*	giovo a, piaccio a
delecto	piaccio a, allieto	*ulciscor*	mi vendico di
despēro	dispero di		

*Recte ego **has** semper **fugi** nuptias.* (Ter.)	Giustamente io **sono** sempre **sfuggito a queste nozze**.

- **verbi intransitivi in latino** costruiti con l'**accusativo di relazione**:
    - indicanti **sentimenti dell'animo**:

doleo	mi dolgo per	*maereo*	mi affliggo per
fleo, lugeo	piango	*queror*	mi lamento per
horreo	ho orrore di	*reformīdo*	ho grande timore di

Fortunam rei publicae lugeo. (Cic.)	**Piango il destino** dello stato.

- indicanti **sensazioni o percezioni**, in senso reale o metaforico:

oleo	ho odore di
sapio	ho sapore di
sitio	ho sete di

Hominem pagina nostra sapit. (Marz.)	La mia pagina **ha il sapore dell'uomo**.

- **verbi intransitivi** costruiti con l'**accusativo dell'oggetto interno:**

vivo vitam	vivo una vita
somnio somnium	faccio un sogno
pugno pugnam	combatto una battaglia

*Qui **beatam vitam vivěre** volet, philosophetur oportet.* (Quint.)	Chi vorrà **vivere una vita felice**, bisogna che si dedichi alla filosofia.

- **verbi di movimento composti** con **preposizioni** che reggono l'**accusativo**, come *circum, trans, ob, praeter, in*:

ingredior	entro in
traicio	faccio passare al di là di
transeo	supero

*Hannĭbal imperavit puero ut **omnes fores** aedificii **circumiret**.* (Nep.)   Annibale comandò allo schiavo di **correre intorno a tutte le porte** dell'edificio.

RICORDA CHE...

- Alcuni di questi verbi hanno anche costruzione **intransitiva**:
  - *abdicare se dictaturā* "rinunciare alla dittatura" (acc. + abl.);
  - *desperare de salute (saluti)* "disperare della salvezza" (*de* + abl.; dat.);
  - *effugĕre e manibus* "sfuggire alle mani" (*e* / *ex* + abl.).
- Un tipo speciale di accusativo di relazione è il cosiddetto **accusativo alla greca**, particolarmente diffuso in poesia e di solito retto dal participio perfetto:

*Lacrimis **oculos suffusa** nitentis (= nitentes) alloquitur Venus.* (Virg.)   Venere parla **con gli occhi** lucenti **bagnati** di lacrime (lett. "bagnata di lacrime negli occhi lucenti").

ESERCIZI

IN ITALIANO

7. Nelle seguenti frasi **coniuga** al passato prossimo i verbi indicati tra parentesi (attenzione alla scelta dell'ausiliare), specificando se sono usati in funzione transitiva T o intransitiva I.

1. L'esercito .... (*combattere*) una dura battaglia.   T I
2. Il generale .... (*combattere*) per la salvezza della patria.   T I
3. Luca .... (*rischiare*) la vita per salvare sua madre.   T I
4. La nostra squadra .... (*rischiare*) di perdere ai rigori.   T I
5. Non mi .... (*importare*) molto di quel problema.   T I
6. Il nostro paese quest'anno .... (*importare*) molte merci.   T I
7. La gara non .... (*cominciare*) alle 15, come era previsto.   T I
8. Giorgia .... (*cominciare*) a parlare tardi.   T I

IN LATINO

FACILIORA

8. **Abbina** opportunamente ciascun verbo al sostantivo corrispondente, poi **indica** se il verbo è usato in in funzione transitiva T o intransitiva I.

1. *horrebant*		a. *sanguinem*	T	I
2. *ultus est*		b. *flumen*	T	I
3. *queror*		c. *iniuriam*	T	I
4. *abdicavit*		d. *fortunam meam*	T	I
5. *transivit*		e. *salutem*	T	I
6. *desperabam*		f. *magistratum*	T	I

9 Nelle seguenti frasi d'autore **scegli** la forma corretta, poi **traduci**.

1. *Despērans **victoria** / **victoriam**, coepi suadēre pacem.* (Cic.) • **2.** *Hostes hos montes intrare cupiebant, ut **equitatui** / **equitatum** Caesaris effugĕrent.* (Ces.) • **3.** *P. Lentŭlus, cum **eum** / **se** praetura abdicasset, in custodiam a consulibus tradĭtus est.* (Liv.) • **4.** *Progenies / Progeniem Caesarum in Nerone defecit.* (Liv.) • **5.** *Themistŏcles non effŭgit civium suorum **invidiae** / **invidiam**.* (Nep.) • **6. His rebus** / **Haec** *ego doleo, haec sunt quae me excruciant.* (Plaut.) • **7.** *Multi patricii et plebei censuram petebant, sed **omnibus patriciis plebeisque** / **omnes patricios plebeiosque** nobilissimarum familiarum Marcus Porcius anteibat.* (Liv.) • **8.** *Tribuni militum abdĭti in tabernaculis aut **suum fatum** / **suo fato** querebantur aut cum familiaribus suis **communi periculo** / **commune poericulum** miserabantur.* (Ces.)

10 **Completa** la tabella indicando a quale categoria appartengono i verbi evidenziati nelle seguenti frasi d'autore, poi **traduci**. L'esercizio è avviato.

1. *Ego vitam duram, quam **vixi** usque adhuc, omitto.* (Ter.) • **2.** *Eos cives, qui contra patriam arma ceperunt, **ulciscor** et persĕquor.* (Cic.) • **3.** *Satia te sanguine, quem **sitisti** cuiusque insatiabilis semper fuisti.* (Giust.) • **4.** *Tranquillas etiam naufragus **horret** aquas.* (Ov.) • **5.** *Invidiam dictator **abdicando** dictaturam **fugĕrat**.* (Liv.) • **6.** *Iugurtha, singulas turmas et manipulos **circumiens**, monet atque obtestatur ut sese regnumque suum ab avaritia Romanorum defendant.* (Sall.) • **7.** *Nec **sitio** honores nec desidero gloriam.* (Cic.) • **8.** *Nemo erat videlĭcet aratorum qui iniuriam sibi factam **queri** posset, nemo decumanorum qui grano amplius sibi quam deberetur debēri professus esset.* (Cic.)

frase	verbo trans. in lat., intrans. in it.	verbo intrans. con acc. di relazione	verbo con acc. dell'ogg. interno	verbo con prep. + acc.
1.			vixi	
2.				
3.				
4.				
5.				
6.				
7.				
8.				

SINTASSI

I verbi che reggono il doppio accusativo

Accusativo dell'oggetto e del complemento predicativo dell'oggetto

Presentano questo tipo di doppio accusativo:

- gli stessi verbi che al passivo hanno il doppio nominativo (vedi Unità 35, p. 146), cioè i verbi **appellativi** (*appello, dico, nomino* ecc.), **estimativi** (*habeo, existimo, duco* ecc.) ed **elettivi** (*elĭgo, creo* ecc.):

*Albani **Mettium Fufetium dictatorem creant**.* (Liv.)   Gli Albani **eleggono dittatore Mezio Fufezio**.

- molti **verbi** che, in significati particolari, sono accompagnati da un predicativo dell'oggetto che ne completa il senso:
  - "dare", "prendere", "ricevere", come *do, trado, appōno, accipio*;
  - "trovare", "lasciare", come *invenio, relinquo, dimitto*;
  - "fare", "rendere", "mostrare", come *facio, reddo, efficio, praebeo*;
- i **riflessivi** che significano "mostrarsi" (*me ostendo, me praesto*).

Ricorda che...

Presentano questo costrutto anche le espressioni *aliquam uxorem ducĕre* "prendere una in moglie" e *aliquem certiorem facĕre* de aliqua re "informare qualcuno di qualcosa" (quest'ultimo costrutto è usato al **passivo** con il doppio nominativo nella forma *certior fio de aliqua re* "vengo informato di qualcosa"):

*Antonius **Cleopatram**, reginam Aegypti, **duxit uxorem**.* (Eutr.)	Antonio **prese in sposa Cleopatra**, regina d'Egitto.
*L. Nasidius **Massilienses** de suo adventu **certiores facit**.* (Ces.)	L. Nasidio **informa i Marsigliesi** del suo arrivo.

Accusativo dell'oggetto e del luogo

Alcuni **verbi transitivi composti** con **preposizioni** che reggono l'**accusativo** (come *traduco, traicio* "faccio passare al di là", *circumduco* "porto intorno a", *transmitto, transporto* "mando al di là di", "porto al di là di") hanno, oltre al regolare complemento oggetto, un accusativo di **luogo**, retto dalla preposizione (quest'ultimo accusativo si mantiene anche nella forma passiva):

*Caesar equitum **magnam partem flumen** traiēcit.* (Ces.)	Cesare fece passare al di là del fiume gran parte dei cavalieri.

Accusativo della persona e della cosa

Presentano questo tipo di doppio accusativo:

- i verbi *doceo* "insegno", "istruisco" ed *edoceo* "insegno bene", che hanno l'accusativo della **cosa insegnata** e l'accusativo della **persona a cui si insegna**:

*Desine **id me** docēre.* (Cic.)	Smetti di **insegnarmi ciò**.

- il verbo *celo* "nascondo", che ha l'accusativo della **persona che si tiene all'oscuro** e l'accusativo (ma anche *de* + ablativo nel significato di "informare") della **cosa che si nasconde**:

*Eumenes **iter omnes** celat.* (Nep.)	Eumene **tiene nascosto a tutti il cammino**.

- i cosiddetti *verba rogandi*, che significano "chiedere", "pregare", "interrogare" e che hanno l'accusativo della **cosa chiesta** e l'accusativo della **persona a cui si chiede**:

*Caesar **Pompeium** primum rogare **sententiam** coepit.* (Svet.)	Cesare iniziò a **chiedere il parere** per primo **a Pompeo**.

Ricorda che...

- I *verba rogandi* possono essere anche costruiti con: *de* + **ablativo** (*interrogo*); *a* / *ab* + **ablativo** della persona (*posco, flagito*); un **pronome neutro** (*oro, rogo*). Se la **cosa** che si domanda è costituita da un'intera **proposizione**, i *verba rogandi* sono seguiti da una completiva con *ut* + **congiuntivo**.
- L'espressione *aliquem rogare sententiam*, che significa "domandare a qualcuno il suo parere", mantiene l'accusativo di relazione della cosa anche al passivo:

*Caesar rogatus est **sententiam**.*	**A Cesare** fu richiesto **il parere**.

ESERCIZI

11 Nelle seguenti frasi d'autore **distingui** il complemento oggetto dalle altre funzioni dell'accusativo (complemento predicativo dell'oggetto, espressione di luogo ecc.), quindi **traduci**.

1. *Pater mihi uxorem fratris sui filiam dedit.* (Liv.) • 2. *Eae stellae, quas vagas dicimus, circum terram feruntur.* (Cic.) • 3. *Non accipĭmus brevem vitam sed facĭmus.* (Sen.) • 4. *Agesilāus Hellespontum copias traiecit tantaque usus est celeritate ut, quod iter Xerxes anno confecerat, hic transierit triginta diebus.* (Nep.) • 5. *Ad eum locum fluminis navibus iunctis Pompeiani pontem imperant fieri legionesque duas flumen Sicŏrim traducunt.* (Ces.) • 6. *Eodem tempore Ambarri Caesarem certiorem faciunt sese, depopulatis agris, non facile ab oppidis vim hostium prohibēre.* (Ces.) • 7. *Multi philosophi disciplinam suam non legem vitae, sed ostentationem scientiae putant.* (Cic.) • 8. *Non solum ipsa fortuna caeca est, sed eos etiam plerumque effĭcit caecos quos complexa est.* (Cic.)

12 Nelle seguenti frasi d'autore **sottolinea** tutti gli elementi della costruzione del doppio accusativo e delle costruzioni a esso alternative, quindi **traduci**.

1. *Medicus mortem regis omnes, qui extra erant, celavit.* (Cic.) • 2. *C. Terentius, ut Arretium cum legione vēnit, claves portarum magistratus poposcit.* (Liv.) • 3. *Id ut facias vehementer te rogo.* (Cic.) • 4. *Et id et aliud quod me orabis impetrabis.* (Plaut.) • 5. *D. Iunius Silānus, primus sententiam rogatus, quod eo tempore consul designatus erat, de iis, qui in custodiis tenebantur, supplicium decreverat.* (Sall.) • 6. *Ubii Caesarem magnopĕre orabant, ut exercitum Rhenum transportaret.* (Ces.) • 7. *Ea de deorum immortalium nomine maiores nostri docuisse sapientes, non a sapientibus didicisse videntur.* (Cic.) • 8. *Adsunt, queruntur Siculi universi: auxilium sibi per me a vobis atque a populi Romani legibus petunt.* (Cic.)

DIFFICILIORA

13 **Completa** le seguenti frasi d'autore declinando opportunamente il termine indicato fra parentesi, poi **traduci**.

1. *Caesar* .... (*Germani, -orum*) *levis armaturae equitumque partem* .... (*flumen, -inis*) *traicit crebrasque in ripis custodias disponit.* (Ces.)
2. *Antonius, repudiata sorore Caesaris Augusti Octaviani, Cleopătram* .... (*regina, -ae*) *Aegypti duxit* .... (*uxor, -oris*). (Eutr.)
3. *Eloquendi vis effĭcit ut ea, quae ignoramus, ab aliis discĕre, et ea, quae scimus,* .... (*alii, -orum*) *docēre possĭmus.* (Cic.)
4. *Celerĭter* .... (*ego*) *fecisti de Caesaris litteris* .... (*certior, -oris*). (Cic.)
5. *Dux* .... (*miles, -itis*) *navibus* .... (*flumen, -inis*) *transportat continentemque ripae collem improviso occupat.* (Ces.)
6. *Catilīna* .... (*iuventus, -utis*) *quam inlexerat, multis modis* .... (*malus, -a, -um + facinus, -oris*) *edocebat.* (Sall.)
7. *Multi quod ipsi experti non sunt,* .... (*is, ea, id*) *docent* .... (*ceteri, -orum*). (Cic.)
8. *Est igitur haec, iudices, non scripta, sed nata lex,* .... (*qui, quae, quod*) *non didicĭmus, accepĭmus, legĭmus, sed ex natura ipsa adripuĭmus.* (Cic.)

14 Traduci il seguente brano d'autore.

Laboratorio

Applica il metodo svolgendo l'analisi sintattica della versione, quindi scrivi la traduzione.

Cesare vendica la disfatta del console

Cesare massacra un contingente di Elvezi intenti a spostarsi al di là dell'Arar e vendica così la sconfitta subita dal console Cassio tempo addietro in quella stessa zona.

Flumen est Arar, quod per fines Haeduorum et Sequanorum in Rhodănum influit, incredibili lenitate, ita ut oculis in utram partem fluat iudicari non possit. Id Helvetii ratibus ac lintribus iunctis transibant. Ubi exploratores Caesarem certiorem fecerunt tres iam partes copiarum Helvetios id flumen traduxisse, quartam fere partem citra flumen Arărim reliquam esse, ille, de tertia vigilia cum legionibus tribus e castris profectus, ad eam partem pervēnit, quae nondum flumen transierat. Eos impeditos et inopinantes aggressus, magnam partem eorum concīdit; relĭqui se fugae mandārunt atque in proximas silvas abdiderunt. Incŏlae huius pagi – qui Tigurīnus appellabatur – quondam, cum domo exissent, L. Cassium consulem interfecerant et eius exercitum sub iugum miserant. Ita, sive casu sive consilio deorum immortalium, quae pars civitatis Helvetiae insignem calamitatem olim populo Romano intulerat, eam nunc audaciae suae praeterĭtae paenituit. Qua in re Caesar publicas iniurias ultus est.

(da Cesare)

I SEGRETI DELLA TRADUZIONE

Il passivo di *celo* e di *doceo*

- Il verbo *celo* "nascondo" usato al **passivo** ha **costruzione personale**: la persona a cui si nasconde è in **nominativo** ed è soggetto della frase, mentre la cosa nascosta è espressa con *de* + **ablativo** (in accusativo se è un pronome neutro):

  *Non est profecto **de illo veneno** celata mater.* (Cic.)   **La madre** non fu certo tenuta all'oscuro **di quel veleno**.

  Se però si vuole usare il verbo "nascondere", per ottenere una resa più scorrevole si procede così:
  – la cosa nascosta (*de illo veneno*) diventa il soggetto della frase italiana ("quel veleno");
  – *celo* al passivo viene concordato con il nuovo soggetto ("quel veleno non fu nascosto");
  – il soggetto della frase latina (*mater*) è reso con un complemento di termine ("alla madre").
  Si giunge così a una traduzione più idonea: "Alla madre non fu certo nascosto quel veleno".

- *Doceo* e i suoi composti sono invece poco frequenti al passivo, tranne che nei participi perfetti *doctus* ed *edoctus*, usati come aggettivi e costruiti con l'ablativo della cosa. Al passivo in genere *doceo* è sostituito da altri verbi passivi, come ***instituor***, ***erudior*** e ***imbuor*** "sono istruito", costruiti con l'**ablativo** (di limitazione) **della cosa**:

  *Eorum **praeceptis** eruditi sumus.* (Cic.)   Siamo stati istruiti **nei** loro **insegnamenti**.

  Si può anche trovare la frase all'attivo con *disco* "imparo", l'**accusativo della cosa** e *a/ab* + **ablativo della persona**.

15 Nelle seguenti frasi d'autore **sottolinea** gli elementi che costituiscono la costruzione passiva di *celo* e di *doceo* (e composti), quindi **traduci**.

1. *Maximis de rebus a fratre celatus es.* (Cic.) • **2.** *D. Brutus consul cum Mamerco fuit, homo et Graecis doctus litteris et Latinis.* (Cic.) • **3.** *Variis imbuimur erroribus.* (Cic.) • **4.** *Iis artibus instituimur ad usum forensem.* (Cic.) • **5.** *Credo celatum esse Cassium de Sulla uno.* (Cic.) • **6.** *Iugurtha, quae parabantur a perfugis edoctus, magnis itineribus Metellum antevēnit.* (Sall.) • **7.** *Id Alcibiădes diutius celari non potuit; erat enim ea sagacitate, ut decĭpi non posset.* (Nep.)

Schema riassuntivo dell'accusativo

funzione di oggetto diretto		
complemento oggetto	*Galli **arma** capiunt.* (Liv.)	I Galli prendono **le armi**.
complemento predicativo dell'oggetto	*Albani Mettium Fufetium **dictatorem** creant.* (Liv.)	Gli Albani eleggono **dittatore** Mezio Fufezio.
funzione di luogo		
complemento di moto a luogo (*in* + acc.)	*Consul **in oppidum** inrupit.* (Liv.)	Il console fece irruzione **nella città**.
(*ad* + acc.)	*Missum est **ad castra** auxilium.* (Liv.)	Fu mandato un aiuto **all'accampamento**.
(con nomi di città o piccola isola)	*Hamilcar **Carthaginem** venit.* (Nep.)	Amilcare giunse **a Cartagine**.
complemento di moto per luogo (*per* + acc.)	*Fabius **per loca alta** agmen ducebat.* (Liv.)	Fabio conduceva l'esercito **per luoghi impervi**.
funzione di estensione nel tempo e nello spazio		
complemento di tempo continuato (acc. semplice o *per* + acc.)	*Caesar (per) **totam hiemem** ad exercitum manere decrevit.* (Ces.)	Cesare decise di rimanere **per tutto l'inverno** presso l'esercito.
complemento di estensione	*Caesar duas fossas **quindecim pedes latas** perduxit.* (Ces.)	Cesare fece tracciare due fosse **larghe quindici piedi**.
complemento di distanza	*Hadrumetum abest a Zama circiter **milia passuum trecenta**.* (Nep.)	Adrumeto dista da Zama circa **trecento miglia**.
complemento di età (*natus* + acc. cardinale)	*Alcibiades **annos circiter quadraginta** natus diem obiit supremum.* (Nep.)	Alcibiade morì **all'età di circa quarant'anni**.
(*agens* + acc. ordinale aumentato di un'unità)	***Annum** agens **sextum decimum** patrem amisit.* (Svet.)	Perse il padre **all'età di quindici anni**.
funzione di relazione		
accusativo di relazione	*Notus evolat **terribilem** picea tectus caligine **vultum**.* (Ov.)	Noto vola **con il volto terribile** coperto (lett. "coperto il volto terribile") di nera caligine.
accusativo avverbiale	***Nihil** me clamor iste commovet.* (Cic.)	Questo strepito non mi agita **per nulla**.

16 Nelle seguenti frasi d'autore **sottolinea** tutti gli accusativi e riconoscine le diverse funzioni, quindi **traduci**.

1. *Suebi non multum frumento, sed maximam partem lacte atque pecore vivunt multumque sunt in venationibus.* (Ces.) • **2.** *Est locus in carcere, quod Tullianum appellatur, circiter duodecim pedes humi depressus.* (Sall.) • **3.** *Quidam magnus videlicet vir et sapiens dispersos homines in unum locum et congregavit et eos propter rationem et orationem ex feris et immanibus mites reddidit et mansuetos.* (Cic.) • **4.** *Imperator Caligula saepe depictas gemmatasque indutus paenulas in publicum processit.* (Svet.) • **5.** *Annos septuaginta natus, tot enim vixit Ennius, ita ferebat duo, quae maxima putantur onera, paupertatem et senectutem, ut iis paene delectari videretur.* (Cic.) • **6.** *Macedones, qui cum liberis maioribus quam quindecim annos natis (ex) Macedonia excedere atque in Italiam ire iussi sunt.* (Liv.) • **7.** *Hannibal ipse, dum murum incautius subit, adversum femur tragula graviter ictus cecidit.* (Liv.) • **8.** *Mithridates certiorem fecit Datamen tempus esse maiores exercitus parari.* (Nep.)

PAROLE DA SCOPRIRE
I significati di *deficio*, *peto*, *quaero*

Alcuni verbi, solitamente transitivi, a seconda della costruzione possono assumere valore intransitivo e acquisire significati diversi.

deficio	
in senso transitivo	
aliquem deficĕre	abbandonare qualcuno
in senso assoluto	
deficĕre	mancare, venir meno
mare deficit	c'è la bassa marea
sol deficit	il sole si eclissa
in senso intransitivo	
animo deficĕre	perdersi d'animo
ab aliquo deficĕre	defezionare da qualcuno
ad aliquem deficĕre	passare dalla parte di qualcuno
in aliquo deficĕre	estinguersi in qualcuno (detto delle dinastie)
viribus defici	essere abbandonato dalle forze

peto	
aliquid ab aliquo petĕre	chiedere qualcosa a qualcuno
Romam petĕre	dirigersi verso Roma
consulatum / gloriam petĕre	aspirare al consolato / alla gloria
hostes petĕre	assalire i nemici

quaero	
aliquid ex aliquo quaerĕre	chiedere qualcosa a qualcuno
aliquem quaerĕre	cercare qualcuno
de aliquo quaerĕre	fare un'inchiesta intorno a qualcuno

17 **Traduci** le seguenti frasi d'autore riconoscendo il corretto significato assunto da *deficio*, *peto*, *quaero*.
1. *Prima classis petĕre altum visa est, quo facilius superaret promontorium.* (Liv.) • 2. *Ambianorum de natura moribusque Caesar quaerebat.* (Ces.) • 3. *L. Domitius ex castris in montem refugiens, cum vires eum lassitudine defecissent, ab equitibus est interfectus.* (Ces.) • 4. *Olim deficĕre sol hominibus extinguique visus est.* (Cic.) • 5. *A gravibus illis antiquis philosophis petenda medicina est, non ab his voluptariis.* (Cic.) • 6. *Metellus in eis urbibus, quae ad se defecerant satisque munitae loco aut moenibus erant, praesidia imponit.* (Sall.) • 7. *Barbari, expugnatis compluribus navibus, cum nullum reperiretur auxilium, fuga salutem petĕre contenderunt.* (Ces.) • 8. *Praeclarum illud est et, si quaeris, rectum quoque et verum, ut eos, qui nobis carissimi esse debeant, aeque ac nosmet ipsos amemus.* (Cic.) • 9. *P. Clodius, qui consulatum petebat, competitores habebat patricios L. Aemilium, Q. Fabium, Ser. Sulpicium Galbam, veteres candidatos.* (Liv.) • 10. *Tribunus militum, ad contionem militibus vocatis, pronuntiavit lunam defecturam esse.* (Liv.)

UN METODO PER TRADURRE

Stile latino e stile italiano: le costruzioni dissimili

Alcune proposizioni subordinate latine presentano costruzioni dissimili dall'italiano e, proprio per questo, richiedono una particolare attenzione nella traduzione. In questi casi, conservare la struttura della frase della lingua di partenza significa disattendere la competenza di una buona resa nella lingua d'arrivo.

Ecco uno schema riassuntivo delle principali costruzioni dissimili finora incontrate.

proposizione subordinata	costruzione latina	costruzione italiana	resa in italiano
infinitiva (soggettiva e oggettiva)	verbo all'infinito; soggetto sempre espresso in caso accusativo	subordinata soggettiva e oggettiva ("che" + congiuntivo o "di" + infinito); il soggetto non sempre è espresso	*Puto eum amicum sincerum esse.* Ritengo che (lui) fosse un amico sincero.
cum narrativo	*cum* + congiuntivo regolato dalla *consecutio temporum*	gerundio (forma implicita) o subordinata temporale, causale, concessiva, ipotetica (forma esplicita)	*Dux triumphum celebravit, cum victoriam obtinuisset.* Il comandante celebrò il trionfo, avendo ottenuto / dopo aver ottenuto la vittoria.
ablativo assoluto (con il participio perfetto)	participio e sostantivo o pronome in caso ablativo	gerundio passato passivo (forma implicita) o subordinata causale, temporale, concessiva, ipotetica (forma esplicita)	*Scipio, exercitu in naves imposito, in Siciliam pervenit.* Scipio, essendo stato caricato / dopo che fu caricato l'esercito sulle navi, giunse in Sicilia.
coniugazione perifrastica passiva	gerundivo e dativo d'agente	il nominativo è reso con un complemento oggetto e il dativo d'agente diventa il soggetto della frase volta da passiva ad attiva	*Nobis patria amanda est.* (Noi) dobbiamo amare la patria.

La **sintassi del nominativo e dell'accusativo** presenta costruzioni dissimili.

- Il verbo *videor* ("sembrare") ha in genere una costruzione personale, dissimile dall'uso impersonale italiano. Tale differenza richiede che si rintracci il soggetto concordato con *videor* e che lo si trasformi nel soggetto della subordinata dipendente da *videor*, reso alla 3ª persona singolare:

  Multi nobis videntur sua sorte contenti esse.   Ci sembra che molti siano soddisfatti della loro sorte.

- Come *videor* si rendono in italiano i verbi passivi che significano "**dire**", "**narrare**", "**tramandare**" (*dicor, narror, feror* ecc.) o anche "**credere**", "**stimare**", "**considerare**" (*credor, putor, existimor, habeor* ecc.). Anche in questi casi il soggetto dei verbi usati personalmente diviene il soggetto della subordinata soggettiva che, nella traduzione italiana, dipende dal verbo usato impersonalmente, mentre il complemento d'agente diventa il soggetto della frase reggente:

  A multis diceris parum diligens esse.   Molti dicono che tu sia poco diligente.

- I **verbi di comando** (*iubeor*) e **di divieto** (*vetor, prohibeor*), che in italiano hanno costruzione impersonale, in latino hanno invece costruzione personale che non si conserva nella traduzione italiana dove il soggetto diviene il complemento di termine:

  Milites iussi / vetiti sunt castra ponĕre.   Si ordinò / si vietò ai soldati di disporre l'accampamento.

- Nei verbi assolutamente impersonali l'accusativo del soggetto diventa il soggetto della costruzione personale italiana, peraltro non necessariamente espresso, come invece è in latino:

  Me paenituit mei facinoris.   Mi sono pentito della mia cattiva azione.

  Qualora poi il verbo assolutamente impersonale sia retto all'infinito da un verbo servile, sarà quest'ultimo a dover essere reso personalmente con la conseguente trasformazione dell'accusativo del soggetto in soggetto della frase italiana:

  Multos solet taedĕre studii.   Molti sono soliti annoiarsi dello studio.

18
Traduci le seguenti frasi d'autore rendendo in modo opportuno i costrutti dissimili dall'italiano.

1. *Si tibi videtur, accipe a me auxilia, quibus munire te possis.* (Sen.) • 2. *Decimum Silanum, consulem designatum, non piguit sententiam suam, quia mutare turpe erat, interpretatione lenire.* (Svet.) • 4. *Debes existimare te maximis de rebus a fratre celatum esse.* (Cic.) • 5. *Lacedaemonii, de belli eventu oraculo consulto, iubentur ducem belli ab Atheniensibus petĕre.* (Val. Mass.) • 3. *Suebi centum pagos habēre dicuntur.* (Ces.) • 6. *Prohibiti estis in provincia vestra pedem ponĕre.* (Cic.) • 7. *Nero, cum inter ceteras disciplinas pueritiae tempore imbutus esset etiam musica, statim ut imperium adeptus est, citharoedum arcessivit.* (Svet.)

19
Nel seguente brano d'autore **evidenzia** le costruzioni dissimili dall'italiano e **traducile** prima letteralmente, poi in un italiano più appropriato. L'esercizio è avviato.

Annibale contesta il filosofo Focione
Per dimostrare quanto sia arrogante l'atteggiamento di chi, non conoscendo l'arte dell'oratoria, pretende di insegnarla agli altri, Cicerone fornisce un esempio illuminante. Al cospetto del filosofo Formione, che pretendeva di sapere tutto dell'arte della guerra, pur non avendone mai combattuta una, Annibale replicò che non aveva mai conosciuto un vecchio che delirasse più di lui.

Es. *Cum Hannĭbal Karthagine expulsus Ephesum ad Antiochum venisset exul*
costruzione dissimile: *cum* narrativo
traduzione letterale (forma implicita): Annibale, cacciato da Cartagine, essendo giunto come esule a Efeso presso Antioco
traduzione definitiva (forma esplicita): Dopo che Annibale, cacciato da Cartagine, giunse come esule a Efeso presso Antioco

Cum Hannĭbal Karthagine expulsus Ephesum ad Antiochum venisset exsul invitatusque esset ab hospitibus suis ut Phormionem philosophum audiret, locutus esse dicitur ille homo copiosus aliquot horas de imperatoris officio et de omni re militari. Tum, cum ceteri, qui illum audiverant, vehementer essent delectati, quaerebant ab Hannibale, quidnam ipse de illo philosopho iudicaret: hic Poenus non optime Graece, sed tamen libere respondisse fertur, multos se deliros senes saepe vidisse, sed qui magis quam Phormio deliraret vidisse neminem. Neque me hercule iniuria ("a torto"). *Phormio enim adroganter locutus est. Ille, Graecus homo, qui numquam hostem, numquam castra viderat, numquam denique minimam partem ullius publici muneris attigerat, ausus erat praecepta de re militari dare Hannibali, qui tot annis de imperio cum populo Romano omnium gentium victore certaverat.*

(da Cicerone)

VERIFICA DELLE COMPETENZE

COMPETENZE LINGUISTICHE

20 Indica la risposta corretta (attenzione: le opzioni valide possono essere più di una).

1. Nella frase *Exploratores adventum Pompei docuerunt* il verbo *doceo*:
   - ☐ significa "insegno"
   - ☐ significa "informo"
   - ☐ è usato al passivo
   - ☐ regge due accusativi

2. Nella frase *Non te celaveram consulis orationem* il verbo *celo*:
   - ☐ ha costruzione impersonale
   - ☐ regge un complemento predicativo dell'oggetto
   - ☐ regge l'accusativo della persona e della cosa
   - ☐ regge un accusativo di relazione

3. Nella frase *A patribus ad plebem deficĕre* il verbo *deficio* significa:
   - ☐ "manco"
   - ☐ "mi indebolisco"
   - ☐ "passo"
   - ☐ "sono privo di"

4. Nella frase *Nihil ad me attĭnet* sono presenti:
   - ☐ un accusativo di relazione e un accusativo di estensione
   - ☐ un predicativo dell'oggetto e un complemento dell'oggetto interno
   - ☐ un accusativo avverbiale e un verbo relativamente impersonale
   - ☐ un accusativo retto da un verbo assolutamente impersonale

L'esercizio insegna a:
- saper riconoscere i diversi tipi di accusativo

21 Nelle seguenti frasi d'autore individua gli errori nella costruzione dei verbi assolutamente e relativamente impersonali, motivando la tua scelta; quindi traduci.

1. *Ista gestamĭna decet humeros nostros.* (Ov.)

2. *Nemini haec utilitas fugit.* (Quint.)

3. *Male vincit is qui paenitet victoriae.* (Publ. Sir.)

4. *Me civitatis morum pigent taedentque.* (Sall.)

5. *Parthos ita certamĭna et bella iuvabat ut iudicaretur inter eos beatus qui in proelio profudisset animam.* (Amm.)

6. *Iudices, multa nos et in nostris rebus et in re publica fefellit.* (Cic.)

7. *Ego Caelium, quod de sua sententia decesserit, paenitendum puto.* (Cic.)

8. *Nec mihi praeterit usum ("la pratica") et esse et habēri optimum dicendi magistrum.* (Plin.)

L'esercizio insegna a:
- saper individuare e correggere gli errori nella costruzione dei verbi assolutamente e relativamente impersonali

22

Nelle seguenti frasi d'autore scegli la forma corretta fra quelle proposte, motivando la tua scelta; quindi traduci.

1. *Iam te **nullīus rei** / **nihil** misĕret, dure, tui dulcis amicŭli?* (Catull.) • 2. *Non **tibi** / **te** fallit quam multa et quam varia sint genera dicendi.* (Cic.) • 3. *Non **pudent** / **pudet** homines, mitissimum genus, gaudēre sanguine alterno et bella gerĕre.* (Sen.) • 4. *Ea **ad domos** / **domos** nostras **pertinet** / **pertinent**.* (Cic.) • 5. *Etiam nunc te paenitet **belli suscepti** / **bellum susceptum** adversus Romanos?* (Liv.) • 6. *Neque **id dixisse** / **ut id dixerim** me paenitet.* (Svet.) • 7. *Non **me** / **mei** hoc dicĕre pudebit.* (Cic.) • 8. ***Eos** / **Ii** peccatorum suorum tum maxime **paenitent** / **paenitet**, cum sunt morbo gravi et mortifero adfecti.* (Cic.)

L'esercizio insegna a:
- saper scegliere l'alternativa corretta nella costruzione dei verbi assolutamente e relativamente impersonali

23

Nelle seguenti frasi d'autore individua e analizza la costruzione di *doceo*, *celo* e dei *verba rogandi*, poi traduci.

1. *Spartiatae oraculum ab Iove Dodonaeo petiverunt de victoria sciscitantes.* (Cic.) • 2. *A te peto ut tu quoque aequum te iudicem dolori meo praebeas.* (Cic.) • 3. *Imperatores Hispaniae stipendium, milites, arma, frumentum poscunt.* (Sall.) • 4. *Id me usus docuit, magister egregius.* (Cic.) • 5. *Audivistis legatos Hennenses publice dicĕre sese a suis civibus habēre mandata ut ad Verrem adirent et eum simulacrum Cereris et Victoriae reposcerent.* (Cic.) • 6. *Numa Pompilius, cum efferatos assiduis bellis Romanos adverteret, docuit eos cultum deorum.* (Val. Mass.)

L'esercizio insegna a:
- saper riconoscere la costruzione dei verbi con il doppio accusativo

24

Volgi le seguenti frasi d'autore dall'attivo al passivo, usando alternativamente tutte le costruzioni passive di *doceo* e di *celo*; quindi traduci.

1. *Quod nos iste Mithridātes initio belli Asiatici docuit, memoria retinēre debemus.* (Cic.) • 2. *Eumĕnes iter omnes celat.* (Nep.) • 3. *Te ipsum qui multos annos nihil aliud commentaris, docebo profecto, quid sit humanĭter vivĕre.* (Cic.) • 4. *Ista flagitia me celasti et patrem.* (Plaut.) • 5. *Militares artes, quas me a puero fortuna nunc privata nunc publica docuit, probe videor scire.* (Liv.) • 6. *Adherbal Romam miserat legatos, qui senatum docerent de caede fratris et fortunis suis.* (Sall.) • 7. *Deiotarus de armis, de ferro, de insidiis celare te noluit?* (Cic.) • 8. *Non te celavi sermonem T. Ampi.* (Cic.)

L'esercizio insegna a:
- saper usare correttamente la forma passiva dei verbi *doceo* e *celo*

25

Nelle seguenti frasi d'autore riconosci le diverse funzioni degli accusativi evidenziati, poi traduci.

1. *Germanorum feminae partem vestitus superioris in manicas non extendunt, nudae **brachia** ac **lacertos**.* (Tac.) • 2. *Domum eius exornatam atque instructam reddiderat **nudam** atque **inānem**.* (Cic.) • 3. *Iste signa partim **in hortos** Pompei deportavit, partim **in villam** Scipionis.* (Cic.) • 4. *Neroni Servius Galba successit, antiquissimae nobilitatis senator, cum **septuagesimum** et **tertium annum** agĕret.* (Eutr.) • 5. *Cum peteres **ad Siciliam**, traiecisti fretum.* (Cic.) • 6. *Movit **aliquantum** oratio regis legatos.* (Liv.) • 7. *Cum per Helvetiorum fines tridui iter fecisset, Caesar inveniebat ex captivis Sabim flumen ab castris suis non amplius **milia** passuum **decem** abesse.* (Ces.) • 8. ***Per annos quattuor et viginti** primo Punico bello classibus certatum est cum Poenis.* (Liv.)

L'esercizio insegna a:
- saper riconoscere e tradurre l'accusativo usato con diverse funzioni

COMPETENZE LESSICALI

26 Traduci le seguenti frasi d'autore riconoscendo il corretto significato assunto da *deficio, peto, quaero*.

1. *Qui bonam famam expetunt, aliis otium quaerĕre debent, non sibi.* (Cic.) • 2. *Grues, cum loca calidiora petentes maria transmittunt, trianguli efficiunt formam.* (Cic.) • 3. *Campani Cumanos sollicitaverunt ut a Romanis deficĕrent.* (Liv.) • 4. *Socrates philosophiam coegit de vita et moribus rebusque bonis et malis quaerĕre.* (Cic.) • 5. *In eo proelio cum gravi vulnere esset affectus aquilĭfer et a viribus deficeretur, conspicatus equites nostros, «Hanc (aquilam) ego,» inquit, «et vivus multos per annos magna diligentia defendi et nunc moriens eadem fide Caesari restituo».* (Ces.) • 6. *Multi enim bella saepe quaesiverunt propter gloriae cupiditatem, atque id in magnis animis ingeniisque plerumque contingit, eoque magis, si sunt ad rem militarem apti et cupidi bellorum gerendorum.* (Cic.)

L'esercizio insegna a:
- saper riconoscere i diversi significati di *deficio, peto, quaero*

27 Con l'aiuto del dizionario italiano sottolinea i vocaboli che derivano da *deficio, peto, quaero*; poi individua la diversa origine degli altri.

questura • querela • deficitario • indefesso • deficit • petizione • definizione • deficienza • questua • questione • quesito • querulo • pazienza

L'esercizio insegna a:
- saper riconoscere l'origine latina di parole italiane

COMPETENZE DI TRADUZIONE

VERSIONE GUIDATA

28 Traduci il brano d'autore e svolgi le attività che seguono.

Annibale in fuga

Dopo la sconfitta subita a Zama nel 202 a.C., Annibale abbandona Cartagine per sfuggire alla cattura dei Romani. Il condottiero cartaginese non si lascia però cogliere impreparato da un evento che dimostra di aver organizzato da tempo e sorprende Gneo Servilio, mandato in Africa allo scopo di eliminarlo.

Denique senatus metu perculsus ad speculandos actus Hannibalis legatum in Africam Cn. Servilium mittit eique tacitis mandatis praecipit, ut eum per aemulos eius interficĕret. Sed res Hannibalem non diu latuit, virum ad prospicienda cavendaque pericula paratum nec minus in secundis adversa quam in adversis secunda cogitantem. Igitur cum tota die in oculis principum legatique Romani in foro Karthaginiensium fuisset, adpropinquante vespere, equum conscendit et rus suburbanum, quod propter litus maris habebat, ignaris servis iussisque ad portam revertentem opperiri, contendit. Sic Hannĭbal omnes suam fugam celavit. Habebat enim ibi naves cum remigibus in occulto sinu litoris abscondĭtas; erat et grandis in eo agro pecunia praeparata. Lecta igitur servorum iuventute, quorum copiam Italicorum captivorum numerus augebat, navem conscendit et ad Antiochum petit. Postero die civitas principem suum in foro expectabat. Quem, ut profectum esse nuntiatum est, omnes trepidavēre exitiosamque sibi fugam eius ominati sunt. Legatus vero Romanus, quasi ("come se") iam bellum inlatum Italiae ab Hannibale esset, tacitus Romam regredĭtur trepidumque nuntium refert.

(da Giustino)

Laboratorio

Morfologia

1. Individua gli elementi che caratterizzano la costruzione dei verbi *latet* e *celo*.
2. *in secundis adversa quam in adversis secunda*: l'autore rende l'antitesi attraverso una serie di .... (parte del discorso).
3. *equum conscendit, rus urbanum... contendit, navem conscendit*: quale differenza osservi rispetto all'uso italiano dei verbi?
4. La forma *trepidavēre* sta per ....
5. Individua i verbi deponenti e i composti di *fero* e analizzali.

Sintassi

6. *ad speculandos actus, ad prospicienda cavendaque pericula*: si tratta di due subordinate .... costruite con il .... Rintraccia nel testo le altre subordinate dello stesso tipo, ma costruite diversamente.
7. Evidenzia gli ablativi assoluti: con quali subordinate esplicite è opportuno renderli in italiano?
8. Individua il nesso relativo: di quale subordinata è soggetto? Tale subordinata è retta da un verbo personale o impersonale?

Lessico

9. Con quale significato è utilizzato nel testo il verbo *peto*?
10. *principum*: da .... (nominativo e genitivo), è un .... (parte del discorso) e significa letteralmente .... in quanto derivato da *primus* + *capĕre*. Qui è usato nel significato di ....
11. *ominati sunt*: è il .... (modo e tempo) del verbo .... (paradigma), che deriva dal sostantivo .... (nominativo e genitivo), che significa .... e che, come *fortuna*, è una ....
12. *nuntium*: da .... (nominativo e genitivo), significa sia .... sia ....

VERSIONE D'AUTORE

29
Traduci il seguente brano.

L'eroismo di Curione

Laboratorio
Applica il metodo svolgendo l'analisi sintattica della versione, quindi scrivi la traduzione.

Nella battaglia del fiume Bagrada (oggi Majerda, nel Nordafrica), combattuta nel 49 a.C., l'esercito di Cesare subisce una pesante sconfitta a opera dei Numidi, sostenitori di Pompeo. Nello scontro si distingue il governatore d'Africa Gaio Scribonio Curione, che preferisce la morte a una vergognosa ritirata.

Equitatus hostium ab utroque cornu circumire aciem nostram et aversos proterĕre incĭpit. Sic neque in loco manēre ordinesque servare neque procurrĕre et casum subire tutum videbatur. Hostium copiae submissis ab rege auxiliis crebro augebantur; nostros vires lassitudine deficiebant, simul ei, qui vulnĕra acceperant, neque acie excedĕre neque in locum tutum referri poterant, quod tota acies equitatu hostium circumdăta tenebatur. Hi de sua salute desperantes aut suam mortem miserabantur. Plena erant omnia timoris et luctus. Curio, ubi perterritis omnibus neque cohortationes suas neque preces audiri intellegit, unam spem reliquam salutis esse arbitratus, proximos colles capĕre universos atque eo signa inferri iubet. Tum vero ad summam desperationem nostri perveniunt et partim fugientes ab equitatu interficiuntur, partim integri procumbunt. Hortatur Curionem Cn. Domitius, praefectus equitum, cum paucis equitibus circumsistens, ut fuga salutem petat atque in castra contendat, et se ab eo non discessurum pollicetur. At Curio numquam se amisso exercitu, quem a Caesare fidei commissum acceperit, in eius conspectum reversurum esse confirmat atque ita proelians interficĭtur.

(da Cesare)

CULTURA

30 Traduci il seguente brano d'autore.

È utile il confronto con i coetanei

Al modello della scuola familiare, dove la formazione è affidata a un precettore privato, Quintiliano preferisce quello della scuola "pubblica". Dal confronto con i coetanei il futuro oratore imparerà a rapportarsi con gli altri in una relazione di sana competizione.

Ante omnia futurus orator, cui in maxima celebritate et in media rei publicae luce vivendum est, adsuescat iam a puero non reformidare homines neque solitariā et velut umbraticā vitā pallescĕre. Excitanda eius mens et attollenda semper est, quae in eius modi secretis aut languescit, aut contra tumescit inani persuasione: necesse est enim nimium tribuat sibi qui se nemini comparat. In ludis etiam amicitiae nascuntur, quae ad senectutem usque firmissime durant religiosa quadam necessitudine imbutae. Sensum ipsum, qui communis dicitur, ubi discipulus discet, cum se a congressu hominum segregaverit? Adde quod domi ea sola discĕre potest quae ipsi praecipientur, in schola etiam quae aliis. Audiet multa cotidie probari, multa corrĭgi, proderit alicuius obiurgata desidia, proderit laudata industria, excitabitur laude aemulatio, turpe ducet cedĕre pari, pulchrum superasse maiores. Accendunt omnia haec animos, et licet ("ammesso che") ipsa vitium sit ambitio, frequenter tamen causa virtutum est.

(da Quintiliano)

Conoscere la cultura

L'educazione a Roma

Il sistema scolastico romano A Roma l'educazione dei giovani era finalizzata alla formazione del "buon cittadino" e si basava soprattutto sull'insegnamento dell'arte della parola, considerata uno strumento indispensabile per la vita civile e politica. All'educazione retorica e letteraria si univa del resto l'attenzione ai valori morali tradizionali, considerati patrimonio collettivo e irrinunciabile.
Nel periodo arcaico, tra il VI e il III secolo a.C., l'educazione dei figli era svolta direttamente dal *pater familias*. Tra i sette e i dodici anni, il ragazzo seguiva il padre nel podere e in senato, apprendendo i fondamenti del vivere civile e i primi elementi della lettura e della scrittura attraverso l'esempio e l'imitazione. In seguito, anche in virtù dei più stretti rapporti con il mondo greco e dell'affluire a Roma di molti schiavi greci come prigionieri di guerra, si diffusero scuole "pubbliche" di grammatica e retorica.
In particolare, l'educazione primaria si svolgeva alla scuola del *ludi magister* o *litterator*, una sorta di maestro elementare che insegnava a leggere e scrivere ai bambini tra i sette e i dodici anni. Fra i tredici e i quindici anni i ragazzi dei ceti superiori frequentavano la scuola del *grammaticus*, basata sulla lettura degli autori greci e latini. Il livello più elevato era la scuola del *rhetor*, in cui i futuri dirigenti imparavano l'arte del ben parlare, che avrebbero utilizzato nell'attività forense e nella carriera politica. Gli studi erano spesso coronati da un viaggio in Grecia, allo scopo di apprendere qualche elemento di filosofia.

Maestro e allievo, particolare del sarcofago marmoreo di M. Cornelio Stazio, da Ostia, metà del II secolo d.C., Parigi, Museo del Louvre.

La politica scolastica e i metodi didattici Queste scuole pubbliche – frequentate, almeno a livello elementare, anche dai ragazzi di ceto sociale più basso – restarono a lungo affidate all'iniziativa dei cittadini e i maestri erano pagati dai genitori senza intervento statale. Una vera e propria politica scolastica ebbe luogo soltanto a partire dal I secolo d.C. con l'imperatore Vespasiano.

I metodi educativi nelle scuole romane erano fondati sul principio della gradualità e su uno studio prevalentemente ripetitivo, basato più che altro sulla memoria. La principale testimonianza sulla prassi didattica nel mondo latino è costituita dall'opera di Quintiliano, un maestro di retorica del I secolo d.C., che nella sua *Institutio oratoria* ("La formazione dell'oratore") descrive modi e metodi dell'insegnamento. Anche se si rivolge al futuro oratore di cui segue la formazione dai primi passi del percorso educativo, Quintiliano offre spunti pedagogici di sorprendente modernità, come l'invito ad assecondare l'indole degli alunni, a evitare le punizioni corporali e a presentare lo studio come una sorta di gioco. L'autore sottolinea inoltre l'importanza della vita di classe per chi sarà chiamato a svolgere una professione in continua relazione con gli altri.

La scuola pubblica L'anno scolastico iniziava a marzo, dopo le *quinquatrus* (feste in onore della dea Minerva). C'era vacanza ogni nove giorni (*nundĭnae*) e nelle pubbliche festività; le lezioni venivano sospese durante il periodo più caldo dell'estate. Le ore di lezione erano sei al giorno: mattina e pomeriggio con l'intervallo per il *prandium* a casa. Non esistevano edifici scolastici veri e propri, ma si teneva lezione all'aperto in cortili (*pergulae*) o in *tabernae*. L'arredamento della scuola era molto semplice: il maestro stava seduto su una sedia, che poteva avere la spalliera (*cathedra*) o esserne priva (*sella*), mentre gli scolari gli si sistemavano intorno su sgabelli, in modo da poter tenere sulle ginocchia il materiale scrittorio, che consisteva in una tavoletta bianca cerata (*tabella*) o in un foglio di papiro sbiancato (*pagina*).

Comprendere

1 Che tipo di insegnamento impartiva ai figli il *pater familias*? Da quali figure sarà poi sostituito nel ruolo di educatore?

2 Quale disciplina era considerata fondamentale nella formazione dei futuri membri del ceto dirigente?

3 Quale metodo era considerato funzionale all'apprendimento?

Approfondire

4 Leggi il seguente brano di Quintiliano con l'aiuto della traduzione, quindi rispondi alle domande.

Il maestro ideale

Danda est tamen omnibus aliqua remissio, non solum quia nulla res est quae perferre possit continuum laborem, atque ea quoque quae sensu et anima carent ut servare vim suam possint velut quiete alterna retenduntur, sed quod studium discendi voluntate, quae cogi non potest, constat. [...] Nunc fere neglegentia paedagogorum sic emendari videtur ut pueri non facěre quae recta sunt cogantur, sed cur non fecerint puniantur. [...] Quare hoc dixisse satis est: in aetatem infirmam et iniuriae obnoxiam nemini debet nimium licěre.

Bisogna concedere a tutti un po' di riposo: non solo poiché nessun essere è tale che può sopportare una fatica ininterrotta e persino le cose inanimate per poter conservare la loro efficienza si rilassano, per così dire, alternando una pausa al riposo, ma anche perché lo studio consiste nella volontà di imparare, che non può essere oggetto di costrizione. [...] In generale al giorno d'oggi a causa della negligenza dei pedagoghi sembra opportuno che i ragazzi siano costretti in modo tale da non essere obbligati a fare ciò che è giusto, ma ad essere puniti per non averlo fatto. [...] È sufficiente avere detto questo: nessuno deve avere un potere eccessivo su questa età così debole ed esposta alle offese.

(trad. T. Piscitelli)

a Credi che l'introduzione della "didattica digitale" nelle scuole ai giorni nostri favorisca l'apprendimento, migliorando la "volontà di imparare" di cui parla Quintiliano? Rifletti e argomenta.

b Il termine *ludus* indica primariamente il "gioco" e solo in seguito è passato a designare la "scuola elementare". Spiega questo cambiamento di significato sulla base dei princìpi espressi da Quintiliano in questo brano, quindi fai un'indagine analoga per i sostantivi *schola*, *studium* e *calculus*, con riferimento anche ai loro esiti italiani.

Ripasso e recupero
unità 35-36

CONOSCERE

1 Nelle seguenti frasi sottolinea una volta il soggetto e due volte il predicativo del soggetto.

1. C. Iulius Caesar cum L. Bibulo consul factus est. • 2. Dux vitae mortalium animus est. • 3. Hostes incolumes evaserunt. • 4. Temperantia recte frugalitas appellari potest. • 5. Vergilius natus est pauper, magnus poëta factus est. • 6. Tarquinius superbus habitus atque dictus est.

2 Indica se nelle seguenti frasi *videor* ha costruzione personale P o impersonale I.

1. Nunc nihil mihi videtur utile. P I • 2. Omnium animi intenti esse ad pacem videbantur. P I • 3. Tu mihi videris meam sententiam sequi. P I • 4. Ita duci visum est. P I • 5. Sapientibus liberi esse non videntur qui voluptates colunt. P I • 6. Prorsus non mihi videor esse tutus. P I

3 Nelle seguenti frasi d'autore sottolinea una volta i verbi con costruzione personale e due volte quelli con costruzione impersonale, poi traduci.

1. Duas legiones novas consules ex senatus consulto scribĕre iussi sunt. (Liv.) • 2. Lutatius, qui primum bellum Punicum confecit, prohibĭtus est sortes Fortunae Praenestinae adire. (Val. Mass.) • 3. Postquam bellum in Numidia confectum (esse) et Iugurtham Romam vinctum adduci nuntiatum est, Marius consul absens factus est et ei decreta provincia Gallia. (Sall.) • 4. Galbam, Africanum, Laelium doctos homines fuisse tradĭtum est. (Cic.) • 5. Omnes equites Haeduorum interfecti sunt, quod collocuti esse cum Arvernis dicebantur. (Ces.) • 6. Minime arduus ad nostras munitiones ascensus videbatur. (Ces.)

4 Nelle seguenti frasi sottolinea una volta il complemento oggetto e due volte il predicativo dell'oggetto.

1. Plato escam malorum appellat voluptatem. • 2. Universa civitas Cincinnatum dictatorem creavit. • 3. Necessitas egentem mendacem facit. • 4. Maiores nostri servos familiares appellaverunt. • 5. Senatus Catilinam et Manlium hostes iudicat. • 6. Tuam domum divĭtem reddidisti.

5 Nelle seguenti frasi d'autore sottolinea gli accusativi e riconoscine le diverse funzioni (avverbiale, di relazione, estensione nel tempo e nello spazio, dell'oggetto interno).

1. Consules triumphantes victore cum exercitu urbem iniēre. (Liv.) • 2. Mirum atque inscītum somniavi somnium. (Plaut.) • 3. Nihil me clamor iste commŏvet. (Cic.) • 4. Artabazus nonagesimum et quintum annum agebat. (Curz.) • 5. Ceteros effuse fugientes per triginta milia passuum victores secuti sunt. (Liv.) • 6. Septem et viginti virgines, longam indūtae vestem, carmen in Iunonem reginam canentes, ibant. (Liv.)

6 Nelle seguenti frasi d'autore distingui l'uso attivo A e passivo P dei verbi *doceo* e *celo*, poi traduci.

1. A Diogene Carneādes dialecticam didicerat. (Cic.) A P • 2. Nos ita a maioribus instituti atque imbuti sumus, ut omnia consilia atque facta ad virtutem et ad dignitatem referamus. (Cic.) A P • 3. Indicabo tibi quod in primis te celatum volebam. (Cic.) A P • 4. Philosophĭa me docuit non tantum beneficium amare, sed etiam maleficium. (Apul.) A P • 5. Non imprudenter feceris si me hoc cela(ve)ris. (Nep.) A P • 6. Celari videor a te. (Cic.) A P

SAPER FARE

7 Trasforma il verbo della proposizione principale da attivo a passivo o viceversa, modificando di conseguenza gli altri elementi della frase.

1. *Dicunt in proelio milites acriter pugnavisse.* ....
2. *Consules a senatu exercitum parare iussi sunt.* ....
3. *Ferunt Marcum Aurelium imperatorem sapientem fuisse.* ....
4. *Phoenices dicuntur litteras repperisse.* ....
5. *Traditur multas civitates in Gallia esse.* ....
6. *Narrant Hannibalem sibi veneno mortem dedisse.* ....

8 Nelle seguenti frasi, che contengono verbi assolutamente impersonali, scegli la forma corretta, poi traduci.

1. *Si **te** / **tu** paenitebit peccatorum tuorum, fili mi, Deum **tui** / **tibi** miserebit.* • **2.** *Pudeat vos **negligentiam vestram** / **negligentiae vestrae**.* • **3.** ***Ego*** / ***Me** taedet sermonis tui.* • **4.** *Solet eum, cum aliquid furiose fecit, **paenitere** / **paenitet**.* (Cic.) • **5.** ***Me*** / ***Ego** paenitet in posterum diem dilatum esse certamen.* (Liv.) • **6.** *Id **quod** / **cuius** pudet facilius fertur quam illud **quod** / **cuius** piget.* (Plaut.)

9 Indica il significato delle seguenti locuzioni costruite con i verbi *deficio*, *peto*, *quaero*.

1. *deficitur viribus* ....
2. *petere hostes* ....
3. *de aliquo quaerit* ....
4. *deficere ad aliquem* ....
5. *petere gloriam* ....
6. *a te hoc quaesivit* ....

COMPRENDERE E TRADURRE

10 Traduci il seguente brano d'autore.

Un sogno rivelatore

Videotutorial
Guarda il video e impara a fare l'analisi sintattica della versione.

Due amici giungono nella stessa città, ma alloggiano in luoghi diversi. Durante la notte uno dei due sogna l'altro che gli rivela di essere vittima di un agguato. Il giorno dopo l'amico constaterà l'esattezza della visione notturna.

Cum duo quidam Arcades familiares iter unā facerent et Megăram venissent, alter ad cauponem devertit, ad hospitem alter. Qui ut cenati quieverunt, concubia nocte visus est in somnis ei qui erat in hospitio alter orare ut subveniret, quod sibi a caupone interitus pararetur. Is primo, perterritus somnio, surrexit; deinde, cum se conlegisset idque visum pro nihilo habendum esse duxisset, recubuit. Tum ei dormienti idem saucius apparuit et obsecravit ut, quoniam sibi vivo non subvenisset, mortem suam ne inultam esse pateretur; dixit enim se interfectum in plaustrum a caupone esse coniectum et corpus stercore opertum esse. Petivit ut mane ad portam adesset, prius quam plaustrum ex oppido exiret. Dicunt familiarem, hoc somnio commotum, mane ad portam fuisse, et e bubulco quaesisse quid esset in plaustro; tum illum perterritum fugisse, mortuum erutum esse et cauponem, re patefacta, poenas dedisse.

(da Cicerone)

LABORATORIO delle competenze 9

La reggenza verbale (I): costruzione personale e impersonale

unità 35-36

Prerequisiti
- La costruzione personale di *videor*
- La costruzione impersonale di *videor*
- Il doppio nominativo
- Il doppio accusativo
- I verbi assolutamente impersonali
- I verbi relativamente impersonali

ANALISI LINGUISTICA

1 Dopo aver letto con attenzione il testo, svolgi le seguenti operazioni:
- fa' l'analisi del periodo, identificando le frasi e il tipo di subordinate;
- riconosci i verbi costruiti personalmente o impersonalmente;
- completa le note;
- traduci.

Talvolta i sogni si realizzano

Le vicende del condottiero cartaginese Amilcare e del console Publio Decio dimostrano come i sogni anticipino, anche a distanza di tempo, quanto poi avverrà nei fatti.

Apud Agathŏclem **scriptum** in historia **est** Hamilcarem Karthaginiensem, cum oppugnaret Syracusas, visum esse audire vocem se postridie cenaturum Syracusis. Cum autem is dies inluxisset, magnam seditionem in castris eius inter Poenos et Siculos milites facta est. **Quod** cum sensissent Syracusani, improviso eos in castra inrupisse Hamilcaremque ab iis vivum esse sublatum: ita **res** somnium comprobavit. Plena exemplorum est historia, tum referta vita communis. At vero P. Decius ille Quinti filius, qui primus e Deciis consul fuit, cum esset tribunus militum M. Valerio A. Cornelio consulibus a Samnitibusque premeretur noster exercitus, cum pericula proeliorum iniret **audacius** monereturque, ut cautior esset, dixit **sibi in somnis visum esse**, cum in mediis hostibus versaretur, occidĕre cum maxima gloria. Et tum quidem incolumis exercitum obsidione liberavit; post triennium autem, cum consul esset, devovit se et in aciem Latinorum inrupit armatus. Quo eius facto superati sunt et deleti Latini. Cuius mors ita gloriosa fuit, **ut** eandem **concupisceret** filius.

(da Cicerone)

LABORATORIO di lingua

1 *Scriptum est*: regge una subordinata ...., in rapporto temporale di .... con la reggente ed espressa da *visum esse*, usato nel significato di ....
2 Nel primo periodo compare tre volte il costrutto del .... : con quali valori?
3 *Quod*: è un ...., riferito a ....
4 *res*: come è opportuno rendere *res* invece che con il generico "cosa"?
5 *audacius*: l'avverbio è al grado ...., perché non è presente il ....
6 *sibi in somnis visum esse*: la costruzione di *videor* è personale o impersonale? Motiva la tua risposta.
7 *ut... concupisceret*: è una subordinata ...., anticipata dall'avverbio prolettico ....

> **L'esercizio insegna a:**
> - saper analizzare il periodo
> - saper riconoscere i verbi costruiti personalmente o impersonalmente
> - saper distinguere e rendere in italiano le varie strutture morfosintattiche studiate

ANALISI LESSICALE

2 Dopo aver letto con attenzione il testo, svolgi le seguenti operazioni:
- se possibile, prima di ricorrere al dizionario, cerca di risalire al significato dei termini sulla base del lessico italiano;
- completa le note;
- traduci.

Reazioni alla morte di Alessandro

La morte di Alessandro Magno è accolta dapprima con incredulità da parte di chi lo credeva immortale per la sua invincibilità. Poi, quando la notizia si fa certa, il re è compianto più dai popoli vinti che dai Macedoni che gli rimproverano l'indole severa e le continue guerre.

Extincto in ipso aetatis ac **victoriarum flore** Alexandro Magno triste apud omnes tota Babylonia silentium fuit. Sed nec devictae gentes **fidem** nuntio habuerunt, quod ut **invictum** regem ita inmortalem esse crediderant, recordantes quotiens praesenti morte ereptus esset, quam saepe **pro amisso** repente se non sospitem tantum suis, verum etiam victorem obtulisset. Ut vero mortis eius fides adfuit, omnes barbarae gentes paulo ante ab eo devictae non ut hostem, sed ut parentem luxerunt. Mater quoque Darii regis, quam amisso filio a fastigio tantae maiestatis in captivitatem redacta indulgentia victoris in eam diem vitae non **paenituerat**, audita morte Alexandri mortem sibi ipsa conscivit, non quod hostem filio **praeferret**, sed quod pietatem filii in eo, quem ut hostem timuerat, experta esset[1]. Contra Macedones **versa vice** non ut civem ac tantae maiestatis regem, verum ut hostem amissum gaudebant, et severitatem nimiam et adsidua belli pericula execrantes.

(Giustino)

1. *non quod... praeferret, sed quod... experta esset*: le due proposizioni causali sono al congiuntivo perché esprimono l'opinione della madre di Dario.

LABORATORIO di lessico

1 *victoriarum flore*: la metafora indica che la morte di Alessandro avviene quando il re ....
2 *fidem*: con quale accezione è usato qui il sostantivo *fides*? Quali altri significati può avere?
3 *invictum*: è un ...., formato da *in* + *victus*, dove la preposizione ha funzione ....; quando è costruito con *a / ab* + ablativo significa ...., con *ad* + accusativo significa invece ....
4 *pro amisso*: letteralmente "per perduto", qui significa "dato per morto".
5 *paenituerat*: è un verbo ...., come .... (altri verbi della medesima tipologia).
6 *praeferret*: .... (modo e tempo), da *praefĕro*, composto da .... + ..., significa letteralmente ...., qui è usato nel significato di ....
7 *versa vice*: è una locuzione composta dal participio del verbo .... (paradigma) + l'ablativo di *vicis* "turno" e significa ....

> **L'esercizio insegna a:**
> - avere consapevolezza, nel confronto, delle continuità e discontinuità tra lessico italiano e latino al fine di una corretta traduzione

unità 37 — La sintassi del genitivo

Lezione
Studia il **genitivo** ed **esercitati** a memorizzarlo; quindi **verifica** le tue conoscenze.

LINGUA
Sintassi
Interest e *refert*
I verbi estimativi e giudiziari con il genitivo
Aggettivi con il genitivo

LESSICO
Parole da scoprire
Intersum e *refĕro*
I verbi di memoria

TRADUZIONE
I segreti della traduzione
Genitivo soggettivo e oggettivo e genitivo partitivo
Conoscere la cultura
Libri e biblioteche

SINTASSI

Interest e *refert*

Interest e *refert*, che significano entrambi "**importa**", "**interessa**", sono verbi **impersonali**, quindi usati solo alla 3ª persona singolare, e presentano un costrutto particolare:

- la **persona** a cui la cosa importa è espressa:
  - in **genitivo**, se si tratta di un **sostantivo**;
  - con le forme *meā*, *tuā*, *nostrā*, *vestrā*, se si tratta di un pronome personale; per la 3ª **persona** si usano le forme *eius* (*illīus*), *eorum* (*earum*, *illorum*, *illarum*), mentre la forma riflessiva *suā* è usata solo nelle infinitive, riferita al soggetto della reggente (*dicit suā interesse* "dice che gli importa");
- la **cosa** che importa non è mai espressa con un sostantivo, bensì con:
  - un **pronome neutro** in caso **nominativo**;
  - un verbo all'**infinito semplice**;
  - una **subordinata infinitiva**, una **completiva** con *ut/ne* + congiuntivo o un'**interrogativa indiretta**:

Id tuā nihil referebat. (Cic.)	Ciò a te non importava per nulla.
Meā maxime interest te valēre. (Cic.)	A me importa moltissimo che tu stia bene (= "la tua salute").
Utriusque nostrum magni interest ut te videam. (Cic.)	A ciascuno di noi due interessa molto che io ti veda.

RICORDA CHE...

- L'espressione **omnium nostrum/vestrum** *interest*, in genitivo, significa "a noi/a voi tutti importa".
- Il **fine** per cui una cosa importa è espresso con **ad + accusativo**.
- Per indicare quanto una cosa importa (**grado di interesse**) sono usati i **neutri avverbiali** *multum*, *tantum*, *plus* ecc., **avverbi** come *magnopĕre*, *maxime*, *minime* ecc., oppure i **genitivi di stima** *magni*, *permagni*, *parvi* ecc.

ESERCIZI

FACILIORA

1 Nelle seguenti frasi d'autore **sottolinea** la persona a cui la cosa "importa", "interessa".

1. *Eum periisse credo. Quid id mea refert? Ego argentum habeo.* (Plaut.) • **2.** *Quis est hodie, cuius intersit istam legem manēre?* (Cic.) • **3.** *Illius interest ne faciat moram.* (Fedr.) • **4.** *Nihil mea iam refert, utrum tu nihil umquam ausus sis scribĕre ad senatum, an amici tui tabellas abdiderint.* (Cic.) • **5.** *Vestra, qui cum summa integritate vixistis, hoc maxime interest.* (Cic.) • **6.** *Id mea minime refert qui sum natu maximus.* (Ter.) • **7.** *Quid illius interest, quoniam in senatum non venis, ubi sis?* (Cic.) • **8.** *Audivistis, iudices, quantum Clodii interfuerit occīdi Milonem.* (Cic.)

2 **Completa** la tabella individuando tutte le componenti della costruzione di *interest* e *refert*; quindi **traduci**. L'esercizio è avviato.

1. *Permagni eius interest rem ad interregnum non venire.* (Cic.) • **2.** *Acta Caesaris ii, quorum interest, confirmari volunt.* (Ces.) • **3.** *Non refert cuiusquam Punicas Romanasve acies laetius laudaveris.* (Tac.) • **4.** *Nullius magis quam tua interest non imponi cervicibus tuis onus sub quo concidas.* (Cic.) • **5.** *Terra cuius modi sit refert et ad quam rem ("prodotto") bona aut non bona sit.* (Varr.) • **6.** *Non refert quam multos, sed quam bonos libros habeas.* (Sen.) • **7.** *Parvi refert amissa vectigalia recuperare.* (Cic.) • **8.** *Nihil nostra interest utrum sub illo legato Locros esse sinatis, an irato Hannibali et Poenis ad supplicium dedatis.* (Liv.)

frase	*interest / refert*	persona a cui interessa	cosa che interessa	grado di interesse
1.	interest	eius	rem... non venire	Permagni
2.				
3.				
4.				
5.				
6.				
7.				
8.				

3 **Completa** le seguenti frasi con le forme indicate fra parentesi, poi **traduci**.

1. .... ("A Nerone") *multum intererat poëtae famam.*
2. .... ("A un padre") *interest liberos bene moratos esse.*
3. *Omnium nostrum* .... ("ciò") *maxime refert.*
4. *Hoc igitur dico, sapientem nulli esse iniuriae obnoxium, itaque non refert quam multa in illum* .... ("vengano scagliati") *tela, cum sit nulli penetrabilis.*
5. *Non* .... ("a me"), *non* .... ("a te") *intererit perditissimum illum hominem longe a nobis abesse.*
6. *Puto interesse* .... ("a coloro") *qui sapientes sunt sententias philosophorum legĕre.*
7. .... ("Affatto") *refert* .... ("se") *aegrum in ligneo lecto* .... ("o") *in aureo conloces.*
8. *Ad rei publicae salutem omnium interest* .... ("che i magistrati siano onesti").

DIFFICILIORA

4 Nelle seguenti frasi **individua** gli errori relativi alla costruzione dei verbi *interest* e *refert* e **correggili** (attenzione: una frase è corretta), poi **traduci**. L'esercizio è avviato.

1. *Magni exercitui interest hostes longe a finibus nostris repelli atque profligari.*
   errore: *exercitui*   correzione: *exercitus*
2. *Oratorem interest audientium animus delectare atque ad suam perducĕre voluntatem.*
   errore: ....   correzione: ....
3. *Tradunt Caesarem dicĕre solitum esse non tam eius quam rei publicae interesse, ut salvus esset.*
   errore: ....   correzione: ....
4. *Mea magnum interest patriam salvam esse.*
   errore: ....   correzione: ....
5. *Illius non interfuerat profectio tua.*
   errore: ....   correzione: ....
6. *Omnium civium interĕrat nostrorum victoria.*
   errore: ....   correzione: ....
7. *Lacedaemoniorum magnopĕre intererat ut leges Lycurgi servarentur.* (Cic.)
   errore: ....   correzione: ....
8. *Caesar Diviciacum monet ut quantopĕre reipublicae interest manus hostium distinēri.* (Ces.)
   errore: ....   correzione: ....

5 **Traduci** in latino le seguenti frasi.

1. I Romani sanno che è loro interesse che la guerra sia combattuta in un luogo a loro favorevole. • **2.** Credo che una pace sicura interessi non solo a me, ma anche a voi e a tutti i cittadini. • **3.** A me e al senato stava molto a cuore quale esito avrebbe avuto la guerra di Pompeo contro Mitridate. • **4.** A noi tutti interessa che venga eletto console Cicerone per la salvezza della patria.

6 **Traduci** il seguente brano d'autore.

Un'utile opera di divulgazione culturale

Cicerone motiva il proprio tardivo interesse per la filosofia alludendo alla condizione in cui si trova lo stato. La "traduzione" della dottrina filosofica greca, impegno alternativo all'attività politica da cui egli è stato allontanato, rende ai Romani un importante servizio: l'opportunità di approcciare una disciplina verso cui diffidavano.

Si quis requīrit quae causa me impulerit ut tam sero ad philosophiae studia me conferrem, facile id explicare potĕro. Nam cum otio languerem et talis esset rei publicae status ut eam unīus consilio gubernari necesse esset, ipsīus rei publicae causā philosophiam nostris hominibus explicandam putavi, magni existimans interesse ad decus et ad laudem civitatis res tam graves tamque praeclaras Latinis etiam litteris continēri. Nec operae meae me paenitet, quia multorum non modo discendi, sed etiam scribendi studia commōvi. Complures enim docti homines, Graecis institutionibus erudīti, cum civibus suis ea quae didicerant communicare non potĕrant, quod illa, quae a Graecis accepissent, Latine dici posse diffiderent. Mea igitur magnopĕre interĕrat nostrorum civium doctrinam augēri. Nunc autem etiam in philosophiae studiis tantum profecisse videmur ut a Graecis ne verborum quidem copia vinceremur.

(da Cicerone)

PAROLE DA SCOPRIRE
Intersum e *refĕro*

- Il verbo **intersum**, *intĕres, interfui, interesse* (composto da *inter* + *sum*), da cui deriva la forma impersonale *interest*, può essere usato anche in forma personale (con soggetto espresso o sottinteso). In questo caso può assumere tre significati fondamentali:
  - "**essere in mezzo**", "**trovarsi fra**":

    *Modo inter me atque te murus **intersit**.* (Cic.)   Purché tra me e te **ci sia** un muro.

  - "**essere presente**", "**partecipare a**", "**intervenire**", costruito con il dativo:

    *Irata plebs **interesse** consularibus comitiis noluit.* (Liv.)   La plebe, adirata, non volle **partecipare** ai comizi per l'elezione dei consoli.

  - "**essere diverso**", "**differire**", costruito anche con il dativo o con *inter* + accusativo:

    *Hoc pater ac dominus **interest**.* (Ter.)   In questo un padre **è diverso** da un padrone.
    *Quid illis et nobis **interest**?* (Sen.)   Che **differenza c'è** fra loro e noi?

- Il verbo impersonale **refert** deriva dalla locuzione *mea res fert* "il mio interesse (com-)porta", passata poi a *mea re fert* "porta secondo il mio interesse" ossia "a me interessa", e infine alla voce verbale unica *refert*.
  Esiste però anche il verbo **refĕro**, *refers, rettŭli, relātum, referre* (composto da *re* + *fero*) che, a parte la diversa quantità della prima sillaba, alla 3ª persona singolare risulta omografo del verbo impersonale, con il quale può essere confuso. I suoi significati fondamentali sono:
  - "**riportare indietro**", "**far tornare**" (con il pronome riflessivo *se referre* "ritirarsi");
  - "**riferire**";
  - "**richiamare alla mente**", "**ricordare**";
  - "**restituire**".

7 Nelle seguenti frasi d'autore **distingui** l'uso personale P e impersonale I di *interest* e *refert*, poi **traduci**.

1. *Idem est, quod datur, sed interest quomodo detur.* (Sen.) P I • 2. *Multum interest inter sublimem animum et superbum.* (Sen.) P I • 3. *Pro me superiores consules semper ut referrent flagitati sunt.* (Cic.) P I • 4. *Quam magis te in altum capessis, tam aestus te in portum refert.* (Plaut.) P I • 5. *Aurora extulerat lucem referens opera atque labores.* (Virg.) P I • 6. *Interĕrat epulis Dioxippus Atheniensis, pugil nobilis, et ob eximiam virtutem iam et regi pernōtus et gratus.* (Curz.) P I • 7. *Si est boni consulis non solum vidēre quid agatur, verum etiam providēre quid futurum sit, ostendam quantum salutis communis intersit duos consules in republica esse.* (Cic.) P I • 8. *Navium figura et remorum motu et inusitato genere tormentorum permoti, barbari constiterunt ac paulum modo pedem rettulerunt.* (Ces.) P I

8 **Traduci** in latino le seguenti frasi.

1. Fra l'esercito di Cesare e quello degli avversari c'era (usa *intersum*) un fiume difficile da attraversare. • 2. Il generale restituì (usa *refĕro*) alla moglie le spoglie del marito morto in guerra. • 3. Il senatore affermò che non avrebbe partecipato (usa *intersum*) all'assemblea, poiché non approvava i motivi della discussione. • 4. Il generale riteneva che ci fosse una grande differenza (usa *intersum*) fra una tregua e la pace.

SINTASSI

I verbi estimativi e giudiziari con il genitivo

- Il **complemento di stima** indica il valore posseduto dalla cosa o dalla persona di cui si parla. La stima può essere relativa all'aspetto **morale** o a quello **commerciale**; inoltre può essere **determinata**, se è quantificata con un numerale, o **indeterminata**, se espressa da un avverbio di quantità:

  *Come sportivo ha dimostrato di non valere **molto**.* stima morale, indeterminata
  *Quel quadro è stato valutato **5000 euro**.* stima commerciale, determinata

- Il **complemento di prezzo** indica il costo di ciò che si compra o vende e può essere espresso in forma **determinata** o **indeterminata**:

  *Ho venduto quel quadro **a un prezzo inferiore** rispetto al suo valore.* prezzo indeterminato
  *L'appartamento gli è costato **mezzo milione di euro**.* prezzo determinato

  È molto facile **confondere** il complemento di stima con quello di prezzo: per evitare che questo avvenga occorre sempre considerare con attenzione se si tratta di una **valutazione** o di un **costo**.

- Il **complemento di colpa** specifica il reato per il quale è accusata, processata, condannata, assolta una persona; è sempre introdotto da **verbi o locuzioni giudiziarie**:

  *Il nostro conoscente è stato accusato **di estorsione**.*

- Il **complemento di pena** specifica la punizione attribuita alla persona colpevole e può essere espresso in forma **determinata** o **indeterminata**; è sempre introdotto da **verbi giudiziari**:

  *Quel furfante è stato condannato **a un'ingente multa**.* pena indeterminata
  *La giuria ha condannato l'assassino **all'ergastolo**.* pena determinata

- I **verbi estimativi**, come *aestĭmo, duco, facio, puto, habeo* "stimo", *sum* "valgo" ecc., sono spesso accompagnati da un **complemento di stima**, espresso in:

  – **genitivo**, se la stima è **indeterminata**:

tanti	tanto	*pluris*	più
quanti	quanto	*minōris*	meno
magni	molto	*permagni, maximi*	moltissimo
parvi	poco	*minĭmi*	pochissimo
nihili	nulla	*plurĭmi*	moltissimo

  *Mea mihi conscientia **pluris est** quam omnium sermo.* (Cic.) Per me la mia coscienza **vale più** di ogni discorso.

  – **ablativo**, se la stima è **determinata** (per esempio da un numerale):

  *Damnatur Timotheus lisque eius **aestimatur centum talentis**.* (Nep.) Timoteo viene condannato e la sua ammenda **viene stimata in cento talenti**.

- I verbi che indicano **stima commerciale e prezzo**, come *aestĭmo* "valuto", *sum* "valgo", *emo* "acquisto", *vendo* "vendo", *veneo* "sono venduto", *condūco* "prendo in affitto", *sto*, *consto* "costo" ecc., sono talvolta accompagnati da un **complemento di prezzo**, espresso in:
  - **genitivo**, se il prezzo è **indeterminato**:

tanti	tanto	*quanti*	quanto	*pluris*	più	*minōris* meno

    Pluris decŭmas vendidisti quam ceteri. (Cic.) — Hai venduto le decime **a più** di tutti gli altri.

  - **ablativo**, se il prezzo è **determinato** o in presenza di espressioni come *magno*, *plurimo*, *permagno*, *minimo* (sott. *pretio*):

    Viginti talentis unam orationem Isocrătes vendidit. (Plin.) — Isocrate vendette una sola orazione **a venti talenti**.

- I **verbi giudiziari**, come *accuso*, *insimŭlo*, *arguo* "accuso", "incolpo", *postulo*, *arcesso* "chiamo in giudizio", sono spesso accompagnati dal **complemento di colpa**, che indica il reato per cui qualcuno è accusato o condannato. Tale complemento è espresso in **genitivo** (preceduto o meno dagli ablativi *crimĭne* o *scelĕre*) o, talvolta, con *de* + **ablativo**:

  Vercingetŏrix proditiōnis insimulatus est. (Ces.) — Vercingetorìge fu accusato di tradimento.

  Nel complemento di colpa le **espressioni di uso giuridico** più frequenti sono:

accusāre		accusare	
	maiestatis o *de maiestate*		di lesa maestà
	repetundarum o *de repetundis*		di concussione
	furti		di furto
	peculātus		di peculato
	veneficii		di avvelenamento
	capitis		di delitto capitale
	de vi		di violenza
	perduellionis		di alto tradimento
	ambitus		di broglio elettorale

- I **verbi di condanna**, come *damno*, *condemno* "condanno a", *absolvo* "assolvo da", sono spesso accompagnati dal **complemento di pena**, che indica la multa o il castigo inflitto al colpevole. Tale complemento si esprime di solito in **ablativo**, a eccezione della pena indeterminata, che va in **genitivo** (*tanti*, *quanti*, *dupli*, *quadrupli* ecc.):

  Aristīdes exilio decem annorum multatus est. (Nep.) — Aristìde fu **condannato** a dieci anni **di esilio** (lett. "a un esilio di dieci anni").

  Maiores nostri ita in legibus posuerunt: furem dupli condemnari, faeneratōrem quadrŭpli. (Cato.) — I nostri antenati stabilirono così nelle leggi: che il ladro **fosse condannato al doppio**, l'usuraio **al quadruplo**.

Ricorda che...

- Sono **espressioni di stima** proprie dello stile colloquiale: *pro nihilo habēre* o *ducĕre* "stimare nulla", *parvi/magni/nullīus pondĕris* (*momenti*) *esse* "essere di poco/di molto/di nessun conto", *tanti* (*non*) *est* "(non) vale la pena".

- Con i **verbi di condanna** si usano talora espressioni particolari come *damnare capĭtis* (sott. *poena*) o *capĭte* "condannare a morte", *damnare ad metalla* "condannare ai lavori forzati (lett. "alle miniere")", *damnare ad bestias* "condannare alle belve", cioè "a essere sbranato dalle belve (nell'anfiteatro)".

ESERCIZI

IN ITALIANO

9 Nelle seguenti frasi **sottolinea** una volta i complementi di stima e due volte quelli di prezzo, specificando se la stima o il prezzo sono determinati o indeterminati.

1. Ho preparato la festa nei minimi dettagli, ma non mi pare che gli ospiti l'abbiano apprezzata molto. • **2.** Ho pagato la mia auto 13.000 euro e l'ho rivenduta a 2.000: non è stato un grande affare! • **3.** Quel terreno, pur essendo incolto, vale almeno 10.000 euro. • **4.** Ha comprato quell'appartamento a un prezzo molto elevato, ma per lui valeva molto di più. • **5.** Abbiamo affittato una villa al mare per tutta l'estate a soli 2000 euro. • **6.** Non lo stimo molto come persona, ma riconosco che nel suo mestiere vale molto.

10 Nelle seguenti frasi **sottolinea** una volta i complementi di pena e due volte quelli di colpa, evidenziando le espressioni che li reggono.

1. L'accusa di corruzione a suo carico è stata respinta, ma rimane quella di concussione. • **2.** La condanna all'ergastolo è la più grave prevista dalla nostra legge. • **3.** L'imputato è chiamato in giudizio per truffa ai danni dello stato. • **4.** Presso i Romani, quando il padrone veniva ucciso, lo schiavo, colpevole o innocente, era comunque condannato alla tortura e, se riconosciuto reo, sottoposto a crocefissione. • **5.** A seguito di una deposizione gravemente contraddittoria, Antonio fu accusato di falsa testimonianza. • **6.** Presso i regimi non democratici la condanna a morte è un modo per eliminare gli oppositori.

IN LATINO

FACILIORA

Test

11 Nelle seguenti frasi d'autore **riconosci** il complemento di colpa C e di pena P.

1. *Themistocles absens proditionis damnatus est.* (Nep.) C P • **2.** *De ambitu postulati sunt omnes qui consulatum petunt.* (Cic.) C P • **3.** *Piso, missis ad Tiberium epistulis, incūsat Germanicum luxus atque superbiae.* (Tac.) C P • **4.** *Verres omnes, quos oderat, morte multabat.* (Cic.) C P • **5.** *Pausanias, domum revocatus, accusatus capĭtis, absolvĭtur, multatur tamen pecuniā.* (Nep.) C P C P • **6.** *Gabinius Lentŭlus de maiestate postulavit.* (Cic.) C P

12 Nelle seguenti frasi d'autore **individua** i complementi di stima, prezzo, colpa e pena, specificandone il valore determinato o indeterminato; poi **traduci**.

1. *Dolorem Epicurus nihil facit.* (Cic.) • **2.** *Vitia hominum atque fraudes ignominiis, vinclis, verberibus, exiliis, morte multantur.* (Cic.) • **3.** *Ei expedit illud venire quam plurimo.* (Cic.) • **4.** *Caligula multos honesti ordinis ad metalla et ad munitiones viarum aut ad bestias condemnavit.* (Svet.) • **5.** *Ingenium tuum, quod ego maxĭmi facio, confer (confĕro "impiego") ad te servandum.* (Cic.) • **6.** *Catilina, pecuniarum repetundarum reus, prohibĭtus erat consulatum petĕre.* (Sall.) • **7.** *Conon Atheniensis Peloponnesio bello ad rem publicam accessit in eoque eius opera magni fuit.* (Nep.) • **8.** *Multo sanguine ac vulneribus ea Poenis victoria stetit.* (Liv.)

DIFFICILIORA

13 **Completa** le seguenti frasi d'autore con le forme indicate fra parentesi, poi **traduci**.

1. *Hunc* .... ("di violenza") *accusandum putas?* (Cic.) • **2.** *In rebus dubiis* .... ("moltissimo") *est audacia.* (Publ. Sir.) • **3.** *P. Septimius* .... ("per concussione"), *C. Herennius et L. Popilius, senatores ambo,* .... ("per peculato") *damnati sunt.* (Cic.) • **4.** *Ex Sardinia Cato Q. Ennium poëtam deduxerat, quod*

.... ("non meno") *aestimamus quam quemlĭbet amplissimum Sardiniensem triumphum.* (Nep.) • **5.** *Emit homo cupidus et locŭples hortulos quosdam* .... ("tanto"), ... ("quanto") *vendĭtor voluit.* (Cic.) • **6.** *Aristĭdis, Thebani pictoris, unam tabulam* .... ("per cento talenti") *rex Attălus licĭtus est.* (Plin.)

14 Traduci in latino le seguenti frasi.

1. Alcibiade stimava Socrate molto più degli altri filosofi. • **2.** I prigionieri di guerra furono venduti per cinquecento talenti. • **3.** Un giovane fu accusato di furto e multato di trenta talenti; il suo compagno invece fu condannato al doppio. • **4.** Alcuni affermano che un uomo vale tanto quanto possiede.

15 Traduci il seguente brano d'autore.

Lealtà a rischio della vita

L'amicizia tra i due filosofi pitagorici Finzia e Damone è così stretta che, quando il primo viene condannato a morte dal tiranno Dionigi per aver attentato alla sua vita, l'altro si consegna come garante per consentirgli di far ritorno a casa per l'ultima volta.

Damon et Phintias, philosophi Pythagoricae prudentiae sacris initiati, inter se amicitiam fidelem iunxerant. Cum alterum ex his Dionysius, Syracusarum tyrannus, capitis damnavisset atque is impetravisset aliquid temporis ab eo ut, priusquam periret, domum proficisceretur et res suas ordinaret, alter vadem se pro reditu amici tyranno dare non dubitavit. Effugerat e periculo mortis qui modo gladio cervices subiectas habuerat: eidem caput suum subiecerat cui securo vivĕre licebat. Igitur omnes et in primis Dionysius novae atque ancipĭtis rei exitum speculabantur. Adpropinquante deinde die statuta nec illo redeunte unusquisque stultitiae tam temerarium sponsōrem damnabat. At is nihil se de amici constantia metuĕre praedicabat. Ipsa autem hora a Dionysio constituta amicus rediit. Admiratus amborum animum tyrannus supplicium fidei remisit insuperque eos rogavit ut se in societatem amicitiae tertium recipĕrent.

(da Valerio Massimo)

I SEGRETI DELLA TRADUZIONE
Genitivo soggettivo e oggettivo e genitivo partitivo

■ In dipendenza da alcuni sostantivi deverbali (ossia che derivano da una radice verbale ed esprimono implicitamente lo svolgimento di un'azione) si possono trovare i **genitivi soggettivo** e **oggettivo**, così definiti perché, esplicitando il valore verbale del sostantivo reggente, si trovano a svolgere la funzione di soggetto o di complemento oggetto:

Primus adventus **hostium** *percŭlit incolas loci.* (Liv.)	Il primo arrivo **dei nemici** atterrì (ovvero "**I nemici** che arrivavano atterrirono", gen. sogg.) gli abitanti del luogo.
Metus est opinio **magni mali** *impendentis.* (Cic.)	Il timore è l'attesa **di un grande male** (ovvero "attendere **un grande male**", gen. ogg.) che incombe.

Per il genitivo oggettivo si usano regolarmente i **pronomi personali** di 1ª e 2ª persona *mei, tui, nostri, vestri* (*ardens odio* **vestri**), mentre per il genitivo soggettivo si preferiscono gli **aggettivi possessivi** *meus, tuus, noster, vester* (*memoria nostri* **tua**).

In italiano spesso è opportuno tradurre il **genitivo oggettivo** con "**per**", "**verso**" o "**nei confronti di**":

*Ardebat amore **illīus hospitae**.* (Cic.)   Ardeva d'amore **per quell'ospite**.

Talora il **genitivo soggettivo** si rende più felicemente con "**da parte di**":

***Hostium** trepidatione comperta.* (Curz.)   Appreso il timore (**da parte**) **dei nemici** (ovvero "provato **dai nemici**").

Il genitivo oggettivo si può anche trovare espresso con i **costrutti alternativi** *in*, *erga*, *adversus* + accusativo, soprattutto se nella frase è presente anche un genitivo soggettivo:

*Tua voluntas **erga me**, meaque **erga te**, par atque mutua est.* (Cic.)   La tua volontà **nei miei confronti** e la mia **nei tuoi** è uguale e reciproca.

- Il **genitivo partitivo** indica il tutto di cui il sostantivo reggente rappresenta una parte. È generalmente introdotto da un **superlativo relativo**, un **comparativo** (solo in caso di confronto tra due entità che da sole costituiscono un totale: *prior consulum*), un **numerale**, un **indefinito**, un **avverbio di luogo**, un **sostantivo** che indica una **quantità** (*horum magna pars*) ecc. In particolare, quando è retto da un pronome neutro (*nihil*), da un aggettivo neutro sostantivato (*multum*), da un avverbio (*satis*) o da un numerale, la traduzione può essere effettuata più liberamente con un nesso formato da **sostantivo** + **aggettivo**:

*Silānus **studii** habuit non **multum**, sed **acumĭnis satis**.* (Cic.)   Silano non ebbe **molto zelo**, ma **abbastanza acume** (lett. "non **molto di zelo**, ma **abbastanza di acume**").

Il complemento partitivo con **aggettivi sostantivati** retti da **indefiniti** come *aliquid*, *quiddam*, *nihil*, va in caso genitivo (aggettivi della prima classe) o si accorda al caso del pronome (aggettivi della prima o seconda classe); se gli aggettivi sono due o più, ovvero appartengono a classi diverse, si preferisce accordarli nel caso:

*Nihil dicam **recondĭtum**, nihil aut **inaudītum** vobis aut cuiquam **novum**.* (Cic.)   Non dirò **nulla di segreto**, **nulla di sconosciuto** o **nulla di nuovo** per voi o per alcuno.

16 **Traduci** le seguenti frasi d'autore distinguendo il genitivo soggettivo da quello oggettivo: per comprenderne meglio la funzione, prima **proponi** una traduzione letterale, poi **trasformali**, quando ti sembra opportuno, rispettivamente in soggetto e complemento oggetto, come nell'esempio.

Es. *Auctoritas principum cecĭdit.* (Cic.) = L'autorità dei capi venne meno.
→ L'autorità che i capi avevano venne meno (genitivo soggettivo).

1. *Tenet me summus amor parsimoniae.* (Sen.) • **2.** *Comoedia est imitatio vitae, specŭlum consuetudinis, imāgo veritatis.* (Cic.) • **3.** *Primum vestri curam agite, deinde vestrorum.* (Curz.) • **4.** *Ineuntis aetatis inscitia senum prudentiā constituenda et regenda est.* (Cic.) • **5.** *Meam tuorum erga me meritorum memoriam nulla umquam delebit oblivio.* (Cic.) • **6.** *P. Murena mediocri ingenio sed magno studio rerum veterum, litterarum et studiosus et non imperitus, multae industriae et magni laboris fuit.* (Cic.) • **7.** *Caesar movebatur etiam misericordia civium.* (Ces.) • **8.** *Bello Helvetico confecto, totīus fere Galliae legati, principes civitatum, ad Caesarem gratulatum convenerunt.* (Ces.)

17 Nelle seguenti frasi d'autore **sottolinea** i genitivi partitivi; quindi **traduci** prima alla lettera, poi in un italiano più scorrevole.

1. *Nero (consul) autem, Hasdrubălis consilio cognito, aliquid magni sibi audendum esse putavit.* (Liv.) • **2.** *Omnino de omnibus rebus nec quid consilii capiam nec quid faciam scio.* (Cic.) • **3.** *Cato impressit mortiferum sibi vulnus: cum minus sanguinis haberet, minus virium,* *animi (ei erat) idem.* (Sen.) • **4.** *Erat nihil novi, quod aut scriberem aut ex te quaererem.* (Cic.) • **5.** *Caesar quidquid navium longarum habebat, id quaestori, legatis praefectisque distribuit.* (Ces.) • **6.** *Si quid erit certi, faciam te statim certiorem.* (Cic.) • **7.** *Nostri casus plus honoris habuerunt quam laboris, neque tantum molestiae quantum gloriae, maioremque laetitiam ex desiderio bonorum percepĭmus quam ex laetitia improborum dolorem.* (Cic.) • **8.** *Ubicumque terrarum et gentium violatum ius civium Romanorum sit, statuistis id pertinēre ad communem causam libertatis et dignitatis.* (Cic.)

18 **Sostituisci**, dove possibile, il genitivo oggettivo e il genitivo partitivo ai costrutti alternativi evidenziati, poi **traduci**.

1. *Ex omnibus Romanis Cicero disertissimus, Varro doctissimus fuit.* (Sen.) • **2.** *Cogitanda sunt omnia et animus adversus ea quae possunt evenire firmandus.* (Sen.) • **3.** *In pueritia T. Pomponius Atticus nobilis inter aequales ferebatur clariusque exsplendescebat, quam generosi condiscipuli animo aequo ferre possent.* (Nep.) • **4.** *P. Sestius suam erga me benivolentiam et fidem non solum animi dolore sed etiam corporis vulneribus ostendit.* (Cic.) • **5.** *Est enim pietas iustitia adversus deos.* (Cic.) • **6.** *Roscius rectum putabat pro eorum honestate se pugnare, propter quos ipse honestissimus inter suos numerabatur.* (Cic.)

19 **Traduci** in latino le seguenti frasi, distinguendo il genitivo soggettivo, oggettivo, partitivo.

1. Catilina aveva abbastanza eloquenza, ma poca sapienza. • **2.** L'esercizio della virtù rende più forti gli animi. • **3.** L'amore di una madre per i figli (usa il genitivo) è grandissimo. • **4.** Per avere successo nelle imprese occorre un po' di fortuna.

PAROLE DA SCOPRIRE
I verbi di memoria

I verbi che significano "ricordare" o "dimenticare" in latino di solito reggono il **genitivo** (di natura partitiva) della persona o della cosa ricordata o dimenticata. Talvolta però prevedono altri costrutti. In particolare:

- **memini**, *meminisse* "ricordo" (difettivo, con valore di presente), ***reminiscor, -ĕris, reminisci*** "ricordo" e ***obliviscor, -ĕris, oblītus sum, oblivisci*** "dimentico" reggono il **genitivo** o l'**accusativo** del nome della **persona** o della **cosa** di cui ci si ricorda/dimentica, ma sempre l'**accusativo** se la **cosa** è rappresentata da un **pronome** o **aggettivo neutro**:

    Multa memini, multa legi, multa audivi, Quirites. (Cic.)   Molto mi ricordo, molto ho letto, molto ho sentito dire, o Quiriti.

- ***recordor, -āris, -ātus sum, -āri*** "mi ricordo" richiede ***de*** + **ablativo** se riferito a **persona** (nomi o pronomi), ma l'**accusativo** (e di rado il genitivo) se riferito a **cosa**:

    Recordor desperationes eorum, qui senes erant, adulescente me. (Cic.)   Ricordo la disperazione di quelli che erano vecchi quando io ero ragazzo.

- ***moneo, admoneo, commoneo, commonefacio***, che significano "far ricordare", "richiamare alla memoria di altri", hanno l'**accusativo** della **persona** a cui si fa ricordare e ***de*** + **ablativo** o il **genitivo** della **cosa** ricordata:

    Et meminerant et admonebant alios supplicium ex se, non victoriam peti. (Liv.)   Ricordavano e **facevano ricordare agli altri** che su di loro si ricercava lo sterminio, non la vittoria.

Con l'espressione **venit mihi/tibi/nobis/vobis in mentem** "mi/ti/ci/vi viene in mente" la **cosa** ricordata si trova in **nominativo** (cioè funge da soggetto, come in italiano) o in **genitivo**, ma sempre in **nominativo** se si tratta di un **pronome neutro**:

| *Venit mihi in mentem M. Catonis, hominis sapientissimi et vigilantissimi.* (Cic.) | Mi viene in mente Marco Catone, uomo molto saggio e sollecito. |

20 **Traduci** le seguenti frasi d'autore, facendo attenzione al costrutto dei verbi di memoria.

1. *Muta iam istam mentem, mihi crede; obliviscĕre caedis atque incendiorum.* (Cic.) • **2.** *Senes omnia quae curant, meminerunt.* (Cic.) • **3.** *Non recordor unde ceciderim, sed unde surrexerim.* (Cic.) • **4.** *Non venit (vobis) in mentem pugna apud Regillum lacum? Adeo et cladium vestrarum et beneficiorum nostrorum erga vos oblīti estis?* (Liv.) • **5.** *Illud te admoneo, ne facias aliqua quae in habitu tuo aut genere vitae notabilia sint.* (Sen.) • **6.** *Nihil aeque milites seditiosos terruit quam vultus imperatoris, qualem ne in acie quidem aiebant meminisse.* (Liv.) • **7.** *Dormientibus nobis interdum ea veniunt in mentem, quae vigilantes vel vidimus vel fecimus.* (Cic.) • **8.** *De vestris illis lacrimis recordor, quas pro me et multum profudisti.* (Cic.)

21 **Traduci** in latino le seguenti frasi.

1. Un giorno ci piacerà ricordare anche queste vicende. • **2.** Il dio ricorda sempre le colpe degli uomini e li punisce inaspettatamente. • **3.** Seneca sostiene che per conquistare la serenità l'uomo deve ricordarsi della volubilità della sorte. • **4.** Catone il Censore ricordava spesso ai cittadini l'onestà degli antenati, perché la imitassero.

SINTASSI

Aggettivi con il genitivo

Mentre il genitivo dipendente da **sostantivi** ha soprattutto la **funzione di appartenenza** e **partitiva**, il genitivo retto da **aggettivi** esplica la **funzione di relazione**, cioè specifica a che cosa si riferisce l'azione indicata dall'aggettivo stesso.

Reggono generalmente il genitivo gli aggettivi indicanti:

- **memoria, esperienza, pratica**, come *memor, immĕmor, peritus, imperitus, prudens*:

| *Dum* **memor** *ipse mei...* (Virg.) | Finché sarò **memore di me stesso**... |

- **amicizia, somiglianza, abbondanza, privazione, padronanza, partecipazione**, come *amicus, inimicus, similis, dissimilis, expers, proprius, alienus, consors, compos, particeps*:

| *Omnes* **participes** *sumus* **rationis** *praestantiaeque* **naturae.** (Cic.) | Tutti siamo **partecipi dell'ordine eccellente della natura.** |

- **desiderio, avversione**, come *cupidus, studiosus, fastidiosus*:

| *Nec* **dicti studiosus** *quisquam erat ante hunc.* (Enn.) | Né ci fu alcuno **amante della parola** (= "filologo") prima di lui. |

Anche alcuni **participi presenti**, come *patiens, impatiens, amans, appĕtens*, se usati in qualità di aggettivi, possono reggere il genitivo:

| *Exercitus* **impatiens solis, pulveris, tempestatum.** (Tac.) | L'esercito era **intollerante del sole, della polvere, delle tempeste.** |

> **Ricorda che...**
> - L'aggettivo **prudens** costruito con il genitivo significa "esperto"; generalmente, invece, significa "prudente", "saggio", dal verbo *provideo* "prevedo".
> - L'aggettivo **expers** "privo" non va confuso con il participio *expertus* "esperto": infatti deriva da *ex + pars* "che non prende parte a" e non dal verbo *experior* "sperimento".
> - L'aggettivo **fastidiosus** "schizzinoso", "disgustato" in latino ha una valenza passiva; il suo significato letterale, infatti, è "che prova disgusto, avversione"; in italiano invece ha assunto il senso attivo di "fastidioso", ovvero "che dà fastidio".

ESERCIZI

FACILIORA

22 Nelle seguenti frasi d'autore **sottolinea** gli aggettivi e i participi presenti che reggono il genitivo.
1. *Populus est novarum rerum cupiens pavidusque.* (Tac.) • 2. *Plerique milites Sullani, memores rapinarum et veteris victoriae, civile bellum exoptabant.* (Sall.) • 3. *Asia et ceterae provinciae nec virorum inŏpes et pecuniae opulentae sunt.* (Tac.) • 4. *Constantinus, militaris gloriae appetentissimus, fortunā in bello prosperā fuit.* (Eutr.) • 5. *Galli sunt homines insueti laboris.* (Ces.) • 6. *Eius, a quo missus eras, simillĭmus extitisti.* (Cic.)

23 Nelle seguenti frasi d'autore **sottolinea** il genitivo retto da aggettivi e participi presenti, poi **traduci**.
1. *Gallia referta est negotiatorum et plena civium Romanorum.* (Cic.) • 2. *Ego naturam unam et communem omnium existĭmo.* (Cic.) • 3. *C. Marius, P. Africani discipulus ac miles, haud imperītus foederis, haud rudis exemplorum, haud ignarus belli fuit.* (Cic.) • 4. *Ea requiruntur a me, quorum sum ignarus atque insŏlens.* (Cic.) • 5. *Nec vero eram tam indoctus ignarusque rerum ut frangĕrer animo propter vitae cupiditatem.* (Cic.) • 6. *Haec tum ratio* ("tattica di guerra") *nostros perturbavit, insuetos huius generis pugnae.* (Ces.) • 7. *Audacius adgredimini, memores pristinae virtutis.* (Sall.) • 8. *Ira impŏtens sui est, decŏris oblīta, necessitudinum immĕmor.* (Sen.)

24 **Traduci** le seguenti frasi d'autore.
1. *Ne Aegyptus quidem Romanae humanitatis expers fuit.* (Val. Mass.) • 2. *Socrates se omnium rerum inscium fingit et rudem.* (Cic.) • 3. *Agrippina, aequi impatiens, dominandi avida, virilibus curis feminarum vitia exuerat.* (Tac.) • 4. *Memmius fuit perfectus litteris, sed Graecis, fastidiosus sane Latinarum.* (Cic.) • 5. *L. Aemilium unum insontem culpae cladis hodiernae dei respicĕre debent.* (Liv.) • 6. *Honorificus in me consul fuit et suavis amicus et studiosus studiorum etiam meorum.* (Cic.) • 7. *Caesar armorum et equitandi peritissimus, laboris ultra fidem patiens erat.* (Svet.) • 8. *Caesar hunc* (= *Dumnorīgem*) *secum habēre in primis constituerat, quod eum cupidum rerum novarum, cupidum imperii, magni animi, magnae inter Gallos auctoritatis cognoverat.* (Ces.)

Schema riassuntivo del genitivo

funzione di appartenenza		
genitivo soggettivo	*Primus adventus hostium percŭlit incolas loci.* (Liv.)	Il primo arrivo **dei nemici** atterrì gli abitanti del luogo.
complemento di qualità (qualità morali permanenti)	*Vir magni ingenii.* (Cic.)	Un uomo **di grande ingegno**.

complemento di età	Hamilcar in Hispaniam duxit filium Hannibălem **annorum novem**. (Nep.)	Amilcare portò in Spagna il figlio Annibale **di nove anni**.
complemento di estensione	Caesar vallum **duodĕcim pedum** extruxit. (Ces.)	Cesare fece costruire una trincea **di dodici piedi**.
genitivo di pertinenza	Est **adulescentis** maiores natu verēri. (Cic.)	È dovere **dell'adolescente** rispettare i più anziani.
funzione partitiva		
complemento partitivo	Prior **horum** in proelio cecĭdit. (Nep.)	Il primo **di questi** due cadde in battaglia.
	Cotidie aliquid **novi** expectabamus. (Cic.)	Aspettavamo ogni giorno qualcosa **di nuovo**.
funzione di relazione		
genitivo oggettivo	Metus est opinio **magni mali impendentis**. (Cic.)	Il timore è l'attesa **di un grande male** che incombe.
complemento di stima e prezzo (indeterminati)	**Pluris** decŭmas vendidisti quam cetĕri. (Cic.)	Hai venduto le decime **a più** di tutti gli altri.
complemento di colpa	Vercingetŏrix **proditiōnis** insimulatus est. (Ces.)	Vercingetorìge fu accusato **di tradimento**.
complemento di pena (indeterminata)	**Dupli** condemnandus est reus.	Il colpevole deve essere condannato **al doppio**.

25 Nelle seguenti frasi d'autore **sottolinea** tutti i genitivi e **riconoscine** le diverse funzioni, quindi **traduci**.

1. *Parvi sunt foris arma, nisi est consilium domi.* (Cic.) • 2. *Necesse est, qui fortis sit, eundem esse magni animi.* (Cic.) • 3. *Vendo frumentum meum non pluris quam ceteri, fortasse etiam minoris, cum maior est copia.* (Cic.) • 4. *Maximus ille medicorum et huius scientiae condĭtor feminis nec capillos defluĕre dixit nec pedes laborare.* (Sen.) • 5. *Non exiguum temporis habemus, sed multum perdimus.* (Sen.) • 6. *Nostrum est, qui in hac tempestate populi iactemur, ferre modice populi voluntates.* (Cic.) • 7. *T. Manlius Torquatus, priscae et nimis durae, ut plerisque videbatur, severitatis, interrogatus sententiam, pauca locutus (esse) fertur.* (Liv.) • 8. *Silanus pervicaci accusatione conflictatus, postremo defensionem omisit ac lege repetundarum damnatus est.* (Tac.)

DIFFICILIORA

26 **Completa** le seguenti frasi d'autore con le forme indicate fra parentesi, specificando di quale complemento si tratta; poi **traduci**.

1. *Cimon custodia tenebatur neque emitti poterat, nisi pecuniam, ... ("al quale") pater multatus erat, solvisset.* (Nep.)
2. *Socratis responso iudices sic exarserunt, ut .... ("alla pena capitale") hominem innocentissimum condemnarent.* (Cic.)
3. *Voluptatem, vitam, divitias contemnĕre et pro nihilo ducĕre .... ("è proprio di un animo grande").* (Cic.)
4. *Nulla possessio, nulla vis auri et argenti .... ("più") quam virtus aestimanda est.* (Cic.)
5. *..................... ("Tra coloro") qui dominatum imperio tenuerunt excellentissimi fuerunt Persarum Cyrus et Darīus, quorum uterque virtute regnum est adeptus.* (Nep.)
6. *..................... ("È nostro dovere"), qui consules sumus, vidēre ne quid .... ("danno") res publica capiat.* (Cic.)

VERIFICA DELLE COMPETENZE

COMPETENZE LINGUISTICHE

27 Indica la risposta corretta (attenzione: le opzioni valide possono essere più di una).

1. Nella frase *Non nostra magis quam vestra refert vos non rebellare* (Liv.):
   ☐ la persona a cui la cosa importa è espressa da un sostantivo
   ☐ la persona a cui la cosa importa è espressa da un pronome personale
   ☐ la cosa che importa è espressa da un'infinitiva
   ☐ la cosa che importa è espressa da un pronome personale

2. Nella frase *Reliquum noctis utrimque quieti datum est* compare un complemento:
   ☐ di stima determinata ☐ partitivo ☐ di qualità ☐ di pena

3. Nella frase *Voluptatem virtus minimi facit* (Cic.) compare un complemento:
   ☐ di colpa ☐ di stima indeterminata ☐ di stima determinata ☐ partitivo

L'esercizio insegna a:
- saper riconoscere la costruzione di *refert*
- saper riconoscere alcuni complementi costruiti con il genitivo

28 Nelle seguenti frasi d'autore scegli la forma corretta tra quelle proposte motivando la tua scelta; poi traduci.

1. *Nostrum / Nostra interest scire ea quae eventura sunt.* (Cic.) • **2.** *Omnibus / Omnium interest recte facĕre.* (Cic.) • **3.** *Quid mea / mei interest, an recipiam beneficia?* (Sen.) • **4.** *Tibi et mihi / Tua et mea maxime interest te valēre.* (Cic.) • **5.** *Quidam Caesarem dicĕre solitum esse ferunt non tam illius / sua quam rei publicae / rem publicam interesse ut salvus esset.* (Svet.) • **6.** *Atheniensium / Atheniensibus quoque plus / plura interfuit firma tecta in domiciliis habēre quam Minervae signum ex ebŏre pulcherrimum.* (Cic.) • **7.** *Itaque non quod / quid fiat aut quid / quod detur refert, sed qua mente, quia beneficium non in eo quod fit aut datur consistit, sed in ipso dantis aut accipientis animo.* (Sen.) • **8.** *Parvo / Parvi refert me probare cogitationem tuam, si nihil tamen tibi remittĕre possum.* (Cic.)

L'esercizio insegna a:
- saper individuare gli elementi che caratterizzano la costruzione di *interest* e *refert*

29 Traduci le seguenti frasi d'autore distinguendo i complementi di stima, pena e colpa.

1. *Quanti vero ista civitas aestimanda est, ex qua boni sapientesque pelluntur?* (Cic.) • **2.** *Gentius, Illyriorum rex, variis criminibus insimulatus apud senatum, legatos Romam mittit ad purgandum se.* (Liv.) • **3.** *Damnare me noverca parricidii potuit; parricīdam facĕre ne damnando quidem potuit.* (Sen. il V.) • **4.** *Decretum faciunt, ut duodecim, qui privati coetum et concilium habuissent, exilio multarentur.* (Liv.) • **5.** *Caesar, composĭta seditione civili, Cornelium Dolabellam, consularem virum, repetundarum postulavit.* (Svet.) • **6.** *Rumoresque senum severiorum omnes unius aestimemus assis.* (Catull.) • **7.** *Thucydĭdes ossa Themistŏclis clam in Attica ab amicis esse sepulta, quoniam legibus non concederetur, quod proditionis erat damnatus, memoriae prodĭdit.* (Nep.) • **8.** *Accusatus est criminibus gravissimis, et iis, quae a me dicta sunt, et praeterea multis, quae ego omnia nunc omitto.* (Cic.)

L'esercizio insegna a:
- saper riconoscere e tradurre i complementi di stima, colpa e pena

30 Nelle seguenti frasi d'autore scegli la forma corretta tra quelle proposte prestando attenzione all'uso alternativo del genitivo, dell'ablativo o di altri casi; motiva la tua scelta, poi traduci.

1. *Tametsi mea verba vos **parvi** / **parvo** pendebatis, tamen res publica firma erat; eius opulentia neglegentiam tolerabat.* (Sall.) • **2.** *Decemviri emēre agros, a quibus volent et quos volent, quam volent **magno** / **magni**, poterunt.* (Cic.) • **3.** *Ego semper **pluris** / **plus** feci potioremque habui libertatem multo quam pecuniam.* (Nev.) • **4.** *Nemo Carthaginiensium **plus** / **pluris** fuit Hannibale consilio, virtute, rebus gestis.* (Nep.) • **5.** *Solo ("Solone", nom.) sua lege in fures non, ut Draco antea, **mortis** / **morte**, sed **dupli** / **duplo** poena vindicandum existimavit.* (Gell.) • **6.** *Aequi iudicis* / *Aequo iudice has partes esse existimatis.* (Cic.) • **7.** *Legatis, qui in Africam missi erant, de Hamilcăre Gallici exercitus duce a Carthaginiensibus responsum est nihil ultra se facĕre posse quam ut **exilio** / **exilii** eum multarent bonaque eius publicarent.* (Liv.) • **8.** *In auctione signum aëneum non maximum **sestertium** / **sestertiis** XL **milibus** / **milium** venire (da veneo) non vidimus?* (Cic.)

L'esercizio insegna a:
- saper riconoscere l'uso alternativo di genitivo e ablativo

31 Completa le seguenti frasi d'autore con le forme indicate fra parentesi, specificando di quale complemento si tratta; poi traduci.

1. *Inopiam excusare et calamitatem aut propriam aut temporum queri ....* ("è tipico di un animo mediocre"), *non ferre non est.* (Ces.) • **2.** *Nostrum est, honores si ....* ("molto") *non putemus, non servire populo.* (Cic.) • **3.** *Damnasse ....* ("per un delitto") *hominem amicum rei publicae causā videtur.* (Cic.) • **4.** *Quidam ....* ("a poco prezzo") *ea, quae a maioribus accepēre, vendunt.* (Cic.) • **5.** *Per deos immortales, vos ego appello, qui semper domos, villas, signa, tabulas vestras ....* ("avete stimato di più") *quam rem publicam: expergiscimini aliquando et capessite rem publicam.* (Sall.) • **6.** *Plerique ....* ("tra i nostri oratori") *plus ingenio valuerunt quam doctrina.* (Cic.) • **7.** *........................* ("È tuo dovere") *consulĕre et incolumitati et vitae et fortunis tuis.* (Cic.) • **8.** *In re publica nihil erat ....* ("male"), *nihil ....* ("avverso"), *quod non boni metuerent, improbi expectarent.* (Cic.)

32 Traduci le seguenti frasi utilizzando le costruzioni e i complementi studiati in quest'Unità.

1. Il soldato, poiché si era macchiato di alto tradimento (usa *cum* + congiuntivo), fu condannato all'impiccagione. • **2.** Quel giovane di quattordici anni aveva più audacia dei suoi coetanei. • **3.** A me interessa che tu stimi meno le ricchezze della saggezza. • **4.** Avete un comandante che ricorda sempre il suo dovere e non dimentica i vostri meriti.

Gli esercizi insegnano a:
- saper riconoscere e tradurre in latino i complementi costruiti con il genitivo

33 Traduci il seguente brano d'autore.

Umanità dell'imperatore Tito

L'imperatore Tito era liberale nei confronti degli amici, così come verso gli avversari, e conquistò la stima del suo popolo. Eccelleva in tutte le virtù e si dimostrò un sovrano accorto e magnanimo.

Vespasiano Titus filius successit, qui et ipse Vespasianus est dictus, vir omnium virtutum genere mirabilis adeo, ut amor et deliciae humani generis diceretur, facundissimus, bellicosissimus, moderatissimus. Causas Latine egit, poëmata et tragoedias Graece conposuit. In oppugnatione Hierosolymorum sub patre militans duodecim propugnatores duodecim sagittarum confixit ictibus. Romae tantae civilitatis in imperio fuit, ut nullum omnino puniret, convictos adversum se

Laboratorio
Applica il metodo svolgendo l'analisi sintattica della versione, quindi scrivi la traduzione.

coniurationis dimiserit vel in eadem familiaritate, qua antea, habuerit. Facilitatis et liberalitatis tantae fuit, ut, cum nulli quicquam negaret et ab amicis reprehenderetur, responderit nullum tristem debēre ab imperatore discedĕre, praeterea, cum quadam die in cena recordatus fuisset nihil se illo die cuiquam praestitisse, dixerit: «Amici, hodie diem perdĭdi». Hic Romae amphitheatrum aedificavit et quinque milia ferarum in dedicatione eius occidit. (Eutropio)

L'esercizio insegna a:
- saper riconoscere e tradurre, in un contesto d'autore, gli usi del genitivo

COMPETENZE LESSICALI

34 Con l'aiuto del dizionario rintraccia il significato delle seguenti locuzioni.

pedem referre • publicis rebus interesse • gratiam referre • convivio interesse • aliquem in deorum numero referre • rumores referre

L'esercizio insegna a:
- saper rintracciare il significato di locuzioni con *intersum* e *refĕro*

35 Traduci le seguenti frasi d'autore scegliendo opportunamente i significati di *intersum* e *refĕro* fra quelli elencati.

trascorrere (tempo) • essere presente • riferire • ricambiare • ripetere • passare in mezzo • esserci differenza • riportare

1. *Quid interest inter periurum et mendacem?* (Cic.) • **2.** *Nomine mutato, causa relata mea est.* (Ov.) • **3.** *Inter eius primum et sextum consulatum sex et quadraginta anni interfuerunt.* (Cic.) • **4.** *Via tantum interest perangusta, velut ad id ipsum de industria relicto spatio; deinde paulo latior patescit campus; inde colles adsurgunt.* (Liv.) • **5.** *Si igitur Caesar hostis est, cur consul nihil refert ad senatum?* (Cic.) • **6.** *Per quendam eorum qui interfuerant fit Epicrătes certior.* (Cic.) • **7.** *Te quam primum, mea vita, cupio vidēre et in tuo complexu emori, quoniam neque di, quos tu castissime coluisti, neque homines, quibus ego semper servivi, nobis gratiam rettulerunt.* (Cic.) • **8.** *Caesar pecunias monumentaque referri in templum iubet.* (Ces.)

L'esercizio insegna a:
- saper tradurre correttamente i diversi significati di *intersum* e *refĕro*

36 Traduci le seguenti frasi d'autore, facendo attenzione al costrutto dei verbi di memoria.

1. *Nemo felicitatis suae obliviscitur.* (Sen.) • **2.** *Catilina admonebat alium egestatis, alium cupiditatis suae.* (Sall.) • **3.** *Etiam tu ab hisce rebus animum et cogitationem tuam avŏca atque ea potius reminiscĕre quae dignă tuā personā sunt.* (Cic.) • **4.** *Alcibiădes lacrimans benivolentiam civium suorum accipiebat, reminiscens pristĭni temporis acerbitatem.* (Nep.) • **5.** *Plurimi reminiscentes veteris famae, eius aetatis miserabantur.* (Nep.) • **6.** *Recordor tua consilia, quibus si paruissem, tristitiam illorum temporum non subissem.* (Cic.) • **7.** *Cuniculos egit et circa praedam lutulentam incertamque reptavit oblitus dierum, oblitus rerum naturae melioris, a qua se avertit.* (Sen.) • **8.** *Oblivisci suorum ac memoriam cum corporibus efferre inhumani animi est.* (Sen.)

L'esercizio insegna a:
- saper identificare i significati e le relative costruzioni dei verbi di memoria

37 Nelle seguenti frasi d'autore riconosci il corretto significato degli aggettivi "falsi amici" evidenziati.
1. *Platonis* **studiosus** *audiendi fuit Demosthenes.* (Cic.) • 2. *Vis consilii* **expers** *mole sua ruit.* (Or.) • 3. *Hostes neque pugnae neque fugae satis* **potentes** *caeduntur.* (Liv.) • 4. *Memmius* **fastidiosus** *Latinarum litterarum fuit.* (Cic.) • 5. *Conon et* **prudens** *rei militaris et diligens erat imperator.* (Nep.) • 6. *Catilinae corpus* **patiens** *inediae erat.* (Sall.)

L'esercizio insegna a:
- saper riconoscere il corretto significato di aggettivi "falsi amici"

38 Indica da quali verbi latini derivano i seguenti termini italiani e spiegane il significato (attenzione: non tutti derivano da verbi studiati in questa Unità).

interessare • memorizzare • oblazione • referente • reminiscenza • intersezione • autoreferenziale • riferire • referto • monumento • referenziato • riferimento • relazione • memoriale • oblio • memorabile • ammonimento

L'esercizio insegna a:
- saper riconoscere l'origine latina di termini italiani

COMPETENZE DI TRADUZIONE

VERSIONE GUIDATA

39 Traduci il brano d'autore e svolgi le attività che seguono.

Virtù e vizi di Annibale

Tracciando il ritratto di Annibale, Livio ne evidenzia la straordinaria energia fisica, ma anche i difetti che lo identificano come il nemico dei Romani per eccellenza.

Hannibali plurimum audaciae ad pericula capessenda, plurimum consilii inter ipsa pericula erat. Nullo labore aut corpus fatigari aut animus vinci poterat. Caloris ac frigoris patientia par; cibi potionisque desiderio naturali, non voluptate modus finitus erat; vigiliarum somnique nec die nec nocte discriminata tempora; id quod gerendis rebus superesset quieti datum erat; ea neque molli strato neque silentio accersita; multi saepe militari sagulo opertum eum humi iacentem inter custodias stationesque militum conspexerunt. Vestitus nihil inter aequales excellens: arma atque equi conspiciebantur. Equitum peditumque idem longe primus erat; princeps in proelium ibat, ultimus conserto proelio excedebat. Has tantas viri virtutes ingentia vitia aequabant, inhumana crudelitas, perfidia plus quam Punica, nihil veri, nihil sancti, nullus deum metus, nullum ius iurandum, nulla religio. Cum hac indole virtutum atque vitiorum in Hispania triennio sub Hasdrubale imperatore meruit.

(da Livio)

LABORATORIO

Morfologia

1 Evidenzia i connettivi testuali: domina la paratassi o l'ipotassi?
2 Di quale verbo è riconoscibile l'ellissi?
3 Rintraccia gli aggettivi riferiti ad Annibale.
4 L'avverbio *longe* è qui usato per .... il significato di *primus*.

Sintassi

5 Sottolinea i genitivi e classificali secondo le diverse funzioni.
6 La costruzione *ad pericula capessenda* con il verbo .... (modo) ha valore ....
7 Giustifica il congiuntivo *superesset*.

Lessico

8 *consilii*: con quale significato è usato qui *consilium*? Quali altri significati può avere?

9 *patientia*: il sostantivo deriva dal verbo .... (paradigma) ed è da considerarsi un "falso amico" in quanto non significa ...., ma ....

10 *discriminata*: al verbo *discrimĭno* è affine il sostantivo neutro .... (nominativo e genitivo), che significa .... e .... in quanto derivato dal verbo .... (paradigma).

11 *perfidia*: il sostantivo è antonimo di .... (nominativo e genitivo) e indica la .... (significato in italiano).

VERSIONE D'AUTORE

40 Traduci il seguente brano.

Un sogno premonitore

Videotutorial
Guarda il video e impara a fare l'analisi sintattica della versione.

A uno degli uccisori di Cesare, sfuggito alla cattura di Ottaviano dopo la battaglia di Azio (31 a.C.), compare in sogno una creatura terribile, un vero e proprio genio del male. Cassio sopravviverà all'incubo, ma non alla condanna a morte che subirà dopo breve tempo.

Apud Actium M. Antonii fractis opibus Cassius Parmensis, qui partes eius secutus erat, Athenas confugit. Ubi concubia nocte cum sollicitudinibus et curis mente sopita in lectulo iaceret, existimavit ad se venire hominem ingentis magnitudinis, coloris nigri, squalidum barba et capillo inmisso, interrogatumque quisnam esset respondisse "malum genium". Perterritus deinde taetro visu et nomine horrendo servos inclamavit sciscitatusque est ecquem talis habitus aut intrantem cubiculum aut exeuntem vidissent. Quibus adfirmantibus neminem illuc accessisse, iterum se quieti et somno dedit, atque eadem animo eius obversata species est. Itaque fugato somno lumen intro ferri iussit puerosque a se discedĕre vetuit. Inter hanc noctem et supplicium capitis, quo eum Caesar (= Ottaviano) adfecit, parvulum admodum temporis intercessit.

(Valerio Massimo)

CULTURA

41 Traduci il seguente brano d'autore.

Pochi libri, ma buoni

Scrivendo all'amico Lucilio, Seneca lo invita a non lasciarsi distrarre dalla lettura di troppi libri e a concentrarsi su alcuni. Come l'eccessiva varietà di cibi nuoce al corpo, così il disordine delle letture è dannoso per lo spirito.

Nusquam est qui ubīque est. Vitam in peregrinatione exigentibus hoc evenit, ut multa hospitia habeant, nullas amicitias; idem accidat necesse est iis qui nullius se ingenio familiarĭter applicant sed omnia cursim et properantes transmittunt. Non prodest cibus nec corpori accedit qui statim sumptus emittitur; nihil aeque sanitatem impedit quam remediorum crebra mutatio; non venit vulnus ad cicatricem in quo medicamenta temptantur; non convalescit planta quae saepe transfertur; nihil tam utile est ut in transitu prosit. Distringit librorum multitudo; itaque cum legĕre non possis quantum habueris, satis est habēre quantum legas. «Sed modo» inquis «hunc librum evolvĕre volo, modo illum.» Fastidientis stomachi est multa degustare; quae ubi varia sunt et diversa, inquinant non alunt. Probatos itaque semper lege, et si quando ad alios deverti libuerit, ad priores redi. Aliquid cotidie adversus paupertatem, aliquid adversus mortem auxili compara, nec minus adversus ceteras pestes; et cum multa percurreris, unum excerpe quod illo die concoquas.

(Seneca)

Conoscere la cultura

Libri e biblioteche

I supporti per scrivere A Roma, e più in generale nel mondo antico, produrre un "libro" era un'operazione costosa sia per l'abilità tecnica richiesta sia per la materia impiegata come supporto. Lino, cortecce di alberi e foglie di palma erano i materiali più usati anticamente, se la scrittura non era riservata a usi pubblici: in quel caso erano utilizzati la pietra o il piombo. Dal I secolo a.C. s'impose nell'uso il papiro (*charta*), realizzato con il midollo del *Cyperus papirus*, una pianta acquatica della valle del Nilo da cui si ricavava un materiale che, tagliato in listelle, era intrecciato in modo da formare una sorta di tessuto (*textum*), poi pressato e lisciato. Quando, in età ellenistica, cessò l'importazione di papiro dall'Egitto per volontà del re Tolomeo Epifane, si diffuse, ma per usi limitati, la *membrana*, cioè la pergamena ottenuta dalla lavorazione di pelli di ovini o bovini.

Giovane con libro in forma di rotulo, I secolo a.C., Napoli, Museo Archeologico Nazionale.

I rotoli di papiro Dalla pasta vegetale del papiro si ottenevano "fogli" di varia altezza: 25 centimetri in media, ma non mancavano "foglietti" di 5 centimetri, utilizzati per formare taccuini (*codicilli*). I fogli erano incollati fino a formare un rotolo (*volumen* o *scapus*) che, secondo Plinio il Vecchio, raggiungeva la lunghezza media di 4-5 metri, pari a 20 fogli congiunti. Si scriveva solo su un lato del foglio e su colonne corrispondenti a metà del foglio con margini piuttosto stretti tra le colonne. I *volumina* di qualità erano arrotolati intorno a una bacchetta (*umbiculum*) con due manici sporgenti dal rotolo (*cornua*), che potevano essere decorati o realizzati in materiale pregiato. Dal rotolo pendeva sempre un cartellino che indicava il titolo dell'opera. Nelle biblioteche i *volumina* erano riposti in apposite nicchie circolari (*nidi*) o in scatole appoggiate su scaffali. Si leggevano i rotoli tenendoli con la mano destra, mentre la sinistra li svolgeva e riavvolgeva con il procedere della lettura.

Biblioteche domestiche e pubbliche Nelle biblioteche domestiche si conservavano in genere le tavolette cerate (*tabellae* o *pugillares*) su cui si scriveva con una punta metallica (*stilus*) e che erano legate insieme con corde o cinghie in gruppi di due o più, mentre in quelle pubbliche erano riposti i papiri e i *codices* di pergamena. Qui la sala da lettura era organizzata in modo che alle pareti fosse reperibile il materiale da consultare, di solito ripartito in sezione greca e latina. Un porticato sorreggeva la balconata che dava accesso al secondo ordine di ripostigli. Ovunque *volumina* e *codices* erano protetti dalla polvere o dall'umidità da porte in legno o bronzo che si chiudevano sulle nicchie nel muro o sugli scaffali.

All'iniziativa dell'aristocratico Asinio Pollione che nel I secolo a.C. aveva donato a Roma una biblioteca pubblica a sue spese, Augusto rispose con l'apertura di due biblioteche, sul Palatino e al portico d'Ottavia. Gli scavi hanno riportato alla luce importanti tracce della biblioteca del foro Traiano, dove le sezioni greca e latina erano ospitate in sale separate. Altrettanto importante era la biblioteca di Atene voluta dall'imperatore Adriano, nella quale, intorno alla grande sala absidata, i "libri" erano conservati a una certa distanza da terra e perciò accessibili solo con scale di legno.

Comprendere

1 Perché il libro a Roma era considerato un oggetto prezioso?

2 Per quale motivo la pergamena sostituì il papiro?

3 Per iniziativa di chi e quando fu fondata la prima biblioteca pubblica a Roma?

4 Che cosa differenziava una biblioteca domestica da una biblioteca pubblica?

Approfondire

5 Secondo Plinio il Vecchio, il re d'Egitto Tolomeo Epifane avrebbe limitato l'esportazione di papiro verso Roma perché temeva la perdita di prestigio della biblioteca di Alessandria. Quale evento rese celebre quest'ultima?

6 Considera l'organizzazione-tipo della biblioteca romana e confrontala con quella di una bibiblioteca attuale: che cosa è cambiato?

unità 38 — La sintassi del dativo

Lezione
Studia
il **dativo**
ed **esercitati**
a memorizzarlo;
quindi **verifica**
le tue conoscenze.

LINGUA
Sintassi
Il dativo retto da verbi
I verbi con doppia costruzione
Aggettivi con il dativo

LESSICO
Parole da scoprire
Verbi con costruzioni e significati diversi

TRADUZIONE
I segreti della traduzione
Il passivo dei verbi che reggono il dativo
Conoscere la cultura
La *clementia*: una virtù politica

SINTASSI

Il dativo retto da verbi transitivi e intransitivi

Il dativo usato per esprimere la destinazione di un'azione (**dativo di termine**) può essere retto da **verbi transitivi**, con una costruzione analoga all'italiano (*do, mitto, dico* ecc.):

*Fortuna **multis** dat nimis, satis **nullis**.* (Marz.)   La fortuna **dà** troppo **a molti**, **a nessuno** abbastanza.

Dei verbi **intransitivi** costruiti principalmente con il dativo, si individuano tre categorie distinte:

- **verbi intransitivi in entrambe le lingue e con costrutto analogo**; fanno parte di questo gruppo, per esempio, alcuni verbi impersonali (*fit, accidit, evenit* ecc.), altri che indicano comando o obbedienza (*impero, pareo, obtempero* ecc.), piacere e dispiacere (*placeo, displiceo* ecc.):

*Virtus voluptatum ministra est, **illis** paret.* (Sen.)   La virtù è serva dei piaceri, **obbedisce loro** (= "ai piaceri").

- **verbi intransitivi in entrambe le lingue ma con costrutti diversi**:

assentio, assentior	sono d'accordo con
benedīco, maledīco	parlo bene di, parlo male di, maledico
gratŭlor	mi congratulo con
fido, confīdo, diffīdo	mi fido di, confido in, diffido di
irascor, succenseo	mi adiro con

*Numquam vir ille perfectus **fortunae** maledixit.* (Cic.)   Quell'uomo perfetto non **ha** mai **maledetto la** (sua) **sorte**.

- **verbi intransitivi in latino ma transitivi in italiano**:

auxilior, subvenio, succurro	aiuto, soccorro	*parco*	risparmio
faveo	favorisco	*plaudo*	applaudo
ignosco	perdono	*satisfacio*	soddisfo
invideo	invidio	*studeo*	desidero, amo
minor, minĭtor	minaccio	*suadeo, persuadeo*	persuado
nubo	sposo (un uomo)	*supplĭco*	supplico

*Probus **invĭdet** nemini.* (Cic.)   L'uomo onesto **non invidia** nessuno.

Ricorda che...

- Il verbo *gratŭlor* "mi congratulo con" regge il **dativo** della **persona** e **de** + **ablativo** o l'**accusativo** semplice della **cosa**.

- I verbi *minor* e *minĭtor* "minaccio" reggono il **dativo** della **persona** che si minaccia e l'accusativo della **cosa** minacciata:

  *Tyrannus **omnibus bonis cruces et tormenta minabatur.*** (Cic.) Il tiranno **minacciava a tutti i buoni croci e tormenti**.

- Il verbo *nubo* significa propriamente "prendere il velo", per cui può essere usato solo in riferimento a una donna; per l'uomo è impiegata la costruzione del doppio accusativo *aliquam uxorem ducĕre* (vedi Unità 36, p. 164).

- Il verbo *suadeo* può talvolta reggere l'**accusativo** della **cosa**, in espressioni come *pacem suadēre* "raccomandare la pace", *legem suadēre* "parlare in favore di una legge". L'accusativo è sempre usato quando *suadeo*, come pure *studeo* "desidero", regge **pronomi neutri** in espressioni come *hoc tibi suadeo* "questo ti consiglio".

ESERCIZI

FACILIORA

1 Nelle seguenti frasi **sottolinea** i verbi transitivi in italiano e costruiti con il dativo in latino.

1. *Homines, quibus opes nullae sunt, saepe bonis invident.* • 2. *Milites non viris aetate confectis, non mulieribus, non infantibus pepercerunt.* • 3. *Coniuratione patefacta, plebs, quae primo bello favebat, mentem mutavit.* • 4. *Nonnulli equites egredienti ex senatu Caesari minitati sunt.* • 5. *Optimis a pueritia disciplinis atque artibus studui et in his elaboravi.* • 6. *Dux facile hac oratione militibus persuadet.* • 7. *Caesar omnibus qui contra se arma tulerant, ignovit.* • 8. *Livia, Drusi Claudiani filia, Caesari nupserat.*

2 Nelle seguenti frasi d'autore **scegli** la forma corretta (attenzione: anche più di una) fra quelle proposte, poi **traduci**.

1. *Cicero recuperatam valetudinem **Tironi / Tirone / de Tirone** est gratulatus.* (Cic.) • 2. ***Multis / Multos / Multi** minatur, qui uni facit iniuriam.* (Publ. Sir.) • 3. *Philippi regis legati in senatum introducti sunt, gratulantes **victoriae / de victoria / victoriam**.* (Liv.) • 4. *In **Catonem / Catoni / Cum Catone** Mamertini irati fuerunt.* (Cic.) • 5. *M. Cato **legem / legi / de lege** suadens in Galbam multa dixit.* (Cic.) • 6. *Multi reges ex regnis suis Romam venerunt, ut **Augustum / Augusto / Augusti** obsequerentur.* (Eutr.) • 7. *Contemnebat equites Romanos, minitabatur **senatu / senatui / senatum**.* (Cic.) • 8. *Orgetŏrix coniurationem nobilitatis fecit et **civitatem / civitatis / civitati** persuasit ut de finibus suis cum omnibus copiis exirent.* (Ces.)

3 **Traduci** le seguenti frasi d'autore.

1. *Flaminius signiferis negantibus signum movēri sua sede posse malum minatus est.* (Val. Mass.) • 2. *Anno Urbis septingentesimo fere ac nono, interfecto Caesare, civilia bella reparata sunt; percussoribus enim Caesaris senatus favebat.* (Eutr.) • 3. *Omnes homines libertati student et condicionem servitutis odērunt.* (Ces.) • 4. *Democrătes ("Democrate") Atheniensis, qui maxime Macedonum opibus semper obstiterat, desperata venia, gladio se transfigit.* (Curz.) • 5. *Magna pars hominum est, quae non peccatis irascitur, sed peccantibus.* (Sen.) • 6. *Consilio addĭtus est dolus.* (Liv.) • 7. *Mulieres omnia pavebant et sibi patriaeque diffidebant.* (Sall.)

DIFFICILIORA

4 **Completa** le seguenti frasi d'autore con le forme indicate fra parentesi, poi **traduci**.

1. *Dubito plerumque et .... ("di me") ipse diffido.* (Cic.) • 2. *Ex oppĭdo cum legati ad Caesarem venissent oratum ut .... ("loro") ignosceret, ille arma conferri, equos produci, obsĭdes dari iubet.* (Ces.) • 3. *Nolae senatus .... ("i Romani"), plebs .... ("Annibale") favebat.* (Liv.) • 4. *Consul Gallos qui intra vallum erant partim occīdit, partim expŭlit castris et .... ("a coloro che facevano irruzione", usa il participio) obstĭtit.* (Liv.) • 5. *Si tribuni plebis .... ("contro di noi") succensuerunt, quae potest spes esse?* (Cic.) • 6. *........................ ("Con i gladiatori") quare populus irascitur?* (Sen.) • 7. *Pompeius, ut equitatum suum pulsum vidit atque eam partem, ... ("nella quale") maxime confidebat, perterrĭtam animadvertit, se in castra equo contulit.* (Ces.) • 8. *Cluentius Avitus cum esset mortuus, Sulla et Pompeio consulibus, relīquit filium annos natum quindecim et nubilem filiam, quae post patris mortem .... ("sposò") Aurio ("Aurio"), ... ("suo cugino").* (Cic.)

5 **Traduci** in latino le seguenti frasi utilizzando i suggerimenti fra parentesi.

1. Il popolo romano aveva sempre applaudito (*plaudo*) le commedie di Plauto, mentre si adirò (*irascor*) con Terenzio. • 2. Si dice che chi invidia (*invideo*) le ricchezze altrui non gode delle proprie. • 3. Alessandro Magno ordinò che le donne barbare sposassero (*nubo*) i suoi soldati affinché le diverse popolazioni si fondessero. • 4. Marcello, assediata e occupata Siracusa, risparmiò (*parco*) non solamente i templi, ma anche tutti gli edifici pubblici e privati.

I SEGRETI DELLA TRADUZIONE
Il passivo dei verbi che reggono il dativo

I verbi intransitivi latini che reggono il dativo al **passivo** hanno solo la **forma impersonale**:

Multis propter sapientiam, multis propter iustitiam invidetur. (Sen.)   **A molti si porta invidia** per la saggezza, **a molti** per la giustizia.

Nella traduzione, tuttavia, è preferibile tener conto dei seguenti accorgimenti:

in latino	in italiano
il dativo rimane tale anche al passivo (*multis*)	il dativo latino diventa soggetto
il verbo intransitivo è posto sempre alla 3ª persona singolare (*invidetur*)	la forma impersonale viene resa con una forma passiva concordata con il soggetto ("sono invidiati")
l'eventuale complemento d'agente è espresso con *a/ab* + abl.	l'eventuale complemento d'agente resta immutato

Pertanto, una traduzione italiana più scorrevole sarà:

Molti sono invidiati per la loro saggezza, **molti** per la loro giustizia.

Ricorda che questi verbi mantengono in latino la costruzione impersonale anche in dipendenza da **verbi servili**, nel qual caso sono questi ultimi ad assumere forma impersonale:

Tibi potest invidēri a multis.   Tu **puoi essere invidiato** da molti.

6 Traduci le seguenti frasi d'autore prima letteralmente, poi in un italiano più scorrevole, come nell'esempio.

Es. *Non senibus, non feminis, non infantibus parcitur.*
= **Non agli anziani, non alle donne, non ai bambini si risparmia.**
→ **Non sono risparmiati né gli anziani né le donne né i bambini.**

1. Non facile persuadetur invitis. (Quint.) • *2. Iuvenes magna spectare et ad ea debent contendĕre, quia non modo non invidetur illi aetati, verum etiam favetur.* (Cic.) • *3. Huic ita plausum est ut salva re publica Pompeio plaudi solebat.* (Cic.) • *4. Petelīnis propter recentem cladem Cannensem a senatu succurri non potuit.* (Val. Mass.) • *5. Arma habemus non adversus eam aetatem cui etiam captis urbibus parcĭtur, sed adversus armatos.* (Liv.) • *6. Quirītes, mihi quidem ipsi nihil ab istis iam nocēri potest.* (Cic.) • *7. Nulli civitati Germanorum persuadēri potuit ut Rhenum transiret.* (Ces.) • *8. Ignosci oportet ei homini qui se fateatur esse rusticum.* (Cic.)

7 Traduci in latino le seguenti frasi impiegando la costruzione passiva dei verbi intransitivi che reggono il dativo.

1. Alcune vittorie in guerra sono favorite anche dalla fortuna. • 2. Molti filosofi sono persuasi che le anime degli uomini siano immortali. • 3. Coloro che raggiungono le più alte cariche sono spesso invidiati dai concittadini poiché sembrano (traduci con *cum* + congiuntivo) aver raggiunto la massima felicità. • 4. Gli Ateniesi furono persuasi da Temistocle a costruire una flotta di cento navi.

SINTASSI

I verbi con doppia costruzione

■ I verbi *dono* "dono", *circumdo* "circondo", *induo* "vesto", *exuo* "spoglio", *aspergo* "aspergo", "spruzzo" e *intercludo* "impedisco" possono avere due diverse costruzioni, equivalenti per quanto concerne il significato e la traduzione in italiano:

– il **dativo della persona** e l'**accusativo della cosa**:

| *Munĕra ista vel civibus tuis vel diis immortalibus dona.* (Cic.) | Dona **questi regali** **ai tuoi concittadini** o **agli dèi immortali**. |

– l'**accusativo della persona** e l'**ablativo** (strumentale) **della cosa**:

| *Hunc Tarentīni civitate ceterisque praemiis donārunt.* (Cic.) | I Tarentini donarono **a costui** **la cittadinanza e gli altri premi**. |

La diversa costruzione rimane anche nella **forma passiva**.

■ Molti **verbi composti con preposizioni** (*ad, ante, cum, in, ob, post, prae, sub*), come *addo*, *adiungo* "aggiungo", *antepōno* "antepongo", "preferisco", *confĕro* "riunisco", *infĕro* "introduco", *subĭcio* "sottometto", si possono costruire in due modi diversi:

– con il **dativo**:

| *Huic ego causae, iudices, actor accessi.* (Cic.) | Io ho affrontato **questa causa**, o giudici, come accusatore. |

– ripetendo la **preposizione** con cui sono composti, unita al caso da essa richiesto:

| *Accedam ad hominem.* (Plaut.) | Affronterò **quest'uomo**. |

- I **verbi di eccellenza**, ossia quei verbi composti che indicano superiorità in senso morale o materiale, come *antecedo, antecello, anteeo, praesto*, presentano le seguenti costruzioni alternative:
    - la **persona** a cui si è superiori in **dativo** o in **accusativo**;
    - la cosa in cui si è superiori sempre in **ablativo** (di limitazione):

    *Homines **omnibus bestiis** antecedunt.* Gli uomini superano **tutte le bestie**.
    *Helvetii **reliquos Gallos virtute** praecedunt.* (Ces.) Gli Elvezi vincono **tutti gli altri Galli in valore**.

Ricorda che...

- Tra i verbi di eccellenza, *excello* "eccello" e *praesto* "sono superiore" possono avere la persona a cui si è superiori, oltre che in **dativo**, anche con *inter* + **accusativo**; *praecedo* "precedo", *praecurro* "corro avanti", *supero* e *vinco* hanno la persona sempre in **accusativo**.
- In genere i **composti di** *sum* reggono il **dativo**. Alcuni di essi possono anche ripetere la preposizione con cui sono composti in unione con il caso da essa richiesto:
  *Qui sibi gratiam refert, **cui** prodest?* (Sen.) Chi è grato a se stesso, **a chi** giova?

ESERCIZI

FACILIORA

8 Nelle seguenti frasi d'autore **riconosci** quali casi reggono i verbi evidenziati, poi **traduci**.
1. *Caesar huic vallo turres **circumdědit**.* (Ces.) • 2. *Mihi populus non unius diei gratulationem, sed immortalitatem **donavit**.* (Cic.) • 3. *Dion, elatus publice, sepulcri monumento **donatus est**.* (Nep.) • 4. *Bellovăci belli gloria Gallos omnes Belgasque **praestabant**.* (Ces.) • 5. *Pompeius, qui dignitate principibus **excellit**, modestia infirmis par esse videtur.* (Cic.) • 6. *Germani omnem aciem suam raedis et carris **circumdederunt**, ne qua spes in fuga reliqueretur.* (Ces.)

9 **Riscrivi** le seguenti frasi d'autore impiegando il costrutto alternativo del verbo evidenziato, come nell'esempio; poi **traduci**.

> **Es.** *Caligŭla legionibus equitatum armatum **circumdědit**.*
> → *Caligŭla legiones equitatu armato **circumdědit**.*

1. *Properabat Varro, ut cum legionibus Gades contenderet, ne itinere aut traiectu **intercluderetur**.* (Ces.) • 2. *Hunc tu vitae splendorem maculis **aspergis** istis?* (Cic.) • 3. *Marius M. Annium Appium, fortissimum virum, summa virtute praedĭtum, civitate **donavit**.* (Cic.) • 4. *Dux impedimenta omnia et calonum turbam collectam armatis **circumdĕdit** et pro natura loci castra communivit.* (Liv.) • 5. *Pontis atque itinerum angustiae multitudini fugam **intercluserant**.* (Ces.) • 6. *Bomilcar cum centum navibus post paucos dies redit, multis, ut fama est, donis ex Hierōnis gaza ab Epicyde **donatus est**.* (Liv.) • 7. *Aper ita condĭtur: spongiatur, et sic **aspergĭtur** ei sal, cuminum tritum, et sic manet.* (Apic.) • 8. *Nolite omnem Galliam prosternĕre et perpetuae servituti **subicĕre**.* (Ces.)

10 **Completa** le seguenti frasi d'autore scegliendo i termini fra quelli elencati, poi **traduci**.

bestiis • condiscipulos • doctrina • nobilitate • gloria • sensibus

1. *Epaminondas .... tanto antecessit doctrinis, ut facile intellĭgi posset (eum) pari modo superaturum esse omnes.* (Nep.) • 2. *Omnis sensus hominum multo antecellit*

.... *bestiarum.* (Cic.) • **3.** *Mihi quidem videntur homines, cum multis rebus humiliores et infirmiores sunt, hac re maxime* .... *praestare, quod loqui possunt.* (Cic.) • **4.** *Cum Thrasybŭlum nemo anteiret virtutibus, multi* .... *praecucurrerunt.* (Nep.) • **5.** .... *Graecia nos et omni litterarum genere superabat.* (Cic.) • **6.** *Reges Macedonum duo multo ceteros antecesserunt rerum gestarum* .... *Philippus et Alexander.* (Nep.)

DIFFICILIORA

11 Nelle seguenti frasi d'autore **individua** gli errori relativi alla costruzione dei verbi evidenziati e **correggili**; in caso di costruzione corretta, **indica** il costrutto verbale alternativo; infine **traduci**. L'esercizio è avviato.

1. *Veneti scientia atque usu nauticarum rerum reliquos* **antecedunt**. (Ces.)
   errore: –   correzione: –   costrutto alternativo: **reliquis**

2. *Quem* **dono** *lepidum novum libellum arida modo pumice expolītum?* (Catull.)
   errore: ....   correzione: ....   costrutto alternativo: ....

3. *Dii immortales, quibus et quantis gaudiis mihi* **donatis**! (Plaut.)
   errore: ....   correzione: ....   costrutto alternativo: ....

4. *Barbari commeatibus nostrorum* **interclŭdĕre** *instituunt.* (Ces.)
   errore: ....   correzione: ....   costrutto alternativo: ....

5. *Octavius quinis castris oppido* **circumdĕdit**. (Ces.)
   errore: ....   correzione: ....   costrutto alternativo: ....

6. *Torquatus cum Gallo apud Anienem depugnavit provocatus et ex eius spoliis sibi et torquem* **induit**. (Cic.)
   errore: ....   correzione: ....   costrutto alternativo: ....

---

12 Traduci in latino le seguenti frasi usando entrambi i costrutti possibili.

1. Cesare circondò l'accampamento con una linea di fortificazioni. • **2.** Gli uomini saggi donano ai propri schiavi la libertà per ricompensarli dei propri servigi. • **3.** Sulle rive del fiume Cesare si congiunse alle sue truppe. • **4.** Il centurione si lanciò tra i nemici e, con la sua morte, donò la vita ai commilitoni.

13 Traduci il seguente brano d'autore.

Prima della battaglia di Farsàlo

Parlando ai propri soldati poco prima della battaglia decisiva, Pompeo promette loro di mettere in fuga i cesariani prima ancora di affrontarli in campo, grazie a una mossa della cavalleria. Li esorta quindi a non smentire le attese della vigilia.

Pompeius quoque, ut postea cognĭtum est, suorum omnium hortatu statuerat proelio decertare. Namque etiam in consilio superioribus diebus dixerat se Caesaris exercitum facile profligaturum esse. Id cum essent plerique admirati, «Scio me» inquit «paene incredibilem rem pollicēri; sed rationem consilii mei accipĭte, quo firmiore animo in proelium prodeatis. Persuasi equitibus nostris (idque mihi facturos confirmaverunt), ut, cum hostes propius accesserint, dextrum Caesaris cornu ab latere aperto aggrederentur et, circumventa ab tergo acie, perturbatum exercitum pellerent. Ita sine periculo legionum et paene sine vulnere bellum conficiemus. Id autem difficile non est, cum tantum equitatu valeamus». Simul denuntiavit, ut essent animo parati in posterum et, quoniam fieret dimicandi potestas, ut saepe rogitavissent (trad. con l'indicativo), *ne suam neu reliquorum opinionem fallerent.*

(da Cesare)

PAROLE DA SCOPRIRE
Verbi con costruzioni e significati diversi

Alcuni verbi che reggono il dativo possono ammettere anche altri costrutti, cui corrispondono di volta in volta significati differenti. Vediamo i principali tra questi verbi.

- ***caveo**, -es, cavi, cautum, -ēre*

dativo	provvedo a	*caveo saluti tuae* provvedo alla tua salvezza
accusativo o *a/ab* + ablativo	mi guardo da	*caveo venenum / a veneno* mi guardo dal veleno

- ***consulo**, -is, consului, consultum, -ĕre*

dativo	provvedo a	*consulo vobis* provvedo a voi
accusativo	consulto	*consulo oraculum* consulto l'oracolo
in + accusativo	prendo provvedimenti contro	*consulo in transfŭgas* prendo provvedimenti contro i disertori
de + ablativo	delibero riguardo a	*consulo de bello* delibero riguardo alla guerra

- ***metuo**, -is, metui, -ĕre* e ***timeo**, -es, timui, -ēre*

accusativo	temo	*metuo hostes* temo i nemici
dativo	temo per	*metuo vitae tuae* temo per la tua vita
de + ablativo	temo riguardo a	*metuo de absolutione istius* temo riguardo all'assoluzione di costui

- ***moderor**, -aris, -atus sum, -āri*

dativo	controllo, pongo un limite a	*moderor orationi* pongo un limite al discorso
accusativo	guido, dirigo	*mens omnia moderatur* la ragione guida ogni cosa

- ***provideo**, -es, provīdi, provīsum, -ēre*

dativo	provvedo a	*provideo saluti meae* provvedo alla mia salvezza
accusativo	prevedo	*provideo cladem* prevedo una sconfitta

- ***tempĕro**, -as, -āvi, -ātum, -āre*

dativo	modero, metto un freno a	*tempero irae* metto un freno all'ira
accusativo	governo, reggo	*tempero rem publicam* governo lo stato
a/ab + ablativo	mi trattengo da, mi astengo da	*tempero ab iniuriis* mi astengo dalle offese

- *vaco, -as, -āvi, -ātum, -āre*

dativo	mi dedico a	*vaco philosophiae* mi dedico alla filosofia
(*a/ab*) + **ablativo**	sono libero, esente da	*vaco (a) muneribus publicis* sono libero da impegni pubblici

Ricorda che...

- Il verbo **caveo** nel significato di "stare attento" può reggere una completiva con *ut/ne* + congiuntivo o il semplice congiuntivo:

    *Hoc **cave** ne te **terreat**.* (Cic.)   **Bada che** ciò **non** ti **spaventi**.

- I verbi **consulo** e **provideo** nel senso di "provvedere" possono essere seguiti da una completiva con *ut/ne* + congiuntivo:

    *Ut quam rectissime **agantur** omnia **providebo**.* (Cic.)   **Curerò che** tutto **venga fatto** nel migliore dei modi.

14 Traduci le seguenti espressioni prestando attenzione al significato assunto dai verbi in unione con i diversi casi.

a. *ab insidiis cavete • sibi cavēre • libertati cavemus*

b. *inimici mortem provideo • parentibus tuis providebis • de re frumentaria providēre • tempestas provisa*

c. *nimiae audaciae tempero • dux exercitum temperat*

d. *a metu ac periculis vacare • Cicero odio vacabat • regnum vacans • mulieres a militia vacant • vitio vacare*

e. *liberis consulemus • dominus de servis consulebat • senatus in hostes consulit • senatum consulebas*

f. *linguae moderari • equum frenis moderari • alicui moderari*

g. *de vita metuĕre • crimen metuit • sibi metuebant*

15 Traduci le seguenti frasi d'autore prestando particolare attenzione al significato dei verbi evidenziati.

1. *Vir bonus utilitati omnium plus quam suae **consŭlit**.* (Cic.) • 2. ***Vacare** culpā magnum est solacium.* (Cic.) • 3. *Quamquam omnia sunt **metuenda**, nihil magis quam perfidiam timemus.* (Cic.) • 4. *Offensas vindicaturi bello, Dorienses de eventu proelii oracula **consuluerunt**.* (Giust.) • 5. *Nostri consules regem inimicissimum moenibus iam appropinquantem monuerunt a veneno ut **caveret**.* (Cic.) • 6. *Nostri milites, repentino metu perculsi, sibi quisque pro moribus **consŭlunt**: alii fugerunt, alii arma ceperunt, magnaque pars vulnerati aut occisi sunt.* (Sall.) • 7. *Sentio **moderandum** mihi esse orationi meae.* (Cic.) • 8. *Facilĭter intellegetur a dis immortalibus hominibus **esse provisum**, si erit tota hominis fabricatio perspecta.* (Cic.)

16 Traduci in latino le seguenti frasi utilizzando i suggerimenti fra parentesi.

1. Non devono essere considerati sapienti coloro che non sanno frenare (*tempero*) le passioni. • 2. Il sovrano deve guardarsi (*caveo*) dagli adulatori per non commettere errori. • 3. Cicerone prese provvedimenti (*consulo*) contro i complici di Catilina senza un regolare processo. • 4. Il timoniere esperto non solo prevede (*provideo*) la tempesta futura, ma nel pericolo provvede (*consulo*) alla salvezza dell'equipaggio.

SINTASSI

Aggettivi con il dativo

Come i verbi, anche gli aggettivi che reggono il dativo possono avere doppia costruzione. In particolare sono seguiti dal **dativo di interesse** e dal **dativo di termine** gli aggettivi indicanti:

- **attitudine** o **propensione** (*aptus, idoneus, propensus*), **utilità** o **svantaggio** (*utilis, inutilis*) costruiti anche con *ad* (*in*) + accusativo:

  Caesar exploratores praemittit, qui locum castris idoneum deligant. (Ces.)

  Cesare manda avanti gli esploratori, affinché scelgano un luogo **adatto all'accampamento**.

  L. Cassius natura non tam propensus ad misericordiam quam applicatus ad severitatem videbatur. (Cic.)

  L. Cassio sembrava per natura non tanto **propenso alla misericordia** quanto **incline al rigore**.

- **amicizia** o **ostilità** (*amicus, inimicus, familiaris, adversarius, hostis*), **vicinanza** o **parentela** (*proximus, aequalis, propinquus*), con il **genitivo** se usati come **sostantivi**, con il **dativo** se impiegati come **aggettivi**:

  Tribuni plebis sunt nobis amici. (Cic.)

  I tribuni della plebe **ci** sono **amici**.

  Est temperantia libidinum inimica. (Cic.)

  La temperanza è **la nemica delle passioni**.

- **somiglianza** o **diversità** (*similis, dissimilis, par, contrarius*), costruiti anche con il **genitivo** (vedi Unità 37, p. 191):

  Quam dissimilis hic dies illi tempori videbatur! (Cic.)

  Quanto sembrava **diverso** questo giorno **dal tempo passato**!

  Non est philosophia similis artium reliquarum. (Cic.)

  La filosofia **non è simile alle altre arti**.

ESERCIZI

FACILIORA

17
Test

Indica quale tipo di rapporto esprimono i dativi evidenziati, come nell'esempio.

Es. *Non fuit ille civibus suis utilis.* (utilità)

1. *Samnites priores amici vobis facti sunt.* (Liv.) (..........................) • 2. *Canis similis lupo (est).* (Cic.) (..........................) • 3. *Id facilius credebatur, quia simile veri videbatur.* (Cic.) (..........................) • 4. *Propugnatores propiores hostibus in vallo collocati sunt.* (Ces.) (..........................) • 5. *Treveri proximi flumini Rheno sunt.* (Ces.) (..........................) • 6. *In pulmonibus inest raritas quaedam et adsimilis spongiis mollitudo ad hauriendum spiritum aptissima.* (Cic.) (..........................)

18 Nelle seguenti frasi d'autore **individua** la costruzione degli aggettivi, poi **traduci**.

1. *Consules in dextro cornu (id erat flumini propius) Romanos equites locant, deinde pedites.* (Liv.) • 2. *Legatus Rhodiorum orationem habuit invisam senatui, inutilem sibi et civitati suae.* (Liv.) • 3. *Is mihi vir et suis et publicis rationibus utilissimus atque amicissimus civis fore videtur.* (Cic.) • 4. *Est vis tanta naturae, ut homo nemo velit nisi hominis similis esse.* (Cic.) • 5. *Fuit ratio mihi ad tranquillitatem meorum temporum non inutilis, sed mehercule rei publicae multo*

etiam utilior quam mihi. (Cic.) • **6.** *Cum statuissem scribĕre ad te aliquid hoc tempore, multa posthac, ab eo ordiri maxime volui, quod et aetati tuae esset aptissimum et auctoritati meae.* (Cic.) • **7.** *In avaritia, scelere, periurio vos sui similes esse iste arbitratur.* (Cic.)

Schema riassuntivo del dativo

funzione di termine		
complemento di termine	*Mundus **deo** paret.*	Il mondo obbedisce **al dio**.
funzione di interesse		
dativo di vantaggio e di svantaggio	*Non **vitae**, sed **scholae** discimus.* (Sen.)	Non impariamo **per la vita**, ma **per la scuola**.
dativo di possesso	*Est **homini** cum deo similitudo.* (Cic.)	**L'uomo** ha somiglianza con il dio.
dativo d'agente	*Gloria non est **bonis viris** refutanda.* (Cic.)	La gloria non deve essere rifiutata **dagli uomini buoni**.
dativo etico	*Quid **mihi** Tulliŏla agit?* (Cic.)	Che **mi** fa la piccola Tullia?
dativo di relazione	*Bene **intuenti** hoc verum est.*	**Per chi guarda** bene questo è vero.
funzione di fine		
dativo di fine	*Dies **colloquio** dictus est.* (Ces.)	Fu fissato un giorno **per il colloquio**.
doppio dativo (dat. di vantaggio + dat. di fine)	*Pompeius quinque legiones **subsidio suis** misit.* (Ces.)	Pompeo mandò cinque legioni **in aiuto ai suoi**.

19 Nelle seguenti frasi d'autore **sottolinea** tutti i dativi e riconoscine le diverse funzioni, quindi **traduci**.

1. *Nos pro patria, pro libertate, pro vita certamus, illis supervacaneum est pro potentia paucorum certare.* (Sall.) • **2.** *In hac insula est fons aquae dulcis, cui nomen est Arethūsa.* (Cic.) • **3.** *Hannĭbal Alpes sibi patefecit.* (Eutr.) • **4.** *Amicitiae studium bonis viris est.* (Cic.) • **5.** *Hoc consilium Caesaris plerisque non probatur.* (Ces.) • **6.** *Caesar C. Fabium legatum cum legionibus duabus praesidio relinquit.* (Ces.) • **7.** *Consul curae esse patribus ostendit, ut consulatur plebi.* (Liv.) • **8.** *Tibi aras, tibi seris; tibi metes.* (Plaut.)

DIFFICILIORA

20 Nelle seguenti frasi **individua** gli errori e **correggili** motivando la correzione; poi **traduci**. L'esercizio è avviato.

1. *Tulliam meam tibi intellego magnam curam esse, quod est mihi gratissimum.* (Cic.)
  errore: **magnam curam**   correzione: **magnae curae**   motivazione: **doppio dativo**

2. *Tu me istius audaciam defendis?* (Cic.)
  errore: ....   correzione: ....   motivazione: ....

3. *Omnia non properantis clara certaque erunt, festinatio improvida et caeca est.* (Cic.)
  errore: ....   correzione: ....   motivazione: ....

4. *Veteris populi Romani prospera vel adversa clarorum scriptorum memorata sunt.* (Tac.)
  errore: ....   correzione: ....   motivazione: ....

5. *Una salus victos: nullam sperare salutem.* (Virg.)
  errore: ....   correzione: ....   motivazione: ....

6. *Meminisse est rem commissam memoriam custodire.* (Sen.)
  errore: ....   correzione: ....   motivazione: ....

21 Traduci il seguente brano d'autore.

Laboratorio
Applica il metodo svolgendo l'analisi sintattica della versione, quindi scrivi la traduzione.

Una morte gloriosa

Il centurione Petronio, messo alle strette dai nemici, fornisce un grande esempio di coraggio e magnanimità: pronto a immolarsi in prima persona, consente invece ai soldati di scegliere la salvezza individuale.

Caesar, cum iniquo loco pugnari hostiumque augēri copias videret, praemetuens suis ad Titum Sextium legatum, quem minoribus castris praesidio reliquerat, misit, ut cohortes ex castris celerĭter educeret et sub infimo colle ab dextro latere hostium constitueret. Ipse paulum ex eo loco cum legione progressus, ubi constiterat, eventum pugnae exspectabat. Marcus Petronius, cum portam excidĕre conatus esset, a multitudine oppressus ac sibi desperans multis iam vulneribus acceptis, manipularibus suis, qui illum secuti erant, «Quoniam – inquit – me una vobiscum servare non possum, vestrae quidem certe vitae prospiciam, quos cupiditate gloriae adductus in periculum deduxi. Vos data facultate vobis consulite». Conantibus auxiliari suis «Frustra – inquit – meae vitae subvenire conamini, quem iam sanguis viresque deficiunt. Proinde abite, dum est facultas, vosque ad legionem recipite». Ita pugnans post paulum concĭdit et suis saluti fuit. (Cesare)

VERIFICA DELLE COMPETENZE

COMPETENZE LINGUISTICHE

22 Indica la risposta corretta (attenzione: le opzioni valide possono essere più di una).

1. Nella frase *Domino servus obtemperat* compare un dativo retto da un:
   ☐ verbo intransitivo
   ☐ verbo intransitivo in latino, ma transitivo in italiano
   ☐ verbo con doppia costruzione
   ☐ aggettivo

2. Nella frase *Romani Ennium poëtam civitate donaverunt*:
   ☐ la persona è espressa in dativo   ☐ la cosa è espressa in ablativo
   ☐ la persona è espressa in accusativo   ☐ la cosa è espressa in dativo

3. Il significato italiano "provvedere a" può essere espresso in latino con:
   ☐ *provideo* + dativo   ☐ *consulo* + dativo
   ☐ *caveo* + *in* e accusativo   ☐ *vaco* + dativo

L'esercizio insegna a:
- saper riconoscere gli usi dei verbi che reggono il dativo

23 Traduci le seguenti frasi d'autore identificando le costruzioni dei verbi che reggono il dativo, quindi indicane le eventuali alternative.

1. *Mihi cura mea et fides nomen induit patroni plebis.* (Liv.) • **2.** *Mors individua est, noxia corpori nec parcens animae.* (Sen.) • **3.** *Mihi populus Romanus universus illa in contione non unius diei gratulationem, sed aeternitatem immortalitatemque donavit.* (Cic.) • **4.** *Flavius Sabinus, aetate prior, auctoritate pecuniaque Vespasianum anteībat.* (Tac.) • **5.** *His pugnantibus Ambiorīgem in equum quidam ex suis intulit; fugientem silvae texerunt.* (Ces.) • **6.** *Alexander purpureum diadema capiti circumdĕdit.* (Curz.) • **7.** *Achaei caedem hostium ingentem ediderunt et dispersos* *passim fuga plerosque armis exuerunt.* (Liv.) • **8.** *Omnes homines qui sese student praestare ceteris animalibus, summa spe niti decet ne vitam silentio transeant uti (= ut) pecora.* (Sall.)

L'esercizio insegna a:
- saper riconoscere le diverse costruzioni dei verbi che reggono il dativo

24 Traduci le seguenti frasi d'autore, indicando nella tabella il gruppo di appartenenza dei verbi.

1. *Deus homini, animus imperat corpori, ratio libidini ceterisque vitiosis animi partibus.* (Cic.) • **2.** *Aiax, postquam rescīvit quae fecisset per insaniam, gladio incubuit.* (Cic.) • **3.** *Tibi me studia communia, beneficia paterna coniunxerant.* (Cic.) • **4.** *Maiores nostri imitari quam invidēre bonis malebant.* (Sall.) • **5.** *Intellegendum est duabus quasi nos a natura indutos esse personis.* (Cic.) • **6.** *Tyrannus eorum contioni satellites armatos circumdĕdit.* (Liv.) • **7.** *Antea irascebar brevitati tuarum litterarum, nunc mihi loquax esse videor; te igitur imitabor.* (Cic.) • **8.** *Theoxena, ut in suis manibus liberi sororis educarentur, Poridi, marito eius, nupsit.* (Liv.)

frase	verbo con doppia costruzione	verbo trans. in italiano e intrans. in latino	verbo intrans. in latino con costruzione diversa in italiano
1.			
2.			
3.			
4.			
5.			
6.			
7.			
8.			

L'esercizio insegna a:
- saper riconoscere i costrutti alternativi dei verbi che comunemente reggono il dativo

25 Nelle seguenti frasi d'autore distingui la funzione svolta dai dativi motivando la tua scelta; poi traduci.

1. *Erat tum in castris Cn. Marcius adulescens, cui cognomen postea Coriolano fuit.* (Liv.) • **2.** *Quid postulas, Verres? Quid speras, quid expectas, quem tibi aut deum aut hominem auxilio futurum putas?* (Cic.) • **3.** *Dumnŏrix praeerat equitatui, quem auxilio Caesari Haedui miserant.* (Ces.) • **4.** *Nulla est societas nobis cum tyrannis.* (Cic.) • **5.** *Caesar legatis imperat, quos legionibus praefecerat, ut quam plurimas possent hieme naves aedificandas veteresque reficiendas curarent.* (Ces.) • **6.** *Galliae legati diem concilio constituerunt et iure iurando inter se sanxerunt.* (Ces.) • **7.** *Ventus aquilo, ab septentrionibus oriens, adversus tenet Athenis Lemnum versus proficiscentibus.* (Cic.) • **8.** *Princeps eum domicilio delegerat locum.* (Liv.)

L'esercizio insegna a:
- saper individuare le funzioni del dativo e i relativi complementi

26 Nelle seguenti frasi d'autore individua e correggi gli errori motivando la tua scelta; poi traduci.

1. *Alexander, receptui signo dato, postero die muris corona (militum) circumdări iussit.* (Curz.) • **2.** *Sui non cavēre et aliis consilium dare stultum est.* (Fedr.) • **3.** *Sociorum salutem consulo.* (Cic.) • **4.** *Plerique sunt invĭdi maximeque hoc est commune vitium et perpetuum; invidetur autem praestans et florens fortuna.* (Cic.) • **5.** *Medici diligentis non solum morbus eius, cui medēri volet, sed etiam natura corporis cognoscenda est.* (Cic.) • **6.** *Obsĕcro, ferte misero atque innocenti* *auxilium, subvenīte inŏpem.* (Ter.) • **7.** *Omnes Thessaliae civitates interfectum Pelopĭdae coronis aureis et statuis aeneis liberosque eius multo agro donarunt.* (Nep.) • **8.** *Nihil magis cavendum est senectutem, quam ne languori se desidiaeque dedat.* (Cic.)

L'esercizio insegna a:
- saper rintracciare e correggere gli errori nella costruzione di verbi che reggono il dativo e con doppia costruzione

27 Traduci le seguenti frasi d'autore, quindi volgi dall'attivo al passivo i verbi che reggono il dativo.

1. *Caligula pudicitiae neque suae neque alienae pepercit.* (Svet.) • **2.** *Ambiorix facile hac oratione Nerviis persuadet.* (Ces.) • **3.** *Ego nemini invideo.* (Petr.) • **4.** *Germani agriculturae non student.* (Ces.) • **5.** *Invĭdent autem homines maxime paribus aut inferioribus.* (Cic.) • **6.** *Plebs, cupida rerum novarum, nimis bello favebat.* (Sall.) • **7.** *Galli inter equites raros sagittarios expeditosque levis armaturae interiecerant, qui suis cedentibus auxilio succurrerent et nostrorum equitum impetus sustinerent.* (Ces.) • **8.** *Caesar omnium victor, regressus in urbem, omnibus qui contra se arma tulerant, ignovit.* (Vell. Pat.)

L'esercizio insegna a:
- saper volgere dall'attivo al passivo i verbi che reggono il dativo, trasformando la frase

28 Traduci in latino le seguenti frasi individuando le costruzioni, i complementi e i verbi con il dativo.

1. Il comandante con tutte le legioni andò in aiuto del luogotenente. • **2.** Sapere che ti sei persuaso mi è di sollievo. • **3.** Ho del denaro (usa il dativo di possesso) che ho risparmiato per il viaggio. • **4.** Chi vive unicamente per sé, vive inutilmente.

L'esercizio insegna a:
- saper tradurre dall'italiano in latino costruzioni, complementi e verbi con il dativo

COMPETENZE LESSICALI

29 Con l'aiuto del dizionario rintraccia il significato delle seguenti locuzioni.

ad summam rerum consulĕre • *sortes consulĕre* • *habenas moderari* • *gaudium moderari* • *ingravescentem morbum providēre* • *crimen metuĕre* • *studiis vacare* • *cave canem*

L'esercizio insegna a:
- saper rintracciare il significato di locuzioni con verbi con costruzioni e significati diversi

30 Completa le seguenti frasi d'autore declinando correttamente i termini indicati fra parentesi, poi traduci.

1. *Ego vero .... (philosophĭa, -ae) semper vaco.* (Cic.)

2. *In eos Thrasybūlus suos .... (ira, -ae) temperare iussit.* (Nep.)

3. *Vultis crudeliter consulĕre .... (deditus, -a, -um) et .... (victus, -a, -um).* (Liv.)

4. *Lycurgus, qui Lacedaemoniorum .... (res, rei publica) temperavit, leges suas auctoritate Apollĭnis Delphĭci confirmavit.* (Cic.)

5. *Rogo ut .... (timor, -oris + meus, -a, -um) cotidie singulis vel etiam binis epistulis consulas.* (Plin. il G.)

6. *Proximi amicorum .... (Agrippīna, -ae) metuebant Neronemque orabant cavēre .... (insidiae, -arum) muliĕris semper atrocis, tum et falsae.* (Tac.)

7. *Multa cernunt haruspĭces, ... (multus, -a, -um + res, rei) augŭres provĭdent, multa oraculis declarantur, multa vaticinationibus, multa somniis.* (Cic.)
8. *Caesar, relictis munitionibus, magnopĕre .... (res, rei frumentaria) timebat.* (Ces.)

L'esercizio insegna a:
- saper distinguere e tradurre i verbi con il dativo, anche quando reggono altri casi

31 Indica da quali verbi latini derivano i seguenti termini italiani e spiegane il significato.

addizione • cauzione • plauso • provvigione • fautore • vacante • nubile • indossatrice • irascibile • parsimonia • consultorio • provvidenza • inferenza • intemperanza • congratulazioni • aspersione

L'esercizio insegna a:
- saper riconoscere l'etimologia latina di termini italiani

COMPETENZE DI TRADUZIONE

VERSIONE GUIDATA

32 Traduci il brano d'autore e svolgi le attività che seguono.

Cesare si prepara a fronteggiare i Germani

Dopo essere venuto a sapere che i Germani, guidati da Ariovisto, sono sconfinati nel territorio dei Sèquani, Cesare occupa la città di Vesonzione (l'attuale Besançon, in Francia) con l'obiettivo di fronteggiarne l'avanzata per difendere la Provincia romana.

Cum tridui viam processisset, nuntiatum est Caesari Ariovistum cum suis omnibus copiis ad occupandum Vesontionem, quod est oppidum maximum Sequanorum, contendĕre. Id ne accideret, magnopĕre sibi praecavendum Caesar existimabat. Namque omnium rerum quae ad bellum usui erant summa erat in eo oppido facultas, idque natura loci sic muniebatur ut magnam ad ducendum bellum daret facultatem, propterea quod flumen Dubis[1] *ut circino circumductum paene totum oppidum cingit. Reliquum spatium, quod est non amplius pedum MDC, qua flumen intermittit, mons continet magna altitudine, ita ut radices eius montis ex utraque parte ripae fluminis contingant; hunc murus circumdătus arcem efficit et cum oppido coniungit. Huc Caesar magnis nocturnis diurnisque itineribus contendit occupatoque oppido ibi praesidium collocat.*

(Cesare)

1. *Dubis*: oggi Doubs, in Francia.

LABORATORIO

Morfologia

1. Che modo è *ducendum*?
2. Oltre a *reliquus*, quali altri aggettivi indefiniti significano "altro"?

Sintassi

3. Sottolinea tutti i dativi e chiariscine la funzione.
4. *sibi praecavendum Caesar existimabat*: il verbo reggente è preceduto da una subordinata .... caratterizzata dall'ellissi del verbo .... e dalla presenza della costruzione ...., nella quale il verbo .... (paradigma) è usato nel significato di ....
5. *ad bellum usui erant*: *ad bellum* e *usui* sono rispettivamente complemento di .... e di ....
6. *Circumdătus* è il participio perfetto del verbo ...., che appartiene alla categoria dei verbi con .... costruzione, infatti può reggere .... oppure ....

Lessico

7 *praecavendum*: quale sfumatura di significato conferisce al verbo *cavēre* il prefisso *prae*-?

8 *radices eius montis*: con quale significato è qui usato il termine *radices*?

9 *contendit*: il verbo .... (paradigma) presenta vari significati tra cui .... Qui è usato nel significato di .... in associazione all'.................................. (parte del discorso) *huc*.

VERSIONE D'AUTORE

33 Traduci il seguente brano.

Laboratorio
Applica il metodo svolgendo l'analisi sintattica della versione, quindi scrivi la traduzione.

Un giusto riconoscimento per Trasibùlo

L'ateniese Trasibùlo riceve la corona civica per i suoi grandi meriti nei confronti della patria che ha liberato da un governo dispotico. Si tratta di un'onorificenza rara, che egli accetta con grande senso di dignità.

Neminem Thrasybūlo Atheniensi praefĕro fide, constantia, magnitudine animi, in patriam amore; eum nemo anteiit virtute. Huic pro maximis meritis – tyrannos Athenarum enim interfecerat – corona a populo data est, facta duabus virgŭlis oleagĭnis. Quam quod amor civium et non vis expresserat, nullam habuit invidiam magnaeque ei fuit gloriae. Bene ergo Pittăcus ille, qui in septem sapientium numero est habĭtus, cum Mytilenaei multa milia iugĕrum agri darent: «Nolīte, oro vos – inquit – id mihi dare quod multi invideant, plures etiam concupiscant. Quare ex istis nolo amplius quam centum iugĕra, quae et meam animi aequitatem et vestram voluntatem indĭcent». Nam parva munera diutĭna, locupletia haud firma esse consuērunt. Illā igitur coronā donatus, Thrasybūlus neque amplius requisivit neque a quoquam honore se esse superatum existimavit.

(da Cornelio Nepote)

CULTURA

34 Traduci i seguenti brani d'autore.

Risparmiare i vinti è segno di forza

I due testi chiariscono come il perdono concesso ai vinti non sia da intendersi quale espressione di debolezza. Tale scelta consente infatti a chi gestisce il potere militare e politico di trionfare senza ricorrere agli eccessi della crudeltà.

M. Marcellus, cuius in Sicilia virtutem hostes, misericordiam victi, fidem ceteri Siculi perspexerunt, non solum sociis in eo bello consuluit, verum etiam superatis hostibus temperavit. Urbem pulcherrimam Syracusas, quae cum manu munitissima esset, tum loci natura terra ac mari clauderetur, cum vi consilioque cepisset, non solum incolumem passus est esse, sed ita reliquit ornatam ut esset idem monumentum victoriae, mansuetudinis, continentiae, cum homines viderent et quid expugnavisset et quibus pepercisset et quae reliquisset: tantum ille honorem habendum Siciliae putavit ut ne hostium quidem urbem ex sociorum insula tollendam arbitraretur.

(Cicerone)

Saepe gessi bella terra et mari, civilia externaque toto in orbe terrarum, victorque peperci civibus veniam petentibus. Exteras gentes, quibus tuto ignoscĕre potui, conservare quam excidĕre malui. Milia civium Romanorum sub sacramento meo fuerunt circĭter quingenta. Ex quibus deduxi in colonias aut remisi in municipia sua stipendiis emeritis milia aliquanto plura quam trecenta, et iis omnibus agros adsignavi aut pecuniam pro praemiis militiae dedi.

(Res gestae Divi Augusti)

Conoscere la cultura

La *clementia*: una virtù politica

La clemenza verso i nemici vinti Nel corso della sua progressiva espansione territoriale Roma venne a contatto con popolazioni diverse e si trovò di fronte alla necessità di inglobarle nel proprio dominio in modo efficace e duraturo. A differenza degli imperi coloniali di età moderna, il potere di Roma si fondò in genere su un atteggiamento di rispetto nei confronti delle popolazioni sottomesse, a cui venivano imposti tributi e vincoli economici senza però modificarne nella sostanza la struttura sociale o il sistema di valori e credenze. Questa scelta di "tolleranza", del resto, non era dettata da motivazioni etiche, bensì da ragioni di opportunità politica: un impero di vaste dimensioni che riuniva genti tra loro assai diverse poteva reggersi solo sulla parziale accettazione delle differenze. Per questo i Romani adottarono fin dall'età repubblicana il principio della *clementia* nei confronti dei nemici che accettavano di sottomettersi al loro dominio.

G.F. Romanelli, *La clemenza di Scipione*, 1655-58, Parigi, Museo del Louvre.

Da Cesare all'età augustea Questo atteggiamento di benevolenza verso i vinti fu tenuto già da Cesare nel periodo delle campagne di conquista della Gallia. Nel *De bello Gallico* il condottiero più volte ricorda di avere stroncato sul nascere le ribellioni, ma di essersi sempre mostrato clemente verso i popoli che si arrendevano al potere di Roma. Uguale atteggiamento egli tenne nei confronti dei concittadini sconfitti nel corso della guerra civile, fondando così il proprio potere non sul terrore, ma su rinnovate alleanze politiche. Più tardi, in età augustea, Virgilio sintetizzerà nell'*Eneide* (VI, 853) questo comportamento nella nota formula *parcĕre subiectis et debellare superbos*, ossia "risparmiare i sottomessi e debellare i superbi". In queste parole si riassume il senso dell'imperialismo romano e della sua "missione civilizzatrice".

La *clementia principis* In età imperiale la virtù della *clementia* assume un significato diverso, in conseguenza del mutamento della situazione politica. Conclusasi ormai l'espansione territoriale, il potere supremo è concentrato nelle mani del *princeps*. In questo nuovo contesto, il filosofo Seneca, rivolgendosi a Nerone, teorizza l'importanza della clemenza verso i sudditi su un piano al tempo stesso etico e politico. Secondo l'insegnamento della filosofia stoica, l'imperatore deve essere in grado di determinare in prima persona il proprio comportamento, evitando di farsi trasportare dagli eccessi e seguendo una linea di moderazione. La *clementia*, intesa ora come pacata benevolenza verso i sudditi, appare quindi apprezzabile sia dal punto di vista etico sia da quello politico, in quanto previene pericolose spinte di rivolta sociale.

Comprendere

1 Per quale motivo Cesare sosteneva e praticava la clemenza nei confronti delle popolazioni sottomesse e dei suoi nemici interni?

2 Come si modifica il concetto di *clementia* nel passaggio dall'età repubblicana al periodo imperiale?

Approfondire

3 Seneca fu probabilmente sollecitato a scrivere il *De clementia* anche dagli eccessi cui si erano spinti gli imperatori della sua epoca. Servendoti del manuale di storia e di internet, rintraccia le crudeltà commesse dai principi della dinastia giulio-claudia. A quali di loro il racconto tradizionale attribuisce una fama negativa immeritata?

4 Quale differenza c'è, secondo te, fra un governante giusto e un governante clemente?

5 A tuo parere, la virtù della *clementia* è paragonabile ai valori cristiani della carità e del perdono?

6 Ti sembra che al giorno d'oggi esista un corrispettivo della *clementia* romana sul piano dei rapporti politici internazionali? Motiva adeguatamente la tua risposta.

Ripasso e recupero
unità 37-38

CONOSCERE

1
Indica se nelle seguenti frasi *interest* ha costruzione personale [P] o impersonale [I], poi traduci.

1. *Hoc magni interest ad civitatis laudem.* [P] [I] • 2. *Milites strenue obsidioni interfuerant.* [P] [I] • 3. *Vestra, qui summa cum aequitate vixistis, id maxime interest.* [P] [I] • 4. *Non solum mea, sed omnium interest bonas leges valēre.* [P] [I] • 5. *Civium multitudo rebus sacris interfuit.* [P] [I] • 6. *Nostra interest discĕre.* [P] [I]

2
Nelle seguenti frasi evidenzia con colori diversi il genitivo soggettivo e oggettivo, poi traduci.

1. *Hostium insidiae nostros terrebant.* • 2. *Catonem veteres inimicitiae Caesaris incitant.* (Ces.) • 3. *Miserrima omnino est ambitio honorumque contentio.* (Cic.) • 4. *Antonius se recipiebat ardens odio vestri, cruentus sanguine civium Romanorum quos Brundisii occiderat.* (Cic.) • 5. *Patria communis est parens omnium nostrum.* (Cic.) • 6. *Tua memoria nostri iucunda est nobis et nostram tui benevolentiam auget.* (Cic.)

3
Nelle seguenti frasi sottolinea i genitivi e riconoscine le diverse funzioni (di stima, con verbi giudiziari, con verbi di memoria, di pertinenza, partitivo), poi traduci.

1. *Stulti suorum vitiorum obliviscuntur.* • 2. *Religionis violatae accusatus est.* • 3. *Cognovimus te absolutum esse improbitatis.* • 4. *Uter est insanior horum?* • 5. *Patrem tuum plurimi feci.* • 6. *Animus praeteritarum rerum meminit.* • 7. *Faciam te certiorem, si quid certi fuerit.* • 8. *Levis est animi iustam gloriam repudiare.*

4
Nelle seguenti frasi analizza i verbi con doppia costruzione, poi traduci.

1. *Virtuti consulunt homines probi.* • 2. *Dux praedam militibus donat.* • 3. *Post victoriam, milites studiis vacant.* • 4. *Est viri sapientis irae temperare.* • 5. *Medicus morbum ingravescentem ratione provĭdet.* • 6. *Nostri milites munitionibus oppidum circumdederunt.*

5
Nelle seguenti frasi d'autore sottolinea i dativi e riconoscine le diverse funzioni (di possesso, etico, di relazione, di fine, d'agente), poi traduci.

1. *Cesari omnia uno tempore erant agenda.* (Ces.) • 2. *Germani auxilio a Belgis arcessiti esse dicebantur.* (Ces.) • 3. *Ei morbo nomen est avaritia.* (Cic.) • 4. *Virtus fidesque vestra spectata mihi sunt.* (Sall.) • 5. *Sita Anticyra est in Locrĭde in laeva parte sinum Corinthiăcum intranti.* (Liv.) • 6. *Poma per vitrum aspicientibus maiora sunt.* (Sen.)

6
Indica se nelle seguenti frasi d'autore i dativi sono retti da verbi transitivi [T] o intransitivi [I], poi traduci.

1. *P. Sextius Baculus, diffisus suae atque omnium saluti, inermis ex tabernaculo prodit.* (Ces.) [T] [I] • 2. *Omnia tu Deiotăro, Caesar, tribuisti et ipsi et filio nomen regium concessisti.* (Cic.) [T] [I] • 3. *Imitari potius avi mores disciplinamque debebas* ("avresti dovuto"), *quam optimo et clarissimo viro maledicĕre.* (Cic.) [T] [I] • 4. *Barbaris consilium non defuit.* (Ces.) [T] [I] • 5. *Simulatio amicitiae repugnat maxime.* (Cic.) [T] [I] • 6. *Iratus, cum ad se rediit, sibi tum irascitur.* (Publ. Sir.) [T] [I]

SAPER FARE

7 Nelle seguenti frasi d'autore contenenti aggettivi che reggono il genitivo e il dativo scegli la forma corretta, poi traduci.

1. *Nos in exigua parte terrae adfixi,* **plurimis / plurimarum** *ignotissimi sumus* **gentibus / gentium**. (Cic.) • 2. *Omnis est natura diligens* **sibi / sui**. (Cic.) • 3. *Ei / Eius, a quo missus eras, simillimus extitisti.* (Cic.) • 4. *Aristīdes aequalis fere fuit* **Themistocli / Themistoclis**. (Nep.) • 5. *Socrates nec patronum quaesivit ad iudicium capitis nec* **iudicibus / iudicum** *supplex fuit.* (Cic.) • 6. *Miltiades loca* **castellis / castellorum** *idonea communiit.* (Nep.)

8 Trasforma le seguenti frasi dall'attivo al passivo o viceversa, poi traduci.

1. *Patres saepe filiis ignoscunt.* • 2. *Ancillae matronis supplicant.* • 3. *Sapientia paci favet.* • 4. *Hostes deum simulacris temperaverant.* • 5. *Romani publica atque privata aedificia adaequant solo; templis tantum deorum temperatum est.* (Liv.) • 6. *Caesar acie Pharsalica proclamavit ut civibus parceretur.* (Ces.)

9 Completa le seguenti frasi d'autore declinando correttamente i termini indicati fra parentesi, poi traduci.

1. *Iisdem annis, quibus bellum Iugurthinum gerebatur, effusa est immanis vis Germanorum gentium, ... (qui, quae, quod) nomen Cimbris et Teutŏnis erat.* (Vell.) • 2. *Pelopĭdas persuasit .... (Thebani, -orum) ut .... (subsidium, -ii) Thessaliae proficiscerentur tyrannosque eius depellĕrent.* (Nep.) • 3. *Etiamsi multi mecum contendent, ... (omnis, -e) facile superabo.* (Cic.) • 4. *Raro invidetur eorum .... (honos, -oris), quorum vis non timetur.* (Vell.) • 5. *Haec laus a me .... (tu) tribuenda est.* (Cic.) • 6. *Capuae .... (ego) .... (inauratus, -a, -um + statua, -ae) donaverunt.* (Cic.)

10 Indica il significato delle seguenti locuzioni che contengono verbi di memoria e verbi con costruzioni e significati diversi.

pristinae virtutis meminisse • *pueritiae recordari* • *sui oblivisci* • *culpa vacare* • *saluti providēre* • *tempestati metuĕre*

COMPRENDERE E TRADURRE

11 Traduci il seguente brano d'autore.

Dopo Alessandro

Nella difficile fase seguita alla morte di Alessandro Magno, si distinse per volontà di imporsi sugli altri aspiranti successori Eumene, governatore della Cappadocia.

Alexandro Babylōne mortuo, cum regna singulis familiaribus dispertirentur et summa rerum tradita esset tuenda Perdiccae, cui Alexander moriens anulum suum dederat, hoc tempore data est Eumēni Cappadocia. Hunc sibi Perdiccas adiunxerat magno studio, quod in homine fidem et industriam magnam videbat, non dubitans, si eum pellexisset, magno usui fore sibi in iis rebus, quas apparabat. Cogitabat enim (quod fere omnes in magnis imperiis concupiscunt), omnium partes corripĕre atque complecti. Neque vero hoc ille solus fecit, sed ceteri quoque omnes, qui Alexandri fuerant amici. Primus Leonnātus Macedoniam praeoccupare destinavit. Hic multis magnisque pollicitationibus persuadēre Eumēni studuit, ut Perdiccam desereret ac secum faceret societatem. Cum perducĕre eum non posset, interficĕre conatus est; et fecisset (trad. con il condizionale), *nisi ille clam noctu ex praesidiis eius effugisset.* (da Cornelio Nepote)

Videotutorial
Guarda il video e impara a fare l'analisi sintattica della versione.

10 LABORATORIO delle competenze

La reggenza verbale (II): più costruzioni, più significati

unità 37-38

Prerequisiti
- La costruzione personale di *interest* e *refert*
- Il genitivo retto da verbi
- Gli usi del genitivo
- I verbi con doppia costruzione
- I verbi con più costruzioni
- Gli usi del dativo

ANALISI LINGUISTICA

1 Dopo aver letto con attenzione il testo, svolgi le seguenti operazioni:
- fa' l'analisi del periodo, identificando le frasi e il tipo di subordinate;
- riconosci i verbi costruiti con il genitivo o il dativo;
- completa le note e traduci.

Cicerone celebra il poeta Archia

Nell'orazione finalizzata a far ottenere la cittadinanza al poeta greco, Cicerone celebra le doti di Archia, che si manifestarono fin dalla giovinezza e gli procurarono ovunque fama e plauso.

Ut primum ex pueris excessit Archias, atque ab eis artibus quibus aetas puerilis ad humanitatem informari solet se ad scribendi studium contulit, primum Antiochiae – nam ibi natus est loco nobili – celebri quondam urbe et copiosa, atque eruditissimis hominibus liberalissimisque studiis **adfluenti**, celerĭter **antecellĕre** omnibus ingeni gloria contigit. Post in ceteris Asiae partibus cunctaeque Graeciae sic eius adventus celebrabantur, **ut** famam ingeni exspectatio hominis, exspectationem ipsius adventus admiratioque **superaret**. Erat Italia tunc plena Graecarum **artium ac disciplinarum**, studiaque haec et in Latio **vehementius** tum colebantur quam nunc eisdem in oppidis, et hic (avv.) Romae propter tranquillitatem rei publicae non neglegebantur. Ităque hunc et Tarentini et Regini et Neapolitani civitate ceterisque praemiis **donaverunt**; et omnes, qui aliquid de ingeniis poterant iudicare, cognitione atque hospitio dignum existimaverunt. Hac tanta celebritate famae cum esset iam **absentibus** notus, Romam venit **Mario consule et Catulo**.

(Cicerone)

LABORATORIO di lingua

1. *Ut primum*: è .... e introduce due proposizioni subordinate .... coordinate.
2. *adfluenti*: con quale parola concorda il participio presente? In che caso si trova?
3. *antecellĕre*: appartiene alla categoria dei verbi .... che presentano costruzioni alternative: la persona a cui si è superiori è espressa in .... o in .... ; la cosa in cui si è superiori in ....
4. *ut... superaret*: si tratta di una subordinata .... Motiva la tua risposta.
5. *artium ac disciplinarum*: sono due genitivi di .... retti da ....
6. *vehementius*: è un .... al grado ....
7. *donaverunt*: quali casi regge qui il verbo *dono*?
8. *absentibus*: che funzione ha questo dativo?
9. *Mario consule et Catulo*: di che tipo di ablativo assoluto si tratta?

L'esercizio insegna a:
- saper analizzare il periodo
- saper riconoscere i verbi costruiti con il genitivo o il dativo
- saper distinguere e rendere in italiano le varie strutture morfosintattiche studiate

ANALISI LESSICALE

2 Dopo aver letto con attenzione il testo, svolgi le seguenti operazioni:
- se possibile, prima di ricorrere al dizionario, cerca di risalire al significato dei termini sulla base del lessico italiano;
- completa le note;
- traduci.

Un'accoglienza trionfale

Di ritorno ad Atene da cui era stato allontanato, Alcibiade è accolto trionfalmente per i suoi successi militari. Il generale, commosso, accetta i doni dei propri concittadini.

*Cum **obviam** universa civitas in Piraeum descendisset, tanta fuit omnium exspectatio visendi Alcibiadis, ut ad eius triremem **vulgus** conflueret, **proinde ac** si solus advenisset. Enim populo erat persuasum, et adversas **superiores** et praesentes secundas res accidisse eius operā. Ităque et **Siciliae amissum** et Lacedaemoniorum victorias culpae suae tribuebant, quod talem virum e civitate expulissent. Neque id sine causa arbitrari videbantur. Nam postquam exercitui **praeesse** coeperat, neque terra neque mari hostes pares esse potuerant. Hic ut e navi egressus est, quamquam Theramĕnes et Thrasybūlus eisdem rebus **praefuerant** simulque venerant in Piraeum, tamen unum omnes illum prosequebantur, et, id quod numquam antea usu venerat nisi Olympiae victoribus, **coronis laureis vulgo donabatur**. Ille lacrimans talem **benevolentiam** civium suorum accipiebat reminiscens pristini temporis acerbitatem.*

(Cornelio Nepote)

Laboratorio di lessico

1 *obviam*: qui è un avverbio e non va confuso con l'accusativo femminile singolare di *obvius, -a, -um*.
2 *vulgus*: ricerca sul dizionario la differenza di significato tra *vulgus* e *populus*.
3 *proinde ac*: seguito da *ac* l'avverbio *proinde* significa ....
4 *superiores*: è il comparativo di maggioranza di .... , che significa .... , ma anche ....
5 *Siciliae amissum*: con l'aiuto del dizionario rendi l'espressione sostituendo al participio il nome astratto: ....
6 *praeesse, praefuerant*: il verbo .... , è composto da .... + ... e significa .... ; come gli altri composti di .... , regge il caso ....
7 *coronis laureis vulgo donabatur*: in che cosa consistono i doni fatti ad Alcibiade dal popolo?
8 *benevolentiam*: formato da .... + ... , il sostantivo significa .... ; il suo antonimo è ....

L'esercizio insegna a:
- avere consapevolezza, nel confronto, delle continuità e discontinuità tra lessico italiano e latino al fine di una corretta traduzione

unità 39 — La sintassi dell'ablativo

Lezione
Studia l'**ablativo** ed **esercitati** a memorizzarlo; quindi **verifica** le tue conoscenze.

LINGUA
Sintassi
I complementi di allontanamento e di origine
Le costruzioni di *dignus* e di *opus est*
Particolarità dei complementi di tempo

LESSICO
Parole da scoprire
Verbi e locuzioni con l'ablativo strumentale
Ops, opus, opĕra

TRADUZIONE
Un metodo per tradurre
Tradurre la poesia
Conoscere la cultura
Liberi, liberti e schiavi

SINTASSI

I complementi di allontanamento o separazione, di origine o provenienza

- Il complemento di **allontanamento o separazione** indica il luogo, la persona o la cosa da cui ci si allontana o ci si separa, anche figuratamente. È introdotto da verbi, nomi e aggettivi che indicano distacco, distinzione, liberazione (*allontanare, cacciare, distinguere, scagionare* ecc.):

  *Mi sono dissociata **da quella dichiarazione**.*
  *Sono molto diversa **da mia sorella**.*

- Il complemento di **origine o provenienza** specifica il luogo, la famiglia o la condizione sociale da cui deriva la persona o la cosa di cui si parla. È retto da verbi o aggettivi indicanti provenienza (*discendere, provenire, sorgere; nativo, originario* ecc.):

  ***Da quell'incarico** abbiamo ricavato grande soddisfazione.*
  *Il formaggio deriva **dal latte**.*

L'ablativo svolge fondamentalmente tre funzioni. In esso sono infatti confluiti due casi poi scomparsi quasi del tutto nel latino classico: lo **strumentale-sociativo**, che esprime il mezzo con cui si svolge l'azione o gli elementi a essa associati, e il **locativo**, che indica la dimensione spaziale o temporale dell'azione. A questi valori si aggiunge la funzione originaria di **allontanamento o separazione**.

- Il complemento di **allontanamento o separazione** si costruisce generalmente con:
  - *a/ab* + ablativo, se il termine da cui si indica l'allontanamento è animato:

    Ab hostibus in cives certamen vertit. (Liv.)   Il combattimento si spostò **dai nemici** ai cittadini.

  - **ablativo semplice** oppure con *e/ex*, *de* (ma anche *a/ab*), se il termine è una cosa:

| *Infame in omnem vitam ac probrosum ex acie recessisse.* (Tac.) | È infamante e obbrobrioso per tutta la vita essersi ritirati **dalla schiera**. |

- Il complemento di **origine o provenienza**, usato in dipendenza dai verbi *nascor, orior* "nasco", *gigno, procreo* "genero" ecc. (e dai participi derivati), si costruisce con:
  - **ablativo semplice**, in dipendenza da nomi indicanti famiglia, condizione sociale, nomi propri o appellativi familiari:

    | *Mercurius **Iove** natus et **Maiā** est.* (Cic.) | Mercurio nacque **da Giove** e **da Maia**. |

  - **ablativo** con *e/ex, de* con pronomi e nomi comuni, con nomi di fiumi o se si tratta di provenienza in senso figurato; con *a/ab* per indicare origine remota:

    | *Platon ait neminem regem non **ex servis** esse oriundum, neminem non servum **ex regibus**.* (Sen.) | Platone sostiene che non ci sia alcun re che non discenda **da servi**, nessun servo che non discenda **da re**. |

Ricorda che...

Per indicare la **patria**, si adopera l'**ablativo semplice** o con **preposizione**, secondo l'uso già noto del complemento di moto da luogo con nomi di città o di piccola isola (ma è frequente anche l'utilizzo dell'aggettivo, come *Atheniensis, Tusculānus* ecc.).

ESERCIZI

IN ITALIANO

1 **Completa** le seguenti frasi con un complemento di allontanamento o di origine.

1. L'intruso fu individuato e subito allontanato .... • **2.** Il nuovo compagno di classe ha molti problemi in latino: derivano .... • **3.** Mi sono liberato per una settimana .... • **4.** La mia amica, ormai economicamente indipendente .... , sta cercando casa.

IN LATINO

2 Nelle seguenti frasi d'autore **evidenzia** in modo diverso i complementi di allontanamento e di origine, cerchiando, se presenti, le preposizioni da cui sono introdotti; poi **traduci**.

1. *Damocrĭtus, Aetolorum dux, paucos ante dies, cum e carcere noctu effugisset, in ripa Tiberis, priusquam comprehenderetur, gladio se transfixit.* (Liv.) • **2.** *Theopompus Lacedaemonius, permutato cum uxore habitu, e custodia ut mulier evasit.* (Quint.) • **3.** *Eodem anno Cn. Flavius Cn. filius scriba, patre libertino humĭli fortuna ortus, ceterum callidus vir et facundus, aedīlis curūlis fuit.* (Liv.) • **4.** *Tibi vero nihil ex consuetudine mutandum est tua, quoniam quidem ea instituisti amare studia, quae et optime felicitatem extollunt.* (Sen.) • **5.** *Quibus diebus Cumae liberatae sunt obsidione, isdem diebus etiam in Lucanis Tib. Sempronius, cui Longo cognomen erat, cum Hannone Poeno prospere pugnat.* (Liv.) • **6.** *Bibŭlus, multos dies terrā prohibĭtus vi mari et graviore morbo ex frigŏre implicĭtus cum neque curari non posset.* (Ces.)

3 **Traduci** in latino le seguenti frasi, rendendo i complementi di allontanamento o separazione e di origine o provenienza in tutti i modi possibili.

1. I Romani chiamavano *otium* il tempo passato lontano dagli impegni pubblici o professionali. • **2.** Roma fu liberata dal pericolo del nemico cartaginese dalla virtù di Scipione. • **3.** Gli antichi raccontavano che Romolo e Remo nacquero da Rea Silvia e da Marte. • **4.** La mia famiglia è di Atene, ma mio padre fu esiliato, con ingiusta condanna, dalla città.

PAROLE DA SCOPRIRE
Verbi e locuzioni con l'ablativo strumentale

- L'ablativo strumentale ricorre in numerose espressioni idiomatiche che spesso in italiano non si possono tradurre mediante la congiunzione "con" o la locuzione "per mezzo di". Presentiamo qui di seguito alcune di queste espressioni e locuzioni di base (se ne possono incontrare altre con qualche variante) suggerendo un'opportuna resa italiana.

locuzione

aliqua re pasci/ali/vivĕre	pascersi/nutrirsi/vivere di qualcosa
aliquem aliqua re adsuefacĕre	abituare uno a qualcosa
aliquem aliqua re erudire	istruire uno in qualcosa
aliqua re se exercēre	esercitarsi in una cosa

espressione fraseologica

fidĭbus canĕre	suonare la cetra
lingua Graeca/Latina loqui	parlare la lingua greca/latina
litteris Graecis/Latinis scribĕre	scrivere in caratteri greci/latini
manu tenēre	tenere in mano
memoriā tenēre	tenere a memoria
pilā/aleā ludĕre	giocare a palla/a dadi
proelio lacessĕre	provocare a battaglia
proelio vincĕre	vincere in battaglia
pedibus ire	andare a piedi
lapidĭbus/sanguine pluĕre	piovere pietre/sangue
sudore/sanguine manare	grondare di sudore/di sangue
tecto accipĕre (recipĕre)/invitare	accogliere/invitare a casa
silvis/castris se tenēre/occultare/abdĕre	tenersi/nascondersi/occultarsi nelle selve/nell'accampamento
lecticā/curru/nave/equo vehi	viaggiare (essere trasportato) sulla lettiga/sul cocchio/per nave/a cavallo

- Il verbo **afficio** "fornisco di", "provvedo di" è preferibilmente usato in latino con l'ablativo strumentale, sul modello della costruzione *aliquem aliquā re afficĕre* "colpire qualcuno con qualcosa" (o, in forma passiva, *aliqua re affĭci* "essere colpito da qualcosa"). La traduzione migliore si ottiene ricavando dal sostantivo latino che esprime il complemento di strumento una voce verbale adatta al contesto, sia all'attivo sia al passivo. Per esempio:

aliquem afficĕre	*beneficio*	beneficare qualcuno
	laude	lodare qualcuno
	praemio	premiare qualcuno
	poenā	punire qualcuno
	exilio	esiliare qualcuno
affĭci	*morbo*	essere ammalato
	laetitiā	essere felice
	dolore	essere addolorato

- I **verbi di sentimento** (*delector* "sono lieto", *doleo* "mi addoloro", *laetor* "mi rallegro" ecc.) reggono l'**ablativo** con funzione **causale**:

Laetatus sum felicitate navigationis tuae. (Cic.)	**Mi sono rallegrato del buon esito** della tua navigazione.

- Il verbo *laboro* in latino significa, propriamente, "soffro", "sono afflitto" e si costruisce con l'**ablativo semplice** o retto da *a/ab*, *e/ex*, *de*:

Satis diu fuit in miseriis, iudices, satis multos annos **ex invidia** *laboravit.* (Cic.)	Abbastanza a lungo, o giudici, egli ha vissuto in miseria, per un numero sufficiente di anni **ha patito l'invidia**.
Saepius **opinione** *quam* **re** *laboramus.* (Sen.)	**Soffriamo** più spesso **a causa di un'idea** che **della realtà dei fatti**.

4 Nelle seguenti frasi d'autore **sottolinea** i verbi che reggono l'ablativo, poi **traduci**.

1. *Laborem et periculum petimus, ut virorum, ut milĭtum officio fungamur.* (Cic.) • 2. *Secundum naturam est et amicos conplecti et amicorum auctu ut suo proprioque laetari.* (Sen.) • 3. *Urbe a defensoribus vacua facile potiti hostes sunt; arx tantum retenta erat, in quam inter tumultum captae urbis e media caede quidam effugēre.* (Liv.) • 4. *Ipsi quaerĭmus stellarum motus contemplationesque rerum caelestium eorumque omnium, quae natura obscuritate occultat.* (Cic.) • 5. *Ingravescit in dies intestinum malum nec externis hostĭbus magis quam domesticis laboramus.* (Cic.) • 6. *Quem ceperant exsules montem herbĭdus aquosusque est, et quia pecori bonus alendo erat, hominum quoque carne ac lacte vescentium abunde sufficiebat alimentis.* (Liv.)

5 **Traduci** le seguenti frasi d'autore, quindi **sostituisci** le espressioni evidenziate con verbi o locuzioni sinonimiche che reggono l'ablativo strumentale.

1. *Quicquid in pugna* **patimur***, virorum est.* (Quint.) • 2. *In conspectu exercituum et Carvilius suos pro cuiusque merito* **laudavit** *donavitque armillis argenteis.* (Liv.) • 3. *Optimis a pueritia disciplinis atque artibus studuisti et* **in his elaboravisti***.* (Cic.) • 4. *Apud Vibium L. Plaetorius Romae habitavit, apud hunc* **aegrotavit***, huius domi est mortuus.* (Cic.) • 5. *Sthenius, homo frugalissimus atque integerrimus, te, hominem plenum stupri, flagitii, sceleris* **domum suam invitavit***.* (Cic.) • 6. *Quas* **herbas** *pecudes non* **edunt***, homines edunt.* (Plaut.)

6 **Traduci** in latino le seguenti frasi utilizzando i verbi che reggono l'ablativo strumentale.

1. Aristìde, pur essendo elogiato per la sua virtù, fu ingiustamente esiliato (usa *afficio*) dai suoi concittadini. • 2. Soffro (usa *laboro*) per la tua ingratitudine e spero che presto capirai il tuo errore. • 3. Ci siamo abituati alle avversità della sorte, o soldati. Ora però vinceremo il nemico in battaglia con il nostro valore! • 4. La gente era terrorizzata (usa *afficio* + sostantivo): si diceva che anche le statue degli dèi sudassero e in molti luoghi fossero piovute pietre.

SINTASSI

Le costruzioni di *dignus* e di *opus est*

- Gli aggettivi **dignus** "degno" e **indignus** "indegno" sono determinati:
  - dall'**ablativo** della cosa di cui si è degni o indegni:

Idem fecit L. Philippus, vir **patre dignissimus***.* (Cic.)	Lo stesso fece Lucio Filippo, uomo **degnissimo del padre**.

  - da una **proposizione relativa** introdotta da *qui, quae, quod* (concordato con il termine a cui si riferiscono *dignus* e *indignus*) con il **congiuntivo** (più spesso) **presente o imperfetto**:

Livianae fabulae non satis **dignae** *sunt* **quae** *iterum* **legantur***.* (Cic.)	I drammi di Livio non sono abbastanza **degni di essere letti** una seconda volta.

- L'espressione *opus est* "è necessario", "bisogna", "occorre" presenta una doppia costruzione:
  - **impersonale**: la **cosa** di cui si ha bisogno è in **ablativo**, il verbo *sum* è alla 3ª **persona singolare** e la **persona** che ha bisogno (se presente) è in **dativo**:

    Sermone opus est modo tristi, saepe iocoso. (Or.)
    C'è bisogno di **parole** a volte **tristi**, spesso **allegre**.

  - **personale**: la **cosa** di cui si ha bisogno è in **nominativo** e svolge la funzione di soggetto, il verbo *sum* **concorda** con tale soggetto, la **persona** che ha bisogno si esprime sempre in **dativo** e *opus* svolge la funzione di parte nominale del predicato. Questa costruzione è impiegata obbligatoriamente quando la **cosa necessaria** è espressa da un **aggettivo** o **pronome neutro**:

    *Nobis **permulta** opus sunt.*
    Noi **abbiamo bisogno di molte cose**.

  Quando la cosa di cui si ha bisogno è rappresentata da un'intera proposizione, si usa il **participio perfetto** all'**ablativo singolare neutro**, l'**infinito** o l'**accusativo + infinito**, raramente (*ut +*) **congiuntivo** o il **supino in -*u***:

  *Nihil erat cur **properato** opus esset.* (Cic.)
  Non c'era alcun motivo perché **fosse necessario affrettarsi**.

  *Diligentissime (**ut**) contendas opus est.* (Cic.)
  È necessario che tu ti dia da fare con grande impegno.

ESERCIZI

7 Nelle seguenti frasi d'autore **scegli** la forma corretta tra quelle proposte, poi **traduci**.

1. *Fac ad vindemiam quae **opus sunt** / **opus est**.* (Cato.) • 2. ***Maturato** / **Maturare** opus erat, ut nocte ad hostem perveniri posset.* (Cic.) • 3. *Quae ad bellum **opus essent** / **opus esset** senatus decrevit.* (Liv.) • 4. *Quantum augebatur militum numerus, tanto maiore pecunia in stipendium **opus erat** / **opus erant**.* (Liv.) • 5. *Quid opus est **irā** / **irā** cum idem proficiat oratio?* (Sen.) • 6. *Nemo alius est **dei** / **deo** dignus quam qui opes contempsit.* (Sen.) • 7. *Digni sunt **amicitiae** / **amicitia(ii)** quibus in ipsis inest causa, cur diligantur.* (Cic.) • 8. *Messalla tam animo quam gente erat nobilior, dignissimus qui et patrem Corvinum **habuisset** / **habuerat**.* (Vell.)

8 **Traduci** le seguenti frasi d'autore.

1. *In hoc libro quod de elocutione conscripsimus, quibus in rebus opus fuit exemplis uti, nostris exemplis usi sumus.* (Cic.) • 2. *Huc omnes mulieres ("donnacce") quibuscum Verres consuerat, conveniebant; huc homines digni istius amicitia, digni vita illa conviviisque veniebant.* (Cic.) • 3. *Se contentus ("autosufficiente") est sapiens ad beate vivendum, non ad vivendum; ad hoc enim multis illi rebus opus est, ad illud tantum animo sano et erecto et despiciente fortunam.* (Sen.) • 4. *Quintius dixit opus esse non forti solum viro, sed etiam libero exsolutoque legum vinclis.* (Liv.) • 5. *Epicurus negat opus esse ratione neque disputatione, quam ob rem voluptas expetenda, fugiendus dolor sit.* (Cic.) • 6. *Ii, qui nihil praeterquam de libertate cogitent, digni sunt, qui Romani fiant.* (Liv.)

DIFFICILIORA

9 **Completa** le seguenti frasi d'autore con le forme indicate fra parentesi, poi **traduci**.

1. *Si .... ("hai bisogno di qualcosa"), impĕra.* (Plaut.) • 2. *Quod ego audivi accipĭte, et .... ("quale piano sia necessario") decernĭte.* (Pac.) • 3. *Ego eo intro, ut parem .... ("ciò di cui ho bisogno")*;

tu fac ut dixi, si sapis. (Ter.) • **4.** *Attĭcus amicis* .... ("ciò di cui avevano bisogno") *dedit.* (Nep.) • **5.** *Attălus divitiis bene utendo effecit ut non* .... ("indegno di regnare") *videretur.* (Liv.) • **6.** .... ("Siete degni delle ricchezze"), *quas illud mare litoribus invĕhit.* (Curz.)

10 Traduci in latino le seguenti frasi impiegando la costruzione di *opus est* e di *dignus*.

1. Se avrò bisogno di notizie, mi rivolgerò a te. • **2.** Sono così indegno delle tue attenzioni da non meritare neppure la tua parola. • **3.** Il sapiente ha bisogno di poco per vivere secondo virtù, perché gli basta il dominio delle passioni. • **4.** Quest'uomo mi sembra degno di essere ascoltato, ma c'è bisogno della vostra attenzione, padri senatori.

PAROLE DA SCOPRIRE
Ops, opus, opĕra

Le tre parole che qui presentiamo derivano dalla radice indoeuropea **op-* che indica il "**lavorare**", e dunque anche la "rendita del lavoro" e la "ricchezza prodotta". Dalla medesima radice deriva il superlativo *optimus*, che in origine significava "produttivissimo".

- *Ops, opis*, f., è usata per lo più al plurale. I suoi significati principali sono:
    - al singolare: "abbondanza", "aiuto", "possibilità", "mezzo", "modo", "sistema";
    - al plurale: "potere", "risorse", "ricchezze", "forze militari".

- *Opus, -ĕris*, n., indica più il prodotto dell'azione che l'azione in sé. I suoi significati principali sono:
    - "opera", "lavoro" (specialmente agricolo o edile); "occupazione", "mestiere";
    - "sforzo", "fatica";
    - "prodotto";
    - "opera letteraria";
    - "opera d'assedio".

- *Opĕra, -ae*, f., deriva etimologicamente dal plurale di *opus* e indica l'azione del "lavorare" in genere. I suoi significati principali sono:
    - "opera", "lavoro"; "attività", "impegno";
    - "possibilità", "agio";
    - "manodopera" (al plur.).

Si trova anche in espressioni idiomatiche come *operae pretium est* "vale la pena", *operam dare* "occuparsi di" e altre analoghe.

11 Traduci le seguenti frasi utilizzando il corretto significato di *ops, opus, opĕra*.

1. *Milites cunicŭlos tectos ad vineas agunt, quod genus opĕris sine ullo periculo et sine suspicione hostium facĕre licebat.* (Ces.) • **2.** *Quid mihi futurum est, qui tibi hanc operam dedi?* (Plaut.) • **3.** *Et tum universis, quam potui, opem tuli et nunc singulis feram.* (Liv.) • **4.** *Hordei modii quinque bubulci operas tres exĭgunt, occatoriam unam, sartoriam unam et dimidiam, messoriam unam: summam operarum sex et dimidiam.* (Colum.) • **5.** *Quae cum ita sint, a te peto, Cn. Pupi, qui es in opĕris eius societate, ut omnibus tuis officiis atque omni liberalitate sociorum utilitatem tueāre.* (Cic.) • **6.** *Germani deorum numero eos solos ducunt, quos cernunt et quorum aperte opibus iuvantur, Solem et Vulcanum et Lunam.* (Ces.)

SINTASSI

Particolarità dei complementi di tempo

Oltre a essere genericamente impiegato nel complemento di **tempo determinato**, l'ablativo ricorre anche in indicazioni temporali più specifiche, che rispondono alle seguenti domande.

- *Quo temporis intervallo?* "Ogni quanto tempo?": **ablativo semplice** del **numerale ordinale** per lo più aumentato di un'unità, in unione con l'ablativo del pronome *quisque*:

  | *Tertio quoque verbo* orationis suae mihi minabatur. (Cic.) | **Ogni tre parole** del suo discorso mi rivolgeva una minaccia. |

- *Quo temporis spatio?* "Entro (In) quanto tempo?": **ablativo semplice** o *intra* + **accusativo**:

  | *Nonne arbitramini* **paucis annis** *fuisse consulum nomen appetituros?* (Cic.) | Non credete forse che **entro pochi anni** avrebbero aspirato al nome di consoli? |

- *Quotiens in temporis spatio?* "Quante volte in un dato tempo?": *in* + **ablativo** del termine indicante il tempo, preceduto dall'**avverbio numerale**:

  | *Ex farre virgines* **ter in anno** *molam faciunt.* (Varr.) | Le fanciulle fanno la farina dal farro **tre volte l'anno**. |

- *Quanto ante? / Quanto post?* "Quanto tempo prima?" / "Quanto tempo dopo?":
  - **ablativo**, se gli avverbi *ante* o *post* seguono l'espressione numerica o sono frapposti;
  - **accusativo**, se *ante* o *post* precedono l'espressione numerica e hanno valore di preposizione:

  | *Hortensius* **annis ante decem** *causas agĕre coepit quam tu es natus.* (Cic.) | Ortensio ha cominciato a esercitare l'avvocatura **dieci anni prima** della tua nascita. |

FACILIORA

12 **Abbina** opportunamente ciascuna domanda alla rispettiva risposta, poi **traduci**.

1. *Quotiens in bello a morte te servavi?*
2. *Quotiens in temporis spatio tam gravibus imbribus pluit?*
3. *Quo intervallo tempŏris ludi Olympii fiunt?*
4. *Quo temporis spatio magistratum denuo appĕtes?*
5. *Quando Corinthus delēta est?*

a. *Quarto quoque anno, indutiis totam Graeciam pactis.*
b. *Eodem anno quo etiam Carthago funditus diruta est.*
c. *Semel in decem annis hoc accidĕre potest.*
d. *Paucis annis praeturam petam, aedilitate ex lege acta.*
e. *Numquam hoc accidisse memĭni.*

13 **Traduci** le seguenti frasi d'autore.

1. *Ducentis annis ante, quam Clusium oppugnarent urbemque Romam caperent, in Italiam Galli transcenderunt.* (Liv.) • 2. *Consul, impeditus a tribunis plebis, ne quas paraverat copias secum portaret, paucis diebus in Africam proficiscitur.* (Sall.) • 3. *L. Volumnio ex senatus consulto et scito plebis prorogatum in annum imperium est.* (Liv.) • 4. *Lynceus clipeum Iunoni sacratum donavit Abanti, ludosque consecravit qui quinto quoque anno aguntur.* (Ig.) • 5. *Quidam oves bis in anno tondent, ut in Hispania citeriore, ac semestres faciunt tonsuras.* (Varr.) • 6. *Multam petivit* ("intentò causa per risarcimento") *Aeschĭnes a Ctesiphonte quadriennio ante Philippi Macedŏnis mortem; sed iudicium factum est aliquot annis post.* (Cic.)

Schema riassuntivo dell'ablativo

funzione di allontanamento		
allontanamento o separazione		
a/ab + ablativo (con persone)	*Germania **a Gallis** separatur.* (Tac.)	La Germania è separata **dai Galli**.
ablativo semplice o con *a/ab, de, e/ex* (con luoghi e cose)	*Infame est **ex acie** recessisse.* (Tac.)	È motivo di infamia essersi ritirati **dalla schiera**.
origine o provenienza		
ablativo semplice (famiglia, condizione sociale, nome dei genitori)	*Habendus erat rex quicumque **genere regio** natus esset.* (Cic.)	Era considerato re chiunque fosse nato **da stirpe regale**.
e/ex, de + ablativo (con pronomi e nomi comuni o di fiumi, in senso figurato)	*Servius Tullius **ex serva** natus.* (Liv.) *Rhenus oritur **ex Lepontiis**.* (Ces.)	Servio Tullio, nato **da una schiava**. Il Reno nasce **dal (territorio) dei Leponzi**.
a/ab + ablativo (origine remota)	*Belgae orti sunt **a Germanis**.* (Ces.)	I Belgi sono discesi **dai Germani**.
privazione		
ablativo, con o senza *a/ab*	*Ligarius **omni culpā** vacat.* (Cic.)	Ligario è esente **da ogni colpa**.
partitivo		
e/ex, de + ablativo	*De servis fidelissimus.* (Nep.)	Il più fidato **tra i servi**.
materia		
e/ex + ablativo	*Signum est Cupidĭnis **e marmore**.* (Cic.)	C'è una statua di Cupido **di marmo**.
paragone		
ablativo semplice	*Quid est **virtute** divinius?* (Cic.)	Che cos'è più divino **della virtù**?
argomento		
de + ablativo	*De frugibus dicendum est.* (Col.)	Bisogna parlare **delle messi**.
agente e causa efficiente		
a/ab + ablativo (agente)	*Noverca accusatur **a marito**.* (Quint.)	La matrigna è accusata **dal marito**.
ablativo semplice (causa efficiente)	*Ventorum **flatu** temperantur calores.* (Cic.)	Il caldo è temperato **dal soffio dei venti**.
funzione strumentale-sociativa		
mezzo		
ablativo semplice (animale o cosa)	*Cornibus tauri se tutantur.* (Cic.)	I tori si difendono **con le corna**.
abbondanza		
ablativo semplice	*Domitius naves **colonis pastoribusque** complet.* (Ces.)	Domizio riempie le navi **di coloni e di pastori**.
causa		
ablativo semplice (causa interna o psicologica)	*Animi **mollitiā** officia deserunt.* (Cic.)	Mancano ai loro doveri **per debolezza d'animo**.
prae + ablativo (causa impediente)	*Prae lacrimis scribere non possum.* (Cic.)	Non riesco a scrivere **per le lacrime**.

funzione strumentale-sociativa			
compagnia e unione			
cum + ablativo	*Cum toga praetexta venĕrat.* (Cic.)	Era venuto **con la toga pretesta**.	
modo			
cum + ablativo (con il solo sostantivo)	*Fabulas cum voluptate legimus.* (Cic.)	Leggiamo **con piacere** le leggende.	
ablativo semplice (sostantivo + aggettivo, talvolta con *cum* interposto)	*Verum summa cura studioque conquirĭmus.* (Cic.)	Cerchiamo la verità **con somma cura** e **passione**.	
	Maximinum Alexander miro cum gaudio suscepit. (Hist. Aug.)	Alessandro accolse Massimino **con grande gioia**.	
limitazione			
ablativo semplice	*Elegīa Graecos provocamus.* (Quint.)	**Nell'elegia** sfidiamo i Greci.	
qualità			
ablativo semplice (qualità fisiche e transitorie)	*Saurus est commoda statura.* (Plaut.)	Sauro è **di discreta statura**.	
prezzo			
ablativo semplice (stima non generica)	*Viginti talentis unam orationem Isocrates vendidit.* (Plin.)	Isocrate vendette una sola orazione **a venti talenti**.	
pena			
ablativo (pena determinata)	*Aristīdes exilio decem annorum multatus est.* (Nep.)	Aristide fu condannato **a un esilio** di dieci anni.	
misura			
ablativo semplice (con comparativi, verbi di eccellenza)	*Est sol multis partibus maior quam terra universa.* (Cic.)	Il Sole è (di) **molte volte** maggiore di tutta la Terra.	
funzione locativa (nello spazio e nel tempo)			
stato in luogo			
in o *sub* + ablativo	*in ripa, sub arbŏre*	sulla riva, sotto l'albero	
ablativo semplice (con nomi di città)	*Athēnis, Carthagine*	ad Atene, a Cartagine	
moto da luogo			
a/ab + ablativo (allontanamento)	*a stabŭlis*	dalle stalle	
e/ex + ablativo (uscita)	*e senatu*	dal senato	
de + ablativo (discesa)	*de caelo*	dal cielo	
ablativo semplice (con nomi di città)	*Delphis*	da Delfi	
moto per luogo			
ablativo semplice (passaggio obbligato)	*viā Sacrā*	per la via Sacra	
tempo determinato			
ablativo semplice (in generale, per indicare un intervallo di tempo)	*ludis circensibus*	durante i giochi circensi	
	quinto quoque anno	ogni quattro anni	
in + ablativo (età, circostanze speciali)	*in senectute*	nella vecchiaia	
	in pace	in tempo di pace	

14 **Completa** le seguenti frasi d'autore con le forme indicate fra parentesi, specificando il tipo di complemento e la funzione dell'ablativo, poi **traduci**.

1. .... ("piovve sangue") *senatui nuntiatum est, Atrātum etiam fluvium fluxisse sanguine, deorum sudasse simulacra.* (Cic.)

2. *Hoc itinere adeo Hannĭbal* .... ("si ammalò di una grave malattia") *oculorum, ut postea numquam dextro aeque bene usus sit.* (Nep.)

3. *Neque* .... ("dal cielo") *cecidisse animalia possunt, nec terrestria exisse* .... ("da stagni"). (Lucr.)

4. *Epaminondas et citharizare et cantare a Dionysio,* .... ("a suonare il flauto") *ab Olympiodōro doctus est.* (Nep.)

5. *Eporedōrix Haeduus,* .... ("da famiglia altolocata") *natus, summae domi potentiae, et unā Viridomărus,* .... ("di pari età e prestigio") *sed* .... ("di origine inferiore", usa *dispar, dispăris*) *a Caesare evocati sunt.* (Ces.)

6. .... ("portata a termine la guerra contro i Germani"; usa *Germanicus, -a, -um*), *multis de causis Caesar statuit sibi Rhenum esse transeundum.* (Ces.)

7. *Haec L. Philippum saepe in senatu confirmasse* .... ("ricordo a memoria"); *eum, qui regnum illud tenebat hoc tempore, neque genere neque animo regio esse videbam convenire.* (Cic.)

8. *Indicto concilio belli, qui Gallorum puberibus novissimus convĕnit, in conspectu multitudinis* .... ("sottoposto a ogni tipo di tortura") *necatur.* (Ces.)

9. *Antii cruentae spicae in corbes metentium ceciderunt, Romae Martis simulacrum* .... ("grondò sudore"). (Liv.)

10. *Cum eris in Capitolio* .... ("trasportato sul carro"), *offendes rem publicam perturbatam.* (Cic.)

15 **Traduci** il seguente brano d'autore.

I Germani alla guerra

I Germani alle spade preferiscono le framee, corte e maneggevoli. Né cavalieri né fanti hanno armatura o elmo, a eccezione di pochi: i cavalli non sono abituati a complicate manovre, ed è la fanteria a costituire la forza dell'esercito. Recuperare le salme dei caduti è un dovere, e chi abbandona lo scudo in battaglia è a tal punto disonorato da preferire il suicidio alla vita.

Rari gladiis aut maioribus lanceis utuntur: hastas vel ipsorum vocabulo ("secondo…") *frameas gerunt angusto et brevi ferro, sed ita acri et ad usum habĭli, ut eodem telo, ut ratio poscit, vel commĭnus vel emĭnus pugnent. Et eques quidem scuto frameaque contentus est, pedites et missilia spargunt, nudi aut sagŭlo leves. Nulla cultus est iactatio: scuta tantum lectissimis coloribus distinguunt. Paucis loricae, vix uni alterive cassis aut galea sunt. Equi non forma, non velocitate conspicui nec variare gyros in morem nostrum docentur: in rectum aut uno flexu dextros agunt, ita coniuncto orbe ut nemo posterior sit. In universum aestimanti* ("a chi considerasse in generale"), *plus robŏris est penes peditem; eoque mixti proeliantur, apta et congruente ad equestrem pugnam velocitate peditum, quos ex omni iuventute delectos ante aciem locant. Acies per cuneos componitur. Cedĕre loco, dummŏdo rursus instes, consilii quam formidinis arbitrantur. Corpora suorum etiam in dubiis proeliis refĕrunt. Scutum reliquisse praecipuum flagitium iudicatur, nec aut sacris adesse aut concilium inire ignominioso* ("a chi si sia coperto di infamia") *fas est, multique superstites bellorum infamiam laqueo finierunt.*

(da Tacito)

UN METODO PER TRADURRE
Tradurre la poesia

Tradurre qualsiasi testo poetico latino comporta sempre una difficoltà maggiore rispetto alla versione in prosa. La struttura metrica della lingua latina è costituita da piedi che prevedono un'**alternanza di sillabe lunghe e brevi**: ciò comporta una costruzione del periodo spesso artificiosa e complessa, perché l'*ordo verborum* è fortemente disiettico (da *disiectio, -onis*, "separazione/allontanamento"). Inoltre la poesia può presentare diverse **figure retoriche**, che, in qualche modo, devono essere individuate e "segnalate" nella versione italiana. Infine il **registro lessicale** è spesso alto e aulico, benché tale caratteristica dipenda dal genere e dallo stile dell'autore.

1. Come primo esempio, leggiamo la "morale" posta da Fedro a una delle sue *fabulae Aesopicae* (I, 9, 1-2):

   Sibi non cavēre et aliis consilium dare
   stultum esse paucis ostendemus versibus.

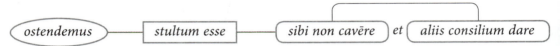

Il verbo reggente (*ostendemus*) è collocato alla fine del periodo, che si apre con la subordinata di 2° grado e la sua coordinata, seguite da quella di 1°.
Oltre alla complessità della struttura, in particolare se si pensa alla brevità della frase, si nota l'utilizzo di alcune **figure retoriche**, di norma frequentissime anche nella prosa:

- *paucis versibus* è un **ipèrbato**, figura molto ricorrente nella poesia: il verbo separa aggettivo e sostantivo concordati;
- *Sibi non cavēre... aliis consilium dare* è un **parallelismo**: in prima sede troviamo un dativo di vantaggio/termine (*Sibi – aliis*); *cavēre – dare* costituiscono una *variatio*, perché i verbi non si costruiscono allo stesso modo.

A **livello lessicale**, il passo non presenta particolari difficoltà. Bisogna tuttavia scegliere se tradurre in **prosa**, per esempio:

   "Dimostreremo in pochi versi che è sciocco non badare a sé e dar consigli agli altri"

oppure in "**versi liberi**", che ricalchino, in qualche misura, la struttura originale oppure sottolineino, per quanto possibile, la presenza delle figure retoriche dell'originale, magari utilizzandone altre. Sarà necessario, per questa seconda ipotesi, prendersi qualche libertà sintattica:

   "A sé non badare e ad altri dar consigli"   (si mantiene il parallelismo)

oppure

   "Non badare a sé e ad altri dar consigli   (il parallelismo è modificato in chiasmo)
   è da stolti, e in pochi versi lo dimostreremo". (costruzione da paratattica a ipotattica)

2. Osserviamo un altro esempio, dove, alla complessità della costruzione, si associano alcune difficoltà morfosintattiche. Nella prima strofa dell'ode I, 2 di Orazio la struttura metrica, la strofe saffica, è complessa e "sintetica", per la brevità dei singoli versi. L'ispirazione è tratta dallo scatenarsi della furia degli elementi:

   Iam satis terris nivis atque dirae   (enjambement)
   grandinis misit pater et rubente   (enjambement)
   dextera sacras iaculatus arcis
        terruit urbem

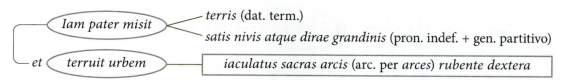

Il registro alto-aulico di Orazio è da subito evidente: pater indica per antonomasia il *pater deorum*, Giove, mentre la sua dextera (manus) è rubens, "rosseggiante", "incandescente", per l'uso del fulmine che la tradizione mitologica gli attribuisce: si tratta di una metonimia. Anche l'aggettivo dirus, "terribile", "funesto", riferito a *grando, -inis*, assume una connotazione epica (si pensi all'"ira funesta" dell'*Iliade*). La scelta di arcis in luogo del più usuale *arces* è un arcaismo, difficile da rendere nella traduzione:
Possiamo allora così tradurre in prosa e in "versi liberi":

> "Il padre Giove ha già riversato sulle terre troppa neve e grandine funesta e ha terrorizzato Roma colpendo i sacri altari con il fulmine infuocato".

> "Già ha riversato sul mondo troppa neve e grandine   (*enjambement*)
> funesta il padre Giove e con la destra rossa   (*enjambement*)
> di folgore le sacre are ha colpito, terrorizzando Roma".

16 Ti proponiamo alcuni versi del passo virgiliano in cui Enea descrive alla regina Didone il terribile sogno in cui il defunto Ettore lo esorta a fuggire da Troia (Virgilio, Eneide II, 268-273). **Analizza**, **completa** le note, quindi **traduci**, prima in prosa, poi in "versi liberi".

Tempus erat quo prima quies mortalibus aegris
incipit et dono divum (= deorum) gratissima serpit.
In somnis, ecce, ante oculos maestissimus Hector
visus adesse mihi largosque effundĕre fletus,
raptatus bigis ut quondam, aterque cruento
pulvere perque pedes traiectus lora tumentis (= tumentes).

1. *Tempus erat quo* .... *incipit mortalibus aegris et serpit* ....
                                  (sogg. + attr.)   (compl. predic.)
2. *dono divum*: di quale complemento si tratta? Quale figura retorica costituisce?
3. .... *mihi visus (est) maestissimus* .... *ante oculos et* ....
     (sogg.)   (pred. verb.)   (pred. verb.)
largos fletus.
4. *raptatus*: da quale verbo deriva? Come si può tradurre il suo valore in modo drammatico?
5. *cruento pulvere*: di quale complemento si tratta? Perché è particolarmente espressivo l'accostamento all'aggettivo *ater*?
6. *lora*: qual è il suo valore logico?

17 **Analizza** e **traduci**, prima in prosa e poi in versi liberi, il seguente passo di Fedro, dove sono stati evidenziati alcuni iperbati.

Ad rivum eundem lupus et agnus venerant, / siti compulsi; superior stabat lupus / longeque inferior agnus. Tunc fauce improba / latro incitatus iurgii causam intulit. / «Cur – inquit – turbulentam fecisti mihi / aquam bibenti?». Laniger contra timens: / «Qui (= quomodo) possum, quaeso, facĕre, quod querĕris, lupe? / A te decurrit ad meos haustus liquor». / Repulsus ille veritatis viribus: / «Ante hos sex menses male – ait – dixisti mihi». / Respondit agnus: «Equidem natus non eram». / «Pater hercle tuus – ille inquit – male dixit mihi». / Atque ita correptum lacĕrat iniusta nece. / Haec propter illos scripta est homines fabula, / qui fictis causis innocentes opprimunt.

VERIFICA DELLE COMPETENZE

COMPETENZE LINGUISTICHE

18 Indica se le seguenti affermazioni sono vere V o false F.

1. L'ablativo del secondo termine di paragone è parte della funzione propria dell'ablativo. V F
2. Il complemento di qualità è espresso indifferentemente con genitivo o ablativo semplice. V F
3. Tra le funzioni strumentali dell'ablativo c'è il complemento di causa. V F
4. Il complemento di privazione fa parte delle funzioni dell'ablativo sociativo-strumentale. V F
5. La costruzione di *opus est* non richiede sempre l'ablativo della cosa. V F
6. La costruzione di *opus est* è sempre personale se la cosa è espressa con pronome. V F
7. *Dignus* e *indignus* sono costruiti con il genitivo o l'ablativo. V F
8. *Dignus* e *indignus* sono determinati da una completiva con *ut* + congiuntivo. V F

L'esercizio insegna a:
- saper distinguere le caratteristiche delle funzioni logiche dell'ablativo

19 Nelle seguenti frasi d'autore distingui i diversi complementi in ablativo introdotti dalle preposizioni *a/ab*, *e/ex*, *de*, *cum*; poi traduci.

1. *Septimo die Caesar, cum iter non intermitteret, ab exploratoribus certior factus est Ariovisti copias a nostris milia passuum quattuor et viginti abesse.* (Ces.) • 2. *Dicemus primum de Epaminondae genere, deinde quibus disciplinis et a quibus sit eruditus, tum de moribus ingeniique facultatibus et si qua alia memoria digna erunt.* (Nep.) • 3. *Ignominiam iudicat gladiator cum inferiore compōni et scit eum sine gloria vinci qui sine periculo vincĭtur.* (Sen.) • 4. *Pompeius ab inimicis Caesaris incitatus totum se ab eius amicitia averterat et cum communibus inimicis in gratiam redierat.* (Ces.) • 5. *Patefacta repente porta frequentes oppidani ex oppido sese eiecerunt, scuta prae se tenentes ne tela procul conicerentur.* (Liv.) • 6. *Balarorum magna auxilia Iliensibus venerant; cum utraque gente signis conlatis conflixit Maenius praetor.* (Liv.) • 7. *Nec deus ipse alio modo intellĕgi potest, nisi mens ("intelligenza") solūta quaedam et libera, segregata ab omni concretione mortali, omnia sentiens et movens ipsaque praedĭta motu sempiterno.* (Cic.) • 8. *Eriphўlam accepimus in fabulis ea cupiditate, cum vidisset monīle ex auro et gemmis, pulchritudine eius incensam, ut salutem ("salvezza") viri proderet.* (Cic.)

L'esercizio insegna a:
- saper distinguere i diversi complementi in ablativo introdotti dalla stessa preposizione

20 Traduci le seguenti frasi d'autore specificando le funzioni dell'ablativo e i relativi complementi.

1. *Legi tuas litteras, ex quibus intellexi te Caesari nostro valde iure consultum vidēri.* (Cic.) • 2. *Persae citato gradu recedebant, nec quicquam fugae deerat, nisi quod nondum terga verterant.* (Curz.) • 3. *L. Torquatus, qui iussu Pompei oppido praeerat praesidiumque ibi habebat, desperatis omnibus auxiliis portas aperuit.* (Ces.) • 4. *Ut tranquillitas animi et securĭtas adsit, vacandum autem omni est animi perturbatione, cupiditate, metu, aegritudine et voluptate.* (Cic.) • 5. *Ad mortem te, Catilina, duci iussu consulis iam pridem oportebat.* (Cic.) • 6. *Q. Metellum ego civem meo iudicio cum deorum immortalium laude coniungo; qui C. illi Mario, fortissimo viro et consuli, et eius invictis legionibus, ne armis confligeret, cedendum esse duxit.* (Cic.)

L'esercizio insegna a:
- saper distinguere le varie funzioni dell'ablativo e i relativi complementi

21 Traduci le seguenti frasi d'autore che contengono le costruzioni di *dignus* e di *opus est*.

1. *Athenienses Persĭco tumultu permoti auxilium a Lacedaemoniis petiverunt Phidippumque cursorem Lacedaemŏnem miserunt, ut nuntiaret quam celĕri opus esset auxilio.* (Nep.) • **2.** *Lento adiutorio opus est contra mala continua et fecunda, non ut desinant, sed ne vincant.* (Sen.) • **3.** *Non potest qui dignus habetur patronus consularium vivorum indignus consulatu putari.* (Cic.) • **4.** *Sempronius consul in Lucanis multa proelia parva, haud ullum dignum memoratu fecit et ignobilia oppida Lucanorum aliquot expugnavit.* (Liv.) • **5.** *Fiebat ut nonnumquam et multitudinis et suo iudicio dignus, qui rem publicam gereret, videretur qui nihil sibi praeter eloquentiam comparasset.* (Cic.) • **6.** *Laelius, cum ei quidam malo genere natus diceret indignum esse suis maioribus, «At hercule – inquit – tu tuis dignus».* (Cic.)

L'esercizio insegna a:
- saper tradurre le costruzioni di *dignus* e di *opus est*

22 Traduci in latino le seguenti frasi utilizzando le costruzioni e i complementi in ablativo.

1. Abbiamo bisogno che le truppe ausiliarie arrivino subito per rompere l'assedio nemico. • **2.** È possibile ricavare dalla storia romana esempi degni di essere ricordati. • **3.** Ti ho confessato con grande sincerità che, quanto a saggezza, nessuno può superare i tuoi consigli. • **4.** Alessandro considerò le donne barbare degne di sposare i suoi soldati, ed egli stesso sposò Rossane, nata da stirpe regale.

L'esercizio insegna a:
- saper tradurre dall'italiano utilizzando le costruzioni logiche e la fraseologia dell'ablativo

COMPETENZE LESSICALI

23 Nelle seguenti espressioni latine divenute proverbiali in italiano riconosci le funzioni logiche, poi traducile e cerca di spiegarne il significato.

espressione	funzione logica	traduzione
more solito		
pro tempore		
obtorto collo		
in vino veritas		
ictu oculi		
ope legis		

L'esercizio insegna a:
- saper riconoscere le espressioni idiomatiche latine e renderle correttamente in italiano

24 Traduci correttamente le seguenti locuzioni con l'aiuto del dizionario.

operae pretium esse • *magni operis esse* • *pro opibus* • *opus castrorum* • *opus sectĭle* • *opera omnia* • *operam perdĕre* • *operam emĕre* • *sine ope divina*

L'esercizio insegna a:
- saper rendere opportunamente *ops*, *opus* e *opera*

COMPETENZE DI TRADUZIONE

VERSIONE GUIDATA

25 Traduci il brano d'autore e svolgi le attività che seguono.

Un senatore prende la parola su un caso di omicidio (I)

Un servo ha ucciso Pedanio Secondo, forse per una questione di accordi di riscatto violati, forse per rivalità in amore. Una legge ancora in vigore prevede che siano condannati a morte tutti gli schiavi della *familia*, ma la plebe quasi si rivolta. Nel senato i pareri sono discordi: prende allora la parola Gaio Cassio.

Haud multo post Pompei Aeliani damnationem, praefectum urbis Pedanium Secundum servus ipsius interfecit, seu quia negata est libertas pretio quod pepigerat sive quia, amore incensus, dominum aemŭlum non toleraverat. Ceterum, cum vetĕre ex more familiam omnem quae sub eodem tecto mansitaverat ad supplicium agi oporteret, concursu plebis, quae tot innoxios protegebat usque ad seditionem, ventum est et senatus paene est obsessus. In quo ipso erant multi studio nimiam severitatem aspernantes, plures autem nihil esse mutandum rati. Ex quibus C. Cassius sententiae loco in hunc modum disseruit: «Saepenumĕro, patres conscripti, in hoc ordine interfui, cum nova senatus decreta[1] *postularentur contra instituta et leges maiorum; neque sum adversatus, non quia dubitarem super omnibus negotiis melius atque rectius olim esse provisum et ea quae convertuntur in deterius mutari, sed ne viderer nimio amore antiqui moris studium meum extollĕre».*

(da Tacito)

1. *nova senatus decreta*: Tacito allude a un *senatus consultus* del 57 d.C., secondo il quale «se un padrone fosse stato ucciso dai suoi schiavi anche coloro che in seguito al testamento avrebbero dovuto acquistare la libertà, dovevano, se fossero rimasti sotto lo stesso tetto, scontare la condanna a morte insieme con tutti gli altri» (*Annales* XIII, 32, 1).

LABORATORIO

Morfologia

1 Analizza la forma verbale *pepigerat* e indica di che tipo di perfetto si tratta.

2 Da quale verbo deriva il participio *rati*? Con quale particolarità traduttiva?

3 Analizza la forma verbale *ventum est* e confrontala con *esse provisum*: rispondono alla stessa esigenza grammaticale?

Sintassi

4 Analizza i seguenti complementi espressi con l'ablativo:

pretio ....
vetĕre ex more ....
concursu ....
Ex quibus ....
loco ....
nimio amore ....

5 Individua i casi di nesso relativo e indicane la resa più opportuna.

6 Analizza le due subordinate *cum... oporteret... quae... mansitaverat*, specificandone la tipologia e il grado.

7 Che tipo di subordinate sono introdotte da *non quia... sed ne*?

Lessico

8 *supplicium*: da dove deriva etimologicamente la parola? A quale sfera semantica appartiene?

9 *mansitaverat*: che rapporto intercorre tra i verbi *maneo* e *mansĭto*?

10 Che differenza esiste, dal punto di vista del significato, fra il verbo *oportet* e la locuzione *necesse est*?

11 *concursu*: qual è il significato di *concursus*? E quale quello acquisito dal suo derivato italiano?

VERSIONE D'AUTORE

26 Traduci il seguente brano.

Laboratorio
Applica il metodo svolgendo l'analisi sintattica della versione, quindi scrivi la traduzione.

Un senatore prende la parola su un caso di omicidio (II)

Gaio Cassio chiede che, secondo l'antica legge, siano giustiziati tutti i servi di Pedanio Secondo: non è possibile che un delitto del genere sia stato perpetrato senza che nessun altro degli schiavi ne sapesse nulla o che non sia stato preceduto da qualche avvisaglia.

«*Eodem tempore, quidquid hoc in nobis auctoritatis est, crebris contradictionibus non destruendum esse existimabam, ut maneret integrum, si quando ("se mai") res publica consiliis eguisset. Quod hodie vēnit: consularis vir domi suae interfectus est per insidias serviles, quas nemo familiae eius prohibuit aut prodidit. Creditisne servum interficiendi domini animum sumpsisse ut non una vox minax excidĕret ("gli sfuggisse"), nihil per temeritatem proloqueretur? Num potĕrat (= potuisset) excubias transīre, cubicŭli fores reclūdere, lumen inferre, caedem patrare omnibus nesciis? Suspecta maioribus nostris fuerunt ingenia ("le indoli") servorum, etiam cum in agris aut domibus iisdem nascerentur caritatemque dominorum statim acciperent. Postquam vero nationes in familiis habemus, quibus diversi ritus, externa sacra aut nulla sunt, conluvies ista non nisi metu coërcēri potest. At quidam insontes peribunt. Habet aliquid ex iniquo omne magnum exemplum: contra singulos utilitate publica rependitur.*»

(da Tacito)

CULTURA

27 Traduci il seguente brano d'autore.

Dolore di Plinio davanti al destino dei suoi schiavi

Per Plinio è un autentico dolore se gli schiavi si ammalano o muoiono: egli trova tuttavia consolante concedere loro la libertà o consentire la compilazione di testamenti privati. Per altri, che a torto si vantano di essere sapienti, la morte di uno schiavo è solo un danno economico o un dolore da nulla.

Confecerunt me infirmitates servorum meorum, mortes etiam, et quidem iuvenum. Solacia duo, nequaquam paria tanto dolori, solacia tamen supersunt: unum est facilitas manumittendi – videor enim non omnīno immaturos perdidisse, quos iam liberos perdĭdi – alterum, quod permitto servis quoque quaedam testamenta facĕre, eaque ut legitima custodio. Mandant, rogantque quod visum est; pareo ut iussus. Divĭdunt, donant, relinquunt, dum intra domum; nam servis domus est res publica quaedam et quasi civitas. Sed quamquam his solaciis adquiescam, debilĭtor et frangor eadem illa humanitate, quae me induxit ut hoc ipsum permitterem. Non ideo tamen velim durior fieri. Nec ignoro alios eius modi casus nihil amplius vocare quam damnum, eoque sibi magnos homines et sapientes vidēri. Qui an magni sapientesque sint, nescio; homines non sunt. Hominis est enim adfĭci dolore, sentire, resistĕre tamen et solacia admittĕre, non solaciis non egēre.

(da Plinio il Giovane)

Conoscere la cultura

Liberi, liberti e schiavi

Un mondo di "schiavi" Calcolare a quanto ammontasse la popolazione schiavile a Roma è particolarmente complesso, per la mancanza di chiari indicatori storiografici. La loro presenza era certo rilevante già all'epoca della terza guerra servile, più conosciuta come la "rivolta di Spartaco" (73-71 a.C., vedi Unità 44, p. 331), ma la notizia che un solo proprietario, durante la dinastia dei Flavi, arrivasse a possedere da solo 4116 schiavi (Plinio il Vecchio, *Naturalis Historia* XXXIII, 135) fa capire come le ipotesi di P.A. Brunt, secondo cui, durante l'impero di Augusto, in Italia ci fossero 3.000.000 di schiavi su un totale di 7.500.000 di abitanti, non siano infondate.

Approvvigionamento costante di schiavi era offerto dalle guerre (ben 97.000 Ebrei ribelli furono deportati a Roma come schiavi solo a conclusione della guerra giudaica del 66-70 d.C.), la prolificità dei matrimoni tra schiavi (i figli nati da queste unioni non legali, ma legalizzate nella *domus*, erano chiamati *vernae, -arum*), ma anche la prassi diffusa della volontaria "riduzione in schiavitù" di molti cittadini liberi, troppo poveri per sopravvivere o per mantenere la prole, che spesso veniva venduta.

Senza legge né dignità In origine, al *dominus* spettava sullo schiavo il diritto di vita e di morte assoluto (*ius vitae necisque*), così come sugli altri componenti della *domus*

Schiavi al lavoro in una cava di marmo, rilievo di età imperiale, Ostia Antica, Museo Ostiense.

che non avessero pieni diritti, prole e consorte compresi. Gli schiavi non avevano diritti né personali né legali né sostanzialmente patrimoniali: il fatto che spesso, per schiavi di qualsiasi età, il latino usasse la parola *puer* "ragazzo" indica come a loro non fosse riconosciuta nemmeno la capacità di decidere per sé. E non bisogna farsi troppe illusioni sui casi di buoni rapporti, a volte di amicizia o di affetto tra *dominus* e *servus* ricordati da Plinio il Giovane o da Cicerone. Se, come dice provocatoriamente Seneca, gli schiavi si fossero potuti riconoscere tra di loro per un particolare tipo di abbigliamento e avessero preso vera coscienza del loro numero, sarebbero stati davvero un pericolo per i "liberi" (*De clementia* I, 24, 1).

Da schiavi a liberti a liberi (e viceversa) Mentre i Greci consideravano "naturale" la condizione servile, poiché gli schiavi, spesso stranieri, erano considerati "spiritualmente" non idonei alla libertà del cittadino (e dunque, chi era schiavo lo era per sempre), a Roma la situazione, nei fatti ugualmente dura, era socialmente. Poiché la *servĭtus* era spesso determinata dagli eventi, lo schiavo poteva "comprare se stesso" con il *peculium*, il gruzzolo che i più abili o fortunati riuscivano a mettere da parte: secondo alcune testimonianze, ciò non poteva avvenire prima che lo schiavo avesse generato alla *domus* almeno tre figli a titolo di risarcimento. L'altra strada per riacquistare la libertà era la *manumissio*, letteralmente "uscita dalla mano", gesto con il quale il *dominus*, a titolo gratuito, restituiva la libertà a un suo *servus* (una legge voluta da Augusto non consentiva il riscatto prima dei trent'anni per entrambi). Il *libertus*, il non-più-schiavo, pur non godendo di diritti politici, acquistava diritti patrimoniali e personali: suo figlio non sarebbe stato più né schiavo né liberto, ma libero.
La distinzione fra *ingenui*, *liberti* e *servi* era meno netta, soprattutto tra le masse urbane, di quanto possa apparire: Tacito dice esplicitamente che in epoca giulio-claudia numerosi *equites* e senatori discendevano da persone non libere (*Annales* XIII, 27). Qualche libero poteva invece compiere il percorso inverso: un *civis* poteva diventare schiavo se condannato per un grave reato penale o per debiti oppure se esercitava una professione considerata infamante, come il gladiatore o l'attore.

Comprendere

1 Quale poteva essere, nella Roma augustea, il numero degli schiavi? Quali fattori ne rendono difficile un calcolo esatto?

2 Come si poteva perdere o acquistare la libertà? E che cos'era il *peculium*?

3 Quali diritti acquisiva il *libertus*? Quali poteva trasmettere al proprio figlio?

Approfondire

4 Varrone definisce lo schiavo *instrumentum vocale*, ovvero "cosa dotata di parola", e dunque differente, per esempio, dai buoi e dagli aratri (*De re rustica* I, 17). Tuttavia agli schiavi potevano anche toccare, soprattutto in città, mansioni di particolare importanza. Quali? Svolgi una ricerca con l'aiuto di internet e dei tuoi libri di testo.

5 Fra i numerosi reperti che testimoniano la durezza della vita di uno schiavo i più impressionanti sono i collari di riconoscimento, da cui pendeva una bulla con iscrizioni simili a questa: *Petronia. Tene me quia fugi bis et revoca me ad domum Athenodŏti ad dominum meum Vitalionem* (*CIL* XV, 5694). Prova a tradurre questa iscrizione.

LABORATORIO di cultura

5

Corsa di carri, mosaico del III secolo d.C., Madrid, Museo Archeologico Nazionale.

Tempo libero a Roma

Competenze coinvolte
- saper analizzare il periodo
- saper individuare i connettivi sintattici
- saper riconoscere la funzione delle subordinate
- saper memorizzare il lessico tematico

METODO DI TRADUZIONE

1 Analizza la struttura sintattica della versione evidenziando i verbi e i connettivi secondo l'esempio, quindi traduci.
Individua nell'ordine:
- verbi principali
- verbi secondari
- connettivi coordinanti
- connettivi subordinanti

Dove annoiarsi? Alle corse del circo

Non tutti a Roma sono stregati dalle corse degli aurighi, ed è una fortuna: Plinio il Giovane spiega come abbia potuto così passare giorni tranquilli perché l'attenzione di tutti era volta ai *ludi circenses*. Magari si apprezzassero la velocità dei cavalli o l'abilità dei cavalieri: quel che conta è la vittoria della propria squadra del cuore, di cui si conosce solo il colore della divisa.

C. PLINIUS CALVISIO SUO S.[1]

Omne hoc tempus inter pugillares ac libellos iucundissima quiete transmisi. «Quemadmŏdum – inquis – in urbe potuisti?» Circenses erant, quo genere spectaculi ne levissime quidem teneor. Nihil novum, nihil varium, nihil quod non semel spectasse sufficiat. Quo magis miror tot milia virorum tam puerilĭter identĭdem cupĕre currentes equos, insistentes curribus homines vidēre.

1. *S.*: = *salutem* (*dicit* + dat.) "saluta".

Si tamen aut velocitate equorum aut hominum arte traherentur, esset ratio nonnulla; nunc favent panno, pannum amant, et si in ipso cursu medioque certamine hic color illuc ille huc transferatur, studium favorque transibit, et repente agitatores illos equos illos, quos procul noscĭtant, quorum clamĭtant nomina relinquent. Tanta gratia, tanta auctoritas in una vilissima tunica: eam mitto ("la ammetto") apud vulgus, quod vilius tunica, sed ("ma non") apud quosdam graves homines; quos ego cum recordor, in re inani, frigida, adsidua, tam insatiabilĭter desidĕre, capio aliquam voluptatem, quod hac voluptate non capior. Ac per hos dies libentissime otium meum in litteris collŏco, quos alii otiosissimis occupationibus perdunt. Vale.

(Plinio il Giovane)

testo	analisi della forma verbale	analisi sintattica
Si... traherentur	congiuntivo imperfetto pass. 3ª pers. plur.	subordinata condizionale (protasi)
esset	congiuntivo imperfetto 3ª pers. sing.	principale (apodosi)
favent	indicativo presente att. 3ª pers. plur.	principale
amant	indicativo presente att. 3ª pers. plur.	coordinata alla principale
si... transferatur	congiuntivo presente pass. 3ª pers. sing.	subordinata condizionale (protasi)
et... transibit	indicativo futuro att. 3ª pers. sing.	principale (apodosi)
et... relinquent	indicativo futuro att. 3ª pers. plur.	coordinata alla principale (apodosi)
quos... noscĭtant	indicativo presente att. 3ª pers. plur.	subordinata relativa
quorum... clamĭtant	indicativo presente att. 3ª pers. plur.	subordinata relativa

ANALISI SINTATTICA

2 Analizza la struttura sintattica della versione, costruendo lo schema ad albero secondo l'esempio, quindi traduci.

Il fanatismo di Caligola per gli spettacoli e la squadra dei "verdi"

L'instabile equilibrio psichico di Caligola era particolarmente sollecitato dagli artisti, dai gladiatori, dagli aurighi e... dai cavalli. Mentre recitava il pantomimo Mnèstere non ammetteva di essere disturbato, e la sua passione per la squadra dei "Verdi" non aveva limiti.

Quorum vero studio teneretur (= tenebatur), omnibus ad insaniam favit. Mnestĕrem pantomīmum etiam inter spectacula osculabatur, ac, si quis, saltante eo, vel levĭter obstreperet, eum detrăhi sede iubebat et manu sua flagellabat. Eodem modo equiti Romano per centurionem denuntiavit ("notificò") ut abiret sine mora Ostiam perferretque ad Ptolemaeum regem in Mauretaniam codicillos suos, qui re vera dicebant: «Ei quem istuc misi, neque boni quicquam neque mali fecĕris». Thraeces quosdam gladiatores Germanis corporis custodibus praeposuit, Mirmillonum armaturas recĭdit ("ridusse"). Prasĭnae[1] *factioni ita addictus et dedĭtus erat, ut cenaret in stabŭlo assidue et maneret, agitatori Eutycho comisatione quadam in apophorētis vicies sestertium contulit. Equo eius, nomine Incitato, cuius causā pridie circenses, ne inquietaretur, viciniae silentium per milites indicĕre solebat, praeter equīle marmoreum et praesaepe eburneum domum quoque et familiam et supellectĭlem dedit, quo lautius nomine eius ("a nome del cavallo") invitati accipĕrentur; consulatum quoque traditur destinasse.*

(da Svetonio)

1. *Prasĭnae*: *prasĭnus*, "verde", era uno dei colori delle due più antiche *factiones*, le "squadre", di aurighi. Ai più antichi avversari, gli "Azzurri" (*Venēti*) Domiziano volle aggiungere i "Dorati" (*Aurati*) e i "Rossi" (*Purpurei*).

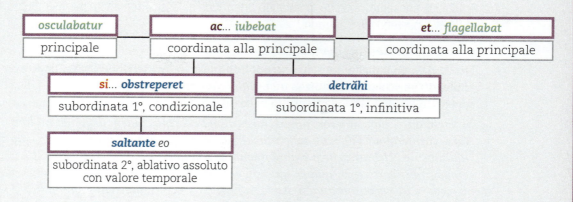

LESSICO TEMATICO

3 Traduci la seguente versione, prestando attenzione al lessico tematico: per memorizzarlo, completa la tabella inserendo le traduzioni.

La vita tranquilla di Spurinna

Da giovani è lecito cercare il divertimento e la confusione, ma a una certa età è meglio dedicarsi a una vita più sobria, purché non sia inattiva. Spurinna, che ha più di settantasette anni, passeggia, si dedica alla lettura, compone versi, fa ginnastica e bagni, riceve gli amici, si modera a tavola e vive una vita semplice.

Nescio an ullum iucundius tempus exegěrim, quam quo nuper apud Spurinnam fui, adeo ut neminem magis in senectute aemulari velim. Iuvenes confusa adhuc quaedam et quasi turbata non inděcent, senibus placida omnia et ordinata conveniunt, quibus industria sera turpis ambitio est. Hanc regulam Spurinna constantissime servat. Mane lectulo continetur, hora secunda calceos poscit, ambŭlat milia passuum tria nec minus animum quam corpus exercet. Si adsunt amici, honestissimi sermones explicantur; si non, liber legitur, interdum etiam praesentibus amicis, si tamen illi non gravantur. Deinde consīdit, et liber rursus aut sermo libro potior; mox, peractis vehiculo septem milibus passuum, iterum ambŭlat mille, iterum resīdit vel se cubiculo ac stilo reddit. Scribit enim et Latina et Graeca lingua lyrica doctissima. Ubi hora balinei nuntiata est (est autem hieme nona, aestate octava), in sole, si caret vento, ambŭlat. Deinde ludit pilā vehementer et diu; nam hoc quoque exercitationis genere pugnat cum senectute. Lotus accŭbat et paulisper cibum differt; interim audit legentem remissius aliquid et dulcius. Adponitur cena non minus nitĭda quam frugi, in argento puro et antiquo; sunt in usu et Corinthia, quibus delectatur nec adficitur. Inde illi post septimum et septuagensimum annum aurium oculorum vigor integer, inde agile et vividum corpus solaque ex senectute prudentia.

(da Plinio il Giovane)

parole		fraseologie	
ambulare		*tempus iucunde exigĕre*	
vehiculum		*corpus exercēre*	
bal(i)neum		*sermonem explicare*	
exercitatio		*librum legĕre*	
		lyrica (carmina) scribĕre	
		pilā ludĕre	

LESSICO TEMATICO

4 Traduci la seguente versione, prestando attenzione al lessico tematico: per memorizzarlo, completa la tabella inserendo le traduzioni.

Crolla un anfiteatro: la strage è terribile

Nel 27 d.C. un appaltatore senza scrupoli fu causa di una terribile strage: dopo aver allestito un anfiteatro pericolante, organizzò un *munus gladiatorium* di grande richiamo. Lo spettacolo era appena iniziato, quando la struttura collassò, travolgendo circa 50.000 persone.

M. Licinio L. Calpurnio consulibus, ingentium bellorum cladem aequavit malum improvisum. Nam, coepto apud Fidēnam amphitheatro, Atilius quidam libertini generis, quo spectacŭlum gladiatorum celebraret, neque fundamenta per solidum subdĭdit neque firmis nexibus ligneam compāgem superstruxit, quippe qui non abundantia pecuniae nec ambitione, sed in sordĭdam mercedem id negotium quaesivisset. Adfluxēre avidi talium, virile ac muliebre secus, omnis aetas, ob propinquitatem loci effusius; unde gravior pestis fuit. Molis ("la struttura") *conferta ruit intus aut in exteriora effunditur immensamque vim mortalium, spectaculo intentos aut eos qui circum adstabant, praeceps trahit atque operit. Et illi quidem, quos principium stragis morte affecit, cruciatum effugēre: miserandi magis fuerunt ii quos, abrupta parte corporis, nondum vita deseruerat; qui per diem visu, per noctem ululatibus et gemitu coniuges aut liberos noscebant. Quinquaginta hominum milia eo casu debilitata vel obtrita sunt; cautumque est in postĕrum senatus consulto ne quis gladiatorium munus edĕret cui minor quadringentorum milium res* ("patrimonio") *esset neve amphitheatrum imponeretur nisi solo firmitatis spectatae.* (da Tacito)

parole	
amphitheatrum	
spectacŭlum	
gladiator	
circus	
gladiatorium munus	

TRADUZIONE

5 Traduci la seguente versione, applicando il metodo messo a punto nei brani 1 e 2.

Augusto e gli spettacoli

Augusto fu molto munifico nell'organizzare spettacoli, e ne sembrava ingenuamente attratto: quando era presente, cercava di non sbrigare altre faccende, per evitare le critiche un tempo rivolte a Cesare, che, durante lo spettacolo, badava a lettere e ai vari incartamenti.

Ipse circenses ex amicorum libertorumque cenacŭlis spectabat, interdum ex pulvināri et quidem cum coniuge ac liberis sedens. Spectaculo plurimas horas, aliquando totos dies, abĕrat, petita venia commendatisque qui suam vicem praesidendo fungerentur. Verum, quotiens adesset, nihil praeterea agebat, seu vitandi rumoris causā, quo commemorabat patrem suum Caesarem vulgo reprehensum esse, quod inter spectandum epistulis libellisque legendis aut rescribendis vacaret, seu studio spectandi ac voluptate, qua tenēri saepe ingenue professus est. Corollaria et praemia in alienis quoque muneribus ac ludis et crebra et grandia de suo offerebat. Spectavit autem studiosissime pugiles et oppidanos catervarios inter angustias vicorum pugnantes temĕre ("alla cieca") *ac sine arte. Universum denique genus* ("ogni categoria") *praebentium publico spectaculo operas aliquas etiam cura sua dignatus est: athletis et conservavit privilegia et ampliavit, gladiatores sine missione edi prohibuit, coërcitionem in histriones adĕmit magistratibus omni tempore et loco lege vetĕre permissam, praeterquam* ("tranne che") *ludis et scaena.* (da Svetonio)

SEZIONE 6

- **unità 40** Il modo indicativo: valori e usi ▪ L'infinito indipendente
- **unità 41** L'imperativo ▪ I congiuntivi indipendenti della volontà
- **unità 42** I congiuntivi indipendenti dell'eventualità
- **unità 43** Il congiuntivo nelle proposizioni subordinate

RIPASSO E RECUPERO
LABORATORIO DELLE COMPETENZE I valori del congiuntivo

- **unità 44** Le proposizioni condizionali, concessive, comparative e avversative
- **unità 45** Il periodo ipotetico dipendente ▪ Il discorso indiretto

RIPASSO E RECUPERO
LABORATORIO DELLE COMPETENZE L'analisi del periodo complesso

- **unità 46** Riepilogo delle proposizioni subordinate

LABORATORIO DI CULTURA GEOGRAFIA Itinerari di viaggio e curiosità esotiche

unità 40
Il modo indicativo: valori e usi
L'infinito indipendente

Lezione
Studia la *consecutio* dell'**indicativo** e gli **usi** dell'**infinito** ed **esercitati** a memorizzarli; quindi **verifica** le tue conoscenze.

LINGUA
Sintassi
I valori del predicato
Le proposizioni indipendenti
Particolarità nella concordanza del predicato
L'infinito nelle proposizioni indipendenti

LESSICO
Parole da scoprire
È possibile, lecito, permesso

TRADUZIONE
I segreti della traduzione
Lo stile epistolare
Indicativo latino e condizionale italiano
Conoscere la cultura
Lettere e corrispondenza nel mondo antico (I)

SINTASSI

I valori del predicato: tempo e aspetto dell'azione

 I concetti di tempo e di aspetto di un'azione sono fondamentali:
- il **tempo** indica **quando un'azione si è svolta**, nel presente, passato o futuro;
- l'**aspetto**, invece, indica una **qualità dell'azione**, ovvero la maniera in cui si può concepire lo sviluppo dell'azione verbale, che può essere puntuale (o momentanea), durativa o compiuta.

In italiano il concetto di **tempo** è prevalso via via su quello dell'aspetto, fondamentale invece in latino. Quanto alla nozione di **aspetto**, le tre determinazioni (puntuale, durativa, compiuta) si possono immaginare rispettivamente come un punto, una linea e un cerchio.
Esaminiamo le seguenti frasi e distinguiamo tempo e aspetto:

	tempo	aspetto
L'impero romano **cadde** nel 476 d.C.	passato (remoto)	puntuale
Vado (sto andando) a casa.	presente	durativo
Ieri **ho studiato** tutto il giorno.	passato (prossimo)	compiuto
L'anno scorso **andavo** in piscina due volte la settimana.	passato (remoto)	durativo

Possiamo, allora, elaborare il seguente schema:

aspetto	tempo		
	passato	presente	futuro
azione puntuale	passato remoto *dissi*	presente *dico*	futuro (semplice) *dirò*
azione durativa	imperfetto *dicevo*	presente *dico*	futuro (semplice) *dirò*
azione compiuta	trapassato prossimo *avevo detto*	passato prossimo *ho detto*	futuro (anteriore) *avrò detto*

Il passato prossimo ha valore temporale di presente quando esprime un'azione passata che ha conseguenze sul presente (cosiddetto perfetto logico). Vedi la sezione *In latino*.

Nella coniugazione del verbo latino si distingue fra tema del presente, *infectum*, e tema del perfetto, *perfectum*. Tale distinzione non si basa su una differenza di tempo, bensì di **aspetto**: l'*infectum* indica l'azione nel suo divenire e nella sua durata (aspetto **imperfettivo**), il *perfectum* l'azione perfetta, ovvero compiuta, finita (aspetto **perfettivo** o **puntuale**). All'interno delle due categorie si collocano i tempi verbali, nel modo che segue:

	infectum	*perfectum*
passato	*dicebam*	*dixeram, dixi*
presente	*dico*	*dixi* (quando è perfetto logico)
futuro	*dicam*	*dixero*

I tempi dell'*infectum* si formano dal **tema del presente**, i tempi del *perfectum* dal **tema del perfetto** per le forme attive, dal participio perfetto in unione alle voci del verbo *sum* per le forme passive e deponenti. Per cogliere l'aspetto imperfettivo dell'*infectum* e quello perfettivo del *perfectum* osserva i seguenti esempi.

Ille M. Cato cellam penariam rei publicae Siciliam **nominabat** (Cic.)   Il famoso Marco Catone **chiamava** (= "era solito chiamare") la Sicilia granaio dello stato.

Unde istunc **nanctus es?** (Sen.)   Dove l'**hai preso**?

All'aspetto compiuto del *perfectum* si aggiunge il fatto che lo stato raggiunto permane nel presente.

Ricorda che...

- L'opposizione *infectum/perfectum* è così marcata che a volte gli aspetti sono espressi da radici diverse, come nel caso di *fero* e *tuli*.
- In alcuni casi il **latino** usa il **perfetto** per indicare l'aspetto compiuto di un'azione, laddove l'**italiano** preferisce utilizzare l'**imperfetto** per esprimere l'aspetto durativo nel passato:
  Themistŏclis pater Neŏcles generosus **fuit**. (Nep.)   Il padre di Temistocle, Neocle, **era** nobile.

I tempi del modo indicativo

Quanto ai tempi, nel modo indicativo si distingue fra:

- **tempi principali**, ossia riferiti al presente o al futuro: **presente, perfetto logico, futuro semplice, futuro anteriore**;
- **tempi storici**, ossia riferiti al passato: **presente storico, imperfetto, perfetto storico, piuccheperfetto**.

Con **perfetto logico** si intende quel perfetto che esprime un'azione compiuta i cui effetti durano nel presente; per questo, in italiano si rende spesso con il presente, ma talvolta anche con il passato prossimo. Il perfetto logico, ai fini della *consecutio temporum*, si comporta prevalentemente come un **tempo principale**:

Defensionem non **statui** *parare, satisfactionem proponĕre* **decrevi**. (Sall.)   Non **ho intenzione** (lett. "Non **ho stabilito**") di presentare una difesa, **sono deciso** a (lett. "**ho deciso** di") proporre una giustificazione.

Il **presente storico** è spesso impiegato in luogo del perfetto per conferire maggiore vivacità e immediatezza alla narrazione. Solitamente il presente storico, ai fini della *consecutio temporum*, si comporta come un **tempo storico**:

C. Mucius abdĭto intra vestem ferro **proficiscitur**. (Liv.)   Gaio Mucio, nascosta un'arma sotto la veste, **partì**.

Ricorda che...

- I **perfetti** difettivi **memĭni** "mi ricordo" e **odi** "odio", e i perfetti **consuēvi** "ho preso l'abitudine" (quindi "sono solito") e **novi** "ho conosciuto" (quindi "so") esprimono uno stato presente come risultato di un'azione passata e vengono pertanto resi sempre con il **presente**. Di conseguenza i piuccheperfetti *memineram, oderam, consueveram, noveram* devono essere resi con l'imperfetto (vedi Unità 31, p. 70).

- Nel caso di massime e sentenze ricavabili dall'esperienza si trova usato il **perfetto gnomico** (dal greco *gnōme* "sentenza"):

  Saepe in magistrum scelera **redierunt** suum. (Sen.) — Spesso i delitti **ricadono** (lett. "sono spesso ricaduti", pertanto si può dire che "ricadono") sull'istigatore.

- L'**imperfetto** può esprimere anche la cosiddetta **azione conativa**, cioè tentata ma non condotta a termine:

  Helvetii lintribus iunctis flumen **transibant**. (Ces.) — Gli Elvezi **tentavano di passare** il fiume con zattere congiunte.

- Quando il **piuccheperfetto** ha valore **logico o risultativo**, ossia indica azione i cui effetti durano ancora in un tempo successivo, viene reso con un **imperfetto**:

  Xerxes, quod implacabile odium in Datāmen **susceperat**... (Nep.) — Serse, poiché **nutriva** (lett. "aveva sviluppato") un odio implacabile contro Dàtame...

Valore assoluto e valore relativo dei tempi

Nelle **proposizioni indipendenti** i tempi dell'indicativo sono impiegati con **valore assoluto**, nel senso che indicano un'azione riferita in assoluto al presente (presente, perfetto logico), al passato (presente storico, imperfetto, perfetto) o al futuro (futuro semplice). Raramente anche il futuro anteriore è impiegato nelle proposizioni indipendenti con valore assoluto, mentre il piuccheperfetto ha quasi esclusivamente valore relativo (vedi sotto).

Nelle **proposizioni subordinate** i tempi dell'indicativo sono prevalentemente usati con **valore relativo**, ossia in modo da rendere con precisione i rapporti temporali esistenti fra l'azione espressa nella reggente e quella espressa nella subordinata.

In particolare, nell'indicazione del **rapporto di anteriorità** il latino è molto più rigoroso dell'italiano. Infatti l'anteriorità:

- rispetto a un **presente** è resa con il **perfetto**:

  Ubi pulcherrume **egi** aetatem, inde **abeo**. (Plaut.) — **Me ne vado** da un luogo dove **sono vissuto** benissimo.

- rispetto a un **imperfetto** o a un **perfetto** è resa con il **piuccheperfetto**:

  Mihi senectus mea, quocumque **adverteram**, **apparuit**. (Sen.) — La mia vecchiezza mi **è apparsa** ovunque **mi girassi** (lett. "mi ero girato").

- rispetto a un **futuro semplice** è resa con il **futuro anteriore**:

  Ut sementem **fecĕris**, ita **metes**. (Cic.) — Come **avrai fatto** la semina, così **mieterai**.

Ricorda che...

- Un caso particolare di impiego del tempo presente con valore relativo per esprimere la relazione di contemporaneità si ha con la congiunzione **dum**, che è di norma seguita dall'**indicativo presente** anche in **dipendenza da tempo storico**:

  Dum ea Romae **geruntur**, iam Sutrium ab Etruscis **obsidebatur**. (Liv.) — **Mentre** a Roma **accadevano** queste cose, ormai Sutri **veniva assediata** dagli Etruschi.

ESERCIZI

IN ITALIANO

1 Nelle seguenti frasi **analizza** i predicati evidenziati e **indicane** tempo e aspetto.

1. Da tempo **andavo chiedendomi** come uscire da quella situazione, quando **giunse** improvvisa la notizia dell'arrivo dei rinforzi. • **2.** Il volume **era aperto** sul tavolo: **lessi** rapidamente alcune righe. • **3.** Quando **comprese** che non c'era più nulla da fare, Cesare **smise di lottare** e **si lasciò** cadere a terra. • **4.** La porta **era aperta**, poiché non **era stata chiusa** bene. • **5.** Il naufrago **approdò** fortunosamente sull'isola e, sfinito, **svenne** sulla riva. • **6.** Il console **incitava** i soldati, **esortava** a combattere con ardore, **ricordava** le antiche virtù. • **7. Chinò** il capo a terra e **prese a disegnare** con il dito sulla sabbia. • **8.** Il gran re **era convinto** di poter sconfiggere facilmente i Greci.

IN LATINO

FACILIORA

2 **Precisa** il valore aspettuale e temporale delle seguenti voci verbali al modo indicativo. L'esercizio è avviato.

	infectum	*perfectum*	passato	presente	futuro
apparet	✓			✓	
viderunt					
colebam					
aspexerit					
movebunt					
dixi					
hortatus eras					
querebaris					

3 **Indica** se le seguenti forme verbali hanno valore di tempo principale o storico, oppure se possono, in base al contesto, assumere l'uno o l'altro dei due valori. L'esercizio è avviato.

	tempo principale	tempo storico	tempo principale o storico in base al contesto
pugnabant		✓	
pugnant			
pugnabunt			
colebam			
colui			
colam			
novi			
noveram			

4 Nelle seguenti frasi d'autore **analizza** i predicati verbali, precisandone tempo e aspetto, poi **traduci**.

1. *Num dubitas id me imperante facĕre quod iam tua sponte faciebas?* (Cic.) • **2.** *Caesar condiciones dare, non accipĕre consuevit.* (Ces.) • **3.** *Hoc negotio confecto Labienus revertitur Agedincum, ubi impedimenta totius exercitus relicta erant.* (Ces.) • **4.** *Et naves habent Venĕti plurimas, quibus in Britanniam navigare consuerunt, et scientia atque usu rerum nauticarum ceteros antecedunt.* (Ces.) • **5.** *Britanniae pars interior ab his incolitur quos natos esse in insula ipsi memoria proditum esse dicunt.* (Ces.) • **6.** *Multa memĭni, multa audivi, multa legi, Quirites: nihil ex omnium saeculorum memoria tale cognovi.* (Cic.) • **7.** *Caesar his de causis,* *quas commemoravi, Rhenum transire decreverat, sed navibus transire neque satis tutum esse arbitrabatur, neque suae neque populi Romani dignitatis esse statuebat.* (Ces.) • **8.** *Homines inimicos suos morte adfĭci volunt aut quod eos metuunt aut quod oderunt.* (Cic.)

5 Nelle seguenti frasi d'autore **analizza** i predicati verbali, precisandone tempo e aspetto, poi **traduci**.
1. *Si te, Catilina, interfĭci iussero, residebit in re publica reliqua coniuratorum manus.* (Cic.) • **2.** *Dum loquimur, fugerit invida aetas.* (Or.) • **3.** *Oculum ego ecfodiam tibi, si verbum addideris.* (Plaut.) • **4.** *Legationes Germanorum Caesar, quod in Italiam Illyricumque properabat, initio proximae aestatis ad se reverti iussit.* (Ces.) • **5.** *Ob debilitatem animi multi parentes, multi amicos, nonnulli patriam, plerīque autem se ipsos penĭtus perdiderunt.* (Cic.) • **6.** *Dum haec in colloquio geruntur, Caesari nuntiatum est equites Ariovisti ad nostros adequitare, lapides telaque in nostros conicĕre.* (Ces.) • **7.** *Romam cum venero, quae perspexero, scribam ad te et ad Labienum litteras dabo.* (Cic.) • **8.** *Thebis in templo Herculis arma, quae fixa in parietibus fuerant, ea sunt humi inventa.* (Cic.)

6 **Traduci** in latino le seguenti frasi prestando attenzione al rapporto di anteriorità.
1. La porta del tempio di Giano fu chiusa da Augusto ed è ancora oggi chiusa: viene aperta solo in caso di guerra. • **2.** Appena troverai modo di scrivermi, fallo. • **3.** Mentre in altri luoghi si compivano queste cose, Pompeo era già giunto a Brindisi. • **4.** Odiavo la vita militare, ma sapevo che non potevo fare altro che arruolarmi.

7 **Traduci** il seguente brano d'autore.

Cesare allestisce una flotta in vista della conquista della Britannia

All'inizio della primavera Cesare fa costruire o ripristinare navi adatte alla traversata della Manica: più piccole per i soldati, un po' più larghe per il trasporto di salmerie e bagagli. Infine parte per l'Illirico per sedare una rivolta.

L. Domitio Ap. Claudio consulibus discedens ab hibernis Caesar in Italiam, ut quotannis facĕre consuerat, legatis imperat, quos legionibus praefecerat, uti (= ut) quam plurimas possent hieme naves aedificandas veteresque reficiendas curarent. Earum modum formamque demonstrat. Ad celeritatem onerandi subductionisque paulo facit humiliores, quam quibus in nostro mari uti consuevimus, atque id eo magis, quod propter crebras commutationes aestuum minus magnos ibi fluctus fieri cognoverat, ad onera ac multitudinem iumentorum transportandam paulo latiores quam quibus in reliquis utimur maribus. Has omnes actuarias imperat fieri, quam ad rem humilitas multum adiuvat. Ea, quae sunt usui ad armandas naves, ex Hispania apportari iubet. Ipse in Illyricum proficiscitur, quod a Pirustis finitimam partem provinciae incursionibus vastari audiebat.
(Cesare)

I SEGRETI DELLA TRADUZIONE

Lo stile epistolare

Riportiamo stralci da alcune lettere di Cicerone:

TULLIUS ET CICERO TIRONI SUO S. D.	Tullio e Cicerone salutano il caro Tirone
Septimum iam diem Corcyrae tenebamur, Quintus autem pater et filius Buthrōti. Solliciti eramus de tua valetudine mirum in modum... Etiam atque etiam, Tiro noster, vale. XV Kal. Dec. Corcyrā.	Ormai da sei giorni siamo trattenuti a Corcira, mentre Quinto padre e figlio sono a Butroto. Siamo molto preoccupati per la tua salute. Ancora e ancora, caro Tirone, stai bene! (Spedita) il 17 novembre da Corcira.

CICERO ATTICO SAL.
A. d. VI Idus Maias, cum has dabam litteras, ex Pompeiano proficiscebar, ut *eo die* manerem in Trebulano apud Pontium. Deinde cogitabam sine ulla mora iusta itinera facĕre.

Nihil habebam quod scriberem neque enim novi quicquam audieram et ad tuas omnes rescripseram *pridie*.

Ego tabellarios *postero die* ad vos eram missurus.

Cicerone saluta Attico
(Oggi), 10 maggio, mentre spedisco questa lettera, parto dalla villa di Pompei per trascorrere questa giornata nella villa di Trebula da Ponzio. Poi penso di viaggiare senza soste, con regolarità.

Non ho nulla da scrivere e non ho saputo niente di nuovo e a tutte le tue lettere ho risposto ieri.

Domani vi manderò i corrieri.

Negli esempi sono stati evidenziati i seguenti aspetti.

- **Le formule di cortesia**
La lettera incominciava sempre con il nome del **mittente**, a cui seguiva, in **dativo**, quello del **destinatario**, con l'aggiunta della **formula di saluto S. D.** (= *salutem dicit*) oppure **S. P. D.** (= *salutem plurimam dicit*) o anche **S. V. B. E. E. V.** (= *si vales bene est, ego valeo* "se stai bene, sono contento, io sto bene") o simili.
I **nomi** delle persone con cui si aveva un rapporto parentale o di *amicitia* erano solitamente accompagnati dall'**aggettivo possessivo** in funzione affettiva, che corrisponde al nostro uso dell'aggettivo confidenziale "(mio/mia) caro/cara".
La **formula di congedo** era generalmente *vale* o *cura ut valeas* "sta' bene".

- **La data e il luogo**
La **data** era messa solitamente alla fine (vedi il primo esempio), ma talvolta anche all'inizio (come nel secondo), non sempre preceduta dalla sigla **D.** (= *data*, cioè "consegnata" allo schiavo portalettere); al giorno seguiva l'**indicazione della località**, espressa con il **moto da luogo**, più raramente con lo stato in luogo: *D. prid. Non. Nov. Brundisio = data* (o *dabam*) *pridie Nonas Novembres Brundisio* "Brindisi, 4 novembre".

- **I tempi verbali**
Le azioni sono espresse nei primi tre esempi con l'**imperfetto** al posto del presente e con il **piuccheperfetto** al posto del perfetto. Nell'ultimo esempio ricorre l'**imperfetto della perifrastica attiva** al posto del futuro semplice. Mentre oggi chi scrive una lettera tiene come presente il momento in cui scrive, i Romani si trasferivano con il pensiero al momento in cui il destinatario avrebbe letto la lettera, e consideravano come passato il momento della stesura. Questa consuetudine comportava un **cambiamento dei riferimenti cronologici**:

  – presente → **perfetto** (azione momentanea) o **imperfetto** (azione durativa);
  – perfetto → **piuccheperfetto**;
  – futuro → **participio futuro attivo + *eram***.

- **Gli avverbi di tempo**
Anche le indicazioni temporali subivano modifiche:

hodie	oggi	→ *eo die*	quel giorno
heri	ieri	→ *pridie*	il giorno prima
cras	domani	→ *postridie* o *postero die*	il giorno dopo
nunc	ora	→ *tum*	allora
adhuc	finora	→ *ad id tempus*	fino a quel momento

Bisogna tuttavia tenere presente che lo stile epistolare non era usato da tutti gli scrittori e non prevedeva un'applicazione meccanica né rigorosa.

8 Nelle seguenti frasi **scegli** la traduzione latina corretta delle espressioni evidenziate, tenendo conto delle caratteristiche dello stile epistolare.

1. Ti **scrivo** (*scribo / scribebam*) da Roma: **domani** (*cras / postridie*) **verrò** (*venero / veniam*) a Capua da te. • **2. Caro Attico** (*Care Attice / Cicero Attico S.D.*), **come stai? Spero bene!** (*Valesne? Opto bene! / S.V.B.E.E.V.*) Il tuo Cicerone. • **3. Oggi** (*eo die / hodie*) finalmente **è arrivata** (*perveniunt / pervenerant*) la tua lettera: **finora** (*ad id tempus / adhuc*) non ne ho ricevute. • **4.** Qui a Roma **ho visto** (*vidi / videram*) Marcello, che **dice** (*dixit / dicit*) di salutarti. • **5. Spedisco** (*Mitto / Mittebam*) questa lettera **oggi stesso** (*hodie / eo die*), in modo che ti arrivi al più presto. • **6. Speravo** (*Speravi / Sperabam*) di poter partire **domani** (*cras / postridie*), ma **dovrò attendere** (*mihi erit expectandus / mihi fuerit expectandus*) il mese prossimo. • **7. Ieri** (*heri / pridie*) **ho ricevuto** (*acceperam / accepi*) la tua lettera e **oggi** (*hodie / eo die*) ti **scrivo** (*scribebam / scribo*) volentieri la risposta. • **8. Ho appreso** (*Cognovi / Cognoveram*) con gioia dalla tua lettera che verrai a trovarmi.

9 **Completa** la traduzione del seguente breve brano ciceroniano, prestando attenzione al diverso uso epistolare dell'italiano rispetto al latino.

CICERO ATTICO SAL.
Ego has (litteras) prid. Non. Quint. proficiscens Athenis dedi, cum ibi decem dies fuissem. Venerat Pomptīnus, unā Cn. Volusius. Aderat quaestor. Tuus unus Tullius aberat. Aphracta Rhodiorum et dicrŏta Mytilenaeorum habebam. De Parthis erat silentium. Quod superest, di iuvent! Cura ut omnia sciam, sed maxime ut valeas.

Caro ....
.... questa lettera il .... mentre parto da Atene, dopo essere stato .... per dieci giorni. .... Pomptino, insieme con Gneo Volusio. .... il questore. Manca solo il tuo caro Tullio. .... una nave rodiese senza copertura e una .... di Mitilene. Riguardo ai Parti non .... nessuna notizia. Per ciò che resta, ... !.............................., ma soprattutto ....
Cicerone

10 **Traduci** i seguenti brevi brani ciceroniani, evidenziando con colori diversi le caratteristiche dello stile epistolare (attenzione: non sempre tali caratteristiche sono rispettate!).

TULLIUS TIRONI SAL.
Andricus postridie ad me venit, quam expectaveram. Itaque habui noctem plenam timoris ac miseriae. Tuis litteris nihilo sum factus certior, quomodo te haberes, sed tamen sum recreatus. Ego omni delectatione litterisque omnibus careo, quas, antequam te videro, adtingĕre non possum.

CICERO ATTICO SAL.
Unam adhuc a te epistulam acceperam datam XII Kal. Iun., in qua significabatur aliam te ante dedisse, quam non acceperam. Sed quaeso ut scribas quam saepissime, non modo si quid scies aut audieris sed etiam si quid suspicaberis, maximeque quid nobis faciendum aut non faciendum esse putes.

CICERO ATTICO SAL.
Triginta dies erant ipsi cum has dabam litteras per quos nullas a vobis acceperam. Mihi autem erat in animo iam, ut antea ad te scripsi, ire in Epirum et ibi omnem casum potissimum exspectare. Te oro ut si quid erit quod perspicias quamcumque in partem quam planissime ad me scribas et meo nomine, ut scribis, litteras quibus putabis opus esse ut des. Data V Kal. Nov.

11 **Traduci** il seguente brano d'autore.

Cicerone esorta Marco Marcello a venire a Roma

Anche se il potere di uno solo ha ormai compromesso la libertà di opinione a Roma, Cicerone incita a più riprese Marco Marcello a venire in città: piegarsi alle circostanze è proprio del sapiente.

M. CICERO S. D. M. MARCELLO
Etsi perpaucis ante diebus dederam Q. Mucio litteras ad te pluribus verbis scriptas, quibus declaraveram quo te animo censerem esse oportēre et quid tibi faciendum arbitrarer, tamen, cum Theophĭlus, libertus tuus, proficisceretur, cuius ego fidem erga te benevolentiamque perspexeram, sine meis litteris eum ad te venire nolui. Te igitur etiam atque etiam hortor isdem rebus quibus superioribus litteris hortatus sum, ut in ea re publica, quaecumque est, quam primum velis esse. Multa videbis fortasse quae nolis, non plura tamen quam audis cotidie. At tibi ipsi dicendum erit aliquid quod non sentias aut faciendum quod non probes. Sed tempori ("alle circostanze") *cedēre, id est necessitati parēre, semper sapientis est habitum. Dicĕre fortasse quae sentias non licet, tacēre plane licet. Omnia enim delata ad unum sunt. Is utitur consilio ne suorum quidem, sed suo. Quod non multo secus fieret si is* (= Pompeo) *rem publicam teneret, quem secuti sumus.*

(da Cicerone)

SINTASSI

Le proposizioni indipendenti

La proposizione indipendente è una frase di senso compiuto non introdotta da congiunzioni o da altri nessi subordinanti. Solitamente il suo predicato è di modo finito (indicativo, congiuntivo, imperativo).

In base al fine comunicativo, le proposizioni indipendenti si possono distinguere in quattro tipi:

- **enunciative**: contengono la semplice **enunciazione** di un fatto o presentano un'affermazione, una descrizione; il modo impiegato è in genere l'indicativo (*Oggi fa caldo*), ma anche il condizionale (*Avrei da fare*) o l'infinito (*Ecco arrivare il taxi*);
- **volitive** e **ottative**: le prime esprimono una **volontà** attraverso un ordine, un'esortazione o un consiglio (imperativo: *Fatti sentire*; congiuntivo: *Si faccia sentire*); le seconde un **desiderio** (congiuntivo: *Che tu possa guarire presto!*);
- **interrogative dirette**: esprimono una domanda in forma diretta; presentano di regola l'indicativo (*Vieni a teatro stasera?*), ma anche il congiuntivo (*Che sia malato?*), il condizionale (*Verresti anche tu?*) o l'infinito (*Io fare una cosa simile?*). Si distinguono, inoltre, in semplici (*Esci con me?*) o doppie/disgiuntive (*Esci con me o resti a casa?*), reali (se non si conosce la risposta: *Che ore sono?*) o retoriche (se si conosce già la risposta: *Non è buono il gelato?*);
- **esclamative**: contengono un'esclamazione e hanno in genere l'indicativo (*Quanto sei generoso!*); frequente è l'ellissi del verbo: *Che pace (c'è)! Quanti errori (ci sono)!*

In latino troviamo le stesse tipologie che abbiamo visto per l'italiano:

- **enunciative**:
  - se contengono la semplice **enunciazione** di un fatto o presentano un'affermazione o una descrizione, hanno l'**indicativo** (raramente l'infinito storico);
  - se presentano un'**ipotesi reale**, hanno l'**indicativo**;
  - se presentano un'**ipotesi possibile** o **irreale**, hanno il **congiuntivo**:

    Haec villa inter manus meas crevit. (Sen.)   Questa villa è **cresciuta** fra le mie mani.

Le proposizioni enunciative non presentano differenze rispetto all'uso italiano, salvo per la **particolarità** che viene illustrata qui di seguito nei *Segreti della traduzione*.

- **volitive** e **ottative**: esprimono una volontà e hanno il **congiuntivo** esortativo o desiderativo, oppure l'**imperativo**:

  Amēmus patriam. (Cic.)   **Amiamo** la patria!

- **interrogative dirette**, che esprimono una domanda in forma diretta: presentano di regola l'**indicativo**, ma spesso anche il **congiuntivo** con valore ipotetico, dubitativo o volitivo:

  Canis nonne similis est lupo? (Cic.)   Non è forse il cane simile al lupo?

- **esclamative**, che contengono un'esclamazione (**indicativo** o **infinito**; per l'infinito con valore esclamativo vedi p. 256):

  Quam nodosi sunt et retorridi rami, quam tristes et squalidi trunci! (Sen.)   Come **sono** nodosi e secchi i rami, come **sono** avvizziti e ruvidi i tronchi!

L'**indicativo** è il modo dell'**obiettività** e della **certezza** ed è pertanto usato costantemente nelle proposizioni **enunciative**, **esclamative** (anche all'infinito) e **interrogative dirette**. Le proposizioni indipendenti volitive presentano, invece, imperativo e congiuntivo, le ottative il congiuntivo (vedi Unità 41, p. 270).

ESERCIZI

IN ITALIANO

12 **Classifica** le seguenti proposizioni indipendenti distinguendo fra enunciative EN, volitive V, interrogative I ed esclamative ES.

1. Basta con queste lamentele! EN V I ES • **2.** Che meraviglia! EN V I ES • **3.** Vuoi parlarmene con calma? EN V I ES • **4.** Non ho sentito niente. EN V I ES • **5.** Chi potrà toglierci da questa brutta situazione? EN V I ES • **6.** Udire simili offese con le mie orecchie! Non posso ascoltare oltre. EN V I ES EN V I ES • **7.** Magari tu fossi qui con me: lo spettacolo è meraviglioso. EN V I ES EN V I ES • **8.** Ogni giorno sorge nuovamente il sole. EN V I ES • **9.** Ascolta la voce degli antichi poeti e rammenta la gloria del popolo romano! EN V I ES • **10.** Ah, potesse sorgere un nuovo giorno per la nostra patria! EN V I ES

IN LATINO

13 **Indica** se nelle seguenti frasi d'autore le proposizioni indipendenti hanno valore enunciativo E o interrogativo I; quindi **traduci**.

1. *Nonne tibi videtur stultissimus omnium qui flevit quod ante annos mille non vixerit?* (Sen.) E I • **2.** *Tota philosophorum vita, ut ait Socrates, commentatio mortis est.* (Cic.) E I • **3.** *Ignoverunt multi hostibus: ego non ignoscam pigris, neglegentibus, garrulis?* (Sen.) E I • **4.** *Sophistae appellabantur ii qui aut ostentationis aut quaestus causa philosophabantur.* (Cic.) E I • **5.** *M. Bolanum, virum bonum et fortem, tibi magno opere commendo.* (Cic.) E I • **6.** *Quando Socrates, qui parens philosophiae iure dici potest, quicquam tale fecit?* (Cic.) E I • **7.** *Catilina memor generis atque pristinae suae dignitatis in confertissimos hostes incurrit ibique pugnans confoditur.* (Sall.) E I • **8.** *Ciceroni prominenti ex lectica praebentique immotam cervicem caput praecisum est.* (Liv.) E I • **9.** *Magnis in laudibus tota fere fuit Graecia victorem Olympiae citari.* (Nep.) E I • **10.** *Num tu, qui omnes salvos vis, Catilinam salvum esse voluisti?* (Cic.) E I

I SEGRETI DELLA TRADUZIONE
Indicativo latino e condizionale italiano

Nelle proposizioni enunciative viene impiegato in latino l'**indicativo presente** in frasi che in italiano si esprimono preferibilmente al **condizionale presente**, e l'**indicativo imperfetto, perfetto e piuccheperfetto** in frasi che in italiano presentano il **condizionale passato** (**falso condizionale**). Ciò avviene nei seguenti casi.

- Con **espressioni e verbi indicanti possibilità, necessità o convenienza**, come *possum* "potrei", *potĕram, potui, potuĕram* "avrei potuto"; *debeo* "dovrei", *debebam, debui, debuĕram* "avrei dovuto"; *licet* "sarebbe lecito", *licebat, licuit, licuĕrat* "sarebbe stato lecito"; *necesse est* "sarebbe conveniente", *necesse erat, fuit, fuĕrat* "sarebbe stato conveniente"; *oportet, convĕnit* "bisognerebbe", "sarebbe conveniente"; la **perifrastica passiva** personale e impersonale:

Possum persĕqui multa oblectamenta rerum rusticarum. (Cic.)	**Potrei** esporre le molte attrattive dell'agricoltura.
Lucullus tardius quam **debuĕrat** *triumphavit.* (Cic.)	Lucullo celebrò il trionfo più tardi di quanto **avrebbe dovuto**.
Non suscipienda fuit ista causa. (Cic.)	Non **si sarebbe dovuta accettare** questa causa.

- Con il **verbo** *sum* in unione con un **aggettivo** (per lo più neutro) o con un **genitivo di pertinenza**: *longum/iustum/melius est* "sarebbe lungo/giusto/meglio"; *longum/iustum/melius erat, fuit, fuĕrat* "sarebbe stato lungo/giusto/meglio"; *meum est* "sarebbe mio dovere"; *eius est* "sarebbe suo dovere" ecc.:

Longum est omnia enumerare proelia Hannibălis. (Nep.)	**Sarebbe lungo** enumerare tutte le battaglie di Annibale.

- Con i verbi che significano "**credere**", "**aspettarsi**" in espressioni per lo più negative, riferite al passato, come *numquam putavi, numquam putavĕram* "non avrei mai creduto":

Quis L. Philippum a M. Herennio superari posse **arbitratus est**? (Cic.)	Chi **avrebbe creduto** che Lucio Filippo potesse esser vinto da Marco Erennio?

- Viene talvolta reso con il condizionale anche l'indicativo latino che accompagna l'avverbio *paene* per indicare azioni che erano sul punto di essere compiute e che lo sarebbero state se non fosse intervenuto qualche ostacolo, espresso solitamente con una subordinata temporale:

Paene dixi. (Cic.)	**Per poco non avrei detto** (lett. "Quasi dissi / dicevo").

14 **Completa** la traduzione delle seguenti frasi d'autore prestando attenzione all'uso dell'indicativo latino al posto del condizionale italiano (falso condizionale).

1. *Non **potuisti** magis per tempus mihi advenire.* (Plaut.)
   .... venire da me a tempo più opportuno.
2. *Mors contemni **debet** magis quam solet.* (Sen.)
   La morte .... essere disprezzata più di quanto si sia soliti (disprezzarla).
3. *Bellum ego populo Romano neque feci neque factum umquam **volui**.* (Sall.)
   Non ho mai fatto guerra al popolo romano, né mai .... che fosse fatta.
4. *Nonas Nov. **volebam** adesse.* (Cic.)
   .... essere presente il 5 novembre.
5. *Bonus vates **poteras** esse.* (Plaut.)
   .... un buon indovino.

6. *Eum in maiorum suorum vestigiis stare **oportebat**.* (Cic.)
   .... che egli rimanesse nelle orme dei suoi antenati.
7. *Iam scripseram: delēre **nolui**.* (Cic.)
   Avevo già scritto: .... cancellare.
8. *Est operae pretium diligentiam maiorum recordari.* (Cic.)
   .... la pena ricordare l'impegno degli antenati.

15 Traduci le seguenti frasi d'autore prestando attenzione all'uso dell'indicativo latino al posto del condizionale italiano (falso condizionale).

1. *Nihil opportunius potuit accidĕre.* (Cic.) • 2. *Aliorum opiniones praeteribo: nam enumerare illas longum est.* (Sen.) • 3. *Mori millies praestitit quam haec pati.* (Cic.) • 4. *Scipio Africanus turpe esse aiebat in re militari dicĕre: «Non putaveram».* (Cic.) • 5. *Ad mortem te, Catilina, duci iussu consulis iam pridem oportebat.* (Cic.) • 6. *Quid opus fuit vi, quid armatis hominibus, quid caede, quid sanguine?* (Cic.) • 7. *Delēri totus exercĭtus potuit, si fugientes persecuti victores essent.* (Liv.) • 8. *Tiberius Gracchus vitam, quam gloriosissime degĕre potuerat, immatura morte finivit.* (Vell.)

16 Nelle seguenti frasi d'autore scegli il predicato corretto tra quelli proposti, quindi traduci.

1. *Nec enim virtutes sine beata vita cohaerēre **possint / possunt**, nec illa sine virtutibus.* (Cic.) • 2. *Ego pro Pompeio libenter emŏri **possum / potĕro**.* • 3. *Melius **fuit / fuerit** perisse quam haec vidēre.* (Cic.) • 4. *Quis fallĕre **possit / potuĕrat** amantem?* (Virg.) • 5. *Memorare **possum / potĕro** quibus in locis maximas hostium copias populus Romanus parva manu fuderit, nisi ea res longius nos ab incepto traheret.* (Sall.) • 6. *Imitari potius avi mores **debebas / deberes** quam optimo et clarissimo viro male dicĕre.* (Cic.) • 7. *Quid ergo? In tanta laetitia cunctae civitatis me unum tristem esse **oporteret / oportebat**?* (Cic.) • 8. *Enumerare omnes fatorum vias longum **est / sit**.* (Sen.)

17 Traduci in latino le seguenti frasi (falso condizionale).

1. Oltre alla vittoria di Canne, potrei ricordare altri trionfi di Annibale, ma sarebbe troppo lungo enumerarli tutti. • 2. Non avrei voluto farlo, ma vi fui costretto. • 3. Socrate sarebbe potuto fuggire dalla prigione pochi giorni prima della morte, ma preferì morire che disobbedire alle leggi della patria. • 4. Sarebbe cosa sciocca prestare fede a colui dal quale sei stato ingannato già una volta.

18 Traduci il seguente brano d'autore.

Appio Claudio incita i Romani a combattere contro Veio

Ora che Veio è stretta d'assedio bisogna portare a termine a tutti i costi la guerra distruggendo la temibile città rivale, che in passato si è dimostrata sleale e pericolosa.

Aut non suscipi bellum oportuit, aut geri pro dignitate populi Romani et perfici quam primum oportet. Perficietur autem si urgemus obsessos, si non ante abscedimus quam spei nostrae finem captis Veiis imposuerimus. Si hercules nulla alia causa, ipsa indignitas perseverantiam imponĕre debuit. Decem quondam annos urbs oppugnata est ob unam mulierem ab universa Graecia, quam procul ab domo? Quot terras, quot maria distans? Nos intra vicesimum lapidem, in conspectu prope urbis nostrae, annuam oppugnationem perferre piget. Scilicet quia levis causa belli est nec satis quicquam iusti doloris est quod nos ad perseverandum stimulet. Septiens rebellaverunt; in pace nunquam fida fuerunt; agros nostros miliens depopulati sunt; Fidenates deficĕre a nobis coegerunt; colonos nostros ibi interfecerunt; auctores fuēre contra ius caedis impiae legatorum nostrorum; Etruriam omnem adversus nos concitare voluerunt, hodieque id moliuntur; res repetentes legatos nostros haud procul afuit quin violarent. Cum his molliter et per dilationes bellum geri oportet?

(Livio)

19 **Traduci** il seguente brano d'autore.

Catilina arringa i congiurati

Alla vigilia dello scontro con l'esercito consolare, Catilina esalta la propria iniziativa politica: la vittoria garantirà salvezza e gloria ai congiurati e libertà alla patria.

Exercitus hostium duo, unus ab urbe, alter a Gallia obstant; diutius in his locis esse, si ("anche se") maxime animus ferat, frumenti atque aliarum rerum egestas prohĭbet; quocumque ire placet, ferro iter aperiundum est. Quapropter vos moneo ut forti atque parato animo sitis et, cum proelium inibĭtis, memineritis vos divitias, decus, gloriam, praeterea libertatem atque patriam in dextris vestris portare. Si vincĭmus, omnia nobis tuta erunt: conmeatus abunde, municipia atque coloniae patebunt; si metu cesserimus, eadem illa adversa fient, neque locus neque amicus quisquam teget quem arma non texerint. Praeterea, milites, non eadem nobis et illis necessitudo inpendet: nos pro patria, pro libertate, pro vita certamus; illis supervacaneum est pugnare pro potentia paucorum. Quo audacius adgredimini memŏres pristinae virtutis. Licuit vobis cum summa turpitudine in exilio aetatem agĕre, potuistis nonnulli Romae amissis bonis alienas opes expectare: quia illa foeda atque intoleranda viris videbantur, haec sequi decrevistis. Si haec relinquĕre vultis ("volete uscire dalla guerra"), audacia opus est: nemo nisi victor pace bellum mutavit.

(da Sallustio)

PAROLE DA SCOPRIRE
È possibile, lecito, permesso

- Il termine *fas* e il suo contrario *nefas*, percepiti in età storica come semplici sostantivi neutri indeclinabili, derivano dalla radice **dha-* (greco *the-* del verbo *tithemi* "pongo") oppure dalla radice **bha-* corrispondente al latino *fari* "dire": dunque *fas* designa ciò che è "**permesso**" perché stabilito o detto una volta per tutte dalla divinità. Il calendario romano era suddiviso in giorni contrassegnati dalla lettera *F* (*Fasti*) o *N* (*Nefasti*): nei primi era possibile svolgere qualsiasi tipo di attività, nei secondi invece ci si doveva astenere dagli affari, in particolare da quelli pubblici, per non incorrere nell'ira delle divinità.

- Il verbo impersonale *licet* indica ciò che un'autorità umana (per esempio il senato) o più genericamente le circostanze hanno stabilito come "**lecito**", "**permesso**", "fattibile". Ha dunque a che fare con la libertà di agire in un determinato ambito. A esso è connesso il sostantivo *licentia*, che significa "licenza", "libertà" di agire in un certo modo, fino ad assumere, in senso negativo, il valore di "libertà senza controllo", "sfrenatezza", "dissolutezza".

- Il verbo *possum*, dall'aggettivo disusato *potis* unito al verbo *sum*, significa letteralmente "sono capace", "sono in grado di", dunque "**posso**"; indica pertanto una capacità di agire che dipende dalle qualità del soggetto. Il sostantivo derivato *potestas* assume quindi il significato di "potere", "autorità", "dominio", in ambito sia privato (*patria potestas*) sia pubblico ("potere"). Talvolta tuttavia il valore di questo sostantivo si trova nella forma attenuata di "facoltà", "possibilità", "opportunità" di fare qualcosa.

20 **Traduci** le seguenti frasi d'autore prestando attenzione alle espressioni indicanti possibilità.

1. *Numa rex nefastos dies fastosque fecit, quia aliquando nihil cum populo agi utile futurum erat.* (Liv.) • **2.** *Est enim aliquid quod non oporteat, etiam si licet.* (Cic.) • **3.** *Cum tanta multitudo lapides ac tela conicerent, in muro consistendi potestas erat nulli.* (Ces.) • **4.** *Galli lepŏrem et gallinam et anserem gustare fas non putant.* (Ces.) • **5.** *Quod si Afris, si Sardis, si Hispanis virtute adipisci licet civitatem, Gaditanis autem officiis vetustate fide periculis foedere coniunctis hoc*

idem non licebit? (Cic.) • **6.** *Omnes qui ubique praedones fuerunt partim capti interfectique sunt, partim unius Pompei se imperio ac potestati dediderunt.* (Cic.) • **7.** *Lollius aetate et morbo impeditus ad testimonium dicendum venire non potuit.* (Cic.) • **8.** *Hic cognosci licuit, quantum esset hominibus praesidii in animi firmitudine.* (Ces.) • **9.** *Fanum Neptuni est Taenari, quod violari nefas putant Graeci.* (Nep.) • **10.** *Si iudicaveritis sine dolo malo posse hominem occidi, omnibus facinorosis eandem licentiam permiseritis.* (Cic.)

SINTASSI

Particolarità nella concordanza del predicato

- Per quanto riguarda il **numero**, in latino la concordanza del predicato con il soggetto è di norma al **singolare** non solo, come in italiano, con soggetti grammaticalmente singolari, ma anche, diversamente rispetto all'italiano, con più soggetti singolari: è la cosiddetta concordanza *ad sensum*, che si verifica se:

  – si vuole conferire maggior rilievo a uno dei soggetti, generalmente il più vicino:

*Impedimenta et omnis equitatus **secutus est**.* (Ces.)	Le salmerie e tutta la cavalleria **seguirono**.

  – i soggetti sono uniti da correlazioni come *et... et, aut... aut, nec... nec*:

*Mens et animus et consilium et sententia civitatis **posita est** in legibus.* (Cic.)	L'intelligenza, l'animo, il senno, la sapienza di un popolo **sono espressi** nelle leggi.

  La concordanza del predicato è invece al **plurale**, oltre che, come in italiano, nel caso di soggetto plurale o di due o più soggetti singolari, anche con:

  – i *pluralia tantum*:

*Thebae ab Alexandro **deletae sunt**.* (Liv.)	Tebe **fu distrutta** da Alessandro.

  – un soggetto singolare, nel caso in cui tale soggetto si riferisca a due (come il pronome *uterque*) o a più persone o cose (come i nomi collettivi del tipo *pars, multitudo* ecc.); è la concordanza *ad sensum*:

*Uterque eorum exercitum **edūcunt**.* (Ces.)	L'uno e l'altro di loro **conducono** fuori l'esercito.
*Multitudo Philopoemĕnis sententiam **exspectabant**.* (Liv.)	La folla **aspettava** il parere di Filopèmene.

- Per quanto riguarda il **genere**, nel caso di più soggetti di diverso genere il predicato solitamente concorda:

  – al **maschile** con le persone e in generale gli esseri animati di genere maschile e femminile:

*Pater mihi et mater **mortui erant**.* (Ter.)	Il padre e la madre mi erano **morti**.

  – al **neutro** con sequenze di oggetti inanimati maschili e femminili, maschili e neutri, femminili e neutri:

*Puteŏlis pluribus locis murus et porta flumine **icta** (sunt).* (Liv.)	A Pozzuoli in diversi luoghi muro e porta furono **colpiti** dal fulmine.

- Talvolta infine il predicato, invece che con il soggetto, concorda per attrazione con il **nome del predicato** o con il **predicativo** che lo accompagna:

*Gens universa Veneti **appellati sunt**.* (Liv.)	Tutta la popolazione **fu chiamata** Veneti.

> **RICORDA CHE...**
>
> - La concordanza *ad sensum* al plurale può avvenire anche con un soggetto singolare seguito da un **complemento di compagnia**:
>
>   *Ipse dux cum aliquot principibus capiuntur.* (Liv.)   Lo stesso comandante **con alcuni capi** sono fatti prigionieri.
>
> - Con i nomi geografici accompagnati da **apposizione** il verbo concorda talvolta con quest'ultima:
>
>   *Volturnum, Etruscorum urbs, capta est.* (Liv.)   Volturno, **città** degli Etruschi, fu conquistata.

ESERCIZI

FACILIORA

21 Nelle seguenti frasi d'autore **scegli** il predicato corretto fra quelli proposti.

1. *Hominum pars silvas **frequentant / frequentat**, pars in urbibus **agit / agunt**.* (Mela) •
2. *Orgetorīgis filia atque unus e filiis **captus / capta** est.* (Ces.) •
3. *Aquila et aper inedia sunt **consumpti / consumpta**.* (Fedr.) •
4. *Gallorum pars legiones circumvenire, pars summum castrorum locum petĕre **coepit / coeperunt**.* (Ces.) •
5. *Decem ingenui iuvenes, decem virgines ad id sacrificium **adhibĭti / adhibĭtae** sunt.* (Liv.) •
6. *Athenae omnium artium domicilium **fuit / fuerunt**.* (Cic.) •
7. *Medico diligenti non solum morbus, sed etiam natura corporis **cognoscendus / cognoscenda** est.* (Cic.) •
8. *Senatus et equester ordo populusque Romanus universus **appellavit / appellaverunt** me patrem patriae.* (Aug.)

22 Traduci le seguenti frasi d'autore prestando attenzione alle particolarità nella concordanza del predicato.

1. *Necessaria sunt quies, securitas, silentium.* (Cels.) •
2. *Stultitiam et temeritatem dicimus esse fugienda.* (Sen.) •
3. *Eorum pars legiones circumvenire, pars summum castrorum locum petĕre coepit.* (Ces.) •
4. *Utrăque pars avidi certaminis erant.* (Liv.) •
5. *Mens et ratio et consilium in senibus est.* (Cic.) •
6. *Video, patres conscripti, in me omnium vestrum ora atque oculos esse conversos.* (Cic.) •
7. *Epicurei putant a voluptatibus abstinēre minime esse difficile, si aut valetudo aut officium aut fama postŭlet.* (Cic.) •
8. *Cannae, ignobilis Apuliae vicus, magnitudine Romanae cladis emersit.* (Flor.)

23 Traduci in latino le seguenti frasi.

1. In quella battaglia furono uccisi cinquemila e duecento soldati e furono fatti prigionieri tremila cavalieri. •
2. I tribuni, il senato, il popolo romano assegnarono a Pompeo un potere senza limiti. •
3. Il console con tutte le truppe assalì la retroguardia dei nemici. •
4. Una grande moltitudine di stranieri era convenuta da ogni parte a Roma per assistere ai giochi.

24 Traduci il seguente brano d'autore.

Tradimenti e malgoverno dell'anziano Focione

L'ateniese Focione, alla fine della sua vita, si attira l'odio dei concittadini per aver consegnato la propria città ai Macedoni e per aver consigliato l'esilio dell'antimacedone Demostene, che pure, tempo prima, era stato suo amico.

Phocion cum prope ad annum octogesimum prospera pervenisset fortuna, extremis temporibus magnum in odium pervēnit suorum civium, primo quod cum Demăde de urbe tradenda Antipătro consenserat eiusque consilio Demosthĕnes cum ceteris, qui bene de re publica meriti existimabantur, populi scito in exilium erant expulsi. Neque in eo solum offenderat quod patriae male consuluerat, sed etiam quod amicitiae fidem non praestiterat. Namque auctus adiutusque a Demosthēne eum, quem tenebat, ascenderat gradum ("rango", "carica"), ab eodem in iudiciis, cum capitis causam diceret (capĭtis causam dicĕre "sostenere un processo che preveda la pena capitale"), defensus aliquotiens liberatus discesserat. Hunc non solum in periculis non defendit, sed etiam prodĭdit. Concĭdit autem maxime uno crimine: apud eum summum erat imperium populi, cum Nicanōrem, Cassandri praefectum, insidiari Piraeo moneretur atque rogaretur ut provideret, ne commeatibus civitas privaretur. Phocion autem audiente populo negavit esse periculum seque eius rei obsidem ("garante") fore pollicitus est. Neque ita multo post Nicānor Piraeo est potitus, sine quo Athenae omnino esse non possunt. Ad quem recuperandum cum populus armatus concurrisset, ille non modo neminem ad arma vocavit, sed ne armatis quidem praeesse voluit.

(Cornelio Nepote)

SINTASSI

L'infinito nelle proposizioni indipendenti

L'infinito indipendente può essere di due tipi.

- **Infinito storico** o **descrittivo**, usato dagli storici per dare vivacità alla narrazione e descrivere il rapido succedersi degli avvenimenti. Si riconosce facilmente perché è usato da solo, cioè non dipende da altri verbi, e ha il **soggetto** in caso **nominativo** (e non accusativo). Si trova usato solo al tempo **presente** e viene reso solitamente in italiano con l'indicativo imperfetto:

    Romani alius alium hortari, hostibus obviam ire, libertatem armis tegĕre. (Sall.)　　I Romani si **esortavano** a vicenda, **andavano** incontro al nemico, **difendevano** la libertà con le armi.

- **Infinito esclamativo**, usato per esprimere sorpresa, meraviglia o indignazione. Il **soggetto** è espresso in caso **accusativo**; spesso la frase è introdotta dall'enclitica *-ne*. Nella traduzione italiana l'infinito può essere mantenuto o trasformato in indicativo. I tempi usati sono:
    - **presente** per un'esclamazione riguardante il **presente**;
    - **futuro** per un'esclamazione riguardante il **futuro**;
    - **perfetto** per un'esclamazione riguardante il **passato**:

        Ludibrio esse urbis gloriam et populi Romani nomen! (Cic.)　　La **gloria** della città e il **nome** del popolo romano **essere** oggetto di scherno!

        Tantamne fuisse oblivionem! (Cic.)　　**Così grande fu la dimenticanza!**

ESERCIZI

25 Nelle seguenti frasi d'autore **indica** se gli infiniti sono storici o esclamativi , poi **traduci**.

1. *Fluctuari animo rex et modo suum, modo Parmenionis consilium perpendĕre.* (Curz.) S E
2. *Esse locum tam prope Romam, ubi me interpellet nemo, diligant omnes!* (Cic.) S E
3. *Mira inter exercitum imperatoremque diversitas erat: instare miles, arma poscĕre.* (Tac.) S E
4. *Mihi quoque ipsi nimia iam fortuna vidēri eaque suspecta esse!* (Cic.) S E
5. *O spectaculum illud non modo hominibus, sed undis ipsis et litoribus luctuosum! Cedĕre e patria servatorem eius, manēre in patria perditores!* (Cic.) S E
6. *Caesar eius rei quae causa esset,*

miratus ex Sequānis quaesiit. Nihil Sequāni respondēre, sed in eadem tristitia tacĭti permanēre. (Ces.) S E • **7.** *Consul providēre omnia, laudare fortes, increpare, sicŭbi segnior pugna esset.* (Liv.) S E • **8.** *Me miserum! Te ista virtute, fide, probitate in tantas aerumnas propter me incidisse!* (Cic.) S E

26 Traduci in latino le seguenti frasi utilizzando l'infinito storico o esclamativo.

1. Che incredibile fatto (*res*) è accaduto! • **2.** I barbari continuavano a supplicare, a giurare di non aver tradito i Romani, a promettere che avrebbero rispettato i patti. • **3.** Alcuni sguainavano le spade, altri preparavano le frecce, molti scavavano i terrapieni. • **4.** Proprio tu sei caduto in così grandi mali a causa mia!?

27 Traduci il seguente brano d'autore.

Mario sconfigge Giugurta in battaglia

Durante la guerra giugurtina, proprio nel momento più difficile per i Romani, le sorti dello scontro sono decise a loro favore dal rapido intervento di Silla e dal successivo assalto di Mario, le cui truppe fanno strage dei nemici.

Nostri territi erant, simulque barbari animos tollĕre et in perculsos Romanos acrius incedĕre. Iamque paulum a fuga aberant, cum Sulla profligatis iis, quos advorsum ierat, rediens ab latere Mauris incurrit. Bocchus statim avortitur. At Iugurtha, dum sustenare suos et prope iam adeptam victoriam retinēre cupit, circumventus ab equitibus, dextra sinistraque omnibus occisis solus inter tela hostium vitabundus erumpit. Atque interim Marius fugatis equitibus adcurrit auxilio suis, quos pelli iam acceperat. Denique hostes iam undique fusi. Tum spectaculum horribile in campis patentibus: sequi, fugĕre, occidi capi; equi atque viri adflicti, ac multi vulneribus acceptis neque fugĕre posse neque quietem pati, niti modo ac statim concidĕre; postremo omnia, qua visus ("vista") erat, constrata telis armis cadaveribus, et inter ea humus infecta sanguine.

(Sallustio)

VERIFICA DELLE COMPETENZE

COMPETENZE LINGUISTICHE

28 Completa la tabella, precisando tempo e aspetto dei predicati evidenziati e indicando a quale tempo latino corrisponde ciascuno.

frase	tempo	aspetto / valore relativo	tempo latino
1. Poiché Cesare **si rese conto** che era una trappola, **ordinò** ai suoi soldati di fermarsi e di arretrare.			
2. I nemici **cominciarono a scagliare** dardi e frecce sui nostri da luoghi elevati.			
3. Luca, ovunque **vada**, **trova** amici.			

frase	tempo	aspetto / valore relativo	tempo latino
4. Molti anziani **ricordano** tutto ciò che **hanno appreso** da giovani.			
5. Spesso i delitti **ricadono** sull'istigatore.			
6. Quando **arriverai**, **parleremo**.			
7. **Sono venuto a conoscenza** della tua impresa tramite i miei informatori.			
8. I nemici **tentavano di attraversare** il fiume a nuoto.			

L'esercizio insegna a:
- saper riconoscere il valore aspettuale dei tempi italiani

29 Nelle seguenti frasi d'autore analizza tempo (principale o storico) e aspetto (durativo o compiuto) dei predicati all'indicativo, poi traduci.

1. Ita vixi ut non frustra me natum existimem. (Cic.) • *2. Apud Helvetios longe nobilissimus fuit et ditissimus Orgetorix.* (Ces.) • *3. Britanni nostros intra munitiones ingrĕdi prohibebant.* (Ces.) • *4. Omnes civitates in partes divisae sunt duas.* (Ces.) • *5. Siciliam totam esse Cereri consecratam ipsis Siculis persuasum est.* (Cic.) • *6. Ubi circumiecta multitudine hominum totis moenibus undĭque in murum lapides iaci coepti sunt, testudine facta nostri portas succendunt murumque subruunt.* (Ces.) • *7. Pisĭdas resistentes Datămes invadit: primo impetu pellit, fugientes persequitur, multos interfĭcit, castra hostium capit. Tali consilio uno tempore et proditores percŭlit et hostes profligavit.* (Nep.) • *8. Druĭdes a bello abesse consuērunt neque tributa una cum reliquis pendunt. Militiae vacationem omniumque rerum habent immunitatem.* (Ces.)

L'esercizio insegna a:
- saper riconoscere il valore aspettuale dei tempi latini

30 Indica se nelle seguenti frasi d'autore i predicati evidenziati hanno valore temporale assoluto A o relativo R, poi traduci.

*1. Ubicumque **vicit** A R Romanus, **habitat** A R.* (Sen.) • *2. **Desines** A R timēre, si sperare **desiĕris** A R.* (Sen.) • *3. Castra a cohortibus, quae ibi praesidio **erant relictae** A R, industriose **defendebantur** A R.* (Ces.) • *4. Ut navem, ut aedificium idem **destruit** A R facillime qui **construxit** A R, sic hominem eadem optime quae **conglutinavit** A R natura **dissolvit** A R.* (Cic.) • *5. Qui Agesilāi virtutes **noverant** A R, non **poterant** A R admirari satis.* (Nep.) • *6. Tum signo dato iuventus Romana ad rapiendas virgines **discurrit** A R: magna pars forte in quem quaeque **inciderat** A R **raptae sunt** A R.* (Liv.) • *7. Romani quamcumque in partem impetum **fecerant** A R, hostes loco cedĕre **cogebant** A R.* (Ces.) • *8. Legati a Porsenna de reducendo in regnum Tarquinio **venerunt** A R quibus cum **responsum esset** A R **missurum** (esse) A R ad regem senatum legatos, **missi sunt** A R confestim honoratissimus quisque ex patribus.* (Liv.)

L'esercizio insegna a:
- saper riconoscere il valore temporale assoluto o relativo dei predicati latini

31. Traduci l'esordio della seguente lettera di Cicerone all'amico Attico prestando attenzione allo stile epistolare.

CICERO ATTICO SAL.
Ante quam aliquo loco consedero, neque longas a me neque semper mea manu litteras exspectabis; cum autem erit spatium utrumque praestabo. Nunc iter conficiebamus aestuosa et pulverulenta via. Dederam (iam litteras) Epheso pridie; has litteras autem dedi Trallibus. In provincia mea fore me putabam Kal. Sext.

L'esercizio insegna a:
- saper riconoscere e tradurre gli elementi caratteristici dello stile epistolare

32. Traduci le seguenti frasi d'autore prestando attenzione all'uso dell'indicativo latino al posto del condizionale italiano (falso condizionale).

1. *Volui tibi multa alia scribĕre.* (Plin.) • 2. *Non putavi hoc futurum esse.* (Sen.) • 3. *Consulum fide res publica niti debuit.* (Cic.) • 4. *Illum liberius admonuisti quam debebas, itaque non emendasti sed offendisti.* (Sen.) • 5. *Si homines rationem bono consilio a dis immortalibus datam in fraudem malitiamque convertunt, non dari illam quam dari humano generi melius fuit.* (Cic.) • 6. *Licuit vobis cum summa turpitudine in exilium aetatem agĕre, potuistis nonnulli Romae, amissis bonis, alienas opes exspectare.* (Sall.)

L'esercizio insegna a:
- saper individuare e tradurre il falso condizionale

33. Nelle seguenti frasi d'autore individua le particolarità nella concordanza del predicato, poi traduci.

1. *Labor voluptasque, dissimillimā naturā, societate quadam naturali inter se sunt iuncta.* (Liv.) • 2. *Marcelli virtute captae, misericordia conservatae sunt Syracusae.* (Cic.) • 3. *Sulla cum Scipione inter se condiciones contulerunt.* (Cic.) • 4. *Milia triginta servilium capitum eo die capti sunt.* (Liv.) • 5. *Dux hostium C. Herennius cum exercitu deleti sunt.* (Sall.) • 6. *Multitudo pars procurrit in vias, pars in vestibulis stat, pars ex tectis fenestrisque prospectant et quid rei sit ("che cosa succeda") rogĭtant.* (Liv.)

L'esercizio insegna a:
- saper riconoscere e rendere correttamente le particolarità nella concordanza del predicato

34. Nelle seguenti frasi d'autore indica se gli infiniti sono storici S o esclamativi E, poi traduci.

1. *Eo magis hostis instare nec iam pro castris tantum suis explicare aciem, sed procedĕre in medium campi et superbam fiduciam virium ostentare.* (Liv.) S E • 2. *Huncine hominem tantis delectatum esse nugis!* (Cic.) S E • 3. *Catilina per montes iter facĕre, modo ad urbem, modo in Galliam versus castra movēre, hostibus occasionem pugnandi non dare.* (Sall.) S E • 4. *Milites Romani, perculsi tumultu insolito, arma capĕre alii, alii se abdĕre, pars territos confirmare, trepidare omnibus locis.* (Sall.) S E • 5. *Facinus indignum! Epistulam tibi rescriptam ad tuas suavissimas epistulas neminem reddidisse!* (Cic.) S E • 6. *Interea Catilina cum expeditis in prima acie versari, laborantibus succurrĕre, integros pro sauciis arcessĕre, omnia providēre, multum ipse pugnare, saepe hostem ferire.* (Sall.) S E • 7. *Ruĕre cuncti in castra, anteire proximos, certare cum praecurrentibus, increpare Galbam, laudare militum iudicium, exosculari Othōnis manum.* (Tac.) S E • 8. *Brevi spatio interiecto, hostes ex omnibus partibus signo dato decurrĕre, lapides gaesaque in vallum conicĕre.* (Ces.) S E

L'esercizio insegna a:
- saper riconoscere e tradurre le diverse funzioni dell'infinito indipendente

COMPETENZE LESSICALI

35 Abbina ciascuna delle seguenti espressioni italiane al corrispondente latino più adatto.

1. è in grado / può
2. è lecito
3. è permesso
4. non si può assolutamente
5. possibilità
6. libertà
7. potere
8. non è concesso

a. *potestas*
b. *nefas est*
c. *potestas*
d. *licentia*
e. *non licet*
f. *fas est*
g. *potest*
h. *licet*

L'esercizio insegna a:
- saper distinguere le sfumature di significato delle espressioni latine indicanti possibilità

36 Indica le parole latine a cui sono etimologicamente connessi i seguenti termini italiani e precisa i cambiamenti di significato che sono eventualmente intervenuti.

1. potestà ....
2. possibilità ....
3. potere ....
4. liceità ....
5. licenza ....
6. licenziare ....
7. nefasto ....
8. fasto ....

L'esercizio insegna a:
- saper riconoscere l'origine etimologica di termini di uso comune nella lingua italiana

COMPETENZE DI TRADUZIONE

VERSIONE GUIDATA

37 Traduci il brano d'autore e svolgi le attività che seguono.

La serena vecchiaia di Manlio Curio

Dopo aver servito lo stato sconfiggendo Sanniti, Sabini e Pirro, Manlio Curio si gode una serena vecchiaia soddisfatto della gloria e per nulla interessato alle ricchezze dei bottini accumulati.

Possum persequi permulta oblectamenta rerum rusticarum, sed ea ipsa quae dixi sentio fuisse longiora. Ignoscetis autem; nam et studio rusticarum rerum provectus sum et senectus est natura loquacior, ne ab omnibus eam vitiis videar vindicare. Ergo in hac vita M'. Curius, cum de Samnitibus, de Sabinis, de Pyrrho triumphavisset, consumpsit extremum tempus aetatis. Cuius quidem ego villam contemplans (abest enim non longe a me) admirari satis non possum vel hominis ipsius continentiam vel temporum disciplinam. Curio ad focum sedenti magnum auri pondus Samnites cum attulissent, repudiati sunt; non enim aurum habēre praeclarum sibi videri dixit, sed eis qui haberent aurum, imperare. Poteratne tantus animus efficĕre non iucundam senectutem?

(Cicerone)

Laboratorio

Morfologia

1. Evidenzia in modo diverso i tempi principali e i tempi storici dell'indicativo. Per ciascuno cerca anche di stabilire il valore aspettuale.
2. Sottolinea le forme verbali deponenti, distinguendole da quelle passive, poi trascrivi e studiane i paradigmi.
3. Individua gli infiniti: sono indipendenti o dipendenti?

Sintassi

4. Considera le forme del verbo *possum*: si tratta di indicativi usati al posto del condizionale? Traduci di conseguenza.
5. *dixi... provectus sum... consumpsit... repudiati sunt... dixit*: precisa per ciascuno di questi perfetti se è usato con valore relativo o assoluto e, in quest'ultimo caso, se il suo valore aspettuale esprime un'azione momentanea o compiuta. Quali potrebbero essere considerati tempi principali?
6. Individua i costrutti di *videor* e precisa se sono personali o impersonali.

Lessico

7. *sentio*: il verbo indica una percezione interiore e può significare "pensare", oppure, come qui, ...
8. *disciplinam*: questo sostantivo è connesso con il verbo *disco* "insegno" e significa pertanto ....
9. *animus*: indica una qualità interiore spesso coincidente con l'italiano "coraggio". Qui potremmo tradurre con una perifrasi che contenga la parola "animo", ovvero ....

VERSIONE D'AUTORE

38

Videotutorial
Guarda il video e impara a fare l'analisi sintattica della versione.

Traduci il seguente brano.

Sconsiderato attacco di Gaio Sempronio

Il console Sempronio attacca i Volsci con un esercito impreparato. Che i Romani siano in difficoltà è evidente dal grido che dà inizio allo scontro: forte quello dei nemici, discorde e ineguale quello dei Romani.

Primo proelio, quod ab Sempronio incaute inconsulteque commissum est, non subsidiis firmata acie, non equite apte locato concursum est. Clamor indicium primum fuit qua res inclinatura esset, excitatior crebriorque ab hoste sublatus, ab Romanis dissŏnus, impar, segnius saepe iteratus. Ferocior inlatus hostis urgēre scutis, micare gladiis. Altera ex parte nutant circumspectantibus galeae et incerti trepidant applicantque se turbae. Signa nunc resistentia deseruntur ab antesignanis, nunc inter suos manipulos recipiuntur. Nondum fuga certa, nondum victoria erat; tegi magis Romanus quam pugnare; Volscus inferre signa, urgēre aciem, plus caedis hostium vidēre quam fugae. Iam omnibus locis ceditur, nequiquam Sempronio consule obiurgante atque hortante.

(Livio)

CULTURA

39 Traduci il seguente brano d'autore.

Una lettera da Atene

Cicerone descrive brevemente all'amico Attico il proprio piacevole soggiorno ad Atene.
CICERO ATTICO SAL.
Ut Athenas a. d. VII Kal. Quint. veneram, exspectabam ibi iam quartum diem Pomptinum neque de eius adventu certi quicquam habebam. Eram autem totus, crede mihi, tecum et, quamquam per me ipse, tamen acrius vestigiis tuis monitus de te cogitabam. Sed tu de me ipso aliquid scire fortasse mavis. Haec sunt. Valde me Athenae delectarunt, urbe dumtaxat et urbis ornamento et hominum amore in te, in nos quadam benevolentia; sed mutata multa. Tu velim ("vorrei") cum primum poteris tua consilia ad me scribas, ut sciam quid agas, ubi quoque tempore, maxime quando Romae futurus sis.

(Cicerone)

CULTURA

40 Traduci il seguente brano d'autore.

Dolore di padre

Dopo la morte della figlia Tullia, ogni cosa appare a Cicerone insignificante: l'amico Attico gli consiglia di nascondere il proprio dolore nelle lettere agli amici, ma Cicerone afferma che scrivere gli offre soprattutto un conforto. Chiede poi all'amico informazioni su Gneo Cepione e Rutilia.

CICERO ATTICO SAL.
Nondum videris perspicĕre quam me nec Antonius[1] commovĕrit nec quicquam iam eius modi possit commovēre. De Terentia[2] autem scripsi ad te eis litteris quas dederam pridie. Quod me hortaris atque a ceteris desiderari scribis ut dissimulem me tam graviter dolēre, possumne magis quam totos dies consumĕre in litteris? Quod non dissimulationis causā, sed potius leniendi et sanandi animi causā facio. Minus multa ad te scripsi, quod exspectabam tuas litteras ad eas quas ad te pridie dederam. Exspectabam autem maxime de fano[3], non nihil etiam de Terentia. Velim ("Vorrei che...") *proximis litteris me facias certiorem vivone patre suo Cn. Caepio* (nom.) *naufragio periĕrit an mortuo, item vivone C. Cotta filio suo mortua sit Rutilia, an mortuo. Pertĭnent ad eum librum quem de luctu minuendo scripsimus.*
(da Cicerone)

1. *Antonius*: Antonio è il principale nemico personale di Cicerone.
2. *Terentia*: Cicerone aveva da poco divorziato dalla moglie Terenzia, non senza strascichi giudiziari per questioni di denaro.
3. *fano*: si tratta di un tempietto che Cicerone intendeva far erigere in onore di Tullia.

Conoscere la cultura

Lettere e corrispondenza nel mondo antico (I)

Il *cursus publicus* L'insieme di vie di comunicazione terrestri (strade) e marittime dell'impero prendeva il nome di *cursus publicus*. Augusto fece potenziare il servizio di informazioni pubblico posizionando a breve distanza stazioni dove erano custoditi cavalcature, carri e animali da traino che consentissero un cambio immediato (*mutatio*) ai latori di missive o di pacchi e oggetti particolarmente importanti. Era così organizzato un vero e proprio servizio postale pubblico, che era distinto in *velox* (per le lettere, trasportate a cavallo) e *clavularis* (ossia con carri, per il trasporto di persone o beni di vario genere). Le stazioni di posta erano gestite dai governi dei locali *municipia* e il governo centrale interveniva solo per porre rimedio a eventuali abusi o inefficienze.

L'arrivo di un viandante a una stazione di posta, III secolo d.C., Roma, Antiquarium Comunale del Celio.

Da *statio* a città Di corrieri a cavallo si serviva già Cesare, come riferisce lui stesso nel *De bello Gallico*, mentre da una nota di Cicerone nelle *Philippicae* veniamo a sapere che Antonio violava la segretezza della posta altrui affidata al servizio pubblico. Ma sotto Augusto il controllo del servizio postale fu attentissimo. Fu assegnato un *curator* per ogni *via*, che rispondeva direttamente al prefetto del pretorio. Ben presto vennero create *stationes* più ampie, a distanza regolare di un giorno di viaggio l'una dall'altra, in modo da garantire anche un riparo per la notte ai corrieri. Da queste e dalle *mutationes* meglio posizionate si svilupparono a poco a poco centri abitati, che ancora oggi mantengono un nome che fa riferimento alla loro antica posizione rispetto alla città di partenza (per esempio Sesto San Giovanni, a sei miglia da Milano, o Settimo Fiorentino).

Un'organizzazione capillare Sotto Adriano la rete postale fu potenziata e organizzata meglio, affidata a un magistrato specifico, il *praefectus vehiculorum*, di rango equestre. I mezzi di trasporto più utilizzati, oltre al *currus* (ovvero la classica biga) erano la *raeda*, trainata da buoi o da muli, e il *carpentum*, grande carro coperto. Si percorrevano mediamente dalle 8 alle 10 miglia (un miglio romano equivale all'incirca a 1,480 km, quindi 12-15 km) al giorno con il carro trainato da buoi, ma un *cursor* (messaggero a cavallo) poteva percorrere anche 50-68 miglia (= 75-100 km) al giorno. In ogni caso i trasporti per mare, limitati però alla bella stagione, erano molto più veloci: da Ostia si potevano raggiungere i porti più lontani del Mediterraneo (Alessandria a est, Cadice a ovest) in una settimana circa di navigazione.

Carte geografiche Abbiamo notizia di un'accurata carta del territorio preparata dal braccio destro di Augusto Marco Vipsanio Agrippa, che era stata anche collocata in formato gigante nel *porticus Vipsania*. Tuttavia nessuna copia di questa prima rappresentazione dell'impero ci è giunta, mentre possediamo un documento eccezionale: la cosiddetta *Tabula Peutingeriana*, una copia medievale di una carta geografica che risale probabilmente al III secolo a.C. e che rappresenterebbe il *cursus publicus* con le sue stazioni in forma di diagramma (come le moderne mappe della metropolitana), corredato di simboli diversi e specifici per ogni località dell'impero.

Comprendere

1 Com'era organizzato il servizio postale pubblico? Quali successivi miglioramenti furono introdotti?

2 Qual era la funzione delle *stationes* e delle *mutationes*? Quale sviluppo ebbero molte di esse?

3 Quali erano i mezzi di trasporto più veloci?

Approfondire

4 Fa' una ricerca sulle località della tua regione che contengono nel nome un numerale ordinale e verifica che vi sia corrispondenza rispetto alla loro distanza dalla grande città più vicina (tieni conto che un miglio romano equivale all'incirca a 1,480 km).

5 Raccogli informazioni e immagini della *Tabula Peutingeriana* e individua su di essa le principali città dell'impero. Ti sembra che le distanze siano rappresentate in scala? Come mai? Quali distanze soprattutto importavano? Questo spiega la forma allungata in orizzontale della carta? Perché?

unità 41

L'imperativo
I congiuntivi indipendenti della volontà

Lezione
Studia i **congiuntivi indipendenti** ed **esercitati** a memorizzarli; quindi **verifica** le tue conoscenze.

LINGUA
Sintassi
L'imperativo
I congiuntivi indipendenti esortativo, concessivo e desiderativo

LESSICO
Parole da scoprire
Espressioni di volontà e di divieto

TRADUZIONE
Conoscere la cultura
Lettere e corrispondenza nel mondo antico (II)

SINTASSI

L'imperativo

 Il modo imperativo esprime un comando immediato o una forte esortazione. Ha solo il tempo **presente** alla 2ª persona singolare e plurale: *ama* (tu), *amate* (voi). La forma negativa si esprime con l'avverbio di negazione *non* unito all'infinito per la 2ª persona singolare, alla forma regolare di imperativo per la 2ª persona plurale: *non amare* (tu), *non amate* (voi).

 Anche in latino l'imperativo esprime **comando** o **esortazione** ma, diversamente dall'italiano, ha due tempi:

- il **presente** ha solo la 2ª persona singolare e plurale (come in italiano):

  Iam id vos vidēte. (Cic.)   **Occupatevi** voi di questa cosa

- il **futuro** ha la 2ª e la 3ª persona singolari e plurali ed esprime un comando di cui si richiede l'esecuzione nel futuro. È usato quasi esclusivamente nelle leggi e nei decreti, proprio a indicare un ordine da rispettare nel futuro; in italiano si può rendere o con un futuro o (meglio) con un congiuntivo esortativo:

  Deorum manium iura sancta sunto. (Cic.)   **Siano** (oppure "**Saranno**") santi i diritti degli dèi Mani.

L'imperativo **negativo** (vedi anche p. 267) viene espresso con:

- *ne* + congiuntivo **perfetto** (solo nella 2ª persona singolare e plurale):

  Hoc ne fecĕris. (Cic.)   **Non farlo!**

- *ne* + **imperativo** (uso poetico):

  Tu ne cede malis. (Virg.)   Tu **non cedere** alle sciagure!

> **RICORDA CHE...**
>
> - I verbi come *scio* e *memĭni* hanno solo l'imperativo **futuro**, che in italiano si rende con un imperativo presente:
>
>   *Unum hoc scito.* (Cic.)   Questo solo **sappi**.
>   *Illud ante omnia memento.* (Sen.)   **Ricordati** innanzitutto di questo.

- Sono frequenti gli imperativi dei verbi **valeo** e **salveo** usati come **formule di commiato**: *vale*, *valēte* "stai bene!", "state bene!"; *salve*, *salvēte* "sii salvo!", "siate salvi!". Valore avverbiale ha spesso **age** (imperativo di *ago*) "suvvia".
- L'imperativo può essere accompagnato da **particelle** e **formule di preghiera** come *quaeso* "per piacere", *obsĕcro* "ti scongiuro", *oro* "ti prego", *sis* (= *si vis*) "se vuoi", *sultis* (= *si vultis*) "se volete":

Age, mi Leonĭda, **obsĕcro**, **fer** amanti ero salutem. (Plaut.)	**Suvvia**, mio Leonida, ti **scongiuro**, **porta** salvezza al tuo padrone innamorato.

Il congiuntivo indipendente esortativo

IN ITALIANO

Il modo **congiuntivo** qualifica l'azione espressa dal verbo come incerta, ipotizzabile, desiderata, dubbia o soggettiva. È impiegato prevalentemente nelle subordinate, ma si usa anche nelle **proposizioni indipendenti** con i seguenti valori:

- **esortativo**, per esprimere un comando o un'esortazione più attenuati rispetto all'imperativo: *Esca di qua!*
- **concessivo**, per segnalare un'adesione, anche forzata, a qualcosa: *Venga pure a piovere!*
- **desiderativo** (o ottativo), per esprimere un augurio, una speranza, ma anche un timore: *Fosse vero!*
- **dubitativo**: *Che abbia deciso di non venire?*
- **esclamativo**: *Sapessi quante ne ho passate!*

IN LATINO

Come in italiano, un comando o un'**esortazione** in forma **più attenuata** si esprimono in latino con il **congiuntivo presente esortativo** (negazione *ne*), che si usa talvolta in sostituzione dell'imperativo nella 2ª persona singolare e plurale, sempre nelle altre persone:

*Ab omni quod abhorret ab oculorum auriumque approbatione **fugiamus**.* (Cic.)	**Rifuggiamo** da tutto ciò che è lontano dall'approvazione degli occhi e delle orecchie.

RICORDA CHE...

Due congiuntivi esortativi entrambi negativi si coordinano con **neve** o **neu**, mentre si usa regolarmente **neque** o **nec** se il primo congiuntivo è positivo:

Ne difficilia optemus **neve** inania consectemur. (Cic.)	**Non** desideriamo cose difficili **e non** andiamo dietro a cose vane.
Veniat **neque** cunctetur propius accedere. (Sall.)	Venga avanti **e non** esiti ad avvicinarsi.

ESERCIZI

IN ITALIANO

Indica se le forme evidenziate nelle seguenti frasi sono congiuntivi esortativi CE, imperativi I o imperativi negativi IN.

1. **Sii** forte: la notizia è terribile! CE I IN • 2. **Abbia** pazienza: sono subito da lei! CE I IN •
3. La prego: **stia** zitto! CE I IN • 4. **Cerchiamo** di fare piano, mi raccomando! CE I IN •
5. **Venga** pure avanti! CE I IN • 6. **Sia** ringraziato il cielo! CE I IN • 7. **Non dimenticarti** il cellulare! CE I IN • 8. **Alzatevi** in piedi! CE I IN

unità 41 — 265 — I congiuntivi indipendenti della volontà

IN LATINO

FACILIORA

2 Volgi le seguenti voci verbali dal congiuntivo esortativo all'imperativo positivo e negativo (attenzione: la trasformazione non è sempre possibile). L'esercizio è avviato.

congiuntivo esortativo	imperativo positivo	imperativo negativo
audiatis	audite	ne audiverĭtis
timeas		
salvetis		
colas		
pugnemus		
ores		
fugent		
fugiatis		

3 Nelle seguenti frasi d'autore **distingui** fra congiuntivo esortativo CE, imperativo I o imperativo negativo IN, poi **traduci**.

1. *Memento, homo, quia pulvis es et in pulverem revertēris.* (liturgia) CE I IN • **2.** *Neminem despexeris.* (Sen.) CE I IN • **3.** *Impius ne audeto placare donis iram deorum.* (Cic.) CE I IN • **4.** *Ne a vero discedamus neve mendaciis salutem petamus.* (Cic.) CE I IN • **5.** *Cedant arma togae.* (Cic.) CE I IN • **6.** *Tu perge, quaeso, scribĕre, nec meas litteras expectaveris.* (Cic.) CE I IN CE I IN • **7.** *Nemo Drusi lacrimas, nemo maestitiam meam spectet.* (Tac.) CE I IN • **8.** *Pacem vult Antonius? Arma deponat.* (Cic.) CE I IN

DIFFICILIORA

4 Nelle seguenti frasi d'autore **volgi** gli imperativi in congiuntivi esortativi o, se possibile, viceversa; poi **traduci** tenendo conto delle diverse sfumature di significato.

1. *Si me amas, negotium totum suscĭpe* (..............................). (Cic.) • **2.** *Aviam tuam scito* (..............................) *desiderio tui mortuam esse.* (Cic.) • **3.** *Ignoscito* (..............................) *semper alteri, numquam tibi.* (Cic.) • **4.** *Ne me putetis* (..............................) *ultionis causa huc venisse.* (Petr.) • **5.** *Qui dedit beneficium, taceat* (..............................); *narret* (..............................), *qui accēpit.* (Sen.) • **6.** *Abi* (..............................) *nunc, populi fidem implora* (..............................). (Cic.) • **7.** *Numquam tibi redditam gratiam putaveris* (..............................). (Sall.) • **8.** *Homines nos esse meminerimus* (..............................)! (Cic.)

5 Traduci in latino le seguenti frasi.

1. Non credere che vi sia stato alcuno più eloquente (usa *plenus*) di Gaio Gracco nel parlare (*ad dicendum*). • **2.** Non invidiare i potenti e non desiderare gli onori, poiché la felicità risiede nella moderazione e nella tranquillità dell'animo. • **3.** Per i consoli il benessere del popolo sia norma suprema. • **4.** Non temete la morte! Essa infatti o toglie ogni sensazione oppure conduce in qualche altro luogo.

6 Traduci il seguente brano d'autore.

Il trattato di pace stretto con gli Etoli

Le condizioni di pace imposte agli Etoli riflettono un'evidente condizione di subordinazione, che comprende, fra le altre cose, il dovere di estradizione degli esuli e la consegna di ostaggi.

Diu iactati Aetoli tandem, ut condiciones pacis convenirent, effecerunt. Fuerunt autem hae: «Imperium maiestatemque populi Romani gens Aetolorum conservato sine dolo malo; ne quem exercitum, qui adversus socios amicosque eorum ducetur, per fines suos transire sinito, neve ulla ope iuvato; hostis eosdem habeto quos populus Romanus, armaque in eos ferto, bellumque pariter gerito; perfugas fugitivos captivos reddito Romanis sociisque, praeterquam si qui capti, cum domos redissent, iterum capti sunt, aut si qui eo tempore ex iis capti sunt, qui tum hostes erant Romanis, cum intra praesidia Romana Aetoli essent; aliorum qui comparebunt intra dies centum Corcyraeorum magistratibus sine dolo malo tradantur; qui non comparebunt, quando quisque eorum primum inventus erit, reddatur; obsides quadraginta arbitratu consulis Romanis dato ne minores duodecim annorum neu maiores quadraginta, obses ne esto praetor, praefectus equitum, scriba publicus, neu quis, qui ante obses fuit apud Romanos; Cephallania extra pacis leges esto».

(Livio)

PAROLE DA SCOPRIRE
Espressioni di volontà e di divieto

- Un **comando** o un'**esortazione** possono essere espressi da diversi costrutti, qui elencati in ordine di intensità:

costrutto	tipo di comando / esortazione	esempio
imperativo presente	comando immediato o forte esortazione	*Veni* "Vieni!"
imperativo futuro	comando non immediato, usato nelle leggi e nei decreti	*Veniunto* "Vengano!"
fac, facĭte / vide, vidēte / cura, curate (*ut*) + congiuntivo	esortazione attenuata	*Fac (ut) venias* "Cerca di venire!"
congiuntivo presente esortativo	esortazione molto attenuata	*Venias* "Vieni, per favore"

- Il **divieto** (imperativo negativo) può essere espresso da:

costrutto	osservazioni	esempio
ne + congiuntivo perfetto	–	*Ne veneris* "Non venire!"
ne + congiuntivo presente	congiuntivo esortativo	*Ne venias* "Che tu non venga!"
ne + imperativo presente	di uso raro e poetico	*Ne veni* "Non venire!"
ne + imperativo futuro	nelle leggi e nei decreti	*Ne veniunto* "Non vengano!"
noli, nolīte + infinito	–	*Nolīte venire* "Non vogliate venire!", "Non venite!"
fuge, fugĭte + infinito	raro	*Fugĭte venire* "Evitate di venire!"
cave, cavēte (*ne*) + congiuntivo	–	*Cave (ne) venias* "Guardati dal venire!"
fac, facĭte / vide, vidēte / cura, curate *ne* + congiuntivo	raro	*Videte ne veniatis* "Badate di non venire!"

Espressioni come *Cave* (*ne*) *venias* o come *Fac* (*ut/*) *ne venias* sono assimilabili a proposizioni completive volitive introdotte da *ut/ne*. Il fatto che la congiunzione *ut* sia spesso sottintesa è il residuo di un'antica fase paratattica della lingua: *Fac: venias* "Fa': vieni!"; *Cave: ne venias* "Sta' attento: non venire!"

7 **Trasforma** le forme di comando come richiesto (attenzione: la trasformazione non è sempre possibile). L'esercizio è avviato.

imperativo presente	imperativo futuro	fac ut + congiuntivo	cura ut + congiuntivo
audite			
		fac ut timeas	
			curate ut salveatis
	colĭto (2ª sing.)		
			curate ut ametis
ora			
		facĭte ut memineritis	
	fugitote		

8 **Trasforma** le forme di divieto come richiesto (attenzione: la trasformazione non è sempre possibile). L'esercizio è avviato.

imperativo negativo	noli, nolīte + infinito	cave + congiuntivo	cura ne + congiuntivo
ne audiveris			
		cave moneas	
			curate ne servetis
	noli colĕre		
			curate ne pellatis
ne amaveris			
		cave memineris	
	nolite fugĕre		

9 Nelle seguenti frasi d'autore **individua** e **analizza** tutti i costrutti di comando o divieto, poi **traduci**.
1. *Fac animo forti sis.* (Cic.) • 2. *Noli tam esse iniustus.* (Cic.) • 3. *Cave alĭter facias.* (Cic.) • 4. *Vide ne te Scipio non solum temperantia, sed etiam intelligentia vicerit.* (Cic.) • 5. *Noli irasci Sosiae causa mea.* (Plaut.) • 6. *C. Caesar, cave ignoscas, cave te fratrum pro fratris salute obsecrantium misereat.* (Cic.) • 7. *Nolite, iudices, inimicis meis dare laetitiam.* (Cic.) • 8. *Cura ut valeas et me absentem diligas atque defendas.* (Cic.)

10 Nelle seguenti frasi d'autore **completa** i costrutti di comando o di divieto utilizzando i verbi tra parentesi, poi **traduci**.
1. *Si de me ipso plura dicĕre videbor,* .... (*ignosco*, imper. fut., sogg. *vos*). (Cic.) • 2. *Nolite me iocari* .... (*puto*). (Petr.) • 3. *Quae culpare soles, ea tu ne* .... (*facio*) *ipse.* (Dist. Cat.) • 4. *Libros tuos cave cuiquam* .... (*trado*). (Cic.) • 5. *Magna sunt ea quae dico, mihi* .... (*credo*, sogg. *tu*), ... (*nolo*) *haec contemnĕre.* (Cic.) • 6. *Cave* .... (*puto*) *hoc tempore plus me* (abl.) *quemquam cruciari.* (Cic.) • 7. *Fac ne quid aliud* .... (*curo*), *nisi ut quam commodissime convalescas.* (Cic.) • 8. .... (*dico*) *mihi verum.* (Cic.)

SINTASSI

Il congiuntivo indipendente concessivo

Il congiuntivo indipendente concessivo esprime una **concessione** che viene fatta dal soggetto, il quale permette che qualcosa possa avvenire o possa essere considerata vera. Può essere introdotto da **particelle** come *sane*, *age*, *esto*, *licet*, *ut*, che in italiano si rendono con le perifrasi "ammettiamo che", "concediamo che", "sia pure che". La **negazione** è *ne*. I tempi usati sono:

- **presente**, per esprimere una concessione nel **presente**:

  Sed fruatur sane hoc solacio. (Cic.)   Ma **abbia pure** questa consolazione.

- **perfetto**, per esprimere una concessione nel **passato**:

  Age, sit ita factum: quae causa, cur Romam properaret? (Cic.)   **Va bene, ammettiamo che sia andata** così: che motivo c'era di affrettarsi a Roma?

Ricorda che...

Spesso dopo il congiuntivo concessivo si trova una precisazione introdotta da **congiunzioni avversative** come *at*, *verum*, *sed* "ma", "però" oppure **restrittive** come *tamen*, *certe* "tuttavia", "certo" o **condizionali** come *dum*, *modo* "purché":

Haec sint falsa sane; invidiosa certe non sunt. (Cic.)   Siano pure queste cose false; **certo** non sono odiose.

ESERCIZI

11 Nelle seguenti frasi d'autore **sottolinea** le (eventuali) particelle attenuative, **individua** e **analizza** i congiuntivi concessivi, quindi **traduci**.

1. *Dicatur sane Catilina eiectus esse a me, dummodo eat in exilium.* (Cic.) • 2. *Roges me qualem naturam deorum esse ducam: nihil fortasse respondeam.* (Cic.) • 3. *Sane toleremus istorum defensiones, qui perdĕre alios quam periclitari ipsi maluerunt.* (Tac.) • 4. *Poëtis quidem permittamus eiusmodi exempla ("similitudini"): non idem oratorem decebit ut occultis aperta demonstret.* (Cic.) • 5. *Rhodienses superbos esse aiunt; sint sane superbi: quid ad nos attĭnet?* (Cato.) • 6. *Ne sint in senectute vires; ne postulantur quidem vires a senectute.* (Cic.)

12 **Traduci** le seguenti frasi in latino.

1. Si pensi pure quello che si vuole: io sono innocente. • 2. Ammettiamo che nessuno sapesse che cosa era accaduto: tuttavia potevano capire che mentiva! • 3. La libertà sarà sicuramente un bene, ma dobbiamo servirci di essa per giovare a tutti e non nuocere a nessuno. • 4. Ammettiamo pure che il console Gaio Mario ignorasse le lettere greche e non abbia coltivato la poesia, ma nessuno fu più adatto di lui a combattere contro Giugurta, uomo astutissimo.

13 **Traduci** il seguente brano d'autore.

Verre libera i capi dei pirati dietro compenso

Se anche Verre sarà assolto dall'accusa di peculato, le sue parole lo inchiodano per altri crimini: in cambio di denaro, non ha fatto decapitare, come voleva la prassi, i capi di una nave pirata.

Emerserit etiam ex peculatus iudicio: meditetur (Verres) de ducibus hostium quos accepta pecunia liberavit, quaerat non solum quem ad modum nostro crimini, verum etiam quo pacto suae confessioni possit mederi, meminerit se priore actione ("nel primo dibattito")*, clamore populi Romani infesto atque inimico excitatum, confessum esse duces praedonum a se securi* *non esse percussos, se iam tum esse veritum ne sibi crimini daretur* ("di essere incriminato con l'accusa...") *eos ab se pecunia liberatos; fateatur, id quod negari non potest, se privatum hominem praedonum duces vivos atque incolumes domi suae, postea quam Romam redierit, retinuisse. Confringat iste sane vi sua consilia senatoria, quaestiones perrumpat, evŏlet ex vestra severitate: mihi credite, artioribus laqueis apud populum Romanum tenebitur.*

(Cicerone)

SINTASSI

Il congiuntivo indipendente desiderativo (o ottativo)

Il congiuntivo indipendente desiderativo (o ottativo, dal verbo latino *opto* "desidero") esprime l'**augurio** che qualcosa avvenga o sia avvenuta oppure il **rimpianto** per qualcosa che non può avvenire o che non è avvenuto. È accompagnato quasi sempre dalla particella ***utĭnam*** che equivale in italiano a "magari", "oh se", "vorrei che". La **negazione** è *ne*. I tempi usati sono:

- **presente**, per un desiderio **realizzabile nel presente** o nel futuro:

  *Huic **utĭnam** aliquando gratiam referre **possīmus**.* (Cic.)

  Vorrei che potessimo (lett. "Oh se possiamo") un giorno restituirgli il favore.

- **perfetto**, per un desiderio **realizzabile nel passato**:

  *Utĭnam vere, fideliter, abunde ante **auguraverim**.* (Cic.)

  Possa io aver fatto una vera, giusta e ampia **previsione**.

- **imperfetto**, per un desiderio **irrealizzabile nel presente** o nel futuro:

  *Utĭnam ne vere **scriberem**.* (Cic.)

  Magari non scrivessi il vero!

- **piuccheperfetto**, per un desiderio **irrealizzabile nel passato**:

  *Utĭnam res publica **stetisset**.* (Cic.)

  Oh se lo stato **fosse rimasto** in piedi!

Il congiuntivo desiderativo può essere introdotto, oltre che dalla particella *utĭnam*, anche dai congiuntivi presenti potenziali ***velim, nolim, malim*** per il desiderio **realizzabile** (congiuntivo presente o perfetto) o dai congiuntivi imperfetti irreali ***vellem, nollem, mallem*** per il desiderio **irrealizzabile** (congiuntivo imperfetto o piuccheperfetto):

*De Menedēmo **vellem** verum **fuisset**, de regina **velim** verum **sit**.* (Cic.)

Di Menedēmo **vorrei** che **fosse stato** vero, della regina **vorrei** che **fosse** vero.

Lo schema di riferimento è il seguente:

tempo	desiderio realizzabile	desiderio irrealizzabile
presente	*utĭnam*, *velim / nolim / malim* + congiuntivo presente *Velim dicas* "Vorrei che tu dicessi" (e puoi dirlo).	*utĭnam*, *vellem / nollem / mallem* + congiuntivo imperfetto *Vellem dicĕres* "Vorrei che tu dicessi" (ma non lo dici).
passato	*utĭnam*, *velim / nolim / malim* + congiuntivo perfetto *Velim dixeris* "Vorrei che tu avessi detto" (ed è possibile che tu l'abbia detto).	*utĭnam*, *vellem / nollem / mallem* + congiuntivo piuccheperfetto *Vellem dixisses* "Vorrei che tu avessi detto" (ma non l'hai detto).

Dopo *velim, nolim, malim* e *vellem, nollem, mallem* si trova talvolta l'**accusativo con l'infinito**, mentre in caso di identità di soggetto si usa quasi sempre l'**infinito semplice**:

*Sic enim te existimare **velim**.* (Cic.)

Così infatti **vorrei che tu pensassi**.

I congiuntivi indipendenti della volontà

tempo	desiderio realizzabile	desiderio irrealizzabile
presente	**velim / nolim / malim** + infinito presente *Velim dicĕre* "Vorrei dire" (e posso dirlo).	**vellem / nollem / mallem** + infinito presente *Vellem dicĕre* "Vorrei dire" (ma non lo dico).
passato	**velim / nolim / malim** + infinito perfetto *Velim dixisse* "Vorrei aver detto" (ed è possibile che io l'abbia detto).	**vellem / nollem / mallem** + infinito perfetto *Vellem dixisse* "Vorrei aver detto" (ma non l'ho detto).

ESERCIZI

IN ITALIANO

14 **Indica** se nelle seguenti frasi il desiderio è realizzabile R o irrealizzabile I, nel presente PR o nel passato PA.

1. Magari avessi saputo prima che eri stato qui! R I PR PA • 2. Vorrei che mi invitassero al banchetto. R I PR PA • 3. Ti auguro di avere successo. R I PR PA • 4. Vorrei che tu fossi qui con me ora. R I PR PA • 5. Vorrei che tu studiassi di più. R I PR PA • 6. Vorremmo che foste contenti di questo dono. R I PR PA • 7. Mi auguro che tu sia giunto a Roma in tempo, ma non ho ricevuto nessuna notizia in proposito. R I PR PA • 8. Magari fosse venuto a trovarmi! R I PR PA

IN LATINO

15 Nelle seguenti frasi d'autore **analizza** i congiuntivi desiderativi, quindi **traduci**.

1. *Quam vellem Romae mansisses!* (Cic.) • 2. *Tu velim saepe ad nos scribas.* (Cic.) • 3. *Utinam possim tibi referre gratias.* (Turpil.) • 4. *Vellem nobis hoc idem vere dicĕre liceret.* (Cic.) • 5. *Hoc unum plane tibi adprobare vellem, omnia me illa sentire quae dicerem, nec tantum sentire sed amare.* (Sen.) • 6. *Haec velim credas, quod initio dixi, scripsisse me admonentem, non praecipientem.* (Plin. il G.) • 7. *Modo sit perpetuus huius, qua vivimus, pacis amor.* (Liv.) • 8. *Malim vidēri nimis timidus quam parum prudens.* (Cic.)

DIFFICILIORA

16 **Completa** le seguenti frasi d'autore coniugando il congiuntivo desiderativo, quindi **traduci**.

1. *Utinam ars mores animumque effingĕre* .... (*possum*, pres.). (Marz.) • 2. *Utinam C. Gracchus non tam fratri pietate quam patriae praestare* .... (*volo*, pass.). (Cic.) • 3. *Perdidisse honeste* .... (*malo*, pres.) *quam accepisse turpiter.* (Publ. Sir.) • 4. .... (*volo*, pres.) (*tu*) *mihi litteras de omnibus rebus crebro* .... (*mitto*, pres.). (Cic.) • 5. *Hoc tacuisse* .... (*malo*, pass.). (Cic.) • 6. *Modo* .... (*contingo*, pres.) *ut te consule vincamus.* (Liv.) • 7. *Quam* .... (*volo*, pres.) *Panaetium nostrum nobiscum* .... (*habeo*, pres.)! (Cic.) • 8. *Hoc* .... (*ignosco*, pres.) *di immortales populo Romano!* (Cic.)

17 **Traduci** in latino le seguenti frasi.

1. Oh, se ancora fossero vivi gli antichi valori! Forse lo stato non andrebbe in rovina. • 2. I Greci, affaticati dalla lunga guerra, spesso desiderarono tornare in patria: magari l'avessero fatto senza rischi! • 3. Vorrei che questa lettera ti arrivasse prima della tua partenza per Roma. • 4. Magari gli uomini potessero prevedere le cose future e guardarsi da tutti i pericoli che li minacciano!

18 Traduci il seguente brano d'autore.

Cicerone e l'uccisione di Cesare (I)

Cicerone scrive a Gaio Cassio, uno dei congiurati, esternandogli il proprio sostegno e la propria fiducia in lui e in Bruto come unici baluardi dello stato.

CICERO CASSIO S.
Qui status rerum fuerit tum cum has litteras dedi scire poteris ex C. Tidio Strabone, viro bono et optime de re publica sentiente. Tu velim sic existimes tibique persuadeas, omne perfugium bonorum in te et Bruto esse positum si, quod nolim, adversi quid evenerit. Res, cum haec scribebam, erat in extremum adducta discrimen. Brutus enim Mutīnae vix iam sustinebat. Qui si conservatus erit, vicimus; sin, quod di omen avertant, omnis omnium cursus est ad vos. Proinde fac animum tantum habeas tantumque apparatum quanto opus est ad universam rem publicam reciperandam. Vale.

(Cicerone)

19 Traduci il seguente brano d'autore.

Cicerone e l'uccisione di Cesare (II)

Cicerone è considerato da Bruto l'ispiratore del delitto, ma se davvero fosse stato presente, egli non avrebbe lasciato in vita Antonio!

CICERO CASSIO S.
Auget tuus amicus[1] furorem in dies. Primum in statua quam posuit in rostris inscripsit «parenti optime merito», ut non modo sicarii sed iam etiam parricidae iudicemini. Quid dico "iudicemini"? Iudicemur potius. Vestri enim pulcherrimi facti ille furiosus me principem dicit fuisse. Utinam quidem fuissem! Molestus nobis non esset. Vellem Idibus Martiis me ad cenam invitasses; profecto reliquiarum[2] nihil fuisset.

(Cicerone)

1. *tuus amicus*: si tratta di Bruto.
2. *reliquiarum*: con i "resti" Cicerone si riferisce ad Antonio, che dopo la morte di Cesare spadroneggiava a Roma.

VERIFICA DELLE COMPETENZE

COMPETENZE LINGUISTICHE

20 Nei seguenti periodi distingui i tre tipi di congiuntivo indipendente: esortativo E, concessivo C, desiderativo D.

1. Faccia pure quello che vuole: non lo seguiremo. E C D • **2. Sappi** che ti amiamo di tutto cuore. E C D • **3. Non creda** di potersela cavare sempre da solo. E C D • **4. Magari potessimo** fare quel che vogliamo! E C D • **5. Siate soddisfatti** del vostro lavoro. E C D • **6. Sia** pure l'anima mortale: tuttavia la morte non deve essere temuta. E C D • **7. Mi venga** un colpo se non dico la verità. E C D • **8. Sia pure stato eletto** dal popolo: è comunque un tiranno. E C D

L'esercizio insegna a:
- saper distinguere i diversi tipi di espressioni indipendenti della volontà in italiano

21 Nelle seguenti frasi d'autore distingui imperativo e congiuntivo esortativo, poi traduci.

1. *Eamus intro ut prandeamus.* (Plaut.) • **2.** *Hoc facĭto; hoc ne feceris.* (Cic.) • **3.** *Haec sit propositi nostri summa: quod sentīmus, loquamur, quod loquĭmur, sentiamus: concordet sermo cum vita.* (Sen.) • **4.** *Moriemur inultae, sed moriamur: / sic iuvat ire sub umbras.* (Virg.) • **5.** *Meminerĭmus etiam adversus infimos iustitiam esse servandam.* (Cic.) • **6.** *De me nihil timueris, sed tamen promitto nihil.* (Cic.) • **7.** *Egredĕre ex urbe, Catilina, libera rem publicam metu, in exsilium, si hanc vocem exspectas, proficiscĕre.* (Cic.) • **8.** *Contra verbosos noli contendĕre verbis: sermo datur cunctis, animi sapientia paucis.* (Cato.)

> **L'esercizio insegna a:**
> ■ saper riconoscere e tradurre l'imperativo e il congiuntivo esortativo

22 Nelle seguenti frasi d'autore individua i tre tipi di congiuntivo indipendente della volontà: esortativo ☐E☐, concessivo ☐C☐, desiderativo ☐D☐; quindi traduci.

1. *Maxime vellem, patres conscripti, rem publicam quietam esse.* (Cic.) ☐E☐ ☐C☐ ☐D☐
2. *Summum nec metuas diem nec optes.* (Marz.) ☐E☐ ☐C☐ ☐D☐
3. *Haec si vobis non probamus, sint sane falsa.* (Cic.) ☐E☐ ☐C☐ ☐D☐
4. *Tu, si intervallum longius erit mearum litterarum, ne sis admiratus.* (Cic.)
5. *Miles aequo animo patiatur se ab re familiari paulo diutius abesse.* (Liv.) ☐E☐ ☐C☐ ☐D☐
6. *Tu velim quid de universo, quid de partibus sentias, scribas mihi.* (Plin. il G.) ☐E☐ ☐C☐ ☐D☐
7. *Milia frumenti tua triverit area centum: non tuus hoc capiet venter plus ac meus.* (Or.) ☐E☐ ☐C☐ ☐D☐
8. *In hoc consideres velim ut pulchritudinem materiae ita difficultatem.* (Plin. il G.) ☐E☐ ☐C☐ ☐D☐
9. *Utinam tibi senescĕre contigisset, mi Lucili, intra natalium tuorum modum, nec te in altum fortuna misisset.* (Sen.) ☐E☐ ☐C☐ ☐D☐
10. *Esto, fecerit Torquatus hoc propter suas utilitates: num etiam eius collega P. Decius, cum se devoverat et equo admisso in mediam aciem Latinorum irruebat, aliquid de voluptatibus suis cogitabat?* (Cic.) ☐E☐ ☐C☐ ☐D☐
11. *Subscripsĕre quidam L. Bruti statuae: «Utinam viveres!».* (Svet.) ☐E☐ ☐C☐ ☐D☐
12. *Sed ut haec concedantur, reliqua qui ("come") tandem non modo concedi sed omnino intellegi possunt?* (Cic.) ☐E☐ ☐C☐ ☐D☐

> **L'esercizio insegna a:**
> ■ saper distinguere e tradurre i diversi tipi di congiuntivo indipendente della volontà

23 Nelle seguenti frasi d'autore distingui i diversi valori di *ne* + congiuntivo (attenzione: in alcuni casi il congiuntivo è il verbo di una subordinata).

1. *Animo imperato ne tibi animus imperet.* (Publ. Sir.) • **2.** *Utinam ne id Phormioni (mihi) suadēre incidisset! Neu me cupidum eo impulisset, quod principium est mali!* (Ter.) • **3.** *Bene si amico feceris, ne pigeat fecisse!* (Plaut.) • **4.** *Ne sit sane summum malum dolor, malum certe est.* (Cic.) • **5.** *Ne aequaveritis Hannibali Philippum: Pyrrho certe aequabitis.* (Liv.) • **6.** *Tu ne quaesieris, scire nefas, quem mihi quem tibi finem ("destino") di dedĕrint.* (Or.) • **7.** *Masinissa nos ita instituit ne quem coleremus nisi populum Romanum, ne societates, ne foedera nova acciperemus.* (Sall.) • **8.** *Ne id Iuppiter Optimus Maximus sineret, regiae maiestatis imperium eo ("fino a quel punto") recidĕre.* (Liv.)

> **L'esercizio insegna a:**
> ■ saper distinguere i diversi valori della particella *ne*

COMPETENZE LESSICALI

Classifica nella tabella tutte le espressioni di comando o divieto presenti nelle seguenti frasi d'autore; quindi traduci.

1. *Cave quicquam, nisi quod rogabo te, mihi respondeas.* (Plaut.) • 2. *Nolite existumare maiores nostros armis rem publicam ex parva magnam fecisse.* (Sall.) • 3. *Quid me facĕre vis fac ut sciam.* (Plaut.) • 4. *Vicinis bonus esto: familiam ne siveris peccare.* (Cato.) • 5. *Qui voluptatibus ducuntur et se vitiorum illecebris dediderunt, ne attingant rem publicam, patiantur virorum fortium labore se otio suo perfrui.* (Cic.) • 6. *Cave deformes multa bona uno vitio et tot meritorum gratiam maiore culpa corrumpas.* (Liv.) • 7. *Cura ut valeas et nos ames et tibi persuadeas te a me fraterne amari.* (Cic.) • 8. *Noli erubescĕre, Appi, collegam in sacerdotio habēre, quem in censura, quem in consulatu collegam habēre potuisti.* (Liv.) • 9. *Qui in adversa tempestate navem reliquerint, omnia amittunto: eorum navis et onera sunto, qui in nave remanserint.* (Cic.) • 10. *Vide ne me ludas.* (Plaut.)

frase	comando		
	imperativo presente	imperativo futuro	*fac / vide / cura* (*ut*)
1.			
2.			
3.			
4.			
5.			
6.			
7.			
8.			
9.			
10.			

frase	divieto				
	ne + cong. pres. / perf.	*ne* + imper. fut.	*noli / fuge* + inf.	*cave, cavēte* (*ne*) + cong.	*fac / vide / cura ne* + cong.
1.					
2.					
3.					
4.					
5.					
6.					
7.					
8.					
9.					
10.					

L'esercizio insegna a:
- saper individuare e tradurre le diverse espressioni di comando e divieto

COMPETENZE DI TRADUZIONE

VERSIONE GUIDATA

25 Traduci il brano d'autore e svolgi le attività che seguono.

Scipione esorta le truppe a combattere

Prima di affrontare Annibale presso il Ticino, il console Scipione incita i propri soldati, ricordando che non si combatte per aggiungere territorio al dominio di Roma, ma per la sopravvivenza stessa della patria.

Itaque vos ego, milites, non eo solum animo quo adversus alios hostes soletis, pugnare velim, sed cum indignatione quadam atque ira, velut si servos videatis vestros arma repente contra vos ferentes. Atque utinam pro decore tantum hoc vobis et non pro salute esset certamen. Non de possessione Siciliae ac Sardiniae, de quibus quondam agebatur, sed pro Italia vobis est pugnandum. Nec est alius ab tergo exercitus qui, nisi nos vincimus, hosti obsistat, nec Alpes aliae sunt, quas dum superant, comparari nova possint praesidia; hic est obstandum, milites, velut si ante Romana moenia pugnemus. Unusquisque se non corpus suum sed coniugem ac liberos parvos armis protegĕre putet; nec domesticas solum agitet curas sed identĭdem hoc animo reputet nostras nunc intuēri manus senatum populumque Romanum: qualis nostra vis virtusque fuerit, talem deinde fortunam illius urbis ac Romani imperii fore.

(Livio)

LABORATORIO

Morfologia

1 Individua e analizza le forme verbali al congiuntivo, distinguendo fra congiuntivi dipendenti e indipendenti.

2 Che pronomi sono *quadam* e *unusquisque*? Come possono essere rispettivamente tradotti nel brano? A quale condizione si potrebbe sostituire *unusquisque* con *quisque*?

Sintassi

3 Analizza i congiuntivi indipendenti individuati e precisa se si tratta di congiuntivi esortativi, concessivi o desiderativi.

4 *pugnare velim*: come è più comunemente espresso questo congiuntivo desiderativo? Esprime un desiderio realizzabile o irrealizzabile?

Lessico

5 *est pugnandum*: è un espressione di dovere. Trasforma la frase in un'esortazione utilizzando prima l'imperativo, poi il congiuntivo esortativo, quindi le altre forme di comando che hai studiato.

CULTURA

26 Traduci il seguente brano d'autore.

Un sofferto addio

Cicerone è a Brindisi, in procinto di salpare per la Grecia, dove si reca in esilio. Distrutto dal dolore, racconta alla moglie Terenzia dell'ospitalità ricevuta da Marco Lenio Flacco.

TULLIUS S. D. TERENTIAE ET TULLIOLAE ET CICERONI SUIS
Ego minus saepe do ad vos litteras quam possum propterea quod, cum omnia mihi tempora sunt misera, tum vero, cum aut scribo ad vos aut vestras lego, conficior lacrimis sic ut ferre non possim. Utinam minus vitae cupĭdi fuissemus! Certe nihil aut non multum in vita mali vidissemus. Si haec mala fixa sunt, ego vero te quam primum, mea vita, cupio vidēre et in tuo complexu emŏri, quoniam neque di, quos tu castissime coluisti, neque homines, quibus ego semper servivi, nobis gratiam rettulerunt. Nos Brundisii apud M. Laenium Flaccum dies XIII fuimus, virum optimum, qui periculum fortunarum et capitis sui prae mea salute neglexit. Huic utinam aliquando gratiam referre possīmus!

(Cicerone)

Laboratorio
Applica il metodo svolgendo l'analisi sintattica della versione, quindi scrivi la traduzione.

CULTURA

27 Traduci il seguente brano d'autore.

Cicerone raccomanda all'amico Attico la moglie Terenzia

Dopo la sconfitta di Farsàlo (48 a.C.) il futuro di Cicerone è ancora incerto: egli pertanto affida la moglie al fedele amico Attico.

Ita omnibus rebus urgeor; quas sustinēre vix possum vel plane nullo modo possum. Quibus in miseriis una est pro omnibus quod istam miseram patre, patrimonio, fortuna omni spoliatam relinquam. Qua re te, ut pollicēris, vidēre plane velim. Alium enim cui illam commendem habeo neminem, quoniam matri quoque eadem intellexi esse parata quae mihi. Sed si me non offendes, satis tamen habeto commendatam patruumque in eam quantum poteris mitigato. Haec ad te die natali meo scripsi; quo utinam susceptus non essem, aut ne quid ex eadem matre postea natum esset! Plura scribĕre fletu prohibeor. Scr. Brundisii III Non. Ian. (Cicerone)

CULTURA

28 Traduci il seguente brano d'autore.

Cicerone ha bisogno di un *librarius*

Cicerone riceve dopo un lungo intervallo di tempo una lettera dal proprio segretario Tirone e si compiace finalmente di leggere la partecipazione dell'amico alle sue preoccupazioni. Viene avanzata la richiesta di uno scriba che lo aiuti nel lavoro di stesura delle sue opere.

CICERO F. TIRONI SUO DULCISSIMO S.
Cum vehementer tabellarios exspectarem cotidie, aliquando venerunt post diem quadragesimum et sextum quam a vobis discesserant. Quorum mihi fuit adventus exoptatissimus. Nam cum maximam cepissem laetitiam ex humanissimi et carissimi patris epistula, tum vero iucundissimae tuae litterae cumulum mihi gaudi attulerunt. Itaque me iam non paenitebat intercapedinem scribendi fecisse, sed potius laetabar; fructum enim magnum humanitatis tuae capiebam ex silentio mearum litterarum. Vehementer igitur gaudeo te meam sine dubitatione accepisse excusationem. Quod polliceris te bucinatorem fore existimationis meae, firmo id constantique animo facias licet. Tantum enim mihi dolorem cruciatumque attulerunt errata aetatis meae ut non solum animus a factis sed aures quoque a commemoratione abhorreant. Cuius sollicitudinis et doloris te participem fuisse, notum exploratumque est mihi. Peto a te ut quam celerrime mihi librarius mittatur, maxime quidem Graecus. Multum mihi enim eripitur operae in exscribendis hypomnematis. Tu velim in primis cures ut valeas. (da Cicerone)

Conoscere la cultura

Lettere e corrispondenza nel mondo antico (II)

Biglietti e tavolette Come abbiamo visto nell'Unità 40 (p. 262), la comunicazione a distanza avveniva tramite messaggi scritti, recapitati generalmente da schiavi (*tabellarii*) o da persone fidate. Questo si verificava anche per le persone meno in vista e meno ricche, sebbene nel loro caso le difficoltà fossero maggiori. La maggior parte dei messaggi era affidata a tavolette cerate (*tabellae*) legate insieme con una cordicella (*linum*) e chiuse con il sigillo del mittente, che fungeva anche da firma, dato che nella gran parte dei casi anche lo scriba (*librarius*) era uno schiavo. Le tavolette venivano poi cancellate passandoci sopra la parte posteriore dello stilo, a forma di piccola spatola, e riutilizzate,

Donna con tavoletta e stilo, 62-79 d.C., Napoli, Museo Archeologico Nazionale.

non senza qualche rischio. Talvolta infatti rimanevano tracce di precedenti messaggi, magari privati, come avverte Ovidio: «Quando scrivi, esamina con cura la tua tavoletta: a molti succede di leggere più di quanto fosse stato scritto per loro!» (*Ars amandi* II, 395 ss.).

Le tavolette di Vindolanda Una documentazione eccezionale sulla corrispondenza nel mondo antico è stata rinvenuta a Vindolanda (oggi Chesterholm), una località ai confini dell'attuale Scozia, appena a sud del Vallo di Adriano, fra le rovine di una piazzaforte militare. Si tratta di centinaia di tavolette in legno, databili per lo più al I-II secolo d.C., che riportano documenti, ricevute e lettere scritte dai e ai militari stanziati nella regione. Le tavolette che hanno conservato la scrittura sono quasi sempre vergate con inchiostro direttamente sul legno levigato, senza preparazione con la cera. Questa circostanza, unitamente a eccezionali condizioni di conservazione del materiale ligneo, consente oggi di leggere, seppur in modo frammentario, molti documenti. Per esempio, la tavoletta 346 (TV I, 38) è una lettera che accompagnava l'invio di indumenti per far fronte al rigido clima della regione. Il testo infatti recita più o meno: «(ti ho mandato) (due?) paia di calze (*udones*), due paia di sandali e due paia di mutande (*subligaria*)... saluta... Elpis... Tetrico... e tutti i tuoi compagni (*contubernales*), con i quali spero che ti trovi assai bene (*felicissimum vivas*)».

Le lettere di Cicerone Le lettere di Cicerone rappresentano una realtà totalmente differente. Possediamo 36 libri per un totale di più di 900 lettere, per la maggior parte scritte da Cicerone ad Attico (16 libri), ad amici e parenti (*ad familiares*, 16 libri), al fratello Quinto (3 libri), a Marco Giunio Bruto il cesaricida (1 libro). Al liberto Tirone, il suo fedele segretario, si deve quasi certamente lo sforzo di raccogliere le minute delle lettere presenti nell'archivio del *patronus* dopo la sua morte, ma è probabile che nel processo di pubblicazione sia intervenuto anche l'amico Attico, che ovviamente possedeva moltissime missive nella stesura definitiva. L'epistolario di Cicerone rappresenta un *unicum*: si tratta infatti in gran parte di lettere private per le quali, al momento della stesura, l'autore non aveva pensato alla pubblicazione. Esse costituiscono una testimonianza eccezionale dei sentimenti e degli atteggiamenti più intimi del grande oratore.

Comprendere

1 Su quale tipo di supporto e con quali strumenti erano redatti i messaggi? Quali rischi si correvano?

2 Che cosa sono le tavolette di Vindolanda? Perché rappresentano una documentazione di eccezionale interesse?

3 Quali aspetti rendono unico e preziosissimo il ricco epistolario di Cicerone?

Approfondire

4 Visita il sito *http://vindolanda.csad.ox.ac.uk* e leggi le tavolette di Vindolanda (il testo è in inglese). Su *http://etjanst.hb.se/bhs/ith//23-00/mt.htm* (sempre in inglese) puoi trovare una spiegazione di come sono state decifrate. Consulta anche la rivista *National Geographic* (la puoi trovare in biblioteca) nel numero di dicembre 2004. Dopo aver raccolto informazioni tramite la ricerca che ti abbiamo suggerito, riassumi in un breve testo gli aspetti che più ti colpiscono, soffermandoti sul contenuto delle tavolette, sul contesto che ne emerge, sulle circostanze fortunate della loro conservazione e sulle tecniche di decifrazione adottate.

5 Francesco Petrarca fu tra i protagonisti della riscoperta dei classici nel Trecento. Fra l'altro, fu il primo a ritrovare nella biblioteca capitolare di Verona un manoscritto delle *Lettere ad Attico, al fratello Quinto e a Bruto*. Raccogli informazioni in internet e in biblioteca e rispondi alle seguenti domande.

   a Quando furono ritrovate le lettere di Cicerone da parte di Petrarca?
   b Quali sono le raccolte di lettere di Petrarca e quando furono scritte?
   c In che cosa si differenziano dall'epistolario ciceroniano?
   d Quale altro modello antico influenza la composizione delle lettere di Petrarca? In che senso?

unità 42 — I congiuntivi indipendenti dell'eventualità

LINGUA
Sintassi
I congiuntivi indipendenti dubitativo, potenziale, irreale e suppositivo

LESSICO
Parole da scoprire
"Dubitare", "esitare", "essere incerti"

TRADUZIONE
Conoscere la storia
Nerone fra storia e mito

Lezione
Studia i **congiuntivi indipendenti** ed **esercitati** a memorizzarli; quindi **verifica** le tue conoscenze.

SINTASSI

Il congiuntivo indipendente dubitativo

Il congiuntivo indipendente dubitativo (o deliberativo) esprime un **dubbio** (reale o fittizio) sotto forma di **proposizione interrogativa**. In italiano si rende con il futuro ("Che cosa farò?"), con il condizionale del verbo "dovere" seguito dall'infinito ("Che cosa dovrei fare?"), e talvolta anche con l'infinito semplice ("Che fare?").
Il dubbio riguarda solitamente il soggetto e pertanto il congiuntivo dubitativo è per lo più alla **1ª persona** singolare o plurale; talvolta però si trova usata anche la **3ª persona** singolare o plurale. La **negazione** è *non*. I tempi usati sono:

- **presente**, per un dubbio nel **presente**:
  *Nos **non** poëtarum voce moveamur?* (Cic.)   **Non dovremmo essere sensibili** alla voce dei poeti?

- **imperfetto**, per un dubbio nel **passato**:
  *Cur Cornelium **non** defenderem?* (Cic.)   Perché **non avrei dovuto difendere** Cornelio?

ESERCIZI

FACILIORA

1
Volgi i congiuntivi dubitativi dal presente al passato o viceversa, quindi **completa** le traduzioni mancanti. L'esercizio è avviato.

presente	traduzione	passato	traduzione
Quid faciam?	Che cosa (dovrei) fare?		
Quid dicat?			Che cosa avrebbe dovuto dire?
		Quid putarem?	Che cosa avrei dovuto pensare?

presente	traduzione	passato	traduzione
	Perché non dovrebbero vivere?	Cur non viverent?	
Quid agamus?			
Quo eam?			Dove sarei dovuto andare?
Ubi consistam?			
		Cur mentirer?	

2 Nelle seguenti frasi d'autore **sottolinea** i congiuntivi dubitativi, poi **traduci**.

1. *Quid ego de singulari magnitudine P. Sestii animi ac de incredibili virtute dicam?* (Cic.) • **2.** *Quid facerent miseri Siculi a Verre vexati, aut quid recusarent?* (Cic.) • **3.** *Perii, interii, occĭdi: quo curram? Quo non curram?* (Plaut.) • **4.** *Quid proelia aut expeditiones hibernas, oppida excisa aut recepta enumerem?* (Sall.) • **5.** *Huic cedamus? Huius condiciones audiamus? Cum hoc pacem fieri posse credamus?* (Cic.) • **6.** *Quo me vertam? Statim mehercule Arpinum irem, nisi te in Formiano expectari viderem.* (Cic.)

3 **Traduci** in latino le seguenti frasi.

1. Che fare? Dove andare? Nessuno sembra disposto ad accogliermi. • **2.** Quale altra decisione avremmo dovuto prendere in una simile situazione? • **3.** Non dovrei amarlo e ammirarlo? Non dovrei pensare di doverlo difendere in ogni modo? • **4.** I nemici incalzavano da ogni parte: che cosa avrebbe potuto fare una piccola schiera di soldati valorosi contro tante torme di barbari?

4 **Traduci** il seguente brano d'autore.

Cesare non vuole dare battaglia

Pur trovandosi in posizione favorevole, Cesare non vuole dare battaglia per evitare di spargere il sangue dei propri soldati. Molti dei suoi però non concordano, perché temono di perdere l'occasione di una facile vittoria.

Caesar in eam spem venerat se sine pugna et sine vulnere suorum rem conficĕre posse, quod re frumentaria adversarios interclusisset. Cur etiam secundo proelio aliquos ex suis amitteret? Cur vulnerari pateretur optime meritos de se milites? Cur denique fortunam periclitaretur? Praesertim cum non minus esset imperatoris consilio superare quam gladio. Movebatur etiam misericordia civium, quos interficiendos videbat; quibus salvis atque incolumibus rem obtinēre malebat. Hoc consilium Caesaris plerisque non probabatur; milites vero palam inter se loquebantur, quoniam talis occasio victoriae dimitteretur, etiam cum vellet Caesar, sese non esse pugnaturos. Ille in sua sententia persevērat et paulum ex eo loco digreditur, ut timorem adversariis minuat. (Cesare)

SINTASSI

Il congiuntivo indipendente potenziale

Il congiuntivo indipendente potenziale indica un **fatto che potrebbe o sarebbe potuto accadere**. In italiano si rende con il condizionale ("Chi dubiterebbe?"), con il futuro ("Chi dubiterà?") o con il condizionale del verbo "potere" seguito dall'infinito ("Chi potrebbe dubitare?").
Solitamente il **soggetto** è **indeterminato**, costituito da un pronome interrogativo o indefinito di 3ª **persona**, o espresso da un "tu" generico (2ª **persona**), che in italiano si può esprimere con il

"si" passivante. Non mancano tuttavia esempi di congiuntivo potenziale alla **1ª persona** singolare. La **negazione** è *non*. I tempi usati sono:

- **presente** e **perfetto**, per una potenzialità nel **presente**:

  *Quis hoc **credat**?* (Cic.) Chi **potrebbe credere** ciò?

  *Fortasse **dixerit** quispiam...* (Cic.) Forse qualcuno **potrebbe dire**...

- **imperfetto**, per una potenzialità nel **passato**:

  ***Audires** ululatus feminarum, infantum quiritatus, clamores virorum.* (Plin. il G.) **Si sarebbero potuti sentire** (lett. "Avresti potuto sentire") le urla delle donne, i lamenti dei bambini, le grida degli uomini.

> **Ricorda che...**
>
> Un particolare tipo di congiuntivo potenziale è il cosiddetto **congiuntivo di modestia**. Si tratta di forme isolate di congiuntivo **perfetto** alla **1ª persona singolare**, come *dixĕrim* "direi", "oserei dire", *non negavĕrim* "non negherei", "oserei affermare", *confirmavĕrim* "oserei affermare", *credidĕrim* "crederei", "oserei credere", *existimavĕrim* "penserei", "oserei pensare", *ausim* (= *ausus sim*) "oserei":
>
> *Hoc sine ulla dubitatione **confirmavĕrim**.* (Cic.) **Oserei affermare / Affermerei** ciò senza alcuna esitazione.

ESERCIZI

FACILIORA

5

Volgi i congiuntivi potenziali dal presente al passato o viceversa, quindi **completa** le traduzioni mancanti. L'esercizio è avviato.

presente	traduzione	passato	traduzione
Quis hoc dicat?	Chi potrebbe dire ciò?		
Fortasse quaesivĕrit quispiam		Fortasse quaereret quispiam	
		Putares	
			Chi avrebbe potuto negare?
	Oserei credere		
Adfirmaveris			
	Si potrebbe sentire		
Quis eorum mentiatur?			

6

Nelle seguenti frasi d'autore **sottolinea** e **analizza** i congiuntivi potenziali, specificando se indicano una potenzialità nel presente o nel passato; quindi **traduci**.

1. *Quis rem tam veterem pro certo adfirmet?* (Liv.) • 2. *Non facile dixerim quicquam me vidisse pulchrius.* (Cic.) • 3. *Verae amicitiae difficillime reperiuntur in iis qui in honoribus versantur: ubi istum invenias qui honorem amici anteponat suo?* (Cic.) • 4. *Ne iustitiam quidem dixerit quispiam per se ipsam optabilem esse, sed quia iucunditatis plurimum adferat.* (Cic.) • 5. *Hoc bello victores, quam rem publicam simus habituri non facile affirmarim* (= *affirmaverim*). (Cic.) • 6. *Nemo igitur dubitaverit longe esse optimum genus oratorum Atticorum.* (Quint.)

7 Indica se i congiuntivi evidenziati nelle seguenti frasi d'autore sono dubitativi ☐D o potenziali ☐P, poi traduci.

1. *Ego mihi **putarem** in patria non futurum esse locum?* (Cic.) ☐D ☐P
2. *Ego vix **crediderim** tantam urbem crevisse, floruisse, concidisse, resurrexisse.* (Vell.) ☐D ☐P
3. ***Reperias** multos quibus periculosa et callida consilia quietis et cogitatis splendidiora et maiora videantur.* (Cic.) ☐D ☐P
4. *Nunc exul patriā, domo, solus atque omnium rerum egens, quo **accedam**, aut quos **appellem**?* (Sall.) ☐D ☐P
5. *Errare, mi Plance, potuisti: quis enim id **effugerit**?* (Cic.) ☐D ☐P
6. *Quis dicĕre **audeat** vera omnia esse somnia?* (Cic.) ☐D ☐P

DIFFICILIORA

8 Nelle seguenti frasi d'autore i congiuntivi indipendenti sono stati volti dal passato al presente o viceversa, in alcuni casi compromettendo il senso e la coerenza sintattica. Trova gli errori e ripristina il testo originario, quindi traduci.

1. *Non ego illi argentum **reddam** (...................)?* (Cic.)
2. *Dignitatem nostram a Vespasiano inchoatam, a Tito auctam, a Domitiano longius provectam esse non **abnuissem** (...................).* (Tac.)
3. *Facile Scipionem ducem fuisse populi Romani **diceres** (...................).* (Cic.)
4. *Quid **commemorarem** (...................) primum aut **laudarem** (...................) maximum?* (Ter.)
5. *Fortunam citius **reperires** (...................) quam **detineres** (...................).* (Publ. Sir.)
6. *Quid **facerent** (...................) leges, ubi sola pecunia regnat aut ubi paupertas vincĕre nulla potest?* (Petr.)
7. *C. Aquilio praesente de virtute eius et prudentia timidius **dicam** (...................).* (Cic.)
8. *Bruti ego iudicium, pace tua **dixissem** (...................), longe antepono tuo.* (Cic.)

9 Traduci in latino le seguenti frasi.

1. Nessuno, vedendo Agesilao re degli Spartani, avrebbe potuto immaginare che in lui ci fossero tanta forza e vigore. • 2. Difficilmente potrei immaginare che tu abbia compiuto simili delitti. • 3. Quando i compagni di Verre giunsero in Sicilia li avresti detti cani da caccia: fiutavano ogni cosa e portavano via qualunque cosa trovassero di bello. • 4. Si sarebbe potuto credere che i nemici intendessero ritirarsi, dato che non sembravano intenzionati a combattere.

10 Traduci il seguente brano d'autore.

Il territorio e i costumi dei Germani

Vengono descritti il territorio della Germania, selvaggio e ricco di foreste, più adatto al bestiame che alla coltivazione di alberi da frutta, e alcuni usi e costumi dei Germani.

Ipsos Germanos indigĕnas crediderim minimeque aliarum gentium adventibus et hospitiis mixtos. Terra in universum aut silvis horrida aut paludibus foeda, satis ferax tamen, frugiferarum arborum impatiens, pecorum fecunda. Argentum et aurum di irati aut, ut credideris, propitii Germanis negaverunt. Nec tamen adfirmaverim nullam Germaniae venam argentum aurumve gignĕre: quis enim scrutatus est? Matrimonia illic severa sunt nec ullam morum partem magis laudaveris. Nam prope soli barbarorum singulis uxoribus contenti sunt. Dotem non uxor marito, sed uxori maritus offert. Intersunt parentes et propinqui ac munera probant. Saepta pudicitia vitam agunt mulieres, nullis spectaculorum illecebris, nullis conviviorum irritationibus corruptae. Paucissima in tam numerosa gente sunt adulteria. Publicatae (publicatus, -a, -um "reso di pubblico dominio", quindi "disonorato") enim pudicitiae nulla venia: non forma, non aetate, non opibus adulterā maritum invenerit. Genus spectaculorum unum atque in omni coetu idem: nudi iuvenes, quibus id ludicrum est, inter gladios se atque infestas frameas saltu iaciunt. Aleam ("il gioco dei dadi"), quod mireris, sobrii inter seria exercent. (da Tacito)

PAROLE DA SCOPRIRE
"Dubitare", "esitare", "essere incerti"

- Il verbo *dubĭto* ha i seguenti significati e costruzioni:
  - seguito da un'**infinitiva** o da un'**interrogativa indiretta**, significa "**esitare**", "**essere incerti**":
    *Epicurus non **dubitat** divinationem tollĕre.* (Cic.)
    Epicuro non **esita** a eliminare l'arte divinatoria.

  - preceduto da **negazione**, il verbo è per lo più seguito da una **completiva** introdotta da ***quin*** e costruita con il congiuntivo secondo la *consecutio temporum*:
    Non dubito quin *ad te omnes tui scripserint.* (Cic.)
    Non ho dubbi che tutti i tuoi familiari ti abbiano scritto.

  - coniugato al congiuntivo indipendente **potenziale**, **usato assolutamente** o seguito da un'**infinitiva**, esprime la possibilità di un dubbio che di fatto viene negata, finendo per corrispondere a un'affermazione:
    *Quis **dubitet** de toto iure pacis et belli omnibus iuris peritissimis imperatores nostros anteferre?*
    Chi **potrebbe dubitare** che i nostri comandanti sopravanzino tutti i più esperti di diritto per quanto riguarda le norme della pace e della guerra? (ovvero "**Sicuramente i nostri comandanti sopravanzano...**")

- Un'altra espressione che indica incertezza è ***nescio*** o ***haud scio*** "non so", "sono incerto", seguito generalmente da:
  - ***an*** + **congiuntivo**, per indicare che si propende per il **sì**:
    Haud scio an veniam.
    Non so se non vengo (= Penso che verrò).

  - ***an non*** + **congiuntivo**, per indicare che si propende per il **no**:
    Haud scio an non veniam.
    Non so se vengo (= Penso che non verrò).

  - ***num*** + **congiuntivo**, per indicare un **dubbio totale**:
    Haud scio num veniam.
    Sono incerto se venire o no.

11 **Traduci** le seguenti frasi d'autore prestando attenzione alle espressioni di dubbio e incertezza.
1. *Haud scio an quae (ille) dixit sint vera omnia.* (Ter.) • **2.** *Genera autem vini alia aliis gratiora esse quis dubitet?* (Plin.) • **3.** *Eloquentia quidem nescio an C. Gracchus habuisset parem neminem.* (Cic.) • **4.** *Non dubitabam quin te ille aut Dyrrachi aut in istis locis uspiam visurus esset.* (Cic.) • **5.** *Tametsi difficile est, haud scio an id fieri possit.* (Cic.) • **6.** *Non dubitat dux hostium copias producĕre.* (Ces.) • **7.** *Ego nescio an mihi possit in quaestione sufficĕre quod vidi.* (Quint.) • **8.** *Nemo dubitat quin Domitius subsidio venturus sit.* (Cic.)

SINTASSI

I congiuntivi indipendenti irreale e suppositivo

- Il congiuntivo indipendente **irreale** esprime un'**azione che potrebbe o avrebbe potuto svolgersi**, ma che di fatto non si svolge o non si è svolta.
  La negazione è *non*. I tempi usati sono:
  - **imperfetto**, per l'irrealtà nel **presente**, che corrisponde in italiano al condizionale presente:

    Cuperem tecum communicare... (Sen.)   **Desidererei** spiegarti... (ma non posso).

  - **piuccheperfetto**, per l'irrealtà nel **passato**, che corrisponde in italiano al condizionale passato:

    Ita iam ante fecissem, sed me multa impediverunt. (Cic.)   **Avrei fatto** così già da tempo, ma molti ostacoli me lo impedirono.

> **RICORDA CHE...**
>
> Il **congiuntivo irreale** coincide sostanzialmente con l'**apodosi** del periodo ipotetico dell'irrealtà (vedi Unità 34, p. 129), la cui protasi è sottintesa o espressa in altra forma. L'esempio sopra citato, *Ita iam ante fecissem, sed me multa impediverunt* "**Avrei fatto** così già da tempo, ma molti ostacoli me lo impedirono", equivale di fatto a:
>
> *Ita iam ante fecissem, nisi me multa impedivissent.*   **Avrei fatto** così già da tempo, **se** molti ostacoli **non** me lo **avessero impedito**.

- Il congiuntivo indipendente **suppositivo** formula un'**ipotesi** che è considerata realizzabile nel presente o nel futuro, irrealizzabile nel passato. Si rende in italiano con espressioni come "immaginiamo che", "puta caso che", "(sup)poniamo che" seguite dal congiuntivo.
  La negazione è *non* (anche se mancano testimonianze certe). I tempi usati sono:
  - **presente**, per una supposizione **realizzabile** nel **presente**:

    Roges me quid aut quale sit deus: auctore utar Simonide. (Cic.)   **Poniamo che tu mi chieda** che cosa sia e di che natura sia la divinità: mi servirei come fonte di Simonide.

  - **imperfetto** o, più frequentemente, **piuccheperfetto**, per una supposizione **irrealizzabile** nel **passato**:

    Dares hanc vim M. Crasso: in foro, mihi crede, saltaret! (Cic.)   **Immagina di aver dato** questa forza a Marco Crasso: si sarebbe messo a ballare in piazza, credimi!

    Dedisses huic animo par corpus, fecisset quod optabat. (Plin.)   **Supponiamo che tu avessi dato** a quest'animo un corpo conforme, avrebbe fatto quello che desiderava.

> **RICORDA CHE...**
>
> Il **congiuntivo suppositivo** esprime una condizione ipotizzata, a fronte della quale si prevedono ipotetiche conseguenze. Corrisponde pertanto alla **protasi** di un periodo ipotetico della possibilità (presente) o dell'irrealtà (imperfetto, piuccheperfetto) espressa in forma paratattica (vedi Unità 34, p. 128). L'esempio sopra citato, *Roges me quid aut quale sit deus: auctore utar Simonide* "**Poniamo che tu mi chieda** che cosa sia e di che natura sia la divinità: mi servirei come fonte di Simonide", equivale di fatto a:
>
> *Si roges me quid aut quale sit deus, auctore utar Simonide.*   **Se** tu mi **chiedessi** che cosa sia e di che natura sia la divinità, mi servirei come fonte di Simonide.

ESERCIZI

12 **Indica** se i congiuntivi evidenziati nelle seguenti frasi d'autore sono irreali ⬜ o suppositivi ⬜, poi **traduci**.

1. *Cuperem vultum vidēre tuum cum haec legeres.* (Cic.) I S • 2. *Roges me qualem naturam deorum esse ducam: nihil fortasse respondeam.* (Cic.) I S • 3. *Urbes vero sine hominum coetu non potuissent nec aedificari nec frequentari.* (Cic.) I S • 4. *Remansisset Catilina in urbe: nobis cum illo dimicandum erat.* (Cic.) I S • 5. *In loco insidioso et latronum pleno occidisset: nemo ei neganti credidisset.* (Cic.) I S • 6. *Me miserum, quod tu non valuisti! Unā fuissemus, consilium certe non defuisset.* (Cic.) I S • 7. *Assem habeas, assem valeas.* (Petr.) I S • 8. *Uno proelio victus Alexander bello victus esset.* (Liv.) I S

13 **Traduci** le seguenti frasi d'autore.

1. *Tu vellem adesses: nec mihi consilium nec consolatio deesset.* (Cic.) • 2. *Argentum des: abducas mulierem.* (Plaut.) • 3. *Multa quae nostra causa numquam faceremus facimus causā amicorum.* (Cic.) • 4. *Commemorarem non solum veterum, sed etiam recentium ducum vel comitum tuorum gravissimos casus; etiam externos multos claros viros nominarem. Sed hoc genere nihil opus est.* (Cic.) • 5. *Utinam L. Caesar valeret, Ser. Sulpicius viveret: multo melius haec causa ageretur a tribus quam nunc agitur ab uno.* (Cic.) • 6. *Negaret hac aestimatione se usum, vos id credidissetis.* (Cic.)

14 **Distingui** il congiuntivo irreale da quello suppositivo, quindi **traduci** in latino.

1. Immagina che ti venga a trovare un messo di Cesare: che cosa gli diresti? • 2. Ti raggiungerei volentieri a Roma, ma non sto ancora bene e non posso viaggiare. • 3. Avrei agito così già da tempo, ma non ne ho avuta l'occasione. • 4. Supponiamo che tu non fossi stato presente alla riunione: sono state dette cose così incredibili che tu non avresti creduto alle mie parole.

Schema riassuntivo dei congiuntivi indipendenti

congiuntivi della volontà (negazione: *ne*)			
tipo	particelle	tempi	
		nel presente	nel passato
esortativo	–	presente	–
imperativo negativo	*ne*	perfetto	–
desiderativo realizzabile	*utĭnam, velim / nolim / malim*	presente	perfetto
desiderativo irrealizzabile	*utĭnam, vellem / nollem / mallem*	imperfetto	piuccheperfetto
concessivo	*age / sane / licet / ut*	presente	perfetto

congiuntivi dell'eventualità (negazione: *non*)			
tipo	osservazioni	tempi	
		nel presente	nel passato
dubitativo	solitamente alla 1ª pers. sing. o plur. in frasi interrogative	presente	imperfetto
potenziale	sogg. indeterm. alla 2ª o 3ª pers. sing. sogg. alla 1ª pers. sing. (di modestia)	presente perfetto	imperfetto
irreale	= apodosi di periodo ipotetico di 3° tipo	imperfetto	piuccheperfetto
suppositivo	= protasi paratattica di periodo ipotetico di 2° o 3° tipo	presente	piuccheperfetto (imperfetto)

15 Nelle seguenti frasi d'autore **distingui** il valore dei congiuntivi indipendenti, poi **traduci**.

1. *Quo fugam praeceps agam? Mors sola portus dabitur aerumnis meis.* (Sen.) • **2.** *Sint sane Romani felicitate adiūti: quis neget eos multo magis virtute adiūtos esse?* (Cic.) • **3.** *Utinam modo conata efficĕre possim!* (Cic.) • **4.** *Non negaverim tristem atrocemque vobis visam esse orationem meam.* (Liv.) • **5.** *Quo fata trahunt retrahuntque, sequamur.* (Virg.) • **6.** *Philosophorum quis dubitet Platonem esse praecipuum?* (Quint.) • **7.** *Teneamus eum cursum qui semper fuit optimi cuiusque neque ea signa audiamus quae receptui canunt, ut eos etiam revŏcent qui iam processerint.* (Cic.) • **8.** *Di deaeque et te et geminum fratrem excrucient.* (Plaut.) • **9.** *Sic enim te existimare velim.* (Cic.) • **10.** *Dementiam vocat quod infantem adoptavi: quid facerem? Negarem aliquid filio, cum ille rogaret pro filio?* (Sen. il V.)

16 **Traduci** il seguente brano d'autore, classificando i diversi tipi di congiuntivi indipendenti evidenziati.

Una lettera di spiegazioni

Cicerone, in esilio, scrive al fratello Marco Quinto spiegando perché non ha voluto incontrarlo; gli raccomanda poi di prendersi cura, in sua assenza, dell'amata figlia Tullia, del piccolo Marco Cicerone e della moglie Terenzia.

MARCUS QUINTO FRATRI SALUTEM
*Mi frater, mi frater, mi frater, tune id[1] veritus es, ne ego iracundia aliqua adductus pueros ad te sine litteris miserim aut etiam ne te vidēre noluerim? Ego tibi **irascerer**? Tibi ego **possem** irasci? Meus ille laudatus consulatus[2] mihi te, liberos, patriam, fortunas eripuit, tibi **velim** ne quid **eripuerit** praeter unum me. Ego te vidēre **noluerim**? Immo vero me a te vidēri nolui. Non enim **vidisses** fratrem tuum, non eum quem reliqueras, non eum quem noveras, ne vestigium quidem eius nec simulacrum sed quandam effigiem spirantis mortui. Atque **utinam** me mortuum prius **vidisses** aut **audisses**, **utinam** te non solum vitae sed etiam dignitatis meae superstitem **reliquissem!** Filiam meam et tuam Ciceronemque nostrum quid ego, mi frater, tibi **commendem**? Reliqua ita mihi salus aliqua **detur** potestasque in patria moriendi. Etiam Terentiam **velim tuearis** mihique de omnibus rebus **rescribas**. Id. Iun. Thessalonīcae.*

(da Cicerone)

1. *id*: anticipa la subordinata completiva dipendente dal verbo di timore (vedi Unità 33, p. 108); può essere omesso nella traduzione.
2. *Meus ille laudatus consulatus*: durante il suo consolato Cicerone aveva fatto condannare a morte i seguaci di Catilina senza appello al popolo, azione giudicata successivamente illegale e punita con l'esilio.

17 **Traduci** il seguente brano d'autore.

Cicerone scrive ad Attico nel pieno della guerra civile

Cicerone è molto incerto sul da farsi: seguire Pompeo in Grecia, nonostante le esitazioni e le incertezze di quest'ultimo, oppure consegnarsi a Cesare?

CICERO ATTICO SAL.
Pedem in Italia video esse nullum qui non in istius potestate sit. De Pompeio scio nihil, eumque, nisi in navim se contulerit, exceptum iri puto. O celeritatem incredibilem! Sed non possum sine dolore accusare eum de quo angor et crucior. Tu caedem non sine causa times, non quia quicquam Caesari expediat ad diuturnitatem victoriae et dominationis, sed quod video quorum arbitrio sit acturus. Recte sit – censeo – cedendum. De Oppiis egeo consili. Quod optimum factu videbitur, velim facias. Cum Philotimo loquĕre, atque adeo Terentiam habebis Idibus. Ego quid agam? Qua aut terra aut mari persĕquar eum qui ubi sit nescio? Etsi terra quidem qui (= quomŏdo) possum? Mari quo? Tradam igitur isti me? Fac posse tuto (multi enim hortantur), num etiam honeste? Nullo modo quidem. A te petam consilium, ut soleo? Explicari res non potest. Sed tamen si quid in mentem venit velim scribas, et ipse quid sis acturus.

(da Cicerone)

VERIFICA DELLE COMPETENZE

COMPETENZE LINGUISTICHE

18 Precisa con quale tipo di congiuntivo indipendente latino (esortativo, concessivo, desiderativo, dubitativo, potenziale, irreale, suppositivo) andrebbero tradotti i predicati evidenziati.

1. **Vorrei** (..................) che mi amassi davvero. • **2.** Di fronte a tale offesa che cosa **avrei dovuto fare** (..................)? • **3.** **Facciano** (..................) pure come vogliono: basta che poi non si lamentino. • **4.** **Si sarebbe potuto credere** (..................) che fossero ormai tutti destinati a soccombere. • **5.** Chi mi **avrebbe creduto** (..................)? **6.** **Ammettiamo che tu abbia ragione** (..................): che **dovrei fare** (..................) io? • **7.** Immagina che venga qui Francesca: che cosa le **diresti** (..................)? • **8.** **Chiuda** (..................) subito la finestra prima che sbatta! • **9.** Non **sarebbe giusto rispettare** (..................) le leggi? • **10. Sarei già partito** (..................) per Milano, ma lo sciopero me lo ha impedito.

> **L'esercizio insegna a:**
> - saper riconoscere il valore di congiuntivi e condizionali indipendenti in italiano

19 Traduci in latino i predicati analizzati nell'esercizio precedente.

> **L'esercizio insegna a:**
> - saper ricostruire la corrispondenza fra l'uso linguistico italiano e quello latino nelle frasi indipendenti caratterizzate da modi finiti diversi dall'indicativo

20 Nelle seguenti frasi d'autore distingui i congiuntivi dubitativi ☐ dai potenziali ☐, motivando la tua risposta; poi traduci.

1. *Per me ego veritatem patefactam contaminarem aliquo mendacio?* (Cic.) ☐ ☐
   perché ....
2. *Excellentibus ingeniis citius defuerit ars, qua civem regant, quam qua hostem superent.* (Liv.)
   ☐ ☐ perché ....
3. *Quis neget cum illo actum esse a nobis praeclare?* (Cic.) ☐ ☐
   perché ....
4. *Cnidum aut Colophonem aut Samum, nobilissimas urbes, innumerabilisque alias captas esse commemorem?* (Cic.) ☐ ☐ perché ....
5. *Putares Sullam venisse in Italiam non belli vindicem, sed pacis auctorem.* (Vell.) ☐ ☐
   perché ....
6. *L. Cornelium consulem id bellum gessisse oppidumque cepisse certum adfirmare, quia nulla apud vetustiores scriptores eius rei mentio est, non ausim.* (Liv.) ☐ ☐
   perché ....

> **L'esercizio insegna a:**
> - saper riconoscere gli elementi che distinguono congiuntivo dubitativo e potenziale

21 Nelle seguenti frasi d'autore indica se i congiuntivi sono dubitativi ☐, potenziali ☐, irreali ☐ o suppositivi ☐, poi traduci.

1. *Si negem me umquam ad te istas litteras misisse, quo me teste convincas?* (Cic.) ☐ ☐ ☐ ☐ •
2. *Id factum Sextilius negabat. Poterat impune: quis enim redargueret?* (Cic.) ☐ ☐ ☐ ☐ •
3. *Tibi epistulam misissem, sed subito puer proficiscebatur: cras igitur mittam.* (Cic.) ☐ ☐ ☐ ☐ •

4. *Fortasse dixerit quispiam tibi propter opes et copias et dignitatem tuam tolerabiliorem senectutem vidēri, id autem non posse multis contingĕre.* (Cic.) D P I S • **5.** *Stare putes, adeo procedunt tempora tarde.* (Ov.) D P I S • **6.** *Illum spoliatum stipatumque lictoribus videres.* (Cic.) D P I S • **7.** *M. Catonem ignorans quidam in balneo percussit imprudens: quis enim illi sciens faceret iniuriam?* (Sen.) D P I S • **8.** *Utinam fecisset! Non supplicium deprecarer, sed praemium postularem.* (Cic.) D P I S

L'esercizio insegna a:
- saper distinguere e tradurre i diversi tipi di congiuntivi indipendenti dell'eventualità

COMPETENZE LESSICALI

22 Abbina le seguenti espressioni di dubbio alla traduzione italiana corrispondente.

1. *haud scio an*
2. *dubito* + infinito
3. *non dubito quin*
4. *nescio an non*
5. *quis dubitet quin...?*
6. *haud scio num*
7. *haud scio an non*
8. *in dubio sum an non*

a. credo che non
b. chi potrebbe dubitare che...?
c. sono incerto se
d. penso che
e. esito a
f. credo che non
g. dubito che
h. non dubito che

L'esercizio insegna a:
- saper distinguere le sfumature di significato delle diverse espressioni indicanti dubbio e incertezza

23 Spiega i seguenti termini italiani dell'area semantica del "sapere" chiarendone origine etimologica e significato.

scienza • scibile • scienziato • onnisciente • cosciente • incosciente • coscienza • scientemente

L'esercizio insegna a:
- saper riconoscere l'origine etimologica di termini italiani

COMPETENZE DI TRADUZIONE

VERSIONE GUIDATA

24 Traduci il brano d'autore e svolgi le attività che seguono.

Cicerone rammenta le circostanze del proprio esilio

Rientrato in patria, Cicerone rammenta che, quando fu fatta approvare dal tribuno Clodio la legge che comportava il suo esilio, egli, vista la latitanza del senato e l'ostilità dei consoli (tra i quali Cesare) e dell'opinione pubblica, non aveva la possibilità di opporsi in nessun modo.

Cum viderem senatum, sine quo civitas stare non posset, omnino de civitate esse sublatum; consules, qui duces publici consili esse deberent, perfecisse ut per ipsos publicum consilium funditus tolleretur; contiones habēri cotidie contra me; vocem pro me ac pro re publica neminem mittĕre; coniuratorum copias veteres et effusam illam ac superatam Catilinae importunam manum novo duce et insperata commutatione rerum esse renovatam: haec cum viderem, quid agerem, iudices? Scio enim tum non mihi vestrum studium, sed meum prope vestro defuisse. Contenderem contra tribunum plebis privatus armis? Vicissent improbos boni, fortes inertis; interfectus esset is qui hac una medicina sola potuit a rei publicae peste depelli. Quid deinde? Quis reliqua praestaret? Cui denique erat dubium quin ille sanguis tribunicius, nullo praesertim publico consilio profusus, consules ultores et defensores esset habiturus?

(Cicerone)

LABORATORIO

Morfologia

1 Sottolinea e analizza le forme verbali al congiuntivo, distinguendo fra congiuntivi dipendenti e indipendenti.

2 Individua e analizza tutti gli infiniti.

Sintassi

3 *viderem*: questo congiuntivo è introdotto da ...., con cui costituisce una proposizione ...., che a sua volta regge le proposizioni .... che seguono fino a *esse renovatam*.

4 *quid agerem*: questo congiuntivo indipendente è ...., perché .... Nel brano compare un altro congiuntivo dello stesso tipo: ...., anch'esso con riferimento al tempo ....

5 *Vicissent... interfectus esset*: questi due congiuntivi indipendenti indicano l'esito ipotetico di un'azione di forza di Cicerone contro il tribuno. Si tratta pertanto di congiuntivi .... nel ...., che possono essere tradotti .... e ....

6 *Quis praestaret*: questo congiuntivo indipendente è di tipo ...., nel ...., come è chiaro dal soggetto indeterminato e dal tempo .... Il verbo *praesto* qui significa "provvedere", "avere il controllo" e pertanto va tradotto ....

Lessico

7 Individua nel testo le forme verbali derivate da *tollo*: analizzale, scrivi il paradigma e il significato.

8 Individua nel testo le forme verbali dei composti di *facio* e di *fundo*: analizzale, scrivi il paradigma e il significato.

VERSIONE D'AUTORE

Traduci il seguente brano.

Ultimo invito a un amico maleducato

Plinio il Giovane scrive all'amico Setticio, che non ha accettato un suo invito a cena, rimproverandolo per aver perduto un'occasione di stare insieme in semplicità e per aver inseguito invece il vano lusso di cene raffinate.

C. PLINIUS SEPTICIO CLARO SUO S.

Heus tu! Promittis ad cenam[1], nec venis? Dicitur ius: ad assem impendium reddes, nec id modicum erit. Paratae erant lactucae singulae, cochleae ternae, ova bina, halĭca cum mulso et nive (nam hanc quoque computabis, immo hanc in primis quae perit in ferculo), olivae betacei cucurbĭtae bulbi, alia mille non minus lauta. Audisses comoedos vel lectorem vel lyristen vel – quae mea liberalitas est – omnes. At tu apud nescio quem ostrea, vulvas, echīnos, Gaditanas maluisti. Dabis poenas, non dico quas. Dure fecisti: invidisti ("hai fatto del male"), *nescio an tibi, certe mihi, sed tamen et tibi. Quantum nos lusissemus, risissemus, studuissemus[2]! Potes adparatius cenare apud multos, nusquam hilarius, simplicius, incautius* ("senza fronzoli"). *In summa experīre* (imperativo), *et nisi postea te aliis potius excusaveris, mihi semper excūsa. Vale.*

(da Plinio il Giovane)

1. *ad cenam*: sottinteso "di venire".
2. *studuissemus*: qui il verbo *studēre* è usato assolutamente e significa "discutere di letteratura".

STORIA

26 Traduci il seguente brano d'autore.

Nerone inizia a regnare nel segno della clemenza

I primi provvedimenti del giovanissimo imperatore sono caratterizzati da clemenza e generosità verso il popolo e anche da capacità di sopportazione delle maldicenze e delle provocazioni verbali.

Ex Augusti praescripto imperaturum se professus, neque liberalitatis neque clementiae, ne comitatis quidem exhibendae ullam occasionem omisit. Graviora vectigalia aut abolevit aut minuit. Praemia delatorum ad quartas redegit ("ridusse di un quarto"). *Divisis populo viritim quadringenis nummis senatorum nobilissimo cuique, sed a re familiari destituto annua salaria et quibusdam quingena constituit item praetorianis cohortibus frumentum menstruum gratuitum. Et cum de supplicio cuiusdam capite damnati ut ex more subscriberet admoneretur: «Quam vellem,» inquit, «nescire litteras!». Mirum et vel praecipue notabile inter eius virtutes fuerit nihil eum patientius quam maledicta et convicia hominum tulisse, neque in ullos leniorem quam qui se dictis aut carminibus lacessissent exstitisse.*

(Svetonio)

STORIA

27 Traduci il seguente brano d'autore.

Nerone fa costruire un palazzo magnifico

Fra le tante colpe che vengono attribuite a Nerone ci fu quella di aver fatto ricostruire, dopo un grave incendio che colpì la città, il proprio palazzo in forme splendide e lussuose, con enorme impiego di denaro: la cosiddetta *Domus Aurea*.

Non in alia re tamen damnosior quam in aedificando domum a Palatio Esquilias usque fecit, quam primo transitoriam, mox incendio absumptam restitutamque auream nominavit. De cuius spatio atque cultu suffecerit haec rettulisse. Vestibulum eius fuit, in quo colossus CXX pedum staret ipsius effigie; tanta laxitas, ut porticus triplices miliarias haberet; item stagnum maris instar, circumsaeptum aedificiis ad urbium speciem; rura insuper arvis atque vinetis et pascuis silvisque varia, cum multitudine omnis generis pecudum ac ferarum. In ceteris partibus cuncta auro lita, distincta gemmis unionumque conchis erant; cenationes laqueatae tabulis eburneis versatilibus, ut flores, fistulatis, ut unguenta desuper spargerentur; praecipua cenationum rotunda, quae perpetuo diebus ac noctibus vice mundi circumageretur; balineae marinis et albulis fluentes aquis. Eius modi domum cum absolutam dedicaret, hactenus comprobavit, ut se diceret quasi hominem tandem habitare coepisse.

(Svetonio)

Conoscere la storia

Nerone fra storia e mito

Un adolescente padrone del mondo Il giovanissimo Lucio, figlio di primo letto di Agrippina Minore, sorella dell'imperatore Gaio Caligola, e di Gneo Domizio Enobarbo, fu adottato dall'imperatore Claudio poco dopo il matrimonio con la stessa Agrippina e ricevette il nome di Nerone Claudio Cesare. Alla morte di Claudio (54 d.C.), probabilmente in seguito a un avvelenamento, le guardie pretoriane, fedeli ad Agrippina (molto verosimilmente perché da lei comprate a caro prezzo), lo proclamarono imperatore a soli sedici anni. Nerone era stato affidato da tempo alle cure educative di Lucio Anneo Seneca, il più importante intellettuale e filosofo della sua epoca, che, considerando le attitudini artistiche e la nobiltà d'animo del ragazzo, nutriva grandi speranze di un regno illuminato. Nel suo trattato *De clementia*, dedicato al giovane *princeps*, Seneca delineava le caratteristiche della virtù più importante che il sovrano assoluto del mondo avrebbe dovuto coltivare.

Videotutorial
Guarda il video e impara a fare l'analisi sintattica della versione.

Una madre ingombrante Nerone era effettivamente appassionato delle arti e delle scienze e forse avrebbe preferito non dover assumere così presto le responsabilità di governo. Secondo gli storici antichi, sarebbe stata la madre ad accelerare i tempi, "aiutando" la fine di Claudio per favorire il figlio di primo letto a discapito del più giovane Britannico, figlio naturale dello stesso Claudio. Britannico fu poi soppresso un anno dopo, mentre sul giovane principe si facevano sempre più forti le influenze, a tratti contrastanti, di Seneca, del prefetto del pretorio Afranio Burro e della madre, che per più aspetti riteneva di avere lei stessa il controllo dell'impero tramite il figlio. La grandezza d'animo del *princeps* si tramutò presto in vera e propria megalomania e la prima a farne le spese fu proprio la madre, a cui si dice che Nerone fosse legato da un contrastato rapporto di odio e amore. Il matricidio fu organizzato anche con l'aiuto decisivo di Seneca e Burro e portato a termine nel 59 d.C.

A. Rizzi, *Nerone contempla il cadavere della madre Agrippina*, 1894, Cremona, Museo Civico "Ala Ponzone".

Dall'incendio di Roma al viaggio in Grecia In seguito anche l'amatissima seconda moglie Poppea morì mentre era incinta, forse uccisa da un calcio dello stesso Nerone, durante il terribile incendio che nel 64 d.C. sconvolse Roma. Secondo Svetonio, Nerone, mentre contemplava dal Palatino Roma in fiamme, compose e cantò un poema ispirato alla distruzione di Troia: per questo motivo la sua popolarità avrebbe subìto un colpo decisivo. Egli, per stornare da sé le accuse (certamente false) di aver fatto appiccare lui stesso il fuoco per fare spazio al suo nuovo palazzo, la *Domus Aurea*, avrebbe infine deciso di riversare la colpa dell'accaduto sulla nuova "setta" dei cristiani, avviandone una prima, feroce persecuzione. Nel 65 Seneca fu costretto a suicidarsi per aver preso parte a una congiura mirante a detronizzare il *princeps*, che non aveva mantenuto gli auspici. Nel biennio 66-67 d.C. Nerone compì il suo unico viaggio, scegliendo come meta la Grecia, patria delle arti da lui tanto amate. La sua dichiarazione di libertà per tutti i Greci, pronunciata in occasione dei giochi istmici, rende evidente la sua predilezione per quel popolo, così come l'istituzione di giochi periodici speciali a Roma, denominati *Neronia*, chiarisce quale fosse l'interesse precipuo del *princeps*.

La fine di Nerone e la crisi dello stato Al suo ritorno a Roma, il malumore generale era ormai alle stelle: la ribellione mosse dalla provincia di Spagna, dove le truppe avevano proclamato imperatore il loro generale, Galba. Nerone, abbandonato anche dai pretoriani, si diede la morte con l'aiuto del proprio segretario, il liberto Epafrodito. Svetonio racconta che le sue ultime parole furono *Qualis artifex pereo*, ovvero "Quale artista muore con me!", un'indicazione ulteriore di quale fosse la considerazione di sé che aveva questo controverso sovrano.

Comprendere

1 Quali furono le circostanze e i personaggi che portarono il giovane Nerone sul trono?

2 Quali furono i rapporti di Nerone con la madre Agrippina?

3 Quali ipotesi si fanno sulle circostanze dell'incendio di Roma del 64 d.C.?

4 Quale fu la meta dell'unico viaggio di Nerone e quale immagine del *princeps* ci restituisce questa scelta?

5 Riassumi le notizie note relative alla caduta e alla morte di Nerone.

Approfondire

6 L'assassinio di Agrippina è narrato da Tacito (*Annales* XIV, 1-10): rintraccia una traduzione e leggila attentamente, quindi fa' una relazione ai compagni.

7 L'incendio di Roma del 64 d.C. è raccontato da Tacito in *Annales* XV, 38-46: leggi il passo introduttivo e riferisci ai compagni, soffermandoti sulla descrizione dell'intervento del *princeps* a salvaguardia della città, sulle motivazioni e sulle modalità di punizione dei cristiani presunti colpevoli. Confronta poi questa narrazione con quella di Svetonio, *Vita Neronis* 37: per quali particolari differiscono? Quale ti sembra essere più credibile? Perché?

unità 43
Il congiuntivo nelle proposizioni subordinate

Lezione
Studia
la *consecutio temporum*
ed **esercitati**
a memorizzarla;
quindi **verifica**
le tue conoscenze.

LINGUA
Sintassi
Il congiuntivo al posto dell'indicativo
Le proposizioni subordinate al congiuntivo: uso dei tempi

LESSICO
Parole da scoprire
I vari modi di "pensare"

TRADUZIONE
I segreti della traduzione
Come rendere il congiuntivo latino
Classificazione e gradi delle subordinate
Conoscere la cultura
Roma e il cinema: il successo di Nerone

 SINTASSI

Il congiuntivo al posto dell'indicativo (obliquo, eventuale, caratterizzante, per attrazione modale)

Quando si parla dei valori del congiuntivo nelle proposizioni subordinate bisogna introdurre un'importante distinzione. Nelle **finali**, nelle **consecutive**, nelle **completive** introdotte dai verbi di timore ecc. la **presenza del congiuntivo** latino è per così dire "**organica**", in quanto caratterizza la costruzione stessa della subordinata; pertanto in questi casi il congiuntivo si mantiene spesso anche nella resa italiana. Tuttavia nelle subordinate latine capita di trovare alcuni congiuntivi la cui presenza non è richiesta da ragioni grammaticali, ma è dovuta a **scelte espressive** che vanno di volta in volta individuate e rese in italiano.
Vediamo quali sono questi congiuntivi.

- Il **congiuntivo obliquo** è impiegato quando chi parla riferisce il **pensiero altrui** o vuole presentare un'**opinione strettamente personale** (oppure concepita nel passato):

    *Laudat Africanum Panaetius, quod **fuerit** abstinens.* (Cic.)   Panezio loda Scipione Africano, perché **era** (ovvero "**riteneva che fosse**") temperante.

- Il **congiuntivo eventuale** presenta un'azione come **plausibile**, **ripetuta** o **indeterminata**, opponendosi all'indicativo, che invece la enuncia come fatto certo, circostanziato o determinato:

    *Mos est Athenis laudari in contione eos qui **sint** in proeliis **interfecti**.* (Cic.)   È tradizione in Atene elogiare in pubblico coloro che **sono** (lett. "**siano**") stati uccisi in battaglia.

- Il **congiuntivo caratterizzante** sottolinea le **caratteristiche distintive** di un individuo o di un gruppo ed è utilizzato nelle **proposizioni relative**; questo tipo di congiuntivo ha spesso anche una sfumatura consecutiva:

    *Sunt qui, quod sentiunt, **non audeant** dicĕre.* (Cic.)   Ci sono alcuni che **non osano** (sfumatura consecutiva: "**tali da non osare**") dire ciò che pensano.

Ricorda che...

- Con i **pronomi/aggettivi relativi indefiniti**, come *quicumque* e *quisquis*, in latino si trova il modo **indicativo**, mentre l'italiano preferisce il congiuntivo eventuale:

    *Di tibi dent **quaecumque optas**.* (Plaut.)   Gli dèi ti diano **qualsiasi cosa tu possa desiderare**.

- Il **congiuntivo caratterizzante** è soprattutto introdotto da espressioni come *nemo est / invenĭtur / reperĭtur / adest qui* "non c'è / non si trova / non è presente nessuno che"; *est / sunt / inveniuntur / reperiuntur / exsistunt / adsunt qui* "c'è / ci sono / si trovano / sono presenti alcuni che"; *est quod* "c'è motivo che", *nihil est quod* "non c'è ragione che"; *dignus sum qui* "sono degno di", *unus est qui* "è il solo che".

- Il **congiuntivo per attrazione modale** è un tipo di congiuntivo che si trova in **subordinate di 2° grado** che richiederebbero di norma l'indicativo (come le relative proprie, le temporali, le causali ecc.) **dipendenti** a loro volta **da una subordinata al congiuntivo o all'infinito**. L'espressione "attrazione modale" è entrata nell'uso, ma è impropria, perché un infinito non può "attrarre" un indicativo convertendolo in un congiuntivo. Di fatto il congiuntivo o l'infinito della reggente contribuiscono a creare un **contesto di soggettività**, che determina nella subordinata il passaggio dall'indicativo al congiuntivo, a condizione che il congiuntivo si trovi in una frase così strettamente **legata alla reggente** da non poter essere soppressa senza compromettere il senso:

    *Existimemus eos, qui rem publicam **auxerint**, esse immortalem gloriam consecutos.* (Cic.)   Dobbiamo stimare che coloro che **hanno ingrandito** lo stato **hanno conseguito** gloria immortale.

    Il congiuntivo della subordinata relativa *auxerint* è determinato dalla presenza dell'infinito *esse... consecutos* nella reggente.

    *Accĭdit ut nonnulli milites, qui lignationis causa in silvas **discessissent**, repentino equitum adventu **interciperentur**.* (Ces.)   Accadde che alcuni soldati, che si **erano allontanati** nei boschi per fare legna, **fossero sorpresi** dall'improvviso arrivo dei cavalieri.

    Il congiuntivo *discessissent* appartiene a una relativa il cui verbo dovrebbe avere l'indicativo, ma il verbo è "attratto" nello stesso modo (congiuntivo) della reggente *interciperentur*.

Ricorda che...

- Il fenomeno dell'**attrazione modale** in genere **non si verifica**:
    - nelle relative che hanno valore di perifrasi, tali cioè da potersi sostituire con un sostantivo, come *qui audiunt* "gli ascoltatori", *qui legunt* "i lettori", *quod sentio* "la mia opinione";
    - nelle proposizioni incidentali:

        *Sophonisba, cum in medio agmine armatorum Masinissam insignem cum armis tum cetero habitu conspexisset, regem esse rata, **id quod erat**, genibus eius se advoluit.* (Liv.)   Sofonisba, avendo visto nel mezzo della schiera di soldati Massinissa che spiccava per le armi e l'aspetto, credendo che fosse il re – **ed era così** – abbracciò le sue ginocchia.

- Nelle proposizioni al congiuntivo per attrazione modale i tempi sono regolati dalla **consecutio temporum** (vedi p. 300), fatta eccezione per i casi in cui si riscontra la cosiddetta "**regola di Reusch**", secondo cui la proposizione al congiuntivo che dipende da un **congiuntivo** o un **infinito perfetti** a loro volta retti da un tempo principale può regolare il tempo direttamente sulla principale e seguire così la *consecutio* dei tempi principali:

    ***Intellego** me plura **dixisse**, quam opinio **tulerit** mea.* (Cic.)   **Capisco** di **avere parlato** più di quanto **me ne sia reso conto**.

    Il congiuntivo *tulerit* è regolato su *Intellego* invece che su *dixisse*.

ESERCIZI

FACILIORA

1

Confronta testo latino e traduzione, quindi **rispondi** alle domande sul congiuntivo in luogo dell'indicativo (attenzione: è possibile più di un'opzione e un congiuntivo è organico, cioè richiesto dalla costruzione della subordinata). L'esercizio è avviato.

1. *Facile persuasi mihi id, quod Carellia rogaret, ne licēre quidem.* (Cic.)
   Mi convinsi con facilità che ciò che chiedeva Carellia non fosse neppure lecito.
   Il congiuntivo è attratto perché:
   ☐ dipende da un congiuntivo ☑ dipende da un'infinitiva
   ☐ è parte di una relativa impropria ☐ è introdotto da un pronome relativo

2. *Nemo erit qui censeat a virtute esse recedendum.* (Rhet. ad Her.)
   Non ci sarà nessuno che pensi sia necessario rinunciare alla virtù.
   Il congiuntivo è .... perché:
   ☐ dipende da un congiuntivo ☐ dipende da un'infinitiva
   ☐ la reggente presenta una particolare locuzione ☐ esprime una valutazione soggettiva

3. *Artemisiam alligatam qui habeat viator negatur lassitudinem sentire.* (Plin. il V.)
   Un viandante che porti un ramoscello d'artemisia legato si dice che non provi la stanchezza.
   Il congiuntivo è .... perché:
   ☐ è parte di una relativa impropria ☐ dipende da un'infinitiva
   ☐ la reggente presenta una particolare locuzione ☐ esprime un fatto eventuale

4. *Cum ossa Lyncei collocaret frater in pila, Castor prohibēre coepit monumentum fieri, quod diceret se eum superasse.* (Ig.)
   Mentre il fratello collocava una sull'altra le ossa di Linceo, Castore cominciò a impedirne la sepoltura, perché diceva di averlo sconfitto.
   Il congiuntivo è .... perché:
   ☐ è parte di una relativa impropria ☐ dipende da un'infinitiva
   ☐ esprime una valutazione soggettiva ☐ esprime un fatto eventuale

5. *Ad haec Caesaris verba Ariovistus respondit: ius esse belli, ut qui vicissent, iis quos vicissent, quemadmŏdum vellent, imperarent.* (Ces.)
   A queste parole di Cesare, Ariovisto rispose che è diritto di guerra che coloro che abbiano vinto dispongano di coloro che hanno sconfitto come vogliono.
   (qui) vicissent è un congiuntivo .... perché:
   ☐ è parte di una relativa impropria ☐ dipende da un congiuntivo
   ☐ dipende da un infinito ☐ esprime un fatto eventuale
   (quos) vicissent è un congiuntivo .... perché:
   ☐ è introdotto da particolari locuzioni ☐ dipende da un congiuntivo
   ☐ è parte di una relativa impropria ☐ esprime un fatto eventuale
   vellent è un congiuntivo .... perché:
   ☐ è parte di verbo di un'interrogativa indiretta ☐ dipende da un congiuntivo
   ☐ esprime una valutazione soggettiva ☐ esprime un fatto eventuale

2 Nelle seguenti frasi d'autore **sottolinea** il verbo della reggente e **distingui** il valore dei congiuntivi evidenziati: obliquo O, eventuale E, caratterizzante C, per attrazione modale M (attenzione: in due casi la possibilità è doppia); poi **traduci**.

1. *Annus enim octogesimus admŏnet me ut sarcĭnas conlĭgam, antequam **proficiscar** e vita.* (Varr.)
   O E C M ● 2. *Clamor ab utriusque fautoribus oritur, et concursus populi fiebat in curiam:*

*apparebat regnaturum esse, qui **vicisset***. (Liv.) O E C M • **3.** *Qui se morti **offerant**, facilius reperiuntur quam qui dolorem patienter **ferant***. (Ces.) O E C M • **4.** *Quid ergo est quod nonnumquam dubitationem adferre **soleat** considerandumque **videatur**?* (Cic.) O E C M • **5.** *Anserum genus alĕre facĕre* ("essere di profitto") *censemus, non quia magni **sit** fructus, sed quia minimi oneris est*. (Colum.) O E C M • **6.** *Nemo est, extra istam coniurationem perditorum hominum, qui te, Catilina, non **metuat**, nemo, qui non **oderit***. (Cic.) O E C M

3 Traduci le seguenti frasi d'autore, giustificando la presenza dei congiuntivi non "organici".

1. *Fit ut laudandus is sit, qui mortem oppĕtat pro re publica, quod deceat cariorem nobis esse patriam quam nosmet ipsos.* (Cic.) • **2.** *Thabenenses, qui sub dicione et potestate Iubae regis esse consuessent, interfecto regio praesidio legatos ad Caesarem mittunt orantque ut suis fortunis, quod bene meriti essent, auxilium ferret.* (Bell. Afr.) • **3.** *Alexandrum filium Philippus accusat, quod largitione benevolentiam Macedŏnum consectetur.* (Cic.) • **4.** *Caesar Labieno scribit ut quam plurimas possit iis legionibus, quae sint apud eum, naves instituat.* (Ces.) • **5.** *Si forte velis in nos inquirĕre, nemo est, qui se, quod patitur, commeruisse neget.* (Ov.) • **6.** *Vobis vero referentibus, o post hominum memoriam fortissimi atque optimi consules, decrevit idem senatus frequentissimus, qui meam domum violasset, (eum) contra rem publicam esse facturum.* (Cic.) • **7.** *Factum est ut Attico omnes honores, quos possent, publice haberent Athenienses civemque facere suum studerent: quo beneficio ille uti noluit.* (Cic.) • **8.** *Qui ex militibus se minus timidos existimari volebant, non se hostem verēri dicebant, sed angustias itineris et magnitudinem silvarum, quae intercederent inter ipsos atque Ariovistum, timēre.* (Ces.)

DIFFICILIORA

4 Completa le seguenti frasi d'autore con il verbo indicato fra parentesi, utilizzando, se necessario, il congiuntivo obliquo, eventuale, caratterizzante o attratto; poi rispondi alle domande e traduci.

1. *Dignitas tua facit ut animadvertatur quidquid* .... (*facio*). (Cic.)
Il congiuntivo, se necessario, è ☐ obliquo ☐ eventuale ☐ caratterizzante ☐ attratto

2. *Unguentarios Lacedaemonii urbe expulerunt, quia oleum* .... (*disperdo*). (Sen.)
Il congiuntivo, se necessario, è ☐ obliquo ☐ eventuale ☐ caratterizzante ☐ attratto

3. *Proprium generis humani est odisse quem* .... (*laedo*). (Tac.)
Il congiuntivo, se necessario, è ☐ obliquo ☐ eventuale ☐ caratterizzante ☐ attratto

4. *Caesar cohortes, quae in stationibus* .... (*sum*), *secum proficisci iussit.* (Ces.)
Il congiuntivo, se necessario, è ☐ obliquo ☐ eventuale ☐ caratterizzante ☐ attratto

5. *Res laudando augebat Gorgia, quod* .... (*iudico*) *hoc oratoris esse maxime proprium.* (Cic.)
Il congiuntivo, se necessario, è ☐ obliquo ☐ eventuale ☐ caratterizzante ☐ attratto

6. *Ex tanta frequentia inveniri nemo potuit qui intellegĕre* .... (*possum*) *quid diceret Rullus.* (Cic.)
Il congiuntivo, se necessario, è ☐ obliquo ☐ eventuale ☐ caratterizzante ☐ attratto

5 Traduci in latino le seguenti frasi utilizzando opportunamente il congiuntivo.

1. Catone il Vecchio consigliò al figlio di evitare i medici greci, perché li giudicava pericolosi e nemici dei Romani. • **2.** Non esiste in natura nessun animale che odi se stesso, come a volte accade all'uomo. • **3.** La guerra contro Giugurta languiva non perché le forze del re fossero pari a quelle dei Romani, ma perché l'oro numidico aveva corrotto i generali e i comandanti. • **4.** Non ci sono più a Roma molti senatori che non abbiano antenati fra i liberti.

6 Traduci il seguente brano d'autore.

L'antica leggenda di Gige

Se il saggio avesse la possibilità di commettere atti riprovevoli con la certezza di non essere mai scoperto, sfrutterebbe questa impunità? L'interrogativo permette a Cicerone di raccontare un'antica leggenda già narrata da Platone: Gige, un umile pastore, grazie a un anello che lo rendeva invisibile, non ebbe scrupoli nello sfruttare questo potere.

Ex omni deliberatione et actione celandi et occultandi spes opinioque removenda est; satis enim nobis, si modo in philosophia aliquid profecimus, persuasum esse debet nihil tamen avare, nihil iniuste, nihil libidinose, nihil incontinenter esse faciendum, etsi omnes deos hominesque celare possīmus. Hinc ("a questo proposito") ille Gyges inducitur a Platone; qui, cum terra discessisset magnis quibusdam imbribus, descendit in illum hiatum aeneumque equum animadvertit, cuius in lateribus fores essent. Quibus apertis corpus hominis mortui vidit magnitudine invisitata anulumque aureum in digito; quem ut detraxit, ipse induit et in concilium se pastorum recepit. Ibi, cum palam eius anūli ad palmam converterat, a nullo videbatur, ipse autem omnia videbat; idem rursus videbatur, cum in locum ("nella sua posizione") anūlum inverterat. Itaque, hac oportunitate anūli usus, reginae stuprum intulit eaque adiutrice regem dominum interemit, sustulit quos obstare arbitraretur, quia in his facinoribus nemo posset vidēre. (da Cicerone)

I SEGRETI DELLA TRADUZIONE
Come rendere il congiuntivo latino

Non è sempre facile identificare la funzione del congiuntivo latino in una subordinata e renderne in modo appropriato il valore o la sfumatura di significato: bisogna in primo luogo verificare se la presenza del congiuntivo sia "organica", cioè richiesta dalla costruzione della stessa subordinata, oppure no. In una **relativa**, per esempio, il congiuntivo potrebbe assumere un valore caratterizzante, eventuale, obliquo o essere l'indicatore di una relativa impropria:

*Nec adhuc fere invēni qui non concedendum **putaret** Caesari quod **postularet**.* (Cic.)	Non ho ancora trovato nessuno che non **fosse convinto** di dover concedere a Cesare ciò che **chiedesse**.

Il primo congiuntivo (*putaret*) ha valore caratterizzante; il secondo (*postularet*) può essere spiegato sia come risultato di attrazione modale (in dipendenza da *putaret*) sia, preferibilmente, come congiuntivo eventuale: le richieste di Cesare appaiono, nel contesto, ipotizzate e generiche.

Ciò risulta evidente dal confronto con un altro periodo:

*Ego is sum qui illi concedi **putem** utilius esse quod **postulabat**.* (Cic.)	Io sono al punto di **pensare** che sia più utile concedergli ciò che **chiedeva**.

L'indicativo *postulabat* si riferisce a una richiesta ben definita, avanzata in un determinato momento nel passato.

Vediamo altri periodi, analizzando le ragioni del congiuntivo all'interno del contesto:

*Librum tuum legi et adnotavi quae commutanda, quae eximenda **arbitrarer**.* (Plin. il G.)	Ho letto il tuo libro e ho segnalato ciò che **io pensavo** fosse da cambiare e da correggere.

Il congiuntivo *arbitrarer* ha una sfumatura obliqua: le correzioni proposte dipendono infatti dall'opinione di Plinio, non presentata come certa o incontrovertibile. L'inserimento del pronome personale nella traduzione può efficacemente rendere il congiuntivo latino.

*Perseus (scripsit) conlocutum se cum Romanorum legatis; quae **audisset** quaeque **dixisset** ita disposita ut superior fuisse in disceptatione vidēri posset.* (Liv.)

Perseo (scrisse) che egli aveva parlato con gli ambasciatori di Roma, e che ciò che **diceva di aver udito** e **detto** era tale da poter avere l'impressione di essere stato vincitore nel confronto.

I congiuntivi della subordinata di 2° grado, relativa (*audisset* e *dixisset*), più che l'effetto di un'attrazione modale (la subordinata potrebbe essere una semplice perifrasi, sostituibile con i due participi *audita* e *dicta*), esprimono il carattere soggettivo delle idee di Perseo. La traduzione con la perifrasi "diceva di..." sottolinea l'"obliquità" del discorso di Perseo.

*Principibus Galliae evocatis, Caesar ea, quae **cognoverat**, dissimulanda sibi existimavit.* (Ces.)

Convocati i capi della Gallia, Cesare pensò di dover nascondere ciò che **aveva saputo**.

In questo caso, a differenza del precedente, Cesare costruisce una subordinata di 2° grado, relativa, con l'indicativo della "certezza", senza attrazione modale.

*Dubito, non **quod** fiducia **desit**, sed **quia** credulĭtas **solet** esse puellis.* (Ov.)

Sono incerta, non **perché** mi **manchi** la fiducia, ma **perché** la credulità **è solita** essere dannosa alle fanciulle.

Il congiuntivo "soggettivo" *desit* si contrappone con evidenza all'indicativo "certo" *solet*: la traduzione migliore è mantenere tempi e modi del latino anche in italiano.

Riassumiamo dunque alcune indicazioni utili per rendere con efficacia una subordinata al congiuntivo.

Per l'analisi

1. Analizzare con attenzione se il costrutto richieda la presenza "**organica**" del congiuntivo (per esempio, nel *cum* narrativo, nella proposizione finale, nella completiva volitiva ecc.) o se alcune espressioni possano suggerire l'uso del congiuntivo obliquo, eventuale o caratterizzante.
2. Nel caso della natura **non** "**organica**" del congiuntivo, individuare la presenza di una subordinata al congiuntivo o all'infinito per accertare gli effetti di un'eventuale attrazione modale.
3. Anche nel caso di un possibile effetto di attrazione modale, esaminare, in base al **contesto**, se il congiuntivo possa comunque avere una sfumatura eventuale o obliqua.

Per la resa in italiano

1. Valutare la possibilità di tradurre **in modo letterale** tempi e modi del latino, soprattutto nel caso di congiuntivi caratterizzanti ed eventuali.
2. Valutare la possibilità di tradurre un congiuntivo eventuale ricorrendo a una **perifrasi all'indicativo** con il verbo "potere".
3. Di fronte a un chiaro congiuntivo obliquo (soprattutto quando la subordinata è contrapposta ad altri costrutti paralleli al modo indicativo, come nel caso delle causali con *non quod... sed quia* dell'ultimo esempio esaminato), valutare l'opportunità di **esplicitare il valore soggettivo** del congiuntivo con l'inserimento di pronomi personali o perifrasi.

7 Nelle seguenti frasi d'autore **distingui** il congiuntivo "organico" dal congiuntivo obliquo, eventuale, caratterizzante e attratto (attenzione: in uno stesso periodo possono esserci diversi tipi di congiuntivo), quindi **traduci**.

1. *Nuntius redit Gabios; quae dixerit ipse quaeque viderit, refert.* (Liv.) • **2.** *Extrŭi autem vetat lex sepulchrum altius, quam quod quinque homines quinque diebus absolverint.* (Cic.) • **3.** *Caesari nuntiatur Sulmonenses, quod oppidum a Corfinio VII milium intervallo abest, cupĕre ea facĕre quae vellet.* (Ces.) • **4.** *Nec vero hic locus est ut de moribus loquamur.* (Cic.) • **5.** *Haeduorum rex* *multo etiam gravius, quod sit destitutus, queritur.* (Ces.) • **6.** *Galli reliquas civitates sollicitant ut in ea libertate, quam a maioribus acceperint, permanēre quam Romanorum servitutem perferre malint.* (Ces.) • **7.** *Barbari, et ingenio feroces et multitudine freti et, quod metu cessisse credebant hostem, id morari victoriam rati, quod interesset amnis, clamore sublato, in amnem ruunt.* (Liv.) • **8.** *Artaxerxes rex, quod intellegebat sibi cum Datăme, viro forti ac strenuo, negotium esse, qui (= Datămes), cum cogitasset* ("dopo aver elaborato un piano"), *facĕre auderet et cogitare prius quam conari consuesset, Autophrodātem in Cappadociam mittit.* (Nep.)

Classificazione e gradi delle subordinate

Una **subordinata**, detta anche dipendente o secondaria, è una proposizione priva di autonomia sintattica. La subordinata è di **1° grado** quando dipende direttamente dalla principale, di **2° grado**, **3° grado** ecc. quando è retta da proposizioni a loro volta dipendenti rispettivamente di 1°, 2° grado ecc. **Reggente** o sovraordinata viene invece definita la proposizione da cui dipende un'altra proposizione. La reggente che non è a sua volta retta da altre proposizioni si dice indipendente **principale**.

Vidi cisternam quae sufficĕre in usum vel exercitus posset. (Sen.)

Vidi una cisterna che **poteva** (= "sarebbe potuta bastare") all'uso perfino di un esercito.

Costruiamo l'albero o grappolo sintattico di questo periodo:

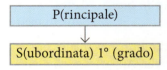
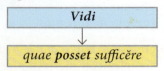

Caesar numquam fuit tam humanitatis immemor, ut eos, qui se tradidissent et erroris veniam peterent, morte damnaret. (Svet.)

Cesare non **fu** mai tanto immemore del senso di umanità **da condannare** a morte quelli che si **erano consegnati** e **chiedevano** perdono dell'errore.

Albero sintattico:

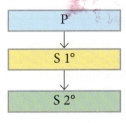
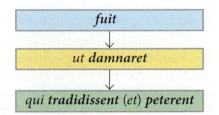

Sciunt me id maxime defendisse, ut vincerent qui vicerunt. (Cic.)

Sanno che io soprattutto **cercai di impedire** che **vincessero** coloro che **vinsero**.

Albero sintattico:

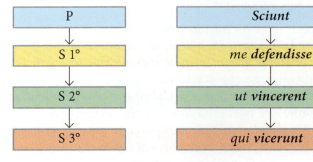

Le subordinate possono presentare **forma**:

- **esplicita**, quando il nesso subordinante è costituito da congiunzioni, pronomi, particelle e introduce modi finiti (indicativo, congiuntivo):

  *Patrem huc orato **ut veniat**.* (Plaut.)   Prega il padre **che venga** qui.

- **implicita**, quando la subordinazione avviene attraverso forme nominali del verbo (modi indefiniti), come l'infinito, il gerundio, il participio, il gerundivo e il supino:

  *Hostibus neque **cognoscendi** quid fieret facultatem relinquunt nostri.* (Ces.)   I nostri non lasciano ai nemici neppure la possibilità **di capire** che cosa accadesse.

Tutte le subordinate, implicite o esplicite, a seconda della funzione svolta nel periodo, si distinguono nelle seguenti categorie:

- **completive** o sostantive o complementari dirette, che svolgono nei confronti del verbo della reggente la funzione di soggetto o oggetto. Appartengono a questo gruppo le **infinitive**, le **completive esplicite introdotte da ut/quod** e le **interrogative indirette**:

  *Liquet mihi **illos inmundissimos fuisse**.* (Sen.)   Mi è chiaro **che quelli erano sporchissimi**.

- **attributive** o aggettive, che svolgono nel periodo la funzione di un attributo o di un'apposizione. Appartengono a questo gruppo le **relative proprie**:

  *Thasius lapis piscinas circumdedit, **in quas corpora demittimus**.* (Sen.)   Le vasche, **in cui immergiamo** i corpi, sono fatte di pietra di Taso.

- **circostanziali** o complementari indirette o avverbiali, che svolgono nel periodo la funzione dei complementi indiretti o degli avverbi. Appartengono a questo gruppo le subordinate **finali**, **consecutive**, **causali**, **temporali**, **relative improprie**, **condizionali**, **concessive**, **comparative**, **avversative** (vedi Unità 44, p. 314):

  *Minimae sunt rimae muro lapideo exsectae, **ut lumen admitterent**.* (Sen.)   Sono state intagliate nel muro di pietra delle strettissime fessure, **perché lasciassero filtrare** la luce.

8. Analizza il seguente brano e **costruisci** l'albero sintattico di ciascun periodo.

Ai giudici che, in Milano, nel 1630, condannarono a supplizi atrocissimi alcuni accusati d'aver propagata la peste con certi ritrovati sciocchi non men che orribili, parve d'aver fatto una cosa talmente degna di memoria, che, nella sentenza medesima, dopo aver decretata, in aggiunta de' supplizi, la demolizion della casa d'uno di quegli sventurati, decretaron di più, che in quello spazio s'innalzasse una colonna, la quale dovesse chiamarsi infame, con un'iscrizione che tramandasse ai posteri la notizia dell'attentato e della pena. E in ciò non s'ingannarono: quel giudizio fu veramente memorabile.

(A. Manzoni, *Storia della Colonna Infame*, Introduzione X)

9. Analizza le seguenti frasi d'autore, specificando grado, categoria e forma (implicita/esplicita) delle subordinate; quindi **traduci**.

1. *Dicĕre omitto, quem ad modum isti se gerant atque gesserint.* (Cic.) • **2.** *Antonius cum cohortibus et Attio eodem die, quo profectus erat, revertitur.* (Ces.) • **3.** *Quantae copiae transgresso in Italiam Hannibali fuerint, nequaquam inter auctores constat.* (Liv.) • **4.** *Negante servo, servos per tormenta interrogari placuit.* (Tac.) • **5.** *Tantum honorum atque opum in me cumulasti ut nihil felicitati meae desit.* (Tac.) • **6.** *Caesar castella commūnit, quo facilius, si (Helvetii) transire conentur, prohibēre possit.* (Ces.) • **7.** *Stulte fecisse fateor: sed quaeso, pater, ne me deserās.* (Plaut.) • **8.** *Duabus legionibus, quas proxime conscripserat, in castris relictis, ut, si quo opus esset subsidio, duci possent, reliquas sex legiones pro castris in acie constituit Caesar.* (Ces.)

10 **Costruisci** l'albero sintattico del seguente periodo di Cornelio Nepote, poi **traduci**.

Barbaros quo facilius Graeci repellerent, si forte bellum renovare conarentur, ad classes aedificandas exercitusque comparandos quantum pecuniae quaeque civitas daret, Aristīdes delectus est qui constitueret eiusque arbitrio quadringēna et sexagēna talenta quotannis Delum sunt collata: id enim commune aerarium esse voluerunt.

11 **Costruisci** l'albero sintattico del seguente periodo di Curzio Rufo, poi **traduci**.

Erat insula in flumine amplior ceteris, silvestris eădem et tegendis insidiis apta, fossā quoque praealta haud procul ripa, quam Alexander tenebat: quae non pedites modo, sed etiam cum equis viros poterat abscondĕre. Igitur, ut a custodia huius opportunitatis oculos hostium averteret, Ptolomaeum omnibus turmis obequitare iussit procul insula et subinde Indos clamore terrēre, quasi flumen transnaturus foret (= esset).

PAROLE DA SCOPRIRE
I vari modi di "pensare"

- Il verbo *censeo, -es, censui, censum, -ēre*, da cui deriva anche il termine *censor, -ōris*, indica il **giudicare fondato su un'autorità**, personale (*auctoritas, -ātis*) o derivante da una carica o un incarico: in generale denota un pensare fondato su una profonda riflessione o convinzione, ma è un termine tecnico quando, per esempio, si riferisce al voto o al parere di un senatore.

- Ad *arbĭtror, -aris, arbitratus sum, -ari* e *iudĭco, -as, -avi, -atum, -are* si associano automaticamente la funzione di *arbiter, -tri* e di *iudex, -ĭcis*. *Aestimo, -as, -avi, -atum, -are* indicava invece in origine una **valutazione monetaria**: per esempio, una stima esattamente valutabile; mentre *existĭmo*, che deriva dalla stessa radice, può designare un **giudizio morale** oppure valutare qualcosa in riferimento al suo valore o alla verità.

- I verbi come *opīnor, -aris, opinatus sum, -ari*, **puto**, *-as, -avi, -atum, -are* e **reor**, *rēris, ratus sum, rēri* indicano un **giudizio personale**, o esercitato in un ambito privato o, in ogni caso, con valore soggettivo. *Opīnor*, spesso usato in forma parentetica, esprime a volte cautela, a volte ironia, ma denota sempre una convinzione o una congettura che si contrappongano all'evidenza o a una convinzione altrui. *Reor*, frequente nella forma participiale *ratus*, conserva una sfumatura poetica e soggettiva, pur ricorrendo anche in contesti militari.

12 Nelle seguenti frasi d'autore **scegli** la forma corretta tra quelle proposte, considerando le differenti sfumature lessicali dei verbi di pensiero; quindi **traduci**.

1. *Est aliquis, qui se inspĭci, **aestimari / censēri** fastidiat, qui certos sibi uni honores inter dimicantes competitores aequum censeat esse.* (Liv.) • **2.** *Postquam senatus in Catonis sententiam discessit, consul, optimum factu **opinatus / ratus** noctem quae instabat antecapĕre, ne quid eo spatio novaretur, tresvĭros parare iubet.* (Sall.) • **3.** *Iam non est mihi contentio cum teste; vobis videndum est sintne haec testimonia **putanda / censenda**.* (Cic.) • **4.** *Adest vir summa auctoritate et religione et fide, M. Lucullus; qui se non **aestimare / opinari** sed scire, non audisse sed vidisse, non interfuisse sed egisse dicit.* (Cic.) • **5.** *Timore perterrĭtus, Cassius, cognito Scipionis adventu visisque equitibus, quos Scipionis esse **arbitrabatur / censebat**, ad montes se convertit, qui Thessaliam cingunt.* (Ces.) • **6.** *His ego litteris lectis in eadem opinione fui qua reliqui omnes, te cum omnibus copiis ad Corfinium esse venturum; quo ("da lì") mihi, cum Caesar ad oppidum castra haberet, tutum iter esse non **arbitrabar / opinabar**.* • **7.** *Sed ego institui referre ad vos, patres conscripti, tamquam integrum, et de facto quid iudicetis et de poena quid **censeatis / existimetis**.* (Cic.)

SINTASSI

Le proposizioni subordinate al congiuntivo: uso dei tempi (*consecutio temporum*)

- Le **subordinate di 1° grado** (cioè direttamente dipendenti dalla principale) **al congiuntivo** regolano il proprio tempo sul verbo della reggente secondo le norme della *consecutio temporum*.

In dipendenza da un **tempo principale**, la subordinata di 1° grado ha:

- il congiuntivo **presente**, se **contemporanea** alla reggente:

    *Qui **sis** reputa.* (Liv.)   **Considera** chi **sei** (lett. "sia").

- il congiuntivo **perfetto**, se **anteriore** alla reggente:

    *Quaeramus quae tanta vitia **fuerint** in uno filio.* (Cic.)   **Chiediamo** quali vizi così gravi **ci siano stati** in un solo figlio.

- la **perifrastica attiva** con *sim*, se **posteriore** alla reggente:

    *Non **scribam** ad te quid **facturus sim**, sed quid **fecerim**.* (Cic.)   Non ti **scriverò** che cosa **farò**, ma che cosa **ho fatto**.

In dipendenza da un **tempo storico**, la subordinata di 1° grado ha:

- il congiuntivo **imperfetto**, se **contemporanea** alla reggente:

    *Ab Anaximandro **moniti** Lacedaemonii **sunt** ut urbem ac tecta **relinquerent**.* (Cic.)   Gli Spartani **furono ammoniti** da Anassimandro di **abbandonare** la città e le case.

- il congiuntivo **piuccheperfetto**, se **anteriore** alla reggente:

    *Alexander **institit** quaerere an omnes parentis sui interfectores poenas **dedissent**.* (Curz.)   Alessandro **insistette** a chiedere se tutti gli assassini di suo padre **fossero stati puniti**.

- la **perifrastica attiva** con *essem*, se **posteriore** alla reggente:

    *Adventus meus quid **profecturus esset vidi**.* (Cic.)   **Vidi** che cosa **avrebbe comportato** il mio arrivo.

Ricorda che...

- Le **espressioni parentetiche di valore restrittivo**, come *quod sciam* "che io sappia", *quod senserim* "per quanto mi sia accorto", sono svincolate dal rapporto temporale con la principale e non osservano la *consecutio temporum*:

    *Me quidem praesente, numquam factumst, quod **sciam**.* (Plaut.)   Non è mai successo, almeno in mia presenza, per quanto **sappia** (= "sapessi").

- Le subordinate **consecutive** non seguono la *consecutio temporum*, ma impiegano i tempi con valore proprio.

- Costituisce eccezione alla *consecutio temporum* anche il **periodo ipotetico dipendente di 3° tipo con apodosi al congiuntivo**, che mantiene, anche in dipendenza da tempo principale, il congiuntivo imperfetto o piuccheperfetto (vedi Unità 45, p. 337).

- Una **subordinata di 2° grado al congiuntivo** dipendente da una **subordinata di 1° grado al congiuntivo** regola il suo verbo su quello della **reggente** (mentre il tempo della principale, in genere, non ha alcuna influenza sulla subordinata di 2° grado), in questo modo:

- se nella reggente c'è un **congiuntivo presente** o una **perifrastica attiva** con *sim*, nella subordinata ricorrono il **presente** o il **perfetto**:

    *Tu **quid agas**, **quid** cum Sicyoniis **egeris**, **ut sciam** cura.* (Cic.)   Tu fa' in modo **che io sappia che cosa fai, che cosa hai fatto** con i Sicioni.

- se nella reggente c'è un **congiuntivo imperfetto, perfetto, piuccheperfetto** o una **perifrastica attiva** con *essem*, nella subordinata ricorrono l'**imperfetto** o il **piuccheperfetto**:

    *Illud quaero, **cur** Antonius tam mansuetus in senatu **fuerit**, **cum** in edictis tam ferus **fuisset**.* (Cic.)   Questo mi chiedo, **perché** Antonio **sia stato** tanto arrendevole in senato, **pur essendo stato** tanto feroce negli editti.

■ Una **subordinata di 2° grado al congiuntivo** dipendente da un **infinito** si comporta nel modo seguente:

- se l'infinito è **presente** o **futuro**, regola il suo tempo sul verbo della proposizione principale:

    *Cupio scire **quid agas**.* (Cic.)   Desidero **sapere che cosa fai**.

- se l'infinito è **perfetto**, segue la dipendenza dei tempi storici senza tenere conto del verbo della principale:

    *Satis mihi multa verba **fecisse** videor **quare** hoc bellum **esset** necessarium.* (Cic.)   Mi sembra di **aver detto** molte parole sul **perché** questa guerra **sia** (lett. "fosse") necessaria.

■ Una **subordinata di 2° grado al congiuntivo** dipendente da un **participio** (in tutti i suoi tempi), un **gerundio**, un **supino**, un **aggettivo** o un **sostantivo** che sottintendano un'azione, regola il suo tempo direttamente sul verbo della principale, secondo la *consecutio*:

*Manus tendebant **orantes ut** sibi liberos **redderent**.* (Liv.)   (Le donne) tendevano le mani, **pregando che venissero** loro **restituiti** i figli.

Le modalità sopra esposte regolano la *consecutio temporum* anche nelle subordinate di grado superiore.

Schema riassuntivo della *consecutio temporum* del congiuntivo

principale	subordinata di 1° grado		
	azione contemporanea	azione anteriore	azione posteriore
tempo principale (indicativo presente, futuro, perfetto logico)	congiuntivo presente	congiuntivo perfetto	perifrastica attiva con *sim*
tempo storico (indicativo imperfetto, perfetto, piuccheperfetto, infinito storico)	congiuntivo imperfetto	congiuntivo piuccheperfetto	perifrastica attiva con *essem*
reggente (subordinata di 1°, 2°... grado)	subordinata di grado superiore al 1°		
	azione contemporanea	azione anteriore	azione posteriore
tempo principale (congiuntivo presente, perifrastica attiva con *sim*)	congiuntivo presente	congiuntivo perfetto	perifrastica attiva con *sim*
tempo storico (congiuntivo imperfetto, perfetto, piuccheperfetto, perifrastica attiva con *essem*)	congiuntivo imperfetto	congiuntivo piuccheperfetto	perifrastica attiva con *essem*

Tieni anche presente che:

in dipendenza da una reggente	la subordinata di 2° grado
al congiuntivo all'infinito perfetto	regola il proprio tempo verbale sul tempo della **reggente di 1° grado**
all'infinito presente o futuro al participio al gerundio o al supino	regola il proprio tempo verbale sul tempo della **principale**

RICORDA CHE...

Quando un **congiuntivo** o un **infinito perfetti** sono retti da un **tempo principale** e da essi dipende una **subordinata di 2° grado** (o successivo) al congiuntivo obliquo o al congiuntivo per effetto di attrazione modale, tale proposizione regola generalmente l'eventuale **rapporto di anteriorità** sulla **principale** e non sulla reggente. Troveremo pertanto il perfetto in luogo del piuccheperfetto congiuntivo (**regola di Reusch**, vedi p. 292):

Nemo in Sicilia **dubitat** *quin Quintus Lollius eo* **sit occisus***, quod habēre clausa non* **potuerit** *sua consilia de Verre.* (Cic.)

Nessuno in Sicilia **dubita** che Quinto Lollio **sia stato ucciso** perché non **riuscì** a tenere nascosti i suoi piani riguardo a Verre.

Adiunxero *Thebas caput totīus Graeciae* **fuisse***, quam diu Epaminondas reipublicae* **praefuerit** (e non *praefuisset*). (Nep.)

Aggiungerò che Tebe **fu** la capitale di tutta la Grecia finché Epaminonda **governò** la città.

ESERCIZI

FACILIORA

13

Completa con il tempo corretto la traduzione latina delle frasi italiane. L'esercizio è avviato.

1. L'ospite giurava di non ricordare che nome avesse.
   Quod **haberet** *(habeo) nomen iurabat nescire hospes.*

2. Lo schiavo dice di non sapere perché sia stato accusato, dal momento che quel giorno ha accompagnato il padrone in campagna.
   Servus nescire se dicit cur accusatus sit, cum eo die rus dominum .... (comĭtor).

3. Lo schiavo disse di non sapere perché fosse stato accusato, dal momento che quel giorno aveva accompagnato il padrone in campagna.
   Servus nescire se dixit cur .... (accuso), cum eo die rus dominum .... (comĭtor).

4. Le donne osavano farsi incontro ai senatori, supplicando che abolissero la legge Oppia.
   Audebant obviam senatoribus ire muliĕres, orantes ut legem Oppiam .... (abrŏgo).

5. Le donne oseranno farsi incontro ai senatori, supplicando che aboliscano la legge Oppia.
   Audebunt obviam senatoribus ire muliĕres, orantes ut legem Oppiam .... (abrŏgo).

6. Ricordo perfettamente di aver visto donne farsi incontro ai senatori, supplicando che abolissero la legge Oppia.
   Memoriā teneo me ipsum muliĕres vidisse obviam ire patribus, orantes ut legem Oppiam .... (abrŏgo).

14 Nelle seguenti frasi d'autore **scegli** la forma corretta tra quelle proposte (subordinate di 1° grado), poi **traduci**.

1. *Provideo enim quid* **sit** / **esset** *defensurus Hortensius.* (Cic.) • 2. *Quantas autem Hannĭbal copias duceret aut quanto exercitu ad Capuam obsidendam opus* **sit** / **esset**, *consules pro certo sciebant.* (Liv.) • 3. *Si te hic haberem, libenter tecum conferrem quid* **existimares** / **existimaveris** *esse faciendum.* (Sen.) • 4. *Vercingetŏrix Gallos hortatur ut communis libertatis causa arma* **capiant** / **caperent**. (Ces.)

15 Nelle seguenti frasi d'autore **scegli** la forma corretta tra quelle proposte (subordinate di 2° grado), poi **traduci**.

1. *Hactĕnus mihi videor de amicitia quid* **sentirem** / **sentiam** *potuisse dicĕre.* (Cic.) • 2. *Ferunt testudĭnes, pastum egressas noctu et avĭde saturatas, lassari atque, ut* **remeaverint** / **remeavissent** *matutino, summa in aqua obdormiscĕre.* (Plin. il V.) • 3. *Is sum qui istos plausus, cum popularibus civibus* **tribuantur** / **tribuerentur**, *semper contempserim.* (Cic.) • 4. *Alcibiades ille, cuius nescio utrum bona an vitia patriae perniciosiora* **fuerint** / **fuissent**, *cives suos decepit.* (Val. Mass.) • 5. *Diem quo Roma* **sis exiturus** / **exeas** *cura ut sciam.* (Cic.) • 6. *Ingens vis hominum ex omnibus Volscis Aequisque populis in castra venit, haud dubitans, si* **senserint** / **sensissent**, *Romanos nocte abituros.* (Liv.)

16 **Traduci** le seguenti frasi d'autore (riepilogo sulla *consecutio temporum*).

1. *Decretum est ut, qui pro Perseo adversus Romanos dixisse quid aut fecisse convincerentur, capitis condemnarentur.* (Liv.) • 2. *Illa vero cur eveniant, quis dixerit?* (Cic.) • 3. *Vellem scriberes cur ita putares.* (Cic.) • 4. *Quod non longius hostes aberant, quam quo telum adĭgi posset, proelii committendi signum dedit Caesar.* (Ces.) • 5. *Cum castellum Calatĭam, praesidio vi pulso, cepisset, (Hannĭbal) Capuam se vertit, praemissis iam nuntiis* (sott. "per annunciare") *quo tempore castra Romana adgressurus esset.* (Liv.) • 6. *Haec omnia Caesar eodem illo* ("quella stessa situazione") *pertinēre arbitrabatur, ut tridui mora interposita equites eorum, qui abessent, reverterentur; tamen sese non longius milibus passuum quattuor aquationis causā processurum eo die dixit.* (Ces.)

DIFFICILIORA

17 **Traduci** le seguenti frasi d'autore, quindi **riscrivile** sostituendo il tempo del verbo evidenziato con quello indicato tra parentesi e modificando di conseguenza anche il tempo delle subordinate (*consecutio temporum*).

1. *Orōdi, regis Parthorum, filius in provincia nostra est nec* **dubitat** (→ perfetto ....) *Deiotarus quin ipse prima aestate Euphrātem transiturus sit.* (Cic.)

2. *Nunc has exspectationes* **habemus** (→ imperfetto ....) *duas, unam quid Caesar acturus sit, cum acceperit ea quae referenda ad illum data sunt L. Caesari, alteram quid Pompeius agat.* (Cic.)

3. *Simonĭdi poëtae, cenanti enim apud Scopam,* **nuntiatum est** (→ presente ....) *duos iuvenes ad ianuam venisse, magnopĕre rogantes ut ad eos prodīret.* (Cic.)

4. *Cum in contionem consules processissent et res a perpetuis orationibus in altercationem vertisset, interroganti tribuno cur plebeium consulem fieri non oporteret,* **respondit** (→ presente ....) *consul decemviros conubium* **diremisse** (→ presente ....) *ne incerta prole auspicia turbarentur, quod nemo plebeius auspicia haberet.* (Liv.)

18 Ricostruisci opportunamente ciascun periodo, diviso in unità sintattiche, quindi traduci.

1. *cum sciret – quod iter petiturus esset – omnes saltus insidēre praesidiis – Perseus statuit – adpropinquare hostem – ignarus tamen* (Liv.)
2. *perfacile factu esse – conata perficĕre – quin totius Galliae plurimum Helvetii possent – propterea quod ipse suae civitatis imperium obtenturus esset – nam non esse dubium – Helvetiis Orgetŏrix probat* (Ces.)
3. *quid Pompeius facturus sit – cum de nostro itinere statuĕro – faciam – ut scias – cum ex ipso Pompeio cognovĕrim* (Cic.)

19 Traduci in latino le seguenti frasi.

1. Pensa, Marco Antonio, quanto la tua fine sarà diversa da quella di Cesare, che non hai saputo difendere dai suoi assassini. • 2. Cesare ordina che Publio Crasso parta a presidio dell'Aquitania, la quale è ormai pacificata, perché non si accendano nuove ribellioni. • 3. Si racconta che Fabio Pittore, che Livio considera grande storico, fu mandato a Delfi dal senato, per chiedere all'oracolo con quali suppliche si potessero placare gli dèi. • 4. Vorrei che tu, per informarmi di quello che succede a Roma, mi scrivessi più spesso quello che fai.

20 Traduci il seguente brano d'autore.

La morte del sapiente è come quella del cigno

Socrate, ingiustamente condannato, non volle fuggire dal carcere, ricordando come, per coloro che si siano mantenuti immuni dai vizi, la morte sia un ritorno agli dèi. Anche il cigno, che ha il dono della profezia, prima di morire canta melodiosamente come mai ha fatto in vita.

Socrătes supremo vitae die de immortalitate animi multa disseruit et paucis ante diebus, cum facile posset edūci e custodia, noluit, et tum, paene in manu iam mortifĕrum illud tenens pocŭlum, locutus ita est, ut non ad mortem trudi, verum in caelum videretur escendĕre. Ita enim censebat itaque disseruit, duas esse vias duplicesque cursus animorum e corpore excedentium: nam devium quoddam iter esse, seclusum a concilio deorum, iis qui se humanis vitiis contaminavissent et se totos libidinibus dedissent, quibus caecati vel domesticis vitiis atque flagitiis se inquinavissent vel publice fraudes inexpiabiles concepissent. Qui autem se integros castosque servavissent et vitam imitati essent deorum, iis reditus facilis patebat usque ad deos, a quibus essent profecti. Itaque commemorat, ut cygni, qui non sine causa Apollĭni dicati sint, sed quod ab eo divinationem habēre videantur, qua providentes quid in morte boni sit, cum cantu et voluptate moriantur, sic omnibus bonis et doctis esse faciendum.

(da Cicerone)

21 Traduci il seguente brano d'autore.

Un attacco a tradimento (I)

I Marsigliesi assediati dai Romani chiedono una tregua, durante la quale però assaltano a tradimento le opere di fortificazione dei nemici, che subiscono gravi danni, anche a causa del fortissimo vento che alimenta il fuoco.

Hostes sine fide tempus atque occasionem fraudis ac doli quaerunt, interiectisque aliquot diebus, nostris languentibus atque animo remissis, subito meridiano tempore, cum alius discessisset, alius ex diutĭno labore in ipsis operibus quieti se dedisset, arma vero omnia reposita contectaque essent, portis se foras erumpunt, secundo magnoque vento ignem operibus infĕrunt. Hunc sic distulit ventus, uti uno tempore agger, plutei, testudo, turris, tormenta flammam conciperent et prius haec omnia consumerentur, quam quemadmodum accidisset, animadverti posset. Nostri, repentina fortuna permoti, arma quae possunt adripiunt, alii ex castris sese incitant.

(da Cesare)

22 Traduci il seguente brano d'autore.

Un attacco a tradimento (II)

I Romani reagiscono, ma i fitti lanci di frecce impediscono loro di contrattaccare. I nemici usano la stessa tattica il giorno seguente, ma questa volta sono respinti con molte perdite.

Fit in hostis impetus. Sed de muro sagittis tormentisque fugientes persĕqui prohibentur. Illi sub murum se recipiunt ibique muscŭlum turrimque latericiam libĕre incendunt. Ita multorum mensium labor hostium perfidia et vi tempestatis puncto temporis interiit. Temptaverunt hoc idem Massilienses postero die. Eandem nacti tempestatem, maiore cum fiducia ad altĕram turrim aggeremque eruptione pugnaverunt multumque ignem intulerunt. Sed ut superioris temporis contentionem nostri omnem remiserant, ita proximi diei casu admonĭti omnia ad defensionem paraverant. Itaque multis interfectis reliquos infecta re in oppidum reppulerunt. (da Cesare)

VERIFICA DELLE COMPETENZE

COMPETENZE LINGUISTICHE

23
Nelle seguenti frasi d'autore distingui il valore dei congiuntivi: obliquo O, eventuale E, caratterizzante C, per attrazione modale M (attenzione: è possibile più di un'opzione); poi traduci.

1. *Ne attenderis petĕre a me id quod nefas* **sit** *concedi tibi.* (Acc.) O E C M • **2.** *Consilium imperatoris erat, quā fortuna occasionem* **daret***, eā inclinare vires.* (Liv.) O E C M • **3.** *Pompeius, discedens ab Urbe, in senatu dixerat eodem se habiturum loco* ("che avrebbe considerato allo stesso modo") *(eos) qui Romae* **remansissent** *et qui in castris Caesaris* **fuissent***.* (Ces.) O E C M • **4.** *Cum dies hibernorum complures transissent et frumentum eo comportari iussisset Caesar, subito per exploratores certior factus est ex ea parte vici, quam Gallis concesserat, omnes noctu discessisse montesque, qui* **impenderent***, a maxima multitudine Sedunorum et Veragrorum tenēri.* (Ces.) O E C M • **5.** *Fuisse credo tum quoque aliquos, qui* **arguerent** *Romŭlum non denso nimbo opertum esse, sed disceptum patrum manibus; manavit enim haec quoque, sed perobscura fama; illam altĕram admiratio viri et pavor praesens nobilitavit.* (Liv.) O E C M • **6.** *Atreus, cum ad Thesprŏtum regem isset, Pelopiam aspexit et rogat Thesprŏtum ut sibi Pelopiam in coniugium daret, quod* **putaret** *eam Thesprŏti esse filiam.* (Ig.) O E C M

L'esercizio insegna a:
- saper riconoscere e tradurre il valore del congiuntivo al posto dell'indicativo nelle proposizioni subordinate

24
Nelle seguenti frasi d'autore scegli la forma corretta tra quelle proposte, quindi traduci. Attenzione ai congiuntivi "organici"!

1. *Audiebam Pythagoram Pythagoreosque incolas paene nostros, qui* **essent / sint** *Italici philosophi quondam nominati, numquam dubitasse quin ex mente divina animos haberemus delibatos.* (Cic.) • **2.** *Caesar timens ne navibus nostri* **circumvenirentur / circumventi sint***, duplicem eo loco fecerat vallum.* (Ces.) • **3.** *Miltiădes accusatus est proditionis, quod, cum Parum expugnare posset, a rege corruptus infectis rebus* **discesserit / discessisset***.* (Nep.) • **4.** *Eo indigniorem iniuriam ratus Scipio, ab iis qui* **petissent / peterent** *pacem et indutias et spem pacis et fidem indutiarum violatam esse, legatos Carthaginem misit.* (Liv.) • **5.** *Darīus, cum ex Europa in Asiam redisset, hortantibus amicis, ut Graeciam* **redigeret / redegerit** *in suam potestatem, classem quingentarum* *navium comparavit eique Datim praefecit.* (Nep.) • **6.** *Placuit Caesari ut ad Ariovistum legatos mitteret, qui ab eo postularent ut aliquem locum colloquio **deligeret** / **deligat**.* (Ces.) • **7.** *Ad oppidum cum venissent nostri, qui **fuissent** / **essent** equites Romani et senatores non sunt ausi introīre in oppidum, praeterquam qui eius civitatis fuissent.* (Bell. Hisp.) • **8.** *Iste me orat, sibi qui **caveat** / **caveret** aliquem ut hominem reperiam.* (Plaut.)

L'esercizio insegna a:
- saper riconoscere e tradurre il valore del congiuntivo ("organico" e al posto dell'indicativo)

25

Traduci le seguenti frasi d'autore; poi trasforma il tempo della reggente (evidenziato) da principale a storico o viceversa, modificando di conseguenza anche il tempo delle subordinate.

1. *Ti. Gracchus conceptis verbis **iuravit**, si collega damnatus esset, non exspectato de se iudicio, comĭtem exsilii eius futurum esse.* (Liv.) • **2.** ***Accedit*** *ut accusatorum alterīus crudelitate, alterīus indignitate conturber.* (Cic.) • **3.** *Proelio conserto, **rettulēre** primo pedem hostes; deinde, cum animos collegissent et undique duces, Romanis ne cessuri essent, increparent, restituĭtur pugna.* (Liv.) • **4.** *Iphicrătes **fuit** enim talis dux, ut non solum aetatis suae cum primis compararetur, sed ne de maioribus natu quidem quisquam anteponeretur.* (Nep.) • **5.** *Facturusne operae pretium sim nec satis **scio** nec, si sciam, dicĕre ausim.* (Liv.) • **6.** *Ceos **accepimus** diligenter quotannis solēre servare ortum Caniculae ("il sorgere della stella Sirio") coniecturamque capĕre salubrisne an pestilens annus futurus sit.* (Cic.)

L'esercizio insegna a:
- saper individuare i gradi di subordinazione
- saper riconoscere i rapporti temporali stabiliti dalla *consecutio temporum* nelle subordinate al congiuntivo di 1° e 2° grado e, se richiesto, modificarli correttamente

26

Nelle seguenti frasi d'autore analizza il rapporto cronologico fra subordinata di 2° grado (o di grado superiore) e reggente e costruisci l'albero sintattico di ciascun periodo; quindi traduci.

1. *Flaccus quid alii postea facturi essent scire non poterat, quid fecissent videbat.* (Cic.) • **2.** *Di non possunt vidēri nescisse, quid effecturi essent, cum omnibus alimenta protĭnus et auxilia providerint, nec eos per neglegentiam genuēre (gignĕre "far nascere"), quibus tam multa generabant.* (Sen.) • **3.** *Agesilāus, simul atque imperii potitus est, persuasit Lacedaemoniis ut exercitus emitterent in Asiam bellumque regi facerent; namque fama exierat Artaxerxen comparare classes pedestresque exercitus quos in Graeciam mitteret.* (Nep.) • **4.** *Nondum ad iactum teli perventum erat, cum transfŭga ad Alexandrum pervenit nuntians murĭces ferreos in terram diffudisse Darēum, quā hostem equites emissurum esse credebat, notatumque (esse) certo signo locum, ut fraus evitari a suis posset.* (Curz.) • **5.** *Mago, non modo periculo patriae motus, sed metuens etiam ne victor hostis moranti instaret Liguresque ipsi, relinqui Italiam a Poenis cernentes, ad eos, quorum mox in potestate futuri essent, deficerent, simul sperans leniorem in navigatione quam in via iactationem vulneris sui fore, impositis copiis in naves profectus, vixdum superata Sardinia ex vulnere moritur.* (Liv.) • **6.** *Hostes, vadis repertis, partem suarum copiarum transducĕre conati sunt eo consilio, ut, si possent, castellum, cui praeerat Quintus Titurius legatus, expugnarent pontemque interscinderent et agros Remorum popularentur, qui magno nobis usui ad bellum gerendum erant.* (Ces.)

L'esercizio insegna a:
- saper individuare i gradi di subordinazione
- saper riconoscere i rapporti temporali stabiliti dalla *consecutio temporum* nelle subordinate al congiuntivo di 1° e 2° grado e, se richiesto, modificarli correttamente
- saper costruire correttamente una mappa del periodo

COMPETENZE LESSICALI

27 Indica l'etimologia dei seguenti termini italiani, precisando per ciascuno se conservi o meno la sfumatura di significato presente nella radice latina.

1. putativo ....
2. estimo ....
3. stimato ....
4. opinione ....
5. opinabile ....
6. censorio ....
7. censura ....
8. arbitrato ....
9. arbitrario ....
10. reputazione ....

L'esercizio insegna a:
- saper individuare l'etimologia di termini italiani

COMPETENZE DI TRADUZIONE

VERSIONE GUIDATA

28 Traduci il brano d'autore e svolgi le attività che seguono.

Antiche origini della divinazione (I)

La credenza nelle possibilità di conoscere in qualche modo il futuro è radicata nell'uomo fin dai tempi degli eroi. Furono in origine gli Assiri, che, osservando le stelle e i loro moti, elaborarono i primi oroscopi, lasciando tale tradizione ai Caldei, famosi per l'esattezza delle loro predizioni.

Vetus opinio est iam usque ab heroicis ("degli eroi") *ducta temporibus, eaque et populi Romani et omnium gentium firmata consensu, versari quandam inter homines divinationem, id est praesensionem et scientiam rerum futurarum. Magnifica quaedam res et salutaris, si modo est ulla, quaque proxime ad deorum vim natura mortalis possit accedĕre! Gentem quidem nullam video neque tam humanam atque doctam neque tam immanem tamque barbaram, quae non significari futura et a quibusdam intellĕgi praedicique posse censeat. Principio Assyrii, ut ab ultimis auctoritatem repĕtam, propter planitiam magnitudinemque regionum, quas incolebant, cum caelum ex omni parte patens atque apertum intuerentur, traiectiones motusque stellarum observitaverunt, quibus notatis, quid cuique significaretur, memoriae prodiderunt. Qua in natione Chaldaei non ex artis sed ex gentis vocabulo nominati diuturna observatione sidĕrum scientiam putantur effecisse, ut praedīci posset, quid cuique eventurum et quo quisque fato natus esset.*

(Cicerone)

LABORATORIO

Morfologia

1 Di che grado è l'aggettivo *ultimis*? Da dove deriva?

2 Indica il pronome/aggettivo da cui derivano rispettivamente *quandam, ulla, quaque* e *nullam* e spiegane le regole di utilizzo nel contesto.

Sintassi

3 Da quale elemento grammaticale è retta l'infinitiva *versari... divinationem*?

4 Che tipo di subordinata è *quid... significaretur* e di che grado è? Motiva la presenza del congiuntivo.

5 Che valore cronologico assumono *eventurum (esset)... natus esset* rispetto alla reggente? Determina la natura di tale congiuntivo.

Lessico

6 *immanem... barbaram*: da dove derivano rispettivamente i due aggettivi? Svolgi una ricerca con l'aiuto del dizionario.

7 *patens*: si tratta di un aggettivo o di un participio? Da quale lemma o paradigma deriva? Quali altri vocaboli latini presentano la stessa radice?

VERSIONE D'AUTORE

29 Traduci il seguente brano.

Antiche origini della divinazione (II)

Egitto, Cilicia e Pisidia coltivarono l'arte della divinazione. Gli stessi Greci fondarono le proprie colonie in Occidente, consultando gli oracoli di Delfi, Dodona o Ammone. Romolo lasciò in eredità le proprie competenze oracolari agli àuguri e ai re che vennero dopo di lui.

Eandem artem etiam Aegyptii longinquitate temporum innumerabilibus paene saeculis consecuti esse putantur. Cilicum autem et Pisidarum gens et his finitima Pamphylia, quibus nationibus praefuimus ipsi, volatibus avium cantibusque certissimis signis declarari res futuras putant. Quam vero Graecia coloniam misit in Aeoliam, Ioniam, Asiam, Siciliam, Italiam sine Pythio aut Dodonaeo aut Hammonis oraculo? Aut quod bellum susceptum ab ea sine consilio deorum est? Nam, ut omittam ceteros populos, noster quam multa genera harum artium complexus est! Principio huius urbis parens Romulus non solum auspicato urbem condidisse, sed ipse etiam optimus augur fuisse traditur. Deinde auguribus et reliqui reges usi, et exactis regibus nihil publice sine auspiciis nec domi nec militiae gerebatur.

(Cicerone)

CULTURA

30 Traduci il seguente brano d'autore.

Nerone e la sua patologica ricerca di popolarità

La personalità di Nerone fu crescentemente alterata dalla ricerca del successo e della popolarità. Dopo aver calcato le scene come attore, avrebbe voluto gareggiare a Olimpia. Sognava di emulare Apollo con la lira, il Sole con il suo carro ed Ercole, che aveva strozzato a mani nude un leone.

Maxime Nero popularitate efferebatur, omnium aemulus, qui quoquo modo animum vulgi moverent. Exiit opinio, post scaenicas acceptas coronas, proximo lustro descensurum eum esse ad Olympiam inter athletas; nam et luctabatur assidue et certamina gymnica tota Graecia spectaverat in stadio humi assidens ac, si qua paria longius recessissent, in medium manibus suis protrahens. Destinaverat etiam, quia Apollinem cantu, Solem aurigando aequiperare existimaretur, imitari et Herculis facta; praeparatumque leonem aiunt, quem vel clava vel brachiorum nexibus, in amphitheatri harena, spectante populo, nudus elideret. Erat illi aeternitatis perpetuaeque famae cupido, sed inconsulta. Obiit tricesimo et secundo aetatis anno, tantumque gaudium publice praebuit, ut plebs pilleata tota urbe discurreret. Et tamen non defuerunt qui per longum tempus vernis aestivisque floribus tumulum eius ornarent ac modo imagines praetextatas in rostris proferrent, modo edicta quasi ("come di uno che") viventis et brevi magno inimicorum malo reversuri.

(Svetonio)

CONOSCERE la cultura

Roma e il cinema: il successo di Nerone

Un aspirante showman Il 13 ottobre del 54 d.C., all'età di sedici anni, Nerone, di tre anni maggiore del malaticcio fratellastro Britannico (poi da lui avvelenato), si trovò imperatore grazie agli intrighi della madre Agrippina Minore (che fece avvelenare il consorte Claudio). Nerone mostrava già gravi segni di squilibrio, sebbene non si fosse ancora macchiato di delitti gravi. Secondo Tacito, per commettere le sue viziose scorribande di violenza in città, si travestiva da schiavo, tanto da essere qualche volta malmenato perché non riconosciuto (*Annales* XIII, 25). La vera vocazione del *princeps* fu però quella della poesia, della musica e dei giochi *circenses*, in particolare le gare degli aurighi: si trattava di passatempi considerati indegni per un *civis Romanus*, e appannaggio di istrioni. Fu senza dubbio in riferimento a queste inclinazioni represse che la stranezza di Nerone emerse con particolare violenza. Organizzò nuovi *certamina* canori e poetici, detti appunto *Neronia*, una sorta di festival ellenizzante da celebrarsi ogni cinque anni, dove le prove previste spaziavano dal canto alla musica agli agoni ginnici.

Videotutorial
Guarda il video e impara a fare l'analisi sintattica della versione.

Nerone e il cinema In sorprendente analogia con il patologico esibizionismo di Nerone, furono gli "anni difficili" del suo regno a costituire lo sfondo ideale per la realizzazione di pellicole di straordinaria fortuna. Lo spaventoso incendio di Roma del 64 d.C. (in cui la responsabilità del *princeps* non è considerata in modo univoco tra gli storici) e le persecuzioni contro i cristiani erano avvenimenti epocali ideali per coniugare le esigenze del film *kolossal*, costruito su scene drammatiche, scenografiche e popolate da innumerevoli comparse, con quelle del cosiddetto *cinema peplum*, che richiedeva, pur in un contesto storico, vicende di personaggi più quotidiani. Dopo l'inglese *The Sign of the Cross* (1932), dove Nerone, interpretato da Charles Laughton, è, a dispetto dei due giovani amanti Marco e Mercia, il personaggio principale, fu la volta di *Quo vadis?*, realizzato nel 1951 da Mervyn LeRoy. La pellicola è frutto di un adattamento del romanzo di Henryk Sienkiewicz (premio Nobel per la letteratura nel 1905), il cui titolo è la domanda che, secondo la leggenda, Pietro, in fuga da Roma, rivolse a Gesù (*Quo vadis, Domine?*), apparsogli lungo la via Appia. L'apostolo, per la risposta ricevuta («Vado a Roma per essere crocifisso una seconda volta»), tornò anch'egli a Roma, dove fu martirizzato. Il film fu quasi per intero girato in Italia e a Roma: l'incendio di Roma e le persecuzioni ai danni dei primi cristiani fanno da sfondo alla travagliata storia d'amore che lega il valoroso comandante Marco Vicinio alla straniera Licia, una nobile *obses* di fede cristiana. Ma a dominare è ancora una volta Nerone, interpretato da Peter Ustinov, che ricevette il premio Oscar come miglior attore non protagonista.

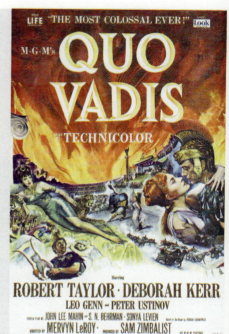

Locandina del film *Quo Vadis*, diretto da Mervyn LeRoy (1951).

Le convenzioni (e gli anacronismi) di un *Roma-movie* La passione del pubblico per il genere dei *Roma-movie* ha spesso avuto la meglio sulla precisione cinematografica della ricostruzione storica. Anche in *Quo vadis?* non mancano anacronismi e imprecisioni: san Paolo sopravvive a Nerone, ma in realtà morì prima di lui, così come Seneca, che fu anzi costretto al suicidio proprio dal suo antico pupillo; l'imperatore, per sfuggire alla folla inferocita, a cui Marco Vinicio rivela, in pieno Colosseo (che però non esisteva ancora...) i piani di Nerone per bruciare Roma, si rifugia nel palazzo con la seconda moglie Poppea, che in realtà aveva egli stesso ucciso nel 65 d.C. Tutto è insomma riassunto e compattato, proprio come richiede il tempo incalzante della macchina da presa. Non manca neppure un richiamo agli ingredienti tipici dei primi film epici, per esempio il personaggio del "forzuto": si tratta di Ursus, il gigantesco (e cristiano) schiavo di Licia, che, durante l'efferato spettacolo delle persecuzioni, difende la sua padrona, uccidendo a mani nude un gigantesco toro, mentre Marco Vicinio, improvvisamente toccato da una fede che ancora non conosce, così prega: «Dio, dagli forza!».

Comprendere

1 Quali erano i passatempi preferiti di Nerone?

2 Quali "convenzioni" regolano il rapporto fra il pubblico di un film storico ambientato nell'antichità e il suo contenuto? Lo studioso Vito Attolini ha, in proposito, richiamato l'idea che il cinema che parla dell'antico sia in qualche modo paragonabile, nelle sue funzioni, ai dipinti o alle vetrate istoriate delle chiese medievali, che erano chiamate *biblia pauperum* ("bibbia dei poveri"). Sapresti spiegare che cosa intende?

3 Perché il film *Quo vadis?* rappresenta una conciliazione tra le esigenze del film *kolossal* e del *cinema peplum*?

Approfondire

4 Massimo Fini, in *Nerone. Duemila anni di calunnie* (Mondadori, Milano 1993), ha riaperto un dibattito mai sopito: è giusto considerare Nerone il prototipo del tiranno, affidandoci alle testimonianze di Tacito e di Svetonio? Secondo il giornalista, il regno di Nerone godette di pace e prosperità, di dinamismo economico e culturale. Confronta tale giudizio con i dati storici riportati dai tuoi testi scolastici.

5 Ricerca su internet fotografie di Charles Laughton, in *The Sign of the Cross* (1932), e di Peter Ustinov, in *Quo vadis?* (1951), e confrontale con antichi busti neroniani, come quello conservato ai Musei Capitolini di Roma: quale dei due attori ti sembra più somigliante all'originale? Perché?

Ripasso e recupero
unità 40-43

CONOSCERE

1 Completa le seguenti affermazioni.

1. In latino la coniugazione verbale presenta la distinzione fra tema del presente, detto ...., e tema del perfetto, detto .... Tale distinzione non ha valore temporale, ma aspettuale: l'......................... indica l'azione nella sua durata, mentre il .... indica l'azione compiuta, finita.

2. L'infinito si trova usato nelle proposizioni indipendenti con valore ...., accompagnato da un soggetto in accusativo, o con valore ...., accompagnato da un soggetto in caso ....; in quest'ultimo caso l'infinito si rende generalmente con un ....

3. Nelle proposizioni indipendenti si trova impiegato il modo indicativo .... al posto del condizionale .... e l'indicativo imperfetto, ... e .... al posto del condizionale ...., soprattutto con espressioni indicanti ...., o ...., oppure con il verbo *sum* in unione con .... o con verbi che indicano .... o ....

4. Nello stile epistolare al posto del presente è usato il .... (azione ....) o .... (azione ....); al posto del perfetto è usato il ....; al posto del futuro è usato il ....

SAPER FARE

2 Nelle seguenti frasi d'autore distingui i diversi valori dell'infinito: storico [S], esclamativo [E], nominale [N], predicato della proposizione infinitiva [PI]; poi traduci.

1. *Eo magis hostis instare nec iam pro castris tantum suis explicare aciem, sed procedĕre in medium campi et superbam fiduciam virium ostentare.* (Liv.) [S] [E] [N] [PI] • 2. *Hominemne Romanum tam Graece loqui!* (Plin. il G.) [S] [E] [N] [PI] • 3. *Non est vivĕre, sed valēre vita est.* (Marz.) [S] [E] [N] [PI] • 4. *Iugurtha, postquam, omissa deditione, bellum incipit, cum magna cura parare omnia, festinare, cogĕre exercitum; civitates, quae ab se defecerant, formidine adfectare.* (Sall.) [S] [E] [N] [PI] • 5. *Per exploratores Caesar cognovit et montem ab suis tenēri et Helvetios castra movisse.* (Ces.) [S] [E] [N] [PI] • 6. *Interea Catilina multa simul moliri: consulibus insidias tendĕre, parare incendia, opportuna loca armatis hominibus obsidĕre.* (Sall.) [S] [E] [N] [PI]

3 Nelle seguenti frasi d'autore scegli l'espressione di volontà e di divieto adatta, quindi traduci.

1. *Cave* **putes** / **putares** *quicquam esse verius.* (Cic.) • 2. *Ne funestam hanc pugnam morte consulis* **facite** / **feceritis**. (Liv.) • 3. **Exsurge** / **Exsurgas**, *Domine Deus,* **leva** / **leveris** *manum tuam,* **noli** / **nole** *oblivisci pauperum.* (liturgia) • 4. *Vide* **ut** / **ne** *ista nobis obstare possit.* (Cic.) • 5. *Magistratus donum ne* **capiunto** / **caperent** *neve* **danto** / **darent**. (Cic.) • 6. *Contra verbosos* **noli** / **fac** *contendĕre verbis: sermo datur cunctis, animi sapientia paucis.* (Cato.)

4 Nelle seguenti frasi d'autore scegli la forma corretta di congiuntivo concessivo o desiderativo, quindi traduci.

1. Licet aliquis animo benignissimo beneficium **acceperit / accipiat**: nondum consummavit officium suum; restat enim pars reddendi. (Cic.) • **2.** Utinam istam calliditatem hominibus di ne **dedissent / dent**, qua perpauci bene utuntur. (Cic.) • **3. Vellem / Velim** equidem vobis placēre, Quirites, sed multo malo vos salvos esse. (Liv.) • **4.** Age haec probabilia sane **sint / essent**: num etiam illa sunt? (Cic.) • **5. Fecerit / Fecisset** aliquid Philippus, cur adversus eum hoc decerneremus: quid Perseus meruit cur hostes ei simus? (Liv.) • **6.** Qui (= Brutus) utinam iam **adesset / adsit**! Intestinum urbis malum, quod est non mediocre, minus timeremus. (Cic.)

5 Nelle seguenti frasi d'autore distingui il valore dei congiuntivi indipendenti dell'eventualità: dubitativo D, potenziale P, irreale I, suppositivo S; poi traduci.

1. Vicissent D P I S improbos boni, **interfectus esset** D P I S is qui hac una medicina sola potuit a rei publicae peste depelli. Quid deinde? (Cic.) • **2.** Cum amne bellum fuisse **crederes** D P I S. (Cic.) • **3.** Quo me **vertam** D P I S? Statim mehercule Arpinum **irem** D P I S. • **4. Reperias** D P I S multos, quibus periculosa et callida consilia quietis et cogitatis splendidiora et maiora videantur. (Cic.) • **5.** Quae me moverunt, **movissent** D P I S eădem te profecto. (Cic.) • **6. Riserit** D P I S aliquis fortasse hoc praeceptum. (Cic.) • **7.** In parentibus quam plurimum esse eruditionis **optaverim** D P I S. (Quint.) • **8.** Ipsum Marium illo loci ("in quella condizione") **statuisses** D P I S: celerius aliquid de sua fuga quam de Sullae nece **cogitasset** D P I S. (Cic.)

6 Nelle seguenti frasi d'autore distingui il valore dei congiuntivi nelle proposizioni subordinate: obliquo O, eventuale E, caratterizzante C, attratto A; poi traduci.

1. Imitatio per se ipsa non sufficit, quia pigri ingenii est contentum esse iis quae sint ab aliis inventa. (Quint.) O E C A • **2.** Sed laetatus tamen sum quod mihi liceret in eadem causa et mihi utilia et cuivis bono recta defendĕre. (Cic.) O E C A • **3.** Caesar numquam fuit tam humanitatis immemor, ut eos, qui se tradidissent et erroris veniam peterent, morte damnaret. (Svet.) O E C A • **4.** Augustus urbem excoluit adeo ut iure sit gloriatus marmoream se relinquĕre, quae latericiam accepisset. (Svet.) O E C A • **5.** Mos est Athenis quotannis laudari eos, qui sint in proeliis interfectis. (Cic.) O E C A • **6.** Vespasianus, venerabilis senex et patientissimus veri, bene intellegit amicos suos iis niti, quae ab ipso acceperint quaeque ipsis accumulare et in alios congerĕre promptum sit. (Tac.) O E C A

COMPRENDERE E TRADURRE

7 Traduci il seguente brano d'autore.

L'universo è retto dagli dèi a vantaggio degli uomini

Ci sono filosofi che ritengono che l'universo sia governato dalla mente degli dèi e che ogni bene naturale abbia come scopo il vantaggio del genere umano.

Videotutorial
Guarda il video e impara a fare l'analisi sintattica della versione.

Sunt autem alii philosophi, et hi quidem magni atque nobiles, qui deorum mente atque ratione omnem mundum administrari et regi censeant, neque vero id solum, sed etiam ab isdem hominum vitae consuli et providēri; nam et fruges et reliqua, quae terra pariat, et tempestates ac temporum varietates caelique mutationes, quibus omnia, quae terra gignat, maturata pubescant, a dis inmortalibus tribui generi humano putant, multaque, quae dicentur, in his libris colligunt, quae talia sunt, ut ea ipsa dei inmortales ad usum hominum fabricati paene videantur.

(Cicerone)

11 Laboratorio delle competenze

I valori del congiuntivo

unità 40-43

Prerequisiti
- I congiuntivi indipendenti
- I congiuntivi di tipo volitivo
- I congiuntivi di tipo potenziale
- Il congiuntivo eventuale
- Il congiuntivo obliquo
- L'attrazione modale

ANALISI LINGUISTICA

1 Dopo aver letto con attenzione il testo, svolgi le seguenti operazioni:
- fa' l'analisi del periodo, identificando le frasi e il tipo di subordinate;
- riconosci i diversi valori del congiuntivo;
- completa le note e traduci.

Come si vive da filosofi?

Spesso chi vuol vivere da filosofo assume atteggiamenti di critica nei confronti dell'umanità, aborrendo i vizi, ma anche i piaceri della vita quotidiana. Seneca indica quindi all'amico Lucilio due pericoli: il primo è vivere di privazioni per esibizionismo e non per convinzione; il secondo è non capire che essere sapienti non comporta la rinuncia a ciò che la natura stessa di buono ci offre.

Quod pertinacĭter **studes** et omnibus omissis hoc unum **agis**, ut te meliorem cotidie **facias**, et probo et gaudeo, nec tantum hortor ut persevēres sed etiam rogo. Illud autem te admoneo, **ne** eorum more, qui non proficĕre sed conspĭci cupiunt, **facias** aliqua quae in habitu tuo aut genere vitae notabilia sint; asperum cultum et intonsum caput et neglegentiorem barbam et indictum argento odium et cubīle humi positum et quidquid aliud ambitionem perversa via sequitur evĭta. Satis ipsum nomen philosophiae, etiam si modeste **tractetur**, invidiosum est: quid, si nos hominum consuetudini **coeperimus** excerpĕre? Intus omnia dissimilia **sint**, frons populo nostra **conveniat**. Non splendeat toga, ne sordeat quidem; non habeamus argentum, in quod solidi auri caelatura **descenderit**, sed non putemus frugalitatis indicium auro argentoque caruisse. Id agamus ut meliorem vitam sequamur quam vulgus, non ut contrariam: alioquin ("diversamente") **quos** emendari **volumus** fugamus a nobis et avertimus; illud quoque efficimus, ut nihil imitari velint nostri, **dum timent** ne imitanda sint omnia. Videamus ne ista, per quae admirationem parare volumus, ridicula et odiosa sint. Nempe propositum nostrum est secundum naturam vivĕre.

(Seneca)

Laboratorio di lingua

1 *Quod... studes... agis*: si tratta di una subordinata causale o relativa? Motiva la tua risposta.

2 *ut... facias, ne... facias*: di che tipo di subordinate si tratta?

3 *tractetur, coeperimus, sint, conveniat*: sono congiuntivi dipendenti o indipendenti? Analizzali singolarmente.

4 *descenderit*: che valore ha questo congiuntivo? Obliquo, eventuale o dovuto ad attrazione modale?

5 *quos... volumus*: sarebbe possibile sostituire all'indicativo il congiuntivo? Che cosa vuole sottolineare l'autore con la scelta del modo?

6 *dum timent*: di che tipo di subordinata si tratta? Perché ha il verbo al presente?

L'esercizio insegna a:
- saper distinguere le subordinate all'interno del periodo
- saper distinguere e rendere in italiano le varie strutture morfosintattiche studiate

ANALISI LESSICALE

2 Dopo aver letto con attenzione il testo, svolgi le seguenti operazioni:
- se possibile, prima di ricorrere al dizionario, cerca di risalire al significato dei termini sulla base del lessico italiano;
- completa le note;
- traduci.

Gaio Lelio, simbolo dell'amicizia

All'inizio del celebre dialogo *Laelius de amicitia*, Cicerone spiega come un tempo aveva scelto il celebre Catone il Censore quale immagine ideale di una vecchiaia operosa, orgogliosa e ricca di riconoscimenti pubblici. Per parlare del valore dell'amicizia, ha scelto invece Gaio Lelio, che fu amico fraterno di Publio Cornelio Scipione, così come l'autore lo è di Attico, a cui l'opera è dedicata.

*Cum enim saepe **mecum ageres**, **ut** de amicitia scriberem aliquid, digna mihi res cum omnium cognitione, tum nostra **familiaritate** visa est. Itaque feci non invītus, ut prodessem multis rogatu tuo. Sed, ut in "Catone Maiore", qui est scriptus ad te de senectute, Catonem induxi senem disputantem, quia nulla videbatur aptior **persona**, quae de illa aetate loqueretur, quam eius, qui et **diutissime senex fuisset**, et in ipsa senectute praeter ceteros floruisset: sic, cum accepissemus a patribus maxime memorabilem C. Laelii et P. Scipionis familiaritatem fuisse, idonea mihi Laelii persona visa est, quae de amicitia ea ipsa dissereret, quae disputata ab eo meminisset Scaevola. Genus autem hoc sermonum positum in hominum veterum auctoritate **plus gravitatis** – nescio quo pacto – videtur habēre; itaque ipse, mea legens, sic **adficior** interdum, ut Catonem, non me loqui existimem. Sed ut tum ad senem senex de senectute, sic hoc libro ad amicum amicissimus scripsi de amicitia. Tum est Cato locutus, quo erat nemo fere senior temporibus illis, nemo prudentior; nunc Laelius et sapiens et amicitiae gloria excellens de amicitia loquetur. Tu velim a me **animum** parumper ("per un po'") **avertas**, Laelium loqui ipsum putes.*

(Cicerone)

LABORATORIO di lessico

1 *mecum ageres, ut*: *ago*, quando regge un complemento d'argomento, significa ....: *secum agĕre ut* vale dunque "..............tra sé e sé ....".

2 *familiaritate*: *familiaritas* indica non solo la contiguità tra parenti, ma anche, come nell'italiano "familiarità", ...

3 *persona*: uno dei significati più antichi della parola è "maschera". Nel contesto, trattandosi del protagonista di un'opera, si può parlare di ....

4 *diutissime senex fuisset*: l'espressione si può tradurre liberamente "vivere una ....".

5 *plus gravitatis*: poiché l'aggettivo *gravis* ha valore di "nobile", "importante", "prestigioso", l'espressione si può rendere ....

6 *adficior*: il primo valore del verbo è "colpire": leggendo la consecutiva che segue, può rendersi come ".............. tanto da credere ....".

7 *animum avertas*: l'espressione *animum avertĕre* ("distogliere", "allontanare") può essere resa liberamente: ....

L'esercizio insegna a:
- avere consapevolezza, nel confronto, delle continuità e discontinuità tra lessico italiano e latino al fine di una corretta traduzione

unità 44 — Le proposizioni condizionali, concessive, comparative e avversative

Lezione
Studia le **proposizioni circostanziali** ed **esercitati** a memorizzarle; quindi **verifica** le tue conoscenze.

LINGUA
Sintassi
Le proposizioni condizionali con valore restrittivo
Le proposizioni concessive soggettive
Le proposizioni comparative reali e ipotetiche
Le proposizioni avversative

LESSICO
Parole da scoprire
I vari modi di "vedere"

TRADUZIONE
Conoscere la cultura
Roma e il cinema: da *Spartacus* a *Il gladiatore*

SINTASSI

Le proposizioni condizionali con valore restrittivo

IN ITALIANO — Le **proposizioni condizionali restrittive** e le **proposizioni ipotetiche** sono in genere presentate insieme perché esprimono l'idea che la realizzazione di un evento dipenda da un altro evento indicato nella reggente ed entrambe costituiscono la protasi di un periodo ipotetico. Tuttavia, si possono distinguere perché:

- le condizionali con valore restrittivo indicano **a quale condizione si realizza l'azione** espressa dalla reggente, mentre le proposizioni ipotetiche indicano una supposizione, un'ipotesi;
- le condizionali in genere **seguono la reggente** (*Farò finta di niente, purché questo non si ripeta*), mentre le ipotetiche di norma la precedono (*Se sarai promosso, ti comprerò il motorino*);
- le condizionali restrittive sono introdotte dalle congiunzioni *purché*, *a patto che*, *a condizione che*, *se solo* seguite dal congiuntivo.

IN LATINO — Le proposizioni condizionali restrittive sono introdotte dalle congiunzioni *dum*, *modo*, *dummŏdo*, che in italiano corrispondono a "purché", "a patto che", "a condizione che", seguite dal **congiuntivo**, usato secondo la *consecutio temporum*. La negazione è *ne*:

*Licet plus petas, **dum ne minus reddas**.* (Sen.)	Puoi chiedere di più, **a condizione che** tu **non restituisca** di meno.

RICORDA CHE...

- La congiunzione semplice ***dum*** ha più spesso **significato temporale**: con l'indicativo presente nel senso di "mentre", con l'indicativo o, più spesso, con il congiuntivo nel senso di "finché".
- La congiunzione ***nedum***, seguita dal congiuntivo, significa "tanto meno...", "figurarsi se...":

*Vix in ipsis tectis et oppĭdis frigus vitatur, **nedum** in mari et in via sit facile abesse ab iniuria temporis.* (Cic.)	A stento si evita il freddo in casa o nelle città, **figurarsi se** è facile sottrarsi all'infuriare del maltempo in mare e in viaggio.

ESERCIZI

IN ITALIANO

1 Nelle seguenti frasi **distingui** le proposizioni condizionali con valore restrittivo C dalle proposizioni ipotetiche I.

1. Uscirò con voi, purché si vada al cinema. C I • 2. Puoi telefonare a Giacomo, se hai finito i compiti. C I • 3. Non parleresti così di Carla, se solo la conoscessi bene. C I • 4. Sarei venuto alla festa anch'io, a patto che qualcuno mi fosse passato a prendere. C I • 5. Se parli così, mi dai un dispiacere. C I • 6. Lo perdonerò, a condizione che chieda scusa. C I

IN LATINO

2 **Traduci** le seguenti frasi d'autore.

1. *Non fugio ne hos quidem mores alienos, dum modo ex his ea quae probat populus Romanus exempla, non ea quae condemnat sequamur.* (Cic.) • 2. *Praeclarum spectaculum mihi propono, modo te consessore spectare liceat.* (Cic.) • 3. *Qui omnia recta et honesta neglĕgunt, dummŏdo potentiam consequantur, nonne eandem audaciam habent?* (Cic.) • 4. *Ego vero ne inmortalitatem quidem contra rem publicam accipiendam putarem, nedum emŏri cum pernicie rei publicae vellem.* (Cic.) • 5. *Gallia, D. Bruti nutum secuta armis, viris, pecunia, omnes aequo animo belli patitur iniurias, dum modo repellat periculum servitutis.* (Cic.) • 6. *Spernentibus Etruscis Lucumōnem, exule advĕna ortum, Tanăquil mulier ferre indignitatem non potuit oblitaque ingenĭtae erga patriam caritatis, dummŏdo virum honoratum videret, consilium migrandi ab Tarquiniis cepit.* (Liv.)

3 **Traduci** le seguenti frasi d'autore, prestando particolare attenzione ai valori di *dum*.

1. *Dum ego in Sicilia sum, nulla statua deiecta est; posteaquam illinc decessi, quae sint gesta cognoscite.* (Cic.) • 2. *Ablaqueare vitem omnibus autumnis oportebit primo quinquennio, dum convalescat.* (Colum.) • 3. *Dum vitant stulti vitia, in contraria currunt.* (Or.) • 4. *Utres quam plurimos stramentis refertos divĭdit Alexander: his incubantes, milites transnavēre amnem, quique primi transierant, in statione erant, dum traicerent ceteri.* (Curz.) • 5. *Amat* ("è innamorato") *iuvenis: recte facit, dum id modo fiat bono.* (Plaut.) • 6. *Impĕra quod vis: navigabo, militabo, dum, ubicumque fuero, tecum sim.* (Sen. il V.)

DIFFICILIORA

 4 **Ricostruisci** le frasi d'autore, trasformando con opportuni adattamenti una delle due proposizioni di ciascun periodo in una condizionale restrittiva introdotta dalla congiunzione tra parentesi; poi **traduci**, come nell'esempio.

> **Es.** *Omnia postposui. Praeceptis patris parēre volebam.* (dum modo) (da Cic.)
> → *Omnia postposui dum modo praeceptis patris parerem.*
> = Ho rimandato ogni cosa pur di obbedire ai precetti di mio padre.

1. *Turtur aestate pinguescit. Debet ei esse facultas cibi.* (dum modo) (da Colum.) • 2. *Magno me metu liberabis. Inter me atque te murus intererit.* (modo) (da Cic.) • 3. *De Manlio scripsi iam pridem ad Dolabellam accuratissime: nescio an redditae litterae sint.* (modo) (da Cic.) • 4. *Dicatur sane eiectus esse a me. Velim in exsilium eat.* (dum modo) (da Cic.) • 5. *Ego ista studia non imprŏbo. Volo autem ea moderata esse.* (modo) (da Cic.) • 6. *Tribuendum est inimicis aliquid: quantum tribuendum sit intelligendum.* (dum modo) (da Cic.) • 7. *Quidquid voles nuntia. Epistula tua esse debet non minus longa.* (dum modo) (da Plin. il G.) • 8. *Haec, Lucili, quo minus legas non deterreo: quicquid legeris ad mores statim refer.* (dum) (da Sen.)

5 Traduci in latino le seguenti frasi.

1. Non ti ho forse scritto che Cesare era disposto a trattare un accordo, a condizione che gli fosse concessa una nuova candidatura a console? • **2.** Ho rinunciato agli studi di retorica pur di imparare da Molone la filosofia degli stoici. • **3.** Era consuetudine dei padri restituire un beneficio più grande di quello ricevuto, purché lo si potesse. • **4.** Non ci resta, caro Attico, che fuggire da Roma, purché ci sia lasciata l'opportunità di farlo.

6 Traduci il seguente brano d'autore.

I giovani si divertano, ma con limiti ben chiari

È giusto che i giovani si divertano e si dedichino ai piaceri. L'importante però è che non si perdano moderazione e misura, che non si getti discredito su se stessi e sulla famiglia, che ci si astenga da qualsiasi illegalità. Poi si cominci a pensare ai doveri dell'età adulta.

Detur ("si conceda") aliquid aetati; sit adulescentia liberior. Non omnia voluptatibus denegentur, non semper superet vera illa et derecta ratio, vincat aliquando cupiditas voluptasque rationem, dum modo illa in hoc genere praescriptio moderatioque teneatur. Parcat iuventus pudicitiae suae, ne spoliet alienam, ne effundat patrimonium, ne fenŏre trucidetur, ne incurrat in alterīus domum atque familiam, ne probrum castis, labem integris, infamiam bonis infĕrat, ne quem vi terreat, ne intersit insidiis, scelere careat. Postremo, cum paruerit voluptatibus, dederit aliquid temporis ad ludum aetatis atque ad inanes hasce adulescentiae cupiditates, revŏcet se aliquando ad curam rei domesticae, rei forensis, rei publicae, ut ea, quae ratione antea non perspexerat, satietate abiecisse et experiendo contempsisse videatur. Ac multi quidem et nostra et patrum maiorumque memoriā, summi homines et clarissimi cives fuerunt quorum, cum adulescentiae cupiditates defervissent, eximiae virtutes firmata iam aetate extiterunt.

(da Cicerone)

PAROLE DA SCOPRIRE
I vari modi di "vedere"

- *Video, -es, vidi, visum, -ēre* e *cerno, -is, crevi, cretum, -ĕre* (così come il suo composto *decerno, -is, decrevi, decretum, -ĕre*) indicano il vedere attraverso gli organi di senso.
  Video non sembra essersi "specializzato" a specificare una particolare modalità del vedere, tranne che nel composto intransitivo *invideo* (che ha la stessa radice del sostantivo *invidia, -ae* "odio"; "gelosia", "malevolenza") e nel frequentativo *viso, -is, visi, visum, -ĕre* "esaminare", "andare a vedere".
  Cerno, che deriva da una radice indicante soprattutto il "distinguere-separare" (evidente, per esempio, nei composti *discrīmen, -ĭnis* "differenza", oppure nell'aggettivo *secretus, -a, -um* "separato", "distinto"), denota invece la "percezione chiara", rispetto a una indistinta (come quella della vista annebbiata) o generica: si pensi all'aggettivo corradicale *certus, -a, -um*.

- Dal verbo-base *specio*, attestato solamente nei composti *aspicio, inspicio, perspicio, despicio* ecc., deriva *specto, -as, -avi, -atum, -are*, che indica il tenere gli occhi fissi sopra un oggetto, per interesse o necessità di osservazione approfondita. Corradicale è *spectaculum, -i*, che può definire, come *vox media*, qualcosa da "guardare". Fra i composti diretti, *conspicio* sembra indicare soprattutto il vedere un oggetto che si presenti davanti a sé, per esempio qualcosa di inaspettato (dunque anche "accorgersi di"), con una sfumatura più passiva, che si contrappone ad *aspicio*, che indica il fissare volontariamente qualcosa, nel senso di "esaminare", "guardare", "contemplare".

- I deponenti *tueor, -ēris, tuĭtus sum, tuēri* e il suo composto *intueor* conservano la medesima sfumatura di un osservare a lungo e in modo concentrato: non a caso, *tueor* designa anche il proteggere, il controllare, il sorvegliare (si pensi all'aggettivo *tutus, -a, -um* "protetto", "sicuro"), mentre *intueor* può indicare il fissare lo sguardo su qualcosa che colpisce o affascina o cattura.

7 Traduci le seguenti frasi d'autore senza l'aiuto del dizionario.

1. *Neque nos qui haec spectavimus, quidquam novi vidimus.* (Cic.) • 2. *Quisnam hic adulescens est, qui intuitur nos?* (Ter.) • 3. *Ingens corpus imperatoris erat et arma honestabant; et sublatum alte signum converterat ad spectaculum cives hostesque.* (Liv.) • 4. *Quaeramus an ira secundum natura sit et an utilis et ex aliqua parte retinenda. An secundum naturam sit manifestum erit, si hominem inspexerimus.* (Sen.) • 5. *Aspice sidera mundum inlustrantia: nullum eorum perstat.* (Sen.) • 6. *Ut exercitum locis habeam opportunis, provinciam tuear.* (Cic.) • 7. *Ab urbe oppugnanda Poenum exercitum absterruēre conspecta moenia, haudquaquam ("per nulla") prompta oppugnanti.* (Liv.)

SINTASSI

Le proposizioni concessive soggettive

Le proposizioni concessive esprimono una **circostanza nonostante la quale** si compie quanto espresso nella reggente (che può presentare l'avverbio *tuttavia*): tale circostanza può essere **oggettiva o reale** (*Benché piova, tuttavia esco*) oppure **soggettiva o ipotetica**, cioè formulata secondo il punto di vista di chi parla (*Sebbene avessi studiato, sono stato bocciato*) o supposta (*Benché abbia dei sospetti, farò finta di niente*).

Nella **forma esplicita** le concessive sono introdotte dalle congiunzioni *sebbene, quantunque, benché, per quanto* e il congiuntivo, o da *anche se, con tutto che* con l'indicativo; nella **forma implicita** da *pur(e)* seguito da gerundio o participio.

Delle proposizioni concessive oggettive o reali si è già trattato. In latino le concessive soggettive svolgono la medesima funzione delle concessive ipotetiche e si presentano come una **supposizione** o come il **punto di vista del parlante**: per tale ragione hanno di norma il **congiuntivo** e seguono per lo più la *consecutio temporum*. Sono introdotte dalle congiunzioni:

- *quamvis* (dalla locuzione *quam vis* "quanto vuoi") "sebbene", "quantunque", "per quanto", che esprime una sfumatura soggettiva:

    Illa, quamvis ridicula essent, mihi tamen risum non moverunt. (Cic.)

    Quantunque quelle cose **fossero** ridicole, tuttavia non mi fecero ridere.

- *licet* "sia pure", "quand'anche":

    Licet undĭque pericula impendeant omnia, subībo. (Cic.)

    Quand'anche da ogni parte **sovrastino** pericoli di ogni genere, li affronterò.

- *ut* "sebbene", "ancorché" (negazione *non*):

    Ut desint vires, tamen est laudanda voluntas. (Ov.)

    Sebbene manchino le forze, tuttavia si deve lodare la volontà.

- *etsi* ed *etiamsi* (= *etiam si*) "anche se", "anche nel caso che", che ha valore ipotetico (è usato anche con l'**indicativo**):

    Etiamsi quid scribas non habebis, scribĭto tamen. (Cic.)

    Anche se non **avrai** di che scrivermi, tuttavia scrivimi.

Ricorda che...

- **Licet**, come particella, può accompagnare un congiuntivo indipendente con valore concessivo (vedi Unità 41, p. 269):

  *Quare haec quoque **praetermittas licet**.* (Cic.) — Perciò, **ammettiamo pure che tu tralasci** anche questi fatti.

- **Quamvis**, con valore di avverbio, può accompagnare aggettivi, avverbi o participi conferendo loro una sfumatura concessiva:

  *Te surgit **quamvis lassus** veniente viator.* (Ov.) — Al tuo arrivo si leva, **benché stanco**, il viandante.

Possono assumere **valore concessivo** anche altre costruzioni sintattiche, quali:

- le **relative improprie**:

  *Egŏmet, **qui sero ac leviter Graecas litteras attigissem**, tamen complures Athenis dies commoratus sum.* (Cic.) — Io, **sebbene** troppo tardi e superficialmente **mi fossi accostato** alla letteratura greca, tuttavia mi fermai ad Atene parecchi giorni.

- in forma implicita, il **participio** (preceduto o meno da *quamvis*):

  *Ea est Romana gens, quae **victa** quiescĕre nesciat.* (Liv.) — Il popolo romano è tale che, **benché sconfitto**, non sa stare in pace.

Come si vede dagli esempi, spesso queste concessive sono richiamate o anticipate nella reggente da avverbi o locuzioni come *tamen* "tuttavia", *nihilo mĭnus* "nondimeno" ecc.

ESERCIZI

IN ITALIANO

8 Nelle seguenti frasi **distingui** le proposizioni concessive reali R e ipotetiche I.

1. Sebbene tutti ritenessero Milone innocente, i giudici lo condannarono. R I • **2.** Il larice è una pianta alpina, anche se alcuni esemplari sono talvolta presenti in pianura. R I • **3.** Pur potendo sottrarsi alla morte con la fuga dal carcere, Socrate non volle. R I • **4.** Anche se ti mancassero notizie importanti, scrivimi comunque. R I • **5.** Sebbene ieri il cielo fosse rosso al tramonto, oggi piove a dirotto. R I • **6.** Pur essendo i soldati stanchissimi, il comandante ordinò di proseguire la marcia. R I

IN LATINO

FACILIORA

9 **Completa** le seguenti frasi con il termine corretto (attenzione: in alcuni casi è possibile più di una soluzione), specificando inoltre la tipologia della subordinata; poi **traduci**. L'esercizio è avviato.

quamvis (cong.) • ~~licet~~ • ut • etsi • etiamsi • quae • quamvis (avv.)

1. *Haec omnia facinŏra omitteres **licet**, illum innoxium non demonstrare posses.*
   concessiva ipotetica

2. *Sunt vallis Tempis saltus, ... non bello fiant infesti, transitu difficiles.*
   ....

3. *Faustinam mulierem, ... amantes multos diceretur habēre, numquam Marcus Aurelius princeps reprehendit.* ....

4. *.................... deficiant vires nec animus sufficiat, malo resistendum est omni modo.*
   ....

5. *Amo te .... relictus, et in hoc pectore, cum vulnus ingens fuerit, cicatrix non est.* (Petr.) ....

6. *Quid scriptum sit ipsa lex nos docet, ... est apertum.* (Cic.)
....

7. *Naturae rerum contemplatio, ... non faciat medicum, aptiorem tamen medicinae reddit.* (Cels.) ....

10 **Indica** se nelle seguenti frasi d'autore le concessive sono oggettive O o soggettive S, quindi **traduci**. Attenzione: in un caso *quamvis* ha valore di avverbio.

1. *Id agendum est, ut non verbis serviamus, sed sensibus: qui se non beatissimum iudicat, miser est, licet impĕret mundo.* (Sen.) O S • 2. *Etiamsi tota secundis flatibus vela tetenderint venti, tamen remis adiŭva.* (Quint.) O S • 3. *Ut in eodem simili* ("in un caso simile") *verser, ut ager quamvis fertilis sine cultura fructuosus esse non potest, sic sine doctrina animus.* (Cic.) O S • 4. *Maxima autem diligentia maiores hunc morem retinuerunt, ne quis se inter consulem et proximum lictorem, quamvis officii causa una progrederetur, interponeret.* (Val. Mass.) O S • 5. *Quamvis res* ("la faccenda") *mihi non placeat, tamen contra hominum auctoritatem pugnare non potero.* (Cic.) O S • 6. *Licet vastum traieceris mare, licet, ut ait Vergilius noster, terraeque urbesque recedant: sequentur te, quocumque perveneris, vitia.* (Sen.) O S • 7. *Nec medici nec imperatores nec oratores, quamvis artis praecepta perceperint, quicquam magna laude dignum sine usu et exercitatione consĕqui possunt.* (Cic.) O S • 8. *Parte altera pugnae, Paulus consul, quamquam primo statim proelio funda graviter ictus fuerat, tamen et Hannibăli occurrit saepe cum confertis et aliquot locis proelium restituit, protegentibus eum equitibus Romanis.* (Liv.) O S

DIFFICILIORA

11 **Traduci** le seguenti frasi d'autore, quindi **trasforma** le concessive reali oggettive in soggettive o viceversa, come nell'esempio.

Es. *Quamquam aetas mea senescit, satis habebo virium ut te arceam.* (da Pac.)
→ *Ut aetas mea senescat...*

1. *Vos, etiamsi tunc faciendum non fuerit, nunc utique faciendum putatis.* (Liv.)
2. *Licet asperiora cadant, non te, Messalla, deficient nostrae memorare Camenae.* (Tib.)
3. *Hasdrŭbal, cum ad triginta milia peditum effecisset, non tamen ante adventum Syphācis castra propius hostem movēre est ausus.* (Liv.)
4. *Etsi ita esse pluribus verbis disserendum est, illud tamen et breve et confitendum est, esse liberum neminem.* (Cic.)
5. *Quamquam enim sensus abierit et non sentiant mortui, tamen suis et propriis bonis laudis et gloriae non carent.* (Cic.)
6. *Quamvis multi boni sint, magis tamen ero solus quam si unus essem.* (Cic.)

12 **Traduci** in latino le seguenti frasi.

1. Quand'anche gli auspici non fossero stati così nefasti, perché non hai chiesto subito che si celebrasse un rito espiatorio? • 2. Anche se dovessi navigare un intero anno, ritornerò a Roma quando pronuncerai il tuo discorso consolare. • 3. Si dice che Alessandro Magno non si ritirasse mai dalla testa del suo esercito, anche quando la battaglia divampava più pericolosa. • 4. La cavalleria dei Parti, anche se è temibile quando assale il nemico in spazi aperti, è facilmente respinta da solide fortificazioni.

13 Traduci il seguente brano d'autore.

Doti strategiche di Cesare (I)

Benché non avesse potuto maturare sul campo una vera esperienza militare prima della campagna gallica, Cesare dimostrò una straordinaria intelligenza strategica, oltreché una resistenza fisica e mentale non comune. Il suo coraggio non era inferiore alla sua attenzione tattica.

Armorum et equitandi peritissimus, laboris ultra fidem patiens erat Caesar. In agmine nonnumquam equo, saepius pedibus anteībat, capite detecto, ut sol vel imber esset; longissimas vias incredibili celeritate confecit, quamvis expedītus, meritoria raeda, centena passuum milia in singulos dies; si flumina morarentur, nando traiciebat vel innixus inflatis utribus, ut persaepe nuntios de se praevenerit. In obeundis expeditionibus, dubium est cautior an audentior fuerit: exercitum neque per insidiosa itinera duxit umquam nisi perspeculatus esset locorum situs, neque Britanniam transvexit, nisi ante per se portus et navigationem et accessum ad insulam explorasset. At idem, obsessione castrorum in Germania nuntiata, per stationes hostium Gallico habitu penetravit ad suos.

(da Svetonio)

14 Traduci il seguente brano d'autore.

Doti strategiche di Cesare (II)

Cesare in guerra non si rivelò mai particolarmente succube di prodigi oppure di *omina* avversi, mostrando anzi una notevole prontezza di spirito nel volgerli a suo favore. Sceglieva all'ultimo momento luoghi e tempi della battaglia e negli scontri più difficili faceva allontanare i cavalli, in modo che non si pensasse neppure alla ritirata.

Ne religione quidem ulla a quoquam incepto absterrĭtus umquam vel retardatus est. Cum ei immolanti aufugisset hostia, profectionem adversus Scipionem et Iubam non distŭlit. Quamvis prolapsus esset etiam in egressu navis, vertit ad melius omen et «Teneo te – inquit – Africa». Ad eludendas autem vaticinationes, quibus felix et invictum in ea provincia fatalĭter Scipionum nomen ferebatur, despectissimum quendam ex Corneliorum genere, cui Salvitoni cognomen erat, in castris secum habuit. Proelia non tantum destinato, sed ex occasione sumebat ac saepe ab itinere statim, interdum spurcissimis tempestatibus, cum minime quis moturum esse eum putaret. Nec nisi tempore extremo ad dimicandum cunctatior factus est, quo saepius vicisset, opīnans hoc minus experiendos casus nihilque se tantum adquisiturum victoria, quantum auferre calamitas posset. Nullum unquam hostem fudit, quin castris quoque exueret: ita nullum spatium perterrĭtis dabat. Ancipĭti proelio equos dimittebat et in primis suum, quo maior permanendi necessitas imponeretur, auxilio fugae erepto.

(da Svetonio)

SINTASSI

Le proposizioni comparative reali e ipotetiche

Le proposizioni comparative sono subordinate che introducono un paragone o un confronto rispetto alla reggente. La comparativa può esprimere l'idea di **maggioranza** (*Ho speso **più di quanto potevo** permettermi*), di **minoranza** (*Ho speso **meno di quanto mi aspettavo***) o **uguaglianza** (*Ho speso **tanto quanto avevo preventivato***).
Nella **forma esplicita** è introdotta da *così... come, tanto... quanto, meno... di quanto, più... di quanto* ecc. con **indicativo**, **congiuntivo** o **condizionale**; nella **forma implicita**, frequente nelle comparative di maggioranza, è introdotta da espressioni come *piuttosto che / di* seguite dall'infinito (*Preferirei uscire **piuttosto che stare** in casa*).

Esistono, inoltre, le comparative **ipotetiche**, che formulano un confronto con la reggente basato su un'ipotesi.

Nella **forma esplicita** sono introdotte da *come se*, *quasi che*, *quasi* (*se*) con il **congiuntivo** imperfetto o trapassato (*Mi guardava come se non mi conoscesse*); nella **forma implicita** da *quasi*, *come* con il **gerundio** (*Guardava fisso, come pensando a qualcosa*).

IN LATINO

Come in italiano, le **proposizioni comparative reali** o **semplici** introducono un confronto tra due circostanze reali, fra le quali può intercorrere un rapporto di maggioranza, minoranza o uguaglianza. Il verbo è per lo più all'**indicativo**.

Si possono suddividere in comparative di:

- **maggioranza o minoranza**, introdotte, come un secondo termine di paragone, dalla congiunzione *quam* "che", "che non", "di quello che" correlata con un avverbio comparativo come *plus*, *amplius*, *magis* "più", *minus* "meno", o con un aggettivo al grado comparativo o, ancora, con un verbo di senso comparativo (come *malo* "preferisco", *praefĕro* "antepongo" ecc.) posti nella reggente:

*Plura dixi **quam** ratio postulabat.* (Cic.)	Ho detto più parole **di quanto** la misura richiedeva.

- **uguaglianza**, introdotte:

  – da **vari tipi di correlazione** fra congiunzioni, aggettivi o avverbi, come *sic... ut*, *ita... ut*, *talis... qualis*, *tantum... quantum*, *tam... quam*, *tot... quot*, *totiens... quotiens*, *quemadmŏdum... sic* (o *ita*), *quo magis... eo* (o *hoc*) *magis*:

Ut bona natura appetimus, sic a malis natura declinamus. (Cic.)	**Come** per natura ricerchiamo la felicità, **così** per natura evitiamo i mali.

  – dalle congiunzioni *atque* o *ac*, corrispondenti a *quam*, dopo aggettivi indicanti somiglianza, uguaglianza e il loro contrario, come *similis* "simile", *dissimilis* "dissimile", *aequus* "uguale", *par* "pari", *idem* "identico", *alius* "diverso" o avverbi come *similĭter* "similmente", *aeque* e *parĭter* "ugualmente", *aliter* e *secus* "diversamente":

*Par desiderium sui reliquit Labienus **ac** Ti. Gracchus reliquerat.* (Cic.)	Labieno lasciò un rimpianto di sé pari **a quanto** lo aveva lasciato Tiberio Gracco.

Le proposizioni **comparative ipotetiche** sono subordinate che istituiscono con la reggente un confronto in forma di ipotesi o supposizione.

Possono essere introdotte:

- da **congiunzioni** o **avverbi** come *tamquam*, *quasi*, *proinde quasi* seguiti dal **congiuntivo** regolato dalla *consecutio temporum*:

*Ille exposuit vasa Samia **quasi** vero **esset** Diogĕnes Cynĭcus mortuus.* (Cic.)	Quegli (= Tuberone) pose sulla tavola vasi di coccio **come se fosse** morto il cinico Diogene.

- dal *si* ipotetico, in formule come *velut si*, *ut si*, *tamquam si* "come se"; *quam si* "che se" (dopo un comparativo); *similĭter* o *aeque ac si* "nello stesso modo che se", *non secus ac si* "non diversamente che se". In questi casi le comparative sono in pratica delle protasi di periodi ipotetici del 2° o del 3° tipo, per cui:

  – **seguono la *consecutio temporum***, se l'idea espressa è quella della **possibilità** (2° tipo):

*Cum civitas tollitur, simile est quodam modo **ac si** omnis hic mundus **intereat** et **concĭdat**.* (Cic.)	Quando una collettività viene eliminata, ciò è in un certo senso simile **a come se** tutto questo mondo **perisse** e **crollasse**. (ma ciò non avviene realmente)

– hanno invece il **congiuntivo imperfetto e piuccheperfetto**, anche in dipendenza da tempi principali, se l'idea è quella dell'**irrealtà** (3° tipo):

*Si vero stultus aliquod timet malum, dum expectat, **quasi venisset** urguetur.* (Sen.)

Se poi lo stolto teme qualche disgrazia, mentre la aspetta, si sente agitato **come se fosse avvenuta**. (ma non è possibile che sia già avvenuta)

Ricorda che...

Spesso la comparativa condivide con la reggente il medesimo predicato, che, per una migliore resa in italiano, può essere esplicitato nella traduzione:

*Tristior deinde ignominiosae pacis **magis quam periculi** nuntius fuit.* (Liv.)

La notizia della pace vergognosa fu poi assai triste, **più di quanto non lo fu quello del pericolo** (della battaglia).

ESERCIZI

IN ITALIANO

15 **Specifica** se nelle seguenti frasi le comparative sono di maggioranza MA, minoranza MI, uguaglianza U o comparative ipotetiche I.

1. Farò più di quanto mi hai suggerito.   MA MI U I
2. Stai tranquillo: è meno difficile di quanto sembra.   MA MI U I
3. Questo treno è più veloce di quanto potessi immaginare.   MA MI U I
4. Alle parole della sua fidanzata Marco non batté ciglio, quasi ne fosse ipnotizzato.   MA MI U I
5. L'inconveniente si rivelò tanto grave quanto tutti avevano immaginato.   MA MI U I
6. Mi parlava, ma non mi guardava negli occhi, come se temesse di rivelare qualcosa.   MA MI U I

IN LATINO

FACILIORA

16 Nelle seguenti frasi d'autore **scegli** la forma verbale corretta confrontando testo latino e traduzione; poi rispondi alle domande.

1. *Noli, mi Marcelline, torquēri ("tormentarti"), tamquam de re magna **deliberares / deliberes**.* (Sen.)
   Non tormentarti, caro Marcellino, come se decidessi di una questione importante.
   La comparativa è: ☐ reale ☐ ipotetica ☐ della possibilità ☐ dell'irrealtà

2. *Fabii negotium sic velim suscipias ut **si esset / sit** res mea.* (Cic.)
   Vorrei che ti occupassi della faccenda di Fabio come se la questione fosse mia.
   La comparativa è: ☐ reale ☐ ipotetica ☐ della possibilità ☐ dell'irrealtà

3. *Homines primo ortu sic iacent tamquam omnīno sine animo **essent / sint**.* (Cic.)
   Gli uomini quando nascono giacciono a terra come se fossero privi di un'anima.
   La comparativa è: ☐ reale ☐ ipotetica ☐ della possibilità ☐ dell'irrealtà

4. *Anagnini descenderunt ut Antonium, tamquam **si sit / esset** consul, salutarent.* (Cic.)
   Gli abitanti di Anagni andarono incontro ad Antonio per rendergli omaggio proprio come se fosse un console.
   La comparativa è: ☐ reale ☐ ipotetica ☐ della possibilità ☐ dell'irrealtà

5. *Gellius, quasi meā culpā bona **perdiderit** / **perdidisset**, est mihi inimicus.* (Cic.)
   Gellio mi è nemico quasi avesse perso i suoi beni per colpa mia.
   La comparativa è: ☐ reale   ☐ ipotetica   ☐ della possibilità   ☐ dell'irrealtà

6. *Cuncti Regulum detestantur, oderunt, sed quasi **probent** / **probarent** frequentant.* (Plin. il G.)
   Tutti detestano Regolo, lo odiano, ma ne cercano la compagnia quasi l'ammirassero.
   La comparativa è: ☐ reale   ☐ ipotetica   ☐ della possibilità   ☐ dell'irrealtà

7. *In vulneribus curatio talis esse debet, qualis in inflammationibus **adhibetur** / **adhibeatur**.* (Cels.)
   Nei casi di ferite la cura deve essere tale e quale a quella che si usa nelle infiammazioni.
   La comparativa è: ☐ reale   ☐ ipotetica   ☐ della possibilità   ☐ dell'irrealtà

8. *Stultus, si aliquod timetur malum, quasi **venisset** / **venerit**, metu patitur.* (Sen.)
   Lo sciocco, se teme qualche disgrazia, soffre per la sua paura come se fosse accaduta.
   La comparativa è: ☐ reale   ☐ ipotetica   ☐ della possibilità   ☐ dell'irrealtà

17 **Traduci** le seguenti frasi d'autore, distinguendo fra comparative reali e comparative ipotetiche.

1. *Nostīne hos, qui, omnium libidinum servi, sic aliorum vitiis irascuntur, quasi invideant, et gravissime puniunt, quos maxime imitantur?* (Plin. il G.) • 2. *Non sunt hodie tot fasces magistratibus populi Romani, quot captos ex caede imperatorum prae se ferre potest Hannĭbal.* (Liv.) • 3. *Magis ista constitutio sic rata erit, quam si illam in aes incidissem.* (Sen.) • 4. *Sin aliqua in re Verris similis fuero, non magis mihi deerit inimicus quam Verri defuit.* (Cic.) • 5. *Repente nostri laboris per diem paene totum tolerati vulnerumque oblīti sunt, ut concitaverint se in hostem haud secus, quam si tum integri e castris signum pugnae accepissent.* (Liv.) • 6. *Neque eos qui ea fecēre pudet aut paenitet, sed incedunt magnifici, sacerdotia et consulatus ostentantes; proinde quasi ea honori, non praedae habeant.* (Sall.) • 7. *Multi, tamquam adesset hostis, per lubrĭca saxa perque invias cotes praecipitati occiderunt, plures aliqua membrorum parte mulcati ab integris deserti sunt.* (Curz.) • 8. *Phocion, cum Athenienses rem alĭter atque ipse suaserat prospĕre administrassent, adeo perseverans sententiae suae propugnator extĭtit, ut in contione diceret laetari quidem se successu eorum, sed consilium tamen suum aliquanto melius fuisse.* (Val. Mass.)

DIFFICILIORA

18 **Traduci** le seguenti frasi d'autore, quindi **trasforma** le comparative reali in ipotetiche o viceversa e **traducile**, come nell'esempio.

Es. *Hic est obstandum, milites, velut si ante Romana moenia pugnemus.* (Liv.)
= Bisogna resistere qui, soldati, come se combattessimo davanti alle mura di Roma.
→ *ut ante Romana moenia pugnamus.*
= come combattiamo davanti alle mura di Roma.

1. *Postulate aequa et ferte; standum est potius quam impias inter nos conseramus manus.* (Liv.)
2. *Quemadmŏdum Q. Fabius meas res gestas elevavit, sic ego gloriam eius verbis extollĕre velim.* (Liv.)
3. *Polĕmo philosophus loquebatur alĭter atque omnes, sentiebat idem, quod ceteri.* (Cic.)
4. *Eam rem minus aegre, quam dignum erat, tulisse Romulum ferunt.* (Liv.)
5. *Ratio ordoque agminis alĭter se habebat ac Belgae ad Nervios detulerant.* (Ces.)
6. *Superioribus litteris, benevolentia magis adductus quam res postularet, fui longior.* (Cic.)
7. *Non sic semper vobis liciturum est, quemadmŏdum hodie de pace vel bello licet agĕre.* (Liv.)
8. *Post hoc facinus inter se impii cives, quasi vicissent, congratulabantur.* (Cic.)

19 Traduci in latino le seguenti frasi.

1. Gli Ateniesi celebrarono contro l'invasore persiano una vittoria tanto grande quanto noi la celebreremmo contro i Parti. • **2.** Da fanciullo, guardavo alla gloria di Pompeo con maggiore ammirazione di quanto guardassi a quella di Cesare. • **3.** Fabio pianse amaramente la morte del fratello, quasi avesse subìto lo stesso destino. • **4.** Nessun nostro contemporaneo potrebbe essere ritenuto esemplare tanto quanto lo fu la vita di Metello.

20 Traduci il seguente brano d'autore.

Arato di Sicione libera la patria dalla tirannide… e dai conflitti sociali (I)

Dopo anni di ingiusta tirannide, il coraggioso Arato libera la patria, ma osserva come, con il rientro degli esiliati e di coloro a cui erano stati confiscati i beni, si potrebbero ingenerare ingiustizie e odi. Chiede allora aiuto al suo antico ospite Tolemeo.

Aratus Sicyonius iure laudatur, qui, cum eius civitas quinquaginta annos a tyrannis teneretur, profectus Argis Sicyonem clandestino introitu urbe est potītus. Cum tyrannum Nicoclem improviso oppressisset, sescentos exules, qui locupletissimi fuerant eius civitatis, restituit remque publicam adventu suo liberavit. Sed cum magnam animadverteret in bonis et possessionibus difficultatem, quod et eos, quos ipse restituerat, quorum bona alii possederant, egēre iniquissimum esse arbitrabatur et quinquaginta annorum possessiones movēre non nimis aequum putabat. Quia enim tam longo spatio multa hereditatibus, multa emptionibus, multa dotibus tenebantur sine iniuria, nec oportebat illis adĭmi nec iis non satis fieri, quorum illa fuerant. Cum igitur statuisset opus esse ad eam rem constituendam pecunia Alexandrēam se proficisci velle dixit remque integram ad reditum suum iussit esse, isque celerĭter ad Ptolomaeum, suum hospitem, venit, qui tum regnabat alter post Alexandrēam condĭtam.

(da Cicerone)

SINTASSI

Le proposizioni avversative

IN ITALIANO Le proposizioni avversative indicano una **circostanza che contrasta con la reggente**: *Insisti, mentre dovresti stare zitto*.
Nella **forma esplicita** sono introdotte dalle congiunzioni *mentre*, *quando* con **indicativo** o **condizionale**; nella **forma implicita** da *anziché*, *invece di* con **infinito** presente o passato.

Mentre e *quando* introducono tanto una subordinata **avversativa** quanto una **temporale**, ma concettualmente le due proposizioni sono differenti e l'avversativa si avvicina piuttosto a una **coordinata di tipo avversativo**:

Insisti, mentre dovresti stare zitto equivale a *Insisti,* **ma dovresti** *stare zitto*.

IN LATINO Come in italiano, le proposizioni avversative esprimono un concetto che si contrappone a quanto è affermato nella reggente. Sono espresse con ***cum*** e il **congiuntivo** secondo la *consecutio temporum*. Si rendono in italiano con l'indicativo introdotto da "mentre", "al contrario" ecc. La negazione è ***non***:

Dicit se vetŭlam, **cum sit** *Caerellia pupa: pupam se dicit Gellia,* **cum sit** *anus.* (Marz.)

Cerellia dice di essere una donna, **mentre è** una ragazzina; Gellia dice di essere una ragazzina, **mentre è** una vecchia.

Ricorda che...

La subordinata avversativa può essere espressa anche da una **relativa impropria** (con il congiuntivo, secondo la *consecutio temporum*):

*Pompeiani exercitui Caesaris luxuriam obiciebant, **cui** semper omnia ad necessarium usum **defuissent**.* (Ces.)

I pompeiani rinfacciavano all'esercito di Cesare il lusso, **mentre a esso era** sempre **mancato** tutto per le necessità più elementari.

ESERCIZI

IN ITALIANO

21 Sottolinea una volta le proposizioni avversative e due volte le proposizioni temporali.

1. Mentre parlavi, tutti erano distratti. • 2. Molti parcheggiano in doppia fila, quando sanno benissimo che è vietato. • 3. Quando ti si danno dei consigli, cerca almeno di ascoltarli! • 4. Dici che mi hai raccontato tutto, mentre io sono convinto che mi nasconda ancora qualcosa. • 5. Mentre la professoressa di matematica spiega, c'è sempre silenzio assoluto. • 6. Mentre Pompeo cerca un accordo, Cesare cerca lo scontro: è evidente da molti dettagli.

IN LATINO

22 Traduci le seguenti frasi d'autore distinguendo i diversi valori di *cum* e congiuntivo.

1. *Cum increbresceret rumor bellum in Sicilia esse, T. Otacilius eo cum classe proficisci iussus est.* (Liv.) • 2. *Cur Lysias orator amatur, cum penitus ignoretur Cato?* (Cic.) • 3. *Cum tota philosophia frugifera et fructuosa nec ulla pars eius inculta ac deserta sit, tum nullus feracior in ea locus est nec uberior quam de officiis.* (Cic.) • 4. *Cum Romani sub ipso constitissent vallo haud dubie aequiore loco, successit tamen Poenus exercitus cum expeditis equitibusque ad lacessendum hostem.* (Liv.) • 5. *Fatendum est tamen, cum plurimum virtuti Alexander debuerit, plus debuisse fortunae, quam solus omnium mortalium in potestate habuit.* (Curz.) • 6. *Hic paulisper est pugnatum, cum irrumpere nostri conarentur, illi castra defenderent fortissimeque Tito Puleione, cuius opera proditum exercitum C. Antonii demonstravimus, eo loco propugnante.* (Ces.)

23 Traduci le seguenti frasi d'autore, poi trasforma le coordinate in subordinate avversative.

1. *Marcelli et Scipionis domus onore et virtute florebant, sed signis et tabulis pictis erant vacuae.* (da Cic.) • 2. *Humanum genus solum est particeps rationis et cogitationis: cetera autem animalia sunt omnia iis expertia.* (da Cic.) • 3. *Socratis varios sermones Plato tradidit, sed ipse litteram Socrates nullam reliquit.* (da Cic.) • 4. *Cum paene cotidie nonnulli a Pompeio ad Caesarem perfugiebant, tum nullus miles aut eques a Caesare ad Pompeium transierat.* (da Ces.) • 5. *Nostri, quamcumque in partem impetum fecerant, hostes loco cedere cogebant, sed longius fugientes prosequi non poterant.* (Ces.) • 6. *Perseus omnia praeparata atque instructa habebat; nihil autem satis paratum ad bellum in praesentia habebant Romani, non exercitum, non ducem.* (da Liv.)

24 Traduci in latino le seguenti frasi.

1. La situazione dello stato mi angustia, mio caro Marco, mentre dovrei pensare solo alla mia salute. • 2. Sappiamo che molti senatori vivono nel lusso, mentre la plebe manca anche del necessario. • 3. Gli avidi, pur avendo tutto, sono spesso scontenti, mentre i virtuosi, anche quando non hanno nulla, sono soddisfatti del poco. • 4. Potresti forse credere che io, mentre offro il mio aiuto, in realtà tramavo per spodestare Tiberio?

25 Traduci il seguente brano d'autore.

Arato di Sicione libera la patria dalla tirannide... e dai conflitti sociali (II)

Tolemeo concede ad Arato del denaro grazie al quale, nominata una commissione di cittadini eccellenti, si cerca di restituire a ciascuno il suo, in modo che nessuno risulti penalizzato.

Cui cum exposuisset patriam se liberare velle causamque docuisset, a rege opulento vir summus facile impetravit, ut grandi pecunia adiuvaretur. Quam cum Sicyonem attulisset, adhibuit sibi in consilium quindĕcim principes, cum quibus causas cognovit et eorum, qui aliena tenebant, et eorum, qui sua amiserant, perfecitque aestimandis possessionibus, ut persuaderet aliis, ut pecuniam accipĕre mallent, possessionibus cederent, aliis, ut commodius putarent numerari sibi, quod tanti esset, quam suum recuperare. Ita perfectum est, ut omnes concordia constituta sine querella discederent. O virum magnum dignumque, qui ("e magari") in re publica nostra natus esset! Sic par est, agĕre cum civibus, non, ut bis iam vidimus, hastam in foro ponĕre et bona civium voci subicĕre praecōnis. At ille Graecus, id quod fuit sapientis et praestantis viri, omnibus consulendum putavit, eaque est summa ratio et sapientia boni civis, commoda civium non divellĕre atque omnes aequitate eadem continēre.

(Cicerone)

VERIFICA DELLE COMPETENZE

COMPETENZE LINGUISTICHE

26 Nelle seguenti frasi d'autore distingui il valore temporale T da quello condizionale restrittivo C di *dum*; quindi traduci.

1. *Tu, mi frater, primam navigationem, dum modo idonea tempestas sit, ne omiseris.* (Cic.) T C •
2. *Ille tristis est dum cibum servat, tu ridens voras.* (Enn.) T C • 3. *Aristaenus nunc monebat nunc etiam orabat, ut, dum liceret, dum occasio esset, sibi ac fortunis suis consuleret Philippus rex.* (Liv.) T C • 4. *Ego si cui adhuc videor segnior fuisse, dum ne tibi videar, non laboro.* (Cic.) T C • 5. *In Histro flumine Darīus, dum ipse abesset, pontis custodes relīquit principes, quos secum ex Ionia et Aeolide duxerat.* (Nep.) T C • 6. *L. Catilinam post dominationem L. Sullae lubīdo maxima invaserat rei publicae capiendae; neque id quibus modis adsequeretur, dum sibi regnum pararet, quicquam pensi habebat* ("considerava importante"). (Sall.) T C • 7. *De latericiis vero, dum ad perpendiculum sint stantes, nihil deducitur, sed quanti fuerint olim facti, tanti esse semper aestimantur.* (Vitr.) T C • 8. *Apud Gallos variis dictis sententiis, quarum pars deditionem, pars, dum vires suppeterent, eruptionem censebat, non praetereunda oratio Critognati videtur propter eius singularem ac nefariam crudelitatem.* (Ces.) T C

L'esercizio insegna a:
- saper riconoscere e tradurre le proposizioni condizionali restrittive e il valore di *dum*

27 Indica se nelle seguenti frasi d'autore le concessive sono oggettive O o soggettive S, quindi traduci.

1. *Exercitus, per vastas solitudines euntes, etiam si nemo insĕqui velit, fame atque inopia debellari possunt.* (Curz.) O S • 2. *Vertiscus, cum vix equo propter aetatem posset uti, tamen neque* ("neppure") *dimicari sine se voluerat.* (Ces.) O S • 3. *Consules dilectum* ("l'arruolamento") *cum aegre conficerent inopia iuniorum, senatus triumviros binos creari iussit, qui inspicerent et, si qui roboris satis ad ferenda arma habēre viderentur, etiamsi nondum militari aetate essent, eos milites facerent (milites facĕre "reclutare").* (Liv.) O S • 4. *Naves, quamvis plenis velis eant,*

videntur tamen stare. (Sen.) O S • **5.** Nihil enim est homini prudentia dulcius, quam, ut cetera auferat, adfert certe senectus. (Cic.) O S • **6.** Persae, etsi pari proelio discesserant, tamen eodem loco non sunt ausi manēre, quod erat periculum, ne, si pars navium adversariorum Euboeam superasset, ancipĭti premerentur periculo. (Nep.) O S • **7.** Licet ipsa vitium sit ambitio, frequenter tamen causa virtutum est. (Quint.) O S • **8.** Caesar, etsi ad spem conficiendi negotii maxime probabat coactis navibus mare transire et Pompeium sequi, tamen eius rei moram temporisque longinquitatem timebat. (Ces.) O S

L'esercizio insegna a:
- saper distinguere e tradurre le concessive oggettive e soggettive

28 Completa le seguenti frasi con la traduzione latina delle espressioni tra parentesi (concessive); quindi traduci i periodi.

1. *Tanta est Germanorum temerĭtas ut saepius hostem adire audeant* .... ("quand'anche fossero molti di meno").
2. *Id facinus voluissem tamen oculis meis perspicĕre* .... ("quand'anche fosse stato terribile").
3. *Nullus ager sine agri culturae peritia et labore fructuosior esse posset* .... ("per quanto possa essere fertile").
4. *Optimum tamen veritatem semper iudicamus esse* .... ("sebbene non sia spesso gradita ai più").
5. *Tantum facĭnus ego semper iudicabo vituperandum* .... ("quand'anche fosse stato perpetrato contro un nemico").
6. *Exilii mei adprobator certe fuisti* .... ("quand'anche tu non ne fossi responsabile").

L'esercizio insegna a:
- saper costruire e tradurre subordinate di valore concessivo

29 Traduci le seguenti frasi d'autore, distinguendo fra comparative reali e comparative ipotetiche; se le comparative ipotetiche sono introdotte da *si*, indica se corrispondono a protasi di 2° o di 3° tipo.

1. *Postquam Alcibiădes in astu venit, sic verba fecit, ut nemo tam ferus fuerit, quin eius casum lacrimaverit, proinde ac si alius populus, non ille ipse qui tum flebat, eum sacrilegii damnasset.* (Nep.) • **2.** *Tantus pavor, tanta trepidatio fuit, quanta si urbem, non castra hostes obsiderent.* (Liv.) • **3.** *His de rebus eo magis laboro quod agitur res Cn. Pompei etiam, nostri necessari, et quod is magis etiam mihi laborare videtur quam ipse Cluvius.* (Cic.) • **4.** *Volsci, cursu et clamore fessi, cum se velut stupentibus metu intulissent Romanis, postquam impressionem sensēre ex adverso factam et ante oculos micare gladios, haud secus, quam si in insidias incidissent, turbati vertunt terga.* (Liv.) • **5.** *Scipio exercitum omnem eo convenire, classem expedīri iussit, tamquam dimicandum eo die terra marique cum Carthaginiensibus esset.* (Liv.) • **6.** *Ceteram multitudinem incolarum iuvenum ac validorum servorum in classem ad supplementum remĭgum dedit Mago; et auxerat navibus duodeviginti captivis classem. Extra hanc multitudinem Hispanorum obsĭdes erant, quorum perinde ac si liberi essent cura habĭta.* (Liv.) • **7.** *Etiam homines novi, qui antea per virtutem soliti erant nobilitatem antevenire, furtim et per latrocinia ad imperia et honores nituntur; proinde quasi praetura et consulatus atque alia omnia per se ipsa clara et magnifica sint.* (Sall.) • **8.** *Mihi non solum pro Cn. Plancio dicendum est, cuius ego salutem non secus ac meam tuēri debeo, sed etiam pro me ipso, de quo accusatores plura paene quam de re reoque dixerunt.* (Cic.)

L'esercizio insegna a:
- saper analizzare, distinguere e tradurre le comparative reali e ipotetiche

30 Nelle seguenti frasi d'autore distingui le diverse funzioni di *ut*: completiva C, concessiva CN, comparativa CP, finale F, altro A; poi traduci.

1. *Scis enim Clodium sanxisse ut vix aut omnīno non posset nec per senatum nec per populum infirmari sua lex.* (Cic.) C CN CP F A • **2.** *Mihi erat in animo iam, ut antea ad te scripsi, ire in Epirum et ibi omnem casum potissimum exspectare.* (Cic.) C CN CP F A • **3.** *Ut enim nulla materies tam facilis ad exardescendum est, quae nisi admoto igni ignem concipĕre possit, sic nulla mens est tam ad comprehendendam vim oratoris parata, quae possit incendi, nisi ipse inflammatus ad eam et ardens accesserit.* (Cic.) C CN CP F A • **4.** *Ut incerti casus belli sint, tamen est decertandum.* (Cic.) C CN CP F A • **5.** *His rebus confectis, Caesar ut reliquum tempus a labore intermitteretur, milites in proxima municipia deducit, ipse ad urbem proficiscitur.* (Ces.) C CN CP F A • **6.** *Nec quisquam adventum Saxōnum cavēre poterat: nam prae ceteris hostibus Saxŏnes timentur ut repentini.* (Amm.) C CN CP F A

L'esercizio insegna a:
- saper analizzare, distinguere e tradurre i diversi valori della congiunzione *ut*

31 Completa la tabella distinguendo le diverse funzioni di *cum*; quindi traduci.

1. *L. Gellius, cum gravissima crimina de filio, in novercam commissum stuprum et parricidium cogitatum, propemŏdum explorata haberet, universo tamen senatu adhibĭto in consilium, expositis suspicionibus, defendendi se adulescenti potestatem fecit.* (Val. Mass.) • **2.** *Commisso proelio, deseritur a suis Varus: nonnulla pars militum domum discedit, relĭqui ad Caesarem perveniunt atque unā cum iis deprensus L. Pupius, primi pili centurio, adducitur.* (Ces.) • **3.** *Multi et, cum obesse vellent, profuerunt et, cum prodesse, obfuerunt.* (Cic.) • **4.** *Ipsa victoria victores ferociores impotentioresque reddidit, cum natura tales non essent.* (Cic.) • **5.** *Cum Caesar in Galliam vĕnit, alterīus factionis principes erant Haedui, alterīus Sequăni.* (Ces.) • **6.** *Mors tum aequissimo animo oppetĭtur, cum suis se laudibus vita occĭdens consolari potest.* (Cic.) • **7.** *Cum anceps diu pugna esset, Hannĭbal elephantos in primam aciem induci iussit, si quem inicĕre ea res tumultum ac pavorem posset.* (Liv.) • **8.** *Cum Alpinus amnis aquae vim vehat ingentem, non tamen navium patiens est, quia nullis coercĭtus ripis, pluribus simul neque isdem alveis fluens, nova semper vada novosque gurgĭtes volvens, nihil stabile nec tutum ingredienti praebet.* (Liv.)

frase	preposizione	*cum* narrativo	*cum* concessivo	*cum* avversativo	altro
1.					
2.					
3.					
4.					
5.					
6.					
7.					
8.					

L'esercizio insegna a:
- saper analizzare, distinguere e tradurre i diversi valori della congiunzione *cum*

32 Nelle seguenti frasi d'autore distingui le proposizioni condizionali restrittive, le concessive oggettive e soggettive, le comparative e le avversative; quindi traduci.

1. *Licet saepius tibi commendaticias litteras mittam, tibi gratias ago, quod meas commendationes tam diligenter observes.* (Cic.) • **2.** *Facultatem si quis casus eripuerit, mea tamen in te omnia officia constabunt, non secus ac si te vidissem.* (Cic.) • **3.** *Sunt qui quidvis perpetiantur, cuivis* *deserviant, dum quod velint consequantur.* (Cic.) • **4.** *Miserum, licet sit, nemo se credet.* (Sen.) • **5.** *Quamvis enim res bonas vitiose per vimque tulerit Antonius, tamen eae leges non sunt habendae, omnisque audacia gladiatoris ("da gladiatore") amentis auctoritate nostra repudianda est.* (Cic.) • **6.** *Cum pace nobis frui liceat, bellum saepe optamus.* (Cic.) • **7.** *Quaedam amicis data sunt, quaedam ignotis; plus est, quamvis idem detur, si ei datur, quem nosse a beneficio tuo incĭpis.* (Sen.) • **8.** *Ut magistratibus leges, ita populo praesunt magistratus.* (Cic.)

L'esercizio insegna a:
- saper riconoscere e tradurre le proposizioni condizionali, concessive, comparative, avversative

COMPETENZE LESSICALI

Indica l'etimologia dei seguenti termini italiani, precisando per ciascuno se abbia conservato oppure no la sfumatura di significato presente nella radice latina. Attenzione: non tutti derivano dai verbi indicati come modi di "vedere".

1. specchio ....
2. spettacolo ....
3. aspetto ....
4. sospetto ....
5. intuito ....
6. certezza ....
7. discernere ....
8. decreto ....

9. ispezione ....
10. dispetto ....
11. sorvegliare ....
12. occhieggiare ....
13. tutore ....
14. intuizione ....
15. avviso ....
16. cospetto ....

L'esercizio insegna a:
- saper individuare l'etimologia di termini italiani

COMPETENZE DI TRADUZIONE

VERSIONE GUIDATA

Traduci il brano d'autore e svolgi le attività che seguono.

Il tempo passa senza che ce ne accorgiamo

La visita a una casa di campagna non frequentata da molti anni fa scoprire a Seneca non solo come tutto laggiù sia ormai cadente, ma anche che la casa, le pietre, il giardino, lo schiavo Felicione sono vecchi... meno di lui!

Veneram in suburbanum meum et querebar de impensis aedificii dilabentis. Dicit mihi vilĭcus non esse neglegentiae suae vitium: cum omnia ipse se faceret, villam vetĕrem esse. Haec villa inter manus meas crevit: quid mihi futurum est, si tam putria sunt aetatis meae saxa? Iratus illi, proximam occasionem stomachandi arripio. «Appāret – inquam – has platănos neglĕgi: nullas habent frondes. Hoc non accideret, dummŏdo quis has circumfoderet, si inrigaret».

Iurat ille per genium meum se omnia facĕre, in nulla re cessare curam suam, sed illas vetŭlas esse. Quod intra nos sit: ego illas posueram, ego illarum primum videram folium. Conversus ad ianuam, «Quis est iste – inquam – decrepĭtus et merito ad ostium admotus? Foras enim spectat. Unde istum nanctus es? Quid te delectavit alienum mortuum tollĕre?». At ille: «Non cognoscis me? – inquit – ego sum Felicio, cui solebas sigillaria adferre; ego sum Philosĭti vilĭci filius, deliciŏlum tuum». Debeo hoc suburbano meo, quod mihi senectus mea, quocumque adverteram, apparuit.

(da Seneca)

LABORATORIO

Morfologia

1. *Suburbanum* è un aggettivo, un sostantivo o un'espressione ellittica?
2. Da che verbo deriva *dilabentis*? Con quali caratteristiche?
3. Analizza i seguenti participi, specificandone origine e funzione: *conversus, decrepĭtus, admotus*.

Sintassi

4. Da che cosa dipende l'infinitiva *villam... esse*?
5. *dummŏdo... circumfoderet*: di che tipo di subordinata si tratta?
6. *cum... faceret*: che valore ha il *cum*? Quale altra proposizione lo potrebbe sostituire?
7. *quod... apparuit*: di che tipo di subordinata si tratta? Qual è il suo elemento anticipatore?

Lessico

8. *genium*: il termine *genius, -ii* può assumere vari valori: qual è il più appropriato nel contesto? E quali gli altri più frequenti? Indica almeno tre sostantivi o verbi che derivano dalla stessa radice.
9. *ianuam*: *ianua, -ae* e *ianuarius, -ii* derivano dalla stessa radice: quale? Sapresti individuare almeno altri due vocaboli con la medesima derivazione? Che differenza esiste tra *fores, -is*, *porta, -ae* e *ianua, -ae*?
10. *foras*: da dove deriva etimologicamente? Cerca con attenzione il significato dell'espressione metaforica *foras spectare*.

CULTURA

35 Traduci il seguente brano d'autore.

La ribellione di Spartaco (I)

Laboratorio
Applica il metodo svolgendo l'analisi sintattica della versione, quindi scrivi la traduzione.

Evaso dalla scuola gladiatoria di Lèntulo, Spartaco si pose a capo di un vero esercito, terrorizzando prima i dintorni di Capua, poi l'intero *ager Campanus*, assalendo anche città e municipi. Esperto di tattica militare, cercò di equipaggiare i suoi come un vero esercito, rubando le armi alle legioni o procurandosele con alcuni accorgimenti.

Spartăcus, Crixus, Oenomaus, effracto Lentŭli ludo cum triginta aut amplius eiusdem fortunae viris erupēre Capua; servisque ad vexillum vocatis cum statim decem milia amplius coissent, homines modo effugisse contenti, iam et vindicari volebant. Prima sedes velut rabidis beluis mons Vesuvius placuit. Ibi cum obsiderentur a Clodio Glabro, per fauces cavi montis vitineis delapsi vinculis ad imas eius descenderunt radices et exitu inviso nihil tale opinantis ducis subito impetu duo castra rapuerunt; totamque pervagantur Campaniam. Nec villarum atque vicorum vastatione contenti Nolam atque Nuceriam, Thurios atque Metapontum terribili strage populantur. Adfluentibus in diem copiis cum iam esset iustus ("un vero e proprio") exercitus, e viminibus pecudumque tegumentis inconditos sibi clipeos et ferro ergastulorum recocto gladios ac tela fecerunt. Ac ne quod decus iusto deesset exercitui, domĭtis obviis etiam gregibus paratur equitatus, captaque de praetoribus insignia et fasces ad ducem detulēre.

(Floro)

CULTURA

36 Traduci il seguente brano.

La ribellione di Spartaco (II)

Dopo alcune vittorie contro le legioni Spartaco decise addirittura di assalire Roma, ma fu sconfitto da Licinio Crasso. Quanto rimaneva dei suoi uomini, spinti prima verso il Bruzio, poi verso la Sicilia fu sterminato, ed egli morì come un vero generale: in prima fila.

Spartacus defunctorum quoque proelio ducum funĕra imperatoriis celebravit exsequiis, captivosque circa rogum iussit armis depugnare, quasi plane expiaturus omne praeterĭtum dedĕcus, si de gladiatore munerarius fuisset. Inde iam consulares quoque adgressus in Appennino Lentŭli exercitum cecīdit, apud Mutĭnam Publi Crassi castra delevit. Quibus elatus victoriis de invadenda urbe Romana – quod satis est turpitudini nostrae – deliberavit. Tandem enim totis imperii viribus contra myrmillonem consurgitur pudoremque Romanum Licinius Crassus adseruit; a quo pulsi fugatique – pudet dicĕre – hostes in extrema Italiae refugerunt. Ibi circa Brittium angulum clusi, cum fugam in Siciliam pararent neque navigia suppeterent, ratesque ex trabibus et dolia conexa virgultis rapidissimo freto frustra experirentur, tamen eruptione facta dignam viris obiēre mortem et, quod sub gladiatore duce oportuit, sine missione pugnatum est. Spartacus ipse in primo agmine fortissime dimĭcans quasi imperator occisus est.

(Floro)

Conoscere la cultura

Roma e il cinema: da *Spartacus* a *Il gladiatore*

Il gladiatore come "ribelle" In epoca imperiale si era ormai molto distanti dai *munera gladiatoria* delle epoche precedenti, dove il *lanista* addestrava i suoi sia a combattere sia, soprattutto, a dare spettacolo con la vigoria e i duelli, e dove la morte di un gladiatore era considerata spesso un incidente. I gladiatori erano, così come gli attori, degli *infames*, la categoria con cui i *boni viri* non avevano contatti: si trattava per la maggior parte di barbari, schiavi o liberti, oppure di cittadini romani che, per gravi condanne, avevano perso i diritti di cittadinanza. Erano spesso rozzi, violenti e abbrutiti dal duro allenamento dei *ludi*, abituati a giocare con la morte e con la loro immagine "esotica". Tuttavia le loro *performance* attiravano un'enorme popolarità e li trasformavano in vere *star*: la plebe si accalcava per assistere agli "eroi" di maggior richiamo, mentre rispettabili *matronae* spesso perdevano la testa per loro, come racconta il poeta Giovenale. Il gladiatore, per le sue origini, la sua forza, la sua crudeltà o le terribili storie che il suo passato celava, spesso incarnava un fascino fuori dall'ordinario, ma anche, per la letteratura e il cinema, un ideale punto di vista "straniato" sui valori e i disvalori della società in cui viveva.

"Lottare per la libertà, non per uno spettacolo" Tra il 73 e il 71 a.C. Roma fu terrorizzata da una rivolta che, nata nella scuola gladiatoria di Capua, arrivò a mettere in scacco le legioni consolari, a devastare parte dell'*ager Campanus*, a minacciare addirittura l'Urbe. Capo di questa rivolta fu Spartaco, un gladiatore originario della Tracia. Plutarco lo ricorda come «dotato di grande coraggio e forza, ma anche d'intelligenza ed educazione superiore a quanto ci si aspetterebbe da una persona della sua condizione» (*Vita di Crasso* 8). Qualche notizia in più ci viene offerta da un altro storico greco, Appiano: «Spartaco un tempo aveva combattuto con i Romani; poi, divenuto schiavo e venduto, si trovava ora tra i gladiatori. Convinse circa settanta uomini a lottare per la propria libertà piuttosto che per uno spettacolo del circo» (*Guerre civili* I, 116). Floro condanna con dure parole la guerra cui diede origine, una vergogna per Roma: «I suoi soldati erano schiavi, i suoi generali gladiatori: uomini di vilissima natura i primi, di pessimi sentimenti i secondi e tutti accrebbero con la vergogna delle azioni da loro perpetrate la sventura di Roma» (*Epitome* II, 8, 20).

Il console Crasso, appoggiato da Lucullo e da Pompeo, riuscì ad avere la meglio su questo improvvisato, ma agguerrito esercito grazie a ben sei legioni. Spartaco morì combattendo, ma, come si addice alle leggende, il suo cadavere non fu mai trovato. Del suo esercito, logorato da una disperata marcia verso Brindisi, forse alla ricerca di una fuga per mare verso la Sicilia o la Grecia, sopravvissero solo in seimila, ed ebbero la sorte peggiore: furono catturati e crocifissi lungo la via Appia.

Da *Spartacus* di Kirk Douglas... La vicenda di Spartaco ispirò una delle pellicole più belle e coinvolgenti della storia del *cinema peplum*, ovvero *Spartacus* (1960), diretto dal grande regista Stanley Kubrick, e con un cast d'eccezione, tra cui spiccano Laurence Olivier (Marco Licinio Crasso) e soprattutto Kirk Douglas nella parte di Spartaco. Il film ebbe il riconoscimento di quattro Oscar. La storia intende dar risalto alle vicende personali del protagonista, che, da schiavo nelle miniere della Libia, viene comprato per diventare gladiatore, si innamora della schiava Varinia, poi, privato di lei, di cui forse è innamorato anche Crasso, si ribella al *ludus* cui appartiene, impegnando le legioni del suo antagonista fino alla morte. Catturato e croficisso, anche se non riconosciuto, Spartaco, prima di spirare, ha la gioia di rivedere l'amata Varinia e il loro bimbo: la donna, affrancata dal suo ultimo padrone, sta per lasciare per sempre Roma, destinata a una vita di libertà.

... a *Il gladiatore* di Russell Crowe Un clamoroso successo – e ben cinque Oscar – ebbe nel 2000 il film di Ridley Scott *Il gladiatore*. Protagonista è Massimo Decimo Meridio che, da vittorioso generale romano, cade in disgrazia fino a diventare il gladiatore più popolare di Roma: da questa condizione di *infamis*, assurge al ruolo di eroe, liberando Roma dalla piaga dell'imperatore Commodo e morendo egli stesso, dopo aver ucciso l'avversario, per le ferite subite nel duello. Il film, seguendo le convenzioni del genere, non bada deliberatamente alla realtà storica: la forzatura più evidente è la costruita antitesi fra Massimo e Commodo, che, nella finzione, il padre imperatore Marco Aurelio ha deciso di privare della successione, affidando proprio a Massimo il compito di restaurare a Roma l'antica *res publica*. Alla notizia, Commodo prima uccide con le proprie mani il padre nel *castra* di *Vindobona* (in realtà, il giovane non si era recato al fronte per paura della pestilenza che infuriava, e di cui, secondo la *Historia Augusta*, morì il padre), poi si macchia di un'infinita serie di iniquità per rovinare Massimo, geloso della sua gloria militare e dell'amore che verso di lui nutre Lucilia, la sorella di cui è incestuosamente innamorato. Le malefatte del giovane imperatore hanno fine nell'arena, dove egli vuole sfidare temerariamente proprio Massimo. In realtà, Commodo, che, come ricorda Erodiano (*Storie* I, 15, 7-9), si dilettava di scendere nell'arena come gladiatore, fu ucciso da un sicario nel 192 d.C.

Russell Crowe, protagonista del film *Il gladiatore*, diretto da Ridley Scott (2000).

Comprendere

1 Per quali ragioni il gladiatore poteva rappresentare, nell'immaginario collettivo di Roma, un personaggio eroico o fascinoso e, nella letteratura e nel cinema, un punto di vista critico e autentico sulle contraddizioni del modo di vivere di Roma?

2 I giudizi di Plutarco e di Floro sulla figura e le vicende di Spartaco sembrano contrapposti: spiegane le ragioni, eventualmente leggendo in traduzione gli episodi sopra citati della *Vita di Crasso* e dell'*Epitome*.

3 Cicerone, nei *Paradoxa Stoicorum* 4, 30, spiega come il vero *civis* si distingue non dal luogo di nascita o dalle doti di natura, ma *animo et factis*. Immagine negativa dell'*hostis* per eccellenza, negazione del *civis*, è proprio Spartaco. A tuo giudizio, è giustificata questa presa di posizione?

4 Quali "licenze" storiche più evidenti caratterizzano rispettivamente i film *Spartacus* e *Il gladiatore*?

Approfondire

5 Ricerca il testo delle seguenti iscrizioni latine e svolgi su di esse una breve relazione: *CIL* IV, 1189 (locandina pubblicitaria di un *munus gladiatorium*), *CIL* III, 14644 (epitafio per un gladiatore).

6 Nel 2008, durante una campagna di scavo lungo la *via Flaminia*, fu portato alla luce il sepolcro di Marco Nonio Macrino, che fu subito erroneamente considerato il personaggio storico a cui sarebbe ispirata la figura di Massimo Decimo Meridio. Approfondisci la questione servendoti di internet.

7 Lo storico Cassio Dione, che fu contemporaneo di Commodo, dà di lui un ritratto assai diverso rispetto a *Il gladiatore* (fu «persona buona quant'altri mai», ma rovinato dagli amici), mentre il giudizio dell'*Historia Augusta* («fin da fanciullo fu vizioso, disonesto e crudele», 1) e di Erodiano (*Storie* I, 8, 1-2) sembrano avvalorarne l'interpretazione cinematografica. Svolgi una breve ricerca in proposito.

unità 45
Il periodo ipotetico dipendente
Il discorso indiretto

Lezione
Studia il **periodo ipotetico** e il **discorso indiretto** ed **esercitati** a memorizzarli; quindi **verifica** le tue conoscenze.

LINGUA
Sintassi
Il periodo ipotetico dipendente con apodosi all'infinito e al congiuntivo
Il discorso indiretto

TRADUZIONE
I segreti della traduzione
Come rendere il periodo ipotetico
Pronomi e avverbi nel discorso indiretto
Conoscere la storia
Il sogno di Alessandro fra storia e mito

SINTASSI

Il periodo ipotetico dipendente con apodosi all'infinito

Abbiamo già visto (Unità 34, p. 124) che il periodo ipotetico è formato da una protasi (introdotta da *se*) dipendente di 1° grado e da un'apodosi indipendente reggente. Quando, invece, l'**apodosi dipende** a sua volta **da una principale**, il periodo ipotetico risulta dipendente: l'**apodosi** è una **dipendente di 1° grado** e, di conseguenza, la **protasi** è **dipendente di 2° grado**:

Credo che, se resterai a casa, ti annoierai.

che ti annoierai è una subordinata oggettiva dipendente dalla principale *Credo* e costituisce anche l'apodosi di un periodo ipotetico di 1° tipo, la cui protasi è *se resterai a casa*.

Non dubito che, se ti regalassero l'Iliade, ti appassioneresti di epica.

che ti appassioneresti di epica è una subordinata oggettiva dipendente dalla principale *Non dubito* e costituisce l'apodosi di un periodo ipotetico di 2° tipo, la cui protasi è *se ti regalassero l'Iliade*.

Solone emanò leggi così valide che, se gli Ateniesi le avessero conservate per sempre, avrebbero avuto un potere perpetuo.

che avrebbero avuto un potere perpetuo è una subordinata consecutiva dipendente dalla principale *Solone emanò leggi così valide* e costituisce l'apodosi di un periodo ipotetico di 3° tipo, la cui protasi è *se gli Ateniesi le avessero conservate per sempre*.

- In un periodo ipotetico della **realtà** (1° tipo) dipendente da un verbo che richieda la costruzione dell'accusativo e l'infinito:
  - l'**apodosi** si trova all'**infinito presente**, **perfetto** o **futuro** secondo le regole delle proposizioni infinitive;
  - la **protasi** è al **congiuntivo** secondo la *consecutio temporum*, salvo il caso della regola di Reusch (vedi Unità 43, p. 292). Questo congiuntivo si spiega in forza della cosiddetta attrazione modale, in quanto la protasi dipende da un infinito:

Video nos, si ita sit, privari spe beatioris vitae. (Cic.)	Vedo **che** noi, **se** le cose **stanno** così, **siamo privati** della speranza di una vita più felice.

unità 45 — 333 — Il periodo ipotetico dipendente

Il periodo ipotetico dipendente all'infinito di 1° tipo si riconosce facilmente quando l'apodosi è all'infinito presente o perfetto. In questi casi occorre fare attenzione soprattutto alla traduzione della protasi, che in latino è espressa al congiuntivo, mentre in italiano si rende solitamente con l'indicativo.

- In un periodo ipotetico della **possibilità** (2° tipo) dipendente da un verbo che richieda la costruzione dell'accusativo e l'infinito:
  - l'**apodosi** ha sempre la forma *-urum esse* dell'**infinito futuro attivo**;
  - la **protasi** si trova al **congiuntivo secondo la** *consecutio temporum*:

  | *Existimavi, si qui de nostris philosophiae studio **tenerentur**, Graeca potius quam nostra **lecturos** (esse).* (Cic.) | Ho sempre creduto **che,** se qualcuno dei nostri **si fosse appassionato** di filosofia, **avrebbe letto** gli scritti dei Greci piuttosto che i nostri. |

  Il periodo ipotetico dipendente all'infinito di 2° tipo è riconoscibile per la forma dell'infinito futuro in *-urum esse*. Può tuttavia essere confuso con un periodo ipotetico di 1° tipo con apodosi all'infinito futuro: bisogna prestare molta attenzione al senso complessivo della frase e al contesto.

- In un periodo ipotetico dell'**irrealtà** (3° tipo) dipendente da un verbo che richieda la costruzione dell'accusativo con l'infinito:
  - l'**apodosi** ha sempre la forma *-urum fuisse*;
  - la **protasi** si trova al **congiuntivo** con gli stessi tempi che avrebbe se il periodo ipotetico fosse indipendente, e cioè **imperfetto** o **piuccheperfetto**:

  | *Caesar dixit aliam sententiam se **dicturum fuisse** eamque se ac re publica dignam, nisi propinquitate **impediretur**.* (Cic.) | Cesare disse **che avrebbe espresso** un altro parere, degno di sé e dello stato, **se non gli fosse stato impedito** dalla parentela. |

  Il periodo ipotetico dipendente all'infinito di 3° tipo è facilmente individuabile grazie alla forma in *-urum fuisse* dell'apodosi. La sua traduzione coincide con quella del corrispondente periodo ipotetico indipendente, salvo per il periodo ipotetico dell'irrealtà nel presente in dipendenza da tempo storico, nel quale talvolta troviamo in latino il congiuntivo imperfetto nella protasi, mentre in italiano si usa il congiuntivo trapassato.

Ricorda che...

- Con verbi privi di supino (e quindi di participio futuro) o con i verbi di forma passiva, al posto dell'infinito futuro in *-urum esse* si trova la perifrasi **fore** o **futurum esse ut** + **congiuntivo** (secondo la *consecutio temporum*) nelle apodosi di 1° e 2° tipo, la perifrasi **fore** o **futurum fuisse ut** + **congiuntivo imperfetto** nelle apodosi di 3° tipo:

  | *Exaudita vox est **futurum esse**, nisi provisum esset, **ut** Roma **caperetur**.* (Cic.) | Fu sentita una voce (che diceva) che, se non si fosse provveduto, Roma **sarebbe stata conquistata**. |
  | *Nisi eo tempore nuntii de Caesaris victoria essent allati, existimabant plerique **futurum fuisse ut** oppidum **amitteretur**.* (Ces.) | Se in quel tempo non fosse stato portato l'annuncio della vittoria di Cesare, i più stimavano che la città **sarebbe stata perduta**. |

- I verbi che già di per sé implicano l'idea del futuro, come *possum* "posso", *volo* "voglio", le espressioni indicanti opportunità e convenienza, come *oportet* "bisogna", *necesse est* "è necessario", e la perifrastica passiva sono espressi all'**infinito presente** nell'apodosi di 2° tipo, all'**infinito perfetto** nell'apodosi di 3° tipo:

  | *Non negaverim Cassium Severum, si iis comparetur, qui postea fuerunt, **posse** oratorem vocari.* (Tac.) | Non negherei che Cassio Severo, se fosse paragonato con quelli che seguirono, **potrebbe** essere chiamato un oratore. |
  | *Plerique existimant, si acrius insequi (Sulla) voluisset, bellum eo die **potuisse** finiri.* (Ces.) | I più ritengono che, se (Silla) avesse voluto inseguire più decisamente, la guerra **sarebbe potuta** finire in quel giorno. |

ESERCIZI

IN ITALIANO

1 **Completa** la tabella, distinguendo i periodi ipotetici indipendenti da quelli dipendenti e indicandone il tipo; nel caso di periodi ipotetici dipendenti, **specifica** la natura dell'apodosi. L'esercizio è avviato.

1. Non penso che, se ti venissi a trovare, mi manderesti via. • 2. Se pensi che sia utile, posso accompagnarti alla riunione. • 3. Ti suggerisco di studiare bene le declinazioni, se non vuoi prendere una votazione negativa. • 4. Ti prego di credere che, se potessi aiutarti, lo farei molto volentieri. • 5. Non c'era alcun dubbio che quello sarebbe stato per Roma il giorno estremo, se Annibale avesse saputo approfittare della vittoria. • 6. Spiegami che cosa avresti fatto, se fossi stato al mio posto. • 7. Se mi fossi laureato, avrei trovato un impiego migliore. • 8. La professoressa ha chiarito che, se salteremo il compito, dovremo recuperarlo.

frase	apodosi		periodo ipotetico indipendente			periodo ipotetico dipendente		
	principale	subordinata (tipo)	1°	2°	3°	1°	2°	3°
1.		oggettiva					✓	
2.								
3.								
4.								
5.								
6.								
7.								
8.								

IN LATINO

2 **FACILIORA**

Analizza i seguenti periodi ipotetici indipendenti, individuandone il tipo; quindi **scegli** la forma corretta per completare la trasformazione in periodi dipendenti con apodosi all'infinito, infine **traduci**.

1. *Iucunde non potest vivi, nisi cum virtute vivitur.* → *Negat Epicurus iucunde* **posse** / **potuisse** *vivi, nisi cum virtute* **viveret** / **vivatur**. (Cic.)
2. *Nomen vestrum odio fiat, si istius iniuria impunita discesserit.* → *Nomen vestrum odio scitote* **futurum esse** / **futurum fuisse**, *si istius iniuria impunita discesserit.* (Cic.)
3. *Clodius, si amicus esset Pompeio, illum non laudaret.* → *Censeo Clodium, si amicus esset Pompeio, laudaturum illum non* **esse** / **fuisse**. (Cic.)
4. *Caesar, si duplicetur sibi aetas, tempus non habeat quo legat lyricos.* → *Negat Caesar, si duplicetur sibi aetas, tempus* **habiturum** / **habēre** *quo legat lyricos.* (Sen.)
5. *Nisi id confestim facis, ego te tradam magistratui.* (Nep.) → *Dico me magistratui te* **traditurum esse** / **tradĕre**, *nisi id confestim* **facias** / **faceres**.
6. *Si nullum haberes sensum nisi (sensum) oculorum, tibi ignoscerem si quosdam nolles vidēre.* (Cic.) → *Si nullum haberes sensum nisi (sensum) oculorum, putabam tibi* **futurum fuisse** / **futurum esse** *ut ignoscerem si quosdam nolles vidēre.*
7. *Ego si hoc dicam, me tua causa praetermisisse provinciam, tibi ipse levior videar esse.* (Cic.) → *Ego si hoc dicam, me tua causa praetermisisse provinciam, credo tibi ipse levior* **visum iri** / **vidēri**.
8. *Decrevissent de summa belli, si loci satis ad explicandam aciem fuisset.* (Liv.) → *Puto eos decreturos* **esse** / **fuisse** *de summa belli, si loci satis ad explicandam aciem fuisset.* (Liv.)

3 **Distingui** i diversi tipi di periodo ipotetico dipendente: realtà R, possibilità P e irrealtà I; poi **traduci**.

1. Puto multos potuisse ad sapientiam pervenire, nisi putassent se pervenisse. (Sen.) R P I • 2. Id si Pompeius fecisset, responsum est ad urbem nos redituros esse et rem per senatum confecturos esse. (Cic.) R P I • 3. An Cn. Pompeium censes laetaturum fuisse, si scisset se in solitudine Aegyptiorum trucidatum iri? (Cic.) R P I • 4. L. Lentulus consul senatui reique publicae se non defuturum esse pollicetur, si senatores audacter et fortiter sententias dicĕre velint. (Cic.) R P I • 5. Dicamus, si placet, Crassum, monĭtum a quodam in portu (ut) caveret ne iret (sott. "alla spedizione contro i Parti"), non fuisse periturum, si omĭni paruisset. (Cic.) R P I • 6. Quid atrocius potuit Q. Fufius, quid severius decernĕre? Dixit tamen, si quis eorum qui post se rogati essent graviorem sententiam dixisset, in eam se iturum. (Cic.) R P I • 7. Sic enim perspicio, sic iudico, nisi Octavianus adulescens Antonii furentis impetus crudelissimosque conatus cohibuisset, rem publicam funditus interituram fuisse. (Cic.) R P I • 8. Quis est tam ignarus rerum, qui hoc non intellegat, si M. Antonius Romam venire potuisset, nullum genus eum crudelitatis praeteriturum fuisse? (Cic.) R P I

DIFFICILIORA

4 **Completa** l'apodosi dei seguenti periodi ipotetici dipendenti all'infinito coniugando opportunamente il verbo tra parentesi; poi **traduci**.

1. Tu autem hoc tibi persuade, si commodo valetudinis tuae fieri possit, nihil me .... (malo, 1° tipo) quam te esse mecum. (Cic.) • 2. An me, nisi te audire vellem, censes haec .... (dico, 3° tipo)? (Cic.) • 3. Hannibal iubet, si in pertinacia perstent, vi rem .... (gero, 1° tipo). (Liv.) • 4. Plato tum denique .... (sum, 2° tipo) beatas res publicas putavit, si docti ac sapientes homines eas regĕre coepissent. (Cic.) • 5. Quaero a te, putesne, si populus iusserit me tuum aut te meum servum esse, id iussum firmum .... (sum, 2° tipo). (Cic.) • 6. Nemini erat dubium, si Conon adfuisset, illam Athenienses calamitatem non .... (accipio, 3° tipo). (Nep.) • 7. Promitto tibi non .... (obsum, 2° tipo), si id hodie effeceris. (Plaut.) • 8. Hannibal, nisi domi civium invidia debilitatus esset, Romanos videtur .... (possum, 3° tipo) superare. (Nep.)

5 **Traduci** in latino le seguenti frasi.

1. Credo che, se volessi aggiungerti a noi anche all'ultimo momento, non ci sarebbero problemi. • 2. Fabio Massimo aveva capito che, se avesse attaccato Annibale in campo aperto, sarebbe stato sconfitto e la via di Roma sarebbe stata aperta. • 3. Sembra che Annibale avrebbe potuto sconfiggere i Romani, se in patria non fosse stato indebolito dall'invidia dei concittadini. • 4. Platone riteneva che le città sarebbero felici, se le governassero persone colte e sagge.

6 **Traduci** il seguente brano d'autore.

Ottaviano ha fermato Antonio salvando così lo stato

Senza l'intervento di Ottaviano e del suo esercito la furia di Antonio si sarebbe sfogata sui cittadini.

Quis est enim qui hoc non intellegat, nisi Caesar exercitum paravisset, non sine exitio nostro futurum Antoni reditum fuisse? Ita enim se recipiebat ardens odio vestri, cruentus sanguine civium Romanorum quos Suessae, quos Brundisi occiderat ut nihil nisi de pernicie populi Romani cogitaret. Quod autem praesidium erat salutis libertatisque vestrae, si C. Caesaris fortissimorum *sui patris militum exercitus non fuisset? Cuius de laudibus et honoribus qui ei pro divinis et immortalibus meritis divini immortalesque debentur mihi senatus adsensus paulo ante decrevit ut primo quoque tempore referretur. Quo decreto quis non perspicit hostem esse Antonium iudicatum? Vobis enim requiro quomodo eum appellaturi fuerimus, si senatus arbitratus sit singulares exquirendos esse honores iis qui contra eum exercitum ducunt?* (da Cicerone)

SINTASSI

Il periodo ipotetico dipendente con apodosi al congiuntivo

■ I periodi ipotetici della **realtà** (1° tipo) e della **possibilità** (2° tipo) dipendenti da un verbo che richiede il congiuntivo presentano sia nell'**apodosi** sia nella **protasi** il **congiuntivo** con i tempi richiesti dalla *consecutio temporum*. Pertanto i due tipi possono essere distinti solo in base al contesto:

| *Legati referunt Germanos non recusare, si lacessantur, quin armis contendant.* (Ces.) | I legati riferiscono che i Germani non si rifiutano **di combattere** con le armi **se sono provocati**. (1° tipo) |

Nella traduzione il congiuntivo della protasi si rende in italiano generalmente con l'indicativo.

| *Hostes cuneātim constiterunt hoc animo, ut, si qua ex parte obviam veniretur, acie instructa depugnarent.* (Ces.) | I nemici si disposero a cuneo con l'intenzione, **se da qualche parte si fosse andati** all'attacco, **di combattere** (lett. "che combattessero") in ordine di battaglia. (2° tipo) |

Nella traduzione si impiega, come per il periodo ipotetico di 2° tipo indipendente, il condizionale presente o passato nell'apodosi e il congiuntivo imperfetto o trapassato nella protasi.

■ Il periodo ipotetico dell'**irrealtà** (3° tipo) dipendente da un verbo che richiede il congiuntivo mantiene, tanto nell'**apodosi** quanto nella **protasi**, gli stessi tempi che avrebbe se fosse un periodo ipotetico indipendente, e cioè il **congiuntivo imperfetto** se si riferisce al **presente**, **piuccheperfetto** se si riferisce al **passato**, tanto in dipendenza da un tempo storico quanto da un tempo principale (quindi, in quest'ultimo caso, in deroga alla *consecutio temporum*):

| *Nemo debet dubitare quin multos, si posset, C. Caesar ab inferis excitaret.* (Cic.) | Nessuno deve dubitare **che**, **se potesse**, Cesare **resusciterebbe** molti dagli inferi. |

In questo caso si tratta sicuramente di un periodo ipotetico di 3° tipo: oltre al senso, lo si ricava anche dal fatto che un tempo storico come l'imperfetto congiuntivo (*excitaret*) è usato in dipendenza dal presente della principale (*debet dubitare*), senza tener conto della *consecutio temporum*.

Il periodo ipotetico di 3° tipo è facilmente riconoscibile quando l'apodosi ha la forma perifrastica in *-urus fuĕrim* (vedi p. 338). In ogni caso tale periodo ipotetico si presenta come del tutto svincolato da rapporti temporali con la reggente (eccezione alla *consecutio temporum*) e pertanto è facilmente riconoscibile quando si trova in dipendenza da un tempo principale. Quando invece si trova in dipendenza da un tempo storico, può essere distinto dal periodo ipotetico di 2° tipo solo in base al senso della frase. La traduzione italiana risulta comunque pressoché coincidente nei due casi.

Ricorda che...

- Per quanto riguarda l'**apodosi** del periodo ipotetico della **possibilità** (2° tipo) occorre, inoltre, tenere presente quanto segue:
  - se l'apodosi contiene l'idea di futuro si trova solitamente la **perifrastica attiva** nella forma **-urus sim** (**-urus essem**) per tutti i verbi che la possiedono;

    Non multum me fallit, si consulamini, **quid sitis responsuri***.* (Cic.)   Non mi sfugge per nulla **che cosa rispondereste**, se foste consultati.

  - per i verbi che non possiedono il participio futuro o per le forme passive si impiega **possim** (o **possem**) + infinito:

    Non video quid mihi **prodesse possis***, si veneris.* (Cic.)   Non vedo come mi **potresti aiutare**, se venissi.

- Per quanto riguarda l'**apodosi** del periodo ipotetico dell'**irrealtà** (3° tipo), resta da precisare che:
  - al posto del piuccheperfetto congiuntivo, se il verbo è attivo e ha il participio futuro, si preferisce la **perifrastica attiva** con *fuĕrim*:

    Quis dubitat quin, si Saguntinis obsessis impĭgre tulissemus opem, totum in Hispaniam **aversuri** *bellum* **fuerimus***?* (Liv.)   Chi dubita che, se avessimo aiutato senza indugio i Saguntini assediati, **avremmo trasferito** tutta la guerra in Spagna?

  - i verbi che indicano "potere", "dovere" ecc. e la perifrastica passiva sono spesso usati al **congiuntivo perfetto** invece che al piuccheperfetto, come *potuĕrim* "avrei potuto", *debuĕrim* "avrei dovuto", *facile fuĕrit* "sarebbe stato facile", *moriendum fuĕrit* "si sarebbe dovuto morire":

    Haud dubium fuit quin, nisi ea mora intervenisset, castra Punica eo die capi **potuĕrint***.* (Liv.)   Non vi fu dubbio che, se non fosse sopravvenuto quell'indugio, in quel giorno l'accampamento cartaginese **avrebbe potuto** essere preso.

ESERCIZI

FACILIORA

7 In base ai tempi evidenziati e al senso, **distingui** i diversi tipi di periodo ipotetico dipendente: realtà ℝ, possibilità ℙ e irrealtà 𝕀; poi **completa** la traduzione.

1. *Mos est Syracusis ut, si qua de re ad senatum* **referant***,* **dicat** *sententiam qui velit.* (Cic.) ℝ ℙ 𝕀
   È costume a Siracusa che, se (alcuni fra i cittadini) .... al senato su una qualche questione, ... il suo parere chi vuole.

2. *Domitianus calvitio ita offendebatur ut in contumeliam suam* **haberet** *si cui alii ioco vel iurgio* **obiectaretur***.* (Svet.) ℝ ℙ 𝕀
   Domiziano era così dispiaciuto per la propria calvizie che .... un'offesa personale, se .... (la calvizie) a qualcun altro per scherzo o per offesa.

3. *Dubium non erat quin quintum intra diem epulari Hannibal in Capitolio* **potuerit** *si, quemadmodum vincĕre scivit, sic uti victoria* **scisset***.* (Flor.) ℝ ℙ 𝕀
   Non c'era dubbio che entro quattro giorni Annibale .... banchettare sul Campidoglio, se, come aveva saputo vincere, così .... anche sfruttare la vittoria.

4. *Non multum me fallit, si* **consulamini***, quid sitis responsuri.* (Cic.) ℝ ℙ 𝕀
   Non credo di sbagliarmi molto su che cosa .... se .... (da me).

5. *Licinius ad me vespĕri venit, ut* **si quid esset actum***, ad te, si mihi* **videretur***,* **perscriberem***.* (Cic.) ℝ ℙ 𝕀
   Licinio è venuto da me di sera, affinché, nel caso che ...., se mi .... opportuno, ti ....

6. *Quintus frater cum ex Asia discessisset, valde fuit ei properandum, ne quid absens **acciperet** calamitatis, **si** quis forte **fuisset** qui contentus nostris malis non esset.* (Cic.) R P I
Quando mio fratello Quinto partì dall'Asia, dovette affrettarsi, affinché non .... qualche danno mentre era assente, se per caso .... che non si accontentasse delle mie sventure.

7. *Si tum P. Sestius, iudices, in templo Castoris **animam edidisset**, non dubito quin aliquando statua huic ob rem publicam interfecto in foro **statueretur**.* (Cic.) R P I
Se allora Publio Sestio, o giudici, ... nel tempio di Castore, non dubito che prima o poi nel foro .... una statua in suo onore, essendo egli stato ucciso per causa dello stato.

8. *Tanta pecunia in una domo coacervata est ut, **si** hoc genus pecuniae in aerarium **redigatur**, non sit pecuniae rei publicae defutura.* (Cic.) R P I
In un'unica casa è stata accumulata una tale quantità di denaro che, se una simile somma .... all'erario, lo stato non .... di denaro.

8 Distingui i diversi tipi di periodo ipotetico dipendente: realtà R, possibilità P e irrealtà I; poi traduci.

1. *Non dubito quin aurum et argentum frustra natura genuisset, nisi eadem docuisset quemadmodum ad eorum venas perveniretur.* (Cic.) R P I • 2. *Occurrebat animis quanta classis mox paranda esset, si bellum Macedonicum moveretur.* (Liv.) R P I • 3. *Propera ergo, Lucili carissime, et cogita quantum additurus celeritati fueris, si a tergo hostis instaret.* (Sen.) R P I • 4. *Q. Metellus edixit etiam ut, si quis ex militibus fugiens castra petisset, pro hoste interficeretur.* (Val. Mass.) R P I • 5. *Res in eum locum venerat ut, nisi Caesari Octaviano deus quidam illam mentem dedisset, in potestatem perditissimi hominis et turpissimi M. Antoni veniendum fuerit.* (Cic.) R P I • 6. *L. Aemilius Paulus deos immortales precatus est ut, si quis filiorum invideret operibus ac fortunae suae, in ipsum potius saeviret quam in rem publicam.* (Vell.) R P I

9 Traduci in latino le seguenti frasi.

1. Mi chiedo se vinceremo mai la guerra nel caso che abbandoniamo ogni risorsa nelle mani del nemico. • 2. Conviene essere sempre pronti, affinché, se si verifica un qualche rivolgimento, non siamo colti impreparati e difendiamo lo stato con coraggio. • 3. Non dubito che lo stato sarebbe crollato, se Cicerone non l'avesse difeso con fermezza e decisione. • 4. Non sai quale sarebbe la mia gioia se potessi vederti un'ultima volta prima di lasciare la città.

10 Traduci il seguente brano d'autore.

Il valore della libertà repubblicana

Livio spiega come l'autorità dei primi consoli non differisse da quella dei re, se non per il limite temporale e per la collegialità della magistratura. Sarebbe stato rovinoso per lo stato lasciare eccessiva libertà alla plebe.

Liberi iam hinc populi Romani res pace belloque gestas, annuos magistratus imperiaque legum peragam ("esporrò"). Quae libertas ut laetior esset, proximi regis superbia fecerat[1]. Nam priores ita regnarunt, ut haud inmerito omnes deinceps conditores numerentur partium urbis, quas novas ipsi sedes ab se auctae multitudinis addiderunt. Neque ambigitur, quin Brutus[2] idem, qui tantum gloriae Superbo exacto rege meruit, pessimo publico ("a grave danno dello stato") id

1. *Quae... fecerat*: costruisci: *superbia proximi regis fecerat ut quae* (nesso) *libertas laetior esset*.
2. *Brutus*: si tratta del primo console.

facturus fuerit, si libertatis inmaturae cupidine priorum regum alicui ("a uno dei re precedenti") *regnum extorsisset. Quid enim futurum fuit, si illa pastorum convenarumque plebs, transfuga ex suis populis* ("esule dalle proprie terre") *sub tutela inviolati templi aut libertatem aut certe inpunitatem adepta, soluta regio metu, agitari coepta esset tribuniciis procellis et in aliena urbe cum patribus serĕre certamina, priusquam pignŏra coniugum ac liberorum caritasque ipsius soli, cui longo tempore adsuescitur, animos eorum consociasset? Dissipatae res* ("lo stato") *nondum adultae discordia forent (= essent), quas fovit tranquilla moderatio imperii eoque nutriendo perduxit, ut bonam frugem libertatis maturis iam viribus ferre possent. Libertatis autem originem inde magis, quia annuum imperium consulare factum est, quam quod deminutum quicquam sit ex regia potestate, numeres. Omnia iura, omnia insignia primi consules tenuēre; id modo cautum est, ne, si ambo fasces haberent, duplicatus terror videretur.* (da Livio)

Schema riassuntivo del periodo ipotetico dipendente

tipo	protasi	apodosi all'infinito		apodosi al congiuntivo
realtà	congiuntivo secondo la *consecutio temporum*	infinito	presente perfetto futuro	congiuntivo secondo la *consecutio temporum*
possibilità	congiuntivo secondo la *consecutio temporum*	infinito	futuro presente (con *possum, volo, debeo* ecc.)	congiuntivo secondo la *consecutio temporum* perifrastica attiva *-urus sim* e *-urus essem*
irrealtà	congiuntivo { imperfetto piuccheperfetto	infinito	*-urum fuisse* perfetto (con *possum, volo, debeo* ecc.)	congiuntivo imperfetto o piuccherperfetto (anche in deroga alla *consecutio temporum*) perifrastica attiva con *fuĕrim* congiuntivo perfetto (con *possum, debeo* ecc.)

I SEGRETI DELLA TRADUZIONE
Come rendere il periodo ipotetico

Per tradurre bene il periodo ipotetico non è solo necessario conoscere le regole relative alle marcature grammaticali, ma importa soprattutto saper cogliere il senso del contesto.

Nel **periodo ipotetico indipendente** i margini di confusione sono abbastanza ristretti. Infatti la distinzione fra i tre tipi può essere fatta su base grammaticale: il periodo ipotetico della **realtà** si riconosce dalla presenza dell'**indicativo**, mentre gli altri due tipi hanno il **congiuntivo**, rispettivamente **presente** e **perfetto** (raro) il periodo ipotetico della **possibilità**, **imperfetto** e **piuccheperfetto** quello dell'**irrealtà**.

Tuttavia, nel **periodo ipotetico dipendente** si registrano delle ambiguità evidenti nei seguenti casi.

- Periodo ipotetico dipendente con **apodosi all'infinito**:

  *Puto te **erraturum esse**, si hoc **dicas**.*

  Può essere sia del 1° tipo e corrispondere, quindi, all'italiano "Credo **che**, **se** tu **dirai** questo, **sbaglierai**", sia del 2° tipo ed equivalere a "Credo **che**, **se** tu **dicessi** questo, **sbaglieresti**".

- Periodo ipotetico dipendente con **apodosi al congiuntivo**:

Non dubito quin, si hoc credas, erres.

Può essere interpretato come 1° tipo e tradotto in italiano con "Non dubito **che**, **se credi** questo, **sbagli**", o come 2° tipo e reso di conseguenza con "Non dubito **che**, **se credessi** questo, **sbaglieresti**".

La situazione si complica se si passa dal presente al **passato**:

Non dubitabam quin, si hoc crederes, errares.

Può significare "Non dubitavo **che, se credevi** questo, **sbagliassi (sbagliavi)**" (1° tipo), oppure "Non dubitavo **che, se avessi creduto** questo, **avresti sbagliato**", che a rigore può essere tanto di 2° che di 3° tipo. Ma a questo punto interviene un'ulteriore complicazione perché la traduzione "Non dubitavo che, se avessi creduto questo, avresti sbagliato" potrebbe valere non solo per la frase latina sopra riportata, ma anche per:

Non dubitabam quin, si hoc credidisses, erravisses.

Frase che può rappresentare sia un periodo ipotetico del 1° tipo ("Non dubitavo **che, se avevi creduto** questo, **avessi (avevi) sbagliato**") sia uno del 3° tipo ("Non dubitavo **che, se avessi creduto** questo, **avresti sbagliato**"). Quest'ultima traduzione, infine, corrisponde anche a un periodo ipotetico del 1° tipo riferito al futuro come:

Non dubitabam quin erraturus esses, si hoc crederes.

E a un periodo ipotetico del 3° tipo come:

Non dubitabam quin erraturus fueris, si hoc credidisses.

Ai fini della traduzione quel che conta è riconoscere che si è di fronte a un periodo ipotetico. La seconda operazione da svolgere non è quella di chiedersi in modo astratto a quale tipo appartenga quel periodo ipotetico sulla base delle regole studiate, ma quella di ricavare dal **contesto** se il periodo in questione sia del 1°, del 2° o del 3° tipo, se cioè l'autore stia prospettando, in rapporto con quanto sta dicendo, un'ipotesi reale, possibile o irreale.

A semplificare l'operazione del tradurre concorrono le moderate risorse della lingua italiana, che rinuncia a priori a distinguere morfologicamente l'ipotesi possibile da quella irreale rendendole ambedue allo stesso modo ("Se dicessi questo, sbaglieresti" / "Se avessi detto questo, avresti sbagliato" valgono entrambe sia per il 2° sia per il 3° tipo).

11 **Indica** se i seguenti periodi ipotetici sono ambigui A o non ambigui N motivando la tua scelta; quindi **traduci** nel modo che ti sembra corretto in base al contesto.

1. *Ego si Scipionis desiderio me movēri negem, quam id recte faciam, viderint sapientes.* (Cic.) A N • 2. *Erat inter oppidum et proximum collem tumulum, quem si occupavisset Caesar, commeatu omni se interclusurum esse adversarios confidebat.* (Ces.) A N • 3. *Chares litteras Athenas publice misit, sibi proclive ("facile") fuisse Samum capĕre, nisi a Timotheo et Iphicrate desertus esset.* (Nep.) A N • 4. *Caesar Labieno imperat, si sustinēre non possit, deductis cohortibus eruptione pugnet.* (Ces.) A N • 5. *Id faciens interdum mihi peccare videor, interdum peccaturus esse, nisi faciam.* (Cic.) A N • 6. *Caesar pro castris suas copias traduxit ut, si vellet Ariovistus proelio contendĕre, ei potestas non deesset.* (Ces.) A N • 7. *Nec dubium erat quin, si tam pauci simul obire omnia possent, terga daturi hostes fuerint.* (Liv.) A N • 8. *Id si fieret, intellegebat Caesar magno cum periculo provinciae futurum (esse), ut homines bellicosos, populi Romani inimicos, locis patentibus maximeque frumentariis finitimos haberet.* (Ces.) A N

SINTASSI

Il discorso indiretto

Le parole pronunciate da qualcuno possono essere riferite in **forma**:
- **diretta**, cioè riportandole testualmente, di solito fra virgolette;
- **indiretta**, cioè facendole dipendere da un verbo come *dire*, *rispondere* ecc.

Nel **discorso indiretto**, poiché il contesto in cui l'enunciato viene prodotto non è più lo stesso, occorre adattare le **forme verbali**, le indicazioni di **persona** (pronomi), di **tempo** e di **luogo** (avverbi). Quanto alle **forme verbali**, se il tempo della **principale** è **presente**, non si verifica alcuna variazione: *Cesare dice: «Il dado è tratto»*. → *Cesare dice che il dado è tratto*.

Quando invece la reggente è di tempo **storico**, si può far riferimento al seguente schema:

modi e tempi del discorso diretto	modi e tempi del discorso indiretto
indicativo presente	indicativo imperfetto
Cesare disse: «Il dado è tratto». →	*Cesare disse che il dado era tratto.*
indicativo imperfetto	indicativo imperfetto
Cesare disse: «Il dado era tratto». →	*Cesare disse che il dado era tratto.*
indicativo passato prossimo	indicativo trapassato prossimo
Cesare disse: «Il dado è stato tratto». →	*Cesare disse che il dado era stato tratto.*
indicativo futuro	condizionale passato
Cesare disse: «Il dado sarà tratto». →	*Cesare disse che il dado sarebbe stato tratto.*
condizionale presente	condizionale passato
Cesare disse: «Il dado sarebbe tratto». →	*Cesare disse che il dado sarebbe stato tratto.*
imperativo	infinito
Cesare disse: «Getta il dado». →	*Cesare disse di gettare il dado.*

Quanto all'adattamento dei **pronomi personali**, la prospettiva di chi parla nel discorso diretto viene sostituita con la prospettiva della persona che riferisce quanto letto o sentito.
Anche gli **avverbi di tempo e di luogo** si modificano nel nuovo contesto comunicativo: *domani* diventa *il giorno dopo* o *l'indomani*, *ieri* diventa *il giorno prima*, *ora* diventa *allora*, *qui* diventa *lì*, *in questo luogo* diventa *in quel luogo* ecc.

IN LATINO

In latino, come in italiano, le parole pronunciate da una persona possono essere riferite in **forma**:
- **diretta**; si ha allora il **discorso diretto** o *oratio recta*, che può essere introdotto da verbi di "dire" come *dico*, *inquam*, *aio*;
- **indiretta**, cioè facendo dipendere il discorso da un verbo che abbia il senso di "dire", "rispondere", "annunciare" (*dico* "dico", *respondeo* "rispondo", *nego* "dico che non" ecc.), che è però **sottinteso**. Si ha allora il **discorso indiretto** o *oratio obliqua*. Nel discorso indiretto l'uso dei modi e dei tempi differisce rispetto al discorso diretto, privilegiando l'**infinito** e il **congiuntivo**.

Tunc enimvero consul «Etiamne circumsedebimur» inquit «in castris, ut fame potius per ignominiam quam ferro per virtutem moriamur?». Facerent quod se dignum quisque ducerent; consulem M. Atilium vel solum, si nemo alius sequatur, iturum (esse) adversus hostes. (Liv.)	Allora invero il console disse: «Ci faremo circondare nell'accampamento per morire di fame e in modo disonorevole invece che onorevolmente con le armi?». Che facessero quel che ciascuno riteneva degno di sé; il console Marco Atilio anche da solo, se nessun altro voleva seguirlo, sarebbe andato incontro ai nemici.

Come si vede dall'esempio e come già visto per l'italiano, nel passaggio dalla forma diretta a quella indiretta, il discorso subisce modificazioni che riguardano:
- l'uso dei modi e dei tempi;
- l'uso dei pronomi personali;
- l'uso degli avverbi.

Qui ci occupiamo dell'uso dei **modi** e dei **tempi**; dei pronomi e degli avverbi si tratterà nella rubrica *I segreti della traduzione* (p. 345).

Le **proposizioni indipendenti** (vedi Unità 40, p. 249) possono essere enunciative, volitive e interrogative; quando sono riportate in un discorso indiretto si presentano come segue.

- Le proposizioni indipendenti **enunciative** sono espresse con l'**accusativo** e l'**infinito** (nel discorso diretto presentano l'indicativo):

  Germani responderunt: populi Romani imperium Rhenum finire. (Ces.)

  I Germani risposero: il **Reno delimitava** il dominio del popolo romano.

- Le proposizioni indipendenti **volitive** hanno il **congiuntivo** secondo la *consecutio temporum*, senza *ut* se sono positive, con *ne* se sono negative (nel discorso diretto presentano l'imperativo o il congiuntivo con valore esortativo, desiderativo o concessivo):

  Caesar milites certiores fecit paulisper intermitterent proelium ac tantummŏdo tela missa exciperent. (Ces.)

  Cesare avvertì i soldati: **interrompessero** per un po' il combattimento e **si riparassero** soltanto dai dardi scagliati.

  Caesar milites hortatus est ne ea, quae accidissent, graviter ferrent, neve his rebus terrerentur. (Ces.)

  Cesare esortò i soldati: **non si dessero** eccessivamente pensiero delle cose accadute e **non si lasciassero atterrire** dalla situazione presente.

- Le proposizioni indipendenti **interrogative dirette** si presentano nel discorso indiretto in modo diverso a seconda che esprimano domande reali o retoriche:
  - le **proprie o reali**, in cui si domanda qualcosa che veramente si ignora, hanno il **congiuntivo** e mantengono l'intonazione interrogativa segnalata dal punto interrogativo:

    Ariovistus conclamavit: quid ad se venirent? (Ces.)

    Ariovisto gridò: per quale ragione **venivano** da lui?

  - le **improprie o retoriche**, che sono interrogative nella forma, ma equivalenti nella sostanza a proposizioni enunciative o volitive presentano: l'**accusativo** e l'**infinito** se corrispondono a una proposizione **enunciativa**; il **congiuntivo** se corrispondono a una proposizione **volitiva** (negazione *ne*) oppure se il predicato ha valore **dubitativo** o **potenziale**:

    Caesar respondit: si veteris contumeliae oblivisci vellet, num etiam recentium iniuriarum memoriam (se) deponĕre posse? (Ces.)

    Cesare rispose: se voleva dimenticare l'antico affronto, **poteva** forse **deporre** anche il ricordo delle recenti offese? (interr. ret. enunciativa: si presuppone risposta negativa)

    Caesar centuriones vehementer incusavit: quid tandem vererentur? Aut cur de sua salute desperarent? (Ces.)

    Cesare investì con forza i centurioni: di che cosa **avevano paura** infine, o perché **disperavano** della loro salvezza? (interr. ret. volitiva: i centurioni non dovevano né temere né disperare della loro salvezza)

    Caesar secum ipse cogitabat: cur vulnerari pateretur optime de se meritos milites? Cur denique fortunam periclitaretur? (Ces.)

    Cesare pensava tra sé: perché **avrebbe dovuto permettere** che fossero feriti soldati che erano tanto meritevoli nei suoi confronti? Perché **avrebbe dovuto tentare** ancora la sorte? (interr. ret. con valore dubitativo)

Quanto alle **proposizioni dipendenti** nel discorso indiretto, si fa presente quanto segue.

- Le proposizioni dipendenti di qualsiasi natura (causali, temporali, relative ecc.) che nel discorso diretto hanno l'**indicativo** passano nel discorso indiretto al **congiuntivo obliquo** (generalmente secondo la *consecutio temporum*), in quanto riportano il pensiero indiretto, cioè di persona diversa da chi scrive o parla:

    Caesar ita respondit: eo sibi minus dubitationis dari quod eas res, **quas** *legati Helvetii* **commemorassent***, memoria teneret.* (Ces.)

    Cesare rispose così: tanto minori erano i suoi dubbi perché aveva bene in mente i fatti **che** gli ambasciatori elvezi **avevano rammentato**.

- Le proposizioni dipendenti che nel discorso diretto sono già al **congiuntivo** o all'**infinito** rimangono, rispettivamente, al **congiuntivo** (in genere secondo la *consecutio temporum*, salvo per le eccezioni, come il periodo ipotetico di 3° tipo) o all'**infinito**:

    Prodĭtum est dixisse quendam: Athenienses **scire** *quae recta essent, sed facĕre* **nolle***.* (Cic.)

    È stato tramandato che un tale avesse detto: gli Ateniesi **sapevano** le cose che erano giuste, ma non **volevano** farle.

Da notare, infine, che la *consecutio temporum* è applicata in modo disomogeneo e spesso, specialmente in dipendenza dal presente storico, si trova un'**oscillazione** fra *consecutio* dei tempi storici e *consecutio* dei tempi principali:

Q. Marcius respondit: si quid ab senatu petĕre vellent, ab armis **discedant** *(non* discederent*), Romam* **proficiscantur** *(non* proficiscerentur*).* (Sall.)

Q. Marcio rispose: se volevano chiedere qualcosa al senato, **deponessero** le armi e **partissero** per Roma.

> **RICORDA CHE...**
>
> Nel discorso indiretto mantengono l'**indicativo** soltanto le **proposizioni incidentali**. Queste infatti non fanno parte del discorso, ma contengono un'osservazione marginale dello scrittore:
>
> *Quis potest esse tam aversus a vero qui neget, haec omnia* **quae videmus***, deorum immortalium potestate administrari?* (Cic.)
>
> Chi può essere tanto lontano dal vero da sostenere che tutte queste cose **che vediamo** non siano governate dal potere degli dèi immortali?

ESERCIZI

 Trasforma il discorso diretto in discorso indiretto o viceversa.

1. Marta entrò in casa e disse: «Siamo arrivati, finalmente! La strada sembrava non finire mai e pensavo che saremmo giunti qui non prima di domani!». • **2.** Pompeo dichiarò di sapere che la guerra con Cesare sarebbe stata difficile, ma disse che era necessaria. • **3.** Il bimbo urlava: «Non mi piace questa pappa!» e la mamma rispondeva: «Se non vieni subito qui, non ti darò il gelato che ti ho promesso ieri!». • **4.** La professoressa dichiarò che quello sarebbe stato il primo giorno di interrogazioni e che solo per questo avrebbe accettato volontari. • **5.** «Le piace leggere i libri gialli?» chiese il signore vestito di nero. «Sì, li trovo molto avvincenti: la mia autrice preferita è Agatha Christie» rispose la giovane donna. • **6.** L'avvocato esortò l'imputato a raccontare tutta la verità, perché solo quella avrebbe potuto scagionarlo.

I SEGRETI DELLA TRADUZIONE
Pronomi e avverbi nel discorso indiretto

Consideriamo i seguenti esempi di discorso indiretto, in cui abbiamo evidenziato le modifiche nei **pronomi**, negli **aggettivi possessivi** e nei **predicati di modo finito**; a essi affianchiamo la riformulazione in forma diretta perché il confronto risulti immediato.

	discorso indiretto	discorso diretto
1.	*Ad haec Ariovistus respondit: si ipse populo Romano non praescriberet quemadmŏdum suo iure uterētur, non oportēre se a populo Romano in suo iure impediri.* (Ces.)	*«Si ego – inquit Ariovistus – populo Romano non praescribo quemadmŏdum suo iure utatur, non oportet me a populo Romano in meo iure impediri».*
	A ciò Ariovisto rispose: se lui non prescriveva al popolo romano in che modo esercitare il proprio diritto, bisognava che anche lui non fosse ostacolato dal popolo romano nel suo diritto.	«Se io – disse Ariovisto – non prescrivo al popolo romano in che modo esercitare il suo diritto, bisogna che io non sia ostacolato dal popolo romano nel mio diritto».
2.	*Themistŏcles apud ephŏros contendit falsa iis esse delata, quare aequum esse illos viros bonos nobilesque mittĕre, qui rem explorarent.* (Nep.)	*Themistŏcles ephŏris dixit: «Vobis sunt falsa delata, quare aequum est vos viros bonos nobilesque mittĕre, qui rem explōrent».*
	Temistocle si presentò agli efori dicendo che a loro erano state riferite notizie false, perciò era bene che essi mandassero uomini fidati e autorevoli, che accertassero la situazione.	Temistocle disse agli efori: «A voi sono state riferite notizie false, perciò è bene che voi mandiate uomini fidati e autorevoli, che accertino la situazione».

Dalla tabella, ricaviamo che nel discorso indiretto, rispetto al discorso diretto, il **soggetto** è sempre alla **3ª persona singolare o plurale**. Di conseguenza:

- è sempre alla **3ª persona** anche il **predicato di modo finito** (congiuntivo);
- i pronomi riflessivi *sui, sibi, se, se* (*ipse* per il caso nominativo) sono usati al posto dei pronomi di 1ª persona *ego, nos* del discorso diretto; analogamente l'aggettivo possessivo *suus, sua, suum* corrisponde ai possessivi di 1ª persona *meus* e *noster*;
- i pronomi non riflessivi *ille* o *is* sono usati in corrispondenza:
  - dei pronomi di 2ª persona *tu, vos* del discorso diretto; analogamente i genitivi con valore possessivo *illīus, illorum, eius, eorum* corrispondono ai possessivi *tuus* e *vester*;
  - dei dimostrativi *hic* e *iste* e in generale di ogni termine in 3ª persona privo di valore riflessivo.

Consideriamo il seguente esempio:

Dux milites his verbis hortatus est: tunc opus esse animo, nam aut eo die victores fore aut postridie omnes ad infĕros cenaturos. (Liv.)	Il comandante esortò i soldati con queste parole: in quel momento c'era bisogno di coraggio: infatti o in quel giorno sarebbero stati vincitori o l'indomani avrebbero cenato tutti agli inferi.

Ecco la riformulazione in forma diretta:

Dux milites his verbis hortatus est: «Nunc opus est animo: nam aut hodie victores erĭmus, aut omnes cras ad infĕros cenabimus».	Il comandante esortò i soldati con queste parole: «Ora c'è bisogno di coraggio: infatti o oggi saremo vincitori o domani ceneremo tutti agli inferi».

Nel discorso indiretto gli **avverbi di tempo** esprimono una distanza ("in quel momento", "in quel giorno", "l'indomani") dovuta al fatto che si tratta di un pensiero riportato e obliquo nel quale si perde l'immediatezza dei riferimenti temporali del discorso diretto ("ora", "oggi", "domani"). In generale, gli avverbi di tempo e di luogo del discorso indiretto presentano le seguenti corrispondenze rispetto a quelli usati nel discorso diretto.

discorso indiretto		discorso diretto	
avverbi di tempo			
eo die	in quel giorno	*hodie*	oggi
postero die, postridie	il giorno dopo	*cras*	domani
pridie	il giorno prima	*heri*	ieri
tunc	allora	*nunc*	ora
avverbi di luogo			
illic	là	*hic*	qui
illo loco	in quel luogo	*hoc loco*	in questo luogo

IN LATINO

FACILIORA

13 **Completa** la traduzione dei seguenti discorsi indiretti d'autore.

1. *Caesar discit cum omni equitatu Litaviccum ad sollicitandos Aeduos profectum esse: **opus esse ipsos antecedĕre ad confirmandam civitatem**.* (Ces.)
   Cesare apprende che Litavicco con tutta la cavalleria era partito per provocare a battaglia gli Edui: pertanto .... che loro (= Cesare e i suoi) li precedessero per difendere quella popolazione.

2. *Litterae Scipioni redduntur a Pompeio: **mare transisse** cum legionibus **Caesarem**; **properaret** ad se cum exercitu venire.* (Ces.)
   Viene consegnata a Scipione una lettera di Pompeo: .... con le legioni; lui (= Scipione) .... a venire da lui con l'esercito.

3. *Concurrebant ad Caesarem legati, centuriones tribunique militum: **ne dubitaret** proelium committĕre: omnium **esse** militum paratissimos animos.* (Ces.)
   Accorrevano da Cesare i luogotenenti, i centurioni e i tribuni militari: .... ad attaccare battaglia: gli animi di tutti i soldati .... preparatissimi.

4. *Iugurtha apud milites contionatur: parati **essent** Romanos invadĕre; illum diem aut omnes labores et victorias **confirmaturum esse** aut maxumarum aerumnarum initium **fore**.* (Sall.)
   Giugurta tiene un discorso ai soldati: .... preparati ad attaccare i Romani; quel giorno o .... tutte le fatiche e le vittorie, oppure .... l'inizio delle peggiori sofferenze.

5. *A. Regulus reddi captivos negavit esse utile; illos enim adulescentes **esse** et bonos duces, se iam **confectum** (esse) senectute.* (Cic.)
   Attilio Regolo disse che non era utile che i prigionieri fossero restituiti: essi infatti .... giovani e validi comandanti, lui ormai .... dalla vecchiaia.

6. *Patres re deliberata respondent: Caesar in Galliam **reverteretur**, Arimino **excederet**, exercitus **dimitteret**.* (Ces.)
   I senatori, dopo aver preso la decisione, rispondono: Cesare .... in Gallia, ... da Rimini, ... l'esercito.

7. *Turnus Herdonius ab Aricia ferocĭter in absentem Tarquinium erat invectus: haud mirum esse Superbo indĭtum Romae cognomen; an quicquam superbius esse quam ludificari sic nomen Latinum?* (Liv.)
Turno Erdonio da Aricia si era scagliato ferocemente contro l'assente Tarquinio: non .... strano che a Roma gli fosse stato dato il soprannome di Superbo; oppure .... qualcosa di più arrogante che prendersi gioco così del nome dei Latini?

8. *Dictator litteras ad senatum misit: deum inmortalium benignitate, suis consiliis, patientia militum Veios iam fore in potestate populi Romani; quid de praeda faciendum censerent?* (Liv.)
Il dittatore inviò una lettera al senato: grazie alla benevolenza degli dèi immortali, grazie ai suoi piani, grazie alla capacità di sopportazione dei soldati Veio .... in potere del popolo romano; che cosa .... che si dovesse fare del bottino?

14 **Analizza** i seguenti discorsi indiretti e **precisa** se i predicati evidenziati sono di tipo enunciativo [E], volitivo [V], interrogativo reale [RL] o retorico [RT], dubitativo [D] o potenziale [P]; poi **traduci**.

1. *Consul, postquam detractari certamen vidit, postero die in consilium advocavit; quid sibi faciendum esse __, si Antiochus pugnandi copiam non faceret?* (Liv.) • 2. *Decuriones Auximi docent sui iudicii rem non esse __; neque se neque reliquos municipes pati posse __ C. Caesarem imperatorem, bene de re publica meritum, tantis rebus gestis, oppido moenibusque prohibēri.* (Ces.) • 3. *Per idem tempus Uticae forte C. Mario, per hostias deis supplicanti, magna atque mirabilia portendi haruspex dixerat: proinde, quae animo agitabat, fretus deis ageret __, fortunam quam saepissume experiretur __, cuncta prospera eventura (esse) __.* (Sall.) • 4. *Legati ad genua consulum provolvuntur: orant ne se in rebus tam trepidis deserat: quo enim se, repulsos ab Romanis, ituros (esse) __?* (Liv.) • 5. *Vercingetŏrix concilio convocato milites consolatus cohortatusque est: ne se admodum animo demitterent __ neve perturbarentur __ incommodo.* (Ces.) • 6. *Divĭco ("Divicone") respondit: ita Helvetios a maioribus suis institutos esse __, uti obsides accipĕre, non dare consuērint; eius rei populum Romanum esse __ testem.* (Ces.) • 7. *Iugurtha ad Bocchum nuntios mittit: quam primum in Numidiam copias adduceret __; proeli faciundi tempus adesse __.* (Sall.) • 8. *Nuntius Agesilao venit ephororum missu, bellum Athenienses et Boeotos indixisse Lacedaemoniis: quare venire ne dubitaret __.* (Nep.)

15 Nei seguenti discorsi indiretti sono evidenziati i predicati di alcune subordinate: **precisa** quale modo e tempo avrebbero se appartenessero a un discorso diretto; poi **traduci**. L'esercizio è avviato.

1. *Ut ipse cum Pompeio conloqueretur, postulat; magnopĕre sese confidĕre demonstrat, si eius rei sit potestas facta (indicativo perfetto), fore ut aequis condicionibus ab armis discedatur.* (Ces.) • 2. *Caesari nuntiatur Sulmonenses, quod oppidum a Corfinio septem milium passuum intervallo est, cupĕre (........................) ea facĕre quae vellet.* (Ces.) • 3. *Sygambri Caesaris legatis responderunt: populi Romani imperium Rhenum finire; si se invito Germanos in Galliam transire non aequum existimaret (........................), cur sui quicquam esse imperii aut potestatis trans Rhenum postularet?* (Ces.) • 4. *Dixit M. Cato, in turbulenta contione non libertate solum, sed etiam omnibus praemiis dignissimos fuisse qui domini caput defendissent (........................).* (Cic.) • 5. *Divĭco ("Divicone") ita cum Caesare egit: si pacem populus Romanus cum Helvetiis faceret (........................), in eam partem ituros atque ibi futuros Helvetios, ubi eos Caesar constituisset (........................) atque esse voluisset (........................); sin bello persĕqui perseveraret (........................), reminisceretur et veteris incommŏdi populi Romani et pristinae virtutis Helvetiorum.* (Ces.) • 6. *Ad ea Herennius Bassus respondit multos annos iam inter Romanum Nolanumque populum amicitiam esse, cuius neutros ad eam diem paenitēre (........................), et sibi, si cum fortuna mutanda fides fuerit*

(..................................), *sero iam esse mutare*. (Liv.) • **7.** *Ad haec Q. Marcius respondit, si quid ab senatu petĕre* **vellent** *(..................................), ab armis discedant, Romam supplices proficiscantur: ea mansuetudine atque misericordia senatum populi Romani semper fuisse, ut nemo umquam ab eo frustra auxilium petiverit* (..................................). (Sall.) • **8.** *Ceterum vocatis obsidibus primum Scipio universos bonum animum habēre iussit: venisse enim eos in populi Romani potestatem, qui beneficio quam metu obligare homines* **malit** *(..................................), exterasque gentes fide ac societate iunctas habēre quam tristi subiectas servitio.* (Liv.)

16 Nei seguenti discorsi indiretti sono evidenziati alcuni pronomi: **precisa** a quali personaggi si riferiscono e quale sarebbe il loro corrispondente nel discorso diretto; poi **traduci**. L'esercizio è avviato.

1. *Ariovistus postulavit ne quem peditem ad conloquium Caesar adduceret: verēri* **se** *(***Ariovisto**; *ego*) *ne per insidias ab* **eo** *(***Cesare**; *a te*) *circumveniretur.* (Ces.)
2. *Sermones occulti serebantur: si bellum in provincia esset, quid* **sese** *(..) inter pacatos facĕre? Si debellatum iam et confecta provincia esset, cur in Italiam non revĕhi?* (Liv.)
3. *Apud Caesaris legatos Ambiŏrix ad hunc modum locutus est:* **sese** *(..) pro Caesaris in* **se** *(..) beneficiis plurimum ei confitēri debēre, quod eius opera stipendio liberatus esset, quod Atuatŭcis finitimis suis pendĕre consuesset, quodque* **ei** *(..) et filius et fratris filius a Caesare remissi essent, quos Atuatŭci obsidum numero missos apud* **se** *(..) in servitute et catenis tenuissent.* (Ces.)
4. *Legati Iugurthae paucis respondent: Hiempsălem ob saevitiam suam ab Numĭdis interfectum, Adherbălem ultro bellum inferentem, postquam superatus sit, queri, quod iniuriam facĕre nequivisset. Iugurtham ab senatu petĕre, ne* **se** *(..) alium putarent ac Numantiae cognitus esset, neu verba inimici ante facta sua ponerent.* (Sall.)
5. *Quamobrem placuit ei (= Cesare), ut ad Ariovistum legatos mitteret, qui ab* **eo** *(..) postularent, uti aliquem locum medium utriusque conloquio deligeret: velle* **sese** *(..) de re publica et summis utriusque rebus cum* **eo** *(..) agĕre.* (Ces.)
6. *Ad ea Caesar respondit: omnia haec iam pridem contra* **se** *(..) parari; quae tamen omnia et* **se** *(..) tulisse patienter et esse laturum; neque nunc* **id** *(..) agere ut ab* **illis** *(..) abductum exercitum teneat* **ipse** *(..), sed ne* **illi** *(..) habeant quo contra* **se** *(..) uti possent.* (Ces.)

DIFFICILIORA

17 **Traduci** le seguenti frasi d'autore, quindi **trasforma** i discorsi indiretti in discorsi diretti prestando attenzione a pronomi e avverbi.

1. *Ad haec Ariovistus respondit: ius esse belli ut, qui vicissent, iis, quos vicissent, quemadmodum vellent imperarent: item populum Romanum victis non ad alterius praescriptum sed ad suum arbitrium imperare consuesse.* (Ces.) • **2.** *Non exspectavit militum ardor vocem imperatoris; bonum haberet animum iubebant: superesse adhuc novas vires et ipsos extrema passuros ausurosque.* (Tac.) • **3.** *Non esse dubium, quin totius Galliae plurimum Helvetii possent; se suis copiis suoque exercitu illis regna conciliaturum confirmat.* (Ces.) • **4.** *Ad haec Caesar, quae visum est, respondit; sed exitus fuit orationis: sibi nullam cum iis amicitiam esse posse, si in Gallia remanerent.* (Ces.) • **5.** *Ei legationi Ariovistus respondit: si quid ipsi a Caesare opus esset, sese ad eum venturum fuisse; si quid ille se velit, illum ad se venire oportēre.* (Ces.) •

6. *Eo cum venisset, ea, quae fore suspicatus erat, facta cognovit: missas legiones ab nonnullis civitatibus ad Germanos invitatosque eos, ut ab Rheno discederent, omniaque, quae postulavisset, ab se fore parata.* (Ces.)

18 Traduci le seguenti frasi in latino.

1. Catilina tenne un discorso ai congiurati: che comprendessero la gravità della situazione e si impegnassero a combattere con tutte le loro forze per la propria vita e per i propri beni. • **2.** Gli esploratori riferirono quanto avevano visto: le truppe di Ariovisto erano schierate lungo il Reno ed erano pronte a dare battaglia. • **3.** Cicerone scrisse ad Attico: gli avrebbe fatto cosa gratissima se gli avesse mandato i libri che aveva chiesto. • **4.** Gavio, sottoposto da Verre ai più gravi tormenti, gridava: egli era un cittadino romano, dunque avesse compassione di lui e non lo torturasse.

19 Traduci il seguente brano d'autore.

Socrate illustra il destino delle anime dopo la morte

Coloro che si sono lasciati prendere dalle passioni e traviare dai vizi, dopo la morte sono destinati a essere separati dagli dèi, mentre chi si è comportato in modo puro e onesto ritornerà a quegli dèi beati da cui proviene la sua anima.

His et talibus rationibus adductus Socrates nec patronum quaesivit ad iudicium capitis nec iudicibus supplex fuit adhibuitque liberam contumaciam a magnitudine animi ductam, non a superbia, et supremo vitae die de hoc ipso multa disseruit et paucis ante diebus, cum facile posset edūci e custodia, noluit, et tum, paene in manu iam mortiferum illud tenens poculum, locutus ita est, ut non ad mortem trudi, verum in caelum videretur escendĕre. Ita enim censebat itaque disseruit, duas esse vias duplicesque cursus animorum e corpore excedentium: nam qui se humanis vitiis contaminavissent et se totos libidinibus dedissent, quibus caecati vel domesticis vitiis atque flagitiis se inquinavissent vel re publica violanda fraudes inexpiabiles concepissent, is devium quoddam iter esse, seclusum a concilio deorum; qui autem se integros castosque servavissent, quibusque fuisset minima cum corporibus contagio seseque ab is semper sevocavissent essentque in corporibus humanis vitam imitati deorum, is ad illos a quibus essent profecti reditum facilem patēre.

(Cicerone)

20 Traduci il seguente brano d'autore.

Mario aspira al consolato

Metello sconsiglia il proprio luogotenente Mario di candidarsi per il consolato, suggerendogli di non sfidare la sorte, ma quest'ultimo, spinto dall'ambizione, non si lascia convincere.

Igitur ubi Marius haruspicis dicta eodem intendĕre videt, quo cupido animi hortabatur, ab Metello petundi gratiā missionem rogat. Cui quamquam virtus, gloria atque alia optanda bonis superabant, tamen inerat contemptor animus et superbia, commune nobilitatis malum. Itaque primum conmotus insolita re mirari eius consilium et quasi per amicitiam monēre, ne tam prava inciperet neu super fortunam animum gereret: non omnia omnibus cupiunda esse, debēre illi res suas satis placēre; postremo caveret id petĕre a populo Romano, quod illi iure negaretur. Postquam haec atque alia talia dixit neque animus Mari flectitur, respondit, ubi primum potuisset per negotia publica, facturum sese quae peteret. Ac postea saepius eadem postulanti fertur dixisse, ne festinaret abire: satis mature illum cum filio suo consulatum petiturum. Is eo tempore contubernio patris ibidem militabat, annos natus circiter viginti. Quae res Marium quom pro honore, quem adfectabat, tum contra Metellum vehementer adcenderat. (Sallustio)

VERIFICA DELLE COMPETENZE

COMPETENZE LINGUISTICHE

21 Distingui i diversi tipi di periodo ipotetico dipendente con apodosi all'infinito: realtà R, possibilità P e irrealtà I; poi traduci.

1. *Illud spero, si me fortuna non fefellerit, me consecuturum (esse).* (Cic.) R P I • **2.** *Equidem hac continentia animi si Alexander ad ultimum vitae perseverare potuisset, feliciorem fuisse crederem, quam visus est esse.* (Curz.) R P I • **3.** *Cum rex Pyrrhus populo Romano bellum ultro intulisset, perfuga ab eo venit in castra Fabricii consulis eique est pollicitus, si praemium sibi proposuisset, se clam in Pyrrhi castra rediturum et eum veneno necaturum.* (Cic.) R P I • **4.** *Agesilaus, cum Epaminondas Spartam oppugnaret essetque sine muris oppidum, talem se imperatorem praebuit, ut eo tempore omnibus apparuerit, nisi ille fuisset, Spartam futuram non fuisse.* (Nep.) R P I • **5.** *Inter haec tribuni plebis feroces repente minari* (inf. narrativo) *tribunis militum, nisi in auctoritate senatus essent, se in vincla eos duci iussuros esse.* (Liv.) R P I • **6.** *Apparebat, si diutius vixisset, Hamilcare duce Poenos arma Italiae inlaturos fuisse, quae Hannibalis ductu intulerunt.* (Liv.) R P I • **7.** *A. Aurius, vir fortis et experiens et domi nobilis et M. illius Auri perpropinquus, in foro palam multis audientibus clarissima voce se nomen Oppianici, si interfectum M. Aurium esse comperisset, delaturum esse testatur.* (Cic.) R P I • **8.** *Romani non averterunt solum in fugam hostes, sed adeo effusis institerunt ut, nisi receptui cecinisset, permixti fugientibus irrupturi fuisse in urbe viderentur.* (Liv.) R P I

> **L'esercizio insegna a:**
> - saper individuare e tradurre il periodo ipotetico dipendente con apodosi all'infinito

22 Distingui i diversi tipi di periodo ipotetico dipendente con apodosi al congiuntivo: realtà R, possibilità P e irrealtà I; poi traduci.

1. *Adeo mihi acerbae sunt contentiones cum tribunis plebis, ut non, si milies revocaretis, rediturus umquam fuerim.* (Liv.) R P I • **2.** *Versa acies haud dubium fecit quin, nisi firmata extrema agminis fuissent, clades accipienda fuerit.* (Liv.) R P I • **3.** *Quarta vigilia profecti paulo ante lucem cum ad castra pervenissent, tantum pavoris iniecerunt, ut, si in plano castra posita essent, haud dubie primo impetu capi potuerint.* (Liv.) R P I • **4.** *Caesar maturandum sibi existimavit, ne, si nova manus Sueborum cum veteribus copiis Ariovisti sese coniunxisset, minus facile resisti posset.* (Ces.) R P I • **5.** *Et longum est iter et non tutum; et non video quid prodesse possis si veneris.* (Cic.) R P I • **6.** *Sunt autem quidam Epicurei, qui verentur ne, si amicitiam propter nostram voluptatem expetendam putemus, tota amicitia quasi claudicare videatur.* (Cic.) R P I • **7.** *Ea res tantum tumultum ac fugam praebuit ut, nisi castra Punica extra urbem fuissent, effusura se omnis pavida multitudo fuerit.* (Liv.) R P I • **8.** *Dubitari non potest quin, si Helvetios superaverint Romani, una cum reliqua Gallia Haeduis libertatem sint erepturi.* (Ces.) R P I

> **L'esercizio insegna a:**
> - saper individuare e tradurre il periodo ipotetico dipendente con apodosi al congiuntivo

23

Trasforma i seguenti periodi ipotetici indipendenti in dipendenti, premettendo la principale indicata (sono evidenziati i termini che, nella trasformazione, dovranno essere modificati); poi traduci. L'esercizio è avviato.

1. Is qui nocēre alteri cogitat, nisi id **fecit**, ipse aliquo **afficitur** incommodo. (Cic.)
   Timet ne → **Is qui nocēre alteri cogitat, timet ne, nisi id fecerit, ipse aliquo afficiatur incommodo.**
2. Si nunc quoque, ut antea, qui falsum testimonium dixisse convictus esset, e saxo Tarpeio deiceretur, **mentirent** pro testimonio tam **multi** quam videmus? (Gell.)
   An putas...? → ....
3. *Clodius* eo die Romam, nisi de Cyro audisset, **rediisset**. (Cic.)
   Quidam negant → ....
4. *Si copiae suae* **cognoverint** *adversus quos ducerentur, ii non modo non* **eant**, *sed simul cum nuntio* **dilabantur**. (Nep.)
   Eumĕnes intellegebat → ....
5. *Venit* **Atticus** *Roma et, nisi de via fessus esset, continuo ad nos* **venisset**. (Cic.)
   Nuntiatum est nobis → ....
6. *Eo opere perfecto, Caesar praesidia disponit, castella communit:* **nam**, *si se invito transire conarentur,* **facilius** *prohibēre* **poterit**. (Ces.)
   Quo → ....
7. *Germani se Pannoniis* **iungantur**, *nisi debellatum prius Illyricum* **fuerit**. (Svet.)
   Nemo dubitavit quin → ....

> **L'esercizio insegna a:**
> ■ saper trasformare periodi ipotetici indipendenti in dipendenti

24

Traduci le seguenti frasi d'autore, poi trasforma i discorsi indiretti in diretti, prestando attenzione al modo del verbo nelle proposizioni dipendenti; infine traduci nuovamente i periodi così modificati.

1. *Cethego atque Lentulo ceterisque quorum cognoverat promptam audaciam mandat: sese propediem cum magno exercitu ad urbem arcessurum esse.* (Sall.) • 2. *Legati venerunt, quorum haec fuit oratio: Germanos neque priores populo Romano bellum inferre, neque tamen recusare, si lacessantur, quin armis contendant, quod Germanorum consuetudo sit a maioribus tradita, quicumque bellum inferant, resistĕre neque deprecari.* (Ces.) • 3. *Amphitruo legatos iubet sententiam ut dicant suam: si sine bello velint rapta et raptores tradĕre, si quae asportassent reddĕre, se exercitum domum reducturum esse.* (Plaut.) • 4. *Tum ex consilio patrum Romulus legatos circa vicinas gentes misit, qui societatem conubiumque novo populo peterent: urbes quoque, ut cetera, ex infimo nasci; dein, quas sua virtus ac dii iuvent, magnas opes sibi magnumque nomen facĕre; satis scire origini Romanae et deos adfuisse et non defuturam virtutem; proinde ne gravarentur homines cum hominibus sanguinem ac genus miscēre.* (Liv.) • 5. *Tum demum Liscus oratione Caesaris adductus, quod antea tacuerat, proponit: esse nonnullos, quorum auctoritas apud plebem plurimum valeat, qui privatim plus possint quam ipsi magistratus.* (Ces.) • 6. *Caesar convocato concilio centuriones vehementer incusavit: Ariovistum se consule cupidissime populi Romani amicitiam appetisse; cur hunc tam temĕre quisquam ab officio discessurum iudicaret? Sibi quidem persuadēri cognitis suis postulatis atque aequitate condicionum perspecta eum neque suam neque populi Romani gratiam repudiaturum. Quodsi furore atque amentia inpulsus bellum intulisset, quid tandem vererentur? Aut cur de sua virtute aut de ipsius diligentia desperarent?* (Ces.)

> **L'esercizio insegna a:**
> ■ saper trasformare i discorsi indiretti in diretti

COMPETENZE DI TRADUZIONE

VERSIONE GUIDATA

25 Traduci il brano d'autore e svolgi le attività che seguono.

È meglio non conoscere il futuro

Cicerone mostra con esempi tratti dal mito e dalle recenti vicende capitate ai triumviri Crasso, Pompeo e Cesare che è preferibile restare nell'ignoranza rispetto al destino che ci attende.

Atque ego ne utilem quidem arbitror esse nobis futurarum rerum scientiam. Quae enim vita fuisset Priamo, si ab adulescentia scisset, quos eventus senectutis esset habiturus? Quid igitur? Marcone Crasso putas utile fuisse tum, cum maximis opibus fortunisque florebat, scire sibi interfecto Publio filio exercituque deleto trans Euphratem cum ignominia et dedecore esse pereundum? An Cn. Pompeium censes tribus suis consulatibus, tribus triumphis, maximarum rerum gloria laetaturum fuisse, si sciret se in solitudine Aegyptiorum trucidatum iri amisso exercitu, post mortem vero ea consecutura, quae sine lacrimis non possumus dicĕre? Quo cruciatu animi vitam acturum fuisse Caesarem putamus, si divinasset fore ut in eo senatu, quem maiore ex parte ipse cooptasset, in curia Pompeia ante ipsius Pompeii simulacrum tot centurionibus suis inspectantibus a nobilissimis civibus, partim etiam a se omnibus rebus ornatis, trucidatus ita iaceret, ut ad eius corpus non modo amicorum, sed ne servorum quidem quisquam accederet? Certe igitur ignoratio futurorum malorum utilior est quam scientia.

(da Cicerone)

LABORATORIO

Morfologia

1 Sottolinea e analizza tutti gli infiniti, distinguendo le forme particolari di apodosi dipendente.

2 Individua e analizza tutti i congiuntivi.

Sintassi

3 Riconosci i periodi ipotetici (indipendenti e dipendenti), distinguendo fra protasi e apodosi e precisando per ciascuno il tempo utilizzato e il tipo.

4 Trasforma i periodi ipotetici dipendenti in indipendenti omettendo la reggente, quindi traduci nuovamente.

Lessico

5 Individua i verbi appartenenti al campo semantico del "pensare" e chiarisci le sfumature di significato.

6 Individua i verbi e le parole appartenenti al campo semantico del "sapere" e chiarisci le sfumature di significato.

VERSIONE D'AUTORE

26 Traduci il seguente brano d'autore.

L'inizio della guerra civile

Cesare raggiunge Rimini, la prima città dopo il confine della Gallia Cisalpina, dove è raggiunto da Lucio Cesare, che gli notifica le deliberazioni del senato e lo esorta a evitare la guerra civile.

Cognita militum voluntate, Ariminum cum ea legione proficiscitur, ibique tribunos plebis, qui ad eum confugerant, convenit. Reliquas legiones ex hibernis evocat et subsequi iubet. Eo L. Caesar adulescens venit, cuius pater Caesaris erat legatus. Is reliquo sermone confecto, cuius rei causā venerat, habēre se a Pompeio ad eum privati officii mandata demonstrat: velle Pompeium se Caesari purgatum, ne ea, quae rei publicae causā egerit, in suam contumeliam vertat. Semper se rei publicae commoda privatis necessitudinibus habuisse potiora. Caesarem quoque pro sua dignitate debēre et studium et iracundiam suam rei publicae dimittĕre neque adeo graviter irasci inimicis, ut cum illis nocēre se speret, rei publicae noceat. Pauca eiusdem generis addit cum excusatione Pompei coniuncta. Eadem fere atque eisdem verbis praetor Roscius agit cum Caesare sibique Pompeium commemorasse demonstrat.

(Cesare)

STORIA

27 Traduci il seguente brano d'autore.

Alessandro Magno parla ai suoi prima della battaglia del Granìco

Alessandro ricorda ai suoi le precedenti vittorie e spiega con un discorso chiaro che l'imminente battaglia sarà decisiva per aprire ai Macedoni le porte dell'intera Asia.

Alexander ante prima signa ibat identĭdem manu suos inhibens, ne suspensi acrius ob nimiam festinationem concitato spiritu capesserent proelium. Cumque agmini obequitaret, varia oratione, ut cuiusque animis aptum erat, milites adloquebatur. Macedones, tot bellorum in Europa victores, ad subigendam Asiam atque ultima Orientis non ipsius magis quam suo ductu profecti, inveteratae virtutis admonebantur: illos terrarum orbis liberatores emensosque olim Herculis et Liberi Patris terminos non Persis modo sed etiam omnibus gentibus imposituros iugum: Macedonum provincias Bactra et Indos fore. Minima esse, quae nunc intuerentur, sed omnia victoria aperiri. Non in praeruptis petris Illyriorum et Thraciae saxis sterilem laborem fore: spolia totius Orientis offerri. Vix gladio futurum opus: totam aciem suo pavore fluctuantem umbonibus posse propelli.

(Curzio Rufo)

STORIA

28 Traduci il seguente brano d'autore.

Straordinario esempio di lealtà di alcuni prigionieri sogdiani

Stupito da alcuni prigionieri sogdiani che, condotti a morte, cantavano di gioia, Alessandro ne chiede il motivo e scopre che essi sono lieti di morire per mano di un re così grande, vincitore di tutti i popoli. A quel punto il sovrano risparmia loro la vita e ne ricava fedelissimi alleati.

Ex captivis Sogdianorum ad regem XXX nobilissimi corporum robore eximio perducti erant. Qui ut per interpretem cognoverunt iussu regis ipsos ad supplicium tradi, carmen laetantium modo canĕre tripudiisque et lasciviore corporis motu gaudium quoddam animi ostentare coeperunt. Admiratus est rex tanta magnitudine animi oppetĕre mortem: revocari eos iussit, causam tam effusae laetitiae, cum supplicium ante oculos haberent, requīrens. Illi, si ab alio occiderentur, tristes morituros fuisse respondent; nunc a tanto rege, victore omnium gentium, maioribus suis redditos honestam mortem carminibus laetitiaque celebrare. Tum rex admiratus magnitudinem animi «Quaero – inquit – an vivĕre velītis non inimici mihi, cuius beneficio victuri estis». Illi numquam se inimicos ei, sed bello lacessitos se inimicos hosti fuisse respondent: si quis ipsos beneficio quam iniuria experiri maluisset, certaturos fuisse, ne vincerentur officio. Interrogantique, quo pignŏre fidem obligaturi essent, vitam, quam acciperent, pignŏri futuram esse dixerunt: reddituros, quandoque repetisset.

(da Curzio Rufo)

la storia

Il sogno di Alessandro fra storia e mito

La conquista dell'Asia Nel 336 a.C. Filippo II, re di Macedonia, aveva il controllo ormai di tutta la Grecia e progettava di invadere l'Asia per assoggettare il secolare nemico persiano, quando fu inaspettatamente ucciso durante una manifestazione pubblica. Gli succedette il figlio Alessandro, appena diciannovenne, che, educato dal filosofo Aristotele sui testi della tradizione epica greca e in particolare su Omero, decise di partire per l'impresa considerandosi un nuovo Achille. Proprio Troia e la presunta tomba del grande eroe dell'*Iliade* fu la prima tappa del percorso di Alessandro che, di vittoria in vittoria (presso il fiume Granìco nel 334 a.C., a Isso nel 333 e a Gaugamela nel 331), costrinse il re Dario a ritirarsi all'interno del continente, fino a che una congiura interna non lo portò alla morte. Nel frattempo Alessandro conquistò Tiro e l'Egitto, fondandovi la celebre città che porta ancora oggi il suo nome e facendosi proclamare dio dall'oracolo di Zeus Ammone. L'esplorazione delle regioni orientali lo portò ad attraversare il fiume Indo e a combattere contro il re indiano Poro.

Ai confini del mondo L'antica Sogdiana è la regione centrale dell'Asia a nord della Battriana (l'odierno Afghanistan). Alessandro Magno si spinse fino a queste terre per inseguire il satrapo persiano Besso, che aveva tradito e ucciso il Gran Re Dario. Proprio a Dario Alessandro voleva succedere come sovrano assoluto dell'Asia; pertanto, sconfitto e ucciso Besso, si era diretto ancora a nord, attraverso l'arido deserto dell'odierno Uzbekistan. Qui, nel 324 a.C., scelse come propria sposa Rossane, una principessa locale, dando l'avvio a quella fusione fra elemento greco ed etnie asiatiche che riteneva dovesse essere la base del nuovo impero universale.

Il sogno di Alessandro Le imprese militari e la determinazione con la quale Alessandro volle spingersi fino ai confini del mondo allora conosciuto possono essere accostate alla grandezza del suo sogno politico-culturale: la fusione in un unico grande popolo di Greci e barbari. Si trattava di un progetto ardito, soprattutto a causa della resistenza del popolo greco, non disposto ad accettare un sovrano assoluto a cui rivolgere atti di omaggio riservati alle divinità, come la *proskynesis*, cioè l'obbligo di prostrarsi a terra di fronte a lui, un comportamento normale invece per le popolazioni orientali, abituate alla teocrazia sin dai tempi delle grandi civiltà mesopotamiche.

Alessandro Magno, particolare dalla *Battaglia di Isso*, mosaico pompeiano, I secolo d.C., Napoli, Museo Archeologico Nazionale.

Dalla storia al mito Il carattere di Alessandro era molto forte e deciso, spesso irascibile, almeno a quanto riferiscono le principali fonti. Tanto era capace di nobili atti di clemenza nei confronti dei nemici vinti (come nel caso dei prigionieri sogdiani o del trattamento riservato alla moglie di Dario catturata), quanto cedeva spesso all'ira nei rapporti con i suoi più fedeli compagni. Le fonti sulla vita e sulle imprese di Alessandro sono numerose, ma purtroppo tutti i resoconti degli autori a lui contemporanei sono andati perduti. A Roma scrissero su Alessandro Pompeo Trogo (I secolo a.C.-I secolo d.C., poi riassunto da Giustino, autore del II-III secolo d.C.) e Curzio Rufo (I secolo d.C.), anche se la narrazione più estesa e affidabile che ci è pervenuta si deve al greco Arriano (II secolo d.C.). Romanzata e ricca di aneddoti è anche la biografia di Plutarco (I-II secolo d.C.), che mette in parallelo Alessandro e Cesare. La leggenda di Alessandro Magno diede ispirazione a innumerevoli racconti romanzeschi e meravigliosi, che ebbero larga diffusione in tutto il Medioevo.

Comprendere

1 Quali ragioni spinsero Alessandro a invadere l'Asia?

2 Qual era il sogno politico-culturale di Alessandro? Riuscì a realizzarlo?

3 Quali scritture narrano le imprese di Alessandro? Di che tipo di testi si tratta?

Approfondire

4 La natura eccezionale di Alessandro è evidente anche nel racconto che Plutarco fa della sua nascita (*Vita di Alessandro* 2). Cerca il passo, leggilo e poi confrontalo con altri due testi che raccontano la nascita, rispettivamente, di Scipione l'Africano (Aulo Gellio, *Notti attiche* VI, 1, 1-5) e di Ottaviano Augusto (Svetonio, *Vita di Augusto* 94).

5 Oliver Stone ha girato nel 2004 il film *Alexander*, dedicato al sovrano macedone. Il film è stato pesantemente criticato (vedi per esempio le osservazioni in http://it.wikipedia.org/wiki/Alexander_(film)). Procurati una copia del film in biblioteca e scrivi una breve relazione motivata in cui prendi posizione a favore o contro le critiche.

6 Leggi con attenzione il poemetto *Alexandros* di Giovanni Pascoli (chiedi aiuto all'insegnante, vai in biblioteca o cerca su internet). Quali temi ti sembra che siano toccati? Che cosa simboleggia la figura di Alessandro? Quale significato viene attribuito alla leggenda relativa al diverso colore dei suoi occhi? Trovi che questa riscrittura del mito di Alessandro sia ancora attuale?

Ripasso e recupero
unità 44-45

CONOSCERE

1 Completa le seguenti affermazioni.
1. Una subordinata condizionale può essere introdotta da *dum*, ... e .... seguiti dal modo ....
2. Una subordinata concessiva presenta il modo .... quando è introdotta da *etsi*, ..., ..., mentre ha il .... quando è introdotta da .... oppure ha valore soggettivo.
3. Se hanno valore irreale, le comparative ipotetiche utilizzano il congiuntivo ....; altrimenti hanno normalmente il congiuntivo .... che si rende in italiano con un congiuntivo ....
4. Il valore avversativo può essere espresso da .... + ... oppure da una subordinata ....

2 Indica se le seguenti affermazioni sono vere o false.
1. L'apodosi dipendente all'infinito di 2° tipo può avere la forma *-urum esse*. V F
2. L'apodosi dipendente all'infinito di 3° tipo ha sempre la forma *-urum fuisse*. V F
3. L'apodosi dipendente al congiuntivo di 2° tipo può avere la forma *-urus sim*. V F
4. L'apodosi dipendente al congiuntivo di 3° tipo ha sempre la forma *-urus fuerim*. V F
5. La protasi di un periodo ipotetico dipendente all'infinito di 3° tipo impiega gli stessi tempi che avrebbe se l'apodosi fosse indipendente. V F
6. La protasi di un periodo ipotetico dipendente al congiuntivo di 3° tipo segue sempre la *consecutio temporum*. V F

SAPER FARE

3 Nelle seguenti frasi d'autore distingui le proposizioni condizionali [CD], concessive [CN], comparative reali e ipotetiche [CP], avversative [A]; poi traduci.
1. *Druentia flumen, cum aquae vim vehat ingentem, non tamen navium patiens est.* (Liv.) [CD] [CN] [CP] [A]
2. *Veniunt qui me audiunt quasi doctum hominem audiant, quia paulo sum quam ipsi doctior.* (Cic.) [CD] [CN] [CP] [A]
3. *Quamquam multa nova miracula fecēre inimici mei, tamen nequeo desinēre mirari eorum audaciam atque confidentiam.* (Cato.) [CD] [CN] [CP] [A]
4. *Ipse, etsi res erat multae operae ac laboris, tamen commodissimum esse statuit, omnes naves subduci et cum castris una munitione coniungi.* (Ces.) [CD] [CN] [CP] [A]
5. *Hic postulat se Romae absolvi, qui in sua provincia iudicaverit absolvi se nullo modo posse.* (Cic.) [CD] [CN] [CP] [A]
6. *Eius negotium sic velim suscipias, ut si esset res mea.* (Cic.) [CD] [CN] [CP] [A]
7. *Hic est obstandum milites, velut si ante Romana moenia pugnemus.* (Liv.) [CD] [CN] [CP] [A]

4 Nei seguenti periodi ipotetici distingui la dipendenza dell'apodosi (all'infinito o al congiuntivo) e il tipo (1°, 2° o 3°), quindi traduci.

1. *Labienus, ut erat ei praeceptum a Caesare, ne proelium committeret, nisi ipsius copiae prope hostium castra visae essent, ut undique uno tempore in hostes impetus fieret, monte occupato nostros exspectabat proelioque abstinebat.* (Ces.) I C 1° 2° 3° • **2.** *Postero die Nabis Argis se cedĕre ac deducĕre praesidium, quando ita Romanis placeret, et captivos et perfugas redditurum dixit; aliud si quid postularent, scriptum ut ederent petiit, ut deliberare cum amicis posset.* (Liv.) I C 1° 2° 3° • **3.** *Veritus eram ne, si hic essem commoraturus, hoc quid suspicionis afferret.* (Cic.) I C 1° 2° 3° • **4.** *Res in eum locum venerat, ut, nisi Caesari Octaviano deus quidam illam mentem dedisset, in potestatem M. Antoni veniendum fuerit.* (Cic.) I C 1° 2° 3° • **5.** *Quod si mihi tua clementia opem tuleris, omnibus in rebus me fore in tua potestate tibi confirmo.* (Cic.) I C 1° 2° 3° • **6.** *Nisi nuntii de Caesaris victoria essent allati, existimabant plerique futurum fuisse ut oppidum amitteretur.* (Ces.) I C 1° 2° 3° • **7.** *An me, nisi te audire vellem, censes haec dicturum fuisse?* (Cic.) I C 1° 2° 3° • **8.** *Non dubito quin, si te mea erga te summa studia parum mihi adiunxerint, res publica nos conciliatura coniuncturaque sit.* (Cic.) I C 1° 2° 3°

5 Indica se i predicati evidenziati nei seguenti discorsi indiretti appartengono a proposizioni enunciative E, volitive V, interrogative reali RL o interrogative retoriche RT, quindi traduci.

1. *Si iterum experiri velint, se iterum **paratum esse** decertare; si pace uti velint, iniquum **esse** de stipendio recusare, quod sua voluntate ad id tempus pependerint.* (Ces.) E V RL RT • **2.** *Dictator, cum iam in manibus victoriam esse videret, litteras ad senatum misit: deum immortalium benignitate, suis consiliis, patientia militum Veios iam **fore** in potestate populi Romani; quid de praeda faciendum **censerent**?* E V RL RT • **3.** *Noctu audita ex delubro vox est: **abstinerent** manus: deam sua templa **defensuram esse**.* (Liv.) E V RL RT • **4.** *Ariovistus praedicavit **debēre** se suspicari Caesarem, simulata amicitia, quod exercitum in Gallia habeat, sui opprimendi causā **habēre**.* (Ces.) E V RL RT • **5.** *Armatis ac dimicantibus dubiam victoriam **esse**; qui nudus atque inermis hostem maneat, ei aut mortem aut servitutem **patiendam esse**. Haec iurganti increpantique respondebant **confectos** se pugna hesterna **esse**, nec virium quicquam nec sanguinis **superesse**; maiorem multitudinem hostium **apparēre** quam pridie fuerit.* (Liv.) E V RL RT • **6.** *Ariovistus conclamavit: quid ad se **veniret**? An speculandi causā?* (Ces.) E V RL RT

COMPRENDERE E TRADURRE

6 Traduci il seguente brano d'autore.

I soldati di Alessandro non vogliono proseguire

I Macedoni, presi dalla paura di una nuova guerra contro le temibili popolazioni dell'India, cercano di convincere Alessandro a desistere e a ritornare.

At Macedones, qui omni discrimine iam defunctos se esse crediderant, postquam integrum bellum cum ferocissimis Indiae gentibus superesse cognoverunt, improviso metu territi rursus seditiosis vocibus regem increpare coeperunt: Gangen amnem et, quae ultra essent, coactum transmittĕre non tamen finisse, sed mutasse bellum. Indomitis gentibus se obiectos, ut sanguine suo aperirent ei Oceanum. Trahi extra sidera et solem cogique adire, quae mortalium oculis natura subduxerit. Novis identĭdem armis novos hostes existĕre. Quos ut omnes fundant fugentque, quod praemium ipsos manēre? Caliginem ac tenebras et perpetuam noctem profundo incubantem mari, repletum immanium beluarum gregibus fretum, immobiles undas, in quibus emoriens natura defecerit.

(Curzio Rufo)

12 LABORATORIO delle competenze

L'analisi del periodo complesso

unità 44-45

Prerequisiti
- Le proposizioni condizionali
- Le proposizioni concessive
- Le proposizioni comparative
- Le proposizioni avversative
- Il periodo ipotetico dipendente
- Il discorso indiretto

ANALISI LINGUISTICA

1 Dopo aver letto con attenzione il testo, svolgi le seguenti operazioni:
- fa' l'analisi del periodo, identificando le frasi e il tipo di subordinate;
- completa le note e traduci.

Prodigi e profezie nell'edificazione del tempio di Giove Capitolino

Il re Tarquinio desidera edificare a sua memoria un tempio di Giove sul monte Tarpeio, poi chiamato Capitolino. Gli auspici però proibiscono di sconsacrare l'area circostante per la presenza del dio *Termĭnus*, antico protettore dei confini. Negli scavi per il tempio è rinvenuta una testa umana di fattezze intatte, chiaro presagio del futuro della città: *Roma caput mundi*.

Tarquinius ad negotia urbana animum convertit; **quorum** erat primum ut Iovis templum in monte Tarpeio **monumentum** regni sui nominisque relinqueret: **Tarquinios** reges ambos ("dei due re Tarquini") patrem **vovisse**, filium **perfecisse**. Et, ut libera a ceteris religionibus area esset tota Iovis templique eius quod inaedificaretur, exaugurare fana sacellaque statuit quae ibi consecrata inauguratque fuerant. **Inter principia** condendi huius operis movisse numen ad indicandam tanti imperii molem traditur **deos**; nam cum omnium sacellorum exaugurationes admitterent aves, in Termĭni fano non addixēre; idque omen auguriumque ita acceptum est, non **motam** Termĭni sedem unumque eum deorum non **evocatum** sacratis sibi finibus firma stabiliaque cuncta portendēre. Hoc perpetuitatis auspicio accepto, secutum aliud **magnitudinem** imperii portendens prodigium est: caput humanum integra facie aperientibus fundamenta templi dicitur apparuisse. Quae visa species haud per ambāges arcem eam imperii caputque rerum fore portendebat.

(da Livio)

LABORATORIO di lingua

1 *quorum*: si tratta di un nesso relativo o di una prolessi? Sapresti individuare altri esempi dell'una o dell'altra costruzione nel brano?

2 *monumentum*: ha valore di oggetto o di predicativo?

3 *Tarquinios... vovisse... perfecisse*: di che tipo di subordinate si tratta? Perché presentano l'infinito?

4 *Inter principia... deos*: qual è il verbo reggente? Si tratta di una costruzione personale o impersonale?

5 *motam... evocatum*: quale funzione svolgono i due participi rispetto al verbo *portendēre*?

6 *magnitudinem*: da quale verbo è retto?

L'esercizio insegna a:
- saper distinguere le subordinate all'interno del periodo
- saper distinguere e rendere in italiano le varie strutture morfosintattiche studiate

ANALISI LESSICALE

2 Dopo aver letto con attenzione il testo, svolgi le seguenti operazioni:
- se possibile, prima di ricorrere al dizionario, cerca di risalire al significato dei termini sulla base del lessico italiano;
- completa le note;
- traduci.

Silla, eclatante esempio di *mutatio morum*

Non tutti i grandi personaggi della storia di Roma rivelarono fin da ragazzi le loro qualità. Anzi, spesso mostrarono segni scoraggianti: così fu per Silla, che, dopo una giovinezza scapestrata, diede straordinaria prova di sé nella guerra contro Giugurta e nelle successive imprese, tanto da sembrare un'altra persona.

*Multum **fiduciae** adicĕre et sollicitudinis detrahĕre potest morum ac fortunae in claris viris **recognĭta** mutatio: nam, cum aliorum fortunas spectando ex condicione abiecta emersisse claritatem videamus, quid abĕrit quin et ipsi meliora de nobis semper cogitemus, memores stultum esse perpetuae infelicitatis se **praedamnare** spemque incertam in desperationem convertĕre? L. Sulla, usque ad quaesturae suae comitia, vitam libidine, vino, **ludĭcrae** artis amore inquinatam perduxit. Quapropter C. Marius consul moleste tulisse traditur, quod sibi asperrimum in Africa bellum gerenti tam delicatus quaestor **sorte obvenisset**. Eiusdem virtus, quasi perruptis et disiectis nequitiae ("incapacità"), qua obsidebatur, **claustris**, catenas Iugurthae manibus iniecit, Mithridatem compescuit ("soggiogò"), socialis belli fluctus repressit, Cinnae dominationem fregit eumque, qui se in Africa quaestorem **fastidiĕrat**, ipsam illam provinciam proscriptum et exulem petĕre coëgit. Quae tam diversa et tam inter se contraria si quis apud animum suum attentiore comparatione **expendĕre** velit, duos in uno homine Sullas fuisse crediderit, turpem adulescentulum et virum, dicerem ("direi"), fortem, nisi ipse se felicem appellari maluisset.*

(da Valerio Massimo)

LABORATORIO di lessico

1. *fiduciae*: si tratta di un genitivo partitivo. Il suo significato si contrappone a *sollicitudo, -inis* "preoccupazione", "ansia".
2. *recognĭta*: da *recognoscĕre*, di significato analogo all'italiano "riconoscere".
3. *praedamnare*: è composto di *damnare* "condannare". Quale significato aggiunge *prae* al verbo-base? Puoi tradurre liberamente.
4. *ludĭcrae*: *ludĭcer, -cra, -crum* deriva dalla stessa radice di *ludus* "................................", ma anche "scena teatrale".
5. *sorte obvenisset*: *obvenire* equivale a "toccare"; *sors, sortis* indica uno dei criteri di assegnazione delle magistrature a Roma, ovvero, per non favorire alcuno, la pratica del ....
6. *claustris*: *claustrum* deriva dalla stessa radice del verbo .... , *is, clausi, clausum, -ĕre*. Indica almeno due derivati italiani del termine.
7. *fastidiĕrat*: *fastidire* è verbo transitivo che vale come "sdegnare".
8. *expendĕre*: deriva dalla stessa radice dell'italiano "peso": equivale dunque a .... (considera la presenza del termine *comparatio, -ōnis*).

L'esercizio insegna a:
- avere consapevolezza, nel confronto, delle continuità e discontinuità tra lessico italiano e latino al fine di una corretta traduzione

unità 46
Riepilogo delle proposizioni subordinate

Lezione
Studia
le **proposizioni completive**, **circostanziali** e **relative**
ed **esercitati**
a memorizzarle;
quindi **verifica**
le tue conoscenze.

LINGUA
Sintassi
Le proposizioni complementari dirette
Le proposizioni circostanziali
Le proposizioni attributive o aggettive

TRADUZIONE
Conoscere la cultura
Il latino dal Medioevo a oggi

 ## SINTASSI

Le proposizioni complementari dirette

Le proposizioni complementari dirette **completano il senso del verbo reggente** svolgendo la funzione di un complemento diretto (funzione **soggettiva** o **oggettiva**) o spiegando il significato di un termine della reggente (funzione **dichiarativa** o epesegetica).

Possono essere:

- **esplicite**, costruite per lo più con **congiunzioni** o **particelle** seguite dal modo **congiuntivo** secondo la *consecutio temporum*, in alcuni casi con l'**indicativo**;
- **implicite**, costruite con l'**infinito**.

Schema riassuntivo delle proposizioni complementari dirette esplicite

tipo	verbi reggenti	introduttori	modo	tempi
completiva volitiva	di volontà, desiderio, comando	*ut* / *ne*	congiuntivo	presente o imperfetto
	Flagitabas ut tibi aliquid ex scriptis meis mitterem. (Plin. il G.) Insistevi **che** ti **mandassi** qualcosa dei miei scritti.			
completiva di fatto	di accadimento, risultato o conseguenza	*ut* / *ut non*	congiuntivo	quattro tempi (per lo più presente o imperfetto)
	Non potest fieri, ut non aliquando succedat multa temptanti. (Sen.) Non può **accadere che**, una buona volta, (la fortuna) **non tocchi** a chi tenta molte volte.			

tipo	verbi reggenti	introduttori	modo	tempi
completiva con verbi di timore	di timore, preoccupazione, paura	*ne* "che" *ut* / *ne non* "che non"	congiuntivo	quattro tempi (per lo più presente o imperfetto)
	Metuo ne sero veniam. (Plaut.) *Vereor ut sit satis congruens.* (Plin. il G.)		**Temo di arrivare** tardi. **Temo che** ciò **non sia** abbastanza coerente.	
completiva con verbi di dubbio	di dubbio	*quin* / *quin non*	congiuntivo	quattro tempi (per lo più presente o imperfetto)
	Certe nemini dubium est quin Pompeius plurimum possit. (Cic.) Certamente **nessuno ha dubbi che** Pompeo **abbia** massimo arbitrio.			
completiva con verbi di impedimento e rifiuto	di impedimento e rifiuto	reggente affermativa: *quomĭnus* / *ne* (negazione *non*)	congiuntivo	presente o imperfetto
		reggente negativa: *quin* / *quomĭnus* (negazione *non*)		
	Nihil impĕdit quomĭnus id quod maxime placeat facere possīmus. (Cic.) Nulla **impedisce che possiamo** fare ciò che ci sembra di gran lunga meglio.			
completiva con *quod* dichiarativo	di giudizio, sentimento, lode o biasimo	*quod* / *quod non*	**indicativo** o **congiuntivo** (sfumatura soggettiva)	tutti i tempi
	Socrates accusatus est quod corrumperet iuventutem. (Quint.) Socrate **fu accusato di corrompere** i giovani.			
interrogativa indiretta	di domanda	pronomi e avverbi interrogativi	congiuntivo	secondo *consecutio temporum*
		interrogative semplici reali e retoriche: *-ne* / *num* / *an* "se", *nonne* "se forse non"		
		interrogative disgiuntive: *utrum… an, -ne… an, … an, … -ne* "se… o (se)…"		
	Dicebam cur non esset tuto futurus. (Cic.) **Dicevo** (a Bruto) **perché** non **sarebbe stato** al sicuro. *Quaerĕre a Gitone meo coepi num aliquis me quaesivisset.* (Petr.) Cominciai a **chiedere** al mio caro Gitone **se** qualcuno mi **avesse cercato**. *Ex te quaero utrum servus sis an liber.* Ti **domando se sei** schiavo **o** libero.			
	di dubbio	*an* "se non" (se si propende per il sì) *an non* "se" (se si propende per il no) *num* "se" (se il dubbio è assoluto)	congiuntivo	secondo *consecutio temporum*
	Dubito an Venusiam tendam. (Cic.) **Sono incerto se non debba dirigermi** (= "penso di dovermi dirigere") a Venosa.			

Complementari dirette implicite

Le complementari dirette implicite sono solo **infinitive**. Fra le loro caratteristiche ricordiamo che:

- il **soggetto** è sempre **espresso** (salvo rari casi particolari) ed è in caso **accusativo**;
- i **tempi** dell'infinito sono usati con **valore relativo** rispetto al verbo della reggente, sia di tempo principale sia di tempo storico:
  - **presente**, per indicare **contemporaneità** rispetto alla reggente;
  - **perfetto**, per indicare **anteriorità** rispetto alla reggente;
  - **futuro**, per indicare **posteriorità** rispetto alla reggente;
- il pronome riflessivo *se* e l'aggettivo possessivo di 3ª persona *suum, suam, suum* sono impiegati solo in riferimento al soggetto della reggente:

  Ait Piso se nihil scire. (Cic.) Pisone dice di non sapere nulla.

Occorre, inoltre, tenere presente quanto segue:

- l'**infinito del verbo** *sum* (*esse*), usato come ausiliare o come copula, è spesso **sottinteso**;
- l'infinito presente del verbo *sum*, come in tutti gli altri modi, può formare la **coniugazione perifrastica passiva** unendosi al gerundivo, che naturalmente sarà in questo caso concordato con il soggetto in accusativo:

  Caesar obsĭdes retinendos (esse) non censuit. (Ces.) Cesare non ritenne che gli ostaggi **dovessero essere trattenuti**.

- l'**infinito futuro** si trova usato soprattutto dopo verbi che indicano **promessa** (*promitto, polliceor, voveo* ecc.), **speranza** (*spero, despēro, confĭdo, spes mihi est* ecc.), **minaccia** (*minor, minĭtor* ecc.) e **giuramento** (*iuro* ecc.); corrisponde all'infinito della perifrastica attiva (*-urum, -uram, -urum esse*), ma può anche essere espresso tramite la perifrasi:

  - *fore* (o *futurum esse*) *ut* + **congiuntivo presente o imperfetto** secondo la *consecutio temporum*, quando un verbo **manca di supino** (dunque non può avere l'infinito futuro), con **valore proprio** ("accadrà", "sarebbe accaduto che") o per esprimere l'azione passiva **al posto dell'infinito futuro passivo**:

    Transfŭga dixit fore ut minus intentae in custodiam urbis vigiliae essent. (Liv.) Il disertore disse **che** le guardie **sarebbero state** meno attente nel sorvegliare la città.

  - *posse* + **infinito presente** (specialmente con i verbi privi di participio futuro):

    Sperandum est nostras posse valēre preces. (Ov.) Devo sperare che le mie preghiere **abbiano effetto**.

  - *fore* + **participio perfetto**, quando si vuole esprimere l'**aspetto compiuto** dell'azione nel futuro; la locuzione ha valore **passivo**:

    Spero paucis mensibus opus Diphĭli perfectum fore. (Cic.) Spero che fra pochi mesi l'opera di Difilo **sarà stata completata**.

ESERCIZI

1 Riconosci e distingui le proposizioni complementari dirette.

1. Mi hanno detto che sei venuto con tutti gli amici che hai potuto trovare. • **2.** Non credevo di essere così stimato dalla gente che abita nel mio paese! • **3.** Spesso la fatica ci fa credere che le cose siano più difficili di quello che sono in realtà. • **4.** Mi sono spesso chiesto chi avrebbe potuto sostituirti quando saresti partito. • **5.** Fummo esortati a resistere fino all'ultimo sangue, ma temevamo che non ce l'avremmo fatta. • **6.** Nulla ti impedisce di dire di no, se non vuoi. • **7.** Spesso il nonno ci narrava di quante volte era riuscito a sfuggire ai fascisti durante la guerra, quando era partigiano. • **8.** Non so quando arriveranno, ma potrebbero anche immaginarsi che li stiamo aspettando da ore, ormai.

IN LATINO

2

FACILIORA

Completa la traduzione delle proposizioni complementari dirette.

1. *Peto a te, vel, si patĕris, oro,* **ut** *homines miseros et fortuna magis quam culpa calamitosos* **conserves** *incolumes.* (Cic.)
   Ti chiedo, o, se lo permetti, ti prego .... incolumi uomini infelici e sfortunati per sorte più che per loro colpa.

2. *Numquam putavi fore* **ut** *supplex ad te* **venirem**. (Cic.)
   Non mi sarei mai aspettato .... da te come supplice.

3. *An* **quod** *diligenter Roscius* **defenditur**, *id tibi indignum facinus videtur?* (Cic.)
   O forse ti sembra un fatto indegno .... Roscio .... in modo accurato?

4. *In Caesare est mitis clemensque natura. Accedit* **quod** *mirifice ingeniis excellentibus, quale est tuum,* **delectatur**. (Cic.)
   In Cesare è insita un'indole mite e clemente. Si aggiunge .... straordinariamente da ingegni eccellenti, quale è il tuo.

5. *Caesar naves longas viginti octo invenit neque multum abest* **quin** *paucis diebus* **deduci possint**. (Ces.)
   Cesare trova ventotto navi da guerra e poco manca .... in pochi giorni esse ....

6. *Philippum, Macedŏnum regem, rebus gestis et gloria superatum a filio, facilitate et humanitate video superiorem* **fuisse**. (Cic.)
   Vedo .... Filippo, re dei Macedoni, superato per imprese e gloria dal figlio, ... superiore (a lui) per affabilità e cortesia.

7. *Dixit Caesari Divitiăcus* **futurum esse** *paucis annis* **ut** *omnes Galli e Galliae finibus* **pellerentur** *atque omnes Germani Rhenum* **transirent**. (Ces.)
   A Cesare Diviziaco disse .... in pochi anni tutti i Galli .... dal territorio della Gallia e .... tutti i Germani .... il Reno.

8. *Dubium non est* **quin** *haec disciplina et ars augurum* **evanuerit** *iam et vetustate et neglegentia.* (Cic.)
   Non c'è dubbio .... questa dottrina e arte degli indovini ormai .... sia perché antiquata sia per trascuratezza.

3 Nelle seguenti frasi d'autore **distingui** i diversi tipi di proposizioni complementari dirette esplicite, poi **traduci**.

1. *Optandum est ut ii, qui praesunt rei publicae, legum similes sint quae ad puniendum non iracundia, sed aequitate ducuntur.* (Cic.) • **2.** *Hoc foedus veretur Hiempsal ut satis firmum sit.* (Cic.) • **3.** *Lentulus surrexit; quaesivit a Gallis quid sibi esset cum iis, quam ob rem domum suam venissent.* (Cic.) • **4.** *Hoc cecĭdit mihi peropportune, quod ad Antonium audiendum venistis.* (Cic.) • **5.** *Huic imperat, quas possit, adeat civitates horteturque, ut populi Romani fidem sequantur.* (Ces.) • **6.** *Neque maioribus nostris superbia obstabat, quominus aliena instituta, si modo proba erant, imitarentur.* (Sall.) • **7.** *Facis iucunde quod non solum plurimas epistulas meas, verum* *etiam longissimas flagitas.* (Plin. il G.) • **8.** *Quo factum est ut filiae eius (= di Aristide) publice alerentur et de communi aerario dotibus datis collocarentur.* (Nep.) • **9.** *Hasdrubal, metu ne dederetur Scipioni, urbe excessit.* (Liv.) • **10.** *Hoc te rogo, ne dimittas animum neve te obrui magnitudine negotii sinas.* (Cic.)

4 Traduci le seguenti frasi d'autore (complementari dirette implicite), individuando le subordinate all'infinito, i casi di ellissi di *esse*, le perifrasi *fore / futurum esse ut* + congiuntivo.

1. *Antiŏchum Eumēnes credebat, si motum bellum foret (= esset), non parem Romanis fore et fundĭtus sublatum iri.* (Liv.) • **2.** *Pompeium nobis amicissimum constat.* (Cic.) • **3.** *Non latet lunam non suum propriumque habēre lumen, sed esse uti speculum et ab solis impetu recipĕre splendorem.* (Vitr.) • **4.** *Equites nuntiant Iugurtham duum milium intervallo ante consedisse.* (Sall.) • **5.** *Scimus Persea* (acc.), *regno accepto, regem a populo Romano appellatum; audimus legatos Romanos venisse ad regem Persea, et eos bene exceptos.* (Liv.) • **6.** *Non est consentaneum, qui metu non frangatur, eum frangi cupiditate, nec qui invictum se a labore praestitĕrit, vinci a voluptate.* (Cic.) • **7.** *Pompeius sperabat fore ut exanimarentur Caesaris milites et lassitudine conficerentur.* (Ces.) • **8.** *Dolebam, patres conscripti, rem publicam vestris quondam meisque consiliis conservatam, brevi tempore esse interituram.* (Cic.)

5 Traduci il seguente brano d'autore.

I Romani sono sorpresi dai Cartaginesi presso il lago Trasimeno

A causa della fitta nebbia i Romani non riescono a vedere i nemici prima di sentire il rumore del loro assalto. Il console si adopera allora per mantenere serrate le file dei suoi.

Romanis subita atque improvisa res fuit, quod orta ex lacu nebula campo quam montibus densior sederat agminaque hostium ex pluribus collibus ipsa inter se satis conspecta eoque magis parĭter decucurrerant. Romanus clamore prius undique orto quam satis cerneret se circumventum esse sensit, et ante in frontem laterāque pugnari coeptum est quam satis instrueretur acies aut expediri arma stringique gladii possent. Consul perculsis omnibus ipse satis ut in re trepida impavidus, turbatos ordines, vertente se quoque ad dissŏnos clamores, instruit ut tempus locusque patitur, et quacumque adire audirique potest, adhortatur ac stare ac pugnare iubet: nec enim inde votis aut imploratione deum sed vi ac virtute evadendum esse; per medias acies ferro viam fieri et quo timoris minus sit, eo minus ferme pericŭli esse.

(Livio)

6 Traduci il seguente brano d'autore.

Cesare, pur preparando la guerra, non rinuncia alle trattative di pace

Cesare tenta più volte di trattare la pace con Pompeo, ma senza alcun successo: rivelatosi inutile anche l'incontro fra Scribonio Libone e Pompeo, rinuncia alla pace e si prepara alla guerra.

Haec Caesar ita administrabat, ut condiciones ("trattative") pacis dimittendas non existimaret; ac, tametsi magnopĕre admirabatur legatum, quem ad Pompeium cum mandatis miserat, ad se non remitti, atque etsi ea res saepe temptata impetus eius consiliaque tardabat, tamen omnibus rebus in pace persequenda perseverandum putabat. Itaque Caninium Rebĭlum legatum, familiarem necessariumque Scribōni Libōnis, mittit ad eum (= Libōnem) conloquii causā; mandat ut Libōnem de concilianda pace hortetur; in primis postulat ut ipse cum Pompeio conloqueretur; magnopĕre sese confidĕre demonstrat fore ut aequis condicionibus ab armis discedatur. Cuius rei magnam partem laudis atque existimationis ad Libōnem perventuram (esse) dixit, si illo auctore atque agente ab armis sit discessum. Libo a conloquio Canīni digressus ad Pompeium proficiscitur. Paulo post renuntiat, quod consules absint, sine illis non posse agi de compositione. Ita saepius rem frustra temptatam Caesar aliquando dimittendam sibi iudicat et de bello agendum.

(da Cesare)

SINTASSI

Le proposizioni circostanziali

Le proposizioni circostanziali **esprimono funzioni logiche indirette** rispetto al verbo reggente, per cui corrispondono a **complementi indiretti** e hanno valore temporale, causale, finale, concessivo, condizionale ecc. Possono essere:

- **esplicite**, costruite per lo più con **congiunzioni** o **particelle** seguite dal modo **indicativo** o **congiuntivo**;
- **implicite**, costruite con il **participio congiunto**, l'**ablativo assoluto**, il **gerundio** o il **gerundivo**.

Schema riassuntivo delle proposizioni circostanziali esplicite

tipo	modo/tempo	introduttori	osservazioni
temporale	indicativo	*cum, ubi* "quando" *cum primum, simul ac, ut primum* "non appena" *cum, quotiens, quotienscumque* "ogni volta che" *quamdiu* "finché" *postquam* "dopo che"	–
	\multicolumn{3}{l}{*Ut primum cessit furor et rabida ora quierunt, incipit Aeneas heros.* (Virg.) **Non appena si placò** il furore della tempesta e le rive agitate **furono quiete**, l'eroe Enea cominciò a parlare. *Anno octavo postquam in Hispaniam venerat, Cn. Scipio est interfectus.* (Liv.) Gneo Scipione fu ucciso nell'ottavo anno **dopo che era giunto** in Spagna.}		
	indicativo o congiuntivo	*antĕquam, priusquam* "prima che"	–
	\multicolumn{3}{l}{*Carpinatius, antĕquam in istius familiaritatem tantam pervenisset, aliquotiens ad socios litteras de istius iniuriis miserat.* (Cic.) Carpinazio, **prima di essere arrivato** a tanta intimità con costui, alcune volte aveva già inviato lettere ai soci sulle malefatte di costui.}		
	indicativo	*dum* "mentre"	Con l'**indicativo presente** esprime contemporaneità e uguale durata fra verbo della reggente e verbo della temporale.
	\multicolumn{3}{l}{*Haec dum aguntur Domitius navibus Massiliam pervēnit.* (Ces.) **Mentre si compivano** (lett. "si compiono") queste operazioni, Domizio giunse a Marsiglia con le navi.}		
	indicativo	*dum* "per tutto il tempo che", "finché"	Seguito dall'**indicativo nello stesso tempo della reggente** indica simultaneità, cioè uguale durata fra l'azione della reggente e quella della temporale.
	\multicolumn{3}{l}{*Haec fecit, dum licuit.* (Cic.) Fece queste cose **per tutto il tempo che fu possibile**.}		

tipo	modo / tempo	introduttori	osservazioni
temporale	indicativo o congiuntivo	*dum* "finché (non)", "fino al momento che (non)"	Indica successione immediata rispetto all'azione della reggente e presenta l'**indicativo** per esprimere un'azione reale, il **congiuntivo** per esprimere intenzione, eventualità, aspettativa.
	Opperior dum ista cognosco. (Cic.) Aspetto **finché conosco** queste cose. *Caesar non exspectandum sibi statuit dum in Santŏnos Helvetii pervenirent.* (Ces.) Cesare stabilì di non dover aspettare **finché** gli Elvezi **giungessero** nel territorio dei Sàntoni.		
	congiuntivo	*cum* "mentre", "quando"	–
	Cum haec agerem, repente ad me venit Heraclius. (Cic.) **Mentre facevo** queste cose, all'improvviso venne da me Eraclio.		
causale	indicativo (causa reale)	*quod, quia, quoniam, quando*	Tempi secondo la *consecutio temporum*.
	congiuntivo (causa soggettiva)		
	Videndum est, quoniam satis apertum est sibi quemque natura esse carum, quae sit hominis natura. (Cic.) Bisogna considerare, **dal momento che** è abbastanza evidente che ciascuno prova affetto per se stesso, quale sia la natura dell'essere umano.		
finale	congiuntivo presente o imperfetto	*ut / ne / quo* (davanti a comparativi)	Tempi secondo la *consecutio temporum*.
	Acilius consul Heracleam ad Aetolos praemisit, ut experti regiam vanitatem resipiscerent. (Liv.) Il console Acilio restituì Eraclea agli Etòli, **affinché**, sperimentata la vanità del re, **rinsavissero**.		
consecutiva	congiuntivo presente, imperfetto o perfetto	*ut / ut non*	In genere anticipata nella principale da: **aggettivi** (*talis, tantus* ecc.), **avverbi** (*sic, ita, adeo, tam, tantum* ecc.), **locuzioni avverbiali** (*usque eo* ecc.). I tempi hanno valore assoluto: pertanto **non seguono** la *consecutio temporum*.
	Neque tam magnus ardor lunae est ut officiat oculis nostris. (Ig.) Né la luce della luna è **tanto** forte **da offendere** i nostri occhi. *Eo deducta est res, ut tribunos militum promiscue ex patribus ac plebe creari sinĕrent.* (Liv.) **A tal punto** si prolungò la questione **che** (i consoli) **acconsentivano** a che i tribuni militari fossero eletti parimenti tra i patrizi e la plebe.		
concessiva	indicativo	*quamquam, etsi, tametsi* (concessiva oggettiva)	Tempi usati con valore relativo.
	Audis quae dico, tametsi praesens non ades. (Plaut.) Ascolti, (Zeus), ciò che dico, **anche se** non **sei presente**.		

tipo	modo / tempo	introduttori	osservazioni
concessiva	congiuntivo	quamvis, licet, ut, etiamsi (concessiva soggettiva)	Tempi secondo la *consecutio temporum*.
	nota	*Nec fructus tanges colono tuo prohibente, **quamvis** in tua possessione **nascantur**.* (Sen.) Non toccare i frutti senza il permesso del tuo fattore, **benché** essi **nascano** nella tua proprietà.	
comparativa reale (o semplice)	indicativo (o congiuntivo obliquo, eventuale ecc.)	quam + avv. comparativo correlazioni *sic... ut*, *ita... ut*, *talis... qualis*	–
		*Si quis est **talis, qualis** esse omnis **oportebat**, non est ista mea culpa, Quirites, sed temporum.* (Cic.) Se qualcuno è **tale quale avrebbero dovuto** essere tutti, questa non è mia responsabilità, o Quiriti, ma dei tempi.	
comparativa ipotetica	congiuntivo	tamquam, quasi, proinde quasi	Tempi secondo la *consecutio temporum*.
	congiuntivo	velut si, ut si, tamquam si "come se" quam si "che se" aeque ac si "nello stesso modo che se"	Con il *si* ipotetico le comparative sono in pratica protasi di periodi ipotetici di 2° e 3° tipo: seguono la *consecutio temporum* (possibilità); hanno il **congiuntivo imperfetto** o **piuccheperfetto** anche in dipendenza di tempi principali (irrealtà).
		*Egnāti absentis rem ut tueāre **aeque** a te peto **ac si** mea negotia **essent**.* (Cic.) Ti chiedo di occuparti dell'affare di Egnazio assente **come se fossero** cose mie.	
condizionale	congiuntivo	dummŏdo, dum, modo (negazione *ne*)	Tempi secondo la *consecutio temporum*.
		*Quid veniat, novitate roges fortasse sub ipsa: accipe quodcumque est, **dummŏdo non sit** amor.* (Ov.) Forse ti chiedi che cosa accada con questa novità: accetta qualsiasi cosa sia, **purché non sia** un amore.	
avversativa	congiuntivo	cum	Tempi secondo la *consecutio temporum*.
		*Multi **cum** obesse **vellent** profuerunt.* (Cic.) Molti furono utili **mentre volevano** essere di danno.	

Circostanziali implicite

Le circostanziali implicite sono espresse con il participio congiunto, l'ablativo assoluto, il gerundio o con il gerundivo.

- **Participio congiunto**

  È **concordato** con un termine della proposizione in cui si trova. Si traduce per lo più in modo **esplicito**, ma può essere reso con il **gerundio** quando è concordato con il soggetto:

  Dicenti haec ei lacrimae simul spiritum et vocem intercluserunt. (Liv.)

  Mentre diceva (lett. "A lui che diceva") queste cose le lacrime gli troncarono contemporaneamente il respiro e la voce.

  Ut ocŭlus, sic animus se non videns alia cernit. (Cic.)

  Come l'occhio, così l'animo, (**pur**) non **vedendo** se stesso, distingue le altre cose.

- **Ablativo assoluto**
È una costruzione sintattica formata da un **sostantivo** in caso **ablativo**, che funge da **soggetto**, e da un **participio presente o perfetto**, pure in caso **ablativo**, che funge da **predicato**. Da tenere presente che:
  - è **sciolto** da qualsiasi legame con la reggente (soggetto diverso, nessun pronome riferito al soggetto nella reggente);
  - con il **participio presente** ha sempre valore **attivo** per tutti i verbi (attivi e deponenti);
  - con il **participio perfetto** si trova usato con verbi **transitivi attivi** e ha valore **passivo**, o **intransitivi deponenti** e ha valore **attivo**;
  - si traduce in modo **esplicito** oppure in modo **implicito** (gerundio presente o passato + soggetto);
  - il participio del verbo "essere" in funzione di copula non viene espresso (**ablativo assoluto nominale**: *Cicerone consule* "essendo console Cicerone"):

In Hernĭcos **hortante legato** *eruptio est facta.* (Liv.)	**Su esortazione del luogotenente** (lett. "Esortando il luogotenente"), fu fatta una sortita contro gli Ernici.
Devictis Sabinis *nuntiatum est in monte Albano lapidibus pluvisse.* (Liv.)	**Dopo che erano stati vinti i Sabini** (lett. "Vinti i Sabini"), fu annunciato che sul monte Albano erano piovute pietre.

Ricorda che...

Forme particolari di ablativo assoluto sono quelle in cui:

- il **soggetto** del participio non è costituito da un nome, ma da un'intera **proposizione completiva** espressa con l'**accusativo** e l'**infinito** o con **ut + congiuntivo**. I più comuni sono: *cognĭto* "venutosi a sapere (che...)", *audīto* "essendo corsa la voce (che...)", *nuntiato* "essendo stato annunciato (che...)", *edicto* "essendosi ordinato (che...)", *impetrato* "essendosi ottenuto (che...)", *permisso* "essendosi permesso (che...)";
- il **participio** è usato in **costruzione impersonale**, come: *litato* "compiuti i sacrifici", *explorato* "compiuta l'esplorazione", *auspicato* "presi gli auspici", *augurato* "presi gli augùri".

Schema riassuntivo dei valori sintattici del participio congiunto e dell'ablativo assoluto

tempo	rapporto temporale	diatesi	costruzione	valore sintattico
presente	contemporaneità	attiva	participio congiunto / ablativo assoluto	temporale, causale, concessivo, condizionale
perfetto	anteriorità	passiva (solo con verbi transitivi attivi)	participio congiunto / ablativo assoluto	temporale, causale, concessivo, condizionale
		attiva (solo con verbi deponenti)	participio congiunto / ablativo assoluto (solo con verbi deponenti intransitivi)	
futuro	posteriorità	attiva	participio congiunto	finale (talvolta causale, temporale, concessivo)

- **Gerundio**
  È un **nome verbale** e costituisce la declinazione dell'infinito nei casi indiretti e nell'accusativo preceduto da preposizione. È impiegato:
  - **sempre** quando non è espresso un complemento oggetto:

    Vivendi ars est prudentia. (Cic.)   La saggezza è l'arte **del vivere**.

  - **in alternativa al gerundivo** nel **genitivo** e nell'**ablativo semplice** seguiti da complemento oggetto:

    Consul animos milites hortando in pugnam accendebat. (Liv.)   Il console **con l'esortare** i soldati accendeva gli animi alla battaglia.

- **Gerundivo**
  È un **aggettivo verbale** a tre uscite (*-ndus, -a, -um*) di valore passivo che esprime un'idea di dovere. Corrisponde come significato al gerundio seguito da complemento oggetto ed è reso in italiano con un infinito. Si trova:
  - **sempre** nei casi **dativo**, accusativo con *ad*, **ablativo** con **preposizione**:

    Comitia creandis consulibus habuit L. Veturius. (Liv.)   Lucio Veturio tenne i comizi **per l'elezione dei consoli**.

  - **in alternativa al gerundio** nei casi **genitivo** e **ablativo semplice**:

    Catilina opprimendae rei publicae consilium cepit. (Sall.)   Catilina prese la decisione **di abbattere lo stato**.

Schema riassuntivo dei valori sintattici del gerundio e del gerundivo

caso	modo	valori sintattici	resa in italiano
genitivo	gerundio o gerundivo	di specificazione o finale (con *causā* o *gratiā*)	"di/per" + infinito
dativo	gerundivo	finale	"per" + infinito
accusativo con *ad*	gerundivo	finale	"a/per" + infinito
ablativo semplice	gerundio o gerundivo	strumentale	"con" + infinito
ablativo con preposizione	gerundivo	in base alla preposizione	preposizione + infinito

ESERCIZI

7 Riconosci e distingui le proposizioni circostanziali.

1. Quando arrivammo, lo spettacolo era già finito. • 2. Ho riflettuto così tanto su questo problema che troverò certamente una soluzione. • 3. Mi chiedevo quando saremmo arrivati a destinazione, dato che il tempo era brutto e il traffico intenso. • 4. Ci si può domandare se ne valga la pena. • 5. Se stai più attento, puoi evitare di commettere certi errori. • 6. Attraversando la Maremma si può ammirare una natura ancora selvaggia e incontaminata. • 7. Giocare a nascondino era una delle cose più divertenti quando eravamo bambini, perché potevamo correre e sfogarci senza paura. • 8. Il caccia nemico, abbattuto da un missile, cadde in mare.

IN LATINO

8 Nelle seguenti frasi d'autore **distingui** i diversi tipi di proposizioni circostanziali, poi **traduci**.

1. *Cum Athenas tamquam ad mercaturam bonarum artium sis profectus, inanem redire turpissimum est.* (Cic.) • 2. *Recordatione nostrae amicitiae sic fruor ut beate vixisse videar, quia cum Scipione vixerim.* (Cic.) • 3. *In Publio spes est: fiat, fiat tribunus plebis, ut citius tu ex Epiro revertare (= revertaris).* (Cic.) • 4. *Pompeius ignes fieri prohibuit, quo occultior esset eius adventus.* (Ces.) • 5. *Habet autem ut in aetatibus auctoritatem senectus sic in exemplis antiquitas, quae quidem apud me ipsum valet plurimum.* (Cic.) • 6. *Insequenti nocte Fabius equites praemittit sic paratos, ut confligerent atque omne agmen morarentur, dum consequeretur ipse.* (Ces.) • 7. *Hic honos huic (= Timotheo) uni ante id tempus contigit, ut, cum patri populus statuam posuisset, filio quoque daret.* (Nep.) • 8. *Qui omnia recta et honesta neglegunt dummŏdo potentiam consequantur nonne idem faciunt, quod is qui etiam socerum habēre voluit eum cuius ipse audacia potens esset.* (Cic.) • 9. *Hanc sententiam consules, quamquam maximae parti (dat. d'agente) senatus mire probabatur, non sunt persecuti.* (Plin. il G.) • 10. *Dum haec in Hispania geruntur C. Trebonius legatus, qui ad oppugnationem Massiliae relictus erat, duabus ex partibus aggerem vineas turresque ad oppidum agēre instituit.* (Ces.) • 11. *Caesar ut Brundisium venit, contionatus est apud milites quoniam prope ad finem laborum ac periculorum esset perventum.* (Ces.) • 12. *Ut primum ex pueris excessit Archias atque ab iis artibus quibus aetas puerilis ad humanitatem informari solet, se ad scribendi studium contulit.* (Cic.)

9 Nelle seguenti frasi d'autore **analizza** i verbi evidenziati (modi impliciti) e **assegna** a ciascuno il corretto significato; quindi **traduci**, utilizzando strutture esplicite ogni volta che è possibile.

1. *His rebus Eumēnes **permotus** satius duxit perire bene **meritis referentem** gratiam quam ingratum vivĕre.* (Nep.) • 2. *In divitiis **potiendis** exultans gestiensque laetitia turpis est.* (Cic.) • 3. *Suum cuique incommodum **ferendum** est potius quam de alterius commodis **detrahendum**.* (Cic.) • 4. *Scipio Aemilianus gloriam P. Africani **tuendam conservandam**que suscepit.* (Cic.) • 5. *Ascanius urbem **florentem** matri reliquit.* (Liv.) • 6. *P. Clodius his se tribus auctoribus (= Cesare, Crasso e Pompeo) in consiliis **capiendis**, adiutoribus in re **gerenda** esse usurum dicebat.* (Cic.) • 7. *Menapii legatos pacis **petendae** causā ad eum miserunt.* (Ces.) • 8. *Naturā inest in mentibus nostris insatiabilis quaedam cupiditas veri **videndi**.* (Cic.) • 9. *Inde consul ad Pluinnam est progressus, nondum **comperto** quam regionem hostes petissent.* (Liv.) • 10. *Vitellius caede Galbae **adnuntiata**, **compositis** Germanicis rebus, partitus est copias, quas adversus Othōnem praemitteret quasque ipse perduceret.* (Svet.) • 11. *T. Labienus, castris hostium **potītus** et ex loco superiore quae res in nostris castris gererentur **conspicatus**, decimam legionem subsidio nostris misit.* (Ces.) • 12. *Indutiomārus, **verĭtus** ne ab omnibus desereretur, legatos ad Caesarem mittit.* (Ces.)

DIFFICILIORA

10 Nelle seguenti frasi d'autore **distingui** il valore dei nessi subordinanti *ut*, *ne*, *quod*, precisando se introducono proposizioni complementari dirette `CD` o circostanziali `CR`; poi **traduci**.

1. *Si forte rarius tibi a me quam ceteris litterae redduntur, peto a te **ut** id non modo neglegentiae meae, sed **ne** occupationi quidem tribuas.* (Cic.) `CD` `CR` • 2. *Verēri te arbitror **ne** per nos hic sermo tuus emineat et tibi succenseant quos praeteriĕris.* (Cic.) `CD` `CR` • 3. *Ego te ne laudandi quidem causā interpellavi, **ne** quid de hoc tam exiguo sermonis tui tempore verbo uno meo deminueretur.* (Cic.) `CD` `CR` • 4. *Maior pars mortalium de naturae malignitate conqueritur, **quod** in exiguum aevi gignimur.* (Sen.) `CD` `CR` • 5. *Hoc cecĭdit mihi peropportune, **quod** ad Antonium audiendum venisti.* (Cic.) `CD` `CR` • 6. *Mithridates, expulsus regno, tantum tamen*

*consilio atque auctoritate valuit **ut** se rege Armeniorum adiuncto novis opibus copiisque bellum renovaverit.* (Sall.) CD CR • **7.** *Lycurgus convivari omnes publice iussit **ne** cuius divitiae vel luxuria in occulto essent.* (Giust.) CD CR • **8.** *Saepe fit **ut** de domino loquantur servi quibus coram domino loqui non licet.* (Sen.) CD CR

---

11 **Traduci** il seguente brano d'autore.

Pompeo decide di rifugiarsi in Egitto, ma viene tradito e ucciso

Dopo la sconfitta di Farsàlo (48 a.C.), Pompeo cerca rifugio in Egitto, presso il giovanissimo re Tolomeo, che era in conflitto con la sorella Cleopatra; i consiglieri di Tolomeo riservano ai messi di Pompeo una buona accoglienza, invitandoli a recarsi dal re, ma incaricano segretamente Achilla, prefetto del re, e Settimio, tribuno militare, di uccidere Pompeo a tradimento.

Quibus cognitis rebus, Pompeius deposito adeundae Syriae consilio pecunia societatis sublata et a quibusdam privatis sumpta, Pelusium pervenit. Ibi casu rex erat Ptolomaeus, puer aetate, magnis copiis cum sorore Cleopătra bellum gerens, quam paucis ante mensibus per suos propinquos atque amicos regno expulerat. Ad eum Pompeius misit, ut pro hospitio atque amicitia patris Alexandrīa reciperetur atque illius opibus in calamitate tegeretur. Sed qui ab eo missi erant, confecto legationis officio, liberius cum militibus regis conlŏqui coeperunt eosque hortari, ut suum officium Pompeio praestarent neve eius fortunam despicerent. His tum cognitis rebus amici regis, qui propter aetatem eius in procuratione erant regni, sive timore adducti, ut postea praedicabant, sollicitato exercitu regio, ne Pompeius Alexandrīam Aegyptumque occuparet, sive despecta eius fortuna, ut plerumque in calamitate ex amicis inimici exsistunt, iis qui erant ab eo missi palam liberalĭter responderunt eumque ad regem venire iusserunt; ipsi clam consilio inito Achillam, praefectum regium, singulari hominem audacia, et L. Septimium, tribunum militum, ad interficiendum Pompeium miserunt. Ab his liberaliter ipse appellatus et quadam notitia Septimii perductus, quod bello praedonum apud eum ordinem duxerat, naviculam parvulam conscendit cum paucis suis; ibi ab Achilla et Septimio interficitur.

(Cesare)

SINTASSI

Le proposizioni attributive o aggettive

Le proposizioni attributive svolgono nel periodo una funzione sintattica analoga a quella di un **attributo**, poiché specificano un aspetto o una qualità di un termine della reggente. Esiste un solo tipo di proposizione attributiva: la **proposizione relativa propria**, che si trova in forma **esplicita**, quando è introdotta da un **pronome relativo** e costruita con il modo **indicativo**, o in forma **implicita**, quando è espressa da un **participio** in funzione attributiva.

Il pronome relativo **concorda in genere e numero** con l'**antecedente**, mentre il **caso** è determinato dalla funzione grammaticale del relativo all'interno della subordinata:

*Pompeius **his rebus** cognitis **quae erant ad Corfinium gestae** proficiscitur Canusium.* (Ces.)	Pompeo, venuto a sapere **di queste operazioni che erano state condotte** a Corfinio, parte per Canosa.

Il pronome relativo *quae* prende genere e numero dall'antecedente *his rebus* (femminile plurale) e il caso dalla funzione di soggetto (nominativo) che svolge nella subordinata relativa.

- Le **relative proprie** presentano il verbo al **congiuntivo** quando sono **relative oblique** (cioè il loro contenuto è riferito come pensiero di persona diversa da chi parla o scrive), hanno **valore eventuale o caratterizzante** o risentono della cosiddetta **attrazione modale** (cioè dipendono da una proposizione al congiuntivo o all'infinito e ne sono parte integrante, necessaria al completamento del senso):

*Socrates exsecrari **eum** solebat, **qui** primus utilitatem a iure seiunxisset.* (Cic.)	Socrate soleva maledire **colui che** per primo **aveva separato** l'utilità dalla legge. (pensiero di Socrate)
*Multa e corpore exsistunt, **quae** mentem obtundant.* (Cic.)	Dal corpo provengono **molte cause che offuscano** (= "possono offuscare") la mente.
*Existimemus **eos**, **qui** rem publicam auxerint, esse immortalem gloriam consecutos.* (Cic.)	Dobbiamo stimare che **coloro che hanno ingrandito** lo stato hanno conseguito gloria immortale. (attrazione modale: *auxerint* dipende dall'infinito *consecutos esse*)

- Le **proposizioni relative improprie** svolgono nel periodo una **funzione circostanziale**, assumendo, a seconda del contesto, un valore **finale**, **consecutivo**, **causale**, **concessivo** o **avversativo**. Presentano sempre il modo **congiuntivo**, secondo la *consecutio temporum*:

*Caesar equitatum, **qui** sustineret hostium impĕtum, misit.* (Ces.)	Cesare inviò la cavalleria **per sostenere** (lett. "che sostenesse") l'assalto dei nemici.

Relative con costrutti particolari

- La costruzione del **nesso relativo** si presenta quando un pronome (o un avverbio) relativo, collocato all'inizio del periodo, riprende un termine del periodo precedente o il senso dell'intera frase precedente. Il nesso relativo è reso in italiano con un **dimostrativo**, per lo più accompagnato da una **congiunzione coordinante** di valore copulativo ("e"), avversativo ("ma") o conclusivo ("dunque"):

***Quarum rerum** ego maxima documenta haec habeo.* (Sall.)	(E) **di queste cose** (lett. "Delle quali cose") io ho questi fatti come più attendibile testimonianza.

- La **prolessi del relativo** è l'anticipazione della relativa rispetto alla reggente. In caso di **ellissi dell'antecedente pronominale** è opportuno integrarlo nella traduzione:

*Plerique **quae** delicta reprehendĕris, **(ea)** malevolentiā et invidiā dictă putant.* (Sall.)	I più **quelle cose che** tu biasimeresti come colpe, **(le)** ritengono dette con cattiva intenzione e per invidia.

ESERCIZI

12 Nelle seguenti frasi **cerchia** i pronomi relativi e **sottolinea** i predicati da essi introdotti.
1. Mi hanno detto che saresti venuto a trovarmi con gli amici che abbiamo conosciuto al mare. • 2. Penso che dovresti davvero capire quello che hai fatto! • 3. Tutto quello che vuoi fare, puoi farlo, se mi ascolti attentamente. • 4. Il quadro di cui ti parlavo è esposto alla mostra a Palazzo Reale. • 5. Chi pensi di invitare per la festa che stai organizzando? • 6. La storia che mi hai raccontato non può essere vera. • 7. Non mi sembra proprio che tu abbia compreso fino in fondo quello che ti ho detto. • 8. Mi sono comprata le scarpe di cui ultimamente si sente tanto parlare.

IN LATINO

13 **Traduci** le seguenti frasi d'autore, distinguendo tra relativa propria P e relativa impropria I.

1. *Helvetii omnibus rebus ad profectionem comparatis diem dicunt, qua ad ripam Rhodani omnes conveniant.* (Ces.) P I • 2. *M. Varro in ulteriore Hispania, cognitis eis rebus, quae sunt in Italia gestae, diffidens Pompeianis rebus amicissime de Caesare loquebatur.* (Ces.) P I • 3. *Iam praemissi erant Albam equites, qui multitudinem traducerent Romam.* (Liv.) P I • 4. *Nunc mihi Quintus frater meus mitissimam tuam orationem, quam in senatu habuisses, perscripsit.* (Cic.) P I • 5. *Clusini legatos Romam, qui auxilium a senatu peterent, misēre.* (Liv.) P I • 6. *Nunc autem hoc tam gravi vulnere etiam illa quae consanuisse videbantur recrudescunt.* (Cic.) P I • 7. *Numquam praefectos per sociorum vestrorum oppida inposui, qui eorum bona, liberos diriperent.* (Cato.) P I • 8. *Caesar, amicus noster, minacis (= minaces) ad senatum et acerbas litteras miserat et erat adhuc impŭdens, qui exercitum et provinciam invito senatu teneret.* (Cic.) P I

14 **Traduci** le seguenti frasi d'autore, individuando i casi di nesso relativo N, prolessi P ed ellissi dell'antecedente E.

1. *E M. Plaetorio de toto statu rerum communium cognosces. Quae quales sint non facile est scribĕre.* (Cic.) N P E • 2. *Quae pars civitatis Helvetiae calamitatem populo Romano intulerat, ea princeps poenas persolvit.* (Ces.) N P E • 3. *Hoc unum est bonum hominis, quod qui habet, etiam si aliis destituitur, laudandus est.* (Sen.) N P E • 4. *Placet Stoicis, quae in terris gignantur, ad usum hominum omnia creari.* (Cic.) N P E • 5. *Caesar non distulit quin prosequeretur praedones ac supplicio, quod saepe illis minatus inter iocum fuerat, adficeret.* (Svet.) N P E • 6. *Qua re impetrata montem opere circummunire (Caesar) instituit.* (Ces.) N P E • 7. *Obviam fit ei Clodius expedītus, in equo, nullis impedimentis, sine uxore, quod numquam fere (fiebat).* (Cic.) N P E • 8. *Postremo, quod ubique apud socios aut hostis idoneum videbatur, cum summo studio domi exequebantur: imitari quam invidēre bonis malebant.* (Sall.) N P E

DIFFICILIORA

15 Nelle seguenti frasi d'autore **analizza** i nessi subordinanti evidenziati distinguendo fra relativa R, interrogativa indiretta I, dichiarativa D, completiva CO e causale CA; quindi **traduci**.

1. **Qua** *ratione constent caelestia,* **quae** *illis sit vis atque natura, sapiens scit.* (Sen.) — R I D CO CA
2. **Quod** *me Agamemnonem aemulari putas, falleris.* (Nep.) — R I D CO CA
3. **Quod** *cuique obtigit, id quisque teneat.* (Cic.) — R I D CO CA
4. *Hostis neque intercludi ab Agrigento vi aut arte ulla, nec* **quin** *erumperet ubi vellet prohibēri poterat.* (Liv.) — R I D CO CA
5. *Duplicĭter delectatus sum tuis litteris,* **quod** *ipse risi e quod te intellexi iam posse ridēre.* — R I D CO CA
6. *Nullus est dolor* **quem** *non longinquitas temporis minuat atque molliat.* (Cic.) — R I D CO CA
7. *Itaque evocatis ad se undique mercatoribus, neque* **quanta** *esset insulae magnitudo neque* **quae** *aut* **quantae** *nationes incolerent neque* **quibus** *institutis uterentur neque* **qui** *essent ad maiorum navium multitudinem idonei portus, reperire poterat.* (Ces.) — R I D CO CA
8. **Quod** *ubi animadvertit Scipio, duabus simul partibus urbem est adgressus.* (Liv.) — R I D CO CA

Traduci il seguente brano d'autore.

Perché Catilina non è stato eliminato prima?

Cicerone si lamenta del fatto che Catilina in passato abbia trovato un numero sorprendente di difensori, i quali impedirono che fosse messo in condizioni di non nuocere.

Ac si quis est talis qualis esse omnis oportebat, qui in hoc ipso in quo exsultat et triumphat oratio mea me vehementer accuset, quod tam capitalem hostem non comprehenderim potius quam emiserim, non est ista mea culpa, Quirites, sed temporum. Interfectum esse L. Catilinam et gravissimo supplicio adfectum iam pridem oportebat, idque a me et mos maiorum et huius imperi severitas et res publica postulabat. Sed quam multos fuisse putatis qui quae ego deferrem non crederent, quam multos qui propter stultitiam non putarent, quam multos qui etiam defenderent, quam multos qui propter improbitatem faverent? Ac si illo sublato depelli a vobis omne periculum iudicarem, iam pridem ego L. Catilinam non modo invidiae meae verum etiam vitae periculo sustulissem. Sed cum viderem, ne vobis quidem omnibus etiam tum re probata, si illum, ut erat meritus, morte multa(vi)ssem, fore ut eius socios invidia oppressus persĕqui non possem, rem huc deduxi ut tum palam pugnare possetis cum hostem aperte videretis.

(Cicerone)

VERIFICA DELLE COMPETENZE

COMPETENZE DI TRADUZIONE

CULTURA

Traduci il seguente brano d'autore.

Petrarca scrive a... Cicerone!

Nel 1345 Petrarca scopre nella Biblioteca Capitolare di Verona le ciceroniane *Epistulae ad Atticum*, grazie alle quali può conoscere meglio la vita privata di Cicerone, per il quale nutre una sconfinata ammirazione. Ma una cosa non riesce a spiegarsi: perché un coinvolgimento così estremo nelle vicende politiche del suo tempo? Perciò immagina di scrivergli una lettera...

Franciscus Ciceroni suo salutem.
Epistolas[1] tuas diu multumque perquisītas atque ubi minime rebar inventas avidissime perlegi. Audivi multa te dicentem, multa deplorantem, multa variantem, Marce Tulli, et qui iam pridem qualis praeceptor aliis fuisses noveram, nunc tandem quis tu tibi esses agnovi. Unum hoc vicissim a vera caritate profectum non iam consilium sed lamentum audi, ubicumque es, quod unus posterorum, tui nominis amantissimus, non sine lacrimis fundit. O inquiete semper atque anxie, vel ut verba tua recognoscas «o praeceps et calamitose senex», quid tibi tot contentionibus et prorsum nihil profuturis simultatibus voluisti? Ubi et aetati et professioni et fortunae tuae conveniens otium reliquisti? Quis te falsus gloriae splendor senem adolescentium[1] bellis implicuit et per omnes iactatum casus ad indignam philosopho mortem rapuit? Heu et fraterni consilii immĕmor et tuorum tot salubrium praeceptorum, ceu nocturnus viator lumen in tenebris gestans, ostendisti secuturis callem, in quo ipse satis miserabilĭter lapsus es.

(F. Petrarca)

1. *Epistolas... adolescentium*: nella grafia notiamo un'evoluzione che conduce alla forma italiana, in cui il suono *u* si chiude in *o*.

18

CULTURA

Traduci il seguente brano d'autore.

Videotutorial
Guarda il video e impara a fare l'analisi sintattica della versione.

La forza di gravità

Riportiamo parte dell'annotazione (*Scholium generale*) che il fisico inglese Isaac Newton pubblicò alla fine della seconda edizione dei suoi *Principia mathematica* (1713), in cui riassume la legge generale che determina l'intensità della forza di gravità in proporzione al quadrato della distanza e ammette di non essere in grado di stabilire l'origine e la natura di tale forza. Questo problema scientifico è tuttora oggetto di discussione.

Hactěnus Phaenomena caelorum et maris nostri per vim gravitatis exposui; sed causam gravitatis nondum assignavi. Oritur utique haec vis a causa aliqua, quae penetrat ad usque centra Solis et Planetarum, sine virtutis diminutione; quaeque agit non pro quantitate superficierum particularum, in quas agit (ut solent causae mechanicae), sed pro quantitate materiae solidae et cuius actio in immensas distantias undique extenditur decrescendo semper in duplicata ratione distantiarum. Gravitas recedendo a Sole accurate decrescit in duplicata ratione distantiarum ad usque orbem Saturni. Rationem vero harum Gravitatis proprietatum ex phaenomenis nondum potui deducěre, et hypotheses non fingo.

(I. Newton)

19

CULTURA

Traduci il seguente brano d'autore.

L'amore nella verità

Il testo proposto fa parte dell'enciclica del papa Benedetto XVI, pubblicata il 29 giugno 2009, nella quale si sottolinea la gratuità della dimensione del dono, che sola è capace di riscattare l'uomo dal male nell'educazione e nella vita sociale.

Caritas in veritate homini proponit stupentem doni experientiam. Gratuitas in eius vita diversis adest modis, saepe haud notis propter visionem in sensu tantummŏdo productionis et utilitatis exsistentiae. Homo factus est propter donum, quod exprimit et exsequitur dimensionem transcendentiae. Interdum homo hodiernus pro comperto fallacĭter habet sese unicum sui ipsius, vitae suae et societatis auctorem esse. Haec est praesumptio, procedens ex clausura proprii commodi, quae provenit – ut dicamus sub aspectu fidei – ex peccato originali. Sapientia Ecclesiae semper docet ut ratio habeatur de peccato originali in interpretandis quoque eventibus socialibus et in construenda societate: «Ignorare hominem naturam habēre vulneratam, ad malum inclinatam, gravibus erroribus ansam praebet in campo educationis, rei politicae, actionis socialis et morum». Cum donum Dei sit omnīno gratuītum, irruit in vitam nostram veluti aliquid non debitum, quod quamlibet iustitiae legem transgreditur. Donum sua ex natura superat meritum; exsuperantia est eius regula. Nos praecedit in nostra ipsa anima uti signum Dei praesentis in nobis et nos exspectantis.

(Benedetto XVI)

Il latino dal Medioevo a oggi

Il latino nel Medioevo Nel Medioevo, dopo il crollo dell'Impero Romano d'Occidente, nascono e prendono forma stabile, anche letteraria, le lingue volgari in Francia (lingua d'oc e lingua d'oïl), in Spagna (castigliano e catalano) e in Italia (lingua del sì, come il siciliano e il toscano). La lingua latina è però ancora in uso, anzitutto per il culto: è la lingua ufficiale della Chiesa e nelle celebrazioni liturgiche si legge la Bibbia nella versione latina di san Girolamo (347-420), e anche l'intero rito (escluso il sermone del sacerdote) è e continuerà a essere pronunciato in latino almeno fino al Concilio Vaticano II (1963-65).

Nascono anche le prime università, così chiamate perché raccolgono gli studi sul sapere universale. Si tratta di centri di cultura internazionale, che sorgono in Italia (le più antiche sono Bologna e Pavia), in Francia (la Sorbona a Parigi) e più tardi in Inghilterra (Oxford). Proprio a causa della diversa provenienza degli studenti e anche perché la gran parte dei testi su cui si studiava erano redatti in latino, la lingua della cultura era inevitabilmente il latino e i più grandi dotti medievali, compresi i grandi poeti e prosatori del Trecento Dante, Petrarca e Boccaccio, redassero importanti opere in latino e utilizzarono il latino per la corrispondenza.

Umanesimo, Rinascimento, rivoluzione scientifica Con l'Umanesimo vi è una riscoperta dei classici e un affinamento nell'uso della lingua latina: si cerca di imitare la prosa e la dizione dei grandi autori dell'età aurea, primo fra tutti Cicerone. Sostenitore di un'attenzione a una maggiore ampiezza e pluralità di modelli, a livello sia stilistico sia contenutistico, fu il grande umanista olandese Erasmo da Rotterdam (1469-1536), che parlava e scriveva esclusivamente in latino e a cui è non a caso intitolato il *Progetto Erasmus* di scambio interculturale per studenti universitari. Il latino rimane la lingua della cultura ancora per almeno due secoli, poiché l'Europa è frammentata in molti stati spesso in guerra fra loro per ragioni politiche e

Lezione del maestro Rolandino all'Università di Bologna, miniatura del XIV secolo.

religiose e la corrispondenza e la circolazione delle idee continuano ad avvenire nella lingua comune della cultura, appunto il latino. Anche le opere scientifiche più importanti sono redatte in latino: per esempio il *De revolutionibus orbium coelestium* (1543) del polacco Niccolò Copernico, il *Sidereus Nuncius* (1610) dell'italiano Galileo Galilei e i *Philosophiae naturalis principia mathematica* (1687) dell'inglese Isaac Newton, considerato il testo più importante della rivoluzione scientifica moderna.

L'età contemporanea Nel Settecento cominciò ad affermarsi la pubblicazione di letteratura scientifica nelle lingue moderne, in particolare in francese e in inglese. L'Ottocento e la prima metà del Novecento vide invece la supremazia della produzione scientifica tedesca, a partire dalla fondazione dell'Università di Berlino da parte di Wilhelm von Humboldt (1810). Ma il latino (e il greco) continuarono a essere insegnati come discipline propedeutiche nelle scuole superiori europee (per esempio il Gymnasium in Germania e l'equivalente ginnasio in Italia): la conoscenza delle lingue antiche era infatti ritenuta essenziale per poter padroneggiare adeguatamente il lessico e i concetti di qualsiasi disciplina umanistica o scientifica. Oggi il latino è insegnato ancora ampiamente nelle scuole superiori in Italia, Germania, Francia, Spagna e resta la lingua in cui sono redatti i documenti ufficiali della Chiesa cattolica. Esiste anche un quotidiano *on line* in lingua latina e persino una rivista di enigmistica.

Comprendere

1 Quale diffusione ebbe il latino nel Medioevo? Perché? Quali tipi di testi erano redatti in latino?

2 Come cambiò il rapporto con il latino nell'Umanesimo? Perché il latino fu la lingua della scienza e della cultura per gran parte dell'età moderna?

3 In quali àmbiti il latino è utilizzato ancora oggi?

Approfondire

4 Cerca nel sito http://w2.vatican.va/content/vatican/it.html sotto la voce "encicliche" il testo dell'enciclica *Lumen fidei*, pubblicata da papa Francesco nel 2013. Prova a consultarla nella versione latina, redigendo una traduzione dei primi capitoli che potrai poi confrontare con la versione italiana, presente a sua volta sul sito vaticano.

5 Consulta il quotidiano "Ephemeris" (http://ephemeris.alcuinus.net), scegli un articolo su un argomento di tuo interesse e prova a tradurlo o a riassumerlo per i compagni.

6 Iscriviti alla rivista di enigmistica latina "Hebdomada aenigmatum" (http://www.mylatinlover.it) e riceverai gratuitamente ogni mese il tuo numero.

6 LABORATORIO di cultura

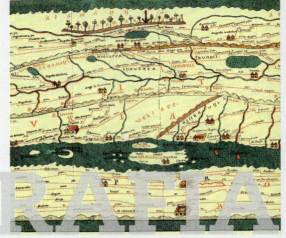

Tavola Peutingeriana, copia del XII-XIII secolo di un'antica carta romana che mostrava le vie militari dell'impero.

GEOGRAFIA

Itinerari di viaggio e curiosità esotiche

Competenze coinvolte
- saper analizzare il periodo
- saper individuare i connettivi sintattici
- saper riconoscere la funzione delle subordinate
- saper memorizzare il lessico tematico

METODO DI TRADUZIONE

1 Analizza la struttura sintattica della versione, evidenziando i verbi e i connettivi secondo l'esempio, quindi traduci.
Individua nell'ordine:
- verbi principali
- verbi secondari
- connettivi coordinanti
- connettivi subordinanti

La smania di viaggiare (o di fuggire)

Benché i viaggi, ancora in età imperiale, fossero decisamente scomodi, molti non rinunciavano a continui spostamenti per ragioni di "turismo". Eppure, come dice Seneca rivolgendosi a un interlocutore fittizio, continuare a viaggiare è indizio di non riuscire a star fermi, in pace con se stessi.

Sunt enim quaedam *quae* corpus quoque nostrum cum quodam dolore *delectent*, *ut versare* se et *mutare* nondum fessum latus *et* alio atque alio positu *ventilari*, *quod* proprium aegri *est*, nihil diu *pati et* mutationibus ut remediis *uti*. Inde peregrinationes suscipiuntur vagae et litora pererrantur et modo mari se modo terra experitur semper praesentibus infesta levitas. «Nunc Campaniam petamus.» Iam delicata fastidio sunt: «Inculta videantur, Bruttios et Lucaniae saltus persequamur». Aliquid tamen inter deserta amoeni requiritur, in quo luxuriosi ("abituati allo sfarzo") oculi longo locorum horrentium squalore releventur: «Tarentum petatur laudatusque portus et hiberna caeli mitioris et regio vel antiquae satis opulenta turbae. Iam flectamus cursum ad urbem»: nimis diu a plausu et fragore aures vacaverunt, iuvat iam et humano sanguine frui. Aliud ex alio iter suscipitur *et spectacula spectaculis mutantur. Ut ait Lucretius poëta, «hoc se quisque modo semper fugit». Sed quid prodest, si non effugit? Sequitur se ipse et urget gravissimus comes. Itaque scire debemus non locorum vitium esse quo laboramus, sed nostrum: infirmi sumus ad omne tolerandum, nec laboris patientes nec voluptatis nec nostri nec ullius rei diutius.*

(da Seneca)

testo	analisi della forma verbale	analisi sintattica
Sunt	indicativo presente 3ª pers. plur.	principale
quae... delectent	congiuntivo presente att. 3ª pers. plur.	subordinata relativa
ut... versare	infinito presente att.	subordinata comparativa
et mutare	infinito presente att.	coordinata alla subordinata comparativa
et... ventilari	infinito presente pass.	coordinata alla subordinata comparativa
quod... est	indicativo presente 3ª pers. sing.	subordinata relativa
pati	infinito presente dep.	subordinata infinitiva
et... uti	infinito presente dep.	coordinata alla subordinata infinitiva

ANALISI SINTATTICA

2 Analizza la struttura sintattica della versione, costruendo lo schema ad albero secondo l'esempio, quindi traduci.

Un tour della Grecia classica (I)

Sconfitto Perseo re di Macedonia nel 167 a.C., Lucio Emilio Paolo decide di approfittare della stagione autunnale per visitare le città greche che la storia, l'arte e il mito hanno consacrato. Non prima, però, di aver affidato a Lucio Postumio il compito di distruggere Egina.

Dum haec in Illyrico geruntur, Paulus ante adventum decem legatorum Q. Maximum filium iam ab Roma regressum ad Aeginium et Agassas ("Agasse") diripiendas mittit, quod, cum Marcio consuli tradidissent urbem petita ultro societate Romana, defecerant rursus ad Persea. Aeginiensium novum crimen erat: famae de victoria Romanorum fidem non habentes, in quosdam militum urbem ingressos hostiliter saevierant. Ad Aeniorum quoque urbem diripiendam L. Postumium misit, quod pertinacius quam finitimae civitates in armis fuerant. Autumni fere tempus erat; cuius temporis initio ad circumeundam Graeciam visendaque, quae nobilitatā famā maiora auribus accepta sunt, quam oculis noscuntur, uti statuit. Praeposito castris C. Sulpicio Galo, per Thessaliam Delphos petit, inclĭtum oraculum. Ubi, sacrificio Apollini facto, inchoatas in vestibŭlo columnas, quibus imposituri statuas regis Persei fuerant, suis statuis victor destinavit. Lebadiae quoque templum Iovis Trophonii adit.

(Livio)

LESSICO TEMATICO

3 Traduci la seguente versione, prestando attenzione al lessico tematico: per memorizzarlo, completa la tabella inserendo le traduzioni.

Un tour della Grecia classica (II)

Dopo aver visitato l'antro oracolare di Trofonio, la città di Calcide e la costa di Aulide, dove, secondo il mito, rimase ormeggiata la flotta di Agamennone, Lucio Emilio Paolo raggiunge altri celebri luoghi, come Oropo, Atene e Corinto.

Ibi cum vidisset os specus, per quod oraculo utentes sciscitatum deos descendunt, sacrificio Iovi Hercynnaeque facto, quorum ibi templum est, Chalcĭdem descendit ad spectaculum Eurīpi Euboeaeque, tantae insulae, ponte continenti iunctae. A Chalcide Aulĭdem traĭcit, trium milium spatio distantem, portum inclĭtum statione quondam mille navium Agamemnoniae classis, Dianaeque templum, ubi navibus cursum ad Troiam filia victima aris admota rex ille regum petiit. Inde Orōpum Atticae ventum est, ubi pro deo vates antiquus colitur templumque vetustum est fontibus rivisque circa amoenum; Athenas inde, plenas quidem et ipsas vetustae famae, multa tamen visenda habentes, arcem, portus, muros Piraeum urbi iungentis, navalia, monumenta magnorum imperatorum, simulacra deorum hominumque, omni genere et materiae et artium insignia. Sacrificio Minervae, praesĭdi arcis, in urbe facto profectus Corinthum altero die pervenit. Urbs erat tunc praeclara ante excidium; arx quoque et Isthmus praebuēre spectaculum: arx intra moenia in immanem altitudinem edĭta, scatens fontibus; Isthmus duo maria ab occasu et ortu solis finitĭma artis faucibus dirĭmens.

(Livio)

parole		parole	
specus		arx	
templum		murus / moenia	
portus		urbs	
statio		monumentum	

TRADUZIONE

4 Traduci la seguente versione, applicando il metodo messo a punto nei brani 1 e 2.

Un curioso rito dei Germani

Fra alcune remote tribù germaniche è celebrato un rito misterioso in onore di Nertho, la "madre Terra". La dea è trasportata su un carro in una solenne processione, poi viene riaccompagnata al tempio e onorata di abluzioni in un lago segreto, da cui nessuno che abbia partecipato al rito è mai ritornato.

Langobardos paucĭtas nobilitat: plurimis ac valentissimis nationibus cincti non per obsequium sed proeliis et periclitando tuti sunt. Reudigni deinde et Aviōnes et Anglii et Varĭni et Eudōses et Suarĭnes et Nuithōnes fluminibus aut silvis muniuntur. Nec quicquam notabile in singulis, nisi quod in commune Nerthum, id est Terram matrem, colunt eamque intervenire rebus hominum, invĕhi populis arbitrantur. Est in insula Oceani castum nemus, dicatumque in eo vehiculum, veste contectum; attingĕre uni sacerdoti concessum. Is adesse penetrāli deam intellĕgit vectamque bubus feminis multa cum veneratione prosequitur. Laeti tunc dies, festa loca, quaecumque adventu hospitioque dignatur. Non bella ineunt, non arma sumunt; clausum omne ferrum; pax et quies tunc tantum nota, tunc tantum amata, donec idem sacerdos satiatam conversatione mortalium deam templo reddat. Mox vehiculum et vestis et, si credĕre velis, numen ipsum secreto lacu abluitur. Servi ministrant, quos statim idem lacus haurit. Arcanus hinc (nascuntur) terror sanctaque ignorantia, quid sit ("di che cosa sia") illud quod tantum perituri vident.

(Tacito)

Laboratorio di lettura

 **Il testo narrativo** ■ Apuleio e il romanzo (**T1-T5**)

 **Il testo descrittivo** ■ Cesare, Sallustio e la narrazione storica (**T6-T9**)

 **Il testo argomentativo** ■ Cicerone e l'oratoria (**T10-T13**)

 **Il testo poetico** ■ Catullo e i *carmina* (**T14-T18**)

IL TESTO NARRATIVO
APULEIO e il romanzo

A. Legros, *Amore e Psiche*, 1798, Parigi, Museo del Louvre.

Fasi e caratteristiche della narrazione Il testo narrativo propone trame che da una situazione iniziale procedono, attraverso le peripezie dei personaggi, a una soluzione o scioglimento. In un contesto realistico o fantastico, delineato con precisione o sommariamente, i protagonisti affrontano prove che li mettono di fronte a situazioni inattese e, nel momento di massima tensione (*Spannung*), ne fanno vacillare l'identità. Nel finale i personaggi recuperano l'equilibrio iniziale o ne trovano uno nuovo.

Nel testo narrativo il linguaggio è orientato dall'effetto che il narratore vuole suscitare nel lettore: un'aggettivazione suggestiva e il ricorso a figure retoriche come la similitudine, la metafora o la *climax* suggeriscono un'atmosfera caratterizzata da forte *pathos*. La sintassi latina del periodo si avvale della costruzione del *cum* narrativo che, nel racconto, dà rilievo alla concatenazione logica e alla successione temporale degli eventi.

Un racconto esemplare Si deve a Fedro, nel I secolo d.C., la ripresa dal modello greco di Esopo del genere narrativo della favola, un tipo di racconto che mette in scena animali parlanti, emblematici di comportamenti morali positivi o negativi.

Anche se la letteratura antica, greca e latina, non dà un nome preciso a quello che noi oggi intendiamo come "romanzo", la narrazione occupa uno spazio importante in opere di altro genere. Così il racconto irrompe nella storiografia quando la rievocazione di battaglie o di gesta di grandi personaggi indulge al gusto per il patetico e l'avventuroso. La vicenda delle origini di Roma è ricca di biografie di personaggi illustri che con il loro valore hanno contribuito alla grandezza della città. Anche il trattato filosofico, l'oratoria e la satira si servono spesso del racconto esemplare per conferire alla riflessione teorica la forza del fatto vissuto, oggetto di elogio o di biasimo in base alle finalità dell'argomentazione.

La *Favola di Amore e Psiche* Capolavoro di Lucio Apuleio (125 ca-170 d.C.), le *Metamorfosi* sono l'unico "romanzo" della letteratura latina giunto integro fino a noi. Vi si narrano le peripezie del giovane Lucio, trasformato in asino a causa di un errore durante un esperimento di magia e tornato uomo solo dopo molte avventure, grazie all'intervento benevolo della dea Iside. Nella trama principale si innestano diversi racconti di secondo livello, il più importante dei quali è rappresentato dalla *Favola di Amore e Psiche*. L'ampia digressione che occupa la parte centrale dell'opera (dalla metà del V alla metà del VI libro) presenta le caratteristiche tipiche della fiaba. Poiché la bellezza di Psiche suscita la gelosia di Venere (**T1**), la ragazza è allontanata dalla casa dei genitori; quindi viene tratta in salvo da Amore che la conduce in un palazzo incantato (**T2**). Il dio impone a Psiche il divieto di guardarlo, ma la ragazza infrangerà tale comando (**T3**) e, punita (**T4**), sarà sottoposta a una serie di prove che supererà solo grazie all'intervento di generosi aiutanti. Come nei racconti tradizionali, il lieto fine è assicurato dal matrimonio con Amore (**T5**).

Un percorso di formazione Come nelle moderne "fiabe di magia" studiate dall'etnologo russo Vladimir J. Propp (1895-1970), il personaggio protagonista vive una vicenda di formazione che, per prove ed errori, ne minaccia l'identità fino a farne una persona nuova. Grazie a provvidenziali interventi soprannaturali, Psiche si salva ed è infine assunta tra gli dèi.
In questo racconto apparentemente privo di finalità educative, la tarda antichità riconobbe un profondo significato religioso. Psiche in greco significa "anima" e la sua storia dimostrerebbe come l'anima possa seguire, grazie all'amore, un percorso di perfezionamento spirituale simile a quello di Lucio, il protagonista del romanzo.

T1 **Psiche come Venere** (Apuleio, *Metamorfosi* IV, 28)

> In un luogo imprecisato vivono un re e una regina con tre figlie: la minore, Psiche, è la più bella e la sua fama si guadagna l'adorazione devota di chi a lei guarda come alla dea Venere.

[28] *Erant in quadam civitate rex et regina. Hi tres numero filias forma conspicuas habuēre*[1]. *Sed maiores quidem natu*[2], *quamvis gratissima specie, idonee*[3] *tamen celebrari posse laudibus humanis credebantur*[4]. *At vero puellae iunioris tam praecipua, tam praeclara pulchritudo nec exprimi ac ne sufficienter quidem laudari sermonis humani penuria poterat*[5]. *Multi denique civium et advenae copiosi, quos eximii spectaculi rumor*[6] *studiosa celebritate congregabat, inaccessae formositatis admiratione stupidi*[7] *et admoventes oribus suis dexteram primore digito in erectum pollicem residente*[8] *ut ipsam prorsus deam Venerem*[9] *religiosis venerabantur adorationibus. Iamque proximas civitates et attiguas regiones fama pervaserat deam quam caerulum profundum pelagi peperit et ros spumantium fluctuum educavit*[10] *iam numinis sui passim tributa venia*[11] *in mediis conversari*[12] *populi coetibus, vel certe rursum novo caelestium stillarum germine*[13] *non maria sed terras, Venerem aliam virginali flore praeditam*[14] *pullulasse.*

---

1. *habuēre*: forma equivalente a *habuerunt*, da rendere qui con l'imperfetto tipico della narrazione fiabesca.
2. *Sed maiores quidem natu*: "Ma certamente le più grandi".
3. *idonee*: "convenientemente".
4. *credebantur*: nella traduzione dovrai rendere impersonale la costruzione personale latina.
5. *nec exprimi... poterat*: costruisci: nec poterat exprimi ac (poterat) ne quidem ("neppure") laudari sufficienter penuria sermonis humani.
6. *eximii spectaculi rumor*: "la fama della meravigliosa visione".
7. *stupidi*: l'aggettivo (dal verbo *stupescĕre* "stupirsi") significa "sbalorditi", "stupefatti" ed è qui riferito a *Multi... copiosi*.
8. *et admoventes... residente*: lett. "e mettendo davanti alle loro labbra la destra, mentre il dito indice si accosta al pollice dritto"; in breve e più liberamente: "mandando baci".
9. *prorsus deam Venerem*: "proprio come la dea Venere". Psiche è così bella da essere fatta oggetto dell'*adoratio* tipicamente riservata alla più bella tra le dee.
10. *educavit*: il verbo *educare* è qui da rendere con "nutrire", "crescere".
11. *tributa venia*: ablativo assoluto: "dispensata la grazia".
12. *conversari*: l'infinito, come il successivo *pullulasse* (= *pullulavisse* "avessero fatto germogliare"), è retto da *fama pervaserat*.
13. *vel certe... germine*: "o che certamente, di nuovo, da un nuovo seme di stille celesti".
14. *virginali flore praeditam*: "adorna del fiore verginale".

T2 Psiche nel palazzo di Amore (Apuleio, *Metamorfosi* V, 1-2)

> Invece di andare sposa a un "vipereo mostro", come Venere avrebbe voluto, Psiche si ritrova in un palazzo incantato. L'edificio riserva ogni meraviglia alla fanciulla che, curiosa, lo esplora. Le voci incorporee delle ancelle che Amore ha messo al suo servizio la invitano a riposarsi in attesa della notte.

[1] *Psyche teneris et herbosis locis in ipso toro roscidi graminis*[1] *suave recŭbans, tanta mentis perturbatione sedata*[2], *dulce conquievit. Iamque sufficienti recreata somno placido resurgit animo*[3]. *Videt lucum proceris et vastis arboribus consĭtum*[4], *videt fontem vitreo latice perlucidum; medio luci meditullio*[5] [...] *domus regia est aedificata non humanis manibus sed divinis artibus. Iam scires ab introitu primo dei cuiuspiam luculentum et amoenum vidēre te diversorium*[6]. *Nam summa laquearia citro et ebore curiose cavata subeunt aureae columnae*[7], *parietes omnes argenteo caelamine conteguntur*[8] *bestiis et id genus pecudibus occurrentibus ob os introeuntium*[9]. *Mirus prorsum magnae artis*[10] *homo immo semideus vel certe deus*[11], *qui magnae artis subtilitate tantum efferavit*[12] *argentum.* [...]

[2] *Invitata Psyche talium locorum oblectatione propius accessit et paulo fidentior intra limen sese facit*[13], *mox prolectante studio*[14] *pulcherrimae visionis rimatur singula et altrinsecus aedium horrea sublimi fabricā perfectā magnisque congestā gazis conspicit*[15]. *Nec est quicquam quod ibi non est. Sed praeter*[16] *ceteram tantarum divitiarum admirationem hoc erat praecipue mirificum, quod*[17] *nullo vinculo nullo claustro nullo custode totius orbis thesaurus ille*[18] *muniebatur. Haec ei summa cum voluptate visenti offert sese vox quaedam corporis sui nuda*[19] *et: «Quid,» inquit «domina, tantis obstupescis opibus? Tua sunt haec omnia. Prohinc cubiculo te refer et lectulo lassitudinem refŏve et ex arbitrio lavacrum pete*[20]. *Nos, quarum voces accipis, tuae famulae sedulo*[21] *tibi praeministrabimus* [...]».

Eros e Psiche, affresco pompeiano, I secolo d.C., Napoli, Museo Archeologico Nazionale.

---

1. *in ipso... graminis*: "sul letto stesso di erba rugiadosa".
2. *tanta... sedata*: ablativo assoluto con valore temporale. Abbandonata sul ciglio di un dirupo, Psiche era convinta di andare in sposa a un mostro, come l'oracolo aveva predetto ai suoi genitori.
3. *Iamque... animo*: costruisci: *Iamque recreata sufficienti somno resurgit placido animo*.
4. *consĭtum*: participio perfetto di *consero, -is, consēvi, consĭtum, -ĕre* "seminare", "piantare".
5. *medio luci meditullio*: "proprio nel mezzo del bosco"; la parola *meditullium, -ii* è formata dall'aggettivo *medius + tellus* ("terra").
6. *Iam... diversorium*: costruisci: *Iam ab primo introitu scires* ("avresti capito", congiuntivo potenziale) *te vidēre luculentum et amoenum diversorium cuiuspiam dei*. *Diversorium* o *deversorium* significa "alloggio", "dimora".
7. *aureae columnae*: soggetto di *subeunt* (da *sub + eo*).
8. *conteguntur*: "sono rivestite".
9. *bestiis... introeuntium*: s'intende che i rilievi d'argento raffiguravano belve e altri animali ritratti nell'atto di correre incontro a chi entrava nel palazzo.
10. *magnae artis*: genitivo di qualità.
11. *homo... deus*: sottintendi *fuit*.
12. *efferavit*: da *efferare*, significa qui letteralmente "fece assumere l'aspetto di belva", coerentemente con il soggetto delle decorazioni.
13. *intra limen sese facit*: "oltrepassa la soglia".
14. *mox prolectante studio*: ablativo assoluto con valore causale: "poi, poiché la allettava il fascino".
15. *et altrinsecus... conspicit*: costruisci: *et altrinsecus aedium* ("dall'altra parte del palazzo") *conspicit horrea* ("stanze") *perfectā fabricā* ("arte") *sublimi et congestā magnis gazis*.
16. *praeter*: "oltre".
17. *quod*: "il fatto che"; riprende il prolettico *hoc*.
18. *ille*: il dimostrativo enfatizza *thesaurus*.
19. *nuda*: "denudata", "privata".
20. *lavacrum pete*: "fai un bagno".
21. *sedulo*: avverbio: "con cura", "diligentemente".

T3 Psiche cede alle sorelle (Apuleio, *Metamorfosi* V, 19)

> Lo sposo misterioso che ogni notte si presenta a Psiche concede alla moglie di rivedere le sorelle. Invidiose di tanta fortuna, queste la inducono a infrangere il divieto impostole da Amore, e cioè di non rivelare in nessun modo la natura misteriosa del marito. Vinta dal terrore di essere sposata a un mostro, Psiche cade nell'inganno e, preoccupata della vera identità del coniuge, rivela di non averlo mai visto.

[19] «*Vos quidem, carissimae sorores [...], in officio vestrae pietatis*[1] *permanetis, verum et illi qui talia vobis adfirmant non videntur mihi mendacium fingĕre*[2]. *Nec enim umquam viri mei vidi faciem vel omnino cuiātis sit novi*[3], *sed tantum nocturnis subaudiens vocibus*[4] *maritum incerti status et prorsus lucifŭgam*[5] *tolero, bestiamque aliquam (esse) recte dicentibus vobis merito*[6] *consentio*[7]. *Meque magnopĕre semper a suis terret aspectibus malumque grande de vultus curiositate praeminatur*[8]. *Nunc si quam salutarem opem periclitanti*[9] *sorori vestrae potestis adferre, iam nunc subsistite; ceterum incuria sequens prioris providentiae*[10] *beneficia conrumpet.*» *Tunc nanctae iam portis patentibus nudatum sororis animum facinerosae mulieres*[11], *omissis tectae machinae latibŭlis*[12], *destrictis gladiis fraudium simplicis puellae paventes cogitationes invadunt.*

1. *vestrae pietatis*: "del vostro dovere religioso"; le sorelle hanno ricordato a Psiche il responso dell'oracolo e le fanno credere di essere sposata a un orrendo mostro.
2. *verum... fingĕre*: costruisci: *verum mihi et (= etiam) illi, qui vobis talia adfirmant, non videntur fingĕre mendacium*. Rendi nella forma impersonale la costruzione personale di *videor*.
3. *vel omnino cuiātis sit novi*: "e nemmeno so (*novi*) di quale paese sia"; *cuiātis* è il genitivo del pronome interrogativo *cuias*.
4. *nocturnis subaudiens vocibus*: "ascoltandolo mentre sussurra sommessamente".
5. *maritum... lucifŭgam*: "un marito di incerta condizione e che fugge proprio quando spunta il giorno"; il sostantivo *lucifŭga* è composto da *lux* + *fugio*.
6. *merito*: questo secondo avverbio suona come una conferma di *recte*.
7. *consentio*: "sono d'accordo"; il verbo regge il dativo *dicentibus vobis* "con voi che dite".
8. *malumque... praeminatur*: liberamente: "minaccia un'enorme sventura, se volessi guardarlo", ma l'espressione latina mette l'accento non tanto sull'azione quanto sulla *curiositas* di conoscere il volto sconosciuto.
9. *periclitanti*: dativo del participio presente di *periclĭtor* ("sono in pericolo", "corro un rischio"), congiunto a *sorori vestrae*.
10. *providentiae*: presta attenzione al "falso amico".
11. *Tunc... mulieres*: costruisci: *Tunc facinerosae mulieres nanctae, iam portis patentibus, animum sororis nudatum*.
12. *omissis... latibŭlis*: ablativo assoluto: "lasciati i nascondigli dell'inganno nascosto"; *machina*, che è letteralmente un "congegno per l'assedio", è da intendersi qui come "trama insidiosa", "inganno". Il ricorso al lessico militare è confermato dal successivo *destrictis gladiis*: le sorelle sferrano un vero e proprio attacco all'animo dell'ingenua Psiche.

T4 Una prova "impossibile" (Apuleio, *Metamorfosi* VI, 10)

> Colpevole di aver voluto attentare alla vita dello sposo misterioso, che troppo tardi scopre essere il dio dell'Amore, Psiche è sottoposta a prove "impossibili" per volontà di Venere. La prima consiste nel separare un miscuglio confuso di semi. Solo l'intervento di una formichina consente alla fanciulla di riuscire nell'impresa.

[10] *Et accepto frumento et hordeo et milio et papavere et cicere et lente et faba commixtisque acervatim*[1] *confusisque in unum grumulum sic (Venus) ad illam*[2]: «*Videris enim mihi tam deformis ancilla nullo alio sed tantum sedulo ministerio*[3] *amatores tuos promerēri: iam ergo et ipsa frugem tuam periclitabor*[4]. *Discerne seminum istorum passivam congeriem*[5] *singulisque*

1. *acervatim*: avverbio: "a mucchi".
2. *ad illam*: sottinteso *dixit*.
3. *nullo alio... ministerio*: "in nessun altro modo se non con un servizio premuroso".
4. *ipsa... periclitabor*: "io stessa metterò alla prova la tua abilità".
5. *passivam congeriem*: "confuso ammasso".

granis rite dispositis atque seiugatis ante istam vesperam opus expeditum approbato mihi⁶». [...] Nec Psyche manus admolitur incondĭtae illi et inextricabili moli, sed immanitate praecepti consternata silens obstupescit. Tunc formicula illa parvula atque ruricŏla⁷ certa difficultatis tantae laborisque miserta⁸ contubernalis magni dei⁹ socrusque saevitiam exsecrata discurrens navĭter¹⁰ convocat corrogatque cunctam formicarum accolarum classem: «Miseremini terrae omniparentis¹¹ agiles alumnae, miseremini et Amoris uxori puellae lepidae periclitanti prompta velocitate succurrite¹²». Ruunt aliae superque aliae sepedum populorum¹³ undae summoque studio singulae granatim totum digerunt acervum separatimque distribuitis dissitisque¹⁴ generibus e conspectu pernicĭter abeunt.

6. *approbato mihi*: l'imperativo futuro conferisce un tono solenne al comando: "farai approvare a me", "mi sottoporrai", "mi presenterai".
7. *ruricola*: "campagnola", "che vive in campagna".
8. *miserta*: = *miserĭta*, participio perfetto da *misereor*, regge il genitivo.
9. *contubernalis magni dei*: "della compagna del grande dio (Amore)"; *contubernalis*, da *cum* + *taberna*, nel linguaggio militare significa "compagno di tenda".
10. *navĭter*: avverbio: "con impegno".
11. *terrae omniparentis*: "della terra che è madre di tutte le cose"; l'aggettivo *omniparentis* è composto da *omnis* + *parens*.
12. *succurrite*: il verbo regge il dativo.
13. *sepedum populorum*: "del popolo a sei zampe".
14. *dissitis*: participio perfetto di *dissĕro, -is, dissevi, dissĭtum, -ĕre* "seminare qua e là", ma qui "separare".

T5 Il verdetto di Giove (Apuleio, *Metamorfosi* VI, 23)

> Psiche ha superato tutte le prove ed è ora degna di diventare la legittima sposa di Amore. Nel corso di un'affollata assemblea degli dèi, Giove ritiene giunto il momento di frenare l'ardore del giovane dio, assegnandogli la ragazza di cui è innamorato; inoltre proclama Psiche dea.

[23] *Sic fatus¹ (Iuppiter) iubet Mercurium deos omnes ad contionem protinus convocare [...]. Completo caelesti theatro pro sede sublimi sedens procerus² Iuppiter sic enuntiat: «Dei conscripti Musarum albo³, adulescentem istum quod manibus meis alumnatus sim profecto scitis omnes⁴. Cuius primae iuventutis caloratos impetus freno quodam coërcendos⁵ existimavi; sat est⁶ cotidianis eum fabulis ob adulteria cunctasque corruptelas infamatum. Tollenda est omnis occasio et luxuria puerilis nuptialibus pedĭcis⁷ alliganda. Puellam elegit et virginitate privavit: teneat, possideat, amplexus Psychen semper suis amoribus perfruatur⁸». [...] et ilĭco per Mercurium arripi Psychen et in caelum perduci iubet. Porrecto ambrosiae⁹ poculo: «Sume,» inquit «Psyche, et immortalis esto, nec umquam digredietur a tuo nexu Cupido sed istae vobis¹⁰ erunt perpetuae nuptiae».*

1. *fatus*: participio perfetto da *for* "parlo".
2. *pro sede... procerus*: "mentre sedeva in alto sull'elevato trono". *Sublimi* e *procerus* sottolineano la regalità di Giove.
3. *Dei conscripti Musarum albo*: gli dèi sono definiti "iscritti nell'albo delle Muse".
4. *adulescentem... omnes*: costruisci: *omnes profecto* ("senz'altro") *scitis quod alumnatus sim meis manibus istum adulescentem*; *quod... alumnatus sim* è una subordinata dichiarativa retta da *scitis*.
5. *coërcendos*: sottinteso *esse*.
6. *sat est*: = *satis est*; l'espressione impersonale regge la subordinata soggettiva *eum... infamatum (esse)*.
7. *nuptialibus pedĭcis*: "con i legami del matrimonio"; *pedĭca, -ae* significa letteralmente "laccio".
8. *perfruatur*: il verbo, al congiuntivo esortativo (come i precedenti *teneat* e *possideat*), regge l'ablativo *suis amoribus*.
9. *ambrosiae*: "di ambrosia", una sorta di nettare ritenuto cibo e bevanda degli dèi.
10. *vobis*: dativo di vantaggio.

IL TESTO DESCRITTIVO

CESARE SALLUSTIO e la narrazione storica

Gaio Sallustio Crispo, miniatura da un codice del XV secolo, Milano, Biblioteca Ambrosiana.

La descrizione di luoghi e popolazioni Nelle opere storiche si trovano spesso sequenze descrittive di luoghi, popolazioni e personaggi. Gaio Giulio Cesare (100 ca-44 a.C.), pubblicando verso la fine degli anni 50 la sua cronaca della guerra sostenuta in Gallia (il *De bello Gallico*, in sette libri, cui segue un ottavo aggiunto dal suo luogotenente Aulo Irzio), riserva una sezione significativa del libro VI alla descrizione degli usi e costumi dei Galli (**T6**) e dei Britanni (**T7**), popolazioni straniere con cui i Romani venivano sostanzialmente per la prima volta in contatto. Egli dimostra un interesse etnografico e antropologico che è sicuramente ereditato dalla cultura greca (si pensi non solo ad autori come Strabone e Posidonio, contemporanei di Cesare, ma già al padre della storiografia, Erodoto di Alicarnasso, V secolo a.C.).

La descrizione di personaggi Pochi decenni dopo Gaio Sallustio Crispo (86-35 a.C.) si dedicò a rintracciare le cause della crisi della *res publica* nelle vicende storiche della prima metà del secolo, dedicando opere monografiche rispettivamente alla congiura di Catilina del 63 a.C. (*De coniuratione Catilinae*) e alla guerra contro Giugurta del 112-105 a.C. (*Bellum Iugurthinum*). In quest'ultima opera Sallustio si sofferma sulla descrizione dei due personaggi più importanti della storia di Roma a cavallo tra il II e il I secolo a.C.: Mario (**T8**) e Silla (**T9**), che si contenderanno il potere a lungo prima che il secondo dei due riesca a prevalere definitivamente. Tutto inizia con la rivalità interna durante la guerra condotta contro Giugurta da Mario come console e da Silla come suo luogotenente. Nelle descrizioni si insiste sulla diversa estrazione sociale, sulle diverse strategie e abilità messe in campo per raggiungere i propri scopi politici, ma anche sull'analoga brama di gloria e potere che anima entrambi.

Lo stile della descrizione Dal punto di vista stilistico, il testo descrittivo è caratterizzato generalmente da periodi brevi e scanditi da elenchi di particolari espressi con l'ablativo di qualità, aggettivi o altre strutture spesso fra loro giustapposti per asindeto. Per quanto concerne le descrizioni etnografiche, si insiste solitamente sugli aspetti più strani e capaci di suscitare meraviglia quando non addirittura raccapriccio, come riesce a fare Cesare evidenziando abilmente i cruenti riti dei Galli.

La descrizione delle personalità di Mario e Silla in Sallustio mette efficacemente in evidenza le qualità di ciascuno e insieme la diversità di origini e carattere di quelli che diventeranno i due contendenti principali per il potere dei successivi due decenni.

T6 Le fazioni e le divinità dei Galli (Cesare, *De bello Gallico* VI, 11 e 17)

> I Galli sono divisi in fazioni non solo fra diversi villaggi, ma persino all'interno delle stesse famiglie. Quanto alla religione, Cesare utilizza, per gli dèi venerati dai Galli, la denominazione romana, sottolineando l'importanza di Mercurio e il massimo rispetto che queste popolazioni hanno delle offerte alle divinità.

[11] Quoniam ad hunc locum perventum est, non alienum esse videtur de Galliae Germaniaeque moribus et quo¹ differant hae nationes inter sese proponĕre. In Gallia non solum in omnibus civitatibus atque in omnibus pagis partibusque², sed paene etiam in singulis domibus factiones³ sunt, earumque factionum principes⁴ sunt qui summam auctoritatem eorum iudicio habēre existimantur, quorum ad arbitrium iudiciumque summa omnium rerum consiliorumque redeat⁵. Itaque eius rei causā antiquitus institutum videtur, ne quis ex plebe contra potentiorem auxili egeret: suos enim quisque opprimi et circumveniri non patitur⁶, neque, alĭter si faciat, ullam inter suos habet auctoritatem. Haec eadem ratio est in summa totius Galliae: namque omnes civitates in partes divisae sunt duas. [...] [17] Deum⁷ maxime Mercurium colunt. Huius sunt plurima simulacra: hunc omnium inventorem artium ferunt⁸, hunc viarum atque itinerum ducem, hunc⁹ ad quaestus pecuniae mercaturasque habēre vim maximam arbitrantur. Post hunc Apollinem et Martem et Iovem et Minervam. De his eandem fere, quam reliquae gentes, habent opinionem: Apollinem morbos depellĕre, Minervam operum atque artificiorum initia tradĕre, Iovem imperium caelestium tenēre, Martem bella regĕre¹⁰. Huic, cum proelio dimicare constituerunt, ea quae bello ceperint¹¹ plerumque devovent: cum superaverunt, animalia capta immolant reliquasque res in unum locum conferunt. Multis in civitatibus harum rerum exstructos tumulos locis consecratis conspicari licet; neque saepe accidit, ut neglecta quispiam religione¹² aut capta apud se occultare aut posita¹³ tollĕre auderet, gravissimumque ei rei supplicium cum cruciatu constitutum est.

---

1. *quo*: "per quale aspetto", introduce un'interrogativa indiretta.

2. *civitatibus... pagis partibusque*: Cesare utilizza un lessico preciso per indicare le ripartizioni politiche dei Galli: *civitas* è usato per indicare una popolazione (non va tradotto con "città", che è termine non adeguato a descrivere i piccoli villaggi dei Galli), mentre *pagus* e *pars* designano rispettivamente i distretti (sorta di ripartizioni più piccole di ciascuna popolazione) e i partiti, ovvero i clan contrapposti.

3. *factiones*: "fazioni", "divisioni", presenti anche nelle singole famiglie (*domus*).

4. *principes*: "capi".

5. *quorum... redeat*: relativa impropria con valore consecutivo.

6. *patitur*: "permette".

7. *Deum*: genitivo partitivo.

8. *ferunt*: nel senso di "tramandano", "raccontano che sia".

9. *hunc*: l'anafora di *hunc* (qui soggetto dell'infinitiva), posto all'inizio della frase, enfatizza l'importanza del dio Mercurio presso i Galli.

10. *depellĕre... regĕre*: infiniti in discorso indiretto che spiega il contenuto dell'*opinionem*.

11. *ceperint*: congiuntivo perfetto con valore eventuale.

12. *neglecta... religione*: ablativo assoluto: "trascurato lo scrupolo religioso". La cosa non accade spesso, perché, come dopo si dice, la pena è la più grave possibile.

13. *capta... posita*: participi sostantivati accusativi neutri plurali.

T7 Descrizione della Britannia e dei suoi abitanti (Cesare, *De bello Gallico* V, 12-14 *passim*)

Cesare fornisce una descrizione geografica della Britannia abbastanza precisa per quanto riguarda la forma e le dimensioni e aggiunge osservazioni interessanti sull'origine delle popolazioni che abitano l'isola e sui loro costumi.

[12] Britanniae pars interior ab eis incolitur quos natos in insula ipsi memoria proditum[1] dicunt, maritima ab eis, qui praedae ac belli inferendi causā ex Belgio transierunt (qui omnes fere eis nominibus civitatum appellantur, quibus orti[2] ex civitatibus eo pervenerunt) et bello illato[3] ibi permanserunt atque agros colĕre coeperunt. Hominum est infinita multitudo creberrimaque aedificia fere Gallicis consimilia, pecorum magnus numerus. Utuntur aut aere aut nummo aureo aut taleis ferreis ad certum pondus examinatis[4] pro nummo. Nascitur ibi plumbum album in mediterraneis regionibus, in maritimis ferrum, sed eius exigua est copia; aere utuntur importato. Materia cuiusque generis ut in Gallia est, praeter fagum atque abiĕtem. Leporem et gallinam et anserem gustare fas non putant[5]; haec tamen alunt animi voluptatisque causā. Loca sunt temperatiora quam in Gallia, remissioribus frigoribus[6]. **[13]** Insula naturā triquetrā[7], cuius unum latus est contra Galliam[8]. Huius lateris alter angulus, qui est ad Cantium[9], quo fere omnes ex Gallia naves appelluntur[10], ad orientem solem, inferior ad meridiem spectat[11]. Hoc pertinet circĭter mila passuum quingenta. Alterum vergit ad Hispaniam atque occidentem solem; qua ex parte est Hibernia[12], dimidio minor, ut aestimatur, quam Britannia, sed pari spatio transmissus atque[13] ex Gallia est in Britanniam. [...] Complures praeterea minores subiectae insulae existimantur, de quibus insulis nonnulli scripserunt dies continuos triginta sub bruma esse noctem[14].

F. Tüshaus, *Battaglia fra Romani e Germani*, 1876.

1. *proditum*: sottinteso *esse*. I Britanni dell'interno si ritengono autoctoni, ovvero originari direttamente della loro terra, non migrati da altrove.
2. *quibus orti*: lett. "nati, pervenuti dalle quali"; le popolazioni immigrate dal continente mantengono invece i nomi delle terre d'origine.
3. *bello illato*: da *bellum inferre*, ablativo assoluto: "dopo aver portato guerra", quindi in seguito a vittorie militari.
4. *examinatis*: lett. "misurati" di un peso preciso. Dunque non battono moneta con effigi, ma utlizzano pezzi di metallo di peso preciso come moneta (*pro nummo*).
5. *fas non putant*: viene messo in evidenza un tabù alimentare che doveva apparire piuttosto curioso per il pubblico romano (e forse anche per noi).
6. *Loca... frigoribus*: "il clima è più mite che in Gallia, dato che il freddo è meno intenso". L'osservazione è realistica, se si pensa che Cesare metteva a confronto il territorio continentale della Gallia (odierna Francia) con le coste della Britannia (egli non si spinse mai molto addentro nel territorio), mitigate dalla corrente del Golfo.
7. *naturā triquetrā*: "di forma approssimativamente triangolare".
8. *contra Galliam*: la base del triangolo è rivolta verso sud e si affaccia sulla Gallia.
9. *Cantium*: la regione ancora oggi conserva il nome antico: Kent.
10. *appelluntur*: da *appello, -is, appuli, appulsum, -ĕre* "approdare".
11. *ad orientem... spectat*: è cioè rivolto a sud-est.
12. *Hibernia*: è l'Irlanda.
13. *pari... atque*: introduce un secondo termine di paragone di un comparativo di uguaglianza: "alla stessa distanza che c'è tra la Gallia e la Britannia".
14. *noctem*: Cesare ha notizia delle lunghe notti artiche da *complures scriptores*. Da Strabone, che pure non gli presta credito, sappiamo che già alla fine del IV secolo Pitea di Marsiglia si sarebbe spinto fino alle regioni dove si poteva osservare il mare ghiacciato e il sole a mezzanotte.

Nos nihil de eo percontationibus reperiebamus, nisi certis ex aqua mensuris breviores esse quam in continenti noctes videbamus [15]. [...] *Tertium est contra septentriones; cui parti nulla est obiecta terra, sed eius angulus lateris maxime ad Germaniam spectat. Hoc milia passuum octingenta in longitudinem* [16] *esse existimatur.* [...] **[14]** *Ex his omnibus longe sunt humanissimi* [17] *qui Cantium incolunt, quae regio est maritima omnis, neque multum a Gallica differunt consuetudine. Interiores plerique frumenta non serunt, sed lacte et carne vivunt pellibusque sunt vestiti* [18]. *Omnes vero se Britanni vitro inficiunt* [19], *quod caeruleum efficit colorem, atque hoc horridiores sunt in pugna aspectu; capilloque sunt promisso atque omni parte corporis rasa* [20] *praeter caput et labrum superius. Uxores habent deni duodenique* [21] *inter se communes et maxime fratres cum fratribus parentesque cum liberis; sed qui* [22] *sunt ex his nati, eorum habentur liberi, quo primum virgo quaeque deducta est* [23].

15. *Nos... videbamus*: Cesare aggiunge la propria osservazione di notti più brevi che sul continente, com'è naturale, dato che egli si recò in Britannia durante la stagione estiva, quando effettivamente la durata del dì aumenta proporzionalmente alla latitudine.
16. *milia passuum octingenta in longitudinem*: lett. "ottocento miglia di lunghezza". Si tratta, lo dice lo stesso Cesare, di una stima che nei fatti è inferiore alla realtà, anche se non di molto.
17. *longe humanissimi*: "di gran lunga i più civili".
18. *Interiores... sunt vestiti*: le popolazioni dell'interno sono più arretrate e non conoscono l'agricoltura.
19. *se... inficiunt*: qui *inficĕre* vale "macchiarsi", "mettersi su" e regge l'accusativo della persona (*se*) e l'ablativo della cosa (*vitro*, una pasta colorata).
20. *capilloque... rasa*: complementi di qualità in ablativo per le caratteristiche fisiche.
21. *deni duodenique*: "a gruppi di dieci o di dodici". Anche questa è un'usanza davvero singolare per un Romano.
22. *qui*: anticipazione del relativo.
23. *quo... deducta est*: lett. "dove (ovvero nella casa dei quali) ciascuna donna è stata condotta per la prima volta ancora vergine".

T8 Ritratto di Mario (Sallustio, *Bellum Iugurthinum* 63)

Mario (157-86 a.C.) è un *homo novus* che prende spazio sulla scena politica grazie al proprio temperamento e alle qualità di severo militare esercitate sin dalla giovane età. Ottiene una carica dopo l'altra, ma sembra ancora troppo presto per mirare al consolato, poiché l'oligarchia nobiliare non accetta che questa carica sia assegnata a membri di altre famiglie.

[63] *At illum iam antea consulatus* [1] *ingens cupido exagitabat, ad quem capiendum praeter vetustatem familiae* [2] *alia omnia abunde erant: industria, probitas, militiae magna scientia, animus belli ingens domi modicus, libidinis et divitiarum victor, tantummodo gloriae avidus* [3]. *Sed is natus et omnem pueritiam Arpini altus* [4], *ubi primum aetas militiae patiens* [5] *fuit, stipendiis faciendis* [6], *non Graeca facundia neque urbanis munditiis sese exercuit: ita inter artis* [7]

1. *consulatus*: genitivo singolare.
2. *praeter vetustatem familiae*: Mario era un *homo novus*, cioè nessuno della sua famiglia aveva in precedenza completato il *cursus honorum* fino al consolato.
3. *industria... avidus*: l'elenco delle qualità di uomo politico di Mario è costituito da quattro sostantivi: i primi tre sono qualità specifiche ("determinazione, onestà, grande esperienza dell'arte della guerra"); il quarto è genericamente l'*animus* di Mario, che viene descritto mediante una serie di espressioni attributive: "coraggioso in guerra e moderato in pace, capace di dominare (*victor*) le passioni e il desiderio di ricchezze, soltanto bramoso di gloria". L'ultima caratteristica, messa in evidenza al termine di una descrizione che appare positiva, è l'unico, ma grave difetto di Mario, che lo porterà a scatenare una feroce lotta per il potere.
4. *altus*: participio perfetto da *alo*, lett. "nutrito", dunque "cresciuto", "educato".
5. *patiens*: lett. "in grado di sopportare", quindi "adatta a".
6. *stipendiis faciendis*: gerundivo in ablativo con valore strumentale: "militando nell'esercito". Seguono in *variatio* altri sostantivi in ablativo con valore strumentale che sottolineano come Mario fosse uomo d'azione e non di parola.
7. *artis*: accusativo plurale arcaico in *-is* = *-es*.

bonas integrum ingenium[8] brevi adolevit. Ergo, ubi primum tribunatum militarem a populo petit, plerisque faciem eius ignorantibus[9] facile factis notus per omnis[10] tribus declaratur[11]. Deinde ab eo magistratu alium post alium sibi peperit[12], semperque in potestatibus eo modo agitabat, ut ampliore[13] quam gerebat dignus haberetur. Tamen is ad id locorum[14] talis vir – nam postea ambitione praeceps datus est – consulatum appetĕre non audebat. Etiam tum alios magistratus plebs, consulatum nobilitas inter se per manus tradebat. Novos[15] nemo tam clarus neque tam egregiis factis[16] erat, quin indignus illo honore et is quasi pollutus haberetur[17].

S. Altamura (1822-97), *Il trionfo di Mario*, Foggia, Museo Civico.

8. *integrum ingenium*: si noti l'allitterazione, che sottolinea il significato del sintagma: "sviluppò (*adolevit*) un'indole sana e forte". L'*ingenium* è peraltro la caratteristica degli appartenenti alle *gentes* della nobiltà: Mario raggiunge per meriti personali quel prestigio che gli consente di avanzare nella carriera politica, come si dice poco dopo.
9. *plerisque... ignorantibus*: ablativo assoluto con valore concessivo: "sebbene i più non ne conoscessero l'aspetto".

10. *omnis*: = *omnes*.
11. *declaratur*: qui nel senso tecnico di "viene proclamato eletto".
12. *sibi peperit*: da *pario*, qui nel senso di "si procurò".
13. *ampliore*: sottinteso *potestate*, ablativo di limitazione dipendente da *dignus*.
14. *ad id locorum*: costruzione con il genitivo partitivo, che si può rendere: "per queste cariche".
15. *Novos*: nominativo singolare arcaico in -*os* = -*us*.
16. *egregiis factis*: ablativo di quali-

tà, in *variatio* rispetto al precedente aggettivo *clarus*.
17. *quin... haberetur*: subordinata completiva retta da un'espressione di impedimento negata; si può tradurre: "da non essere considerato indegno di una simile carica e addirittura quasi contaminato", ovvero privo dei requisiti morali e religiosi che erano prerogativa dei nobili e dunque, secondo la credenza superstiziosa della *religio* romana, potenziale fonte di contaminazione per la cittadinanza.

T9 **Ritratto di Silla** (Sallustio, *Bellum Iugurthinum* 95-96)

Lucio Cornelio Silla (138-78 a.C.) giunge in Africa verso la fine della guerra come luogotenente del nuovo console Mario. È completamente diverso da quello che diventerà il suo avversario nelle guerre civili: di origine nobile e inesperto dell'arte della guerra, Silla riuscirà presto a ingraziarsi le truppe con un comportamento astutamente benevolo e affabile.

[95] *Igitur Sulla gentis patriciae nobilis fuit[1], familia prope iam extincta maiorum ignavia, litteris Graecis atque Latinis iuxta [atque doctissime] eruditus[2], animo ingenti, cupidus voluptatum[3], sed gloriae cupidior; [...] facundus, callidus et amicitia facilis, ad simulanda negotia altitudo[4]*

1. *fuit*: valore perfettivo di azione compiuta; in italiano è preferibile tradurlo con l'imperfetto: "era". Al contrario di Mario, Silla apparteneva alla nobilissima *gens Cornelia*.
2. *eruditus*: si coglie un'altra differenza nell'educazione dei due futuri antagonisti: Silla è culturalmente molto

preparato, come tutti i rampolli delle famiglie romane illustri.
3. *animo... voluptatum*: due caratteristiche espresse in *variatio*: la prima con un ablativo di qualità, l'altra con un attributo seguito dal genitivo: "di carattere forte, amante dei piaceri".
4. *altitudo*: dopo i tre aggettivi

"abile parlatore, astuto, disponibile a stringere amicizie" segue, in costruzione anacolutica, un sostantivo al nominativo che presuppone un dativo di possesso sottinteso (*ei*): "aveva una profondità di pensiero incredibile (*ingeni incredibilis*) nel progettare inganni".

Ritratto in marmo di Silla, I secolo a.C., Monaco di Baviera, Gliptoteca.

ingeni incredibilis, multarum rerum ac maxime pecuniae largitor[5]. Atque illi felicissimo omnium ante civilem victoriam numquam super industriam fortuna fuit[6], multique dubitavēre, fortior an felicior esset[7]. Nam postea quae fecerit, incertum habeo pudeat an pigeat[8] magis disserĕre. [96] Igitur Sulla [...], postquam in Africam atque in castra Mari cum equitatu venit, rudis antea et ignarus belli[9], sollertissimus omnium in paucis tempestatibus[10] factus est. Ad hoc milites benigne appellare[11], multis rogantibus, aliis per se ipse dare beneficia, invitus accipĕre, sed ea properantius quam aes mutuum reddĕre[12], ipse ab nullo repetĕre, magis id laborare, ut illi quam plurimi deberent, ioca atque seria cum humillimis agĕre[13], in operibus, in agmine atque ad vigilias multus adesse, neque interim, quod prava ambitio solet, consulis aut cuiusquam boni[14] famam laedĕre, tantummŏdo neque consilio neque manu priorem alium pati[15], plerosque antevenire. Quibus rebus et artibus brevi Mario militibusque carissimus factus.

5. *largitor*: soggetto sottinteso è di nuovo *Sulla*.

6. *illi felicissimo... fuit*: costruzione del dativo di possesso: "egli che prima della vittoria (nella guerra) civile era di tutti quello più favorito dalla sorte, mai però oltre il suo impegno personale".

7. *fortior... esset*: interrogativa indiretta disgiuntiva: era difficile stabilire se prevalesse in lui la qualità personale o la buona sorte.

8. *pudeat an pigeat*: interrogativa indiretta disgiuntiva retta da *incertum habeo*. I due verbi assolutamente impersonali indicano rispettivamente il ritegno e il dispiacere provocato dal dilungarsi eccessivamente (*magis disserĕre*) sulle successive azioni di Silla, con particolare riferimento alle liste di proscrizione e all'uccisione di numerosi cittadini romani.

9. *rudis... belli*: contrariamente a Mario, Silla giunge del tutto inesperto e impreparato all'attività militare.

10. *in paucis tempestatibus*: "sfruttando poche occasioni".

11. *appellare*: è il primo di una lunga serie di infiniti narrativi, che si conclude con *antevenire* e che descrive il modo abituale di comportarsi di Silla nelle varie circostanze e con le diverse categorie di persone.

12. *dare... reddĕre*: favori e prestiti sono da Silla più facilmente concessi che ricevuti e in tutti i casi egli cerca sempre di apparire in credito piuttosto che in debito, secondo il tipico atteggiamento del *patronus* che mira a legare a sé *clientes* che saranno a lui fedeli nelle circostanze decisive.

13. *ioca... agĕre*: "scherzava e trattava di cose serie con l'ultimo dei soldati"; ancora una riprova dell'attenzione di Silla a farsi accettare e benvolere da tutto l'esercito, che, nei suoi strati più umili, poteva non vedere di buon occhio il luogotenente di nobili origini.

14. *cuiusquam boni*: lett. "di alcuno dei nobili"; Silla badava anche a non urtare la suscettibilità degli appartenenti alle classi sociali più elevate.

15. *neque consilio... pati*: "non permetteva che alcun altro lo precedesse nel fornire consigli né nell'agire".

Il testo argomentativo

Cicerone e l'oratoria

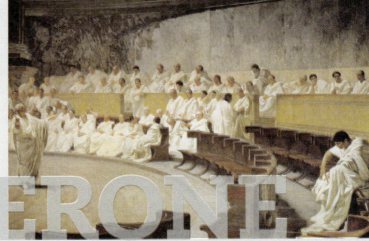

C. Maccari, *Cicerone denuncia al senato Catilina*, 1880, Roma, Palazzo Madama.

La struttura dell'orazione Nel testo argomentativo chi scrive (o parla) presenta una propria opinione, una "tesi", sostenendola con prove a favore e confutando argomentazioni e opinioni contrarie. Poiché destinatari, scopi e tecniche possono essere assai diversificati, passi di struttura argomentativa si presentano in diversi generi letterari, ma è soprattutto l'oratoria giudiziaria o politica a offrire esempi efficaci. A Roma i casi criminali erano discussi davanti a una corte permanente di 75 *equites*, presieduta da un *praetor*, dove l'accusato era difeso da un gruppo di *advocati*: al dibattimento assisteva spesso un pubblico numeroso, che poteva influenzare dibattimento e verdetto finale.

L'*exordium*, ovvero l'inizio dell'arringa, doveva suggerire subito la linea emotiva che l'oratore giudicasse più vantaggiosa per il suo cliente. A esso seguiva la *narratio* (o *expositio*), in cui si procedeva a una "ricostruzione" degli avvenimenti. Cuore del discorso era tuttavia l'*argumentatio*, ovvero l'"argomentazione": tale parte, articolata o meno in *confirmatio*, ovvero "conferma" delle prove a sostegno della tesi della difesa, e *refutatio* o *reprehensio*, la "confutazione" delle prove e delle ricostruzioni degli avversari, era caratterizzata da uno stile frizzante, spesso fitto di interrogative dirette o con l'inserimento di un interlocutore fittizio a cui replicare a tono, in modo serrato e incalzante, umoristico o drammatico a seconda delle circostanze.

Cicerone, eccellenza dell'oratoria giudiziaria e politica Marco Tullio Cicerone (106-43 a.C.), che percorse il *cursus honorum* fino al consolato nel 63 a.C. e giocò un ruolo di primo piano nella politica della *res publica*, si conquistò la fama di principe del foro in memorabili vicende giudiziarie. Uno dei primi casi da lui affrontati fu la difesa di Sesto Roscio Amerino dall'accusa di parricidio (80 a.C.), che era in realtà un *affaire* politico complicato (della confisca dei beni del colpevole avrebbe beneficiato Silla): l'imputato venne assolto (**T10**). Da avvocato dell'accusa Cicerone affrontò con successo, nel 70 a.C., una causa dei Siculi contro il corrottissimo ex proconsole Gaio Licinio Verre, a cui non valsero né i cento milioni di sesterzi (frutto delle sue ruberie) né il magistero difensivo di Quinto Ortensio Ortalo, *consul designatus* dell'anno (**T11**).

Appartengono all'oratoria politica le arringhe contro Lucio Sergio Catilina, che nel 63 a.C. aveva progettato un *golpe* senza precedenti contro la *res publica*: Cicerone, in quell'anno console, aprì il proprio intervento nella *curia* accusando apertamente l'uomo, e con una tale veemenza da fargli abbandonare l'aula (**T12**). Nel 57 a.C. Cicerone, tornando all'oratoria giudiziaria, difese il giovane Marco Celio Rufo da ben cinque accuse, tra le quali un tentativo di veneficio nei confronti di Clodia, chiacchierata vedova di Cecilio Metello (verosimilmente la Lesbia amata dal poeta Catullo, cfr. p. 398). Egli, da vero maestro, screditò la reputazione della donna grazie alle parole di... Appio Claudio Cieco, il leggendario prozio di Clodia, immaginato redivivo per l'occasione (**T13**)!

Occorre ricordare che la donna era sorella di un nemico personale di Cicerone, il tribuno Publio Clodio Pulcro, il quale, grazie alla sua proposta di legge (*lex Clodia de capite civis Romani*), era riuscito a mandare l'ex console in esilio nel 58 a.C. La legge (retroattiva) prevedeva infatti l'esilio per chi avesse fatto condannare a morte cittadini romani senza concedere loro il diritto d'appello a un tribunale popolare, come aveva fatto Cicerone con i catilinari nel 63.

T10 È davvero possibile che Sesto Roscio abbia ucciso il padre?
(Cicerone, *Pro Roscio Amerino* 37-40)

> Gaio Erucio, argomenta Cicerone, sostiene un'accusa terribile, ma senza prove. Sesto Roscio non è un giovanotto scapestrato o manipolabile né un *killer* professionista o una persona avvezza al crimine né indebitato, vizioso o avido di denaro.

[37] *Occidisse patrem Sex. Roscius arguĭtur. Scelestum, di immortales, ac nefarium facinus atque eius modi, quo uno maleficio scelera omnia complexa esse videantur*[1]! [...] [38] *In hoc tanto, tam atroci, tam singulari maleficio, quod ita raro exstitit ut, si quando auditum sit, portenti ac prodigi simile numeretur*[2], *quibus tandem tu, C. Eruci, argumentis accusatorem censes uti oportēre?*[3] *Nonne*[4] *et audaciam eius singularem ostendĕre et mores feros immanemque naturam et vitam vitiis flagitiisque omnibus deditam, denique omnia ad perniciem profligata atque perdĭta*[5]? [...] [39] «*Patrem occīdit Sex. Roscius.*»[6] *Qui homo?*[7] *Adulescentŭlus corruptus et ab hominibus nequam inductus?*[8] *Annos natus maior quadraginta. Vetus videlĭcet sicarius*[9], *homo audax et saepe in caede versatus? At hoc ab accusatore ne dici quidem audistis. Luxuries*

---

1. *quo... videantur*: relativa impropria con valore consecutivo: "di tal genere (*eius modi*) da sembrare che..."; *complexa esse* viene da *complector, -ĕris, complexus sum, complecti*, qui da tradurre in senso figurato ("comprendere", "riassumere").

2. *si quando... numeretur*: periodo ipotetico della realtà: "se mai...". Il *parricidium* era tanto raro da essere considerato alla stregua di un *prodigium* o di un *monstrum*, un "prodigio infausto" (come le comete, la pioggia di pietre o le eclissi).

3. *quibus... oportēre?*: "ebbene, quali prove tu credi, Gaio Erucio, che abbia bisogno di utilizzare un accusatore?". L'enormità del delitto richiede, sostiene Cicerone, prove (*argumentum* non vale come "argomentazione", bensì come "prova") inconfutabili. Gaio Erucio apparteneva a una *gens* plebea piuttosto famosa.

4. *Nonne*: sottintendi *censes*: "Non è forse vero che pensi di...".

5. *denique... perdĭta*: "insomma, perversità e depravazione totali portate all'eccesso".

6. «*Patrem occīdit Sex. Roscius.*»: Cicerone riprende il capo d'imputazione, a cui dà voce un interlocutore fittizio.

7. *Qui homo?*: "Che tipo di uomo è?".

8. *Adulescentŭlus... inductus?*: Cicerone introduce la prima di una serie di ipotesi, che, con ritmo incalzante, poi rigetta; sottintendi, come nel periodo successivo, il verbo *est*: "Si tratta di un ragazzo...?"; *nequam* è aggettivo indeclinabile, "malvagio".

9. *Vetus... sicarius*: "Vuol dire forse che è un assassino di professione?"; *sicarius, -ii* deriva da *sica, -ae* "pugnale". Si noti l'esagerazione del ragionamento: Sesto Roscio non ha alcun precedente penale.

igitur hominem nimīrum et aeris alieni magnitudo et indomĭtae animi cupiditates ad hoc scelus impulerunt[10]. *De luxuria purgavit Erucius, cum dixit hunc ne in convivio quidem ullo fere interfuisse. Nihil autem umquam debuit*[11]. *Cupiditates porro quae possunt esse in eo qui, ut ipse accusator obiecit, ruri semper habitarit*[12] *et in agro colendo vixerit?* [40] *Quae res igitur tantum istum furorem Sex. Roscio obiecit?* «*Patri – inquit – non placebat.*» *Patri non placebat? Quam ob causam? Necesse est enim eam quoque iustam et magnam et perspicuam fuisse. Nam ut illud*[13] *incredibile est, mortem oblatam esse patri a filio sine plurimis et maximis causis, sic hoc veri simile non est*[14], *odio fuisse parenti filium sine causis multis et magnis et necessariis.*

10. *Luxuries... impulerunt*: *luxuries*, *aeris alieni magnitudo* e *indomĭtae animi cupiditates* sono i tre soggetti che potrebbero costituire dei "moventi" (*nimīrum* vale come "senza dubbio"). Se, argomenta Cicerone, Sesto Roscio non è un assassino di vocazione, l'avidità o il vizio l'avranno spinto al parricidio: avrebbe infatti ereditato i beni paterni. *Aes alienum* è un eufemismo: il "denaro altrui" è quello che si ha dopo aver contratto un debito!
11. *Nihil... debuit*: "E poi non ha mai contratto alcun debito".
12. *habitarit*: forma sincopata di *habitaverit*. Lo stesso Erucio ha affermato che l'uomo è sempre vissuto *ruri*, "in campagna", lontano dagli stravizi e dai lussi di Roma.
13. *illud*: ha valore prolettico della successiva infinitiva *mortem oblatam esse*: "questo, che...".
14. *sic hoc... non est*: si noti la costruzione simmetrica della comparativa: *ut illud... est / sic hoc... non est*; *hoc*, come il precedente *illud*, ha valore prolettico: "quest'altro, che...". Il ragionamento è chiaro: se mai ci fosse una ragione per commettere un parricidio, dovrebbe essere eclatante, incontrovertibile, mentre l'accusa non riesce neppure a "inquadrare" Sesto Roscio come un tipo umano plausibile per un tale omicidio, né per natura né per moventi.

T11 Verre ha rubato "tutto", e non è un modo di dire... (Cicerone, *Verrine* II, 4, 1-2)

> Si tratta di un *exordium*, ma ha già sapore confutatorio: Cicerone, con un tono di amaro umorismo, invita i giurati a capire che, quando egli dice che Verre ha rubato tutto ciò che di prezioso e artistico ci fosse in Sicilia, questo non è un "modo di dire": "tutto" va inteso in senso letterale.

[1] *Venio nunc ad istius*[1], *quem ad modum ipse appellat, "studium", ut amici eius, "morbum et insaniam", ut Siculi, "latrocinium"*[2]; *ego quo nomine appellem nescio; rem vobis proponam*[3], *vos eam suo non nominis pondĕre penditote*[4]. *Genus ipsum prius cognoscite, iudices; deinde fortasse non magno opere*[5] *quaeretis quo id nomine appellandum putetis. Nego*[6] *in Sicilia*

1. *Venio nunc ad istius*: "Ma passo ora (alla passione) di costui": la formula della *transitio*, molto ricorrente, ha funzione "fàtica", ovvero sollecita l'attenzione dell'uditorio in modo che si concentri su quanto di nuovo verrà detto. *Iste* ha colore dispregiativo: Cicerone lo usa per non pronunciare neppure il nome di Verre, a sottolineare l'indegnità del personaggio. Gaio Licinio Verre (120 ca-43 ca a.C.) percorse un importante *cursus honorum*: fu questore nella Gallia Cisalpina, propretore in Cilicia, *praetor urbanus* e infine propretore della Sicilia dal 73 al 71 a.C. A conferma dell'importanza, lo difendevano apertamente in questa causa la famiglia dei Metelli e degli Scipioni. Verre si recò in esilio volontario a Marsiglia, dove fu ucciso a seguito della proscrizione di Antonio.
2. *"studium"..."morbum et insaniam"... "latrocinium"*: costituiscono una *climax* umoristica e ben studiata: per Verre appropriarsi delle opere di pregio artistico altrui era una "passione da intenditore", per i suoi amici una "malattia", per i Siciliani, cioè i derubati, un "furto"!
3. *rem... proponam*: *rem proponĕre* significa "esporre la faccenda".
4. *vos... penditote*: la presenza di un fortissimo ipèrbato rende difficile la costruzione: *vos penditote eam suo pondĕre, non nomine*. Si noti che *suo* si riferisce a *pondere* e *nomine*, quindi non al soggetto grammaticale (*vos*), ma a *res*. La *res*, e cioè la verità oggettiva, si contrappone al *nomen*, ovvero come l'accusa possa "deformare" ciò che è successo, alleggerendone la portata.
5. *non magno opere*: in luogo della locuzione *magnopĕre* e con un'evidente litote: "con assoluta facilità".
6. *Nego*: il verbo, ripreso successivamente in anafora, regge un'infinitiva con verbo *fuisse* caratterizzata da un accumulo di soggetti: da *vas*, con cui concordano gli aggettivi *argenteum, Corinthium, Deliăcum*, a *signum*, con cui concordano gli aggettivi *aēnĕum, marmoreum, eburneum*.

tota, tam locuplēti, tam vetĕre provincia, tot oppidis, tot familiis tam copiosis, ullum argenteum vas, ullum Corinthium aut Deliăcum[7] fuisse, ullam gemmam aut margaritam, quicquam ex auro aut ebŏre factum[8], signum[9] ullum aënĕum, marmoreum, eburneum, nego ullam picturam[10] neque in tabula neque in textīli quin conquisierit, inspexerit, quod placĭtum sit abstulerit[11]. [2] Magnum videor dicĕre[12]: attendite etiam quem ad modum dicam. Non enim verbi neque criminis augendi causā[13] complector omnia: cum dico nihil istum eius modi rerum[14] in tota provincia reliquisse, Latine me scitote, non accusatorie loqui[15]. Etiam planius: nihil in aedibus cuiusquam, ne in hospitis[16] quidem, nihil in locis communibus, ne in fanis quidem, nihil apud Siculum, nihil apud civem Romanum, denique nihil istum, quod ad oculos animumque acciderit, neque privati neque publici neque profani neque sacri tota in Sicilia reliquisse[17].

Ripiano con argenteria preziosa, affresco della necropoli di porta Vesuvio a Pompei, I secolo d.C.

7. *Corinthium aut Deliăcum*: a Corinto e a Delo si fabbricavano vasi e altri oggetti artisticamente raffinatissimi, con una lega d'oro e d'argento considerata più preziosa dell'oro stesso.
8. *quicquam... factum*: "qualche manufatto d'oro o d'avorio".
9. *signum*: a differenza di *statua*, designa in questo e analoghi contesti una "immagine, statua sacra".
10. *ullam picturam*: sottinteso *fuisse*; *pictura* significa "quadro".
11. *quin... abstulerit*: "che egli non abbia...". *Conquiro*, *inspicio* e *aufero* sono posti in *climax*: Verre era sì ladro, ma anche dotato di un certo gusto artistico: andava alla ricerca di oggetti preziosi e li esaminava con competenza prima di appropriarsene illegalmente.
12. *Magnum... dicĕre*: vale come "sparlare grosse", "esagerare".
13. *Non enim... causā*: "infatti non per modo di dire né per esagerare la gravità dell'accusa".
14. *nihil... rerum*: "nessuno di questo tipo di oggetti".
15. *Latine... loqui*: costruisci: *scitote me loqui Latine, non accusatorie*. I due avverbi, collocati in antitesi, hanno un effetto umoristico: Cicerone parla "chiaro", non "da accusatore", da uno che mistifichi i fatti.
16. *in hospitis*: sottintendi *aedibus*, che al plurale ha valore di "casa". Verre è talmente abietto da rubare anche nelle case di chi l'ha ospitato, commettendo un grave sacrilegio. Si noti la costruzione simmetrica del periodo (*nihil in... ne in... quidem... nihil in... ne in... quidem*), dove *nihil* ha funzione di complemento oggetto di *reliquisse*.
17. *nihil istum... reliquisse*: costruisci: *istum reliquisse... nihil neque publici neque profani neque sacri, quod... acciderit*. *Publici, profani* e *sacri*, genitivi partitivi dipendenti da *nihil*, sono posti in *climax*: si va da ciò che è possesso della collettività a ciò che è privato, a ciò che è da considerarsi bene degli dèi. Verre si appropriò infatti non solo di beni della *provincia* (e dunque della *res publica*), ma anche delle ricchezze e delle opere artistiche di templi e santuari, che subirono un vero e proprio saccheggio.

T12 "E fino a quando, Catilina, abuserai della nostra pazienza?" (Cicerone, *Catilinarie* I, 1, 1-3)

Si tratta del più celebre *exordium* della storia dell'oratoria. È l'8 novembre 63 a.C., il giorno in cui Cicerone, da console, convoca una seduta straordinaria del senato: egli sa ormai tutto della congiura di Catilina. Il "nemico di Roma", sfrontatamente, si presenta nella curia e, mentre tutti si allontanano da lui, è investito da una vera tempesta di interrogative.

[1] Quo usque tandem abutēre[1], Catilina[2], patientia nostra? Quam diu etiam furor iste tuus nos eludet? Quem ad finem sese effrenata iactabit audacia?[3] Nihilne te[4] nocturnum praesidium Palati, nihil urbis vigiliae[5], nihil timor populi, nihil concursus bonorum omnium, nihil hic munitissimus

habendi senatus locus[6], *nihil horum ora voltusque moverunt? Patēre tua consilia non sentis, constrictam iam horum omnium scientia tenēri coniurationem tuam non vides?*[7] *Quid proxima, quid superiore nocte egeris, ubi fueris, quos convocaveris, quid consili ceperis*[8] *quem nostrum ignorare arbitraris?* [2] *O tempora, o mores! Senatus haec intellegit, consul videt; hic tamen vivit. Vivit? Immo*[9] *vero etiam in senatum venit, fit publici consili particeps*[10], *notat et designat oculis ad caedem unumquemque nostrum*[11]. *Nos autem fortes viri satis facĕre rei publicae videmur, si istius furorem ac tela vitamus. Ad mortem te, Catilina, duci iussu consulis*[12] *iam*

C. Mariani, *Cicerone accusa Catilina in senato*, 1882, Roma, Museo di Roma.

1. *Quo usque tandem abutēre*: *tandem* ("e... insomma") è spesso usato per rafforzare le interrogative, specie quelle retoriche; *abutēre* è forma sincopata dell'indicativo futuro di *abutor, -eris, abusus sum, abuti* e regge l'ablativo. La domanda è rivolta all'*hostis publicus* Catilina *ex abrupto*, cioè "all'improvviso" e a bruciapelo, senza che l'altro abbia tempo di prepararsi a replicare.

2. *Catilina*: Lucio Sergio Catilina, di famiglia patrizia, ma decaduta e impoverita, era stato violento fautore di Silla: viveva una vita di dissolutezza e di debiti, che lo costrinsero ad affrontare un processo per malversazione dopo la sua propretura in Africa (66 a.C.). Persa la corsa alla carica di console per il 63 a.C. contro Cicerone e poi per il 62, ordì, tramite una fitta rete di complici e uomini senza scrupoli, un vero e proprio colpo di stato, che prevedeva, fra gli altri crimini, l'uccisione del console in carica.

3. *Quam diu... audacia?*: il poliptòto *Quo / Quam / Quem* sottolinea l'unitarietà delle tre proposizioni iniziali. In Catilina c'è *furor*, "follia", c'è *audacia*, "sfrontatezza", connotata ancora più negativamente dal participio attributivo *effrenata* (lett. "senza freni", da *ex* + *freno*). Si noti il pronome personale *sese*, enfatico: *sese iactabit* "si lancerà".

4. *Nihilne te*: "E dunque per nulla ti hanno scosso (*moverunt*)". Soggetto del verbo sono *praesidium, vigiliae, timor, concursus, locus, ora, voltus* (= *vultus*), che sottolineano l'isolamento di Catilina, nemico di tutti. *Nihil* verrà ripetuto in anafora.

5. *urbis vigiliae*: "le pattuglie di guardia urbane". Anche Sallustio (*De coniuratione Catilinae* 30) ricorda che, a seguito delle prime voci sulla congiura, erano stati rafforzati i presidi e istituiti dei *tresvĭri nocturni* che ne coordinassero le mosse.

6. *habendi senatus*: costruzione in gerundio: "scelto per radunare il senato". Le sedute del senato si svolgevano generalmente nei templi del foro o del Campidoglio: Cicerone scelse in quell'occasione il tempio di Iuppiter Stator, "Giove Statore", alla fine della via Sacra, sulle falde a nord del colle Palatino, più sicuro negli accessi e difendibile.

7. *Patēre... non sentis... tenēri... non vides?*: la struttura dei due periodi è simmetrica, con i due verbi reggenti collocati alla fine. Costruisci: *non sentis tua consilia patēre, non vides coniurationem tuam constrictam iam tenēri scientia horum omnium* ("dalla consapevolezza di tutti costoro")? L'uso di *horum* sottolinea il coinvolgimento diretto dei presenti, i *patres* chiamati a dimostrare la propria inimicizia verso l'abietto senatore.

8. *Quid... quid... egeris, ubi fueris, quos convocaveris, quid... ceperis*: serie di interrogative indirette (al congiuntivo perfetto per esprimere anteriorità) rette da *ignorare*, infinitiva a sua volta retta dall'interrogativa diretta *quem nostrum arbitraris?* La *nox proxima* e *superior* sono rispettivamente la notte passata e la precedente. *Consili* è genitivo partitivo dipendente dal pronome neutro singolare *quid*: "che decisione".

9. *hic... Immo*: "eppure questi è ancora vivo? Ancora vivo? Anzi". Chi abbia tramato contro l'incolumità della *res publica* come ha fatto Catilina dovrebbe già essere stato giustiziato: egli ha invece la sfrontatezza di presentarsi in senato.

10. *publici consili particeps*: Catilina, come membro del *senatus*, può partecipare alle decisioni che tutelino la *res publica*, e nemmeno in questa circostanza rinuncia a tali prerogative.

11. *unumquemque nostrum*: è più enfatico di *quicumque*; si renda quindi con "tutti noi, uno per uno".

12. *iussu consulis*: lo *iussum consulis* è il decreto adottato nel caso in cui il *senatus* proclami il *senatus consultum ultimum*, secondo la formula spesso ricordata (*ne quid detrimenti res publica accipiat*, "perché lo stato non subisca alcun danno"), ovvero la sospensione delle garanzie giudiziarie riservate ai *cives*: si trattava di una sorta di "legge marziale".

pridem oportebat[13], *in te conferri pestem*[14] *quam tu in nos omnis*[15] *iam diu machinaris.* [3] *An*[16] *vero vir amplissimus, P. Scipio, pontifex maximus, Ti. Gracchum, mediocrĭter labefactantem statum rei publicae, privatus interfecit*[17]: *Catilinam, orbem terrae caede atque incendiis vastare cupientem, nos consules perferemus?*

13. *oportebat*: "si sarebbe dovuto", falso condizionale.
14. *in te conferri pestem*: "far ricadere su di te la rovina".
15. *omnis*: = *omnes*.
16. *An*: la particella introduce di norma una proposizione interrogativa indiretta; in questo caso, preposta a una coordinata per asindeto (*Catilinam... perferemus*), potrebbe rendersi liberamente in questo modo: "Se davvero Scipione..., noi dovremo sopportare...".
17. *P. Scipio... interfecit*: Cicerone confronta la situazione presente con un fatto storico ben noto, in cui fu proclamato il *senatus consultum ultimum* (131 a.C.). Publio Cornelio Scipione Nasìca, fautore degli *optimates*, uccise il nipote Tiberio Gracco duranti i tumulti scoppiati per i disegni di riforma del tribuno della plebe, nel contesto giudicati molto meno eversivi (*mediocrĭter labefactantem statum rei publicae*, "che introduceva modesti pericoli per lo stato") del disegno di Catilina, che ambisce, quasi apocalitticamente, a distruggere l'intero *orbem terrae*, "il mondo".

T13 Ad accusare Clodia si presenta... un fantasma! (Cicerone, *Pro Caelio* 33-34)

> Il giovane Celio, dice Cicerone, è accusato, fra le altre, di due imputazioni: di aver preso dell'oro in prestito da Clodia e di aver poi cercato di avvelenarla. E davvero si crede alle accuse di una donna come questa? Che cosa mai direbbe a una tale svergognata, se la "vedesse", il severo e integerrimo Appio Claudio Cieco, suo prozio?

[33] [...] *Exsistat*[1] *igitur ex hac ipsa familia aliquis ac potissimum*[2] *Caecus ille*[3]; *minimum enim dolorem capiet, qui istam non videbit*[4]. [34] *Qui profecto, si exstĭterit, sic aget ac sic loquetur:* «*Mulier, quid tibi cum*[5] *Caelio, quid cum homine adulescentŭlo*[6], *quid cum alieno*[7]? *Cur aut tam familiaris fuisti ut aurum commodares, aut tam inimica ut venenum timeres?*[8] *Non patrem tuum videras, non patruum, non avum, non proăvum, non abăvum, non atăvum audieras consules fuisse*[9]; *non denique modo te Q. Metelli matrimonium tenuisse sciebas, clarissimi ac fortissimi viri patriaeque amantissimi, qui, simul ac pedem limĭne*

1. *Exsistat*: "Si presenti a noi". Il verbo è spesso usato per una evocazione dagli inferi o dall'Ade. Cicerone aveva prima auspicato che si presentasse, per accusare Clodia con l'*auctoritas* necessaria, un *barbatus*, un uomo come si vede "nelle statue antiche e nelle *imagines*" piene di solennità degli *antiqui*.
2. *ac potissimum*: "e magari, meglio fra tutti".
3. *Caecus ille*: Appio Claudio Cieco (350-271 a.C.) fu uno degli uomini politici più importanti del suo tempo, una vera incarnazione degli *antiqui mores*. Censore, console, *dictator*, fu artefice di importanti riforme sociali, apprezzatissimo oratore e autore di opere letterarie e filosofiche.
4. *minimum... videbit*: l'immagine è sarcastica. Nel 280 a.C. Appio Claudio intervenne in una seduta del senato già colpito dalla cecità, ma non è da escludere che il particolare fosse solo leggendario: Cicerone sembra nel contesto confermarlo come reale.
5. *quid tibi cum*: "che hai a che fare con".
6. *adulescentŭlo*: è una precisazione tendenziosa, che serve a mettere ancora più in cattiva luce Clodia, vedova di Quinto Cecilio Metello Celere: Celio, nato nell'82 a.C., all'epoca del dibattimento aveva già ventisei anni, mentre Clodia ne aveva trentotto.
7. *alieno*: indica, nel contesto, l'uomo estraneo alla famiglia, con cui nessuna delle donne di casa doveva avere contatti. Cicerone ha poco prima definito nell'orazione Clodia come *mulier nota*, ovvero, con una sfumatura pesantemente denigratoria, una donna di "facili costumi".
8. *Cur... timeres?*: in entrambi i casi, vittima o complice, Clodia si è comportata in modo discutibile se ha prestato denaro a un estraneo. E che cosa ha mai combinato perché questi la volesse avvelenare? Peraltro, alla morte del marito Metello, fu lei stessa a essere sospettata di *veneficium*, benché non accusata in tribunale.
9. *Non patrem... audieras consules fuisse*: la sequenza in *climax*, da *patrem* ad *atăvum* (l'avo di 4° grado), ha sapore umoristico, ma è nello stesso tempo fondata: fra i *maiores* di Clodia si contavano trentadue consoli, cinque *dictatores*, sette censori (tra i quali ben sette avevano anche celebrato un *triumphus*).

extulerat[10], *omnis prope civis*[11] *virtute, gloria, dignitate*[12] *superabat? Cum ex amplissimo genere in familiam clarissimam nupsisses, cur tibi Caelius tam coniunctus fuit?*[13] *Cognatus, adfinis, viri tui familiaris*[14]*? Nihil eorum. Quid igitur fuit nisi quaedam temeritas ac libido? Nonne te, si nostrae imagines viriles non commovebant, ne progenies quidem mea, Q. illa Claudia*[15]*, aemŭlam domesticae laudis in gloria muliebri esse admonebat*[16]*, non virgo illa Vestalis Claudia, quae, patrem complexa triumphantem ab inimico, tribuno plebei de curru detrăhi passa non est*[17]*? Ideone ego pacem Pyrrhi dirēmi*[18] *ut tu amorum turpissimorum cotidie foedera ferires*[19]*? Ideo aquam adduxi*[20] *ut ea tu inceste uterere? Ideo viam munivi ut eam tu alienis viris comitata celebrares*[21]*?».*

10. *simul... extulerat*: "al solo porre il piede oltre la soglia". Metello, in qualità di pretore, aveva contribuito in modo decisivo a reprimere nel 63 a.C. la congiura di Catilina.

11. *omnis civis*: arcaismo per *omnes cives*; è coerente che Appio Claudio si esprima con un lessico d'altri tempi.

12. *virtute, gloria, dignitate*: ablativi di limitazione.

13. *Cum... coniunctus fuit?*: Celio, per quanto avviato a una brillante carriera forense e politica, era figlio di un *eques* (come Cicerone, che lo patrocinò nelle prime esperienze oratorie): dunque, neppure paragonabile al rango di Clodia e della *familia* in cui era stata accolta come sposa (*nupsisses*).

14. *Cognatus, adfinis, viri tui familiaris*: sono indicate in asindeto le condizioni per cui una *honesta mulier* potesse avere rapporti con un estraneo: poteva essere un *cognatus*, cioè un parente di sangue (da *cum + nascor*), un *adfinis*, cioè un parente acquisito (come la famiglia dei Metelli), oppure un amico del marito.

15. *Nonne... ne progenies quidem mea, Q. illa Claudia*: "Dunque neppure la mia progenie, la famosa Quinta Claudia".

16. *aemŭlam domesticae laudis in gloria muliebri esse admonebat*: costruisci: (*Claudia te*) *admonebat aemŭlam esse*. Nella famiglia, accanto agli *exempla virilia*, non mancavano immagini di virtù femminile, che è per eccellenza *domestica*, esercitandosi nella riservatezza e nella pudicizia della *domus*.

17. *virgo illa Vestalis... passa non est*: la Vestale in questione fu figlia di Appio Claudio Pulcher, che celebrò il trionfo sui Salassi nel 143 a.C.: l'episodio non è raccontato da nessuna altra fonte né sono chiare le ragioni per cui un *tribunus plebis*, di cui non si ricorda il nome, volesse con la forza far scendere (*detrăhi*) il trionfatore (*triumphantem*) dal carro, mentre la figlia lo abbracciava (*complexa*).

18. *pacem Pyrrhi dirēmi*: "impedii la pace con Pirro". Si allude all'intervento di Appio Claudio Cieco in senato, quando, con parole terribili, impedì che si accettassero le proposte di pace di Pirro, re dell'Epiro, nel 280 a.C., auspicando la continuazione della guerra.

19. *foedera ferires*: l'espressione allitterante *foedus ferire* è ricercata e arcaica: equivale a "stringere un patto", secondo l'antica abitudine di sancirlo con sacrificio cruento. Si tratta però, nel caso di Clodia, di *turpes amores*, che, nonostante i patti, durano un solo giorno (*cotidie*).

20. *aquam adduxi*: "portai acqua (fino a Roma)". Altra espressione allitterante, che allude alla costruzione dell'acquedotto denominato *aqua Claudia* (fine del V a.C.). Clodia si serve di quest'acqua *inceste*, "impudicamente", non per purificarsi, ma per lavarsi dopo i suoi indegni amori.

21. *viam munivi... celebrares*: "feci costruire una strada, perché tu la frequentassi in compagnia di estranei". La *via Appia*, detta anche *regina viarum*, collegava Roma a Brindisi: iniziata da Appio Claudio Cieco, fu completata solo dopo il 151 a.C.

IL TESTO POETICO

CATULLO e i *carmina*

S. Vladislavovich Bakalovich,
Il poeta romano Catullo legge le sue opere,
1885, Mosca, Galleria Tret'jakov.

Un testo in versi La poesia si configura come particolare testo espressivo caratterizzato da un forte scarto dalla norma linguistica, ovvero dall'impiego di particolari strutture formali e lessicali diverse dall'uso comune che evidenziano o approfondiscono particolari significati e sfumature connotative. Una poesia è dunque scritta in versi, ovvero la fine della riga è stabilita da una misura precisa, da un ritmo che, nella metrica latina, è essenzialmente legato alla successione ordinata di sillabe lunghe e sillabe brevi.
Nei testi qui proposti, tratti dal *Liber* di poesie di Gaio Valerio Catullo (ca 84-54 a.C.) troviamo impiegati essenzialmente due tipi di metro: l'endecasillabo falecio, caratterizzato da sequenze di versi singoli di undici sillabe secondo lo schema

⏑⏑ / –⏑⏑ / –⏑ / –⏑ / –⏑

e il distico elegiaco, costituito da una strofe di due versi, un esametro seguito da un pentametro, secondo lo schema

–⏑⏑ / –⏑ ‖ ⏑⏑ / –⏑ ‖ ⏑⏑ / –⏑ ‖ ⏑⏑ / –⏑⏑ / –⏑
–⏑⏑ / –⏑⏑ / –⏑ ‖ –⏑⏑ / –⏑⏑ / –⏑

Amore e amicizia Per quanto concerne i contenuti, i carmi scelti sono esemplari di due diversi spunti tematici. I primi tre componimenti riguardano l'amore "irregolare" per Lesbia (da identificarsi con Clodia, moglie del nobile Quinto Cecilio Metello Celere e sorella del tribuno Publio Clodio), che risulta contrastato e fonte di tormento per il poeta, in un percorso evolutivo che lo porta da un completo abbandono contro ogni convenzione (**T14**) a un'insistente richiesta di un impegno che sia duraturo nel tempo, paradossalmente basato sul principio della *fides* che sanciva normalmente l'amore coniugale (**T15**), fino all'amara disillusione e alla constatazione che i tradimenti di Lesbia non placano la sua passione e attrazione per lei (*amare*), alimentata anzi dalla gelosia, ma cancellano ogni più intimo sentimento di affetto (*bene velle*) (**T16**).

I successivi due componimenti illustrano invece l'attitudine del poeta verso la cerchia dei suoi amici, come si può notare dal tono leggero, ironico e scherzoso dell'invito a cena rivolto all'altrimenti ignoto Fabullo (**T17**), e più in generale verso i suoi contemporanei più celebri, che non godono della simpatia del poeta, ritirato in un *otium* che cerca di non farsi coinvolgere dalle tormentate vicende politiche del suo secolo. Così Cicerone riceve in un breve carme (**T18**) un apparente omaggio che è in realtà una non troppo velata ironica presa di distanza.

Leggerezza e raffinatezza formale La brevità (*brevitas*) dei componimenti, la sensazione di leggerezza, l'approccio a temi lievi e non impegnati come l'amore, l'amicizia, l'invito a cena, lo scherzo ironico verso i potenti rendono ragione della definizione che lo stesso Catullo dà dei propri carmi, rispetto ai magniloquenti poemi della tradizione epica latina: egli li definisce infatti *nugae*, letteralmente "scherzi", "cose di poco conto". In realtà, l'impressione di leggerezza nasconde sia una grande abilità e raffinatezza formale (*labor limae*) sia una partecipazione sincera e profonda del poeta a situazioni e circostanze quotidiane, che rappresentano aspetti di un dramma interiore da un lato, di un desiderio di godere di piaceri semplici nella schiettezza di una compagnia sincera dall'altro.

T14 Invito all'amore (Catullo, carme V)

Nel momento in cui sboccia l'amore, Catullo invita la sua donna ad amare senza preoccuparsi dei commenti degli altri. Il numero dei baci scambiati dovrà essere tale da impedire a chiunque di contarli. Troppa felicità potrebbe generare invidia: solo l'incertezza può preservare la gioia dell'attimo.

METRO: endecasillabi faleci

Vivamus, mea Lesbia, atque amemus[1],
rumoresque senum severiorum
omnes unius aestimemus assis[2].
Soles occidĕre et redire[3] *possunt;*
5 *nobis cum semel occĭdit brevis lux,*
nox est perpetua una dormienda[4].
Da mi[5] *basia*[6] *mille, deinde centum,*
dein[7] *mille altera, dein secunda centum,*
deinde usque[8] *altera mille, deinde centum,*

1. *Vivamus... amemus*: i due congiuntivi esortativi "incorniciano" il nome della donna amata.
2. *rumoresque... assis*: costruisci: *aestimemus unius assis omnes rumores senum severiorum*. *Unius assis* è un genitivo di stima dipendente da *aestimemus*; il sostantivo *assis* indica una moneta di scarso valore. *Severiorum* è un comparativo assoluto concordato con l'aggettivo sostantivato *senum*.

3. *Soles occidĕre et redire*: *soles* è qui usato nel significato di "giorni"; la metonimia interessa anche i verbi *occidĕre* e *redire*, riferiti a *soles* per il loro significato di "tramontare" e "rinascere".
4. *nobis... dormienda*: costruisci: *cum brevis lux occĭdit semel, nobis nox una perpetua est dormienda*; alla subordinata temporale segue la reggente espressa da una perifrastica passiva con costruzione personale.

5. *Da mi* (= *mihi*): all'esortazione iniziale subentra l'imperativo.
6. *basia*: plurale di *basium*, è qui preferito ad altri termini con significato identico come *oscŭlum*, lett. "boccuccia", o *savium* "cosa dolce".
7. *deinde... dein*: l'avverbio ("poi") è usato sia nella forma piena sia in quella troncata dell'ultima sillaba.
8. *usque*: altro avverbio, usato nel significato di "ininterrottamente", "di seguito".

10   *Dein, cum milia multa fecerimus*[9],
    conturbabimus illa[10], *ne sciamus,*
    aut ne quis malus invidēre possit[11],
    cum tantum sciat esse basiorum[12].

9. *cum... fecerimus*: subordinata temporale in cui il verbo *facio*, al futuro anteriore per la legge dell'anteriorità, è usato nel senso tecnico-contabile di "fare la somma".
10. *conturbabimus illa*: "li confonderemo"; il verbo, riferito all'azione del "fare i calcoli", significa "mandarli all'aria"; segue una subordinata finale negativa.
11. *aut ne... possit*: altra subordinata finale negativa; *quis* è un pronome indefinito di valore eventuale-ipotetico; *invidēre* è da intendersi qui nel significato di "guardare male", cioè "fare il malocchio".
12. *cum... basiorum*: costruisci: *cum sciat esse tantum basiorum*; il *cum* narrativo regge una subordinata infinitiva; *basiorum* è un genitivo partitivo retto da *tantum*.

T15 Un impegno solenne (Catullo, carme CIX)

> Di fronte alla promessa di un amore eterno, Catullo invoca gli dèi perché lo rassicurino circa i propositi di Lesbia e si augura che sia possibile stringere con la donna che ama un patto vincolante come lo è un giuramento di reciproca *fides*.

METRO: distici elegiaci

    Iucundum, mea vita, mihi proponis amorem
        hunc nostrum inter nos perpetuumque fore[1].
    Di magni, facite[2] *ut vere promittĕre possit,*
        atque id sincere dicat et ex animo[3],
5   *ut liceat nobis*[4] *tota perducĕre vita*
        aeternum hoc sanctae foedus amicitiae[5].

1. *Iucundum... fore*: costruisci: *mea vita, proponis mihi hunc nostrum amorem inter nos fore* (= *futurum esse*) *iucundum et perpetuum*. Il verbo reggente *proponis* ("prometti") regge una subordinata infinitiva in rapporto di posteriorità. *Inter nos* ripete *nostrum* e può essere omesso nella traduzione.
2. *facite*: "fate in modo"; regge le due subordinate completive coordinate *ut... possit atque... dicat*.
3. *ex animo*: "dal profondo del cuore".
4. *ut liceat nobis*: "cosicché sia possibile a noi", subordinata consecutiva.
5. *aeternum hoc sanctae foedus amicitiae*: il verso presenta le parole chiave del componimento, e cioè il sostantivo *foedus* "patto", che implica il vincolo d'amore, e l'aggettivo *sanctae* dal verbo *sancire*, "sancire", "giurare", che ne dichiara l'inviolabilità.

T16 Amare ancora, non voler più bene (Catullo, carme LXXII)

> L'*iniuria* di Lesbia, colpevole di aver tradito l'innamorato, getta Catullo nella disperazione: il poeta continua a desiderare la donna, ma sa di non volerle più bene. Il desiderio fisico è tutto ciò che sopravvive all'affetto e alla stima d'un tempo, spazzati via dalle ripetute infedeltà di Lesbia.

METRO: distici elegiaci

    Dicebas quondam solum te nosse[1] *Catullum,*
        Lesbia, nec prae me velle tenēre Iovem[2].
    Dilexi[3] *tum te non tantum ut vulgus amicam*[4],
        sed pater ut gnatos diligit et generos[5].

5   *Nunc te cognovi*[6]: *quare etsi impensius uror*[7],
    multo mi[8] *tamen es vilior et levior*[9].
    «*Qui potis est?*[10]» *inquis. Quod amantem iniuria talis*
    cogit[11] *amare magis, sed bene velle*[12] *minus*.

Un amorino insegue una lepre, affresco pompeiano,
I secolo d.C., Napoli, Museo Archeologico Nazionale.

1. *Dicebas... nosse*: l'imperfetto di consuetudine *Dicebas* è contraddetto dall'avverbio *quondam* ("un tempo"), che indica un'azione ormai conclusa. La subordinata infinitiva ha come soggetto *te* e come verbo *nosse*, forma sincopata per *novisse*; il verbo difettivo *novi* significa letteralmente "conoscere", qui usato in senso erotico.
2. *nec... Iovem*: "e che al mio posto non volevi stringere tra le braccia neppure Giove"; l'espressione suona come una voluta iperbole.
3. *Dilexi*: il verbo *diligĕre* è composto da *dis* + *lego*, letteralmente "scelgo fuori", e indica il sentimento d'amore che è frutto di una precisa predilezione dell'amante.

4. *non tantum... amicam*: "non tanto come la gente (ama) l'amante"; sia *vulgus* sia *amicam* hanno una sfumatura dispregiativa.
5. *sed... generos*: costruisci: *sed ut pater diligit gnatos et generos*; *gnatos* è forma arcaica per *natos* ("figli").
6. *Nunc te cognovi*: "ora ti conosco"; *cognovi* è un perfetto logico ed esprime l'esito dell'azione, "ti ho conosciuta", quindi "ora so chi sei".
7. *etsi... uror*: subordinata concessiva; *impensius* è il comparativo dell'avverbio *impense*.
8. *mi*: = *mihi*.
9. *vilior et levior*: "molto più spregevole e insignificante"; i comparativi (rafforzati da *multo*) degli aggettivi *vilis* e *levis* esprimono il venir meno della stima e dell'affetto dopo i tradimenti di Lesbia.

10. *Qui potis est?*: "Com'è possibile?". *Qui* equivale all'avverbio interrogativo *quomŏdo*; *potis* è aggettivo di rara forma maschile invece del più comune *pote*.
11. *Quod amantem iniuria talis cogit*: costruisci: *quod talis iniuria cogit* ("costringe") *amantem*. *Iniuria*, da *in* + *ius*, indica la trasgressione di una legge umana, qui il *foedus* sottoscritto dagli amanti.
12. *amare... bene velle*: nel cuore dell'innamorato sopravvive il desiderio (*amare*) dell'amata, ma si è spento l'affetto (*bene velle*).

T17 **Invito a cena con sorpresa** (Catullo, carme XIII)

Questo carme è uno scherzoso invito a cena rivolto a un amico del poeta, l'altrimenti ignoto Fabullo. Si tratta di un carme leggero, una vera e propria *nuga*, costruito però con grande raffinatezza formale e con una vena ironica che l'amico, a sua volta probabilmente un raffinato intenditore di poesia, poteva facilmente apprezzare.

METRO: endecasillabi faleci

   Cenabis bene, mi Fabulle, apud me
   paucis, si tibi di favent, diebus[1],
   si tecum attuleris[2] *bonam atque magnam*
   cenam[3], *non sine candida puella*
5 *et vino et sale et omnibus cachinnis*[4].
   Haec si, inquam, attuleris, venuste noster[5],

1. *paucis... diebus*: "fra pochi giorni", complemento di tempo in ablativo (iperbato).
2. *attuleris*: futuro anteriore, che completa il periodo ipotetico della realtà esprimendo anteriorità rispetto al futuro semplice *cenabis*: "se porterai con te".
3. *bonam atque magnam cenam*: l'*enjambement* mette in evidenza il termine *cenam*, che rappresenta una prima sorpresa: l'invitato dovrà portarsi da mangiare!
4. *sale et omnibus cachinnis*: *sal* è metonimia per "battute salaci, piccanti", mentre la parola *cachinnus* indica una risata fatta senza ritegno.
5. *venuste noster*: l'aggettivo *venustus*, che significa "dotato di grazia" (deriva da *Venus* "Venere"), mette in evidenza la ricercata sensibilità di Fabullo, che possiede discrezione e simpatia apprezzate dal poeta. Si può tradurre "mio carissimo e raffinato amico".

cenabis bene[6]; nam tui Catulli
plenus sacculus est aranearum[7].
Sed contra accipies meros amores[8]
10 seu quid suavius elegantiusve est[9]:
nam unguentum dabo, quod meae puellae
donarunt Veneres Cupidinesque[10],
quod tu cum[11] olfacies, deos rogabis,
totum ut te faciant, Fabulle, nasum[12].

Scena di banchetto, affresco pompeiano, I secolo d.C.
Napoli, Museo Archeologico Nazionale.

6. *cenabis bene*: la ripresa chiude una sorta di composizione ad anello: ora tuttavia si sa che la cena sarà buona non certo per merito del padrone di casa!
7. *plenus... aranearum*: metafora per indicare che Catullo non ha soldi. Si tratta anche in questo caso di un'affermazione scherzosa che allude alla tipica fama di "spiantati" che tradizionalmente accompagna i poeti.
8. *meros amores*: "affetti sinceri";

l'offerta si pone su un piano etico-sentimentale che subito appare superiore a quello materiale fin qui descritto.
9. *seu... est*: anche questo verso mette in evidenza ciò che davvero conta per il poeta: non tanto il cibo, ma quanto ci può essere di più piacevole e raffinato.
10. *Veneres Cupidinesque*: spesso troviamo questo plurale in Catullo

a indicare la concorrenza di tutte le divinità d'amore.
11. *quod... cum*: concorrenza del relativo con la congiunzione subordinante *cum*. Si può rendere come nesso: "e quando tu lo annuserai".
12. *totum... nasum*: iperbato. Nel finale scherzoso Fabullo pregherà gli dèi di trasformarlo in un enorme naso, in modo da godere al meglio del dono del suo ospite.

T18 A Marco Tullio Cicerone (Catullo, carme IL)

In questo carme dedicato al grande oratore suo contemporaneo Catullo non perde occasione di proporre la propria fine ironia.

METRO: endecasillabi faleci

Disertissime[1] Romuli nepotum[2],
quot sunt quotque fuēre, Marce Tulli,
quotque post aliis erunt in annis[3],
gratias tibi maximas Catullus
5 agit pessimus omnium poëta[4],
tanto pessimus omnium poëta,
quanto tu optimus omnium patronus[5].

1. *Disertissime*: l'uso del superlativo caratterizza tutto il carme con un tono parodistico rispetto alla pomposità della prosa ciceroniana. Rendi: "o tu che sei il più eloquente".
2. *Romuli nepotum*: "fra i nipoti di Romolo"; non è probabilmente casuale la menzione di una discendenza di secondo grado ("nipoti", non "figli"), che allude con sarcasmo

all'origine di Cicerone, nato non a Roma, ma nel *municipium* di Arpino, in Campania.
3. *quotque... in annis*: insieme alle precedenti, l'espressione è ironicamente iperbolica: Cicerone è il più eloquente anche di tutti gli oratori futuri!
4. *pessimus... poëta*: Catullo fa spesso professione di (falsa) modestia: la semplicità della sua poesia nasconde

una competenza formale accuratissima, di cui egli è perfettamente consapevole. Il gioco dei superlativi messi a confronto negli ultimi due versi (*tanto pessimus... quanto tu optimus*) vanifica l'eccellenza di Cicerone, in quanto Catullo non è certo il peggiore dei poeti!
5. *patronus*: qui nel senso tecnico di "avvocato".

W0030892

Aylin Lenbet lebt mit ihrer Familie in Berlin-Kreuzberg. Sie hat zwei Töchter im Alter von 4 und 7 Jahren und weiß aus eigener Erfahrung, wie schön und zugleich herausfordernd es sein kann, Kinder zu haben. »Viele Eltern wollen die Entwicklung ihrer Kinder entspannt und ohne Druck begleiten – aber manchmal fragen Sie sich dann doch, ob denn alles so läuft, wie es soll. Dieses Buch unterstützt Sie mit vielen Antworten und Tipps.«

Aylin Lenbet hat für TRIAS schon drei erfolgreiche Erziehungsratgeber geschrieben. Sie ist Psychologin mit dem Schwerpunkt pädagogische Psychologie, arbeitet als Fachberaterin für Kitas bei einem großen Träger für Kindertagesstätten und leitet ehrenamtlich einen elterninitiierten Kinder- und Schülerladen.

Aylin Lenbet

Was Lotta alles kann

Das Baby-Entwicklungsbuch von 0 bis 3 Jahre

TRIAS

9 Liebe Eltern

Erst mal ankommen (0 bis 3 Monate)

12 Ein Wesen von einem anderen Stern
12 Zu vergleichen bringt gar nichts
13 Was nimmt Ihr Baby wahr?
15 Was braucht Ihr Baby?
17 Wie teilt sich Ihr Baby mit?
20 Ein vollständiger Mensch – von Anfang an

22 Es trinkt und kackert und schläft und schläft
23 Milch, Milch, Milch und noch mal Milch
28 Top-Thema: Kacka
29 Ein Schlaf wie ein Kartenhaus

38 Es strampelt und spielt
38 Es bewegt sich viel
40 Von A nach B
42 Zu klein zum Spielen?
43 Spaßmacher

47 Jetzt geht's los (4 bis 7 Monate)

48 Hallo, du spannende Welt
48 Neugier – ein Drang, der alles möglich macht
54 So klein und will schon mitreden
55 Mama und Papa – wer spielt welche Rolle?

58 Es gibt Neues auf der Speisekarte
58 Essen, das Spaß macht
61 So, jetzt gibt's Brei
66 Zahn im Anmarsch

68 Müssen Babys schlafen lernen?
69 Schlafmangel schlaucht die Eltern
72 Die Gutenachtzeremonie
73 Babys verwöhnen – geht das?

78 Es kommt Bewegung in die Sache
78 Ab jetzt wird sich selbst bewegt
80 Fördern – wenn's Spaß macht
84 Untersuchen mit allen Sinnen
86 Spaßmacher

91 (Fast) kein Baby mehr (8 bis 12 Monate)

92 Persönchen wird Persönlichkeit
93 Mein Wille geschehe
96 Herzlich willkommen, Angst
100 Ma-ma!

102 Essen macht Spaß
103 Wenn's Wichtigeres gibt als Essen
104 Was tischen Sie auf?

108 Schlafen – gibt es noch Hoffnung?
108 Wo war noch mal der Abschaltenopf?
111 Sorte »nachtaktiv«

118 Der Radius vergrößert sich
118 Weiter, schneller, höher
120 Spielzeug Nr. 1: die Wohnung
125 Spaßmacher

131 Alleskönner (13 bis 24 Monate)

132 Ab jetzt mische ich mit
132 Jetzt läuft's!
137 Achtung: aktiver Vulkan anwesend
145 Ich bin

147 Mama, Papa, Ball – ab jetzt wird mitgeredet!
150 Krippe, Tagesmutter und Co.

158 Essen und schlafen – eine unendliche Geschichte?
158 Probier doch – das ist gesund!
162 Reichen Nudeln zum Großwerden?
162 Alleine schlafen – warum eigentlich?
164 Entspannung für alle

168 Hauptsache mitmischen
169 »Auch machen!«
170 Braucht ein Kind ein Kinderzimmer?
172 Spaßmacher

179 Superstars mit Allüren (2 bis 3 Jahre)
180 **Ich bin super und wehe, ihr seht das anders**
180 Superstars muss man nehmen, wie sie sind
187 Quasselstrippenalarm
192 Superstar bekommt Gesellschaft
194 Und wenn es bei einem Superstar bleibt?

198 Wie wird man Monster und lästige Windeln los?
198 Von Monstern und anderen Schreckgespenstern
201 Windeln – sind doch für Babys

206 Born to be wild
207 Heute schon was erlebt?
209 Darf Unterhaltung sein?
210 Macht der kleine Unterschied einen Unterschied?
211 Spaßmacher

216 Stichwortverzeichnis

❯ Exkurse

18 Lotta schreit
26 Katrin stillt ständig
36 Lotta schläft viel – noch!
44 Wie geht es eigentlich Katrin und Christian?
52 Lotta will die Welt entdecken
64 Lotta findet essen blöd
74 Lotta wacht ständig auf
82 Lotta in der Krabbelgruppe
88 Wie geht es eigentlich Katrin und Christian?
98 Lotta hängt an Katrins Rockzipfel
106 Lotta is(s)t groß
116 Lotta hat einen Rückfall
122 Das schnelle Lottchen
128 Wie geht es eigentlich Katrin und Christian?
134 Lotta läuft und läuft und läuft
142 Lotta – bockig wie ein Esel und klebrig wie Zuckerwatte
148 Ein Morgen mit der Quasselstrippe Lotta
154 Lotta bei der Tagesmutter
160 Lotta isst – aber nur wenn's passt
166 Lotta soll aus dem Zimmer ausquartiert werden
176 Wie geht es eigentlich Katrin und Christian?
188 Lotta kriegt man kaum aus dem Haus
196 Lotta bekommt einen Bruder
204 Lotta geht aufs Töpfchen
214 Wie geht es eigentlich Katrin und Christian?

Liebe Eltern,

in mehr oder weniger regelmäßigen Abständen komme ich an den Punkt, wo mich meine Töchter eindeutig überfordern. Und das, obwohl man von mir vielleicht erwarten könnte, dass ich als mittlerweile einigermaßen gestandene Mutter (meine Töchter sind inzwischen 7 und 4 Jahre alt) und erfahrene Psychologin stets souverän und gelassen reagiere.

Vor allem die ersten 3 Jahre haben es in sich. Da kommt alles zusammen: die rasante Entwicklung vom hilflosen Baby zum eigensinnigen Kleinkind, das Einfinden in die neue Mutter- bzw. Vaterrolle, die Neudefinition der Partnerschaft, die Vereinbarkeit von Familie und Beruf und überhaupt die eigene Unerfahrenheit mit der ganzen Situation. Das geringste Problem ist dabei tatsächlich die Erziehungsarbeit, die zu leisten ist. Da kann ich Sie voll und ganz beruhigen. Allzu viel müssen Sie Ihr Kind gar nicht erziehen. Die meisten Entwicklungen vollbringt es ganz von allein.

Trotzdem empfinden wir ein kleines Kind oft als Schwerstarbeit – weil es uns schwerfällt, es so zu nehmen, wie es ist, ihm zu vertrauen und es einfach gedeihen zu lassen. Wir begnügen uns nicht damit, die richtigen Rahmenbedingungen für unser Kind zu schaffen. Wir wollen es lieber gezielt anregen, motivieren, fördern, erziehen. Ist ja auch kein Wunder, wo wir es doch gewohnt sind, unser Leben aktiv zu gestalten und alles unter Kontrolle zu haben.

Aber unter Kontrolle haben wir, wenn wir mal ehrlich sind, bei Kindern so gut wie nichts. Daher ist es ja auch so anstrengend, sie zurechtbiegen zu wollen. Kinder sind eigenständige Wesen und nur sehr eingeschränkt formbar. Wenn man aber immer wieder aufs Neue versucht, sie zu verstehen, ihnen Vertrauen schenkt und dazu noch eine riesengroße Portion Geduld mitbringt, dann …, ja dann kann es mit ihnen richtig nett sein. Meistens zumindest.

Ich wünsche Ihnen viel Spaß und jede Menge interessante Erkenntnisse bei der Lektüre! Lotta und ihre Familie freuen sich auch schon, ihre Erfahrungen mit Ihnen zu teilen.

Berlin, Sommer 2015
Aylin Lenbet

Erst mal ankommen (0 bis 3 Monate)

Nach 9 Monaten des Wartens und Hoffens ist es endlich da: Ihr persönliches kleines Wunder. Eins ist sicher – aus dem Staunen kommen Sie nun nicht mehr heraus!

Ein Wesen von einem anderen Stern

Geschafft! Die Geburt ist überstanden und Sie halten endlich Ihr Kind in den Armen. Atmen Sie gut durch – denn das Abenteuer geht jetzt erst richtig los!

Neugeborene wirken mit ihren unverwandten Blicken und ihren kleinen, zarten Körpern, als seien sie nicht von dieser Welt. Doch dieser Eindruck täuscht. Sie sind für das Abenteuer Erde top ausgerüstet! Ihr Körper verfügt über ein Abwehrsystem gegen Krankheitserreger, das sich über Hunderttausende von Jahren bewährt hat, und sie sind ausgestattet mit vielen Fähigkeiten, die es ihnen ermöglichen, sich ihrer neuen Umwelt anzupassen und in ihr zu bestehen. Neugeborene sind also alles andere als schutzlose Nichtskönner und auch keine unbeschriebenen Blätter. Ihre Entwicklung wird bestimmt durch ihre einzigartige Anlage – und die Umwelt, in die sie hineingeboren werden. Wächst ein Kind in einem liebevollen, aufmerksamen Umfeld auf, braucht es für seine Entwicklung im Grunde nicht viel mehr und es entfaltet sein ganz besonderes Potenzial von ganz allein. Entwicklung passiert dabei auf verschiedenen Ebenen: auf der körperlichen – vor allem sichtbar am Wachstum und an der Motorik – und der psychischen – zu erkennen an den kognitiven, emotionalen und sozialen Fähigkeiten. All diese Entwicklungen greifen ineinander und beeinflussen sich gegenseitig. »Die kindliche Entwicklung« ist also ein enorm vielschichtiger Prozess und verläuft alles andere als geradlinig. Es folgt nicht immer lehrbuchmäßig ein Entwicklungsschritt auf den anderen. Wie oft ist es so, dass Eltern sehnsüchtig darauf warten, dass ihr Kind endlich richtig krabbelt, doch das Kind zieht es vor, sich kreativ von A nach B zu rollen, bis es dann vom einen auf den anderen Tag beschließt, loszulaufen und das Krabbel-Stadium ganz sein zu lassen. Manchmal lassen sich die Kleinen scheinbar endlos Zeit und plötzlich vollziehen sich fünf Entwicklungsschritte auf einmal oder es wird einfach einer übersprungen.

Zu vergleichen bringt gar nichts

Am besten fängt man gar nicht erst damit an, sein Kind mit den anderen zu verglei-

Aber bevor wir in das Thema Entwicklung richtig einsteigen, schauen wir uns erst einmal an, was diese kleinen Wesen überhaupt bereits alles mitbringen!

Was nimmt Ihr Baby wahr?

Ihr Baby ist von Anfang an mit allen Sinnen da! Es kann sehen und hören, schmecken und riechen, es fühlt Schmerz und spürt, wenn es berührt, gehalten, getragen oder bewegt wird. Allerdings sind seine Sinnesempfindungen anfangs noch unterschiedlich stark ausgeprägt und einzelne Sinnesbereiche müssen noch weiter ausreifen. Ihr Kleines braucht wesentlich mehr Zeit als Sie, um Reize aus seiner Umwelt aufzunehmen und zu verarbeiten, und die Reize müssen verhältnismäßig stark sein, lange andauern und sich wiederholen. Eltern stellen sich in der Regel ganz intuitiv auf diese besondere Wahrnehmung ihrer kleinen Babys ein.

Wenn Sie z. B. mit Ihrem Baby sprechen, halten Sie Ihren Kopf vermutlich von ganz alleine nah an den Ihres Kindes, reden langsam und deutlich in simplen Sätzen und Worten, untermalen das Gesagte mit einer ausgeprägten Mimik und wiederholen sich oft.

Die kleinen Lauscher sind voll aktiv

Schon im 4. Schwangerschaftsmonat kann Ihr Kind hören. Daher kennt es auch bereits Ihre Stimme, wenn es zur Welt kommt.

Liegt es auf Ihrer Brust und hört Ihren Herzschlag (den kennt es nämlich auch schon aus dem Bauch) und Ihre Stimme, wirkt das auf Ihr Kleines beruhigend und es fühlt sich ge-

chen. Ich weiß, das ist leichter gesagt als getan. Sitzt man erst einmal beim Pekip, wandert der Blick doch zum Nachbarskind und man ist verunsichert, wenn der Spross der Sitzkreisnachbarin schon munter nach einem Holzring greift, während das eigene Kind so etwas noch nicht im Ansatz tut – und das, obwohl es 3 Wochen älter ist … Berichtet dann die stolze Nebensitzerin auch noch unaufgefordert: »Ja, Leon greift jetzt schon seit zwei Wochen wie ein Weltmeister!«, gibt einem das den Rest und es ist erst einmal aus mit dem unbeschwerten, zufriedenen Blick auf das eigene Kind. Die Angst vor der unzureichenden Entwicklung ist gesät und es dauert meist nicht mehr lange und der Meilenstein-Terror hat einen fest im Griff. Wir zerbrechen uns den Kopf, unser Kind könnte sich nicht richtig entwickeln, und im schlimmsten Fall überschattet diese Sorge die einzigartige und unwiederbringliche Babyzeit – und das mit allerhöchster Wahrscheinlichkeit völlig umsonst. Denn die Bandbreiten einer »normalen« Entwicklung sind einfach ziemlich groß.

borgen. Sein Mittelohr ist unmittelbar nach der Geburt noch mit Fruchtwasser gefüllt und schützt vor allzu lauten Geräuschen. Das Fruchtwasser wird vom Ohr erst innerhalb der ersten Tage nach der Geburt absorbiert. Dann hört Ihr Kind ganz ausgezeichnet. Allerdings wird es erst ungefähr ab dem vierten Lebensmonat anfangen, sein Köpfchen in Richtung einer Geräuschquelle zu drehen.

100 % Gefühl

Auch fühlen kann Ihr Kind schon lange bevor es auf die Welt kommt. Der Tast- oder Hautsinn entwickelt sich wie das Gehör schon sehr früh. Allerdings ist er bei der Geburt noch nicht voll ausgereift. Ihr Baby kann Berührungen noch nicht richtig orten. Aber es spürt genau, wenn Sie es berühren, und dieser Körperkontakt ist für Ihr Baby überlebensnotwendig. Es empfindet alles: Wärme und Liebkosungen, aber auch Kälte und Schmerzen. Schmerzen spürt es schon im vollen Umfang, nur leicht verzögert, da seine Nervenleitungen noch nicht so schnell sind. Temperaturschwankungen registriert Ihr Kleines erst, wenn sie mindestens fünf Grad betragen. Daher können Sie nicht davon ausgehen, dass es sich gleich meldet, wenn es ihm zu warm oder zu kalt ist. Besonders gut ist der Tastsinn bei Neugeborenen im Bereich Lippen und Zunge entwickelt.

Mamas Duft und süße Milch – was will man mehr!

Auch riechen und schmecken kann Ihr Kind schon, wenn es zur Welt kommt. Diese beiden Sinne sind eng miteinander verknüpft und beide sind bei Neugeborenen noch nicht ganz so empfindlich wie später. Allerdings kann Ihr Kind Sie schon wenige Tage nach seiner Geburt an Ihrem Geruch erkennen. Und was seine geschmacklichen Vorlieben angeht: Die sind ganz klar süß, wie seine Leibspeise, die Muttermilch.

Sehen nur in Tuchfühlung

Babys können zwar von Geburt an sehen, ihre Augen sind jedoch noch nicht ganz ausgereift. Alles, was weiter als 30 Zentimeter entfernt ist, nimmt Ihr Neugeborenes nur unscharf wahr. Vor allem starke Kontraste sind für kleine Babys erkennbar und können daher für sie spannend sein. Besonders interessiert ist es an Gesichtern. Liegt es in Ihren Armen, hat Ihr Gesicht genau die richtige

Entfernung und Ihr Kind kann es aufmerksam studieren – wenn auch meist nur für kurze Zeit. Das Gucken ist noch recht anstrengend.

Im 2. Lebensmonat beginnen Babys, Gegenstände oder Gesichter für längere Zeit zu fixieren. Auch das räumliche Sehen setzt ungefähr zu diesem Zeitpunkt ein und Farben sowie Helligkeitsunterschiede werden recht gut erkannt.

Was braucht Ihr Baby?

In erster Linie braucht es Sie – aufmerksame, liebevolle und verlässliche Eltern. Am besten frei von allzu vielen Erwartungen und Plänen, wie das Leben mit einem Baby auszusehen hat. Denn diese ganzen Vorstellungen machen es häufig komplizierter und versperren den Blick darauf, was so ein kleines Geschöpf gerade tatsächlich braucht.

Die Kleinen sind zwar zu 100 % abhängig von unserer Hilfe, aber sie sind keineswegs passiv. Sie sagen uns, was sie brauchen, wir müssen nur lernen, sie zu verstehen. Das beste Mittel dafür ist, viel Zeit miteinander zu verbringen, aufmerksam zu beobachten und auszuprobieren. Besonders wichtig für Neugeborene oder überhaupt für kleine Babys ist, dass ihre Eltern unmittelbar auf die geäußerten Bedürfnisse reagieren. Und das heißt wirklich: sofort! Oma findet das vielleicht übertrieben oder sogar schlicht falsch. Doch abzuwarten ist bei kleinen Babys fehl am Platz. Und das gilt sowohl für die Befriedigung körperlicher als auch seelischer Bedürfnisse. Wenn ein kleines Baby Hunger hat, dann sollte es gleich Milch bekommen und nicht erst in einer halben Stunde, wenn es der Plan vorsieht. Wenn es müde ist, sollte es jetzt schlafen dürfen und nicht erst eine halbe Stunde später, weil es dann besser passt. Wenn das Baby weint, sollte es sofort getröstet werden, auch wenn es ihm äußerlich gesehen an nichts fehlt. Leider gibt es immer noch den verbreiteten Irrglauben in unserer Gesellschaft, man könne ein Baby verwöhnen, indem man ihm ständig und unmittelbar seine Bedürfnisse erfüllt.

Es ist aber vielmehr so, dass Eltern ihrem Kind damit einen wertvollen Dienst erweisen. Und der zahlt sich ein Leben lang aus. Durch das unmittelbare und einfühlsame Reagieren auf Bedürfnisse erfährt ein Kind, dass es ernst genommen wird, dass es wertvoll ist. Es lernt, sich zu vertrauen (wenn ich Hilfe brauche, kann ich mir welche organisieren), und es lernt, anderen zu vertrauen (wenn ich Hilfe brauche und rufe, dann hilft man mir). Die Lektion »Man bekommt nicht immer alles (gleich), was man will« ist erst später dran.

Aber mindestens genauso wichtig wie das prompte Erfüllen von Bedürfnissen ist auch zu erkennen, wenn sich diese verändern. Und die Bedürfnisse von Kindern verändern sich öfter, als uns manchmal lieb ist. Kaum hat man den Dreh raus, sind sie schon wieder einen Schritt weiter und wir müssen uns von vorne einfühlen.

Eine Beziehung, die viel entscheidet
Neugeborene suchen gleich nach der Geburt nach Nähe und Geborgenheit. Denn ohne sie können sie nicht überleben. Nähe und Geborgenheit sind unerlässlich, um eine der wichtigsten Entwicklungsaufgaben gleich zu Beginn des kleinen Lebens zu meistern: den Aufbau der ersten Beziehung, der primären Bindung zu den Eltern.

Diese Bindung ist für Ihr Kind mindestens 15 Jahre lang von größter Bedeutung – auf eine Art und Weise sogar sein ganzes Leben lang. Sie ist die notwendige Voraussetzung für seine gesunde körperliche und psychische Entwicklung. Aber die Bindung zahlt sich nicht nur langfristig aus – sie macht auch unmittelbar glücklich. Eine gelungene Bindung belohnt das Gehirn mit einer ordentlichen Portion Glückshormonen – bei Ihnen und Ihrem Kind!

Gibt es ein Zeitfenster für die Bindung?

Für die Bindung an die Eltern sind die ersten Stunden nach der Geburt nicht ausschlaggebend. Wenn Sie z.B. wegen einer Komplikation bei der Geburt Ihr Kind nicht gleich auf Ihre Brust legen und Ihr Kleines erst Stunden später in die Arme schließen konnten, dann ist das für eine erfolgreiche Bindung nicht entscheidend. Die Entstehung einer Bindung ist beim Menschen kein reflexartiger Vorgang, der nur innerhalb eines kurzen Zeitfensters funktioniert, so wie das bei einigen Tieren der Fall ist. Die Beziehung zwischen einem Kind und seinen Eltern entwickelt sich zum Glück langsam und kontinuierlich, wobei das erste Lebensjahr, vor allem die ersten 6 Monate, eine ganz besondere Rolle spielen.

Während dieser Zeit (und natürlich auch danach – die entstandene Beziehung muss schließlich fortlaufend genährt werden, wie jede andere Beziehung auch) lernt das Kind immer ein Stückchen mehr, seine Gefühle zu verstehen und zu steuern und die Gefühle und das Verhalten der anderen zu deuten. All das lernt ein Kind tagtäglich im Umgang mit seinen Eltern, meist mit seiner Mutter, da diese in den ersten Lebensmonaten (Jahren …) für gewöhnlich präsenter ist. Sie ist daher oft seine Hauptbezugsperson, auch primäre Bezugsperson genannt – oder einfach: die Nummer 1.

Bindung ist nicht gleich Bindung

Wird ein Kind von seinen Eltern betreut und versorgt, entsteht in jedem Fall eine Bindung zwischen ihnen. Ob diese Bindung allerdings auch tragfähig ist und zur Entstehung eines soliden Urvertrauens beim Kind führt, hängt von weiteren Faktoren ab. Eine sichere Bindung entwickelt sich nämlich nur dann, wenn Eltern einfühlsam und unmittelbar auf ihr Kind reagieren.

Wie viel Zeit Eltern mit ihrem Kind im 1. Lebensjahr verbringen, ist dabei gar nicht so sehr ausschlaggebend. Vielmehr hängt es von ihrer Feinfühligkeit und Zuverlässigkeit ab, wie erfolgreich die primäre Bindung verläuft. Und sie kann auch dann gelingen, wenn das Kind gleichzeitig Beziehungen zu mehreren Personen eingeht. Das bedeutet, ein kleines Baby muss nicht ausschließlich von Mama betreut werden. Da können ohne weiteres auch Vater, Großeltern oder Tagesmutter tatkräftig mitmachen – solange auch sie einfühlsam und unmittelbar reagieren. Die Mutter (bzw. seine Nummer 1) bleibt jedoch die zentrale Bindungsperson, an die sich das Kind als Erstes wendet, wenn es ihm schlecht geht.

Es gibt auch noch andere Bedürfnisse

Das Grundbedürfnis nach Nähe und Verbundenheit ist das stärkste Bedürfnis, das ein Menschenkind zeigt. Nach und nach kommen aber auch andere elementare Bedürfnisse zum Vorschein, wie das nach Sicherheit und Orientierung, nach Unabhängigkeit und Selbstständigkeit und nach Abwechslung und Anregung. Und es ist die zugegebenermaßen nicht immer leichte Aufgabe von uns Eltern, diese Bedürfnisse stets zu erkennen und sie auch noch angemessen (d. h. der Entwicklung entsprechend) zu befriedigen.

Wie teilt sich Ihr Baby mit?

Ganz spontan fällt den meisten Eltern (aber auch Nicht-Eltern) dazu sicher eines ein: Babys teilen sich mit, indem sie schreien. Ja, das können sie, und sogar in unterschiedlichen Varianten. Je nachdem ob sie Hunger haben, sich unwohl fühlen, Kontakt wünschen oder einfach nur müde sind, hört sich ihr Weinen bzw. Schreien unterschiedlich an. Kleine Babys haben allerdings weitaus mehr auf dem Kasten, wenn es darum geht, uns etwas zu sagen. Auch mit ihrer Mimik und ihrer Körpersprache können sie sich ihrer Umwelt mitteilen und zeigen, was sie gerade bewegt.

Obwohl Babys ganz typische Ausdrucks- und Verhaltensweisen haben, so gibt es natürlich – wie könnte es anders sein – individuelle Unterschiede. Eltern lernen die »Babysprache« ihres Kindes meistens ganz schnell zu verstehen. Sie gehen intuitiv auf ihr Kind ein und imitieren dabei seine Gemütslage. Ist es entspannt und interessiert, dann lächeln sie und sprechen es an; gibt es Laute von sich, erwidern sie diese; schaut es besorgt, machen sie ebenso ein besorgtes Gesicht; erschrickt es, ziehen auch die Eltern ihre Augenbrauen hoch und reißen den Mund auf. Durch dieses Nachahmen, auch Spiegeln genannt, sind Eltern nach und nach immer besser in der Lage, die Gefühle ihres Kindes nachzuvollziehen und angemessen darauf zu reagieren. Und das Kind lernt sich dabei selbst kennen – es versteht zunehmend, was die unterschiedlichen Gefühle bedeuten, und es kann sie auch immer besser bei anderen lesen. Gegen Ende seines 3. Lebensmonats fängt es nun seinerseits an, die Gefühle der anderen zu spiegeln, d. h., es ahmt den Gesichtsausdruck von Mama und Papa fleißig nach.

Zusammen ist es schöner

Sind Neugeborene bzw. kleine Babys wach und munter, sind sie – zumindest für kurze Zeit – interessiert und aufnahmebereit. Dann mögen sie es am liebsten, im Arm gehalten zu werden. Dort können sie in Ruhe das Gesicht von Mama bzw. Papa betrachten. Ihre Augen, und häufig auch der Mund, sind weit geöffnet, ab und zu geben sie einen Laut von sich und bewegen mal mehr, mal weniger Arme und Beine. Mit etwa 6 bis 8 Wochen werden Sie dann auch endlich mit dem hinreißenden, zahnlosen Lächeln belohnt, auf das wir Eltern ja immer so sehnsüchtig warten! Schon in den ersten Wochen kann es vorkommen, dass Ihr Kind ab und zu kurz lächelt, vor allem im Schlaf. Dieses »Engelslächeln« ist jedoch noch kein bewusstes Lächeln.

Ihr Baby ist außerdem von Geburt an in der Lage, zu äußern, dass es Gesellschaft wünscht – etwa wenn es gerade aufgewacht ist und Ihre Nähe sucht oder irgendwo eine Weile zufrieden herumlag, dann aber genug hat und Ihre Gesellschaft wünscht. In der Regel wird es zunächst ein, zwei kurze Laute von sich geben. Eilen Sie dann nicht gleich herbei, kann sich der anfangs dezente Ruf bis zum ausgewachsenen Schreien steigern.

Nichts geht mehr

Den Kleinen fehlt es noch an Ausdauer – das Interesse an intensivem Austausch ist meist schnell erschöpft. Babys zeigen recht deutlich, wann sie genug haben: Sie wenden ihr

Lotta schreit

Auch nach vier Wochen sind Katrin und Christian immer noch ganz berauscht von der Geburt ihrer Tochter. Doch eins macht ihnen Sorgen – seit 2 Wochen ist Lotta nachmittags extrem unruhig …

Die ersten 3 Wochen nach der Geburt war Lotta friedlich und ausgeglichen. Sie hat viel geschlafen, im wachen Zustand war sie entspannt und wenn sie Hunger hatte, gab sie ein paar kurze Laute von sich und nahm ihre Fäustchen in den Mund. Katrin und Christian haben die Zeit einfach genossen – auch Christian ist für 2 Monate in Elternzeit, Katrin für ein Jahr. Und dann fing plötzlich dieses Schreien am Nachmittag an. Mittlerweile zieht es sich bis in den Abend. Gestern hat sich Lotta erst gegen 22 Uhr richtig beruhigt und ist eingeschlafen. Zwischen 17 und 22 Uhr war sie total durch den Wind, hat viel geweint und nur mit andauerndem Herumtragen war sie zwischenzeitlich zu beruhigen. Zweimal ist sie währenddessen auf dem Arm eingenickt – aber nach 10, 15 Minuten war sie wieder wach und schrie.

Geburtstrauma oder Bauchschmerzen?

Auch heute ist Lotta wieder sehr unruhig – und es ist auch schon wieder fast 22 Uhr. Christian trägt Lotta herum, die scheinbar endlich zur Ruhe kommt. Katrin ist verzweifelt: »Was hat sie bloß? Ich bin froh, dass die Hebamme morgen kommt. Jeder gibt einem Ratschläge, da wird man ja ganz kirre. Heute bei der Kinderärztin bin ich mit einer anderen Mama ins Gespräch gekommen. Sie meinte, Lotta hätte ganz bestimmt ein Geburtstrauma. Wir sollen auf jeden Fall zum Osteopathen.« Lotta ist tatsächlich eingeschlafen – Christian flüstert: »Und was sagt die Ärztin?« »Na, die sagt, das sind ganz normale Dreimonatskoliken. Es ist wohl häufig so, dass Babys deshalb bis zu 3 Stunden am Tag schreien. Wir sollen sie im Fliegergriff herumtragen und den Bauch massieren. Und als ich sie gefragt habe, ob es denn auch ein Geburtstrauma sein könnte, meinte sie nur, dass sie persönlich nichts von dieser Theorie hält.«

Zu viel Tragen oder falsches Essen?

Christian setzt sich vorsichtig mit der schlafenden Lotta auf dem Arm neben Katrin aufs Sofa. »Vielleicht tragen wir Lotta zu viel herum. Wir sollten sie einfach öfter in ihr Bett legen.« Katrin verdreht die Augen. »Oh, nein – bitte nicht schon wieder! Ich weiß, dass das

die Meinung deiner Mutter ist, aber du weißt, wie ich dazu stehe. Wenn ein Baby weint, geht es ihm nicht gut und es muss getröstet werden. Dann kann man es nicht einfach ins Bettchen legen und sich selbst überlassen.« »Ja, ist ja gut.« Christian will jetzt wirklich keinen Streit. »Und was ist damit, was deine Freundin Franka meinte? Vielleicht verträgt Lotta irgendetwas nicht, was sie über die Muttermilch aufnimmt?« Katrin winkt ab: »Seit 3 Tagen esse ich nichts mehr, was irgendwie auch nur ansatzweise blähen könnte!«

Katrin und Christian entspannen sich

Am nächsten Tag kommt Susanne, die Hebamme. Der Termin liegt am frühen Abend, damit sie sich Lottas Unruhe direkt anschauen kann. Susanne spricht Katrin und Christian Mut zu: »Ihr macht das alles super. Diese Phase ist bald vorbei. Keiner kann wirklich sagen, warum Babys in dem Alter oft so viel weinen. Wichtig ist, dass ihr euch immer abwechselt, damit ihr das auch durchhaltet. Am schlimmsten ist, wenn man selbst auf dem Zahnfleisch geht und wirklich keine Nerven mehr hat, um die Kleinen immer wieder zu beruhigen. Versucht mal, Lotta öfter ins Tragetuch zu packen. Und nicht nur dann, wenn sie schon schreit. Vielleicht mag sie es auch, wenn ihr mit ihr auf dem Gymnastikball wippt – das finden viele Babys super beruhigend.« Und Katrin und Christian finden ihre Hebamme Susanne beruhigend! Sie haben nun wieder Kraft geschöpft und sind bereit, ihre Lotta, bis ans Ende der Welt zu tragen – wenn's hilft!

Köpfchen ab, ihre Augen werden wieder kleiner und sie verlieren an Glanz. Das ist das klare Signal, dass sie jetzt keine weiteren Reize mehr brauchen, sondern vor allem eines: Ruhe.

Übersehen wir diese Zeichen und machen weiter mit der Bespaßung, dann dauert es nicht lange und unser Baby empfindet das Ganze nur noch als Stress. Die Anspannung wächst und es fängt an zu weinen. Sind die Kleinen nicht nur erschöpft, sondern richtig müde, reiben sie sich Augen, Ohren oder Nase, gähnen, meckern ein wenig vor sich hin, verziehen ihr Gesichtchen, die Äuglein werden schwer und der Körper schlaff. Einigen Kindern sieht man die Müdigkeit auch an den geröteten Wangen an. Manchmal schaffen es Babys aber trotz großer Müdigkeit nicht, sich zu entspannen. Dann wird ihr Blick starr, der ganze Körper ist angespannt und sie schreien, was das Zeug hält. An dieser Stelle sind dann Ihre Beruhigungskünste gefragt – aber dazu später.

Hunger!!!

Meistens kann man recht gut erkennen, dass ein Baby Hunger hat. Es wird dann plötzlich unruhig, dreht den Kopf hin und her und lutscht und saugt an seinen Fäustchen. Einige Babys quengeln auch und wenn ihr Bedürfnis nach Nahrung nicht bald erkannt wird, geht das Quengeln in heftiges Schreien über. Nimmt man ein Baby im hungrigen Zustand auf den Arm, dreht es sein Köpfchen sofort in Richtung Brust – egal ob es gerade bei Mama oder Papa ist.

Bauchschmerzen und andere Leiden

Kleine Babys werden häufig von Bauchschmerzen geplagt. Das erkennt man daran, dass sie sich hin und her winden, ihre Beinchen ruckartig an den Körper ziehen und sich insgesamt verkrampfen. Meistens schreien sie dabei heftig und sie lassen sich auch nicht ohne weiteres beruhigen. Die Bauchdecke ist oft hart und angespannt. Manchmal verschafft es den Babys Erleichterung, wenn man ihre Beinchen etwas hochlagert, weil eine zu ausgestreckte Rückenlage sehr anstrengend für sie ist.

Fühlt sich ein Baby unwohl, weil seine Position unbequem, die Windel voll oder ihm zu warm oder zu kalt ist, dann ist es meist unruhig und quengelt. Leidet Ihr Baby allerdings unter richtigen Schmerzen, schreit es in der Regel schrill und anhaltend, der ganze Körper steht unter größter Anspannung und es lässt sich nicht beruhigen. Oft atmet es zudem schnell und schwitzt. Es ist manchmal gar nicht so leicht zu unterscheiden, ob ein Baby wirklich unter Schmerzen leidet oder einfach nur »durch« (Seite 18) ist. Das muss man als Eltern mit der Zeit herauskriegen – und im Zweifel doch einen Arzt zu Rate ziehen.

Ein vollständiger Mensch – von Anfang an

So, jetzt wissen Sie, was Ihr Baby von Geburt an wahrnimmt, was es braucht und wie es sich mitteilt. Doch Ihr Kind ist natürlich von Anfang an viel mehr als das: Es ist ein vollständiger Mensch. Vielleicht klingt das jetzt für Sie wie eine Selbstverständlichkeit – aber wir Erwachsenen verhalten uns Kindern gegenüber nicht immer so. Oft behandeln wir sie, als ob sie etwas Unvollständiges wären, etwas, das erst modelliert, entwickelt, geformt, beeinflusst, erzogen werden muss – natürlich nach unseren Vorstellungen. Bis es schließlich erzogen bzw. gelungen ist. Auf eine Weise fehlt es uns manchmal an Achtung unseren Kindern gegenüber. Achtung gegenüber ihrer Sicht der Dinge, ihren Herangehensweisen, ihren Prioritäten, ihren Bedürfnissen. Natürlich nicht bewusst. Das ist kulturell bedingt. Erwachsene wissen, wie der Hase läuft – Kinder nicht. Ihre Vorstellungen, Motive und Wünsche haben traditionell einen geringeren Stellenwert. Natürlich sind wir heute viel aufgeschlossener unseren Kindern gegenüber und wir nehmen sie ernster als noch vor 50 Jahren. Trotzdem bestimmen wir immer noch fleißig, was gut ist für unser Kind und was nicht. Die Mitbestimmung unserer Kinder ist sicherlich da und dort noch ausbaufähig.

Die Beteiligung von Kindern an Entscheidungen, die sie betreffen, ist sogar in der UN-Kinderrechtskonvention verankert. Die Konvention von 1989 ist das erste Abkommen, das die internationale Anerkennung der Menschenrechte von Kindern festschreibt und in 54 Artikeln völkerrechtlich verbindliche Mindeststandards zum Wohle von Kindern und Jugendlichen im Alter von 0 bis 18 Jahren festlegt. Auch Deutschland hat die Konvention ratifiziert – wenn auch 10 Jahre nach ihrer Verabschiedung.

Die in der Konvention definierten Rechte lassen sich in drei Bereiche aufteilen:
- In Förder- und Entwicklungsrechte (z. B. Artikel 31: Jedes Kind hat das Recht auf Erholung, Freizeit, Spiel sowie Teilnahme am kulturellen und künstlerischen Leben),
- Schutzrechte (z. B. Artikel 19: Jedes Kind hat das Recht auf Schutz vor Gewaltanwendung, Misshandlung, Verwahrlosung)
- und Beteiligungsrechte (z. B. Artikel 12 und 13: Jedes Kind hat das Recht auf Äußerung und Berücksichtigung seiner Meinung).

Aber was können wir tun, um unsere Kinder stärker zu beteiligen? Ich denke, wir müssen unseren Kindern auf Augenhöhe begegnen – von Anfang an. In dem Wissen, dass wir unterschiedlich sind, aber gleichwertig. Am besten, wir lassen uns von vornherein darauf ein, voneinander zu lernen.

Es trinkt und kackert und schläft und schläft

Auch wenn Sie es nie für möglich gehalten hätten: Themen wie Nahrungsaufnahme, Verdauung und Schlaf interessieren Sie plötzlich brennend und bestimmen Ihren Alltag.

Hat es genug getrunken? Warum hat es seit Tagen nicht gekackert? Wo soll es am besten schlafen? Mit diesen und 1000 anderen Fragen rund um die Themen Nahrungsaufnahme, Stuhlgang und Schlaf beschäftigen sich frischgebackene Eltern ausgiebig. Kein Wunder – es sind die Hauptbetätigungsfelder der Kleinen. Aber es sind genau diese Körperfunktionen, die uns am meisten ins Auge fallen und die maßgeblich dazu beitragen, dass unsere Kleinen wachsen und gedeihen, und auf die wir – zumindest bedingt – einen Einfluss ausüben können.

Auf der einen Seite bewegen frischgebackene Eltern diese Themen sehr und auf der anderen Seite haben sie in der Regel keinerlei Wissen – oder genauer gesagt: Erfahrungen – damit. Wer hat schon vor dem ersten eigenen Kind hautnah mitbekommen, wie so ein kleiner Mensch umsorgt wird? In unseren Kleinfamilien hat man allenfalls ein, zwei Geschwister, zu denen allerdings der Altersabstand zu gering ist, um deren Säuglingszeit bewusst miterlebt oder womöglich bei deren Pflege mitgemacht zu haben. Das heißt, für die meisten Eltern ist das alles vollkommen neues Terrain und daher auch mit vielen Unsicherheiten verbunden. Und wo es viele Unsicherheiten gibt, gibt es auch viele Meinungen und Ratschläge …

Ich möchte an dieser Stelle gar keine Ausnahme darstellen – daher erhalten Sie jetzt drei Ratschläge von mir. Sie sind allerdings recht universell und können auf alle Bereiche im Umgang mit Kindern angewendet werden – und ganz besonders auf die beiden besonders sensiblen »Top-Baby-Themen« Nahrungsaufnahme und Schlafen:

- Versuchen Sie, sich immer wieder in Ihr Baby hineinzuversetzen – was würde ihm wohl jetzt guttun?
- Hören Sie auf Ihr Gefühl: Was würden Sie spontan/intuitiv tun, wenn Ihnen keiner reinredete?
- Verabschieden Sie sich von Erwartungen und geben Sie den Anspruch auf, alles perfekt machen zu müssen.

Milch, Milch, Milch und noch mal Milch

Das Schöne an der Baby-Ernährung ist: Sie ist anfangs extrem einfach. Man muss nur eines tun: dem Kind Milch geben. Je nachdem für welche Form Sie sich entscheiden, tun Sie das, indem Sie stillen oder Ihrem Kind das Fläschchen geben. Wenn Sie stillen, ist die Angelegenheit besonders komfortabel, denn Sie tragen stets die optimale Nahrung, steril und wohltemperiert, mit sich herum und können Ihr Kind jederzeit bei Bedarf füttern. Etwas komplexer wird es erst dann, wenn Sie nach knapp einem halben Jahr die Beikost einführen. Aber bis dahin muss man sich zumindest schon mal um die Essensauwahl keinen Kopf machen.

Trotzdem ergeben sich rund um das Stillen bzw. das Fläschchen sehr viele Fragen – angefangen mit der grundlegenden Frage, ob man seinem Baby die Brust oder die Flasche geben soll. Über die Baby-Ernährung wird bei uns jedenfalls gerne und auch heftig diskutiert. Da ist es nicht gerade leicht, sich eine eigene Meinung zu bilden.

Brust oder Flasche?

Vielleicht hat sich diese Frage für Sie gar nicht gestellt, da Sie von vornherein wussten, dass Sie stillen bzw. das Fläschchen geben wollen. Vielleicht haben Sie sich aber nach der Geburt noch einmal anders entschieden, da vieles eben anders ist, wenn man sein Kind in den Armen hält, oder vielleicht lief es auch nicht so, wie Sie es sich vorgestellt hatten.

Ob Sie Ihr Kind nun stillen oder es mit Säuglingsnahrung füttern – allein von diesem Umstand hängen die Gesundheit und das Glück Ihres Kindes nicht ab. Auch wenn sehr vieles für das Stillen spricht, tut man seinem Kind nichts Schlimmes an, wenn man sich gegen das Stillen entscheidet bzw. wenn es aus bestimmten Gründen nicht klappt. Babymilch aus der Packung enthält schließlich auch alle Nähr- und Mineralstoffe, die ein Säugling für eine gesunde Entwicklung braucht.

Die altersgerechte Nahrung ist das eine. Da ist aber noch etwas anderes, das zur Ernährung von Säuglingen gehört und das genauso wichtig ist wie die Nahrung an sich: die Nähe während des Fütterns, der Austausch zwischen Ihnen und Ihrem Kind. Egal ob Sie stillen oder das Fläschchen geben – das Füttern eines Babys ist ein inniger Moment mit viel Körperkontakt. Man hält das Kleine mehrmals am Tag und in der Nacht im Arm, ganz nah am Körper, schaut einander an, sagt nette Sachen zu dem kleinen Menschen. Bindung entsteht.

Falls Sie aber unentschlossen und offen für beide Varianten sind, möchte ich Ihnen an dieser Stelle doch ganz klar das Stillen empfehlen – denn Muttermilch und deren natürliche Verabreichungsform, das Stillen, sind einfach eine ziemlich geniale Erfindung der Natur. Muttermilch ist auf Grund ihrer Inhaltsstoffe und deren Zusammensetzung die ideale Ernährung für das Kind – d.h., sie ist für Ihr Baby besonders bekömmlich und nahrhaft. In ihr sind zudem Ihre Antikörper gegen Krankheitserreger enthalten, die Ihr Kind gegen Infektionen schützen. Stillen beugt außerdem Allergien und späterem Übergewicht vor und gestillte Kinder erkranken seltener an Neurodermitis und Asthma. Auch die Mütter haben eine Menge vom Stillen: Durch das Stillen wird man schneller die zusätzlichen Schwangerschaftskilos los und es werden Hormone ausgeschüttet, die dazu führen, dass sich die Gebärmutter zusammenzieht und wieder verkleinert – auch das tut dem runden Bauch gut. Und erst die vielen praktischen Vorteile, die das Stillen mit sich bringt: Man muss kein Milchpulver und kein heißes Wasser mit sich herumschleppen, muss die Milch nicht anrühren und man muss keine Flaschen auswaschen und sterilisieren.

Nur Mama kann stillen – leider!
Einen »Nachteil«, wenn man so möchte, hat das Stillen aber schon. Nur die Mutter kann's und damit ist Mama in der Stillzeit unabkömmlich. Sie kann sich vielleicht mal ein, zwei Stunden Freigang erlauben – aber dann muss sie schon wieder griffbereit sein, falls das Kleine Hunger bekommt. Natürlich gibt es auch noch die Möglichkeit, Muttermilch abzupumpen, und der Vater darf dann das Fläschchen geben. Das ist für das eine oder andere Mal sicher eine ganz gute Lösung aber nichts, was man regelmäßig machen möchte, da das Abpumpen doch ganz schön aufwendig ist.

Und glauben Sie nicht den Gerüchten, die über das Stillen kursieren: Vom Stillen bekommt man einen Hängebusen, Flaschenkinder werden besser satt und schlafen daher schneller durch, Stillen und Sport vertragen sich nicht, nur große Brüste taugen zum Stillen etc. Das sind alles Ammenmärchen und nichts davon ist richtig. Was allerdings stimmt, ist, dass es häufig Startschwierigkeiten beim Stillen gibt – Anlegeprobleme, wunde Brustwarzen, Milcheinschuss, um nur einige zu nennen. Lassen Sie sich davon aber nicht abschrecken – mit ein bisschen Hilfe von einer erfahrenen Hebamme oder einer Stillberaterin bekommt man das mit dem Stillen meist ganz schnell hin. Auch bei Milchstau oder Brustentzündungen sind Hebammen oder Stillberaterinnen prima Ansprechpartnerinnen, so dass diese klassischen Stillprobleme, die mal auftreten können, aber nicht müssen, bald vom Tisch sind.

Nach Bedarf oder nach Plan?
Babys sollten dann gefüttert werden, wenn sie Hunger haben. Und ob sie Hunger haben, können am besten Sie selbst beurteilen und nicht die Uhr. Am besten, Sie nehmen schon kleine Hungersignale zum Anlass, Ihr Baby anzulegen bzw. ihm das Fläschchen zu geben. So erfährt Ihr Kind, dass Sie seine Bedürfnisse ernst nehmen, und es muss erst gar nicht zu härteren Maßnahmen greifen, um sich bemerkbar zu machen.

Stillen bzw. Füttern nach Bedarf hat sich glücklicherweise weitgehend durchgesetzt. Vor noch gar nicht allzu langer Zeit war man noch der Ansicht, Babys müssten von Geburt an in einem Vier-Stunden-Rhythmus gefüttert werden. Doch Muttermilch ist fettarm, wird schnell verdaut und zudem ist der Magen kleiner Babys sehr klein. Kein Wunder also, dass kleine Babys so häufig nach Milch verlangen. Auch wenn sie Säuglingsnahrung bekommen. Die sogenannte Pre-Milch, die man ausschließlich in den ersten Monaten geben sollte, weist sehr ähnliche Eigenschaften wie die Muttermilch auf, weshalb man auch sie immer nach Bedarf und nicht nach Stoppuhr füttern sollte.

Sie können Ihr Baby also ohne schlechtes Gewissen so oft stillen bzw. mit Pre-Milch füttern, wie es Ihr Kleines wünscht. Es besteht keine Gefahr, dass Sie Ihr Baby überfüttern oder dass es womöglich zu dick wird. Wenn es nicht mehr mag, wendet es den Kopf ab und weigert sich, den Mund zu öffnen.

Wann und wie lange, bestimmen die Babys
Ein Baby sollte also nicht nur den Zeitpunkt des Fütterns selbst bestimmen, sondern auch die Dauer. Manche Babys wollen zeitweise sehr häufig gestillt werden und trinken sehr kurz. Andere verlangen nur alle zwei Stunden nach der Brust, trinken dafür aber sehr lange und ausgiebig. In Wachstumsphasen oder bei Krankheit verlangen Babys in der Regel häufiger nach Milch. Das Saugen und Trinken stillt nicht nur den Durst, sondern beruhigt auch. Das Bedürfnis nach Nähe und Geborgenheit hält sich natürlich nicht an die Uhr – und da Trinken und Beruhigung eng miteinander verbunden sind, taugen auch aus diesem Grund Zeitpläne beim Füttern wenig.

Darf Ihr Baby schon von Anfang an selbst bestimmen, wann und wie lange es gefüttert wird, lernt es, auf sein eigenes Hungergefühl zu achten. Dieses Körpergefühl ist von enormer Bedeutung – das erspart einem im Erwachsenenalter so manche Diät. Füttert man sein Baby nach einem bestimmten Zeitplan, ist man schnell dabei das Kleine zum Weitertrinken zu animieren, damit es die nächste Fütterungspause übersteht.

Nach Bedarf zu füttern ist ohne Frage leichter zu bewerkstelligen, wenn man stillt. Auch unterwegs kann man ohne besonderen Aufwand und ohne jegliches Equipment jederzeit und überall stillen. Aber mit ein wenig Erfahrung schafft man das auch mit dem Fläschchen außer Haus. (Thermoskanne und Milchpulver müssen dann immer mitgenommen werden.)

Stillen = strenge Diät für Mama?
Sie müssen in der Stillzeit nicht keineswegs auf alles verzichten, was schmeckt. Im Grunde sind sogar alle Lebensmittel erlaubt – auch Hülsenfrüchte, Zwiebeln, Kohl und Zitrusfrüchte. Am besten, Sie probieren aus, was Ihnen und Ihrem Kind bekommt. Es gibt nur relativ wenige Dinge, die Sie während der Stillzeit gar nicht bzw. nur in sehr kleinen Dosen konsumieren sollten: Zigaretten, Alkohol und Medikamente, solange diese nicht ausdrücklich von einem Arzt verschrieben wurden.

Rauchen und Co.: Und wenn Sie einmal mit einem Gläschen Sekt anstoßen oder unbedingt mal eine Zigarette rauchen möchten, dann tun Sie das, aber immer direkt nach dem Stillen. So besteht die Chance, dass Alkohol und Nikotin bis zum nächsten Stillen abgebaut werden. Auch Kaffee und schwarzen Tee sollten Sie in Maßen zu sich nehmen – gegen ein, zwei Tassen am Tag spricht allerdings nichts.

Katrin stillt ständig

Katrin kommt es manchmal vor, als ob sie Tag und Nacht stillte. Immer wenn Lotta – mittlerweile 8 Wochen alt – Hunger anmeldet, denkt Katrin, dass sie ihr doch gerade erst die Brust gegeben hat.

Tatsächlich sind aber doch meist schon ein, zwei Stunden vergangen. Katrin weiß oft gar nicht, welche Brust nun wieder dran ist. Sie muss dann kurz tasten – ah, die linke ist prall. Lotta trinkt in der Regel nur eine Brust leer und ist dann satt – das Trinken dauert meist auch nur knappe 10 Minuten. Katrin weiß von anderen Müttern, dass einige von ihnen eine halbe Stunde oder sogar eine Stunde stillen. Lotta dagegen trinkt lieber öfter, dafür aber eben nur kurz.

Katrin stillt überall

Katrin hat sich mittlerweile an das ständige Stillen gewöhnt – sie ist routiniert und kann Lotta im Liegen oder Sitzen stillen. Das Stillkissen benutzt sie nur noch selten. Sie stillt quasi überall in der Wohnung und nimmt das als Unterlage, was gerade im Angebot ist. Auch unterwegs funktioniert das Stillen prima. Es ist Frühsommer und Katrin geht oft mit Lotta raus. Wenn klar ist, dass Lotta trinken möchte – sie lutscht dann wie eine Verrückte an ihrem Fäustchen herum, sucht sie sich ein geeignetes Plätzchen und legt Lotta an. So problemlos das jetzt mit dem Stillen ist – der Anfang war alles andere als einfach.

Der Anfang war nicht leicht

Katrin hatte sich vor Lottas Geburt keine großen Gedanken über das Stillen gemacht – sie wusste nur, dass sie stillen wollte. Als Lotta dann da war, klappte es erst gar nicht. Die Krankenschwester, die sie nach Lottas Geburt als Erstes betreute, war nicht gerade eine Hilfe. Sie meinte, ein Kind müsse zwanzig Minuten die eine und gleich im Anschluss zwanzig Minuten die andere Brust trinken. Dabei schaffte es Lotta anfangs nicht einmal, die Brustwarze richtig anzusaugen, geschweige denn auch nur eine Minute »richtig« zu trinken. Die Krankenschwester der Nachtschicht war da schon einfühlsamer, beruhigte Katrin und gab gute Tipps.

Als es Lotta dann gerade raushatte, kam der Milcheinschuss, die Brüste waren prall wie Kürbisse und schmerzten. Lotta hatte wieder Probleme anzudocken und Katrins Brustwarzen waren nach zwei, drei Tagen Dauerbeanspruchung komplett wund und taten höllisch

weh. Zum Glück hatte Susanne, Katrins Hebamme, viele Tipps auf Lager. Die schlimmste Phase wunder Brustwarzen hat Katrin mit Stillhütchen überbrückt und sie schwört jetzt auch auf Lanolin-Creme, die ihrer geschundenen Haut guttut. Nach rund 4 Wochen waren Lotta und Katrin dann endlich ein eingespieltes Still-Team.

Katrin ist sehr glücklich, dass sie diese Startschwierigkeiten überwunden hat. Sie liebt es, Lotta zu stillen – sie findet es so süß, wenn Lotta mit offenem Mund nach ihrer Brust sucht und dabei ihren Kopf hin- und herwirft. Und wenn sie die Brustwarze dann gefunden hat, schnappt sie wie ein kleines Raubtierbaby nach ihr und hat sie im Nu fest angesaugt. Manchmal schaut Lotta während des Trinkens Katrin mit großen Augen an, aber meist gehen die Äuglein zu und sie ist ganz entspannt.

Stillen im Halbschlaf

Nachts liegt Lotta direkt neben Katrin in ihrem Babybalkon. Allerdings meist nur anfangs. Wenn sich Lotta im Halbschlaf bemerkbar macht, weil sie hungrig ist, nimmt sie Katrin, ebenfalls im Halbschlaf, zu sich ins Bett und legt sie an. Oft legt Katrin Lotta gar nicht mehr zurück in ihr Bettchen, da sie selbst beim Stillen einschläft. Meistens kann Katrin morgens gar nicht sagen, wie oft sie Lotta gestillt hat. Wenn Katrin Lotta tagsüber im Sitzen stillt, nimmt sie sie danach auf den Arm und lässt sie ein Bäuerchen machen. Nachts ist das nicht nötig – Lotta scheint im Liegen nicht so viel Luft zu schlucken.

Essen, worauf man Lust hat

Es ist nicht notwendig, dass Sie während der Stillzeit ganz penibel auf eine ausgewogene und gesunde Ernährung achten. Sie dürfen ruhig auch bei Süßigkeiten und Fettigem zugreifen. Am besten essen Sie einfach das, worauf Sie Lust haben – in der Regel ist da während der Stillzeit alles dabei, was Sie und Ihr Kind brauchen. Wichtig ist, dass Sie regelmäßig essen und trinken, um die Milchproduktion optimal in Gang zu halten und Ihren Energiehaushalt zu stabilisieren. Am besten Sie haben immer irgendwo eine Banane, Nüsse oder einen Müsliriegel griffbereit liegen, wenn Sie plötzlich der Hunger überkommt oder Ihnen schummrig wird.

Für zwei müssen Sie während der Stillzeit nicht essen – Sie benötigen täglich ca. 600 Kalorien mehr. Aber Sie bewegen sich weniger als sonst und wahrscheinlich haben Sie in der Schwangerschaft ein paar Fettpölsterchen angelegt, auf die Ihr Körper jetzt gerne zurückgreift.

Als stillende Vegetarierin brauchen Sie sich keine Sorgen zu machen – wenn Sie Eier und Milchprodukte essen, bekommt Ihr Kind alles, was es braucht. Nur Ihren Eisenwert sollten Sie hin und wieder kontrollieren lassen. Eine vegane Ernährung ist allerdings während der Stillzeit nicht zu empfehlen, bzw. nur dann, wenn Sie sehr gut informiert sind über den Nährstoffgehalt der einzelnen Lebensmittel und für eine ausreichende Zufuhr sorgen.

Top-Thema: Kacka

Der Stuhlgang von Säuglingen kann auf Eltern recht abenteuerlich wirken. Der Farbenvielfalt und Bandbreite der unterschiedlichen Konsistenzen sind scheinbar keine Grenzen gesetzt. Von Senffarben bis Schwarz bzw. von Schleimig bis Flockig – alles kann vorkommen, ohne dass Ihr Kind an irgendeiner Krankheit leidet. Aber auch die Häufigkeit des Stuhlgangs bewegt Eltern …

Der Windelinhalt

Der erste Windelinhalt Ihres Kindes wird Sie wahrscheinlich eher an Motoröl erinnern als an irgendeine Form von Stuhlgang. Dieser grünschwarze, teerartige Stuhl – Mekonium oder Kindspech genannt – besteht aus dem, was Ihr Kind in der Gebärmutter geschluckt hat. Es riecht kaum, ist allerdings ziemlich schwer vom zarten Babypopo zu entfernen. Nach zwei bis drei Tagen, wenn Ihr Kind begonnen hat, die Milch zu verdauen, wird der Stuhlgang heller – zunächst ist er noch grünlich, dann nimmt er, wenn Sie stillen, zunehmend gelbliche Farbtöne an, und wenn Sie Säuglingsnahrung geben, kommt ein eher bräunlicher Farbton dazu. Geruchsmäßig ist der Baby-Stuhlgang, vor allem wenn gestillt wird, eher dezent – erst wenn später die Beikost hinzukommt, wird es geruchsintensiver. Der Stuhlgang von Stillbabys ist oft sehr flüssig, so dass man als noch unerfahrener Windelinhalt-Erkunder denken kann, dass es sich um Durchfall handelt. Doch Durchfall unterscheidet sich noch einmal von dem normalen Kacka, da er von der Konsistenz eher an Wasser erinnert, dazu neigt, aus allen möglichen Windelausgängen herauszuspritzen, und zudem meist ziemlich streng riecht.

Von den eingangs schon erwähnten unterschiedlichen Konsistenzen oder Farbschattierungen sollten Sie sich nicht groß beunruhigen lassen. Es ist völlig normal, dass der Stuhlgang von kleinen Säuglingen unterschiedliche Formen und Farben annimmt. Es kann z. B. auch passieren, dass der Stuhl schwarz gefärbt ist, da sich Blut darin befindet. Meistens liegt es schlicht daran, dass das Baby Blut von Mamas wunder Brustwarze mitgetrunken hat. Auch wenn wunde Brustwarzen der Mutter schreckliche Schmerzen bereiten – das Blut, das die Babys während des Trinkens aufnehmen, schadet ihnen nicht. Ist Ihnen ein bestimmter Stuhlgang Ihres Babys einmal doch zu unheimlich, befragen Sie am besten Ihre Hebamme oder Ihre Kinderärztin.

Windel-Wechsel-Frequenz

»Was – deine Kleine kackert fünfmal am Tag? Meiner hatte schon seit fünf Tagen nichts mehr in der Windel!« Fünfmal am Tag oder alle fünf Tage – das ist ganz normal bei Stillbabys. Oft ist es so, dass gestillte Babys direkt nach dem Stillen oder sogar währenddessen die Windel füllen. Manchmal variiert aber auch der Rhythmus und das Baby hat an einem Tag mehrmals Stuhlgang (bis zu achtmal), um dann erst wieder ein paar Tage später eine volle Windel zu fabrizieren. Solange der Stuhl weich ist und ohne viel Pressen herauskommt, ist alles in Ordnung.

Bei Säuglingen, die mit Säuglingsmilch ernährt werden, sieht das etwas anders aus. Diese Kinder haben meist einmal am Tag eine volle Windel, da die Säuglingsnahrung anders als die Muttermilch nicht vollständig verdaut wird und der »Rest« daher regelmäßig rausmuss. Bei Flaschenbabys muss man daher etwas aufmerksamer sein und darauf achten, dass sie regemäßig Stuhlgang haben und dass dieser nicht zu hart ist. Wenn Sie Ihr Kind also mit Säuglingsmilch ernähren, sollten Sie – je nach Wohlbefinden Ihres Kindes – spätestens nach dem 3. Tag ohne Stuhlgang sicherheitshalber den Kinderarzt aufsuchen.

Ein Schlaf wie ein Kartenhaus

Babyschlaf ist etwas komplett anderes als Erwachsenenschlaf – das ist wohl das Wichtigste, das Sie als frischgebackene Eltern wissen müssen, damit von Anfang an sämtliche Erwartungen vom Tisch sind, die sowohl Ihnen als auch Ihrem Baby das Leben richtig schwer machen können.

In der Regel bekommen Eltern von allen Seiten zu verstehen, dass mit dem Schlaf ihres Babys irgendetwas nicht stimmt – das Kind schläft zu wenig, schläft immer noch nicht durch, schläft zu unruhig, schläft nicht alleine oder nicht schnell genug ein, schläft nicht dort, wo es schlafen soll usw. Und schneller als man es jemals für möglich gehalten hätte, sind sie da, die heillosen Erwartungen und man steckt drin in der nervenaufreibenden Schlaferziehung und tut alles Mögliche, um die Kleinen dazu zu bringen, so zu schlafen, wie wir das tun oder wie es in irgendwelchen Büchern steht.

Kaum ein Baby hat tatsächlich ein Schlafproblem – Babys schlafen in der Regel, wie es sich für Babys gehört. Allerdings ist dieses Schlafverhalten zugegebenermaßen für uns Eltern recht anstrengend und so haben vielmehr wir Eltern ein (Schlaf-)Problem. Die gute Nachricht ist: Auch diese Phase ist, wie jede andere auch, zeitlich begrenzt und das Schlafverhalten der Kleinen gleicht sich ganz von allein nach und nach dem der Erwachsenen an. Auch der Schlaf muss sich eben entwickeln. Es geht aber nicht nur um ein Heranreifen, um den Ablauf eines biologischen Prozesses. Als Eltern spielen wir eine ganz entscheidende Rolle, wenn es darum geht, dass unsere Kinder ein gesundes Schlafverhalten entwickeln. Wir sollten nur nicht unbedingt den Lehrer oder Trainer spielen, sondern vielmehr Trostspender, Beschützer und Mutmacher sein.

Babys schlafen anders

Das ist wahrscheinlich eins der ersten Dinge, die man als Eltern feststellt. Aber macht das auch Sinn? Schließlich stören sie mit ihrem Schlafverhalten regelmäßig ihre Eltern bei deren wohlverdientem Schlaf! Und ja – es macht Sinn, wie eigentlich fast alles, was die Kleinen so machen. Durch ihren leichten, unruhigen Schlaf sind Babys in der Lage, frühzeitig mitzuteilen, wenn ihnen etwas fehlt. Sei es, dass sie Hunger haben (die meisten Babys brauchen die ersten 6 Monate nachts etwas zu essen), dass ihnen zu warm oder zu kalt ist oder dass sie nicht gut atmen können. Mit ihrem Schlafverhalten binden Babys ihre Eltern eng an sich. Könnten unsere Babys mühelos alleine einschlafen und durchschlafen, wäre die Gefahr zu groß, dass wir uns zu weit von ihnen entfernen und nicht mitbekommen, wenn sie Hilfe brauchen, Stichwort Säbelzahntiger und Höhle! Es gibt aber noch einen entscheidenden Vorteil des Babyschlafs: Er beschleunigt erwiesenermaßen die Entwicklung des Gehirns. Unsere Babys schlafen sich also klug!

Kein ausgeprägter Tag-Nacht-Rhythmus

In den ersten 3 Monaten ist es Babys ziemlich egal, ob es Tag oder Nacht ist – sie schlafen am Tage wie in der Nacht viel, insgesamt etwa 15 bis 16 Stunden. Sie haben also keinen Tag-Nacht-Rhythmus, wie wir ihn leben – auch wenn sie in der Regel schon von Geburt an nachts mehr schlafen als tagsüber.

Hoher Anteil leichten Schlafs

Babys sind mit einem leichten Schlaf ausgestattet. Sie verbringen 50 Prozent ihres Schlafs in der sogenannten REM-Phase (engl. Rapid-Eye-Movements). In dieser Phase ist der Schlaf oberflächlich, die Babys träumen und bewegen dabei die Augen unter den geschlossenen Lidern. Zum Vergleich: Erwachsene haben ungefähr einen Anteil von 25 Prozent REM-Schlaf. Das bedeutet, Babys verbringen viel mehr Zeit in einem oberflächlichen Schlaf, weshalb sie viel leichter und daher natürlich auch häufiger erwachen.

Oberflächlicher Schlaf beim Einschlafen

Während wir Erwachsene beim Einschlafen direkt in einen tiefen Schlaf fallen, star-

ten Babys mit einer REM-Phase und brauchen mindestens zwanzig Minuten, um in die Tiefschlafphase einzutreten. Kein Wunder also, dass sich ein schlafendes Baby so schwer ablegen lässt. Ist es einmal auf dem Arm eingeschlafen, muss man in der Regel mindestens 20 Minuten warten, bevor man es hinlegen kann, ohne dass es sofort wieder aufwacht.

Kurzer Schlafzyklus
Säuglinge haben einen kürzeren Schlafzyklus als Erwachsene. Während ein Schlafzyklus bei uns 90 Minuten dauert, schläft sich ein Baby in ca. 60 Minuten durch den kompletten Zyklus. Während eines Schlafzyklus werden verschiedene Schlafphasen durchlaufen. Beim Übergang von einer Schlafphase zur anderen ist der Schlaf weniger tief, Aufwachreize dringen leichter zu uns durch und die Gefahr, dass wir aufwachen, ist größer. Da der Schlafzyklus von Babys kürzer ist und sich die Schlafphasen dadurch schneller ablösen, befinden sich Babys öfter in den sogenannten Übergangsphasen. Also noch ein weiterer Grund dafür, dass Babys Schlaf so sensibel ist.

Schlafen, wo's am gemütlichsten ist

Die Umstellung in Sachen Schlaf ist für ein Baby nicht gerade einfach. Bisher war es im Bauch seiner Mutter warm umhüllt, es wurde ständig hin und her geschaukelt und es gab eine angenehm rauschende Geräuschkulisse, hin und wieder begleitet von den Stimmen der Eltern. Es ist also nicht schwer nachzuvollziehen, dass kaum ein Baby davon begeistert ist, wenn man es in ein hübsch dekoriertes Bettchen legt, den Raum verlässt und es nun in vollkommener Ruhe und Einsamkeit schlafen soll. Für uns mögen es die optimalen Schlafbedingungen sein – für kleine Babys sind sie es in der Regel nicht. Sie fühlen sich oft am wohlsten, wenn die Bedingungen denen im Bauch ihrer Mutter ähneln. Und nur wenn man sich wohl fühlt und entspannt ist, kann man gut einschlafen – das gilt für uns genauso wie für Babys. Aber was bedeutet das konkret für die Schlafsituation der Kleinen? Zurück in den Bauch geht es natürlich nicht – doch die Bedingungen dort lassen sich zumindest ansatzweise herstellen.

Full contact

Babys lieben es, getragen zu werden. Ob im wachen oder im schlafenden Zustand und ganz besonders gerne in den Übergangsphasen, beim Einschlafen und Aufwachen. Beim Getragenwerden spüren sie den vollen Körperkontakt, die Wärme und Geborgenheit, ein ständiges Schaukeln und meist gibt es währenddessen auch einiges zu hören – Stimmen und sonstige Geräusche, die im Alltag eben entstehen.

Es gibt Kulturen, in denen die Babys in den ersten Monaten tatsächlich die ganze Zeit getragen werden, wie z. B. auf Bali. Aber in der Regel sind dort mehr Personen als nur die Eltern am Herumtragen beteiligt. Bei uns müssen meist die Arme von Mama und Papa ausreichen – das zehrt an der Kondition und die einseitige Belastung ist Gift für den Rücken. Aber zum Glück gibt es Tragetücher sowie eine große Auswahl von Babytragen, die Eltern das Tragen erleichtern. Auf diese Weise sind auch die Hände wieder einsatzfähig, man kann zwischendurch kochen oder etwas erledigen. Und machen Sie sich keine Sorgen – Menschenkinder sind Traglinge und das Getragenwerden ist in keiner Weise schädlich für die Entwicklung – im Gegenteil!

Baby schläft, Mama schläft

Gerade in den ersten Wochen nach der Geburt bietet es sich an, sich auch schlafen zu legen, wenn das Baby schläft. Jede Gelegenheit, um Kraft zu schöpfen, ist Gold wert! Ein gemeinsames Nickerchen funktioniert mit den Kleinen z. B. sehr gut, wenn man sie sich auf die Brust legt. Manchmal möchte man sein schlafendes Baby aber auch einfach mal ablegen und »frei« sein. Es muss nicht immer das Babybett sein, wenn Sie Ihr Baby tagsüber hinlegen. Jedes andere sichere Lager in Ihrer Nähe kommt als Schlafstätte in Frage.

Die Nacht sollte Ihr Kind in den ersten Monaten auf jeden Fall bei Ihnen, in unmittelbarer Nähe, verbringen: entweder bei Ihnen im Bett oder in einem Beistellbett neben Ihnen. Besonders praktisch ist ein sogenannter Babybalkon. Diese Art Mini-Babygitterbett steht direkt neben dem Elternbett, ist daran befestigt und zur Elternbettseite offen. So ist Ihr Baby ganz nah bei Ihnen, Sie können es nachts ohne große Umstände stillen und trotzdem haben Sie Ihr Bett für sich. Dieses Prinzip funktioniert übrigens auch mit den meisten handelsüblichen größeren Gitterbetten, falls Sie und Ihr Baby auch später noch Gefallen am gemeinsamen Schlafen finden.

Bauch-, Seiten- oder Rückenlage?

Und wenn Sie Ihr Baby ablegen – wie soll es am besten positioniert werden? Die Kleinen können sich ja schließlich noch nicht selber in die bevorzugte Position bringen. Die derzeitige Empfehlung lautet: Babys sollen in der Rückenlage schlafen. Das liegt daran, dass die Bauchlage zu den Risikofaktoren für den Plötzlichen Kindstod zählt. Unter dem Plötzlichen Kindstod versteht man das unerwartete und nicht erklärbare Sterben eines Säuglings während des Schlafs – die wahren Ursachen für dieses Phänomen sind noch immer ungeklärt. Wahrscheinlich müssen mehrere Faktoren zusammenkommen. In den westlichen Industrienationen stirbt etwa ein Kind von 1400 am Plötzlichen Kindstod. Als weitere Risikofaktoren gelten auch Schwitzen und Zigarettenrauch – also packen Sie Ihr Baby nicht allzu dick ein und lassen Sie es in einer rauchfreien Umgebung schlafen. Das sind beides Dinge, die ohnehin zu einem angenehmen Schlaf beitragen.

Liegepositionen abwechseln: Und was die Schlafposition angeht – solange meine Kinder nicht selbst in der Lage waren, sich zu drehen, habe ich sie in die Position gebracht, in der sie am besten schlafen konnten. Das war bei beiden Kindern die Seiten- und die Bauchlage. Es gibt nun einmal ausgesprochene Bauchliege-Kinder, die sich in der Rückenlage partout nicht wohlfühlen. Ich bin hier meinem Bauchgefühl gefolgt und habe meinen Kindern ihre bevorzugte Schlafposition ermöglicht – auch wenn von offizieller Seite die Rückenlage empfohlen wird. Außerdem finde ich es sinnvoll, die Liegepositionen auch abzuwechseln – mal Rücken, mal Bauch, mal rechte, mal linke Seite. Auf diese Weise wird der noch sehr weiche Kopf der Babys nicht einseitig verformt. Viele Babys, die immer auf dem Rücken liegen, entwickeln Verformungen am Hinterkopf.

Entspann dich, Kleines

Es gibt sie – die absolut tiefenentspannten Babys, die einfach einschlafen, wenn sie müde sind. Seien Sie dankbar, wenn Ihr Baby so eines ist. Unsere beiden Töchter jedenfalls gehörten nicht zu der Sorte. Viele Babys sind alles andere als entspannt, wenn sie müde sind und eigentlich schlafen sollten. Da sie weder über Erfahrungen noch über irgendwelches Wissen darüber verfügen, wie man sich selbst beruhigt, sind sie auf die Hilfe ihrer Eltern angewiesen.

Beruhigen ist Elternjob
Wir Eltern sind dazu da, die Gefühle unserer Babys zu regulieren, d. h. ihren Gefühlszustand zu lesen und ihn durch unser Verhalten zu beeinflussen. In dem wir Ihnen gut zureden, sie streicheln, sie wiegen, ihre Gefühle ernst nehmen und auf sie reagieren. So erfahren unsere Kinder, dass man gegen Unwohlsein etwas tun kann. Jetzt machen das meine Eltern, später kann ich das auch allein. Das heißt, durch positive Erfahrungen lernen sie, mit ihren eigenen Gefühlszuständen umzugehen.

Sie lernen das nicht, indem man sie sich selbst überlässt. Ein müdes Baby schreien zu lassen, damit es lernt, sich selbst zu beruhigen, war früher gängige Praxis. Obwohl dieses Vorgehen heutzutage von allen Experten strikt abgelehnt wird, bekommen Eltern aber durchaus auch heute noch hier und da den Rat, nicht gleich zu reagieren, wenn ihr Säugling schreit, sondern ihm auch mal Gelegenheit zu geben, alleine mit seinen Gefühlen zurechtzukommen. Alles, was ein Kind dabei lernen kann, ist, dass seine Eltern ihm nicht helfen, obwohl es mit allen Mitteln, die ihm zur Verfügung stehen, darum bittet. Es lernt, dass es nicht ernst genommen wird. Deshalb hört es auch irgendwann auf, um Hilfe zu rufen, und schläft frustriert ein. Mit sich selbst und anderen umzugehen, lernt man niemals im Alleingang – man braucht dazu Vorbilder.

Keine Schlaflernprogramme: Auch das Schreienlassen nach Plan und Uhr ist nicht viel besser als die planlose Variante. Ich sage das, da eine beträchtliche Zahl von Eltern Schlaflernprogramme einsetzen – in dem Glauben, sie brächten ihrem Kind auf diese Weise das selbstständige Ein- und Durchschlafen bei und das sei ja etwas ganz anderes als das reine Schreienlassen. Nur weil man die Uhr stellt und sich zwischendurch bei dem Kind blicken lässt, macht das die Sache aber leider nicht besser. Das Kind lernt, dass seine Sprache (= Schreien) nichts nützt und es nicht gehört wird. Und das möchte mit Sicherheit niemand seinem Kind vermitteln.

Und noch einmal zum Schluss, da wir hier in unserem Lande so große Angst vor dem Verwöhnen haben: Sie verwöhnen Ihr kleines Baby nicht, wenn Sie unmittelbar auf seine Signale reagieren (z. B. indem Sie es auf den Arm nehmen, herumtragen oder stillen) und ihm dabei helfen, sich zu entspannen – Sie erfüllen ihm ein Grundbedürfnis, vermeiden damit Stress und Angst, fördern die Bindung und sein Urvertrauen und sorgen auch noch für maximalen Lernerfolg! Seien sie also kein Trainer, sondern ein Verwöhner!

Tipps und Tricks für Babyflüsterer
Aber wie genau hilft man nun einem müden, jedoch unentspannten Baby dabei, sich zu beruhigen? Natürlich gibt es da kein Universalrezept. Jedes Baby hat seine eigenen Vorlieben und die gilt es, wie so oft im Leben, durch Ausprobieren herauszufinden. Alle Vorlieben haben aber in der Regel einen direkten Bezug zu den Bedingungen, die die Kleinen aus dem Bauch ihrer Mutter kennen: Körperkontakt, Bewegung, Enge und Geräusche. Auch das Saugen, ein sehr beliebtes Beruhigungsmittel unter Babys, hat etwas mit Mamas Bauch zu tun – Ihr Baby hat nämlich auch dort schon an seinem Daumen gelutscht und Fruchtwasser geschluckt.

Erst mal ankommen (0 bis 3 Monate)

In der folgenden Tabelle finden Sie die zehn beliebtesten Beruhigungshilfen für Babyflüsterer. Sie sehen dort auch, welche Methoden welche Baby-Vorlieben bedienen. Schön zu erkennen ist, dass Beruhigung bei Babys meistens kaum etwas mit Ruhe und Stillstand zu tun hat – ganz im Gegenteil brauchen viele Babys bestimmte Außenreize.

Bei den ganz kleinen Babys kommen oft sogar die wildesten Kombinationen sehr gut an: Baby im Tragetuch, Eltern hüpfen auf dem Gymnastikball, singen kraftvoll einen monotonen Rhythmus und klopfen dabei im Takt auf den Rücken oder Popo ihres Babys!

Alles ist im Fluss
Da ist man gerade unglaublich froh, eine super Einschlaftechnik gefunden zu haben, und nach zwei, drei Wochen wehrt sich das Baby mit Händen und Füßen dagegen. Leider ist das so – die Bedürfnisse ändern sich und es bleibt Ihnen nichts anderes übrig, als Ihr Einschlafrezept regelmäßig anzupassen. Besonders in den ersten 3 Monaten ist Ihr Einfallsreichtum immer wieder neu gefragt. Es ist völlig normal, dass Dinge plötzlich nicht mehr funktionieren, die vorher das Non-plusultra waren. Seien Sie also nicht enttäuscht, wenn Ihr Baby immer im Liegen eingeschlafen ist und auf einmal da-

Top Ten der Baby-Beruhigungshilfen

Beruhigungs-hilfe	Körper-kontakt	Bewegung	Enge	Geräusche, Stimmen, Rhythmen	Saugen
Stillen bzw. Milchflasche-geben	x	–	x	–	x
Tragen, vor allem im Tragetuch	x	x	x	–	–
Hüpfen auf dem Gymnastikball	x	x	x	–	–
Tanzen zu Musik	x	x	x	x	–
Auto fahren	–	x	x	x	–
Spazieren mit Kinderwagen	–	x	–	x	–
Schaukeln und Wippen	–	x	–	–	–
Schnuller	–	–	–	–	x
Popo tätscheln oder wackeln	–	x	–	x	–
Rhythmisches Singen	–	–	–	x	–

nach verlangt, auf dem Arm in den Schlaf geschaukelt zu werden. Das heißt nicht, dass es das nun immer braucht – es braucht es eben jetzt, in dieser Phase. Zerbrechen Sie sich daher nicht unnötig den Kopf, wie Sie Ihrem Kind später das »in den Schlaf stillen« oder das »in den Schlaf tragen« wieder abgewöhnen können. Glauben Sie mir – wichtig ist, dass Ihr aktuelles Einschlafrezept heute gut klappt und Ihnen und Ihrem Kind guttut. Was morgen ist, können Sie heute noch nicht vorhersehen!

Lotta schläft viel – noch!

Lotta ist jetzt schon fast 3 Monate alt und schläft immer noch viel: ungefähr 5 Stunden am Tag und 10 in der Nacht. Katrin erkennt schon einen gewissen Rhythmus in Lottas Schlaf …

In Lottas Rhythmus wechseln sich relativ kurze Wachphasen mit relativ kurzen Schlafphasen ab. So hält Lotta Katrin auf Trab und es gibt kaum längere Verschnaufpausen. Aber nicht genug, dass Lotta tagsüber niemals mehr als eine knappe Stunde am Stück schläft – nein, sie schläft praktisch nur auf dem Arm ein und wacht sofort wieder auf, wenn Katrin auch nur versucht, sie hinzulegen. Katrin ist ziemlich genervt. Egal wie vorsichtig und mit welchen Verrenkungen sie es anstellt – sobald Lotta in der Waagrechten angekommen und der Körperkontakt »abgerissen« ist, verzieht sie ihr Gesicht, quäkt und reißt die Augen auf. Das Ablegen klappt nur, wenn Katrin Lotta mindestens 20 Minuten schlafend auf dem Arm gehalten hat und sie erst dann hinlegt, wenn sie richtig tief schläft. Dann ist wiederum kaum noch Zeit, etwas zu erledigen, da Lottas Schläfchen schon bald wieder vorbei ist.

Lotta gibt den Takt vor

Aus diesem Grund kriegt Katrin auch nichts gebacken. Die Wohnung sieht schrecklich aus, jede Menge E-Mails und sonstige Nachrichten warten darauf, beantwortet zu werden, und tausend andere Dinge sind unerledigt. In den ersten 2 Lebensmonaten ist es Katrin nicht schwergefallen, das Chaos einfach zu ignorieren und sich regelmäßig gemeinsam mit Lotta hinzulegen, aber langsam muss doch mal wieder Normalität einkehren …

Katrins Freundin Tina steckt ihren Mattis immer ins Tragetuch und erledigt auf diese Weise ihren ganzen Kram. Das versucht Katrin auch immer wieder, aber so richtig gut lässt sich mit Lotta im Tragetuch nicht aufräumen. Und sich hinsetzen und etwas am Computer erledigen geht gar nicht, da Lotta in Bewegung bleiben möchte. Ja, Lotta liebt Bewegung. Unterwegs im Tuch schläft sie immer super und meistens auch wesentlich länger als nur auf dem Arm oder im Liegen.

Lotta und Katrin im Einklang

Nachts klappt es mit dem Schlafen eigentlich ganz gut. Lotta schläft abends meist zwischen halb zehn, zehn ein und wacht dann in etwa im Zwei-Stunden-Rhythmus auf. Die nächtlichen Unterbrechungen stören Katrin

kaum noch – sie ist ja selbst gar nicht richtig wach, während sie stillt, sie sind inzwischen ein eingespieltes Still-Team und Lotta schläft nach dem Trinken zum Glück immer gleich wieder ein.

Lotta, Katrin und Christian machen Party

Die Abende sind allerdings ziemlich anstrengend. Zum Glück ist dann Christian von der Arbeit zurück und Katrin muss sich nicht mehr alleine um Lotta kümmern. Lotta ist nach wie vor abends sehr unruhig und braucht viel Beistand, um runterzukommen. Am besten klappt das momentan, wenn Christian oder Katrin sie im Arm halten und dabei auf dem Hüpfball in einem regelmäßigen Rhythmus auf und ab wippen. Dazu lassen sie außerdem einen bestimmten Dance Mix laufen, den sie mal vor Jahren für Christians Geburtstagsparty zusammengestellt hatten. Durch Zufall haben sie bemerkt, dass sich Lotta schnell beruhigt, wenn sie diese Musik hört. Auch wenn Katrin und Christian das Lotta-Abendprogramm manchmal ganz schön seltsam finden, sind sie doch heilfroh, eine Methode gefunden zu haben, die Lotta beruhigt und ihr beim Entspannen hilft.

Ist Lotta mal gar nicht zu beruhigen, steckt sie Christian ins Tragetuch und läuft mit ihr eine halbe bis ganze Stunde draußen spazieren. Das hilft eigentlich immer. Er kommt dann mit einer friedlich und tief schlafenden Lotta zurück, die man nur noch in ihren Schlafsack zu stecken braucht. Und er selbst hat dazu noch ein bisschen frische Luft abbekommen.

Es strampelt und spielt

Man hält es vielleicht gar nicht für möglich – doch in Sachen Bewegung ist Ihr Kleines schon zu einigem im Stande. Sogar spielen kann es schon!

Babys bewegen sich schon im Bauch – davon kann jede Schwangere im fortgeschrittenen Stadium ein Liedchen singen. Besonders wenn man sich als werdende Mutter mal ausruhen möchte, legt das Baby im Bauch in der Regel erst richtig los und die Füße und das Köpfchen bringen die Bauchdecke zum Beben. Nach der Geburt verändert sich die Art der Bewegungen nicht unmittelbar. Das sieht man, wenn man mit Hilfe von Ultraschalluntersuchungen die Bewegungen im Bauch mit denen von Neugeborenen vergleicht – es sind eher unkoordinierte, gleichzeitig oder abwechselnde Bewegungen der Arme, Beine, des Rumpfs, des Kopfes und der Finger.

Mit etwa 12 Wochen verändern sich die Bewegungen der Kleinen zunehmend. Sie werden gezielter, gesteuerter und auch die Schwerkraft gewinnt dann nicht mehr jeden Kampf. Aber auch mit ihren begrenzten motorischen Möglichkeiten haben die Kleinen schon Spaß am Spiel und können sich sogar auch allein bespielen.

Es bewegt sich viel

Jede einzelne Bewegung stärkt die Muskulatur und führt dazu, dass Ihr Baby seine Bewegungen nach und nach bewusst steuern kann. In den ersten Wochen sind jedoch auch Reflexe für seine Bewegungen verantwortlich. Babys sind von Geburt an mit einer Reihe von Reflexen ausgestattet. Diese unwillkürlichen Bewegungen, die jeweils durch einen bestimmten Reiz ausgelöst werden, helfen den Babys dabei, ihre Muskeln und sogar ihr Nervensystem zu trainieren. Sie üben so lange, bis sie selbst in der Lage sind, sich bewusst und gezielt zu bewegen. Aus diesem Grund halten die meisten Reflexe nur einige Wochen bzw. Monate an und lassen sich später nicht mehr auslösen.

Suchreflex: Immer dann, wenn Sie die Wange Ihres Neugeborenen streicheln, wird es sein Köpfchen in Richtung der Berührung drehen und gleichzeitig den Mund öffnen. Es erwartet etwas zu essen und ist bereit zum Saugen.

Saugreflex: Ihr Baby wird an allem, was es in den Mund bekommt, heftig saugen – es nutzt jede Gelegenheit, um an Futter zu kommen.

Mororeflex: Erschrickt Ihr Baby, etwa durch ein lautes Geräusch oder eine plötzliche Bewegung, streckt es seine Arme und Beine ruckartig von sich und wirft seinen Kopf nach hinten.

Greifreflex: Sobald etwas die Handinnenfläche Ihres Babys berührt, wird es fest zugreifen. Auch die Zehen machen eine Art Greifbewegung, wenn die Fußsohlen berührt werden.

Schreitreflex: Halten Sie Ihr neugeborenes Baby aufrecht, neigen es leicht nach vorne und lassen seine Füße einen Untergrund berühren, wird es einen Fuß vor den anderen setzen. Diese Schreitbewegungen sind allerdings keine Vorstufe des Laufens – einen Monat nach der Geburt bildet sich der Reflex schon wieder zurück.

Der Kopf und die Schwerkraft

So ein kleines neugeborenes Köpfchen ist im Verhältnis zum gesamten Babykörper ganz schön groß. Der Schwerkraft zu trotzen und das Köpfchen aus eigener Kraft zu halten, will daher erst einmal gelernt und geübt sein. Bis dahin sollte man das Köpfchen immer gut abstützen. Ungefähr mit 3 Monaten kann ein Säugling seinen Kopf selbstständig halten – im Sitzen oder wenn man ihn an den Armen zum Sitzen hochzieht.

In der Bauchlage hält ein Neugeborenes den Kopf seitlich. Es kann den Kopf schon so weit anheben, um ihn auf die andere Seite zu drehen (im Übrigen auch ein Reflex) – auf diese Weise kann es dafür sorgen, dass es frei atmen kann. Erst mit ca. 3 Monaten kann ein Baby seinen Kopf in Bauchlage für etwas längere Zeit anheben und umherschauen. Dabei stützt es sich mit seinen Ellenbogen oder Händen ab. Auch in der Rückenlage halten Neugeborene den Kopf eher seitlich.

Strampeln, was das Zeug hält

Haben Sie schon einmal versucht, wie ein Baby zu strampeln? Nein? Dann probieren Sie es mal. In der Regel schafft man das als erwachsener Mensch nicht länger als einige Sekunden. Strampeln ist wahnsinnig anstrengend und wer es versucht hat, kann sich vorstellen, welch einen enormen Trainingseffekt das Strampeln hat.

Schon ab dem 3. Schwangerschaftsmonat strampeln die Kleinen – wie viel ein Kind im Bauch oder auch außerhalb strampelt, hängt allerdings von seinem Temperament ab. Einige Babys legen erst dann richtig los, wenn sie nackig sind, andere strampeln besonders gerne im müden Zustand und halten sich so selbst vom Schlafen ab. Heftige

Strampler strampeln oft so stark, dass sich ihr Schlafsack an der Vorderseite regelrecht ausdünnt. Manche Babys können auf diese Art und Weise ihre Wiege selbst anschubsen – wenn man noch ein Mobile befestigt, das mitschwingt, können die Kleinen aus eigener Kraft die Figürchen zum Schweben bringen. Je mehr die Kleinen ihre Bewegungen bewusst steuern können, desto weniger strampeln sie, bis das Strampeln schließlich ganz ausbleibt.

Klare Haltung auch im Liegen

Legt man ein Neugeborenes auf den Bauch, erinnert es ein wenig an ein kleines Häufchen. Arme und Beine sowie der gesamte Körper sind in einer gebeugten Haltung, die Beine liegen angezogen unter dem Körper und der Allerwerteste schaut in die Luft. In der Rückenlage hingegen ist der Körper eher gestreckt. In den kommenden Monaten wird sich diese Haltung allerdings nach und nach umkehren. In Bauchlage geht das Baby von der Beugehaltung in eine Streckhaltung über und in der Rückenlage entwickelt es sich von der Streckhaltung in eine Beugehaltung.

Meistens legt man Babys im wachen Zustand auf den Rücken. Sie können Ihr Kleines aber auch ab und zu in Bauch- oder Seitenlage bringen. Vielleicht mag es das. Wenn nicht, bringen Sie es in die Position, in der es sich wohlfühlt.

Von A nach B

Bis sich Ihr Baby selbstständig fortbewegen kann, dauert es noch eine ganze Weile – daher ist es in den nächsten Monaten (um nicht zu sagen Jahren …) eine Ihrer Aufgaben, Ihr Kind von A nach B zu befördern.

Sicher haben Sie sich schon während der Schwangerschaft Gedanken gemacht, welcher Kinderwagen es denn werden soll, welches Tragesystem Ihnen sympathisch ist und welche Babyschale beim Test am besten abgeschnitten hat. Mit diesen Überlegungen und den entsprechenden Recherchen kann man viele Stunden verbringen und lässt man sich auch noch in einem entsprechenden Fachgeschäft beraten, ahnt man doch bald, dass sich hinter der Baby-Beförderung eine komplexe Wissenschaft verbirgt. Um das Ganze nicht noch komplizierter zu gestalten, werde ich mich bemühen, mich auf das Wesentliche zu konzentrieren.

Wie ein Känguru

Menschenkinder sind Traglinge und es tut ihnen gut, wenn sie viel getragen werden. Damit man das bequem tun kann und dabei auch noch die Hände frei hat, sollte man sich ein Tragesystem bzw. Tragetuch zulegen. Da es mittlerweile eine riesige Auswahl von Tragevorrichtungen gibt, fällt es nicht ganz so leicht, herauszufinden, mit welchem System man am besten zurechtkommt bzw. in welchem sich das Baby am wohlsten fühlt.

Auch wenn man am liebsten vor der Geburt das gesamte Equipment beisammenhat, macht es Sinn, bei den Baby-Tragen erst einmal auszuprobieren, bevor man sich etwas anschafft. Wenn möglich, leihen Sie sich zwei, drei Teile aus und machen Sie mit Ihrem Baby den Test. Es gibt Eltern, die schwören auf Tragetücher, anderen sind die zu fummelig und sie setzen auf ein Tragesystem oder eines der vorgeformten Tücher, wie z. B. die Slings. Wenn Sie dann wissen, was am besten zu Ihren Bedürfnissen passt, können Sie gezielt kaufen und müssen sich nicht mit einem Fehlkauf herumschlagen. Es gibt auch

U3: die dritte Vorsorgeuntersuchung

Die U3 findet zwischen der 4. und der 6. Lebenswoche statt. Die beiden ersten Vorsorgeuntersuchungen werden in der Regel in der Klinik durchgeführt – die U3 ist meist die erste Untersuchung beim eigenen Kinderarzt. Er prüft, ob sich das Kleine in den vergangenen Wochen altersgerecht entwickelt hat. Es werden die Körperfunktionen, das Hörvermögen und die Reflexe kontrolliert. Und wie bei jeder Vorsorgeuntersuchung werden auch die Größe, das Gewicht und der Kopfumfang gemessen. Außerdem wird das sogenannte Neugeborenen-Hüftscreening durchgeführt, in dem Entwicklungsstörungen oder Fehlbildungen der Hüfte festgestellt werden können. Die meisten Ärzte erkundigen sich auch bei den Eltern, ob es Probleme beim Trinken, der Verdauung oder beim Schlafen gibt. Oft beraten sie die Eltern auch in Sachen Impfung in Anlehnung an die Empfehlungen der ständigen Impfkommission des Robert-Koch-Instituts. Die erste Impfung findet häufig bei der U4 statt: oft in Form eines Kombinationsimpfstoffs gegen Tetanus, Diphtherie, Kinderlähmung, Hib (Haemophilus influenzae Typ b), Keuchhusten und Hepatitis B.

Trageberaterinnen, bei denen Sie Kurse besuchen können oder die Sie zu Hause besuchen, um mit Ihnen gemeinsam das beste Tragesystem für Sie und Ihr Baby zu ermitteln.

Es muss nicht immer die Limousine sein

Besonders beliebt sind hierzulande Kombikinderwagen. Hier ist der Kinderwagen für kleine Babys mit dem Sportwagen bzw. Buggy für die Großen in einem Gefährt vereint. Manchmal ist sogar eine Babyschale für das Auto inklusive, was Sinn macht, wenn Sie beispielsweise Ihre gesamten Einkäufe mit dem Auto erledigen.

Bei einem Kombikinderwagen sollen langfristig gerechnet die Anschaffungskosten geringer sein. Man muss schließlich nicht zwei bzw. drei separate Transportmittel kaufen. Meistens ist es dann aber doch so, dass man später noch einen leichten Buggy dazukauft – die Kombiwagen sind doch meist recht massiv und daher schwer und unhandlich. Und sie haben in der Regel einen stolzen Preis. Zumal das bei den Kinderwagen ähnlich wie mit den PKW ist – auch ein Kinderwagen ist ein Statussymbol und es gibt Exemplare, die einem Rolls Royce sehr nahe kommen.

Liegebuggy ist auch okay: Auch bei diesem Thema lohnt es sich, wie bei vielen anderen Kinderthemen auch, einen Blick in andere Kulturen oder auch einfach nur zu unseren Nachbarn zu werfen. Soviel ich weiß, wird in keinem anderen Land so ein Ding um den »richtigen« Kinderwagen gemacht wie bei uns. Er muss scheinbar mindestens 100 Anforderungen gerecht werden. Bei uns gilt es außerdem als absolutes Tabu, ein Baby im Kinderwagen in eine auch nur leichte Sitzposition zu bringen, solange es noch nicht selbstständig sitzen kann. Daher müssen hier alle Babys bis zum 8. oder 9. Monat flach liegen – am besten in einer Tragewanne, und meist ist es den Kindern stinkelangweilig, weil sie viel lieber rausgucken würden. In anderen Ländern werden auch schon kleine Babys in Buggys herumgefahren. Mir ist nicht bekannt, dass die Franzosen oder Amerikaner davon besondere Haltungsschäden aufweisen. Was ich damit sagen will: Machen Sie es so, wie Sie es für richtig halten. Es ist auch absolut legitim, ein Baby von Anfang an in einem Liegebuggy zu transportieren, wenn man es ihm darin gemütlich macht. Diesen Buggy kann man dann alleine die Treppen hoch- oder runtertragen, man kann sein Kind, wenn es umherschauen möchte, auch mal in eine aufrechtere Position bringen und man kann diesen Wagen tatsächlich bis ins Kindergartenalter benutzen.

Eine Sache gibt es noch beim Kauf eines Kinderwagens zu beachten. Wenn Sie viel im Wald oder auf unebenem Untergrund unterwegs sind, sollten Sie sich einen Wagen mit großen Rädern bzw. mit Luftreifen zulegen. In der Stadt machen kleine schwenkbare Räder wiederum mehr Sinn, da sie wendiger sind.

Voll verschalt

Wer ein Auto hat und auch mit Kind fahren möchte, muss für sein Baby eine Babyschale haben, die der aktuellen europäischen Prüfnorm entspricht – das sind derzeit die Prüfnormen ECE 44/03 und ECE 44/04. Die meisten Babyschalen können bis zu einem Gewicht von 13 kg genutzt werden – sie sind also ca. bis zum 1. Geburtstag verwendbar.

Zu klein zum Spielen?

Man stellt sich unter »spielen« im Allgemeinen vielleicht etwas anderes vor, aber schon Neugeborene tun es. Da sie allerdings noch nicht einmal greifen können, sind die Spielvarianten natürlich überschaubar. Aber mit den Möglichkeiten, die ihnen zur Verfügung stehen, wird eifrig gespielt – und zwar sowohl alleine als auch mit anderen. Schließlich lernen Kinder fast ausschließlich während des Spiels. Da die Ausdauer der Kleinen noch sehr begrenzt ist, fallen die Spielphasen anfangs recht kurz aus und sie müssen sich im Anschluss an das Spiel erst einmal wieder erholen.

Die gute Nachricht ist: Babys benötigen in den ersten Monaten keinerlei Spielzeug. Ihr Kind ist mit Ihnen und seinen Händen bestens versorgt und vollkommen zufrieden.

Spiel mit mir

Der Mensch ist ein soziales Wesen – von Anfang an. Säuglinge lieben es, wenn Mama, Papa und am besten noch Geschwister oder sonstige vertraute Menschen um sie herum sind. Sie finden es klasse, wenn sie im Arm gehalten werden und sie mit ihrem Gegenüber Blicke austauschen können. Am besten gefällt es ihnen, wenn sie in ein freundliches Gesicht schauen, das mit viel mimischem Begleitprogramm mit ihnen spricht. Diesen sogenannten Baby Talk (auch Ammensprache genannt) wenden Erwachsene ganz intuitiv bei kleinen Kindern an. Hohe Tonlage, deutliches Sprechen mit vielen Pausen, übertriebene Satzmelodie, häufige Wiederholungen und kurze Sätze – dieses Sprechverhalten macht Kinder neugierig und es hilft ihnen, nach und nach Sprache zu verstehen. Sie hören aufmerksam zu und reagieren mit den ihnen zur Verfügung stehenden Mitteln. Da werden Augen aufgerissen und der Mund geöffnet, Arme und Beine in Bewegung gesetzt und hin und wieder Töne von sich gegeben. Auf diese Weise entsteht ein Hin und Her – ein gemeinsames Spiel, eine Kommunikation.

Wow – ich habe Hände!

Kleine Babys sind völlig fasziniert von ihren eigenen Händen. Sie nehmen sie in den Mund und lutschen daran, ab dem 2. Monat betrachten sie sie ausgiebig und mit etwa 3 Monaten fangen die Hände auch an, sich gegenseitig zu betasten. So lernen die Kleinen ihre Hände kennen und trainieren sie, so dass sie bald dazu in der Lage sind, mit ihnen alles zu greifen, was sie zwischen die Finger bekommen.

Spaßmacher

Womit kann man den Kleinen eine besondere Freude machen? Welche Spiele eignen sich für so kleine Babys überhaupt? Wie gesagt, viel braucht es in dem Alter nicht, um Ihr Kind glücklich zu machen. Vor allem freut es sich über Ihre Aufmerksamkeit und Körperkontakt. Kuscheln, tiefe Blicke austauschen, Baby Talk oder auch Quatsch machen, indem Sie z. B. Grimassen schneiden oder mit Ihren Fingern ein kleines Theater veranstalten – das sind alles Dinge, die Ihrem Kind gefallen. Anlässe zum Spielen gibt es tagsüber immer wieder – immer dann, wenn Ihr Baby wach ist und Kontakt sucht. Auch das Wickeln ist eine gute Gelegenheit, um mit Ihrem Kind bewusst Zeit zu verbringen.

Backe, backe, Kuchen

Meine Oma hat mit mir immer »Hammele, hammele, Dutzebock« gespielt – wohl schon als ich Baby war, aber auch später noch. Sonst würde ich mich ja nicht erinnern. Dabei hat sie sich mit ihrer Stirn an meine angenähert, bis wir, Stirn an Stirn, leicht angestoßen sind. Während der Annäherung sagte sie »Hammele, hammele« und als wir aneinanderstießen, kam dann das »Dutzebock«. Meine Kinder fanden »Hammele, hammele, Dutzebock« auch super und noch heute finden sie es witzig, wenn ich es mal wieder mache. Vielleicht erinnern Sie sich ja auch an irgendwelche Spiele, Reime oder Lieder aus Ihrer Kindheit oder kramen einen Klassiker aus wie »Backe, backe, Kuchen …« oder »Das ist der Daumen, der schüttelt die Pflaumen …«.

Auch wenn sie klein sind und eigentlich noch kein Wort verstehen, lieben Kinder rhythmische Sprache: Gereimtes, Gesungenes – gerne auch kombiniert mit einem Fingerspiel. Wenn Sie nicht so sehr auf Kinderlieder stehen, können Sie aber auch Ihren Lieblingssong anstimmen – der wird mit Sicherheit auch gut ankommen.

Streicheleinheiten

Viele Babys mögen es, wenn sie sanft massiert werden. Es kann einfach nur eine kleine Fußmassage beim Wickeln sein, z. B. mit ein wenig Olivenöl, das sie in Ihren Händen anwärmen. Und wenn Sie den Raum richtig warm kriegen, können Sie Ihr Baby auch komplett nackig machen und es am ganzen Körper massieren (am besten erst nach dem Abheilen des Nabels). In der Regel genießen Babys das sehr. Fragen Sie Ihre Hebamme, ob sie sich mit Babymassage auskennt. Sie können dann erst einmal gemeinsam Ihr Baby massieren, so dass Sie wissen, worauf Sie achten sollten. Ansonsten gibt es eine Fülle von Literatur zu dem Thema und natürlich auch jede Menge Informationen im Internet.

Wie geht es eigentlich Katrin und Christian?

Drei Monate sind seit Lottas Geburt vergangen. So lange sind Katrin und Christian jetzt Eltern und vieles hat sich in dieser kurzen Zeit verändert. Mehr, als sich Katrin und Christian gedacht hatten.

»Ich geh ins Bett.« Katrin macht sich auf in Richtung Badezimmer, um sich die Zähne zu putzen. »Ach, bleib doch noch ein bisschen – Lotta schläft gerade mal seit 20 Minuten und es ist erst 10 Uhr!« Christian hatte gehofft, noch ein wenig Zeit mit Katrin zu verbringen. Meistens legt sich Katrin abends gleich schlafen, wenn Lotta ins Bett geht. Heute nicht und Christian dachte, Katrin und er könnten mal wieder ein, zwei Stunden für sich haben. Nur sie beide – so wie früher. Aber Katrin schaut ihn müde an. »Du, ich bin völlig fertig. Der Tag war echt anstrengend. Ich muss schlafen.«

Christians neue Welt

Na gut. Dann wird er den Abend also wieder allein verbringen. Es ist ja nicht so, dass er für Katrin kein Verständnis hätte. Sie hat eine Schwangerschaft und eine Geburt hinter sich und sie ist es, die sich hauptsächlich um Lotta kümmert. Nachts, weil Lotta noch gestillt wird. Tagsüber, da Christian vor einem Monat nach zweimonatiger Elternzeit wieder mit der Arbeit angefangen hat. Das heißt, er kann Katrin Lotta nur abends und am Wochenende abnehmen. Und Lotta ist wirklich ein Kümmerbaby, das eine Menge Aufmerksamkeit braucht. Dass man sie einfach mal hinlegt – das geht kaum. Weder im wachen noch im schlafenden Zustand.

Kleiner Realitätsschock

Er wusste von Freunden, die schon Kinder hatten, dass Babys einiges im Leben der Eltern verändern und man mit ihnen gut beschäftigt ist, aber dass es so extrem ist ... Seitdem Lotta da ist, schläft Christian im Gästezimmer. Da Katrin Lotta zum Stillen immer ins große Bett nimmt, ist es dort zu dritt einfach zu eng. Außerdem hat Christian Angst, er könnte sich nachts aus Versehen auf Lotta rollen, wenn sie zwischen Katrin und ihm liegt. Er kann sich nicht erinnern, wann er das letzte Mal seine Frau für sich hatte, sie berührt und gestreichelt hat. Und dabei denkt er gar nicht mal an Sex. Wäre natürlich auch schön, aber da muss schon ein Signal von Katrin kommen.

Auch sein Sport kommt zu kurz. Nur am Wochenende geht er mal eine Stunde laufen. Nach der Arbeit noch auf die Piste gehen – das macht er gar nicht mehr. Katrin ist ja froh,

wenn er abends endlich nach Hause kommt und ihr Lotta abnimmt. Und er ist froh, seine kleine Lotta endlich wiederzusehen – er ist so verdammt stolz auf dieses bezaubernde Wesen.

Doch wenn Lotta dann im Bett ist, würde Christian gerne noch etwas von seiner Frau haben – sich mit ihr austauschen, sie im Arm halten oder einfach auch nur einen Film mit ihr zusammen anschauen. Wann wird so etwas wieder möglich sein?

Katrins neue Welt

Katrin legt sich ins Bett. Sie hat auf der einen Seite ein schlechtes Gewissen, da sie nicht noch bei Christian geblieben ist – sie weiß ja, wie sehr er sich das wünscht. Auf der anderen Seite ist sie aber auch sauer auf ihn, weil er ihr dieses schlechte Gewissen macht. Versteht er denn nicht, dass sie einfach völlig erschöpft ist und jedes bisschen Schlaf braucht? Und wenn sie aufbliebe, würde sie eh nur das ganze Chaos in der Wohnung sehen und wieder anfangen aufzuräumen. Und erst das ganze organisatorische Zeug! Endlich ist das mit dem Elterngeldantrag geschafft und nun kommt schon das nächste. Katrin muss ich um einen Kita-Platz für Lotta kümmern. Sie will ja in 9 Monaten wieder mit der Arbeit anfangen.

Dabei bräuchte sie einfach auch mal ein bisschen Zeit für sich. Mal in Ruhe in eine Zeitung schauen und einen Tee trinken. Aber selbst von ihren Freunden kommt Druck. Warum meldest du dich nicht? Wollen wir uns nicht mal treffen? Aber außer einer haben die ja auch alle noch keine Kinder! Ja, seit Lotta hat sich einiges geändert: Das kleine Ding hat alles einmal durcheinandergewirbelt und die Prioritäten komplett verschoben. Und trotz des ganzen Chaos und der Belastung: So ein tiefes Glück wie in den letzten 3 Monaten hat Katrin noch nie empfunden.

Jetzt geht's los (4 bis 7 Monate)

Aus Ihrem zarten Neugeborenen ist ein wahrer Wonneproppen geworden. Er lacht, plaudert, greift und eher als Sie vielleicht meinen, kommt er auch vom Fleck.

Hallo, du spannende Welt

Jetzt ist Ihr Kind angekommen. Es freut sich seines Lebens und erkennt – dank seiner heranreifenden Sinneskraft – immer mehr, wie spannend seine Umwelt ist.

Bisher gab es nur Sie. Sie waren das Einzige, was Ihr Kind wirklich interessierte. Das ändert sich nun nach und nach. Keine Sorge, Sie bleiben das Maß aller Dinge, noch sehr lange. Aber immer mehr nimmt Ihr Kleines seine Umwelt wahr und findet sie höchst interessant.

Wo es noch bis vor kurzem genügsam dalag und sich an seinen Händchen erfreute oder mit der Betrachtung Ihres Gesichts voll ausgelastet war, schaut es nun vielleicht immer häufiger neugierig und erwartungsvoll in die Gegend und möchte am liebsten etwas »unternehmen«. Mit ungefähr 4 Monaten kann Ihr Kind räumlich sehen. Es erkennt Gegenstände, die bis zu zweieinhalb Meter entfernt sind. Auch Farben nimmt es jetzt wahr. Es verfolgt Dinge, die sich bewegen, mit seinen Augen und es kann auch immer besser seine Hände koordinieren. Es fängt an, nach Gegenständen zu greifen. Sobald es etwas zwischen die Finger bekommt, wird es in den Mund geschoben – der Mund ist in dieser Phase das zentrale Sinnesorgan.

Nicht so sehr wegen des Geschmacks, sondern vielmehr wegen des Tastsinns. Mit Lippen, Zunge und Gaumen werden Gegenstände ertastet und untersucht.

Auch wenn es sich selbst noch lange nicht bewusst in vollem Umfang als eigenständiges Wesen wahrnimmt (das passiert dann ungefähr mit anderthalb Jahren), so merkt ein 4 oder 5 Monate altes Baby doch immer mehr, dass es etwas bewirken kann – es entwickelt einen ersten Ansatz von Ich-Gefühl. Es bewegt sich von Tag zu Tag ein Stücken gezielter und es gibt auch immer häufiger bewusst Laute von sich.

Neugier – ein Drang, der alles möglich macht

Die Gier nach Neuem oder, schöner gesagt, der Drang danach ist von Anfang an da. Kleine Säuglinge betasten ihren Körper, vor allem ihren Mund, später ihre Hände. Anfangs ist für die Kleinen ja alles neu, aber

schon in den ersten Wochen fangen sie an, zwischen Bekannt und Unbekannt zu unterscheiden. Von Bekanntem wenden sie sich schneller ab und schauen erst dann wieder interessiert, wenn sie etwas Unbekanntes präsentiert bekommen. Je mehr sie in der Lage sind, sich selbst Dingen zuzuwenden bzw. sich davon abzuwenden, umso deutlicher kann man beobachten, dass ihre Aufmerksamkeit eindeutig Neuem, Unerforschtem gilt. Wurde ein Babyspielzeug einige Male intensiv untersucht, verliert es dramatisch an Reiz. Sämtliche Greiflinge, Rasseln und Knisterkuschelspielzeuge, mit denen Ihr Kind zur Geburt beschenkt wurde, werden bald keines Blickes mehr gewürdigt.

Oh, das ist spannend! Ein 4 oder 5 Monate altes Baby kann sich noch nicht aus eigener Kraft dorthin bewegen, wo es seiner Meinung nach Spannendes zu sehen bzw. zu fühlen gibt. Es ist immer noch vollkommen von seinen Eltern abhängig. Aber je nach Temperament kann es durchaus mit mehr oder weniger Nachdruck deutlich machen, dass es gerne eine Abwechslung hätte. Einige Kinder springen ihren Eltern in dem Alter fast aus dem Arm, da sie sich gerne mit ihrem Oberkörper in Richtung »spannendes Objekt« fallen lassen oder sich mit allen Kräften wegdrücken, um irgendwohin zu kommen, wo es etwas Interessantes zu sehen gibt. Wird ihr Bedürfnis nach neuen Sinneseindrücken nicht erfüllt, reagieren sie mit lautstarkem Protest.

Allerdings sind nicht alle Kinder so eindeutig darauf aus, Neues zu entdecken. Es gibt auch die in sich Ruhenden, die alles ganz gemächlich angehen – was nicht bedeutet, dass diese Kinder nicht auch neugierig sind und sich z. B. beim Stillen ganz hervorragend von allem Möglichen ablenken lassen und das Köpfchen hin und her drehen. Schließlich sorgt die Neugier dafür, dass unsere Kinder Erfahrungen machen, Fertigkeiten erlernen, sich Wissen aneignen und sich somit zu selbstständigen, kompetenten Erwachsenen entwickeln. Und damit die Neugier nicht in puren Leichtsinn ausartet, sind unsere Kinder praktischerweise mit einer natürlichen Bremse ausgestattet – sie können sich selbstständig noch auf keine Gefahrenquelle zubewegen.

Motor der geistigen Entwicklung

Kinder sind echte Forscher. Ihre Neugier kennt scheinbar keine Grenzen. Das ist gut so – auch wenn es manchmal enorm nervt (erst recht, wenn sie dann überall hinkommen …). Denn die Neugier treibt die Kinder zum Lernen an und dient quasi als Motor ihrer geistigen Entwicklung. Sie ist damit tatsächlich Gold wert. Noch vor 50 Jahren betrachtete man die Neugier als eine schlechte und unbequeme Eigenart, die Eltern möglichst einzudämmen hatten.

Neugier möglichst nicht ausbremsen

Heute wissen wir, dass die Neugier unserer Kinder so selten wie möglich gebremst werden sollte. Vielmehr ist es unsere Aufgabe, unsere Kinder zu ermutigen und es ihnen zu ermöglichen, ihrem Drang nachzugeben. Auch wenn die Interessen der Kinder – zumindest auf den ersten Blick – nicht immer ganz nachvollziehbar oder in unseren Augen gar sinnlos oder zumindest nicht konstruktiv sind: ob es das ständige In-den-Mund-Nehmen der fusseligsten Sachen ist oder später das ausgeprägte Interesse für den Schrankinhalt oder die Funktionsweise der Fernbedienung oder anderer technischer Geräte. Dazu kommt, dass man die Kleinen auch noch permanent vor Gefahren schützen muss. Aber wenn man weiß, wofür es gut ist, lässt sich der unstillbare Wissensdurst schon viel besser aushalten.

Denn Tatsache ist – je mehr wir unsere Kinder zurückhalten und ihren Forscherdrang eindämmen, desto größer ist die Wahrscheinlichkeit, dass ihre Neugier an Kraft einbüßt. Und wer will seinen Kindern schon die Leichtigkeit des Lernens nehmen?

Damit Ihr Kind munter drauflosforschen kann, muss es allerdings nicht nur die Möglichkeit dazu bekommen – es braucht außerdem Sie als Rückendeckung. Die Bindung zu Ihnen, genauso wie Ihre Ermunterungen, geben ihm die Sicherheit, sich auf Neues einzulassen, und die Kraft, ausdauernd den Dingen auf den Grund zu gehen.

Forscherdrang ist toll!

Wenn Ihr Kleines schon im zarten Alter von 4 oder 5 Monaten eine ausgeprägte Neugier zeigt und regelmäßig seinen Unmut darüber äußert, nur dazuliegen und an die Decke zu schauen, dann versuchen Sie es als Glück zu sehen, dass Ihr Kind mit einem so starken Forscherdrang ausgestattet ist. Damit es sein Bedürfnis nach Erfahrungen stillen kann, können Sie Ihr Baby immer mal wieder so herumtragen, dass es mit dem Rücken an Ihrem Bauch bzw. Ihrer Brust lehnt und sich auf diese Weise die Welt anschauen und auch mal seine Hand nach etwas ausstrecken kann. Sie können Ihr Kind auch auf Ihrem Schoß in eine sitzende Position bringen, solange es sich bei Ihnen anlehnen kann und nicht kerzengerade sitzen muss. Oder Sie setzen es ab und zu in eine Babywippe.

Ein Kind, das sitzt, kann seine Umgebung betrachten, nach Gegenständen greifen und sie ganz in Ruhe mit Händen, Mund und Au-

gen untersuchen. Sie brauchen sich keine Sorgen zu machen, wenn Ihr Kind hin und wieder eine Weile angelehnt sitzt. Hierzulande werden Eltern häufig ermahnt, ihr Kind auf keinen Fall in eine Position zu bringen, die es aus eigener Kraft noch nicht erreichen kann. Das sei schädlich für Knochen, Muskeln und seine gesamte Entwicklung. In anderen Kulturen sieht man das ganz anders. In vielen Teilen Afrikas z. B. werden Babys schon früh regelmäßig in eine sitzende Position gebracht. Daraus ergeben sich weder Haltungsschäden noch irgendwelche Probleme bei der motorischen Entwicklung.

Ablenkung und Abwechslung: Neugierige Babys fordern Ihren Eltern jedenfalls einiges ab. Sind sie noch ein Stückchen älter, so 5, 6 Monate, kann es passieren, dass sie sich regelmäßig heftig ärgern und total frustriert sind, da sie gerne Dinge täten, die sie noch nicht können. Oft ist es kaum möglich, sie einfach mal hinzulegen. Sie sind augenblicklich mächtig unzufrieden, denn zu liegen ist so was von fad, sie wollen mehr. Geduld können Sie leider von Ihrem frustrierten Forscher nicht erwarten, doch Sie können ihm helfen – mit geschickten Ablenkungsmanövern oder Abwechslung.

Forscherdrang mit eingebauter Bremse

Die Neugier ist ein solch starker Drang, dass sie ohne wirksames Gegengewicht durchaus zu lebensbedrohlichen Aktionen führen kann – besonders bei Kindern, bei denen die Neugier sehr groß ist. Wir Erwachsenen regulieren unsere Neugier meist über unsere Erfahrungen. Wir können in der Regel ganz gut einschätzen, ob wir unserer Neugier nachgehen können oder ob wir uns in dem Fall eher zurückhalten sollten. Kinder, insbesondere kleine Kinder, verfügen noch nicht über einen solchen Erfahrungsschatz. Vor allzu waghalsigen Experimenten schützt sie anfangs noch ihre Unfähigkeit, sich fortzubewegen und damit wirklich gefährliche Dinge zu unternehmen. Auf dem Boden sind die Kinder am besten aufgehoben – auf einer dicken Decke, von der sie nicht runterfallen können. Wenn sie sich dann doch mal aus eigener Kraft fortbewegen oder unerwartet drehen, kann dort am wenigsten passieren.

Wenn Kinder allerdings mit 7, 8 Monaten anfangen, mobil zu werden, braucht es einen anderen wirksamen Schutz vor Gefahren. Zum einen passen natürlich wir Eltern auf unsere kriechenden und robbenden Forscher auf und sperren Gefahrenquellen ab oder schaffen sie übergangsweise in den Keller. Aber neben uns als Aufpassern hat sich die Natur noch etwas anderes einfallen lassen, das unsere Kinder vor zu großem Wagemut schützt: die Trennungsangst, d. h. die Angst, die die Kinder überkommt, wenn sie sich aus dem Blickfeld von Mama und Papa bewegen.

Das Fremdeln

Eine Vorstufe der Trennungsangst tritt das erste Mal mit etwa 6 bis 8 Monaten auf, bekannt unter dem Begriff »Fremdeln«. Davor sind Kinder praktisch frei von Angst. Man kann sie zwar erschrecken und sie können etwas als äußerst unangenehm oder schmerzhaft empfinden, aber Angst in dem Sinne, dass sie sich von etwas bedroht fühlen, verspüren sie wohl weniger. Wenn jedoch die Bindung zur wichtigsten Bezugsperson entsteht, so entwickelt sich auch nach und nach die Angst, diese Person zu verlieren. Beim Fremdeln geschieht das noch eher unbewusst. Kommt dem fremdelnden

Lotta will die Welt entdecken

Lotta wird 5 Monate alt – das muss gefeiert werden! Da Lotta es mag, wenn etwas los ist, hat Katrin zwei Mamas aus der Rückbildungsgymnastik mit ihren beiden Kindern eingeladen.

Es ist kurz vor 11 und gleich kommen Sandra und Elisabeth mit ihren Kleinen. Eigentlich wollte Katrin bis 11 Uhr alles einigermaßen aufgeräumt haben und sie hatte sogar vor, ein paar Muffins zu backen. Aber Lotta war heute Vormittag ganz besonders anspruchsvoll, um nicht zu sagen nervig …

Lotta, die Neugierige

Katrin ist es ja gewohnt, Lotta viel herumzutragen, aber mittlerweile ist Lotta ein richtiges Brummerchen geworden. Dazu kommt, dass Lotta es im wachen Zustand nicht mehr so sehr mag, im Tragetuch herumgetragen zu werden. Viel lieber entdeckt sie die Welt. Dagegen ist ja eigentlich nichts einzuwenden. Wenn sie darin nur selbstständiger wäre! Katrin ist im Lotta-Dauereinsatz.

Katrin breitet immer dort, wo sie gerade ist, eine Spieldecke auf dem Boden aus, verteilt ein paar Babyspielsachen, stellt den Baby-Spielbogen auf und legt Lotta darunter. Dort greift Lotta ein paar Mal nach den herunterbaumelnden Dingen, um dann bald zu signalisieren, dass sie jetzt was anderes entdecken möchte. Den Spielbogen kennt sie schon.

Lotta geht's nicht schnell genug

Legt Katrin Lotta auf den Bauch, ist es ihr auch nicht lange recht. Sie versucht an die Spielsachen ranzukommen, schafft es nicht und beschwert sich dann. Manchmal bekommt sie regelrecht einen kleinen Wutanfall. Wagt es Katrin allerdings, ihr zu helfen und das Spielzeug in Reichweite zu schieben, ist es noch schlimmer. Dann muss Katrin Lotta erst einmal auf den Arm nehmen und beruhigen. Heute kam hinzu, dass Lotta es geschafft hat, sich aus der Rückenlage in die Bauchlage zu drehen. Erst einmal hat sie ziemlich überrascht geschaut – dann war die Freude groß. Katrin musste sie ständig wieder in die Rückenlage bringen, denn sobald Lotta eine halbe Minute auf dem Bauch lag, wollte sie wieder zurück.

Auch das Stillen ist gerade eine echte Herausforderung. Lotta trinkt 10 Sekunden, dann dreht sie ihr Köpfchen, um zu schauen, was denn gerade so passiert. So geht das dann im

Wechsel. Katrin stillt Lotta wenn möglich nur noch dort, wo es keine große Ablenkung für Lotta gibt. Sonst kann sich das Stillen ewig hinziehen.

Von oben sieht man am besten

Am glücklichsten ist Lotta gerade, wenn Katrin oder Christian sie so herumtragen, dass sie etwas sehen kann. Wichtig ist auch, dass sie nah an die Dinge heran darf – schließlich möchte Lotta die Dinge auch anfassen, greifen und am besten noch in den Mund schieben. Wenn sie herumgetragen wird und sich alles genau anschauen und betatschen kann, ist Lotta ganz vergnügt, sie jauchzt, strampelt ganz gehörig und lacht. Man sieht regelrecht, wie Lotta alle Eindrücke in sich aufsaugt. Das ist unheimlich süß und Katrin ist dann immer sehr froh, dass Lotta so ein aufgewecktes Kind ist. Nur kann sie Lotta doch nicht ununterbrochen herumtragen oder sie von der Bauch- in die Rücklage befördern! Katrin kann es kaum abwarten, dass Lotta mobil wird und sich selbst dorthin bewegen kann, wo es ihrer Meinung nach spannend ist.

Es geht doch

Es klingelt. Na gut, dann ist eben nichts vorbereitet – es gibt Schlimmeres. Während alle drei Babys in Bauchlage auf der Krabbeldecke liegen, kocht Katrin Kaffee und Sandra und Elisabeth helfen beim Tischdecken. Jetzt kommt doch noch etwas Entspannung in den Tag – auch wenn Lotta nach einer Viertelstunde keine Lust mehr hat, sich mit den anderen auf dem Boden zu vergnügen. Während die beiden anderen weiterhin zufrieden auf der Krabbeldecke liegen und sich mit irgendeinem Spielzeug beschäftigen, sitzt Lotta eben bei den Großen am Tisch auf Katrins Schoß. Der Kaffeelöffel hat es ihr angetan. Der wird nun rundum mit sämtlichen Untersuchungsmethoden, die Lotta zur Verfügung stehen, inspiziert.

Baby jemand Unbekanntes zu nahe, dann reagiert es mit Abwehr. Es stülpt die Unterlippe vor, runzelt die Stirn und fängt an zu weinen. Und es sucht natürlich unmittelbar die Nähe von Mama (beziehungsweise ihrer Hauptbezugsperson). Selbst Personen, die es eigentlich gut kennt, können bei dem Baby jetzt Fremdelverhalten auslösen. Da freut sich Oma, die kleine Ella wiederzusehen, und will sie zur Begrüßung gleich mal herzen – doch anstatt zu strahlen, wie sie es bisher immer getan hat, fängt Ella bitterlich an zu weinen und klammert sich an Mama. Ab sofort bekommt nicht mehr jeder Dahergelaufene ein zahnloses Lächeln geschenkt. Ab sofort muss erst einmal um Vertrauen geworben werden.

Zweisamkeit ist bedroht: In dieser Phase kann ein Baby auf einmal jeden – ausgenommen seiner Nummer 1 – als Bedrohung empfinden. Das liegt daran, dass das Kind in der Regel zu diesem Zeitpunkt seine erste Bindung erfolgreich eingegangen ist. Rundum sicher und geborgen fühlt es sich jetzt vor allem dann, wenn es sich in unmittelbarer Nähe seiner Bindungsperson (Hauptbezugsperson) befindet. Unbekannte oder wenig vertraute Personen lösen nun eine unbestimmte Angst aus – sie könnten schließlich irgendwie die traute Zweisamkeit bedrohen. Es gibt auch das Fremdeln an unvertrauten Orten und in unbekannten Situationen.

Fremdeln ernst nehmen: So unangenehm Ihnen das Fremdeln ihres Kindes in einigen Fällen auch sein mag – es zeigt, dass Ihr Kind sich ganz normal entwickelt. Einige Kinder fremdeln stark, anderen merkt man es kaum an – beides ist völlig in Ordnung, wichtig ist nur, dass ein Kind überhaupt fremdelt. Und wichtig ist, dass Sie das Fremdeln Ihres Kindes ernst nehmen und verständnisvoll damit umgehen. Wenn Ihr Kind also nicht gleich auf Omas Arm mag oder auch nicht von ihr geküsst werden möchte, dann sollten Sie es in diesen Momenten vor diesen Annäherungen schützen. Auch wenn Sie dann neben Ihrem Kind auch noch die Oma beruhigen müssen, damit sie Ihr Verhalten (und das Ihres Kindes) nicht als persönliche Ablehnung empfindet. Je einfühlsamer Sie mit dem Fremdeln Ihres Kinds umgehen, umso offener und mutiger wird es aus dieser Phase hervorgehen.

Die Trennungsangst

Die Trennungsangst, die dann in etwa mit 1 Jahr die Kinder beschleicht, ist so etwas wie die Fortführung des Fremdelns auf einer bewussteren Ebene. Die Kinder werden sich immer mehr ihrer Abhängigkeit von den Eltern bewusst und sie empfinden Angst, wenn die sich zu weit von ihnen entfernen bzw. wenn sie nicht direkt greifbar sind. Das Fremdeln und später die Trennungsangst bilden eine Art unsichtbares Band zwischen Eltern und Kind sorgen dafür, dass sich die Forschungstätigkeit Ihres Kindes in einem »sicheren« Rahmen bewegt.

So klein und will schon mitreden

Bisher hat Ihr Baby zwar schon Laute produziert, doch dieses Gurren und Gurgeln entstand eher zufällig. Es ist bei Kindern aller Sprachen und Kulturen zu beobachten – sogar bei denen, die gehörlos sind. Bis jetzt war das Schreien für Ihr Kind nahezu das einzige Mittel, sich verständlich zu machen. Das ändert sich nun immer mehr. Nach und nach ist ihr Kind in der Lage, seine Laute besser zu kontrollieren, und mit 4 Monaten etwa wird es, wenn Sie mit ihm herumalbern, herzhaft lachen und juchzen. Es plaudert jetzt auch öfter mal vor sich hin und es versucht immer wieder, durch sein Plaudern die Aufmerksamkeit auf sich zu ziehen.

Wenn Ihr Kind ungefähr ein halbes Jahr alt ist, wird es beginnen, die verschiedenen Laute zu verbinden, erste Silben zu bilden und diese hintereinander weg vor sich hin zu lallen. Diese Silbenketten hören sich manchmal an, als würde Ihr Kind schon richtig erzählen – in seiner ganz eigenen Ella-, Lotta- oder Theo-Sprache. Einige Kinder sind echte Plaudertaschen, andere geben nur selten eine Kostprobe ihrer Sprachkunst preis. Ihr Kind wird jetzt öfter versuchen, seine Beschwerden mehr mit Lauten und weniger mit Schreien auszudrücken. In diesem Alter spielen die Kleinen äußerst gerne mit ihrer Spucke – sie schieben sie im Mund hin und her, lassen sie über ihre Lippe laufen, machen herrliche Blasen und geben dabei hübsche Geräusche von sich.

Ein Gesicht sagt mehr als 1000 Worte

Mit 4 oder 5 Monaten kann Ihr Kind noch keine Wörter oder Sätze verstehen, aber es hat nun so viele verschiedene und ähnliche Erfahrungen mit Gesichtern und Stimmklang gesammelt, dass es Ihre Mimik und Ihren Tonfall interpretieren kann. Es versteht, ob sie gerade gut gelaunt oder ob sie sauer sind.

Mit etwa 6 Monaten wird Ihr Kind langsam beginnen, Worte zu verstehen. Als Erstes Namen. Wenn Sie Ihr Kind mit seinem Namen ansprechen, wird es seinen Blick auf Sie richten. Wenn Sie von Papa erzählen, wird es nach ihm Ausschau halten. Es dauert nicht lange und es kennt auch die Bezeichnungen der alltäglichen Gegenstände, wie seines Schnullers, des Betts oder seiner Mütze.

Mama und Papa – wer spielt welche Rolle?

Es ist einfach so – in der Regel spielt Mama die ersten Monate (oft auch Jahre) die erste Geige. Besonders zwei Gründe erklären diese Tatsache. Das herkömmliche und immer noch wirksame Rollenmodell sorgt dafür, dass Mütter sich vorrangig um die Kinder kümmern und die Väter vorrangig das Geld ranschaffen. Aber auch ein rein physiologischer Grund führt zur üblichen Aufgabenteilung – wenn man sich für das Stillen entscheidet, ist die Mutter nun mal schwer zu ersetzen.

Wenn anfangs die Mütter den Großteil der Betreuung übernehmen und solange alle Beteiligten damit einverstanden sind und sich bewusst für die Aufteilung entschieden haben, ist alles gut. Trotzdem tut es der ganzen Familie auch gut, wenn sich Väter schon früh aktiv in die Betreuung einbringen und sich nicht mit einer eher unbedeutenden Nebenrolle begnügen (auch wenn das manchmal recht bequem ist). Das funktioniert natürlich dann besser, wenn die Mütter die Väter auch lassen und es ertragen, dass die es vielleicht anders machen als sie selbst. Alle Familienmitglieder profitieren davon. Die Mütter, da sie durch einen kompetenten Vater entlastet werden und Zeit gewinnen, um sich neben der Mutterrolle auch noch anderen Rollen zu widmen. Der Vater profitiert, weil er ordentlich an Kompetenz in Sachen Kinderbetreuung zulegt und in Familienangelegenheiten auf Augenhöhe mitreden und -gestalten kann. Das Kind profitiert, da es zwei fähige Eltern hat, die es auf unterschiedliche Art und Weise umsorgen und von denen es lernt. Die Familie profitiert, da jetzt jeder weiß, wovon der andere eigentlich redet, und die Familie flexibler mit neuen Lebenssituationen umgehen kann. (Es kann schließlich nicht mehr nur einer Geld verdienen oder Kinder betreuen.) Am Ende muss jede Familie natürlich für sich schauen, wie ihr praxistaugliches Familienmodell aussieht, in dem alle auf ihre Kosten kommen.

Einer ist die Nummer 1

Die Person, die sich in den ersten Monaten hauptsächlich um das Baby kümmert, wird primäre Bindungsperson, also Hauptbezugsperson. Das können Sie oder Ihr Partner sein – ausschlaggebend ist, wer mit der größten Regelmäßigkeit und Intensität das Kind betreut. Wer füttert es regelmäßig, wer beschäftigt sich im Laufe des Tages mehrfach mit ihm, wer trägt es meistens herum, wer übernimmt größtenteils die Körpflege, wer den Nachtdienst usw. Teilen sich Eltern die Betreuung tatsächlich zu gleichen Teilen, wird sich ein Kind trotzdem an ein Elternteil stärker binden – wer das letzten Endes ist, hängt wahrscheinlich von den individuellen Vorlieben des Kindes ab. Und wie erkennt man überhaupt, wer nun die Nummer 1 ist? Sobald die Bindung entstanden ist, also nach etwa 6 Monaten, wird es so sein, dass Ihr Kind recht klar Mama oder Papa bevorzugt, vor allem, wenn es ihm schlecht geht.

Nur auf Platz 2? Wegen des zweiten Platzes in der Bindungsrangliste muss allerdings niemand traurig sein. Auch diese Rolle ist enorm wichtig. Schließlich gilt es nach der erfolgreichen Bindung die nächste wichtige sozio-emotionale Entwicklungsaufgabe im 2. Lebensjahr zu meistern, nämlich die Selbstwerdung. Das heißt nichts anderes, als dass das Kind zunehmend selbstständig wird, sich als eigenständige Person wahrnimmt und sich in Autonomie übt. Dazu braucht es ein Vorbild. Und das ist nicht die erste Bezugsperson, sondern in der Regel die zweite. Man kann also sagen, dass es eine Nummer 1 in Sachen Bindung (Nähe) und eine Nummer 1 in Sachen Autonomie (Selbstständigkeit) gibt.

Welche Rolle spielen andere Menschen im Leben Ihres Kindes?

Menschenkinder sind durchaus in der Lage, mehrere Bezugspersonen zu akzeptieren. Wenn also Oma und Opa regelmäßig zu Besuch kommen, wird auch zwischen ihnen und Ihrem Baby eine Beziehung entstehen. Das gilt genauso für andere Personen, die Ihr Kind mit einer gewissen Regelmäßigkeit sieht und die sich mit ihm beschäftigen. Diese Menschen kommen auch als Babysitter in Frage. Sie sind ihrem Kind vertraut und für eine bestimmte Zeit wird es sich in deren Obhut wohl fühlen.

Wenn Sie vorhaben, Ihr Kind bald zu einer Tagesmutter zu geben oder in die Kita, dann muss Ihr Kind auch dort erst einmal die Möglichkeit bekommen, mit den Menschen, vor allem seinen direkten Bezugspersonen, vertraut zu werden. Gerade bei kleinen Babys, die noch nicht fremdeln, denkt man leicht, dass eine Eingewöhnung gar nicht nötig sei. In den ersten 4 oder 5 Monaten begegnen Babys allen Menschen, ob fremd oder bekannt, in der Regel erst einmal wohlwollend. Alle werden angelächelt – sogar unabhängig davon, ob die Person ein freundliches oder ein eher unfreundliches Gesicht macht. Verantwortlich dafür ist das sogenannte T-Schema. Es hat sich im Laufe der menschlichen Evolution als wirksame Überlebenshilfe erwiesen: Babys im Alter zwischen 2 und 6 Monaten lächeln jedes Gesicht, das ihnen begegnet, an. Und wer weiß das nicht – einem lächelnden Baby kann man einfach nichts abschlagen und ihm schon gar nichts antun. Der Schlüsselreiz, der das Lächeln auslöst, ist dabei das T-Schema, das von der Augenbrauen- und der Nasenlinie gebildet wird.

Vertrauen braucht Zeit. Ihr Baby wird in dem Alter in der Regel nicht protestieren, wenn Sie es einer für es wildfremden Person in den Arm drücken. Zumindest erst einmal nicht – Ihr Kind merkt jedoch sehr wohl, dass diese Person ihm nicht vertraut ist. Je länger es der fremden Person ausgeliefert ist, desto unwohler wird es sich fühlen. Daher ist es wichtig, dass auch kleine Babys die Chance erhalten, sich langsam an jemand Neues zu gewöhnen. Ist Ihr Kind bereits in der Fremdelphase, muss die Eingewöhnung noch behutsamer ablaufen. Also nehmen Sie sich am besten von vornherein ausreichend Zeit für die Eingewöhnung, damit Ihr Kind zur neuen Bezugsperson in Ruhe Vertrauen fassen kann.

Es gibt Neues auf der Speisekarte

Bisher mussten Sie sich keine Gedanken machen, was Ihr Kleines zu essen bekommt – doch jetzt startet das Breizeitalter. Willkommen, Pastinake, Kürbis und Co.!

In der Regel können es Eltern (besonders Mütter) kaum abwarten, ihrem Kleinen endlich mal etwas anderes als Milch zu geben. Die Vorstellung, dem Kind ein Stück Brezel in die Hand zu drücken oder ihm einen schönen Karottenbrei zu kochen, wirkt äußerst verlockend. Es gibt doch nichts Tolleres als ein Baby, das in Erwartung des Breilöffels seinen Mund weit aufsperrt und ihm dabei in sein zufriedenes breiverschmiertes Gesicht zu schauen. Außerdem ist es ein bedeutsamer Schritt in Babys Entwicklung, wenn es nicht mehr zu 100% abhängig ist von der Milch.

Beim ersten Kind habe ich das auch so gesehen. Beim zweiten lautete mein erklärtes Ziel, so lange wie möglich voll zu stillen und die Breiphase sogar möglichst zu überspringen. Die Sache mit der Beikosteinführung hat zwar ihre schönen Seiten, aber sie kann sich auch mühsam gestalten – vor allem wenn man die Erwartung hat, dass Babys viel und gerne essen (sollten). Nicht alle Babys sind anfangs über die Erweiterung des Essensangebots begeistert. Viele Babys befördern die ersten Wochen konsequent alles Essbare wieder aus ihrem Mund hinaus. Wenn man es denn überhaupt schafft, den Brei oder die weichgekochten Gemüsestückchen in den Mund zu bekommen. Aber es gibt genauso viele Babys, die sehr glücklich darüber sind, endlich richtig zu essen und verschlingen von Anfang an stolze Portionen.

Essen, das Spaß macht

Das Wichtigste bei der Einführung der Beikost ist – sie sollte Ihnen und Ihrem Kind Spaß machen. Es kommt weniger darauf an, sich genau an Beikostpläne zu halten, sondern vielmehr, auszuprobieren, was Ihrem Kind schmeckt, welche Konsistenz ihm gefällt und zu welcher Tageszeit es am ehesten Lust auf Essen hat. Es gibt nur wenige wichtige Regeln, die man bei der Einführung von fester Nahrung einhalten muss – darüber hinaus haben Sie freie Hand. Schließlich werden in allen Ländern dieser Welt Kinder auf ganz unterschiedliche Art und Weise an das Essen herangeführt, mit ganz unterschiedlichen Lebensmitteln. In Frankreich bekommen Babys z. B. viel abwechslungsreicheres Essen aufgetischt als unsere Kleinen.

Was Ihr Kind gerne isst und ob es die Vielfalt beim Essen schätzt, hängt auch davon ab, ob Sie stillen. Was Sie essen, bekommt auch Ihr Kind durch die Milch zu spüren. Selbst das, was Sie in der Schwangerschaft zu sich genommen haben, hat Ihr Kind in seinem Geschmack geprägt. Noch wichtiger ist aber mit Sicherheit Ihre Vorbildfunktion. Ihr Kind schaut genau hin, was Sie essen, und wenn Sie und der Rest der Familie fleißig und mit Lust Gemüse und Obst vertilgen, so wird es Ihr Kind mit großen Wahrscheinlichkeit irgendwann auch tun.

Wir füttern nach Plan – warum eigentlich?

Bei der Einführung von fester Nahrung sind wir in Deutschland sehr zögerlich bzw. vorsichtig. Neue Lebensmittel werden sehr behutsam eingeführt. Ein Gemüse wird erst einmal eine ganze Woche (oder auch länger) verabreicht, bevor das nächste in Babys Bauch darf. Zwischendurch mal einen Apfelschnitz oder ein Stück Brötchen zum Lutschen sind nicht drin. Schließlich ist Apfel noch nicht an der Reihe – und schon gar nicht Weizenbrötchen. Außerdem brauchen Babys auch keine Abwechslung beim Essen.

Warum eigentlich nicht? Weil sie eh noch nichts anderes kennen? So richtig überzeugend finde ich das Argument nicht. Gut, wahrscheinlich brauchen sie tatsächlich keine Abwechslung, aber manche Kinder vielleicht schon und dies könnte ihnen die Beikostphase wesentlich erleichtern. Schließlich geben sich neugierige Babys auch nicht mit drei Babyspielzeugen ab. Ihre Neugier bezieht sich auch auf Essbares – zumindest noch. Wenn die Kinder etwas größer werden, schaltet sich ein natürlicher Schutzmechanismus ein, die Neophobie, die sie erfolgreich davon abhält, Dinge zu essen, die sie nicht kennen.

Oh Schreck, Allergien! Ein anderer Grund für die Zurückhaltung bei der Verfütterung von Vielfalt liegt sicherlich in unserer großen Angst vor Allergien. Lange Zeit wurde hierzulande empfohlen, möglichst komplett auf allergieauslösende Lebensmittel im 1. Lebensjahr zu verzichten. Das führte dazu, dass Babys Speiseplan recht überschaubar war – außer zwei, drei heimischen Gemüse- und Obstsorten, glutenfreiem Getreide, Rind und Huhn, ein wenig Rapsöl und natürlich Muttermilch bzw. Säuglingsmilch gab es im ersten Jahr nichts.

Heute weiß man, dass es gar nicht gut ist, die Kinder so lange von potenziell allergieauslösenden Nahrungsmitteln, wie z. B. Nüssen, Eiern, Fisch und Weizen, fernzuhalten. Das späte Einführen dieser Nahrungsmittel kann das Allergierisiko sogar erhöhen. Und die beste Allergieprävention ist sowieso das Stillen. In die Muttermilch gelangen jede Menge Spuren all der Speisen, die Mütter zu sich nehmen. Da können die Babys schon mal mit einer Vielzahl von Nahrungsmitteln Bekanntschaft machen und sich schonend an sie gewöhnen. Das Stillen hat auch Vorteile während der Einführung allergener oder glutenhaltiger Lebensmittel. Beispielsweise sollte Ihr Kind bereits kleine Mengen glutenhaltiges Getreide bekommen, solange Sie noch stillen, am besten noch vor Beginn seines 7. Lebensmonats. Das beugt einer Zöliakie (Glutenunverträglichkeit) vor. Falls es in Ihrer Familie jedoch starke Allergien gibt, ist es sicher sinnvoll, mit dem Kinderarzt zu sprechen, bevor sie mit der Beikost beginnen.

Ein paar Beikostregeln

Im Grunde dürfen Babys ab dem 6. Monat so gut wie alles essen: alles an Obst und Gemüse, Fleisch, Getreide sowie pasteurisierte Vollmilch, Milchprodukte, Ei, Fisch und Nüsse (in gemahlener Form). Doch es gibt auch ein paar Dinge, die Kinder in ihrem ersten Lebensjahr nicht zu essen bekommen sollten: rohes Fleisch, rohen Fisch und rohes Ei sind nicht geeignet, da eine Vergiftung mit Salmonellen für Babys gefährlich werden kann. Auch Honig und Ahornsirup sollten Babys nicht essen. In ihnen können Bakterien vorkommen, die Neurotoxine produzieren. Bei Säuglingen kann es auf diese Weise zu einer Lebensmittelvergiftung, dem Säuglingsbotulismus, kommen. Ist jedoch etwas Honig in einem gebackenen Keks enthalten, kann Ihr Kind diesen bedenkenlos essen – das von den Bakterien gebildete Gift wird bei höheren Temperaturen abgetötet.

Schädlich ist außerdem Salz, da es die Nieren der Babys belastet, und Gewürze sollten sparsam verwendet werden, da die Geschmacksnerven der Kleinen sehr empfindlich sind. Auf Zucker sollten Sie im Essen Ihres Babys ganz verzichten oder damit zumindest recht sparsam umgehen. Zum einen fördert er bekanntlich Karies, zum anderen belastet er die Bauchspeicheldrüse unnötig und verbraucht während des Abbaus im Körper Vitamin B.

Nicht zu viel auf einmal

Die Palette, mit der Sie Ihr Kind füttern können, ist riesig. Ich möchte Sie Sie gerne dazu ermuntern, nicht zögerlich zu sein und Ihrem Kind unterschiedliche Essensangebote zu machen. Das heißt nicht, dass Sie Ihr Kind an ein und demselben Tag gleich mit fünf neuen Nahrungsmitteln bekannt machen sollten. Das noch unerfahrene Verdauungssystem muss sich ja erst an das Essen gewöhnen.

Wann kann's losgehen?

Idealerweise stillen Sie Ihr Kind 6 Monate voll. Muttermilch ist die optimale Ernährung für das erste halbe Jahr. Auch wenn Ihr Kind Fläschchen bekommt, braucht es in der Regel bis Ende des 6. Monats keine zusätzliche Nahrung. Ist Ihr Kind ein halbes Jahr alt, ist das wahrscheinlich ein guter Zeitpunkt, um mit der Einführung von fester Nahrung zu beginnen. Wenn Ihr Kind sich gut entwickelt und nach wie vor satt wird, können Sie auch noch einen Monat warten. Viel länger aber nicht.

Haben Sie jedoch schon wesentlich früher das Gefühl, Ihr Kind wird durch die Milch

U4: die vierte Vorsorgeuntersuchung

Die vierte Vorsorgeuntersuchung findet zwischen dem 3. und 4. Lebensmonat statt. Es werden die Organe und Geschlechtsteile untersucht sowie das Hör- und Sehvermögen überprüft. Gewicht und Körpergröße werden gemessen und die Reflexe geprüft. Der Kinderarzt schaut auch, ob die Fontanelle am Kopf des Babys ausreichend groß ist, damit der Schädel gut wachsen kann. Und indem er mit dem Baby spricht, mit ihm spielt und es anlächelt, stellt er einen direkten sozialen Kontakt her. So prüft der Kinderarzt das Sprachvermögen und die soziale Interaktion. Er achtet darauf, ob das Kind zu seiner Bezugsperson schaut, wenn diese es anspricht, und ob es alterstypische Laute von sich gibt.
Außerdem geht es bei der U4 darum, eventuelle Koordinations- und Haltungsstörungen, die einen neurologischen Ursprung haben, frühzeitig zu erkennen. Dazu führt der Arzt auch neurologische Tests durch. Er schaut z. B., ob das Baby aus der Rückenlage die Hände vor dem Körper zusammenführt und nach einem angebotenen Spielzeug greift, ob es aus der Rückenlage den Kopf dreht und einem Menschen oder Gegenstand mit den Augen folgt oder ob es sich aus der Bauchlage im Unterarmstütz sicher und symmetrisch halten kann.
In der Regel macht der Kinderarzt im Gespräch darauf aufmerksam, dass die Gabe von Vitamin D sowie Fluorid eine wichtige Vorbeugemaßnahme gegen Rachitis und Karies ist. Er weist die Eltern darauf hin, dass sie mit ihrem Kind regelmäßig an die frische Luft gehen sollen, um Sonnenlicht zu tanken – so kann der Körper ausreichend Vitamin D bilden. Auch die Themen Schlaf und Ernährung werden besprochen. Oft findet bei der U4 die erste Impfung statt – manchmal sogar schon die zweite. Einige Kinderärzte impfen aber auch lieber etwas später.

---

nicht mehr ganz satt oder es wächst und gedeiht nicht so, wie es soll, dann können Sie auch ab Beginn des 5. Lebensmonats mit der Beikost starten.

Milch bleibt Hauptnahrung. Beikost bedeutet dabei immer, dass das Baby Lebensmittel neben der Muttermilch bzw. der Säuglingsnahrung bekommt. Die Hauptnahrungsquelle für Ihr Baby ist und bleibt erst einmal die Milch. Die Einführung der Beikost ist also auf keinen Fall ein Grund zum Abstillen. Idealerweise erfolgt sie sogar unter dem Schutz der Muttermilch. Diese begünstigt die Aufnahme wichtiger Vitamine und Nährstoffe der Beikost und erleichtert auch die Verdauung.

Ab dem 10. Lebensmonat geht die Beikost dann langsam in die Familienkost über. Das heißt, Ihr Kind isst nach und nach die gleichen Speisen, die auch Sie essen.

So, jetzt gibt's Brei

Ihr Kind soll nun also in die Welt des Essens eingeführt werden! Ab dem 5. Monat, also der vollendeten 16. Woche, dürfen Sie mit der Beikost beginnen – in dem Alter sind die meisten Kinder ausreichend entwickelt, um feste Nahrung zu sich zu nehmen. Vor allem sollten die Kleinen, wenn sie abgestützt sitzen, Hals, Kopf und Rumpf aufrecht halten können und sie sollten in der Lage sein, zu greifen und sich etwas in den Mund zu stecken. Trifft dies auf Ihr Kind zu und Sie freuen sich auf die Breiphase, starten Sie einen Versuch – Sie werden schnell merken, ob Ihr Kind bereit ist für die Beikost. Befördert Ihr Kind den Brei immer wieder umgehend aus seinem Mund hinaus, ist wohl sein Zungenstreckreflex noch voll aktiv, es ist also noch nicht bereit. Vor dem nächsten Fütterversuch sollten Sie am besten erst einmal 2 Wochen verstreichen lassen. In der Regel sind Babys ab dem 6. Monat dann tatsächlich reif fürs Essen.

Aber es sind noch ein paar andere Fragen zu klären bevor es mit dem ersten Brei losgehen kann: Haben Sie sich schon entschieden, wie Sie es machen – wollen Sie Fertiggerichte in Gläschen füttern oder selber kochen? Oder wollen Sie vielleicht gar keinen Brei anbieten, sondern Fingerfood? Und womit fangen Sie überhaupt an? Mit Gemüse, Obst oder Getreide? Nur damit das von vornherein klar ist – hier gibt's kein Richtig oder Falsch. Sie können es so halten, wie Sie wollen.

Ein Beikost-Fahrplan – einer unter vielen

Überall auf der Welt gibt es Babys und überall werden sie ein wenig anders an das Essen herangeführt. Bei uns in Deutschland ist es heutzutage üblich, mit Gemüse anzufangen, und zwar in Form von Brei. Besonders beliebt für den Start ist ein Brei aus Karotte, Kürbis oder Pastinake. (Bevor ich Kinder bekam, war mir Pastinake auch kein Begriff, falls Sie sich gerade fragen, welches Gemüse das sein mag.) Die Pastinake ähnelt der Petersilienwurzel und schmeckt ein bisschen nach Karotte, Sellerie und eben Petersilienwurzel. Als Babyfutter ist sie hierzulande äußerst beliebt, da sie mild im Geschmack ist. Derzeit en vogue ist außerdem die Süßkartoffel. Alle paar Jahre ändert sich das Modegemüse, mit dem die meisten Eltern beginnen.

Selber kochen oder Gläschen füttern?
Wenn Sie sich für Gläschenkost entscheiden, sollten Sie das nicht tun, weil gekaufte Babynahrung strengen Richtlinien unterliegt und daher besonders schadstoffarm ist. Wenn Sie Bio-Gemüse kaufen und dies selbst zubereiten, ist das auch schadstoffarm und Sie wissen auch genau, was drin ist. Bei den Baby-Gläschen empfiehlt es sich hingegen immer, auf die Inhaltsliste zu schauen – da kann auch schon mal Zucker mit dabei sein oder andere Dinge, die nicht unbedingt in einen Babybrei reingehören. Ich finde jedenfalls, dass der einzige gute Grund, sich für Fertiggerichte zu entscheiden, darin liegen sollte, dass man keine Lust hat, selber zu kochen. Denn es ist aufwendiger, selbst einen Brei zuzubereiten, als ein Gläschen zu öffnen und es zu erwärmen. Wobei das Wegschaffen der Altglasberge, die durch die Verabreichung von Gläschenkost entstehen, auch einen gewissen Aufwand bedeutet …

Auf der anderen Seite ist das Kochen für ein Baby wiederum nicht so aufwendig, wie man vielleicht zunächst denkt. Das Gemüse wird gedünstet, püriert und dann kommt noch ein kleiner Schuss Öl oder ein bisschen Butter dazu (besonders beliebt für Babynahrung: Rapsöl). Am besten, man kocht gleich für den nächsten Tag eine Portion mit, viele frieren auch kleine Portionen für mehrere Tage ein.

Wann gibt es was?

So oder so – der erste Gemüsebrei wird meist am Mittag gereicht. Erwarten Sie aber nicht, dass Ihr Kleines gleich eine ganze Portion verdrückt. Wenn Sie Glück haben, wird es 2, 3 Löffel zu sich nehmen. Meist verziehen Babys erst mal das Gesicht und schieben den Brei im Mund hin und her und spucken das meiste gleich wieder aus. Es kann auch Sinn machen, dass Sie Ihr Kind vorher kurz stillen, damit es für den ersten Brei auch gute Laune hat und nicht vor Hunger am ungewohnten Essen verzweifelt. Nach dem Breiessen können Sie Ihr Kind dann noch einmal richtig satt stillen. Das Stillen nach dem Essen behalten Sie so lange bei, bis Ihr Kind eine richtige Portion isst und anschließend nicht mehr hungrig ist.

Plus Kartoffeln plus Fleisch. Haben Sie ein paar Tage Gemüsebrei gefüttert, können Sie noch Kartoffel dazumischen und anschließend Fleisch – am besten, wenn Ihr Kind die 6 Monate erreicht hat. Babys sollten ungefähr drei bis vier Portionen Fleisch pro Woche erhalten, so werden sie ausreichend mit Eisen versorgt. Am Ende enthält der Mittagsbrei also folgende Zutaten: Gemüse, Kartoffeln (wahlweise auch Nudeln oder Reis), Fleisch und etwas Fett.

Abend- und Nachmittagsbrei. Hat Ihr Baby den Mittagsbrei gut angenommen und vertilgt ihn nun regelmäßig, kommt der nächste Brei, für gewöhnlich der Abendbrei. Das liegt daran, dass am Nachmittag noch gestillt werden kann und auf diese Weise die Milchproduktion nicht ins Stocken kommt. Der Abendbrei setzt sich in der Regel aus Getreideflocken und Vollmilch zusammen. Ist dieser Brei erfolgreich eingeführt, folgt der milchfreie Getreide-Obst-Brei am Nachmittag. Ihr Kind bekommt immer noch mindestens eine komplette Milchmahlzeit pro Tag. Falls Sie nicht oder nicht mehr stillen, verwenden Sie stattdessen (weiterhin) fertige Säuglingsmilchnahrung, sprich Pre-Nahrung. Normale Vollmilch kann zwar zum Anrühren des Milchbreis verwendet werden, soll aber nicht als Getränk dienen. Sie entspricht in ihrer Zusammensetzung nicht dem Bedarf der Babys. Und denken Sie daran – sobald Ihr Kind regelmäßig Breichen isst und daher weniger Milch zu sich nimmt, braucht es zusätzliche Flüssigkeit: am besten stilles Wasser, das für Säuglinge geeignet ist.

Wo wird gefüttert?

Ein noch junges Baby füttert man am besten auf dem Schoß – so kann es gut in der Armbeuge angelehnt sitzen, während man in der freien Hand den Löffel hält. Auch Babywippen eignen sich prima zum Füttern. Einen Kinderstuhl können Sie benutzen, wenn sich Ihr Baby darin stabil halten kann. Aber egal wo es sitzt – Sie können davon ausgehen, dass Ihr Baby beim Essen großräumig Spuren hinterlassen wird. Experimente mit dem Essen gehören einfach dazu und sollten von Ihnen mit so viel Gelassenheit wie möglich hingenommen werden. Abwischbare Kittellätzchen und eine Umgebung, die sich gut säubern lässt, schonen die Nerven ungemein. Manche Eltern legen den Boden unter dem zu fütternden Kind mit einer abwischbaren Tischdecke aus, andere verwenden Zeitungspapier, das sie anschließend nur einsammeln und zusammenknüllen müssen – es gibt viele Wege, die Beikostphase mit möglichst geringem Putzaufwand zu überstehen.

Auch anders werden sie groß

Sie können an das Thema Beikost aber auch ganz anders herangehen. Es bleibt Ihnen überlassen, ob Sie mit dem Brei am Mittag

Lotta findet essen blöd

Katrin ist ganz aufgeregt – heute soll Lotta ihren ersten Brei bekommen! Obwohl sie gerne stillt, freut sie sich schon seit Wochen darauf, Lotta mit richtigem Essen zu füttern.

Ursprünglich wollte Katrin mit der Beikost warten, bis Lotta 6 Monate alt ist. Da sie aber schon so gespannt ist auf Lottas Reaktion und sie zudem gerade von einer Freundin ein tolles Baby-Kochbuch geschenkt bekommen hat, startet sie doch schon 4 Wochen früher. Katrin kocht gerne und ihr ist gutes Essen wichtig, deshalb war für sie von vornherein klar, dass sie Lottas Brei selbst zubereiten würde. Für Lottas ersten Brei hat sie extra die frischesten Bio-Karotten gekauft, sie liebevoll gedünstet, püriert und den feinen Karottenbrei mit bestem Bio-Rapsöl abgerundet.

Es ist Mittagszeit und Lotta schon etwas unruhig, da sie Hunger hat. Katrin geht mit Lotta in die Küche, setzt sie in die Babywippe und bindet ihr ein Lätzchen um. Der Brei ist lauwarm – genau richtig.

Der erste Versuch

Lotta fühlt sich allerdings hingehalten – sonst reagiert Katrin immer schnell auf Lottas Hunger-Signale. Jetzt muss sie in der Wippe sitzen, bekommt etwas umgebunden und es sieht nicht so aus, als ob Katrin vorhätte, ihre Brust auszupacken. Das erste Löffelchen mit Brei steuert auf Lottas Mund zu, dabei ist Lotta gar nicht zum Spielen aufgelegt. Sie protestiert und wehrt mit ihren Händchen den Löffel ab, der ihr zu nahe ans Gesicht herankommt. Lotta schlägt Katrin mit Schwung den Löffel aus der Hand und er fällt in hohem Bogen auf den Boden. Den weißen Küchenboden zieren jetzt ein paar kräftige organgefarbene Kleckse. »Ach, Lottchen – das ist doch etwas Leckeres. Du musst mal probieren, das ist gaaanz lecker.«

Katrin holt einen neuen Löffel. Als Lotta den neuen Löffel mit Brei sieht, fängt sie an zu weinen. »Schätzchen – das ist doch gar nichts Schlimmes. Schau mal.« Katrin nimmt den Löffel und kostet selbst davon. Lotta schaut ihr mit tränengefüllten Augen zu. »So, jetzt du.« Katrin unternimmt einen neuen Anlauf, doch Lotta will nichts vom Löffel wissen – sie dreht ihren Kopf weg und fängt wieder an zu weinen. Das kann doch nicht sein. Sie muss doch wenigstens mal probieren, denkt sich Katrin. Sie taucht ihren Zeigefinger in den Brei und führt ihn an Lottas Lippen. Lotta hat jetzt Karottenbrei am Mund kleben

und als sie den ungewohnten Geschmack an ihren Lippen wahrnimmt, schreit sie erst richtig los. Okay, das hat sich Katrin anders vorgestellt, aber sie sieht ein, dass es keinen Sinn hat, weiterzumachen. Sie nimmt die empörte und hungrige Lotta aus der Wippe und gibt ihr die Brust. Vielleicht war Lotta schon zu hungrig bzw. ungeduldig? Beim nächsten Mal will sie es eine Stunde früher versuchen, dann kann Lotta entspannter probieren.

5 Wochen später

Seit dem ersten Versuch sind 5 Wochen vergangen. Katrin hatte es im Anschluss an den ersten Karottenbrei noch zwei-, dreimal versucht: erfolglos. Einmal hatte sie es geschafft, einen Löffel Kürbisbrei in Lottas Mund zu befördern. Der wurde allerdings umgehend wieder ausgespuckt und Lotta war alles andere als glücklich. Katrin hatte danach erst einmal keine Lust mehr, Lotta an feste Nahrung heranzuführen. Das Projekt Beikost wurde auf Eis gelegt. Lotta wird weiter gestillt.

Seit 5 Tagen gibt's nun wieder Brei – Lotta ist schließlich schon gute 6 Monate alt. Immerhin isst sie nun ein paar Löffelchen davon. Begeisterung sieht jedoch anders aus. Und von einer richtigen Mahlzeit ist Lotta noch weit entfernt. Katrin gibt ihr nach dem Brei immer die Brust, um Lottas Hunger zu stillen. Wenn Besuch da ist und alle gemeinsam am Tisch sitzen, klappt es mit dem Essen besser – klar, da hat Lotta was zu schauen und das Füttern läuft quasi nebenher. Wenn's nach Lotta ginge, könnten sie das mit dem Brei aber auch ganz lassen.

oder am Abend anfangen, ob Sie mit Obst oder Gemüse starten oder ob Sie gar nicht die klassischen Babybreie anbieten, sondern einfach weichgekochtes Obst und Gemüse in Stücken oder leicht zerdrückt verabreichen. Auch zartes, klein geschnittenes Hähnchenfleisch eignet sich gut statt der pürierten Fleischportionen, die man fertig in Gläschen kaufen kann (und deren Geruch stark an Katzenfutter erinnert). Ihr Kind wird Ihnen schon sagen, ob es das angebotene Essen gut findet. Einige Kinder sind sehr empfindlich, was Stückchen angeht, und bekommen noch mit einem Jahr einen angsteinflößenden Hustenanfall, wenn sich ein Stückchen Karotte im Brei befindet und nun in der Kehle gelandet ist. Andere essen schon mit 7 Monaten lieber Stücke als Brei. Hauptsache, dem Kind schmeckt's, es wird satt und es ist von allem etwas dabei.

Zahn im Anmarsch

20 Milchzähne wird Ihr Kind im Laufe seiner ersten 3 Lebensjahre bekommen. Der 1. zeigt sich in der Regel mit 6 Monaten – er kann aber auch schon nach 3 Monaten oder erst nach 1 Jahr zum Vorschein kommen. Es gibt ganz selten Babys, die bei der Geburt schon einen oder mehrere Milchzähne haben.

Jedenfalls sind sämtliche Milchzähne bei Geburt bereits angelegt – sie rücken nach und nach vor und brechen einer nach dem anderen durch die Oberfläche des Zahnfleischs durch. Meist zeigt sich einer der beiden unteren mittleren Schneidezähne als Erstes. Haben Sie keine Angst vor dem Stillen, nur weil Ihr Kind jetzt Zähnchen hat. In den allermeisten Fällen bekommen die Mütter die Zähne ihrer saugenden Babys gar nicht zu spüren.

Die Milchzähne erscheinen bei vielen Kindern ganz problemlos und daher oft überraschend. Man schaut in das lächelnde Gesicht seines Babys und sieht plötzlich einen weißen Schimmer am Zahndamm. Bei anderen ist das Zahnen eine eher schwierige Angelegenheit und zieht sich gefühlt endlos hin. Allerdings muss das Zahnen oft auch als Erklärung für allerlei Beschwerden herhalten: für weinerliche Babys, leichte Krankheitssymptome und natürlich für besonders anstrengende Nächte. Auch wenn eigentlich eine ganz andere Ursache für das Unwohlsein gibt.

Schmerz, lass nach!

Rote Bäckchen, glasige Augen. Auf jedem Gegenstand wird wild herumgekaut, dabei immer wieder plötzlich in Tränen ausgebrochen und alle halbe Stunde muss die Brust her. So kann das Zähnekriegen auch aussehen. Einige Kinder müssen sich tatsächlich mit dem Zahnen herumplagen. Dabei ist in der Regel gar nicht so sehr das Herauskommen der Zähnchen schmerzhaft, sondern eher das, was oft als Einschießen der Zähne bezeichnet wird: Ab dem 3. Monat schieben die Zahnwurzeln die Zahnkronen Stück für Stück voran. Das kann unangenehm sein und manchen Kindern auch richtige Schmerzen bereiten.

Klassische Zahnungssymptome sind dabei
- angeschwollenes Zahnfleisch,
- verstärktes Bedürfnis, zu beißen und zu saugen,
- Zahnfleischreiben,
- Ohrenreiben,
- starkes Sabbern,
- Unruhe,
- häufiges Aufwachen,
- Hautausschläge im Gesicht,

- wenig Appetit auf feste Nahrung und
- leichtes Fieber.

Kühlen tut gut. Wenn Sie das Gefühl haben, Ihrem Kind machen die Zähne zu schaffen, können Sie ihm z. B. mit Ihrem Finger die Zahnleiste leicht massieren. Auch kühle Gegenstände tun in der Regel gut. Ein gekühlter Beißring, ein kühles, nasses Tuch oder eine Karotte aus dem Kühlschrank (diese nur in Ihrem Beisein, falls sich Ihr Kind an einem Stückchen verschluckt) – all das kann Ihrem Kind die Schmerzen lindern. Wenn Sie bereits mit der Beikost begonnen haben, können Sie auch kühlenden Joghurt oder kaltes Apfelmus füttern.

Es werden auch Zahnungsgels mit Kamille, Lokalanästhetika oder homöopathische Globuli angeboten, die den Kleinen die Zahnungsbeschwerden nehmen sollen. Die Globuli lenken zumindest schon mal wegen ihres süßen Geschmacks vom Leid ab. Zahnungsgels wirken meinst nur sehr kurzfristig.

Zahnpflege für Einsteiger

Die Zahnpflege beginnt mit dem 1. Zahn, so lautet die Empfehlung. Kann man machen – allein um die Kinder an die Zahnputzprozedur zu gewöhnen. Sie müssen aber auch kein schlechtes Gewissen haben, wenn Sie das Putzen mal vergessen. Und wenn Sie mit der regelmäßigen Zahnpflege bis zum 1. Geburtstag warten, ist es auch nicht schlimm. Wichtig ist nur, dass Ihr Kind, solange Sie nicht regelmäßig putzen, keine zuckerhaltigen Getränke oder Speisen bekommt (ausgenommen natürlicher Zucker, der z. B. im Obst oder in Milch enthalten ist) oder über längere Zeit hinweg Obstsäfte aus Nuckelflaschen zu sich nimmt.

Ab dem 1. Lebensjahr sollten Sie Ihrem Kind dann idealerweise zweimal am Tag die Zähne putzen. Wenn Sie ihm Fluoridtabletten zur Vorbeugung von Karies geben (viele Kinderärzte empfehlen dies), brauchen Sie zunächst keine Zahncreme und wenn Sie aber eine verwenden möchten, dann eine ohne Fluorid. Wenn Ihr Kind kein Fluoridpräparat erhält, putzen Sie einmal am Tag nur mit Wasser bzw. mit fluoridfreier und einmal mit fluoridhaltiger Zahncreme. So können Sie sicherstellen, dass Ihr Kind keine Fluoridüberdosis abbekommt.

Müssen Babys schlafen lernen?

Während sich für Eltern in anderen Kulturen diese Frage gar nicht stellt, weil man den Babyschlaf dort so nimmt, wie er ist, schlagen wir uns endlos mit ihr herum.

Soll mein Baby dann schlafen, wenn es müde ist, oder nur zu bestimmten Zeiten? Wie lernt mein Kind, alleine einzuschlafen? Verwöhne ich mein Kind, wenn ich es beim Stillen einschlafen lasse? Ab wann sollte mein Kind in seinem eigenen Bett schlafen? Wie bringe ich mein Kind dazu, dass es durchschläft? Diese oder ähnliche Fragen rund um den Babyschlaf beschäftigen bestimmt 99 % der Eltern hierzulande im Laufe des 1. Lebensjahres ihres Kindes (und darüber hinaus). Der Wunsch nach »Normalität«, die Schlafsituation betreffend, ist aus Elternsicht absolut nachvollziehbar. Wer möchte schon mehrmals in der Nacht geweckt und unter Umständen längere Zeit wach gehalten werden?

Doch um es vorneweg zu sagen – hier geht es um kulturelle Gepflogenheiten, also um ein kulturelles Thema. Während wir uns z.B. um das Laufenlernen unserer Kleinen in der Regel nicht groß bemühen (anders als Eltern z.B. in Kamerun – die stellen ihre Kinder möglichst früh auf die Beine und unterstützen sie bei ihren Gehversuchen) und einfach abwarten, bis sie es von alleine lernen, sind wir sehr bestrebt, möglichst früh den Schlaf unserer Kinder in den Griff zu kriegen und ihn oft mit viel Aufwand so zu formen, wie wir ihn von uns kennen (auch das machen Eltern in Kamerun anders, um bei diesem Beispiel zu bleiben – da schlafen die Kinder ganz selbstverständlich entweder auf dem Arm eines der zahlreichen Familienmitglieder oder im Familienbett). Eine Notwendigkeit dafür gibt es nicht.

Zum Glück hat die Natur das Schlafenlernen, wie das Laufenlernen, nicht vom erzieherischen Geschick frischgebackener Eltern abhängig gemacht. Zu schlafen (Seite 29) müssen wir unseren Kindern nicht beibringen – ihr Schlaf (der sich anfangs durchaus von unserem Schlaf unterscheidet) gleicht sich nach und nach ganz von selbst unseren Schlafgewohnheiten an. Unsere Aufgabe als Eltern ist es im Grunde nur, auf das Schlafbedürfnis unserer Kinder zu achten und für gute Schlafbedingungen zu sorgen.

gen ist auch prinzipiell nichts einzuwenden: wenn sich das »Herumschrauben« am Schlaf der Kinder in Grenzen hält und wir die kindlichen Bedürfnisse nicht aus den Augen verlieren. Und vor allem eines sollten wir dabei auch nicht vergessen: Wenn wir versuchen, unseren Babys eine bestimmte Schlafverhalten anzugewöhnen, tun wir das in erster Linie für uns. Nicht für sie. Wir können unseren Kindern also dankbar sein, wenn sie mitmachen. Wenn nicht, ist das ihr gutes Recht. Wir sind ja auch nicht sauer auf unser Kind, wenn es mit 16 Monaten immer noch nicht laufen kann.

Der Rhythmus kommt von ganz allein

Ein Baby entwickelt mit der Zeit einen recht zuverlässigen Schlaf-Wach-Rhythmus. Meistens schläft es spätestens nach 3 Monaten nachts mehr als tagsüber und die Phasen, in denen es am Tag wach ist, treten dann regelmäßiger auf. Das geschieht auf ganz natürliche Art und Weise – das Kind passt sein Schlafverhalten nach und nach dem seiner Umgebung an: Nachts ist es dunkel, nichts ist los, alle schlafen. Tagsüber ist es hell, es passiert eine Menge und alle sind wach. Doch wenn Sie nicht einfach nur abwarten wollen, bis Ihr Kind seinen Schlaf von selbst an unseren Tag-Nacht-Rhythmus angleicht oder Sie die Schlafens- und Wachzeiten Ihres Kindes gerne etwas an Ihre erwachsenen Bedürfnisse anpassen möchten, dann können Sie nachhelfen – in einem begrenzten Rahmen.

Doch wenn Sie vorhaben, Ihr Baby dazu zu bringen, von 20 Uhr bis 8 Uhr durchzuschlafen und tagsüber verlässlich von 10 bis 11 Uhr und von 14 bis 16 Uhr Mittagsschlaf zu halten, werden Sie höchstwahrscheinlich dieses Ziel nicht erreichen.

Schlafmangel schlaucht die Eltern

Nun ist es aber so, dass unsere Lebenswelt von jeder Menge Terminen und Verpflichtungen geprägt ist und wir zudem meist kein unterstützendes Netzwerk haben, das uns bei der doch recht aufwendigen Betreuung unserer Babys hilft. Daher fehlt uns leider oft die Geduld, um abzuwarten, und der Druck von außen (»Was – es schläft immer noch nicht durch?«) macht es auch nicht gerade leicht.

Es passt uns nicht, dass unsere Babys anders schlafen als wir – sie schlafen nicht ohne unsere Unterstützung ein, reißen uns nachts mehrmals aus dem Schlaf, wachen morgens zu früh auf etc. Das schlaucht, wenn man das alles alleine oder auch nur zu zweit stemmen muss – neben all den anderen Dingen, die man sonst noch zu schaffen hat. Der Wunsch, das Schlafverhalten unserer Babys so zu beeinflussen, so dass es sich besser in unsere Struktur einfügt, ist groß. Dage-

Im Schnitt schlafen sie 13 Stunden

Babys haben einen größeren Schlafbedarf als Erwachsene, aber so groß ist er in der Regel nicht. Im Alter von 4 bis 6 Monaten schläft ein Baby durchschnittlich insgesamt 13 von 24 Stunden. Und davon schläft es 3 Stunden tagsüber. (Das sind Durchschnittswerte – es kann bei Ihrem Kind also auch anders aussehen.). Der persönliche Schlafbedarf ist eine feste Größe und daran kann man nicht rütteln. Und dass Babys nachts aus gutem Grund nicht durchschlafen (Seite 30), haben Sie im ersten Buchteil erfahren – da kann (und sollte) man also auch nichts machen. Dies ist der Rahmen, in dem Sie sich bewegen. Darüber hinaus hat Ihr Kind wahrscheinlich mittlerweile ein gewisses Schlafmuster entwickelt – zumindest im Ansatz. Es wird zu einer bestimmten Zeit abends müde, es wacht meist zu bestimmten Zeiten nachts auf, es ist morgens zu einer bestimmten Zeit fit und wird dann tagsüber zu bestimmten Zeiten schläfrig. Und da man nur dann schlafen kann, wenn man müde ist, bleibt Ihnen nichts anders übrig, als sich an diesem Schlafmuster zu orientieren.

Gewohnheiten helfen dem Rhythmus auf die Sprünge

Die meisten Menschen brauchen ein paar Gewohnheiten und wiederkehrende Abläufe in ihrem Leben, um sich wohl zu fühlen. Auch für Kinder bedeuten sie Orientierung und Sicherheit. Erlebt Ihr Kind jeden Tag einen bestimmten Ablauf mit Zeiten fürs Spielen, Rausgehen, Essen und Schlafen, dann gewöhnt es sich daran und der Übergang zum nächsten Programmpunkt, wie auch das Schlafen, fällt dann leichter. Und für Sie als Eltern wird der Alltag berechenbar. Wenn Ihr Baby seinen eigenen Rhythmus bereits gefunden hat und diesen lautstark einfordert, macht es Sinn, dass Sie Ihren Tagesablauf, so gut es geht, an den Rhythmus Ihres Kindes anpassen. Wenn Sie z.B. wissen, dass Ihr Kind immer gegen 10 Uhr morgens müde wird, dann gehen Sie mit ihm im Kinderwagen einkaufen (so kann es dabei schlafen), erledigen etwas im Haushalt oder am Rechner oder Sie legen sich einfach dazu. Wird es nachts immer zu einer bestimmten Zeit munter, können Sie es natürlich nicht zum Schlafen zwingen, aber Sie können möglichst langweilig sein und den Raum dunkel halten, so dass sich Ihr Kind mit der Zeit daran gewöhnt, dass nachts Schlafenszeit ist.

Schlafprotokoll. Gehört Ihr Kleines zu den Babys, die so gut wie keine Regelmäßigkeiten bei den Schlafens- und Wachzeiten zeigen, kann ein Schlafprotokoll hilfreich sein (Vorlage Seite 114/115). Sie tragen darin ein, wann Ihr Baby schläft, wann es wach, unruhig oder müde ist und wann es isst. Spätestens nach 14 Tagen sind Sie in der Lage zu sehen, ob Ihr Baby nicht doch ein bestimmtes Schlafmuster hat – und Sie haben auch gleichzeitig ein genaues Bild über seinen tatsächlichen Schlafbedarf.

Eintakten des Schlafs. Wollen Sie den Rhythmus Ihres Babys stärken, so können Sie sich jetzt an diesem Muster, auch wenn es noch so schwach ist, orientieren. Haben Sie z.B. festgestellt, dass Ihr Kind häufig gegen 20 Uhr unruhig wird und sich die Augen reibt, dann versuchen Sie, es ab sofort immer ab 19.30 Uhr auf das Schlafen einzustimmen, damit es dann um 20 Uhr in Ruhe einschlafen kann. Wenn Sie das geduldig immer wieder zur gleichen Zeit, auf die gleiche oder ähnliche Art und Weise tun, wird sich Ihr Kind daran gewöhnen und immer verlässlicher einschlafen. Und auch in die Schläfchen am Tage bringen Sie auf diese

Weise Rhythmus hinein. Sie müssen die Zeiten dazu nicht sklavisch einhalten – es gibt immer mal Abweichungen oder Ausnahmen. Das gehört dazu und Ihr Kind wird den Ablauf trotzdem lernen.

Das ganze Eintakten des Schlafs klappt außerdem noch besser, wenn Sie es schaffen, auch andere wiederkehrende Ereignisse, wie z. B. Essen, Einkaufen oder Spazierengehen, immer in etwa zur gleichen Zeit stattfinden zu lassen.

Schlaferziehung anno dazumal

Lange Zeit war man in unserem Kulturkreis der Auffassung, dass Eltern ihrem Kind das richtige Schlafverhalten mit einer konsequenten Schlaferziehung beibringen müssen – gleich von Geburt an. Schon ein neugeborener Säugling, der weder über einen regelmäßigen Schlaf-Wach- noch über einen Tag-Nacht-Rhythmus verfügt, wurde abends zu einer bestimmten Zeit schlafen gelegt, nachts zu bestimmten Zeiten gefüttert und morgens zu einer bestimmten Zeit aus dem Bett geholt. Ganz unabhängig davon ob er müde war, ob er Hunger hatte oder ob er schrie. Das Kind sollte von Anfang an lernen, zu von den Eltern bestimmten Zeiten zu schlafen und zu essen, alleine einzuschlafen und durchzuschlafen.

Das aus heutiger Sicht kaltherzige und mechanische Verhalten unserer Urgroßeltern, Großeltern oder vielleicht sogar Eltern lag sicher nicht an ihrer Lieblosigkeit oder mangelnden Fürsorge. Diese Form der Kindererziehung war einfach üblich, wurde von allen Instanzen empfohlen und man hielt sich an den Standard. Man war der Meinung, man tue seinem Kind damit etwas Gutes.

Die einzig sinnvolle Lektion: Schlafen ist etwas Schönes!

Eine solche Schlaferziehung mutet zum Glück heute (so gut wie) keiner mehr seinem Kind zu. Doch sind eine Menge entschärfte Methoden im Umlauf, die sich großer Beliebtheit erfreuen. Diese Schlaflernprogramme (Seite 76) oder -trainings werden oft als sanft oder liebevoll bezeichnet – doch verbirgt sich hinter ihnen genau dieselbe Haltung wie hinter der Schlaferziehung von früher: Babys haben ein falsches Schlafverhalten und die Erwachsenen müssen sie, wenn nötig mit Druck, dazu trimmen, richtig zu schlafen. Und auch die Methoden, die zur Schlaferziehung eingesetzt werden, funktionieren nach dem gleichen Prinzip: Es wird nicht auf die Signale der Kinder reagiert, sondern methodisch nach Plan vorgegangen, ohne zu berücksichtigen, dass jedes Kind anders tickt. So ein Umgang ist keines Menschen würdig.

Ich wiederhole mich an dieser Stelle, da wir Eltern uns schnell verunsichern lassen – ich kenne das aus eigener Erfahrung. Die Schlaferziehung ist so tief in unserer Kultur verwurzelt, dass es oft schwer ist, sich gegen ihren Einfluss zu wehren – selbst wenn wir die besten Absichten hegen. Ganz besonders dann, wenn wir ein sehr anspruchsvolles Baby haben, dem wir beim Runterkommen helfen müssen, das viel weint, nicht ohne Weiteres einschläft und nachts oft aufwacht.

Doch ganz besonders diese Babys brauchen einfühlsame Eltern, die ihre Signale nicht ignorieren, sondern ihre Bedürfnisse respektieren und auf sie eingehen. Sie brauchen Eltern, die Bedingungen dafür schaffen, dass sie sich wohlfühlen; sie brauchen Eltern, die ihnen zeigen, dass Schlafen etwas Natürliches, etwas Schönes ist.

Die Gutenachtzeremonie

Mit der Gutenachtzeremonie ist das allabendliche Ritual gemeint, das wir jeden Abend vor dem Schlafengehen mit unseren Kindern abhalten. Auch das ist eine kulturspezifische Eigenart. Keineswegs alle Völker pflegen Einschlafrituale. Vielerorts schlafen die Kinder einfach dann, wenn sie müde sind – ohne großes Aufheben darum zu machen. Wir schwören hier allerdings auf unser Einschlafritual und es ist auch nichts Falsches daran. Da wir bestrebt sind, dass unsere Kinder sich daran gewöhnen, zu einem bestimmten Zeitpunkt ins Bett zu gehen, werden sie mit Hilfe des Einschlafrituals in die richtige Stimmung versetzt und die zeitlichen Abläufe werden im Gehirn verankert.

Das persönliche, mitwachsende Einschlafritual

Egal was und wie Sie es machen – es kommt darauf an, dass Sie ein Ritual wählen, das Ihrem Kind und am besten auch Ihnen Spaß macht – Sie müssen es ja schließlich Abend für Abend mitmachen. Es soll Ihr Baby (und auch Sie) entspannen und dazu führen, dass es sich rundum wohl fühlt. Im Idealfall liebt Ihr Kind das Einschlafritual so sehr, dass es sich richtig auf das Schlafengehen freut. Das Einschlafritual ist gleichzeitig für Sie die Gelegenheit, Ihrem Kind Ihre ungeteilte Aufmerksamkeit zu schenken und sich ihm am Ende des Tages noch einmal ganz bewusst zu widmen. Auch der Mittagsschlaf lässt sich mit einem kleinen Ritual einleiten.

Natürlich geht es auch ohne Einschlafritual. Ihr Kind wird keinen Schaden davontragen, wenn es abends ohne festes Ritual einschläft. Wenn Ihr Kind heute glücklich und zufrieden auf der Couch im Wohnzimmer eindöst, morgen im Auto und übermorgen auf Ihrem Schoß, dann ist das völlig okay. Und ob es dabei wirklich immer einen Schlafanzug anhat und die zwei Zähne geputzt sind, ist auch zweitrangig. Das Einschlafritual ist einfach dazu da, Kinder auf das Schlafen vorzubereiten und ihnen den »Abschied«, das »Loslassen« einfacher zu machen. Kann Ihr Kind das auch so – dann ist das prima! Sollten Sie aber ein Kind haben, das dazu neigt, abends sehr aufgedreht zu sein, dann kann ein Einschlafritual hilfreich sein.

Altersgerechtes Ritual. Es taugt eigentlich fast alles zum Ritual, es sollte nur altersgerecht sein. Mit einem 6 Wochen alten Baby müssen Sie kein großes Schlafritual veranstalten. Sobald Ihr Kind aber einen Tag-Nacht-Rhythmus hat, kann es losgehen. Vielleicht fällt bei Ihnen das Ritual knapp aus: Windel wechseln, Schlafanzug anziehen, Gutenachtkuss geben und geschlafen wird. Oder Sie veranstalten eine umfangreiche Zeremonie mit Schlafliedern, Bilderbuch und Stillen – eben so, wie es zu Ihnen passt.

Sie können spielen, massieren, streicheln, singen, gemeinsam tanzen, Musik hören oder sonst etwas tun, das Ihnen beiden Freude bereitet. Und wenn Sie nicht gerne singen, sollten Sie auch kein Liedchen als Einschlafritual einführen (auch dann nicht, wenn alle anderen Pekip-Mamas abends zum Einschlafen singen). Wichtig ist darüber hinaus, dass Ihr persönliches Ritual jeden Abend (mehr oder weniger) zur selben Zeit und in der gleichen Form abläuft. So wird die Abfolge zur Gewohnheit und schließlich zum Ritual.

Und wenn Sie nicht wollen, dass nur einer von Ihnen für das Insbettbringen zuständig ist: Wechseln Sie sich mit Ihrem Partner ab. Ihr Kind weiß dann Bescheid – sowohl Mama als auch Papa können das. Sie beide dürfen auch ruhig unterschiedliche Einschlafrituale pflegen. Damit kommen Kinder sehr gut klar und sie lernen auch noch, dass verschiedene Wege ins Traumland führen.

Babys verwöhnen – geht das?

»Mach das bloß nicht – damit verwöhnst du dein Kind nur!« »Das kannst du ihm nie wieder abgewöhnen!« Wer kennt sie nicht, diese altbackenen Ermahnungen. Und dann lassen sie einen nicht einmal kalt. Die Angst vor dem Verwöhnen (Seite 15) steckt in uns – schon im ersten Buchteil kam diese tief verwurzelte Angst zur Sprache. Unser Kind soll schließlich eigenständig und stark werden und kein Weichei. Schon im zarten Babyalter wird daher munter drauflostrainiert – das eigenständige Einschlafen, das selbstständige Durchschlafen, das eigenständige Beruhigen etc. Nur die wenigsten Eltern schaffen es, dem Selbstständigkeitsdruck vollkommen zu widerstehen.

Aber verwöhnen wir ein Baby tatsächlich, wenn wir ihm seine Grundbedürfnisse erfüllen? Ich meine jetzt nicht Windelnwechseln, Füttern und Warmhalten, sondern sein Bedürfnis nach körperlicher Nähe und emotionalem Beistand – beides erwiesenermaßen genauso wichtig wie Windelnwechseln und Co. Und was ist eigentlich »verwöhnen«?

Verwöhnen ist, wenn Sie Ihrem Kind ständig bei Dingen helfen, die es schon alleine kann. Verwöhnen ist auch, wenn Sie Ihr Kind immerzu mit Dingen überhäufen, die es gar nicht will oder braucht. Und Verwöhnen ist, wenn Sie dauernd auf die spontanen Wünsche (und Wünsche sind keine Bedürfnisse) Ihres Kindes eingehen, obwohl Sie selbst dazu gar keine Lust haben. Das alles ist erst im fortgeschrittenen Babyalter bzw. ab dem Kleinkindalter möglich. Sie verwöhnen Ihr Baby also nicht, wenn Sie ihm zum Einschlafen, das geben, wonach es sich sehnt und was ihm das Einschlummern erleichtert. Sie befriedigen ihm ein Grundbedürfnis.

Vertrauen statt Angst

Daher mein Plädoyer: Haben Sie keine Angst vor dem Verwöhnen! Machen Sie sich keinen Kopf über »schlechte« Schlafgewohnheiten. Vertrauen Sie Ihrem Baby – es sagt Ihnen, wenn es etwas braucht. Und lassen Sie sich auch nicht einreden, Ihr Baby könne Sie manipulieren und Ihnen auf dem Kopf rumtanzen, wenn Sie ihm »immer seine Wünsche erfüllen«. Wir reden hier von Babys und nicht von Erwachsenen. Babys haben keine Hintergedanken und manipulieren nicht – sie sind ganz einfach gestrickt, sie sind bedürfnisgesteuert. Machen Sie sich keinen Stress und entspannen Sie sich. Stillen Sie Ihr Baby ruhig in den Schlaf – ist doch toll, wenn das klappt! Und was ist gegen Händchenhalten beim Einschlafen einzuwenden? Und was gegen das Herumtragen? Das ist alles nicht schlimm, solange es Sie nicht stört und Sie es gerne tun.

In dem Moment, wenn Sie keine Lust oder keine Kraft mehr haben zu stillen, Händchen zu halten oder rumzutragen, dann ist die Zeit gekommen, nach neuen, babygerechten Wegen in Sachen Einschlafen Ausschau zu halten. Das Gleiche gilt natürlich dann, wenn Ihr Kind keine Lust mehr auf Händchenhalten etc. hat. Hören Sie also am besten einfach nur auf sich und Ihr Kind – das

Lotta wacht ständig auf

Katrin und Christian sind am Verzweifeln. Bisher ist Lotta nachts meist zwei- bis dreimal aufgewacht. Seit zwei Wochen schläft sie sehr unruhig und ist fast stündlich wach!

»Uuäähhhhhhhh.« Nein, nicht schon wieder. Katrin schaut auf die Uhr. Es ist kurz nach halb eins. Lotta war doch erst um Viertel vor zwölf das letzte Mal wach. Da hatte sie sie auch gestillt. Sie kann doch nicht schon wieder Hunger haben. Katrin flüstert Lotta beruhigende Worte zu und streichelt ihr über den Kopf. Sie versucht, Lotta nicht gleich bei jedem Mucks zu stillen, sondern probiert immer erst einmal, sie so zu beruhigen.

Christian liegt im Gästezimmer. Er hat sich dort schlafen gelegt – morgen steht ein sehr wichtiger Arbeitstermin an und da muss er ausgeschlafen sein. Wobei er in letzter Zeit sowieso recht oft das Gästezimmer als Schlafstätte wählt. Ist irgendwie auch verständlich. Es müssen ja nicht alle wach werden, wenn Lotta die Nacht zum Tag macht. Und durch das Stillen fällt die nächtliche Betreuung nun einmal größtenteils in Katrins Zuständigkeitsbereich. Aber wenn das so weitergeht, hat Katrin bald keine Energie mehr, um Lotta nachts beizustehen. Irgendwann muss sie ja auch schlafen. Glücklicherweise hat sich Lotta gleich beruhigt und schläft wieder. Mal schauen, wie lange!

Lotta ist ausgeschlafen – Katrin nicht

Am nächsten Morgen ist Lotta gegen 6 Uhr putzmunter und wirkt außerordentlich ausgeschlafen. Ganz anders Katrin. Lotta ist die ganze Nacht im Ein-Stunden-Rhythmus aufgewacht und wurde von Katrin bei etwa jedem zweiten Mal gestillt. Sie ist jedes Mal schnell wieder eingeschlafen, aber trotzdem wurde Katrin ständig aus dem Schlaf gerissen. In der zweiten Nachthälfte konnte sie sogar gar nicht mehr richtig schlafen, da sie schon regelrecht darauf wartete, dass Lotta gleich wieder aufwacht. »Ach, ihr beiden seid ja auch schon wach!« Christian läuft strahlend auf Lotta zu und nimmt seine ebenso strahlende Tochter auf den Arm. Katrin würde am liebsten heulen, aber auch dazu ist sie zu müde. Christian ahnt schon, dass Katrins Nacht alles andere als erholsam war. »Vielleicht kannst du ja gleich deine Mutter anrufen und fragen, ob sie für ein paar Stunden vorbeikommen kann. Dann legst du dich einfach noch mal hin.« Ja, das ist tatsächlich keine so schlechte Idee. Es ist schon ein Glück, dass Katrins Mutter in der Stadt wohnt und auch noch Zeit hat.

Da muss man durch, aber wie?

Am Abend, als Christian von der Arbeit zurückkehrt, geht es Katrin schon besser. Ihre Mutter war da und sie konnte ein wenig Schlaf nachholen. »Ich denke, es liegt daran, dass Lotta gerade so viel Neues lernt. Ich habe gelesen, dass die Kinder ihre neuen Erfahrungen nachts verarbeiten und daher unruhig schlafen. Oder es sind halt doch die Zähne.« Katrin seufzt. »Was auch immer – ändern kann man daran eh nichts. Aber die Frage ist, wie ich diese Phase am besten überstehe.« Christian hat mittlerweile Lotta hochgehoben und lässt sie zu ihrem großen Vergnügen wie ein Flugzeug über seinen Kopf kreisen. Ich erledige morgen in der Mittagspause unseren Wocheneinkauf und koche am Abend vor. Dann musst du dir schon mal keine Gedanken um dein Mittagessen machen. Außerdem kann ich mich am Wochenende mehr um Lotta kümmern. »Und wir könnten ausprobieren, dass ich mich freitags und samstags jeweils eine Nachthälfte um Lotta kümmere. Und ausschlafen kannst du auch.«

So machen sie es dann auch. Und unter der Woche kommt Katrins Mutter so oft wie möglich vorbei und nimmt ihr Lotta für ein paar Stunden ab. Das klappt ganz gut, da Katrin immer etwas abgepumpte Milch im Gefrierschrank liegen hat und ihre Mutter Lotta bei Bedarf ein Fläschchen geben kann. Und in den Nachthälften, in denen Christian sich kümmert, steht ein Fläschchen mit frisch abgepumpter Milch bereit. Nach zwei Wochen beruhigt sich die Lage wieder etwas – Lotta wacht nur noch alle zwei Stunden auf …

ist das Wichtigste und alles andere sollte Sie nicht interessieren.

Der Zweck heiligt nicht die Mittel

Aber warum den ganzen Aufwand betreiben, wenn es doch möglich ist, in relativ kurzer Zeit Kindern ein »elternfreundliches« Schlafen beizubringen? Ist es denn wirklich so schlimm, das zu tun? Und es wird doch gesagt, dass man ein Schlaftraining mit Kindern ab einem Alter von 6 Monaten bedenkenlos durchziehen könne.

Diese Frage stellen sich viele Eltern. Ja, die Schlaferziehung in Form von Trainings oder Programmen funktioniert in vielen Fällen. Doch bloß weil etwas funktioniert, ist es noch nicht gut. Man kann seinem Kind auch Schlaftabletten verabreichen und es wird problemlos schlafen.

Kinder passen sich an – auch an unwürdige Situationen

Wenn ein Kind wiederholt erfährt, dass seine Eltern nicht auf seine Signale reagieren, dann wird sich dieses Kind den Umständen anpassen. Im Anpassen sind Menschenkinder außerordentlich gut – sie sind in der Lage, sich an die unwürdigsten Bedingungen zu gewöhnen und sich einzufügen. Wird also einem Kind nach einem bestimmten Plan, unabhängig von seinen Bedürfnissen, ein selbstständiges Schlafen antrainiert, wird das Kind in Zukunft, wenn es in seinem Bett liegt, nicht mehr seine Energien unnötig verschwenden und keine Signale mehr

senden. Es herrscht Ruhe. Und es lernt sogar noch etwas dabei – es lernt, dass es nicht in der Lage ist, sich Gehör zu verschaffen, und es lernt, dass es selbst und seine Gefühle, Bedürfnisse und seine Meinung …) nicht viel wert sind. Diese Erfahrungen werden im unbewussten Gedächtnis gespeichert und dort ein Leben lang bewahrt.

Anpassung bzw. Gewöhnung ist an sich nichts Schlechtes. Sie ist nur dann höchst bedenklich, wenn sie unter Stress erfolgt. Lernen sollte idealerweise immer von angenehmen Gefühlen begleitet werden – da sind die »Lernerfolge« immer die besten. Um einen gewünschten Zustand zu erreichen, muss dieser mit positiven Emotionen verknüpft werden. Ein schönes Einschlafritual taugt da eindeutig mehr als unbeantwortete Hilferufe. Es dauert auf diese Weise vielleicht ein wenig länger – der Erfolg ist dafür nachhaltiger und richtet keinen Schaden an.

Es kommt Bewegung in die Sache

Manchmal hat man wochenlang das Gefühl, es tut sich gar nichts und das Baby macht genauso viel oder wenig wie vor einem Monat. Und doch – es tut sich eine ganze Menge.

Von Eltern wird das Alter zwischen 4 und 7 Monaten manchmal als etwas langwierig empfunden. Die Babys werden immer größer und dicker, aber ihre motorischen Fähigkeiten entwickeln sich scheinbar nicht in demselben Tempo. Die großen, beeindruckenden motorischen Fortschritte – selbstständiges Sitzen, Robben, Krabbeln, Hochziehen, Stehen, Laufen – stellen sich tatsächlich erst später ein. Doch auch in dieser Phase tut sich vieles.

Zwischen dem 4. und 7. Lebensmonat gewinnen die Kinder Schritt für Schritt mehr Kontrolle über ihre Haltung. Sie setzen ihre Hände immer geschickter ein und erlangen immer mehr Kontrolle über ihren Körper. Einige Babys üben sehr fleißig, andere haben es nicht so eilig – die Motorik und die anderen Entwicklungsbereiche beeinflussen sich gegenseitig. Wenn Ihr Kind also z. B. ein besonders neugieriges Exemplar ist, dann können Sie damit rechnen, dass es sich auch schneller vom Fleck bewegen wird und Methoden entwickelt, um an die spannenden Gegenstände heranzukommen. Und wenn Ihr Kleines eher zur gelassenen, entspannten Fraktion gehört, lässt es sich mit allem wahrscheinlich ein wenig mehr Zeit.

Ab jetzt wird sich selbst bewegt

Bisher haben Sie die Position und Lage Ihres Kindes bestimmt. Damit ist jetzt bald Schluss. Es kann nun selbst aussuchen, ob es auf dem Bauch oder auf dem Rücken liegen möchte, und es kommt jeden Tag ein Stückchen weiter, erreicht Dinge, an die es am Vortag noch nicht herankam. Manche Kinder schaffen es sogar, sich mit einem halben Jahr äußerst kreativ von A nach B zu bewegen – das hat aber noch nicht unbedingt etwas mit Robben oder Krabbeln zu tun. Tag für Tag kommt ein wenig Selbstständigkeit dazu und dieser Umstand bringt außer Freude noch ein ganz anderes Thema auf den Plan: Ist die Wohnung für ein neugieriges, zunehmend mobiles Baby sicher genug?

nicht unabhängig voneinander öffnen. Das Baby hat beispielsweise einen Gegenstand in der linken Hand und möchte einen weiteren mit der rechten Hand greifen. Die freie Hand öffnet sich und nun öffnet das Baby auch die linke Hand und der Gegenstand wird fallengelassen.

Gedreht und gewendet

Mit 3 Monaten können sich viele Babys aus der Rückenlage auf die Seite drehen. Den meisten Kindern gelingt es allerdings erst mit 6 Monaten, sich komplett vom Bauch auf den Rücken zu befördern. Kurze Zeit danach schaffen sie dann auch die Drehung vom Rücken auf den Bauch. Einige Babys machen das aber auch genau andersherum. Es gibt Kinder, die so gute Dreher sind, dass sie es schaffen, sich durch Rollen fortzubewegen und auf diese Weise von einem Ort zum andern zu gelangen. Andere wiederum bewegen sich erfolgreich rückwärts, indem sie sich in Bauchlage mit aufgestützten Händen nach hinten schieben – und ärgern sich dann nicht selten, dass sie nicht dorthin kommen wohin sie schauen.

Haltung ist alles

Im Alter von etwa 5 Monaten hat das Baby die volle Kontrolle über seine Kopfhaltung. Auch bei plötzlichen Bewegungen und beim Hochziehen ohne Stütze kippt sein Köpfchen nicht mehr weg. Mit 7 Monaten bleibt es, wenn man es in eine sitzende Position bringt, meist einige Zeit sitzen, ohne in sich zusammenzusacken. Seine Beine kann das Baby nun so weit beugen, dass es mit den Händen seine Füße betasten und sogar seine Zehen in den Mund stecken kann.

Alles im Griff

Ab dem 4. Monat entwickeln Babys die Fähigkeit, mit den Händen zu greifen. Zuerst können sie nur mit der Handinnenfläche greifen. Die Finger kommen noch nicht zum Einsatz. Das Baby benutzt beide Hände zum Greifen und erst mit einem halben Jahr kann es auch mit einer Hand zugreifen. Gegenstände von einer Hand in die andere zu geben, ist dann auch bald möglich. Beide Hände können sich darüber hinaus noch

Ein Abgrund tut sich auf

Eben lag es noch da wie ein Sandsack, in der nächsten Sekunde schafft es Ihr Baby plötzlich, sich zu drehen – auch wenn Ihr Kind sich bisher noch nicht groß fortbewegt hat, müssen Sie nun jeden Moment damit rechnen, dass es passiert. Daher bleiben Sie immer bei ihm, wenn es irgendwo liegt, wo es herunterfallen könnte: auf dem Sofa oder der Klassiker – auf der Wickelkommode. Legen Sie es am besten immer auf den Boden (oder in ein Gitterbettchen), auch wenn Sie nur für kurze Zeit den Raum verlassen.

Fördern – wenn's Spaß macht

Eltern stehen heute mächtig unter Druck. Hirnforscher haben herausgefunden, dass bei uns Menschen die entscheidenden Verknüpfungen der Nervenbahnen in den ersten 6 Lebensjahren entstehen. Dieses neuronale Netz spiegelt die (Lern-)Erfahrungen wider, die ein Kind in dieser Zeitspanne gemacht hat. Je vielfältiger und breiter die Struktur des Gehirns angelegt wurde, umso besser ist die Grundlage für weitere Entwicklungen. Einige Neurowissenschaftler betonen daher immer wieder, dass Kinder in frühen Jahren umfangreich gefördert werden müssen. Es reicht also nicht, einfach nur kindliche Grundbedürfnisse zu befriedigen, sondern es müssen gezielt Anreize geboten werden – am besten schon dem Baby. Das Potenzial der Kleinen soll sich schließlich optimal entfalten …

Mega-Trend Frühförderung

Der Trend ist nicht zu übersehen – Lernspielzeug für die Kleinen hat Hochkonjunktur. Hauptsache, pädagogisch wertvoll! Manchmal scheint es schon fast so, dass Spielzeug nicht mehr in erster Linie dazu da ist, dass Kinder mit ihm Spaß haben (und dabei natürlich nebenbei etwas lernen), sondern vielmehr zur gezielten Förderung des kindlichen Lernprozesses. Vom ersten Holzgreifling bis zum Kleinkind-Tablet mit eigens dafür entwickelter Lernsoftware – alles soll wahlweise das räumliche Vorstellungsvermögen, die sprachliche Kompetenz, das Zahlenverständnis oder sonst irgendetwas fördern. Auch Babys werden schon gefördert – wenn auch noch nicht ganz so fleißig wie Kleinkinder. Trotzdem gehört es schon fast zum Standardprogramm, mit seinem Baby zum Schwimmen oder in eine Konzept-Krabbelgruppe wie Pekip (Prager-Eltern-Kind-Programm) und Pikler (nach der ungarischen Kinderärztin Emmi Pikler) zu gehen.

Eltern sollen also keine wertvolle Zeit vergeuden und auf keinen Fall ein Zeitfenster verpassen. Womöglich schließt sich dieses bald! Wenn man sich nicht rechtzeitig um den richtigen Kurs gekümmert oder seinem Sprössling nicht das ultimative Lernspielzeug gekauft hat (vielleicht hat man zu spät von seiner Existenz erfahren, oder noch schlimmer – es schien auf den ersten Blick zu teuer), dann kann einem schon mal das schlechte Gewissen plagen. Wird sich mein Kleines nun deswegen schlechter entwickeln als die anderen, deren Eltern alles richtig gemacht haben?

Und was ist wirklich dran?

Es stimmt, dass Kinder in ihren ersten Lebensjahren besonders viel und besonders gut lernen können. Aus dem einfachen Grund, dass sie auch tatsächlich viel zu lernen haben: greifen, laufen, sprechen, sich selbst erkennen, Sozialverhalten und und und … Und sie müssen sich an alle erdenklichen Situationen anpassen können – es ist ja vorher nicht klar, in welche Umwelt sie geboren werden. Nicht die maximale Befüllung mit Lerninhalten ist daher der Sinn dieser enormen Lernfähigkeit, sondern die Bewältigung der »normalen«, ausgesprochen anspruchsvollen und vielfältigen Entwicklungsanforderungen in den ersten Jahren.

Emotionale Bindung. Natürlich müssen wir unsere Kinder fördern. Sinnvolles Fördern in frühen Jahren bedeutet allerdings mit großem Abstand vor allem, emotionale Bindungen aufzubauen. Deshalb kann man bei Babys und Kleinkindern eigentlich nur eines

U5: die fünfte Vorsorgeuntersuchung

Die U5 findet zwischen dem 5. und 7. Lebensmonat statt. Der Schwerpunkt liegt dabei auf Babys Augen-Hand-Koordination, seinen Bewegungsmöglichkeiten und seiner Sprache. Es werden die Haltung und das Greifvermögen getestet, aber auch geschaut, ob das Baby Gegenstände mit seinem Mund, seinen Händen und seinen Füßen erforscht.

Der Kinderarzt prüft auch, wie viel das Baby von seiner Umwelt wahrnimmt und wie es auf sie reagiert. Er testet sein Seh- und Hörvermögen: Nimmt es Blickkontakt auf, schielt es womöglich? Folgt es Menschen oder Gegenständen mit den Augen? Formt das Baby Silbenketten, kann es seine Stimme bewusst einsetzen und antwortet es mit Lauten, wenn man mit ihm kommuniziert? Auch das Gewicht, die Größe und der Kopfumfang werden wieder gemessen und auch die Impfung kann wieder Thema sein. Je nachdem, ob die empfohlenen drei Impfungen des 1. Lebensjahres schon erfolgt sind oder nicht. Und sorgen Sie sich nicht vor der Untersuchung – jedes Kind entwickelt sich in seinem eigenen Tempo. Ein guter und erfahrener Kinderarzt wird sich Ihr Baby immer ganzheitlich anschauen und sich nicht davon beeinflussen lassen, dass einzelne seiner Fähigkeiten noch nicht entwickelt sind.

falsch machen: zu wenig einfühlsam und nicht verlässlich sein. Es gibt keinen besseren Entwicklungsmotor als das emotionale Band zwischen einem Kind und seinen Bezugspersonen. Neues nehmen Kinder am besten auf in der Interaktion mit einem Menschen, der ihnen etwas bedeutet – das weiß man heute auch.

Möchte man sein Kind maximal fördern (und wer von uns will das nicht …), sollte man ihm vor allem Aufmerksamkeit schenken und es gedeihen lassen. Und es sollte sich mit den Dingen beschäftigen dürfen, die es gerade interessieren und ihm Spaß machen. Dabei lernt es das meiste. Machen Sie sich also keinen Förderstress.

Das heißt nicht, dass es schlecht ist, einem Kind Anregungen zu bieten. Die Erfahrungen definieren, welche der Milliarden Nervenzellen vernetzt und stabilisiert werden.

Allerdings entscheidet nur das Kind, welche Erfahrungen es denn tatsächlich macht. Wir können wertvolle Erfahrungen nicht erzwingen. Kinder wollen selbst bestimmen, was sie erkunden und erforschen. Nur dann lernen sie auch ausdauernd und bleiben bei der Sache. Anregungen sollten daher immer nur ein Angebot sein. Kein Programm, das durchgezogen werden muss.

Und nicht zu vergessen – bei allem, was die Kleinen neu erlernen, ist die Grundvoraussetzung, dass sie sich sicher fühlen. Diese Sicherheit können dem Kind nur vertraute Menschen bieten. Jede Form von Verunsicherung, Druck oder Stress löst im Gehirn Alarmbereitschaft aus. Unter diesen Bedingungen ist Lernen in keiner Weise möglich. Im Grunde ist es bei uns Erwachsenen nicht anders. Nur, dass bei einem Kind die Auswirkungen schwerwiegender sind – vor allem, wenn es regelmäßig Verunsicherung

Lotta in der Krabbelgruppe

Katrin geht mit Lotta seit 3 Monaten in eine Pekipgruppe. Lotta liebt es, nackig zu sein, sie findet die anderen Babys spannend und Katrin tut der Kurs gut.

Heute ist wieder Pekip. Katrin ist etwas spät dran und nimmt mit Lotta auf der letzten Matte im Sitzkreis Platz. Die anderen Babys liegen schon nackig auf Handtüchern in der Mitte des Kreises. Katrin zieht Lotta schnell aus, dann sich selbst bis auf T-Shirt und Leggings. Es sind gefühlte 40 Grad in dem Raum. Lotta stützt sich in Bauchlage mit ihren Ärmchen ab und schaut sich ihre Mitstreiter interessiert an.

Es wird gesungen

Die Kursleiterin, Martha, begrüßt alle herzlich und startet direkt mit dem Begrüßungslied, bei dem fünf Mütter und zwei Väter umgehend miteinstimmen. Dabei wird jedes Kind persönlich mit seinem Namen begrüßt. Anfangs fand Katrin es seltsam, mit wildfremden erwachsenen Menschen auf dem Boden im Kreis zu sitzen und Kinderlieder zu singen, aber jetzt, nach 3 Monaten, ist es ganz normal geworden.

Es wird gespielt

Nach der Begrüßung versorgt Martha die Babys erst einmal mit Spielzeug. Heute gibt es Bälle, die rundum mit Öffnungen übersät sind und nur durch ein Gitter aus Kunststoff zusammengehalten werden. In diese Bälle hat Martha feine Seidentücher hineingesteckt. Die Kleinen sind schwer damit beschäftigt, die Tücher aus ihnen herauszubekommen. Auch Lotta hat sich bereits einen geschnappt, und versucht, das Seidentuch zwischen die Finger zu bekommen.

Es wird sich ausgetauscht

Die Kursleiterin fragt die Eltern, wie es ihnen in der letzten Woche mit ihren Kleinen so ergangen ist. Das findet Katrin immer besonders spannend – sie hat schon viel von dem Austausch profitiert und außerdem findet sie die meisten Eltern in der Gruppe richtig nett. Auch Katrin möchte gerade ihre Erlebnisse der letzten Woche teilen, als sie die Nachbarsmama sanft antippt und grinsend auf Lotta zeigt. Lotta liegt in einem See. Die Babys pinkeln zwischen zwei- und fünfmal in der Pekip-Stunde … Katrin wischt den See mit dem mitgebrachten Handtuch weg. Dann dreht sie Lotta auf den Rücken, um sie abzutrocknen.

Lotta dreht sich

Kaum liegt Lotta auf dem Rücken, dreht sie sich mit Schwung auf den Bauch. Nachdem Katrin es dann doch irgendwie geschafft hat, Lotta zu säubern, fängt sie an zu erzählen. Sie beschäftigt gerade besonders das Thema Beikost – Lotta will immer noch nicht so richtig ihren Brei essen. Plötzlich gibt es Geschrei. Matteo weint, weil Lotta auf seinen Ärmchen liegt. Sie hat sich anscheinend aus der Bauchlage auf den Rücken gedreht und ist dabei auf Matteos Armen gelandet. Die Drehung bleibt von Martha nicht unbemerkt. »Oh, Lotta dreht sich jetzt auch vom Bauch auf den Rücken. Das hat sie letzte Woche noch nicht gemacht, oder?« Katrin ist selbst überrascht. »Nein. Das war das erste Mal.«

Lotta ist frustriert

Nachdem Katrin den armen Matteo von Lotta befreit hat, geht es weiter und die Eltern sollen ihre Kinder vor sich auf den Rücken legen. Jetzt gibt es ein Fingerspiel. Kaum hat Katrin Lotta auf den Rücken gelegt, dreht sich Lotta wieder auf den Bauch. Katrin versucht es nochmal, doch das Spielchen wiederholt sich. »Macht nichts – dann schaut Lotta den anderen eben aus der Bauchlage zu«, sagt die Kursleiterin. Bei Martha muss nicht immer alles nach Plan laufen – das mag Katrin. Doch Lotta fängt jetzt an zu weinen. Sie scheint sich irgendwie zu ärgern. Vielleicht versucht sie ja, sich wieder aus der Bauch- in die Rückenlage zu drehen, aber es klappt einfach nicht mehr?

Für den Rest der Pekip-Stunde ist Lottas Laune jedenfalls verdorben. Mit der Drehung vom Bauch auf den Rücken hat es nicht noch mal geklappt – wahrscheinlich fand sie das blöd. Kaum sind Katrin und Lotta raus aus dem Pekip, schläft Lotta erschöpft in der Trage ein. Mal schauen, ob es zu Hause wieder klappt.

empfindet. Die Gefahr besteht, dass es seine Neugierde und sein Vertrauen verliert. Und damit seine Offenheit, neuen Situationen aufgeschlossen zu begegnen.

Sie können also getrost mit Ihrem Baby zum Baby-Schwimmen, zur Baby-Massage oder in eine Krabbelgruppe gehen. Sie sind ja dabei und können einfach schauen, ob sich Ihr Baby dort wohlfühlt. Und am besten wäre natürlich, Sie hätten auch noch Spaß dabei und lernen dort ein paar nette Eltern kennen. Das ist meistens sowieso der größte Nutzen von Baby-Kursen – Mama (oder Papa) hat die Möglichkeit, sich mit Menschen auszutauschen, die täglich die gleichen Höhen und Tiefen durchleben. Das tut gut.

Untersuchen mit allen Sinnen

Sobald ein Baby greifen kann, geht das große Untersuchen los. Zuvor hat es natürlich auch schon seine Umwelt erkundet, doch waren seine Möglichkeiten dazu sehr begrenzt. In erster Linie war es aufgeregt, wenn es etwas Interessantes entdeckt hatte, was man an seinem heftigen Strampeln, mit den Händen Rudern und aufgerissenen Augen erkennen konnte. Gelangte ein Gegenstand, ein Finger oder eine Backe durch Zufall oder den Willen anderer in die Nähe seines Mundes, konnte es versuchen dieses Etwas in den Mund zu bekommen und es mit seiner Zunge abzutasten. Auch ein Betrachten mit den allerdings noch eingeschränkt funktionierenden Augen war möglich. Aber so richtig kommt das Erkunden erst in Fahrt, wenn die Hände in der Lage sind, zuzupacken und alles, was nicht bei drei auf den Bäumen ist, in den Mund zu stecken. Nach und nach werden die Untersuchungsobjekte zunehmend mit Hilfe der Hände und dann auch der Augen erforscht.

Mit dem Mund begreifen

Der Mund ist das zentrale Sinnesorgan von Babys. Mit ihm werden Größe, Konsistenz, Form und Oberfläche von Gegenständen oder auch von Lebendigem untersucht. Erst ab dem 8. Lebensmonat nimmt das orale Erkunden langsam ab, sprich, die Kinder stecken nicht mehr alles sofort in den Mund. Mit 1½ bis 2 Jahren ist die Phase dann meist vorbei.

Bis dahin sollten Sie es mit Fassung tragen, dass alles auf eine Art und Weise einverleibt wird und Ihre Bedenken hinsichtlich der Hygiene hinten anstellen. »Dreck macht Speck.« Das hat zumindest meine Oma, sechsfa-

che Mutter, immer gesagt, wenn ich mich z. B. darüber beschwert habe, dass mein Brot nach einem Fall auf den Boden voller Fussel war oder wenn meine kleine Cousine am eingestaubten Hausschuh meines Opas herumkaute. Sie meinte damit wohl, dass ein wenig Dreck nicht schade oder sogar dazu beitrage, dass ein Kind gut gedeihe.

Machen lassen. Ein paar Keime schulen sicherlich das Immunsystem, aber vor allem ist es unverzichtbar, dass kleine Kinder Dinge in den Mund nehmen, um sie zu begreifen. Natürlich – irgendwo sind Grenzen. Straßenschuhe eignen sich sicherlich nicht zum oralen Erkunden und auch Kabel, die angeschlossen sind, sollten nicht dauerhaft im Mund eingeweicht werden sowie Gegenstände, die lackiert sind bzw. die Gifte absondern können. Je älter die Kinder werden, desto attraktiver finden sie allerdings die Dinge, die nicht zu ihrem Spielzeug gehören. Da hilft es auch nichts, dass Sie Ihrem Kind immer wieder den schönen (sauberen) Greifling oder die Öko-Quietschegiraffe reichen. Wenn es in unmittelbarer Nähe auch Geschirr, Zeitungen und Blumen gibt, sind die verfügbaren, altbekannten Spielzeuge natürlich völlig uninteressant.

Verschlucken. Auch über das Verschlucken kleiner Gegenstände sollten Sie sich keine allzu großen Sorgen machen. Schließlich überleben auch Babys mit größeren Geschwisterkindern die orale Phase, trotz kleiner Legoteilchen und sonstigen Kleinzeugs, das sich meist auch noch nach Aufräumaktionen überall in der Wohnung findet. Selbst wenn Babys mal so ein Teil in den Mund bekommen, schlucken sie es in der Regel nicht runter. Das passiert eher dann, wenn sie sich erschrecken oder lachen. Das Verschlucken ist ja auch nicht die eigentliche Gefahr – die geschluckten Gegenstände finden sich nach ein, zwei Tagen in der Windel wieder. Nur in die Luftröhre sollten die kleinen Teile nicht kommen.

Idealerweise befinden sich in Babys Reichweite natürlich nur Gegenstände, die nicht komplett in seinen Mund passen, und richtig kleine Gegenstände, wie eben kleines Lego, Nüsse, Murmeln oder Büroklammern, sollten grundsätzlich aus Babys Einzugsgebiet weggeräumt werden.

Das Erkunden geht weiter

Mit der Zeit wird Ihr Kind Gegenstände auch immer mehr mit seinen Händen untersuchen. Es nimmt einen Gegenstand zuerst in den Mund, schiebt ihn dort hin und her, nimmt ihn wieder raus, greift mit der anderen Hand danach, versucht, einen bestimmten Teil des Gegenstands anzufassen, und steckt ihn dann wieder in den Mund. Es entdeckt zudem bald, dass seine Hände und Füße ein lustiges Spielzeug sind. Erst gegen Ende des 1. Lebensjahres wird Ihr Kind Gegenstände ausführlich mit seinen Augen erkunden. Bis dahin ist das Sehen eher dazu da, ein interessantes Untersuchungsobjekt auszumachen.

Aus den Augen, aus dem Sinn
Wenn sich Ihr Kleines ärgert, weil es ein potenzielles Forschungsobjekt nicht haben kann/soll, ist das in dem Alter noch kein großes Problem. Eine kurze Ablenkung und Sie können den Gegenstand unbemerkt verschwinden lassen. Denn es gilt – wenn auch nicht mehr lange – immer noch: Aus den Augen, aus dem Sinn. Natürlich erkundet Ihr Baby auch mit Hilfe seines Gehörs. Es wendet sich Geräuschquellen zu und es schaut, welche Gegenstände welche Geräusche von

sich geben, wenn man sie schüttelt, auf etwas draufhaut oder mit ihnen hin und her schubbert.

Spaßmacher

Was stellt man mit Babys an, die nicht mehr »nur rumliegen« oder ständig auf dem Arm getragen werden wollen, die sich aber trotzdem noch nicht wirklich fortbewegen können und auch noch nicht selbstständig sitzen? Im Grunde können Sie mit Ihrem Baby dieselben Dinge anstellen wie bisher: kuscheln, Fingerspiele, vorsingen usw. Mehr hierzu erfahren Sie im Kapitel »Spaßmacher« (Seite 43). Sie können aber durchaus einen Gang zulegen. Da Ihr Kind mittlerweile über wesentlich mehr Körperspannung verfügt, sich selbstständiger und gezielter bewegen kann und jede Menge Erfahrungen gesammelt hat, darf das Spiel ruhig etwas lebendiger werden. Sechsmonatige Babys lieben es z. B., auf dem Schoß ihrer Eltern Trampolin zu hüpfen. Sie strecken und beugen dazu ihre kleinen Beinchen und lassen sich auf- und niedersinken. Das ist zugegebenermaßen nicht unanstrengend für die Eltern, aber die Kleinen finden das Spiel richtig klasse.

Guck-guck!

Schon im zarten Alter von 4 bis 5 Monaten zeichnet sich ab, worauf Kinder wirklich stehen: Spannung und Spaß und das Ganze in der konkreten Umsetzung am besten möglichst wild. Natürlich ist die Abenteuerlust der Kleinen noch recht begrenzt. Doch sie steigert sich nach und nach und bei einigen Kindern scheint sie dann irgendwann ins Unermessliche zu gehen … Aber das dauert noch ein Weilchen.

Ein sehr beliebtes Spiel für Babys ab ca. 5 Monaten ist das altbekannte und bewährte Guck-guck-da-Spiel. Dazu halten Sie sich Ihre Hände vor Ihr Gesicht, sagen: »Guck-guck«, nehmen sie dann wieder weg und sagen: »Da.« Babys finden das äußerst spannend – in dem Moment, wo Ihr Gesicht hinter den Händen verschwindet, sind sie richtig aufgeregt. Da Babys erst gegen Ende ihres 1. Lebensjahres das Wissen erwerben, dass Dinge die aus ihrem Blickfeld geraten, nicht wirklich verschwunden sind, ist es für sie mit einer gewissen Spannung verbunden, wenn plötzlich Papas Gesicht nicht zu sehen ist. Daher sollten Sie auch anfangs Ihr Gesicht nicht länger als ein, zwei Augenblicke verdeckt halten. Geben die Hände dann wieder den Blick auf das Gesicht frei, ist die Freude groß. Viele Kinder können davon gar nicht genug bekommen.

Hoppe, hoppe, Reiter

Auch ein Spiel mit Spannung ist das ebenso altbekannte »Hoppe, hoppe, Reiter«. Ihr Kind sitzt auf Ihrem Schoß und Sie lassen es auf Ihren Knien ein wenig auf und ab hüpfen, während Sie singen: »Hoppe, hoppe, Reiter. Wenn er fällt, dann schreit er. Fällt er in den Graben, fressen ihn die Raben. Fällt er in den Sumpf, macht der Reiter plumps!« Und bei »Plumps« lassen Sie Ihr Kind entweder seitwärts oder durch die Mitte Ihrer Knie ein wenig runterplumpsen – natürlich halten Sie es dabei die ganze Zeit fest … Spiele dieser Art gibt es viele, wie z. B. auch »Schotter fahren« oder »So reiten die Damen (bzw. die Herren oder die Bauern)«. Im Internet findet sich dazu eine Menge.

Flugstunden. Ansonsten können Sie Ihrem Kind auch Flugstunden geben. Fassen Sie es dazu unter den Achseln und halten Sie es mit ausgestreckten Armen über Ihren Kopf. Seine Körperspannung lässt es zu einem kleinen Flieger werden und Sie können Ihr Kleines hin und her fliegen lassen. Wenn Sie allerdings Ihre Arme schonen wollen, dann legen Sie Ihr Kind vor sich auf den Rücken, nehmen ein Seidentuch und lassen dies langsam von oben durch die Luft auf Ihr Kind gleiten. Die meisten Kinder finden das sehr aufregend und geraten während der Flugstunden in einen regelrechten Bewegungssturm.

Gegenstände des Alltags

Mit einem halben Jahr benötigen Kinder immer noch kein Spielzeug. Das heißt nicht, dass sechsmonatige Kinder keine Spielzeuge haben sollten – schließlich bekommen sie ja meist von Freunden und der Familie einiges geschenkt. Aber Sie brauchen sich zumindest (noch) nicht den Kopf über das richtige Spielzeug zu zerbrechen. Ihr Kind spielt am liebsten mit Ihnen und den Gegenständen, die sowieso in Ihren vier Wänden vorhanden sind: Kochlöffel, Tücher oder einfach mit einem Strohhalm. Da gibt es so viele spannende Sachen zu entdecken und zu erforschen. Ihr Kind wird Ihnen schon signalisieren, was es gerne untersuchen möchte und Sie können ja dann immer noch entscheiden, ob sich dieses Etwas zum Untersuchen eignet.

Und wenn Sie Ihr Kind mal auf dem Schoß beschäftigen wollen, da Sie vielleicht gerade mit Freunden am Tisch sitzen, dann reichen in den meisten Fällen auch die vorhandenen Dinge. Kleine Plastik- oder Metalllöffel oder auch kleine leere Plastikflaschen sind hervorragende Beschäftigungsmaterialien. Aus PET-Flaschen kann man tolle Rasseln machen. Mit verschiedenen Füllungen, wie z. B. Reis, Kaffeebohnen oder getrocknete Erbsen, klingen sie alle unterschiedlich.

Wie geht es eigentlich Katrin und Christian?

Lotta ist mittlerweile 7 Monate alt. Sie entwickelt sich prächtig und Katrin und Christian sind überglücklich mit Ihrer Kleinen. Und trotzdem gibt es gewisse Spannungen ...

»Ich bin morgen mit Tom verabredet.« Christian hat gerade Lotta gewickelt und ist nun dabei, ihren Body zuzuknöpfen. Katrin reicht Christian einen frischen Body. »Du musst ihr einen frischen Body anziehen. Der hier ist dreckig.« Katrin zeigt auf braune Spuren am rechten Beinausgang – Zeichen von Lottas letztem Geschäft. »Das ist doch nur ein bisschen und an der Stelle kommt der Body ja wegen der Windel gar nicht mit der Haut in Kontakt.«

Christian greift nach Lottas Schlafanzug, der bereits auf der Wickelkommode liegt. »Also, ich würde nicht gerne mit einer verschissenen Unterhose schlafen.« Okay, Christian hat verstanden. Er lässt den Schlafanzug liegen und knöpft Lottas Body wieder auf. »Hast du eigentlich gehört – ich bin morgen mit Tom verabredet. Ist das okay?« »Klar.«

Christian und Tom in der Kneipe

T: »Und, was macht dein Töchterchen?« Tom bietet Christian eine Zigarette an. C: »Nein, danke. Ich brauche gerade keinen zusätzlichen Diskussionsstoff mit Katrin. Mit Lotta ist alles super. Die ist echt süß, die Kleine. Aber mit Katrin ist es momentan etwas schwierig.« T: »Wieso denn? Dreht sich alles nur noch um Lotta? Das war bei Suse anfangs auch so. Es hat gedauert, aber jetzt hat sich alles ganz gut eingependelt.« C: »Klar dreht sich alles um Lotta, aber das ist es gar nicht mal. Katrin ist einfach total erschöpft, aber gleichzeitig lässt sie sich nicht wirklich helfen. Besonders, wenn es um Lotta geht. In Katrins Augen mache ich immer alles falsch. Anstatt froh zu sein, dass ich ihr etwas abnehme und die Gelegenheit zu nutzen, um sich mal auszuruhen, gibt sie mir die ganze Zeit Tipps, verbessert mich oder übernimmt gleich komplett.

Auf der einen Seite soll ich da sein und helfen, aber auf der anderen Seite bin ich anscheinend zu blöd dazu. So, und jetzt will ich doch eine rauchen.« Tom schiebt die Zigaretten rüber, Christian steckt sich eine an. T: »Ich finde, Ihr beiden solltet mal ausgehen. Lad sie doch am Wochenende in ein schönes Restaurant ein. Katrins Mutter kann doch mal für drei oder vier Stündchen auf Lotta aufpassen, oder?« C: »Ja, vielleicht ist das keine schlechte Idee.«

Katrin und Lisa, Katrins Freundin, am Telefon

L: »Aber jetzt erzähl du mal. Wie geht's dir eigentlich?« K: »Ach, geht so. Lotta ist super drauf, aber auch anstrengend. Vor allem nachts – gerade wacht sie alle zwei Stunden auf und lässt sich manchmal nur beruhigen, wenn ich sie rumtrage. Ich bin so was von ausgelutscht.« L: »Und was ist mit Christian? Kann der sich nicht auch mal nachts um Lotta kümmern?« K: »Ja, das haben wir eine Weile an den Wochenenden so gemacht. Aber wenn ich höre, wie Lotta schreit, gehe ich halt doch hin. Ach, und ich weiß nicht. Christian stellt sich manchmal auch echt an. Das nervt mich, da mach ich's lieber selbst.« L: »Warum, was macht er denn?« K: »Na ja, wenn er Lotta anzieht, dann passt nichts zusammen, wenn er sie füttert, sieht die ganze Küche danach aus, als ob eine Bombe explodiert wäre und das Beruhigen klappt bei mir auch einfach schneller.«

L: »Aber wenn du Christian nichts machen lässt, wird er bald keinen Finger mehr rühren. Das bringt weder dir noch Lotta was. Ich glaube, du musst den Mann mehr machen lassen. Und wenn du's nicht aushältst, gehst du eben ins andere Zimmer.« K: »Ja, oder am besten raus! Mir fällt eh die Decke auf den Kopf. Aber wer sich hier amüsiert, ist Christian – der ist gerade mit Tom unterwegs.« L: »Und warum gehst du nicht mal aus? Zum Beispiel mit mir. Oder du mit Christian – deine Mutter kann doch babysitten. Das würde euch bestimmt guttun!« K: »Hm. Vielleicht sollten wir das wirklich mal machen.«

(Fast) kein Baby mehr (8 bis 12 Monate)

Ihr Kind ist bald kein Baby mehr. Es entwickelt sich von Tag zu Tag ein Stückchen mehr hin zu einem selbstständigen Kleinkind, das ganz genau weiß, was es will ...

Persönchen wird Persönlichkeit

Ach – war das schön, als man sie einfach anziehen, wickeln oder herzen konnte, wie man wollte! Jetzt bestehen die Kleinen immer öfter darauf, selbst zu bestimmen.

Nur mal kurz den Schlafanzug anziehen, das Gesicht abwischen oder Fingernägel schneiden – die Zeiten sind weitgehend vorbei. Kinder, die auf das Ende ihres 1. Lebensjahres zusteuern, finden es meist nicht mehr angebracht, einfach etwas mit sich machen zu lassen. Ähnlich wie wir selbst. Das heißt also: Die Kleinen werden erwachsen. Ist vielleicht ein wenig übertrieben, aber im Großen und Ganzen ist es genau das – das Persönchen wird immer mehr zur Persönlichkeit. Und eine Persönlichkeit lässt nicht mehr alles mit sich machen. Sie hat eigene Vorstellungen.

Einen fast einjährigen Kind eröffnen sich täglich neue Perspektiven. Es lernt, eigenständig zu sitzen, und hat die Hände frei. Seine Forschungsarbeit bekommt dadurch einen mächtigen Antrieb. Endlich kann es in einer bequemen Position in Ruhe Dinge mit seinen Händen, seinem Mund und seinen Augen untersuchen. Seine Fähigkeit zu greifen entwickelt sich weiter. Es greift sich die Dinge gezielt mit Daumen und Zeigefinger (der sog. Pinzettengriff) und kann sie jetzt auch bewusst wieder loslassen. Es lernt zu krabbeln (oder sich auf eine andere Art fortzubewegen) und sich hochzuziehen und kann auf diese Weise aus vielen verschiedenen Perspektiven seine Welt betrachten.

Es versucht immer wieder, durch Ausprobieren Zusammenhänge zu begreifen. Indem es hundertmal den Löffel aus dem Hochstuhl runterwirft, lernt es das Gesetz der Schwerkraft kennen. Es versteht jetzt auch, dass die Dinge nicht aus der Welt sind, wenn sie plötzlich aus seinem Blickfeld verschwinden. Und es kann sich immer besser verständlich machen. Je nachdem, ob es etwas gut oder blöd findet, krabbelt es hin oder weg, streckt die Hand aus oder zieht sie zurück, schüttelt vielleicht schon den Kopf oder sagt so etwas Ähnliches wie »da« (was im entsprechenden Kontext so etwas wie »ja« heißen kann).

Die vielen neuen Fähigkeiten und Erfahrungen bringen aber nicht nur einen immer

stärker werdenden Willen hervor, sondern auch ein Gefühl, das diesen Willen in Schach hält: die Angst, von den Eltern getrennt zu sein.

Mein Wille geschehe

Es kann ganz schön nerven, wenn man eigentlich los muss und die Kleinen – zumindest in unseren Augen – alles andere als kooperativ sind. Was ist denn schon dabei, sich kurz wickeln, anziehen und in den Kinderwagen stecken zu lassen? Das ging doch sonst auch. Nicht selten winden sie sich jetzt hin und her, krabbeln davon, fangen an zu schreien, machen sich steif wie ein Brett und strecken dabei noch die Arme nach oben, so dass sie einem durch die Hände rutschen.

Das alles haben wir der neu erworbenen Selbstständigkeit zu verdanken. Ihr Kind spürt zunehmend, dass es etwas bewegen kann, es versteht immer mehr, dass es wer ist. Und es will bestimmen und handeln.

Sein Wille entfaltet sich unaufhaltsam. Ist ein kleines Baby hauptsächlich bedürfnisgesteuert, so verhält sich ein einjähriges Kind immer häufiger bewusst, also absichtlich (allerdings noch nicht vergleichbar mit der erwachsenen Absicht). Das heißt, es verspürt einen Antrieb, überlegt und handelt entsprechend. Wo ein Wille ist, ist auch ein Weg – und diesen versuchen die Kleinen nun zu gehen. Stellen wir uns ihnen in den Weg, dann müssen sie kämpfen. Wollen wir, dass sie unseren Weg gehen, zeigen sie Widerstand. Diese Abgrenzung ist eine wichtige Entwicklungsaufgabe, die vor allem im 2. und 3. Lebensjahr eine Rolle spielen wird – im Grunde die ganze Kindheit und Jugend hindurch. Aber nicht nur für das Kind ist die Abgrenzung eine Entwicklungsaufgabe, sondern auch für uns Eltern. Eltern müssen sich erst daran gewöhnen, dass sich die Kinder abgrenzen und ihr eigenes Ding machen.

Irgendwie bin ich

Mittlerweile kennt Ihr Kind seinen Körper schon recht gut. Es hat alle Körperteile, an die es herankommt, schon ausgiebig untersucht und tut dies auch weiterhin. Besonders wenn es nackig ist, klappt das wunderbar. Aber auch seine zunehmende Mobilität bringt ihm immer mehr Wissen über seinen Körper. Was kann ich mit meinem Körper alles tun, was (noch) nicht, wie fühlt es sich an, wenn ich mich stoße oder wenn ich vom Sofa stürze, und was ist das für ein Gefühl, wenn mich eine Feder berührt oder wenn ich die Katze streichle. Ihr Kind wird sich also seines Körpers immer mehr bewusst.

Ich-Gefühl entsteht

Ein Kind zwischen 8 und 12 Monaten merkt aber auch zunehmend, dass es mehr ist als nur sein Körper. Auf der Basis seiner gesammelten Erfahrungen und dadurch, dass es jetzt seinen Standort wechseln und Dinge aus unterschiedlichen Perspektiven betrachten kann, wächst sein Ich-Gefühl. Es erkennt immer mehr, dass es etwas Eigenständiges ist. Es ist etwas Eigenständiges, das selbst bestimmen und selbst handeln kann. Trotzdem verfügt ein Kind zwischen 8 und 12 Monaten noch nicht über eine umfassende Selbstwahrnehmung. Es findet z. B. sein Spiegelbild zwar äußerst spannend (lächelt es an, plaudert mit ihm und versucht, danach zu greifen) doch es versteht noch nicht, dass es sich bei dem Kind da gegenüber im Spiegelbild um es selbst handelt. Es dauert noch rund ein halbes Jahr, bis sich Ihr Kind in seinem Spiegelbild selbst erkennen wird.

Selbstwerdung. Doch die sogenannte Selbstwerdung ist voll im Gange. Sie ist nach der erfolgten Bindung im 1. Lebensjahr die nächste wichtige sozio-emotionale Entwicklungsaufgabe, die ansteht. Und zur erfolgreichen Selbstwerdung gehört, dass sich die Kinder nach und nach aus ihrer engen Bindung zur Hauptbezugsperson lösen. Dazu müssen sie ihren Ideen nachgehen und sich im Widerstand üben. Einen fremden Standpunkt nachvollziehen – das kann Ihr Kind noch lange nicht. Es versteht noch nicht, dass Sie andere Beweggründe haben und Sie die Welt aus einer anderen Perspektive sehen. Auch wenn Sie es zum 100. Mal erklären. Dieses Wissen tröstet Sie vielleicht ein wenig, wenn Sie das nächste Mal kurz vor dem Verzweifeln stehen, weil Ihr Kind schon wieder seinen Kopf durchsetzen will

und ihm scheinbar völlig egal ist, was Ihnen wichtig ist.

Papa! Das Loslösen aus der engen Bindung heißt aber nicht, dass Ihr Kind im Begriff ist, die entstandene Bindung zu Ihnen schon wieder aufzugeben. Auf keinen Fall – sie muss mindestens noch die gesamte Kindheit halten! Die Bindung wird lediglich gelockert und erweitert, um die Selbstständigkeit zu ermöglichen. In dieser Phase gewinnt die zweite Bindungsperson, oft der Vater, stark an Bedeutung. Die Kleinen suchen nach Orientierung und Beispielen, was sie mit ihrer neu gewonnenen Selbstständigkeit alles anstellen können. Und da ist eine vertraute Person, von der man emotional allerdings nicht vollständig abhängig ist, genau die richtige.

Fängt jetzt die harte Erziehungsarbeit an?

Verständnis für den eigenen Kopf der Kleinen ist ja schön und gut, aber wie geht man mit einem eigenwilligen Winzling um? Was tun, wenn das Kind trotz mehrmaliger Warnung und deutlichen Neins immer wieder an die Steckdose fasst, immer wieder mit seinen Händchen gegen den Bildschirm patscht oder am Smartphone lutscht? Was tun, wenn es sich mit Händen und Füßen gegen das Wickeln wehrt, sich vor Zorn windet, wenn man ihm die zerfledderte Zeitung aus der Hand nimmt, und wenn es die Lippen fest zusammenpresst, weil es Brei essen soll? Sollte man diesen Eigensinn gleich von Anfang an eindämmen und sagen, wo's langgeht? Nach dem Motto: Wer nicht früh genug zeigt, wo der Hammer hängt, dem tanzen sie später auf der Nase herum?

Ablenkungsmanöver. Nein, ganz bestimmt nicht. Hier sind ganz klar Milde, Geduld und vor allem geschickte Ablenkungsmanöver gefragt. Wie gesagt, Kinder können sich im Alter von plus/minus 1 Jahr noch nicht in uns hineinversetzen. Sie können daher auch nicht auf uns Rücksicht nehmen. Allerdings sind sie ziemlich gut darin, unsere Stimmung aufzunehmen. Werden wir ungeduldig oder ungehalten, überträgt sich diese Stimmung mit hoher Wahrscheinlichkeit auf die Kleinen. Wenn irgendetwas nicht klappt, wie wir uns das vorstellen, dann tragen wir, die Erwachsenen, dafür die Verantwortung. Nicht unsere Kinder. Machen sie nicht so mit, wie wir uns das wünschen, dann müssen wir uns vielleicht auch mal fragen, ob denn in diesem Moment unser Wille tatsächlich mehr Gewicht hat als der unseres Kindes. Wenn es gerade im Begriff ist, ein Kabel durchzunagen, dann ist es klar, dass sich der Wille unseres Kindes an dieser Stelle unterordnen muss. Aber wenn wir zur Krabbelgruppe loswollen, aber unser Kind sich weigert, sich seinen Schneeanzug anziehen zu lassen, weil es eigentlich gerade dabei war, einen Luftballon anzusabbern, dann sieht die Gewichtung vielleicht anders aus. Ist es wichtiger, pünktlich zu kommen, oder ist es wichtiger, dass das Kind den Luftballon untersucht?

Kinder sind niemals unsere Gegner

Auch wenn wir manchmal das Gefühl haben, die Kleinen widersetzen sich uns mit Absicht – Kinder sind niemals unsere Gegner. Sie wollen mit uns kooperieren. Sie wollen nur nicht immer den Weg gehen, den wir vor Augen haben. Und sie wollen mit ihren Wünschen und Bedürfnissen ernst genommen werden – wie jeder Mensch. Dazu gehört z. B. auch, dass man sie, wenn sie gerade konzentriert einer Sache nachgehen, nicht einfach so herausreist. Tut man es doch, darf man verständlicher Weise keine große Kooperationsbereitschaft erwarten.

Eltern müssen umdenken

Eltern von rund einjährigen Kindern müssen oft grundlegend umdenken: Bisher waren die Kleinen mehr oder weniger willige Spielmasse. Das ist nun nicht mehr der Fall. Jetzt hat man es mit kleinen Persönlichkeiten zu tun. Sie müssen sich also ab sofort regelmäßig fragen, wer hier im Moment eigentlich starrsinnig ist und warum der eine Wille nun mehr wiegen soll als der andere. Begriffe wie »Regeln«, »Grenzen« und »Konsequenz« führen hier nicht weiter. Es ist eben echte Beziehungsarbeit – ein ständiges Abwägen und Verhandeln.

Ansonsten lassen sich die meisten Situationen schon von vornherein entspannen, wenn Sie mehr Zeit einplanen. Nichts anderes schürt mehr Konflikte mit Kindern als Zeitdruck! Und wenn Sie Ihr Kind von der Durchsetzung seines Willens abhalten müssen, sei es, um es vor Gefahren zu schützen, oder weil Ihr Wille in dem Moment, Ihrer Meinung nach, mehr zählt, dann ist in diesem Alter (aber auch noch mit 2, 3, 4 Jahren) immer Ablenkung die Methode der Wahl. Ewige Erklärungen und wiederholte Neins sind der Erfahrung nach weit weniger wirkungsvoll und nutzen sich schnell ab.

Eltern dürfen sich entschuldigen

Und wenn Sie tatsächlich mal ungehalten oder zu grob mit Ihrem Kind waren (wem passiert das nicht …), dann entschuldigen Sie sich aufrichtig bei ihm und sagen Sie ihm, dass es Ihnen leidtut. So wie man das eben auch mit anderen Menschen macht. Weil wir gerade beim Thema Erziehung sind, noch ein Hinweis: Für die Sauberkeitserziehung, also das Pipi und Kacka machen auf Töpfchen oder Toilette, ist es noch viel zu früh. Das wird erst gegen Ende des 2. Lebensjahres Thema.

Herzlich willkommen, Angst

Eine frühe Form der Angst hat Ihr Kind ja bereits kennengelernt. Mit dem Fremdeln, das die meisten Kinder um die 7, 8 Monate herum zeigen, drücken sie ihr Unbehagen gegenüber Unbekanntem und Fremdem aus. Haben die Kleinen mit 5, 6 Monaten jedem noch so fremden Menschen ein Lächeln geschenkt, so graben sie ihr Gesicht mit 7, 8 Monaten tief in Mamas Schulter, wenn ihnen jemand zu nahe kommt, der nicht zum engsten Kreis gehört. Mit rund 1 Jahr nehmen die Kinder ihre Umwelt und sich selbst ein gutes Stück bewusster wahr. Auch das Gefühl von Angst bekommt dadurch eine neue Qualität.

Scheiden tut weh

Die Trennungsangst, die die Kinder mit etwa 1 Jahr beschleicht, ist so etwas wie die Fortführung des Fremdelns auf einer bewussteren Ebene. Die Kinder sind eine Bindung zu ihren Eltern eingegangen und werden sich nun immer mehr ihrer Abhängigkeit bewusst. Das heißt, sie spüren deutlich, dass sie ihre Eltern für ihr Wohlbefinden brauchen. Und sie haben daher große Angst, sie zu verlieren.

Ihr Kind wird diese Angst vor allem dann zeigen, wenn Sie sich aus seinem Blickfeld entfernen. Es wird dann, wenn Sie nicht mehr in seiner Nähe sind, aller Voraussicht nach augenblicklich anfangen zu weinen und sich schnellstens an Ihre Fersen heften. Ist Ihr Kind in sein Spiel vertieft und bekommt es nicht mit, wie Sie den Raum verlassen, wird es, sobald es den Verlust bemerkt, suchend umherschauen und, wenn Sie nicht bald auftauchen, verzweifelt in Tränen ausbrechen.

Tatsächliche Angst. Dieses Verhalten strapaziert nicht selten die elterliche Geduld. Da will man sich eigentlich doch nur kurz in der Küche einen Kaffee holen oder schnell mal ans Telefon gehen und wird dann unerwartet mit großem Trennungsschmerz konfrontiert. So sehr dieses Verhalten Ihres Kindes in einigen Augenblicken nerven mag – es will sie nicht ärgern. Es hat tatsächlich Angst. Diese Angst müssen Sie ernst nehmen und Sie können sie nicht kleinreden, indem Sie Ihrem Kind zehnmal erklären, dass Sie nur kurz auf die Toilette gehen.

Es wird immer Trennungsangst verspüren (mehr oder weniger – das ist durchaus typabhängig), wenn Sie gehen, und dadurch wird – bei einer erfolgten Bindung – immer das typische Bindungsverhalten ausgelöst: Ihr Kind ruft Sie nach Leibeskräften herbei bzw. bewegt sich unmittelbar auf Sie zu. Es tut alles, um die Nähe zu Ihnen wieder herzustellen. Dieses Verhalten hat in früheren Zeiten sein Überleben gesichert. Heute, wo unsere Kinder in der Regel nicht von Raubtieren etc. bedroht werden, ist es vielleicht ein wenig übertrieben. Aber die Trennungsangst und die daraus resultierende Reaktion haben auch heute noch ihren Sinn. Sie bilden eine Art unsichtbares Band zwischen Ihnen und Ihrem Kind und sorgen auf diese Weise dafür, dass Ihr Kind seinen eigenen Willen in einem »begrenzten« Rahmen ausübt.

Mehr Selbstständigkeit und mehr Anhänglichkeit

Mehr Selbstständigkeit bedeutet also gleichzeitig auch mehr Anhänglichkeit. Auf den ersten Blick vielleicht ein widersprüchlicher Zusammenhang, aber bei genauem Hinschauen dann doch absolut nachvollziehbar. Diese Anhänglichkeit bzw. das sogenannte »am Rockzipfel hängen« wird noch die nächsten 2, 3 Jahre anhalten, wobei sie im 2. Lebensjahr meist am stärksten ausgeprägt ist.

Unter Fremden

Vielleicht wird Ihr Kind schon bald eine Kita besuchen. Viele Eltern steigen nach einem Jahr Elternzeit wieder in den Job ein, was bedeutet, dass die Kinder, während die Eltern arbeiten, von anderen Menschen betreut werden. Wenn bei Ihnen tatsächlich bald die Eingewöhnung in die Kita oder bei der Tagesmutter ansteht, sollten Sie bei der Eingewöhnung die Trennungsangst Ihres Kindes miteinkalkulieren. Denn je nachdem in welchem Alter ein Kind in die Kita kommt, muss man mit bestimmten Verhaltensweisen und Ängsten rechnen, die sich in der Regel auf den Verlauf der Eingewöhnung auswirken.

Ganz grob kann man sagen, dass Eingewöhnungen bis ca. zum 8. Monat recht unproblematisch ablaufen. Ab dem 8. Monat gestaltet es sich häufig schwieriger, da die Phase des Fremdelns beginnt. Die Kinder sind Fremden gegenüber erst einmal reserviert und es braucht etwas mehr Zeit, bis sie eine neue Bezugsperson akzeptieren. Setzt dann die Trennungsangst mit ca. 1 Jahr ein, benötigt Ihr Kind für einen guten Start in der Kita Ihren Beistand voraussichtlich länger. Schließlich muss Ihr es jetzt nicht nur zu einer fremden Person Vertrauen fassen, sondern auch mit der täglichen Trennung von Ihnen und der damit verbundenen Angst zurechtkommen.

Das bedeutet, Sie sollten sich für die Eingewöhnung in der Kita auf jeden Fall ausreichend Zeit (mindestens 3 Wochen, besser mehr) nehmen, damit Sie Ihr Kind ohne

Lotta hängt an Katrins Rockzipfel

Lotta ist 11 Monate alt und krabbelt wie eine Weltmeisterin durch die Wohnung. Doch wenn ihr plötzlich auffällt, dass Mama nicht da ist, gibt's ein Problem.

»Ehhhhhhhh. Mamamamamaaaa!« Lottas Augen füllen sich mit Tränen und sie streckt ihre Ärmchen nach Katrin aus. Katrin war gerade im Begriff, das Wohnzimmer zu verlassen, um kurz ihr Handy zu holen. »Ach Lottchen – ich geh doch nur kurz mein Handy holen. Schau mal, da sind noch ganz viele Bausteine, die du in die Box tun kannst. Ich bin gleich wieder da!« Doch Lotta ist kein bisschen mehr daran interessiert, irgendetwas in die Box einzuräumen. Unter Tränen macht sie sich schnurstracks auf den Weg zu Katrin.

Lotta bremst Katrin voll aus

Katrin nimmt Lotta auf den Arm und versucht sie zu beruhigen. So richtig gelingt ihr das nicht. Katrin ist sauer. Den ganzen Tag geht das schon so: Katrin hat vor irgendetwas zu erledigen, muss sich dazu in der Wohnung bewegen und Lotta bricht in Tränen aus. Dabei hat sie so viel zu tun!

Heute Abend hat Katrin zwei Arbeitskolleginnen zum Abendessen eingeladen – sie möchte ein wenig mit Ihnen quatschen und etwas über die aktuelle Lage bei der Arbeit erfahren. Schließlich fängt sie in 3 Monaten wieder mit ihrem Job an – 2 Monate später als geplant, da es mit Lottas Kita-Platz nicht früher geklappt hat. Jedenfalls sieht die Wohnung immer noch chaotisch aus und auch für das Abendessen ist noch nichts vorbereitet. Doch je mehr Katrin in der Wohnung herumwirbelt, desto anhänglicher wird Lotta.

Katrin kann nicht mehr

»Dann komm halt mit, Lotta. Ich muss jetzt die Wäsche aufhängen.« Katrin geht mit Lotta zur Waschmaschine und öffnet die Türe. Lotta will auch die Wäsche herausholen. »Na gut, dann hol mal die Wäsche raus.« Katrin schaut, wie Lotta eifrig ein Teil nach dem anderen aus der Waschmaschine zerrt. Lotta freut sich jedes Mal, wenn sie ein Wäschestück herausgeangelt hat, und zeigt es stolz ihrer Mutter. Das dauert … »So, jetzt lass mich mal wieder weitermachen.« Katrin möchte den Rest der Wäsche in den Wäschekorb packen. Von wegen. »Nananananana.« Lotta schüttelt energisch den Kopf. Sie möchte die Waschmaschine alleine ausräumen. »Okay, dann geh ich schon

mal diese Wäsche hier aufhängen.« Katrin packt den Wäschekorb und will ins Gästezimmer gehen, wo der Wäscheständer steht. »Mamamamamamam!« Lotta schaut Katrin mit großen, angsterfüllten Augen an. Katrin muss sich beherrschen, um nicht loszuschreien. »Mannometer, Lotta! Ich muss weitermachen! Heute Abend kommt Besuch und ich muss noch 1000 Dinge erledigen. Ich geh doch nicht weg. Ich möchte nur die Wäsche aufhängen!« Lotta lässt Christians Unterhose fallen, die sie gerade aus der Waschmaschine herausgezogen hat, und krabbelt schluchzend zu Katrin. Katrin würde am liebsten auch heulen. Resigniert setzt Katrin sich auf den Boden neben die Waschmaschine.

Katrin und Lotta finden einen Deal

Lotta krabbelt schniefend auf ihren Schoß. Katrin umarmt Lotta und drückt sie an sich. Katrin kann Lottas Verzweiflung fast körperlich spüren und es tut ihr leid, dass sie so ungeduldig mit ihrem Kind war. Warum ihr eine aufgeräumte Wohnung so wichtig gewesen ist, das kann sie jetzt gar nicht mehr so recht nachvollziehen. Lotta legt ihr Köpfchen auf Katrins Schulter und atmet ganz tief aus. Auch Katrin holt tief Luft und atmet langsam wieder aus. So sitzen sie eine ganze Weile da.

»Weißt du was?« Katrin küsst Lottas Stirn und wischt ihr ein Tränchen von der Backe. »Wir hängen jetzt zusammen die Wäsche auf und das Essen bereite ich vor, wenn Papa da ist. Der kommt heute ja ein bisschen früher. Und die Wohnung bleibt, wie sie ist. Ute und Sonja werden es verkraften.« Lotta findet den Plan anscheinend gut. Sie krabbelt wieder zur Waschmaschine und holt den Rest der Wäsche Stück für Stück raus. Anschließend geht's zum Wäscheständer. Während Katrin die Wäsche aufhängt, zieht Lotta sie gewissenhaft wieder herunter. Lotta findet es einfach toll, mit Mama zusammenzuarbeiten!

Druck bei seinem Start in der neuen Umgebung begleiten können. Und lassen Sie sich nicht einreden, eine Eingewöhnung sei nicht nötig oder Eingewöhnungen über 2 Wochen seien kontraproduktiv. Sie müssen das Gefühl haben, dass Ihr Kind die Erzieher als Bezugspersonen akzeptiert hat und dass es den täglichen Trennungsschmerz ganz gut verkraftet – nur dann ist Ihr Kind erfolgreich in der Kita angekommen.

Denn Trennungsangst wird nur verstärkt, wenn man sie nicht ernst nimmt. Sie legt sich nur dann, wenn Vertrauen entsteht – Vertrauen zu den Erziehern (sie nehmen mich ernst und sind für mich da) und Vertrauen zu den Eltern (sie nehmen mich ernst und kommen immer wieder). Und das funktioniert nicht unter Druck und Stress. Das heißt nicht, dass Kinder beim Abschied von Mama oder Papa überhaupt nicht weinen dürfen. Das dürfen sie. Aber sie sollten sich innerhalb weniger Minuten, nachdem ihre Eltern gegangen sind, von den Erziehern beruhigen lassen und dann auch nicht nur apathisch in der Ecke sitzen.

Ma-ma!

Schon mit 8 Monaten verstehen Kinder eine ganze Menge. Sie kennen die Bezeichnungen für die alltäglichen Gegenstände und wissen, wer mit »Mama«, »Papa«, »Oma« oder sonst wer, den sie regelmäßig sehen, gemeint ist. Sie verstehen sogar schon kleine Fragen, in denen die bekannten Gegenstände oder Personen vorkommen, wie z. B.: »Wo ist der Papa?« Befindet sich Papa im Raum, wird das Kind gleich seinen Blick auf ihn richten.

Mittlerweile ist auch die »Internationalität« ihrer Lautäußerungen verschwunden, denn jetzt ist nicht mehr die Berührungsempfindung im Mund- und Rachenbereich verantwortlich für die Lautproduktion, sondern die Sprache, die die Kinder Tag für Tag hören. Viele Kinder lallen nun Silbenketten, die sich wie ganze Sätze anhören, und manchmal meint man auch, aus in einer Doppelsilbe das erste Wort herauszuhören. Sie finden es klasse, wenn man mit sich mit ihnen unterhält. Sie versuchen, das nachzuahmen, was wir zu ihnen sagen, und wir machen nach, was sie daherbrabbeln. Eine echte Konversation eben. Kinder haben unterschiedliche Vorlieben für bestimmte Lautfolgen und sie quatschen auch unterschiedlich intensiv – der eine sagt immer wieder: »Dadadadaguguguguguda« und die andere: »Gagagabrrbrrogogogog«, die eine brabbelt mehr, der andere weniger. So wie das auch bei uns Erwachsenen ist.

Gepflegte Konversation

»Mamama.« »Ja genau – Mama! Ich bin deine Mama!« Das Kind hat sein erstes Wort gesprochen. Zumindest sind wir der Ansicht, dass es das getan hat. Man sagt, die ersten Wörter entstehen in den Ohren der Eltern. Wir glauben, dass unser Kind mit dem, was es gesagt hat, tatsächlich das meint, was wir darunter verstehen. Dabei spricht unser Kind in diesem Stadium des ersten »Mamamam« meist noch nicht gezielt seine Mama an. Wahrscheinlich sagt es »Mamamam« zu allem Möglichen. Aber mit der Zeit erkennt es den Zusammenhang zwischen seinem Mamamam-Gebrabbel und seiner strahlenden Mutter, die freudig »Ja genau. Ich bin deine Mama!« ruft. So lernt es »Mama« gezielt einzusetzen.

Sobald unsere Kinder die ersten wortähnlichen Äußerungen von sich geben, verändern auch wir unsere Sprache. Wir sprechen »erwachsener« mit ihnen. Unsere Stimmlage ist nicht mehr so hoch, wir machen nicht mehr so viel »Huhu, dudu, dada«, sondern sprechen unsere Kindern mit richtigen Sätzen an. Wenn unser Kind etwas sagt, das sich wie ein Wort anhört, sprechen wir es noch einmal korrekt aus. Wir spielen mit ihm Spiele, wo es um den Gebrauch von Sprache geht, wie z. B. »Wo sind deine Hände? Wo sind deine Füße? Wo ist deine Nase?« oder wir fragen: »Wie macht die Ente?«, wenn wir unserem Kind das Entenkuscheltier vor die Nase halten. Mit dieser sogenannten »stützenden Sprache« passen wir unser Sprachverhalten ganz intuitiv an die aktuellen Bedürfnisse unserer Kinder an.

Wann geht's los? Es gibt Kinder, meistens sind es Mädchen, die schon mit 9 Monaten eine paar Wörter sprechen können. Und es gibt Kinder die rücken erst mit 3 Jahren mit der Sprache raus. Die Bandbreite ist, was das Sprechen angeht, sehr groß. Die allermeisten Kinder sagen ihre ersten Wörter zwischen ihrem 12. und 18. Lebensmonat. Oft ist es interessanterweise so, dass Kinder entweder früh laufen oder früh sprechen. Beides auf einmal kommt seltener vor.

Essen macht Spaß

Brei gibt es zwar noch, doch Sie und Ihr Kind werden nun experimentierfreudiger. Manches Kind lässt sich auch schon gar nicht mehr vom Familienessen abhalten.

Vielleicht ist Ihr Kind mittlerweile ein solider Breiesser. Morgens, mittags und abends mampft es seine unterschiedlichen Breie und ist damit zufrieden. Vielleicht gehört es aber auch zu den Kindern, die schon fleißig herumprobieren und sich am elterlichen Teller bedienen. Ist Ihr Kind neuen Speisen gegenüber aufgeschlossen und kommt es nicht bereits durch das kleinste Bröckchen ins Husten, spricht nichts dagegen, es langsam ans Familienessen heranzuführen. Es gibt Kinder, die essen mit 12 Monaten schon voll und ganz bei den Familienmahlzeiten mit und andere, die wollen noch bis in die Mitte des 2. Lebenshalbjahres ihren Babybrei essen. Ein bisschen hat es natürlich auch mit den familiären Essgewohnheiten zu tun und damit, wie früh Eltern ihrem Kind unterschiedliche Nahrungsmittel anbieten.

Wille zur Selbstständigkeit. Doch eins gilt für alle Kinder, die kurz vor der Vollendung ihres 1. Lebensjahres stehen: Der Wille zur Selbstständigkeit macht auch nicht vor dem Essen halt. Ist irgendwie verständlich, aber trotzdem im Einzelfall durchaus nervig. Das Kind möchte nicht mehr gefüttert werden, gleichzeitig kann aber auch noch nicht allein essen. Dazu wird herumexperimentiert/herumgematscht und anschließend sieht es in einem Umkreis von 2 Metern einfach schrecklich aus. Aber es hilft nichts – Selbermachen und Herummatschen gehören zu einer gesunden Entwicklung dazu und für alle Beteiligten ist es besser, wenn wir keinen großen Widerstand leisten. Das heißt, wir lassen die Küchenschlacht zu, sorgen aber für geeignete Sicherheitsvorkehrungen, damit die Spuren ohne allzu großen Aufwand wieder beseitigt werden können. Es gibt z. B. praktische Lätzchen mit Ärmeln. Und manche Eltern besorgen für die Breiphase eine Kunststoffunterlage für den Hochstuhl. So kann nach dem Füttern alles gut gesäubert werden. Sie können auch Zeitungen auslegen und diese anschließend einfach einsammeln und wegwerfen.

Das ist aber noch nicht alles: Kinder möchten jetzt auch zunehmend selbst entschei-

den, ob, was und wie viel sie essen. Auch das ist für viele Eltern nicht leicht zu verkraften. Vor allem, wenn ihr Kind sowieso gerade isst wie ein Spatz.

Wenn's Wichtigeres gibt als Essen

Eigentlich soll Essen Spaß machen. Und es gibt sie ja auch, die Kinder, die sich schon früh an ihrem Brei erfreuen oder auch Speisen in Stückform regelrecht genießen. Aber es gibt auch die Kinder – und davon nicht zu wenige –, die vom Essen einfach nicht viel halten oder die die Mahlzeiten viel mehr als muntere Experimentierstunde verstehen. Das ist auch der Grund dafür, dass »Essen«, ähnlich wie »Schlafen«, ein Thema ist, das Eltern regelmäßig um den Verstand bringt – schließlich brauchen Kinder Schlaf und Nahrung, um zu wachsen und sich optimal zu entwickeln. Doch auf den Schlaf und auf die Nahrungsaufnahme der Kleinen können wir Eltern nur bedingt Einfluss nehmen.

Guter Esser oder Suppenkasper?

Ist das Kind ein »guter Esser« und isst alles brav, was ihm aufgetischt wird, ist die Welt in Ordnung. Isst es aber nur widerwillig oder weigert es sich häufig komplett, seinen Brei zu essen, dann haben wir es mit einem »Suppenkasper« zu tun. Und der muss vor dem Hungertod gerettet werden. So sah das meine Oma und so sehen wir das heute häufig auch noch.

Wir bestehen heutzutage nicht mehr darauf, dass unser Kind seinen Teller leer isst, und wir akzeptieren auch, wenn ihm etwas nicht schmeckt. Da war man früher strenger. Doch wenn es um die Portionsgrößen geht, haben wir schon bestimmte Vorstellungen und auch die Ausgewogenheit der Nahrung muss in unseren Augen stimmen. Viele Eltern kennen sich bestens mit dem Nährstoffgehalt der einzelnen Zutaten aus und wissen auch genau, wie viel Kohlenhydrate, Gemüse, Obst, Fett und Fleisch ihr Kind am Tag vertilgen sollte. Und wenn es dies regelmäßig nicht tut, machen sie sich große Sorgen. Sie beschäftigen sich intensiv mit der Nahrungsaufnahme ihrer Kinder und investieren viel Zeit und Energie, um das Essen dem Kinde nahezubringen.

Unbeschwert und lustvoll. Ein Kind spürt, wenn seine Eltern nicht mit ihm zufrieden sind. Und es spürt, dass es etwas mit den Mahlzeiten zu tun hat. Das Essen verliert seinen unbeschwerten und lustvollen Charakter und wird nach und nach zum Problem. Es ist nur eine Frage der Zeit, bis Eltern und Kinder in sinnlosen Machtspielchen darum kämpfen, wer hier eigentlich bestimmt, was, wann, wie und in welchen Mengen gegessen wird. Dieses Szenario wirkt vielleicht etwas düster, kommt aber gar nicht so selten vor.

Auch kleine Menschen sollten selbst bestimmen dürfen, was sie essen, wann sie essen und wie viel sie essen – das ist ihr gutes Recht. Machen Sie sich keine Sorgen – Ihr Kind wird das an Nahrung zu sich nehmen, was es braucht, und wenn Sie es vorleben, wird es auch mit der Zeit lernen, ganz selbstverständlich an den Familienmahlzeiten teilzunehmen. Und es lernt noch etwas ganz anderes: auf seine Körpersignale zu achten und sie ernst zu nehmen. Eine außerordentlich wichtige Fähigkeit, um ein gesundes Essverhalten zu entwickeln.

Kinderarzt. Und falls Sie wirklich meinen, Ihr Kind sei zu dünn oder es ernähre sich zu einseitig, besuchen Sie mit ihm den Kinderarzt. Aber solange es sich gut entwickelt, machen Sie sich am besten keinen Kopf. Sie bieten Ihrem Kind zu den normalen Mahlzeiten Gesundes an, Ihr Kind isst oder auch nicht und wenn es zwischendurch Hunger bekommt, reichen Sie ihm etwas Unkompliziertes (Obstgläschen, Banane, Gebäck …). Und was für Kinder fast noch mehr gilt als für uns Erwachsene: Mit anderen zusammen essen macht mehr Spaß. Je mehr am Tisch sitzen, umso besser. Frei von Druck und Stress stehen die Zeichen jedenfalls ganz gut, dass einem kleinen Essensverweigerer irgendwann auffällt, dass Essen etwas Schönes ist und dazu auch noch Spaß macht.

Man spielt nicht mit Essen – Kinder aber schon

Da Kinder vom Forschergeist durchdrungen sind, leuchtet ihnen überhaupt nicht ein, warum sie mit Speisen nicht herumexperimentieren sollten. Macht aus ihrer Sicht auch keinen Sinn – schließlich lädt das Essen mit seiner unterschiedlichen Konsistenz, seiner vielseitigen Klebekraft und seiner Vielfalt an Farben geradezu zum Ausprobieren ein. Wir wissen genau wie es sich anfühlt, wenn man eine Banane in der Hand zerquetscht, Kartoffelbrei auf dem Tisch verschmiert oder mit der Hand auf ein Stück Orange draufhaut – weil wir es irgendwann ausprobiert haben. Diese Erfahrungen müssen Kinder machen und der sinnliche Umgang mit dem Essen trägt auch seinen Teil dazu bei, dass Kinder Essen als etwas Lustvolles empfinden.

Wo ist meine Schmerzgrenze? Stellt sich nur die Frage, wo die Grenzen sind. Letztendlich muss jeder selbst für sich entscheiden, wann es reicht mit der Matscherei. Da spielt die persönliche Schmerzgrenze wohl eine größere Rolle als der erzieherische Aspekt. Denn dass man mit Essen nicht spielt, das lernen die Kinder mit der Zeit, ohne dass wir sie groß dazu erziehen müssen. Auch da gehen wir ja mit gutem Beispiel voran und wenn sie ein wenig älter sind, kann man ihnen auch erklären, warum man (zumindest als Erwachsener oder großes Kind) mit Essen nicht spielt. Das Gleiche gilt in diesem Zusammenhang übrigens für die Tischmanieren. Kinder lernen sie ganz nebenbei – durch unser Vorbild und ein paar Hinweise im rechten Alter.

Was tischen Sie auf?

Zwischen dem 8. und 12. Monat ist alles möglich: Ihr Kind isst ausschließlich Brei und verschluckt sich allein beim Anblick eines Bröckchens. Ihr Kind nimmt zunehmend auch feste Nahrung zu sich und ist vielleicht sogar richtig neugierig auf noch unbekannte Lebensmittel. Ihr Kind isst nahezu dasselbe wie Sie, nur mit weniger Gewürzen und Salz. Vielleicht bekommt es sogar schon ab und zu etwas Süßes. Besonders Geschwisterkinder halten ihr erstes Eis im Durchschnitt bestimmt ein halbes Jahr früher in der Hand als die Erstgeborenen.

Jetzt ist alles erlaubt. Kinder können ab sofort theoretisch alles essen. (Ausgenommen sind sicherheitshalber immer noch rohe tierische Produkte und zu viel Salz; Zucker und Gewürze sollten es auch nicht sein.) Sie können Ihr Kind auch gerne dazu ermuntern, verschiedene Dinge auszuprobieren. Eins gilt aber ganz unabhängig von den Vorlieben Ihres Kindes oder Ihrem Essensangebot: Ihr Kind sollte bis zu seinem 1. Lebensjahr immer noch täglich eine Portion Milch bekommen. Und zwar keine Kuhmilch (oder Ziegenmilch) sondern entweder Pre-Nahrung oder Muttermilch.

Wer möchte, kann jetzt abstillen

Stillen Sie noch? Wenn ja, dann bietet es sich an, dies auch noch bis zum 1. Geburtstag Ihres Kindes weiter zu tun. Natürlich spricht auch nichts dagegen, nach dem Geburtstag weiter zu stillen. Nur brauchen Kinder ab dem 2. Lebensjahr die Muttermilch nicht mehr unbedingt. Muttermilch ist aber nach wie vor gesund und außerdem gibt es ja auch noch andere Gründe für das Stillen. Das Trinken an der Brust beruhigt Kinder, es vermittelt Geborgenheit und es ist häufig eine lieb gewonnene Gewohnheit, die Mutter und Kind teilen.

Dienst an der Brust. Doch nach 1 Jahr Dienst an der Brust gibt es vielleicht auch einen guten Grund, mit dem Stillen aufzuhören. Beispielsweise, wenn Sie keine Lust mehr haben. Wenn nicht mehr stillen möchten, ist das ein absolut legitimer Grund, abzustillen.

Ihr Kind braucht die Milch für seine gesunde Entwicklung nicht mehr und für die Nähe, die das Stillen bringt, kann prima ein neues Ritual oder eine andere beruhigende Gewohnheit gefunden werden. Sie können mit Ihrem Kind kuscheln, es streicheln oder ihm vorsingen, um ihm Nähe zu geben. Manchmal schaffen es auch ein Schnuffeltuch oder ein Kuscheltier, die Rolle eines Trostspenders zu übernehmen. Sicher können Sie Ihrem Kind auch Milchfläschchen statt der Brust anbieten. Ob es allerdings tatsächlich einen großen Vorteil bedeutet, das nächtliche Stillen durch nächtliche Milchfläschchen zu ersetzen, ist fraglich, aber sicher von der jeweiligen Situation abhängig.

Protest ist wahrscheinlich. In den meisten Fällen kann man davon ausgehen, dass Ihr Kind nicht begeistert sein wird, seine Brust aufzugeben. Schließlich war sie seit seiner Geburt sichere Quell der Beruhigung, des Trosts und der Nähe. Die Wahrscheinlichkeit ist also recht hoch, dass es die angebotene Kompensation als alles andere als würdig erachtet, sie daher zunächst einmal strikt zurückweist und lauthals protestiert.

Ob Sie sanft eine Stillmahlzeit nach der anderen Stillmahlzeit ausfallen lassen oder ob Sie von heute auf morgen Ihre Brust nicht mehr anbieten (das allerdings am besten nur dann, wenn Sie nur noch selten oder nur noch nachts stillen) – Sie müssen Ihrem Kind bei diesem Übergang mit allen Kräften beistehen (es trösten, ablenken, beruhigen). Es wird dann aller Erfahrung nach innerhalb weniger Tage akzeptieren, dass es keine Brust mehr gibt, aber es wird gleichzeitig spüren, dass Sie nach wie vor da sind, und alles dafür tun, dass es Ihrem Kind gut geht.

Lotta is(s)t groß

Egal ob frisch zubereitet oder aus dem Glas – Lotta mag keinen Brei. Obstmus geht, aber Kartoffeln, Gemüse oder Fleisch ist in Form von Brei nicht in Lotta hineinzukriegen.

Katrin hat es mittlerweile aufgegeben, Lotta mittags oder abends Brei anzubieten. Nur den Obst-Getreide-Brei am Nachmittag nimmt Lotta zu sich. Allerdings auch nur, wenn sie selbst löffeln darf. Möchten Katrin oder Christian Lotta füttern, weil es schnell gehen muss oder damit einfach mehr von dem Brei in Lottas Mund gelangt, dreht sie ihren Kopf konsequent weg – da ist nichts zu machen. Dementsprechend sehen Lotta und Umgebung nach dem Essen auch aus. Katrin ist daher inzwischen auch gar nicht mehr so traurig, dass Lotta außer am Nachmittag keinen Brei isst ...

Lottas ausgefallener Geschmack

Trotzdem sorgt sie sich manchmal, dass Lotta nicht genug isst. Wenn Babys einen ganzen Teller vollwertigen Brei essen, kann man davon ausgehen, dass sie ausreichend und reichhaltig gegessen haben. Lotta aber isst mal da ein Stückchen Brot, mal dort ein wenig Banane, mal hier einen Löffel Joghurt. Ob das reicht? Gut, im Moment vertilgt Lotta jeden Tag mindestens 3 Scheiben Bergkäse. Den hat sie letzte Woche für sich entdeckt und ist seitdem total verrückt danach. Genüsslich schiebt sie ein Stück nach dem anderen in ihren Mund und gibt dabei unglaublich süße Töne von sich: »Mmhh. Mmhh.« Christian und Katrin könnten sich schlapplachen, wenn Lotta ihren Bergkäse genießt. Eine andere weitaus seltsamere Leidenschaft von Lotta sind rohe Zwiebeln. Man glaubt es nicht, wenn man es nicht selbst sieht, aber Lotta isst rohe Zwiebelstücke wie andere Kinder Gummibärchen. Aber auch Trauben und Avocado findet Lotta lecker.

Lotta ganz groß

Auch wenn Katrin und Christian eigentlich dachten, es sei noch zu früh dafür (Lotta ist 11 Monate alt), ist es nun seit rund einer Woche so, dass Lotta im Grunde das Gleiche isst wie Katrin und Christian. Die beiden schauen, dass sie bei der Zubereitung der Speisen sparsam mit Salz und Gewürzen umgehen, und salzen sich dann einfach später nach.

Gestern waren Christians Eltern zu Besuch. Da gab es Karottensuppe mit Ingwer und danach zarte Lammkeule mit Rosmarinkartoffeln. Lotta hat sowohl Suppe als auch Lamm und

Ofenkartoffeln gegessen. Und zwar so viel wie noch nie! Oma und Opa waren hin und weg. Zumindest in Sachen Geschmack scheint Lotta wirklich kein Baby mehr zu sein.

Lottas erster Kuchen

Lotta ist heute mit Mama und Papa zum 1. Geburtstag von Hanna eingeladen. Lotta kennt Hanna aus dem Pekip-Kurs und Katrin und Julia, Hannas Mama, haben sich dort angefreundet. Bei Hanna angekommen, will Lotta erst mal nicht von Christians Arm runter. Es ist schon ganz schön was los. Als Lotta aber die vielen Kinder sieht, taut sie auf und zeigt mit ihrem Fingerchen von einem Kind zum nächsten und sagt aufgeregt: »Bibi! Bibi! Bibi!«. Lotta nennt seit neuestem alle Kinder mit kahlem Kopf Baby bzw. Bibi.

Christian setzt sich mit Lotta an den Geburtstagstisch. Und der ist voller Leckereien. Alles süß. Julia scheint sich über Zucker bei kleinen Kindern keinen Kopf zu machen ...

Lotta hat gleich das Schüsselchen mit den bunten Gummibärchen entdeckt. Doch bevor Christian eingreifen kann, hat sich Lotta schon eins in den Mund geschoben. »Mmhh.« »Oh, nein!« Christian will gerade ansetzen, um das Gummibärchen aus Lottas Mund zu fischen, da legt Katrin ihre Hand auf Christians Schulter: »Ach lass doch. Sie wird's überleben.« Natürlich will Lotta auch von dem Käsekuchen kosten, den sich Christian aufgetan hat. »Mmhh. Mmhh.« So, das war er also – Lottas erster Kontakt mit Süßem. Früher als eigentlich geplant ... aber Lotta fand's klasse und irgendwann musste es ja sein!

Schlafen – gibt es noch Hoffnung?

»Schläft es schon durch?« Wer kennt diese Frage nicht. Das Durch- wie auch das Einschlafen zählen meist auch bei knapp einjährigen Kindern nicht zu den Stärken.

Seitdem ich Kinder habe ist es mir ein Rätsel, wie ich jemals freiwillig Nächte durchmachen konnte. Wann schlafen Eltern von Einjährigen schon mal 6 Stunden am Stück durch? Ohne Zweifel, das 1. Jahr ist für die meisten Eltern hart. Auch wenn ich Ihnen versichern kann, dass es besser wird – richtig stabil schlafen viele Kinder erst mit 3 Jahren. Gründe dafür gibt es viele – einer ist natürlich der unreife Schlaf. Am Ende des 1. Lebensjahres zu erwarten, dass das Kind durchschläft, ist daher ziemlich verwegen. Aber die meisten tun es trotzdem (die Hoffnung stirbt zuletzt), machen sich damit allerdings riesigen Stress und die Enttäuschung ist vorprogrammiert. Was heißt »Durchschlafen« überhaupt? Da gibt es ganz unterschiedliche Meinungen. Schlafexperten sagen, Durchschlafen ist, wenn ein Baby 5 bis 6 Stunden am Stück schläft. Und tatsächlich – für viele Eltern ist dies bereits wie der Himmel auf Erden. Andere wiederum empfinden es als Zumutung, wenn ihr Kind schon nach 6 Stunden wieder aufwacht.

Was ist Durchschlafen? Ist es realistisch, dass Ihr Kleines dieses »Ziel« in naher Zukunft erreicht? Während das eine Kind ohne weiteres nach 4 Monaten durchschläft, wacht ein anderes im Alter von 2 Jahren immer noch drei- bis viermal die Nacht auf – und das obwohl seine Eltern alles brav beachten, was das Durchschlafen unterstützt. Jedes Kind tickt eben ein wenig anders. Einigen Kindern fällt wiederum das Einschlafen besonders schwer. Nach einem ereignisreichen Tag einfach mal so abzuschalten, ist nicht einfach. Da braucht es Methoden zum Runterkommen – oder die gesamte Familie geht geschlossen zum mediterranen Lebensstil über.

Wo war noch mal der Abschalteknopf?

Vielen Menschen fällt es schwer, abends zur Ruhe zu kommen und sich auf den Schlaf einzulassen. Das gilt auch für Kinder. Die drehen sogar am Abend gerne noch mal

Kleine Nachteulen

Wer nicht müde ist, kann auch nicht schlafen – das ist klar. Wie viele Erwachsene sind auch viele Kinder sogenannte »Eulen«, d. h. Nachtmenschen. Eulen sind abends nicht müde und wollen nicht schlafen gehen. Dafür fällt ihnen das Aufstehen am Morgen schwer. Dieser persönliche Schlaf-Wach-Rhythmus folgt einer Art inneren Uhr und die kann man nicht ohne weiteres manipulieren. Wollen Sie aber doch an dem Rhythmus Ihres Kindes drehen und seine Schlafenszeit vorverlegen, so müssen Sie es geduldig Tag für Tag 10 Minuten früher ins Bett bringen und gleichzeitig Tag für Tag 10 Minuten früher wecken – denn auch der Schlafbedarf ist ja eine feste Größe. Oft ist das ein eher mühsames und langwieriges Unterfangen. Spätestens zum Schulanfang, wenn tatsächlich frühes Aufstehen angesagt ist und man sich tagsüber nicht mehr einfach mal hinlegen kann, müssen sich Eulen an frühere Schlafenszeiten gewöhnen.

richtig auf. Hat man dann als Eltern das Ziel vor Augen, dass das Kleine spätestens um 21 Uhr schläft, wird's in der Regel anstrengend. Je nach Kind können am Ende mitunter 2, 3 Stunden vergehen, bis man vom Entschluss »Jetzt leiten wir das Zubettgehen ein« beim Ziel »friedlich schlafendes Kind« angelangt ist. Das ist alles andere als lustig – in der Regel liegen nach so einem Einschlafmarathon die Nerven blank und der Feierabend ist verdorben. Und da die Suche nach dem Abschalteknopf ja leider vergeblich ist, kommen viele Eltern früher oder später zu dem Schluss: »So geht's nicht weiter. Das Kind muss lernen, alleine einzuschlafen!«

Die meisten Kinder schlafen aber nicht gerne ohne Beistand oder intensive Begleitung ein und die Kinder, die sich mit dem Einschlafen schwertun, schon gar nicht. Natürlich muss man sich auch immer die Frage stellen, warum das Kind so schwer einschlafen kann. Ist es todmüde, aber überdreht oder ist es zur Schlafenszeit schlicht und ergreifend noch hellwach?

Eltern machen sich langsam unsichtbar
Aber was machen Sie mit Ihrer knapp einjährigen Eule, wenn Sie keine Lust haben, in einem langwierigen Prozess ihren Schlaf-Wach-Rhythmus zu beeinflussen? Ihr beibringen, dass sie sich ab 20 Uhr alleine beschäftigt? Einige Kinder können das sogar, aber die meisten Kinder sind zumindest in diesem Alter (und meist auch noch darüber hinaus) nicht begeistert davon, abends einsam im Bett zu warten, bis sie der Schlaf überkommt. Zumal ja auch die Trennungsangst ihren Teil dazu beiträgt, dass die Kinder sich ungern alleine in einem Zimmer aufhalten. Sie können es natürlich mit einer sanften Gewöhnung probieren. Einige Eltern gewöhnen ihr Kind über mehrere Tage bzw. Wochen hinweg an das »alleine im Bett liegen«, in dem sie jeden Abend ein Stück mehr

räumliche Distanz zu ihrem Kind herstellen. Sitzen sie zunächst noch direkt an ihrem Bett und halten Händchen, wird als Erstes der Körperkontakt reduziert, um dann kontinuierlich Abend für Abend mit dem Stuhl ein paar Zentimeter weiter wegzurücken. Wird es dem Kind zu blöd und es beschwert sich, wird zunächst probiert, es mit Worten zu beruhigen, und wenn das nicht hilft, mit Körperkontakt. Irgendwann sitzt man jedenfalls vor der offenen Tür und bald ist man gar nicht mehr zu sehen. Im Idealfall hat sich das Kind daran gewöhnt, dass Mama oder Papa es nicht aktiv bespielen, aber dennoch bei Bedarf zur Stelle sind.

Klappt das nicht so gut, ist es vielleicht noch einen Versuch wert, das Kind daran zu gewöhnen, dass man zwar anwesend ist, sich aber ab einer bestimmten Zeit mit seinen Dingen beschäftigt, wie z. B. ein Buch liest oder etwas am Computer erledigt.

Mediterraner Lebensstil
Und es geht auch so: Sie halten es mit Ihrer kleinen Eule wie die Südeuropäer oder viele andere Nationen und lassen Ihr Kind so lange auf, bis es müde ist und quasi von alleine einschläft. Dagegen ist nichts einzuwenden, wenn Sie damit leben können, dass die Abende (oder zumindest ein Großteil) nicht mehr nur Ihnen und Ihrem Partner gehören. Ihr Kind kann – solange es nicht in die Schule geht – seinen Schlaf morgens oder tagsüber nachholen.

Zugegebenermaßen lässt sich der mediterrane Lebensstil einfacher pflegen, wenn man in einer Großfamilie lebt. Dort verteilt sich die Kinderbetreuung auf mehreren Schultern und am Abend gibt es außer den Eltern auch noch ältere Geschwister, Cousinen und Cousins, Tanten und Onkel sowie Großeltern, die sich auch um die Kleinen kümmern. In unsern Kleinfamilien machen das ausschließlich die Eltern und das Wohnen in Mehrgenerationenhäusern hat sich noch nicht so durchgesetzt. Und da man am Abend meist noch einiges zu erledigen hat oder einfach nur mal unter Erwachsenen sein möchte, ist der mediterrane Lebensstil mit Kind bei uns meist kein sehr beliebtes oder praktikables Modell.

Müde Schlaf-Verweigerer
Und was ist, wenn Ihr Kind einfach nicht einschläft, obwohl es offensichtlich müde ist? Dann ist an ein selbstständiges Einschlafen sowieso erst einmal nicht zu denken. Es braucht Sie, um sich zu beruhigen und sich zu entspannen. Nur so lernt es, den Schlaf zuzulassen.

Und warum auch ein Schlaftraining (Seite 76) an dieser Stelle nichts nützt bzw. vielmehr schadet – darauf bin ich bereits im zweiten Buchteil ausführlich eingegangen. Sie kommen also hier nicht drumherum, geduldig Abend für Abend Ihren müden Schlaf-Verweigerer zu begleiten und ihn in eine Einschlafstimmung zu versetzen. Am besten ist, Sie wechseln sich mit Ihrem Partner regelmäßig ab. Das schont jedenfalls schon ein mal Ihre Nerven und wirkt sich daher insgesamt auch positiv auf das Einschlafen aus. Vielleicht können Sie jetzt auch, wo Ihr Kind fast 1 Jahr alt ist, das gemeinsame Einschlafritual überdenken und es an die neuen Bedürfnisse und Fähigkeiten Ihres Kindes anpassen. Mit einigen Kindern kann man in dem Alter schon ein kleines Bilderbuch anschauen. Oder Sie erzählen Ihrem Kind gebetsmühlenartig, wer schon alles tief und fest schläft: die Oma, der Opa, das Kuscheltier X und das Kuscheltier Y etc.

Sorte »nachtaktiv«

Da darf man sich nichts vormachen – die meisten Babys wachen mehrmals in der Nacht auf. Und das auch noch mit knapp 1 Jahr. Stellen Sie sich also einfach darauf ein, weiterhin geweckt zu werden. Wenn Ihr Kind tatsächlich schon durchschläft oder zumindest nahezu, können Sie sich glücklich schätzen. Wenn nicht, versuchen Sie die ganze Sache mit dem Durchschlafen möglichst so zu nehmen, wie sie ist, und gestehen Sie Ihrem Kind zu, dass sein Schlaf noch nicht so funktioniert wie bei einem Erwachsenen. Die wenigsten Kinder werden als »gute Schläfer« geboren – sie entwickeln sich mit viel Liebe und Geduld dazu und ganz bestimmt nicht mit Zwang oder Druck.

Die schlaflosen Nächte fallen einem tatsächlich ein wenig leichter, wenn man die Erwartungen runterschraubt bzw. sie zurechtrückt – dann ist es nicht ganz so schrecklich, wieder einmal aufstehen zu müssen. Allerdings müssen Sie sich auch nicht in jedem Fall schlicht Ihrem Schicksal ergeben. Manchmal ist es möglich, mit ein paar Maßnahmen die Abstände zwischen den Weckrufen zu vergrößern oder, anders gesagt, die Dauer des zusammenhängenden Schlafes zu erhöhen. Dazu müssen Sie aber erst einmal herausfinden, warum Ihr Kind eigentlich aufwacht. Gründe dafür gibt es viele, aber es ist nicht immer leicht, den richtigen ausfindig zu machen.

Gründe für den nächtlichen Spuk

Was tun Sie, wenn Ihr Kind das vierte Mal in der Nacht nach Ihnen verlangt? Sie selbst sind hundemüde und sollen geduldig und voller Hingabe ein schreiendes Kind beruhigen und wieder zum Schlafen zu bringen? Viele Eltern stellen sich hier die Frage, ob das richtig ist, was sie da nachts veranstalten. Manche Eltern gehen schlichtweg auf dem Zahnfleisch, besonders wenn beide Elternteile arbeiten. Lasse ich meinem Kind womöglich zu viel durchgehen? Im Folgenden können Sie sich ein Bild davon machen, was ein knapp einjähriges Kind dazu bewegt, nachts nicht zu schlafen, und Sie bekommen ein paar Anregungen, wie Sie damit umgehen können. Aber was auch immer Sie tun – es muss sich für Sie richtig und gut anfühlen.

Hunger

In den ersten Wochen und Monaten wachen Babys meistens auf, weil sie Hunger haben. Sie brauchen nicht nur tagsüber Energiezufuhr, sondern auch nachts. Steuern sie dann auf ihren 1. Geburtstag zu, sind die nächtlichen Kalorien nicht mehr erforderlich. Trotzdem kann es sein, dass Ihr Kind nachts Hunger empfindet, wenn es den Tag über nicht genug gegessen hat. Versuchen Sie Ihrem Kind die Mahlzeiten am Tage schmackhaft zu machen – natürlich ohne Zwang – und gleichzeitig die nächtliche Kalorienzufuhr zu reduzieren, indem Sie seltener stillen bzw. Fläschchen geben.

Nähe

Viele Kinder haben nachts ein ausgeprägtes Bedürfnis nach Nähe. Wenn diese Kinder in einem eigenen Bett schlafen oder sogar in einem eigenen Raum, verspüren sie, kaum sind sie wach, augenblicklich das große Bedürfnis, bei ihren Eltern zu sein. Sobald sie die Nähe ihrer Eltern spüren, schlafen sie zufrieden weiter. Hier kann das gemeinsame Schlafen für ruhige Nächte sorgen. Sie können, ohne aufstehen zu müssen, einfach ein paar Worte murmeln, über das Köpfchen streicheln und es ist wieder Ruhe.

Zähne oder Erkältung

Auch große Babys bekommen noch Zähne und die können sich auch mal nachts unangenehm bemerkbar machen. Gegen Zahnungsbeschwerden werden viele verschiedene Produkte angeboten: Bernsteinketten, Globuli, Gel zum Auftragen auf die Zahnleisten usw. Jeder schwört da auf was anderes.

Aber auch Erkältungen plagen die Kinder nachts – in der Regel sogar weitaus mehr als tagsüber. Nichts ist für die Kleinen schlimmer, als nicht durch die Nase atmen zu können. Aber auch die nächtlichen Hustenanfälle haben es in sich und lassen sowohl Kinder als ihre Eltern nur schwer zum Schlafen kommen. Und ob Sie die Erkältungssymptome nun mit Nasentropfen, Nasenduschen, Zwiebelluft oder Thymiansalbe bekämpfen: Allzu große Behandlungserfolge gegen Erkältungen wie auch gegen Zahnungsbeschwerden dürfen Sie nicht erwarten. Die beste Symptomlinderung ist immer noch Ihr nächtlicher Beistand.

Entwicklung

Werden Kinder mobil und entwickeln sich ihre geistigen Fähigkeiten sichtlich, dann wirkt sich das auch auf den Schlaf aus. Viele Babys üben im Schlaf bestimmte Bewegungsabläufe oder »verdauen« das Erlebte. Das fördert nicht gerade den ruhigen Schlaf. Und leider kann man dagegen auch nicht viel unternehmen. Selbst Wachstumsschübe können sich nachts bemerkbar machen.

Gewohnheiten

Auch Babys haben ihre Gewohnheiten. Ganz besonders nachts. Wachen sie auf, wollen sie so beruhigt werden, wie sie es kennen, wie es sich vertraut anfühlt. Die einen wollen gestillt oder herumgetragen werden, andere verlangen ihr Fläschchen, ein Schlaflied oder einfach ihren Schnuller.

Dass Mütter zeitweise ihre Kinder die ganze Nacht dauerstillen oder Väter ihre Kinder im Stundentakt durch die Wohnung tragen, ist dabei keine Seltenheit – auch wenn die Kleinen schon fast 1 Jahr alt sind. Diese Kinder haben sich daran gewöhnt, auf eine bestimmte Art und Weise beruhigt zu werden, und das fordern sie jedes Mal ein, wenn sie auch nur im Ansatz aufwachen. Beim besten Willen geht da den meisten Müttern bzw. Eltern irgendwann die Puste aus. Wenn es Ihnen so oder ähnlich ergeht, haben Sie wahrscheinlich nicht erst einmal darüber nachgedacht, wie sie aus dieser Nummer wieder rauskommen. Ihrem Kind einfach die gewohnte »Beruhigungspille« nehmen?

Wenn Ihnen die Puste ausgeht

Entscheidend ist Ihre Verfassung. Wenn Sie einfach nicht mehr können, womöglich wieder in den Job zurückgekehrt sind und tagsüber nur noch körperlich anwesend sind – dann ist die Zeit gekommen, etwas zu ändern. Genervte und deprimierte Eltern tun Kindern nicht gut. Einem fast einjährigen Kind kann man zumuten, dass es nachts nicht mehr ständig durch die Wohnung getragen wird. Es muss auch nicht mehr pausenlos an der Brust nuckeln, wenn das die Energien der Mutter zunehmend auffrisst – solange es nicht auf die Nähe seiner Eltern verzichten muss.

Allerdings ist es nicht ohne, eine Gewohnheit aufgeben zu müssen. Ihre hundertprozentige Präsenz und Ihr liebevoller Beistand sind in dieser Situation gefragt. Ihr Kind soll sich nicht im Stich gelassen fühlen. Und achten Sie darauf, dass Ihr Baby wirklich gesund ist, bevor Sie mit dem »Entzug« beginnen –

wenn man krank ist, fällt eine Umstellung doppelt und dreifach schwer.

Sie können davon ausgehen, dass es 2 bis 4 Tage braucht, bis Ihr Kind akzeptiert hat, dass es nicht mehr den gewohnten Service von Ihnen bekommt – natürlich nur dann, wenn Sie konsequent bleiben. Eine Erfolgsgarantie gibt es allerdings nicht. Grundsätzlich muss man selbst nach gelungener Entwöhnung (Brust geben, rumtragen etc.) auch immer wieder mit Rückfällen rechnen, wenn Kinder krank werden und vehement alte Gewohnheiten einfordern. So ist es eben!

Gut gebettet ist halb gewonnen

Vielleicht können Sie auch die Rahmenbedingungen Ihrer Schlafsituation optimieren. Vielleicht fällt Ihnen ja spontan etwas ein, was Sie an Ihrer aktuellen Schlafsituation ändern können, damit die Nächte angenehmer werden? Etwas, das Ihnen dabei hilft, die Nächte zu überstehen. Womöglich reicht eine kleine Veränderung schon aus und Ihr Baby schläft besser?

Ich weiß noch, wie lange ich hingenommen habe, dass der Babybalkon unserer Tochter Clara nicht auf gleicher Höhe mit unserem Bett war, sondern einige Zentimeter tiefer. Nach dem Stillen musste ich sie immer in ihr Bett heben, sonst bestand die Gefahr, dass sie, wenn sie sich dreht, in ihr Bett kullert und dabei aufwacht. Aber auch das Umbetten klappte oft genug nicht und sie war wach. Mit vier neuen Bohrlöchern waren unsere Betten auf einer Ebene und das Problem war innerhalb einer halben Stunde beseitigt. Oft genug wissen wir ziemlich genau, was wir tun könnten, um die Schlafsituation zu verbessern – aber wir machen es nicht.

Aus Bequemlichkeit (Betten umstellen – oh nee, nicht jetzt), aus Sorge (meinen Mann in die Nachtdienste einbeziehen – kann ich ihm das zumuten bzw. kann ich das meinem Kind antun) oder aus Prinzip (die Kleine in unserem Bett schlafen lassen – kommt nicht in Frage). Es lohnt sich auf jeden Fall, Ihr aktuelles »Schlafkonzept« zu überdenken und da, wo Sie Optimierungspotenzial sehen, anzupacken. Im Nachhinein werden Sie sich fragen, warum Sie das nicht schon viel früher getan haben.

Ein echtes Team?

Sind Sie und Ihr Partner in Sachen Nachtdienst ein echtes Team? Oder fallen Ihnen da spontan ein paar Dinge ein, die Ihr Partner ruhig auch mal übernehmen könnte – aufstehen, wenn Ihr Kind weint, Fläschchen machen, morgens um fünf den Frühdienst antreten etc. Oft meistert ein Elternteil – sind wir mal ehrlich, meistens die Mütter – den Großteil der nächtlichen Betreuung allein. Häufig wollen das die Mütter erst einmal so – schließlich ist das Stillen Frauensache. Das geht eine ganze Weile gut. Bis irgendwann die Unzufriedenheit einsetzt – meist dann, wenn durch den monatelangen Schlafentzug die körperliche und psychische Erschöpfung nicht mehr auszuhalten ist.

Wenn die Nachtdienste auf die Psyche schlagen

Allerspätestens jetzt ist es Zeit, sich den Nachtdienst aufzuteilen oder sonst einen Ausgleich zu vereinbaren. Sie fragen sich vielleicht, was das konkret mit dem Durchschlafen Ihres Kindes zu tun hat. Alles, was zu Ihrer Entspannung beiträgt, wird auch Ihr Kind entspannen und somit zu einer ruhigeren Nacht führen. Sprechen Sie also miteinander und teilen Sie sich die Nacht, den

Abend, den Morgen auf. Wie Sie das konkret machen, hängt von Ihren individuellen Vorlieben und von Ihren Lebensumständen ab. Als Morgenmuffel werden Sie sich nicht um den Frühdienst reißen, sondern lieber die erste Nachthälfte übernehmen und wenn Sie voll berufstätig sind, kommt vielleicht nur ein Dienst am Wochenende in Frage. Das müssen Sie gemeinsam herausfinden. Varianten gibt es auf jeden Fall viele. Es soll z. B. Männer geben, die Ihrer Frau nachts das Kind zum Stillen reichen – unglaublich! Die Erfahrung sagt, dass es Sinn macht, relativ feste Regeln einzuführen, was die Dienste angeht. Sonst bröckeln die guten Vorsätze ziemlich schnell und die Last hängt dann doch wieder an Muttern.

Sind Sie alleinerziehend, ist es natürlich nicht so leicht, für Entlastung zu sorgen.

Schlafen – gibt es noch Hoffnung?

Vielleicht haben Sie aber die Möglichkeit, Vertraute (Freunde, Eltern) einzubeziehen, so dass Sie zumindest mit einer gewissen Regelmäßigkeit zu ein paar zusammenhängenden Stunden Schlaf kommen.

Glauben Sie mir: Wenn Sie sich in regelmäßigen Abständen ein gutes Stück Schlaf organisieren, dann nehmen Sie spürbar den Druck aus dem Thema »Durchschlafen« raus.

Es wird Ihnen um einiges leichter fallen, die Zeit, bis Ihr Kind wirklich durchschläft, durchzuhalten.

Um konkrete Ursachen für den unruhigen Schlaf und damit Ansatzpunkte für Veränderungen ausfindig zu machen, kann es auch hier wieder sinnvoll sein, ein Schlafprotokoll zu führen. Eine Vorlage für das Schlafprotokoll finden Sie unten.

Lotta hat einen Rückfall

Lotta entwickelt sich prächtig und ist tagsüber bestens gelaunt – nur die Nächte mit ihr bringen Katrin um den Verstand. Dabei lief auch nachts alles so gut!

Als Lotta 10 Monate alt war, stillte Katrin sie nur noch einmal morgens, einmal abends und einmal in der Nacht. Diese eine nächtliche Stillmahlzeit nahm Lotta meist so gegen zwei Uhr zu sich und schlief dann wieder friedlich ein. Sonst wachte Lotta kaum mehr nachts auf. Katrin war überglücklich, dass das langsame Abstillen so gut lief. So ungefähr zu Lottas 1. Geburtstag wollte Katrin das Stillen dann ganz auslaufen lassen. So war der Plan.

Und dann kam der Virus

Doch dann machte ein gemeiner Magen-Darm-Infekt Katrin einen Strich durch die Rechnung. Lotta wurde richtig krank, übergab sich mehrmals täglich und hatte starken Durchfall, und das über 5 Tage hinweg. Das Einzige, was sie in der Zeit noch zu sich nahm, war Milch. Und zwar von der Brust. Katrin und Christian waren heilfroh, dass Katrin noch stillte und Lotta auf diese Weise sowohl Flüssigkeit als auch gesunde Nahrung zu sich nahm. Weil Lotta aber so viel an der Brust saugte – Tag und Nacht –, kam Katrins Milchproduktion wieder ordentlich in Gang. Als das Virus dann überstanden war, wollte Lotta dann auch nicht mehr so richtig auf ihre Milchmahlzeiten zwischendurch verzichten. Blöderweise vor allem nicht nachts. Lotta wacht seitdem nachts ständig auf und verlangt nach der Brust. Wenn Katrin sie nicht gleich herausrücken will, schreit Lotta so lange, bis Katrin ihren Widerstand aufgibt. Sie trinkt dann einige Schlückchen und nuckelt dann so lange weiter, bis sie wieder eingeschlafen ist. Versucht Katrin zu schnell, ihr die Brustwarze wieder zu entziehen, wacht sie sofort wieder auf und protestiert.

Bedürfnis oder Gewohnheit?

Das geht nun schon seit 3 Wochen so und Lotta wird in 2 Wochen 1 Jahr alt. Bis dahin wollte Katrin eigentlich abgestillt habe. Nun ist sie so weit davon entfernt wie noch nie. Und das ist ja noch nicht mal das Schlimmste – ob einen Monat länger oder kürzer stillen, ist Katrin im Grunde egal. Sie ist einfach vollkommen fertig von diesem nächtlichen Dauerstillen und tagsüber so fertig, dass sie kaum den Alltag bewältigt bekommt. Alles hängt an ihr und nicht einmal Christian kann ihr da helfen. Katrin ist sich total unsicher, ob

Lotta dieses nächtliche Stillen gerade braucht oder ob sie sich einfach durch die Krankheit daran gewöhnt hat.

Zeit für neue Gewohnheiten

Sie entschließt sich, ihre Hebamme Susanne anzurufen. Die hat sie schon seit Monaten nicht mehr kontaktiert, aber Katrin weiß einfach nicht, was sie sonst machen soll. Katrin schildert Susanne am Telefon die Situation. Susanne hört aufmerksam zu und sagt dann: »Was fest steht, ist, dass Lotta dich bzw. Christian gerade nachts braucht. Aber mit ihren fast 12 Monaten braucht sie nicht mehr unbedingt deine Brust. Und dich macht das Dauerstillen in der Nacht gerade total fertig – das musst du nicht aushalten.« Katrin fühlt sich schon jetzt ein Stück weit erleichtert. »Und was mache ich jetzt am besten?« Susanne erwidert: »Lotta muss lernen, dass du und Christian sie auch auf andere Art und Weise beruhigen könnt. Am besten ist wahrscheinlich, wenn du sie nachts gar nicht mehr stillst. Dann ist es ganz klar – für dich und für Lotta. Sie wird 2, 3 Nächte viel Trost brauchen, aber sie spürt, dass ihr für sie da seid, und sie wird es akzeptieren.«

Nach dem Gespräch mit Susanne steht Katrins Entschluss fest. Ab dem Wochenende wird sie nachts nicht mehr stillen. Die erste Nacht protestiert Lotta, die zweite Nacht schon weniger, in der dritten kaum noch. Katrin und Christian stehen Lotta im Wechsel bei. Und in der vierten Nacht? Da wacht Lotta nur noch zweimal auf und schläft nach ein paar Streicheleinheiten schnell wieder ein.

Der Radius vergrößert sich

Ab jetzt ist erhöhte Alarmbereitschaft angesagt – vor knapp einjährigen Kindern ist einfach nichts mehr wirklich sicher. Einige klettern sogar, wenn's sein muss.

Naht der 1. Geburtstag, sind die Kinder meist schon sehr gut in der Lage, sich dorthin zu bewegen, wo es ihrer Meinung nach spannend sein könnte. Allerdings nicht unbedingt zu Fuß. Mit 1 Jahr laufen erst rund 50 % der Kleinen. Die anderen krabbeln oder bewegen sich auf andere kreative Art und Weise fort. Es gibt diejenigen mit stark ausgeprägtem Bewegungsdrang und besonders großer Neugier – die kann nichts mehr halten. Wenn diese Neugier auf Mobilität trifft, kann man sich schon ungefähr vorstellen, was alles möglich ist. Sie klettern auf alles Mögliche rauf und balancieren halsbrecherisch auf der Sitzfläche des Hochstuhls – einfach aus Spaß an der Bewegung und weil sie so auf Augenhöhe mit dem bunten Zettel sind, der an der Kühlschranktür klebt. Andere Kinder wiederum sind weniger wuselig und sitzen auch mal ein Weilchen auf der Spieldecke und beschäftigen sich mit einer Sache.

So oder so – das Hauptspielzeug Ihres Kindes ist der Raum, in dem Sie mit ihm leben, mit all seinen Mitbewohnern und Gegenständen. Und da Ihr Kind inzwischen an die unmöglichsten Stellen herankommt, ist es spätestens jetzt so weit, dass Sie Ihre Wohnung umgestalten bzw. umrüsten. Ihr Kind sollte sich möglichst frei bewegen können, ohne dass Sie es ständig von der neuen Medienanlage abhalten müssen und natürlich ohne dass ihm etwas Ernsthaftes zustoßen kann.

Weiter, schneller, höher

Sorgen Sie sich, dass Ihr Kind noch nicht krabbelt oder noch keine Anstalten macht, sich in irgendeiner Form aufzurichten? Wenn ja, dann sind Sie in guter Gesellschaft. Sehr viele Eltern machen sich Gedanken darüber, dass ihr Kind noch nicht das macht, was andere Kinder in dem Alter typischerweise tun. Doch die Vergleiche mit den anderen sind sinnlos. Man kann es nicht oft genug wiederholen: Jedes Kind ist anders und entwickelt sich in einem anderen Tempo.

vom Fleck. Seitdem baut es von Tag zu Tag seine Fähigkeit zur Fortbewegung aus. Vielleicht robbt es mittlerweile oder es krabbelt. Wahrscheinlich setzt es sich auch schon selbstständig auf. Das tun die meisten Kinder so um den 8. Lebensmonat herum. Vielleicht zieht es sich auch schon an Möbeln hoch und geht an ihnen entlang. Es kann auch sein, dass sich Ihr Kind bereits frei aufrichtet und für ein paar Sekunden das Gleichgewicht hält, bis es sich wieder auf den Hosenboden fallen lässt. Oder es steht schon so sicher, dass es aus dem Stand in die Knie gehen kann, um etwas vom Boden aufzuheben. Es ist aber auch möglich, dass Ihr Kind bereits seine ersten Schritte getan hat oder sogar schon ziemlich sicher läuft – wenn auch eher breitbeinig und mit kleinen Tippelschritten. Das alles ist drin im Alter zwischen 8 und 12 Monaten – und all das ist normal.

Heute geht man sogar nicht mal mehr davon aus, dass es so etwas wie eine lineare motorische Entwicklung gibt. Also auf X folgt Y. Bei mindestens jedem 10. Kind verläuft die Entwicklung der Fortbewegung nicht nach dem klassischen Ablauf: Drehen, Kreisrutschen, Robben, Kriechen, Vierfüßlergang, Aufstehen und Laufen. Einige Kinder lassen bestimmte Stadien schlicht aus oder sie erfinden ganz eigene Mittel der Fortbewegung, die nicht zum Standard gehören, wie z. B. Rollen, Schlangenbewegen oder das Rutschen auf dem Allerwertesten. Wichtig ist, dass sich ein Kind fortbewegt – wie es das tut oder ob das ein wenig früher oder später passiert, ist erst einmal egal. Sie können sich daher getrost zurücklehnen und ihrem Kind ganz entspannt dabei zusehen, wie es von selbst den aufrechten Gang für sich erobert.

Hauptsache, mobil
Seitdem sich Ihr Kind das erste Mal gedreht hat, ist wahrscheinlich schon ein Weilchen vergangen. Das war seine erste Bewegung

Üben, üben, üben. Wie gesagt, die Hälfte der Kinder läuft mit 12 Monaten noch nicht. Sie üben es aber kräftig. Sie hangeln sich am Sofa entlang, richten sich an Stühlen auf und schieben sie, zur Freude der Nachbarn, durch die ganze Wohnung oder sie schnappen sich die Hand ihrer Eltern, laufen hin und her und freuen sich. Schuhe brauchen Kinder nicht, solange sie noch nicht selbstständig laufen können. Selbst wenn sie schon laufen, genügen für die Anfangszeit noch weiche Lederpuschen oder Stoppersocken, mit denen man nicht ausrutschen kann. Für Spaziergänge an der frischen Luft können Sie Ihrem Kind weiche Lauflernschuhe besorgen.

Aber solange sie noch nicht laufen können, fühlen sich die Kleinen auf dem Boden sehr wohl. Je nachdem wie sie sich dort fortbewegen, gelingt es ihnen oft, ein rasantes Tempo aufzunehmen. Und sie kommen im

> ## U6: die sechste Vorsorgeuntersuchung
>
> Kurz bevor Ihr Kind 1 Jahr alt wird, in der Regel zwischen dem 10. und 12. Lebensmonat, steht die U6 an, die sogenannte Einjahresuntersuchung. Zunächst wird, wie bei den anderen U-Untersuchungen auch, mit der Messung von Gewicht, Größe und Kopfumfang gestartet. Dann untersucht die Kinderärztin die Beweglichkeit und Körperbeherrschung Ihres Kindes. Sie schaut z. B., ob Ihr Kind schon mit gestreckten Beinen und geradem Rücken frei sitzen oder auch schon alleine stehen und sich dabei festhalten kann. Außerdem prüft sie die Organfunktionen und die Reflexe. Sie untersucht die Haut, das Skelett- und Nervensystem, die Herzfunktion, die Atmung und die Reaktionsfähigkeit. Sie kontrolliert, ob Ihr Kind sich einer Geräuschquelle zuwendet, und prüft sein Sehvermögen. Oft werden die Kinder von Brillenträgern auch an einen Augenarzt überwiesen, um eine Sehstörung auszuschließen. Die Kinderärztin schaut sich auch die Sprachentwicklung Ihres Kindes an und achtet z. B. darauf, ob es schon bewusst Laute formt.
>
> Falls Ihr Kind schon ein paar Zähnchen hat, wird die Kinderärztin diese begutachten und Sie zur Kariesvorbeugung beraten. Je nachdem welche Impfungen Ihr Kind bisher erhalten hat, wird sie die Grundimpfungen vervollständigen oder erste Auffrischungsimpfungen verabreichen. Es kann jetzt auch die erste MMR-Impfung (Mumps, Masern, Röteln) sowie eine Impfung gegen Windpocken erfolgen.

Grunde, auch ohne laufen zu können, überallhin, wohin sie wollen. Der einzige Nachteil ist, dass ihnen ihre Hände, während sie von A nach B düsen, nicht zur Verfügung stehen.

Spielzeug Nr. 1: die Wohnung

So langsam erhalten Sie einen Vorgeschmack von dem, was Sie in den nächsten Jahren erwartet: Chaos in den eigenen vier Wänden. Vielleicht räumt Ihr Kind bereits fleißig Regale, Schränke und Kommoden aus. Spätestens dann, wenn Ihr Kind sicher läuft, wird nichts mehr dort sein, wo es eigentlich hingehört – solange Sie Ihr Kind auch nur ein Weilchen wirken lassen. Viel Zeit brauchen Kinder nicht, um eine Wohnung ordentlich auf den Kopf zu stellen. Dinge, die nicht niet- und nagelfest ist, werden herausgezogen, an andere Orte verschleppt und entweder irgendwo anders wieder eingeräumt oder weiträumig auf dem Boden verteilt.

Es wird aber nicht nur permanent umgeräumt, sondern es werden auch die Funktionsweisen von Schaltern, Türen und elektronischen Geräten erforscht (z. B. Licht an Licht aus, Tür zu Tür auf, Stereoanlage an und aus, laut leise usw.) und die unterschiedlichen Nutzungsmöglichkeiten von Gebrauchsgegenständen untersucht. (Wie hört es sich an, wenn man mit dem Deckel auf den Topf haut, wie wenn man das mit Kochlöffel, Schneebesen oder der Plastikflasche macht?)

Unermessliche Möglichkeiten. In so einer Wohnung gibt es jede Menge zu tun – Sie bietet Ihrem Kind unermessliche Möglichkeiten, die Natur und die Funktion der Dinge zu erkunden. In diesem Alter können da Spielzeuge kaum mithalten. Damit sich Ihr Kind in der Wohnung aber auch relativ frei bewegen und seinem Forscherdrang nachgehen kann, müssen Sie wahrscheinlich einiges umgestalten. Zur Schonung Ihrer Nerven und natürlich vor allem zum Schutze Ihres Kindes.

Eine Wohnung für Groß und Klein

Bis vor kurzem war es Ihre Wohnung, in der Sie gelebt haben. Sie haben sie nach Ihrem Geschmack und Ihren Bedürfnissen eingerichtet und es hing ausschließlich von Ihnen (und Ihrem Partner) ab, in welchem Zustand sie sich befand – aufgeräumt oder unordentlich, sauber oder staubig, funktionsfähig oder teilweise nicht funktionierend. Die Situation ist jetzt eine vollkommen andere. Nun wohnt auch ein Kind in der Wohnung. Es nimmt zunehmend Raum ein, benutzt ihn und gestaltet ihn mit. Ihr Kind ist kein Besuch, der sich ganz und gar mit den Gegebenheiten in Ihrem Zuhause abzufinden hat. Es hat ein Recht darauf, dass die Wohnung auch seinen Bedürfnissen gerecht wird. Damit es sich darin wohl und zu Hause fühlen kann.

Oft ist es ein Prozess, während dessen sich Eltern daran gewöhnen müssen, dass nun ein Wesen mit komplett anderen Wohnbedürfnissen das Zuhause mit ihnen teilt. Dieser Umstand ist nicht immer leicht zu akzeptieren und braucht Zeit. Ein schönes Kinderzimmer ist schnell hergerichtet und das macht vielen Eltern auch richtig Spaß. Nur das ist hier nicht gemeint. Kinder halten sich die ersten 5, 6, 7 Jahre am wenigsten in ihrem Kinderzimmer auf. Sie wohnen überall da, wo sich ihre Eltern aufhalten.

Das heißt im Wohnzimmer, in der Küche, im Bad, im Schlafzimmer. Und auch in diesen Räumen sollten sich Kinder wie Kinder benehmen dürfen – ohne, dass sie ständig von etwas abgehalten werden müssen, aus Sorge, dass sie etwas kaputt (oder dreckig) machen oder sich verletzen.

Bye-bye, Designersofa!
Doch wie soll man die Wohnung einfach mal so umgestalten, wenn man ein weißes Sofa hat, einen empfindlichen Glastisch, eine antike Lampe und die modernste Medienanlage – und all das quasi auf Augenhöhe mit dem Kind? Ist dann vielleicht doch das Laufgitter die Lösung?

Ein Laufgitter oder eine Gittertür im Türrahmen sind nicht per se schlecht. Sie bieten die Möglichkeit sein Kind kurzfristig zu »parken« – wenn nötig. Vielleicht, weil wir dringend eine E-Mail schreiben müssen und daher gerade nicht darauf aufpassen können, dass unser Kleines bei seiner Sofaakrobatik keinen Absturz erleidet. Oder wir befinden uns mitten in der heißen Phase beim Kochen, wo unsere volle Aufmerksamkeit gefordert ist und alles schnell gehen muss. Auch da reduziert es den Stress erheblich, wenn man seine Augen nicht gleichzeitig im Kochtopf und an der Stehlampe haben muss, die unser Kind gerade als Aufrichthilfe nutzen möchte. Aber Wegsperren taugt selbstverständlich nicht als Dauerlösung. Den Kleinen wird es hinter Gittern bald langweilig und sie fühlen sich zurecht ihrer Freiheit beraubt. Und irgendwann schaffen sie es sowieso, das Gitter zu überwinden.

Am besten wird es tatsächlich sein, wenn Sie alle Gegenstände, die durch das Wirken Ihres Kindes nicht beschädigt bzw. beschmutzt werden sollen, so umstellen oder

Das schnelle Lottchen

Lotta ist mit ihren knapp 12 Monaten wirklich flott unterwegs. Dabei krabbelt sie noch gar nicht so lange. Bis sie 10 Monate alt war, ist sie konsequent gerollt.

Christian und Katrin hatten sich wegen des Rollens schon Sorgen gemacht. Sie hatten noch nie davon gehört, dass sich ein Kind 3 Monate lang durch Rollen fortbewegt. Zum Schluss war Lotta so gut darin, dass sie damit tatsächlich sehr schnell vom Fleck kam und zielsicher dort angelangte, wo sie hinwollte. Die Kinderärztin hatte sie allerdings schon beruhigt und davon erzählt, dass Kinder manchmal ungewöhnliche Techniken anwenden, um von A nach B zu kommen. Es könne sogar sein, dass Lotta das Krabbeln ganz auslassen werde und direkt zum Laufen übergehe.

Fangen spielen

Doch dann fing Lotta doch noch von einem Tag auf den anderen zu krabbeln. Seitdem fegt sie nun noch schneller durch die Wohnung. Besonders toll findet sie es, wenn Christian oder Katrin versuchen, sie zu fangen. Sie schaut dann zunächst immer ganz schelmisch über ihre Schulter und pest anschließend in einem Affenzahn los. Wenn Lotta gefangen wurde, lacht sie sich erst mal schlapp und düst dann wieder ab, um sich erneut fangen zu lassen. Darin hat sie schon richtig Ausdauer!

Treppen steigen

Lotta hat außerdem noch eine andere Leidenschaft: Treppen bzw. Stufen. Lotta liebt es Treppen hoch- und runterzuklettern oder auf Leitern zu steigen. Christian hatte kürzlich eine Leiter aufgestellt, um eine Kiste oben aus dem Regal zu holen. Kaum hatte Lotta die Leiter gesehen, war sie auch schon dabei hochzuklettern. Christian hat aufgepasst und Lotta war mächtig stolz als sie oben angekommen war. Sie musste dann natürlich noch ein paar Mal hoch- und runtersteigen und war mächtig enttäuscht als Christian die Leiter wieder abgebaut hat.

Man kann Lottas Liebe zu Treppen schon fast Sucht nennen. Sobald sich die Wohnungstür öffnet, muss man höllisch aufpassen, dass Lotta nicht rauskrabbelt und sich an die Treppen macht. Sie hat es zwar schon ganz gut raus, dass sie sich umdrehen muss, um die Stufen runterzukommen, aber trotzdem soll Lotta nicht im Hausflur die Treppe hoch- und

runterkrabbeln. Sind Lotta und ihre Eltern draußen unterwegs, besteht Lotta bei jeder kleinen Treppe, die sie sieht, darauf, aus dem Kinderwagen auszusteigen und die Treppe auszuprobieren. Christian und Katrin gehen mit ihr schon extra die Wege, wo es keine Treppen gibt ...

Auf dem Sofa toben

Zu Hause liebt Lotta ganz besonders das Sofa im Wohnzimmer. Da das Sofa recht niedrig ist, schafft sie es schon, allein hochzuklettern. Außerdem zieht sie sich am Sofa immer wieder hoch und hangelt sich an der Kante entlang. Einmal hat sie sich sogar kurz losgelassen – stand also frei –, um den Sofatisch zu erreichen. Da war die Freude groß, als sie das geschafft hatte!

Abends bevor Lotta ins Bett geht, ziehen Katrin und Christian Lotta immer bis auf den Body aus und lassen sie auf dem Sofa rumtoben. Das ist extrem süß, was Lotta da veranstaltet. Sie wirft sich von einer Ecke in die andere, schmeißt sich auf den Rücken und strampelt und lacht dabei richtig frech. Wenn sie dann genug hat, steigt sie vom Sofa runter – auch das kann sie inzwischen sehr gut – und tobt auf dem Boden weiter.

Lauflernwagen an die Wand fahren

Der Lauflernwagen, den Lotta von Oma und Opa zu Weihnachten geschenkt bekommen hat, fristet bisher ein eher langweiliges Dasein. Wenn sich Lotta mal an ihm aufrichtet und ihn durch die Gegend schiebt, dauert das Vergnügen immer nur so lange, bis ein Hindernis auftaucht – also nur sehr kurz. Sie kann ihn nicht wenden und auch nicht mit ihm rückwärts laufen. Sie fängt dann in der Regel recht schnell an frustriert zu weinen, weil es eben nicht weitergeht. Die Esstischstühle schiebt Lotta dagegen sehr gerne herum.

umgestalten, dass sie geschützt sind. Und zwar nicht nur vor seinem Forscherdrang, sondern auch vor seinem alleinigen Dasein. Die Gebrauchsspuren, die Polstermöbel und Teppiche durch verschüttete Getränke, verschmierte und verkrümelte Essensreste und durchaus auch mal durch diverse Ausscheidungen (Pipi, Kacka, Rotz …) auf Dauer davontragen, sind auch nicht zu unterschätzen. Der Aufwand des Umgestaltens und die Einbuße an Ästhetik wiegen bestimmt auf Dauer weniger als der Stress, den Sie damit haben, die ganze Zeit hinter Ihrem Kind her zu sein. Aber wie gesagt, auch da wächst man hinein und wird nach und nach gelassener und kompromissbereiter.

Sicherheit für Extremforscher

In erster Linie geht gar nicht darum, dass Ihre Einrichtung keinen Schaden nimmt, sondern, dass Ihrem Kind in seinem Zuhause nichts Ernsthaftes zustößt. Die Kleinen sind nun einmal sehr umtriebig und kaum haben Sie mal Ihre Aufmerksamkeit kurz woanders, ist Ihr Kind z. B. schon dabei, sich am Bügelbrett mitsamt heißem Bügeleisen hochzuziehen. Man muss bei Kindern in dem Alter wirklich höllisch aufpassen und sich dazu disziplinieren, alles potenziell Gefährliche im Auge zu behalten oder gleich wegzuräumen. Sinnvoll ist es jetzt auch, die Steckdosen mit einer Kindersicherung zu versehen, Regale, die bei Kletterversuchen umfallen könnten, in der Wand zu verankern, Treppen abzusichern und die unteren Etagen von Schränken und Schubladen mit harmlosen Dingen zu bestücken, die von Ihrem Kind aus- und eingeräumt werden dürfen. Auch Kabel sollten, so gut es geht, aus dem Blickfeld Ihres Kindes verschwinden. Ob Sie z. B. auch Tischecken mit einem Eckschutz versehen, das Kochfeld mit einem Schutzgitter ausstatten oder an sämtliche Schränke eine Öffnungssperre anbringen, hängt von Ihrem Sicherheitsbedürfnis ab.

Unfall trotz Sicherheitsvorkehrung
Trotz aller Sicherheitsvorkehrungen kann es passieren, dass Ihr Kind sich ernsthaft verletzt. Das Wichtigste ist dann, so gut es geht die Ruhe zu bewahren. Ein großer Vorteil ist, wenn Sie sich in Erster Hilfe auskennen, am besten sogar einen Erste-Hilfe-Kurs speziell für Kinder besucht haben. Ein Erste-Hilfe-Kasten gehört auf jeden Fall ins Haus.

Ist Ihr Kind gestürzt, hat es sich verbrannt, die Finger eingeklemmt etc., müssen Sie beurteilen, wie bedrohlich Ihr Kind verunglückt ist – reicht es, wenn Sie es erst einmal versorgen und dann mit ihm ins Krankenhaus fahren, oder müssen Sie sofort den Rettungsdienst anrufen (112)? Atmet Ihr Kind normal, ist es bei klarem Bewusstsein und erwarten Sie keine Verschlimmerung (wie z. B. bei einer Vergiftung), dann reicht es in der Regel, Erste Hilfe zu leisten und es dann in ein Krankenhaus zu bringen – am besten mit Begleitung, denn bei der Autofahrt sollte sich jemand um Ihr Kind kümmern können. Es ist auch ratsam, vorab im Krankenhaus anzurufen, da manche Verletzungen nur in bestimmten Krankenhäusern behandelt werden können. Am häufigsten geschehen Stürze. Kinder klettern gerne und fallen dabei auch schon mal auf den Kopf. Falls sich Ihr Kind nach einem Sturz übergibt, sollten Sie es untersuchen lassen. Bei Verdacht auf eine Gehirnerschütterung muss das Kind plus ein Elternteil in der Regel 48 Stunden im Krankenhaus beobachtet werden.

Meist glimpflich. Glücklicherweise wirken die meisten Unfälle schlimmer, als sie tatsächlich sind. Nur sehr wenige Notfälle be-

treffen lebenswichtige Körperfunktionen wie Atmung, Kreislauf und Bewusstsein. Außerdem können Sie tatsächlich die allermeisten Unfälle verhindern, wenn Sie Ihr Zuhause kinderfreundlich umgestaltet haben und bei vorhandenen Gefahrenquellen (Wasser, Feuer, Hitze, Elektrizität etc.) Ihr Kind gut im Blick behalten.

Spaßmacher

Ihr Kind ist nun schon recht mobil, es kann sich hinsetzen und hat dadurch seine Hände für allerlei Experimente und Spiele frei. Es kann kausale Zusammenhänge erkennen – wenn ich den Schalter drücke, geht das Licht an. Mit 1 Jahr haben sich seine Augen nun auch so weit entwickelt, dass Sehschärfe und Tiefenwahrnehmung denen eines Erwachsenen entsprechen – daher werden Gegenstände ganz ausführlich betrachtet. Außerdem gilt schon mit ca. 8 Monaten nicht mehr das Prinzip »Aus den Augen aus dem Sinn«. Ihr Kind weiß mittlerweile sehr wohl, dass ein Gegenstand, der sich gerade noch in seinem Blickfeld befand und nun verschwunden ist, immer noch existiert.

Ausgestattet mit all diesen Fähigkeiten, ist Ihr Kind jetzt imstande, ganz anders zu spielen als noch vor 2 oder 3 Monaten. Es kann nun viel mehr selbst unternehmen und ist weniger von Ihrer Hilfe abhängig. Bei manchen Kindern verbessert sich dadurch eindeutig die Laune. Jetzt können sie selbst bestimmen, wohin es geht und was als Nächstes angepackt wird. Meist haben die Kinder selbst sehr gute Ideen, was sie machen können, und müssen weitaus weniger bespaßt werden. Allerdings spielt kein Kind in diesem Alter gerne dauerhaft allein. Sie erwarten regelmäßig, dass man ihnen bei ihrem Treiben zuschaut. Sie wollen gesehen werden und wünschen sich, dass man die Freude mit ihnen teilt.

Zuschauen ohne Belehrung. Für uns ist es manchmal schwer, nur zuzuschauen und uns zu freuen – ohne zu belehren (Das macht man so), ungefragt zu helfen (Hier passt der Würfel rein) oder zu bewerten (das hast du aber toll, richtig, schön gemacht, das passt da aber nicht drauf). Denn je älter die Kinder werden (d. h., je mehr Fähigkeiten sie entwickeln), desto mehr neigen Erwachsene dazu, sich in ihr Spiel einzumischen, ihnen etwas beibringen zu wollen, ihnen ungefragt Tipps zu geben oder ihnen ohne Not unter die Arme zu greifen.

Die meisten Kinder haben einen großen Drang zur Selbstständigkeit und entwickeln vielfältige Mechanismen, um die Einmischung ihrer Eltern abzuwehren. Sie kennen das sicher, den Wutausbruch Ihres Kindes, wenn Sie sich erlaubt haben, ihm bei etwas zu helfen, obwohl Ihre Hilfe nicht gefragt war. Für ein Kind ist die Erfahrung während des Spiels interessant. Das Endergebnis viel weniger. Für uns ist es meist andersherum. Durch ständiges Einmischen, Belehren und Motivieren untergraben wir die ureigene Motivation unserer Kinder. Lassen wir unsere Kinder also spielen!

Spielen 2.0

Kinder, die schon 1 bzw. fast 1 Jahr alt sind, können also schon einiges mit sich anfangen und brauchen nicht mehr so häufig unsere Hilfe, um die Welt zu erkunden. Wir sind für die Kleinen natürlich immer noch als Spielpartner sehr interessant, aber auch als Vorbild werden wir nun zusehends wichtiger.

Schließlich schauen sich Kinder alles ganz genau an, was wir so treiben, und sie sind sehr gut darin, uns nachzuahmen. Auch die Gesellschaft anderer Kinder finden sie jetzt immer spannender – das gemeinsame Spiel ist allerdings noch sehr rudimentär ausgebildet …

Mit sich

Eine Wohnung mit all ihren Zimmern, Möbeln und Gegenständen ist ein unerschöpfliches Spielparadies für ein fast einjähriges Kind. Jeder Raum will erkundet werden und hat so seine Eigen- und Besonderheiten. Im Schlafzimmer kann man besonders gut die unteren Schubladen des Kleiderschranks ausräumen, auf das Bett hochkrabbeln und in den Decken wühlen. Das Wohnzimmer ist sehr abwechslungsreich, da sich das Sofa dort besonders zum Turnen eignet, die CD-Sammlung und die Bücher aus dem Regal geräumt werden können und die Stühle vom Esstisch sich sehr gut herumschieben lassen. Spaß macht z. B. auch, die ausgeräumten CDs in den Papierkorb zu schmeißen. Äußerst spannend ist auch die Küche! Die Schränke lassen sich dort ebenfalls sehr gut ausräumen und außerdem kann man herrlich laut mit Töpfen und Deckeln klappern. Wenn die Eltern spendabel sind, füllen sie sogar etwas Wasser in einen Topf, das man dann von einem Topf in den anderen schütten kann.

Tolles Klopapier. Auch das Badezimmer ist nicht zu verachten. Obwohl die wirklich spannenden Sachen, wie z. B. die Klobürste oder das Klopapier, oft weggepackt werden. Aber wenn die Kleinen doch mal eine Rolle Klopapier in die Hände bekommen, macht es ihnen riesigen Spaß das Papier aufzurollen und möglichst in kleine Stücke zu zerreißen. Und das Baden in der Badewanne ist sowieso einsame Spitze. Jetzt, wo die Kinder eigenständig sitzen, können sie mit Bechern, Schwämmen und sonstigen Dingen schön im Wasser spielen (natürlich immer unter Aufsicht der Eltern). Schön ist auch, dass sie beim Baden dazu kommen, ihren Körper ausgiebig zu untersuchen. Im Sommer geht das auch öfter, ohne dazu immer baden zu müssen. Richtig gut finden es Kinder, wenn Sie rauskommen an die frische Luft. Jetzt müssen sie auch nicht mehr nur im Kinderwagen rumsitzen. Im Garten können sie auf dem Rasen rumkrabbeln, sich Gräser, Blumen und Käfer genau anschauen. Sie sind jetzt auch bereit für den Sandkasten. Hier können sie die Sandkuchen, die ihre Eltern für sie backen, genüsslich kaputtmachen und zwischendurch immer wieder mal ein bisschen von dem Sand probieren – weil er ja so lecker ist. Toll ist es auch, wenn zum Sand etwas Wasser dazukommt. Matschepampe, also ordentlich Sand mit Wasser mischen, macht einfach allen Kindern Spaß.

Mit uns

Es kommt nun noch mehr Bewegung ins Spiel. Schon vor 2, 3 Monaten fanden die Kleinen es toll, wenn wir mit ihnen Quatsch gemacht haben. Dazu mussten wir sie z. B. in der Luft herumwirbeln, sie im Bett hin- und herkullern oder mit unserem Mund Bauchpupser auf ihrer Haut machen. Das alles kommt immer noch gut an, aber jetzt übernehmen die Kinder einen aktiveren Part. Sie toben schon richtig mit, geben vielleicht auch schon Anweisungen, wie sie es haben wollen, oder machen Dinge nach, die wir zuvor mit ihnen angestellt haben. Auch beim Guckguck-da-Spiel werden die Rollen nun immer wieder getauscht. Nicht nur wir verstecken unser Gesicht und zeigen es dann wieder, sondern auch die Kinder verbergen ihr Gesichtchen hinter ihren Händen oder einer Decke, um es uns mit einem lauten »Da!« wieder zu präsentieren.

Nachahmen. Ihr Kind wird Ihnen jetzt sowieso alles Mögliche nachmachen. Wenn Sie die Blumen gießen, wird es sich bei der nächsten Gelegenheit die Gießkanne schnappen und diese an die Pflanzen halten. Wenn Sie das Essen im Kochtopf rühren, wird sich Ihr Kind auch einen Topf und einen Löffel oder Ähnliches nehmen und damit im Topf rumrühren. Sieht es Sie beim Telefonieren, wird es vielleicht die Fernbedienung greifen und sie sich ans Ohr halten. Dieses Nachahmen von Handlungen ist typisch für das Alter und wird funktionelles Spiel genannt.

Mit anderen Kindern

Nach und nach kommt es auch zu mehr Interaktion, wenn Ihr Kind auf ein anderes trifft. Vor allem etwas größere Kinder finden großen Anklang bei den (knapp) Einjährigen. Die können schon ein bisschen mehr als sie selbst und doch sind sie ihnen ähnlicher als die Erwachsenen. Sie sind also die idealen Vorbilder, um sich etwas abzuschauen. Besonders größere Geschwister sind beliebte Spielpartner der Kleinen. Auch wenn die Großen gerne mal etwas grob zu den Kleinen sind und hin und wieder Tränen fließen, macht das gemeinsame Kebbeln großen Spaß. Selbst Fangen spielen Groß und Klein gerne miteinander. Dafür gehen die Großen auch mal ins Krabbeln über – ist ja sonst ungerecht.

Aber auch Gleichaltrige sind interessante Beobachtungsobjekte. In der Kita, der Spielgruppe oder auf dem Spielplatz schauen sich die Kleinen bei ihren Aktivitäten aufmerksam zu. Dass sie zusammen spielen, kommt in dem Alter eher selten vor. Kämpfe um ein Spielzeug kann es allerdings schon geben.

Wie geht es eigentlich Katrin und Christian?

In zwei Tagen hat Lotta Geburtstag. Sie wird 1 Jahr alt! Das muss gebührend gefeiert werden – darüber sind sich Katrin und Christian einig, über den Rest weniger.

Katrin sitzt am Küchentisch und schreibt eine Liste. Es ist noch so viel zu erledigen – schließlich sind zu diesem besonderen Ereignis alle guten Freunde von Katrin und Christian eingeladen sowie drei Eltern mit ihren Kindern aus dem Pekip-Kurs. Es soll eine richtig schöne Geburtstagsparty werden! Zum Glück hat Lotta am Samstag Geburtstag. Da kann Christian bei den ganzen Vorbereitungen mithelfen. Denn es ist einiges zu tun: Wohnung aufräumen, putzen und dekorieren, einkaufen, Kuchen backen, Essen vorbereiten und, und, und.

Katrins Vorstellung

Christian kommt in die Küche und setzt sich zu Katrin. Lotta hat schon gefrühstückt und räumt gerade vergnügt das Altpapier aus einer Kiste. »Was schreibst du da?« Christian schaut auf Katrins Zettel. »Na, alles, was für Lottas Geburtstagsparty noch zu erledigen ist! Ich wollte dich auch fragen, ob du morgen ein bisschen früher Schluss machen kannst. Dann könntest du nämlich schon mal einen Teil der Einkäufe erledigen und wir hätten am Samstag mehr Zeit für alles andere, was noch zu tun ist. Und morgen Abend dekorieren wir dann auch die Wohnung. Ich bin so froh, dass ich gestern Abend die Wimpelkette noch fertig genäht habe. Ich habe auch superschöne Luftballons gekauft und Luftschlangen. Wir müssten dann die ganzen Luftballons aufpusten, Lottas Geschenk einpacken, und hmm – irgendwas war doch da noch ...«

Christians Vorstellung

»Wollten wir nicht einfach ein paar Freunde einladen und einen Kasten Bier und ein paar Flaschen Sekt kaufen? Von mir aus können wir auch noch einen Kuchen und was Salziges hinstellen, aber ich finde, wir sollten keinen großen Aufwand betreiben. Und morgen machen wir uns erst mal einen schönen Abend.

Ich dachte, dass ich was für uns koche und wir feiern in Lottas Geburtstag hinein. Und weißt du was – jetzt wo du Lotta nicht mehr stillst, dachte ich, könnten wir sie doch ab heute oder morgen in ihr Kinderzimmer umquartieren. Dann hätten wir auch wieder unser Schlafzimmer für uns. Und das sollten wir auch feiern!«

Zwei Sichten stoßen aufeinander

»Das ist jetzt noch nicht mal zwei Wochen her, dass ich abgestillt habe und dass Lotta einigermaßen gut schläft und alles, an was du denkst ist, dass wir Lotta in ihr Zimmer ausquartieren? In anderen Kulturen schlafen die Kinder bis zur Einschulung bei ihren Eltern oder noch länger. Und davon mal ganz abgesehen – was soll das mit dem »keinen großen Aufwand betreiben«? Deine Tochter wird 1 Jahr alt, wir haben 20 Leute eingeladen und du willst nur einen Kasten Bier hinstellen?«

»Nein, ich finde nur, dass du nicht aus allem einen Staatsakt machen solltest. Letztendlich wirbelst du dann die ganze Zeit herum, bist völlig erledigt und hast nix davon. Ich möchte, dass wir es etwas entspannter angehen lassen. Hast du eigentlich vorhin zugehört – ich möchte morgen Abend etwas Schönes für dich kochen – meine liebe Frau und Mutter meiner wunderbaren Tochter. Ich werde auch vorher den Einkauf erledigen und wir dekorieren am Abend die Wohnung. Aber alles ganz entspannt. Und jetzt muss ich zur Arbeit.«

Am Abend vor dem Geburtstag

Das Essen war sehr lecker. Katrin sitzt vollkommen satt und zufrieden auf dem Sofa – mit einem Glas sehr gutem Rotwein in der Hand. So lange hat sie schon keinen Alkohol mehr getrunken! Christian sitzt neben ihr. Er reißt gerade die Packung mit 100 Luftballons auf. Die müssen heute noch alle aufgeblasen werden. Lotta soll gleich morgen nach dem Aufstehen ihre erste Geburtstagsüberraschung erleben – ein Meer von Luftballons und Luftschlangen. »Bevor ich hier loslege, muss ich erst noch einen Schluck Wein nehmen.« Christian hebt sein Glas. »Was meinst du, Schatz, sollen wir nicht bald noch so ein süßes Baby machen?« Katrin muss lachen. »Ich glaube, ein bisschen will ich lieber noch abwarten. Jetzt wo ich gerade anfange mich zu entspannen!«

Alleskönner (13 bis 24 Monate)

Sie haben nun definitiv kein Baby mehr, sondern ein waschechtes Kleinkind – und das will sich bewegen, entdecken, ausprobieren, mitmachen und vor allem mitbestimmen!

Ab jetzt mische ich mit

Mir gehört die Welt – und wehe dem, der mich aufhält. So ungefähr sehen das Einjährige. Zumindest, wenn Mama oder Papa in unmittelbarer Nähe sind ...

Im 2. Lebensjahr tut sich einiges. Auch wenn sich die Kinder in den ersten 12 Monaten auf allen Ebenen unglaublich entwickeln, fallen uns ihre Fortschritte im 2. Lebensjahr irgendwie mehr auf. Vielleicht weil sie zwischen dem 1. und dem 2. Lebensjahr Dinge lernen, die sichtbarer sind und gleichzeitig für uns einen besonderen Stellenwert haben. Sie lernen sprechen, laufen, sie lernen, selbstständig zu essen, und sie erkennen, dass sie sie selbst sind.

Und mit der Selbstwahrnehmung erstarkt der eigene Wille ... War er am Ende des 1. Lebensjahres noch ein recht zartes Pflänzlein, so ist er am Ende des 2. Lebensjahres ein ausgewachsener Mammutbaum. Dieser gewaltige Wille möchte gehört, und besser noch, in die Tat umgesetzt werden. Da das nicht immer funktioniert und ein Kleinkind noch nicht so richtig weiß, wie es mit seinem Frust umgehen soll, sind Wutanfälle an der Tagesordnung. Aber auch weil sich die Kleinen schlicht abgrenzen wollen – sie sind schließlich wer.

Grenzenloser Übermut. Ehrlich gesagt, kein leichtes Spiel für uns Eltern. Besonders dann, wenn auch noch widersprüchliche Botschaften gesendet werden, wie »Du sollst mir jetzt sofort helfen, aber ich will es trotzdem alleine machen« oder »Du sollst mich gefälligst trösten, aber lass mich dabei bloß in Ruhe«. Sowieso schwanken die kleinen Energiebündel häufig zwischen grenzenlosem Übermut und klettenhafter Anhänglichkeit. Da wird Ihnen jede Menge Geduld abverlangt! Doch wenn man weiß, dass dieses Verhalten zu einer gesunden Entwicklung dazugehört, kann man damit um einiges gelassener umgehen.

Jetzt läuft's!

So sehr Sie es sich herbeigesehnt haben – manchmal werden Sie sich wünschen, Ihr Kind könnte noch nicht laufen. Auf dem kürzesten Weg zum Bäcker und dann nach Hause? Wenn Ihr Kind erst mal läuft, können Sie sich das abschminken. Ihr Kind be-

stimmt ab sofort mit, wo es langgeht und wo verweilt wird. Und spätestens mit 20 Monaten haben ihn alle (gesunden) Kinder drauf – den aufrechten Gang. Die Freude darüber ist natürlich groß – bei Ihnen und erst recht bei Ihrem Kind. Ihr Kind war zwar schon zuvor im Vierfüßlergang zügig unterwegs, aber mit dem Laufen ist die Reichweite doch noch mal größer und das Tempo doch noch mal schneller. Zumindest nach ein wenig Übung.

Im Dauerlauf

Läuft Ihr Kind erst mal, will es nichts anderes mehr tun. Die ersten Gehversuche sind jedoch in der Regel auf ein paar breitbeinige Schritte beschränkt. Meistens retten sich die Kleinen schnell in die offenen Arme ihrer begeisterten Eltern oder sie lassen sich nach zwei, drei Schritten einfach auf den Popo plumpsen. Oft krabbeln sie anfangs auch noch viel, aber sobald sie ein wenig Routine haben, kann man sie nicht mehr in die Knie zwingen.

Natürlich ändert sich auch die Perspektive, sobald man aufrecht läuft – und es tun sich auch vollkommen neue Hindernisse auf. Ecken, die vorher gar nicht relevant waren, oder Türschwellen, die elegant überkrabbelt wurden, sind jetzt echte Hindernisse bzw. Stolpersteine. Auch Stürze gehören zum Laufenlernen dazu. Glücklicherweise sind die Schädel der Kinder in dem Alter noch elastisch und wirken wie Stoßdämpfer für das Gehirn. Gegen Ende des 2. Lebensjahres können dann aber alle Kinder sicher laufen, sich im Raum gut orientieren und Hindernissen aus dem Weg gehen.

Gut verpackte Füße

Aber auch Sie werden mit Sicherheit von nun an zu mehr Bewegung kommen! Nicht nur, weil Sie noch mehr zum Aufräumen haben, wo Ihr Kind jetzt bei seinen Streifzügen durch die Wohnung seine Hände frei hat und nun allerlei Dinge von da nach dort transportieren kann. Nein. Jetzt möchte Ihr Kind natürlich auch draußen laufen und seine eigenen Wege gehen. Doch dazu müssen erst einmal ein paar Schuhe her. Kinderfüße brauchen vor allem eins: viel Bewegungsfreiheit. Für Laufanfänger sollten die Schuhe so weich und beweglich wie möglich sein und sie müssen den Zehen genug Platz bieten. Ist der Schuh zu klein, können sich sonst Fehlstellungen bilden. Genug Platz bedeutet dabei, dass zwischen der Spitze des großen Zehs und der inneren Spitze des Schuhs zwischen 12 und 17 mm Spielraum sein sollte. Da die kleinen Füße jeden Monat ungefähr einen Millimeter wachsen, ist es nicht unvernünftig, die 17 mm beim Kauf möglichst voll auszureizen.

Die Schuhe sollten aber tatsächlich nur draußen getragen werden – sozusagen als Schutz vor Kälte und Verletzungen. Denn für

Lotta läuft und läuft und läuft

Lotta ist so stolz – seit 3 Tagen kann sie laufen! Jetzt, wo sie es raus hat, übt sie ununterbrochen. Auch Bruchlandungen halten sie nicht davon ab.

Ihre ersten Schritte hatte Lotta kurz nach ihrem 1. Geburtstag gewagt – oder besser gesagt: Sie sind ihr passiert. Lotta stand an einem Stuhl, während Christian ihr einen Luftballon zuspielte. Lotta war so begeistert, dass sie den Stuhl losließ und ein paar Schritte auf den Luftballon zuwackelte. Als sie dann merkte, dass sie frei lief, schaute sie kurz etwas erschrocken und ist dann noch mal zwei Schritte in Christians Arme gestürzt. Katrin und Christian warteten daraufhin jeden Tag auf Lottas nächste Schritte – aber vergebens. Sie machte erst einmal keine Anstalten mehr, frei zu gehen.

Hauptsache voll bepackt

Erst jetzt, mit guten 15 Monaten, hat Lotta wieder ihren nächsten Versuch gestartet und der war ein voller Erfolg. Das Laufen gefällt ihr so gut, dass sie eigentlich für nichts anderes mehr Zeit hat. Schmusen, essen, schlafen oder womöglich einfach nur sitzen und sich mit einem Spielzeug beschäftigen? Nein, das alles interessiert Lotta gerade gar nicht. Sie ist total glücklich darüber, dass sie jetzt die Hände frei hat, während sie sich bewegt. Und dieser Umstand wird voll ausgenutzt. Man kann nicht gerade sagen, dass Lottas Gang nach 3 Tagen schon besonders sicher ist – trotzdem bepackt sie sich mit so vielen Gegenständen wie möglich und wackelt damit herum. Besonders gerne schnappt sie sich Wuffi, ihren großen Kuschelhund (der nur einen knappen Kopf kleiner ist als Lotta), am besten noch einen Schlüsselbund und einen Ball (und das dauert, bis all die Gegenstände erst einmal im Griff sind) und trägt diese herum. Dabei fällt sie gut und gerne alle zwei Meter hin, aber das scheint sie nicht groß zu stören. Dann werden eben Wuffi, Schlüssel und Ball wieder mühsam zusammengepackt und weiter geht's.

Lotta mag keine Schuhe anziehen

Eine Woche nachdem Lotta das Laufen für sich entdeckt hat, ist Katrin mit ihr Schuhe kaufen gegangen. Katrin besitzt noch ihre ersten Schuhe, daher wollte sie Lotta gute und schöne Schuhe kaufen. Wunderschöne rote, weiche und ziemlich teure Lauflernschuhe sind es geworden. Lotta hat sich die

Schuhe im Laden zwar anziehen lassen, weigerte sich dann aber, damit herumzulaufen. Doch die Verkäuferin konnte auch so feststellen, dass die Schuhe prima passen. Katrin meinte, Lotta solle die Schuhe doch gleich anlassen, aber das wollte Lotta nicht. »Na gut, aber wir gehen gleich auf den Spielplatz und da kannst du deine neuen Schuhe gleich mal richtig ausprobieren!« Tja – Lotta war da anderer Auffassung. Auf dem Spielplatz angekommen, gab es erst einmal ein großes Geschrei, da Katrin ihr die Schuhe anziehen wollte, aber Lotta auf keinen Fall bereit war, ihre Füße in diese Dinger zu stecken. Sie fand es viel spannender, die Schuhe auf dem Spielplatz spazieren zu tragen.

Auch zwei Wochen später zieht Lotta ihre Schuhe nicht an. Und Katrin und Christian haben aufgegeben, es weiter zu versuchen. Das wird schon noch kommen. Wenn sie draußen sind, läuft Lotta jetzt mit ihren Lederpuschen rum – zum Glück ist ja gerade Sommer!

Mit Lotta beim Einkaufen

Was gerade eine echte Herausforderung ist, sind Einkäufe im Supermarkt mit Lotta. Bevor sie laufen konnte, saß sie zufrieden im Kindersitz des Einkaufswagens und ließ sich friedlich durch die bunten Regale schieben.

Jetzt hält sie nichts mehr im Sitz – besser gesagt, man bekommt sie gar nicht erst hinein. Lotta düst durch die Gänge, singt dabei und unterhält sich angeregt mit Mais in der Dose, mit gehackten Tomaten oder Saure-Gurken-Gläsern. Wenn ihr etwas besonders gut gefällt, nimmt sie es sich aus dem Regal und trägt es herum. Und Katrin und Christian kommen kaum zum Einkaufen, da sie damit beschäftigt sind, Lotta in Schach zu halten und die im Laden verteilten Haferflockenpackungen wieder an Ort und Stelle zu bringen ... Katrin und Christian erledigen den Großeinkauf wenn es geht nun nicht mehr mit Lotta, das ist ihnen momentan viel zu stressig.

kleine Füße ist es immer noch am besten, möglichst unverpackt unterwegs zu sein. So werden sie optimal gestärkt.

Achtung, Ausreißer!

Sobald die Kinder laufen können, ändert sich eine grundlegende Sache, die alle Eltern auf die Geduldsprobe stellen wird: Wenn Sie mit Ihrem Kind draußen unterwegs sind, wird es sich nicht mehr damit begnügen, friedlich im Kinderwagen zu sitzen, während Sie dorthin gehen, wo Sie hinmöchten. Ab jetzt will es laufen – und zwar dorthin, wo Superflitzer persönlich hin will! Ihm ist es ziemlich egal, ob Sie es eilig haben oder ob der eingeschlagene Weg zu Ihrem Ziel führt. Schließlich ist der Weg das Ziel! Besonders witzig finden es die Kleinen auch, vor ihren Eltern wegzurennen – besonders dann, wenn sie merken, dass ihre Eltern sie gerne in eine bestimmte Richtung locken wollen.

Hinzu kommt – so ein einjähriges Kind findet alles spannend, was auf der Straße zu finden ist. Auch solche Dinge wie Hundehaufen, Glasscherben oder Zigarettenstummel. Da muss man die kleinen Spürnasen schon gut im Auge haben, dass sie nicht alles mit ihren Händchen begrabschen oder es womöglich noch in den Mund stecken. Das tun sie zwar immer seltener, aber es kommt im Laufe des 2. Lebensjahres trotzdem noch regelmäßig vor. (Ekel empfinden Kinder meistens erst ab dem fortgeschrittenen 3. Lebensjahr.)

Die Welt entdecken. Sie müssen aber nicht nur darauf achten, was Ihr Kind womöglich von der Straße aufklaubt – Sie müssen vor allem aufpassen, dass Ihr Kind nicht vom Gehweg abkommt und auf die Fahrbahn läuft. Das ist schnell passiert – manchmal wollen die Kleinen ihre Eltern necken, weil sie merken, dass die nicht möchten, dass sie vom Gehweg runtergehen. Die Gefahr ist für sie natürlich absolut nicht zu begreifen.

Das hört sich jetzt alles sehr danach an, als ob es fast unmöglich wäre, mit einem einjährigen Kind in der Stadt spazieren zu gehen. Ganz so schlimm ist es nicht! Sie müssen Ihr Kind auch nicht dazu nötigen, die ganze Zeit an der Hand zu gehen, oder ihm ein Laufgeschirr anziehen. Es macht sogar richtig Spaß, mit seinem Einjährigen rauszugehen und zuzuschauen, wie es die Welt entdeckt und sich draußen nach einer ganz anderen Logik, als wir sie haben, bewegt – man muss eben nur äußerst wachsam sein. Wenn irgendwie möglich, lassen Sie Ihr Kind machen und lassen Sie es sein eigenes Tempo wählen. Es bringt nichts, durch viel Druck und mit viel Gezeter auf dem Spielplatz anzukommen, wenn der Weg dorthin – die unterschiedlichen Pflastersteine, der Löwenzahn am Wegesrand, die blühenden Vorgärten oder die Prospekte in den Hauseingängen – das eigentlich Interessante für Ihr Kind ist.

Was, wenn's nicht läuft?

Manche Kinder lassen sich richtig viel Zeit mit dem Laufenlernen. Als Eltern wartet man ja eigentlich schon ab Ende des 1. Lebensjahres auf die ersten freien Schritte. Da kann es sich ganz schön ziehen, wenn der Nachwuchs auch mit 16 Monaten noch keine echten Anstalten macht, zu laufen. Vielleicht ist er sogar schon mal vor einigen Wochen ein paar Schritte frei gegangen, aber seitdem tut sich nichts mehr. Wahrscheinlich zieht er sich auch regelmäßig irgendwo hoch und hangelt sich ein paar Schritte an dem Sofa oder dem Stuhl entlang. Aber mit dem richtig freien Gehen warten nicht wenige Kinder bis sie anderthalb Jahre alt sind. Und diejenigen, die mit 18 Monaten noch nicht laufen, die tun das dann in der Regel nach 2 Monaten auch. Sollte Ihr Kind mit 18 Monaten noch nicht frei laufen, macht es allerdings Sinn, beim Kinderarzt vorbei zu schauen. Wie gesagt, es gibt immer Nachzügler, die sich dann im Laufe der nächsten paar Wochen auch in die Senkrechte begeben werden, aber zur Sicherheit sollte der Arzt Ihr Kind untersuchen.

Keine Lauflernhilfe. Jedenfalls müssen Sie mit Ihrem Kind nicht das Laufen trainieren. Das lernt es ganz von allein. Es gibt Völker, die mit ihren Kindern das Laufen üben. Deren Kinder lernen das Laufen dann auch tatsächlich im Durchschnitt etwas früher als unsere Kinder. Aber der Aufwand lohnt sich nicht unbedingt, da die Kleinen das auch sehr gut ohne gezielte Unterstützung schaffen. Sie brauchen für Ihr Kind auch keine Lauflernhilfen anzuschaffen. Besonders die Gefährte, in die die Kinder hineingesetzt werden, sind eher kontraproduktiv. Die Kinder bewegen sich darin zwar durch Schrittbewegungen fort, aber dieser motorische Ablauf hat nicht sehr viel mit Laufen zu tun, da z. B. der Gleichgewichtssinn nicht gefordert wird. Ein Lauflernwagen den die Kinder herumschieben, ist hingegen schon sinnvoller, muss aber auch nicht sein. Da tun es auch Stühle, die man sowieso hat, die die Kleinen in der Wohnung herumschieben können.

Achtung: aktiver Vulkan anwesend

Wirft sich Ihr Kind gelegentlich vor Wut und Ärger schreiend auf den Boden? Oder schlägt es unter wildem Gebrüll mit seinen Fäusten auf Sie ein? Haut es seinen Kopf gegen die Wand oder rupft es sich die Haare aus?

So wie sich Kleinkinder ausgelassen freuen können, so können sie auch ausgelassen wütend sein. Für so einen solchen Wutausbruch (Dauer: zwischen 2 Minuten und 1 Stunde …) reicht manchmal schon ein – in unseren Augen – kleiner Auslöser. Irgendetwas läuft nicht so wie es sich die Kleinen vorgestellt haben. Sind die Eltern dann auch noch daran beteiligt – was sie meistens sind: »Nein, das ziehst du jetzt nicht an. Nein, nicht anfassen. Nein, dort gehen wir nicht hin. Nein, das bekommst du jetzt nicht. Nein, das geht so nicht!« Oder wollen sie einfach nur helfen (Komm, ich mach das für dich), dann ist der Ofen aus: Das Kind ist außer sich. Beginnt jetzt etwa die berühmt berüchtigte Trotzphase? Ja und nein.

Ist das Trotz? Die sogenannte Trotzphase startet etwa im Alter von anderthalb Jahren und geht ca. bis Ende des 3. Lebensjahres. Doch in Wahrheit befinden wir uns unser ganzes Leben lang in der Trotzphase – einige von uns mehr, andere weniger. Schon Säuglinge zeigen uns deutlich, wenn ihnen etwas nicht passt. Nur haben sie, außer dem Schreien, keine anderen Möglichkeiten, ihrem Unmut Ausdruck zu verleihen. Und auch uns Erwachsenen gefällt es nicht, wenn die Dinge nicht nach unseren Vorstellungen laufen – meistens haben wir uns dann ganz gut unter Kontrolle, doch manchmal werden wir auch richtig bockig. Warum spricht man aber nur bei Kleinkindern von einer Trotzphase?

Weil es so aussieht, als ob sie ihren grenzenlosen Willen auf Gedeih und Verderb durchsetzen wollen. Dabei ist es das gar nicht. Sie können nur mittlerweile wesentlich eindrucksvoller als zu Babyzeiten ihrer Umwelt zeigen, dass sie mit der aktuellen Situation nicht zufrieden sind – vor allem durch vielseitigen Körpereinsatz. Doch noch viel wichtiger: Sie entwickeln nun ihre eigenen Vorstellungen vom Leben. Und die passen leider nicht immer zu den unseren …

Eigensinn im besten Sinne

Nachdem die Kinder in ihrem 1. Lebensjahr ihre erste Bindung erfolgreich eingegangen sind und damit den ersten großen Schritt in ihrer Persönlichkeitsentwicklung gemacht haben, kommt nun der zweite: die Loslösung. Damit ist nicht gemeint, dass sich die Kleinen jetzt schon wieder abnabeln. Nein – die Bindung zu ihren Eltern bleibt natürlich bestehen und sie muss sogar fortlaufend über gemeinsame Erfahrungen immer wieder aufs Neue gestärkt werden. Doch die Bindung lockert sich ein wenig, damit Platz entsteht. Platz für mehr eigene Ideen, mehr eigene Aktionen – also mehr Selbstständigkeit.

Es ist nicht einfach für ein kleines Kind, dessen Wille und Fähigkeiten sich gerade enorm entfalten, damit klarzukommen, dass Mama und Papa es ständig bevormunden. Und das, obwohl es doch eigentlich hauptsächlich Dinge tun möchte, die seine Eltern auch tun – auf den Knöpfen der Stereoanlage rumdrücken, im Supermarkt Lebensmittel einpacken, die Blumen gießen, den Herd bedienen etc. Versetzt man sich einmal in die Kinder hinein, fällt es gar nicht so schwer, nachzuvollziehen, warum sie ausflippen.

Abgrenzung
Zudem erkennt es Tag für Tag mehr, dass es ein eigenständiges Wesen ist, und versucht sich daher auch mal von seinen Eltern abzugrenzen. Es möchte selbstständig entscheiden und es will ausprobieren, wie weit es seine Vorstellungen durchsetzen kann. Gleichzeitig spürt es jedoch, wie sehr es abhängig ist von seinen Eltern. Es braucht immer wieder die Sicherheit von ihnen, geliebt zu werden – und ganz besonders dann, wenn es mal Ärger gab. Der Wunsch nach Selbstständigkeit und Freiheit auf der einen Seite und der Wunsch nach Geborgenheit auf der anderen Seite macht es den Kleinen nicht gerade leicht.

Dazu kommt natürlich, dass Kinder in diesem Alter der Sprache noch nicht so rich-

tig mächtig sind und sich nicht immer verständlich machen können. Sie sind auch noch nicht besonders gut darin, ihre Bedürfnisse aufzuschieben oder einen Kompromiss auszuhandeln. Diese Umstände tragen nicht gerade dazu bei, dass Meinungsverschiedenheiten friedlich ausgetragen werden.

Vulkanausbrüche. Eins ist jedenfalls klar – zeigt Ihr Kind vermeintliches Trotzverhalten, geht es in keiner Weise um sturen Widerstand, sondern um Eigensinn. Im besten Sinne. Es kämpft darum, sein eigenes Ding tun zu können. Um seine Selbstständigkeit. Im Grunde können wir Eltern uns nichts Besseres wünschen. Trotzdem ist dieser Prozess nicht immer leicht – weder für die Kleinen noch für uns Eltern. Aber wir sind immerhin schon groß genug, um bei »Vulkanausbrüchen« einen einigermaßen klaren Kopf zu behalten und diese nicht auf uns zu beziehen.

Ist es Zeit für den Exorzisten?

Oh ja, Vulkanausbrüche können sehr unangenehm und nervenaufreibend sein. In der Regel treten sie in Situationen auf, in denen wir ganz bestimmte Erwartungen an unseren Nachwuchs stellen, z. B. beim Anziehen, beim Essen, wenn Besuch da ist oder beim Einkaufen. In solchen Momenten finden wir es alles andere als gut, wenn unsere Kinder nicht bereit sind, diese Erwartungen zu erfüllen. Insbesondere dann, wenn Publikum anwesend ist. Und mitleidige oder gar entrüstete Blicke und Kommentare der Zuschauer tragen auch nicht gerade zur Entspannung bei.

Bei einigen Kindern kommt es nicht so häufig zu Ausbrüchen, sie fallen auch nicht so heftig aus und dauern meist nicht viel länger als 5 Minuten. Bei anderen Kindern kann es in besonders hitzigen Phasen mehrmals am Tag zu einem ausgewachsenen Wutanfall kommen, der durchaus auch mal über eine halbe Stunde (oder länger) andauern kann. Ich weiß wovon ich rede … Manchmal denkt man, dass nur noch ein Exorzist helfen kann.

Mantra für stürmische Zeiten
Auch die geduldigsten, verständnisvollsten Eltern stoßen da an ihre Grenzen und verhalten sich dann mehr oder weniger so, wie es ihnen ihr Kind vormacht. Besonders in explosiven Zeiten, sollten Sie sich daher gebetsmühlenartig Folgendes aufsagen:
- Mein Kind rebelliert nur deshalb so heftig, weil es mich lieb hat und sich bei mir sicher fühlt! (Vielleicht kennen Sie den erstaunten Ausspruch der Großeltern oder der Erzieher in der Kita: »Was, wirklich? Bei uns ist das kleine Ding ganz lieb!« Klar – nur bei den engsten Bezugspersonen zeigt ein Kind sein »wahres Ich« und nur dort muss es sich freistrampeln, um mehr Spielraum für Eigenes zu schaffen.)
- Mein Kind nimmt mich als Vorbild und will daher die Dinge tun, die ich auch tue! (Ihr Kind beherrscht eine der wichtigsten Lernformen überhaupt: das Nachahmen!)
- Mein Kind entwickelt gerade ein gesundes Selbstbewusstsein! (Ihr Kind hat seine eigenen Vorstellungen und jedes Auflehnen, das von Ihnen nicht grob abgewürgt wird, stärkt sein Selbstwertgefühl.)
- Mein Kind will mich nicht ärgern! (Es ist nur total enttäuscht und sauer, dass es nicht so läuft, wie es sich das vorgestellt hat, und es hat noch keine echten Handlungsalternativen parat.)

Vielleicht denken Sie sich jetzt, dass das alles schön und gut ist, aber wie verhalten Sie sich konkret, wenn Ihr Kind gerade völlig durchdreht? Seinem Willen nachgeben, konsequent bleiben oder einfach nichts tun und abwarten, bis der Sturm vorbei ist?

Sich auch mal überzeugen lassen
Sie haben Ihre Vorstellung, Ihr Kind hat seine Vorstellung. Beide Vorstellungen haben ihre Berechtigung und es ist nicht selbstverständlich, dass Ihre oder die Ihres Kindes prinzipiell mehr wert ist. Wenn Sie mit Ihrem Kind unterwegs an einem Spielplatz vorbeikommen, dann ist das aus seiner Sicht recht nachvollziehbar, dass es dort eine Runde spielen möchte. Ihnen passt das vielleicht gerade nicht, weil Sie nach Hause wollen. Sie sagen: »Nein, jetzt nicht, mein Schatz.« Ihr Kind rastet aus. Wenn Sie jetzt nicht unbedingt nach Hause müssen, da gleich Ihre neue Waschmaschine geliefert wird, dann wäre das eine Situation, wo Sie durchaus nachgeben könnten, da nicht wirklich ein ernsthafter Grund dagegen spricht, kurz nochmal auf den Spielplatz zu gehen. Hat sich Ihr Kind dagegen in den Kopf gesetzt eine zerbrochene Glasflasche, die es auf dem Spielplatz gefunden hat, in die Hand zu nehmen, dann ist relativ klar, dass Sie bei Ihrem »Nein« bleiben und den Protest, auch wenn er noch so groß ist, profimäßig ertragen.

Verhandeln erlaubt. Es macht also Sinn, öfter mal zu hinterfragen, ob Ihre eigene Vorstellung in diesem Moment wirklich viel mehr Gewicht hat als der Plan Ihres Kindes. Ist es jetzt wirklich so umständlich, gefährlich oder unpassend, was Ihr Kind möchte, dass Sie sich jetzt durchsetzen müssen? Manchmal hat man reflexhaft Nein gesagt, und man merkt schnell, dass dies eigentlich unnötig war. Man kann es aber problemlos in ein Ja umwandeln! Damit untergraben wir nicht unsere Autorität, sondern zeigen, dass wir bereit sind, im Gespräch zu bleiben und eine Beziehung zu führen. Muss die Familienregel (wir waschen vor dem Essen unsere Hände) wirklich in jedem Fall angewendet werden (auch, wenn Ihr Kind heute noch gar nicht draußen war)? Natürlich ist es bequemer, sein Ding durchzuziehen, aber mit einem Erwachsenen an der Seite muss man sich ja auch hin und wieder abstimmen.

Immer schön cool bleiben
Wenn aber klar ist, dass Sie nicht nachgeben wollen bzw. können, dann muss sich das Gewitter eben entladen. Das Beste, was man in der Situation tun kann, ist: cool bleiben. Ist Ihr Kind auf 180, dann nützt es nicht viel, wenn Sie ihm Ihre Entscheidung ausführlich erklären oder es ermahnen, dass sein Verhalten gerade gar nichts bringt. In so einer Situation kommt schlicht und ergreifend nichts bei Ihrem Kind an. Es bleibt Ihnen nichts anderes übrig als abzuwarten, bis sich das Gewitter auflöst. Das heißt allerdings nicht, dass Sie Ihr Kind so lange einfach ignorieren sollten. Niemand wird gerne ignoriert, wenn er sauer ist – das verschlimmert nur den Konflikt. Wiederholen Sie auch nicht zehnmal Ihren Standpunkt (»Nein, das machst du jetzt nicht. DAS IST GEFÄHRLICH.«) – es reicht, wenn Sie ihm ein- oder zweimal ruhig sagen, dass Sie das nicht möchten, weil ...

Abwarten und durchatmen. Seien Sie einfach präsent, atmen Sie tief durch – zu Ihrer eigenen Entspannung – und warten Sie ab. Mit »präsent« meine ich, dass Sie Ihr Kind nicht mit seiner Wut alleine lassen sollten – außer Sie müssen wirklich kurz mal den Raum verlassen und in ein Kissen beißen, da Sie sonst fürchten, Ihrem Kind Gewalt anzutun. Auch sollten Sie Ihr Kind nicht in eine sogenannte »Auszeit« schicken – eine derzeit recht beliebte Erziehungsmethode. Dabei fordern Eltern ihr wütendes Kind auf, sich z. B. auf einen bestimmten Stuhl zu setzen und dort ein paar Minuten zu bleiben. Eltern und Kind dürfen in der Zeit nicht miteinander sprechen. Auch wenn die Auszeit dazu führen kann, dass sich die Situation oberflächlich beruhigt, ist es doch so, dass das Kind von seiner Bezugsperson getrennt wurde und das als Bestrafung erlebt. Es fühlt sich herabgesetzt und zurückgewiesen. Auch deshalb, weil es gar nicht versteht, was an seinem Verhalten überhaupt falsch war.

Ablenkungsmanöver. Je nach Stärke des Wutanfalls oder Impulsivität Ihres Kindes kann auch ein geschicktes Ablenkungsmanöver aus der Sackgasse helfen. Kramen Sie z. B. ein Bonbon aus Ihrer Handtasche und stecken Sie es sich in den Mund. Ein weiteres halten Sie sichtbar, aber beiläufig in der Hand – vielleicht verspürt Ihr Kind plötzlich Appetit und das eigentliche Thema gerät aus dem Fokus. Hilfreich kann manchmal auch sein, wenn eine dritte, unbeteiligte Person da ist und sich dem Kind spontan freundlich zuwendet. Vielleicht unterbricht Ihr Kind kurzzeitig seinen Wutrausch und er verliert dadurch an Fahrt.

Gefühle verbalisieren. Ist der Sturm dann am Abklingen, sind einige Kinder ganz dankbar, wenn man sie in den Arm nimmt. Andere wiederum darf man eine ganze Weile bloß nicht anfassen, sonst wird alles nur schlimmer. Haben sich alle so weit wieder beruhigt, ist es gut, wenn Sie die das Vorgefallene noch einmal kurz ansprechen. Sie könnten z. B. sagen: »Du warst eben aber ganz schön wütend«. Auf diese Weise erfährt Ihr Kind, wie man das nennt, was gerade mit ihm los war, und es lernt, dass man darüber auch reden kann. Wichtig ist auch, dass man Feinheiten bei der Sprache beachtet: Also, immer das Verhalten benennen und nicht die Person. Es ist etwas ganz anderes, ob man sagt »Ich möchte nicht, dass du mit dem vollen Becher rumläufst, weil dann der Saft herausschwappt« oder »Sei nicht immer so schusselig!«

Und noch eines: Lassen Sie sich von Zuschauern nicht dazu verleiten, besonders streng oder konsequent aufzutreten. Bleiben Sie authentisch, auch wenn Außenstehende die Augen verdrehen! Diejenigen, die auch Kinder haben, wissen in der Regel, was Sache ist, und die anderen können Ihnen egal sein. Und wenn jemand mit einem blöden Kommentar daherkommt, dann danken Sie ihm für den klugen und hilfreichen Beitrag und sagen Sie ihm, was für ein ausgesprochener Erziehungsexperte er doch ist!

Geschickt ausweichen
Am besten ist natürlich immer die Prävention. Wenn es geht, versuchen Sie potenzielle Auslöser von Vulkanausbrüchen zu umschiffen bzw. sie aus dem Weg zu schaffen. Der Drucker, der von Ihrem Kind regelmäßig unsachgemäß behandelt wird und daher immer wieder zu Meinungsverschiedenheiten führt, wird weggeräumt. Der Weg nach Hause führt in Zukunft über die Parallelstraße, da es dort keine Tiefgarageneinfahrt gibt, die Ihr Kind so gerne hinunterläuft. Der gemeinsame Einkauf im Supermarkt wird vorerst abgeschafft, da es gerade schwierig ist, sich auf den Einkauf zu einigen. Dafür gibt es jetzt vielleicht den gemeinsamen Gang zum Bio-Bäcker, wo sich Ihr Kind gerne etwas aus dem Sortiment von Vollkornbrötchen, Laugengebäck und Dinkelstangen auswählen darf. Der Heißhunger wird hier bestimmt etwas kleiner ausfallen als bei den kunterbunten Süßigkeiten an der Supermarktkasse.

Lotta – bockig wie ein Esel und klebrig wie Zuckerwatte

Lotta ist mit ihren 19 Monaten gerade alles andere als einfach. Wenn die Dinge nicht so laufen, wie sie sich das vorstellt, wird sie richtig ungemütlich.

Es ist Samstag. Christian ist auf einer Fortbildung und kommt erst am Abend wieder. Lotta und Katrin haben also den ganzen Tag für sich bzw. Katrin muss den Tag allein mit ihrer kleinen, tickenden Zeitbombe rumkriegen. Heute steht nur der Musikgarten auf dem Plan. Dort singt und tanzt eine Musikpädagogin mit Kindern und Eltern und Katrin hat für heute eine Probestunde vereinbart. Katrin freut sich eigentlich auf den Tag und auch Lotta ist beim Frühstück ganz vergnügt. Sie verspeist gerade genüsslich ihr Frühstücksei, und als sie fertig ist, sagt sie »No meah!«

Das Frühstücksei

»Oh, das tut mir leid, Schätzchen. Wir haben kein Frühstücksei mehr. Die sind alle.« Lottas Stirn kräuselt sich ein wenig. »No meah!« »Die Eier sind alle, Schatz. Wir müssen erst einkaufen gehen.« Lotta verzieht ihr Gesicht und schreit: »No meah!« Katrin atmet tief durch. »Komm, Lotta. Wir machen uns jetzt fertig und gehen Eier einkaufen, in Ordnung?« Katrin möchte Lotta aus ihrem Hochstuhl rausholen, doch die brüllt mittlerweile heftigst und macht sich vollkommen steif.

»Nooooooo meahhhhhhhhhhhh!« Es dauert ungefähr 10 Minuten, bis Lotta sich wieder einigermaßen beruhigt hat und Katrin sie aus dem Hochstuhl nehmen kann.

Die Schuhe

Lotta und Katrin sind nun so weit, aus dem Haus zu gehen – es müssen nur noch die Schuhe angezogen werden. Lotta greift sich die Schnürschuhe. »Lotta, draußen ist es warm, du kannst deine Sandalen anziehen.« »Die da!« Lotta bleibt bei den Schnürschuhen und versucht schon mal den linken Fuß in den rechten Schuh zu zwängen. »Na gut – dann zieh eben die Schnürschuhe an. Aber das ist der falsche Schuh.« Katrin setzt an, Lotta zu helfen. Die fängt aber unmittelbar an zu schreien. »Alleine!« Katrin atmet tief durch. Eine halbe Stunde und viele Tränen später sind die Schuhe angezogen und Lotta und Katrin verlassen die Wohnung.

Der Einkaufswagen

Im Supermarkt besteht Lotta darauf, den Einkaufswagen zu schieben. Da der Wagen für

die kleine Lotta natürlich viel zu groß und zu sperrig ist, kommt sie den befüllten Regalen immer gefährlich nahe. Katrin greift nach dem Wagen, um den Kurs zu korrigieren. »Neinnnnnnnnn! Alleineeeeee!« Jedes Mal wenn Katrin ein Unheil verhindern möchte, fängt Lotta wie eine Sirene an zu schreien. Irgendwann wird es Katrin zu bunt. Sie packt Lotta unter ihren Arm, die schreit und zappelt, als ob man ihr etwas Schlimmes antäte. Unverrichteter Dinge verlässt Katrin mit der schreienden Lotta den Laden. Erst auf dem Spielplatz beruhigt sich Lotta wieder. Katrins Laune ist mittlerweile allerdings nicht mehr als gut zu bezeichnen.

Der Musikgarten

Nach einem weiteren Wutausbruch – Lotta wollte auf dem Spielplatz bleiben – kommen Katrin und Lotta gerade noch rechtzeitig beim Musikgarten an. Dort ist Lotta wie ausgewechselt. Sie klebt regelrecht an Katrin und weigert sich die gesamte Stunde, Katrins Schoß zu verlassen. Selbst die anderen Kinder und die schöne Musik bringen Lotta einfach nicht dazu mitzumachen.

Es reicht

Katrin ist inzwischen so genervt, dass sie nur noch nach Hause möchte. Dort angekommen, beginnt jedoch das nächste Theater. Katrin hat im Hauseingang versehentlich den Lichtschalter gedrückt, obwohl das Lottas Vorrecht ist. Lotta schreit. Katrins Geduld ist am Ende. »Es reicht, ich hab die Nase voll von deinem ständigen Theater!«, schreit Katrin nun Lotta an. Die schaut erst einmal ganz erschrocken, bis sie sich scheinbar wieder daran erinnert, worum es ihr gerade ging, und erneut losbrüllt, während sie mit ihrem kleinen Zeigefinger stur auf den Lichtschalter zeigt. Einen Hoffnungsschimmer gibt es immerhin: Christian müsste jeden Augenblick nach Hause kommen …

Heute schon eine Grenze gesetzt?

»Da musst du jetzt ganz klare Grenzen setzen.« Dieser Appell gehört zu meinen Lieblingsratschlägen, den sich Eltern regelmäßig anhören dürfen. Ich weiß nicht genau, wer diesen Rat als Erster niedergeschrieben hat, jedenfalls findet er sich heutzutage in vielen Elternratgebern wieder. Das »Grenzen setzen« wird bei uns gerne als das Allheilmittel in der Kindererziehung gesehen. Und mit dem Beginn der »Trotzphase« wird häufig darauf hingewiesen, dass es allerspätestens jetzt so weit ist, Grenzen zu setzen. Warum eigentlich? Was verspricht man sich durch das Grenzensetzen? Und was bedeutet das überhaupt? Viele Eltern, die gesagt bekommen, dass sie jetzt am besten mal anfangen, Grenzen zu setzen, wissen jedenfalls oft nicht genau, was damit gemeint ist. Wo soll eine Grenze gesetzt werden und vor allem, was für eine?

Mit »Grenzen setzen« ist für gewöhnlich gemeint, dass Eltern verschiedene Regeln aufstellen, z. B. »Im Laden werden keine Süßigkeiten gekauft« oder »Um acht Uhr ist Schlafenszeit« oder »Man darf nicht hauen.« Diese Regeln müssen dann konsequent eingehalten werden – Ausnahmen sind nicht zulässig, da sie alle Bemühungen zunichte machen.

Dieses Vorgehen soll Kindern Sicherheit und Orientierung bieten. Und nicht zuletzt macht es auch ganz klar deutlich, wer das Sagen und die Macht hat: die Eltern. Doch wer lässt schon gerne von anderen sein Leben durchreglementieren?

Stopp, ich will das nicht
Solange Regeln dazu dienen, das Kind oder andere zu schützen, sind sie sinnvoll: »Wir tun uns gegenseitig nicht weh«, »Wenn einer Stopp sagt, muss man aufhören«, »Beim Straßeüberqueren geben wir uns die Hand«. Grenzen deutlich zu machen, ist auch immer dann wichtig, wenn jemand die Grenzen anderer überschreitet. Wenn mir mein Kind ins Ohr schreit oder die ganze Zeit auf meinem Schoß rumturnt und ich mag das gerade nicht, dann sag ich natürlich: »Stopp. Ich will das nicht.« Auch Regeln, die das Miteinander organisieren, sind manchmal hilfreich. Bei größeren Kindern (ab 3 oder 4 Jahren) kann z. B. man auch gemeinsam (an das Alter angepasste) Familienregeln aufstellen, die das Zusammenleben erleichtern: z. B.: Jeder tut sich beim Essen selbst auf, jeder stellt seine Schuhe ins Regal und hängt seine Jacke auf usw.

Aber auch hier gilt – so wenig wie möglich. Denn zu viele Regeln und Grenzen berauben die Kinder ihrer eigenen Handlungs- und Entscheidungsmöglichkeiten und behindern das Nachdenken über das eigene Verhalten. Kinder müssen erleben, dass es sich lohnt, sich einzumischen, und dass man durch Dialog gemeinsame Lösungen findet.

Dient das »Grenzen setzen« nur dazu, uns Eltern die Auseinandersetzung mit unseren Kindern zu ersparen, dann sollten wir sie hinterfragen. Natürlich ist ein Aushandeln manchmal lästig, aber die Kinder lernen auch eine Menge dabei. Sie lernen vor allem mehr, als nur Regeln zu befolgen.

Sich angenommen fühlen. Kinder lassen sich jedenfalls durch »Grenzen setzen« nicht automatisch erziehen. Erziehung funktioniert über die Bindung zu den Eltern. Ein Kind, das sich geborgen und angenommen fühlt, ist kooperationswillig. Und Kooperation funktioniert nur, wenn die andere Seite auch kooperiert und nicht nur vorschreibt.

Ich bin

In der Mitte des 2. Lebensjahres ist es dann so weit – Ihr Kind erkennt, dass es ein eigenständiges Wesen ist. Wobei das nicht plötzlich von heute auf morgen passiert. Das Bewusstsein über die eigene Person entwickelt sich nach und nach. Schon kleine Babys z. B. nehmen mit zunehmender Erfahrung wahr, dass sie mit ihrem Körper etwas bewegen können. Doch erst mit ca. 18 Monaten ist ein Kind in der Lage, sein eigenes Spiegelbild zu erkennen. Mit dem sogenannten Rouge-Test können Sie das nachprüfen. Malen Sie – ohne dass Ihr Kind das merkt – einen kleinen Farbklecks irgendwo auf sein Gesicht und lassen Sie es dann sein Spiegelbild anschauen. Fasst es an den Klecks in seinem Gesicht, dann hat es bereits erkannt, dass es sich bei der Person im Spiegel um es selbst handelt. Schaut es sein Spiegelbild allerdings nur interessiert an oder wendet sich ab, dann ist es offensichtlich noch nicht so weit.

Spiegelbild-Test. Das Erkennen des eigenen Spiegelbilds ist nur ein Schritt in der Entwicklung ihres Ichs und bedeutet noch nicht, dass die Kleinen über ein umfassendes Bewusstsein, wie wir Erwachsenen, verfügen. Das entwickelt sich Stück für Stück weiter. Doch ungefähr zu diesem Zeitpunkt fangen sie an, sich selbst beim Namen zu nennen, und sie nehmen auch andere Menschen zunehmend als eigenständige Personen wahr. Daher können sie sich jetzt auch immer besser in andere Menschen hineinversetzen. Bis vor kurzem haben sie das Gefühl der anderen meist einfach nur »übernommen« – weint ein Kind, weinen die anderen mit. Im 4. Lebenshalbjahr weint ein Kind nicht mehr unbedingt mit, sondern es versucht das Gegenüber zu trösten. Und zwar so, wie es das von seinen Eltern oder anderen Bezugspersonen kennt – die sind schließlich sein Vorbild.

Das Wort »Ich« wird trotz der fortgeschrittenen Selbsterkenntnis noch nicht benutzt. Die Kinder nennen sich selbst beim Namen, oder zumindest so, wie sie ihren Namen eben aussprechen können. Auch wenn man die Kleinen mit »du« anspricht, sind sie nicht immer sicher, wer hier eigentlich gemeint ist. Doch das Wörtchen »meins« erfreut sich jetzt großer Beliebtheit – »deins« allerdings nicht.

Selbst ist das Kind!

Selbstständig werden – das ist ein mächtiger Drang und den verspüren Kinder im 2. Lebensjahr (und natürlich darüber hinaus) fast pausenlos. Um besonders schnell und viel zu lernen, haben sich Menschenkinder im Laufe der Evolution zu Meister im Nachahmen entwickelt. Sie beobachten ihre Umwelt ganz genau und imitieren das Verhalten anderer (vor allem das ihrer Bezugspersonen) am laufenden Band. Sie wollen all das machen, was wir tun.

Das passt nicht immer optimal in unser Konzept. Kinder, die beim Kochen, Handwerkern, Wäscheaufhängen, E-Mail-Schreiben und Badputzen mithelfen wollen, sind zwar herzig, behindern aber mehr, als dass sie helfen. So ist das eben, wenn man noch in der Ausbildung ist. Aber ohne Praxis kein Lernerfolg. Da hilft auch meist der Verweis auf die vielen Spielsachen nichts. Das wahre Leben ist viel spannender – und daher lassen die Kleinen auch nicht so schnell locker. Sie wollen ein vollwertiges Mitglied der Familie sein, teilhaben und mitmachen. Sie lieben es, wenn Sie einen kleinen Auftrag übertragen bekommen, wenn sie z. B. auch mit einem Schraubschlüssel am Fahrrad herumhantieren können. Wenn es aber vor lauter kindlicher Mithilfe gar nicht vorangeht, müssen die Aufgaben eben liegen bleiben und zu einem anderen, passenderen Moment erledigt werden.

Selbstständigkeit schafft Selbstvertrauen

Als Eltern können wir glücklich sein, dass unsere Kinder eine Art Programm in sich tragen, das sie ganz alleine dazu treibt, selbstständig zu werden. Wir müssen sie im Grunde nur machen lassen und sie bei ihren Erfahrungen unterstützen. Und jedes Stückchen mehr Selbstständigkeit lässt das Selbstvertrauen der Kleinen ordentlich wachsen.

Manchmal fällt es uns aber nicht leicht, sie machen zu lassen, und wir unterstützen sie an Stellen, wo Unterstützung eigentlich nicht notwendig ist. Wir helfen ihnen zu oft (ohne Not) bei Dingen, die sie eigentlich schon können (z. B. essen, trinken, Schuhe anziehen, auf ein kleines Mäuerchen klettern etc.), weil wir es gewohnt sind oder weil es uns zu lange dauert. Und wir halten sie zu oft von Unternehmungen ab, weil wir Angst haben, dass es schiefgehen könnte. Manchmal lassen wir sie dort, wo sie selbstständig werden wollen, nicht selbstständig werden (z. B. Essen auftun) und da wo sie es nicht wollen, verlangen wir es von ihnen (z. B. alleine einschlafen). So verlangsamen wir den Selbstständigkeitsprozess – dabei wollen wir ihn ja fördern. Daher sollte das Motto in Sachen Selbstständigkeit lauten: Mehr lassen und weniger drängen. Auch wenn das, das eine oder andere Mal dazu führt, dass unser Plan nicht aufgeht und wir uns in Vertrauen üben müssen.

Mädchen oder Junge?

Ungefähr zu dem Zeitpunkt, wo sich Kinder im Spiegel erkennen, werden sie sich auch über ihr Geschlecht bewusst. Mädchen oder Junge – diese Frage können Kinder im Laufe ihres 4. Lebenshalbjahres nicht nur in eigener Sache beantworten. Sie beurteilen auch andere, vor allem andere Kinder, danach. Schauen, ob sie Merkmale finden, die eher zu Mädchen oder eher zu Jungs passen, und entscheiden sich dementsprechend, welchem Geschlecht sie die Kinder zuordnen. Sie wissen jetzt auch, dass Jungs einen Penis und Mädchen eine Scheide haben. Sie erkunden jede Stelle ihres Körpers mit großem Interesse und sind unheimlich stolz auf ihn. Es ist sehr wichtig, dass Kinder schon in diesem Alter wissen, dass ihr Körper nur ihnen gehört und dass ihn andere nur dann anfassen, waschen oder küssen dürfen, wenn sie das erlauben.

Geschlechterstereotype. Tag für Tag entdecken die Kleinen nun neue Geschlechtszuschreibungen für sich. Je nachdem, was man ihnen vorlebt, fallen diese Zuschreibungen dann aus. Geht Elli mit ihrem kaputten Auto immer nur zu Papa, dann ist klar, dass Elli meint, dass (nur) Papa was vom Reparieren versteht. Und kümmert sich immer nur Mama um das Essen, dann ist auch klar, wem Elli etwas in Sachen Essen zutraut und an wen sie sich wendet, wenn sie Hunger hat. Geschlechterstereotype werden schon früh festgelegt. Ist auch kein Weltuntergang – als Vater oder Mutter sollte man sich darüber nur im Klaren sein und seine Vorbildfunktion kennen. Auch wenn man das eigene Verhalten nicht gleich zum Zwecke der Gender Diversity komplett auf den Kopf stellt.

Mama, Papa, Ball – ab jetzt wird mitgeredet!

Im 2. Lebensjahr wollen die Kinder nicht nur mitmachen, sondern sie wollen auch mitreden. Dabei ist das, was die Kleinen reden, für uns nicht immer verständlich. Einige von ihnen quasseln munter vor sich hin und das, was sie sagen, hört sich auch an wie eine richtige Sprache. Nur verstehen tut man sie nicht. Andere Kinder wiederum sprechen weniger, aber dafür sind die Worte, die sie benutzen schon ganz deutlich zu erkennen. Und es gibt die Kinder, die sich in dem Alter deutlich mehr durch Taten hervortun als durch Worte und erst im 3. Lebensjahr mit dem Sprechen loslegen und dann aber auch richtig. Was jedoch nicht heißt, dass sich diese Kinder nicht auch schon vorher mit Sprache beschäftigen. Denn für alle Kinder im 2. Lebensjahr gilt: Sie lernen jede Menge Wörter und jede Menge über deren Gebrauch. Nur benutzen sie sie nicht alle gleichermaßen. Der passive Wortschatz wächst also bei allen mächtig an und ist weitaus größer als der aktive.

Daher ist ein anderthalbjähriges Kind auch in der Lage, einfachen Aufforderungen in den gewohnten Zusammenhängen nachzukommen. Wenn Sie z. B. sagen: »Du hast ganz kalte Füße! Hol mal schnell deine Hausschuhe«, dann wird es sie holen gehen (wenn es weiß, wo sie stehen) – auch wenn es nicht jedes Wort in dem Satz vollkommen verstanden hat, der Sinn dahinter ist jedoch offensichtlich angekommen..

Ein Morgen mit der Quasselstrippe Lotta

Lotta ist 20 Monate alt und kann schon fließend reden. Auch wenn das, was sie sagt, nicht immer verständlich ist. Das stört sie allerdings nicht. Meistens zumindest.

Es ist kurz vor 7, Sonntagmorgen. Christian macht sich gerade einen Kaffee, aber als wach kann man ihn kaum bezeichnen. Katrin schläft noch. Lotta seit einer guten halben Stunde nicht mehr. Kurz nach 6 ging das Gequassel los. Das macht Lotta sehr gerne, wenn sie aufwacht – losquasseln. Was sie da redet, ist nicht unbedingt zu verstehen, auch wenn sich Lottas Kauderwelsch ziemlich nach echter Sprache anhört und ab und zu erkennt man sogar auch ein Wort. Als Lotta 5 Minuten nach dem Aufwachen dann auch noch anfing, auf Katrin und Christian rumzuturnen, war klar, dass einer aufstehen muss. Christian, denn der ist heute mit Lotta-Frühdienst dran …

Singen auf Lottisch

Jetzt sitzt Lotta putzmunter auf dem Sofa und blättert in ihrem Liederbuch. »Papa! Komm!« »Bin doch gleich bei dir, Lotta. Ich mache nur noch schnell meinen Kaffee fertig.« »Papaaaaaaaaaaa!« Lotta lässt nicht locker. Eine ihrer Lieblingsbeschäftigungen ist es gerade, mit Katrin oder Christian ihr Liederbuch Seite für Seite durchzugehen und zu singen. Katrin und Christian dienen allerdings in erster Linie als Publikum. Sie dürfen nur singen, wenn Lotta nicht weiterkommt. Sonst singt Lotta! Sie weiß schon ganz gut, welches Lied auf welcher Seite steht – das erkennt sie an den Bildern. Endlich ist Christian mit seinem Kaffee fertig und setzt sich zu ihr. Es geht gleich los mit der ersten Seite: »Hop, hop, hop, hädehadelop. Üa toka üa schaina aba hada ni dibaina. Hop, hop, hop, hädehadelop!« »Schön hast du gesungen, Lotta!« Trotz seiner Müdigkeit muss Christian schmunzeln. Und schon geht es mit der nächsten Seite weiter: »Kommei fooge efloga, ezdinida aua fuuus.« Dabei zeigt Lotta auf ihren Fuß. »Mia zetiim schabe voda mama eineuuuuus …« Christian geht es schon ein bisschen besser, nach einem Becher Kaffee und den süßen Klängen seiner Tochter.

Lotta telefoniert

Gegen 9 Uhr steht Katrin auf. Der Frühstückstisch ist gedeckt und Lotta sitzt auch schon in ihrem Hochstuhl. Sie ist allerdings gerade hochbeschäftigt. Sie muss telefonieren. Und zwar mit Quartett-Karten. Zuerst schaut Lotta

sich an, was auf der Karte zu sehen ist, z. B. ein Apfelbaum und ein Mädchen, dann hält sie sich die Karte ans Ohr und spricht so, als ob sie telefonieren würde – wieder auf Lottisch. Wenn sie mit einer Karte fertig telefoniert hat, kommt die nächste dran. Auch Katrins Erscheinen kann sie nicht von ihren wichtigen Gesprächen abhalten. Als jedoch Christian Katrin einen Kaffee reicht, ermahnt Lotta sofort mit hochgezogenen Augenbrauen: »Ssssss!« »Genau, mein Schatz. Der Kaffee ist heißßßß!« Lotta nickt zufrieden.

Ist das denn so schwer zu verstehen?

Seit Lotta da ist und zumindest ein Elternteil am Wochenende früh aufstehen muss, gibt es sonntags immer ein besonders reichhaltiges Frühstück. Lotta liebt beispielsweise Ei im Glas. Jetzt scheint Lotta doch Hunger zu bekommen. »Ei!« Christian schiebt Lotta ein Ei im Glas rüber. »Na klar bekommst du ein Ei, meine Süße!« »Nein!«, sagt Lotta. »Ei!« »Da hast du doch dein Ei.« »Nein! Eiii!« Katrin und Christian schauen sich fragend an. Eine halbe Stunde und anderthalb Wutanfälle später hat sich das Missverständnis endlich aufgeklärt. Lotta wollte ein Eis. Auf einer der Quartett-Karten war ein Junge mit Eis abgebildet ...

»Du bekommst heute ein Eis von mir, mein Schatz, versprochen! Aber jetzt gibt's erst Frühstück.« Katrin zieht ihre Stirn in Falten. »Lotta hatte gestern schon ein Eis ...« »Und wenn schon – es ist Wochenende und dazu auch noch Eis-Wetter!« Christian lächelt seine Tochter an und die strahlt zurück. Na gut, Katrin beschließt, die Allianz zwischen Vater und Tochter nicht weiter zu torpedieren. Als die drei nach dem Frühstück aus dem Haus treten, ist Lotta plötzlich ganz aus dem Häuschen und ruft immer wieder: »Didldidlding, Didldidlding!« Sie zeigt auf eine Blume im Vorgarten. Tatsächlich, dort sitzt ein wunderschöner Schmetterling!

Ein Wort sagt alles

»Da! Ba!« Das, was sich einem, wenn man es so liest, nicht unbedingt auf Anhieb erschließt, kann im richtigen Kontext durchaus Sinn machen. Zeigt Ihr Kind auf dem Spielplatz freudestrahlend auf einen Ball, dann ist natürlich klar, dass es sich hier um waschechte Sprache handelt – auch wenn viele Wörter noch nicht vollständig oder fehlerfrei gesprochen werden. Vielleicht zeigt es aber auch im nächsten Moment auf die Laterne neben dem Spielplatz und sagt wieder: »Da! Ba!« Auch das macht Sinn, wenn die Laterne mit einem runden Lampenschirm ausgestattet ist. Es ist ganz typisch im 2. Lebensjahr, dass Kinder die Bedeutung eines Wortes auf alles, was ihnen ähnlich erscheint, ausdehnen. Aber auch der umgekehrte Fall ist typisch. Ein Kind sagt nur zu seinem Kuscheltierhund »Wauwau«, aber andere Hunde (ob Kuscheltier oder echte) sind keine »Wauwaus«.

Ein-Wort-Sätze

Kinder experimentieren im zweiten Lebensjahr viel mit Wörtern. Sie probieren sie aus, sie verändern sie, erweitern ihre Bedeutung und sie lernen, sie deutlicher auszusprechen. Sie lernen auch, wann und wie man Wörter einsetzen kann. Ein und dasselbe Wort kann nämlich als Frage, als Aufforderung, Beschreibung oder als Antwort verwendet werden. Zum Beispiel kann das Wort »Mama« je nach Kontext und Betonung bedeuten:
- »Wo ist Mama?«,
- »Komm her!«,
- »Das ist Mamas Hut« oder
- »Mama hat den Schnuller«.

Daher werden Wörter in diesem Alter auch »Ein-Wort-Sätze« bezeichnet. Sie sagen je nach Situation wesentlich mehr als nur den Namen eines Gegenstandes oder einer Person.

Von zehn auf hundert

Bis zur Mitte des 2. Lebensjahres sprechen die meisten Kinder 2 bis 10 Wörter. Die beziehen sich allerdings in der Regel ausschließlich auf sichtbare und konkrete Dinge. Gegen Ende des 2. Lebensjahres geht's dann häufig rasant vorwärts – der aktive Wortschatz der Kleinen explodiert förmlich. Wo sie gehen und stehen, schnappen sie plötzlich Wörter auf. Im Schnitt lernt ein Kind in diesem Alter ungefähr 10 neue Wörter am Tag! Die werden allerdings nicht unbedingt korrekt ausgesprochen. Es dauert noch ein Weilchen, bis die Kinder alle Laute vollständig beherrschen.

Hat Ihr Kind ungefähr 50 Wörter in seinem Vokabular und kann es mit denen recht gut umgehen, dann beginnt es, auch die Wörter zu kombinieren – das ist dann sozusagen die Geburt der »Zwei-Wort-Sätze« (»Auto putt« = Auto kaputt). Ungefähr zur selben Zeit beginnen die Kinder ihre Eltern mit Fragen zu löchern. Haben sie bis dahin hin und wieder eine Frage gestellt, in dem sie ein Wort mit Hilfe der Betonung zu einer Frage geformt haben (»Papa?«), so formulieren sie jetzt eine konkrete Frage immer wieder: »Is das?« (oder so ähnlich), soll heißen: »Was ist das?«

Krippe, Tagesmutter und Co.

Seitdem bei uns 2007 das Elterngeld eingeführt wurde, geben viele Eltern ihre Kinder mit gut 1 Jahr in die Kita oder zur Tagesmutter. Denn nach 12 bzw. 14 Monaten (wenn beide Elternteile Erziehungszeit in Anspruch genommen haben) läuft die Transferleistung des Staates aus und ein Großteil der Eltern nimmt ihre Arbeit wieder auf. So eine Familie zu ernähren kostet ja Geld. Die Eltern gehen arbeiten, das Kind in die Kita. Aber es gibt natürlich auch noch andere Gründe, warum Eltern ihre kleinen Kinder betreuen lassen. Einige möchten sehr gerne wieder arbeiten (oder wer es sich leisten kann, einfach wieder Zeit für sich zu haben), andere wiederum melden ihr Kind in der Krippe an, da sie sich wünschen, dass es mit anderen Kindern spielt und in der Kindergruppe soziale Kompetenzen entwickelt. Manchmal kommen auch alle Gründe zusammen.

Kinder brauchen Kinder

Es stimmt – Kinder brauchen andere Kinder. Schon früh sind sie gerne mit ihresgleichen zusammen. Auch wenn sie häufig in den ersten Jahren eher nebeneinander spielen als miteinander, so beobachten sie sich doch gegenseitig mit großem Interesse und ahmen einander nach. Kinder sind für andere Kinder leichter zu verstehen. Sie sind ihnen einfach vertrauter, weil sie ihnen ähnlich sind. Besonders etwas ältere Kinder üben einen großen Reiz aus – die haben schon einiges drauf, sind aber lange noch nicht so abgehoben wie Erwachsene. Das ist die eine Seite. Auf der anderen Seite stecken Kinder gerade in 2. Lebensjahr in der Hochphase ihrer Trennungsangst und hängen noch sehr an ihren Eltern.

Wie bekommt man diese beiden unterschiedlichen Bedürfnisse zusammen? Würden wir in Großfamilien leben und müssten wir nicht arbeiten, wäre das kein Problem. Die Kinder hätten uns und ihre Geschwister, Cousinen und Cousins um sich herum. Aber wer lebt heutzutage schon in einer Großfamilie? Unsere Kinder verfügen ja in der Regel nicht einmal über Großeltern, die in der Nähe wohnen oder regelmäßig Zeit haben, einen Teil der Betreuung zu übernehmen.

Natürlich können Sie Ihr Kind auch zu Hause betreuen und einfach regelmäßig durch gemeinsame Besuche in Spielgruppen, auf Spielplätzen oder regelmäßigen Treffen mit anderen Familien für den Kontakt zu anderen Kindern sorgen. Ihrem Kind würde diese Variante (nach der mit der Großfamilie) wahrscheinlich am besten gefallen. Doch das Modell geht an der Realität und den Bedürfnissen der meisten Eltern leider vorbei. Dann also doch Krippe oder Tagesmutter.

Auf was kommt es an? Damit sich Kinder in der Kita wohlfühlen (und das ist ein Muss für jede Form der Betreuung), gibt es zwei Voraussetzungen und die gelten für alle Kinder gleichermaßen: Es muss ein Vertrauensverhältnis zwischen dem Kind und den betreuenden Personen entstehen und damit dieses Vertrauensverhältnis entstehen kann, müssen die betreuenden Personen sowohl feinfühlig als auch präsent sein.

Vertrauen

Die Betreuung von Kindern (im Übrigen eine Praxis, die in etwa genauso alt ist wie der Mensch) bedeutete früher, also vor 100 000, 10 000, 1000 und in der Regel auch noch vor 100 Jahren immer, dass bekannte, vertraute Personen auf das Kind aufpassten. Personen, die das Kind seit seiner Geburt kannten und denen es persönlich wichtig war. Früher fand die Betreuung eigentlich immer im vertrauten Umfeld statt. Die Kinder wurden nicht irgendwohin gebracht, sondern sie konnten einfach zu Hause, im Dorf, im Lager etc. bleiben. Arbeits- und Wohnort waren nicht weit voneinander entfernt, oder sie waren sogar eins.

Aus Mangel an verfügbarer bzw. einsatzwilliger Verwandt-, Freund- oder Nachbarschaft gehen unsere Kinder heute in die Kita oder zur Tagesmutter. Sie werden an einem (zunächst) fremden Ort von (zunächst) fremden Menschen betreut. Für Kinder ist dieser Umstand höchst gewöhnungsbedürftig. Denn ohne Vertrauen, d.h., ohne mit seiner betreuenden Person und dem Umfeld wirklich vertraut zu sein, fühlt sich ein Kind hochgradig gestresst. Das Menschenkind ist allerdings von Geburt an in der Lage, sich an fremde Personen zu gewöhnen und Vertrauen zu ihnen zu fassen. Zum Glück – sonst hätte es der Mensch gar nicht geschafft, seinen betreuungsintensiven Nachwuchs durchzubringen.

Feinfühligkeit und Präsenz
Damit sich eine neue stabile und tragfähige Beziehung entwickeln kann, braucht es Zeit. Und es braucht auch Zeit, diese entstandene Beziehung zu pflegen. Das bedeutet wiederum, dass Kitas ausreichend Personal bzw. einen guten Betreuungsschlüssel (d.h., wie viele Kinder kommen auf einen Erzieher) bieten müssen. Der allgemein empfohlene Betreuungsschlüssel für Kleinkinder liegt bei drei Kindern pro pädagogische Vollzeitkraft. In der Realität sind es meist fünf bis sechs Kinder pro Erzieher – oder mehr. Weil der finanzierte Betreuungsschlüssel von Bundesland zu Bundesland unterschiedlich ausfällt, weil eine Erzieherin gekündigt hat und kein adäquater Ersatz gefunden wird oder weil einfach der Krankenstand beim Personal eine Betreuungslücke entstehen lässt. Den Personalmangel muss man heutzutage leider mit einkalkulieren.

Doch zur Verfügung stehende Zeit allein macht noch keine echte Betreuungsqualität aus. Was nutzt eine 1-zu-1-Betreuung, wenn der Betreuende nicht einfühlsam und zudem unaufmerksam ist? Ein Erzieher muss kompetent und vor allem feinfühlig sein, d.h., er muss die Bedürfnisse eines Kindes erkennen und sie richtig deuten. Und er muss neben seiner körperlichen Präsenz auch geistig anwesend sein. Viele Eltern unterschreiben einen Betreuungsvertrag, ohne die zukünftigen Erzieher ihres Kindes persönlich kennengelernt zu haben. Vor allem in großen Kitas lernen die Eltern die Erzieher ihres Kindes meist erst bei der Eingewöhnung kennen. Das muss so nicht sein. Sagen Sie beim Erstgespräch, dass Sie die Erzieher Ihres Kindes kennenlernen möchten.

Die Qual der Wahl
Es gibt gute und schlechte Betreuungseinrichtungen, aber auch unter den guten gibt es solche, die Ihren persönlichen Anforderungen wahrscheinlich mehr oder weniger gut gerecht werden. Die Philosophien (auch pädagogische Konzepte genannt) der Einrichtungen unterscheiden sich, wie auch das erwartete Engagement der Eltern, die Größe und Ausstattung der Räumlichkeiten, organisatorische Abläufe und Gegebenheiten (z.B. Betreuungszeiten und der Betreuungsschlüssel), das Essen, die Entfernung zum Wohnort, der Preis … Und nicht zu vergessen, das Kriterium mit dem wahrscheinlich höchsten Einfluss auf Ihre Kita-Zufriedenheit: die Persönlichkeiten, die in der Kita arbeiten – also die Kita-Leitung, aber vor allem die Erzieher, die Menschen, die in Zukunft Ihr Kind unter der Woche oft mehr zu Gesicht bekommen werden als Sie selbst.

Tagespflege oder Kita? Die Auswahl an Betreuungsmöglichkeiten kann einen erst einmal erschlagen. Für diesen Betreuungsdschungel sind zum einen regionale Eigenheiten verantwortlich, aber auch die vielseitige Nachfrage der Eltern. Die Bedürfnisse sind wie gesagt unterschiedlich. Neben familiären Betreuungsangeboten in Form der Tagespflege (Tagesmutter, Kinderfrau) gibt es die institutionelle Betreuung (Kita, Krippe, Kindergarten), die von städtischen, kirchlichen, karitativen, elterninitiierten oder privatwirtschaftlichen Trägern organisiert wird. Doch je nachdem wo man wohnt, fällt das Betreuungsangebot alles andere als reichhaltig aus. Da kann man sich glücklich schätzen, wenn man überhaupt eine Betreuung für sein Kind bekommt.

So oder so – Sie werden sich mit der Entscheidung leichter tun, wenn Sie wissen, was Sie wollen. Was sind Ihre Anforderungen an eine Kinderbetreuung? Und vor allem: Was braucht Ihr Kind, damit es sich wohlfühlt? Lassen Sie sich bei Ihrer Entscheidung jedenfalls nicht von tollen Räumen, großzügigen Außengeländen und schick vermarkteten Konzepten blenden. Es klingt vielleicht ein wenig kitschig aber: Auf die Menschen kommt es an.

Richtig eingewöhnt ist halb gewonnen

Es ist schwer zu sagen, wie lange die Eingewöhnungsphase in der Kita oder bei der Tagesmutter dauern sollte. Wichtig ist, dass Ihr Kind ausreichend Zeit hat, anzukommen und zu den neuen Bezugspersonen Vertrauen zu fassen. Und es braucht Sie dazu. Das heißt, in den ersten Wochen werden Sie Ihr Kind in der Kita bzw. bei der Tagesmutter eng begleiten. Handelt es sich um das erste Mal, dass Ihr Kind »außerfamiliär« betreut wird, dann kann man grob sagen, dass die Eingewöhnung auf keinen Fall eine Woche unterschreiten sollte. Nach oben sollte, vor allem bei der ersten Eingewöhnung, keine feste Grenze gesetzt werden. Um zumindest doch eine Hausnummer zu nennen: Die meisten erfolgreichen Eingewöhnungen dauern zwischen 2 und 4 Wochen – aber auch 8 Wochen sind nicht ungewöhnlich.

Ist Ihr Kind beim Kita-Start zwischen 1 und 2 Jahren, dann sollten Sie für die Eingewöhnung auf jeden Fall ausreichend Zeit einplanen und die Rückkehr in den Job nicht zu eng takten. In dieser Entwicklungsphase, während der Ihr Kind regelmäßig von starker Trennungsangst heimgesucht wird, braucht es mehr Zeit, um Sie loszulassen und sich in der neuen Umgebung und bei den neuen Bezugspersonen sicher zu fühlen. Druck führt an dieser Stelle genau in die entgegengesetzte Richtung.

Und dann kommt es natürlich auch noch darauf an, wie Ihr Kind gestrickt ist. Die Bindungsbereitschaft zu anderen Personen ist sehr abhängig von der Persönlichkeit. Es gibt Kinder, die ein sehr hohes Bedürfnis nach Nähe und Geborgenheit haben. Sie trennen sich in der Regel äußerst ungern von Mama und Papa. Andere Kinder wiederum haben eine größere emotionale Unabhängigkeit von ihren Eltern und ihnen fällt es nicht so schwer, Kontakt zu anderen Personen herzustellen und Vertrauen aufzubauen.

Berliner Eingewöhnungsmodell

Sehr viele Einrichtungen richten sich bei der Eingewöhnung nach dem sogenannten Berliner Eingewöhnungsmodell. Es wurde speziell für die Eingewöhnung von Kindern unter 3 Jahren entwickelt, es wird aber auch bei den »Großen« regelmäßig angewandt. In diesem Modell werden die Eltern in den Eingewöhnungsprozess miteinbezogen. Ihre aktive Teilnahme gilt als wesentlicher Er-

Lotta bei der Tagesmutter

Seit 3 Monaten geht Lotta tagsüber, wenn Katrin und Christian arbeiten, zu Annelie, ihrer Tagesmutter. Dort findet sie es super – anders als in der Kita …

Es passte alles so gut. Katrin und Christian waren überglücklich, als sie von der städtischen Kita um die Ecke die Zusage für einen Kita-Platz zu Anfang Mai in den Händen hielten. Keine Selbstverständlichkeit, da die Kitas in der Regel nur zum Anfang eines Kitajahres im August/September neue Kinder aufnehmen. Katrin konnte also ziemlich genau am Ende ihrer Elternzeit wieder ihre Arbeit aufnehmen und Lotta war mit ihren 14 Monaten (Christian hatte auch 2 Monate Elternzeit in Anspruch genommen) bestimmt reif für die Kita. 2 Wochen hatte Katrin für die Eingewöhnung von Lotta eingeplant. Dann wollte Katrin mit ihrer Arbeit wieder beginnen. Doch es kam anders.

Ein unglücklicher Kita-Start

Als Katrin und Lotta den ersten Tag in der Kita ankamen, hieß es gleich, dass eine der beiden Erzieherinnen für die gesamte Woche krankgeschrieben sei. Es musste sich also eine Erzieherin um zehn kleine Kinder kümmern. Nicht gerade gute Startbedingungen für Lotta. Die arme Frau hatte alle Hände voll zu tun, mit ihren Bestandskindern zurechtzukommen – da konnte von Beziehungsaufbau zu Lotta keine Rede sein. Die ganze erste Woche kümmerte ausschließlich Katrin sich um Lotta. Und die war zudem auch noch ganz besonders anhänglich. Es war recht unruhig in der Kindergruppe. Ein kleiner Junge weinte viel – seine Eingewöhnung war abgeschlossen, aber er war wohl noch nicht wirklich angekommen.

Und es wird nicht besser

Die Woche darauf war die zweite Erzieherin wieder da. Sie sollte die Bezugserzieherin von Lotta sein. Katrin hatte bei der Anmeldung die Erzieherinnen nicht kennengelernt. Das sei nicht üblich, sagte die Kita-Leiterin. Allerdings erwies sich das jetzt als Fehler. Katrin wurde besonders mit der zweiten Erzieherin nicht warm und genauso ging es auch Lotta. Sie hatte einen strengen Ton drauf und einer ihrer ersten Kommentare zu Lotta war, dass sie ihren über alles geliebten Kuschelhund Wuffi nicht mit in den Garten nehmen dürfe. Am nächsten Tag wollte sie Katrin gleich nach einer halben Stunde für den ersten Trennungsversuch wegschicken – da-

bei traute sich Lotta die Erzieherin nicht einmal anzuschauen. Von Vertrauen konnte nicht im Ansatz die Rede sein. Am Ende der zweiten Woche stand für Katrin fest: Das wird nichts. Hier will sie Lotta nicht lassen.

Dann musste alles ganz schnell gehen. Katrin verschob ihren Jobeinstieg um 1 Monat – das ging mit Ach und Krach. Sie suchte wie eine Wilde nach einer alternativen Betreuung und wie durch ein Wunder bekamen sie einen Platz bei einer sehr lieben Tagesmutter, allerdings erst zu Anfang August. Jetzt hieß es, gut 1 Monat zu überbrücken! Mit dem tatkräftigen Einsatz von Katrins Mutter und Christians Arbeit im Home-Office haute das Ganze dann irgendwie hin.

Bei Annelie

Bei Annelie, der Tagesmutter, übernahm Christian die Eingewöhnung. Es war gleich von Anfang an ein Draht da zwischen Annelie und Lotta. Annelie hat einfach ein unglaubliches Gespür für Kinder. Aber auch für Eltern. Sie hat gleich gesagt, dass Christian und Katrin immer aussprechen sollen, wenn sie etwas auf dem Herzen haben. Ihr sei es lieber, man spreche über die Dinge, und ihre Erfahrung habe gezeigt, dass man gemeinsam immer eine gute Lösung finde. Ach, da fiel Christian und Katrin gleich ein Stein vorm Herzen! Die Eingewöhnung lief absolut problemlos und war in 2 Wochen erledigt.

Mittlerweile ist Annelie für Lotta so etwas wie eine Zweitfamilie geworden. Sie liebt ihre Annelie und auch die die drei anderen Kinder, die Annelie betreut. Außerdem schmeckt es Lotta bei Annelie ganz besonders gut! Okay, wenn die Tagesmutter mal krank ist, müssen Katrin und Christian für Lottas Betreuung einspringen. Daher haben Christian und Katrin mit ihren Arbeitgebern ausgehandelt, dass sie bei Bedarf im Home-Office arbeiten können.

folgsfaktor in der Eingewöhnung. Diese Sichtweise ist keineswegs selbstverständlich und es gibt immer noch Einrichtungen bzw. Pädagogen, die das anders sehen!

Wie exakt sich die Kitas an das Berliner Eingewöhnungsmodell halten, ist unterschiedlich. Manche nehmen es ziemlich genau mit der zeitlichen Abfolge der Eingewöhnungsschritte. Manche sehen sie eher als Richtschnur und passen sie an die jeweilige Situation und die jeweiligen Bedürfnisse an. Letzteres Vorgehen macht mit Sicherheit mehr Sinn – die speziellen Umstände und die individuellen Erfahrungen Ihres Kindes sollten bei der Gestaltung der Eingewöhnung eine Rolle spielen:
- Wie eng ist die Bindung an die Eltern?
- Hatte Ihr Kind bereits regelmäßig Kontakt zu Gleichaltrigen?
- Hat es Geschwister, die vielleicht sogar dieselbe Einrichtung besuchen?
- Hat schon einmal ein Babysitter (bzw. die Großeltern) auf Ihr Kind aufgepasst bzw. hat es schon »Trennungserfahrung« gesammelt?

All diese Informationen können den Verlauf der Eingewöhnung stark beeinflussen.

Auf jeden Fall sollte ein Kind die Zeit, die es zur Eingewöhnung braucht, selbst bestimmen. Wie lange sie dauert, hängt von seinem Alter, seinem Temperament, seinen Erfahrungen und den äußeren Umständen ab. Das Berliner Eingewöhnungsmodell für gewöhnliche bis zu 3 Wochen für eine Eingewöhnung vor. Auch diesen Rahmen sollte man, vor allem nach oben hin, nicht zu eng sehen.

Was heißt eigentlich »eingewöhnt«?
Es ist manchmal nicht so leicht zu erkennen, wann ein Kind wirklich angekommen ist. Ja, es muss sich von seinem Erzieher trösten lassen. Das ist die Grundvoraussetzung. Aber was ist, wenn es das tut, aber sonst eher zurückhaltend ist? Wenn es das Geschehen z. B. eher von außen beobachtet und kaum teilnimmt? Ein Kriterium, um beurteilen zu können, ob sich ein Kind in der Kita wirklich wohlfühlt, ist auch, dass es ab und an Grenzen überschreitet. Das heißt, wenn ein Kind sich hin und wieder nicht an die Regeln hält und auch mal frech ist, dann fühlt es sich sicher. Bestimmt ist so ein Verhalten nicht gleich in den ersten Wochen zu erwarten, aber irgendwann sollte es sich schon mal eine kleine Frechheit oder einen Regelverstoß erlauben.

Angepasst, aber nicht angekommen?
Fragen Sie nach, wie sich Ihr Kind in der Kita verhält. Die Aussage – ach, sie (oder er) ist so ein braves, ruhiges Kind – sollte Sie aufhorchen lassen, wenn Sie Ihr Kleines als stürmischen Wirbelwind kennen, der eigentlich nichts unversucht lässt. Sie sollten das bei den Erziehern thematisieren und überlegen, was es Ihrem Kind erleichtern könnte, sich so zu zeigen, wie es eigentlich ist oder zumindest mehr davon. Solange sich ein Kind in der Kita nicht oder nicht annähernd so verhält wie sonst, ist es besser, wenn es dort nicht zu viele Stunden verbringen muss. Es tut nicht gut, sich jeden Tag über Stunden hinweg verstellen zu müssen bzw. nicht einfach sein zu können, wie man ist.

Weinen zum Abschied. Ob Ihr Kind morgens beim Abschied von Ihnen weint oder nicht, beeinflusst natürlich Ihr Wohlbefinden ungemein, sagt aber nicht viel über den Erfolg der Eingewöhnung aus. Es ist normal, dass ein Kind traurig ist und weint, wenn sich die Eltern verabschieden. Lässt es sich innerhalb von 2 bis 3 Minuten von einer anderen Bezugsperson trösten, ist das für ein Kind zumutbar. Das heißt nicht, dass das Kind schon nach 3 Minuten glücklich und zufrieden sein muss. Aber man sollte erkennen, dass es sich beruhigt und sich bei der tröstenden Person gut aufgehoben fühlt.

Eingewöhnung für Eltern
Nicht nur Kinder brauchen Zeit, um sich in der Kita einzugewöhnen – auch ihre Eltern. Es ist schließlich auch für sie eine neue Situation, ihr Kind in die Obhut anderer, ihnen noch unbekannter Menschen zu geben. Auch Eltern müssen erst Vertrauen fassen. Dieser Umstand wird gerne übersehen – sowohl von den Eltern als auch von den pädagogischen Fachkräften. Das Wohl des Kindes steht im Mittelpunkt – zu Recht. Nur wenn die Eltern sich in der Kita nicht wohlfühlen, kann man auch vom Kind nicht erwarten, dass es das tut.

Was brauchen Sie, um sich in der Kita wohlzufühlen, um Vertrauen zu den Erziehern und Erzieherinnen zu entwickeln und um Ihr Kind Tag für Tag mit einem guten Gefühl in der Kita abzugeben? Die meisten Eltern brauchen dazu vor allem drei Dinge:

Eine gute »Übergabe«: Ganz entscheidend für einen guten Einstieg in der Kita (sowohl für das Kind als auch für die Eltern) ist, dass die Eltern den Erziehern wichtige Informationen über das Kind mitteilen. In vielen Kitas wird vor dem Kita-Start ein Gespräch geführt, in dem die Erzieher die Eltern zu den Besonderheiten, Gewohnheiten, Vorlieben und Abneigungen des Kindes befragen. Findet so ein Gespräch nicht statt, müssen Sie dafür sorgen, dass die Erzieher und Erzieherinnen diese wichtigen Informationen erhalten. Wie lässt sich das Kind gut beruhigen?

Wann macht es seinen Mittagsschlaf? Was braucht es zum Einschlafen? Was isst es, was nicht? Womit beschäftigt sich das Kind gerne? Wenn Sie wissen, dass die Erzieher gut informiert sind und Ihrem Kind bei Bedarf die richtigen Angebote machen können, fällt es ihnen leichter loszulassen.

Die Möglichkeit, Einfluss zu nehmen: Die Erzieher und Erzieherinnen sind die Experten fürs Pädagogische. Sie, die Eltern, sind die Experten für Ihr Kind. Sie haben das Recht und die Pflicht, bei der Eingewöhnung (und auch darüber hinaus) zu sagen, wenn Sie mit einer Entscheidung oder einem Vorgehen Bauchschmerzen haben. Natürlich sollten Sie die fachliche Expertise der Erzieherinnen ernst nehmen – aber wenn Sie z. B. spüren, dass dieser Moment nicht der richtige für die erste Trennung ist, dann äußern Sie Ihre Bedenken. Stößt Ihre Sicht auf Unverständnis, dann erklären Sie, warum es Ihnen wichtig ist, an dieser Stelle anders vorzugehen, und bitten um Verständnis. Sie dürfen mitbestimmen, wie die Eingewöhnung läuft. Natürlich ist es am einfachsten, wenn die Erzieher auch dieser Auffassung sind. Im besten Falle tauschen Sie sich mit den Erziehern und Erzieherinnen auf Augenhöhe offen und ehrlich aus – zum Wohle Ihres Kindes.

Fluss der Informationen: Und natürlich müssen Sie sich sicher sein, dass wichtige Informationen Sie erreichen. Wie ist es meinem Kind ergangen, als ich weg war? Wie war die Essenssituation? Diese Informationen brauchen Sie, um Vertrauen zu entwickeln. Es gibt Erzieherinnen, die machen während der Eingewöhnung sogar Fotos oder kleine Filmchen, die sie dann den Eltern zeigen. Oder sie schicken eine kurze SMS: »Hat sich beruhigt und spielt jetzt mit dem Bagger.« So etwas ist Gold wert für die Elternseele!

Essen und schlafen – eine unendliche Geschichte?

Für viele Eltern sind Schlaf- und Essverhalten ihrer Kinder immer noch ein äußerst leidiges Thema. Da hilft vor allem eins: runter mit den Erwartungen!

Viele unserer Probleme mit dem Ess- und Schlafverhalten unserer Kinder kommen daher, dass wir Erwartungen an sie stellen, denen sie auf Grund ihres Alters bzw. ihres Entwicklungsstandes in der Regel noch gar nicht gewachsen sind. Wir erwarten z. B. von unserem anderthalbjährigen Kind, dass es alleine in seinem Zimmer ein- und durchschläft, und wir erwarten, dass es drei- bis viermal am Tag ausgewogen und mit Freude isst. Diese Anforderungen erfüllen allerdings nur die allerwenigsten Kinder in diesem Alter.

Wir ersparen uns und unseren Kindern tatsächlich viel Ärger und Sorge, wenn wir, statt immer wieder unsere Kinder mit allerlei Maßnahmen zurechtbiegen zu wollen, lieber ein Stück weit unsere Ansprüche an die Realität anpassen. Altersgerechte Erwartungen, weniger Erziehungsmaßnahmen, mehr Vertrauen in die Entwicklung des eigenen Kindes und mehr Vertrauen in unsere Vorbildfunktion – so kann die Geschichte ein gutes Ende nehmen.

Probier doch – das ist gesund!

Kinder machen viel mehr richtig, als wir auf den ersten Blick denken. Es mag für Sie persönlich einleuchtend sein, dass gesunde Sachen dem Körper guttun und daher auf unseren Speiseplan gehören. Für Kinder ist das nicht nachvollziehbar. Und das nicht, weil sie stur sind oder einfach nur mäkelig. Es gibt vor allem zwei gute Gründe, warum Kinder bei ihrer Essensauswahl sehr wählerisch und vorsichtig sind und dazu auch noch eine Vorliebe für – in unseren Augen – eher ungesunde Lebensmittel haben.

Integrierter Sicherheitscheck

Vor Urzeiten, als wir noch keine Kühlschränke voll geprüfter Lebensmittel mitsamt Verfallsdaten besaßen, mussten wir uns oft auf unseren Geschmackssinn verlassen, wenn es darum ging, zu entscheiden, ob etwas essbar ist oder nicht. Dabei standen die Geschmacksrichtungen »bitter« und

Neophobie

Alles Essbare, was nicht bekannt und bewährt ist, wird ab jetzt argwöhnisch betrachtet und garantiert nicht in den Mund genommen. Auch dieses Verhalten ist evolutionsbiologisch begründet und kann als ein weiteres Sicherheitsprogramm bezeichnet werden. Erst mit dem Schulalter werden die Kinder neuen Speisen gegenüber langsam (!) offener – also dann, wenn sie schon erfahrener, vernünftiger und körperlich widerstandsfähiger sind.

Wenn Sie also immer wieder versuchen, Ihrem anderthalbjährigen Kind Brokkoli oder Bohnen schmackhaft zu machen, indem Sie ihm sagen, wie gesund dieses Essen ist, wird Ihr Kind mit hoher Wahrscheinlichkeit bald gelernt haben, dass alle Dinge, die Sie als gesund bezeichnen, scheußlich schmecken und gefährlich sind, und es wird daher bei »gesunden« Speisen, die Lippen besonders gut zukneifen.

Ich koche für mich. Sie fahren wahrscheinlich besser, wenn Sie einfach regelmäßig Gemüse und Co. auf den Tisch bringen, selbst mit Genuss losfuttern, möglichst authentisch bleiben und damit Ihrem Kind Vorbild sind. Ab und an können Sie ihm mal was anbieten. Mit der Zeit gewöhnt es sich vielleicht an den Anblick und wenn es sieht, wie gut es Ihnen schmeckt, ist es vielleicht irgendwann dazu bereit, einen Mini-Happen zu probieren.

Und wenn nicht – nehmen Sie es nicht persönlich. Wenn Ihr Kind nicht mehr im Fokus Ihrer Essenspläne steht, entspannt sich die Lage und Sie können das Essen auch wieder mehr genießen (vor allem, weil Sie wieder Dinge kochen, die nicht in erster Linie für Kleinkinder gedacht sind).

»sauer« eher für Gefahr und »süß« für genießbar und kalorienreich. Fett wiederum kann man zwar nicht direkt schmecken, aber es ist ein guter Geschmacksverstärker und daher grundsätzlich willkommen, wenn er in der richtigen Kombination daherkommt. Viele Pflanzen und Gemüsearten waren, bevor sie der Mensch kultiviert hat, eher unbekömmlich und verfügten über viele Bitterstoffe. Kein Wunder also, dass viele Kinder sich Gemüse, so gut es geht, vom Leib halten.

Und dann gibt es noch ein anders Phänomen, dass Kinder davon abhält, reichhaltig und abwechslungsreich zu essen. Die sogenannte Neophobie – die Angst vor Neuem, hier bezogen auf Speisen. Was der Bauer nicht kennt, das frisst er nicht. Hat Ihr Baby noch freudig Oliven und Zwiebeln probiert, ist mit dieser Experimentierfreude mit ca. anderthalb Jahren Schluss. Dann ist Ihr Kind richtig mobil und Sie haben nicht mehr wie zuvor die 100%ige Kontrolle darüber, was es sich da und dort in den Mund steckt.

Lotta isst – aber nur wenn's passt

Ach, waren das noch Zeiten, als Lotta neugierig alles probierte. Jetzt beäugt sie jede Speise kritisch und was sie nicht kennt, rührt sie gar nicht erst an.

»Nein!« Lotta dreht ihren Kopf weg. »Aber Lotta, letztes Mal hat dir Reis mit Sauce sehr gut geschmeckt! Das ist lecker – probier doch mal!« Katrin hält Lotta wieder einen Löffel mit Reis hin. »Bähhh!« Katrin seufzt frustriert. »Lass sie doch. Sie will nicht. Mir schmeckt's dafür umso besser.« Christian nimmt sich einen Nachschlag. »Ich habe echt keine Ahnung, was wir noch kochen sollen. Sie probiert ja nicht mal!« Katrin ist sauer auf Lotta, obwohl sie weiß, dass Lotta sie nicht ärgern möchte, wenn sie das Essen nicht probiert. Schließlich hat sie das Gericht genauso gekocht, wie Annelie, Lottas Tagesmutter, ihr es aufgeschrieben hat. Bei Annelie isst sie dieses Reisgericht sehr gerne. Langsam ist sie mit ihrem Latein am Ende.

Banane, Kekse, Nudeln

»Wahrscheinlich schmeckt es Lotta einfach besser, wenn die anderen Kinder mitessen.« Christian dreht sich zu Lotta. »Willst du eine Banane?« Lotta lächelt ihren Papa an und nickt. Katrin verdreht die Augen. »Ich weiß nicht, ob es reicht, sich von Bananen, Keksen, Nudeln und Laugenbrezeln zu ernähren.« Christian reicht Lotta die geschälte Banane. »Na ja, Erbsen, Erdbeeren und zartes Hähnchen isst sie auch.« Lottas Augen leuchten auf: »Ebeeen!« »Ich glaube, Erdbeeren haben wir gerade keine hier, meine Süße. Aber dafür eine leckere Banane!« Christian zeigt auf die schon leicht zerquetschte Banane in Lottas Hand. Zum Glück gibt sich Lotta mit der Antwort zufrieden – das hätte auch anders ausgehen können ...

Emma, die Hungrige

Am späten Nachmittag sind Lotta, Katrin und Christian bei ihren Freunden Tanja und André eingeladen. Sie haben auch eine Tochter, Emma. Lotta und Emma sind im selben Alter. Emma ist allerdings im Gegensatz zu Lotta so etwas, was man eine gute Esserin nennt. Sie könnte den ganzen Tag futtern, sitzt immer als Erste am Tisch, wenn das Essen fertig ist, und die typische Mäkelei, die eigentlich alle Kleinkinder mehr oder weniger draufhaben, scheint es bei ihr nicht zu geben. Emma isst alles, was auch ihre Eltern essen, und das auch noch mit Genuss! Katrin könnte heulen, wenn sie sieht, wie Emma isst.

Lotta will nicht essen

Nun sitzen alle zum Abendessen am Tisch. Lotta eher widerwillig, sie wollte lieber den tollen Puppenwagen von Emma weiter herumschieben. Es gibt Kartoffelbrei, Karotten mit Erbsen und einen duftenden Lammbraten. Tanja tut Lotta ein Mini-Portiönchen zum Probieren auf. Emma bekommt eine große Portion. An die macht sie sich auch gleich eifrig ran. Lotta hingegen schaut sich das auf ihrem Teller an und sagt: »Bähh!« »Lotta, du musst erst einmal probieren. Schau mal, da sind Erbsen – die liebst du doch so!« Katrin ist Lottas Reaktion etwas unangenehm – sie weiß, wie viel Wert Tanja und André auf das Essen legen. Lotta bleibt dabei: »Bähhh!« Lotta kann es nicht leiden, wenn die einzelnen Zutaten miteinander vermischt sind, da kommt sie ganz nach ihrem Vater: Christian hat auch gerne Ordnung auf seinem Teller. Und hier sind die Erbsen den verhassten Karotten eindeutig zu nahe gekommen.

Andere Familien, andere Tischsitten

»Ach, ist nicht schlimm«, sagt Tanja. »Möchtest du ein Brot haben?« Lotta schüttelt den Kopf. Sie schaut Katrin an: »Bielen.« Christian streichelt Lotta über den Kopf. »Lotta hat jetzt nur die Spielsachen von Emma im Kopf – ich glaube, die wird jetzt nichts essen. Komm Lotta, ich helfe dir runter.« »Oh.« Tanja schaut ein wenig irritiert. »Wir haben bei uns die Regel, dass auch die Kinder am Tisch sitzen bleiben, solange andere Kinder noch essen. Das ist sonst für Emma immer so blöd, wenn sie noch isst und die anderen spielen schon.« Na toll – jetzt müssen Christian und Katrin die spielhungrige Lotta am Tisch festhalten, bis die kartoffelbreihungrige Emma aufgegessen hat. Das kann ja heiter werden ... »Okay, habt ihr vielleicht Obst da?« »Klar!« sagt Tanja und holt ein kleines Schüsselchen mit Erdbeeren. Die isst Lotta zum Glück. Dann ist auch Emma fertig. Puh, geschafft!

Reichen Nudeln zum Großwerden?

Nach und nach nehmen die Kleinen immer mehr am Familienessen teil. Mit ca. 1½ Jahren essen die meisten Kinder ganz normal bei den Mahlzeiten mit und man muss ihnen kaum mehr etwas zerdrücken oder pürieren. Sie können nun schon recht routiniert mit dem Löffel essen (natürlich landet immer noch ein nicht unbeträchtlicher Teil dort, wo er eigentlich nicht hin soll) und sie sind auch in der Lage, eigenständig aus einem Becher zu trinken (wenn man sie hat üben lassen).

Allerdings essen viele Kleinkinder in den Augen ihrer Eltern zu wenig. Hier mal zwei Löffel, da mal einen Bissen. Und auch wenn es Gründe für die Schmalspur-Ernährung der Kinder geben mag (siehe Neophobie, Seite 159) ändert es ja nichts an der Tatsache, dass sich Kinder ziemlich einseitig ernähren. Spätestens mit dem 3. Lebensjahr fangen die meisten Kinder an, sogar die Pastasauce (in die man ja bisher noch allerlei püriertes Gemüse einschmuggeln konnte) zu verweigern, und bestehen auf Nudeln ohne alles – im besten Falle noch mit Parmesan/Olivenöl/Butter. Da ist es kein Wunder, dass Eltern sich sorgen, Ihr Kind bekomme nicht die notwendigen Nährstoffe.

Mangelerscheinungen? Doch die allermeisten Kinder essen weder zu wenig, noch entwickeln sie Mangelerscheinungen. Sie spüren sehr gut, wie viel und was ihr Körper gerade an Nahrung braucht – gesetzt den Fall, sie werden nicht ständig zum Essen angehalten oder womöglich dazu gezwungen.

Ein knapp zweijähriges Kind ist bestens versorgt, wenn es z. B. täglich

- 2 Tassen Milch,
- 1 Kartoffel,
- 1 Karotte,
- 1 Apfel,
- 1 Scheibe Brot,
- 1 Esslöffel Fett und
- zwei bis dreimal die Woche ein Stückchen Fleisch

zu sich nimmt. Hört sich wenig an, oder? Wenn ein ausgewogenes Essensangebot vorhanden ist, nimmt ein Kind ganz intuitiv die Speisen zu sich, die sein Körper braucht. Da ist es auch nicht schlimm, wenn mal ein paar Tage (selbst Wochen) wenig Obst und Gemüse dabei ist. Also, machen Sie sich keine Sorgen über die Nudeldiät Ihres Kindes und laufen Sie ihm vor allen nicht ständig mit der Karotte hinterher.

Alleine schlafen – warum eigentlich?

Ja, so ist das leider nun mal – 99 % aller kleinen Kinder können am besten bei ihren Eltern ein- und durchschlafen und tun deshalb alles, um abends bzw. nachts in ihrer Nähe zu sein. Und 99 % aller Eltern (zumindest in unserem Kulturkreis) haben am Ende eines anstrengenden Tages das Bedürfnis nach Ruhe und tun deshalb alles, was in ihrer Macht steht, um den Abend bzw. die Nacht für sich zu haben. Ein echtes Dilemma. Welches Bedürfnis wiegt da schwerer? Und was genau erwarten wir eigentlich von unserem Kind, wenn wir wollen, dass es selbstständig schläft?

Keine vorgeschobenen Gründe, bitte!
Solange das Kind ein Baby ist, sind die meisten Eltern noch milde. Na gut, dann schläft

es halt noch bei uns im Zimmer oder sogar in unserem Bett. Aber nach gut 1 Jahr ist dann meistens Schluss mit dem Kuschelkurs. Zum einen sind die Eltern es mittlerweile leid, abends neben den Kleinen zu liegen, bis sie endlich eingeschlafen sind, nachts dreimal geweckt zu werden und überhaupt das Schlafzimmer mit ihnen zu teilen. Sie wollen wieder mehr Raum für sich haben (wer kennt das nicht …). Auf der anderen Seite kommt noch ein erzieherischer Anspruch (und der damit einhergehende gesellschaftliche Druck) hinzu – schließlich soll das Kind nicht noch mit 15 im Elternbett schlafen. Wenn jetzt nicht angefangen wird, Selbstständigkeit zu trainieren, könnte es zu spät sein.

Diesen Anspruch können Sie getrost aus Ihrem Kopf streichen. Es gibt kein Zeitfenster, in dem das Kind zum selbstständigen Schlaf erzogen werden muss. Wenn Sie vorhaben, Ihr Kind zu mehr Eigenständigkeit zu erziehen, dann bitte nur deshalb, weil Sie mehr Ruhe haben wollen. Aber nicht, um Ihrem Kind etwas Gutes zu tun. Denn um die Selbstständigkeit Ihres Kindes brauchen sie sich nicht zu sorgen – auch nicht, wenn es bereits kurz vor seinem 2. Geburtstag steht. In unserem Kulturkreis erwarten wir viel zu früh von unseren Kindern, dass sie selbstständig schlafen. Aus eigenen Stücken beginnt ein Kind damit erst rund um die Einschulung – klar, manche schon früher, aber nicht wenige auch später. Und dafür gibt es, wie immer, gute Gründe.

Achtung, Gruselgefahr

Die Nacht hat etwas Unheimliches an sich – nicht nur Kinder empfinden das so, auch viele Erwachsene. Alles ist in Grau und Schwarz getaucht, es ist still und dazu noch die Müdigkeit, die nicht gerade zu einer mutigen Haltung beiträgt. Sie können sich schon denken, dass da die Trennungsangst besonders erbarmungslos zuschlägt und Kinder daher abends und in der Nacht am liebsten einen Dauerkörperkontakt zu ihren Eltern halten möchten. Richtig gruselig wird es dann so ab dem 2. Lebensjahr. Um den Dreh herum setzt die kindliche Fantasie ein und Ungeheuer und Monster verbreiten zusätzlich Angst und Schrecken im Schlafzimmer.

Wenn schlafen gehen also bedeutet, getrennt sein von Mama und Papa, sind das natürlich nicht besonders rosige Aussichten für ein Kind. Ein Kind, das allein einschlafen oder die Nacht allein in seinem Zimmer verbringen muss, wird sich daher in der Regel häufiger und heftiger gegen das Schlafengehen wehren als ein Kind, das von seinen Eltern in den Schlaf begleitet wird und das im selben Raum mit den Eltern schläft. Ich glaube, das ist nicht schwer zu verstehen. Und jedes Kind ist anders! Manche Kinder akzeptieren auf Anhieb das eigene Bett im Kinderzimmer, andere wehren sich mit Händen und Füßen dagegen.

Selbstständigkeit beim Schlafen entsteht nur ohne Druck

Auch wenn Sie sich verständlicherweise wünschen, Ihr Schlafzimmer wieder für sich zu haben oder abends nicht mehr ewig bei Ihrem Kind bleiben zu müssen, bis es endlich eingeschlafen ist, ist es trotzdem wichtig, seine Ängste ernst zu nehmen. Und wenn Sie Ihnen noch so irrational vorkommen. Die echte Selbstständigkeit beim Schlafen (nicht die scheinbare, die auf Resignation (Seite 76) beruht), die Sie sich von Ihrem Kind so sehr erhoffen, kann sich ja nur entwickeln, wenn es sich ohne Stress und Angst auf den Schlaf einlassen kann.

Perspektive wechseln lohnt sich

Und noch eine Sache – wenn Sie die in unserer Kultur verbreitete Schlafsituation mal als Außenstehender betrachten. Wie wirkt es auf Sie, wenn die Erwachsenen (Vater und Mutter) den Abend gemeinsam auf der Couch verbringen, sich austauschen, ein Buch lesen, ein Spiel spielen oder die neue Lieblingsserie anschauen und sich anschließend zusammen ins Bett kuscheln, ihr kleines Kind hingegen soll allein in seinem Zimmer einschlafen und bitte möglichst durchschlafen. Und das, obwohl es wesentlich schutz- und kuschelbedürftiger ist als jeder Erwachsene? Einmal die Perspektive gewechselt, kriegt man schnell eine andere Haltung zu dem Thema, oder? Ist das nicht irgendwie eine verkehrte Welt? »Allein im Zimmer schlafen« ist eine recht neumodische Erfindung, die die allermeisten Menschen, ob groß oder klein, nicht bevorzugen.

Entspannung für alle

Aber was, wenn Sie derart unter dem Schlafverhalten Ihres Kindes leiden, dass Sie unmöglich wie gehabt weitermachen können? Dann muss natürlich eine Veränderung her.

Vielleicht schläft Ihr Kind mit seinen anderthalb Jahren immer noch ausschließlich auf dem Arm ein, vielleicht wacht es noch immer dreimal in der Nacht auf, vielleicht müssen Sie abends 1 Stunde bei ihm liegen, bis es einschläft, oder vielleicht wuschelt es Ihnen zu seiner eigenen Beruhigung nachts regelmäßig in den Haaren rum (alles nicht ungewöhnlich für das Alter) – was auch immer. Wenn es Sie stört, müssen Sie es nicht Ihrem Kind zuliebe ertragen. Der Ärger, der sich bei Ihnen auf diese Weise anstaut, kommt Ihrem Kind nicht zugute. Jetzt ist es an der Zeit, an der konkreten Situation etwas zu verändern, so dass es sich für Sie und Ihr Kind gut anfühlt und Sie alle wieder entspannen können.

Schlafsituation anpassen

Vielleicht quartieren Sie Ihr Kind doch in sein eigenes Zimmer aus, aber legen dort eine große Matratze auf den Boden, so dass Sie sich oder Ihr Partner jederzeit neben Ihr Kind legen können, um es entweder in den Schlaf zu begleiten oder nachts möglichst bequem zu beruhigen. Wechseln Sie sich mit Ihrem Partner ab, wenn Sie das bisher noch nicht getan haben. Meist leiden besonders diejenigen Elternteile unter der Ins-Bett-Bring-Situation, denen abends regelmäßig die Puste ausgeht. Wenn Sie eher ein Morgenmensch sind und einen Partner an der Seite haben, der eher eine Eule ist, könnten Sie aushandeln, dass Ihr Partner Ihr Kind unter Woche ins Bett bringt und Sie von Freitag bis Sonntag, weil Sie dann deutlich mehr Energie haben. Es soll sogar Väter geben, die komplett für das Zubettbringen der Kinder zuständig sind!

Lösen Sie sich von Konventionen
Oder vielleicht verkürzen Sie das Einschlaf-Ritual oder Sie ändern es. Freunde von uns haben ihrem Sohn, der fürs Einschlafen schon immer viel Zeit brauchte (unter 1 Stunde ging gar nichts), beigebracht, dass Mama oder Papa bei ihm bleiben, bis er schläft, aber die Eltern sitzen mitsamt ihrem Ipad am Fußende seines Bettes und schreiben dabei E-Mails. So kann man noch ein bisschen was wegarbeiten und hat sogar eine Zeitersparnis am nächsten Tag.

Ein anderer Vater, den ich kenne, der schon immer gerne mit dem Meditieren beginnen wollte, dem aber bislang die Zeit dazu fehlte, nutzt die Dauer des Einschlafens, die er bei seiner Tochter verbringt, zur Kontemplation. So hat er zumindest jeden zweiten Tag die Möglichkeit, 25 Minuten zu meditieren. Und eine Familie aus dem Bekanntenkreis lässt neuerdings zum Einschlafen die Kinderzimmertür ganz offen und ein Elternteil setzt sich mit samt Sessel und Zeitung oder Buch genau ins Blickfeld ihres Kindes. Und es klappt! Die Kleine ist zufrieden, wenn sie beim Einschlummern ihre Eltern sehen kann.

Am besten probieren Sie aus, was bei Ihnen und Ihrem Kind am besten ankommt. Es gibt so viele Möglichkeiten, an der Schlafsituation etwas zu verändern – vor allem, wenn man sich mal von den klassischen Vorgaben/Konventionen löst!

Lotta soll aus dem Zimmer ausquartiert werden

Jetzt ist Lotta schon fast 2 Jahre alt und schläft immer noch im »Babybalkon« direkt neben Katrins und Christians Bett. Christian findet, jetzt reicht's.

Katrin fühlt sich eigentlich jeden Morgen unausgeschlafen. Sie wacht nachts ständig auf, weil Lotta sich im Schlaf hin und her schmeißt. Jeden Morgen muss sich Christian anhören, wie schlecht Katrin geschlafen hat. »Ich finde, Lotta sollte jetzt mal in ihrem eigenen Zimmer schlafen. Du schläfst schlecht, weil du jede Bewegung von Lotta registrierst, und ich fände es auch schön, wenn wir unser Schlafzimmer wieder für uns hätten.« So richtig toll findet Katrin den Gedanken nicht, Lotta auszuquartieren. Wahrscheinlich kann sie erst recht nicht schlafen, wenn sie weiß, dass Lotta im anderen Zimmer schläft, und sie sich die ganze Zeit fragt, ob es Lotta gut geht. Aber gut, Lotta ist jetzt schon fast 2 und Christian wünscht sich schon lange, das Schlafzimmer wieder für sich und Katrin zu haben – vielleicht kann man es ja mal versuchen.

Lotta soll im Kinderzimmer schlafen – aber wo?

Aber wo soll Lotta am besten schlafen? In dem Gitterbettchen, dass momentan noch neben Katrins und Christians Bett steht? Man könnte das ins Kinderzimmer stellen und vielleicht noch eine Matratze danebenlegen. Dann könnten sich Katrin und Christian auch mal neben Lotta legen, z. B. beim Einschlafen oder nachts, wenn Lotta Beistand braucht. Aber gerade beim Einschlafen liebt es Lotta zu kuscheln. Jetzt ist das Gitterbett genau auf Höhe des Elternbetts und die eine Gitterwand ist abmontiert, so dass Lottas Bett und das Bett ihrer Eltern quasi eine Ebene bilden. Da kann man beim Einschlafen problemlos kuscheln.

»Und was ist, wenn wir einfach erst einmal unsere Gästematratze nehmen und die ins Kinderzimmer legen? Die ist schön groß – da passt auch noch locker einer von uns drauf. Wenn wir die in die Ecke legen und die andere Seite mit dem Regal absichern, kann Lotta auch nirgends runterkullern.« Katrin überlegt: »Ja, das ist vielleicht gar keine schlechte Idee. Und das Gitterbett lassen wir erst einmal stehen. Wenn Lotta doch mal bei uns schlafen möchte, dann haben wir genug Platz. Und außerdem müssen wir sowieso erst einmal schauen, ob der Umzug klappt.« Gesagt, getan. Schon heute Abend soll Lotta in ihrem Zimmer schlafen.

Die Matratze gefällt Lotta

Damit der Übergang leichter fällt, werden allerdings Katrin bzw. Christian die ersten Tage bei Lotta auf der Matratze schlafen. So kann sich Lotta erst einmal an die neue Schlafumgebung gewöhnen. Lotta findet die neue Matratze im Kinderzimmer toll. Vor allem die gemütliche Umrandung mit den Kissen und Decken. Da kann man sich super hin und her rollen und drin einkuscheln.

Als Katrin Lotta erzählt, dass die beiden heute Abend hier schlafen werden, schaut Lotta erst einmal verunsichert. Doch dann sagt Katrin, dass Lottas Wuffi auch auf der neuen Matratze schlafen wird und dass sie es sich zu dritt ganz gemütlich machen werden. Lotta hört genau hin, was Katrin zu ihr sagt, überlegt kurz und findet die Idee dann prima. Sie holt gleich ihren Wuffi und legt sich mit ihm auf die Matratze. Katrin lacht. »Nein, Lotta. Jetzt ist noch keine Schlafenszeit!«

Mission geglückt

Der Umzug ins Kinderzimmer hat tatsächlich geklappt. Lotta war zur Schlafenszeit noch ziemlich aufgedreht, kam aber nach mehreren Gutenachtgeschichten runter. Einmal wurde sie in der Nacht wach, konnte aber von Katrin schnell beruhigt werden. Katrin und Christian haben die erste Woche abwechselnd bei Lotta im Zimmer geschlafen. Jetzt machen sie es so, dass sie sich beim Einschlafen zu Lotta legen und ihr wie gehabt vorsingen und mit ihr kuscheln. Wenn Lotta dann schläft, verlassen sie das Zimmer. Die Türe bleibt offen und ein kleines Nachtlicht brennt. Wenn Lotta aufwacht – und das passiert zum Glück selten –, dann geht einer rüber und beruhigt sie kurz. Katrin schläft nun tatsächlich besser, seitdem sie nicht mehr jede Bewegung und jeden Pieps von Lotta hört – das hätte sie nicht gedacht. Und Christian ist glücklich, das Schlafzimmer erfolgreich zurückerobert zu haben.

Hauptsache mitmischen

Mitmachen ist das Größte. Was immer wir treiben – überall wollen die Kleinen mitmischen oder sie machen es einfach nach. Ein besseres Lernprogramm gibt's nicht.

Ihr Kind gehört jetzt schon zu den Fortgeschrittenen, nicht mehr zu den Anfängern. Es hat bereits eine ganze Menge Erfahrungen gesammelt, es verfügt über bestimmte Vorstellungen von seiner Welt und ihren Abläufen und kann daher auch Neues besser und schneller zuordnen.

Es versteht von dem, was Sie ihm sagen, immer mehr, kann sich zunehmend durch Sprache verständlich machen, wird Tag für Tag selbstständiger und nimmt deutlich aktiver am Familienleben teil – alles Umstände, die wie ein Turboantrieb auf seine kognitive Entwicklung wirken. Alles, was sich um Ihr Kind herum abspielt, wird von ihm wahrgenommen und verarbeitet. Sämtliche Erfahrungen werden im Gehirn Ihres Kindes fleißig zugeordnet, verknüpft und neugeordnet.

Als-ob-Spiele. Ihrem Kind geht es jetzt nicht mehr ausschließlich darum, neue Dinge zu begreifen, in dem es sie in die Hände oder den Mund nimmt, sie anschaut und sie auf den Boden haut. Es will jetzt herausfinden, was man mit diesen Dingen wirklich tun kann, wofür sie eigentlich gedacht sind. Dazu experimentiert es unermüdlich, beobachtet die Ergebnisse und probiert gleich nochmal aus. Und es schaut genau hin, was die Erwachsenen mit diesen Dingen so anstellen. Das Ergebnis ist, dass die Puppe jetzt nicht mehr (oder zumindest deutlich seltener) einfach nur angelutscht wird, sondern sie wird ausgezogen, gefüttert, gebadet oder gekämmt – so wie man das eben von den Erwachsenen kennt. Diese »Als-ob-Spiele« werden im Laufe des 2. Lebensjahres deutlich zunehmen.

Ihr Kind möchte aber nicht nur »Als-ob« spielen – es möchte auch »in echt« mitmachen. Es möchte ein vollständiges Familienmitglied sein und dazu will es auch lernen, wie man kocht, den Tisch deckt, einen Nagel in die Wand haut und wie man den Fußboden wischt. Diese Tätigkeiten scheinen nun mal wichtig zu sein – zumindest beschäftigen Sie sich täglich damit.

Experimentieren und Lernen für immer zu bewahren. Lassen Sie Ihr Kind teilhaben an Ihrem Alltag.

Aber nicht nur Eltern sind Vorbild. Gleichaltrige werden Tag für Tag wichtiger im Leben Ihres Kindes – bis sie uns dann irgendwann den Rang ablaufen. Aber das dauert zum Glück noch ein Weilchen …

Machen lassen

Spielen ist schön, aber die wahre Welt zu erobern, ist das Spannendste überhaupt. Warum das Holzgemüse im Mini-Kochtopf trocken rühren, wenn man auch in einem großen Topf aus Linsen, Nudeln, Reis, ein paar Gewürzen und einem ordentlichen Schuss Wasser eine saftige Suppe kochen kann? Zutaten in den Topf geben, rühren, Suppe in Teller verteilen, servieren – da ist viel zu tun. Und wenn man so beschäftigt ist und Dinge tut, die wirklich wichtig sind (die Erwachsenen tun sie schließlich auch), macht das Selbstwertgefühl gleich einen ordentlichen Sprung.

Also, auch wenn die kleinen Mit-, Auch- und Ich-Macher manchmal nerven, weil sich der eigene Plan nicht in dem angedachten Tempo und in der gewünschten Präzision verwirklichen lässt – am besten man lässt sie, so gut es geht, mitmachen. Oft kann man die Kleinen ja ihr eigenes Süppchen kochen oder ihr eigenes Bobbycar putzen lassen, wenn man gerade das Mittagessen kocht bzw. das Bad putzt. So kommt man vielleicht eher zum Ziel (muss aber anschließend vielleicht etwas mehr aufräumen oder aufwischen).

Selber anziehen und Co. Mitmachen ist aber auch bei sämtlichen Serviceleistungen, die

»Auch machen!«

Auch wenn Sie meinen, es sei noch zu früh, um kochen, Tisch decken, Nagel in die Wand hauen und Fußboden wischen zu lernen – Ihr Kind sieht das anders und es wird Sie nicht in Ruhe lassen, bis Sie es in irgendeiner Form beteiligen. Darf es dann endlich mitmischen, ist allerdings noch lange nicht garantiert, dass es das auch so machen wird, wie Sie sich das vorstellen bzw. wie Sie ihm das vorgemacht haben. Was wir schon in- und auswendig können, müssen Kinder erst noch lernen. Und das klappt am besten, indem sie selbst herausfinden, wie es geht.

Durch Experimentieren und zahlloses Wiederholen lernt Ihr Kind, wie die Welt funktioniert. Und sogar noch mehr: Es lernt zu lernen – ganz selbstständig und aus freien Stücken. Mischen Sie sich so wenig wie möglich ein und halten Sie sich mit klugen Ratschlägen zurück. Ich weiß, das ist alles andere leicht. Doch dann hat Ihr Kind die besten Chancen, sich seine Begeisterung am wir täglich erbringen, angesagt. Am Wickeln, Anziehen, Brotschmieren, Zähneputzen usw. können (und sollten) sich die kleinen Alleskönner aktiv beteiligen. Viele wollen das eigentlich sowieso – haben aber mittlerweile aufgegeben, da wir ihre Versuche, mitzumachen, erfolgreich abgewendet haben. Gerade bei den täglichen Routinen ist unsereins gerne etwas ungeduldig, da alles schnell und effizient gehen soll. Dabei ist es ja auch ihr gutes Recht, mitzubestimmen und mitzugestalten, wenn es um ihre eigenen Angelegenheiten geht. Das dürfen wir nicht vergessen. Vielleicht ist es ja doch möglich, da und dort etwas mehr Zeit einzuplanen.

Inspiration durch Kollegen

Paul geht zur Schaukel. Ines sieht das: »Au Schauke!« Lisa nimmt sich den Bagger. Mia sieht das: »Au Bagga!« Kinder werden von anderen Kindern regelrecht inspiriert. Was sie bei ihren Kollegen sehen, wird sofort mit Begeisterung aufgenommen und muss am besten gleich nachgemacht werden. Auch wenn sich Kinder in diesem Alter alles Mögliche voneinander abschauen, ist das gemeinsame Spiel noch nicht besonders stark ausgeprägt. Lieber wird geschaut, was der andere so macht. Ist das interessant, setzt man sich daneben und spielt quasi parallel das Gleiche.

Sind die Ressourcen knapp (und das sind sie in der Regel, da es nicht von jedem Spielzeug bzw. -gerät ausreichend viele gibt), dann kommt es auch regelmäßig zum Konflikt. Abgeben, abwechseln und tauschen – das können Anderthalbjährige und auch Zweijährige in der Regel noch nicht.

Haben sich zwei in der Wolle und können sich nicht einigen, wer nun mit der Puppe spielen darf, hilft es am besten, die beiden Streithähne zu trennen, sie abzulenken und sie zu trösten. Den Kleinen groß ins Gewissen zu reden bringt nichts. Sie können sich kaum in den anderen hineinversetzen. Kinder sind bis etwa zu ihrem 4. Lebensjahr recht selbstbezogen (vor allem, wenn es um ihren Vorteil geht) und nehmen die Welt in erster Linie aus ihrer Perspektive wahr.

Braucht ein Kind ein Kinderzimmer?

Vielleicht brauchen Sie ein Kinderzimmer, weil Sie sonst nicht wissen, wohin mit dem ganzen Kinderkram, aber Ihr Kind braucht mit Sicherheit noch keines. Für Ihr Kind ist jedes Zimmer in Ihrer Wohnung bzw. in Ihrem Haus ein Kinderzimmer. Überall lässt es sich hervorragend spielen und sowieso ist es

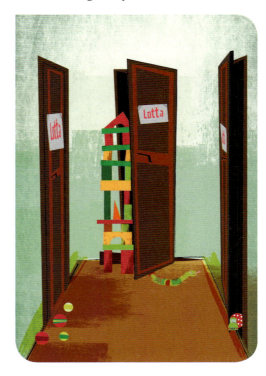

Spielzeuge, die sich für Ein- bis Zweijährige eignen

Spielart	Spielzeug
Experimentieren	Holz-Murmelbahn mit großen Holzkugeln bzw. Laufteilen Buddelsachen (Eimer, Schaufel, Förmchen)
Als-ob-Spielen (Rollenspiel)	Puppen oder Kuscheltiere, Puppenwagen, Puppenbett Autos, Bagger, Laster Taschen, Koffer, Trolleys
Konstruieren und gestalten	Lego-Duplo Holzbauklötze Buntstifte extra dick Fingerfarben
Sprache entwickeln und Wissen aufbauen	Wimmelbücher kleine Bilderbuchgeschichten
Bewegen	Bobbycar Dreirad Roller oder Kickboard Matratzen, Bausteine aus Schaumstoff Trampolin

immer da am schönsten, wo Sie gerade sind. Auf der anderen Seite schadet ein Kinderzimmer natürlich auch nicht. Vielleicht haben Sie einfach Spaß daran, ein Kinderzimmer einzurichten – so wie Sie sich eben ein schönes Zimmer für Ihr Schätzchen vorstellen. Und wenn Sie möchten, dass Ihr Kind in einem separaten Raum schläft, ist ein Kinderzimmer sowieso angesagt. Allerdings sollten Sie sich auch in diesen Fällen keine Hoffnungen machen, dass Ihr Kind sein Zimmer den anderen Zimmern gegenüber bevorzugt.

Was braucht Kind zum Spielen?

Auch ein ein- bis zweijähriges Kind braucht immer noch nicht viel, um glücklich spielen zu können. Nach wie vor bietet die Wohnung mit all ihren Möbelstücken und Gegenständen viele Möglichkeiten und damit Abwechslung. Draußen gibt es vielleicht auch noch einen Garten oder zumindest den Spielplatz und es gibt Stöcke, Steine, hübsche Blätter, glänzende Kastanien und sonst alles Mögliche aus der Natur. Im Grunde können Sie sich jetzt noch das Geld für Spielzeug sparen, um dann welches zu haben, wenn Ihr Kind konkrete Konsumwünsche entwickelt (und die werden kommen, das verspreche ich Ihnen …).

Wenn Sie allerdings keine Lust haben, unter den Eltern als Freak zu gelten, da sie Ihr Kind im Großen und Ganzen spielzeugfrei aufziehen (im Übrigen gibt es auch Kitas, die diese Philosophie leben …), oder wenn Oma und Opa darauf bestehen, ihrem Enkel etwas Schönes zu schenken, gibt es natürlich schon ein paar Dinge, die den Kleinen Spaß bereiten.

In der Tabelle finden Sie ein paar Anregungen für käuflich erhältliche Spielzeuge, nach

Spielart sortiert (Überlappungen möglich) einige davon günstig, andere teurer. Theoretisch sind die aufgeführten Spielzeuge ab dem 1. Lebensjahr je nach Entwicklungsstand (vor allem dem motorischen) bespielbar. Sie alle sind ohne Ausnahme gleichermaßen für Mädchen als auch für Jungen geeignet!

Spaßmacher

Auch wenn Ihr Kind schon einiges an Selbstständigkeit hinzugewonnen hat, laufen und recht geschickt mit seinen Händen umgehen kann und sich phasenweise ganz gut selbst beschäftigt, so sind Sie doch immer noch sein Lieblingsspielpartner. Ihr Kind liebt es, wenn Sie sich mit ihm beschäftigen – ganz besonders, wenn Sie es in Ihre spannenden Tätigkeiten miteinbeziehen aber auch, wenn Sie mit ihm z. B. ein Bilderbuch anschauen, Ball spielen oder wild toben.

Bei all diesen Beschäftigungen findet Ihr Kind es besonders reizvoll, wenn es sieht, dass seine Erwartungen sich erfüllen. Sie machen immer an derselben Stelle im Bilderbuch so ein witziges Geräusch, wenn Sie auf den Bären zeigen. Beim Ballspielen rollt der Ball immer zwischen die Beine und zum Toben, gehört dazu, dass man zwischendurch durch die Luft gewirbelt wird. Werden seine Erwartungen allerdings nicht erfüllt, führt das mit ziemlich hoher Wahrscheinlichkeit dazu, dass Ihr Kind Sie schroff zurechtweist oder dass es aus Enttäuschung darüber gleich losbrüllt.

Neben diesem sozialen Spielen, also mit anderen zusammen spielen, gibt es noch weitere Spielarten, die Ihr Kind mittlerweile beherrscht. Diese Spielarten kann man zwar kaum isoliert betrachten, da sie sich beim Spiel meistens vermischen, aber zur besseren Übersichtlichkeit sind sie hier nun noch einmal einzeln aufgeführt.

Experimentieren: die Funktion der Dinge herausfinden

Ihr Kind war schon immer ein Forscher. Es hat bereits von Geburt an die Welt erkundet und so seine Erfahrungen mit ihr gesammelt. Diese Erfahrungen und die vielen erlernten Fähigkeiten sind nun die Grundlage für ausgefeilte Experimente. Ihr Kind hat die Mission, die Funktion der Dinge herauszufinden, und dazu geht es jetzt gezielt vor. Forschungsobjekt kann dabei alles sein: die Gegenstände in der Wohnung, aber auch alle möglichen Materialien wie Wasser, Erde, Sand, Steine, Stöcke, Papier oder auch »richtiges« Spielzeug, mit dem man z. B. die Gesetze der Physik erfahren kann, wie mit einer Murmelbahn.

Als-ob-Spielen

Durch Nachahmung kann man die Funktion der Dinge herausfinden. Man schaut sich einfach bei den anderen ab, was die mit bestimmten Gegenständen anstellen oder wie sie in bestimmten Situationen vorgehen. So um den 1. Geburtstag herum, wird Ihr Kind sich vielleicht bei Gelegenheit Ihr Handy schnappen und es sich ans Ohr halten – so wie Sie das für gewöhnlich machen. Ein paar Monate später nimmt es vielleicht die Fernbedienung, hält sie sich ans Ohr und spricht hinein. Es tut so, als ob die Fernbedienung oder ein rechteckiger Holzbauklotz ein Telefon wäre. Dann fängt es irgendwann an, seinen Stofftierhund mit dem Löffel zu füttern – so wie Sie das früher mit ihm gemacht haben. Gegen Ende des 2. Lebensjahres wer-

U7: die siebte Vorsorgeuntersuchung

Die U7 findet zwischen dem 21. und 24. Lebensmonat statt. Seit der letzten Vorsorgeuntersuchung ist also mittlerweile schon 1 Jahr vergangen. Wie gewohnt werden auch bei der U7 zunächst Körpergewicht, Körperlänge und Kopfumfang gemessen. Die Ärztin untersucht Hals, Nase und Ohren sowie die Herz- und Lungentätigkeit. Sie prüft auch die Beweglichkeit und Geschicklichkeit Ihres Kindes. Sie schaut z. B., ob Ihr Kind gehen, rennen sich bücken und wieder aufrichten kann und ob es in der Lage ist, einige Stufen frei, also ohne sich festzuhalten, zu steigen.

Auch für die Entwicklung der Sinne interessiert sich der Kinderarzt bei der U7 und testet, ob Ihr Kind gut sehen und hören kann. Während der Untersuchung wird er Ihr Kind immer wieder direkt ansprechen, es zu bestimmten Handlungen auffordern und ihm einige Fragen stellen. So kann er sein Sprachverständnis und sein Sprechvermögen beurteilen.
Darüber hinaus wird der Kinderarzt nach eventuellen Verhaltensauffälligkeiten wie z. B. Schlaf- und Sprachstörungen sowie nach seiner Ernährung fragen. Er kontrolliert den Impfstatus und holt fehlende Impfungen nach.

---

den schon kleine Szenen gespielt. Die Puppe ist krank und muss zum Arzt. Dort wird sie dann gründlich untersucht.

Für solche Spielereien findet sich in der Regel ausreichend Material im Haushalt. Aber natürlich sind auch Puppen, Stofftiere, Autos und das entsprechende Zubehör hervorragend dazu geeignet.

Konstruieren und gestalten

Etwas schaffen, etwas entstehen lassen – das ist faszinierend und es macht nicht nur Kindern, sondern in der Regel auch noch Omas und Opas Spaß. Nur lernen die Kleinen auch noch nebenbei eine ganze Menge über räumliche Verhältnisse. Zwischen ein und anderthalb Jahren füllen und entleeren Kinder leidenschaftlich Behälter. Egal ob es sich um Regale, Schränke oder um Kisten handelt – sie werden ausgeräumt und wieder befüllt (leider nicht nach unserem System). Ab anderthalb Jahren finden es Kinder dann spannend, Dinge zu stapeln. Gegen Ende des 2. Lebensjahres ordnen sie Gegenstände auch horizontal an. Gleichzeitig haben sie gelernt, Kategorien zu bilden, und sortieren nun äußerst gerne ihre sieben Sachen. Sie bauen lange Reihen mit Autos, Kuscheltieren, Steinen oder was es sonst noch zu sortieren gibt.

Viele Kinder entdecken in ihrem 2. Lebensjahr das Malen für sich. Auch hier kann man etwas ganz Eigenes gestalten und dem Werk seine Form und Farbe geben. Die Kinder freuen sich über ihre Kunstwerke und selbst in unseren Augen sieht das Gekritzel meist schon ziemlich meisterhaft aus. Viel braucht man für die kindliche Kunst nicht – Papier und dicke Buntstifte oder Wachsmalstifte reichen erst mal aus. Natürlich können Sie mit Ihrem Kind auch Wasserfarben oder besser noch Fingerfarben ausprobieren. Die eignen sich hervorragend für Fuß

und Handabdrücke oder gleich für ein umfassendes Bodypainting. Und versuchen Sie sich beim gemeinsamen künstlerischen Gestalten zurückzunehmen. Kinder haben oft ihre ganz eigenen Vorstellungen von Kunst. Wir Erwachsenen neigen dazu, ein bestimmtes Ergebnis vor Augen zu haben, und möchten den Kindern zeigen, wie man dahin kommt oder wie man eine Technik richtig anwendet. Das Ergebnis sieht dann meistens so aus, dass man mit seinen Tipps und Überzeugungsversuchen entweder einen riesen Wutanfall auslöst oder die Kinder dazu bringt, das Interesse zu verlieren. Zum Schluss sitzt man dann da und bastelt oder malt das Kunstwerk alleine zu Ende.

Kindern geht es vielmehr um den Prozess und weniger um das Ergebnis, das dabei rauskommt. Am besten setzen Sie sich gar keine Ziele, wenn Sie mit Ihrem Kind »Kunst« betreiben. Auf diese Weise kommen dann sowieso die spannendsten »Ergebnisse« zustande. Und Ihr Kind ist stolz auf sein ganz persönliches Werk!

Sprache entwickeln und Wissen aufbauen

Sprache entwickelt sich ständig. Im Alltag selbstverständlich und ganz besonders auch dann, wenn Sie sich bewusst mit Ihrem Kind beschäftigen. Mittlerweile ist Ihr Kind in einem Alter, wo Bücher sein Interesse wecken – vor allem natürlich Bilderbücher. Wenn Sie mit Ihrem Kind ein Bilderbuch anschauen, werden Sie mit ihm über die Bilder sprechen. Sie werden ihm erklären, was auf den Bildern zu sehen ist, oder Sie fragen Ihr Kind, was es dort erkennen kann. Dazu sind besonders gut Wimmelbücher geeignet, die nur aus Bildern mit vielen, vielen Details bestehen. Da können Sie mit Ihrem Kind immer wieder hineinschauen und jedes Mal ein neues Detail entdecken. Aber auch an Bilderbüchern, die eine kleine Geschichte erzählen, finden Kinder, vor allem gegen Ende des 2. Lebensjahres, Gefallen. Jedenfalls entwickelt sich durch das Bücherlesen und -anschauen nicht nur das Sprachvermögen und -verständnis der Kinder, sondern sie bauen auch ihr Wissen gewaltig aus. Dieses Tier hier ist als eine Kuh und die macht »Muh«. Dieses Auto nennt man also Traktor und der macht »Brumm, brumm« und so weiter und so fort.

Ihr Kind ist jetzt auch alt genug, um mit ihm z. B. in den Zoo oder ins Technik-Museum zu gehen. Auch da kann Ihr Kind viel lernen und dabei natürlich jede Menge Spaß haben.

Bewegen

Keine Frage – für viele Kinder ist das Bewegen das wichtigste und lustigste Spiel überhaupt. Zu Hause rennt das Kind hin und her, purzelt über Sofas und Betten, klettert hinauf, wo es nur geht, und ist allzeit bereit zum gemeinsamen Toben. Aber auch die Spielplatzbesuche werden nun immer bewegungsintensiver. Wo bisher hauptsächlich Sandkuchen gebacken wurden, werden jetzt die Spielgeräte immer stärker genutzt. Klettern, Schaukeln und Rutschen sind nun der absolute Hit! Wobei das Schaukeln natürlich in dem Alter nur mit unserem Einsatz als Schwunggeber möglich ist.

Gegen Ende des 1. Lebensjahres werden auch alle möglichen Fahrgeräte interessant. Das Bobbycar ist für die Kleinen meistens schon früh nutzbar, aber der Umgang mit Dreirad, Kickboard oder Laufrad wird in der Regel erst gegen Ende des 2. oder im Laufe des 3. Lebensjahres erlernt.

Wie geht es eigentlich Katrin und Christian?

Eigentlich dachte Katrin, dass das 1. Jahr mit Kind das schwierigste sei. Aber seitdem sie wieder arbeitet, fühlt sie sich doppelt und dreifach belastet.

Seit knapp einem Jahr geht Katrin nun wieder zur Arbeit – zuerst hat sie halbtags gearbeitet, seit 5 Monaten liegt ihr Arbeitspensum wieder bei 35 Stunden die Woche. So wollte sie es und so hat sie es auch gemacht – allerdings hatte Katrin nicht damit gerechnet, dass im Grunde all die Dinge, die sie, als sie »nur« Lotta zu betreuen hatte, nebenher gemanagt hat, weiter an ihr kleben bleiben würden.

Christian hält sich nicht an Abmachungen

Katrin ist sauer. Nach der Arbeit ist sie zu Annelie gehetzt, um Lotta abzuholen, und als sie mit Lotta nach Hause kommt, sieht sie als Erstes, dass da noch der komplett verkrümelte Frühstückstisch steht. Eigentlich ist das Christians Aufgabe, morgens den Frühstückstisch abzuräumen. Noch dazu sieht die Wohnung aus, als ob eine Bombe eingeschlagen hätte. Überall liegen Kleidungsstücke herum, auf dem Tisch stapeln sich irgendwelche Papiere, Zeitschriften und Briefe und Lottas Spielsachen sind großzügig auf dem Fußboden verteilt. »Mama, bielen!« Auch das noch. Eigentlich müsste sie sich ja freuen, Lotta nach so einem langen Tag zu sehen, aber gerade hätte sie ehrlich gesagt am liebsten ihre Ruhe. Und jetzt muss auch noch ein Abendessen her – es gibt einfach nur Abendbrot.

Katrin verteilt nur noch Aufträge

Schon wieder so eine Auftragsmail von Katrin. Christian überfliegt sie schnell – er ist noch bei der Arbeit, will aber gleich los. Christian soll noch Brot und frischen Aufschnitt mitbringen. Außerdem erkundigt sich Katrin, ob er bei der Hausverwaltung wegen des Wasserschadens angerufen hat. Mist, das hat er tatsächlich vergessen und jetzt ist es zu spät. Darüber wird Katrin nicht glücklich sein … Dabei hatte er auch noch gesagt, dass er das übernimmt, weil Katrin sich die ganze Zeit beschwert, dass alle Aufgaben an ihr hängen bleiben.

Aber bei Katrin muss auch immer alles sofort gemacht werden. Ständig erinnert sie ihn daran, was er noch alles tun muss. Er geht ja schon fast augenblicklich in die Defensive, wenn Katrin ihn überhaupt anspricht. Irgendwie scheint das ganze Leben nur noch aus Or-

ganisation, Erledigungen und Arbeit zu bestehen. Dabei hatte Christian gehofft, dass Katrin das Arbeiten gut tun werde und sie dadurch auch wieder ein Stückchen mehr entspannen könne.

Abends auf dem Sofa

»Ich habe keine Lust, dich ständig an alles erinnern zu müssen und dir immer wieder aufzuzählen, was deine Aufgaben sind. Es reicht mir schon, dass ich mich um ein Kind kümmern muss.« Katrin hat sich über den unaufgeräumten Frühstückstisch beschwert und daraus hat sich ein handfester Streit entwickelt. Auch Christian ist jetzt sauer. »Und mir reicht es, bei der Arbeit einen Chef zu haben – da brauche ich zu Hause nicht auch noch einen. Du kommandierst mich ja nur noch rum. Und wenn man nicht sofort aufspringt und deine Anweisungen genau nach deinen Vorstellungen erfüllt, gibt es Ärger. Und dabei habe ich gerade echt viel um die Ohren.«

Katrin ist jetzt so richtig in Fahrt. »Ach du Armer. Und ich habe gar nichts um die Ohren. Ich muss nur neben meiner ganzen Arbeit auch noch den Haushalt schmeißen, mich um das Essen kümmern und dazu noch um 1000 andere Dinge, von denen du keine Ahnung hast. Oder weißt du z. B., dass Lotta neue Hausschuhe, Socken und eine Übergangsjacke braucht und dazu noch ein Geburtstagsgeschenk für den Kindergeburtstag, auf den sie am Samstag eingeladen ist?

Irgendwie sind beide Standpunkte nachvollziehbar. Zumindest von außen betrachtet ...

Superstars mit Allüren (2 bis 3 Jahre)

Ihr Kind strotzt vor Selbstbewusstsein, ist voller Tatendrang und quasselt Ihnen das Ohr ab. Es erwartet natürlich, dass ihm die Welt zu Füßen liegt!

Ich bin super und wehe, ihr seht das anders

Ihr Kind strotzt vor Selbstbewusstsein, ist voller Tatendrang und quasselt Ihnen das Ohr ab. Selbstverständlich erwartet es, dass ihm die Welt zu Füßen liegt!

Ein zweijähriges Kind ist so etwas wie ein echter Shootingstar. Seine sprachlichen Fähigkeiten entwickeln sich rasant, was sein Sachwissen exponentiell vergrößert und sein Denken beträchtlich flexibler werden lässt. Seine motorischen Fähigkeiten verbessern sich durch ständiges Training immerzu und seine emotionale Selbstständigkeit und Beziehungsfähigkeit lassen manchen Grundschüler alt dagegen aussehen. Und bei all der Power und all dem Können sind sie dabei immer noch klein und süß und einfach nur zum Knuddeln.

Doch jeder Star hat auch seine Themen, an denen er arbeiten muss (auch wenn er das selbst nicht so sieht). Wie im 2. Lebensjahr beschäftigen die Kleinen auch im 3. Lebensjahr immer noch zwei Dinge – ihre Unabhängigkeit bzw. Selbstständigkeit auf der einen sowie ihre Angst vor dem Getrenntsein von ihren Liebsten auf der anderen Seite. Die Spannung, die sich aus diesen beiden Gegensätzen ergibt, entlädt sich nach wie vor in deftigen Wutanfällen.

Auch wenn unsere Superstars schon viel auf dem Kasten haben – sie sind nicht immer in der Lage, unsere Erwartungen zu erfüllen. Die Trennungsangst ist immer noch groß und die ganzen Frustrationen müssen sie auch erst mal verkraften. Und es gibt eben doch noch einiges, was sie erst lernen müssen. Das sollte man ihnen allerdings nicht ständig unter die Nase reiben – das kratzt am Ego eines Superstars.

Superstars muss man nehmen, wie sie sind

Warum haut Ella immer wieder die anderen Kinder in der Buddelkiste, obwohl wir ihr schon 1000 Mal gesagt haben, dass sie den anderen damit weh tut? Warum flippt sie total aus, wenn sie einen kleinen Kratzer hat, wo sie doch sonst so hart im Nehmen ist? Warum nur hat sie so panische Angst vor dem Staubsauger und wieso ist sie felsenfest davon überzeugt, dass in ihrem Töpfchen Monster wohnen? Um so einen kleinen

Superstar besser verstehen zu können, sollte man etwas über seine Besonderheiten wissen. Und wenn man um die Besonderheiten weiß, ist auch der Umgang mit ihm um einiges leichter.

Gewissen? Fehlanzeige!

So ein Kleinkind-Superstar ist eigentlich immer der Meinung, in allem absolute Spitzenklasse zu sein. Es ist das schnellste, das schönste, das liebste, das lustigste und überhaupt das beste Wesen auf dieser Welt. So sehen wir das ja – zumindest bei unserem Kind – in der Regel auch. Nur wenn es nicht hört auf das, was wir sagen, oder wenn es scheinbar grundlos Theater macht, zweifeln wir eben manchmal daran. Unser Kind allerdings lässt keine Kritik an seiner Person zu. Und das kann es auch gar nicht.

Es sieht sich als Einheit, als vollkommenes Wesen – da können seine Impulse, Ideen und Handlungen nicht unartig oder falsch sein. Für seine Fehler geradezustehen bzw. Unvollkommenheiten einzugestehen, heißt ja, diese Fehler bzw. Unvollkommenheiten als einen Teil von sich selbst anzunehmen und zu verantworten (deshalb fällt Kindern auch das Verlieren so schwer). Wenn Kinder ihre Impulse unterdrückten, um unseren Regeln gerecht zu werden, müssten sie sich im Grunde selbst bekämpfen. Und wenn sie ihre Untaten eingeständen, müssten sie einsehen, dass sie nicht perfekt sind. Doch das widerspricht der kindlichen Natur.

Eltern sind das Gewissen. Es dauert noch eine ganze Weile, bis sich so etwas wie Einsicht bzw. ein Gewissen bei Ihrem Kind formt. Deshalb können Sie bestimmte Dinge 1000 Mal verbieten und es für seinen Ungehorsam 1000 Mal ausschimpfen – wenn es attraktiv genug ist, wird ihr Kind es trotzdem tun. Und das ist gut so. Sie sind das Gewissen Ihres Kindes, solange es noch nicht vollständig entwickelt ist.

Trotzdem spürt Ihr Kind aufgrund Ihrer Reaktion, dass sie mit dem, was es getan hat, nicht zufrieden waren. Das passt ihm natürlich nicht, da es Ihnen ja gefallen möchte, und auf der anderen Seite kann es Ihre Reaktion auch nicht ganz verstehen, da ja alles, was es tut, super ist. Da ist es für ein Kind enorm wichtig, dass es die Sicherheit hat, so, wie es ist, geliebt zu werden. So kann es diese Dissonanz besser verkraften.

Notlügen sind Versuche, Integrität zu wahren

Manchmal gegen Ende des 3. Lebensjahres, aber auf jeden Fall im 4. Lebensjahr ist dann der erste Funke Vernunft zu erkennen. Ihr Kind wird vielleicht, wenn es etwas Verbotenes getan hat, mit sich selbst schimpfen (Nein, nein, du darfst nicht die Kekse aufessen! Mama schimpft!). Oder es beschuldigt jemand anderen dafür (Mein Bauch hatte so einen Hunger! Der ist schuld, dass ich die Bonbons aufgegessen habe). Das sind die ersten Anzeichen der Selbstkontrolle – das Gewissen entwickelt sich! Auch wenn manchmal absurde Beschuldigungen ausgesprochen werden. (Da ist eben eine Katze durchs Fenster gekommen und die hat einfach den Apfelsaft ausgekippt!) Enthüllen Sie die Notlüge Ihres Kindes besser nicht. Es hat schließlich gemerkt, dass das, was da passiert ist, nicht so toll war, und versucht jetzt lediglich seine Integrität zu wahren.

Richtig bewusst lügen Kinder sowieso erst ca. ab dem 5. Lebensjahr – dann, wenn sie sicher zwischen Wahr und Unwahr bzw. zwischen Wirklichkeit und Fantasie unterscheiden können. Und erst ab 6 Jahren erkennen Kinder für gewöhnlich den Unterschied zwischen Ironie, Witz und Lüge. Bis dahin sind sie meist kaum in der Lage, unsere ironischen Bemerkungen und Zweideutigkeiten zu verstehen. Wenn Sie also z. B. in Anwesenheit Ihres zweijährigen Kindes nach einem guten und reichlichen Essen sagen: »Ich platze gleich!«, müssen Sie damit rechnen, dass es das ernst nimmt und sich große Sorgen macht …

Wie gut das Gewissen von Kindern funktioniert bzw. wie einfühlsam sie tatsächlich werden, hat auch wieder sehr viel mit ihren Vorbildern, also uns, zu tun. Wobei einige Kinder einfach schneller darin sind, ein gutes Einfühlungsvermögen zu entwickeln, und andere mehr Zeit dafür brauchen.

It's magic
Mit der Unterscheidung von Wirklichkeit und Fantasie haben es unsere Superstars nicht so. Ein zweijähriges Kind hat sich im Laufe seines Lebens einen gewissen Erfahrungsschatz erarbeitet. Es weiß, dass Wasser nass ist, dass Hunde bellen, dass das Licht angeht, wenn man auf den Schalter drückt, dass zu essen gegen den Hunger hilft und dass Eis süß schmeckt. Neben all dem, was es weiß, gibt es jedoch eine Menge, von dem es noch keinen oder so gut wie keinen Schimmer hat. Vor allem hat es eine Sache noch nicht wirklich verstanden – es gibt einen Unterschied zwischen der eigenen Gedankenwelt und der Realität. Das sieht ein Kleinkind nämlich grundlegend anders. Alles, was es sich vorstellt, kann in seiner Realität wirklich existieren. Es ist also nicht in der Lage, Fantasie und Wirklichkeit immer auseinanderzuhalten.

Was es denkt, wird Wirklichkeit
Alles, was ein Kind denkt – sei es Schönes oder auch Unschönes, kann Wirklichkeit werden. Sein Denken und Handeln kann in seinen Augen für Ereignisse verantwortlich sein, die in unserer Wirklichkeit in keiner Weise in Zusammenhang stehen. Und es ist der Überzeugung, dass auch die anderen – also die Erwachsenen und die Kinder und auch sämtliche Ungeheuer, Hexen, Elfen, Kobolde und Feen, die ja in seiner Welt auch existieren – dafür sorgen können, dass Dinge, wie durch Magie, einfach passieren. Die Kinder stecken mittendrin in der sogenannten Magischen Phase.

Daraus können sich einige Probleme ergeben:
- Ereignisse, Gestalten, Sätze oder Bilder aus Erzählungen, aus aufgeschnappten Gesprächsfetzen, Büchern oder aus Filmen können sich im Kopf eines Kindes verselbstständigen und ihm lange Zeit Angst und Schrecken einjagen.

- Ein Kind kann sich für ein bestimmtes Ereignis verantwortlich fühlen, da es sich dieses oder ein ähnliches zuvor vorgestellt hat. »Mama hatte einen Autounfall, da ich mit meinen Autos gespielt habe, dass Mama einen Unfall hat.«
- Da Kinder in dem Alter Größenverhältnisse noch nicht richtig einschätzen können, erleben sie oft Staubsauger, Abflüsse und Toilette (oder sogar Töpfchen) als angsteinflößend. Sie könnten ja verschluckt werden …

Auch das Spiel wird durch die Magische Phase stark beeinflusst:
- Rollenspiele, in denen die Kinder Superhelden, Prinzessinnen oder wilde Löwen sind, werden auch mal über Tage hinweg durchgezogen. Und wehe man spricht sie nicht mit dem richtigen Namen an …
- Fantasiefreunde können zum ständigen Begleiter eines Kindes werden. Dieser muss sogar in das Familienleben miteinbezogen werden.

Aber auch Allmachtsfantasien und Erklärungsansätze werden durch die Magische Phase beflügelt:
- »Ich habe mir eine Schwester gewünscht und deshalb habe ich sie bekommen. Und wenn sie blöd ist, wünsche ich sie mir wieder weg.«
- »Ich habe keine Angst vor Autos. Immer wenn ich auf die Straße gehe, halten die Autos an.«
- »Weil in meinem Kopf ein Meer ist, habe ich salzige Tränen.«

In meinem Bett wohnt ein Wurm!
Die blühende Fantasie unserer Kinder finden wir oft amüsant, manchmal wundert sie uns und manchmal kann sie auch richtig nerven. Wenn das Kind unter keinen Umständen in sein Bett möchte, weil dort ein Wurm wohnt, oder Susi, die unsichtbare Freundin der Tochter, unbedingt auch einen Kindersitz im Auto braucht. Auch, wenn Ihnen manche Geschichten Ihres Kindes zu abgefahren erscheinen – als Quatsch sollten Sie sie auf keinen Fall abtun. Genauso wie die Ängste, die in der Magischen Phase auftreten (und besonders nachts unangenehm auffallen können). Ungefähr ab dem 5. Lebensjahr können Sie damit rechnen, dass Ihr Kind die Welt mit einem realistischeren Blick betrachtet und Wirklichkeit und Fantasie besser auseinanderhalten kann.

Der makellose Körper

Unsere kleinen Superstars lieben ihren Körper. Jetzt wo sie wissen, dass sie eigenständige Persönlichkeiten sind, erleben sie auch ihren Körper sehr bewusst, erforschen ihn genau und geraten schnell mal in Panik, wenn irgendetwas an ihrer perfekten Hülle anders ist als sonst.

Auch wenn die Kleinen hart im Nehmen sind – Stürze und Stöße ertragen sie in der Regel mit Fassung –, kann sie ein kleiner Kratzer völlig hysterisch werden lassen. Veränderungen an der Haut wie kleine Verletzungen mit Blut, allergische Reaktionen oder womöglich Windpocken lösen bei vielen Kindern blanke Panik aus. Sie können nicht einschätzen, was passiert, wenn da ein Riss in ihrem Körper ist. Gehe ich daran kaputt, laufe ich jetzt aus, falle ich auseinander, wird es noch schlimmer, wächst das auch wieder zusammen? Die körperliche Unversehrtheit ist für sie extrem wichtig. Viele Kleinkinder haben auch Angst davor, Haare oder Fingernägel geschnitten zu bekommen, andere lassen sich auf ihre Haut nicht mal eine Creme auftragen.

Am besten hilft man so einem verzweifelten Kind, wenn man es mit seinen Sorgen ernst nimmt und liebevoll tröstet. Zudem wirkt meistens ein Pflaster wahre Wunder – schließlich kann man damit Löcher im Körper schnell und effektiv abdichten und den wunden Punkt aus dem Blickfeld verschwinden lassen.

Interesse am eigenen Körper

Ansonsten sind Kinder sehr stolz auf ihren Körper – sie lieben ihn so, wie er ist, und fühlen sich in ihrer Haut sehr wohl. Wenn sie sich untersuchen, werden natürlich auch die Geschlechtsteile nicht ausgespart – manch ein Kind entdeckt, dass es sehr schön sein kann, sich am Penis oder an der Scheide zu berühren, und tut das dann auch regelmäßig. Es gibt auch Kinder, die den Dreh schon als Einjährige raushaben und sich durch Berührung oder Beckenbewegungen angenehme Gefühle bereiten. Selbstbefriedigung bei kleinen Kindern hat natürlich nichts mit sexuellen Gedanken zu tun, so wie wir sie kennen, und ist schlicht auf die eigene Person bezogen. Trotzdem kann einem das schon mal etwas peinlich sein, wenn sich das eigene Kind z. B. vor Besuch völlig ohne Hemmungen und frei von Scham am Penis oder Scheide zu schaffen macht und dabei vielleicht auch noch seltsame Geräusche von sich gibt. Alles nicht ungewöhnlich. Da hilft nur – cool bleiben. Schließlich sollen unsere Kinder ja den unbefangenen Umgang mit ihrem Körper beibehalten. Und die Scham, die uns vor öffentlichen Entblößungen abhält, kommt von ganz alleine so etwa ab dem Schuleintritt.

Doktorspiele

Das Interesse am Körper gilt aber nicht nur dem eignen, sondern auch dem der anderen. Kinder finden also auch die Körper ihrer Eltern oder die anderer Kinder spannend. Wenn sich die Gelegenheit ergibt, werden Eltern oder Freunde gerne mal untersucht, angefasst und miteinander verglichen. Auch die Unterschiede zwischen Mädchen und Jungen finden große Beachtung und werden durchaus auch erforscht. Solche Doktorspiele sind völlig harmlos und gehören zu einer normalen Entwicklung dazu. Nur sollte man bei allzu viel Experimentierfreude einschreiten. Stifte oder andere Dinge dürfen nicht in Körperöffnungen gesteckt werden – das kann zu Verletzungen führen. Ansonsten gilt für alle Doktorspiele wie auch generell für das Anfassen einer anderen Person: Jeder, ob Kind oder Erwachsener, bestimmt über seinen eigenen Körper. Wenn jemand nicht angefasst werden möchte, dann muss er/sie das sagen und dann darf er/sie nicht angefasst werden.

Was zählt ist das Hier und Jetzt

Je jünger Superstars sind, desto weniger interessiert sie, was morgen, übermorgen, in fünf Minuten oder in einer Woche ist bzw. was gestern, vorgestern oder vor einer Stunde war bzw. gesagt wurde – das sind alles Größenordnungen, mit denen die Kleinen noch recht wenig anfangen können. Alles, was in der Vergangenheit geschah – egal, ob vor drei Tagen oder drei Monaten –, ist oft »gestern« passiert.

Was Kinder gerade im Moment tun, ist am spannendsten. Am Status quo soll möglichst nicht gerüttelt werden und mit Dingen, die irgendwo in der Zukunft liegen, kann man sie in der Regel kaum locken. Selbst »Eis essen gehen« funktioniert nicht verlässlich – denn das Eis gibt es ja nicht jetzt, sondern man muss erst rausgehen und sich zur Eisdiele bewegen. So kommt es, dass sogar oft die beliebtesten Unternehmungen erst einmal abgelehnt werden. Sobald man es dann von A nach B geschafft hat, ist die Welt wieder in Ordnung. B wird zum Status quo und nun wird dieser eisern verteidigt.

Gleich geht's los!
Vereinbarungen, die sich auf Zeiten beziehen, bringen da nicht viel, z. B. »In fünf Minuten gehen wir los« – die werden eben noch nicht verstanden. Besser ist, wenn Sie Ihrem Kind ankündigen, dass es sein aktuelles Spiel noch beenden kann und dann geht es los. Auf jeden Fall sollten Sie von Ihrem Kind – wenn möglich – etwas Vorlauf geben und nicht verlangen, alles stehen und liegen zu lassen und jetzt sofort zu kommen.

Vielleicht hat Ihr Kind aber inzwischen auch herausgefunden, dass »gleich« ein echtes Zauberwort ist. Von Ihnen weiß es, dass »Gleich!« in der Regel bedeutet, dass man noch eine ganze Weile warten muss. Daher eignet sich dieses Wort auch hervorragend dazu, lästige Aufrufe der Eltern abzuwenden. »Komm jetzt Zähne putzen!« »Gleich!« Ansonsten verstehen viele Kinder im Laufe ihres 2. Lebensjahres, wenn man ihnen sagt: »Noch einmal schlafen.« Darunter können sie sich etwas vorstellen. Die Orientierung an immer wiederkehrenden Ereignissen funktioniert oft gut, wie z. B. auch »vor dem Frühstück«, »nach dem Mittagessen« usw.

Ich sehe was, was du nicht siehst
Kleine Superstars sehen die Welt anders. Im Laufe des 3. Lebensjahrs erkennen Kinder, dass andere etwas sehen können, das sie selber nicht sehen. Allerdings erkennen sie erst gegen Ende des 4. Lebensjahres, dass Dinge aus unterschiedlichen Perspektiven unterschiedlich wahrgenommen werden.

Das führt z. B. dazu, dass Versteckenspielen mit einem zwei- bis dreijährigen Kind für uns eher einen schauspielerischen Charakter hat. Es hält sich einfach nur die Augen zu in der Annahme, wir sähen es nicht, und erwartet, dass wir angestrengt nach ihm suchen. Ist das Kind schon etwas erfahrener im Versteckenspielen, kann es sein, dass es zumindest versucht sich zu verstecken, in dem es sich vor unseren Augen hinter der Tür versteckt (und dabei wahrscheinlich noch zehnmal »Piep« ruft). Erst gegen Ende des 5. Lebensjahres spielen die Kinder so verstecken, wie es in unseren Augen Sinn macht.

Und wie geht man mit so einem Superstar um?
Ein kleiner Superstar ist nicht immer einfach. Er möchte die Welt erobern, selbstständig und nach eigenen Maßstäben. Seine Eltern erlebt er dabei oft als Spaßbremsen oder als diejenigen, die ihn in seiner Kreativität und Experimentierfreude behindern. Aber auch mit sich selbst ist er manchmal nicht im Reinen – vor allem dann, wenn er seinen eigenen Ansprüchen nicht gerecht wird, wenn ihm unheimlich ist oder ihn die Trennungsangst befällt.

So oder so – in der Regel bekommen es seine Eltern ab. Ob in Form von Wutausbrüchen, Heulkrämpfen oder Klammerattacken. Aber wie geht man am besten um mit diesen kleinen Wesen, die sich oft maßlos überschätzen, nicht besonders einfühlsam sind, sich im Zentrum des Weltgeschehens sehen, nicht so richtig zwischen Fantasie und Wirklichkeit unterscheiden können und immer wieder von diversen Ängsten heimgesucht werden? Steuert man sie womöglich am besten konsequent mit Anreizsystemen (Wenn du artig bist, gibt es eine Belohnung, wenn Du unartig bist eine Strafe)? Oder ist hier wieder Milde und Nachsicht angesagt?

Offen und ehrlich
Nur weil Sie Verständnis für Ihr Kind aufbringen, heißt das aber noch lange nicht, dass Sie zu allem, was es tut, Ja und Amen sagen müssen. Im Gegenheil. Immer, wenn Sie mit Ihrem Kind zu tun haben, sollten Sie möglichst offen und ehrlich sein – auch wenn Ihnen etwas nicht passt.

Am meisten können Kinder etwas mit kurzen, klaren Ansagen anfangen:
- Es stört mich, wenn du auf meinem Schoß rumzappelst.
- Ich möchte nicht, dass du mit Sand schmeißt.
- Ich bin sauer, weil du auf die Straße gerannt bist. Ich habe mich total erschreckt.
- Ich habe gerade keine Lust auf Versteckenspielen. Wir können aber zusammen etwas malen.
- Ich kann jetzt nicht mit dir spielen. Ich muss noch etwas am Computer erledigen.

Vernunft entsteht durch Einsicht. Ihre Erwartungen, Ihr Rüffel, aber auch Ihr Lob und Ihre Freude sind wichtige Anreize für die moralische Entwicklung Ihres Kindes. Und wenn ein Kind sich anerkannt und geliebt fühlt, verträgt es auch mal Kritik (auch wenn man das nicht immer gleich an seinem Verhalten ablesen kann …). Vernunft kann ein Kind nur durch Einsicht entwickeln – nicht aus Angst vor Strafe oder in Erwartung einer Belohnung. Erziehung durch Belohnung und Strafe fördert schlicht Gehorsam – das Kind folgt, weil es die Belohnung erwartet bzw. weil es Angst hat oder seinen Eltern einen Gefallen tun möchte. Durch eine authentische und wertschätzende Kommunikation (und gute Vorbilder!) lernt Ihr Kind flexibel mit Anforderungen (Ich schubse andere nicht, weil ich es auch nicht mag geschubst zu werden. Aber wenn mich einer schubst, schubse ich manchmal auch zurück) umzugehen und Selbstverantwortung (Ich haue nicht, weil ich nicht darf, sondern weil ich weiß, dass das andere verletzt) zu zeigen.

Konsequenzen statt Bestrafungen
Natürlich können Sie aus dem Verhalten Ihres Kindes auch mal Konsequenzen ziehen. Konsequenzen unterscheiden sich insofern klar von Bestrafungen, als sie immer unmittelbar auf die »Tat« folgen und in direktem Zusammenhang mit ihr stehen. Eine Bestrafung hat dagegen nichts mit dem gezeigten Fehlverhalten zu tun: Luis hat in der Spielgruppe zum wiederholten Mal Mia geschlagen – dafür gibt es heute Nachmittag nichts vom Bäcker. Eine Konsequenz wäre, wenn Pauls Vater mit ihm die Spielgruppe umgehend verließe. Von Vorteil ist, wenn man einem Kind die drohenden Konsequenzen seiner Handlungen im Vorfeld ankündigt: Wenn du Mia schlägst, gehen wir.

Selbstständigkeit contra Servicementalität
Der Wille zur Selbstständigkeit ist bei einem zweijährigen Kind nicht zu übersehen. Aber es ist keineswegs so, dass Eltern sich darüber uneingeschränkt freuen. Gerade wenn's schnell gehen muss oder wenn wir potenzielle Gefahren wittern, sind wir schnell dabei, unseren Kindern alles abzunehmen oder zumindest, wo es geht, nachzuhelfen. In der Regel ist der Protest dann groß. Die Kinder kämpfen um ihr Recht, es selbst zu machen. Aber irgendwann gibt auch ein Kind auf. Ständig alles abgenommen zu bekommen und ständig Einmischungen ausgesetzt zu sein, raubt Kindern die Motivation zur Selbstständigkeit.

Daher, in Ihrem eigenen Interesse: Lassen Sie Ihren kleinen Superstar so viel wie möglich selber machen. Richten Sie alles so ein, dass Ihr Kind selbst an seine Zahnbürste, die Zahnpasta und den Wasserhahn rankommt, dass es die Möglichkeit hat, seine Jacke selbst aufzuhängen und sich ohne Ihre Hilfe an seinem Kleiderschrank zu bedienen. Bieten Sie überall, wo es geht, Hilfe zur Selbsthilfe und nutzen Sie den Umstand, dass Ihr Kind alles selber machen möchte. Trauen Sie sich und lassen Sie Ihr Kind auch mal mit dem Messer hantieren (natürlich unter ihrer Aufsicht). Ertragen Sie die eigenwillige Kleiderwahl Ihres Kindes, nehmen Sie es hin, wenn die Zähne hin und wieder nicht optimal geputzt sind, und lassen Sie Ihr Kind sich selber die Haare kämmen, auch wenn ein paar Knoten im Haar verbleiben. Ich weiß, das ist hart!

Ihr Kind ist glücklicher, da Sie ihm mehr zutrauen
Auch wenn auf diese Weise die Abläufe und Resultate nicht ganz Ihrem Geschmack entsprechen – es zahlt sich aus, einem Kind so früh wie möglich die Kontrolle über seine eigenen Angelegenheiten zu übergeben und es in seinem Streben nach Selbstständigkeit zu unterstützen. Ihr Kind ist glücklicher, da Sie ihm mehr zutrauen. Sie sind auf Dauer gesehen glücklicher, weil sich Ihr kleiner Superstar keine Servicementalität aneignet, in dem Stil »Mama bzw. Papa wird's schon für mich richten«.

Nicht dass wir uns falsch verstehen. Hier geht es nicht darum, Dinge von den Kindern zu verlangen, zu denen sie noch gar nicht im Stande sind. Sie sollen sich mit 2 Jahren noch nicht immerzu selbstständig die Zähne putzen, sich anziehen oder aufräumen. Das wäre eine glatte Überforderung. Nur – wenn sie es tun wollen, soll man sie lassen. Und wenn sie es gut können, kann man auch von ihnen verlangen, dass sie es auch selbstständig tun – natürlich gerne auch mit Hilfe, wenn sie das wünschen.

Ein Kind ist eher bereit, die Entscheidung seiner Eltern zu akzeptieren, wenn es spürt, dass sie ihm vertrauen und ihm Verantwortung übertragen. Es kann Ansagen der Eltern besser akzeptieren, wenn seine Bedürfnisse ernst genommen werden und wenn es mitentscheiden darf. Vor allem, wenn es um seine täglichen Angelegenheiten geht.

Quasselstrippenalarm

Ihr Kind kann sich jetzt mithilfe von Worten und/oder Erlebnissen Personen oder Gegenstände ins Gedächtnis rufen und sich vorstellen, wie etwas in der Zukunft sein wird bzw. wie etwas in der Vergangenheit war. Nach und nach bekommt Ihr Kind ein Verständnis für Raum und Zeit – die Sprache macht's möglich. Sein Denken ist nicht mehr auf das Hier und Jetzt begrenzt – auch wenn der Schwerpunkt sicherlich noch eine Weile dort liegt. Da Ihr Kind jetzt sprechen kann, muss es nicht mehr jeden Impuls sofort in die Tat umsetzen. Es kann jetzt z. B. erst einmal »blöde Mama« sagen anstatt gleich auf Sie einzuhauen. Wenn das kein Fortschritt ist!

Mit zweieinhalb Jahren reihen die meisten Kinder schon mehrere Wörter aneinander und sie wenden schon gewisse sprachliche Regeln an – wenn auch meist noch nicht korrekt (z. B. »kleines Katze« oder »Papa schlaft«). Gerne erfinden sie neue Wörter, die durchaus Sinn machen wie z. B. Schlafkleid (Nachthemd) oder Aiamacha (Strei-

Lotta kriegt man kaum aus dem Haus

Lotta fühlt sich in der Regel dort sehr wohl, wo sie gerade ist. Sie zu einem Ortswechsel zu bewegen, ist nicht leicht. Selbst wenn das Ziel sehr attraktiv ist.

»Lotta, morgen gehen wir in den Zoo! Du und Papa – nur wir beide! Abgemacht?« Katrin fährt übers Wochenende nach Leipzig, eine Freundin besuchen. Als Lotta das Wort »Zoo« hört, strahlen ihre Augen. »Ja, ja!!! Mit Papa in den Zoo!« Sie schiebt ihren noch recht vollen Teller weg. »Will nich mehr.« Lotta klettert aus ihrem Hochstuhl und rennt los. »Was macht sie jetzt?«, fragt Katrin. Christian zuckt mit den Schultern. Als Lotta nach 2 Minuten noch nicht wieder aufgetaucht ist, geht Christian nachschauen. Lotta sitzt im Flur und kämpft mit ihren Schuhen. »Was machst du da, Lotta?« »Schuhe anziehen. Wir gehen in den Zoo!« »Aber Lotta, wir gehen morgen in den Zoo, nicht heute. Jetzt ist doch schon Abend.« Lotta schaut Christian mit großen Augen an. »Noch einmal schlafen, Lotta, und dann gehen wir in den Zoo.« »Will aber jetzt gehn!« Wäre vielleicht doch besser gewesen, den Zoo erst morgen beim Frühstück anzukündigen …

Startschwierigkeiten

Am nächsten Morgen – Katrin ist bereits abgereist – packt Christian für den Zoo ein paar Brote und etwas zu trinken ein. »Lotta, ich bin gleich fertig, wir können dann los!« Lotta sitzt auf dem Wohnzimmerboden und spielt mit ihren Spielzeugautos. »So, Lotta. Wir können los.« Lotta spielt. »Lotta, wir gehen jetzt in den Zoo. Komm jetzt, Schuhe anziehen.« »Gleich.« Lotta spielt weiter. Na gut, sie haben es ja nicht eilig. »Gut, Lotta. Dann spiel das noch fertig und dann gehen wir anschließend los.«

Fünf Minuten später lässt Lotta ihre Autos stehen und läuft in Richtung Flur. Schön, das klappt doch gut. Christian nimmt seinen Rucksack und geht auch in Richtung Flur. Da kommt Lotta ihm schon wieder entgegen, mit zwei Playmobil-Figuren in der Hand. »Ich dachte, wir gehen jetzt.« »Muss noch fertig spielen.« Christian stellt seinen Rucksack wieder hin und setzt sich aufs Sofa. Fünf Minuten später steht Lotta wieder auf und klettert zu Christian aufs Sofa. »So, jetzt bist du aber fertig. Dann lass uns jetzt mal gehen. Du freust dich doch so auf den Zoo.« »Nein, will nicht gehen.« Lotta fängt an, auf dem Sofa rumzuturnen. »Will mit dir toben!« »Süße, wir toben jetzt nicht. Wir gehen in den Zoo. Gestern wolltest du gleich los, als ich dir gesagt

habe, dass wir in den Zoo gehen.« »Will aber toben!« Es dauert noch eine geschlagene Stunde, bis Christian und Lotta aus dem Haus kommen …

Erfolgreicher Ausflug trotz Zwischenfall

Im Zoo hat es Lotta prima gefallen. Besonders die Löwen fand sie toll – einer hatte mächtig gebrüllt. Auf dem Spielplatz hat sich Lotta dann leider einen Splitter geholt. Eine ausgewachsene Katastrophe! Lotta war gar nicht mehr zu beruhigen und schrie und schrie. Christian hat sie nicht an sich rangelassen und nach kurzer Zeit hatten sich sämtliche Eltern um Lotta und Christian herum versammelt. Mit viel gutem Zureden, jeder Menge Ablenkungsmanöver und vereinten Kräften haben sie es dann geschafft, Lotta dazu zu bringen, sich den Splitter rausziehen zu lassen. Trotz dieses Vorfalls wollte Lotta am Ende natürlich nicht den Zoo verlassen.

Wieder zu Hause

Am Abend möchte Lotta mit Christian das Bilderbuch »Gute Nacht, Gorilla!« anschauen. Da sind die Tiere nämlich auch im Zoo und es gibt auch einen Löwen. Obwohl dieser Löwe in dem Buch alles andere als angsteinflößend ist, hat Lotta plötzlich Angst vor dem Löwen. »Und wenn der Löwe rauskommt?« »Lotta, der Löwe ist nicht echt. Der kann nicht aus dem Buch rauskommen.« Darauf lässt sich Lotta aber nicht ein. Erst als Christian das Buch aus ihrem Zimmer entfernt, kann Lotta friedlich einschlafen.

cheln). Sie sprechen schon relativ deutlich, haben aber noch Schwierigkeiten mit bestimmten Anlautverbindungen wie z. B. »kr« oder »tr«. Manche Kinder sprechen von sich schon als »Ich«, andere im gleichen Alte nutzen immer noch ihren Vornamen, wenn sie über sich reden.

Volle Fahrt voraus!

Mit drei bis dreieinhalb Jahren versteht Ihr Kind so gut wie alles, was Sie zu ihm sagen – wenn die Sätze nicht allzu kompliziert gebaut sind. Seine Aussprache wird immer besser, so dass auch Fremde zunehmend eine Chance haben, Ihr Kind zu verstehen.

Ihr Kind kann jetzt ganze Sätze bilden (Subjekt-Prädikat-Objekt) und ist in der Lage, Verben und Adjektive meist korrekt an den Satz anzupassen. Einige Kinder konstruieren sogar schon einfache Nebensätze, meist mit »und« oder »und dann«.

Allerdings machen die meisten Kinder noch jede Menge Fehler in der Grammatik und in der Aussprache – das ist ganz normal. Falsch gesprochene Wörter wiederholen Eltern meistens beiläufig noch einmal richtig, ohne das Kind direkt auf seinen Fehler aufmerksam zu machen: »Ich bin hingefallt« »Du armes Ding bist hingefallen.« So kann es das richtig gesprochene Wort gleich noch einmal hören.

Ist nicht irgendwann mal alles gesagt?

Besonders auffallend bei einem rund dreijährigen Kind ist allerdings sein Sprechpensum. Viele von ihnen quasseln und quasseln und sind kaum ruhigzustellen. Entweder quatschen sie vor sich hin, plappern ihre Eltern voll oder fragen ihnen Löcher in den Bauch.

Warum?

»Was sucht der Mann im Mülleimer?« »Warum macht der das?« »Warum hat der kein Geld?« »Wie macht der aus Flaschen Geld?« Es ist nicht immer leicht, einem kleinen Kind die Welt zu erklären. Auch wenn noch nicht jedes Kind am Ende seines 2. Lebensjahres so formvollendete Fragen stellt – fragen tun sie alle. Und zwar sehr viel. Haben die Kinder bisher hauptsächlich durch das Anheben der Satzmelodie deutlich gemacht, dass sie eine Information benötigen (Oma?) oder durch ein einfaches »Is das?«, so entdecken sie jetzt die Fragewörter und damit ein Werkzeug, um an unendlich viele Informationen ranzukommen. Ab jetzt hageln sie nur so, die W-Wörter: wo, woher, was, wer, wie und natürlich das besonders beliebte WARUM.

Durch ihre ständigen Fragen erweitern die Kinder ihr Wissen enorm, wodurch natürlich auch der Wortschatzes gewaltig wächst. Sie wollen einfach alles über ihre Umgebung, ihre Erlebnisse und die Hintergründe von Handlungen erfahren. Manchmal hat man allerdings auch den Eindruck, dass die Kleinen nicht nur nach Unbekanntem fragen. Es scheint so, als fragten sie nur um des Fragens willen. Auch wenn Ihr Kind ein und dieselbe Frage zehnmal stellt – es will sie nicht ärgern. Es vergewissert sich nur, ob seine Vorstellungen richtig sind.

Wenn Sie ein Loch von den vielen Fragen im Bauch haben

Eltern müssen nicht auf jede Frage eine Antwort haben. Sie können auch mal »Weiß ich nicht« sagen. Manchmal stellen Kinder Fragen, da weiß man selbst als Erwachsener nicht weiter und man merkt, dass man doch einige Bildungslücken hat. Besonders bei Fragen, die die Naturwissenschaften betref-

U7a: die siebenkommafünfte Vorsorgeuntersuchung

Die U7a findet zwischen dem 34. und 36. Lebensmonat statt. Es werden, wie gewohnt, zunächst Körpergewicht, Körperlänge und Kopfumfang gemessen. Der Kinderarzt untersucht die Funktion der Organe wie auch der Geschlechtsorgane, kontrolliert die motorische Entwicklung sowie das Nervensystem und prüft die Sinnesorgane. Besonders widmet er sich dabei wieder dem Hör- und Sehvermögen Ihres Kindes.
Aber auch seine sprachliche Entwicklung wird von dem Arzt unter die Lupe genommen. Er wird Ihrem Kind Fragen stellen und so herausfinden, ob Ihr Kind z. B. schon Sätze mit drei bis fünf Wörtern spricht oder ob es Aufforderungen versteht, wie z. B. »Wo ist denn eigentlich dein Bauch?«. Der Kinderarzt wird außerdem mit Ihnen darüber sprechen, ob Ihnen in der Entwicklung oder im Verhalten Ihres Kindes etwas Sorgen bereitet bzw. ob es irgendwelche konkreten Probleme gibt (z. B. mit dem Schlafen oder dem Essen).
Die Gewichtsentwicklung Ihres Kindes, potenzielle Hinweise auf allergische Erkrankungen und die Zahngesundheit (Karies, Mund- oder Kieferanomalien) werden bei der U7a in der Regel ebenfalls thematisiert. Wie bei allen Vorsorgeuntersuchungen wird auch der Impfschutz Ihres Kindes bei diesem Termin überprüft und noch ausstehende Impfungen werden gegebenenfalls nachgeholt.

fen – und an denen sind die meisten Kinder ja besonders interessiert. Sie interessieren sich z. B. auch sehr dafür, woher sie kommen: »Wie bin ich in den Bauch gekommen?« In der Regel geben sich die Kinder in diesem Alter noch mit einfachen Antworten ab, wie z. B. »Mama und Papa haben sich ein Kind gewünscht und weil wir uns so lieb haben, bist du in meinem Bauch gewachsen.« Aber auch der Tod ist für kleine Kinder interessant. »Warum ist dein Papa tot?« »Was ist Sterben?« Kleine Kinder haben noch keine Angst vor dem Tod. Sie können ganz unbefangen damit umgehen, wenn wir es schaffen, unsere Ängste nicht zu übertragen.

Ein Kind, zwei Sprachen

Zwei- oder mehrsprachig aufzuwachsen ist ein echtes Glück; Sprachen eröffnen Welten und Kulturen. Sprechen die Eltern unterschiedliche Sprachen, hat das Kind die Chance, ganz nebenbei und ganz ohne Aufwand eine zusätzliche Sprache zu erlernen. Wichtig ist dabei das Prinzip »eine Person, eine Sprache«. Kinder können dann die Vater- und die Muttersprache sehr gut voneinander trennen. Manchmal ist es so, dass das Kind eine Sprache weniger oder gar nicht spricht, sie aber sehr gut versteht. Das ist normal – besonders dann, wenn die eine Sprache in der Familie seltener gesprochen wird. Oft fangen die Kinder dann irgendwann an, auch die »vernachlässigte« Sprache zu sprechen. Das ist z. B. häufig auch dann der Fall, wenn zu Hause eine Sprache gesprochen wird, in der Kita aber eine andere.

Am besten klappt die zweisprachige Erziehung, wenn die Eltern die Sprache mit ihrem Kind sprechen, die sie am besten beherrschen und die ihnen am nächsten ist. In dieser Sprache kann man am besten seine Gefühle zum Ausdruck bringen, man kann richtig lustig und spontan sein. Das ist für ein Kind sehr wichtig.

Und wenn es nicht spricht?

Einige Kinder lassen sich mit dem Sprechen wirklich viel Zeit. Während scheinbar alle anderen wie ein Wasserfall sprechen, kommunizieren diese Kinder auch noch mit 3 Jahren sehr einsilbig. Andere Dreijährige wiederum reden zwar viel, sind aber – zumindest für Fremde – nicht zu verstehen. Auch wenn manches Kind einfach etwas länger braucht, um sprechen zu lernen – wenn Ihr Kind mit 3 Jahren immer noch sehr wenig oder sehr undeutlich spricht, sollten Sie seine Sprachentwicklung von einer Logopädin untersuchen lassen. Ebenso wenn Ihr Kind mit 3 Jahren immer noch keine Anstalten macht, mehr als zwei Wörter aneinanderzureihen oder auch wenn es eine stark näselnde oder heisere Stimme hat. Keine Gedanken müssen Sie sich machen, wenn Ihr Kind in dem Alter Konsonantenverbindungen am Wortanfang wie z. B. »kr« oder »tr« nicht richtig bilden kann oder wenn es lispelt.

Superstar bekommt Gesellschaft

Superstars sind es gewohnt, im Mittelpunkt zu stehen und die gesamte Aufmerksamkeit der Familie auf sich zu ziehen. Wird ein neuer Stern geboren, ist das Alleinstellungsmerkmal des Superstars erst einmal dahin. Superstar 1 muss sich mit der unbekannten Situation zurechtfinden und seine neue Rolle finden. Das ist gar nicht ohne.

Dabei sind die Voraussetzungen sehr gut. Kleine Kinder finden es in der Regel prima, ein Geschwisterchen zu bekommen. Sie freuen sich auf das kleine Baby, entwickeln alle möglichen Vorstellungen davon, wie das Leben mit dem kleinen Ding aussehen mag und was sie mit ihm alles anstellen werden. Ist das Baby dann da, sind sie ganz neugierig auf dieses Wesen und würden am liebsten gleich alles Mögliche mit ihm ausprobieren. Schnell schließen sie ihre kleine Schwester bzw. ihren kleinen Bruder ins Herz. Dass ein Kleinkind seine Freude und Neugier nicht immer babygerecht auslebt, ist verständlich. Und es kann auch nicht so recht verstehen, warum es das Baby nicht einfach herumtragen, bespringen oder erschrecken darf.

Es findet es ziemlich doof, die ganze Zeit von den Eltern ermahnt, korrigiert und gebremst zu werden.

Doofes Baby. Und dann tritt bald Ernüchterung ein. Irgendwie kann sich so ein Baby alles erlauben. Egal ob es schreit oder einfach nur rumliegt und nichts macht – die Eltern finden es toll und kümmern sich ohne Ende. Anders beim Superstar. Da meckern die Eltern plötzlich ziemlich viel herum und haben gar nicht mehr richtig Zeit für ihn. Und das obwohl er so viel mehr kann und schon viel länger da ist …

Er soll wieder weg!

Es wundert nicht, dass viele frischgebackene Brüder und Schwestern sich ihr Geschwisterchen schon bald wieder hinter alle Berge wünschen. Oft genug folgen auch Taten: Da wird das Baby gekniffen, geknufft, mal wird sich einfach draufgesetzt. Natürlich ohne wirklich böse Absichten, aber irgendwo müssen die Aggressionen eben hin. Den Großteil des Frusts bekommen aber in der Regel gar nicht die Babys ab, sondern die Eltern – lautstarke Beschwerden, Beschimpfungen oder Wutanfälle. Sie sollten Ihr Baby daher nie mit dem älteren Kind alleine in einem Raum lassen. Selbst bei ganz friedlichen Spielabsichten kann das Baby gefährdet sein (Mal schauen, ob ich über meinen Bruder hüpfen kann …).

Eifersucht gehört dazu

Auch wenn wir uns über solch aggressives Verhalten ärgern oder vielleicht einfach nur traurig sind – wir dürfen es den »Großen« nicht übel nehmen, dass sie ihren Ärger und ihre Enttäuschung klar äußern. Eifersucht auf jüngere Geschwister gehört einfach dazu. Sie kann je nach Kind unterschiedlich stark ausgeprägt sein. Aber sie tritt immer auf – früher oder später, subtil oder weniger subtil. Besonders bei einem Altersabstand von 2 bis 4 Jahren kommt die Eifersucht meist recht schnell zum Vorschein. Wenn die Kinder kleiner sind, fühlen sie sich noch nicht so bedroht und wenn sie größer sind, haben sie mehr Verständnis bzw. können sich besser kontrollieren.

Natürlich hängt es auch davon ab, wie der Neuankömmling drauf ist. Bekommt man das Baby fast nicht mit, da es entweder schläft oder friedlich herumliegt, wenn es wach ist, dann hat das Erstgeborene natürlich noch genug Raum zur Selbstdarstellung und bekommt auch ausreichend Aufmerksamkeit. Ist das Baby allerdings sehr anspruchsvoll, weint ständig und muss viel herumgetragen werden, reduziert sich die Aufmerksamkeit der Eltern automatisch. Aber was macht man mit so einem eifersüchtigen großen Bruder bzw. mit einer eifersüchtigen großen Schwester?

Gar nicht erst versuchen, beide gleich zu behandeln

Es geht nicht immer gerecht zu. Zumindest nicht aus einem Blickwinkel, der nur das Hier und Jetzt betrachtet, so wie das Kleinkinder größtenteils tun. Ja, das Baby bekommt jetzt mehr Aufmerksamkeit. Ja, die Bedürfnisbefriedigung des Babys hat Vorrang. Ja, das Baby hat ein paar Privilegien, die das größere Kind nicht hat (z. B. herumgetragen werden). Natürlich war Ihr »großes« Kind auch mal klein und es wurde von Ihnen mit genau der gleichen Aufmerksamkeit behandelt wie das Kleine jetzt. (Daher ist es ja im Grunde auch gerecht …). Und das können Sie natürlich auch so sagen. Vielleicht schauen Sie sich zusammen nochmal

Babybilder von Ihrem großen Kind an und erzählen ihm davon, wie es war, als es noch ein kleines Baby war.

Versuchen Sie jedenfalls erst gar nicht, alle Wünsche bzw. Forderungen, die Ihr Großes an Sie adressiert, zu erfüllen. Stellen Sie klar, was gerade geht und was gerade nicht geht. Auch wenn der Protest groß ist. So ist es jetzt eben und nicht anders.

Ungeteilte Aufmerksamkeit schenken
Gleichzeitig sollten Sie schauen, dass Sie regelmäßig »ungestörte« Zeit mit Ihrem großen Kind verbringen. (»Nur Mama und ich. Nur Papa und ich.«) Zeiten, in denen Ihr Kind Ihre ungeteilte Aufmerksamkeit bekommt und während der Sie sich ihm voll und ganz widmen können. So merkt es, dass sich gar nicht alles geändert hat und dass Sie es immer noch genauso lieb haben wie zuvor.

Rückschritte locker nehmen
Wenn die »Großen« sehen, wie viele Privilegien ihre kleinen Babygeschwister haben und wie viel Aufmerksamkeit sie bekommen, wünschen sie sich, zumindest ab und zu, auch wieder klein zu sein. Zum Schrecken der Eltern sprechen sie plötzlich nur noch Babysprache, krabbeln herum und wollen in den Kinderwagen oder auf den Arm. Viele Kinder bestehen auch darauf, wieder aus der Milchflasche zu trinken und im Elternschlafzimmer zu schlafen. So wie ihr Geschwisterchen!

Diese Regression können Sie ganz gelassen nehmen. Sie ist ein Gemisch aus Freude am Rollenspiel und der Sehnsucht nach Aufmerksamkeit. Auf jeden Fall bedeutet sie keinen echten Rückschritt. Lassen Sie Ihr großes Kind ruhig so viel wie möglich »Baby« sein. Der Spaß daran verfliegt von ganz alleine wieder – schließlich darf man ja als Baby auch eine ganze Menge noch nicht …

Große Schwester bzw. großen Bruder sein lassen
Groß zu sein hat eindeutige Vorteile. Und die müssen klar zur Geltung kommen. Wenn man groß ist, darf man mehr, man kann den Eltern schon ziemlich gut zur Hand gehen und man steht in der Hackordnung einfach ein Stückchen weiter oben.

Schauen Sie, wo Sie Ihr Großes mit einbinden können. Beim Kochen, Einkaufen, Putzen oder auch bei der Pflege des kleinen Geschwisterchens. Wenn Kinder merken, dass ihre Dienste ernsthaft gefragt sind, fühlen sie sich wertgeschätzt und gesehen (nicht anders als bei uns selbst). Und wenn der große Bruder bzw. die große Schwester dem kleinen Geschwisterchen gegenüber regelmäßig den großen Macker raushängen lassen, dann gehört das eben auch dazu und daran muss nicht ständig von den Eltern herumgemeckert werden.

Und wenn es bei einem Superstar bleibt?

Viele Eltern machen sich Sorgen, wenn ihr Kind ohne Geschwister aufwächst. Manche werfen sich sogar vor, dass sie nicht für ein Brüderchen oder Schwesterchen gesorgt haben bzw. sorgen konnten. Wie soll unser Kind erfahren, dass es nicht das Maß aller Dinge ist? Wie soll es lernen, Dinge zu teilen, mit anderen zu verhandeln, sich solidarisch zu verhalten oder sich schlicht durchzusetzen? Wird sich womöglich aus unserem kleinen Superstar eine ausgewachsene Diva entwickeln?

Einzelkindern haftet immer noch ein zweifelhafter Ruf an. Sie denken nur an sich, sind nicht durchsetzungsfähig, können nicht mit Konflikten umgehen. Um es kurz zu machen: Sie sind nicht sozialkompetent – oder zumindest deutlich weniger als Geschwisterkinder. Als Einzelkind sind mir diese ganzen Zuschreibungen wohlbekannt – entweder, man teilte mir mit Verwunderung mit, dass ich ja gar kein typisches Einzelkind sei, oder mir wurde das typische Einzelkindverhalten attestiert. Manchmal schwappte aber auch schlicht eine große Welle des Mitleids über mich – weil ich ja keine Geschwister habe.

Aber was ist dran an dem Ganzen? Tatsächlich gibt es kaum Unterschiede im Sozialverhalten zwischen Geschwisterkindern und Einzelkindern – das haben Forschungen ergeben. Gerade heute kommen Einzelkinder schon früh mit anderen Kindern in Kontakt, in der Krabbelgruppe, durch Kontakte der Eltern oder in der Kita. Das tut ihnen sicher gut. Sie lernen so, auch ohne Geschwister, mit Gleichaltrigen umzugehen.

Es gibt sogar anscheinend einige Vorteile, die das das geschwisterlose Aufwachsen mit sich bringt – das ergaben Studien zu Geschwisterkonstellationen: Da sich Einzelkinder nicht ständig über Dinge streiten müssen, fällt ihnen das Teilen oft leichter, sie sind kompromissbereiter und können gut vermitteln. Sie übernehmen eher Verantwortung – in Form von Ämtern, aber auch für ihre eigenen Fehler. Klar, da gab es ja nie jemandem, dem man etwas in die Schuhe schieben konnte.

Ich denke, es ist an der Zeit, Einzelkinder zu rehabilitieren. Sie sind auch ganz normale Kinder (und später Erwachsene). Und sie sind mit ihrem Dasein ohne Bruder bzw. Schwester insgesamt zufrieden – ebenso wie Geschwister mit ihrem Dasein zufrieden sind. Also sollten wir Eltern uns über Einzelkinder nicht den Kopf zerbrechen.

Lotta bekommt einen Bruder

Lotta ist große Schwester geworden! Sie ist superstolz – schließlich hat sie sich auch einen Bruder gewünscht. Doch so ein Bruder bringt auch Probleme mit sich.

Lotta drückt mit ihrem Zeigefinger in Lukas' Backe. Die ist ziemlich dick, findet Lotta. Lukas, Lottas frischgebackener Bruder, fängt an zu schreien. Das der immer gleich so schreien muss – Lotta hält sich die Ohren zu. »Vorsichtig, Lotta. Nicht so fest. Lukas ist ein zartes Baby. Da musst du immer ganz doll aufpassen, mein Schatz, ja?« Katrin nimmt Lukas, der eben noch neben Lotta auf dem Sofa lag, auf den Arm. »Mama, will mit dir was spielen!« »Lotta, ich kann jetzt gerade nicht. Ich muss Lukas stillen. Vielleicht spielst du erst einmal etwas alleine und ich mache dann später mit.« »Will aber jetzt mit dir spielen!« Lotta sitzt beleidigt auf dem Sofa.

Alles muss sich einspielen

Lukas ist jetzt seit gut 2 Wochen auf der Welt. Katrin hatte einen Kaiserschnitt und musste 1 Woche mit Lukas im Krankenhaus bleiben. Christians Mutter, Andrea, ist extra zur Geburt gekommen und wohnt seitdem bei Lotta zu Hause. Auch Christian hatte frei. So gab es immer jemanden, der sich nach der Tagesmutter um Lotta gekümmert hat. Außerdem hat die Oma bei Lotta im Kinderzimmer übernachtet – das fand Lotta toll. Jetzt ist alles nicht mehr ganz so toll. Heute Morgen ist Oma abgereist und Christian muss auch wieder arbeiten gehen. Lotta wird nun, so lange, bis Katrin wieder einigermaßen fit ist, von einer sehr netten Mutter, deren Kind auch bei Lottas Tagesmutter ist, nach Hause gebracht. Das findet Lotta allerdings weniger toll.

»Ich will mit dir spielen!« Lotta schaut mit finsterem Blick zu, wie Katrin Lukas stillt. »Lotta, bald ist Papa da. Aber vielleicht kannst du mir ja gleich mal helfen, Lukas frisch zu machen?« Katrin fühlt sich unter Druck – auf der einen Seite will Lotta ihre Aufmerksamkeit, auf der anderen Seite muss sie sich aber um Lukas kümmern. Als Christian von der Arbeit kommt, entspannt sich alles. Katrin kann sich endlich mit ruhigem Gewissen um Lukas kümmern und Christian spielt mit Lotta.

Lotta braucht mehr Mama

Nach dem Abendessen (das hat Oma Andrea zum Glück schon vorgekocht) will Christian Lotta ins Bett bringen. »Nein, Mama soll mich

ins Bett bringen! Mama muss sich um mich kümmern!« Lotta schaut Katrin vorwurfsvoll an. »Na gut, dann bring ich dich heute ins Bett!« Katrin gibt Christian den kleinen Lukas. Als Katrin mit Lotta, nach dem Zähneputzen, in ihr Zimmer gehen möchte, zieht Lotta Katrin ins Schlafzimmer. »Ich will bei dir schlafen. Lukas schläft auch bei dir.« »Aber Lotta, Lukas ist doch noch ganz klein und muss nachts von mir gestillt werden. Deshalb schläft er bei mir. So wie du damals auch, als du ein Baby warst.« »Aber ich will auch bei dir schlafen.«

Lotta fängt an zu weinen. Große Tränen kullern über ihre roten Backen. Die knapp dreijährige Lotta wirkt plötzlich ganz klein. »Ach, mein süßer Schatz.« Katrin nimmt Lotta auf den Arm und drückt sie ganz fest. »Und wenn Papa erst einmal mit dir in deinem Zimmer schläft?« »Ich will bei dir sein!« Lotta schluchzt so sehr, dass man sie kaum verstehen kann.

Das Familienschlafzimmer

»Das ist ja wohl jetzt nicht dein Ernst?« Christian schaut Katrin entsetzt an. »Es ist gerade nicht leicht für Lotta. Komm, sei nicht so. Du weißt doch – immer wenn Lotta mal wieder einen Schritt zurückgeht, dann geht sie bald auch wieder zwei nach vorne. Du musst doch nur ihre Matratze neben unser Bett legen. Bitte.« Die ganze Familie schläft jetzt erst einmal im Schlafzimmer. Lotta findet das toll. Morgens, wenn sie aufwacht, schaut sie als Erstes, was Lukas macht. Sie kann es immer kaum abwarten, bis er aufwacht und sie mit ihm kuscheln darf.

Wie wird man Monster und lästige Windeln los?

In vielen Bereichen geht es den Kleinen nicht schnell genug, groß zu werden. Doch in anderen Bereichen möchten sie gerne noch gaaanz lange klein bleiben …

Größer werden ist super – solange man selbst entscheiden kann, in welchen Bereichen man größer werden möchte. Es gibt nämlich auch ein paar Seiten am Größerwerden, die nicht so angenehm sind. Zumindest erst einmal. Beispielsweise wenn Eltern meinen, dass die »Großen« nun langsam alt genug sind, von liebgewonnenen Gewohnheiten Abschied zu nehmen, finden das die Kleinen oft gar nicht so lustig. Nicht mehr gemütlich in die Windel machen, kein Milchfläschchen mehr zum Einschlafen, keinen Schnuller mehr zum Trösten, kein Kinderwagen mehr zum gemütlichen Herumkutschieren. Und dann soll man auch noch alleine schlafen, während sich Mama und Papa so schön kuschelig das große Bett teilen dürfen. Dabei fürchte ich mich doch gerade so vor den vielen schrägen Gestalten, die nachts ihr Unwesen treiben …

Kinder haben eindeutig andere Vorstellungen davon, was Selbstständigkeit und groß werden bedeutet. Am besten, beide Seiten lernen ein wenig voneinander.

Von Monstern und anderen Schreckgespenstern

So niedlich es manchmal sein mag, wenn unsere Kinder die Magische Phase durchlaufen und vor Fantasie nur so sprudeln – nachts bringt sie hauptsächlich Ärger. Für das Kind in Form von Angst und Schrecken, für uns in Form von verängstigten und anhänglichen Kindern, die nicht im Entferntesten daran denken, allein zu schlafen. Ihre blühende Fantasie führt dazu, dass abends aus Schatten Ungeheuer werden und diese sich nachts in ihre Träume schleichen.

Es kann sein, dass Ihr Kind am Tage irgendetwas aufschnappt oder sieht, das es abends, wenn Ruhe einkehrt, plötzlich ängstigt. Die Dunkelheit und die Müdigkeit tun dann ein Übriges und lassen aus gar nicht mal so schrecklichen Eindrücken ohne weiteres grauenhafte Kreaturen werden. Sie können noch so sehr versichern, dass es hier keine Gespenster, Einbrecher, wilden Tiere oder sonstige gruseligen Dinge gibt – das,

was sich ihr Kind vorstellt, existiert auch in seinen Augen. So ist das nun mal, wenn Fantasie und Realität noch weitestgehend eine Einheit bilden. Und wenn sich diese Kreaturen dann auch noch in die Träume einschleichen, ist es aus mit dem Spaß.

Ängste in der Magischen Phase

Da passt es den kleinen, schreckhaften Wesen natürlich überhaupt nicht, wenn ihre Eltern gerade jetzt auf die Idee kommen, sie zum Schlafen in ihr eigenes Zimmer umzuquartieren, oder ihnen beibringen wollen, alleine einzuschlafen.

In dieser Phase haben Kinder in der Regel überhaupt kein Bedürfnis, ihre Selbstständigkeit im Bereich des Schlafens auszubauen. Dementsprechend funktionieren Versuche, die Kinder an ein selbstständigeres Schlafen zu gewöhnen, in dieser Zeit häufig schlecht (oder schlichtweg gar nicht). Es ist vielmehr so: Viele Kinder, die bisher problemlos alleine eingeschlafen sind oder in ihrem eigenen Zimmer geschlafen haben, pilgern jetzt nachts regelmäßig zu ihren Eltern oder sie lassen sie abends nicht aus ihrem Zimmer gehen. Auch wenn sie in unseren Augen völlig unbegründet sind: Ängste müssen immer ernst genommen werden. Vielleicht überdenken Sie noch einmal Ihre Selbstständigkeitsoffensive, falls Sie gerade eine solche planen …

Der Albtraum

Albträume können schrecklich sein – besonders, wenn man sie als kleines Kind erlebt. Vielleicht können Sie sich auch noch daran erinnern, wie es war, wenn Sie als Kind etwas richtig Blödes geträumt haben. Albträume kommen ungefähr ab dem 3. Lebensjahr vor – bei manchen Kindern aber auch schon wesentlich früher. Typischerweise treten sie in der zweiten Nachthälfte auf, nämlich dann, wenn der REM-Schlaf (engl. Rapid-Eye-Movements) stattfindet. Während des REM-Schlafs träumen wir und bewegen dabei die Augen unter den geschlossenen Lidern.

Dass Ihr Kind schlecht geträumt hat, merken Sie spätestens dann, wenn es aus dem Albtraum völlig verängstigt aufwacht und bitterlich weint. Es muss dann unbedingt ausgiebig getröstet und beruhigt werden. Oft können sich Kinder sehr gut an ihren Albtraum erinnern. Das ist auch der Grund dafür, dass sie nach so einem Traum meist nicht gleich wieder einschlafen können. Kleine Kinder sind ja noch nicht wirklich in der Lage, zwischen Traum und Wirklichkeit zu unterscheiden – für sie hat das real stattgefunden und sie haben wahnsinnige Angst, dass das schreckliche Monster, der böse Hund, der Räuber oder der unheimliche Baum plötzlich wiederkommt.

Wichtig ist, dass Sie Ihrem Kind immer wieder versichern, dass das nicht wirklich passiert ist. Nur mit viel Nähe und gutem Zuspruch schlafen die Kleinen dann nach einiger Zeit vor lauter Erschöpfung wieder ein. Die Angst vor dem Geträumten kann noch eine ganze Weile den Schlaf stören. So ein Albtraum muss erst einmal verarbeitet werden. Wenn die Kleinen schon etwas größer sind, hilft es manchmal, wenn sie ihren Traum aufmalen. Zusammen mit den Eltern können sie dann über den Traum sprechen und sich zum Beispiel ein Happy End ausdenken.

Der Nachtschreck (Pavor nocturnus)

Wer bei seinem Kind einen Nachtschreck miterlebt hat, vergisst dieses dramatische Ereignis wohl nie wieder in seinem Leben. Das Kind dagegen kann sich schon am nächsten Tag an überhaupt nix mehr erinnern. Zum Glück!

Der Nachtschreck hat im Grunde nichts mit der Magischen Phase zu tun. Doch er tritt häufig bei Kleinkindern auf – bei den einen nie, bei anderen öfter. Im Gegensatz zum Albtraum treibt er in der ersten Nachthälfte sein Unwesen. Die Kinder schrecken aus dem Tiefschlaf auf und scheinen wach zu sein – sind es aber nicht wirklich. Sie haben weit aufgerissene Augen und wirken wie vom Teufel besessen. Sie schlagen wild um sich, schreien, schwitzen stark und atmen heftig. Sie stoßen ihre Eltern weg und lassen sich in keiner Weise beruhigen. Während ein Kind nach einem Albtraum getröstet werden will, wehrt sich es sich während eines Nachtschrecks mit Händen und Füßen gegen jede Form von Trost. Es ist einfach nicht ansprechbar und in keiner Weise aufnahmefähig. Das Einzige, was Sie als Eltern tun können, ist abzuwarten und darauf zu achten, dass es sich nicht verletzt. Versuchen Sie Ihr Kind auf keinen Fall richtig zu wecken. Wenn Sie es überhaupt schaffen, ist Ihr Kind höchstwahrscheinlich erst einmal völlig orientierungslos und wahnsinnig schlecht gelaunt. Besser ist, wenn es Ihnen gelingt, Ihr Kind dazu zu bringen, sich wieder ins Bett zu legen.

Ein Nachtschreck dauert zwischen 5 und 15 Minuten. Ist er vorbei, schläft das Kind sofort wieder ein – so als ob nichts gewesen wäre. Da sich die Kinder an diesen unheimlichen Spuk nicht erinnern können, haben sie wenigstens danach auch keine Probleme mit dem Schlafen. Aus diesem Grund ist es auch schlauer, ihnen erst gar nicht groß von dem nächtlichen Drama zu erzählen.

Windeln – sind doch für Babys

Auch trocken und sauber zu werden verlangt, wie eigentlich alle anderen körperlichen Entwicklungen (z. B. Schlafen, Laufen, Essen) auch, keinen erzieherischen Einsatz der Eltern. Anders als noch vor 50 Jahren, wo man noch fest an die Sauberkeitserziehung glaubte und schon Babys aufs Töpfchen setzte, wissen wir heute, dass man es durch Training nicht wirklich beschleunigen kann. Denn erst zwischen 2 und 3 Jahren sind die meisten Kinder (manche aber auch erst später) rein physisch in der Lage, ihren Urin und Stuhl kontrolliert abzugeben. Das heißt, erst dann beherrschen sie ihren Schließmuskel und das Signal »Blase ist voll!« wird an das Gehirn gesendet. Dann braucht es im Grunde nur noch die Eltern als Vorbild (man muss ja schließlich auch wissen, wohin mit den Bedürfnissen …) und die Kinder signalisieren ganz von selbst, dass sie jetzt mal für kleine Tigerbabys müssen (Pipi!!!!!!!!!!!!!!!). Ihre Aufgabe besteht lediglich darin abzuwarten und die richtigen Rahmenbedingungen zu schaffen.

Wie wird man die Windel los?

Wenn Sie nicht konsequent die Toilettentür hinter sich abschließen, sondern Ihrem Kind bei Interesse einen Einblick in Ihre täglichen Verrichtungen gewähren, ist schon einmal eine wichtige Voraussetzung geschaffen: Ihr Kind weiß, wie es die Großen machen.

Sie können auch, wenn Sie mögen, schon im Laufe des 2. Lebensjahres ein Töpfchen anschaffen, es ins Badezimmer stellen und erklären, dass Ihr Kind, wenn es möchte, dort hinein sein Pipi und Kacka machen kann. Oder Sie besorgen eine Sitzverkleinerung für die Toilette und einen Tritt, damit Ihr Kind sich auch selbstständig auf die Toilette setzen kann. Falls sie den Toiletten- bzw. Töpfchengang gerne mit Literatur begleiten möchten, haben Sie die Möglichkeit, eines der vielen einschlägigen Bilderbücher zu kaufen, in denen dieser Prozess anschaulich und nett dargestellt wird.

Es geht los!
Irgendwann ist Ihr Kind dann so weit. Es zeigt Interesse am Töpfchen bzw. an der Toilette oder es meldet sich von nun an lautstark, wenn die Blase drückt oder ein großes Geschäft ansteht. Dann geht das Gerenne los. Lange aushalten können die Kleinen noch nicht … Für den Übergang von der Windel zum Töpfchen eignen sich Höschenwindeln ganz gut. Die kann man einfach wie eine Unterhose runter- und wieder hochziehen. Natürlich bringen die nur etwas, wenn auch eine einfach handhabbare Hose darüber angezogen wird, am besten auch mit Gummibund. Es ist wichtig, dass sich die Kinder ihre Hose möglichst selbst runterziehen können. Alles, was selbstständig zu schaffen ist, macht Ihrem Kind mehr Spaß und entlastet auch Sie. Selbst das Abwischen sollten Sie so früh wie möglich ihrem Kind überlassen – auch wenn dabei mit hoher Wahrscheinlichkeit nicht ihre Hygieneanforderungen eingehalten werden. In der Kita macht es das früher oder später sowieso selbst. Auf dem anschließenden Händewaschen sollte man natürlich bestehen und eine allabendliche Grundreinigung des Popos ist sicherlich auch nicht falsch.

Windel weglassen von heute auf morgen?

Aber machen Sie sich keine Illusionen. Sauber und trocken zu werden ist mit wenigen

Ausnahmen ein Prozess. Es kommt immer wieder vor, dass die Kleinen einpullern, obwohl sie es eigentlich raushaben. Besonders wenn sie ins Spiel vertieft sind, ist Pipi machen auf der Toilette eher lästig. Da wird so lange ausgehalten, bis die Kinder plötzlich in einem kleinen See sitzen. Auch Ermahnungen nützen da nichts – die sind sogar eher kontraproduktiv. Besser, Sie sehen einfach über die gelegentlichen Unfälle hinweg und loben die geglückten Manöver. Jedenfalls ist es in dieser Phase ratsam, immer Wechselsachen dabeizuhaben. Sehr günstig für den Übergang von der Windel zum Töpfchen ist der Sommerurlaub. Da kann man die Windel einfach weglassen. Und wenn dann die Hose hin und wieder nass oder klebrig wird, ist es nicht so tragisch. Im Gegenteil – da die Kinder ja wissen, dass sie keine Windel anhaben (wobei sie das gelegentlich auch einfach vergessen), denken sie eher dran, Bescheid zu sagen.

Der zeitliche Ablauf des Sauber- und Trockenwerdens sieht meist so aus: Die Kinder werden zuerst sauber, dann trocken. Und zunächst tagsüber. Dass nachts keine Windel mehr benötigt wird, dauert oft noch ein Weilchen. Es ist aber auch durchaus normal, dass die Reihenfolge anders verläuft. Während einige Kinder schon mit 2 Jahren sauber und trocken sind, und das sowohl am Tage als auch in der Nacht, gibt es andere Kinder (und davon nicht zu wenige), die sich erst mit 4 Jahren von der Windel verabschieden. Wobei die nächtliche Windel von einigen Kindern noch bis ins Vorschulalter getragen wird.

Rückfälle und verpasste Gelegenheiten
Manchmal ist es so, dass Kinder eine ganze Weile schön aufs Töpfchen gehen, aber dann plötzlich wieder regelmäßig in die Hose machen, so dass den Eltern nichts anderes übrig bleibt, als ihrem Kleinen wieder eine Windel anzuziehen. So etwas kommt vor. Oft steht so ein »Rückschritt« im Zusammenhang mit irgendwelchen besonderen Ereignissen, wie z. B. dem Eintritt in den Kindergarten oder der Geburt eines Geschwisterchens. Das ist in keiner Weise besorgniserregend und Sie sollten ganz gelassen bleiben, wenn dieser Fall eintritt. Nach einer Weile wird Ihr Kind seine Energien nicht mehr bündeln müssen und es wird den Gang zur Toilette bzw. zum Töpfchen wieder aufnehmen.

Es gibt aber auch beim Sauber- und Trockenwerden so etwas wie eine verpasste Gelegenheit. Zeigt Ihr Kind die ersten Anzeichen, dass es die Kontrolle über seine Ausscheidungen gewinnt, dann sind Sie an der Reihe. Sie müssen Ihr Kind beim Übergang von der Windel zum Töpfchen bzw. zur Toilette unterstützen. Dieser Übergang ist durchaus mit einer gewissen Mehrarbeit für Sie verbunden. Sie müssen wachsam sein und bei jedem Pipialarm mit ihrem Kind losrennen – auch unterwegs … Und es gibt immer wieder kleinere und größere Unfälle. Reagieren Sie nicht bzw. zu halbherzig auf die Signale Ihres Kindes, weil beispielsweise gerade Winter ist und Sie das Thema Trockenwerden im Schneeanzug zugegebenermaßen nicht sonderlich reizt, kann es sein, dass sich Ihr Kind daran gewöhnt, nun bewusst in die Windeln zu machen. Das wiederum wird zur Gewohnheit und Gewohnheiten sind in der Regel recht hartnäckig, d. h., man wird sie nicht ohne Anstrengung los (wie wir gleich noch im nächsten Abschnitt sehen werden).

Windel zum Kackamachen. Ein anderer Fall ist der, wenn die Kinder von bestimmten Ängsten abgehalten werden, ihre Blase bzw. ihren Darm in die Toilette bzw. ins Töpfchen zu entleeren. Sie denken beispielsweise, in der Toilette oder im Töpfchen wohnten Monster oder Seeungeheuer. Relativ häufig gibt es den Fall, dass Kinder obwohl sie alles unter Kontrolle haben, darauf bestehen, ihr großes Geschäft in der Windel zu erledigen. Manchmal ist auch nicht so leicht zu erkennen, ob es sich dabei um Ängste oder um eine Gewohnheit handelt. Vermeiden Sie auch hier jede Art von Druck. Es hilft nur abwarten und gut zureden (aber nicht zu viel, denn auch das stresst).

Schnuller, Milchflasche und Co.

Nicht nur die Windel kann zur Gewohnheit werden. Da gibt es noch ein paar andere potenzielle Suchtmittel, denen Kleinkinder gerne verfallen. Die Klassiker sind hier Schnuller, die abendliche oder nächtliche Milchflasche und der Kinderwagen. Natürlich handelt es sich dabei in keiner Weise um ausgewachsene Süchte, sondern schlicht um liebgewonnene Gewohnheiten der Kleinen. Doch auch liebgewonnene Gewohnheiten sind schwierig aufzugeben. Vor allem wenn man als Betroffener keine Notwendigkeit darin sieht. Denn es sind ja ausschließlich wir, die Eltern, die der Meinung sind, dass jetzt endgültig Schluss ist mit diesen lästigen Babyprivilegien.

Wir sind es leid, ständig den Schnuller zu suchen und in Panik zu verfallen, wenn wir unterwegs merken, dass wir ihn zu Hause haben liegen lassen. Außerdem erntet man auch zunehmend kritische Blicke, wenn man sein Dreijähriges mit Schnuller herumrennen lässt. Und wenn dann auch noch der Zahnarzt mahnt, weil man es dem Kiefer des Kindes anmerkt, dass es immer noch schnullert, und es höchste Eisenbahn ist, diese Gewohnheit loszuwerden – ja, spätestens dann gerät man unter Druck. Da sind das Herumkutschieren im Kinderwagen und das Servieren der Milchflasche oft noch die kleineren Übel.

Kalter Entzug? Wenn keine Notwendigkeit besteht (und das tut sie in der Regel nicht, zumindest nicht akut), dann ist von einem »kalten Entzug« abzuraten (»Ab heute ist der Schnuller ersatzlos gestrichen!«). Besser ist, Sie überlegen, wie Sie entweder Alternativen zur Gewohnheit bieten können (z. B. Laufrad statt Kinderwagen) oder wie Sie mit Hilfe einer (äußerst attraktiven) Belohnung Ihr Kind zum Aufgeben seiner Gewohnheit bringen. Viele Eltern lassen z. B. die Schnullerfee kommen, die im Tausch gegen den Schnuller ein tolles Geschenk bringt. Oder Sie versuchen die Gewohnheit nach und nach ausklingen zu lassen, in dem Sie z. B. verkünden: Den Schnuller gibt es nur noch am Morgen und am Abend, dann nur noch am Abend usw.

Von Vorteil ist, wenn Sie nicht allzu ehrgeizige Ziele haben, was die Entwöhnung Ihres Kindes angeht. Rückfälle kann es immer geben und wenn Sie (oder der Kiefer Ihres Kindes) nicht allzu sehr unter der Gewohnheit leiden, dann lassen Sie sich einfach noch ein bisschen Zeit.

Lotta geht aufs Töpfchen

Mit zweieinhalb Jahren wollte Lotta plötzlich aufs Töpfchen gehen und innerhalb von nur 1 Woche war sie sowohl trocken als auch sauber! Aber dann ...

Lotta war so stolz auf ihr erstes Pipi im Töpfchen! Und als dann schon am nächsten Tag auch noch die erste Wurst im Töpfchen lag, platzte sie fast vor Stolz und musste es natürlich der versammelten Familie – Oma und Opa waren gerade auch da – präsentieren. Ab diesem Zeitpunkt meldete Lotta konsequent ihre Bedürfnisse an: »Pipi!« oder »Kacka!« – sobald dieser Alarm ertönte, rannten Christian bzw. Katrin mit Lotta schnell ins Badezimmer. Es klappte alles erstaunlich gut – Katrin und Christian waren begeistert von ihrer Tochter. In den nächsten 2 Monaten war Lotta tagsüber trocken und sauber – auch bei der Tagesmutter. Ganz selten, dass sie mal einpullerte. Meistens waren es nur ein paar Tröpfchen.

Dann kam die Kita

Dann startete Lotta mit der Kita. Sie hätte zwar noch ein paar Monate bei Annelie, ihrer geliebten Tagesmutter, bleiben können, aber da sowieso mit 3 Jahren der Wechsel in eine Kita anstand und Katrin und Christian einen Platz in einem sehr sympathischen Kinderladen angeboten bekamen, nutzen sie die Chance und ließen Lotta schon vorzeitig wechseln.

Lotta gefiel die Kita auf Anhieb und die Eingewöhnung lief problemlos, nur – Lotta pullerte ständig ein. Es half nichts – sie musste wieder eine Windel tragen. Die Erzieherinnen konnten ja schließlich nicht ständig hinter Lotta herwischen und sie fünfmal am Tag umziehen. Katrin machte sich große Sorgen, warum Lotta wohl wieder die Windel brauchte. Ob es ihr in der neuen Kita vielleicht doch nicht gut ging? Oder hatte das gar nicht mit der Kita zu tun, sondern eher mit dem neuen Geschwisterchen? Oder waren zwei Veränderungen einfach zu viel für sie? Lotta jedenfalls schien dieser »Rückschritt« nicht besonders zu interessieren. Lotta war ganz sie selbst und genauso oft fröhlich bzw. schlecht gelaunt wie immer. Ihr großes Geschäft verrichtete sie allerdings nach wie vor ins Töpfchen oder auf der Kindertoilette in der Kita.

Lotta lässt sich Zeit

Jetzt sind schon fast 3 Monate seit Lottas Kitastart vergangen. Und immer noch braucht sie

eine Windel – sie besteht sogar regelrecht darauf. Katrin zieht Lotta jetzt immer Höschenwindeln an. Die kann sie sich selbst runterziehen. Schließlich erledigt sie ihr großes Geschäft nach wie vor auf dem Töpfchen bzw. auf der Toilette. Es ist wirklich nicht zu verstehen, warum Lotta in die Windel pinkelt. Sie kann ihre Blase kontrollieren. Das hat sie ja bereits bewiesen. Aber auch wenn Christian und Katrin Lotta ins Gewissen reden und sie fragen, ob sie denn nicht ein großes Mädchen sein wolle. Lotta ignoriert sämtliche Beeinflussungsversuche und kümmert sich nicht um die Windel. Auch Lottas Erzieherinnen, Evi und Annegret, sehen Lottas Windelbedürfnis eher gelassen. »Wenn Ihr insgesamt den Eindruck habt, dass es Lotta gut geht, dann wartet einfach noch ab. Wir erleben hier in der Gruppe eine ganz muntere und zufriedene Lotta.« Na gut. Dann heißt es eben abwarten.

Der Entschluss steht fest

Als Katrin am nächsten Tag Lotta von der Kita abholt und sie zur Begrüßung drückt, merkt sie, dass Lotta keine Windel anhat. »Lotta, du hast ja gar keine Windel an?« Lotta strahlt ihre Mutter an und verkündet mit feierlicher Miene: »Ich brauch ja auch keine Windel – Windeln sind für Babys.« Katrin schaut Evi, Lottas Erzieherin, fragend an. Die lächelt. »Salome trägt seit heute keine Windel mehr und hat verkündet, dass Windeln nur für Babys sind. Lotta sieht das jetzt wohl auch so.«

Lotta braucht seit diesem Tag keine Windel mehr. Und das nicht nur tagsüber, sondern auch nachts! Es ist nicht immer alles zu verstehen, was Kinder so umtreibt. Aber eins steht fest: Man darf die Macht der Peergroup nie unterschätzen …

Born to be wild

Sie sind abenteuerlustig, laut, herausfordernd, rastlos, starrköpfig, ungeduldig, aufbrausend und kämpferisch. Nein, die Rede ist nicht von den alten Wikingern!

Kinder sind wilde Kerle, und leider ist ihr Leben heutzutage recht berechenbar und frei von ernst zu nehmenden Herausforderungen (ausgenommen natürlich die intellektuellen). Kinder stehen heute rund um die Uhr unter einer fast lückenlosen Aufsicht. Es gibt keinen ungestörten Raum, den sie selbstständig erkunden und für sich erobern könnten. Keine Situationen, die alleine geklärt werden müssten. Keine Aufgaben, die echtes eigenständiges Handeln erfordern. Alles ist reglementiert, bereinigt, beaufsichtigt. Ob zu Hause oder in der Kita (oder in der Schule). Kinder in Städten haben kein Gärtchen vor der Tür. Und wenn, dann ist noch lange nicht gesagt, ob sie denn mit 3 Jahren da alleine rausdürfen. Dieses relativ langweilige Kinderleben ist der Preis für unser modernes Leben und für ein Maximum an Sicherheit.

Gut, für ein zwei- bis dreijähriges Kind ist das alles noch nicht ganz so relevant wie für ein vier- oder fünfjähriges Kind. Aber so oder so sind unsere Kinder heute stark abhängig von unserem persönlichen Sicherheitsbedürfnis und unserem Vertrauen in die Fähigkeiten unseres Kindes. Da unsere Kinder z. B. nicht mehr in altersgemischten Kindergruppen vor dem Haus im Garten oder auf der Straße spielen, sind sie nun darauf angewiesen, abzuwarten, was ihre Eltern so mit ihnen anstellen.

Was lassen die Eltern zu? Spielen meine Eltern mit mir? Bringen sie mich mit anderen Kindern zusammen? Gehen meine Eltern mit mir auch mal wohin, wo ich Bäume hochklettern oder Tiere streicheln und füttern kann? Lassen mich meine Eltern mit nackten Füßen in den Bach gehen, auch wenn's eigentlich zu kalt ist und ich zudem ausrutschen könnte? Erlauben mir meine Eltern um die Ecke mit den anderen Kindern zu spielen, auch wenn sie mich dann nicht direkt im Blick haben?

Kein Wunder, dass da die Erwartungshaltung an die Eltern steigt, wenn Eigeninitiative praktisch kaum möglich ist bzw. sich

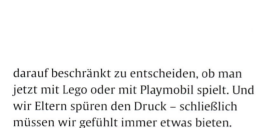

darauf beschränkt zu entscheiden, ob man jetzt mit Lego oder mit Playmobil spielt. Und wir Eltern spüren den Druck – schließlich müssen wir gefühlt immer etwas bieten.

Kinder finden Wikinger und deren Leben faszinierend – so wie sie gestrickt sind, ist das verständlich. Die für uns offensichtlichen Nachteile eines Wikingerlebens leuchten ihnen noch nicht ein. Vielleicht gibt es aber trotzdem Mittel und Wege, unsere Kinder ein bisschen mehr Wicki sein zu lassen. Wicki erlebt Abenteuer, kommt in brenzlige Situationen, entwickelt eigene Ideen, setzt sie um, rettet dadurch sich und die anderen. Und sein Vater, Halvar, der teilt nicht immer Wickis Meinung, vertraut ihm aber letztendlich und ist wahnsinnig stolz auf seinen eigensinnigen und klugen Sohn.

Heute schon was erlebt?

Auch in unserem zivilisierten Leben können Kinder etwas erleben. Schließlich soll das hier kein Plädoyer für ein gefährlicheres Kinderleben sein. Auch wenn es durchaus mal interessant ist, sich anzuschauen, wie andere Kinder aufwachsen ... (Auf ARTE läuft gerade eine äußerst interessante Doku-Serie »Die gefährlichsten Schulwege der Welt«).

Und es ist wichtig, dass Kinder etwas erleben. Denn sie sind wilde Wesen und wenn sie ihren Abenteuertrieb nur eingeschränkt ausleben können, wundert es nicht, wenn sie vermehrt motorische Unruhe oder Aggressionen entwickeln. Das bedeutet nicht, dass Sie Ihr Kind pausenlos bespaßen müssen. Sie sollten jedoch dafür sorgen, dass es regelmäßig die Möglichkeit bekommt, seinen Geist und seinen Körper herauszufordern. Denn Abenteuer zu erleben heißt ja immer, etwas Herausforderndes zu tun, und nicht, einfach nur bespaßt bzw. unterhalten zu werden. Wobei gegen Bespaßung an sich nichts einzuwenden ist – solange unterm Strich das Gleichgewicht stimmt.

Action ist angesagt

Wie kann man seinem Kind ein Umfeld schaffen, in dem es sich ausleben kann? Vor allem wenn man in der Stadt wohnt und einem vor der Haustür hauptsächlich stark befahrene Straßen und Gehwege voller Hundehaufen erwarten? Vor allem können Sie zwei Dinge tun:

Kita mit viel Raum

Suchen Sie eine Kita, die Ihrem Kind jede Menge Raum zum Entfalten bietet. Damit ist nicht nur der Raum in Quadratmetern gemeint (der ist natürlich sehr wichtig), sondern auch der Raum zum freien, kreativen Spiel. Der Kita-Alltag sollte nicht von vorne bis hinten aus Programmpunkten (jetzt basteln wir, jetzt singen wir, jetzt wird vorgelesen, jetzt wird getanzt …) bestehen, so dass die Kinder keine Zeit finden, selbstständig Spiele zu entwickeln. Eine Kita sollte idealerweise ein Ort sein mit vielfältigen und frei zugänglichen Beschäftigungsmaterialien und abwechslungsreich gestalteten Räumlichkeiten (innen und außen), in denen sich Kinder (möglichst oft) frei bewegen dürfen. Ein großer Garten, in dem Käfer und Ameisen gesammelt werden können oder auch mal im Gebüsch gespielt werden kann, ohne dass die Erzieher sofort alles sehen (und womöglich einschreiten), ist wunderbar für Kinder. Aber auch ein regelmäßiges sportliches oder musikalisches Angebot, wie einmal die Woche Turnen oder Musik, ist nicht falsch. Hauptsache, die Kids haben Gelegenheit, ihren Körper und Geist ausgiebig auszuprobieren.

Bewegung – jeden Tag
Und auch Sie können natürlich einiges dazu beitragen, dass Ihr Kind am Ende des Tages ordentlich ausgelastet ist. Ob Sie mit Ihrem Kind ins Schwimmbad gehen, auf den Spielplatz, mit ihm Trampolin springen oder Ball spielen oder den Weg zur Kita mit dem Roller bestreiten – ganz egal. Hauptsache, es ist Action angesagt und Sie tun es nicht nur einmal im Monat, sondern möglichst jeden Tag.

Kumpels müssen sein

Auch wenn zwei- bis dreijährige Kinder noch keine Helden der sozialen Kompetenz sind und sie sich selbst immer noch als Nabel der Welt sehen – andere Menschen (außer den Eltern) werden immer wichtiger für sie. Vor allem andere Kinder.

Zwei- bis dreijährige Kinder merken zunehmend, dass sie mit anderen Kindern Dinge erleben können, die sie mit ihren Eltern oder anderen Erwachsenen so nicht erleben. Ist irgendwie auch nachvollziehbar – unter seinesgleichen hat man einfach mehr Gemeinsamkeiten. Natürlich klappt das Miteinander nicht immer reibungslos. Schließlich sind die Umgangsformen noch nicht so geschliffen und der für das Alter immer noch typische Egozentrismus widerspricht natürlich dem Prinzip der Freundschaft. Aber Streitigkeiten unter Kindern gehören dazu und sie erfüllen sogar einen wichtigen Zweck. Die Kinder müssen ja schließlich lernen, wie man Kontakte knüpft, Gemeinsamkeiten herausfindet und einen Interessensausgleich schafft, so dass jeder auf seine Kosten kommt. Sie lernen auf diese Weise, wie Freundschaften funktionieren.

Es gibt Kinder, die pflegen schon im zarten Alter von 2 Jahren recht innige Freundschaften. Die meisten jedoch begnügen sich mit kurzen Spiel-Begegnungen. So oder so, das Interesse an Gleichaltrigen wächst und Sie tun Ihrem Kind einen großen Gefallen, wenn Sie dafür sorgen, dass es regelmäßig unter seinesgleichen kommt.

Darf Unterhaltung sein?

Es ist weiter vorn schon einmal angeklungen: Unterhaltung ist nicht grundsätzlich etwas Schlechtes. Nicht für uns Erwachsene und auch nicht für unsere Kinder – selbst so ein intelligentes Wesen wie der Mensch kann und will nicht immer aktiv und kreativ sein. Hinzu kommt, dass man häufig schwer beurteilen kann, was überhaupt pure Unterhaltung ist und was nicht vielleicht doch auch einen gewissen pädagogischen oder kulturellen Wert hat bzw. was am Ende sogar noch inspirierend oder anregend auf uns wirkt.

Unterhaltung zeichnet sich dadurch aus, dass wir etwas mit unseren Sinnen aufnehmen und dabei wenig bis gar nicht körperlich aktiv werden. Wir lassen uns quasi berieseln, indem wir Karussell fahren, Musik hören, Filme, Theater und Bilder anschauen oder Geschichten lesen bzw. ihnen lauschen. Vielleicht kann man auch Süßigkeiten essen als Unterhaltung begreifen – unser Geschmackssinn freut sich, während unser Körper davon nicht besonders profitiert. Solange passive bzw. unproduktive Phasen immer wieder von aktiven abgelöst werden und der aktive Part insgesamt überwiegt (bei Kindern noch mehr als bei Erwachsenen), ist alles in Ordnung. Darin sind sich alle einig.

Fernsehen

Doch beim Konsum eines Unterhaltungsmediums scheiden sich die Geister: bewegte Bilder. Während wir Erwachsene häufig und gerne Film und/oder Fernsehen konsumieren, denken viele Eltern, dass es ihren Kindern überhaupt nicht guttut. Es gibt ja auch genügend Experten und Studien, die das Fernsehen bzw. Filmschauen pauschal verurteilen.

Dabei ist es mit den bewegten Bildern wie mit jedem anderen gewöhnlichen Medium, ob Karussell, Buch oder Süßigkeit: völlig unbedenklich – wenn man sie alters- und typgerecht sowie in Maßen konsumiert.

Ja, aber ... »die Bilder kommen und gehen viel zu schnell. Das ist eine Reizüberflutung. Außerdem versteht mein Kind nichts davon, was es sieht.« Sicher – viele Kinderfilme sind sehr schnell geschnitten. Sie sind für Filmeinsteiger kaum geeignet. Aber es gibt auch jede Menge kurze, einfache und ruhige Filmchen, die auch schon zwei- bis dreijährige Kinder problemlos verfolgen können (z. B. Calliou, Trotro, Die Sendung mit dem Elefanten – das Pendant zur Sendung mit der Maus, nur für Kleinere). Außerdem muss sich auch erst eine gewisse Medienkompetenz »Film« entwickeln. Kaum ein Kind kann sich auf Anhieb 5 bis 10 Minuten auf ein Filmchen konzentrieren und der Geschichte folgen. Es kann auch nicht von Anfang an konzentriert einer 10-minütigen Bilderbuchgeschichte folgen. Alles Übungssache! »Filme regen nicht die Fantasie an. Da bekommt man einfach nur Bilder vorgesetzt.« Beim Film entstehen genauso viel bzw. genauso wenig Bilder im Kopf wie beim Anschauen von Bilderbüchern oder von Theaterstücken. Trotzdem regen sowohl Filme und Theaterstücke wie auch Bilderbücher die Fantasie von Kindern an. Das sieht man daran, dass der Film-, Theater- bzw. Buchstoff oft in Rollenspielen nachgespielt bzw. weitergesponnen wird.

»Mein Kind kann doch noch gar nicht richtig zwischen Wirklichkeit und Fantasie unterscheiden. Filme würden es total verwirren.« Ja, zwei- bis dreijährige Kinder stecken mitten in der Magischen Phase und da fällt es ihnen tatsächlich noch nicht so leicht, Wirklichkeit und Fantasie voneinander zu trennen. Dieses Phänomen kann allerdings nicht nur zum Tragen kommen, wenn sie einen Film anschauen, sondern auch, wenn sie einer Geschichte lauschen oder ein Theaterstück oder Bilderbuch anschauen. Deshalb ist es wichtig, dass Sie bei der Auswahl der Filme genau hinsehen. Und es ist wichtig, dass Sie gemeinsam mit Ihrem Kind schauen – vor allem wenn es einen Film das erste Mal sieht. Dann können Sie über das Gesehene sprechen und aufkommende Ängste gleich bemerken. Außerdem gibt es große Unterschiede in dem, was Kinder an Geschichten, sei es in Form von Film oder vorgelesenen Geschichten, vertragen. Es gibt die Kinder, die regelrecht auf Grusel stehen, und diejenigen, die schon allein bei dem Wort »Zauberwald« Angstzustände bekommen. Bei diesen Kindern muss man umso mehr hinschauen, welches Buch man vorliest bzw. welchen Film man schaut.

»Warum sollte ich meinem Kind Filme zeigen, wenn es gar nicht danach fragt?« Wenn man Kindern keine Bücher zeigt, fragen sie auch nicht danach. Das ist bei jedem Kulturgut so, dass man nicht kennt. Wann man bestimmte Kulturgüter (Bücher, Theater, Museen, Musik, Film etc.) einführt, ist natürlich Sache der Eltern. Doch früher oder später sollte man sie den Kindern nahebringen. Schließlich werden sie damit früher oder später außer Haus konfrontiert und dann ist es gut, wenn sie bis dahin mit Hilfe der Eltern eine gewisse Medienkompetenz entwickeln konnten.

»Mein Kind kann sich gar nicht vom Fernseher lösen. Ich könnte ihm auch ein Testbild vorsetzen und es würde immer noch auf den Bildschirm starren.« Umso mehr ein Grund, seine Medienkompetenz zu schulen. Einige Kinder können auch vom Karussellfahren, vom Vorlesen oder von Süßigkeiten nicht genug kriegen – aber das ist noch lange kein Grund, auf diese Formen der Unterhaltung bzw. des Genusses komplett zu verzichten. Hier geht es darum zu lernen, dass irgendwann auch mal genug ist. Das braucht natürlich Zeit und kostet Nerven – bei Ihnen wie auch bei Ihrem Kind. Hier machen klare Vereinbarungen Sinn, die auch nicht nachträglich diskutiert werden.

Und damit auch das gesagt wurde: Natürlich sollten Sie das Fernsehen bzw. das Filmschauen nicht allzu großzügig zum Ruhigstellen einsetzen (ab und zu ist das völlig legitim – z. B. um einfach mal zum Kochen zu kommen). Vor allem nicht, wenn das Kind eigentlich nach Aktivität verlangt. Aber das versteht sich ja im Grunde von selbst. Also, auf einen bewussten und entspannten Medienkonsum!

Macht der kleine Unterschied einen Unterschied?

Spielt Ihr Mädchen besonders gerne mit Puppen? Liebt Ihr Sohn Autos und Bagger? Ist Ihr Töchterchen sprachlich schon sehr weit bzw. Ihr Söhnchen bereits ein kleiner Baumeister? Kann schon sein. Es gibt Unterschiede zwischen Jungen und Mädchen, die über den kleinen Unterschied hinausgehen.

Im Durchschnitt sind Mädchen sprachbegabter, Jungen haben bessere visuell-räumliche Fähigkeiten (wie gesagt, im Durchschnitt, das gilt nicht für den Einzelfall!). Unterschiedlich organisierte Gehirnstrukturen und auch Geschlechtshormone scheinen dafür verantwortlich zu sein. Jungen haben außerdem meist einen stärkeren Bewegungsdrang als Mädchen. So ab dem 3. Lebensjahr steigt ihr Testosteronspielgel – das macht wilder. Zudem haben sie rund 30 % mehr Muskelmasse als Mädchen – die müssen zusätzlich bewegt werden. Wie es aussieht, werden die Geschlechtsunterschiede also nicht von unserer Erziehung hervorgerufen.

Doch in zahlreichen Studien wurde bestätigt, dass wir die anfangs relativ gering ausgeprägten Unterschiede ganz klar verstärken. So sehr, dass sie nicht selten zu haushohen Unterschieden werden. Durch die Spiele, die wir mit unseren Mädchen bzw. Jungen spielen, durch das Spielzeug, das wir ihnen schenken, durch die Kleidung, die wir ihnen kaufen, durch die Anerkennung und die Ermunterung, die wir ihnen zukommen lassen, durch Ängste, die wir auf sie übertragen usw.

Und natürlich trägt auch die »Gesellschaft« ihren Teil dazu bei. Schon in der Kita kann ein Kind unter Druck geraten, wenn ihre Peergroup es dafür auslacht, dass es sich geschlechtsuntypisch verhält. »Ihh, guck mal, der Anton hat ein Kleid an! Der ist ja ein Mädchen!« Ein dreijähriges Kind weiß, dass es ein Junge bzw. ein Mädchen ist. Dann will es auch zu den anderen Jungs bzw. Mädchen dazugehören – und das funktioniert am besten, wenn es sich wie die anderen Jungs bzw. Mädchen verhält, kleidet und spielt. Anton wird wahrscheinlich kein zweites Mal ein Kleid in die Kita anziehen – außer seine Erzieherinnen sind erfahren in vorurteilsbewusster Erziehung und erklären den anderen, dass es auf dieser Welt eine große Vielfalt gibt und dass z. B. in einigen Ländern sogar ausgewachsene Männer Röcke bzw. Kleider tragen.

Bei aller Unterschiedlichkeit – jedes Kind sollte die Chance bekommen, einfach so zu sein, wie es ist, und nicht durch eine Brille (Mädchen oder Junge, schwarz oder weiß, dick oder dünn …) gesehen zu werden.

Spaßmacher

Je größer unser Kind wird, desto weniger genügen wir ihm. Das hört sich vielleicht etwas traurig an, ist es aber nicht. Im Grunde entlastet uns diese Entwicklung. Sind Eltern im 1. Lebensjahr ihres Kindes schlicht sein »Ein und Alles«, so sind sie für ihr dreijähriges Kind zwar immer noch bei weitem die wichtigsten Bezugspersonen – aber die zunehmende Selbstständigkeit führt auch dazu, dass die Neugier auf neue Beziehungen wächst. Gerade als Spielpartner werden die anderen (besonders Kinder, aber auch Erwachsene) immer spannender. Jeder neue Kontakt bringt jede Menge neue Erfahrungen. Diese Erfahrungen mit anderen Menschen sind sehr wichtig für unsere Kinder. Wir allein könnten ihnen gar nicht so viele Eindrücke bieten. Wir wären damit vollkommen überfordert. Also sind jetzt auch die anderen dran, um mit unseren Kindern zu spielen!

Natürlich ist es noch lange nicht so weit, dass Sie sich gemütlich aufs Sofa setzen und

Zeitung lesen können, während Ihr Kind mit sich alleine oder mit seinem Kumpel stundenlang in seinem Zimmer spielt. Auch dreijährige Kinder wollen (gefühlt) ständig etwas von ihren Eltern, müssen sich pausenlos mitteilen, bestehen darauf, dass man mitspielt oder zumindest danebensitzt und das Spiel aufmerksam verfolgt. Doch wenn Ihr Kind die Möglichkeit hat, auf andere Menschen zurückzugreifen, so wird es nach und nach immer besser in der Lage sein, mit ihnen in Kontakt zu treten und aus dem Miteinander wertvolle Erfahrungen zu ziehen.

Alles bleibt, wie's ist – nur komplexer

Ganz unabhängig davon, mit wem Ihr Kind nun spielt – was spielt denn ein zwei- bis dreijähriges Kind überhaupt? Im Großen und Ganzen dieselben Dinge wie im 2. Lebensjahr. Mit den zunehmenden Fähigkeiten steigt jedoch die Komplexität des Spiels. Der Bewegungsdrang ist nach wie vor sehr hoch und da die Bewegungen jetzt viel differenzierter ausgeübt werden können, ist einfach mehr möglich. Die Kinder versuchen sich verstärkt im Klettern und sie interessieren sich für Turnübungen, wie z. B. Purzelbaum oder Balancieren. Auch Fahrzeuge, wie z. B. das Laufrad, werden jetzt besser beherrscht.

Aber auch die ruhigeren Spiele bzw. Beschäftigungen stehen hoch im Kurs. Ein dreijähriges Kind hat schon recht ordentliche motorische Fähigkeiten und ein solides Sprachverständnis. Und es kann sich mittlerweile auch über einen etwas längeren Zeitraum hinweg konzentrieren. Daher finden es jetzt viele Kinder sehr spannend, Geschichten und Märchen vorgelesen zu bekommen. Auch ein Gang in die Kinderbibliothek finden Kinder in diesem Alter schon klasse – dort können sie sich nach Lust und Laune tolle Bücher aussuchen.

Basteln, malen, konstruieren. Zwei- bis dreijährige Kinder sind jetzt auch immer mehr in der Lage, mit Holzklötzen oder Stecksystemen Bauwerke zu konstruieren. Und viele Kinder puzzeln für ihr Leben gern. Außerdem finden die meisten Kinder in dem Alter Eisenbahnen super – die Schienen zusammenzustecken macht schon Spaß, aber erst den Zug fahren zu lassen! Die einen Kinder sind wahre Konstrukteure, die anderen wahre Künstler. Es gibt Kinder, die malen leidenschaftlich gerne und einige von ihnen schaffen es sogar schon in diesem Alter, gegenständlich zu malen. Aber auch Basteln funktioniert mittlerweile ganz gut. Ende des 3. Lebensjahres können viele Kinder schon einigermaßen mit der Schere umgehen. Papierschnitzel ausschneiden und aufkleben ist eine echte Herausforderung und macht richtig Spaß. Doch es gibt auch Spiele, die fangen die meisten Kinder erst gegen Ende des 3. Lebensjahres an zu spielen.

Spielen nach Regeln

Bisher hat beim Spielen nur einer die Regeln gemacht: Ihr Kind. Doch gegen Ende des 3. bzw. Anfang des 4. Lebensjahres fangen viele Kinder an, sich für Spiele zu interessieren, für die es feste Regeln gibt. Wie z. B. der absolute Spieleklassiker »Memory«. Hier müssen die Spieler abwechselnd identische Paare unter den verdeckt liegenden Karten finden. Wer die meisten Paare hat, ist der Gewinner. Haben die Kleinen ein wenig Übung in dem Spiel, sind die Erwachsenen in der Regel chancenlos. Aber auch Gesellschaftsspiele wie »Obstgarten«, »Tempo kleine Schnecke« oder »Lotti Karotti« oder Kartenspiele wie »Schwarzer Peter« oder »Uno Junior« erfreuen sich großer Beliebtheit bei den Kleinen. Auch wenn das Halten der Karten nicht immer auf Anhieb gelingt und etwas Übung benötigt.

Bei den Regelspielen ist das einzige Problem, dass es einen Gewinner und einen Verlierer gibt. Und gute Verlierer sind Kinder bekanntlich nicht. In diesem zarten Alter kann man die Kleinen getrost öfter mal gewinnen lassen, ohne gleich Angst haben zu müssen, dass sie so das Verlieren nicht lernen.

Vater, Mutter, Kind
Bei manchen Kindern geht es schon Anfang des 3. Lebensjahres los, bei anderen erst 1 Jahr später: das Rollenspielen. Vorläufer der Rollenspiele sind die »Als-ob-Spiele«, d. h., Ihr Kind hält sich eine Banane ans Ohr und tut so, als ob es telefonierte. Anders als im »Als-ob-Spiel« werden im Rollenspiel ganze Szenen oder Geschichten nachgespielt.

Besonders beliebt ist das Nachspielen von alltäglichen Situationen. Das Baby wird gefüttert, gewickelt und schlafen gelegt. Das Kind ist dann die Mama und häufig werden auch die Eltern als Schauspieler in das Spiel mit einbezogen und müssen dann wahlweise Geschwisterkind, Papa oder Oma bzw. Opa sein. Neben dem »Vater, Mutter, Kind«-Spielen ist auch das »Laden«-Spielen sehr beliebt. Dazu muss es nicht unbedingt einen Kaufladen geben. Man kann auch Dosen und Tüten aus der echten Küche verkaufen oder einen Schmuckverkauf oder einen Verkauf mit selbst gemalten Bildern veranstalten – die Kinder lassen sich immer etwas einfallen. Gerne spielen Kinder auch »Kindergarten« – hier gibt es dann die Rollen Erzieher und Kinder zu verteilen.

Höhle bauen. Im Rollenspiel spielt das Verkleiden und das Umgestalten der Wohnung (z. B. Höhlen bauen) oft eine große Rolle. Außerdem ist ganz klar festgelegt, wer die Regie führt: das Kind. Es ist unglaublich, wie präzise die Regieanweisungen in der Regel ausfallen und mit welchem Nachdruck dafür gesorgt wird, dass sie von den Schauspielern eingehalten werden.

Die Kinder lassen sich im Grunde in zwei Fraktionen aufteilen – diejenigen, die gerne ihren Alltag im Rollenspiel nachspielen, und diejenigen, die es spannender finden, sich Fantasiegeschichten auszudenken und diese im Rollenspiel auszuleben. Es gibt Kinder, für die ist das Rollenspiel das Größte, sie befinden sich eigentlich ständig in einer Rolle und die Eltern werden ständig zurechtgewiesen, da sie immer die falsche Person ansprechen. Andere wiederum spielen eher wenig Rollenspiele und wenn, dann eher mit Figuren und weniger mit sich selbst.

Wie geht es eigentlich Katrin und Christian?

Heute wurde Lottas 3. Geburtstag gefeiert. Es war ein »richtiger« Kindergeburtstag, mit allem, was dazugehört. Katrin und Christian sind erledigt – und glücklich.

Es ist gleich 20 Uhr – die letzten Gäste sind vor einer halben Stunde gegangen und Lotta war so müde, dass sie in null Komma nichts eingeschlafen ist. Auch Lukas, Lottas kleiner Bruder, schläft. Die Wohnung sieht aus, als ob eine Bombe eingeschlagen hätte. Fünf Kinder und deren Eltern waren da, das hinterlässt Spuren. Konfetti, Luftschlangen, Luftballons, zerrissenes Geschenkpapier, Kuchen und Kekskrümel und auch ein paar Spagetti mit Tomatensauce finden sich auf dem Boden. Christian und Katrin haben sich richtig ins Zeug gelegt: Topfschlagen, Stopptanz, die Reise nach Jerusalem, eine Schatzsuche und ein kleines Puppentheater gab es. Aber es hat Spaß gemacht. Und Lotta war glücklich – das ist sowieso die Hauptsache. Katrin und Christian haben sich erst einmal aufs Sofa gesetzt und die Beine hochgelegt. Das Aufräumen kann noch warten.

3 Jahre Lotta sind rum

»Wahnsinn, Lotta ist jetzt 3. Die Kleinkindzeit ist vorbei.« Christian hält eine Verpackung mit vielen, bunten, recht kleinen Perlen in der Hand, die Lotta geschenkt bekommen hat. »Jetzt kann man ihr auch die ganzen Spielsachen ab 3 kaufen.« Katrin lacht. »Ja, jetzt gibt es also endlich noch mehr Auswahl beim Spielzeug! Irgendwie bin ich auch ein bisschen traurig, dass meine kleine Lotta schon so groß ist. Obwohl wir ja auch Lukas haben und ich natürlich total froh bin, dass Lotta schon so selbstständig ist.« Christian schaut Katrin erstaunt an. »Traurig? Also, ich bin nur froh. Dass Lotta in vielen Dingen super selbstständig ist und vor allem, dass ich das Gefühl habe, dass wir uns als Familie ganz gut eingespielt haben. Die letzten 3 Jahre waren ja, wie ich finde, schon anstrengend. Zum Glück ist Lukas bisher ein ziemlich entspannter Kerl!«

Die Familie hat sich eingespielt

Lukas ist tatsächlich ein in sich ruhendes Baby, das relativ einfach zufriedenzustellen ist. Das ist keineswegs immer so bei den Zweiten! Und es stimmt auch, dass sich Lottas Familie mittlerweile ganz gut eingespielt hat. Das hat ein wenig gedauert, aber mit Kindern, Arbeit, Haushalt, Freundschaften und natürlich nicht zu vergessen der Beziehung gibt es natürlich auch jede Menge Hochzei-

ten, auf denen man tanzen muss. Da passiert es immer wieder, dass man zeitweise etwas vernachlässigt bzw. nicht immer allem gleichermaßen gerecht wird.

Am schwierigsten war es aber für Katrin und Christian, einen Weg zu finden, über diese vielen unterschiedlichen Anforderungen zu reden. Vor allem darüber, wie man mit ihnen umgeht – zumal ja die Vorstellungen dazu des Öfteren auseinandergingen. Bis sie das mal raushatten! Immer klappt es natürlich nicht, aber irgendwie schaffen sie es jetzt, offener zu sein und Wünsche klar zu formulieren.

Und ganz wichtig: Sie haben ein Stück weit akzeptiert, den anderen nicht ändern zu können und ihn sein Ding so machen zu lassen, wie er möchte.

Die »Mehr-gemeinsame-Erlebnisse-Offensive«

Katrin streckt sich. »Ich freue mich jedenfalls schon richtig auf das Konzert morgen!« Christian und Katrin haben sich für dieses Jahr vorgenommen, mehr gemeinsam zu unternehmen. Das Konzert morgen gehört zu der »Mehr-gemeinsame-Erlebnisse-Offensive«.

Anders als bei Lotta, haben sie bei Lukas schon früh angefangen, ihn auch abends in die Obhut der Großeltern zu geben. Morgen kommt Katrins Mutter und passt auf die Kinder auf. Katrin hat schon einige Beutel Milch abgepumpt, so dass Katrins Mutter Lukas das Fläschchen geben kann. Christian nimmt die Hand seiner Frau. »Ich freue mich auch schon wahnsinnig auf unseren Abend morgen.«

Stichwortverzeichnis

A
Abenteuertrieb 207
Abgrenzung 93, 138
Abhängigkeit 96
Ablenkungsmanöver 95, 141
abstillen 105
Ahornsirup 60
aktiver Wortschatz 147
Albträume 199
alleinerziehend 114
Allergie 59
– Eier 60
– Fisch 60
– Nüsse 60
– stillen 60
– Weizen 60
– Zöliakie 60
Allmachtsfantasien 183
Als-ob-Spiele 168
Ammensprache 42
Anhänglichkeit 97
Anpassung 77
Augen-Hand-Koordination 81
Auszeit 140
Autonomie 56

B
Babybalkon 32
Babymassage 43
Babyschale 42
Babyschlaf 30
– Bauchlage 32
– Seitenlage 32
Babysitter 56
Babysprache 17
Baby Talk 42
Babywippe 63
balancieren 212
basteln 212
Bauchschmerzen 20
Bedürfnisbefriedigung 15
bedürfnisgesteuert 73
Bedürfnisse ernst nehmen 95
Beikost 58
– Abendbrei 63
– Fingerfood 62
– Gemüsebrei 63
– Gläschen 62
– Mittagsbrei 63
– selber kochen 62
Belohnung 186
Berliner Eingewöhnungsmodell 153
Bernsteinketten 112
Beruhigungshilfen 34
Betreuung, institutionelle 153

Betreuungsqualität 152
Betreuungsschlüssel 152
Betreuungsvertrag 152
Bewegung 208
Beziehungsarbeit 96
Bezugspersonen 56
Bilderbücher 175
Bindung
– Bindungsbereitschaft 153
– Bindungsperson, primäre 56
– Lockerung 95
– Loslösung 138
– Selbstständigkeit 95
Breiphase 58
Buggy 41

D
Doktorspiele 184
drehen 79
Dreimonatskoliken 18
Durchschlafen
– Bedürfnis nach Nähe 111
– Erkältung 112
– Hunger 111
– Krankheit 116
– Schlafstätte 113
– Zahnen 112

E
Eifersucht 193
eigener Wille 132
Eigensinn 95, 139
Einfühlungsvermögen, kindliches 182
Eingewöhnung 56, 97
– Eingewöhnung, gelungene 156
– Eingewöhnungsdauer 153
– fremdeln 97
– Trennungserfahrung 156
Einjahresuntersuchung 120
einschlafen 30
Einschlafritual 72
Einschlaf-Ritual 165
Einsicht 186
Elterngeld 150
emotionale Bindung 80
Empathie 170
Erschöpfung 112, 113
Erste-Hilfe-Kasten 124
Erste-Hilfe-Kurs 124
1. Geburtstag 128

E
Erziehungszeit 150
Essen
– ausgefallener Geschmack 106

– Ausgewogenheit 103
– Druck 104
– Machtspiele 103
– Nährstoffgehalt 103
– Portionsgrößen 103

F
Familienkost 61
Familienmahlzeiten 102
Familienregeln 145
Fantasie 163
fernsehen 209
Fliegergriff 18
Fluorid 61
– Zahncreme 67
Fontanelle 61
Fortbewegung 119
Fremdbetreuung
– 1-zu-1-Betreuung 152
– Betreuungsschlüssel 152
– Betreuungsvertrag 152
– Feinfühligkeit 152
– Präsenz 152
– Vertrauen 152
fremdeln 51
Freundschaft 208
Frühförderung 80
funktionelles Spiel 127
füttern nach Bedarf 24

G
Geburtstrauma 18
Gefühle steuern 16
Gefühle verbalisieren 141
Gefühle verstehen 16
Gehirnerschütterung 124
Gehorsam 186
Gemüsebrei 63
Geschlechterstereotype 147
Geschwister 192
– Rückschritte 194
gesundes Essverhalten 104
Gewissensbildung 181
Gewöhnung 77
Glutenunverträglichkeit 60
greifen 79
Greifreflex 39
Greifvermögen 81
Grenzen setzen 144
Großeltern 151
Großfamilie 151
Grundbedürfnisse 73
Grundimpfungen 120
Gute-Nacht-Zeremonie 72

H
Haare schneiden 183
Hauptbezugsperson 16, 56
Honig 60
Höschenwindeln 201

I
Ich-Gefühl 93
impfen 41
Impfung 61
Impulsivität 141
innere Uhr 109
Interesse an Gleichaltrigen 209

K
Karies 60
Kinderfrau 153
Kinderfüße 133
kindersichere Wohnung 118
Kindersicherung 124
Kinderstuhl 63
Kinderzimmer 121, 170
Kindspech 28
Kita 97
– kreatives Spiel 207
Klammerattacken 185
klettern 212
kognitive Entwicklung 168
Kombikinderwagen 41
Kooperation 145
Kooperationsbereitschaft 95
Kopfhaltung 79
Körperbeherrschung 120
Körperbewusstsein 93, 183
Körpersignale 104
Körperspannung 86
krabbeln 92, 118, 122

L
Laufanfänger 133
laufen lernen 133
– erste Gehversuche 133
– spätes 137
Laufgitter 121
Lauflernhilfe 137
Lauflernschuhe 119, 134
Lauflernwagen 137
Laufrad 212
Laufstall 121
Lederpuschen 119
Lernen 169
Lernsoftware 80
Lernspielzeug 80
lineare motorische Entwicklung 119
lispeln 192
Loslösung 138

M
Magische Phase 182, 198
– Ängste 199
– schlafen 199
malen 212
Mangelerscheinungen 162
Märchen 212
Masern 120
Medienkompetenz 209
Mekonium 28
Milchflasche 203
Milchzähne 66
MMR-Impfung 120
Mororeflex 39
Motivation 126
Motorik 78
Mumps 120
Muttermilch 24
Muttersprache 191

N
nachahmen 17, 127, 146
Nachtmenschen 109
Nachtschreck 200
Nasenduschen 112
Nasentropfen 112
Neophobie 59, 159
Neugier 49
neurologischer Test 61
neuronales Netz 80
Notlügen 182

O
orale Phase 85

P
pädagogische Konzepte 152
passiver Wortschatz 147
Pavor nocturnus 200
Peergroup 205, 209
Pekip 80, 82
Persönlichkeitsentwicklung 138
Pikler 80
Pinzettengriff 92
Pre-Milch 25
primäre Bindung 15, 16

R
Rachitis 61
räumliches Sehen 15
Regeln 145
Regelspiele 213
Regression 194
REM-Phase 30
REM-Schlaf 199
Rhythmus 71
Rituale 70, 71
Rollenmodell 55
Rollenspiele 213

Röteln 120
Rouge-Test 145

S
Salmonellen 60
Salz 60
Sandkasten 127
Sauberkeitserziehung 201
sauber werden 201
Säuglingsbotulismus 60
Säuglingsnahrung 23
Saugreflex 39
Schlaf 68
– leichter 30
– oberflächlicher 30
Schlafbedarf 70
Schlafen
– alleine einschlafen 163
– durchschlafen 108
– einschlafen 109
– Einschlafritual 110
– Grundschulalter 163
– mediterraner Lebensstil 110
– Schlafengehen 72
– Schlafenszeit 109
– Schlaferziehung 71
– Schlaflernprogramm 33, 71
– Schlaflerntraining 71
– Schlaflied 72
– Schlafmuster 70
– Schlafprotokoll 70
– Schlaftraining 76
– Schlafverhalten 69
– Schlaf-Verweigerer 110
– Schlaf-Wach-Rhythmus 69, 109
Schlafzyklus 31
Schnuller 203
Schnullerfee 203
Schreitreflex 39
Selbstbefriedigung 184
Selbstbewusstsein 139
Selbstkontrolle 182
Selbstständigkeit 93, 126, 186
Selbstständigkeitsdruck 73, 163
Selbstwahrnehmung 94, 132
Selbstwerdung 56, 94
Selbstwertgefühl 139, 169
Sicherheitsbedürfnis 206
Sinnesorgan
– Mund 84
soziale Kompetenz 208
soziales spielen 172
Spiegelbild 94
spiegeln 17
Spielen
– Als-ob-Spiele 168, 172
– Badewanne 127
– experimentieren 172
– Interaktion 127

- konstruieren 173
- malen 173
- nachahmen 126
- Sandkasten 127
- soziales Spielen 172
- Spielpartner 211
- toben 127
- Wimmelbücher 175
- Wohnung erkunden 126

Sportwagen 41
Sprache 101
Spracherwerb
- aktiver Wortschatz 147
- erstes Wort 101
- ganze Sätze 190
- gurren und gurgeln 54
- lispeln 192
- passiver Wortschatz 147
- Silbenketten 101
- zweisprachig 191
- Zwei-Wort-Sätze 150

Sprachstörungen 173
Sprechpensum 190
stillen 23
Stillen
- erster Brei 60

stillen nach Bedarf 24
Stillzeit
- Ernährung der Mutter 28
- vegane Ernährung 28

Stoppersocken 119
Stuhlgang 28
- Frequenz bei Stillbabys 29

stützende Sprache 101
Suchreflex 38

T
Tagesmutter 56, 97, 153, 155
Tagespflege 153
Tag-Nacht-Rhythmus 30
Thymiansalbe 112
Tischsitten 161
Töpfchen 201
Tragesystem 40
Tragetuch 40
Traghilfe 40
Trennungsangst 54, 96
Trennungserfahrung 156
trocken werden 201
Trostspender 30
Trotzphase 137
- Auslöser 141
- verhandeln 140

T-Schema 57
turnen 212

U
U3 41
U4 61
U5 81
U6 120
U7 173
U7a 191

V
Vater, Mutter, Kind 213
verschlucken 85
verstecken spielen 185
Vertrauen 73
verwöhnen 73
Vierfüßlergang 119
Vitamin B 60
Vitamin D 61

Vollmilch 63
vorlesen 175

W
Wachstumsschübe 112
Wahrnehmen von Perspektiven 185
wertschätzende Kommunikation 186
Widerstand 93
Wimmelbücher 175
Windpocken 120
Wohnung
- Bedürfnisse 121
- Gefahrenquellen 125
- kindersicher 124
- Kinderzimmer 121
- umrüsten 118

Wortschatz 190
Wünsche ernst nehmen 95
Wutausbruch 126, 137

Z
Zahndamm 66
Zahnen 66
- durchschlafen 112
- einschießen der Zähne 66
- Globuli 67
- Zahnungsgel 67

Zahnleiste 67
Zahnpflege 67
Zeitdruck 96
Zeitgefühl 184
Zöliakie 60
Zungenstreckreflex 62
zweisprachige Erziehung 191
Zwei-Wort-Sätze 150

Liebe Leserin, lieber Leser,

hat Ihnen dieses Buch weitergeholfen? Für Anregungen, Kritik, aber auch für Lob sind wir offen. So können wir in Zukunft noch besser auf Ihre Wünsche eingehen. Schreiben Sie uns, denn Ihre Meinung zählt!

Ihr TRIAS Verlag

E-Mail-Leserservice
kundenservice@trias-verlag.de

Lektorat TRIAS Verlag
Postfach 30 05 04
70445 Stuttgart
Fax: 0711 89 31-748

Impressum

Bibliografische Information der Deutschen Nationalbibliothek
Die Deutsche Nationalbibliothek verzeichnet diese Publikation in der Deutschen Nationalbibliografie; detaillierte bibliografische Daten sind im Internet über http://dnb.d-nb.de abrufbar.

Programmplanung: Simone Claß
Redaktion: Anja Fleischhauer, Stuttgart

Umschlaggestaltung und Layout: CYCLUS Visuelle Kommunikation, Stuttgart

Bildnachweis:
Umschlagillustration und Illustrationen im Innenteil: Daniela Sonntag, Stuttgart

1. Auflage

© 2016 TRIAS Verlag in
Georg Thieme Verlag KG
Rüdigerstraße 14, 70469 Stuttgart

Printed in Germany

Satz und Repro: Fotosatz H. Buck, Kumhausen
Gesetzt in Adobe InDesign CS6
Druck: AZ Druck und Datentechnik GmbH, Kempten

Gedruckt auf chlorfrei gebleichtem Papier

ISBN 978-3-432-10039-5

Auch erhältlich als E-Book:
eISBN (PDF)   978-3-432-10038-8
eISBN (ePub)   978-3-432-10037-1

1 2 3 4 5 6

Wichtiger Hinweis: Wie jede Wissenschaft ist die Medizin ständigen Entwicklungen unterworfen. Forschung und klinische Erfahrung erweitern unsere Erkenntnisse. Ganz besonders gilt das für die Behandlung und die medikamentöse Therapie. Bei allen in diesem Werk erwähnten Dosierungen oder Applikationen, bei Rezepten und Übungsanleitungen, bei Empfehlungen und Tipps dürfen Sie darauf vertrauen: Autoren, Herausgeber und Verlag haben große Sorgfalt darauf verwandt, dass diese Angaben dem Wissensstand bei Fertigstellung des Werkes entsprechen. Rezepte werden gekocht und ausprobiert. Übungen und Übungsreihen haben sich in der Praxis erfolgreich bewährt.

Eine Garantie kann jedoch nicht übernommen werden. Eine Haftung des Autors, des Verlags oder seiner Beauftragten für Personen-, Sach- oder Vermögensschäden ist ausgeschlossen.

Geschützte Warennamen (Warenzeichen®) werden nicht besonders kenntlich gemacht. Aus dem Fehlen eines solchen Hinweises kann also nicht geschlossen werden, dass es sich um einen freien Warennamen handelt.

Das Werk, einschließlich aller seiner Teile, ist urheberrechtlich geschützt. Jede Verwertung außerhalb der engen Grenzen des Urheberrechtsgesetzes ist ohne Zustimmung des Verlags unzulässig und strafbar. Das gilt insbesondere für Vervielfältigungen, Übersetzungen, Mikroverfilmungen und die Einspeicherung und Verarbeitung in elektronischen Systemen.

Besuchen Sie uns auf facebook!
www.facebook.com/mama.mag.trias

Lassen Sie sich inspirieren!
www.pinterest.com/triasverlag

Deine Entwicklungsschritte:

Am _____ hast du uns das 1. Mal angelächelt und wir haben uns dabei _____ gefühlt.

hier ist Platz für ein eigenes Foto

Am _____
hast du dich das 1. Mal gedreht.

_____ hat das gesehen.

hier ist Platz für
ein eigenes Foto

pssst

So süß sahst du aus,
wenn du selig geschlummmert hast.

Am ....

hast du das 1. Mal
ein Spielzeug selbst gehalten,
dein liebstes Babyspielzeug war:

....

Am .... haben wir dein 1. Zähnchen entdeckt …

… und zwar hier:

Am

gab es zum 1. Mal Beikost, und zwar

Du fandst das

Dein erstes Lieblingsessen war

Am _____

hast du dich zum 1. Mal

von _____ nach _____ bewegt,

und zwar bist du:

- ☐ gerobbt
- ☐ gekrabbelt
- ☐ gerollt
- ☐ hast dich anders fortbewegt.

Am _____

hast du dich zum 1. Mal **alleine hingesetzt**

und das hat so lange geklappt _____

Dein erster Spielkamerad war _____

Am liebsten habt ihr zusammen _____
_____
_____
gespielt.

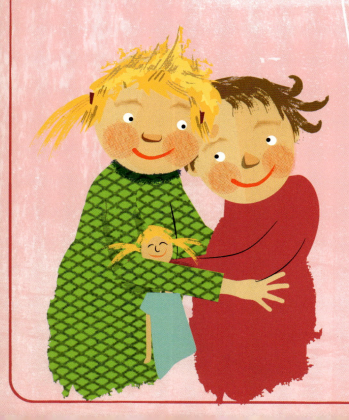

Das war
dein Lieblingsspielzeug,
als du schon etwas größer warst:

hier ist Platz für ein eigenes Foto